西南音乐研究中心 2019 年度立项课题；四川省绵阳市非物质文化遗产保护中心资助出版；绵阳师范学院教育科学学院"四川省一流专业建设点项目""四川省卓越教师培养项目"合作研究成果

四川传统吟诵研究

（上册）

王传闻 著

中国社会科学出版社

图书在版编目（CIP）数据

四川传统吟诵研究：全二册/王传闻著．—北京：中国社会科学出版社，2021.4
ISBN 978-7-5203-8436-0

Ⅰ.①四… Ⅱ.①王… Ⅲ.①古典诗歌—朗诵—研究—四川 Ⅳ.①H119

中国版本图书馆 CIP 数据核字（2021）第 087531 号

出 版 人	赵剑英
责任编辑	张 潜
责任校对	李 莉
责任印制	王 超

出　版	中国社会科学出版社
社　址	北京鼓楼西大街甲 158 号
邮　编	100720
网　址	http://www.csspw.cn
发 行 部	010-84083685
门 市 部	010-84029450
经　销	新华书店及其他书店
印　刷	北京明恒达印务有限公司
装　订	廊坊市广阳区广增装订厂
版　次	2021 年 4 月第 1 版
印　次	2021 年 4 月第 1 次印刷
开　本	710×1000　1/16
印　张	60.25
插　页	2
字　数	888 千字
定　价	298.00 元(全二册)

凡购买中国社会科学出版社图书，如有质量问题请与本社营销中心联系调换
电话：010-84083683
版权所有　侵权必究

序 一

  传闻是我的弟子之一，中国共产党党员，中华吟诵学会理事，四川省吟诵学会会长（省一级学会），绵阳市文化馆理事会副理事长，绵阳市市级非物质文化遗产"绵州吟诵"代表性传承人，山东师范大学古籍研究所、中南大学中华经典吟唱研究与传播基地兼职研究员，四川文化艺术学院国学导师，西南财经大学天府学院中华吟诵推广中心学术总顾问，2017—2019 年为中国孔子基金会中华吟诵大赛评委。编著有《问道——王传闻行脚书稿》、《杜道生传》、《杜道生先生文字音韵训诂遗稿》（三卷）、《成都传统吟诵初探》、《吟诵与四川传统吟诵》等论著。

  我与传闻相识于 2016 年元旦。2015 年，学生们搞了一个华调吟诵群，最多时有 500 人，那是一个群人数最高的限制。经过一段时间的网上学习，学生们于 2016 年元旦发起一个面授学习华调吟诵的活动，80 多名来自天南海北的吟诵爱好者聚集在河南大学文学院。我担任全部课程的主讲，已经入门的弟子担任助教，辅导学员们学习华调吟诵。因为大家都知道学习之后肯定要有一批学员拜师入门，所以学习得都非常认真，传闻就是其中的一位。据传闻对我说，为了能学会华调吟诵，他每天起早贪黑，中午不休息，甚至连喝口水的时间都不舍得浪费，以至于小便都带血了。辛勤的耕作自然带来了丰硕的成果，传闻他们那个小组推荐有资格拜师的就有传闻一个。我可以负责任地说，推荐谁有资格拜师完全是小组的事，我绝对没有插手。也就是说，传闻被推荐有资格拜师，凭的是他的实力，是他踏踏实实努力学习的结果，是他勤勤恳恳一步一个脚印奋斗的结果。

对于我来说，收徒纯属偶然。2013年首都师范大学的徐健顺给我打电话，邀我去给他们的中级培训上课。我当时正在撰写《吟咏学概论》一书，就以书稿未成婉拒了健顺的邀请。不料健顺说，现在没人上课，你按照你的草稿讲就可以。我当了一辈子的老师，知道救课如救火，于是就匆匆忙忙拿着书稿去上课了。在课间李宁和我闲聊，她提出拜师之事，我从来没有想过收徒之事，所以一口回绝了。2013年11月李宁专程来开封跟我学习吟诵。又一次提及拜师一事，我仍然没有同意。没有想到2014年6月体检发现我患前列腺癌，需要动手术。人到这时候想法就多了，我想得最多的是我下不了手术台怎么办？让老先生的华调吟诵就此中断我的确是心有不甘。正是这种指导思想，促使我大开山门，于2014年6月开始收徒，第一批就有李宁、杨娜、张宁等人。所以，如果我没有得那个该死的病，什么时候收徒真是很难说。

我们知道，吟诵是我国传统的读书方法，是按照一定的韵律和节奏、充满感情的一种读书的方式。我特别强调的是"中国传统的读书方法"这几个字，我认为首先它是"中国"的，不是什么日本、韩国的；其次它是"传统的"，就是说它是有历史传承的，不是我们今人有意无意创造出来的；再次他是古人用来"读书"的一种方法，不是表演方法。基于以上对吟诵的理解，我非常重视原汁原味的、原生态的吟诵调，我认为这些才是值得我们传承、研究的吟诵调。我不知道传闻是不是受到我的影响，对传统吟诵也是非常重视。传闻在创建绵阳市吟诵学会和四川省吟诵学会之初，均把传统吟诵视为首要传承、研究对象，令我十分敬佩。

传闻是这样说的，也是这样做的，80余万字的《四川传统吟诵研究》（上、下册）就是明证。在我没有读传闻的大作之前，我对四川省的传统吟诵几乎是一无所知，对四川语言语音的形成与发展也是知之不多，细读《四川传统吟诵研究》一书之后，感获甚多，就我个人感觉，认为有三点特别值得肯定。

第一，《四川传统吟诵研究》具有极高的文献价值。

全书介绍了成都、重庆、达州、乐山、内江、宜宾、绵阳、广元、遂宁、南充 10 个地区吟诵传承的情况及 10 个地区 22 位代表性传承人的情况。单看每个人都是独立的吟诵个体的传承人,由此组合起来介绍四川省传统吟诵的全貌。工作的难度之大、资料搜集之细令人感叹不已。尤其应该指出的是,这件工作的重要性、迫切性。例如成都地区传统吟诵代表性传承人首推流沙河先生,传闻他们及时地采录了流沙河先生,了解到沙老吟诵的理念、传承及认知,获得了宝贵的第一手资料。就在传闻他们采录不多久,沙老就鹤驾西去。就这个时间点来看,就可以看出传闻他们工作的重要性与及时性、可贵性。再如杜道生先生已驾鹤多年,是传闻把杜道生先生的有关文献整理、挖掘出来。没有参与这项工作的人不知道,有时候就是那么几天的工夫,我们就可能会与一个优秀的传承人、一种优秀的吟诵调式擦肩而过。所以我高度赞赏传闻他们的工作就在于他们及时抢救了一批极具价值的"活化石"。为了说明问题,我将全书研究的 22 名吟诵传承人的出生年或生卒年列成简表于下。

成都　流沙河 1931—2019
　　　王治平 1920—1992
　　　王德生 1954—
　　　谢桃坊 1935—
重庆　祁和晖 1935—
　　　曹家谟 1942—
　　　刘纯万 1929—
达州　寇森林 1929—
乐山　杜道生 1912—2013
　　　李忠洪 1924—2018
　　　雷定基 1920—2017
　　　谢祥荣 1928—
内江　郭绍岐 1939—2018

宜宾　杨星泉 1939—

绵阳　萧璋 1909—2001

　　　王宗斌 1926—

　　　何绍基 1932—2018

广元　丁稚鸿 1939—

　　　赵庭辅 1940—2019

　　　赵树奎 1936—

遂宁　牟柯 1921—2019

南充　汤光明 1939—

在以上22位吟诵传承人中，出生最早的萧璋先生生于1909年，出生最晚的王德生先生生于1954年。现在在世的只有12人了，年龄最大的是生于1926年的王宗斌先生，已经是94岁的老人了。现在还在世的12位吟诵传承人，有10位是生于20世纪二三十年代，现在都已经进入耄耋之年，年龄最小的王德生先生也66岁了。所以，传闻的工作做得非常及时，用一句功德无量来赞美他一点也不多。

第二，全书使用的方法科学，切入点选择得非常准确。

作为一部地方方言吟诵研究的著作，尤其是四川方言吟诵，可以说难度非常大。因为众所周知的原因，四川语音体系非常复杂。这与四川自然环境相对闭塞和历史上的"湖广填四川"有关，所以研究起来难度非常大。《四川传统吟诵研究》一书大体上采取了先介绍当地声韵调系统的具体情况，再介绍当地方言吟诵的起源、发展与现状，最后介绍当地代表性传承人的情况的思路。这种研究方法的可贵性在于读者可以一目了然地掌握该地区的吟诵全貌及代表性传承人的传承脉络。例如在介绍成都地区传统吟诵时就是以流沙河先生为例加以阐述的。传闻在介绍了成都市的基本概况及成都方言的声韵调系统之后，对传统吟诵的流派、现状作了详细的说明，随后全面介绍了流沙河先生传统吟诵的形成及特点，指出流沙河先生的吟诵之所以能自成一家的原因，列举了流沙河先生多首吟诵调式，并对这些吟诵调式的平仄、声韵等方面做了详细的研究，这就不是做一个简单的介绍了，而是做有理有据的分析研究了。难得的是，对流沙河先生的吟诵不仅有声母、韵母及入声字的分析，还有从音乐角度的分析，有利于我们从各个不同的角度去学习、研究、传承流沙河先生的传统吟诵调。

第三，全书的理论体系自成一家，说服力强。

作为一部四川传统吟诵的研究，如果仅仅是罗列几十位传统吟诵代表性传承人的生平概况及吟诵特点，那有点像资料汇编了。"研究"就必须有理论上的探讨。本书的前三章就是进行理论的探讨，第一章：吟诵和四川传统吟诵，第二章：四川传统吟诵的任务，第三章：四川方言与四川传统吟诵。在这三章中，我们清楚看到作者的思路：吟诵—传统吟诵—四川传统吟诵—四川传统吟诵的任务—四川方言与四川传统吟诵。严格地说，以三章的篇幅论述吟诵及四川传统吟诵的还是不够的。与后面对四川传统吟诵的分析与研究，理论部分稍显薄弱一些。但是，我还是非常认可传闻对理论方面大而化之的处理方式的，因为作为一位华调吟诵的传人，多次参与国内吟诵活动的老吟诵人，我是知道这里面的水多深多浅。如果放开了论述，恐怕仅理论部分就得是一部专著了。而且你的这个理论体系还得与四川方言、四川传统吟诵密切结合起来，更重要的是，你的这个理论体系还必须与国内许多吟诵流派的理论体系有切合点。所以，传闻在理论体系方面没有做详细的论述，而将重心放在四川传统吟诵的文献整理与研究上，是一个非常聪明实际的做法，而传闻所列举的四川传统吟诵的文献，恰恰支撑了前面的理论研究。

行文至此，我想发三点感慨：首先，我久有研究一下河南省的传统吟诵而不得，传闻作为我的弟子，先我一步完成了区域性的地方传统吟诵研究，事实证明了先贤说的："弟子不必不如师，师不必贤于弟子。"我非常高兴。其次，早在河南省吟诵学会成立之时，我就有在河南召开一次全国性的吟诵理论研讨会的想法，碍于种种原因，未能实现。传闻以地方一省之力，召开了全国性质的吟诵研讨会，我由衷地佩服和感叹，他意志坚定，作风顽强，勇于探索，不畏艰难的精神，以及对战机的把握，显示了一个退役军人良好的素养和一位学人良好的心态。作为老师，我很佩服我的学生。再次，传闻能有今天的成就，是他不懈努力的结果，也是他的父母、他的夫人大力支持的结果，也是他的好朋友陈德建先生大力支持的结果，我又一次感到先贤所言"修身齐家治国平天下"的可贵性。有这样素质和品德的人，还有什么事情做不成呢？我从这一点上也很赞赏他。对我的学生，我向来是有求必应；对我喜欢的学生，更是有求必应。传闻希望我写一篇序，按说写序应该是前辈先贤的事，我不过是一个退休的老人而已，不敢承担此任务。不过传闻毕竟是我的学生，跟我学习了华调吟诵，更重要的是他写的传统吟诵研究，更为重要的是传闻的人品、他的精神深深感动了我。故勉为其难，遂作此序。

华　锋
2020 年 4 月于古都开封雅音堂

（华锋，河南大学教授，南开大学中国古典文化研究所兼职研究员，教育部中华经典资源库项目吟诵专家，中国语文现代化学会吟诵分会副理事长，河南省吟诵学会名誉会长，非物质文化遗产华调吟诵传承人。编著有《吟咏学概论》《基础吟诵 75 首》《中级吟诵 61 篇》《高级吟诵 80 篇》《词的创作与吟诵》《教孩子们吟诵古诗词》5 本。）

序　二

日前，弟子传闻来电，告知其所著《四川传统吟诵研究》即将出版，要我写篇序言，并随即寄来书稿。其实，在 2019 年由四川省社会科学院主办的《四川传统吟诵研究》发布会上，我对本书已经先睹为快，并感悟良多，褒扬有加。近日，又集中时间通读一过，益感欣喜，感到依然有话可说。

《四川传统吟诵研究》乃当今吟诵界别开生面的一部好书，它的重要价值主要体现在两个方面。一是书的内容。它是全国第一本把一个省的吟诵从实践和理论的结合上阐释得那么全面而透彻，那么有高度的著作，着实为四川乃至全国文化、教育事业和吟诵工作做了一件实事、好事。二是"研究"的做法。它为吟诵界提供了一个扎扎实实抢救吟诵、研究吟诵的样板。为此，我给这本洋洋洒洒的皇皇巨著点 N 个赞！

"研究"的基础是摸清家底，全面掌握吟诵资料。第一步工作当然就是考察和采录。传闻领导的四川省吟诵学会在这方面的工作做得扎实、深入、认真、细致。他们"对具有代表性的重点地区、流派传人、典型风格、成熟作品等进行具体的调查统计"，并建立数据库；共采录了 10 个地市级区域的 40 多位多数是耄耋老人的吟诵。就地域说，涵盖了四川的主要方言"南路话"和"湖广话"的范围；就人员说，这些老人以及他们师承的前辈皆为四川人，而且都是当地、四川或者国家几个不同层面的文化精英：赵熙、廖季平、谢无量、吴芳吉、吴宓、杜道生、流沙河等哪一个不是听来如雷贯耳的大儒和文化泰斗，萧璋、赖以庄、谢桃坊、王治平、祁和晖等哪一个不是学有专长的名宿。这些人"形成了高水平的四川传统吟诵群体"。传闻他们为采录对象定了五条标准，这五条标准是严格的、硬气的、规范的、科学的。这就保证了他们采录到的是真真实实的传统吟诵，是地地道道的四川传统吟诵。近二三十年来，全国各地都在抢救吟诵，各种吟诵调子也都陆续展示出来，无疑，这是大好事。但是抢救出来的都是地道的先人传下来的那种规则的读书腔调吗？未必。实际上鱼龙混杂、鱼目混珠的现象还是有的，即有的地方、有的人把并非传统吟诵的东西也当作传统吟诵保留下来，而且还传承下去。为什么会出现这种现象呢？就是因为工作态度和方法的不规范、不审慎，听到哼哼唧唧的读书腔调就以为是吟诵；甚至有人明知是来路不正的所谓"吟诵"，也把它改造成吟诵。如此，当下流传的传统吟诵就难免有点混杂。这是需要大家明辨而慎取的。反之，如果都能遵循四川省吟诵学会那样的标准，这种混杂的现象就不会出现（中华吟诵学会的徐健顺老师和朱立侠博士当年的采录标准也是十分严格的）。由此感到，四川定的那些采录标准多么重要，是足以为大家效法的。其他如采录的程序、内容也都十分规范。唯其如此，他们才能采录到四川吟诵的"真经"。唯其掌握了"真经"，他们才能对四川吟诵有清醒、准确而深刻的认知。

这本书的精华在"研究"。传闻团队的研究高屋建瓴、视野开阔，宏观和微观并行，外在条件和内在条件亦即客观因素和主观因素同论，因此，他们得出的结论精准而深刻。

先看宏观和客观。

首先，这本书的一个突出特点是，立足于自然环境和人文环境的客观大背景来审视吟诵。这一点很重要，因为吟诵的主体是人，人是用方言吟诵，因此就涉及某个人的吟诵使用的是什么方言和这个人是从哪儿来的，这就要寻根究底，说清楚人和方言的来龙去脉，以至于要把吟诵者所在县市的自然环境和语言系统说得清清楚楚。作者得出的结论是"四川得天独厚的自然条件造就了丰富多彩绚丽多姿的四川传统吟诵种类"，"四川大杂居、小杂居的人口聚集特点，形成了四川地域文化和四川传统吟诵的完美结合。四川传统吟诵的丰富性与四川'十里不同风，五里不同音'的方言文化密不可分"，这种结论十分令人信服，这就找到了四川吟诵的老根。这样的研究严谨、实在，不会让人产生一点疑窦。

其次，始终把四川传统吟诵放在四川的历史文脉中来研究，站在厘清文化属性和教书育人、立德树人的高度来研究，是本书的又一个特征。对于这些内容，书中前前后后、反反复复进行了论述，使人深刻地认识到：四川的传统吟诵就是植根于四川深厚的文化底蕴、历史文脉之中的；就是一代代四川文人精心打造出来的；就是悠久的四川文化滋养出来的，而且它本身就是文化的一部分。没有四川文化，就不会有四川吟诵；没有四川吟诵，四川文化也就得不到很好的传承。这就凸显了吟诵的重要意义。作者的表述是：四川文脉是四川吟诵的"深层本质"，吟诵是文脉传承的体现和标志，传承吟诵则是对四川文脉的延续。这样研究吟诵，就比那种仅仅局限于对吟诵技巧的研究，即哪里长哪里短，哪里拖腔，哪里顿挫等，要充分得多，厚实得多，意义重大得多。当然，技巧的研究同样重要，同样必不可少。本书对技巧的研究也是至细至微的。

再次，把方言语音和音乐旋律认作吟诵的"核心要素"进行研究，是抓住了吟诵研究的要害。书中把四川传统吟诵称作"四川方言语音和传统音乐的宝库"；说"四川传统吟诵的历史是一部四川传统读书法与四川方言语音和地域性传统音乐多方面结合侵染的发展史，是四川地区特有的文化和音乐现象"；把方言的使用和音乐旋律节奏的规范当作衡量吟诵的重要标准；把吟诵称作"文人音乐"；还说四川传统吟诵是四川传统音乐的"活标本"；等等。这是说到了吟诵的肯綮所在。

据此，我想对吟诵和音乐的关系多说几句。吟诵有好几个身份，而最主要的有两个，一个是"中国传统读书法"，再一个就是"吟诵音乐"。音乐，从应用上来说，有多种分支：用在唱歌上，就是声乐；用在戏曲上，就是戏曲音乐；用在佛教、道教上，就是宗教音乐；用在农民赶车和耕田、船夫拉纤、苏州姑娘街头卖花、手艺人磨剪子戗菜刀，乃至报社的校对、中医大夫唱药方等声音，可称为号子音乐；而用在读书上，就是"吟诵音乐"了。因此，吟诵就是音乐在读书时的直接应用。任何一种方言吟诵都和方言息息相关，方言吟诵是吟诵的母体。任何一种吟诵，也都和当地的音乐包括地方曲牌、民歌小调、戏剧曲艺等息息相关。找不到音乐源头的吟诵，则类同无源之水、无本之木。我们的先人早就知道读书和音乐的密切关系，孔夫子教学生读《诗经》就是"诵诗三百，歌诗三百，弦诗三百，舞诗三百"（《墨子•公孟》），就是"三百五篇孔子皆弦歌之，以求合《韶》、《武》、《雅》、《颂》之音"（《史记•孔子世家》）。至魏晋，曹丕《典论•论文》有言："文以气为主，气之清浊有体，不可力强而致。譬诸音乐，曲度虽均，节奏同检，至于引气不齐，巧拙有素，虽在父兄，不能以移子弟。"这里也是用音乐来比喻写文章和读文章。唐朝的孔颖达在《诗经•关雎序》注疏中说"作诗必歌"，这同样讲的是诗和音乐的关系。古人每每把读书声腔和音乐相类比。孔子在论述音乐时曾说："乐其可知也：始作，翕如也；从之，纯如也，皦如也，绎如也，以成。"（《论语•八佾》）近现代经学大师、著名教育家、"唐调"吟诵的创始人唐文治就认为孔子的这个论述同样适用于读书，他说："学得此法，思过半矣。"清末桐城派代表人物吴汝纶更明确地对唐文治说过："文章之道，感动性情，义通乎乐，故当从声音入，先讲求读法。"从实践上来看，唐文治就是直接用江南的音乐旋律来读书，他读所有诗文的音乐旋律（尤其是尾腔）就是在四个音乐调式上进行错落搭配。这四个调式是："2 1 6 —""2 1 6 1 —""2 1 6 5 —""2 1 6 1 5 —"。而这四个音乐旋律在苏州一带的江南丝竹、昆曲、评弹、苏剧、锡剧以及民歌中比比皆是、屡见不鲜。但是，同样是这几个音符，同样是这个旋律，如果分别出现在戏曲、乐曲和民歌上，则表现出的韵味并不完全一样。而出现在吟诵上也就是吟诵的味道。《四川传统吟诵研究》对音乐和吟诵关系的论述十分充分，道理讲得清清爽爽、明明白白，"音乐"这个词在书中频频出现，足见作者对音乐在吟诵上重要性的认识十分明晰而坚定。就是他们对每位吟诵者的采录，也都从音乐的角度进行分析，甚至连被采录者唱的民歌也一并采录。如此种种，就使对四川吟诵源头的探索更有说服力。

再看微观和主观。

所谓微观和主观，就是指吟诵本身。本书在这方面的研究是认真细致、精雕细刻的。他们对采录来的吟诵材料，除逐个地域进行分析之外，还对人逐个加以研究，而且是全面研究吟诵者的求学经历、生活环境、师承关系、学术方向，以及对吟诵的见解，甚至连他们旁通的技艺如唱歌、古琴、武术乃至中医等也一并考察，这和鲁迅所言要论文必须论及全人是一样的道理和做法；对每个人又是对他们吟诵的所有诗文全部进行解读；对每篇诗文的解读则着眼于创作背景、文体结构、语言声调、音乐性等各个角度；而对音乐性则分别从基本结构、音阶调式、旋律线、节奏腔式等方面进行研究。如此层层深究，环环相扣，得出的结论就十分精当，而且又真实地体现出了吟诵者的个性特点。在这样积流成河、累土成台的坚实基础上，作者得出的结论往往都是底气十足、充满自信，而不是拾人牙慧、人云亦云，许多结论性的语言都新颖而可信。也正是在这样的基础上，再从总体上研究四川传统吟诵的审美，自然也是准确无误的。

这本书没有从更具体的诗文如何吟诵的角度着笔，比如大家经常谈到的依字行腔、平长仄短之类，以及绝句、律诗怎么吟，古体诗怎么吟，词怎么吟，古文怎么吟，还有《诗经》怎么吟，《楚辞》怎么吟等，此书对这些并没有系统的论述。这或许是作者故意回避这些老生常谈的问题，也或许留待以后再行探讨。更可能的则是作者就是要选取书中这样的视角，别的割爱不谈。这不是作者的疏漏，而是自有侧重所在。

我所看到的这部书稿缺点也是有的，主要是行文上的问题，即结构上有点重复，语言上有点拖沓。如果能再精练些，读来可能会兴味更浓。不知传闻以为然否？

吟诵，在我国已经沉寂了一百多年，百年来，既然没有实践，也就没有吟诵理论。尽管早在 20 世纪二三十年代，叶圣陶、朱自清、朱光潜等学者、作家有过一些论述，但构不成系统理论。近些年则出了不少有关吟诵的好书，在推动吟诵的进一步抢救和传承上发挥了作用。传闻这本著作则着眼于一个省的角度进行研究，让人耳目一新，为吟诵理论研究锦上添花，是当今吟诵研究的一抹亮色。

当下在全国，吟诵的抢救、传承方兴未艾，理论的研究也方兴未艾。我们十分欣喜地看到，在当今的吟诵工作中，一批年轻人迅速崛起，传闻则是其中的佼佼者。更难能可贵的是，他曾是一位现役军人，在2008年汶川大地震时带领战士冒死冲在抢险的第一线，立过战功。但他就是凭着对国学的热爱和厚实的功底，进入吟诵领域。作为四川省吟诵学会会长，他带领同人全省奔波，访贤问老，田野采录，查找资料，孜孜矻矻，潜心贯注，花六年时间完成了这本《四川传统吟诵研究》，可喜可贺！

欣喜之余，缀以小诗，以作本文的结束：

六年功力不寻常，
留得弦歌绕屋梁。
天府诗文传久远，
付诸梨枣九州香。

魏嘉瓒

庚子岁首撰写时举国抗击新冠肺炎蜗居于吴门歌风楼

（魏嘉瓒，江苏省诗词学会副会长、苏州市诗词协会会长、苏州吟诵传习社理事长、江苏省非物质文化遗产"苏州吟诵（唐调）"传承人、苏州文史研究者，著有《最美读书声》等吟诵专著。）

序 三

吟诵之传也久矣！上下三千年；吟诵之传也危矣！传者数百贤；学吟诵者亦多矣！渐成风气；研究吟诵者亦多矣！多在表皮。

为什么呢？因为吟诵涉及语言学、文学、音乐学、教育学、国学等多个学科，现在的分科教育，使得跨学科学者极少，能跨多学科的人更少。现在知道吟诵、了解吟诵的学者太少；现在爱好并研习吟诵者多是中小学教师，学术训练不够；现在吟诵研究还面临着材料稀少、理论基础薄弱的现状。不克服这些困难，写出来的只能是表面形态描述或者是感觉、猜测之文。

然而予谓此皆非关键也。关键在于决心。世界上就怕"认真"二字，什么都抵不过坚定的努力，"不疯魔，不成活"。不是吗？作为一位年轻的吟诵学者，王传闻先生带领三十几位课题组成员花费了十年之功，采录并研究了四川22位老先生的吟诵，写出了一部80万余字的学术专著《四川传统吟诵研究》，此非常之奇事也！一般吟诵爱好者都止于采录、整理、传承，而王传闻先生则继续深入，梳理总结每位老先生的吟诵，从传承源流、文学分析、语言特点、音乐结构一直到吟诵规律，进行了系统研究和阐述，汇总梳理出四川传统吟诵的总体特点。这种深层的研究很少见，很难得！不值得敬佩耶？其对四川传统吟诵的各方面研究，都摆出了切实的证据，依据学术共识进行统计和推理，这种扎实严谨的学术态度不应大力提倡乎？这背后有多少艰辛，恐怕只有王传闻先生甘苦自知。可以肯定的是，他一定是花了大功夫去学习、修养自己，成为一名跨学科的学者，并仔细研究了所采录的每段吟诵录音。这种认真和坚毅的精神，不应为我辈学习乎？而且他还是一位青年学者，是未来希望之所在，此不让人欣慰乎？

遑论这宗研究成果是区域传统吟诵研究的一次突破，比之前人的类似研究更全面、更细致，结论更有价值，也为其后各地吟诵研究做出了表率！这是四川传统吟诵整体研究的第一个重要成果，为后续研究打下了很好的基础。

王传闻先生在做吟诵研究之前，就已经拜杜道生先生等学界老前辈为师，长期学习研究传统文化，做了大量传统文化社会志愿工作。我想这是他能有这份成果的前提。要做传统文化工作，自己先得是为传统文化所化之人。对待优秀传统文化，如果仅仅是学术研究，而不把它当作信仰，就只能是隔岸观火罢了。

感谢王传闻先生及其团队为吟诵界、也为我个人提供了这份优异的研究成果。我希望有越来越多的人，尤其是青年学者，参与到吟诵实践和研究中来，深入田野采录和学术研究，得出更多可以指导实践的学术成果，让吟诵能够复兴，让中华经典古诗文重新焕发迷人的魅力，让中华文化精神深入人心，则吟诵幸甚！我辈幸甚！

徐健顺
2020 年 5 月 3 日

（徐健顺，首都师范大学副教授，全国吟诵工作的主要发起者与推动者。著有《声音的意义》《徐建顺吟诵文集》《我爱吟诵》《普通话吟诵教程》）

上册目录

绪 论 ……………………………………………………………… (1)
  一 缘起综述 …………………………………………………… (1)
  二 对象界定 …………………………………………………… (4)
  三 文献综述 …………………………………………………… (5)
  四 研究方法 …………………………………………………… (8)
  五 目的意义 …………………………………………………… (10)
  六 创新价值 …………………………………………………… (10)
  七 不足之处 …………………………………………………… (11)

第一章 吟诵和四川传统吟诵 ……………………………………… (13)
  第一节 吟诵 …………………………………………………… (13)
    一 吟诵释义 ………………………………………………… (14)
    二 歌诗与吟诵 ……………………………………………… (15)
    三 语音与音变 ……………………………………………… (16)
    四 语流与乐流 ……………………………………………… (18)
    五 诗律与吟诵 ……………………………………………… (21)
    六 语流与吟诵 ……………………………………………… (25)
  第二节 四川传统吟诵 ………………………………………… (28)

一　传统吟诵 ···（28）
　　二　四川传统吟诵 ···（30）

第二章　四川传统吟诵的任务 ·····························（36）
　　一　服务教学的任务 ······································（36）
　　二　实现区域文脉传承 ···································（46）
　　三　立德树人的任务 ······································（51）

第三章　四川方言与四川传统吟诵 ·····················（61）
　　一　四川传统吟诵的方言背景 ························（61）
　　二　四川方言对四川传统吟诵旋律的影响 ········（66）
　　三　四川方言对四川传统吟诵的艺术性影响 ·····（77）

第四章　四川传统吟诵的基本面貌 ·····················（79）
　　一　成都传统吟诵研究 ···································（79）
　　二　重庆传统吟诵研究 ··································（288）
　　三　达州传统吟诵研究 ··································（419）
　　四　乐山传统吟诵研究 ··································（435）

绪　　论

一　缘起综述

（一）四川传统吟诵的文化传承典型性

从现存的史料和文献记载来看，四川传统吟诵作为西南官话地区最为重要的读书方法，在四川传衍未绝。一种读书方法能在一个地域范围内传承至今，足以证明其作为文化教育现象存在的合理性和传承的重要性。

中华传统吟诵的流传与承续基本上以私塾为载体、以读书为目的，依附于师徒之间的口传心授。四川传统吟诵史就是四川的"读书方法"与四川方言语音及本地音乐多方面结合侵染的发展史，是四川地区特有的音乐现象和读书方式，一直留存于历代读书人的生活和记忆中。由于种种历史原因，现在的四川传统吟诵已经面临中断失传的绝境，其吟诵音乐具有独特的艺术风貌，保留了大量地域性的传统元素，蕴藏着重要的历史记忆、艺术价值和文化基因，堪称四川方言语音和传统音乐的宝库，是四川文脉传承的典型代表。

四川传统吟诵作为中华传统吟诵的重要组成部分，是民族文化的瑰宝，在当代仍以活态形式残存于四川。但目前对四川传统吟诵的研究还缺乏一个系统、完整、可靠的代表性个案资料库，至今人们未能系统全面地认识四川传统吟诵的整体面貌及风格特点，更无本质与规律的发现，对于四川传统吟诵中核心的要素——方言语音、音乐旋律、传承脉络、文化价值的研究尤显不足。在当下，对于其整体面貌和风格，其社会文化属性、活态存在和传承方式以及在传承过程中的流变、对优秀传统文化传承和现代学校教育的启示等，学界至今并无完整翔实的地域性个案实证研究，有关认知多停留在表层，尚未清晰梳理。只有厘清四川传统吟诵的社会功能和文化属性，梳理四川传统吟诵本质面貌和规律，揭示其文化内涵和传承要义之后，才能将其从读书方法及传统音乐的层面上升为一种文化现象，从而认定其当代文化价值、现实社会意义和教育传承的必要性，避免狭隘的文化偏见，树立高度的文化自信，正视其作为中华优秀传统文化的组成部分传承发展的必要性和重要性，促进中华优秀传统文化的发展、保护和传承。

（二）四川传统吟诵的语言地域性

现今四川话形成于清朝康熙年间"湖广填四川"的大移民运动时期，是由明朝之前流行于四川地区的蜀语和来自湖北、湖南、广东、江西等地的各地移民方言逐渐演变融合而形成的。成都话是川剧和各类曲艺的标准音，同时由于四川话内部互通度较高，各方言区交流并无障碍，因而四川话本身并没有标准音。

语言学家认为，四川话并不等同于"四川方言"，除四川话外，四川省境内较为常见的汉语言还有土广东话（属客家话）和老湖广话（属湘语）等，其都以方言岛的形式分布于四川各地。同时，四川境内还拥有大量藏语、彝语、羌语的使用者，但由于四川话在四川具有强势地位，是事实上的通用语，一般而言，土广东话与老湖广话的使用者同时也是四川话的使用者，而部分藏族、彝族、羌族地区，特别是康定、雅江、昭觉、马尔康、松潘、丹巴等州府、县府所在地，也通用口音接近的四川话。

汉藏语系的语族分两类：第一类为汉语族；第二类为藏缅语族。汉语族是世界的先进语言，其只有方言而无语支。汉语有了方言便有了统一的文字、统一的词汇规则，使汉语的各类方言不会再进一步地分化和隔离，不会向语支分化，从而确保了汉语只在方言阶段。方言由官话来沟通，官话由汉字沟通，这样又保证了稳定性。四川方言划片：云、贵、川、渝，鄂西、陕西的汉水流域以南，甘肃的东南部全是讲四川方言的，仅次于北方官话。四川话是官话中的方言，北方官话即是官话中的北方方言，西南官话则是官话中的西南方言。

从听感而言，四川传统吟诵与普通话吟诵相比，相似却又有些疏离。本书选择四川传统吟诵作为田野考察案例，基于以下方面的因素。首先，四川传统吟诵的读书腔调长久以来已基本定型,较为成熟,在四川地区甚至整个西南官话地区具有代表性。其次,从全国各地的吟诵采录研究进入四川传统吟诵的研究,得到了四川省社会科学院、四川大学、中南大学、山东师范大学、首都师范大学、西南财经大学天府学院、山东省语言文字工作委员会和中华吟诵学会的大力支持,得到了近百位四川传统吟诵传承人的鼎力相助。我们所采录的老专家、老教授、老学者全部为四川人,这些专家、学者学养深厚、人格高尚,为我们的研究提供了极大的学术支持和研究指导。正因为有了他们的帮助和关怀,才使得我们开展田野调查非常顺利,让我们有足够的信心完成此项研究。

(三)四川传统吟诵的文化教育功能和研究价值

四川文脉久远,历经千年传续至今。中华传统吟诵是中华优秀传统文化的重要组成部分,四川传统吟诵作为我国传统吟诵的瑰宝,更被誉为四川传统音乐形态的活标本,在一定范围内反映了历史时代的背景和社会生活。四川传统吟诵与特定的地域环境、方言语音、个人情绪、文本体裁等紧密结合,依附于师徒之间口传心授的读书方式而自然习得,虽濒临灭绝,但现今仍有活态流存于世,传承方式和实用功能正是其赓续的关键基础。

四川传统吟诵承载着深厚的四川地域传统文化内涵,在诵读和教授古诗文的过程中,运用乐教的形式以方便记忆,传承文脉。保留文化教育的功能性和实用性,体现了文化的正统性。但与民间音乐、宫廷音乐、宗教音乐相比较而言,其在生命力和发展性方面相形见绌,也具有文化的保守性。

四川传统吟诵传承至今,其传承体系从未剥离过四川教育史,作为一种读书方法和工具,直接服务于历代四川读书人,贯穿于整个读书过程,其语言风格、旋律形态、语音结构、情绪表达全部受到读书的制约。四川传统吟诵反之也对读书效果、文化体认起到不可替代的作用,两者相辅相成、辩证统一。可以说,在历代四川读书人之中没有离开四川传统吟诵而存在的读书,亦不存在脱离读书的四川传统吟诵,吟诵与读书互为表里,体用不二。依托于传承载体、传承措施、传承状态等要素,对四川传统吟诵进行传承要素的系统研究分析以及文化密码的抽丝剥茧，将有利于深入剖析传承体系，发掘其传承逻辑和规律，为保护和传承中华传统吟诵提供借鉴，探索一条现代化背景下的民间传统口头音乐传承发展的新路子。

二 对象界定

民族文化在民族共同体内的社会成员中有一个绵延不断的接力棒似的纵向交接过程。这个过程因受生存环境和文化背景的制约而具有强制性和模式化要求，最终形成文化的传承机制。"传承"即通过研究保护开展传播、传递、承续、承接工作、使之不断、不灭、不绝。传统吟诵属于非物质文化遗产项目，一直以来都是通过口耳相传的方式传承，书面记载及理论分析非常稀少。四川省吟诵学会自成立以来，一直着重于紧张的田野采录工作，对具有代表性的重点地区、流派传人、典型风格、成熟作品等进行具体的调查统计，获取最原始资料，经过系统整理后建立四川传统吟诵数据库。在研究各地方音系统的历史演变、平仄格律、语言规则、古今音对比、系统建构等方面已形成纸质、电子光盘、照片、录像带、录音等形式近2000G的数据库原始资料。经过四川省吟诵学会核心学术团队对数据库内原始资料进行讨论、比对和归纳，初步形成以四川传统吟诵的历史发展、地域影响、方言特征、人文特点、社会形态、文化活动、传承脉络、诗词文体、个人特点等为主要研究方向，以四川方言区域（湖广话和南路话）为方言地域划分原则，依次形成以湖广话为代表的成都传统吟诵、重庆传统吟诵、广元传统吟诵、绵阳传统吟诵、南充传统吟诵、达州传统吟诵、遂宁传统吟诵、内江传统吟诵和以南路话为代表的乐山传统吟诵、宜宾传统吟诵共两大类研究方向。四川其他地域目前尚未采录到有效研究资料，有待我们进一步开展发掘抢救工作。

为便于精准分析，我们择取湖广话和南路话两类地域的代表性传承人进行逐个个案研究。目前，本书包含22位老先生的吟诵分析个案。这22位老先生的方言吟诵各有所长、各具特色。

成都传统吟诵研究对象为流沙河、王治平、王德生、谢桃坊四位老先生；

重庆传统吟诵研究对象为祁和晖、曹家谟、刘纯万三位老先生；广元传统吟诵研究对象为丁稚鸿、赵庭辅、赵树奎三位老先生；绵阳传统吟诵研究对象为萧璋、王宗斌、何绍基三位老先生；达州传统吟诵研究对象为寇森林先生；遂宁传统吟诵研究对象为牟柯先生；南充传统吟诵为汤光明先生；内江传统吟诵研究对象为郭绍歧先生；乐山传统吟诵研究对象为杜道生、李忠洪、雷定基、谢祥荣四位老先生；宜宾传统吟诵研究对象为杨星泉先生。

本书选择个案研究分析对象的五个必要条件：

（1）应有 1 年以上私塾教育的求学经历，能够大致描述和还原当时的教学环境、叙述自己的学习状态。

（2）应为长期生活在四川的四川人。

（3）熟读中华传统经典，对中国传统文化尤其是吟诵有一定的认知和理解，日常生活中与诗书为伴者最佳。

（4）有明显的吟诵代系传承和师承脉络关系。

（5）应经过四川省吟诵学会学术委员会甄别、判定为吟诵。

我们所研究的 22 位老先生的传统吟诵不仅满足个案选择条件，而且均是学界泰斗、硕学鸿儒，是当之无愧的巴蜀文化基因库和四川传统吟诵的"活化石"。然而不容乐观的是这些老先生均年事已高，平均年龄已达 85 岁，其中部分老先生已仙逝，当前四川传统吟诵的采录研究工作迫在眉睫。

三 文献综述

由于历史原因，我国学界对传统吟诵和吟诵教育的研究起步较晚，相对于传统文化其他品类的研究显得较零散，研究手段和技术水平都相对落后，成果不多，视角相对单一。

无论是在吟诵音乐、方言语音吟诵还是在吟诵教学、吟诵传统等方面，赵元任先生、史鹏先生、秦德祥先生、叶嘉莹先生、陈以鸿先生、萧善芗先生、华锋先生、魏嘉瓒先生、李昌集先生、张本义先生、陆襄先生、戴学忱先生、王恩保先生、陈少松先生、吕君恺先生、宗九奇先生、赵敏俐先生、徐健顺先生、刘永刚先生、李志华先生、王伟勇先生、朱光磊先生、朱立侠先生等都算得上中华传统吟诵研究的奠基人和拓荒者。可是后来者甚少，在吟诵的传承推广方面，后来的研究者们都有着义不容辞的责任，大家都必须在此基础上向上攀登。

关于吟诵概念，徐建顺先生、秦德祥先生、华锋先生和赵敏俐先生都曾撰文对吟诵的概念进行论述和界定区分。关于吟诵的本体和方法研究，李昌集先生从语音、节奏、语气三方面论述了古体诗文吟诵的规则和要领，并强调理解，指出应该声情和词情相结合。杨玫发表专文，对2011—2015年的期刊论文、硕博论文和报纸的主要文献，进行了梳理。王丽莉和王萍研究分析了声音的音高音长和庄世光先生的吟诵调之间的关系，并总结了其吟调的特点。杨峰的博士学位论文采用实验技术方法，采集精确的数据，分析研究了前人的吟诵作品，但专题讨论方言吟诵者较少。

就方言语音吟诵而言，全国最早的研究成果是秦德祥先生的《绝学探微吟诵文集》①（常州吟诵），对赵元任和程曦的诗文吟诵进行谱曲并附光盘，起到了保存传承吟诵绝学的典范作用。随后吕君忾先生作《格律诗词常识、欣赏和吟诵》②（粤语吟诵），阐述了格律诗词的格律知识以及粤语吟诵的方法和应用。张本义先生作《吟诵拾阶》③（辽南吟诵），选择部分古诗词文作为范文标注拼音、平仄、曲调，范文后面附有例诗。还有魏嘉瓒先生的《最美读书声》④（江南吟诵）等，它们像一颗颗璀璨的宝石镶嵌在中华传统吟诵的方言研究领域，让方言语音的传统吟诵开始进入了吟诵研究者的视野。

目前关于传统吟诵的论文，在中国知网上能搜索到的文献资料仅66篇，

---

① 秦德祥：《绝学探微吟诵文集》，上海三联书店2010年版。
② 吕君忾：《格律诗词常识欣赏和吟诵》，中国人民大学出版社2015年版。
③ 张本义：《吟诵拾阶》，广西师范大学出版社2013年版。
④ 魏嘉瓒：《最美读书声》，长江文艺出版社2014年版。

其中包括 7 篇硕士学位论文、50 篇期刊论文、3 篇会议论文、6 篇报刊论文。通过检索以个案吟诵研究的论文也屈指可数，具有代表性的如：华锋先生的《论叶嘉莹先生的传统吟诵》《论华氏吟诵调及其特点》，董就雄的《分春馆词人吟诵特色析论》，刘红霞的《由〈赵元任程曦吟诵遗音录〉看中国传统诗文吟诵》，朱光磊的《唐调吟诵的文体腔格与四象理论》，侍建国的《赵元任诗文吟诵的语音差异》，鲁庆中的《华锺彦与古诗词吟诵》，刘玲的《湘语吟诵音长关系的个案分析——以史鹏先生的吟诵为研究对象》。

从全国方言语音传统吟诵的研究上来看，以上专家、学者有的对音乐资料进行收集性整理；有的从史论和文化的角度开展研究，梳理或概括方言语音地区传统吟诵的缘起和发展，对相关传统吟诵进行描述性分析；有的以传统吟诵的某一个或几个代表传承人为切入点进行研究，在田野调查基础上以传统吟诵中的诗文为研究聚焦点。

以上这些理论研究为传统吟诵研究树立了"田野采录"的示范，也为四川传统吟诵的研究者们在全川范围内的搜集整理和编撰工作提供了操作性强、参考价值极高的一个范式。它们为四川传统吟诵的研究奠定了坚实的理论研究基础、提供了宝贵的文献资料，在抢救和挖掘濒临危机的传统吟诵上具有非常积极的意义和重要作用。

相较于国内其他地区而言，四川传统吟诵研究起步较晚。目前，学术界尚无关于四川传统吟诵的成熟的理论研究成果，大多数成果停留在记录的初始状态。

笔者对四川传统吟诵的研究始于 2006 年徐健顺教授开始对全国民间传统吟诵调的搜集采录整理工作。从 2014 年起，笔者开始对四川传统吟诵开展搜集整理采录研究工作。2015 年绵阳市吟诵学会成立，2016 年初四川省吟诵学会成立。从建立之初，两个学会就积极组织人力、物力陆续投入对四川传统吟诵的调查、搜集、录音、记谱和整理的田野调查工作中。同时学会成立 49 人的研究团队，从最早对四川吟诵传承人的采录和资料搜集、记录、整理工作，直至记谱记录、语言语音分析、吟诵音乐分析、传承价值等，四川传统吟诵的研究深度和广度出现了一个较大的进步。

四 研究方法

本书在深入的田野调查和丰富翔实的文献基础上，立足于多年来开展的大量吟诵活动、吟诵教学等实践活动，理论研究结合实践，学科范围涉及到中国古代文学、中国古典文献学、汉语言文字学、中国古代标点符号学、中国古近现代史、民俗学、音律学、人类学、文艺学、民族音乐学、音乐史、音乐形态学、比较音乐学、教育学、美学、历史学、音乐分析法、人类解剖学、心理学、民族学、宗教学、社会学、地理学等相关专业理论。

研究方法主要注重普遍性与个性化分析，并以文献研究法、田野调查法、音乐形态分析法、个案代表性扩展法、实用实证法、归纳概括法、对比分析法、实地调查统计法、边缘交叉学科法等等方法进具体的吟诵理论探究。具体说明五种主要研究方法如下。

（一）文献研究法

根据研究的目的和具体内容，通过搜集、查阅、整理和鉴别文献资料而获得研究对象的相关资料，最终形成对所研究对象的认识，是文献研究的方法。我们在研究中所阅读的主要文献有各地市方志、各地方言语音沿革的历史文献、涉及诗词文赋各研究文体的历史文献、涉及吟诵传承人所在地市教育概况的文献、涉及传统吟诵的相关今古文献、四川地区私塾教育的相关文献及四川民歌、四川宗教音乐、四川戏剧等。通过对文献的阅读分析，引用于本书的文献综述、文化背景、创作背景、相关历史等方面的论述。

（二）田野调查法

田野调查法是本书最重要的一个方法和手段。通过近五年的田野工作，我们获取了数量巨大而又内容丰富的一手资料。

首先，我们积极利用各种途径寻找采录线索，比如拜访当地诗词学会、楹联学会、书法学会等；拜访当地文化单位，如文联、社科联、大中院校；联系相关政府管理部门如各地语委系统；广泛在各种国学学习场所或网上资源群散发信息；指已经采访过的受访者推荐合适的受访人；询问身边的亲朋好友、吟诵爱好者；等等。通过各种采录线索得到可能的受访信息后，想办法请信息提供人或受访者的家人朋友用手机录下视频和音频，做到"先期采录"，由四川省吟诵学会学术委员会判断是否属于吟诵后，再决定是否前往采录，以此提高采录成功率。即使判断为不太适合采录的对象，也会记录下对方的联系方式等信息作为受访人备选资料存档。遇到其他地区的吟诵信息或濒危的传统文化，例如中医、古琴、武术以及有价值的传统手艺等，我们也会进行采录整理。如采录小组在广元剑阁进行吟诵采录时，发现赵庭辅先生留存有三大本广元当地山歌采集手抄本，遂于2019年6月多次登门拜访，对赵老会唱的民歌进行了全部采录，2019年7月赵老因病去世，这份宝贵的文化财产幸而因采录及时而得以留存，为将来的相关学术研究提供了可能性。

在采录过程之间，通过与老先生们的交流访谈、对他们的虔诚请益，我们不仅采录到各种体裁的诗词文赋，同时也记录了这些老先生的各类吟诵文本和文史资料。

（三）音乐形态分析法

本书从传统文人音乐的本质出发探索四川传统吟诵的整体形态风格，通过音乐形态学的研究分析方法着眼于四川传统吟诵的音乐本体，对结构形态、旋律形态、节奏形态等诸要素进行细致的描述与分析。

（四）个案代表性扩展法

我们通过对四川不同地域和不同吟诵采录个体进行由表及里的详尽研究和定性分析，力图总结吟诵规律的因果关系，结合理论和实践还原吟诵本来面目，将其上升为四川传统吟诵理论的真实阐述。

（五）实用实证法

本书以实用性为目的开展吟诵理论研究，以实证性方式进行使用、发挥作用，使吟诵研究成果受到实践检验，这应是吟诵理论研究未来的一条道路。我们将四川传统吟诵研究的理论成果服务于社会大众，通过大众的学习交流和反馈情况以及对吟诵的认知度和接受度进行统计分析，促进对研究对象的深刻理解和认知，达到吟诵本体理论的深入探究。

五 目的意义

四川传统吟诵的历史是一部四川传统"读书方法"与四川方言语音和地域性传统音乐多方面结合侵染的发展史，是四川地区特有的文化和音乐现象。现今的传统吟诵包括四川传统吟诵已经面临中断失传的绝境，令人堪忧。我们通过建立四川传统吟诵资料库，申报各级非物质文化遗产保护，将一直保留在历代四川读书人口耳之中的非物质文化遗产原原本本地保护下来、传承下去，从而有助于正确认知四川传统吟诵的本来面目。

目前，学术界还未能真正理清中华传统吟诵的全貌和风格特征，没有对中华传统吟诵从民族音乐学、音乐形态学、语言学、教育学、美学等角度做出较为全面系统的整体性研究，这与中华传统吟诵在中国优秀传统文化中的价值和重要意义不相匹配。可以说，不具备全局性的研究视野，就无法了解中华传统吟诵这一古老而传统的读书方法，更无法深刻认识其本来面貌和根本特点。

我们力图为四川传统吟诵提供一套翔实可靠的文化研究原始资料，通过不同区域的四川传统吟诵比较研究寻找出其内在规律，为历史与现状搭建桥梁。相信随着四川传统吟诵学术研究的不断深入，应当可以为全国其他省区市的传统吟诵研究提供新的视角、材料和观点，从而拓宽中华传统吟诵研究的领域和视野，扩大和加深对中华传统吟诵整体格局的认知，促进对具有顽强生命力的、历经千年依然传承有序的中华传统吟诵以及读书过程中所折射的教化功能和文化意义进行更深层次的探索。

六　创新价值

本书的研究,是对中华传统吟诵重要支脉——四川传统吟诵进行的首次全面完整深入的研究。本书紧扣音乐形态研究,大量引入中国民族音乐分析理论和观点,梳理归纳四川传统吟诵的方言语音规律、形态特征、音乐旋律特点和文化文学属性,挣脱局部研究的瓶颈,站在全局的角度梳理四川各地域的吟诵面貌、音乐形态和传承体系,不仅填补了四川传统吟诵研究的空白,极大恢复了四川传统吟诵的整体面貌,而且为今天和未来的传统吟诵继承推广,输入更自觉、更丰满的音乐、文学、艺术内涵,使其更加富有文化价值。

本书的研究还从语言学和教育学的视角,对当代四川传统吟诵的历史沿革、形成原因、文化价值、文脉传统进行探索,使其上升到学科角度,客观揭示四川传统吟诵的教育特质,分析其对传承者的影响和作用,对吟诵传习过程中体现的教育功能进行阐释,尽力还原四川传统吟诵的教育功能价值,这也是研究传承弘扬四川传统吟诵的终极归宿。

七　不足之处

四川传统吟诵的研究不能见木不见林,知其然不知其所以然。若不厘清四川传统吟诵的内核与外缘,系统全面地认识其整体面貌和风格特点,就无法梳理出现状和特点,无法透过现象认清本质。目前学术界有关研究成果给本文研究提供了启示和参考,从我们的研究来看,在研究对象、方法观念和材料上都明显捉襟见肘,以至于目前尚未能全面展示出四川传统吟诵的全貌和风格特点,对本质与规律的发现也需要进一步探索,这无疑为此课题留下了更多研究空间,现将本书研究存在的主要问题归纳如下。

(一)缺乏从总体与宏观的视野做系统性研究

对一个领域进行科学研究,离不开系统的研究资料建设。就现有的四川传统吟诵研究状况而言,相关资料还显得比较零散匮乏,目前还是以个体的传统吟诵为切入点,进行横向孤立分析研究,没有上升到对四川传统吟诵的整体特点和风格的把握,缺乏整体性和本体性的深入分析,对整体面貌的勾勒、方言语音形态特点、典型吟诵风格和文化属性的研究不够深入。

（二）欠缺从内核到外缘的角度做深入性研究

四川传统吟诵独有的本质和特点要求研究者深入审视研究对象，判断表象和本质、内核与外缘、一般与个别的界线，以高度简约的思维方式提纲挈领。由于四川传统吟诵整体传承体系出现大面积的崩塌，我们的个案研究大多停留在外缘部分的宏观叙述和内涵区域的浅表分析，仅涉及吟诵的地域性、方言语音、音调结构、旋律节奏、文本使用、师承关系等论域的一般描述，缺乏对四川传统吟诵本质的深入剖析，未能完全复原其最为核心的文化精髓。

（三）缺少局部区域的有效资料

就本书而言，目前四川传统吟诵的大部分个案研究集中在西南官话的成渝片；灌赤片的研究资料严重缺失；田野调查尚无有效途径；宜宾泸州等地非常薄弱；对于传统文化底蕴深厚、多民族融合、音乐文化多姿多彩的四川少数民族地区的研究更是空白。使得我们对于各个地域相伴相生的方言方音与吟诵传统及音乐旋律，以及四川传统吟诵的系统构成和总体面貌缺乏完整系统的纵向综合研究。

可喜的是，我们在六年的田野调查工作中已经取得了大量的一手资料，希望通过我们抛砖引玉式的研究可以让历史悠久、文脉久远、内涵丰富的四川传统吟诵走进更多学者视野，进一步拓宽中华传统吟诵研究涵盖范围。

第一章

吟诵和四川传统吟诵

第一节 吟诵

1962年全世界选出的十大诗人之中,中国就占两位,他们是屈原与杜甫。屈原虽是远存于公元前3世纪的人,但仍不是最古老的,最古老的是公元前8世纪的古希腊诗人荷马。他的"荷马史诗"是《伊利亚特》和《奥德赛》两部史诗的合称,它用诗的语言描述了公元前12世纪古希腊诸城邦联盟与特洛伊长达十年的战争场面;以及联军将领奥得修斯在战争结束后十年的种种艰险离奇经历。该诗一直被传唱。经四百年之冶炼后,荷马集其大成。荷马弹着七弦竖琴在爱琴海诸岛屿上演唱,将其传唱开来,后成书。德国一位考古学家以此书为据,终于使公元前12世纪的麦锡尼文明璀璨于世,人们信然。荷马所唱者乃史诗也,遂以"荷马史诗"命名。比古希腊更早的古印度有吠陀时代。印度人至今尚在诗吠陀、唱罗摩。古印度的两部史诗《摩诃婆罗多》和《罗摩衍那》一直被传唱至今,且为人们津津乐道。

我中华乃诗歌之国度,吟诵文化源远流长。孔子时代的"诵诗三百,歌诗三百,弦诗三百,舞诗三百",其景况极为繁盛。但在各种历史原因的影响下,现今的中华传统吟诵文化其势甚微。与此同时,我们的吟诵文化传到日本,却甚受欢迎,且得到很大程度的普及。现在的日本,经常会在村与村之间开展吟诵比赛,吟唱起来也颇为动听,十分热闹。日本一位有名的汉学家,写就了一本《中国诗》,此书中写道:"世界语言中,汉语是最有益于作诗的语言,律话后,臻至极致。"用汉语之旋律语音来吟诵,本就十分动听,若在普及之基础上，循序渐进，层层提高，一定会更加优美。音乐和诗歌若为单独的个体各就其义，将远不如二者相互结合时所表达的效果。离开音乐诗歌本身不可避免地会丧失较多光辉灿烂的思想和激动感情的力量，可是音乐这个同盟者的协助，可以使这些效果得到最大限度的发挥，从而达到极致。

一　吟诵释义

　　吟诵又名吟诗、咏诗、吟哦等，四川人称之为唱读、歌（kē）诗。汉语常用改变声调来改变词性。如"唾"字作名词，口水也，读去声；作动词，意味吐口水时，读上声。《长恨歌》题目中"歌"字是名词，而在杜审言"忽闻歌古调，归思欲沾襟"、白居易"共君把箸击盘歌"、刘禹锡"今日听君歌一曲"这些诗句中，"歌"字皆是动词，读"科"音，乃唱意。

　　吟诵是古来的传统文化，春秋时期，有孔子每日吟诵，除非有邻人仙逝，孔子则停止吟诵一日，以示对死者的哀悼。他将所唱所吟之诗编撰起来，共有诗305首，简称"诗三百"。直至汉代，独尊儒术，罢黜百家，称《诗三百》为《诗经》。有一种英译版本的《诗经》（*Book of Songs*）。可见，《诗经》是一本和歌唱高度相关的集子，这种译法强调了《诗经》之诗是用以歌唱之歌曲；包括《诗经》在内，可以说中国的古诗文皆可歌唱皆可吟诵。《楚辞》是楚地的方言歌曲，乐府诗是伴乐而唱的歌曲。既然诗歌用以歌唱，自然会出现一些情况，即有的诗诵之不畅，歌之别扭，总结之称为"八病"。晋代沈约发现"四声"，号召当时的文人士大夫以"四声"除"八病"。我国诗人经过二百多年的探索，到武则天时，五言律诗基本成熟，到玄宗开元天宝之交，七律基本成熟，且称律诗与绝句为近体诗。

　　现今以近体诗流传，在于它源于汉语声音的基本属性，使诗歌利于口舌，便于吟诵。其后之词与曲，则是以音乐文字展现于世的。词在其初颇严格于四声"词有定句，句有定字，字有定声"。此后出现的诗客词人，他们对词的发展起到了很大的作用，拓宽了词的境界，但将其"只讲究平仄，不严于四声"的诗法用于词，使每一词皆有多体，造成了一些混乱。词人中不少人是音乐家，声名最旺者是北宋美成、南宋白石。宋徽宗令美成为朝廷作正谱正音的工作，完成了近七百词调的更正工作。这本词学音乐巨著，在靖康事件后，无人复见之，此乃憾事耳。

古人云："情动于中而形于言，言之不足故嗟叹之，嗟叹之不足故永歌之，永歌之不足，不知手之舞之，足之蹈之也。"可见，吟诵比读诗更深远一层，吟诵世代相传，直至今日。

二　歌诗与吟诵

（一）有谱而歌

与平常唱歌相似，照谱而唱即可。我国尚有不少古歌，以古谱流传下来。唐宋用半字谱，元明清用工尺谱。1904年后，用五线谱与简谱。将古谱译成今谱的工作，完成于20世纪末。

我们应珍惜存之不易的古歌。乾隆四年发现白石道人的自度曲，有不少音乐名家都来观之，然未有一人能识此谱。直到民国初年，杨荫浏[①]先生等几位音乐家采风时，闻道人们奏乐，其音古雅，后见其谱乃南宋时用的半字谱，对照研究，始知其然，使今人有缘得以与其再度重逢。

（二）借谱而歌

杜甫之祖父杜审言，进士出身，为北方人在南方做官。友人晋陵陆丞同为进士出身，一日相逢，陆丞用古调唱他的《早春游望》诗。虽然陆诗未流传下来，但杜审言的和诗尚在，足可证之。李叔同先生的《送别歌》"长亭外、古道边……"是用美国作曲家约翰·P.奥德威的曲子。元朝作曲家、蒙古族词人的萨都剌《满江红·金陵怀古》"六代豪华，出去也……"谱的曲子，几

[①] 杨荫浏(1899—1984)，字亮卿，号二壮，又号清如，音乐教育家，中国民族音乐学的奠基者。对无锡道教音乐、青城山道教音乐、中国基督教圣乐、北京智化寺音乐、西安鼓乐、五台山寺庙音乐、湖南宗教音乐等进行了深入的调查研究，堪称宗教音乐研究领域的先锋。中华人民共和国成立后，杨荫浏任中央音乐学院研究部研究员、教授，音乐研究所副所长、所长，及中国音乐家协会常务理事。他用30多年时间和毕生心血编著了《中国古代音乐史稿》，完成专著20多种、论文近百篇。其中有《天韵社曲谱》《雅音集》《文板十二曲琵琶谱》《古琴曲汇编》《关汉卿戏曲乐谱》《语言音乐学初探》等。

百年后杨荫浏先生得此谱,译成今谱,配上岳飞《满江红》"怒发冲冠,凭栏处……",经黄浦军校而传唱开的。旋律优美的经典英文歌曲"scarborough fair"是典旧而词新,借古曲唱新词的西洋音乐典范。借谱而歌是古今中外都常用的方法,当然要音节相应,声情和谐。

（三）无谱而歌

诗歌在全世界广为传唱,然欧美歌诗必须有谱,唯我中华有谱能歌,无谱也唱。汉语作为旋律语音,有声调之属性。声调者四声也,古时为平、上、去、入四声。在普通话和大部分四川方言中,入声已消亡,新的四声指阴平、阳平、上声、去声。四声分平仄,平有高低之分,仄有抗坠之别。将音声之高、低、亢、坠巧加安排,则自成旋律,所谓巧加安排实际上是尊重语言声韵的规律。诗无谱而歌唱实际就是我们的吟诵,此正是汉语旋律语音的绝妙之处。

三 语音与音变

汉语作为旋律语音,有声调属性。然而汉语方言甚多,少则仅有三个声调,多则有九个声调。昔为平、上、去、入;现为阴平、阳平、上、去。昔时之入声,在四川的通用语言——成都方言中,入声字概属阳平;而在普通话里,则分属阴、阳、上、去。除了这些字,一个字属于哪一声调,在普通话与成都话里,大体相对应,然调值不同。汉字皆单音节,一字一个音节。四声不同实为字声之高、低及其变化之不同。现通用赵元任[①]先生创制的"五度标记法"来表现字声的高、低、升、降和曲、直、长、短的变化形式。此为相对音高,不可能做到五线谱般的精准。现将普通话与成都话之声调列表如下：

[①] 赵元任(1892—1982),汉族,字宣仲,又字宜重,原籍江苏武进(今常州)。清朝著名诗人赵翼(瓯北)后人。光绪十八年(1892)生于天津。现代著名学者、语言学家、音乐家。

表 1—1—1　　　　　　　　普通话与成都话声调对比

调类		一声 阴平	二声 阳平	三声 上声	四声 去声
普通话	调值	55　高平调	35　高升调	214　降升调	51　全降调
	符号	˥	˧˥	˨˩˦	˥˩
成都话	调值	55　高平调	21　高降调	53　高降调	213　低升调
	符号	˥	˨˩	˥˧	˨˩˧

以上列者，皆一个字单念时的声调。在语流中，尤其是音程颇短时，成都话的去声，其音值为 13（˩˧），阴平表现为 45（˦˥）或 44（˦˦）。语流中，当两字连续时，两字的语音互相影响，会出现语音变调的情况，称为语流音变。普通话里，后音对前音的影响大，可使前音变调；成都话里则相反，变调者往往为后音。其规律有：

（一）上上变上阳

如姐姐˥˧ ˨˩、嫂嫂、妈妈等。

不尽长江滚滚˥˧ ˨˩ 来。　　　　　(杜甫《登高》)

斜阳冉冉˥˧ ˨˩ 春无极。　　　　　（周邦彦《兰陵王·柳》）

冷冷˥˧ ˨˩ 清清，凄凄惨惨˥˧ ˨˩ 戚戚……三杯两盏˥˧ ˨˩ 淡酒。（李清照《声声慢》）

在用四川方言吟诵时往往相连时变，相断时则不变，不变时声高；变化时则声低，故可人为控制高低。白居易《琵琶行》里有言"往往取酒˥˧ ˨˩ ˥˧ ˨˩ 还独倾"。此句四个上声字在一起，则应有连有断处理。

-17-

（二）阳阳变阳阴

如瓶瓶 ↘ ⌐、娃娃、筒筒、馍馍、眉毛 ↘ ⌐ 等。

寻寻 ↘ ⌐ 觅觅。（李清照《声声慢》）

青泥何盘盘 ↘ ⌐ ↘，百步九折萦岩峦 ↘ ⌐ ↘。（李白《蜀道难》）

此种音变现象，处于变与不变皆可之境；有些地方变，有些地方则不变；同一情况，有些人要变，有些人则不变，有些情况是决不能变的。如杀人如麻 ↘ ↘。又如"蓝田日暖玉生烟"不能把"田"字读成"天"字，但可把"田"字的音抬高。又如柳永《雨霖铃》中的寒蝉、长亭，也不变。此种音变，变了声高、不变声低。

（三）去去变去阴

如弟弟 ↘⌐、妹妹 ↘⌐、棒棒 ↘⌐、罐罐 ↘⌐。

这属于变与不变两可的情况。不变音低，变则音高。需要音高时可变。如：把已过的路儿细细 ↘⌐ 想，把未来的路儿慢慢 ↘⌐ 访。（松游小唱）

四　语流与乐流

古时的知识分子叫读书人，进书房即可闻琅琅读书声。读书时久，自然会感悟语流，把握语流。读起诗文来，颇有节奏感。吟诵起诗文来，就会形成乐流，语流与乐流必须和谐。概言之，每人都有两组音，即所谓高八度、低八度。平常说话、读书，一般只用低组音，可吟诵的音域要宽些。故把握语流、拓宽音域即能吟诵。实际上，古人的诗不是纸笔摩擦出来的，而是用口吟出来的，为避免遗忘，录之纸笔。

白居易与刘禹锡同庚，五十三岁时初逢于扬州，酒后，白居易有诗《醉赠刘二十八使君》中有一句"与君把箸击盘歌"，可见是握着筷子击盘为节而唱出来的。刘禹锡即席和诗，也是吟诵出来的。诗名"酬乐天扬州初逢席上见赠"。此处"见赠"的"见"字是助词，用在动词前面表示被动，这个"见"字不是看见的意思。因为诗是吟诵出来的，尚无暇落笔，岂能看见。翻检唐诗，一般即席和诗难有佳作，然此刘诗确为名作。

酬乐天扬州初逢席上见赠

刘禹锡

巴山楚水凄凉地，二十三年弃置身。
怀旧空吟闻笛赋，到乡翻似烂柯人。
沉舟侧畔千帆过，病树前头万木春。
今日听君歌一曲，暂凭杯酒长精神。

历代的曲艺工作者，由于职业之故，向来是把握语流的高手。白居易的长诗《长恨歌》《琵琶行》是由曲艺人员伴着叠鼓或吟诵或歌唱而传唱开的。"童子解吟长恨曲，胡儿能唱琵琶篇。"可见，吟诵与歌诗在当时何其盛行。叠鼓唱词盛于唐、宋，陆游诗云："斜阳古柳赵家庄，负鼓盲翁正作场。身后是非谁管得，满村听唱蔡中郎。"这是文学虚构的汉朝蔡邕与赵五娘之间的恩恩怨怨的爱情故事，成书于元朝，书名《琵琶记》。叠鼓唱词在元初尚流行，周密词《高阳台·送陈君衡被召》中有言："……秦关汴水经行地，想登临、都付新诗。纵英游、叠鼓清笳，骏马名妓……."足以证之。

语流与语音体系有关。例如，说"狗不理包子，天津味"，"天津"二字在成都话里音高，而在天津话里是低音，味字在成都话里是由低上扬，而在天津话里却由高下降，恰与成都语流相反。因"天津"二字是阴平，阴平在成都语音里是高平调，在天津语音里是低平调。"味"字是去声。成都话里是低升调，而在天津话里是高降调。为了感悟语流，必须具有语音学的常识，了解语流学的知识以及诗词些典型句的语流特征。

宋代的语音，去声为升调，故词里的引导词多用去声，起到振起后声的作用。在成都话里，去声为升调，使后声抬高；上声为降调，使后声压低。试分析"去平平与上平平"，如"抱村流"与"井梧寒"：

江村

杜甫

清江一曲抱村流，长夏江村事事幽。
自去自来堂上燕，相亲相近水中鸥。
老妻画纸为棋局，稚子敲针作钓钩。
多病所须唯药物，微躯此外更何求？

宿府

杜甫

清秋幕府井梧寒，独宿江城蜡炬残。
永夜角声悲自语，中天月色好谁看。
风尘荏苒音书绝，关塞萧条行路难。
已忍伶俜十年事，强移栖息一枝安。

去声之后音抬高，上声之后音压低，这是从语音学角度看语流的一个普遍规律。在诗歌里极为常见。且看：

戚氏·晚秋天[①]

柳永

晚秋天，一霎微雨洒庭轩。槛菊萧疏，井梧零乱，惹残烟。凄然，望江关，飞云黯淡夕阳间。当时宋玉悲感，向此临水与登山。远道迢递，行人凄楚，倦听陇水潺湲。正蝉吟败叶，蛩响衰草，相应喧喧。

[①] 萧涤非：《唐宋词鉴赏辞典》（唐·五代·北宋），上海辞书出版社 1988 年版，第 351 页。

孤馆，度日如年。风露渐变，悄悄至更阑。长天净，绛河清浅，皓月婵娟。思绵绵。夜永对景，那堪屈指，暗想从前。未名未禄，绮陌红楼，往往经岁迁延。

　　帝里风光好，当年少日，暮宴朝欢。况有狂朋怪侣，遇当歌对酒竟流连。别来迅景如梭，旧游似梦，烟水程何限。念利名，憔悴长萦绊。追往事、空惨愁颜。漏箭移，稍觉轻寒。渐呜咽，画角数声残。对闲窗畔，停灯向晓，抱影无眠。

此有上平平十三，去平平十三，足见其频繁。

在一诗句里，同样一个字，在上声后其音却低些。如：

"自是人生长恨，水长东。"（李煜《相见欢·林花谢了春红》）

"长亭连短亭。"（李白《菩萨蛮·平林漠漠烟如织》）

在成都话里，阳平是低平调，阴平是高平调，对后音亦略有低昂，但不如上、去明显。总之，语流并非每单个字声的机械加合，而字声却随语流的起伏而低昂。了解此点有益于把握语流。

五　诗律与吟诵

平仄以为句，高低而成调。为使诗句高低抗坠有致，律句皆平仄交替而成。以七言为例，律句形式有：

平起平收，— — ｜ ｜ ｜ — —

平起仄收，— — ｜ ｜ — — ｜

仄起平收，｜ ｜ — — ｜ ｜ —

仄起仄收，｜ ｜ — — — ｜ ｜

律诗是以律句依粘连规则结合而成。以上四种律句皆可作为首句，首句一定，其余则遵则而定。

（1）平起平收起句。

山中寡妇
杜荀鹤

— — — ｜ ｜ — —
夫 因 兵 死 守 蓬 茅，

— ｜ — ｜ ｜ — —
麻 苎 衣 衫 鬓 发 焦。

— ｜ ｜ — — ｜ ｜
桑 柘 废 来 犹 纳 税，

— — — ｜ ｜ — —
田 园 荒 后 尚 征 苗。

— — ｜ ｜ — — ｜
时 挑 野 菜 和 根 煮，

｜ ｜ — — ｜ ｜ —
旋 斫 生 柴 带 叶 烧。

｜ ｜ — — ｜ ｜ ｜
任 是 深 山 更 深 处，

｜ — — ｜ ｜ — —
也 应 无 计 避 征 徭。

杜甫《江村》诗"清江一曲抱村流"；《宿府》诗"清秋幕府井梧寒"等皆是此属。

（2）仄起平收起句。

例：

蜀相

杜甫

—	｜	—	—	—	｜	—
丞	相	祠	堂	何	处	寻？

｜	—	—	｜	｜	—	—
锦	官	城	外	柏	森	森。

｜	—	｜	｜	—	—	｜
映	阶	碧	草	自	春	色，

｜	｜	—	—	—	｜	—
隔	叶	黄	鹂	空	好	音。

—	｜	—	—	—	｜	｜
三	顾	频	烦	天	下	计，

｜	—	—	｜	—	—	—
两	朝	开	济	老	臣	心。

—	—	｜	｜	—	—	｜
出	师	未	捷	身	先	死，

—	｜	—	—	｜	｜	—
长	使	英	雄	泪	满	襟。

杜甫《登高》中诗句"风急天高猿啸哀";《堂成》中的诗句"背郭堂成荫白茅";刘禹锡之《西塞山怀古》诗句"王濬楼船下益州";李商隐之《无题》诗句"相见时难别亦难"等皆属此。

七律以首句入韵者多,另有首句不入韵者。有如"平起仄收— —｜｜— —｜"起句者,如杜甫诗句"舍南舍北皆春水";刘禹锡诗句"巴山楚水凄凉地";韦应物诗句"去年花里逢君别"属此。另有"仄起仄收"起｜｜— — ｜｜句者,如杜甫诗句"剑外忽传收蓟北"等。

律诗中的律句,大体有"一、三、五不论,二、四、六分明"。但仄起仄收句中，即在"+｜+——｜｜"有中第五字若用仄声，则称为孤平，且最后三字皆为仄。此为诗家所不取，故"今日听君歌一曲"中的"歌"字为"唱"意而不用"唱"字。将七言之第一、二字去掉，即为五言，不再赘述。

中国之大，方言颇多，其声调差异颇大，故不同方言的吟诵，其吟诵腔调的差异也大。吟诵腔调的乐流要与语流和谐，旋律音调必须服从于所吟诵古诗文的字调。用四川话吟诵，决不能用天津地区或太原等地的吟诵腔调。天津话的阴平是低平调，太原话平部分阴阳，也为低平调，故他们吟诵时平声是不会高的。我们在研究流沙河先生、王治平先生的成都话吟诵时，发现的就是平高仄低的模式。故律句平仄的交替，即为吟诵腔调高低的交替，因抗坠有致而成乐声。不过要注意阳平，一则阳平单念时调低，再则昔时属于仄的入声，今皆归属阳平，特别与声调较高的上声对举时，常有上声占高声位，阳平占低声位的情况。

杜甫诗《月夜》中属此者有"遥怜小儿女"，"何时倚虚幌"，皆上声小；"倚"占高声位，"儿""虚"平声字位处上声之后而降低占低声位。

三片词中有一种叫双浅题词，第一、二片的唱腔一样，《瑞龙吟》属此。《瑞龙吟》的第一片中有"退粉梅梢，试花桃树"，其声位属"低低高高，高高低低"四言对。第二片之相应处为"个人痴小，乍窥门户"。可见此处"人"字占低位，而上声字"小"占高声位。

律诗之联，是使上、下联之声腔成高低对称之美。粘则使相邻之联声腔各不相同，避免单调重复。韵之为用，是使声腔具有回旋之美。

句式之多样性，使唱腔具有多样美。词与词之结合从意义联系上来看，可构成一个意义整体，叫作意群。大的意群里，又可按照疏密不同的意义关系，化成更小的意义整体，叫作拍群。意群或节拍之间常作适当停顿，叫逻辑停顿。恰当的停顿，使听者易于明意。若停顿有误，就会分割语意，这在说话或吟诵时都必须注意。在吟诵中，逻辑停顿处，常作适当的停顿或拖腔来提示，句式以此而划分。

"丞相祠堂何处寻"，"清秋幕府井梧寒"，"巴山楚水凄凉地"为四、三句式。"长夏江村事事幽","笼竹和烟滴露梢","已忍伶俜十年事","潦倒新停浊酒杯"为二、五句式。"永夜角声悲自语","中天月色好谁看"为五、二句式。"蔡文姬汉宝归来","已不堪飘零红粉"分别为一、六与三、四句式。

　　句式弄错了，会造成语意的错误。如"我看见他，笑了"，则"笑"的主语为"我"，"我看见他笑了"，则"笑"的主语为"他"。句式不同，而其语意迥别。杜甫《江村》诗之第二联，"自去自来堂上燕，相亲相近水中鸥"为四、三句式；第四联，"多病所须唯药物，微躯此外更何求"也是四、三句式；则第三联，"老妻画纸为棋局，稚子敲针作钓钩"作二、五句式处理。这样就避免了单一句式的单调重复，又强调了老妻与稚子。

　　沈约①发现"四声"则以此对治"八病"，最后到律诗的形成，其间两百年，文人士大夫所追求者，皆美声与美听也。语流音变习俗而成也在于追求美声与美听。一言以蔽之，语流音变，使音高者可低之，低者可高之，调整高低地美其声。

六　语流与吟诵

　　要讨论各种四声组合的语流特点与吟诵腔调的关系，总的原则在于吟诵腔调的乐流要与古诗文文本语言相和谐，旋律音调必须服从于古诗文文本在语流中的字调。我们知道吟诵的音域比现代的诵读要宽泛。而讨论诗词中的语流，最基础的是"｜｜－－"与"－－｜｜"，"｜｜－－"中最重要的是已经讨论过的上平平与去平平。实际上，"－－｜｜"其更普遍的形式为"+－+｜"，符合形式"+－"的四声组合为8种，而"+｜"也是8种，现讨论几种典型。

　　（一）｜－－｜组合

　　1. 去阳阴去组合。

---

　　① 沈约(441—513)，字休文，南朝著名政治家文学家、史学家。与周颙等创四声八病之说，要求以平、上、去、入四声相互调节的方法应用于诗文，避免八病，这为当时韵文创作开辟了新境界。其诗与王融诸人的诗皆注重声律、对仗，时号"永明体"，是从比较自由的古体诗走向格律严整的近体诗的一个重要过渡阶段。著作有《宋书》《沈隐侯集》辑本二卷。曾著《四声谱》《齐纪》等，已佚。

与此相仿者有上阳阴去，去阳阴上。其特点在于平声先阳后阴，其声音先低后高。如：

最难将息、晚来风急、旧时相识、有谁堪摘（李清照《声声慢·寻寻觅觅》）

对闲窗畔、绛河清浅（柳永《戚氏·晚秋天》）

月桥花院、满城风絮（贺铸《青玉案·凌波不过横塘路》）

数行霜树（柳永《夜半乐·冻云黯淡天气》）

水随天去、献愁供恨（辛弃疾《水龙吟·登建康赏心亭》）

断鸿声里（柳永《玉蝴蝶·望处雨收云断》）

恨如芳草、一帘幽梦、素弦声断（秦观《八六子·倚危亭》）

2. +阴阴+组合，二平声皆高。

几番风雨、遥山羞黛（吴文英《莺啼序·春晚感怀》）

大江东去、雄姿英发。（卷）起千堆雪（苏东坡《念奴娇·赤壁怀古》）

3. +阳阳+组合，二平声皆低。

棹残阳里、后庭遗曲、酒旗斜矗（去）、画图难显（王安石《桂枝香·金陵怀古》）

一怀愁绪，几年离索，泪痕红浥（陆游《钗头凤·红酥手》）

更无时节，孤鸿明灭（朱敦儒《好事近·摇首出红尘》）

阴晴圆缺，愿人长久（苏轼《水调歌头·明月几时有》）

4. +阴阳+组合。

早生华发，人生如梦，江山如画（苏轼《念奴娇·赤壁怀古》）

买相如赋，（飞）燕皆尘土（辛弃疾《摸鱼儿·更能消几番风雨》）

（古）道音尘绝，西风残照，汉家陵阙（李白《忆秦娥·箫声咽》）

（二）——｜｜组合

1. ++去上组合。

寒沙带浅（流），（系）船犹未稳，（故）人曾到否。（欲买桂）花同载酒（刘过《唐多令·芦叶满汀洲》）

听风听雨（过清明），（料峭）春寒中酒（吴文英《风入松·听风听雨过

清明》）

归来旧处，盈盈笑语。名园露饮（周邦彦《瑞龙吟·大石春景》）

（叶上初）阳千宿雨，（五月渔）郎相忆否（周邦彦《苏幕遮·燎沉香》）

（生怕）离怀别苦，非关病酒这回去也（李清照《凤凰台上忆吹箫·香冷金猊》）

就中更有，莺儿燕子，千秋万古，狂歌痛饮（元好问《摸鱼儿·雁丘词》）

2.＋＋去去组合。

登临送目，澄江似练，繁华竞逐（王安石《桂枝香·金陵怀古》）

铜驼巷陌，华灯碍月，重来是事，倚楼极目（秦观《望海潮·洛阳怀古》）

蓬莱旧事，高城望断（秦观《满庭芳·山抹微云》）

沉香绣户，清明过却，春宽梦窄，长波妒盼，危亭望极，鬓侵半苎。（梦窗词《莺啼序·春晚感怀》）

3.＋＋上去组合。

娇尘软雾，青楼仿佛（吴文英《莺啼序·春晚感怀》）

风流总被，斜阳草树（辛弃疾《永遇乐·京口北固亭怀古》）

年年柳色，咸阳古道（李白《忆秦娥·箫声咽》）

4.＋＋上上组合。

吴山点点（愁）（白居易《长相思·汴水流》）

元嘉草草（辛弃疾《永遇乐·京口北固亭怀古》）

君应有语（元好问《摸鱼儿·雁丘词》）

庭院深深深几许（醉翁《蝶恋花·庭院涤涤涤几许》）

情是何物，生死相许（元好问《摸鱼儿·雁丘词》）

悲恨相继，天气初肃（王安石《桂枝香·金陵怀古》）

多少豪杰，还酹江月（苏东坡《念奴娇·赤壁怀古》）

春事迟暮，偷寄幽素（吴文英《莺啼序·残寒正欧病酒》）

以上这些四声组合，再加上"＋上平平、＋去平平"，是常见的组合。当然还有其他不常见的组合，如"傍柳系马"，是"去上去上"。语流除了与语音有关，与四声组合有关外，更与诗词的情意相关。这些因素致使语流表现出或高或低，或长或短，或快或慢，或断或连，或轻或重，或宏或细。把握好高低、长短、快慢、连断、轻重与宏细等几方面，能更好地在吟诵时表达诗意。

第二节　四川传统吟诵

一　传统吟诵

传统吟诵是由生活在特定汉语方言区域内的中国人用方言进行，念诵、吟咏、唱读、讴歌汉诗文的传统读书方法。传统吟诵有四个重要特征：一是传承有序。传，如实相传是不断；承，真实相承是不变。既没有断也没有变，师徒父子世代相传，口传心授代代承接。二是注重全国通用语言和本地方言的语音差异和转化。三是基于方言发音有比较明显的节奏感和旋律性。四是吟诵的内容绝大部分是古代汉诗文。

（一）传统吟诵的起源

"吟"在《战国策·秦策二》中出现于"臣不知其思与不思，诚思，则将吴吟，今轸将为王吴吟"。①这里明确地显示出"吟"的地域位置和方言特性。赵元任先生认为："'吟'就是声音拉得比较长，听起来好像唱歌一样，但吟诗没有唱歌那么固定。"②所以我们不能说"吟"是唱歌。《周礼·春官·宋伯下》："以乐语教国子，兴、道、讽、诵、言、语。"《礼记·内则》"十有三年，学乐，诵诗，舞勺。"③东汉经学家郑玄说："以声节之曰'诵'。"又有"赋不歌而诵，乐府歌而不诵，诗兼歌诵。"众所周知，孔子创造了两种重要的并且延续至今的教育方法——"诗教和乐教"。而"吟诵"便是走进"诗教和乐

---

① 《战国策》，上海古籍出版社 1992 年版。
② （西周）周公：《周礼》，曹海英译，北方文艺出版社 2013 年版。
③ （西汉）戴圣编：《礼记》，刘莎莎译，南京大学出版社 1989 年版。

教"堂奥的阶梯。我们在儒家的反对者墨家的典籍中找到了证据,《墨子·公孟》记载了孔子是如何教学生学习《诗经》的:"诵诗三百,歌诗三百,弦诗三百,舞诗三百。"

"吟"和"诵"虽然都有节奏,但是"吟"的声音比"诵"的长,"吟"的旋律性较之"诵"强。二者虽有差别,但是我们不能将它们割裂,在流传下来的读书调中常常吟中有诵,诵中有吟,我们应将其视为传统读书法的整体。

(二)传统吟诵的大体流派

吟诵传承至今,风格、流派众多。由于历史原因,传承时间至多上推至清朝中期,笔者大致可以按师承和地域两个标准来划分全国的吟诵流派。

1. 按照师承划分,传承有序。

(1)文治先生吟诵调,其师承结构为:曾国藩—吴汝纶—唐文治—朱东润、蒋庭曜、钱仲联、范敬宜、陈以鸿、萧善芗等—陈少松、魏嘉瓒等。

(2)华钟彦先生吟诵调,其师承结构为:曾国藩—吴汝纶—高步瀛—华钟彦—华锋等。

(3)朱庸斋先生吟诵调,其师承结构为:陈澧—黄元直—陈汛—朱庸斋—吕君忾等。

(4)叶嘉莹先生吟诵调,其师承结构为:戴君仁—叶嘉莹—程滨等。

(5)北京国子监诵念,其师承结构为:吴承仕—吴鸿迈—张卫东等。

2. 地域划分,方音凸显。

理论上来说,只要一个地方有读书人,就应该有该地的方音吟诵调。但是由于一百多年前的历史客观原因,现在很多方音吟诵已经断了传承,再难寻觅。目前我们收集到的方言语音吟诵调主要有以赵元任先生、周有光先生、屠岸先生、秦德祥先生为代表的常州吟诵调;以张本义先生为代表的辽南吟诵调;以石声淮先生、文怀沙先生、史鹏先生、周笃文先生、侯孝琼先生、陶稳固先生为代表的湖湘吟诵调;以陈炳铮先生为代表的福州吟诵调;以陈祥耀先生为代表的泉州吟诵调;与霍松林先生为代表的天水吟诵调;以李炳南先生为代表的济南吟诵调；以宗九奇先生为代表的湖北吟诵调（楚调唐音）；以流沙河先生为代表的成都吟诵调；以崔元章先生为代表的河南吟诵调；以李冀良先生为代表的河北正定吟诵调；等等。当然，这里所讲的按地域分的吟诵调，依然是有师承的吟诵调，同时带有很强的地域性。

（三）传统吟诵的现状分析

1905年，清政府废除科举，传承千年的吟诵随着私塾教育体系解散而一道崩塌。20世纪初，西方的朗诵方式随着话剧传入中国，教育界开始风行"两字一顿"的读法，并且形成了后来的话剧腔调、抗战宣传腔调、播音腔调并行的现代朗诵，传统吟诵遂成绝响。根据中华吟诵学会的初步统计，全国现存的最后一批会传统吟诵的老先生，年龄几乎都在70岁以上，每个地级市有1—10名，北京有100人左右。但是，从采录的实际情况来看，大多数老先生只会吟诵部分文体，只有极少数的老先生能够比较全面地吟诵各种文体，能够对儒家经典进行包本吟诵的老先生屈指可数。

在韩国、日本、朝鲜等国，中国传统吟诵调却意外得到了极好的继承和发展。在今天的日本诗吟社有数百万会员之众。汉诗吟诵是从幼儿园开始到大学，始终都有的。甚至所有的卡拉Ok厅里都有诗吟。

近年来，我国学者已经意识到了吟诵可能在中国即将面临失传的问题，发起了一系列采录抢救和推广工作。中华吟诵学会便是在这种情况下应运而生的。后来，全国又先后成立了河南省吟诵学会、湖南省吟诵学会、四川省吟诵学会等省级吟诵学会和众多地市州级学会。通过组织建立和专家学者的抢救、推广，目前吟诵在中国已经呈现出了较好的继承局面。据不完全统计，学习传统吟诵的人已经超过了100万人。

二 四川传统吟诵

陈少松先生曾在《古诗词文吟诵导论》一书中指出："方言对吟诵腔调的影响是非常明显的，我国吟诵腔调所以多种多样是与方言的复杂密切相关的，用地道的某地方言来吟诵该地流行的腔调，可充分地表现出这种腔调的特色。

方言对吟诵腔调的影响,主要表现在音色、音高、旋律和音长的处理上。"①四川传统吟诵的腔音特点主要表现在,咬字准确依声断连、音调流畅刚柔互济、音域中和洪细有序、节奏准确快慢适度等。

(一)四川话与四川传统吟诵

现今的四川话发源于上古,由古蜀语和古巴语共同构成,四川话随蜀地区的历史进程和移民更替而不断地发展变化。秦灭蜀后,蜀地形成属于汉语族的蜀语,明清时期,由于大量湖广人移民入川,蜀语同各地移民方言演变融合而最终形成了现今的四川话。"湖广话"是四川人对成都和重庆等地方言的俗称,具有西南官话的共同特征,例如:有四个声调、古入声字归阳平。也有自己的一些特征,例如:不分平翘舌声母、不分鼻边音声母、高元音后的后鼻音韵尾变为前鼻尾、调值相似,等等。成渝两地方言之间差别很小,"湖广话"覆盖了东起万州西至成都岷江以东的地区。从地理位置上看,整个四川盆地,除去岷江西南以及沱江和岷江之间的部分,都是"湖广话"地区。从当地人对方言的感觉上说,通常说的"四川话"就是以成渝两地话为代表的"湖广话",操这种方言的人被称为"湖广人"。湖广话即成渝地区方言,是明洪武及清前期移民的结果。"南路话"也是四川人对当地的另一种方言的俗称。"南路话"指岷江以西及以南,特别是成都西南的都江堰、温江、崇州、大邑、邛崃、蒲江和新津一带的方言。它在语音、词汇上都有自己的特征,不同于"湖广话"最明显的语音特征是入声独立。在更大的范围上,有这种语音特征的话沿岷江以西一直向南分布,经乐山、宜宾直至泸州地区,再折向东北进入今重庆市境内。由于水路便利,东南而去的岷江是古代成都、乐山、宜宾等城市经长江进出四川盆地的主要通道,商旅必经,这条通路称为"南路"。成都话是四川地区的官话,也是四川方言中流传最广、识别度最高的地方方言,在四川方言中极具代表性。

语言学家周及徐教授认为:"现今的四川方言主要分为'南路话'和'湖

---

① 陈少松:《古诗词文吟诵导论》,中华书局2017年版,第275、280页。

广话'两支。"① "南路话"是元代以前四川本地方言的遗留,保留着古入声声调,分布在四川岷江以西以南的部分地区;"湖广话"是明清时期"湖广人"嫁接"巴蜀语"的产物。元末明初由湖北向川东地区移民,明末至清中期由湖北、湖南、广东(时称湖广)向四川盆地东渐入西移民填川,四川岷江以东以北的成都和重庆地区使用这种方言,使其成为"四川话"的代表。成都话属于西南官话,是四川方言的重要分支,作为四川方言的标准音而存在。其基本词汇和语法规律与北方话其他地区大同小异,但是语音和一部分词汇与普通话的语音词汇差异较大。

笔者认为,狭义的四川传统吟诵即是使用"湖广话"或"南路话"发音,念诵、吟咏、唱读、讴歌汉诗文的传统读书方法。四川传统吟诵,即四川的"读书方法"。它是与四川方言语音及本地音乐多方面结合浸染的产物,被誉为四川传统音乐形态的活标本,一直保留在历代读书人的生活和记忆中。四川传统吟诵与特定的地域环境、方言语音、个人情绪、文本体裁等紧密结合,保留了大量地域性的传统元素,展现了其独特的艺术风貌;其蕴藏着重要的历史记忆、艺术价值和文化基因,承载着深厚的四川地域的传统文化内涵,堪称四川方言语音和传统音乐的宝库,是四川文脉传承的典型代表。

四川传统吟诵与音乐、文学、语言、戏剧、美学等都具有不可分割的关联,值得深入研究。而这些研究工作目前还处于萌芽期,尚有广阔的研究空间。四川传统吟诵更是对巴蜀经典文化传承、四川民间文化发展、传统国学教育模式探索、四川方言、音乐、戏剧等文艺研究具有重要的学术价值。

(二)四川传统吟诵现状

2013年7月30日,《光明日报》刊文《留住"读书的声音"——关于中

---

① 周及徐、周岷:《〈蜀语〉与四川南路话音系——古方言文献与当代田野调查的对应》,《语言研究》2017年第2期。

华吟诵传承与推广的调研与思考》指出："首都师范大学国家社科基金重大项目'中华吟诵的抢救、整理与研究'课题组对 27 个省（市、区）的吟诵状况进行了抽样调查，目前已调查过全国 1/10 左右的地区，搜集到已去世吟诵者影音资料的有 476 人，亲自采录 653 人，合计共有 1129 人，另有 100 多人待采录。因调查时一般通过社会团体、教育系统和私人关系同时进行，可找到区县级吟诵传人中的大多数，非全部。据当时的数据推算，全国吟诵传人在 5000 人到 10000 人左右。现在已出现吟诵传人完全空白的地区，空白的区县至少数十个，占样本比例约 10%。一些文脉深厚、历史悠久的大城市，如太原、西安、成都、济南等，也难寻吟诵传人。虽然在这些大城市里仍有吟诵传人存在，但是基本上是外来人，大城市本身的吟诵调几近失传。"①

2014 年至今，笔者开始走访采录、搜集整理四川的"读书声"，生活在四川的吟诵传人虽未绝迹，如杜道生（乐山人）、雷定基（乐山人）、李忠洪（乐山人）、谢祥荣（乐山峨眉人）、王利器（重庆江津人）、祁和晖（重庆人）、王治平（成都人）、俞伯孙（成都人）、流沙河（成都金堂人）、谢桃坊（成都人）、丁稚鸿（广元人）、赵庭辅（广元剑阁人）、牟柯（遂宁射洪人）、王宗斌（绵阳人）、萧璋（绵阳三台人）、杨星泉（宜宾兴文人）、寇森林（达州渠县人）、刘纯万（渠县人）、郭绍歧（内江人）等老先生，但本乡本土的四川人用原汁原味的方音吟诵汉诗文的老先生已为数不多。由于种种原因，四川传统吟诵在四川各地几乎不被知晓，四川地区的所有老先生均未向下一代传授吟诵，四川传统吟诵岌岌可危。

从现存的史料、文献和采录情况来看，四川传统吟诵作为我国西南地区最为重要的读书方法，既是中华吟诵的重要组成部分，也是西南地区的重要文化传承代表，然已濒临失传。对四川传统吟诵进行梳理、采录，并在此基

---

① 赵敏俐、徐健顺、朱立侠、海珍、龚昊：《留住"读书的声音"——关于中华吟诵传承与推广的调研与思考》，《光明日报》2013 年 7 月 30 日第 15 版。

础上汇集传播，在丰富四川文化及天府文化发展的同时，又起到传承和转化的重要作用，有着有重要的现实价值和实践意义。四川传统吟诵传承至今，依托于传承载体、传承措施、传承状态等要素，在当代仍以少量活态形式存于四川。但目前对四川传统吟诵研究还缺乏一个系统完整可靠的代表性个案资料库，至今未能系统全面地认识四川传统吟诵的整体面貌、风格特点以及本质与规律，尤其是对于四川传统吟诵中核心的要素——方言语音、音乐旋律、传承脉络、文化价值、学术价值、特色文化的研究尤显不足。

由于吟诵是通过口耳相传的特殊方式进行教授，有严格的师法传承，我们推算，现在四川地域内接受过传统私塾教育、会传统吟诵的老人，年龄都在85—95岁之间，总人数在300—400人之间，甚至有些地区已难以找到吟诵传人。若再不及时进行保护抢救，这一传承三千多年的中国传统读书方法将失传。

笔者对长期的考察经历和结果总结得出，四川传统吟诵濒临失传的原因主要有以下四个。一是方音难觅。现在的四川人说出的四川话无论是"湖广话"还是"南路话"已不再原汁原味儿，普通话的推广在一定程度上影响了方言的继承和使用。二是吟诵失当。从1917年的新文化运动开始到现在，我们吟诗诵文的方式，几乎是带有话剧腔调的现代朗诵，传统的吟诵方法被人们看作是落后腐朽的封建糟粕。三是先生不在。在四川地区会吟诵的老先生已经很难找到，更不用说使用地道四川方言的老先生用地道的四川话吟诵。四是传承崩塌。四川传统吟诵本该是有一个传承有序的教学体系，但是从1912年至今我们在四川现当代教育史以及四川地方志的文献中，几乎没有发现有教育机构或是学者抑或是读书人系统地教授吟诵，当然也没有人能够系统地向老先生学习吟诵了。

（三）四川传统吟诵的历史地位和现实意义

古代的巴蜀地区虽然文化丰富，但其人口变异甚剧。从西汉扬雄的《方言》到明代李实的《蜀语》，横跨一千多年。时至今日，我们依然对四川方言现阶段的具体面貌有着极其模糊的概念。现在我们能够听到的四川话，便是从元末直至清初广泛使用的"南路话"和"湖广话"。考察四川传统吟诵，必须弄清楚它的历史渊源，以及使用这种方言的人们的历史。索绪尔说："一个民族的风俗习惯，常会在他的语言中有所反映，另一方面在很大程度上，构成民族的也正是语言。"[1]由于方言与吟诵的关系十分密切，一方面，四川方言客观地反映了四川地区的风土人情；另一方面，四川传统吟诵的节奏和旋律取决于四川方言的发音。当前有许多吟诵研究专家学者也总是从方言入手来研究一个地区的传统读书法。因此，从某种意义上讲，研究方言是了解这个地区传统读书方法和吟诵规律的金钥匙。加强四川传统吟诵的采录、研究、传承工作可以为我们了解历史上的四川方言吟诵开辟一条蹊径，提供一些线索，使我们由流及源。在传承传统吟诵的同时，我们对传统吟诵进行修复和改良工作，即对它进行适度美化，合理加工，使它更容易为当代人所接受、更利于继承和发扬。我们称之为"传统吟诵的现代化转型"，更期盼具有深厚的传统文化和音乐积淀的仁人志士加入进来。

---

[1] ［瑞士］费尔迪南·德·索绪尔：《普通语言学教程》，商务印书馆1980年版，第43页。

第二章

四川传统吟诵的任务

四川传统吟诵是中华优秀传统文化的重要组成部分之一，更是承载四川读书人传统文化的重要载体。四川传统吟诵从诞生开始便肩负着立德树人的根本使命，承担着文化传承与以文化人的重要职责。作为中华优秀传统文化中重要的一支，四川传统吟诵既是四川地域的宝贵财富，也是天府之国的文化瑰宝，更是涵养历代四川读书人世界观、宇宙观、人生观、价值观的重要源泉。加强四川传统吟诵的研究传承和推广，是创造性开展中华优秀传统文化教育，推动中华优秀传统文化转化、发展，提升了四川人自身的文化底蕴，积淀文化底气，增强文化自信，更是对后来人民族精神培塑、道德修养提升、人格品质完善、文化基因传承的重要举措。尤其是对于当前更好地培养担当民族复兴大任的责任感，促进了社会主义建设者和接班人全面发展。四川传统吟诵应该通过整合现有资源、活化传承载体、优化传播方式，促进中华优秀传统文化的梳理提炼、创造性转化、创新性发展。

一 服务教学的任务

四川传统吟诵属于教育音乐，直至百年前，其传承体系从未剥离过四川教育史。作为一种读书方法和工具，其直接服务于历代四川读书人，贯穿于整个读书过程，其语言风格、旋律形态、语音结构、情绪表达受限于读书，吟诵与读书，二者互为表里，体用不二。无论何种类型的文学体裁，都高度集中地反映中国古人的生活和思想感情，其语词凝练、结构严谨、节奏丰富、韵律和谐，其所蕴含的中华民族对于自然和人生的情感体验，所创造的独特表现形式，滋养着历代中国人。无论是古代还是现代，古诗文的教学都是中国文教体系中的重中之重，而吟诵则是实现古诗文教学目标的重要方法。

（一）培养语感

刘勰在《文心雕龙·声律》中指出："是以声画妍蚩，寄在吟咏，吟咏滋味，流于字句。"[1]朱熹也说通过吟诵可以使学生"不待解说，自晓其词"。著名学者梁实秋先生曾经回忆其幼年读私塾背《诗经》的学习经历："私塾先生只用三种方法便让我背完《诗经》的305篇，这三种方法是'读''背''打'。一首《诗经》私塾先生先教读（吟诵），几遍之后学生自己读（吟诵）直至在规定的时间内背诵，如果没有记住便会吃先生的戒尺。"[2]梁实秋先生曾说，他之所以能成为国际上研究莎士比亚的专家之一，都应归功于私塾先生为他打下的《诗经》"童子功"。不仅仅梁实秋先生一人如此，翻检中国近代以来著名专家学者的童年经历，几乎与私塾教育的"读""背""打"未曾相离，且都使得他们终生受益。经长时期的研究发现："读"与"背"是传统私塾教学不可或缺的主要传授方式，俗话说"书读百遍，其义自见"，"熟读唐诗三百首，不会作诗也会吟"。私塾先生通过吟诵这一传统读书方法，有意识地培养学生的母语语感，在注重情感体验的同时，使其牢固记忆，逐渐形成独立阅读的能力，在"吟诵"中感受形象意境。

吟诵作为直接感知汉语语言形式的独特方法，培养学生综合运用语言的能力，在感知语言形式的同时感知形象，在语感的培养及塑造过程中具有关键的核心作用，形成良好的汉语语感。古代私塾的读背功夫实际上就是要求学生大量接触和使用汉语，在私塾先生创设的汉语吟诵教学中强化语言环境，延长学生接触汉语的时间，增加学生接触汉语的范围，让学生濡染沉浸在汉语之中。

---

[1] 刘勰撰，黄叔琳注：《文心雕龙》（全二册），国家图书馆出版社2017年版，第86—88页。
[2] 朱琳：《朱光潜诗学理论对初中古诗教学的启示》，闽南师范大学硕士学位论文2019年版。

从私塾教材、教学方法和教学规范来看，应该说从吟诵诞生开始便在教学中培养学生的语感。语感是一个人从小接触、长期习得的；是一种对语言文字情绪性、情感性的直觉领悟能力。它包括语音的音感、语义的义感、语言的情感，其本质是对语言文字的一种正确丰富的理解力。从吟诵在历代教育体系的传承过程看，私塾先生的示范、学生的模仿、师生的记诵、课堂的使用甚至一生的受用等，都符合汉语语言习得的规律。汉语独特的语法语序、节奏韵律、对偶押韵、断连拖顿都需要在吟诵的过程中反复刺激，才能感知领悟，从而形成语感。在历代的私塾教学中，提倡"熟读背诵"是古人几千年来的精辟总结；通本背诵蒙学、四书五经、诗词歌赋，成了语感培养的必由之路。通常在十二三岁之前，古代读书人的大脑中早已储存 10 万字以上优美流畅的汉语经典表达形式，符合输入先于输出、输入大于输出的语言学习规律。

中国古代教育就是通过吟诵，大量记忆古代典籍中极有价值的常用语句、经典表达、名言佳句、精华短章。这从一定程度上克服了背诵所带来的焦虑，使显性语言知识转化为隐性语言知识，形成了一种主动建构的自我语感输入过程。

从语言学角度讲，古代汉语的造句单位是词语组合结构而不是单独的字词，古汉语词组和短语的构造方法与句法有着稳定性和一致性。因此，强化词语搭配形式与词语语义链接功能的吟诵教学，就是使学生在大脑中积累可供提取的词语组合结构，这是古代私塾教育教学效率较高的关键。吟诵不仅只是古人活跃课堂和调动学习热情的教学手段，还使学生通过掌握这种读书方法，自主地充分安排学习时间，自我开展语言训练和语感提升，充分地感悟古诗文的魅力，领略情景相融、情理交通的古代汉语，体会诗文中的言外之意、意外之情。

中国古代私塾教育往往提倡"死记硬背"，该教育的目的是"熟能生巧"，通过吟诵的方式来培养学生的语感。中国古诗文提倡"语约义丰"，如果没有使用符合汉语旋律性规律的吟诵方式，读书必然情韵寡淡，味同嚼蜡，只有通过吟诵才能让读书人品味到自远古传承而来，抑扬顿挫的读书声腔感受。在吟诵脍炙人口的古诗文中与古圣先贤对话，从而产生共情，通过反复的吟诵化为自己的言语，真正达到"书读百遍，其义自见"的效果。历代读书人所传承的各自区域或师承的吟诵调在其一生的学习生活中积淀反刍，在读书上体悟，在写作时模仿，在交流时观照，在应用时琢磨，从而使其思维精密、情感丰富，文字表达和口头表达更加准确生动、富于文采，最终荡涤乖僻之气以养成君子之风。

（二）激发美感

美感是人在审美活动中感觉知觉、联想想象、情感理解和潜意识的整合。中国古诗文是美的集大成者，囊括了音乐美、图画美、语言美、意境美、情感美和哲理美等，在一定程度上讲是中国人美感的源泉。中国古代教育通过三至七年的古诗文吟诵教学实现审美传递，私塾先生有针对性地一对一地引导自己的学生开展口耳体验，循序渐进培养学生宣扬美、欣赏美、感悟美、鉴赏美、表现美、创造美的综合审美感受能力。审美感受能力是一种高级的、复杂的心理活动，是一种主动的价值实现能力。

中国历代古诗文语言凝练，音乐性强，读来朗朗上口，听来悦耳和谐，吟诵充分结合了汉语的旋律性规律和古诗文的韵律性规则。按照汉语言文字的音韵节奏在高低抗坠之间，入情入境，达到与作者声气相通、情感相应、心灵相照，让历代读书人高效地获得对美的感性认知，激发审美欲望，使其产生对诗意的理性认知和人生思考。中国古代教学通过吟诵贯穿于整个过程的审美教育，对于中国历代读书人健全人格的形成发挥着至关重要的作用。古诗文作为中华优秀文化的载体，承载着中华民族灿烂文化的精华，集诗词歌赋、历史典故、人文地理、经典美文、自然科学等于一体，通过吟诵这种富有灵气和美感的读书形式，将其深邃的意境、丰富的情感、优美的语言、生动的形象展现得淋漓尽致。

历代读书人一开始吟诵便具备了审美教育的条件。师生之间在教学中通过审美情感的双向互动、教学相长，促进师生不断丰富自己的情感，提升审美能力，更加深刻地进行思辨，从而塑造读书人健全的人格、高尚的情操和健康的审美情趣，实现其人格的完美和灵魂的和谐。培塑正确的审美观、健康的思想情感和高尚的道德情操，既是传统吟诵的教学目标，更是中国古代教育的重要任务。古诗文寓教育于美的想象中，通过吟诵声情兼备的独特方式，创造性地再现作品，还原生活，走进古人，相通气息，相融心灵，实现读者对作品的感知、理解和体验，力图多维度地将美的形象唤起，让读书人的情感与文本和作者产生共鸣，以文字声情感染情绪，启发心智，从感知美到欣赏美、从融入美到创造美。

近年来，我们看到无论是 2014 年教育部印发的《关于全面深化课程改革落实立德树人根本任务的意见》还是《普通高中语文课程标准（2017 年版）》，都将"立德树人""生本教育""一切为了学生的发展"作为教育方针和育人指南，我们也欣喜地看到语文教学的改革，无论从教材还是教法都有较大幅度的中华优秀传统文化内容，旨在培养学生的审美能力，实现求真、尚善、赏美的教育目标。古诗文的传统吟诵原本就独具审美教育功能。从当代的教育发展趋势看，未来的教育必然更加重视对美的发现、追求和创造，更需要能够感知美、追求美和创造美的人，通过吟诵培养学生对美的发现、追求和创造的能力已经势在必行。

现阶段的学生普遍承受着较大的学习压力和心理压力，在无处消解的学习环境中会不自觉地遭受当前流行的不健康的网络文化影响，导致部分学生缺乏对美的正确认识，往往知识、情感和精神三者发展不匹配不全面；从而缺乏健康向上的生活情趣。要培养其健康高雅、积极向上的审美情趣，要使他们向往美好、感恩生活、情操高尚，完全可以在学校教育中潜移默化地渗透以古诗文吟诵为主题的审美教育，激发美感，促进人的知、情、意全面发展。

（三）代入情感

朱光潜先生说："在作为语言艺术的文学里，最感动人不是概念性思想，而是生动具体的情感。"①古诗文的吟诵不仅接触的是中国的语言文字，更是接受古圣先贤的观点和感情。在古代教育中所选用的历代古诗文大都属于文质兼美的作品，在主动积极的吟诵过程和思维情感活动中，加深感悟思考、理解体验，从而促进人文素养的提升。

著名教育家夏丏尊②先生说"教育不能没有情感"③，情感教育应作为教学的根本。实际上，古代教育通过吟诵古诗文，让历代读书人体会感悟自我代入作品中的情感，最终与作者情感高度趋同亦或超越，吟诵诗文体味到其强烈的情感时，读书人便会情不自禁，手舞足蹈。当代著名文艺理论批评家吴调公先生对吟诵的情感带入有过精辟的论述，他指出："通过声音的高低、长短、强弱、以及节奏的抗坠、疾徐，音色的喜怒哀乐，对于语言艺术的诗歌的自我领会，大有别开蹊径之感。……比如，当我吟诵李商隐《锦瑟》诗时，深深地体会到，诗歌诉诸听觉和视觉，有辅车相依的必要。读到了'锦瑟无端五十弦'的'无端'，不由变现为激愤而蟠拗的心态。读了'一弦一柱'，两个'一'字，是那么一顿一挫，不由使我迸出重音的重音。'庄生晓梦'和"望帝啼鹃"一联，则又把我带进了朦胧、迷茫的境界，惶惶然不知所之。"④

吟诵实为读书服务，让读书人喜爱读书并从中感知快乐。当学习成为兴趣，学习效率自然事半功倍；强烈的读书欲望和兴趣，可最大程度的调动读书人的内在潜力，促进读书效率的提高。吟诵从某种程度上激发了读书人的读书兴趣，在吟诵古诗文时全神贯注，口耳、身心高度一致，积极主动地怀着探索的心理状态投入到私塾先生在教学时创设的教学情景。传统吟诵作为中国传统音乐在读书上的运用，是一种生命的节奏和感情的旋律，是人内心

---

① 张格格：《基于朱光潜审美经验理论的高中新诗教学与策略研究》，陕西师范大学硕士学位论文，2019年。

② 夏丏尊(1886—1946)，名铸，字勉旃，号闷庵。浙江绍兴上虞人。文学家、语文学家、出版家和翻译家。

③ 焦丽红：《初中语文：三国阅读教学模式现状的调查与分析》，延边大学，硕士学位论文，2017年。

④ （清）戴熙：《习苦斋集》，同治六年（1867）刊本，第41页。

深处的一种精神活动和情绪活动。通过吟诵，可以把汉语言文字的音韵旋律与古诗文本身的内在情感韵律统一起来，让声情和谐，让感情代入，让蕴涵在诗文中的感情与志向与吟诵者产生最为强烈的共鸣。

（四）开启意感

中国传统吟诵的审美要点重在意境，与中国古诗文所表现的情趣志向、文化精神、人文气息高度吻合，形成了强大的意感联想和意象情韵。不同的吟诵者对于同一首诗歌的意蕴情感和声韵感受有着不同的身心体悟和认知，即意感的差异性和丰富性。这种差异性和丰富性既产生于吟诵者不同的个性，又塑造了吟诵者不同的个性。

古诗文吟诵蕴含的意感不是有限的、确定的，而是宽泛的，带有某种不确定性。由文本之美到声韵之情的吟诵过程是一个文学意境再提升再蜕变的过程。抑扬顿挫、声情并茂的吟诵，有利于唤起吟诵者的意感联想，使他们在"脑中"或"心中""看见"或"听见"文本所描绘的形象意境和作者所传递的精神情感。在吟诵过程中，吟诵者通过吟诵之声凭借视觉、听觉、大脑器官感知作者、体悟文本，多维度还原古诗文意境，在激发形象思维的同时又开展意境的再创造，补充生发亦或改变作者创造的意境，形成另一种带有自我体认的新意境。从意义的开启上来说，任何一首古诗或一篇古文，只要通过吟诵表现出来，吟诵者的创造性思维都会对头脑中已有的表象进行加工改造形成新的情感和意境，其情感和意境又都会打上吟诵者个性思维活动特征的鲜明印记。

吟诵时，吟诵者会无意识地营造一种符合自我意感需要的情境，将自己融入文本和作者相通的氛围中。比如在《梦游天姥吟留别》中，吟诵者吟诵到"天姥连天向天横，势拔五岳掩赤城。天台四万八千丈，对此欲倒东南倾"的句子时，自然会将自己代入诗人李白描写的高耸巍峨的天姥山中，感受直冲云霄的壮阔之势和自然之美。

又比如，当吟诵者吟诵到《游褒禅山记》："由山以上五六里，有穴窈然，入之甚寒，问其深，则其好游者不能穷也，谓之后洞"的句子时，必然身临其境地感受到褒禅山所显现出来的和谐幽雅、奇险清丽。再如吟诵《蜀道难》时，吟诵到"尔来四万八千岁，不与秦塞通人烟。西当太白有鸟道，可以横绝峨眉巅。地崩山摧壮士死，然后天梯石栈相钩连。上有六龙回日之高标，下有冲波逆折之回川。黄鹤之飞尚不得过，猿猱欲度愁攀援。青泥何盘盘，百步九折萦岩峦。扪参历井仰胁息，以手抚膺坐长叹"诗句的时候，自然触景生情浮想联翩，通过回环往复的旋律和节奏，"眼前""心中"渐渐浮现出高危险峻、凄凉恐怖的山川河流和崎岖惊险荆棘阻隔的蜀道。正是借助吟诵渲染出的蜀道，才使吟诵者的情感一泻千里，不可抑制。

当吟诵者吟诵《琵琶行》"曲罢曾教善才服，妆成每被秋娘妒""五陵年少争缠头，一曲红绡不知数""钿头银篦击节碎，血色罗裙翻酒污""春江花朝秋月夜，往往取酒还独倾""同是天涯沦落人，相逢何必曾相识"这些诗句时，吟诵者似乎已经参与了诗人的宴会，并且亲自感受了琵琶女如泣如诉的琴声。这琴声不仅触动了诗人的情感，更激起了吟诵者的共鸣。

当吟诵到张继的《枫桥夜泊》"月落乌啼霜满天，江枫渔火对愁眠。姑苏城外寒山寺，夜半钟声到客船"时，吟诵者头脑中自然浮现一幅城外舟中夜宿姑苏、文人失意秋霜孤苦、客居小船独枕钟声的画面，吟诵者凭借吟诵加深理解和想象，进行意感描绘。

当吟诵到《滕王阁序》中的"落霞与孤鹜齐飞，秋水共长天一色"，《念奴娇·赤壁怀古》中的"乱石穿空，惊涛拍岸，卷起千堆雪"这些句子时，一种壮阔大气直抒胸臆之美扑面而来，吟诵者将自我放于自然之中放大自我心量，云卷云舒去留无意，塑造自我直面风云变幻、人生无常的品质，体会变而无碍的意态感受。

又例如，在吟诵《卫风·氓》"乘彼垝垣，以望复关。不见复关，泣涕涟涟。既见复关，载笑载言"的过程中，诗中女性因见不到心上男子而不得不遥望曾经朝夕相处之"复关"，当复关都被浮云遮蔽时，女子心急如焚泪流满面，登墙眺望以解相思，当见到心上男子所在的复关时，便眉开眼笑心潮澎湃。一个纯洁而痴情的少女形象通过声情的输出和接受，在吟诵者"脑中""心中"逐渐清晰。吟诵者不停地转换角色，感受爱情的真诚和纯美。

比如吟诵《孔雀东南飞》"我命绝今日，魂去尸长留！揽裙脱丝履，举身赴清池。两家求合葬，合葬华山傍。东西植松柏，左右种梧桐。枝枝相覆盖，叶叶相交通。中有双飞鸟，自名为鸳鸯。仰头相向鸣，夜夜达五更。多谢后世人，戒之慎勿忘"的诗句时，吟诵者大都会自我代入，感受焦仲卿和刘兰芝夫妇坚贞不屈的爱情和反抗精神，一方面感受善良勤劳、美丽忠贞、才艺出众的刘兰芝的痛苦，一方面揪心其夫妇分离双双自杀的绝望。吟诵者想象他们琴瑟和偕的美满，吟唱那为情自绝的愤怨，赞美他们生不同处死亦同衾的情义，置身于深幽茂密的梧桐松柏之间，沐浴那空明澄净的月光情景，令人梦牵魂绕忧愤不已的痛苦感受渐次升华，达到从语言符号到意象感受的思维转化。

吟诵通过对声音的控制和处理完成深入感受古诗文意蕴和意境再创造的过程，以吟诵的方式自我表达内心演绎古诗文时，加上了吟诵者自己的人生经验、观点理解、意态感受，吟诵者的世界观、人生观、价值观不仅在此得到了塑造，更是文人个性的一次自我展示。

（五）培养乐感

笔者认为，中国传统吟诵是中国传统音乐在读书上的运用。大多数的传统吟诵不仅是文字音韵的载体，更是节奏旋律的完美组合。吟诵乐感实则是吟诵者对吟诵调的感知能力，包括音高、节奏、旋律。培养了历代读书人的乐感是吟诵的又一基本功效，更是古代教育的一大创举。中国历代读书人对音乐的感知能力、觉醒程度、使用频率同比世界其他国家可以算遥遥领先。徐健顺教授曾说："古代的文人都是音乐家，其音乐的底子都是从读书发蒙开始吟诵时得来。"[①]中国传统吟诵之所以传承千年历久弥新，其原因在于它让读书成为快乐的事，在承担读书功能的同时，从未停止过对读书人乐感的培养。音乐的目的为使人愉悦，吟诵便可让读书者在枯燥的文字中感受乐趣从

---

① 吴铮：《〈名家吟诵〉"编者按"》，载《吟诵经典，爱我中华——中华吟诵论文集》，2009年版。

而达到音乐所需的目的。符合了中国古诗文天然的旋律性语言，使其趋向着音乐的状态发展，古诗文的吟诵具有悦耳动听的音乐美感，该美感肉眼不可见，且无法分析，必须通过吟诵才能体会。

古代教育通过吟诵让学生的身心律动起来，用眼耳鼻、心口意表现文字音韵的各种元素，融入诗文体验情感，唤醒学生的主体感知，让其对读书产生兴趣，主动投入学习之中，激发学生的创造能力，为单调的学习生活注入勃勃生机。

但是从民国开始，吟诵在教学中逐渐式微，朱自清先生曾说："现在教师范读文言文和旧诗词，都不好意思打起调子，以为那是老古董的玩意儿。其实这是错的，文言文和旧诗词等，一部分的生命便在调里；不吟诵不能完全知道它们的味儿。"[1]实际上这个"调子"就是"吟诵"，"味儿"就是"乐感"，灵敏丰富的乐感恰恰是古代读书人人文素养的体现。古代教育的实用性目标除了识文断字以外，重在培养历代读书人阅读感受、品味体会、鉴赏评价古诗文的能力。按照师承的吟诵调，平声拖长音节，仄声声停气不停，节奏变化丰富，旋律长短交替，既更好地再现古诗文内在的音律美，又引发读书的兴味。

传统吟诵教学改变了单调读书的状况，学生边吟诵边感受，丰富了教学形式，让古诗文学习变得有趣，在吟诵中可以适当加入动作，不再呆板安静地坐着，而是伴随着吟诵旋律缓视微吟，随韵律动。吟诵的乐感激发出的快乐情绪，会让师生之间、学生之间互动交流起来，让课堂热闹起来，气氛活跃起来。吟诵一般分师生一对一的个人吟诵与师生集体吟诵两种方式，两种方式都激励着师生的互动交流，使学习由封闭走向开放，形成互助互学，提升学习效率。

吟诵可提高对古诗文的感受力，是学习和鉴赏古诗词的最有效方法，更是具有不同个性特征的个体与古诗文展开对话的最佳方式。吟诵的乐感使得

---

[1] 秦佳佳：《朱自清语文吟诵资料汇编》上，《中国诗歌研究动态》2018年第2期。

读书变得快乐，激发读书者的兴趣，兴趣则成为学习动机的最现实、最活跃的因素。可以说吟诵的音乐性促进了读书人的求知欲，激起强大的学习动力，把历代读书人引入到古诗文的瑰丽世界，传递了中国优秀传统文化，让君子气象、圣人情怀传承不绝。

在《普通高中语文课程标准（实验）》中，"诵读"一词虽然多次出现，但遗憾的是，未对"诵读"进行明确界定。我们认为学习古代汉诗文，传统的读书和教学方法是有别于西方式的朗读朗诵的吟诵。吟诵是丰富学生的古典文化积累，培养学生审美能力和文化素养的重要和有效的手段，唯有吟诵可以把这种古诗文的意象、乐感和情趣在声调中传递出来。进行四川传统吟诵研究，将为学校经典诵读教育提供最经典的传承范本与原始素材，有助于丰富和提高诵读的推广层次和教育水平。

二 实现区域文脉传承

文脉是打通自我、群体与世界，勾连空间、时间与情感，集穿越性、基因性、遗传性并存的重要"文化脐带血"。一个区域的文脉承载着该地区厚重的人文历史，并直接决定着该区域未来文明的走向，是标示区域特征的重要变量，其发展与赓续是文化传承与创新的辩证统一。区域文脉是时空与人文的高度统一，往往具象为该区域的传统音乐戏剧、文学民俗、古建筑、传统技艺等，无论形态或具象呈现方式，其本质都是该区域承载的人性底蕴、文化基因、社会内涵。作为文脉留存至今的区域性传统吟诵就是该区域历代读书人在读书声腔的起源、变迁、演进过程中所积累、留存，并以传统吟诵的形式呈现的区域基因、区域特色。区域性的传统吟诵作为传统文人音乐，是区域文脉的典型代表。通过感受传统吟诵，该区域的现代人可以体验到当下的非当下性，让其开启体验、情感、理性，确认自身存在的总体性、可能性、超越性。确认区域性传统吟诵作为区域文脉的本真特质，理清传统吟诵的现状，把握传统吟诵的基本原则，对于区域文脉的承传发展具有重要意义。一个有传统吟诵的区域，其文脉的传承一定肌理较为清楚、线索较为明晰。不同时期的读书人，不同种类的语言，不同区域与背景的人群，不同样式的学习传承方式，聚集在同一个时空，既相互区别，又相互激发、相互支持，汇成一曲整体和谐的读书声腔和吟诵旋律。文脉的传承需要人来完成，更进一步说需要文人来挑此重任。往往会吟诵是历代文人的标准配置或身份象征，是不同类型的读书人以区域为场域学习、传承的具体文化形态，以此种方式建构身份归属、确认自身存在的重要方式。

（一）四川传统吟诵的实用性是四川文脉传承的重要载体

文脉的产生和传承需要一定的载体。同文脉的其他载体一样，四川传统吟诵的产生源自人类劳动语言，发展于读书人读书的需要，最终形成于四川文化繁荣的文脉昌盛时代。

作为文化固本、基因传承的读书方法来讲，四川传统吟诵在本质上同中国其他地域的传统读法并无区别。随着四川在明清历史上的政治、经济、文化的螺旋式发展和繁荣，四川方言语音和地域音乐的强势进入确定了四川传统吟诵的最终形成，拓展了其历史长度、地域宽度和文化深度。中国文化传承不衰、历久弥新，其重要的原因在于对教育的重视。四川传统吟诵在教育过程中的实践性和可操作性贯穿文脉传承始终，以读书方法形态出现的四川传统吟诵虽然从未作为专门的教育学科出现过，但其作为读书方法从未离开过教育体系。四川传统吟诵以历史文化、诗词文赋为服务对象，主要以语言、文字、音韵、文学和史学为主要特征，对于增长历代读书人人文通识、培塑文人情怀、养成君子之风具有显著作用。以读书方法和技术示人的四川传统吟诵最突出的教育价值在于其独特的实践性和操作性。通过口耳相传、身体力行的实际操作练习，在抑扬顿挫、高低抗坠的句读之中感悟文化价值，体悟审美意蕴和祖宗智慧。

笔者认为，四川传统吟诵始终以口传心授的实际操作，日新月异地传承着四川地域的文脉。在古代教学系统中，四川各地的塾师必然会让其弟子门生熟练掌握该地域或自己师承的传统吟诵基本技能，传承基本的读书腔调、方言语音和吟诵节奏，为形成终身吟诵的读书习惯打下坚实基础。四川传统吟诵注重老师的言传身教与学生的练悟结合，是实践性的教化过程。口耳传承的实际操作是四川传统吟诵的基本特征。四川传统吟诵尤为重视吟诵者对基本的语言语音、行腔使调、声情一致的掌握。每一类四川地域的传统吟诵都有独特的吟诵风格特点和旋律节奏规范。方言语音的使用和乐音旋律节奏的规范成为衡量传统吟诵的重要技术标准，吟诵基本规则和基本腔调的口耳传承和强化练习，有助于历代四川读书人对于吟诵规则意识和基本腔调规范的理解与体会。他们在教授吟诵技艺的同时更传承了中华优秀传统文化中的规矩意识、规则认知和师道尊严。

四川传统吟诵具有典型的四川文化特性和内涵，其不仅是教书育人的教法手段，更是通过口耳相传的实际操作，在教学相长中令人感知中国文化，在传习记忆中传承地域文脉。

（二）四川传统吟诵的非遗性是四川文脉传承的关键纽带

自 2003 年 10 月 17 日中国以缔约国的身份加入联合国教科文组织的《非物质文化遗产公约》以来，"非遗"保护与发展全面纳入了国家文化发展战略的重要内容。2008 年 6 月 14 日，国务院公布"常州吟诵"为第二批国家级非物质文化遗产，遗憾的是时至今日的十几年后，全国各地的吟诵再无入选"国家级非遗"，至今"吟诵调"项目下"常州吟诵"仍旧为唯一子项。作为"常州吟诵"的姊妹非遗项目，四川传统吟诵也正在积极进行省级和国家级非遗的申报，吟诵虽然在当前来看属"小众文化"，但其在历史文化角度中却是标志着一个地域文化的最高艺术水准，具有文学、音乐、语言等多学科的地域性文化研究价值。

四川传统吟诵植根于四川，运用四川方言进行吟诵，其文化底蕴深厚，其代表性传承人杜道生、王利器、萧璋、流沙河、王治平、谢祥荣、祁和晖、谢桃坊等一百余人均为四川乃至全国文化界的知名人士。杜道生、王利器、萧璋等已故的传承人均出自四川儒学名门。这些传统吟诵者绝大多数是儿时在父亲、母亲或其他长辈膝下，在塾师或其他前辈吟诵者的吟诵声中学会吟诵的。其内容丰富、风格多样，形成了高水平的四川传统吟诵群体。

第二章 四川传统吟诵的任务

四川传统吟诵不仅作为四川读书人的学习方式和审美方式，更是一种艺术创作方式，它使人们在学习、体悟、欣赏古诗文的同时发掘和完善了古诗文的音韵美，极大地承传和原汁原味地延续了四川文脉。使得诗文与音律水乳交融，一以贯之地强化了历代四川读书人对古诗文的记忆、理解、体悟和共情。四川文化历经了三千多年的洗礼，沉淀了诸多地域文化精华，深深扎根于这片天府之国，在璀璨的文化史上形成相对固定的文脉。独特的地域性和文化特色是四川传统吟诵同其他地区吟诵的显著差异。四川传统吟诵的发展形成，正是在吸收四川地域优秀文化精华的基础上，经历了自我消遣、读书方法、情感交流、文脉传承等诸多条件综合，显示出其不仅为一门读书的方法和技术，更是四川文脉的一种体现。

四川作为四川文脉的存续之地是历代四川读书人的精神家园和生根之处，而四川文脉则属于群体性、社会性、区域性情绪的意象建构。四川文脉是四川传统吟诵的深层本质，四川传统吟诵又是四川文脉的标志性呈现，二者互为表里、相互作用。一定程度上，四川传统吟诵为四川文脉的传承提供了的现实条件和综合可能。

笔者从四川传统吟诵的角度，分析了四川文脉的载体与生成方式得出：四川传统吟诵置于四川文脉之中，是四川不同区域的读书人传承的结果；传承者根据特定的人文地理历史条件对传统吟诵不断进行创造、打磨、维护、更新而延传至今。反之，从不同程度上来说，四川文脉也给予了历代读书人本体性的归属感和安全感，发挥了其自身的价值，为吟诵传承提供历史依据和心理支持。

面对四川传统吟诵的大幅度断绝和消失，传承与保护自然成为赓续四川文脉的重要选择。四川传统吟诵的非遗性在形式上似乎是在回归过去，但究其文脉赓续的本质则是以面向未来的态度把四川传统吟诵与当代四川文化进行了有效的对接，通过非遗传承与文脉赓续的有机统一，把四川传统文化与四川现代文化高度连接贯通，对四川文脉的承传延续具有重要的意义。

（三）传统吟诵的文化性是区域文脉传承的具象范式

同中国其他地域的吟诵一样，四川传统吟诵在其发展传承中深受其创造主体的地域性文化所影响。总体来说，使用中国的传统吟诵的主体是历代中国读书人，吟诵的内容主要是儒家经典和诗词文赋，与此同时中华优秀传统文化在其历史发展中，其核心莫过于对道德至上、德育教化、以文化人的极致追求。

溯本求源，地域文脉的文化基因塑造了四川传统吟诵独特的行为范式，成就了四川传统吟诵以文化人、承传斯文的独特价值和文化意蕴。

四川传统吟诵是四川读书人在文脉传承中的共同美学表达、地域象征标志和文人情怀底蕴，是对四川文化关注认同、符号再现、情感记忆的具象变现，是对特定声音和读书方法的记忆情感和稳定认同。四川传统吟诵是以基本吟诵技艺为载体，以读书的行为方式为表象，展现四川传统读书方法和文人精神素养的地域性文化活动。无论是古代私塾教学，还是近代国民学堂，抑或是当代吟诵教学，在展现独具四川意蕴的读书方法的同时，其四川人文精神素养、四川文化基因品质也在吟诵中得以还原和重现。四川各地传统吟诵调是四川文化独特行为意识体现的最佳范例，在各地传统吟诵调中每一个腔调都有相对具体的规范。在练习时要求吟诵者都达到字音与声情和谐统一和相对规范，在这种以规范为主要特色的吟诵中，不仅使学生能够掌握基本的规范的四川方言语音规律、传统音乐旋律以及古诗文的平仄文法规则，同时这种规范性也作为一种意识形态，早已潜移默化于历代四川读书人的头脑中，由上意识变为下意识。故而，在四川传统吟诵这种规范性教育中，规范的不仅是读书人的行为，更是对其思维形态的规范，是一种好恶美丑和甄别是非能力的培养，也是对文脉传承质量的保障。

四川文脉立足于时间与空间的统一，是对特定时空的历史记忆和延续。作为可传承、可感知的附着感情的四川文化意象如血管般遍布四川地域，既有动脉和静脉，又有毛细血管。此种文化脉络相互关联又自成系统，作为四川文化的独特性又无处不在。从四川文脉的作用与功能看，其具有社会与安全、经济与繁荣、政治与秩序、美学与心灵、心性与宗教等综合多样文明效用。赓续文脉并不等于回归过去甚至固化守旧，重视四川文脉的过程性，梳理文脉的多样性正是四川传统吟诵抢救整理的文化价值所在。四川文脉说到底是一种主要由四川人来传承的文化脉络，是以四川地域为语境和平台的诸多异质性人群的生活过程、思维过程、情感过程、智慧过程。作为承载四川文脉的四川传统吟诵其重要特点是具有可回忆性、追溯性、重现性的特征，内涵于、贯通于四川地域与历代读书人生活的方方面面。它是空间与时间的统一、物质与意识的结合、主体与客体照应，是四川读书人的吟诵，是四川读书人的生活，更是四川读书人的心性。它通过诉诸确定的文字、语言、音乐、形态，经由教学系统口耳相传，亦或默而不识具象化于日用寻常的细节之中，极大地勾连古与今、文与人之间的正面情感。其更好的存续方式则是吟诵作为当下四川读书人生活的一部分，仍然有人使用传承过去的吟诵，也在生成新的文化、新的吟诵，而使得四川文脉延续。

三　立德树人的任务

四川传统吟诵在提高历代四川读书人的民族认同感、文化归属感，地域凝聚力方面有着不可替代的作用。它的形成离不开四川历史文化的推衍，在一定程度上象征着四川文化人的身份，记录着四川读书人的痛苦与欢乐，寄托着他们的情思与理想，赋予了四川读书人的精神。通过它可以深入了解和体会四川的文化与情感，激发四川读书人的文化热情，提高地域性文化认同，使他们着眼四川、立足四川、融入四川，提升四川读书人的凝聚力和文化向心力。"培养什么样的人"是教育的方向性路径，是教育承担的根本任务。"立德树人"作为教育的中心环节，是新时代四川传统吟诵传承的根本遵循与价值导向。四川传统吟诵作为读书方法回归教育系统就是创造性开展中华优秀传统文化教育的重要体现，可以有效提升当代学生的文化价值判断能力，增强文化自信，为广吟诵者"埋下人生读书的种子""扣好人生第一粒扣子"，从而落实立德树人的根本任务。

(一)四川传统吟诵的教育属性确定了立德树人的耦合关系

中国的古代教育对人的培养不仅仅是"术"的传授,更重要的是"道"的传承,"术"是为职业选择做准备,"道"则是为启迪心智打基础,让受到中国文化所化的读书人成为情感丰沛、志向高远、能力突出的人,既有形而上的"道"又有形而下的"器"。四川传统吟诵作为读书方法虽是以"术"的面目呈现,但其吟诵的古诗文却是蕴含了"道"的中华优秀传统文化。中华优秀传统文化的价值取向、理想信念、思维模式、伦理道德、行为方式、审美情趣等,都是"立德树人"的重要内核。"立德树人"根植于中华优秀传统文化,集中表现在思想内容、价值观念、行为模式上,是中华思想遗产的集大成,已然成为了中华民族文化体系的基石之一,奠定了中华民族的道德观念,塑造了中华民族的精神品质。

立德树人中的"人"是教育的基本范畴之一,树人方式源于中华优秀传统文化,是受教主体的自省和内化,是一种以道德教育为核心的人本主义文化体系。中国古代教育非常重视个体人格的完善和道德修养的提高,通过传统吟诵的读书方法寻找自我教育的德育方式和因材施教的教育方法,对于历代读书人的人格和道德养成具有重要意义,与中国当代教育理念中所提倡的自我教育、自我净化、自我提升的树人方式同根同源。

我们认为,立德树人是四川传统吟诵的核心落脚点,无论是在古代还是现代,四川传统吟诵在教育系统中的作用都是实施"立德"和"树人"的重要方法,将中华优秀传统文化与四川传统吟诵相融合的"立德"是为了更好地"树人",中华优秀文化的传承需要落实到对人的培养。四川历代读书人通过吟诵古诗文能够培塑感受美、表现美、鉴赏美、创造美的能力,陶冶高尚的道德情操,培养深厚的民族情感,激发想象力和创新意识。立德树人在古代来说是以塑造君子为目标,放眼当下则是培养社会主义的建设者和接班人,无论是君子还是社会主义的接班人,都是为国家民族利益和社会现实需要服务的。

四川传统吟诵与"立德树人"的耦合关系是对中华优秀传统文化现代意

义的创新。它既吸收和延续了中华优秀传统文化的精髓，又摒弃了具有历史局限性的内容。对四川传统吟诵的教育价值进行现代意义的再挖掘，通过吟诵的方法立德树人就是要对学生进行社会主义核心价值观教育。从形式上掌握吟诵方法，从本质上内化学生的价值观和精神追求，将植根于中华优秀传统文化的读书方法作为立德树人教育的主要内容，将"立德树人"的教育理念通过四川传统吟诵的读书方法达到传承中华优秀传统文化的根本目标。

（二）四川传统吟诵的音声文化融入了立德树人的教化本质

音声文化是四川传统吟诵的最大特征，其立足于中华优秀传统文化，延续着立德树人的教化本质，以立德树人厚重的德行养成、美德教化为基础。在文化寻根意识的启发下推动德育和美育的有机融入与渗透，在授业解惑中引以大道、启以大智，通过教育实践使四川传统吟诵教育与立德树人同向而行成为传承中华优秀传统文化行之有效的运行载体。四川传统吟诵的音声文化关键在于"音声育人""以文化人"的教育方式，将教育实践有效融入日常读书之中，这种立德树人的方式，既体现在吟诵历代诗词文赋的行腔使调之中，又体现在以方言语音吟诵文化典籍之中，最终落实于四川地域的文人传统习俗礼仪之中。以历代四川读书人日常的读书形式来传承音声文化、培塑君子人格，以圣贤典范的模式来实施教育，形成一种潜移默化的道德秩序和公序良俗的社会风尚，使其内心道德修养和外在行为举止和谐统一。四川传统吟诵在教育形式和传承载体上的高度融合，在时间和空间上的巧妙融合，体现了立德树人的教化本质，为立德树人教育方法的继承创新提供了思路和参考。

《淮南子》中对音声有这样的阐释："一发声，入人耳，感人心，情之至。"[①]四川传统吟诵作为中华优秀传统文化中具有代表性的音声文化，通过一个整体有序的情感化音响流动，表达对汉语文字符号传递信息的同频共振和深刻思考，表达吟诵者的鲜明态度和丰富情感。四川传统吟诵隶属于四川地域的意识形态范畴，它凭借历代四川读书人的声波振动而存续，

---

① 李慧聪：《〈淮南子〉的音乐美学思想与〈乐记〉的音乐美学思想比较》，《音乐时空》2016年第2期。

通过人的听觉器官勾连时空，引起各种情绪反应和情感体验。这种言声艺术是读书人实现对音声文化高度认知的平台，是实现对吟诵感性认知的窗口，是抒发喜怒哀乐的重要渠道，更是表达读书人对理想和现实复杂情感的出口，在一定历史时期，甚至起着引领四川文化风向的功能。四川传统吟诵对于个体的四川读书人而言则有向上、向真、向善、向美的教化作用，使其树立正确的人生观、世界观和价值观，其音声文化不是枯燥的道德说教，而是通过读书人丰富的情感体验，引领向善尚美的情感认知，突出情动于中、兴发感动、声情并茂、以情感人的特点。四川传统吟诵所反映的历代四川读书人的读书形态，既表现了读书人对四川历史人文规律的理解和运用，又彰显着理想愿望和意志憧憬，传递着文化信息和情感体验，给四川读书人一种心理暗示，潜移默化地把人的情感趋于健全，教化于自然，起着组织协调意志行为的作用，其实就是立德的教育、树人的教育、情感的教育和尚美的教育。笔者认为四川传统吟诵之于四川读书人教化的重要性即在于此。

中国古代早已认识到"乐与艺"在立德树人方面的重要作用，孔子创立的教育体系集中体现了"礼乐相济"的思想，以"六艺"（礼、乐、射、御、书、数）为方法，主张"兴于《诗》，立于礼，成于乐"。吟诵便归于"乐教"，即将音乐审美与道德教化融为一体，强调吟诵陶冶性情和立德树人的作用。《礼记·乐记》说："德音之谓乐。"我们认为无论是四川传统吟诵还是其它地域的吟诵都呈现了读书的方法，诠释了读书的价值，彰显了读书的快乐，润泽了读书人的生活，体现了教化的功能，符合立德树人和诗教乐教的基本规律，这是吟诵与立德树人之间的基本关系。可以说，接受四川传统吟诵教育是超越技术与艺术的高端人文体验，四川传统吟诵所包含的诗情画意和对于历代圣贤人生的深刻理解，极大地丰富和拓展了四川读书人的认知和思维，使他们受到熏陶感染，尽可能地避免狭隘、避免机械，避免死读书、读死书，使其素质提升同人格完善紧密结合。通过吟诵体验加深对社会人文和自然世界的感受，促进读者与作者之间的情感交流，获得充沛的审美愉悦和精神享受，达到精神活动中的高峰体验，从而充分表达自我愿望、坚定意志品质、推进智慧成长、提升人格修养。

（三）四川传统吟诵的实践特性构建了立德树人的教育模式

习近平总书记在十九大报告中指出："社会主义文艺是人民的文艺，必须坚持以人民为中心的创作导向，在深入生活、扎根人民中进行无愧于时代的文艺创造。"[①]新的历史时期，四川传统吟诵应当在充分发挥自身传统优势的同时，对其传承形式和教育模式不断地进行改造和创新，与时俱进地注入时代生机与活力，使其在立德树人的教育实践中释放更大的文化生命力。四川传统吟诵是一门实践性学科，不管是包含其中的语言文字教学，还是吟诵声腔传承，亦或是文学艺术鉴赏都突出了实践性，只有通过口耳相传的读书声，才能真切感受到汉语声音的美感和古诗文内涵的韵味。四川传统吟诵的实践特性所构建的立德树人的教育模式主要包括：以人为本的教育模式，寓教于乐的教育模式，因材施教的教育模式，自我代入的教育模式等四个方面，通过教育传承自然流进四川读书人的心田，突显道德教育价值，实现"立德树人"的目标。

1. 以人为本的教育模式。

在我国传统文化中，以人为本的观念源远流长。早在两千多年前，在《管子·霸言》就记录了齐国管仲提出的："夫霸王之所始也，以人为本。本治则国固，本乱则国危。"[②]四川传统吟诵作为中华优秀传统文化的重要表现形式从诞生之初就确定了以人为本的教育模式，深入四川读书人的学习生活了解所思所需，挖掘教学形式进行自我教育，以解决读什么书、怎么读书、读书有何用为核心，充分体现读书人的主体意识。通过以人为本的吟诵教育模式感染人、鼓舞人和号召人，激发读书人的学习热情。以人为本的吟诵教育模

---

① 转引自习近平《决胜全面建成小康社会 夺取新时代中国特色社会主义伟大胜利——在中国共产党第十九次全国代表大会上的报告》，人民出版社 2017 年版，第 43 页。

② 转引自王超《以人为本与先秦儒家民本思想关系研究》，河北农业大学硕士学位论文，2012 年。

式是指教育内容紧贴读书人的个性发展需求，以读书人为主要教育对象，满足读书人欣赏品味，突出读书人主体地位，提升自主学习积极性，四川传统吟诵的受众对象决定了其整个教育过程始终以四川读书人为教育重点，以立德树人为出发点和落脚点。从历代四川传统吟诵的作品看，古诗文和儒家经典是其重要内容，作为中华文化的重要依据和价值体系、基本信仰，皆由这些诗文典籍所负载。读书人作为吟诵主体在吟诵内容面前的情态是自我观照的美感体验，自由自在的个性表达，自得其乐的心理情愫，通过四川地区私塾、学堂、书院等场域音声的整体熏染对四川历代读书人的生命道德与心理成长形成影响。

四川传统吟诵的主要旋律内容必然来自四川历代读书人的读书生活。我们通过分析了解受众的认知水平与思想状态，寻找贴近四川读书人吟诵旋律素材，将方言语音、地域音乐以及声情感受反映于吟诵教育内容，使用四川读书人的语音，倾听四川读书人的声音，体会四川读书人的情感；并将所吟诵的古诗文和儒家典籍以通俗易懂又不失美感的音声方式传达给自己和他人，再从读书人的实践反馈中不断改进完善吟诵声腔，突出以人为本的教育模式，从读书声中来再到读书声中去，围绕读书人展开教育，体现吟诵声腔与教育内容的紧密联系，让读书人在吟诵时更有亲切感、主动性，激发学习动力，提升教育效率，完全吻合"立德树人"的理念，遵循了德育标准，成为正能量明确、价值观向上的立德树人的系统工程。四川传统吟诵不仅传递文字信息，更重要的是通过吟诵来传播四川的人文和地域文化，安抚浮躁情绪，激发深层次灵感，美化日常生活。让读书人在丰富多彩的四川传统吟诵中体验快乐、感受成功、创造生命成长的精彩。

2. 寓教于乐的教育模式。

寓教于乐是实现吟诵教育的有效形式，读书人有兴趣读书，愿意读书，才能读得进去。众所周知，兴趣是最好的老师，四川传统吟诵通过形象生动的内容、灵活多样的形式、通俗易懂的方式，激发读书兴趣，增强情感体验，达到立德树人的教育目的。寓教于乐的吟诵教育模式十分注重吟诵者的情感体验和情境建构，引导切身体会、感悟教育内容，引发情感共鸣，以乐于接受、易于掌握的读书方法将立德树人的教育效益最大化。这样在愉快轻松的氛围中吸引吟诵者进行无负担的主动学习，激发读书兴趣，引发反思共鸣，形成正向的情感意志，让历代四川读书人有效感悟古诗文接受经典教育。

在重视教育形式的趣味性和表达形式的情境性方面四川传统吟诵做了有益的探索，以人的心理情趣为导向，教育者通过趣味化、娱乐化的教育方式将复杂、抽象的教学内容以易于接受的方式传达给吟诵者。并且通过情景互动增强情感代入，通过高低抗坠的吟诵声腔引起情感波动，通过激发读书乐趣调动学习热情、削减学习疲劳，利用表情、声调、肢体动作的细微变化以及对古诗文的深入理解和细致体悟将文本所表达的各种场景意境和人物形象多维度地呈现在吟诵者的脑中和心中，使其在愉悦和谐的氛围中，在生动具体的情境中，在寓教于乐的形式中得到陶冶与教化，达到学中乐、乐中学的效果，自然而然被文所化。

3. 因材施教的教育模式。

从孔子开始，因材施教的理念便扎根中国教育，其内涵在历史演进中不断丰富和完善，无论是在古代还是今天，因材施教都表现出强大的生命力，《论语》[①]中记载"听其言而观其行""视其所以，观其所由，察其所安""回也闻一以知十，赐也闻一以知二""柴也愚，参也鲁，由也谚""师也过，商也不及""由也果""赐也达""求也艺"等足以表明古人在教学过程中不仅了解受教者的志向思想、言行智力、性格才能等优点，还了解不同年龄、不同智力水平、不同才能的学生。这样针对不同情况，进行个性化教育，使学生的长处得到充分发挥，使学生的缺点在最大限度内得到纠正，在因材施教过程中恰当地处理立德树人的统一目标和君子人格的个性成长关系。

四川传统吟诵作为四川地域的传统读书方法根植于四川的教育体系，与

---

① 《论语·卫灵公》包括42章，本篇内容涉及孔子的"君子小人"观的若干方面、孔子的教育思想和政治思想，以及孔子在其他方面的言行。

中国传统文化的教育理念一脉相承，既有别于艺术教学又有别于现在的语文教学，是介于艺术和文学之间的一种特殊性教学手段。其教学传承受到心理学、审美学、生理学等的影响，既包含艺术性、文学性，又要把立德树人的指导思想、因材施教的教育实践与吟诵技艺进行有机结合。因材施教的教育模式在四川传统吟诵中的应用要求教育者结合不同学生的个性特质进行教学策略的针对性定制，中国古代教育秉承着因材施教的教学理念，充分发挥一对一的教学模式，提高读书兴趣、提升四川传统吟诵水平，使历代四川读书人的主体意识更加明确，促进其对教育内容的接受理解与意义建构，准确达到立德树人的教学目的。

从古代教育来看，无论是私塾还是书院均使用吟诵的读书方法传承中华文化，四川也不例外。四川传统吟诵通过因材施教的教育模式，根据学生的不同特点，制定个体化的教学方案，开展一对一教学模式，在师徒之间以趋同的传统吟诵培养学生的个性吟诵，激发学生的文化悟性，充分尊重学生的个体差异。四川传统吟诵在传承中充分尊重学生的个体差异，积极实施个性化与差异化的教学，注重文化传承，针对不同学生的嗓音特点，避免过度拔高吟诵旋律，帮助每一位四川读书人形成特色鲜明的既有传承又属于自身的吟诵特点，既"有根可循"又避免"万人一调"。四川传统吟诵通过因材施教的教育模式让四川读书人的课堂更加生动，构建了师生共同体，形成了"大鱼前导，小鱼尾随"的从游状态。教学实践中，突出个体的特殊性，重视学生的差异性，一般是一对一的教学，老师先做示范，学生进行跟读跟唱。在此过程中，老师对学生的吟诵旋律、语言语音、情感体悟进行适当的指导和点拨，实际上是将古诗文的知识做智识性的串联，促进师生教学相长、辨明方向，形成价值共同体，让四川历代读书人能够在自然而然的读书中传承文化养成品格，接受本民族的文化价值认同。

4. 自我代入的教育模式。

四川传统吟诵听似随意地抑扬徐疾，但内中首先体现的是四川历代读书人对作者的理解和作品背景的熟悉；其次是吟诵者对作者的最大共情；再次是将作者的人生经历悲欣遭遇与自己的生命打成一片、融为一体。四川传统吟诵传承人流沙河先生曾指出"吟诵的最大妙处在于'自我代入'"。吟诵时依据诗文情感限定基调，语速徐疾有则，表达丰富，作者的感情会打动吟诵者，吟诵者的再创作会使自己与作者感通。吟诵者的心中有作者、文章、场景、情感，更有吟诵者自己，若是达到最高境界常常是"吟诵者便是作者"，到这一步真可谓浑然为一、物我两忘。从心理学上来考察，这种自我代入法不但是真实的，而且是科学的。20世纪末，意大利帕尔马大学首先发现镜像神经元，镜像神经元可以从其他人身上寻找与自身相同的特征，可以将自身特征投射到其他人身上，甚至可以体验别人的经历与情感。理解了吟诵的这种境界，就可以充分体会自我代入时吟诵者的满足感、痛苦感、愉悦感、期待感，最大限度地满足了吟诵者在实用性需求驱动下参与文本，提供了立德树人的自我激励和自我教育的模式。

自我代入作为一种吟诵教育模式，是加强吟诵者自我教育的有效手段，其关键是吟诵者与古诗文中的人物事件在情感体验方面建立起的同构关系，通过四川传统吟诵的情景模拟和角色代入将吟诵者应传承的文化、应掌握的知识，如古诗文的语言语音、文本解析、文脉源流、行腔使调的方法、圣贤君子的人生态度和道德境界等，由教育者通过文本和声音设置特定情景，将吟诵者代入角色，随诗文喜而喜，随诗文悲而悲，身临其境地参与到诗文中进行模仿学习、情景感受、思考体验，从而获得更强的心理感受和共情体验。作为中华优秀传统文化重要组成部分的古诗文，对于我们的民族文化素质、性格心理、精神境界乃至独特的思维模式、行为方式、价值观念的形成有巨大作用。在历代教育体系传承的古诗文中多为崇德尚美、催人奋进的题材，有赞美祖国壮丽河山，有歌颂人间血肉亲情和真挚友谊，有激励自强不息的优秀篇章，堪称中华优秀传统文化的结晶，是继承立德树人理念弘扬民族精神的优秀教材。

四川传统吟诵利用细腻生动的语音语调、声情并茂的吟诵声腔和强大的感染力营造一种身临其境的氛围，形成一个个生动立体的人物形象和完整真实的事件概貌。这让人设身处地体会文本内容,增强感染力,营造宽松、平等、自由的情感环境,吸引其深入感知人物情感和事件原委,内化教育内容,促进情感迁移和知情意行的统一与转化,从而有效促进认知目标与情感目标的达成。这就使四川历代读书人不仅能更深刻、细致地理解古诗文内容,领略和感受四川地域的语言声调和声腔旋律的独特之处和韵味之美,而且能够汲取四川文化的精华和养分,扎下中华文化之根,把深植于四川的中华优秀传统文化一代代传承下去,发扬光大。

第三章

四川方言与四川传统吟诵

方言是保留传统文化的载体,传承方言有利于对非物质文化遗产——传统吟诵进行保护。四川传统吟诵是四川地区历代读书人传承下来的,是一种带有地域性方言语音的文人音乐,其最为显著的特征就是充分展示了四川读书人的传统读书方法。四川方言的旋律音调使得四川传统吟诵的节奏推进和旋律应用基本符合了本土语言特征。四川大杂居、小聚居的人口聚集特点,形成了四川地域文化和四川传统吟诵的完美结合。四川传统吟诵的丰富性与四川"十里不同风,五里不同音"的方言文化密不可分,四川方言使四川传统吟诵与读书生活紧密相连,使四川地方特色更为明显,使吟诵更加顺畅生动,更加亲切入耳,更加便于流传,更加保留地方特色,亲近文化母体,打破了现在"千人一声"的吟诵现状,呈现多姿多彩的吟诵韵味。

一 四川传统吟诵的方言背景

从地域角度来看,四川方言是指四川地域内的地方语言,根据语言学家周及徐教授的研究:"现今的四川方言主要分为'南路话'和'湖广话'两枝。"[1]"南路话"是元代以前四川本地方言的遗留,保留着古入声声调,分布在四川岷江以西以南的部分地区;"湖广话"是明清时期"湖广人"嫁接

---

[1] 周及徐:《南路话和湖广话的语音特点——兼论四川两大方言的历史关系》,《语言研究》2012年第3期。

"巴蜀语"的产物，元末明初由湖北向川东地区移民，明末至清中期由湖北、湖南、广东（时称湖广）向四川盆地东渐入西移民填川，四川岷江以东以北地区，尤其成都和重庆使用这种方言使其成为"四川话"的代表。

自秦实施"书同文"，汉字超方言的优越性得以充分发挥，归根于历代知识精英为"语同音"的不懈努力。自隋代到清末长达一千三百多年的科举制度维系着中国的思想知识体系，《切韵》系统韵书支撑着这个由朝廷管理、全国各阶层士大夫维护参与的文化制度。而就各地语音而言，一直存在文雅音与通俗音的双重性。就四川传统吟诵而言，四川官话雅言语音存在于四川历代读书人的读书和交际使用之中，四川官话雅言语音与四川通俗语音具有相容性和综合性。

四川历史悠久，传统文化积淀深厚，文人墨客群集，社会生活中以雅言语音读书和交流。虽然崇尚文雅正统语音的观念根深蒂固，但是从1905年取消科举考试制度，以及同时兴起的"国语运动"①倡导"言文一致"，到1913年读音统一会逐字审定了"国音"编成《国音汇编草》②，1919年第一次出版《国音字典》，到1932年5月民国教育部公布《国音常用字汇》重新确定了以北京语音为标准的"新国音"，再到1956年新中国成立中国文字改革委员会普通话审音委员会，直至1985年12月，国家语言文字工作委员会、国家教育委员会和广播电视部联合发出通知，把修订稿用《普通话异读词审音表》的名称予以公

---

① 国语运动是指中国从清末到1949年推行的以官话为基础制定汉语标准语和中国国语的运动。它提出"言文一致"和"国语统一"两大口号。"言文一致"是书面语不用文言，改用白话。这个运动对于现代汉民族共同语的建立和推行，对于文体改革和文字拼音化，都有一定的贡献。

② 1913年，读音统一会逐字审定了"国音"，编成《国音汇编草》。1919年第一次出版《国音字典》，1921年，经国语统一筹备会校订后再次出版，定名为《教育部公布校改国音字典》，共收13000多字，可以看作20世纪中国政府第一次正式公布的现行汉字表。1923年，国语统一筹备会成立国音字典增修委员会。1926年完成了《增修国音字典稿》。后又几经修订，于1932年5月定名为《国音常用字汇》，由教育部正式公布。《国音常用字汇》收正字9920字，别体重文(异体字)1179字，变音重文(异读字)1120字，共计12219字；重新确定了以北京语音为标准的"新国音"；加收了一些通用的简体字形，正文按注音字母音序排列，从而在字量、字形、字音、字序方面建立了初步的规范。《国音常用字汇》的公布是中华人民共和国成立以前中国整理现代汉字的一块里程碑。

布。四川官话雅言语音彻底失去了存在的根基，四川官话的雅言语音在四川读书人中的使用频率渐次消退，四川传统吟诵的语音逐渐向四川通俗语音方向发展，四川通俗语音与四川官话雅言语音逐渐混淆的趋势已不可逆转。从笔者现今采录的四川传统吟诵来看，多数老先生在吟诵时存在着部分字音遵从四川官话雅言语音的现象。如，知、庄组二等字，如"摘撑""师数争"读平舌音，但"皆解阶""屈曲"少数字亦有两读现象。使得现在的四川方言语音系统中既保留着官话语音的入声、平翘、尖团，又有通俗语音中的"入归阳平"。四川传统吟诵的音系主要以当前四川通俗语音作基础，遗存清末四川官话雅言语音，基本承袭明清以来南方通语的特点和清代的西部官话语音系统，入声韵混同于阴声韵沿袭元代北方通语。

吟诵学界中一直讨论着方言语音的吟诵与普通话吟诵的关系。按一般的理解，"读书音是读书时的字音，口语音是说话时的字音，读书和说话各用不同的字音"。①这种说法在民国时期的钱玄同先生、赵元任先生、罗常培先生的研究中有过论述，但并未系统论述文白读音的来源、依据及其音韵性质等问题。钱玄同先生曾指出八思巴字译音《蒙古字韵》是远离口语的元代汉语语音文献书面音系。罗常培先生进一步论证："八思巴字译音《蒙古字韵》保留了全浊声母、入声，《中原音韵》则没有全浊声母，也没有入声，故而八思巴字系统反映了两个语音系统，一个是代表官话的，一个是代表方言的。也可以说一个是读书音，一个是说话音。"②赵元任先生（1928）给吴语的一些字音加注了"文"或"白"。他说："在中国好些方言当中有些字读书或'跩文'时是一种念法，说话时又是一种念法。"③"跩文"就是卖弄学问的意思。所谓文言，就是书面语来读古文；白话，就是口头为基础的口头白话或白话文。文白表现的是文言和白话的区别，即语体区别。他所列举的吴语的例字有"问"meng（文）/weng（白）、"望"mang（白）/wang（文）等。根据赵

---

① 张玉来：《汉语方言文白的异读现象的再认识》，《语文研究》2017年第3期。
② 宋洪民：《从八思巴字汉语应用文献看〈蒙古字韵〉的性质与地位》，《语文研究》2014年第4期。
③ 李蓝：《文白异读的形成模式与北京话的文白异读》，《中国社会科学》2013年第9期。

先生的意思推论，文读音就是读文言或读书面语很强的文献时用的读音，白读就是说话或读白话文时用的读音。

随着研究的深入，语言学界对文白语音又有了新的认知，根据方言研究的实际，李新魁先生在辩证继承赵元任先生文白读音学说上又进一步论证："汉语的共同语一直存在两套读音的标准，书面语的标准音就是历代相传的读书音，而口语的标准音就一直以中原地区的河洛音（一般称之为'中州音'）为标准。两者在语音系统上没有大的出入，只是在某些具体的字音上，口语的说法与书面语的读法不完全一致。"①邵荣芬先生则直接指出："文白异读是一个音系中共存的字音异读，不是游离的两种音系，有文白异读的字所处的音位系统是一致的，只是所属的音类（或音节）不同罢。"②

用四川方言的标准语音成都话的文白异读例证就可以说明四川读书人文白是共用一套音系（音位系统）：成都方言共有 19 个声母，36 个韵母。其中包括 9 个元音，韵母系有 4 个声调，没有入声，没有塞音韵尾，鼻辅音韵尾只有 n 和 m 两个，一部分前鼻音韵尾与后鼻音韵尾相混；成都话的文白异读大多数有语词、语体上的区别，可分为声母异读、韵母异读、声调异读、声母/韵母异读、声调/韵母异读、声调/声母异读、声韵调异读七种类型。成都话的异读字，无论文读还是白读，都在 19 个声母、36 个韵母和 4 个声调范围内调整。如成都方言中"说"字，白读的韵母是 uo，文读的韵母是 ue，与"获"的白读同韵母，与"缺"的文读同韵母，白读只改变了"说"字所属韵母的类别。

成都方言的文白异读比较分散，并不系统，并不是成批量的同音类的字（语素）都产生异读，而是视表达的需要。方言文读不是独立的一套音位体系，也不存在脱离白读的文读音系，从本质上说，文读就是方言对标准语的音译。

---

① 《〈汉语的历史探讨〉出版》，《语文研究》2011 年第 3 期。
② 转引自王福堂《文白异读和层次区分》，《语言研究》2009 年第 1 期。

笔者认为，文白异读虽然经常跟一定的词语相结合，然而文读不限于读书，白读也不限于口语，两者有时很难区分，两种读法共用一套音系，很少有超出白读音位系统的文读，文白异读仅是字音层面的区别，并不涉及音位系统。据南京大学张玉来先生统计，存在大量文白异读的厦门方言："文白异读虽然涉及了其全部 17 个声母和 7 个声调，文读音只出现在 78 个韵母中的 50 个，文读也不超出其音位总量三分之二。"[①]我国历史上虽然书面语言和口头语言存在着笔头脱离口头的言文不一致，但任何人读书时所使用的音系不应该脱离自己的口语音系。文白字音的不同，是由于模仿异源读法而导致的字音不同，文白异读在语音层面的区别是因为模仿别的方言（共同语）的词的读音而连带产生的。正如语言学家徐通锵先生指出："大体说来白读代表本方言的土语，文读则是以本方言的音系所许可的范围内吸收某一标准语，（现代的或古代的）的成分，从而在语音上向这一标准靠拢。"[②]仅就四川读书人而言，我们在采录和研究时的实践证明了以上学者的研究成果。

四川方言是西南官话的一种，使用人口集中在四川盆地一带，大约有 1.2 亿人，约占全国总人口的十分之一。仅从四川方言语音与普通话语音相比，基本上没有平舌音和翘舌音之分，普通话中的翘舌音，在四川方言中一律读平舌音。如 zh、ch、shi，一律念成 z、c、s。在四川方言中没有鼻音与边音之分，也没有前后鼻音之分，后鼻音在四川方言中基本都念成前鼻音。如 l 与 n 在四川方言中的发音根据地域的不同是自由变化的，自贡、成都、绵阳一带"l"的发音常常往"n"的发音上靠，如"李"读成"你"，"留"读成"牛"，"怜"读成"年"。

每一区域内都形成了具有当地方言特色的吟诵，例如以王治平先生、流沙河先生为代表的成都传统吟诵，以萧璋先生、王宗斌先生、赵庭辅先生为

[①] 转引自张新《〈元韵谱〉入声字文白异读探析》，《湖南医科大学学报》（社会科学版）2010 年第 2 期。
[②] 转引自赵峰《试论汉语方言的"文白异读"》，《宁德师范学院学报》（哲学社会科学版）1995 年第 4 期。

代表的川北传统吟诵，以杜道生先生、谢祥荣先生、杨星泉先生为代表的川南传统吟诵，以祁和晖先生、寇森林先生、曹家谟先生为代表的川东传统吟诵等。国家级非遗传承人秦德祥先生指出："吟诵音乐的旋律、节拍、节奏由诗词文句的诵读自然地派生而出，其词曲密切溶合的程度，非一般歌曲所能比。"[①]四川传统吟诵按照四川方言的咬字行腔强调喷口和衬词的乐节重音，时常伴有"灯戏腔"，使其具有很强的地域性、功能性和自娱性。

二 四川方言对四川传统吟诵旋律的影响

四川方言对四川传统吟诵旋律的影响主要体现在三方面：语调、字调和语言习惯。

（一）语调

语调，即说话的腔调，就是一句话里声调高低抑扬轻重的配置和变化走势。四川传统吟诵时的语气声调，我们可以成都地区的流沙河先生《满江红·江汉西来》《蓼莪》、王治平先生《瑞龙吟》；川南地区谢祥荣先生《浪淘沙·帘外雨潺潺》、雷定基先生《回乡偶书》；川东地区祁和晖先生《杜少府之任蜀州》《闻官军收河南河北》、郭绍歧先生《长恨歌》《离骚》；川北地区王宗斌先生《金缕衣》《山居秋暝》、丁稚鸿先生《和张仆射塞下曲》《山居秋暝》为例分析老先生们从句子的停顿、声音的轻重快慢、高低变化和语调的强弱长短、断连高低中感悟内在情感的变化。

成都地区流沙河先生吟诵的《满江红·江汉西来》，该首吟诵旋律进行都在五度内级进或跳进完成，由语调所引起的旋律形态相对平稳，但每一句句末的旋律起伏基本呈现下行趋势，句末的落音表现为"131；333；31；511；31；31；31；31；31"。《蓼莪》的句末的落音表现为"3531；1331；3353；1313；3333；3331；1111；1111"整体语调呈下行趋势。

成都王治平先生的《瑞龙吟》句末的落音表现为"636336；336633；33131；

[①] 秦德祥：《20世纪吟诵音乐的嬗变》，《天津音乐学院学报》2004年第3期。

33633；6363；3366"，每一句的后半部分语调呈现明显下行趋势。

川南地区的谢祥荣先生吟诵的《浪淘沙·外雨潺潺》句末落音表现为"163；33；363；63"，雷定基先生《回乡偶书》句末落音为"3、3、3、1"，两首吟诵的整体语调均呈下行趋势。

川东地区的祁和晖先生所吟诵的《杜少府之任蜀州》句末落音为"3666；3663"整体语调则呈上行趋势，而吟诵《闻官军收河南河北》整体语调呈下行趋势句末落音为"3263；6663"。

郭绍歧先生所吟诵的《长恨歌》句末落音为"6212；2232；6351；6631；5313；336533"整体语调呈上行趋势，而吟诵《离骚》的句末落音为"3621；1333；3263；3363；5333；3161"整体为下行趋势。

川北地区的王宗斌先生吟诵《金缕衣》的句末落音表现为"6115"整体为上行趋势，而《山居秋暝》句末落音表现为"3521"却呈现为下行趋势。

丁稚鸿先生吟诵的《和张仆射塞下曲》句末落音为"5135"整体为上行趋势，《山居秋暝》句末落音为"1125"呈现明显语调下行趋势。

上述所提及的四川传统吟诵无论是上行还是下行，都表现出了地域性相对统一的特点：语调平缓而总体下行的成都区域其传统吟诵总体下行，语调上行的川北地区旋律语调区域其传统吟诵旋律总体上行。说明地域性语调形式影响四川传统吟诵这一特点非常普遍。

四川传统吟诵在语调方面还存在着一大特点，那就是重音。往往川北、川东处于盆地边缘山区丘陵地区的四川方言语调较重，声音往往比较高亢洪亮，日常对话时往往会出现较多的强调音，而川南以及成都平原地区的音调则较之温婉绵软细腻低沉，这与四川方言本身的特点有关。

（二）字调

字调即单个字音的字读声调，由"声母""韵母""声调"三者构成。"声调"又包括调类、调值、调型。

语言学大师赵元任先生曾用实验语音学的方法对字调进行研究，提出了字调和语调的代数和理论。赵先生认为，如果一个整句子语调上升时又用了一个上升调的字，其结果就会比通常的声调更高。如果一个下降的句子的语调用了一个上升的声调的字，升调就上升得比较有限，或发音的位置比句子的第一部分的语调还更低。

表3—1　　　　　四川传统吟诵所涉及城市声调值

片区	城市	阴平	阳平	上声	去声	入声
	普通话	55	35	214	51	-
	成都	55	21	53	213	-
川东	开县	55	21	43	214	-
	巴县	55	21	42	214	-
	奉节	55	21	42	214	-
	渠县	55	21	42	214	-
川南	兴文	55	31	53	324	33
	乐山	55	31	42	13	33
	峨眉山	33	21	41	23	45
	井研	45	41	51	34	-
	隆昌	35	31	51	22	-
川北	青川	45	31	53	212	-
	剑阁	55	22	313	212	-
	绵阳	35	42	452	224	-
	蓬溪	35	31	53	213	-
	三台	35	42	454	324	-
	盐亭	35	31	51	324	44
	南充	55	31	42	24	-

按照赵元任先生关于字调和语调关系的理论："声调'小波浪'骑跨在语调'大波浪'上，保持着它的基本调形，以它的音阶随着大波浪的波动而上下起伏，既彼此关联，又各自遵循着相对独立的运动规律。"[①]四川方言一般

[①] 转引自曹文《赵元任先生对汉语语调研究的贡献》，《世界汉语教学》2007年第4期。

用四个或五个音调进行区分，即使是同一个字或者同一句话，但在咬字发音时所采用的方言声调不同，最终所形成的旋律也会截然不同。

从古至今，由于受地理和文化等因素的影响，四川方言语音在四川地域内并未完全统一过，现今的四川方言可以粗略地分为在宋元、明清时期形成的"南路话"和"湖广话"，以川南为代表的南路话和川北、川东、成都平原大片区为代表的湖广话发音咬字存在着较大的差异。

南路话有入声，湖广话无入声；两地方言变调模式不同。其来源虽然不同但却接触深刻，主要表现在：除入声外，两地方言的阴平、阳平、上声、去声四个声调在单字音声调格局上向趋同方向发展。对于阴平、阳平、上声、去声、入声5个声调而言，南路话如乐山方言的调值分别是45、21、42、23、44，湖广话如成都方言的调值则为55、21、53、213，入声归阳平。以下主要从入声字和调值两个方面予以阐述，其中调值分析中含有声母、韵母的变化说明。

1. 入声字。

南路话的入声字音最为常见。在吟诵时，十分注重入声字的咬字发音，决不含混带过，通过入声字的方音，突显吟诵作品的地域韵味。其中，乐山区域的杜道生先生、谢祥荣先生、雷定基先生的入声字音应用就十分普遍，以杜道生先生吟诵的《前出师表》为例，入声字后附对应音乐音级，具体如下所示：

先帝创业（6）未半而中道崩殂，今天下三分，益（2）州疲弊，此诚危急（6）存亡之秋也。然侍卫之臣不（2）懈于内，忠志之士忘身于外者，盖追先帝之殊遇，欲（5）报之于陛下也。诚宜开张圣听，以光先帝遗德（6），恢弘志士之气，不（2）宜妄自菲薄（6），引喻失（6）义，以塞（1）忠谏之路也。宫中府中，俱为一体，陟罚（22）臧否，不（6）宜异同。若（5）有作（5）奸犯科及（1）为忠善者，宜付有司论其刑赏，以昭陛下平明之理，不宜偏私，使内外异法也。

出师表

诸葛亮（三国）
杜道生先生吟诵
李娟　　记谱

（乐谱略）

臣亮言：先帝创业未半，而中道崩殂。今天下三分，益州疲敝，此诚危急存亡之秋也。然侍卫之臣不懈于内，忠志之士忘身于外者，盖追先帝之殊遇（诶），欲报之于陛下也。（陛下）诚宜开张圣听（耳），以光先帝遗德，恢弘志士之气，不宜妄自菲薄，引喻失义，以塞忠谏之路也。宫中府中，俱为一体，陟罚臧否，不宜异同。若有作奸犯科及为忠善者，宜付有司论其刑赏，以昭陛下平明之理。

　　此段吟诵有 17 个入声字，杜道生先生在吟诵时充分运用四川方言特有的语气发音，带有浓厚的乐山方言语音，入声字遵循了方言语音习惯，翘舌音均读平舌音，吟诵时字音饱满，让乐山方言声调在这首吟诵中得到最大发挥。仅从"业"的调值来看，由普通话的 51 变为入声调值 44，而乐音也随之成为 6。

又如谢祥荣先生《浪淘沙·帘外雨潺潺》：

帘外雨潺潺，春意阑珊。罗衾不（6）耐五更寒。梦里不知身是客（6），一（35）晌贪欢。独（6i）自莫（5）凭栏，无限江山，别（6i）时容易（6）见时难。流水落（3）花春去也，天上人间。

该吟诵有 8 个入声字，谢祥荣先生在吟诵时，使用峨眉方言语音，不仅入声字遵循了方言语音习惯，其入声调值为 55，翘舌音均读平舌音，而且将"潺"字音读为阴平声"zan"，"珊"读阴平声"suan"，其入声字所决定的乐音和峨眉方言语音所形成乐音拖腔独具一格。

如雷定基先生吟诵贺知章的《回乡偶书》：

少小离家老大回，乡音无改鬓毛衰。儿童相见<u>不（5）</u>相识，笑问<u>客（6）</u>从何处来。其中的"不""客"二字均用乐山方言呈现入声字音。

回乡偶书　　　　贺知章　（唐）
　　　　　　　　雷定基先生吟诵
　　　　　　　　李娟　　记谱

（乐谱）

2. 调值。

由于四川传统吟诵的产生和传播均是由于四川历代读书人在日常读书交流中的情感变化，一般情况下，将四川传统吟诵归为文人音乐，而类似于说唱音乐作品的叙事性歌曲，除此之外，有的吟诵还加入了小调、山歌、戏剧念白等多种传统音乐元素，强调按字声行腔，因而吟诵作品中的字调变化极为明显。以流沙河先生《婉容词》、杜道生先生《出师表》、谢祥荣先生《浪淘沙·帘外雨潺潺》、雷定基先生《回乡偶书》和赵庭辅先生《早春呈水部张十八员外》为例进行分析。

流沙河先生在《婉容词》的吟诵中，其中一句"离婚复离婚，一回书到一煎迫"，这句诗中的"迫"字，念作 pie(阳平) 而不是 pò。再如赵庭辅先生在《早春呈水部张十八员外》这首吟诵中，第一句"天街小雨润如酥"的"街"字是明显的方言读音，声韵母都发生变化，声母由 j 变为 g，韵母由 ie 变为 ai。调值由普通话的 55，变为剑阁话的 53，"小"用波音润腔表示调值变化走势；第二句"草色遥看近却无"的"色"字是典型的剑阁

- 72 -

方言读音，韵母由 e 变为 ai，调值由普通话的 51 变为剑阁话的 24。第三句"最是一年春好处~"的"一"是一个入声字，赵老把音往下压，这一句的仄声字"处"字又有回环的味道。最后一句"绝~胜烟柳满皇都~"以中正平和的语调收尾，赵老在吟诵时，平声字没有拖音，仄声字有拖腔，从而形成了川北传统的吟诵特色和赵庭辅老先生个人读书的味道。

以上字调的变化可以鲜明刻画不同地域的四川传统吟诵现象。若是依照普通话的四声语调进行吟诵，就难以凸显吟诵的地域性，进而导致该首作品失去四川味道的文学气质和情感表达。

总的来说，字腔是每个字依其字调化为乐音进行的旋律片断，字腔并非一种确定不移的旋律"定腔"，而是按字读四声乐化的旋律进行推进。笔者搜集到的四川传统吟诵的旋律与普通话和全国其他方言片区的旋律都截然不同。在四川范围内，无论是"湖广话"还是"南路话"其方言语音都直接决定着该地区的吟诵旋律特点，在不倒字的基础上，按照方言的发音需求在吟诵旋律中添加波音或者下滑音等润腔装饰，使得旋律特点更贴近四川传统音乐，地域特色更加浓烈，给人一种四川隽秀、巴山幽朗的圆润古意之感，形成独具特色、自成一派的四川传统吟诵风格。

（三）语言习惯

现今的四川传统吟诵是融入了四川方言、语音、声调发展而形成的吟诵，因与历代四川读书人读书生活紧密相连，具有浓郁的地域文化色彩。在吟诵过程中不仅有四川方言的特点、方音的特色而且凸显了四川腔调的韵味风格。四川传统吟诵的方言语音习惯在一定程度上影响了吟诵的旋律。例如，习惯性用语、入声字音以及特定的语气助词等。研究发现，绝大多数老先生在遇到节奏点时往往长吟拖腔，当节奏点是入声字的时候，通常是顿住之后长吟，或者是顿住以后加平声字的语助词作为衬字拖长，常用"啊、哦、诶、呜、哟"等字，以成都王治平先生、王德生先生父子二人最具代表性。

以王治平先生代表性吟诵《摸鱼儿》为例：

理遗篇，蓼莪永忆，余生留得凄楚。廿年风木思亲泪（诶），洒向零缣片楮。春已去，更谁念，人间多少孤儿女（诶）。秋灯夜雨（诶），叹两世凄凉，萍飘絮泊，不识托根处。

终天恨,我亦婴年丧父,而今十载无母(哦),相闻纵隔天涯路(啊),一样此情(诶)同苦(哦)。何堪诉,君不见:倚闾心眼终黄土,千秋万古(诶),只日暮慈乌(哦),声声肠断,长绕北棠树。

不难发现作品中出现了诸多衬字,如"啊、哦、诶"等,这些衬词看似随口所吟,其实它在每一句的尾音处形成再度韵腔回环,使词的内容更具表现张力,使得词与吟诵旋律完美结合。若将其中的衬字去掉,不从语言与声情入手,不强调方言语音,那么这首吟诵作品的旋律性和地域性就会大打折扣,进而也就丧失了四川特有的语调色彩。

又如王德生先生的吟诵作品《江南逢李龟年》:

岐王宅里(诶)寻常见(哦),崔九堂前几度闻。正是江南好风景(哦),落花时节(诶)又逢君(哟)。

江南逢李龟年

杜　甫　(唐)
王德生先生吟诵
何　民　记谱

```
6 6 6 2 6 5 - 3 6 6 6 3 2 1 - - 6
岐王 宅里    寻常 见(呃),

3 3 6 6. 5 - 3 1 5 6 5 3 2 2. 3 5. 3
崔九 堂前    几度    闻。

6 1 6 3 6. 5. 3 1 1 1 6. 3 2. 3 5. 3
正是 江南  好风 景(哟),

6 2 6 6 2 - 1 - 6 0 6 2 5. 6 2 2 1 - 6 0
落花 时节    又 逢 君(哟)。
```

其中"宅""常""是""时"一律发平舌音"cei"（去声）、"sang"（平声）、"si"（去声）、"si"（平声）。通过四川方言语言形式的运用，极为生动地展现了久别重逢的场景，诗中连续出现了5个衬词"诶、哦、哟"，这是成都地区讲话的一种习惯，"哦""哟"常被用于句尾，表达一种感叹语气。整首吟诵听起来很有旋律性，凸显了浓郁的成都平原地区的传统音乐风格，恰如其分地表达了诗人抚今思昔、世境离乱、年华盛衰、人生聚散的凄凉飘零之情。若去掉衬字音，就会显得极不自然，如按照普通话发翘舌音，就没有四川传统吟诵语言的意境，也不符合四川读书人读书拖腔的语言习惯。

再如王德生先生的吟诵《春夜喜雨》：

好雨知时节（诶），当春乃发生（哦）。随风潜入夜，润物细无声。野径云俱黑，江船火独明。晓看红湿处，花重（哟）锦官城。

春　夜　喜　雨　　杜　甫　（唐）
王德生先生吟诵
何　民　记谱

在这首吟诵作品中，运用得最多的就是"哟、诶、哦"等衬词，该首吟诵作品中添加成都地区日常习惯使用的语气助词则更好地展现了成都人对成都春夜雨景的感受情态。三个"衬字"处于高音区，成音阶上行趋势，音量力度向上，音色逐渐增亮，在吟诵过程中这几个衬词发音轻柔婉转回环往复，凸显地区的语言特色。"衬字"在四川传统吟诵的运用过程中均无实意，都是作为"语气词"出现，多在句中、句尾，句首一般不出现，也并不改变古诗文的字句原始结构，只会增加吟诵的表现张力，从而使得语言表达更加清晰，但"衬字"也不是无休止的胡乱增加，在字数上更不可能多于所处吟诵腔句的正字字数。方言语音很多时候用普通话是无法解释的，细细品味方言的衬词、词缀、语气助词，能身临其境地感知吟诵的意境，感受到吟诵情感的表达。

三　四川方言对四川传统吟诵的艺术性影响

受地理环境的影响，四川历代读书人聪明机智、豁达灵活、乐观进取、富有情趣的群体特点较为突出，常在读书过程中用吟诵表达自己对古诗文的理解，抒发对真善美的追求和向往。在历史的进程中，随着四川各地的移民交流融合，多种区域文化的碰撞产生了新的四川文化。四川传统吟诵虽然根植四川，历史悠久，蕴含着古老的巴蜀文化，但在很大程度上也吸收了外来文化的语言、艺术、音乐等元素，成为文化交融的典型代表。从笔者采录到的四川传统吟诵来分析其艺术性，其旋律来源于历代读书人以古诗文的语言文字发音为依据，按照四川方言语音习惯，适当借鉴四川传统音乐和戏曲的基本旋律形成的唱读腔调，以朴实简洁的旋律配合高雅经典的古诗文，生生不息直至今日。由于四川各个地区方言语调、音调以及语言特色的不同，使得四川传统吟诵的旋律具有多样化的特性。我国吟诵之所以具有多元化特点，恰恰是因为各地方言语音的不同，因此，只有做好各地传统吟诵的保护研究工作，才能促进我国吟诵事业的发展，才能真正弘扬吟诵文化。融入了四川方言的四川传统吟诵地域特色鲜明，艺术韵味浓厚，其特殊的方言语音现象使其呈现出独特的风貌。如果没有四川方言，就无法准确地反映出四川地区独有的腔音习惯和地域文化。四川得天独厚的自然条件造就了丰富多彩、绚丽多姿的四川传统吟诵种类，现存的四川传统吟诵表现形式也体现在其方言的运用上，具有独特的艺术性和浓郁的四川地域文化色彩。如川北地区的吟诵爽朗悠长、沉着有力；川东地区的吟诵铿锵激昂、掷地有声；川南地区的吟诵方言凸显、古音古韵；成都平原的吟诵柔美婉转、抒情流利。四川传统吟诵在四川独具特色的自然环境、文脉传承、教学系统中产生，由四川历代读书人在长期读书学习、教学传承中集体创作，口耳相传、师徒相授，用自己的语言吟诵诗文、抒发情感、表露心声，并被普遍掌握、广泛流传于读书人之间。其吟诵润腔悠扬婉转以连音为主，其吟诵节奏明快，旋律简单清晰，深刻地反映了读书人的读书声腔和读书体验，体现了四川读书人的独特文化性格和四川文脉精神。

第四章

四川传统吟诵的基本面貌

一 成都传统吟诵研究

（一）以流沙河先生为例

1. 成都市概貌。

成都位于川西北高原山地和川中丘陵之间，境内兼具山川、平原和丘陵，得益于都江堰灌溉系统，物产丰富，素有"天府之国"之称。成都历史悠久，距今已有两千三百多年的建城历史。《华阳国志·蜀志》记载："帝喾封其支庶于蜀，世为侯伯，是蜀之立国，由来最古。"直至公元前316年，秦国统一全国，将蜀纳入秦国的版图，公元前311年，张若主蜀，修建成都城。此后成都成为西南地区的重要城市，三国时刘备在成都建立蜀汉政权，成都作为都城。后来多个朝代都把成都作为都城，成都规模不断扩大。到了崇祯年间，1644年，张献忠攻入成都，改称西京。经过了元、明、清多年的战乱，成都规模缩小，但依然是西南重要城市。1950年成都解放以后到今天，成为了四川省省会城市，是四川省政治、经济、文化、交通、旅游的中心。

2. 成都方言的声韵调系统。

成都方言在四川方言中极具代表性，是北方方言西南官话的典型代表，属于四川方言中流传最广、识别度最高的地方方言，同时作为四川方言的标准音而存在。语言学家周及徐教授认为："现今的四川方言主要分为'南路话'和'湖广话'两枝"。"南路话"是元代以前四川本地方言的遗留，保留着古入声声调，分布在四川岷江以西以南的部分地区；"湖广话"是明清时期"湖广人"嫁接"巴蜀语"的产物，元末明初由湖北向川东地区移民，明末至清中期由湖北、湖南、广东（时称湖广）向四川盆地东渐入西移民填川，四川岷江以东以北地区，尤其成都和重庆使用这种方言使其成为四川方言的代表，成都方言作为四川方言的标准音而存在。其基本词汇和语法规律与北方话其他地区大同小异，但是语音和一部分词汇与普通话的语音词汇差异较大，在成都方言里存在着音读差异，往往在方言中形成一字两音或者一字多音的情况，成都方言中的读音还存在着别义异读和俗读现象。

成都方言的声母中 n、l 不分，大部分地区没有 zh、ch、sh 等声母和 eng、ing 等韵母，但是有普通话中没有的声母 ŋ 和韵母 uə。我们分析部分音节的时候会发现成都话的声韵调和普通话的声韵调出现了不同，如，"岩"成都音"ŋai²¹"普通话音"yán"；"鞋"成都音"hai²¹" 普通话音"xié"；"绿"成都音"lu²¹"普通话音"lù"。另，在成都方言中，中古入声字现在都读阳平。

徐通锵指出："大体说来白读代表本方言的土语，文读则是以本方言的音系所许可的范围内吸收某一标准语（现代的或古代的）的成分，从而在语音上向这一标准靠拢。"[①]从本质上说，文读就是方言对标准语的音译，它实际反映的是共存的一个语言或方言中的同源成分的不同语音形式,而这种不同形式折射了历史上的标准语和方言关系。

（1）声母。

共 19 个辅音字母。从总体上看，成都方言的声母呈送气清音、不送气清音两者并存的局面。不分尖团，成都方言中尖团音已经合流，完全不能分辨。

[①] 徐通锵：《历史语言学》，商务印书馆 1991 年版。

表 4—1—1　　　　　　　　　成都方言声母表

			双唇	齿唇	舌尖前	舌尖中	舌面前	舌根
塞音	清	不送气	p			t		k
		送气	p^h			t^h		k^h
塞擦音		不送气			ts		tɕ	
		送气			ts^h		$tɕ^h$	
鼻音	浊		m			n	ȵ	ŋ
擦音	清			f	s		ɕ	x
	浊				z			
零声母			ø					

　　成都方言的全浊声母清化基本遵循下面规律：古平清→今阴平，古平浊→今阳平，古上清和次浊→今上声，古上浊→今去声，古去声→今去声，古入清→今阳平，古入浊→今阳平，古入次浊→今阳平。因此，全浊声母的清化，使得成都方言的阳平和去声数量不断增加，而上声数量减少。通过记录 20 世纪五六十年代的成都方言我们知道，成都方言的声母系统中已经没有了舌尖后音。从声母的比较来看，成都方言在有些方面发展较普通话慢，但有些方面又较普通话快，可见成都方言一定不是从普通话发展而来的。有些发展可以从《中原音韵》中找到依据，有些发展只能追溯到《切韵》[①]音系，所以我们可以说成都方言是《中原音韵》音系的姊妹方言，与之没有直接的继承关系。

　　（2）韵母。

　　共 36 个，其中包括 9 个元音。成都方言的韵母系统没有入声，没有塞音

[①] 隋代陆法言著。书成于隋文帝仁寿元年(601)。共 5 卷，收 1.15 万字。分 193 韵：平声 54 韵，上声 51 韵，去声 56 韵，入声 32 韵。唐代初年被定为官韵。增订本甚多。《切韵》原书已失传，其所反映的语音系统因《广韵》等增订而得以完整地流传下来。现存最完整的增订本有两个，一为唐写本王仁昫《刊谬补缺切韵》，一为北宋陈彭年等编的《大宋重修广韵》。法国巴黎国家图书馆藏有敦煌唐写本切韵残卷三种，是目前所存最古的、与陆法言编撰《切韵》最相近的版本。

韵尾，鼻辅音韵尾只有 n 和 m 两个，且一部分前鼻音韵尾与后鼻音韵尾相混，古音声韵和入声（韵尾脱落后）一部分重合。

表 4—1—2　　　　　　　　成都方言韵母表

	开尾					元音尾				鼻音尾		
开口呼	ɿ	ɑ	o	e	ər	ai	ei	au	əu	an	ən	aŋ	oŋ
齐齿呼	i	iɑ		ie		iai		iau	iəu	ian	in	iaŋ
合口呼	u	uɑ		ue		uai	uei			uan	uən	uaŋ
撮口呼	y		yo	ye						yan	yn	yoŋ

（3）声调调值。

成都方言古入声字已消失，归入阳平。现有四个声调：分别是阴平（高平调）、阳平（低降调）、上声（高降调）、去声（降升调）。

表 4—1—3　　　　　　　　成都方言声调表

调类	阴平	阳平	上声	去声
调值	55	21	53	213
调型	高平调	低降调	高降调	降升调

3. 传统吟诵及其流派划分。

（1）什么是传统吟诵。

传统吟诵，是生活在特定汉语方言区域内的中国人用方言发音，念诵、吟咏、唱读、讴歌汉诗文的传统读书方法。总结起来传统吟诵有四个重要特征。一是传承有序。传，是不断；统，是不变。既没有断也没有变，师徒父子世代相传，口传心授代代承接。二是注重全国通用语言和本地方言的语音差异和转化。三是基于方言发音有比较明显的节奏感和旋律性。四是吟诵的内容绝大部分是古代汉诗文。

（2）传统吟诵的起源。

"吟"最早出现在《战国策·秦策二》当中，其中有一句"臣不知其思与不思，诚思，则将无吟，今轸将为王吴吟"。这里明确地显示出"吟"的地域位置和方言特性。赵元任先生认为"'吟'就是声音拉得比较长，听起来好像唱歌一样。但吟诗没有唱歌那么固定"，[①] 所以我们不能说"吟"是唱歌。《周礼·春官·大司乐》："以乐语教国子：兴、道、讽、诵、言、语。"《礼记·内则》"十有三年，学乐，诵诗，舞勺。"东汉经学家郑玄说："以声节之曰'诵'"。又有"赋不歌而诵，乐府歌而不诵，诗兼歌诵。"众所周知，孔子创造了两种重要的并且延续至今的教育方法——"诗教和乐教"。而"吟诵"便是走进"诗教和乐教"堂奥的阶梯。我们在儒家的反对者——墨家的典籍中找到了证据，《墨子·公孟》记载了孔子是如何教学生学习《诗经》的"诵诗三百，歌诗三百，弦诗三百，舞诗三百"。

"吟"和"诵"虽然都有节奏，但是"吟"的声音比"诵"的长，"吟"的旋律性较之"诵"强。二者虽有差别，但是我们不能将它们割裂，在流传下来的读书调中常常吟中有诵，诵中有吟，我们应将其视为传统读书法的整体。

（3）传统吟诵的大体流派。

吟诵传承至今，风格、流派众多。我们大致可以按地域和师承两个标准来划分。理论上来说，只要一个地方有读书人就有该地的传统吟诵。但是由于一百多年前的历史客观原因，现在很多传统吟诵已经断了传承，再难寻觅。传统吟诵的主要代表人物有以赵元任先生、周有光先生、屠岸先生、秦德祥先生为代表的常州传统吟诵；以张本义先生为代表的辽南传统吟诵；以石声淮先生、文怀沙先生、史鹏先生、周笃文先生、侯孝琼先生、陶稳固先生为代表的湖南传统吟诵；以陈炳铮先生为代表的福州传统吟诵；以陈祥耀先生为代表的泉州传统吟诵；与霍松林先生为代表的天水传统吟诵；以李炳南先生为代表的济南传统吟诵；以崔元章先生为代表的河南传统吟诵，以李冀良

---

① 转引自李萌《现代汉语动词重叠形成语法、语义、语用研究》，西北师范大学硕士学位论文，2010年。

先生为代表的河北正定传统吟诵等等。当然,这里所讲的按地域分的传统吟诵,依然是有师承的传统吟诵,同时带有很强的地域性。我们认为四川成都地区具有代表性的先生包括王治平(已故)、俞伯孙(已故)、白敦仁(已故)、安旗(已故)、流沙河(已故)、谢桃坊、王德生等,尤其以流沙河先生的成都传统吟诵最具传承性和典型性。

4. 成都传统吟诵的现状。

吟诵在古代是一种习以为常的读书技能,在私塾中,先生们通过吟诵来教授课文,口耳相传,学生自然习得。在当时社会都通过这种方式学习经典,因此也无人专门研究吟诵,也没有关于吟诵的专门论述。华钟彦先生在《再论唐诗的吟咏》曾指出:"吟咏之法,本非专门高深学问,过去师弟之间,教读唐诗,口耳相传,习以为常,自然人人会通。自'五四'以后,特别是解放以来,无人提倡,吟咏之声日渐稀少。只有胡乱诵读,安蔽乖方。故欲振拔旧闻,反成了专门学问"。①

目前国内能够掌握传统吟诵方式的人绝大多数已年逾古稀且后继乏人,加之吟诵一无音响遗存,二无乐谱可据,吟诵从无定谱,也未曾有专人系统记录旋律乐谱,现存一些资料碎片也无法勾连,不成系统。此外汉诗文的内容情感千差万别,吟诵者的阅读背景、文化修养、年龄性别、音色高低各有不同,因此,由吟诵者透过声音诠释的作品,自然不可能制定为一种固定的乐谱供人遵唱。吟诵本身具有随意性和不确定性,它因人而异。

一些文脉深厚、历史悠久的大城市,如太原、西安、成都、济南等,同样也很难找到吟诵传人。虽然在这些大城市里仍有吟诵传人存在,但外来人居多,大城市本身的传统吟诵几近失传。2014年至今,笔者开始走访采录、搜集整理成都的"读书声",生活在成都的吟诵传人虽未绝迹,如王治平(已故)、俞伯孙(已故)、白敦仁(已故)、安旗(已故)、流沙河(已故)、谢桃坊、王德生等老先生,但本乡本土的成都人用原汁

---

① 华钟彦:《论诗五首》,《诗刊》1987年第4期。

原味的传统吟诵汉诗文只有以上这些老先生们,其中尤以流沙河先生最具代表性。我们认为成都传统吟诵濒临断传有四个方面的原因。

一是方音难觅。现在的成都人说的成都方言已不再原汁原味,普通话的推广在一定程度上影响了方言的继承和使用。

二是吟诵失当。从1917年的新文化运动开始到现在,我们吟诗诵文的方式,几乎是带有话剧腔调、播音腔调的现代朗诵,传统的吟诵方法被人们看作是落后的腐朽的糟粕。

三是先生不在。在成都会吟诵的老先生已经很难找到,更不用说会成都传统吟诵的老先生,当下具备吟诵传授能力的老先生大多年事已高或是已故。由于种种原因,成都传统吟诵在当地几乎不被知晓,成都地区的所有老先生也均未向下一代传授吟诵,成都传统吟诵一脉岌岌可危。

四是传承崩塌。成都传统吟诵本应该是一个有传承有序的教学体系,但是从1912年至今我们在成都现当代教育史以及成都地方志的文献中,几乎没有发现,有教育机构或是学者抑或是读书人在系统的教授吟诵,当然也没有人能够系统的向老先生学习吟诵。

5. 成都传统吟诵的历史地位和现实意义。

在四川家喻户晓的川剧则以"成都方言"为行腔标准。考察成都传统吟诵,必须弄清楚它的来源历史,以及使用这种方言的人们的历史,在前文已经做了详尽的论述,此处不再赘述。索绪尔说:"一个民族的风俗习惯,常会在他的语言中有所反应,另一方面在很大程度上,构成民族的也正是语言。"[①]由于方言与吟诵的关系十分密切,一方面,成都方言客观地反映了成都地区的风土人情;另一方面,成都传统吟诵的节奏和旋律取决于成都方言的发音。当前有许多吟诵研究的专家学者也总是从方言入手来研究一个地区的传统读书法。因此,从某种意义上讲,研究方言是了解这个地区传统读书方法和吟诵规律的金钥匙。加强成都传统吟诵的采录、研究、传承工作可以为我

---

① [瑞士]费尔迪南·德·索绪尔:《普通语言学教程》,商务印书馆1980年版,第43页。

们了解历史上的四川传统吟诵开辟一条蹊径，提供一些线索，使我们由流及源。

6. 流沙河先生及其成都传统吟诵。

（1）流沙河先生简介。

流沙河，1931 年 11 月 11 日出生于四川省成都市金堂县，逝于 2019 年 11 月 23 日。汉族蒙古裔，当代著名诗人、作家、学者、书法家。先生原名余勋坦，"流沙河"中的"流沙"二字，取自《尚书·禹贡》："东渐于海，西被于流沙；朔南暨声教讫于四海。"因为有他人重名，所以加"河"以区别。

流沙河先生（以下简称沙老）4 岁开始研习古文。1947 年考入省立成都中学高中部。1949 年以最高分考入四川大学农化系，但立志从文，遂弃学。1950 年任《川西农民报》副刊编辑。1952 年调四川省文联，任创作员，后任《四川群众》《星星》诗刊编辑及中国作协第四届理事。《星星》诗刊是新中国第一个官办诗刊。1985 年后在中国作家协会四川分会专门从事创作。1996 年退休后，河老过着深居简出的生活，每日读书写字。2009 年开始于成都市图书馆开设固定讲座，讲宋词、论诗经、说文解字。2019 年荣获中国作协颁发的"从事文学创作 70 年荣誉证书"。

迄今为止，沙老已出版小说、诗歌、诗论、散文、翻译小说、研究专著等著作 22 种。先生因才识扬名，因清脱为人仰重，因谦虚而备受爱戴，以春蚕吐丝之态为中国文学的宝库倾吐着字字珠玑。先生是一部不可多得的活字典，标新立异，出语有典，理据有度，流传颇广的《庄子现代版》就是佐证，充分体现出他的学者风范。

（2）流沙河先生成都传统吟诵的形成。

沙老曾向笔者回忆："除了曾直君老师外，我小时候听过一位婶娘吟诵《声律启蒙》，她不识字，是在家塾旁听学童读书听会的，完全是地道的川西吟调。另外有位当年任教于石室中学的张镇雅先生（字兴文），他是金堂人，也曾用金堂话为我吟诵过古诗文。还有部分律诗是我的同学陈松生教会我的，陈家也是金堂县的世代书香门第。"

第四章 四川传统吟诵的基本面貌

1944年秋，51岁的曾直君①先生到成都金堂私立崇正中学教授初中一年级下学期的国文课，13岁的沙老就读其班。沙老回忆第一次见到曾先生的场景："50来岁的曾老师头戴一顶瓜皮帽，身穿一件咖啡色长袍、外套有樱花暗纹的黑马褂从教室外走来，先生走路很端正，两眼特别有神采。在他的手上，捧着一本中华书局出版的《词源》。"那时，正值抗日战争最艰苦的时候，曾直君先生所教诗词，全都充满浓厚的爱国情结。"曾直君先生在课堂上吟诵诗词时，总会先微微闭起眼睛，然后有节奏地晃动身体，声如洪钟，一股浩然正气弥漫在整个教室。我在底下听他念《满江红》和《正气歌》，觉得他就是岳飞和文天祥的化身。这两首诗词，从13岁起，我牢牢记住了一辈子。"这是沙老对曾老师教授诗词的回忆。

曾直君先生毕业于四川通省大学堂，文脉直接成都尊经书院，是沙老眼中的老夫子，但他并不排斥新学，他教的第一课便是胡适先生的《文学改良刍议》，还在课堂上教同学们吟诵了当代诗人吴芳吉先生的新诗《婉容词》。

7. 影响流沙河先生吟诵的因素。

（1）方言和师承的影响。

沙老认为："成都传统吟诵较江南地区之所以比较急促、音调上整体要高一些，在一定程度上受成都方言的约束和四川地方戏曲的影响。"吟诵作为一门有声的语言艺术，它的特色只有通过声音，才能得以显示，成都方言对吟诵腔调的影响，主要表现在音高、旋律和音长处理上，沙老虽无谱可依，但凭借其跟师学习的经历，口传心授的方法，用地道的成都方言和曾直君先生的成都传统吟诵方能来吟诵汉诗文，可以充分、细腻地表现出成都传统吟诵这种腔调的特色。

沙老认为："吟诵并非只能用标准音，无论古今。吟诵就是把诗文给予

---

① 曾直君（1893—1949），四川灌县人（都江堰），学者，国学大师廖平先生高足。发起组建了灌县丽泽书社、敬业乐群社、导江书会、旬期学会、戊辰书报社，创办宏棋学校，后任王恩洋先生创办的东方文教研究院教授。

自己的感动表达出来，它必须是自然的，过分的表演化、'转拐拐'，就不自然了，也不利于学童的温课和练习。在作为标准音的'普通话'出现之前，老师和学生都是按各地的传统吟诵的，这才自然。过去的先生、老师缺乏流动性，大多为本地土生土长，师生之间口授耳习，更只可能是乡音方言了。民国时期虽然官方提倡'国语'，但当初的国文老师基本未予理会，我的国文老师中没有一个是用国语读课文的，全都是自己的乡音。"

（2）地方戏曲的影响。

川剧是融会高腔、昆腔、皮黄、弹戏和灯戏五种声腔艺术而成的剧种，成都方言是川剧的标准音。"高腔"于明末清初传入四川，结合四川方言、民间歌谣、劳动号子、发问说唱等形式，逐步形成具有地方特色的声腔音乐，它最主要的特点是没有乐器伴奏的"干唱"或"徒歌"。川剧对成都传统吟诵的影响主要表现在行腔和韵味上，著名吟诵研究专家盘石先生有一篇《吟诗与歌曲创作》的论文[①]介绍了"成都大学白敦仁教授，曾经用川剧高腔吟诵李白的《蜀道难》，气势雄伟如入其境，具有很强的戏剧性和艺术感染力"。在咬字和行腔两方面川剧的高腔和成都方言的吟诵有着高度的一致性。另外，沙老亲口告诉笔者："我记得有些本地老师在吟诵古诗文时，还带有川剧拖腔、'吼班'的腔调，甚至包括一些四川清音、扬琴的曲艺调式，明显是受了川剧和地方民乐的影响，他们读得是很投入、很有感情的。当时也没有钻研过诵读的方法，老师也没讲过，我们只是凭记忆复习、模仿而已，后来才在腔调上融入了自己对诗文的理解。"

8. 流沙河先生成都传统吟诵举隅。

2015年12月，四川省吟诵学会王传闻会长、陈德建副会长、周永明副秘书长和石地先生（流沙河先生弟子）先后两次赴沙老家中进行吟诵采录和学习。2016年7月，王传闻和周永明在石地先生的陪同下再次对沙老进行了4个小时的吟诵采录。

[①] 盘石：《吟诗与歌曲创作》，《音乐研究》1993年第2期。

本书摘录沙老具有代表性的吟诵作品作相关研究,内容包括古体诗《诗经·小雅·蓼莪》《正气歌》;近体诗《送刘司直付安西》《清明对酒歌》《道情十首》;近代白话诗《婉容词》;词《满江红·登黄鹤楼有感》《满江红·怒发冲冠》《满江红·江汉西来》《齐天乐·蟋蟀》;蒙学《声律启蒙》;古文《秋声赋》。

（1）《诗经·小雅·蓼莪》。

1）从创作背景方面考察。

《蓼莪》出自《诗经·小雅》,它是一个父母双亡的孤儿的悲歌。①作者以第一人称独自表白的方式,哭悼已故父母的养育之恩,充满对已故父母的深情怀念,交织着感恩、歌颂以及子欲养而亲不待的内疚、忏悔、痛惜的复杂情感,沉痛悲怆,凄恻动人。

2）从文体结构和吟诵节奏方面考察。

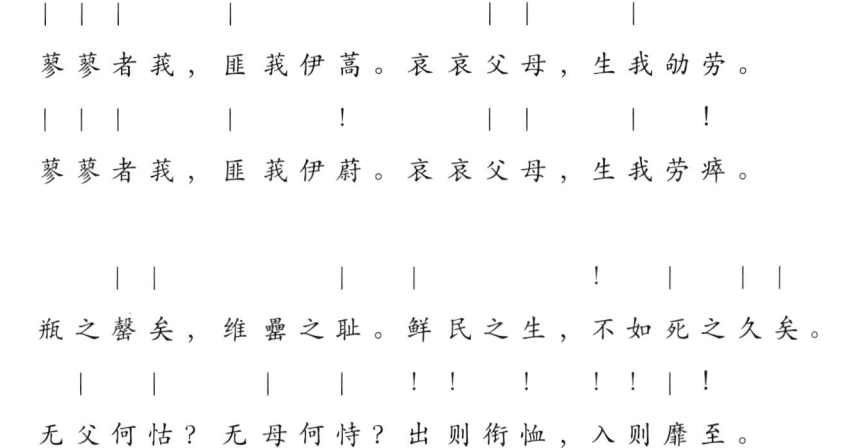

蓼 莪

| | |　　　　| |　　　　　　| | |　　　|
蓼 蓼 者 莪, 匪 莪 伊 蒿。 哀 哀 父 母, 生 我 劬 劳。
| |　　　　|　　　　　　　!　　　　| |　　　| |　　!
蓼 蓼 者 莪, 匪 莪 伊 蔚。 哀 哀 父 母, 生 我 劳 瘁。

　　| |　　　　　　|　　　　　　　　!　　　| |
瓶 之 罄 矣, 维 罍 之 耻。 鲜 民 之 生, 不 如 死 之 久 矣。
　| |　　　　　| ！！　　！ !！ |　!
无 父 何 怙? 无 母 何 恃? 出 则 衔 恤, 入 则 靡 至。

---

① 施岩:《"孝子行役"的前世今生——〈诗经·小雅·蓼莪〉当代阐释的分歧考辨》,《古代文学理论研究》,2015 年第 2 期。

父兮生我，母兮鞠我。抚我畜我，长我育我，
顾我复我，出入腹我。欲报之德。昊天罔极！

南山烈烈，飘风发发。民莫不谷，我独何害！
南山律律，飘风弗弗。民莫不谷，我独不卒！

《蓼莪》的一大特色是赋、比、兴交替使用，先比后赋、先兴后赋等表现方式前后呼应，运用灵活。清人方玉润称此诗为"备极沉痛，几于一字一泪，可抵一部《孝经》读"。《晋书·孝友传》载王裒因痛父无罪处死，隐居教授，"及读《诗》至'哀哀父母，生我劬劳'，未尝不三复流涕，门人受业者并废《蓼莪》之篇"[1]；又《齐书·高逸传》载顾欢在天台山授徒，因"早孤，每读《诗》至'哀哀父母'，辄执书恸泣，学者由是废《蓼莪》"[2]，类似记载尚有，不必枚举。此诗用"比"的手法，把蒿和蔚错认为是莪，借以自责不成才又不能终养尽孝，以此引发全篇。以瓶喻父母，以罍喻子女，瓶空是罍无储水可汲，子女未尽孝道也当为耻；子女失去父母没有温暖安慰，又是何等凄苦。诗人连用"生、鞠、抚、畜、长、育、顾、复、腹"九个动词和九个"我"字，表达父母赋予自己的养育和关爱，读之令人泪崩。末章诗人以南山的巍峨耸天，寒风的凛冽呼啸起兴，烈烈、发发、律律、弗弗，四个入声字重叠使用，读来如鸣咽一般。

---

[1] 王兴芬：《谈<诗经>中<小雅·蓼莪>与"孝"》，《内蒙古农业大学学报》(社会科学版)2006年第3期。

[2] 王玉洁：《从<诗经·小雅·蓼莪>浅谈孝道文化》，《贵州文史丛刊》2007年第1期。

沙老的吟诵节奏为 2+2 和 2+2+2。

3) 从声韵调系统方面考察。

《蓼莪》全诗 130 个字，入声字 38 个，仄声字 46 个，字数超过全诗的 60%，句式多用排比，读来音律激烈、铿锵抗坠。①

全诗用韵形式灵活，富于变化。第一章和第二章用韵较整齐，一韵到底。第三章和第四章用韵情况变化多样，一章两韵。第五章和第六章用韵较整齐，一韵到底。本书以王力先生《诗经韵读》为参考进行韵字判断、以徐健顺教授《汉语音义学》为参考进行韵部特点分析。

第一章，共 4 句。首句不入韵，隔句押韵，偶句句尾韵。韵字"蒿、劳"入上古音"宵"韵部。徐健顺教授《汉语音义表》认为："宵"韵为阴声韵，中等开口圆唇元音，前常有大开口元音，因此多有弯曲、包裹、呼号之意。②

第二章，共 4 句。首句不入韵，隔句押韵，偶句句尾韵。韵字"蔚、瘁"入上古音"物"韵部，"物"韵为入声韵，小开口央元音接舌尖塞音趋势，多有比较强烈的汇聚、突兀、鲜明之意。

第三章，共 8 句。前 6 句，首句不入韵，隔句押韵，偶句韵，有句尾韵也有句中韵。韵字"耻、久、恃"，属上古音"之"韵部。"之"韵为阴声韵，小开口元音，多有扁平、延展、细长之意。第 7、8 句，用韵较密，句句用韵，句尾韵；韵字"恤、至"属上古音"质"韵部。"质"韵为入声韵，中开口半高元音接舌尖塞音趋势，多有比较强烈的极致、下沉、汇合之意。

第四章，共 8 句。前 6 句，一方面以"我"字脚分析：句句用韵，"我"韵属上古音"歌"部，"歌"韵为阴声韵，是大开口元音接齐齿音，有从大到小、从高到低的感觉，多有延展、细薄、下沉之意。另外此 6 句亦可以句尾

---

① 彭慧：《〈诗经·小雅·蓼莪〉"昊天罔极"释义辨补》，《渤海大学学报》(哲学社会科学版)2017 年第 39 卷第 3 期。

② 徐健顺：《吟诵概论（上）——中华传统读书法》，广西师范大学出版社 2019 年版，第 524 页。

韵分析：首句不入韵，第 2 句至第 6 句，句句用韵。韵字"鞠、畜、育、复、腹"，属上古音"觉"韵部，"觉"韵为入声韵，小开口元音接舌根塞音趋势，多有比较强烈的挤压、突兀、闭合之意。第 7、8 句，用韵较密，句句用韵，句尾韵；入声韵字"德、极"属上古音"职"部，小开口元音接舌根塞音趋势，多有比较强烈的挤压、突兀、闭合之意。

第五章，共 4 句。首句入韵，隔句押韵，偶句句中韵，韵字"烈、发、害"，入上古音"月"部。月韵属入声韵，大开口低展元音接舌尖塞音趋势，多有比较强烈的广大、扫除、终端之意。

第六章，共 4 句。首句入韵，隔句押韵，偶句句中韵，韵字"律、弗、卒"，入上古音"物"部。

成都方言中没有 zh、ch、sh 声母，即所有的翘舌音全部读作平舌音。沙老的发音里，翘舌音都发作平舌音，本文不做具体分析。

表 4—1—4　《诗经·小雅·蓼莪》普通话和成都方言发音差异字

文字	普通话读音	成都方言读音	异同分析
者	{zhe}214	{z-ə}53	声母由翘舌音变为平舌音，韵母由 e 变为方言特色音 ə，调值由普通话的 214 变为方言的 53
哀	{ai}55	{ŋ-ai}55	由零声母变为方言特色的声母 ŋ，调值不变
我	{wo}214	{ŋ-o}53	由零声母变为方言特色的声母 ŋ，调值由普通话的 214 变为方言的 53
母	{mu}214	{mi}21	叶韵，韵母由 u 变为了 i 韵，调值由普通话的 214 变为方言的 21
罍	{lei}35	{l-uei}21	韵母是典型的方言发音，在 ei 韵前面加上了 u，因此变为 uei 韵，调值由普通话的 35 变为了方言的 21
何	{he}35	{h-o}21	韵母由 e 韵变为 o 韵，调值由普通话的 35 变为方言的 21

续表

文字	普通话读音	成都方言读音	异同分析
怙	{hu}51	{f-u}213	声母是典型的方言特色，即 h 音全部发 f 音，调值由普通话的 51 变为方言的 213
恃	{shi}51	{c-i}213	声母由翘舌 sh 变为平舌 c，调值由普通话的 51 变为方言的 213
衔	{xian}35	{h-an}21	完全是方言发音，声母由 x 变为 h。韵母由 ian 变为 an 韵，调值由普通话的 35 变为方言的 21
恤	{xu}51	{x-ie}21	韵母由 u 变为 ie，叶韵处理，调值由普通话的 51 变为方言的 21
靡	{mi}214	{m-ei}53	韵母由 i 变为 ei 韵，调值由普通话的 214 变为方言的 53
育	{yu}51	{y-o}21	韵母由 u 韵变为 o 韵，调值由普通话的 51 变为方言的 21
欲	{yu}51	{y-o}21	韵母由 u 韵变为 o 韵，调值由普通话的 51 变为方言的 21
德	{de}35	{d-ə}21	由 e 变为方言特色韵ə，调值由普通话的 35 变为方言的 21
极	{ji}35	{jie}21	韵母由 i 变为 ie 韵，叶韵处理，调值由普通话的 35 变为方言的 21
发	{fa}55	{p-ə}21	声韵母完全改变，叶韵处理，调值由普通话的 55 变为方言的 21
害	{hai}51	{h-iə}21	韵母由 ai 变为 iə，叶韵处理，调值由普通话的 51 变为方言的 21
律	{lv}51	{lu}21	这是典型的方言发音，由u韵变为 u 韵，调值由普通话的 51 变为方言的 21

注：普通话调值 55、35、214、51；成都方言调值 55、21、53、213。

4）从音乐性方面考察。

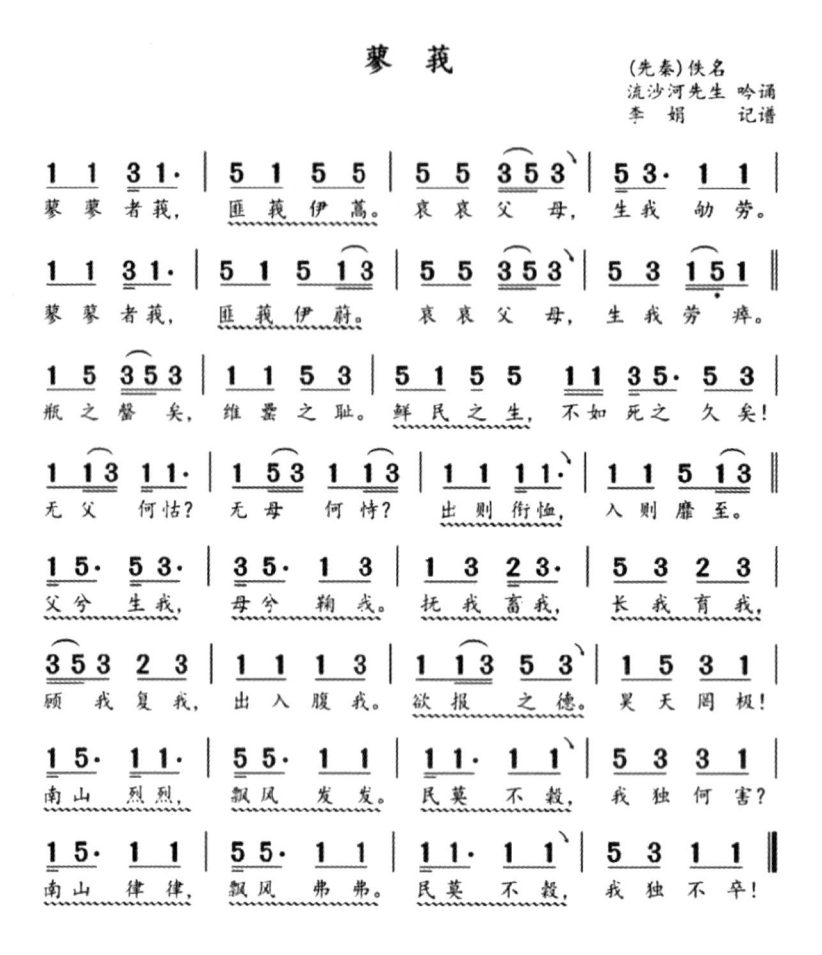

蓼莪

(先秦)佚名
流沙河先生 吟诵
李娟 记谱

[五线谱/简谱乐谱]

注：标有波浪线的文字为诵读。

a. 基本结构。

《蓼莪》以 a（1131·）、b（55353）、c（53·11）和 d（5155）四个音乐短句变化重复贯穿吟诵旋律的 A+B+C 两段体结构。

b. 音阶调式。

四音列（1235）曲调，出现大三度（13）音程，以宫音（1）作为调式主音和结束音。

四音曲调式调性具有游离性与确定性，调式调性确定与否，在于曲调中是否有大三度音程，很显然此调式调性明确，属宫调式四音曲。

c. 旋律线。

旋律线可分两个部分，第一部分又分三段，第二部分从"南山烈烈"至"我独不卒"。

A 段"蓼蓼者莪"至"生我劳瘁"，旋律围绕"135"三音级在中低音区变化发展，形成以 a（1̲1̲ 3̲1̲·）、b（5̲5̲ 3̲5̲3̲）、c（5̲3̲·1̲1̲）和 d（5̲1̲ 5̲5̲）四种不同音调的旋律型贯穿其中。如："蓼蓼者莪，匪莪伊蒿。哀哀父母，生我劬劳"（1̲1̲ 3̲1̲·5̲1̲ 5̲5̲ 5̲5̲ 3̲5̲3̲ 5̲3̲·1̲1̲），旋律以二度三度（1̲1̲ 3̲1̲·、5̲5̲ 3̲5̲3̲）级进为主，伴有五度（5̲1̲ 5̲5̲、5̲1̲ 5̲1̲3̲）大跳，呈平稳而曲折的波纹型和峰谷型相结合的旋律形态，"蓼蓼者莪，匪莪伊蔚。哀哀父母，生我劳瘁"（1̲1̲ 3̲1̲· 5̲1̲3̲ 5̲5̲ 3̲5̲3̲ 5̲3̲1̲ 5̲1̲），这两个乐句是前面两个乐句的回环，最后一句"生我劳瘁"（5̲3̲ 1̲5̲1̲）有所变化，在 c 音乐短句的基础上融入了吟诵旋律最低音5̣，也是吟诵旋律唯一的一个低音5̣，表现出诗人极其低落的情绪。句中字"我"和句末字"莪"作适当拖腔处理，"母"字给予下滑音润腔，沙老吟诵时以哀叹悲苦的音调表达出父母养"我"辛苦劳累，和诗人借"蒿和蔚"自责不成材又不能尽孝的痛极之情。

B 段"瓶之罄矣"至"入则靡至"，此段旋律组合以 b 型短句为主，cd 型短句结合其中，b 型短句在"135"三音之间五度音程内回旋起伏，如："瓶之罄矣、维罍之耻、不如死之久矣、无母何恃、入则靡至"（1̲5̲ 3̲5̲3̲、1̲1̲ 5̲3̲、1̲1̲ 3̲5̲·5̲3̲、1̲5̲3̲ 1̲1̲3̲、1̲1̲ 5̲1̲3̲），平稳级进的 a 型短句（1̲1̲ 3̲1̲·）以波纹型旋律形态结合其中，素材简练，旋律平稳，以"13"两音在三度音程间变化连接，如"无父何怙、出则衔恤"（1̲1̲3̲ 1̲1̲·、1̲1̲ 1̲1̲·），c 短句"鲜明之生"（5̲1̲ 5̲5̲），呈五度大跳的峰谷型旋律进行形态。B 段旋律的五度音程（1̲5̲、1̲5̲3̲、1̲5̲3̲、5̲1̲3̲）大跳在 A 段的基础上有所增多，旋律起伏也更大，最后两句"出则衔恤，入则靡至"（1̲1̲ 1̲1̲ˇ、1̲1̲ 5̲1̲3̲）中音1连续反复，旋律低沉下来，"恤"字作下滑音润饰，入声字"出、入"读出了哽咽之感，生动地表达了作者悲痛欲绝的情感。

C 段"父兮生我"至"我独不卒",此段分两部分,第一部分"父兮生我"至"昊天罔极"以 b 型短句为主,a 短句作为补充出现一次,前四句几乎是诵读,"父兮生我,母兮鞠我。抚我畜我,长我育我"(15·53·,35·13,13 23·,53 23)连续的 b 型短句,连续的切分节奏,哭诉的音调,语拙情真,言直意切,叙述父母对"我"的养育抚爱。"顾我抚我、出入腹我、欲报之德"(353 23,11 13,113 53)仍然是连续的 b 型短句,吟至"复我"又开始出现入声字,"出、入、腹、欲、德"皆是入声音字,让人泣不成声,不得不停下,"德"字作下滑音润饰,"出入腹我"(11 13)旋律又低沉下来,"昊天罔极"(15 31)由 a 短句来结束此段,以15五度大跳起调,再逐级级进下行至调式主音1结束,呈山峰型旋律进行形态,"昊天罔"三字均是开口字,长声高呼,表达思念追悔痛惜之意,最后以"极"入声字结束,哽住,有呼喊至力竭、痛不欲生之感,为本诗中情绪最为激烈的部分。

第二部分"南山烈烈"至"我独不卒"为 ad 型音乐短句组合,此段大多为诵读,"南山烈烈,飘风发发。民莫不穀,我独何害"(15·11·,55·11,11·11﹨53 31),旋律主要以15反复交替组合,3作补充在最后一句出现。同第一部分的节奏相似,连续的切分节奏,1同音反复对应四个入声字重叠使用:"烈烈、发发、律律、弗弗"(11·,11,11,11),读出来如呜咽一般,加重了哀思,营造出困厄危艰、肃杀悲凉的气氛,作者以此比喻自己遭遇父母双亡的剧痛和凄凉。最后两句"南山律律,飘风弗佛。民莫不穀,我独不卒"(15·11,55·11,11·11﹨53 11)是前两乐句的回环,只在结束处稍作变化,呈峰谷型旋律进行形态,作者在此诗结束时发出无可奈何的怨嗟。全诗抒情运用自如,回旋往复、起伏跌宕,传达孤子哀伤情思,如珠落玉盘,运转自如,具有强烈的艺术感染力。

d. 节奏腔式。

流沙河老先生在吟诵《蓼莪》时,遵循成都方言咬字发音,取当地语音声调行腔。素材简练，旋律简单，大量运用八分音符和十六分音符组成的XX、XXX、XX.等丰富的节奏型，旋律主要围绕1235四个主干音变化发展，音域跨度八度以内，旋律起伏不大。沙老吟诵时注重句式节奏，基本为一字一音的唱诵，节奏感强，句中句末有一字一音的短拖腔处理，如："莪、我、莪、生、怙、恃、我、烈、风"（1·、3·、1·、5、1·、1·、3·、1·5·），下滑音"母、恃、德、榖"(↘)润腔的运用，字字悲叹，更能表达出诗人悲怆的情绪，乐曲风格凄切含悲。

5）流沙河先生《蓼莪》吟诵概述。

诗中含有大量的古入声字、仄声字和叠声字，且多使用排比句，用韵情况丰富善于变化，既有句尾韵也有句中韵，既有平声韵也有入声韵，情感高潮处句句密集用韵，造成该诗音律特点抑扬顿挫、铿锵抗坠。

该吟诵以1235四个音为主干音，整体音域不宽，旋律起伏不大，基本处于中音区，最高音为徵音（5），最低音为徵音（5），但只出现在一处："劳"15，表现诗人极其低落的情绪，调式调性明确，属民族五声宫调式。

沙老根据成都方言四声调值依字行腔，基本以"诵"为主，吟诵情感基调悲怆、语调语气苦涩而沉重，对韵字、叠声字和排比句处理细腻，节奏短促、精练，一字一音、字字铿锵，两字一顿，只在吟诵节奏点部分字音稍有拉长。

试分析第一句"蓼蓼者莪，匪莪伊蒿"。"蓼"为去声字，成都方言中去字声调值为213，调型为低降低升，其腔格为：先下行后上行，呈"↘↗"状，出口要下滑至字腔诸音中的最低音"↘"，然后上折收口"↗"。沙老对此字处理是取其出口的降"↘"，以中音区最低音"1"起调，奠定了该曲低沉压抑的吟诵情感基调。第二字"蓼"紧随其后，同样处理，上升音体现在第三个字"者"上，谱面标记为3。"者"为上声字，调值53，调型高降"↘"，下降音体现在与其衔接紧密的第四字"莪"上，谱面标记为1。"蓼蓼者莪"的四声调值排列为213、213、53、21，调型排列为一一/↘，对应谱面为11 31·，二者保持一致。以此类推，"匪莪伊蒿"的四声调值排列为

55、21、55、55，调型排列为-＼--对应谱面为 <u>51 55</u>，二者保持一致。

吟诵旋律中出现较多下滑音润腔技法也与成都方言的声调值有直接关系。出现下滑音的地方皆为上声字和古入声字，如："母、恤、德、榖"。古入声字因成都方言中全浊声母清化现已消失，今派入阳平。成都方言中阳平和上声字的调值为 21、53，调型皆为下降，谱面采用下滑音的润腔技法予以标明，以体现成都方言行腔特色，更能恰当表达出诗人悲怆情绪。

（2）五言古诗《正气歌》。

1）从创作背景方面考察。

文天祥（1236—1283），字宋瑞，又字履善，别号文山，吉州庐陵（今江西吉安）人，南宋爱国诗人、民族英雄。1278 年 10 月（祥兴元年），因叛徒出卖，文天祥在广东海丰兵败被元军所俘，翌年 10 月被解至燕京。元朝统治者忽必烈对其威逼利诱，许以高位，文天祥决心以身报国，被囚三年受尽折磨，始终坚贞不屈。1281 年夏，在湿热腐臭的牢里，文天祥慷慨挥毫，写下此诗。[①]《正气歌》序中如是说：

> 余囚北庭，坐一土室。室广八尺，深可四寻。单扉低小，白间短窄，污下而幽暗。当此夏日，诸气萃然：雨潦四集，浮动床几，时则为水气；涂泥半朝，蒸沤历澜，时则为土气；乍晴暴热，风道四塞，时则为日气；檐阴薪爨，助长炎虐，时则为火气；仓腐寄顿，陈陈逼人，时则为米气；骈肩杂沓，腥臊汗垢，时则为人气；或圊溷、或毁尸、或腐鼠，恶气杂出，时则为秽气。叠是数气，当之者鲜不为厉，而予以孱弱，俯仰其间，于兹二年矣，幸而无恙，是殆有养致然尔。然亦安知所养何哉？孟子曰："吾善养吾浩然之气。""彼气有七，

---

① 肖擎：《唱响见贤思齐的正气歌》，《湖北日报》2019 年 9 月 19 日第 7 版。

吾气有一，以一敌七，吾何患焉！况浩然者，乃天地之正气也，作《正气歌》一首"。

至元十九年十二月初九（1283年1月9日），文天祥慷慨就义。

2）从文体结构和吟诵节奏方面考察。

正气歌

天　地　有　正　气，杂　然　赋　流　形。
下　则　为　河　岳，上　则　为　日　星。
于　人　曰　浩　然，沛　乎　塞　苍　冥。
皇　路　当　清　夷，含　和　吐　明　庭。
时　穷　节　乃　见，一　一　垂　丹　青。
在　齐　太　史　简，在　晋　董　狐　笔。
在　秦　张　良　椎，在　汉　苏　武　节。
为　严　将　军　头，为　嵇　侍　中　血。
为　张　睢　阳　齿，为　颜　常　山　舌。
或　为　辽　东　帽，清　操　厉　冰　雪。

或 为 出 师 表， 鬼 神 泣 壮 烈 。

或 为 渡 江 楫， 慷 慨 吞 胡 羯 。

本诗是弘扬爱国精神和民族气节的典范之作，为五言古体，共六十句，可分为三段。

第一段从"天地有正气"至"一一垂丹青"，诗人高度礼赞天地浩然正气；第二段从"在齐太史简"至"道义为之根"，诗人历数了史册上十二位忠臣义士的壮烈之举和浩然正气；第三段从"嗟余遘阳九"至结尾。诗人表达了自己向忠臣义士学习、视死如归的高洁情怀和壮烈之志，尽管环境如此幽暗恶浊，然而自己正气在胸，百沴辟易。

吟诵选段选自全诗的第一段的全部和第二段的部分内容，是《正气歌》的核心部分。诗歌开头，作者赞颂磅礴于宇宙万物、充塞于世间的伟大"正气"。这"正气"予地，就形成高山大川；予天就形成日月星辰；予人便使人具有博大宽广的胸怀和崇高的精神境界。这浩然正气无处不在、万古流芳。在乱世之中，浩然正气更是"一一垂丹青"。作者一连举出 12 位"时穷节见"的历史人物，以他们所表现出的精神节操，来佐证可歌可泣、令人感佩的浩然之气。

《正气歌》节选每一句只有一个节奏点，划分节奏点的部位，是每一句的第二个字，即"二三"节奏，第二个字无论是平仄均一律长吟，韵字处长吟，通常韵字的长度比节奏点的长度稍长。沙老的吟诵节奏为 2+3（五言句）。

3）从声韵调系统方面考察。

全诗隔句一韵，通篇四韵，平仄间押。前十句韵字"形、星、冥、庭、青"，押下平声九青韵"ing"。徐健顺教授《汉语音义表》总结此韵特点：

青韵源于上古两个韵部，都是中等开口的元音，收于前后鼻音，悠长、回味之感突出，因此多有"深入、幽远、微弱"之意。①青韵的字现在基本上演变成了 ing 韵母，但应知道其本来的读音近似 eng，相对要开放一点。汪烜《诗韵析》概括为"幽韵清冷"。

表4—1—5 《正气歌》普通话和成都方言发音差异字

文字	普通话读音	成都方言读音	异同分析
乎	{hu}55	{fu}21	撮口呼 h 变唇齿呼 f 调值由普通话的 55 变为方言的 21
及	{ji}35	{j-i-e}213	方言发音韵母发生变化 i 变为 ie 调值由普通话的 35 转为方言的 213
国	{guo}35	{g-u-ə}213	调值由普通话的 35 转为方言的 213
白	{bɑi}35	{b-ə-r}213	调值由普通话的 35 转为方言的 213

注：普通话调值 55、35、214、51；成都方言调值 55、21、53、213。

第十四句到第二十二句韵字为"节、雪、舌、血、烈"，押九屑（仄）入声韵。第二十四句韵字为"羯"，押六月（仄）入声韵。徐健顺教授认为此韵除了有入声韵的"决绝、有力"之外，从声音上来看，大开口低展元音有接舌尖塞音趋势，多有比较强烈的"广大、扫除、终端"之意。②"血"的发音又与其他四个字的发音有些区别，它是中开口半高元音接舌尖塞音趋势，多有比较强烈的"极致、下沉、汇合"之意。

此诗用韵特点突出将诗之情韵导而透迤，又寓激荡于从容。既浑灏苍古，又顿挫扬抑回肠荡气。

---

① 徐健顺：《吟诵概论（上）——中华传统读书法》，广西师范大学出版社2019年版，第265页。
② 徐健顺：《吟诵概论（上）——中华传统读书法》，广西师范大学出版社2019年版，第265页。

4）从音乐性方面考察。

正 气 歌

文天祥（南宋）
流沙河先生吟诵
赵梅 记谱

[五线谱/简谱乐谱，歌词：]

天地有正气，杂然赋流形。下则为河岳，上则为日星。

于人曰浩然，沛乎塞苍冥。皇路当清夷，含和吐明庭。

时穷节乃见，一一垂丹青。在齐太史简，在晋董狐笔。

在秦张良椎，在汉苏武节。为严将军头，为嵇侍中血。

为张睢阳齿，为颜常山舌。或为辽东帽，清操厉冰雪。

或为出师表，鬼神泣壮烈。或为渡江楫，慷慨吞胡羯。

a. 基本结构。

该吟诵段为五言古诗《正气歌》的节选部分，属于以 a（6̣13352）和 b（3533 3̣6 6̣0）两个音乐短句变化重复贯穿吟诵旋律的 A+B 两段体结构。

b. 音阶调式。

调式音阶为 6̣12356；以羽（6̣）音作为调式主音，以商（2）角（3）音为上句终止所支持的羽终止群体，上下句的终止音呈四度、五度关系，调式调性明确，属民族五声羽调式。

c. 旋律线。

A 段"天地有正气"至"一一垂丹青"，共五句，押平声韵，旋律主干音为"6̣1235"。"天地有正气，杂然赋流形"（53 5353-52 16̣2）以吟诵旋律最高音调开篇，末字"气"（3⁻）波音拖腔，韵字"形"（2）顿收。"下

— 102 —

则为河岳，上则为日星"（6̲1̲3̲3̲5̲2̲·、3̲5̲3̲3̲ 3̲6̲ 6̲0̲）ab 型短句组合，"则"（3̲、3）字句中拖腔，八度对比，末字"岳、星"（2·、6̲0̲）拖顿结合。"于人曰浩然，沛乎塞苍冥"（3̲3̲ 3̲2̲3̲ͭ6̲-、3̲5̲3̲2̲3̲6̲0̲）b 型短句变化重复，第二字"人、乎"（3̲、3）音程八度对比句中拖腔，"曰浩然、塞苍冥"（3̲2̲3̲ͭ6̲-、2̲3̲6̲0̲）尾腔音调相同，末字"然、冥"（6-、6̲0̲）一拖一顿。"皇路当清夷，含和吐明庭"（2̲2̲ 3̲3̲ͭ6̲-、3̲3̲2̲ 3̲6̲ 1̲0̲）b 型短句变化再现，"夷、庭"（6-、1̲0̲）作句末拖腔和顿吟处理。"时穷节乃见，一一垂丹青"（3̲3̲2̲ 2̲3̲ 6̲1̲ 3̲5̲ 2 2 2̲6̲ 6̲）继续 b 短句组合，第二字"穷、一"（3、2）句中拖腔，旋律级进为主，承上启下。此段重在对浩然之气的热情礼赞。

B 段"在齐太史简"至"慷慨吞胡羯"共七句，换押入声韵，以"6̲1̲3̲"三音为主干音。历数史册上十二位忠臣义士的壮烈之举，写浩然正气的体现。采用 A 段相同素材和旋法。"在齐太史简，在晋董狐笔"（6̲1̲3̲3̲ 3̲3̲ 2 2̲3̲·3̲3̲ 6̲1̲）ab 型短句组合，第二字"齐、晋"（3̲、3·）音程八度对比句中拖腔，末字"简"（3̲2̲）拖腔，"笔"（1̲）顿吟。"在秦张良椎，在汉苏武节"（6̲1̲3̲2̲ͭ6̲6̲·、ͭ1̲1̲2̲3̲6̲6̲）尾腔"张良椎、苏武节"（2̲ͭ6̲6̲·、2̲ 3̲6̲6̲）音调相同，拖顿结合。"为严将军头，为嵇侍中血"（3̲3̲3̲3̲ͭ2̲·、3̲3̲1̲3̲ͭ6̲）ab 型短句结合，第二字"严、嵇"（3、3）八度对比拖腔，末字"头"（ͭ2·）拖腔，韵字"血"（ͭ6̲）顿收。"为张睢阳齿，为颜常山舌"（3̲、3̲2̲3̲6̲ͭ6̲ 3̲ͭ6̲2̲1̲6̲3̲）b 短句变化组合，旋律下行，第二字"张、颜"（3̲、ͭ6）句中拖腔。"或为辽东帽，清操厉冰雪"（3̲5̲3̲5̲3̲·、3̲5̲3̲2̲3̲ͭ6̲）ab 短句组合，音调回转，第二字"为、操"（5、3）句中拖腔，末字"帽、雪"（3·、ͭ6̲）拖顿相间。"或为出师表，鬼神泣壮烈"（3̲3̲·3̲3̲3-　3̲3̲1̲ 6̲1̲3̲）围绕角音"3"变化组合，第二字"为、神"（3̲·、3）音程八度对比句中拖腔，末字"表、烈"（3-、3̲）时值长短相间，八度对比拖顿结合。"或为渡江楫，慷慨吞胡羯"（3̲3̲1̲3̲ͭ1̲-　3̲5̲3̲3̲ 3̲6̲1̲）第二字"为、慨"（3̲、3）八度对比句中拖腔，末字"楫、羯"（ͭ1-、1）相同音高作结，拖顿结合，疾徐相承。

d. 节奏腔式。

大量出现"XXX"切分节奏，第二个字有明显的一字一音句中拖腔，如"则、则、乎、和、穷、一、齐、晋汉、严、嵇、张、颜、为、操、为、神、慨"（3̣、3、3、3、3、2、3、3·、1、3、3、3、6、5、3、3·、3、3），结合 XX、X、X-节奏型，单句末字"气、岳、然、夷、见、简、椎、头、齿、帽、表、楫"（3-、2·、ᵗ6-、ᵗ6-、6̣1、3̣2、6·↘、ᵗ2·、ᵗ6、3·、3-、ᵗ1-）适当拖腔，偶句平声韵字"形、星、冥、庭、青"（2、60、60、10、6）和入声韵字"笔节、血、舌、雪、烈、羯"（1、6、ᵗ6、3、ᵗ6、3、1）皆作断腔顿吟处理，句末尾腔一拖一顿，疾徐相间，此吟诵节奏为 2+3 结构。上句频繁出现六度、七度、八度音程大跳，如："下则为河岳、于人曰浩然、在齐太史简、在秦张良椎、为严将军头、或为出师表、或为渡江楫"（6̣1̣3̣52、3̣3 3̣2̣3ᵗ6-、6̣1̣3̣3 3̣3̣2、6̣1̣3̣2ˇ66·↘、3̣3̣3̣3ᵗ2·、3̣3·3̣3̣3-、3̣3 1̣3ᵗ1-）；句中第二字出现角音"3"八度音程对比，如"则、则"（3̣、3）"人、乎"（3̣、3）"齐、晋"（3̣、3·）"严、嵇"（3̣、3）"为、神"（3·、3）"为、慨"（3̣、3），旋律起伏，音程跳宕，字字铿锵，慷慨激昂，更加充分表现了文天祥的坚贞不屈的爱国情操。沙老吟诵时辅以大量成都方言特点的装饰音（前倚音、波音、下滑音）润腔，极大地增强了吟诵风格特点。结合音频和吟诵谱例分析发现，沙老基本遵循成都方言字调发音及声调行腔，读诵为主，唱诵为辅，a 型（6̣1̣3̣52）、b 型（3̣5̣3̣3 3̣6 6̣0）基本吟腔贯穿全诗，音调高低起伏，语音长短相间，吟诵独具地方特色。

5）流沙河先生《正气歌》吟诵概述。

该诗文体为五言古体诗。此诗曾为"文化昆仑"钱锺书和众多学者所诟病，言此诗在继承方面太多，袭用成句，沿用原意，在原作基础上并无新的意境、意象出现，等等，故而不选入《宋诗选注》。

诗歌本质为"情动于中而形于言"，是"哀乐之心感而歌咏之声发"的产物。具有高妙的意境或境界是诗的灵魂和根本。美丽的辞藻、整齐骈偶的结构体制、和谐悠扬的声韵是助读者直达作者思想感情的有力工具，三者缺一不可。

该诗所体现出来的高尚情操和浩然正气自不待言。本文就沙老吟诵该诗的特点进行分析，借以体现声韵特点对于诗歌境界和灵魂的帮助。

通盘分析此曲的吟诵速度，较为困难。因采录沙老时，沙老身体有恙、吟诵气息不均，前后语速有较大出入，故不能进行整体比较。因《正气歌》基本呈对偶的文体结构形式，笔者尝试把整篇文章分成若干个小节，在独立的小节内进行上下两部分比对。例："天地有正气，杂然赋流形"为第一小节，此吟诵选段依次可分为12个小节，则可明显看出规律特征：首先，吟诵节奏为 2+3 结构，每句中第二字有明显拖腔，其他字与字之间节奏均匀、简单、短促，多为一字一音。其次，除了第一句"天地有正气"和"或为辽东帽"，其他小节上句频繁出现五到八度音程大跳。大多数在第二字和第三字之间出现角音（3）（3）最大八度音程对比，少数在第四字和第五字之间出现（3）（6）五度音程对比。再次，上句句尾拖腔，下句句尾断腔顿吟。均为上拖下顿、徐疾相间的关系。

开篇之首句"天地有正气，杂然赋流形"以吟诵旋律最高音级（5）起调，上半句中只出现两个音级：最高音（5）和第二高音级（3），5 出现三次，3 出现两次，句尾字"气"（3-）做波音长拖腔，沙老语调语气高昂中正，以振聋发聩之音发出，一气呵成，在下半句句尾"形"（2）戛然而止，一扬一顿，奠定该曲大气磅礴之吟诵风格。

该吟诵旋律整体集中在中低音区发展，最高音为徵音（5），最低音为角音，调式主音为羽音（6），句尾韵字大多落音在羽音（6）上，少数落音在宫音（1）、商音（2）和角音（3）上。调式调性明确，属民族五声羽调式。

经分析1成都方言的阴平字声调值[55]，调型高平，以阴平字开头的旋律会出现该曲最高音级 5（天）和 35（清、慷）；上声字声调值[53]，调型高降，以上声字开头的旋律会出现 3（鬼）。这两类字的谱面标识与其正常说话的音域高度即调值保持一致。对于另外两类调值的字，则大不同。阳平字声调值1，调型低降；去声字声调值1，调型低降低升。以这两类字体开头的旋律会呈现高、中、低三种不同形态，比较复杂。如：5（杂）、3（时）、2（皇）、3（于、含、为）、6̂1（下、在）、3̂5（上、沛、一）、2（在）、3（或）、3（或）。出现这种现象的原因为沙老采用a（6̱1̱3̱3̱5̱2）和b（3̱5̱3̱3̱3̱6̱6̱0）这两个音乐短句及变化形态作为基本吟腔并根据文意、情感和逻辑需要而进行的旋律调整组合。

吟诵旋律中还出现大量的装饰音如前倚音、波音和下滑音，这与成都方言的四声调值也有着直接关系。如：成都方言阳平字的对应谱面采用下滑音来表示下行意，如：⁸6（夷、颜、良）、⁸6-（然）、⁸2（头）、⁸1-（楫）、⁸6（血、雪、齿）。

以上这几种音乐表现方式形成起伏波澜、高低抗坠、字字铿锵、掷地有声的旋律特征，与诗中传达的爱国之凛然正气相吻合，堪称是一曲完美的英雄赞歌。

(3) 五言仄起律诗《送刘司直赴安西》。

1) 从创作背景方面考察。

王维（701-761），字摩诘，原籍祁县（今属山西），其父迁居蒲州（治今山西永济西），遂为河东人氏，开元进士，唐代著名诗人、画家，官至给事中。安禄山叛军攻陷长安时曾受职，乱平后，降为太子中允，后官至尚书右丞，故亦称王右丞。晚年居蓝田辋川，过着亦官亦隐的优游生活。

"送别诗"又称"送行诗"，是抒情诗的一种，主要抒写惜别依恋之情，以赠送亲人朋友。《送刘司直赴安西》是唐代诗人王维送友人刘司直赴边疆时创作的一首送别诗。

2）从文体结构和吟诵节奏方面考察。

送刘司直赴安西

！	！						！
绝	域	阳	关	道 ，	胡	沙	与	塞	尘 。
三	春	时	有	雁 ，	万	里	少	行	人 。
！	！					！	
苜	蓿	随	天	马 ，	葡	萄	逐	汉	臣 。
			！		！			！
当	令	外	国	惧 ，	不	敢	觅	和	亲 。

这是一首仄起五言律诗，首联、颔联写景，介绍友人赴边的道路情况，指出路途遥远、寂寞荒凉、环境恶劣；颈联感情色调陡转，以想象描绘了丝绸路上的特异风光；尾联希望刘司直出塞后建功立业、弘扬国威，同时也寄寓着诗人自己的报国豪情。

全诗熔写景、说史、抒情于一炉，字里行间流淌着作者对友人始终如一的深情。沈德潜在《唐诗别裁》中赞誉此诗"一气浑沦，神勇之技"。沙老的吟诵节奏为2+3。

3）从声韵调系统方面考察。

此诗首句入韵，韵字为"尘、人、臣、亲"，押上平十一真韵。徐健顺《汉语音义表》认为："真"韵源于上古的两个韵部，开口度中等，变小收于前鼻音，有闭合、收敛、抒情之感，因此此类韵字多有"深入、亲近、联系"之意。①汪烜《诗韵析》：隽永清新。②

---

① 徐健顺：《吟诵概论（上）——中华传统读书法》，广西师范大学出版社2019年版。
② 续修四库全书编纂委员会：《续修四库全书》，上海古籍出版社2002年版，第409页。

表4—1—6　　《送刘司直赴安西》普通话和成都方言发音差异字

文字	普通话读音	成都方言读音	异同分析
域	{yu}51	{y-o}21	韵母由 u 韵变为 o 韵，调值由普通话的 51 变为方言的 21
胡	{hu}}35	{f-u}21	声母由 h 变为 f，调值由普通话的 35 变为方言的 21
塞	{sɑi}51	{zai}213	声母由 s 变为 z，调值由普通话 51 变为方言的 213
雁	{yɑn}51	{ŋ-an}213	声母由 y 变为由韵脚作为特殊发音的声母 ŋ，调值由普通话的 51 变为方言 213
国	{guo}35	{g-u-ə}21	韵母由 uo 变为 u-ə，调值由普通话的 35 变为方言的 21
觅	{mi}51	{m-ei}213	韵母由 i 变为 ei 韵，调值由普通话 51 变为方言的 213
和	{he}35	{h-o}21	韵母由 e 变为 o，调值由普通话的 35 变为方言的 21

注：普通话调值 55、35、214、51；成都方言调值 55、21、53、213。

4）从音乐性方面考察。

a. 基本结构。

《送刘司直赴安西》为 A+B+C+D 四个音乐长句构成的四句体结构。

b. 音阶调式。

调式音阶为 5̣6̣12̇3̇5̇；以徵（5）音作为调式主音，调式调性明确，属民族五声徵调式。

c. 旋律线。

A 句（首联）5̣5̣·5̇1̇6̣5̣5̣·3̇2̣5̣（绝域阳关道，胡沙与塞尘）出句以"绝域"（5̣5̣·）主音"5"同音反复起调，"阳关道"（5̇1̇6̣5̣）四度跳跃吟诵旋律最高音"关"（1̇）再逐级下行至"道"（6̣5̣）。对句"胡沙"（5̣5̣·）同音反复后"与塞尘"（3̇2̣5̣）级进下行至低音"5̣"作结。第二字"域、沙"（5·、5̣·）作相同时值和音高拖腔处理，末字"道"（6̣5̣）句末拖腔，"尘"（5̣）

- 108 -

字短读。首联以"56i"三音开篇，音调高亢明亮，对句下行回落，音调感叹，音程跨越11度。首联音调拉长了地域和空间的距离，呈现了一个烽烟弥漫，沙土飞扬，一望无际，满目凄凉的边塞环境。

送刘司直赴安西

王维（唐）
流沙河先生吟诵
何民　记谱

5 5.	5 i 6 5	5 5.	3 2 5
绝 域	阳 关 道，	胡 沙	与 塞 尘。

5 5.	3 5 2 3	6 6.	6 5 2 3 0
三 春	时 有 雁，	万 里	少 行 人。

6 5.	3 5 5 3	5 5.	3 2 6
苜 蓿	随 天 马，	葡 萄	逐 汉 臣。

6 6.	6 5 2 5	2 5.	2 5 1
当 令	外 国 惧，	不 敢	觅 和 亲。

B句（颔联）5 5·3 5 2 3 6 6·6 5 2 3 0（三春时有雁，万里少行人）旋律围绕"2356"四音在中音区的五度内变化发展，"三春"（5 5·）同音反复后"时有雁"（3523）级进跳进结合。"万里"（6 6·）采用出句相同旋法，"6"的同音反复后"少行人"（65230）级进跳进结合，音调平稳中缓缓下行。第二字"春、沙"（5·、6·）作相同时值句中拖腔，末字"雁、人"（23、30）作一字多音拖腔和断腔停顿的对比运腔，音调起伏变化，以空中与地上景象相互映衬，进一步表现边塞路途的寂寞荒凉。

C句（颈联）6 5·3 5 5 3 5 5·3 2 6（苜蓿随天马，葡萄逐汉臣）主干音为"635"，"苜蓿"（6 5·）低音级进后六度上跳"随天马"（3553）再平稳级进，"葡萄"（5 5·）主音"5"的同音反复后"逐汉臣"（326）音调回落。第二字"蓿、萄"（5·、5·）八度音高对比拖腔，末字"马"（53）下行拖腔，"臣"（6）字句末顿吟。曲调八度回旋，跌宕生姿，描绘出一幅丝绸路上的特异风光。

D句(尾联)$\underline{66}\cdot 6\underline{52}\overline{5}-\diagdown \underline{25}\cdot 2\underline{5}1$（当令外国惧，不敢觅和亲），旋律在"1256"四音相互连接组合中，"当令"（$\underline{66}\cdot$）同音反复后"外国惧"（$6\underline{52}\overline{5}-\diagdown$）级进跳进结合"惧"波音下滑润腔，对句"不敢"（$\underline{25}\cdot$）四度小跳后"觅和亲"（$2\underline{5}1$）音调下行吟诵旋律终止。第二字"令、敢"（$6\cdot$、$5\cdot$）作相同时值拖腔处理，末字"惧"（$\overline{5}-\diagdown$）波音下滑句末拖腔，"亲"（1）字顿吟弱收。篇末直抒胸臆，表达诗人的深情与愿望。

该吟诵旋律发展围绕主音"5"，在"56123"五声旋律中起伏跳宕，整体素材简练，结构统一，音调稳健，节奏明快。以史事融入送行时对路途险远的渲染中，从写景到说史，从说史到抒情，曲曲折折，而于字句之间流淌不绝的是诗人对友人始终如一的深情。

d. 节奏腔式。

结合音频资料和吟诵谱例分析发现，流沙河先生在吟诵此篇《送刘司直赴安西》时基本遵循成都方言语调发音及方言声调行腔，读诵为主，每句前两字"绝域、胡沙、三春、万里、苜蓿、葡萄、当令、不敢"（$55\cdot$、$55\cdot$、$\underline{55}\cdot$、$\underline{66}\cdot$、$\underline{65}\cdot$、$\underline{55}\cdot$、$\underline{66}\cdot$、$\underline{25}\cdot$）结合X X·节奏型，第二字作了相同时值的附点拖腔处理；结合X、XX、X-节奏型，出句末字"道、雁、马、惧"（65、23、53、5-）作较长时值拖腔，句末韵字"尘、人、臣、亲"（5、$\underline{30}$、6、1）则作相应短读顿吟处理，前后对比，一拖一顿，节奏分明，吟诵节奏为2+3。吟诵音调出句相对高昂，对句趋于下沉，每句意思表达完整，有明显的结束感。个别地方运用波音"ˉ"和下滑音"ㄟ"色彩润腔，增强了吟诵地方风格。

5）流沙河先生《送刘司直赴安西》吟诵概述。

沙老回忆，此调是由同学陈松生（音）读时他在旁习得。

吟诵旋律处于低中高音区，音域较宽，最高音宫音（$\dot{1}$），最低音徵音（5），属民族五声徵调式。沙老吟诵时语调语气正向积极，首句起调高亢，奠定吟诵高昂雄浑情感基调。全诗划分为2+3的吟诵节奏，即每一联上下句的第二字以XX.节奏形成一字一音长拖腔，在旋律发展过程中大量出现七度或八度的

— 110 —

较大音域跨度和趋于下落感叹式的音调结尾，大起大落之间清晰传递出诗人的情感起伏。每联句尾吟诵处理不一致。上半句句尾为一字多音长拖腔（尾联上半句为上波音+下滑音润腔处理，意义相同）。下半句句尾顿挫下滑、低回落韵、无拖腔，韵字落音在宫音（1）、角音（3）、徵音（5）和羽音（6）上，形成了跌宕多姿、顿挫有力的吟诵风格。

该诗每句的后三字基本按成都方言四声调值依字行腔，加以适当音调化，用上波音、下滑音润腔技法以体现成都方言行腔特色。例："时有雁"按成都声调值走向排列为：21 53 213，谱面标记为 3 5 2̂3；"随天马"按成都四声调值走向排列为：21 55 53，谱面标记为 3 5 5̂3，两者保持一致。吟诵旋律中入声字发声特征已消失，其中"域""国"派入成都方言的阳平字；"塞"派入去声。

（4）七言仄起律诗《清明日对酒》。

1）从创作背景方面考察。

高翥（1170—1241），原名公弼，字九万，号菊响，浙江余姚人。高翥在年幼时曾致力于科举，屡次不得中遂放弃科举，四处漂泊游历，是南宋江南诗派中的重要人物，有"江湖游士"之称。高翥晚年回归故里，筑草屋于上林湖畔，后染疾去世。本诗是诗人作品中最广为人知的一首，被收入《千家诗》。

高翥的诗歌题材以节令时节、山川江河、游历交友为主，多抒发对自然、人生和社会的感悟。《清明日对酒》写成时间不详，只能从题目得知这是一首写在清明时分，抒发诗人内心感触的节令诗。

2）从文体结构和吟诵节奏方面考察。

该诗为一首格律严整、语言朴实的七言仄起律诗。首联呼应题目，写明是清明节上坟的场景。清明时节祭扫祖墓，是由来已久的社会习俗。有学者王善军指出：诗中的"墓田"并不单指坟墓，而是一种家族的资产。南宋期间，南宋政府对墓田有特殊的税收减免政策，故各宗族十分注重兴置墓田。

诗人言"南北山头多墓田"不是一片凄凉景象，恰恰是标志着家族的财力和祭祀的丰盛，故而"清明祭扫各纷然"，前来祭拜的人们纷纷攘攘，络绎不绝。

清明日对酒

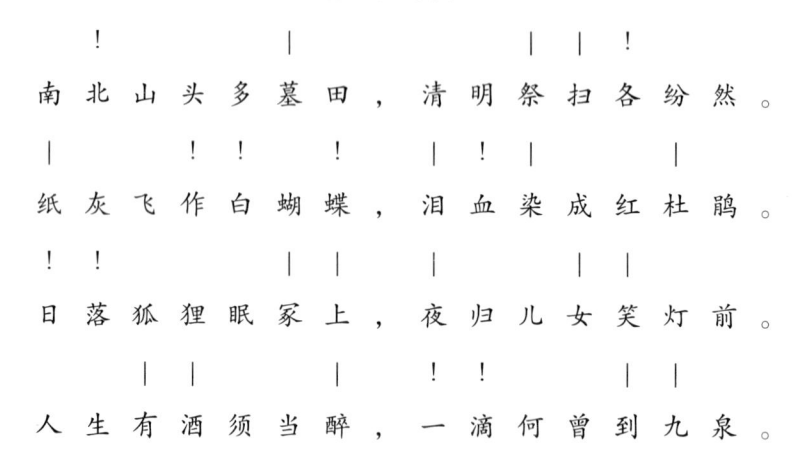

南北山头多墓田，清明祭扫各纷然。
纸灰飞作白蝴蝶，泪血染成红杜鹃。
日落狐狸眠冢上，夜归儿女笑灯前。
人生有酒须当醉，一滴何曾到九泉。

颔联描写了现场的祭扫壮观场面。"纸灰飞作白蝴蝶，泪血染成红杜鹃。"大量纸钱在焚烧过程中若白蝴蝶到处飞舞，亲人的思念化作血泪染红了杜鹃花儿。比拟手法形象描绘了当时"慎终追远"的社会思想观念。

颈联是作者把时间进行快速推移后的现场对比猜想。"日落狐狸眠冢上，夜归儿女笑灯前。"在古人意象中，狐狸代表着狡诈鬼祟，从不出现在正式祭祀中。作者拿狡诈的狐狸与天真无邪的稚嫩儿女比对，此时已然开始隐隐显现作者的写作意图，是什么呢？

尾联一语道破："人生有酒须当醉，一滴何曾到九泉。"通过一个"须"、一个"当"，肯定之肯定，作者强烈表达了他对鬼神世界怀疑的理性思维及生命短暂及时行乐的人生观、价值观和世界观。然是否对错，则仁者见仁，智者见智了。

吟诵节奏为 2+2+3。

3）从声韵调方面考察。

该诗为首句入韵仄起七言律诗，韵字"田、然、鹃、前、泉"押下平一先韵，徐健顺教授《汉语音义表》："先"韵源于上古的三个韵部，而且往往前有介音 u，多是开口度由小变大再变小，收于前鼻音，在变化感中，突出了中间元音的开阔感，因此其字多有"伸展、致远、终收"之意。① 汪烜《诗韵析》：景物流连、风景鲜艳、琴鹤翩然。②

表 4—1—7　《送刘司直赴安西》普通话和成都方言发音差异字

文字	普通话读音	成都方言读音	异同分析
北	{bei}214	{b-ə}53	韵母由 ei 变为 ə，典型的方言读音，调值由普通话的 214 变为方言的 53
墓	{mu}51	{m-o}213	方言发音，韵母由 u 变为 o，调值由普通话的 51 变为方言的 213
各	{ɡe}51	{ɡo}213	韵母由 e 韵变为 o 韵，调值调值由普通话的 51 变为方言的 213
蝶	{die}35	{di}21	韵母由 ie 韵变为 i 韵，方言习惯发音，调值由普通话的 35 变为方言的 21
泪	{lei}51	{luei}213	韵母由 ei 韵加上 u 变为 uei 韵，是方言习惯的发音，调值由普通话的 51 变为方言的 213
狐	{hu}35	{fu}21	声母发生改变，声母由 h 变为 f，调值由普通话的 35 变为方言的 21
何	{he}35	{ho}21	明显的方言音，韵母由 e 变为 o，调值由普通话的 35 变为方言的 21

注：普通话调值 55、35、214、51；成都方言调值 55、21、53、213。

---

① 徐健顺：《声韵·意义·吟诵》，《语文建设》2011 年第 1 期。
② 续修四库全书编纂委员会：《续修四库全书》，上海古籍出版社 2002 年版，第 409 页。

4）从音乐性方面考察。

a. 基本结构。

《清明日对酒》为 A+B+C+D 的四个连贯的独立长句构成的四句体结构。

b. 音阶调式。

调式音阶为1 2 3 5 6 i；以宫（1）音作为调式主音和结束音，以宫（1）音为上句终止音，调式调性明确，属民族五声宫调式。

清明日对酒

高翥　（宋）
流沙河先生吟调
李娟　记谱

（乐谱）

南北　山头　多墓田，清明　祭扫　各纷然。
纸灰　飞作　白蝴蝶，泪血　染成　红杜鹃。
日落　狐狸　眠冢上，夜归　儿女　笑灯前。
人生　有酒　须当醉，一滴　何曾　到九泉。

注：标有波浪线的文字为诵读。

c. 旋律线。

A 句（首联）1 1· 5 3· 5 2 3 1 5 1· 3 3· 1 3 1 0(南北山头多墓田，清明祭扫各纷然)，出句的四个字"南北""山头"以连续两个切分节奏（1 1· 5 3·）的形式出现，"北、头"二字拖长，"多墓田"（5 2 3 1）从吟诵旋律最高音 5 至最低音 1 作下行跳进、级进发展，连续下叹式的音调让人开篇就体会到诗人无限的悲凉。对句旋法相似，"明、扫"拖长，"各纷然"为诵读，"然"（1̲0̲）字句末断腔停顿。一拖一顿形成对比，悲痛到了极致，各家默默祭扫，无须多言。

B 句（颔联）5̲5̲·5̲3̲·1̲1̲1̲5̲3̲·3̲1̲·1̲1̲3̲0̲（纸灰飞作白蝴蝶，泪血染成红杜鹃），和 A 句旋法相似，旋律围绕"135"三音在中音区的五度音程内变化发展，在 A 句结束音的基础上作五度大跳至5，"纸灰飞作"（5̲5̲·5̲3̲·）最高音5反复三次后级进下行，"白蝴蝶"（1̲1̲1̲）为诵读，音调低沉。高起低落的旋律、哀叹的音调，仿佛让人看到了冥纸成灰、灰飞漫天的样子。"泪血染成"（5̲3̲·3̲1̲·）继续以切分节奏连续下行级进，和上句对应的"红杜鹃"（1̲1̲3̲0̲）也为诵读。两个乐节的旋律走向都是高起低落，层层向下，沙老吟诵时抑扬顿挫，音调凄凄切切，表达了诗人相思成泪、泪滴成血似红杜鹃的极致痛苦。

C 句（颈联）1̲1̲·1̲1̲·3̲5̲3̲͞-1̲5̲·2̲3̲·1̲3̲·1̲0̲（日落狐狸眠冢上，夜深儿女笑灯前），"日落狐狸"（1̲1̲·1̲1̲·）为诵读，"落、狸"二字拖长，"眠冢上"（3̲5̲3̲͞-）35两音级进后在"上"（3̲͞-）字作句末长音拖腔并给予波音润饰，"夜深儿女"（1̲5̲·2̲3̲·）也为诵读，"深、女"二字拖长，"笑灯前"（1̲3̲·1̲0̲）三度内级进，"前"（1̲0̲）字句末断腔停顿。前后两句的情景形成强烈的对比，更加凸显出诗人的痛苦。"日落""夜深"，依照时间发展续写诗人的所见所想。

D 句（尾联）1̲5̲·5̲3̲·5̲5̲3̲͞- 1̲1̲·1̲1̲·5̲3̲·1̲0̲（人生有酒须当醉，一滴何曾到九泉）主干音为"135"，与 C 句节奏相同，以 C 句尾音1来起调，形成鱼咬尾的旋法，"人生有酒"（1̲5̲·5̲3̲·）为诵读，"生、酒"拖长，"须当醉"（5̲5̲3̲͞-）5同音反复后级进下行至3，3长音拖腔加以上波音润饰，形象地体现出一个"醉"字。对句"一滴何曾"（1̲1̲·1̲1̲·）也为诵读，"滴、曾"拖长，"到九泉"（5̲3̲·1̲0̲），由5至调式主音1逐级级进下行，"泉"（1̲0̲）字句末断腔停顿。整个乐句呈现为峰谷形旋律进行形态。整个旋律起伏较大，诗人感慨一番之后做了最后的总结，表达了自己的人生态度。

d. 节奏腔式。

《清明日对酒》为七言律诗，大量使用切分节奏 XX.，与 XX、X、X-节奏型相结合，形成了 2+2+3 的音步节奏。每一句的第二、四字都有明显拖腔处理，如："北、头、明、扫、灰、作、血、成、落、狸、归、女、生、酒、滴、曾"（1·、3·、1·、3·、5·、3·、3·、1·、1·、1·、5·、3·、5·、3·、1·、1·）。上句末字"田、蝶"（1、1）作短拖腔处理，"上、醉"（3̄-、3̄-）作长音拖腔并给予波音润饰。下句末字"然、鹃、前、泉"（10、10、10、10）作断腔停顿处理。加以"明、扫、泪、到"前倚音的润腔技法，形成了以沙老为代表性的成都吟诵音调，简单质朴，耐人寻味。

5）流沙河先生《清明日对酒》吟诵概述。

该诗为一首七言仄起律诗，沙老采用切分节奏进行逐句划分，吟诵节奏与音步结构保持一致，为 2+2+3，整体布局非常清晰。

沙老语调语气缓慢深沉，根据成都方言四声调值依字行腔，每句基本以"诵"为主，一字一音，两字一顿，节奏规整，吟腔较少，在吟诵节奏点部分字音稍有拉长，四声调值起伏变化，通过前后字的彼此配合、转化和前倚音、波音等润腔技法予以体现。

吟诵旋律集中在中音区，最高音为徵音（5），最低音为宫音（1）。平声韵字落音多在宫音（1）上，只有一处落在角音（3），调式调性明确，属民族五声宫调式。每一联的上半句句末有拖腔，下半句则作顿腔处理，整体形成上拖下顿、一放一收、徐疾相间的关系，造成吟诵旋律一种悲凉情绪，具有强烈的艺术感染力。

（5）诗歌《道情十首》。

1）从创作背景方面考察。

郑板桥（1693—1765），清代文人画家。原名郑燮，字克柔，号理庵，又号板桥，江苏兴化人，祖籍苏州。

"道情"是我国民间说唱艺术的一种，源自唐高宗时的"道调"，是道士们祭祀道家教主老子的唱词。南宋始用渔鼓和简板伴奏，故又称道情渔鼓。道士所唱的宣扬道家思想的元明散曲，也是"道情"的流变。道情兴盛于清朝康熙时期，时道情艺人手执渔鼓、简板，行走于街头里巷、茶肆酒楼，以卖艺为生。

《道情十首》的序言蕴含了写作的目的："枫叶芦花并客舟，烟波江上使人愁。劝君更尽一杯酒，昨日少年今白头。自家板桥道人是也，我先世元和公公流落人间，教歌度曲。我如今也谱得道情十首，无非唤醒痴聋，销除烦恼。每到山青水绿之处，聊以自遣自歌，若遇争名夺利之场，正好觉人觉世，这也是风流事业，措大生涯。不免将来请教诸公，以当一笑。"雍正七年（1730），郑板桥作《道情十首》初稿，至乾隆八年（1743），其51岁时最终定稿，正在山东范县（今属河南）任上。他50岁前，读书求仕，卖画谋生，50岁入官场后，受不了官场拘束，又开仓赈济百姓，得罪豪绅不受欢迎而罢官。他于14年中对《道情十首》"屡抹屡更"，可见作者创作时间之长、态度之严谨。因其雅俗并融，节奏铿锵，一唱三叹，在淮扬地区曾风靡一时。

2）从文体结构和吟诵节奏方面考察。

道情十首

｜　　　　！｜　　　　　　｜　　｜
老 渔 翁， 一 钓 竿， 靠 山 崖， 傍 水 湾；
　｜　　　　　　｜　　　　　　｜　｜
扁 舟 来 往 无 牵 绊。沙 鸥 点 点 清 波 远，
！｜　　！｜　　　　　　！｜！　　　　｜
荻 港 萧 萧 白 昼 寒，高 歌 一 曲 斜 阳 晚。
！｜！　　　　｜　！　　　　｜　｜
一 霎 时 波 摇 金 影，蓦 抬 头， 月 上 东 山。

老樵夫，自砍柴，捆青松，夹绿槐；
茫茫野草秋山外。丰碑是处成荒冢，
华表千寻卧碧苔，坟前石马磨刀坏。
倒不如闲钱沽酒，醉醺醺山径归来。

老头陀，古庙中，自烧香，自打钟；
兔葵燕麦闲斋供。山门破落无关锁，
斜日苍黄有乱松，秋星闪烁颓垣缝。
黑漆漆蒲团打坐，夜烧茶炉火通红。

老书生，白屋中，说黄虞，道古风；
许多后辈高科中。门前仆从雄如虎，
陌上旌旗去似龙，一朝势落成春梦。
倒不如蓬门僻巷，教几个小小蒙童。

邈唐虞，远夏殷。卷宗周，入暴秦；争雄七国相兼并。文章两汉空陈迹，金粉南朝总废尘，李唐赵宋慌忙尽。最可叹龙盘虎踞，尽消磨燕子、春灯。

《道情》共十首诗，可分为三个部分。前七首为第一部分，描写了各类劳动者安贫自乐、自然洒脱、纯朴美好的日常生活。第八首、第九首是第二部分，"以道家的角度来回顾咏叹几千年历史沧桑、朝代更迭、英雄贤士、世事的无常，崇尚回归老庄的清静无为、逍遥自在"。[1]第十首为第三部分，点明道情的目的是为了"唤庸愚，警懦顽"，这与序言的"无非唤醒痴聋，销除烦恼""觉人觉世"相呼应。道情诗歌不拘一格，或四言，或七言，或杂言，均以通俗的言语点破天机，觉醒众生。沙老选择前三首和第八首进行吟诵，以下就选文部分进行分析。

第一首《道情·老渔翁》，描绘了一老渔翁携一钓竿，乘着小舟往返于山水之间，但见江面萧瑟、水鸟飞环，老渔翁怡然自得纵声高歌，与天地浑然一体，不知不觉月上东山。渔家垂钓之乐，可忘情于江湖之中，其超逸之情溢于言表。

第二首《道情·老樵夫》，描绘了一老樵夫日日与青松绿槐为伴。深山之中但见一处落败坟冢，只有倒于苔草的墓碑和被用来磨刀的石马依稀能够证明墓中主人曾经拥有的荣华。诗人把世间追名逐利之人与无所拘束的樵夫作对比，表达其出世无争的闲适心志。

第三首《道情·老头陀》，描绘了一老和尚于荒庙中独自修行的场景。

---

[1] 于天池、李书：《说板桥道情》，《文史知识》1998年第4期。

"老头陀"一称在佛教中为"大迦叶尊者专行头陀",此处用以比喻勤苦自觉修行之人。"兔葵燕麦"典出《本事诗·事感》,形容庙里景象荒凉。

第四首《道情·老书生》,描绘了一老书生一贫如洗教书度日的画面。老书生满腹经纶,教过的弟子高中者比比皆是。然而追求富贵权势如春梦,还不如退隐没世教育子孙。表达了诗人独善其身、孤芳高洁的精神境界。

第八首《道情·邈唐虞》,从虞舜至明朝,诗人历数朝代兴衰更迭,着重点出以武力称雄的战国、以天下文章为盛时的两汉和繁华绮靡的南朝,透露出诗人囊括古今的睿智和勘破世情的清净。

沙老的吟诵节奏为三言句(2+1)、四言句(2+2)、七言句(3+4)(每首诗的后两句)和(2+2+3)(剩余七言句皆为此节奏)。

3)从声韵调系统方面考察。

《道情十首》是清代郑板桥的作品,元明清时代普遍用的韵书为《中原音韵》,其韵谱分十九个韵部,每个韵的韵目用两个代表字表示。韵目分部不论声调。每个韵部下包括平、上、去韵字,平声分为阴、阳,上、去不分,入声字分别附于平、上、去声之后。

表4—1—8　　《道情十首》普通话和成都方言发音差异字

文字	普通话读音	成都方言读音	异同分析
崖	{ya}35	{ŋ-ai}21	声母 y 变为方言特色的声母 ŋ,调值由普通话的35变为方言的21
鸥	{ou}55	{ŋ-ou}55	由零声母变为方言特色的声母 ŋ,调值不变
歌	{ge}55	{g-o}55	韵母由 e 韵变为 o 韵,调值不变
绿	{lv}51	{l-u}21	韵母由 u 变为 u.典型的方言发音。调值由普通话的51变为方言的21
麦	{mai}51	{m-ə}21	韵母由 ai 变为 ə,典型的方言读音,调值由普通话的51变为方言发音的21
科	{ke}55	{k-o}55	韵母由 e 韵变为 o 韵,调值不变
虎	{hu}214	{fu}53	声母都发生改变,声母由 h 变为 f,调值由普通话214变为方言的53

注:普通话调值55、35、214、51;成都方言调值55、21、53、213。

第一首诗韵字为"杆、湾、绊、寒、晚、山",押《中原音韵》寒山韵;第二首诗韵字为"柴、槐、外、苔、坏、来",押《中原音韵》皆来韵;第三首诗韵字"中、钟、供、松、缝、红",押《中原音韵》东钟韵;第四首诗韵字"中、风、龙、梦、童",押《中原音韵》东钟韵;文本中的第五首诗,在原诗中是第八首,韵字为"殷、秦、尘、尽",押《中原音韵》真文韵;"并、灯"押《中原音韵》庚青韵。

4)从音乐性方面考察。

a. 基本结构。

《道情十首》中五首旋律基本相似,属于套调,每一首的旋律主干音是135,以 a($\underline{15}\ \underline{53}$)、b($\underline{53}1$)和 c($\underline{11}\ \underline{35}\cdot$)、三个音乐短句变化重复贯穿吟诵旋律。

b. 音阶调式。

调式音阶为$12356\dot{1}$;以宫(1)音作为调式主音,调式调性明确,属民族五声宫调式。

c. 旋律线。

整体音域不宽,旋律简单明了,主要以135这三个音反复变化重复组合,旋律进行均在七度内级进或跳进完成,旋律起伏不大。

第一首"老渔翁"至"蓦然抬头月上东山",主干音为"135",旋律中2和6音作为辅助音出现,旋律在低音6至中音5的七度音程间变化发展,旋律组合以 a($\underline{15}\ \underline{53}$)、b($\underline{53}1$)型短句为主,c($\underline{11}\ \underline{35}\cdot$)型短句作补充。a型短句以二度三度($\underline{53}\ \underline{53}$、$\underline{523}$、$\underline{53}\cdot$)级进为主,伴有四度($\underline{52}$)五度($\underline{15}$、$\underline{55}\cdot\underline{11}\cdot$)跳进,呈峰谷型和波纹型相结合的旋律进行形态,如:"老渔翁"($\underline{53}\ \underline{53}$)、"靠山崖"($1\underline{53}$)、"傍水湾"($\underline{15}\ \underline{53}$)、"扁舟来往"($\underline{55}\cdot\underline{13}\cdot$)"沙鸥点点"($\underline{55}\cdot\underline{523}$)、"清波远"($\underline{55}\ \underline{53}$)"荻港萧萧"($\underline{11}\ \underline{553}$)、"斜阳晚"($\underline{11}3$)、"波摇金影"($\underline{53}\ \underline{53}\cdot\searrow$)等。末字"翁、崖、湾、往、远、晚、影"($\underline{53}$、3、$\underline{53}$、$3\cdot$、$\underline{53}$、3、$3\cdot$)作一字一音或一字多音拖腔处

道情十首

郑板桥　（清）
流沙河先生吟诵
李　娟　记谱

老渔翁，一钓竿，靠山崖，傍水湾；扁舟来往无牵绊。沙鸥点点轻波远，荻港萧萧白昼寒，高歌一曲斜阳晚。一霎时波摇金影，蓦抬头，月上东山。

老樵夫，自砍柴，捆青松，夹绿槐；茫茫野草秋山外。丰碑是处成荒冢，华表千寻卧碧苔，坟前石马磨刀坏。倒不如闲钱沽酒，醉醺醺山径归来。

老头陀，古庙中，自烧香，自打钟；兔葵燕麦闲斋供。山门破落无关锁，秋星闪烁颓垣缝。斜日苍黄有乱松，黑漆漆蒲团打坐，夜烧茶炉火通红。

注：有波浪线的文字为调读。

理，结束音均在角音3上，b型短句主要在135三音之间回旋起伏，如："白昼寒"(1131)、"高歌一曲"(55·11·)"一霎时"(111↘)"蓦抬头"(511↘)。末字"寒、时、头"(1、1、1)作一字一音短拖腔处理，结束音均在宫音1上，"时、头"给予下滑音润饰。最后一句"月上东山"(161 55)在c型短句的基础上融入了新的元素6，音域拓宽，旋律更为丰富。音调质朴流畅，节奏明朗，"无牵绊""轻波远""高歌一曲斜阳晚"，让读者充分感受到老渔翁悠然自得的生活状态。

　　第二首"老樵夫"至"醉醺醺山径归来"，旋律围绕"135"三音在五度音程间变化发展，比第一首音域变窄，以a(15 53)b(531)型短句为主，c(11 35·)型短句结合其中。a型短句大量使用："老樵夫"(53 53)、"茫茫野草"(1153·)、

"秋山外"（55̄30）、"成荒冢"（15̄3）、"华表千寻"（11 53）、"磨刀坏"（15̄3）、"倒不如闲钱沽酒"（533 11 53·）、"醉醺醺"（15 53），结束音均在角音3上，b（531）型短句"自砍柴"（3531）、"夹绿槐"（111）、"丰碑是处"（55·51）、"卧碧苔"（511）、"山径归来"（5 1 31），结束音均在宫音1上，c（11 35·）型短句使用较少："捆青松"（355）、"坟前石马"（11 35·），结束音均在徵音5上。句末拖腔为："夫、野草、沽酒、醺、荒冢、刀坏"（53、53·、53·、53、53），"柴、槐、台"（1、1、1），"松"（5）三类。"马、酒"给予下滑音润饰，"老樵夫""自砍柴""醉醺醺山径归来"，让读者融入老樵夫安贫自乐的简朴生活。

第三首"老头陀"至"夜烧茶炉火通红"，旋律主干音为135，同第一首一样，旋律在七度音程间变化发展，曲中2和6作为辅助音出现。旋律继续作abc型相结合变化发展，起调在前面两首的基础上稍有变化，由53 53变化为531，此段大量使用b型短句："老头陀"（531）、"兔葵燕麦"（53 31）、"山门破落无关锁"（53 31 15 31）、"秋星闪烁颓垣缝"（55·51 116 1）、"黑漆漆"（111）、"夜烧茶炉火通红"（15 335 23 10），ac型短句结合其中："贤斋供"（35̄3）、"斜日苍黄有乱松"（11 53 5233）、"蒲团打坐"（11·53·）、"古庙中"（5235）、"自烧香"（155）、"自打钟"（3525）。句末拖腔为："斋供、有乱松、打坐"（353、5233、5̄3·），"陀、漆"（1、1），"中、香"（5、5）。"老头陀""自烧香""蒲团打坐"，展现了一幅青灯黄卷古庙老僧的禅意画面。

d. 节奏腔式。

流沙河老先生在吟诵《道情十首》时，遵循成都方言咬字发音，取当地语音声调行腔。素材简练，旋律简单，大量运用四分音符、八分音符和十六分音符组成的 X、XX、XXX 、XXX、XX.、X X.等丰富的节奏型，沙老吟诵时注重句式节奏，基本为一字一音的唱诵，节奏感强。

拖腔的运用在abc音乐短句的基础上分为三类：第一首：a "翁、山崖、湾、来往、远、萧萧、晚、金影"（53、53、53、1 3·、553、53、3、53·），

b "寒、时、头"（1、1、1）两类。第二首：a "夫、野草、沽酒、醮、荒冢、刀坏"（53、53·、53·、53、53、53）；b "柴、槐、台"（1、1、1）；c "松"（5）三类。第三首：a "斋供、有乱松、打坐"（353、5233、5̄3·），b "陀、漆"（1、1），c "中、香"（5、5）三类。结合下滑音"时、头、马、酒"（ヽ）和大量的前倚音"绊、草、外、是、冢、卧、坏、倒、供、燕、破、坐"（ᴛ）润腔技巧的运用，形成古朴自然的风格。

5）流沙河先生《道情十首》吟诵概述。

"道情"是曲艺的一个类别，本身即为唱所作，先三言后七言，节奏极为鲜明。韵脚密集，平、上去通押，响亮铿锵，读来琅琅上口，文体创作上十分便于吟唱。

《道情十首》中五首旋律基本相似，以乐曲的主干音135反复变化重复组合贯穿在每一首中，整体音级处于中音区，调式调性明确，属民族五声宫调式。

沙老根据成都方言四声调值依字行腔，基本为一字一音，四声调值起伏变化通过前后字的彼此配合、转化进行体现，长拖腔较少，基本为短拖腔，出现在诗中句读处，即句中吟诵节奏点处和停顿处。曲中节奏规整简洁，大多数句中后三字或后四字按成都方言四声调值行腔，例如，"无牵绊"按成都声调值走向排列为：21 55 213，谱面标记为25̄30一致；"波摇金影"按成都声调值走向排列为：55 21 55 53，谱面标记为53 53 ヽ，一致。

吟诵旋律中出现大量的前倚音和下滑音润腔技法，也与成都方言的四声调值有着直接关系。如：成都方言阳平字声调值21，上声字声调值53，调型均下降，谱面采用下滑音具有下行意，对应有：1ヽ（头、时）、3·ヽ（影、酒）、5·ヽ（马）、⁴3·（草、冢）、²1-（子），一致。成都方言去声字声调值1，调型低降低升，这种情况，谱面可以不标出其出口的乐音，而仅标其降而后升的上行乐音，对应有：（绊、坏、外、梦、踞）、（倒、兔、卧）、（坐、破、燕、宋、叹）、（是、势），一致。

吟沙老吟诵旋律起伏不大，音域不宽，大多呈波纹型旋律推进，语气平静温和、略带幽默，似长者娓娓道来，有说教性质，同诗意吻合。在按成都方言四声调值依字行腔的基础上，曲中旋律可大致归纳为三个音乐短句及其变化形态：a(<u>15</u> <u>53</u>)、b(<u>531</u>)、c(<u>11</u> <u>35</u>·)。三者灵活组合，重复出现，尤其在句尾处体现明显。句尾处无论是否韵字，基本都要拖腔，偶尔出现顿腔，应为沙老根据文意而灵活处理。韵字根据三个音乐短句体现为落音分别落在宫音（1）、角音（3）和徵音（5）。

（6）近代白话诗《婉容词》。

1）从创作背景方面考察。

吴芳吉(1896—1932)，字碧柳，自号白屋吴生，重庆江津人，世称白屋诗人，其才华灿烂夺目，与苏曼殊前后辉映，为20世纪20年代中国诗人。

四川省文史研究馆馆员张采芹(已故)在《忆白屋诗人吴芳吉》一文中，记述了吴芳吉《婉容词》的创作经过。1918年秋，吴芳吉经友人赵鹤琴介绍赴叙永县永宁中学任国文教师，时达一年之久。①叙永县城东郊真武山腰有"婉容墓"，吴芳吉在教学之余，常去婉容墓凭吊，产生了《婉容词》最初的构思。1919年秋，吴芳吉任教上海中国公学。旧历八月二十七日孔夫子生辰这天祭孔，他夜醉后不能寐，一夜写成《婉容词》。次晨拿与同事曹志武看，曹为之感动流泪。同时，芳吉先生兼课上海勤业女子中学，印成讲义，发给学生，全班学生都为之感动痛哭。当时四川人康白情亦写新诗，出版过新诗《草儿》，对芳吉先生所写的《婉容词》虽很称道但稍有微词，认为白话诗中夹有很工整的律诗句子，例如"野阔秋风紧，江昏落月斜"，似乎不大妥当。芳吉先生说："写诗如行文，文思有如长江大河，波涛汹涌，一泻而下，非有很完整工稳的句子不能顿住。"《婉容词》在上海《新群杂志》上发表后，以其情深辞美、催人泪下而轰动文坛，全国读者争相传诵，人们将吴芳吉誉为新诗人。②

---

① 余天潢：《从〈婉容词〉到〈白塔桥词〉——纪念吴芳吉诞辰一百周年》，《重庆师专学报》1997年第1期。

② 李玉麟：《简论白屋诗人吴芳吉及其代表诗作〈婉容词〉》，《松辽学刊》（社会科学版）1985年第1期。

《婉容词》之所以为读者喜爱，固然是由于这首诗在形式上别开生面，语言运用很成功，感情真挚，十分动人；但更重要的原因是作品反映了"五四"运动前后反封建、争自由的社会现实。这首新诗，描述了旧中国的一出婚姻悲剧，既揭露了封建伦理道德观念的危害性，又批判了喜新厌旧的思想，因而能引起读者的共鸣。后来《婉容词》被列入中学国文教材，四川大学外语系主任金奎先生还将《婉容词》译成英文，介绍到海外。

2）从文体结构和吟诵节奏方面考察。

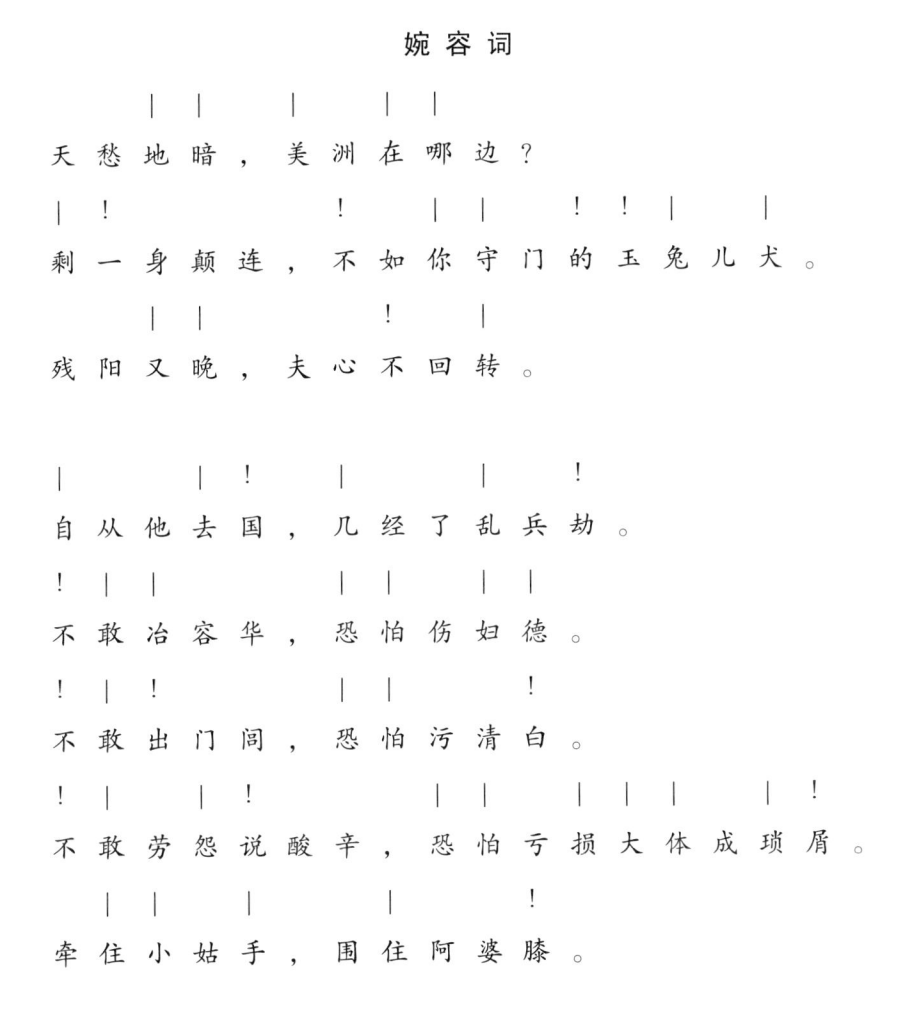

婉 容 词

　　｜　｜　　｜　　｜　｜
天 愁 地 暗 ， 美 洲 在 哪 边 ？
｜ ！　　　　！　｜ ｜　　！ ！ ｜ 　
剩 一 身 颠 连 ， 不 如 你 守 门 的 玉 兔 儿 犬 。
　　｜　｜　　　！　｜
残 阳 又 晚 ， 夫 心 不 回 转 。

｜　　　｜ ！　｜　　　｜ ｜ ！
自 从 他 去 国 ， 几 经 了 乱 兵 劫 。
！ ｜　｜　　　　｜　｜
不 敢 冶 容 华 ， 恐 怕 伤 妇 德 。
！ ｜ ！　　　　｜
不 敢 出 门 间 ， 恐 怕 污 清 白 。
！ ｜　！　｜　　　｜ ｜ ｜ ｜ ！
不 敢 劳 怨 说 酸 辛 ， 恐 怕 亏 损 大 体 成 琐 屑 。
　　｜ ｜　｜　　｜　　！
牵 住 小 姑 手 ， 围 住 阿 婆 膝 。

一心里，生既同衾死同穴。

那知江浦送行地，竟成望夫石；

江船一夜雨，竟成断肠诀。

离婚复离婚，一回书到一煎迫。

《婉容词》全诗 90 余句，描写了一位善良贤惠的农家女子婉容被出国留学丈夫抛弃的爱情悲剧。诗中采用白描的手法，句式长短不拘，具有节奏美；语言上融入了大量的现代口语，雅俗共赏，读来荡气回肠，悲怨之气扑面而来，酸楚之泪盈满眼眶。[1]

因该诗篇幅较长，沙老节选第一部分吟诵，吟诵节奏如下：

天愁/地暗/，美洲/在哪/边/？

剩一身/颠连/，不如你/守门的/玉兔儿/犬/。

残阳/又晚/，夫心/不回转/。

自从/他去国/，几经了/乱兵劫/。

不敢/冶容华/，恐怕/伤妇德/；

不敢/出门闾/，恐怕/污清白/；

不敢劳怨/说酸辛/，恐怕/亏残大体/成/琐屑/。

牵住/小姑手/，围住/阿婆膝/。

一心/里/，生既同衾/死共穴/。

那知/江浦/送行/地/，竟成/望夫石/。

---

[1] 夏菁：《〈民族诗坛〉研究》，南京师范大学硕士学位论文，2017 年。

江船/一夜语/，竟成/断肠/诀/！
离婚/复离婚/，一回/书到/一煎迫/。

3）从声韵调系统方面考察。

《婉容词》为近体词，近体词的用韵特点为：用何种韵可根据词的内容文字来决定，不必一韵到底或只用平声韵等。

表4—1—9　　　《婉容词》普通话和成都方言发音差异字

文字	普通话读音	成都方言读音	异同分析
暗	{an}51	{ŋ-an}213	由零声母变为方言特色的声母ŋ，调值由普通话的51变为方言的213
国	{guo}35	{g-uə}21	典型的方言读音，韵母由uo变为方言的uə，调值由普通话的35变为方言的21
劫	{jie}35	{q-ie}21	典型的方言读音，声母由j变为q变为，调值由35变为方言的21
德	{de}35	{d-ə}21	由e变为方言特色韵ə，调值由普通话的35变为方言的21
屑	{xie}51	{x-ue}21	方言发音，韵母由ie变为ue，调值由普通话的51变为方言的21
膝	{xi}55	{x-ie}21	叶韵，改变原来的读音变为ie韵，以达到押韵的目的，调值由普通话的55变为叶韵的21
穴	{xue}51	{x-ie}21	方言读音，韵母由ue变为ie，调值由51变为方言的21
石	{shi}35	{s-ie}21	叶韵，改变原来的读音变为ie韵，以达到押韵的目的，调值由普通话的35变为叶韵的21
迫	{po}51	{p-ə}21	典型的方言读音，韵母由o变为方言韵ə，调值由51变为方言的21

注：普通话调值55、35、214、51；成都方言调值55、21、53、213。

开始选用的是一先平声韵"边、连"。从"犬"（十六铣上声韵）开始，转为大量跨类押韵，且都押仄声韵，有"转、晚"（十三阮上声韵），"国"（一屋入声韵），"劫"（十七职入声韵），"德"（十三职入声韵），"迫、石、白"（十一陌入声韵），"诀、穴、屑"（九屑入声韵），"膝"（四质入声韵）。这种用韵特点强烈地表达了诗人情感。

沙老吟诵时因音系不同，采用了叶韵改变其读音以达到押韵的目的。在老先生们的吟诵里，沙老吟诵的作品中叶韵现象最为突出。

4）从音乐性方面考察。

a. 基本结构。

近体词《婉容词》的节选部分，属于以 a（51 353·）和 b（5231 26 6·）两类音乐短句变化组合贯穿吟诵旋律的 A+B 两段体结构。

b. 音阶调式。

调式音阶为6̣12356；以羽（6̣）音作为调式主音和结束音，以角（3）音为上句终止所支持的羽终止群体，上下句终止音呈五度关系，调式调性明确，属民族五声羽调式。

c. 旋律线。

a（51 35 3·）型短句为以尾腔末音落在角音"3"的旋律音型，音调相对平稳，b（5231266·）型短句则以尾腔末音落在调式主音"6̣"的旋律音型，音调趋于下沉。此吟诵大致以 ab 型短句组合为主，伴以 bb 型组合回环往复贯穿吟诵旋律。

A 段"天愁地暗"至"夫心不回转"以 ab 型短句组合为主，旋律主干音为"6̣135"。"天愁地暗，美洲在哪边？"（51 353·，⌄5231266·）"地暗"（353·，⌄）级进波音下滑拖腔，"哪边"（266·）音调下行延长，开篇发出天问，悲呼之沉痛与无望，一由问天，一由美洲这个遥远的概念；"剩一身颠连，不如你守门的玉兔儿犬。残阳又晚，夫心不回转"（533 26·⌄336 361 336⁻311153⌄33·16⌄6）节奏紧缩，"颠连"（26·⌄）两字方言发音，下行甩腔，"玉兔儿犬"（336⁻3）字密腔少，自然诵读，"晚"字（3⌄）下滑润腔，"不回转"（16⌄6）三字连读，倚音下滑润腔，婉容触景生情，不枝不蔓，见看门狗都有所依靠而悠闲自得，夫心不回转，小女子惶恐复惶恐，更觉自己遭弃后的人生荒芜。

- 130 -

婉容词

吴芳吉　（近代）
流沙河先生 吟诵
赵　梅　　记谱

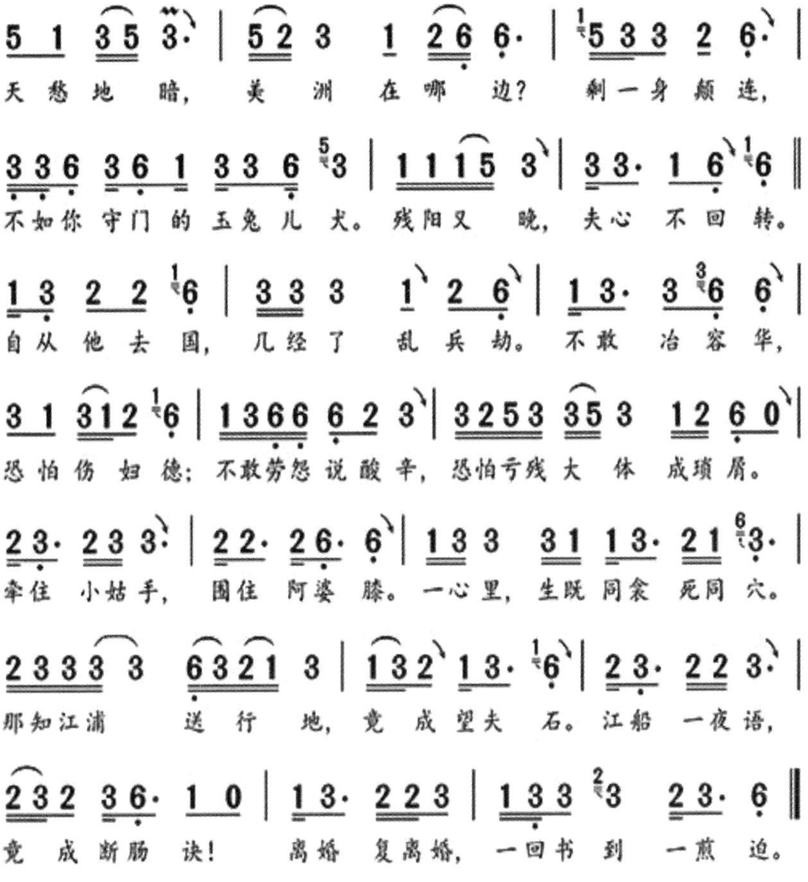

B 段“自从他去国”至“一回书到一煎迫”，换押入声韵，旋律主干音为“6̣123”，除首句为 bb 型短句组合，其余皆为 ab 组合。“自从他去国，几经了乱兵劫”（13̣·22 6̣3331↘26̣↘）方言诵读，“国、劫”（6̣、6̣↘）韵字重读后即顿，道是“自你走后，乱兵连连，生活摇荡”；“不敢冶容华，恐怕伤妇德。不敢出门闾，恐怕污清白。不敢劳怨说酸辛，恐怕亏损大体成琐屑”，此处“不敢出门闾，恐怕污清白”。沙老应是漏读了，则

旋律为 1̲3̲·3̲6̲6̲ˇ3̲1̲ 3̲1̲2̲ᴛ6̲1̲3̲6̲6̲ 6̲2̲3̲ˇ3̲2̲3̲5̲ˇ3̲5̲3̲1̲2̲6̲0̲，围绕"613"三音级进为主，节奏紧缩，字密腔少，排比修辞，诗人感同身受，着装、劳动几个"不敢"的叙说，情感层层推进，使人一读见其形，再读同其心；"牵住小姑手，围住阿婆膝。一心里，生既同衾死同穴"（2̲3̲·2̲3̲3̲ˇ2̲2̲·2̲6̲·6̲ˇ1̲3̲3̲3̲1̲1̲3̲·2̲1̲ᴛ3̲·）级进跳进结合，"小姑手、阿婆膝、死同穴"（2̲3̲3̲ˇ、2̲6̲·6̲ˇ、2̲1̲ᴛ3̲·）旋律层层下行，音调节节下落，"膝、穴"叶韵重读，弱女子的孝敬对照被遗弃的不幸，对洋学生的愤慨已昭昭然也；"那知江浦送行地，竟成望夫石；江船一夜语，竟成断肠诀"（2̲3̲3̲3̲3̲6̲3̲2̲1̲3̲1̲3̲2̲ˇ1̲3̲·ᴛ6̲ˇ2̲3̲·2̲2̲3̲·ˇ2̲3̲2̲3̲6̲·1̲0̲）"送行地、一夜语"（6̲3̲2̲1̲3̲、2̲2̲3̲ˇ）相同音调的尾音拖腔，"望夫石、断肠诀"（1̲3̲·ᴛ6̲ˇ、3̲6̲·1̲0̲）一字一顿，节奏顿挫，送行地仍在眼前，一夜语犹在耳边，望夫石也者，断肠诀也者，浮生恶梦，无可回转。"离婚复离婚，一回书到一煎迫"（1̲3̲·2̲2̲3̲ 1̲3̲3̲ᴛ3̲2̲3̲·6̲）"一回书"（1̲3̲3̲）八度大跳，末字"迫"（6̲）主音作结，重读顿收。吟诵至此，当能触到婉容捧信阅读时那双颤抖的手、那双满泪的眼、那颗破碎的心、一字"复"两字"一"，字字锥心，痛可其深。

d. 节奏腔式。

五字句 XX.节奏型运用频繁，如"夫心、自从、不敢、牵住、围住、阿婆、望夫、江船、断肠、离婚"（3̲3̲·、1̲3̲·、1̲3̲·、2̲3̲·、2̲2̲·、2̲6̲·、1̲3̲·、2̲3̲·、3̲6̲·、1̲3̲·），吟诵节奏相对舒展，七字句、九字句节奏紧缩，以 XXXX、XXX、XXXXX、XXX、、XX 等紧密型节奏居多，如"不如你守门的玉兔儿犬、不敢劳怨说酸辛、恐怕亏损大体成琐屑、生既同衾死同穴、那知江浦送行地、一回书到一煎迫"（3̲3̲6̲ 3̲6̲1̲ 3̲3̲6̲ᴛ3̲、1̲3̲6̲6̲ 6̲2̲3̲ˇ、3̲2̲3̲5̲ˇ3̲5̲3̲1̲2̲6̲0̲、3̲1̲1̲3̲·2̲1̲ᴛ3̲、2̲3̲3̲3̲6̲3̲2̲1̲3̲、1̲3̲3̲ᴛ3̲2̲3̲·6̲），此吟诵节奏疏密相间，顿挫有致。旋律进行以尾腔下行为主，韵字落音在调式主音"6"上，如"哪边、颠连、不回转、他去国、乱兵劫、伤妇德、成琐屑、阿婆膝、望夫石、一煎迫"（2̲6̲6̲·、2̲6̲ˇ、1̲6̲ˇ6̲、2̲2̲ᴛ6̲、1̲ˇ2̲6̲ˇ、3̲1̲2̲ᴛ6̲、1̲2̲6̲0̲、2̲6̲·6̲、1̲3̲·ᴛ6̲ˇ、2̲3̲·6̲）。

结合音频资料和谱例分析发现，流沙河先生吟诵《婉容词》时，大致以成都方言语音为主要行腔方式，读诵为主，以 a（5̲1̲ 3̲5̲ 3·）和 b（5̲2̲3̲1̲2̲6̲6·）两类音乐短句为基本吟腔，加以大量方言语音特点的装饰音（倚音、波音、下滑音）润腔，如"暗、连、犬、晚、回转、国、乱、劫、荣华、德、辛、残、屑、手、膝、穴、成、石、语、到"（3、↘、6·↘、ᵗ3、3↘、6̲ᵗ6、ᵗ6、1̲↘、6↘、ᵗ6̲6̲↘、ᵗ6、3↘、3̲↘、6̲0↘、3·↘、6↘、ᵗ3·、2↘、ᵗ6↘、3·↘、ᵗ3），一述一叹，如诉如泣，字字血泪，悲恸欲绝，深切地表现出婉容悲呼沉痛与无望心情，其造语朴实，心神相共，为诗者正当如是。

5）流沙河先生《婉容词》吟诵概述。

沙老在吟诵此词时，特意说明："吟诵这首词的时候，眼睛一定要闭到。"

该词文体为近代词，特点为每句字数不等及从宽押韵。该词大量使用排比句式，且大量采用入声韵，这种文体结构特点、韵部特点及用韵方式有助于在声辞方面表达作者强烈的情感。

该词主要为叙事兼抒情所用，由大量的陈述句和感叹句、少量的疑问句组成，陈述句中又以否定形式和带有一定的感叹语气者居多。

对于词中陈述句和感叹句，沙老按照成都方言四声调值依字行腔，以"诵"为主，旋律平缓，基本一字一音，节奏紧凑密集，句尾有拖腔有顿腔，大多有下滑音润腔技法进行语气辅助，含有感叹意味。如："自从他去国"（1̲3̲2̲2̲6）、"牵住小姑手"（2̲3·2̲3̲3·↘）、"围住阿婆膝"（2̲2·2̲6·6↘）、"竟成断肠诀"（2̲3̲2̲3̲6·1̲0）、"不如你守门的玉兔儿犬"（3̲3̲6̲3̲6̲1̲3̲3̲6̂）、"一回书到一煎迫"（1̲3̲3̲3̲2̲3·6̲）等。

对于词中疑问句，如"美洲在哪边？"（5̲2̲3̲1̲2̲6̂6·），一般情况下，疑问句为有疑而问，语气应往上行，然沙老却处理为旋律结尾音级下落至低八度区，句内出现较大的七度音程差，如同判断句式。这表明婉容对答案已根本无兴趣了解，她以判断式的语气表达了她对丈夫的绝望情感。

该词整体音域集中在中低音区，最高音为徵音（5）、最低音为角音（3），韵字落音大多在调式主音"6"上，调式调性明确，属民族五声羽调式。句中大量采用紧密型节奏，句尾大量采用了尾腔旋律下行和体现了成都方言行腔特色的下滑音润腔技法。

沙老对此词的吟诵情感处理非常到位，他把握住该词悲而不屈的情感基调，采用悲痛却不沉沦的语调语气叙事、抒情和感慨表达了女主人公长期积郁在心、反复吞噬、难以排解的痛苦之情，通过对韵字、排比句式等具体、局部、关键部位的语调细节处理，真实、真挚、细腻、完美塑造了一个悲伤、哀婉、凄切、无奈但却坚强不屈的女主人公形象。

（7）词《满江红·登黄鹤楼有感》。

1）从创作背景方面考察。

南宋高宗建炎四年（1130），岳飞军于牛头山大败金军南下主力，金兀术仓皇逃遁。岳飞一举收复江南重镇，六朝古都建康（今南京）。绍兴四年（1134）岳飞出师讨伐汉奸刘豫的伪齐政权，收复荆襄地区的军事要地襄阳、信阳等六郡，给刘豫伪齐政权致命打击。金兀术一怒之下，废掉了刘豫。岳飞眼见时机到来，力主挥师北上，直捣河洛。绍兴七年（1137），岳飞任湖北金西宣抚使，多次上书朝廷，奏请提兵进屯江淮，直取中原。但是南宋小朝廷却不思进取、贪图偏安，"绍兴议和"的妖雾弥漫整个临安。绍兴八年（1138），岳飞奉命率部回鄂州屯驻，再次请缨，均被秦桧、张俊等权奸拒驳。此词就是在岳飞建立赫赫战功却屡次请缨遭拒时在鄂州黄鹤楼登楼有感而发。

2）从文体结构和吟诵节奏方面考察。

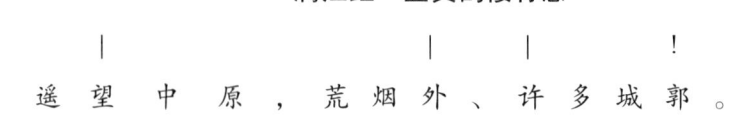

满江红·登黄鹤楼有感

| | | | ！
遥　望　中　原，　荒　烟　外、　许　多　城　郭。

想当年，花遮柳护，凤楼龙阁。

万岁山前珠翠绕，蓬壶殿里笙歌作。

到而今、铁骑满郊畿，风尘恶。

兵安在？膏锋锷。民安在？填沟壑。

叹江山如故，千村寥落。

何日请缨提锐旅，一鞭直渡清河洛。

却归来、再续汉阳游，骑黄鹤。

该词以时间为序进行描写，从"想当年""到而今""何日"说到"却归来"，层次分明，结构严谨。"登楼"是古人常用的意象表达，是作者有所忧愁思虑的情感表发。该诗以景入情，视野宽广，词语宏博，豪放中情感饱满、丰富、又不失细腻。

此词分为两大片。上阕四句47字，首句"遥望中原，荒烟外，许多城郭。"一个"遥"字，表明作者所在的空间角度：登上黄鹤楼，远眺北国。但见中原大地萧索荒凉，城郭村落隐没在沉沉的战雾和荒草之间。作者忧国忧民之心已跃然纸上。"想当年"紧承起句"遥望"，作者展开进一步的遥想：在昔日的"花遮柳护""凤楼龙阁"的环境中，享尽人间富贵的天子龙孙们只管"万岁山前珠翠绕，蓬壶殿里笙歌作"，昔日的繁华与今日的"铁骑满郊畿"形成了鲜明讽刺的对比。"风尘恶"一语道出诗人悲愤难已的心情。

下阕五句46字，首起两句"兵安在，膏锋锷。民安在，填沟壑。"十二字如血如泪、如泣如诉。"叹江山如故，千村寥落。"一个"叹"字，把诗人的悲痛赋于言表。胸中愤慨化为一腔怒火，喷射而出，呐喊出豪壮誓辞："何日请缨提锐旅，一鞭直渡清河洛。"英雄气概直冲霄云。作为一个精通三韬六略、明睿聪智的军事天才人物，岳飞不可能对贪恋皇位的康王赵构和卖国汉奸秦桧的私心一无所知。为了表白自己无贪恋禄位之心，诗人韬光养晦地做了这样的表白："却归来，再续汉阳游，骑黄鹤。"

　　吟诵节奏为三言句2+1（共9处），四言句2+2（共4处），五言句2+3（再续汉阳游）、3+2（叹江山如故、铁骑满郊畿），七言句3+2+2（想当年花遮柳护）、4+3（万岁山前珠翠绕、蓬壶殿里笙歌作、何日请缨提锐旅、一鞭直渡清河洛）。

　　3）从声韵调系统方面考察。

　　《满江红·登黄鹤楼有感》词牌说明见《满江红·怒发冲冠》相关文字。此词全篇押入声韵，韵字为"郭、阁、作、恶、锷、壑、落、洛、鹤"，押平水韵十药（仄）入声，《词林正韵》入第十六部（入）韵。[①]

表4—1—10　《满江红·登黄鹤楼有感》普通话和成都方言发音差异字

文字	普通话读音	成都方言读音	异同分析
郭	{guo}55	{g-uə}53	叶韵，调值由普通话的55变为方言的53
遮	{zhe}55	{z-ə}55	变翘舌音为平舌音，韵母由e变为方言发音ə，调值不变
护	{hu}51	{f-u}213	成都方言hf不分，声母h音全部由f代替，调值由普通话的51变为方言的213
阁	{ge}35	{g-uə}53	叶韵，e变为uə韵，调值由普通话的35变为方言叶韵的53

---

① 张志成：《〈满江红·怒发冲冠〉之文本溯源》，《名作欣赏》2017年36期。

续表

文字	普通话读音	成都方言读音	异同分析
壶	{hu}35	{f-u}21	成都方言hf不分,声母h音全部由f代替,调值由普通话的35变为方言的21
歌	{ge}55	{g-o}55	韵母变为方言发音o韵,调值不变
作	{zuo}51	{z-uə}53	叶韵,uo变为uə韵,调值由普通话的51变为方言的53
恶	{e}51	{ŋ-uə}53	叶韵,调值由普通话的51变为方言的53
安	{ɑn}55	{ŋ-ɑn}55	声母增加特殊声母ŋ,调值不变
锷	{e}51	{ŋ-uə}53	叶韵,e变为uə韵,调值由普通话的51变为方言的53
壑	{he}51	{h-uə}53	叶韵,e变为uə韵,调值由普通话的51变为方言的53
村	{cun}55	{c-en}55	韵母由un变为方言发音en韵,调值不变
落	{luo}51	{l-uə}53	叶韵,uo变为uə韵,调值由普通话的51变为方言的53
洛	{luo}51	{l-uə}53	叶韵,uo变为uə韵,调值由普通话的51变为方言的53
却	{que}51	{q-io}53	韵母由ue韵变为方言发音io韵,调值由普通话的51变为方言的53
鹤	{he}51	{h-uə}53	叶韵,变为uə韵,调值由普通话的51变为方言的53

注：普通话调值55、35、214、51；成都方言调值55、21、53、213。

4) 从音乐性方面考察。

a. 基本结构。

《满江红·登黄鹤楼有感》吟诵旋律结构为A+B两个部分。以a($\underline{55\ 23}$·)b($\underline{35}$·11)两个音乐短句为基本旋律形态反复变化运用贯穿吟诵旋律。

b. 音阶调式。

调式音阶为1 2 3 5 6 $\dot{1}$；以宫（1）音作为调式主音和结束音，以宫（1）音为上句终止音，上下句终止音呈同度关系，调式调性明确，属民族五声宫调式。

c. 旋律线。

A段"遥望中原"至"风尘恶"，主要以a（55 23·）b（35·11）两个音乐短句变换重复组合其中。旋律在中音1至中音5的五度音程间围绕"1235"四音发展变化，"遥望中原，荒烟外，许多城郭"（11 51·55 3-35·11）作bab型短句的变化重复，开篇以吟诵旋律最低音1起调，同音反复后循环五度大跳（11 51·55）再三度（53-35·）级进，最后以五度音程（5·1）大跳下行回到调式主音1结束。整句旋律起伏相对较大，音调沉郁悠远，视角开阔辽远。"原、外"（1·、3-）作句末长音拖腔，"外"字给予前倚音润饰，句末韵字"郭"顿住，沙老吟诵此句时情绪低沉，将词人心系故国，图复中原，请续未果，悲愤难禁的心情表露无遗。"想当年，花遮柳护，凤楼龙阁。"（353 55 5 3·53110）

- 138 -

作 ab 型短句的变化重复，旋律主要作三度级进发展，平稳流畅，词人由眼前所见之景联想起了昔日汴京宫苑的繁华，"万岁山前珠翠绕，蓬壶殿里笙歌作"（51 51·5153↘115333·10）作 ab 型短句的变化重复，旋律发展主要为（51 51·515）五度循环上下跳跃结合三度（53）级进旋法，续写昔日之景，展现出一片万岁山前、蓬壶殿里歌舞升平的热闹景象。"到而今，铁骑满郊畿，风尘恶"（515·131 51·51 10）整句旋律以 a 型短句组合融入新元素（515·）变化发展，"到而今"（515·）中"今"在吟诵旋律最高音5·作句末拖腔长吟，将人们的视线拉回到"铁骑满郊畿"的现实中来，旋律作五度（51·51）循环大跳下行，句末"畿"作长音拖腔处理，"风尘恶"（5110），句末一个"恶"（10）字断腔顿住，把"风尘"之剧点染得十分突出。

B 段"兵安在"至"骑黄鹤"，紧承 A 段，继续以 ab 型短句的变化重复推进，"兵安在？膏锋锷。民安在？填沟壑"（55 23·55 10 35 23·13 10）整个旋律从吟诵旋律最高音5至最低音1以曲折前进的波纹型和山峰型旋法作级进、跳进下行，两个"在"（23·、23·）字拖腔，"锷、壑"（10、10）二字顿住，一问一答，一拖一顿，形成对比，一字血，一字泪，悲痛难禁。"叹江山如故，千村寥落"（1555̌3·↘55·110），"叹江山"（155）叹字低沉，把诗人内心的痛楚托于言表，转而五度大跳上行至"江山"（55）作吟诵旋律最高音强调，"千村"（55·）至"寥落"（110）作五度大跳下行，一上一下，起起伏伏的旋律贴切地表现出昔日熙熙攘攘、人烟阜盛的中原沃土，竟然变得寥落稀疏。"何日请缨提锐旅，一鞭直渡清河洛"（1135153↘35135110），"何日请缨"（1135）由135三音连续三度级进上行，"缨"字拖长，满腔怒火在这里爆发，"提锐旅"（153↘）旋律五度上行再级进下行，"旅"作句末拖腔并作下滑音处理，"一鞭直渡清河洛"（35 13 51 10），节奏规整，一字一音，铿锵有力，"清河洛"（51 10）收音干脆利落，自信满满。"却归来、再续汉阳游，骑黄鹤"（1535 3·51111 10），此句半诵半吟，"来、续、游"作拖腔处理，"骑黄鹤"（11 10）为诵读，

- 139 -

"鹤"（10）字戛然而止，结束吟诵旋律。沙老以平稳稍有起伏的音调表达了词人为了请缨壮志之能实现，不得不韬晦地表示自己并无贪恋禄位之心，誓将功成身退、解甲归田之心。

d. 节奏腔式。

流沙河老先生在吟诵《满江红·登黄鹤楼有感》时根据成都方言语音发音，依据当地方言语音声调行腔，以八分音符 XX 和四分音符 X 的宽松型节奏为主，伴有十六分音符 XX 和切分音符 X X、XX.节奏，各种节奏型有机结合，形态丰富，错落有致，与音乐走向紧密贴合。

拖腔的运用在 ab 音乐短句的基础上分为两类：a 型短句呈现为以尾腔落音在不具稳定感的角"3"音上适当拖腔为特点，如："荒烟外、花遮柳护、珠翠绕、兵安在、民安在、江山如故、提锐旅、却归来"（55⁻3-、55 5⁻3·、5153、55 23·、35 23·、555⁻3·、1⁻53、153）；b 型短句句末多为休止符，拖腔较少，大致以旋律下行句末落音在调式主音宫"1"上，如"遥望中原、铁骑满郊畿、汉阳游"（11 51·、131 51·、511）。运用了下滑音"绕、故、旅"（╲）和大量的前倚音"外、护、凤、万、殿、到、故、锐、直、清、再"（⌒）润腔技法。吟诵风格沉郁悲壮，感情真挚，极具感染力。

5）流沙河先生《满江红·登黄鹤楼有感》吟诵概述。

吟诵调《满江红·登黄鹤楼有感》基本按成都方言行腔咬字，以"135"三音为旋律主干音形成的 a（55 23·）b（35·11）两种不同旋律形态的短句为基本吟腔组合其中，a 型短句呈现为以尾腔落音在不具稳定感的角"3"音上适当拖腔为特点，如"荒烟外、花遮柳护、珠翠绕、兵安在、民安在、江山如故、提锐旅、却归来"（55⁻3-、55 5⁻3·、5153、55 23·、35 23·、555⁻3·、1⁻53、153）；b 型短句则大致以旋律下行句末落音在调式主音宫"1"上，如"许多城郭、凤楼龙阁、笙歌作、风尘恶、膏锋锷、填沟壑、千村寥落、清河洛、骑黄鹤"（35·11、53110、33·10、51 10、55 10、13 10、55·110、51 10、

11 10），因其句末落音对应为入声韵字"郭、阁、作、恶、锷、壑、落、洛、鹤"，所以尾腔大多作顿挫断腔处理，沙老吟诵该处时，感觉幽咽在喉，情感得以充分体现。

上阕重在遥望中原往事不堪回首，起调相对平稳而沉郁，体现词人怀旧感伤之情。"原、外"（1·、3-）两字音调拖长，眼前仿佛已归故土，"城郭"（11）两字重读，似乎能感受到国破家亡之痛。"花遮柳护，凤楼龙阁"两句语速放慢，为下句转折做铺垫。"万岁山前珠翠绕"与"铁骑满郊畿"旋律起伏形成对比，韵字"作""恶"（10、10）断腔顿住，一语道出词人悲愤难已的忧国忧民之心，昔日的繁华与今日的"铁骑满郊畿"形成了鲜明讽刺的对比。

下阕直抒己志，"兵安在？膏锋锷。民安在？填沟壑"两个"在"（23·、23·）字拖腔，"锷、壑"（10、10）二字顿住，尾腔一拖一顿，两句自成问答，形成对比，首起两句十二字如血如泪、如泣如诉。"江山、千村"（55、55·）作吟诵旋律最高音强调，与"膏锋锷、填沟壑"（55 10、13 10）两句音调形成对比，把诗人的悲痛赋于言表。"何日请缨"（1135）音调上扬，胸中愤慨化为一腔怒火，喷射而出，划破长空，呐喊出豪壮誓辞，最后一个韵字"鹤"（10）戛然而止，不拖泥带水，充分展现出词人出兵必胜的英雄气概，又将自己愿意功成身退做回闲云野鹤、毫无贪恋功名利禄之心予以适当的表达。

（8）词《满江红·怒发冲冠》。

1）从创作背景方面考察。

此词作者是否为岳飞所作，目前海内外学术界颇多争议。本书按作者为岳飞进行分析。此词创作时间说法不一。一说为此词创作于绍兴四年（1134）岳飞克复襄阳六郡晋升清远军节度使之后。[①] 一说为绍兴六年（1136）后岳家

---

① 李冰：《一首名曲的曲折生成史——〈满江红〉(怒发冲冠)现行曲谱的来历》，《人民音乐》2010年第7期。

军节节胜利，然宋高宗一心议和，命他班师回朝后所作。[①]

笔者认为，绍兴六年初，时岳飞33岁。宰相张浚兼任都督诸路军马事，任岳飞武胜定国军节度使、湖北京西路宣抚使。命令岳飞进军襄阳，作好直捣中原的准备。三月十六日，岳飞年近七旬的母亲姚太夫人病逝于鄂州军营。四月岳飞扶灵上庐山葬母，五月返回军营。七月底岳飞被任命为河东宣抚、从襄阳北伐，直取中原，不到一个月时间，岳家军先后收复汝州、颖州、卢氏县、商州、虢州、伊阳、长水、业阳等大片失地，战功赫赫，士气大涨，正是乘胜追敌之时，但因得不到高宗的支持而被迫撤军。此诗应是岳飞气愤之极，深感错失收复中原良机，百感交集下作成，更为合理。

2）从文体结构和吟诵节奏方面考察。

满江红·怒发冲冠

```
 |       !          |          |    !
怒 发 冲 冠， 凭 栏 处、 潇 潇 雨 歇。
 |   |   |       |     |    !   !
抬 望 眼， 仰 天 长 啸， 壮 怀 激 烈。
     !       |     !     |   |       !
三 十 功 名 尘 与 土， 八 千 里 路 云 和 月。
 !       !               |           !
莫 等 闲、 白 了 少 年 头， 空 悲 切。

 |   |   |   !       |   |           !
靖 康 耻， 犹 未 雪。 臣 子 恨， 何 时 灭。
```

[①] 刘曼丽：《宋金元〈满江红〉词研究》，南京师范大学硕士学位论文，2014年。

驾 长 车 ， 踏 破 贺 兰 山 缺 。

壮 志 饥 餐 胡 虏 肉 ， 笑 谈 渴 饮 匈 奴 血 。

待 从 头 ， 收 拾 旧 山 河 ， 朝 天 阙 。

　　《满江红》为词牌名，又名《念良游》《烟波玉》《上江虹》等。唐人小说里有曲名《上江虹》，后更名《满江红》，宋以来始填此调。此词分为两大片。

　　上阕四句47字，从首句"怒发冲冠"起至"空悲切"。开篇借司马迁写蔺相如"怒发上冲冠"一词，表明立场，这是不共戴天的深仇大恨，怎能忍得？独上高楼，凭栏远眺，此时雨歇风止，纵目乾坤，俯仰六合，不禁"仰天长啸"以抒激烈壮怀。抚膺自理"三十功名、八千里路"之峥嵘岁月，若云月尘土，已不足恋，还是应自勉励"莫等闲、白了少年头"，以免落个"空悲切"。词人壮怀喷薄倾射，令人神旺。

　　下阕五句46字，从"靖康耻"起至"朝天阙"。因靖康之耻未雪，故臣子抱恨，欲"驾长车""踏破贺兰山"。"壮士饥餐胡虏肉，笑谈渴饮匈奴血"，豪言壮语，顿显凛凛有若神明之将士形象。"待从头，收拾旧山河，朝天阙"收束全篇，碧血丹心，肺腑倾出，将词人慷慨激昂、英勇悲壮的爱国热忱抒发得淋漓尽致，令人击节赞叹不已。清人陈廷焯的《云韶集》评曰："何等气概！何等志向！千载下读之，凛凛有生气焉。"[①]

　　吟诵节奏为三言句2+1（共11处），四言句2+2（共4处），五言句2+3（共2处），六言句2+3+1（共1处），七言句2+2+3（共4处）。

[①] 黄思琦、张佩：《风骨傲立，清韵悠然——对三片〈满江红〉词的赏析》，《名作欣赏评论版（中旬）》2016年第11期。

3）从声韵调系统方面考察。

《满江红》词牌一共 14 体，分平韵（变格）和仄韵（正格）两大类。最常见的是押仄声韵，有 13 体。该词牌在《乐章集》中注仙吕调，高栻词注南吕调，《南词新谱》注南吕引子。

《满江红》又名《上江虹》《念良游》等，唐人小说里有曲名《上江虹》，后更名《满江红》，宋以来始填此调。《满江红》属仙吕调，即夷则宫，基音较高，有激越之感。

此词全篇押入声韵，韵字为"歇、烈、月、切、雪、灭、缺、血、阙"。其中"歇、月"押平水韵六月（仄）入声，"烈、雪、血、阙、切、灭、缺"押九屑（仄）入声。在《词林正韵》第十八部（入）韵中，六月、九屑通用，属同一韵部。入声字有塞音韵尾，特点是气流突然被截断堵死，形成一种戛然而止、压迫急促的感觉，从声调上看，也有不同于平、上、去三声的特性，特点是短促、急促，用入声字押韵，反复回环，句与句之间便形成明显的顿挫梗塞感。龙榆生《唐宋词格律》对《满江红》调的用韵与声情评价道："一般例用入声韵。声情激越，宜抒豪壮情感与恢张襟抱。"[①]

此调为换头曲，下阕自第六句始与上阕相同。基本句式以奇句为主，三字句与七字句灵活搭配，创造了跳跃和急促的声情。四字句和对仗句的穿插，又赋予了此调和婉多变的特性。

表 4—1—11　《满江红·怒发冲冠》普通话和成都方言发音差异字

文字	普通话读音	成都方言读音	异同分析
和	{he}35	{h-o}213	明显的方言音，韵母由 e 变为 o，调值由普通话的 35 变为方言的 213
白	{bai}35	{b-ə-r}213	明显的方言音，韵母改变，由 ai 变为 ə-r，调值由方言的 35 变为普通话的 213

---

① 冯雨婷：《清初（顺康时期）追和唐宋词研究》，江苏师范大学硕士学位论文，2017 年。

续表

文字	普通话读音	成都方言读音	异同分析
了	{le}55	{liao}213	韵母明显的文白读法，由 e 韵变为 iao，调值由普通话的 55 变为方言的 213
车	{che}55	{j-u}55	车原本有两个读音，现在普通话基本使用 che 音，先生吟诵时采用了 ju 音，这也是明显的文白读法，调值没有改变
贺	{he}51	{h-o}53	明显的方言音，韵母由 e 变为 o，调值由普通话的 51 变为方言的 53
胡	{hu}35	{f-u}213	明显的方言读法，声母由 h 变为 f，调值由普通话的 35 变为方言的 213
渴	{ke}214	{h-o}55	老先生直接发的"喝"音，直接把"渴"当成了"喝"，调值也就变为方言 55
河	{he}35	{h-o}213	明显的方言音，韵母由 e 变为 o，调值由普通话的 35 变为方言的 213

注：普通话调值 55、35、214、51；成都方言调值 55、21、53、213。

4）从音乐性方面考察。

a. 基本结构。

《满江红·怒发冲冠》吟诵旋律结构为 A+B 两个部分。以（5 3 5 3）、b（5 5 3 1）两个音乐短句为基本旋律形态反复变化运用贯穿吟诵旋律。

b. 音阶调式。

调式音阶为 1 2 3 5 6 i；以宫（1）音作为调式主音和结束音，以宫（1）音为上句终止音，上下句终止音呈同度关系，调式调性明确，属民族五声宫调式。

满江红·怒发冲冠

岳 飞 （宋）
流沙河先生 吟诵
李 媚 记谱

（曲谱）

注：标有波浪线的文字为诵读。

c. 旋律线。

A 段"怒发冲冠"至"空悲切"，主要以 a（5353）、b（5531）两个音乐短句变换重复组合其中。旋律在低音 6 至中音 5 的七度音程间围绕"135"三音发展变化，其中 2 和 6 音作为辅助音补充，"怒发冲冠，凭阑处、潇潇雨歇"（53 553，162，5531），旋律以吟诵旋律最高音 5 起调，53 两音循环级进下行至吟诵旋律最低音 6，转而四度（25）音程上行跳进再下行级进至调式主音1，整句旋律以 ab 型短句组合融入新元素（162）变化发展，呈山谷型旋律进行形态。高低抗坠的旋律开篇就给人一种气势磅礴之感。"怒发冲冠"（53 553）切分节奏的运用突出了"冠"（53）字，作句末拖腔处理，尾音（3̄）给予波音润饰，结合高亢的音调使岳飞正气凛然的形象跃然纸上，"凭阑处"（162）旋律低沉下来，紧接"潇潇雨歇"（5531）音调再次升高，尾音"歇"（1）作短拖腔处理，干脆利落。"抬望眼，仰天长啸，壮怀激烈"（153ˋ，35 13·，51 11）为 aab 型短句变化组合，此句素材简练，由135三音变化连接，在上一句的基础上增加了五度（15、51、51）音程大跳，呈峰谷型旋律进行形态，"眼、啸"作句末拖腔处理，"眼"作给予滑音润饰，"壮怀激烈"（51 11）由5五度大跳下行至1，1再同音反复三次，坚定而铿锵有力的音调结束此句。"三十功名尘与土，八千里路云和月"（5353133，35·523111）为 ab 型短句变化组合，此句以二度三度（535313）级进为主，偶有四度（52）音程跳进，主要呈波纹形旋律进行形态，"三十功"（535）节奏紧密，"名"作句中短拖腔处理，"尘与土"（133）为诵读，"八千里路"（35·523）"千"作适当拖腔处理，"路"为一字多音长拖腔，"云和月"（111）为诵读，此句气势如虹，将作者壮志人生勾勒出来。最后一句"莫等闲、白了少年头，空悲切"（351-，35·311，551）为 a 短句及其变体组合，"闲、头"（1-、1）作句末一字一音拖腔处理，"了、悲"（5·、5）作句中拖腔处理。此句既是自励也是勉励后人：不要虚度了青春年华，空留下枉然的悲切和愧悔。

　　B段"靖康耻"至"朝天阙"，以 b 短句（5531）为主，a 短句（5353）结合其中，旋律在1到5五度音程间围绕"1235"四音发展变化。"靖康耻，犹未雪。臣子恨、何时灭"（153，231，2513，111）为 abab 型短句组合，旋律发展以二度三度（53、231）级进为主，伴有四度五度（25、15）跳进，呈峰谷型旋律进行形态，素材简练，句式短促，而音韵铿锵，一句迫切一句地将作者一腔民族义愤反诘而出，语感强烈，力透字背。"驾长车，踏破贺兰山缺"（5353，13·533·1）为 ab 型短句变化组合，"车"（53）作句末一字多音长音拖腔，"破、山"作

- 147 -

句中适当拖腔处理，"驾、贺"给予前倚音润饰，旋律张弛有度表达作者踏破重重险关、直捣敌人巢穴的决心。"壮士饥餐胡虏肉，笑谈渴饮匈奴血"（53 55·231，53 53·311）为 b 型短句及其变体组合，两句旋律旋法相似，均以5起调级进后至1结束，两句下坡型旋律把对不共戴天的敌寇的切齿痛恨和作者英勇无畏的英雄气概抒写得淋漓尽致。"待从头、收拾旧山河，朝天阙"（31153131·，131）为 b 型短句及其变体组合，素材简练，旋律简单而深沉，一字一音，满腔忠愤，丹心碧血，倾出肺腑。

d. 节奏腔式。

流沙河先生在吟诵《满江红·怒发冲冠》与《满江红·登黄鹤楼有感》主旋律相同，个别旋律有变化是因为随字音的变化而变化。遵循成都方言语音声调行腔，素材简练，旋律简单，主要围绕"135"三音发展变化，大量运用四分音符和八分音符组成的 XX、X X X、X X·、XX 等丰富的节奏型。拖腔的运用在 ab 音乐短句的基础上分为两类：a "冲冠、抬望眼、仰天长啸、尘与土、靖康耻、驾长车"（553、153、3513·、133、153、5353），结束音在不具稳定感的角"3"音上，b "雨歇、云和月、莫等闲、少年头、何时灭、胡虏肉、待从头、山河"（31、111、351-、311、111、231、311、31·），结束音在调式主音宫音"1"上。运用了波音"冠"（ ）、下滑音"眼"（ ）和大量的前倚音"壮、闲、驾、贺、壮、待、笑"（ ）润腔技法。感情激荡，风格豪放，一气呵成。

5）流沙河先生《满江红·怒发冲冠》吟诵概述。

《满江红》属仙吕调，即夷则宫，基音较高，有激越之感。[①]沙老熟谙诗词格律规范，吟诵情感基调激昂勃发，语调语气快速跳跃，节奏处理与该词意境相得益彰。具体分析如下。

吟诵旋律集中在中音区，最高音为徵音（5），最低音羽音（6）吟诵旋律只出现一处，可视为辅助音存在。吟诵节奏简洁，多为一字一音，两字一拍，主干音1、3、5排列组合，形成 a（5353）、b（5531）两个音乐短句及变

[①] 刘子豪：《阿镗版〈满江红〉中岳飞的音乐形象与演唱分析》，山东师范大学硕士学位论文，2018年。

换形式在吟诵旋律中反复运行。入声韵字落音在宫音（1）上。调式调性明确，属民族五声宫调式。

开篇之首句"怒发冲冠"起调高亢，此开篇方式同《正气歌》同出一辙，沙老以振聋发聩之音发出，一气呵成，岳飞的高大形象跃然纸上。

该词分上、下阕，每片各4个句组，相对独立而有机联系。每组由两到三短句不等、结合构成。在每句组的前面几个短句，句尾有拖腔，如"抬望眼，仰天长啸"（153、35 13）。在每句组的最末一句，即有韵字处作顿腔，如"壮怀激烈"（51 11），整体形成上拖下顿、一放一收、徐疾相间的关系，造成吟诵旋律一种豪壮奔放与激越急促的气势、一种拗怒情绪，具有强烈艺术震撼力。

（9）词《满江红·江汉西来》。

1）从创作背景方面考察。

此词大约作于元丰四年（1081），作者苏轼因"乌台诗案"贬任黄州团练副使，不得签书公事，有职无权，成了"散材"闲人。但正恰好使苏轼与功利思想保持了一段距离，有余暇反思人生。在百无聊赖中，他以超功利的审美静观态度，审视这熙熙攘攘的大千世界，致力于创作，在艺术的净化中走向超越。黄州时期是苏轼艺术创作日臻成熟、异彩纷呈的时期，此词正反映了他思想上的变化。

词首小标题谓"寄鄂州朱使君寿昌"，朱寿昌是苏轼交谊较深的友人，时任鄂州(今武汉市武昌)知州。鄂州同黄州隔江相望，同处江汉平原，是为比邻。朱寿昌对身处逆境的苏轼时有馈问，两人诗词酬答，无所忌讳。苏轼在词中敞开心扉，抒发胸臆，写下此诗。

2）从文体结构和吟诵节奏方面考察。

满江红·江汉西来

江汉西来，高楼下、蒲萄深碧。

犹　自　带　、　岷　峨　云　浪　，　锦　江　春　色　。

君　是　南　山　遗　爱　守　，　我　为　剑　外　思　归　客　。

对　此　间　、　风　物　岂　无　情　，　殷　勤　说　。

江　表　传　，　君　休　读　。　狂　处　士　，　真　堪　惜　。

空　洲　对　鹦　鹉　，　苇　花　萧　瑟　。

不　独　笑　书　生　争　底　事　，　曹　公　黄　祖　俱　飘　忽　。

愿　使　君　、　还　赋　谪　仙　诗　，　追　黄　鹤　。

此词词牌同《满江红·怒发冲冠》，全词分为两大片。

上阕四句47字，从首句"江汉西来"起至"殷勤说"。由江汉西来的雄伟气势、楼前深碧的艳丽色彩着笔，联想到岷峨雪浪、锦江春色，引出"遗爱""思归"之情。景中长江汉水两流相汇，自然触发怀友之思，怎能不"殷勤说"？！

下阕五句46字，从"江表传"起至"追黄鹤"至。词人面向友人开怀倾诉，直抒胸臆。《江表传》中"固一世之雄"的曹公及其残杀"狂处士"祢衡的黄祖"俱飘忽"去，而祢衡"争底事"招来横祸是多么的"堪惜""可笑"。希望我的朋友还是"赋谪仙诗"、赶追崔颢的名作《黄鹤楼》以此名留青史吧。

苏轼在此词中，即景抒怀，指点江山，论古说今，涉及五个历史人物，

— 150 —

将写景、怀古、抒情结合。气势磅礴，荡气回肠，充分体现了苏东坡豪放的风格和永恒的价值观、世界观。

吟诵节奏为三言句2+1（共10处），四言句2+2（共5处），五言句2+3（共2处）、4+1（"空洲对鹦鹉"），七言句奏2+2+2+1（"我为剑外思归客""曹工黄祖俱飘忽"）、4+3（"君是南山遗爱守""不独笑书生争底事"）。

3）从声韵调系统方面考察。

《满江红·江汉西来》词牌说明见前文《满江红·怒发冲冠》相关文字。此词全篇押入声韵，韵字为"碧、色、客、说、读、惜、瑟、忽、鹤"。其中"碧、客、惜"押平水韵十一陌（仄）入声，"色"押平水韵十三职（仄）入声，"瑟"平水韵押四质（仄）入声，均押词林正韵第十七部（入）韵。"说"押平水韵九屑（仄）入声，"忽"押平水韵六月（仄）入声，均押词林正韵入第十八部（入）韵。"读"押平水韵一屋（仄）入声，词林正韵押第十五部（入）韵。"鹤"押平水韵十药（仄）入声，词林正韵押第十六部（入）韵。

入声韵特点见前文《满江红·怒发冲冠》相关文字。

沙老吟诵此词非常注重对韵，每一句尾字为了符合方言韵而采用了文白异读，方言味浓郁。另，沙老全凭记忆吟诵，部分文字与书籍记录不同。

表4—1—12 《满江红·江汉西来》普通话和成都方言发音差异字

文字	普通话读音	成都方言读音	异同分析
碧	{bi}51	{b-ie}213	明显的方言音，韵母由 i 变为 ie，调值由普通话的 51 变为成都方言的 213
色	{se}51	{s-ə-r}213	明显的方言音，韵母改变，由 e 变为ə-r，调值由普通话的 51 变为成都方言的 213
爱	{ai}51	{ŋ-ai}53	由普通话的零声母变为四川方言的 ŋ 声母，调值由普通话的 51 变为成都方言的 53
我	{wo}214	{ŋ-o}213	声母变为方言 ŋ，调值由普通话的 214 变为成都方言的 213

续表

文字	普通话读音	成都方言读音	异同分析
客	{ke}51	{k-ə-r}213	明显的方言音，韵母由 e 变为ə-r，调值由普通话的 51 变为成都方言的 213
说	{shuo}55	{s-ui-ə}213	为了押韵而采用的文白异读，韵母变为-ui-ə，调值由普通话的 55 变为成都方言的 213
读	{读}35	{d-u-ə}213	同上，也是为了押韵而采用了异读，韵母由 u 拉长变为 uə，调值由普通话的 35 变为成都方言的 213
惜	{xi}55	{x-ie}213	明显的方言音，韵母由 i 变为 ie，调值由普通话的 55 变为成都方言的 213
瑟	{se}51	{s-ə-r}213	明显的方言音，韵母改变，由 e 变为ə-r，调值由普通话的 51 变为成都方言的 213
忽	{hu}55	{hu-ə}213	这个字也是为了押韵而采用了异读，韵母由 u 拉长变为 uə，调值由普通话的 55 变为成都方言的 213
鹤	{he}51	{hu-ə}213	这个字也是为了押韵而采用了异读，韵母由 e 变为 uə，调值由普通话的 51 变为成都方言的 213

注：普通话调值 55、35、214、51；成都方言调值 55、21、53、213。

4）从音乐性方面考察。

a. 基本结构。

《满江红·江汉西来》吟诵旋律结构为 A+B 两个部分。以 a（553 13）b（53 51·）两个音乐短句为基本旋律形态反复变化运用贯穿吟诵旋律。

b. 音阶调式。

调式音阶为12356i；以宫音（1）作为调式主音和结束音，以宫音（1）音为上句终止音，调式调性明确，属民族五声宫调式。

满江红·江汉西来

岳 飞 （宋）
流沙河先生吟诵
李 娟 记谱

江汉西来，高楼下、蒲萄深碧。犹自带，岷峨雪浪，锦江春色。君是南山遗爱守，我为剑外思归客。对此间、风物岂无情，殷勤说。

江表传，君休读；狂处士，真堪惜。空洲对鹦鹉，苇花萧瑟。不独笑书生争底事，曹公黄祖俱飘忽。愿使君、还赋谪仙诗，追黄鹤。

c. 旋律线。

A 乐段"江汉西来"至"殷勤说"主要以 a（553 13）b（53 51·）两个音乐短句变换重复组合其中。旋律在中音1至中音5的五度音程间围绕"135"三音发展变化，开篇"江汉西来，高楼下，葡萄深碧"（5351·53 11·31）作 bab 型短句的变化重复，以吟诵旋律最高音中音5起调，整个旋律以三度（53、31）级进为主，偶有五度音程（51·）大跳，呈山峰型和平稳而曲折前进的波纹型相结合的旋律进行形态。开篇大笔勾勒，描绘出大江千回万转、浩浩荡荡、直指东海的雄伟气势。"犹自带、岷峨雪浪，锦江春色"（35 13 11 13·55530）为 a 短句及变体组合，旋律继续作五度内的级进、跳进发展，音调优美流畅，用"葡萄""雪浪""锦江""春色"等富有色彩感的词语来形容"深碧"

的江流，笔饱墨浓，引人入胜。"君是南山遗爱守，我为剑外思归客"（5535 3353﹨53 353 331）作 ab 型短句的变化重复，两句旋律相似，节奏紧密，两厢对比，既赞美了朱寿昌为人颂扬的政绩，又表达了自己眼前寂寞的处境以及浓郁的思归情绪。"对此间、风物岂无情，殷勤说"（013 551 51 1 53 10）为 b 短句及变体组合，以 135 三音级进上行起调，再以 51 循环下行大跳，最后以 531 三音级进下行结束，整个旋律呈峰谷型进行形态，此句旋律起伏较大，上下跳跃，将君、我归拢为一，有情就要倾吐、抒发，故由"情"字导出"说"字，逼出"殷勤说"三字，双流汇注，水到渠成。

B 乐段"江表传"至"追黄鹤"，紧承 A 段，继续以 ab 型短句的变化重复推进，"江表传，君休读"（553 13 33 10），旋律从中音 5 至 1 作级进下行发展，此二句引出词人自己对历史的审视和反思，劝友人不要再读《江表传》此书了，"狂处士，真堪惜。空洲对鹦鹉，苇花萧瑟"（35 13 33 10 5535313 31），旋律在平稳进行中稍有起伏，"空洲对鹦"四字节奏紧密，"鹉"作短拖腔处理，紧承上文，对恃才傲物、招致杀身之祸的祢衡表示悼惜。"不独笑书生争底事，曹公黄祖俱飘忽"（3315 5553 23 35 13 331），旋律以级进为主，伴有五度（15、51）大跳，两句节奏前紧后松，形成对比，词人此时看来，祢衡的孤傲、曹操的专横、黄祖的鲁莽，都显得非常可笑。"愿使君、还赋谪仙诗，追黄鹤"（1353113 15 53 511），旋律以中音 1 起调，作五度内级进、跳进发展，最后再回归到调式主音 1 结束，"君、诗"作拖腔处理，沙老以平缓稍有起伏的音调表达出词人要和朱使君共勉，以宽释的心态面对无奈的现实。

d. 节奏腔式。

《满江红·江汉西来》套用了《满江红·登黄鹤楼有感》主旋律，个别旋律有变化是因为随字音的变化而变化。流沙河老先生吟诵时遵循成都方言语音发音，依据当地方言语音声调行腔，运用了 XX、X、XXX、X X.、XX、XXXX 等丰富的节奏型。拖腔的运用在 a（553 13）b（53 51·）音乐短句的基础上分为两类：a 型短句呈现为以尾腔落音在不具稳定感的角"3"音上适当拖腔为特点，如："高楼下、犹自带、岷峨雪浪、遗爱守、江表传、狂处士、空洲对鹦鹉、争底事、愿使君、谪仙诗"（5̲3̲3、3̲5̲ 1̲3̲、1̲1̲ 1̲3̲·、3̲3̲5̲3̲、5̲5̲3̲ 1̲3̲、3̲5̲ 1̲3̲、5̲5̲3̲5̲3̲、5̲5̲3̲ 2̲3̲、1̲3̲5̲3̲、1̲5̲ 5̲3̲）；b 型短句拖腔较少，大致以旋律下行句末落音在调式主音宫 "1" 上，如："江汉西来、岂无情、俱飘忽"（5̲3̲5̲1̲·、5̲1̲1̲、3̲3̲1̲）运用了下滑音 "守"（ヽ）和前倚音 "下、浪、外、黄"（꜀）润腔技法。

5）流沙河先生《满江红·江汉西来》吟诵概述。

此曲吟诵方式基本同《满江红·怒发冲冠》，主要差异体现在两处：一是吟诵旋律在中音区，无低音区内音级出现，整体传递出一种正向积极高昂的信息；二是《满江红·怒发冲冠》的节奏大量运用四分音符和八分音符组成，而《满江红·江汉西来》的分奏则大量运用八分音符和十六分音符组成，相较《满江红·怒发冲冠》要更加紧凑，从而造成字字铿锵、紧迫有力的声情，仿佛长者的叮咛之语，强烈的传递出作者规劝挚友、希望能听从其言的殷殷之心。

（10）宋词《齐天乐·蟋蟀》。

1）从创作背景方面考察。

姜夔此词前有小序，说明词作于丙辰年，宋宁宗庆元二年（1196）："丙辰岁与张功父会饮张达可之堂，闻屋壁间蟋蟀有声，功父约予同赋，以授歌者。功父先成，辞甚美。予裴回茉莉花间，仰见秋月，顿起幽思，寻亦得此。蟋蟀，中都呼为促织，善斗。好事者或以三二十万钱致一枚，镂象齿为楼观以贮之。"

小序说明当时词人与张功父一起在张达可家吃饭喝酒，席间听到堂下壁间有蟋蟀在鸣叫，于是张功父约词人共同赋词。姜夔时 42 岁，漂泊在苏州太湖一带，依附张鉴为其门下客。张鉴即是序中所提 "张功父" 的兄长。张氏弟兄与白石为深交，张鉴敬重姜夔为人淡远超脱、从不依势媚俗，曾欲割其无锡之田庄相赠以济其穷。姜夔一生坎坷，屡试不第，报国无门，只能布衣终老，又面临南宋国势不振的时局，内心孤寂愁苦、忧国忧民之情怀在秋蛰一小物中体现无遗，堪称精微之处深藏大义。

2）从文体结构和吟诵节奏方面考察。

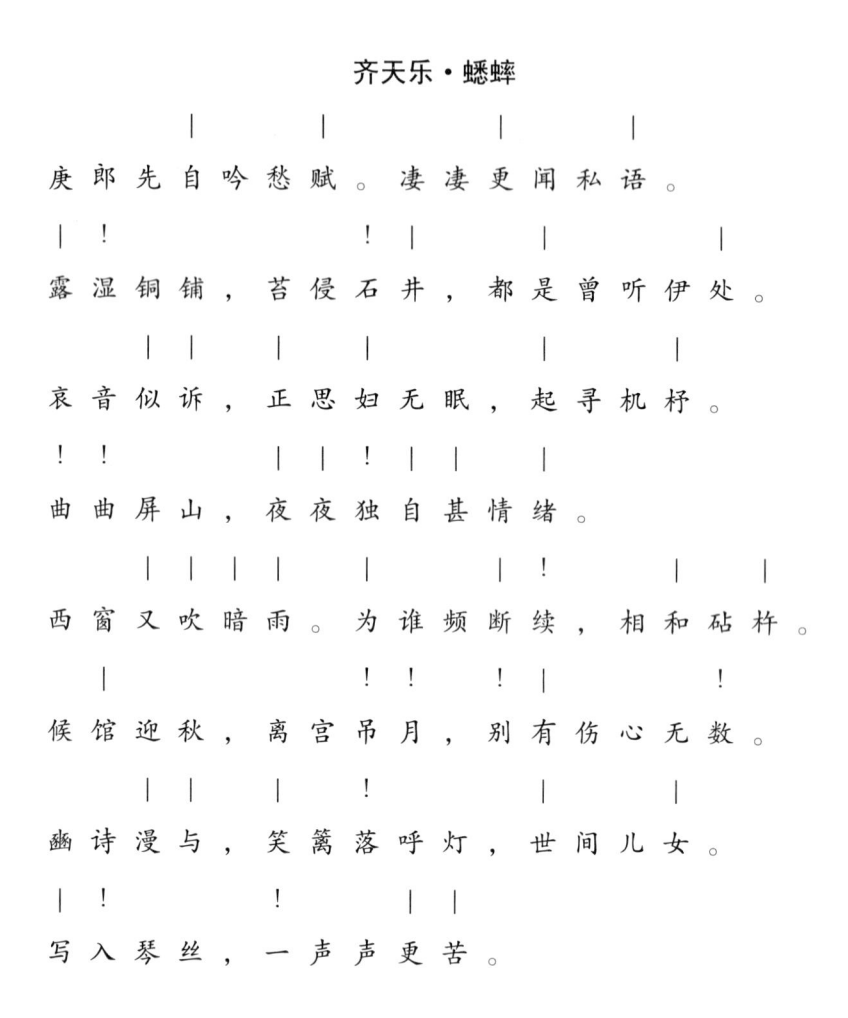

齐天乐·蟋蟀

　　　｜　　　　｜　　　　｜　　　　｜
庾 郎 先 自 吟 愁 赋。凄 凄 更 闻 私 语。
｜ ！　　　　！ ｜　　　｜　　　　｜
露 湿 铜 铺，苔 侵 石 井，都 是 曾 听 伊 处。
　　｜ ｜　　｜ ｜　　　　｜　　　　｜
哀 音 似 诉，正 思 妇 无 眠，起 寻 机 杼。
！ ！　　　｜ ｜　　　｜　　　　｜
曲 曲 屏 山，夜 夜 独 自 甚 情 绪。

　　　｜　　　　｜ ！　｜　　　　｜
西 窗 又 吹 暗 雨。为 谁 频 断 续，相 和 砧 杵。
　　｜　　｜ ！ ！　｜　　　　　　　　！
候 馆 迎 秋，离 宫 吊 月，别 有 伤 心 无 数。
　　｜　　｜　｜　　　　　｜　　　　｜
豳 诗 漫 与，笑 篱 落 呼 灯，世 间 儿 女。
｜ ！　　　！　　｜ ｜　　　｜
写 入 琴 丝，一 声 声 更 苦。

《齐天乐》为词牌名，又名《齐天乐慢》《五福降中天》《五福丽中天》《如此江山》《台城路》。齐天，谓高与天相等。今人梁启勋《词学·调名》云："盖取与天齐寿之义。"唐韩愈《元和圣德诗》云："天锡皇帝，与天

— 156 —

齐寿。"调名本意即咏皇帝寿高，能与天齐寿。

这是一首以歌咏蟋蟀而著名的词篇。词中以蟋蟀的鸣声为线索，把诗人、思妇、客子、被幽囚的皇帝和捉蟋蟀的儿童等，巧妙地组织到这一字数有限的篇幅中来，层次鲜明地展示出较为广阔的生活画面。其中，不仅有自伤身世的喟叹，而且还曲折地揭示出北宋王朝灭亡与南宋王朝苟且偷安、醉心于暂时安乐的可悲现实。离宫吊月等句所寄寓的家国兴亡之叹是比较明显的。

此词以蟋蟀哀音为贯穿线索，抒写靖康以来亡国的切齿腐心之痛。上下古今，东一笔西一笔，天一句地一句，乍读似不接续，再三吟诵，可以感知白石的良苦用心，似在歌颂或召唤一种共同的哀怨，可是就算哀怨能够共同又能如何？所以张功父《满庭芳》词说："微韵转凄咽悲沉。"

本词手法独特、意蕴深远；可分为上下两阕，各五句。全篇多用设问和想象，引人遐思。上阕写景叙事，从"私语"到"铜铺、石井"，再到"思妇"及"屏山"；下阕叙事抒情，从"暗雨"到"迎秋""吊月"，再到"幽诗"及"琴丝"，起承转合，条理清晰。词人通过字里行间的细致描写和合理想象，表露出对时局不济的思索和家国沉沦之感慨。

3）从声韵调方面考察。

唐宋人写词作赋，依据的是《广韵》音系的"平水韵"，但是比诗韵宽，更自由更容易。具体表现在：可与他部或邻韵混用、平声韵和仄声韵可混用、可使用方音协韵。明末清初的学者们为了研究唐宋诗词文赋，根据唐宋用韵情况进行归纳整理，编订词韵。本书节选部分根据清代学者戈载的《词林正韵》进行韵部分析。

此词中的韵字有"赋、诉"（第四部"遇"韵），"语、处、杼、绪、雨、杵、与、女"（第四部"语"韵），"铺、数、苦"（第四部"虞"韵）。

表4—1—13　　《齐天乐·蟋蟀》普通话和成都方言发音差异字

文字	普通话读音	成都方言读音	异同分析
哀	{ai}55	{ŋ-ai}55	声母由 y 变为特殊声母 ŋ，调值不变
窗	{chuang}55	{cang}55	声母由翘舌 ch 变为平舌 c，韵母由 uang 变为 ang 韵，调值不变
和	{he}35	{ho}21	典型的方言发音，韵母由 e 变为 o，调值由普通话的 35 变为成都方言的 21
呼	{hu}55	{fu}55	声母由 h 变为 f，调值不变

注：普通话调值 55、35、214、51；成都话调值 55、21、53、213。

沙老用成都话吟诵 j、q、x、y 等声母与 u 韵和ü韵相拼的字时，如语（yu）、绪（xu）、雨（yu）、女（nü）发音位置都靠后，圆唇发音，且在中间间入 i 过渡到 u 和ü，所以发音变为：语（y-i-u）、绪（x-i-u）、雨（y-i-u）、女(n-i-ü)。

4）从音乐性方面考察。

a. 基本结构。

《齐天乐·蟋蟀》吟诵旋律结构为 A+B 两个部分。以 a（1̲5̲·1̲3̲）b（5̲3̲ 1̲5̲ 3）和 c（5̲1̲ 1̲1̲）三个音乐短句为基本旋律形态反复变化运用贯穿吟诵旋律。

b. 音阶调式。

调式音阶为 12356i̇；以宫音（1）作为调式主音，调式调性明确，属民族五声宫调式。

c. 旋律线。

A 乐段"庾郎先自吟愁赋"至"夜凉独自甚情绪"，旋律在低音 6 至中音 5 的七度音程间变化发展，主干音为"135"，低音 6 作为经过音出现。开篇以 a（1̲5̲·1̲3̲）b（5̲3̲ 1̲5̲3̲）短句的变体呈现，"庾郎先自吟愁赋"（1̲6̲ 5̲3̲ 1̲6̲3̲），在 a 短句的基础上添加了低音 6，音域拓宽，旋律更为丰富，声调更显惆怅，此句为整个吟诵起伏最大的一句，有七度音程（6̲5̲）和五度音程（6̲3̲）大跳，给人以较强的听觉冲击，"凄凄更闻私语"（5̲5̲·5̲1̲ 5̲3̲），以 135 三音作五度

第四章 四川传统吟诵的基本面貌

齐天乐·蟋蟀

姜夔（南宋）
流沙河先生 吟诵
李 媚 记谱

[乐谱：庾郎先自吟愁赋。凄凄更闻私语。露湿铜铺，苔侵石井，都是曾听伊处。哀音似诉。正思妇无眠，起寻机杼。曲曲屏山，夜凉独自甚情绪。西窗又吹暗雨，为谁频断续，相和砧杵。候馆迎秋，离宫吊月，别有伤心无数。幽诗漫与。笑篱落呼灯，世间儿女。写入琴丝，一声声更苦。]

注：标有波浪线的文字为诵读。

内的级进跳进，音高上移，两乐句形成对比，从个人离愁别绪的凄凉哀怨，扩为家国之痛的深广忧愤。"露湿铜铺，苔侵石井，都是曾听伊处"（1315·3 15·13 551 15 53），作 aab 型短句的变化组合，继续作五度内的级进和跳进，沙老吟诵时不急不缓，节奏疏密有致，这三句是空间的展开，蟋蟀声在大门外、井栏边，到处可闻。"哀音似诉。正思妇无眠，起寻机杼"（55·53 15 51 53 5·3）作 abc 型短句的变化组合，旋律起调"哀音似诉"（55·53）以吟诵旋律最高音5反复三次，再作级进、跳进发展。"妇无眠"为诵读，起伏的旋律和"音、眠"拖腔的处理，细致地表达了思妇闻蟋蟀之音后内心的强烈震动和无助。"曲曲屏山，夜凉独自甚情绪"（11 15351 11 513）作 acb 型短句的变化组合，素材简练，旋律主要围绕15两音作上下行跳进交替，节奏多以两字一拍，"夜

- 159 -

凉独自"为诵读，沙老吟诵时音调简单质朴，感情真挚，勾勒出一幅面对屏风上的远水遥山，思妇不由神驰万里，可远人遥隔，只能对影自怜的生动画面。

B乐段"西窗又吹暗雨"至"一声声更苦"，紧承A段，以abc型短句的变化重复推进，整体音高上移，在中音1至5的五度音程间变化连接，情感推进，更加深刻、广博。"西窗又吹暗雨。为谁频断续，相和砧杵？"（55·15 53 51 113153·5·3），由吟诵旋律最高音5反复两次起调，"窗"字拖长，视角由室内移至窗外，"又吹暗雨"（1553）五度大跳后再三度级进下行，强调一个"又"字，"为谁频断续"为诵读，"相和砧杵"（53·5·3），叠用相同的音符，变化节奏，使旋律更为生动，一时间，仿佛蟋蟀声四起，捣衣声、机杼声不断，弥漫了整个夜空。"候馆迎秋，离宫吊月，别有伤心无数"（53 35335 31 13·55 13），旋律围绕53两音上下行级进交替，再下行以31两音上下行级进交替，偶有五度大跳，节奏规整，音调哀伤，秋字作句末一字多音拖腔长吟。以上极写蟋蟀的声音处处可闻，使人有欲避不能之感。"幽诗漫与"（55·51·）两个相同的切分节奏型，拉长了"诗"和"与"字，词人以感叹的声调表达自己受到蟋蟀声的感染率意为诗了。"笑篱落呼灯，世间儿女"（31 15 53 15·13），旋律轻快流畅，以级进为主，伴有五度大跳。"世间儿女"为诵读，"灯、间"作拖腔处理，这两句声情骤变，写小儿女呼灯捕捉蟋蟀的乐趣，"写入琴丝，一声声更苦"（53 15315555 30），在第一句"写入琴丝"（53 153）旋律级进跳进尾腔旋律下行之后，"一声声更苦"（15555 30），由15五度大跳后在最高音5同音反复四次后下行至30戛然而止，此旋律是在情绪高度激发之后，形成情绪的转折，琴声弹出了词人难以抑止的悲愤，终于以深沉悲苦的音调结束全篇。

d. 节奏腔式。

此《齐天乐·蟋蟀》为宋词，流沙河老先生吟诵时遵循成都方言语音发音，依据当地方言语音声调行腔，以八分音符 XX 和四分音符 X 的宽松型节奏为主，伴有十六分音符 XX 和附点音符 X.X、切分音符 XX.节奏，极大增强了吟诵的节奏感和韵味。拖腔的运用在 abc 音乐短句的基础上分为两类：ab "愁赋、铺、伊处、屏山、情绪、迎秋、琴丝、更苦"（$\underline{6}3$、$5\cdot\underline{3}$、$\underline{5\ 5}3$、$1\underline{5}3$、$5\underline{1}3$、$3\underline{5}3$、$1\underline{5}3$、$\underline{5\ 5}\ 30$），结音均在角音 3 上，c "眠、续"（1、1）结音均在宫音 1 上。"赋、更、似、妇、夜、甚、暗、为、和、候、吊、漫、笑、更"等字大量的运用了前倚音（᷉）润腔技法，体现了方言发音，也更细腻地表达了词人的情感。吟诵音调凄苦哀怨，极具感染力。

5）流沙河先生《齐天乐·蟋蟀》吟诵概述。

《齐天乐》在周密《天基节乐次》有注：奏乐夹钟宫，第一盏，觱篥起《圣寿齐天乐慢》。姜夔词注：黄钟宫，俗名正宫。《南词新谱》正宫引子，[①]《魏氏乐谱》注为道宫。[②]

吟诵旋律集中在中低音区，最高音为徵音（5），最低音羽音（6）。吟诵节奏简洁、相对宽松，基本为一字一音，语气庄重，以主干音 1、3、5 排列组合，形成 a（$\underline{1\ 5}\cdot\underline{1\ 3}$）b（$\underline{5\ 3}\ 1\underline{5}3$）和 c（$\underline{5\ 1}\ \underline{1\ 1}$）三个音乐短句及变换形式在吟诵旋律中反复运行。

首句"庾郎先自吟愁赋"，最低音羽音（6）只在此句作为经过音出现两次，在后面的旋律中则再无出现，"凄凄更闻私语"则旋律跳进上扬，造成鲜明对比。此句四次出现最高音 5，造成一种强烈的哀怨之感，奠定本曲悲凉的情感基调。

该词上下阕分别由两到三短句不等的句组结合而构成。沙老按成都方言四声调值依字行腔，以"诵"为主，"吟"的部分很少，基本无加花，只在每句组的前面几个短句句尾处有韵字处拖长声调处理。在每句组的最末一句，韵字处作顿腔，整体形成上拖下顿、一放一收、徐疾相间的关系。韵字大多落音在角音（3）上。

---

① （明）沈自晋：《南词新谱》，载王秋桂主编《善本戏曲丛刊》，台湾学生书局 1984 年版。
② 《魏氏乐谱》，中国明末流传于宫廷中的一些古代歌曲或拟古歌曲的谱集，魏诗选集今存 50 首。魏浩：《魏氏乐谱》影印版古籍，1768 年序。

（11）蒙学《声律启蒙》。

1）从创作背景方面考察。

车万育（1632—1705），字双亭，一字与三，号鹤田，湖南邵阳人。清初诗人、学者。自幼家贫，然天资聪慧勤敏。康熙甲辰进士，官至兵科掌印给事中。1664年成进士，选庶吉士。其为官刚正清廉，敢于直谏，当时声震天下。有"古之遗直，一代伟人"之赞誉，深受康熙器重。于康熙二十年，任岳麓书院山长。是清初诗人、学者。

押韵和对仗，是蒙学教材最为突出的语言形式特点，音韵、对仗是蒙学长盛不衰的教学重点。为了开展音韵、对仗的教学，从秦汉至清代，蒙学教材大多都以韵语形式编写；从南北朝时期的《千字文》开始，对仗的语言形式逐渐盛行。到了唐代，对仗日趋严格，出现了专门的对仗教学。平水韵形成之后，音韵对仗教学更是不断发展。宋元时期，有祝明编撰的《声律发蒙》，当时科举考试中可以携带韵书入场。明代司守谦编著《训蒙骈句》，但当时科举不考律诗。到了清代，科举的规定开始发生变化，儒童入学考试时增加五言六韵诗并取消携带韵书入场。车万育编著的《声律启蒙》和李渔编著的《笠翁对韵》因适应科考要求而逐渐盛行，一直延用至今，影响甚大。

2）从文体结构和吟诵节奏方面考察。

声律启蒙

｜　｜！　｜　｜　　！　｜　｜
沿　对　革，异　对　同，白　叟　对　黄　童。

｜　｜　｜　｜　　！　｜
江　风　对　海　雾，牧　子　对　渔　翁。

｜　｜　　｜　　　　｜　！　｜
颜　巷　陋，阮　途　穷，冀　北　对　辽　东。

- 162 -

　　　　！！　｜　　　｜　｜
池 中 濯 足 水 ， 门 外 打 头 风 。
｜　｜　　｜　｜　　｜　　｜　｜
梁 帝 讲 经 同 泰 寺 ， 汉 皇 置 酒 未 央 宫 。
｜　　　　｜　　！　｜
尘 虑 萦 心 ， 懒 抚 七 弦 绿 绮 ；
｜　｜　　　｜　！　｜
霜 华 满 鬓 ， 羞 看 百 炼 青 铜 。

　　《声律启蒙》按古代韵书《平水韵》平声三十韵部编写。分为上下两卷，称为上平声、下平声，共计三十部。每一韵部由三段构成，每段含八个韵脚，三段之中有重复的韵脚用字，但每段之中都没有重复的韵脚，每段均是一个独立的结构单元。每段从一字对、二字对、三字对、五字对、七字对到十一字对，由简至繁，层层属对、层层叠加，平仄相协，琅琅上口。

　　吟诵选段选自《声律启蒙》上平声卷一东韵部第二章。

　　吟诵节奏为三言句2+1（共4处），四言句2+2（共2处），五言句2+2+1（共6处），六言句2+2+2（共2处），七言句2+2+2+1（共2处）。

　　3）从声韵调系统方面考察。

　　该吟诵选段韵脚依次为"同、童、翁、穷、东、风、宫、铜"，入平水韵一东韵。徐健顺教授《汉语音义表》：东韵源于上古的四个韵部，总体来说，都是圆唇后接鼻音，有圆通之后顶起的感觉，因此其字多有圆形、通透、大气之意。[1]汪烜《诗韵析》：大雅春融。[2]

---

[1] 徐健顺：《吟诵概论（上）——中华传统读书法》，广西师范大学出版社2019年版。
[2] 续修四库全书编纂委员会：《续修四库全书》，上海古籍出版社2002年版，第409页。

表 4—1—14　　《声律启蒙》普通话和成都方言发音差异字

文字	普通话读音	成都方言读音	异同分析
沿	{yan}35	{y-uan}21	韵母变为方言发音由an韵变为uan韵，调值由普通话的35变为成都方言的21
革	{ge}35	{g-ə}21	韵母变为方言发音，由e变为ə韵，调值由普通话的35变为成都方言的21
牧	{mu}51	{mo}213	韵母变为方言发音，由u韵变为o韵，调值由普通话的51变为成都方言的213
濯	{zhuo}35	{c-o}21	声韵母都是明显的方言发音。声母由zh变为c，韵母由uo变为o韵，调值由普通话的35变为成都方言的21
足	{zu}35	{j-i-o}21	声韵母都变为方言发音，声母由z变为j，韵母由u韵变为方言特色的io韵，调值由普通话的35变为成都方言的21
萦	{ying}35	{y-un}21	韵母是方言发音，由ing韵变为un韵，调值由普通话的35变为成都方言的21
弦	{xian}35	{x-u-an}21	韵母变为方言发音由ian韵变为uan韵，调值由普通话的35变为成都方言的21
绮	{qi}214	{y-i}55	声母由q变为y，调值由普通话214归入声55
百	{bai}214	{b-ə}53	韵母由ai变为ə，调值由普通话的214变为成都方言的53

注：普通话调值55、35、214、51；成都方言调值55、21、53、213。

4）从音乐性方面考察。

a. 基本结构。

《声律启蒙》上卷韵目"一东"的节选部分，属六个独立的音乐长句构成的一段体结构。以 a（1 3̲1̲3̲5̲31）、b（3̲5̲·113）两个音乐短句变化重复构成吟诵旋律。

b. 音阶调式。

调式音阶为1 2 3 5 6 i；以宫音（1）作为调式主音和结束音，以角音（3）

第四章 四川传统吟诵的基本面貌

为上句终止所支持的宫终止群体，上下句终止音呈三度关系，调式调性明确，属民族五声宫调式。

c. 旋律线。

第一句"沿对革，异对同，白叟对黄童"（1̲3̲1 3̲5̲3̲1 1̲3̲·1̲3̲1̲1）为 a 音乐短句（1̲5 1̲3 3̲1̲1）及变体的组合，旋律主干音为1三音，以三度（1̲3̲1、3̲5̲3̲1）级进为主，在五度音程间发展变化，"沿对革"为诵读，"革、同、童"作句末短拖腔处理，结音均在宫音1上，素材简练，旋法简单，旋律在平稳中稍有起伏，明快而流畅。

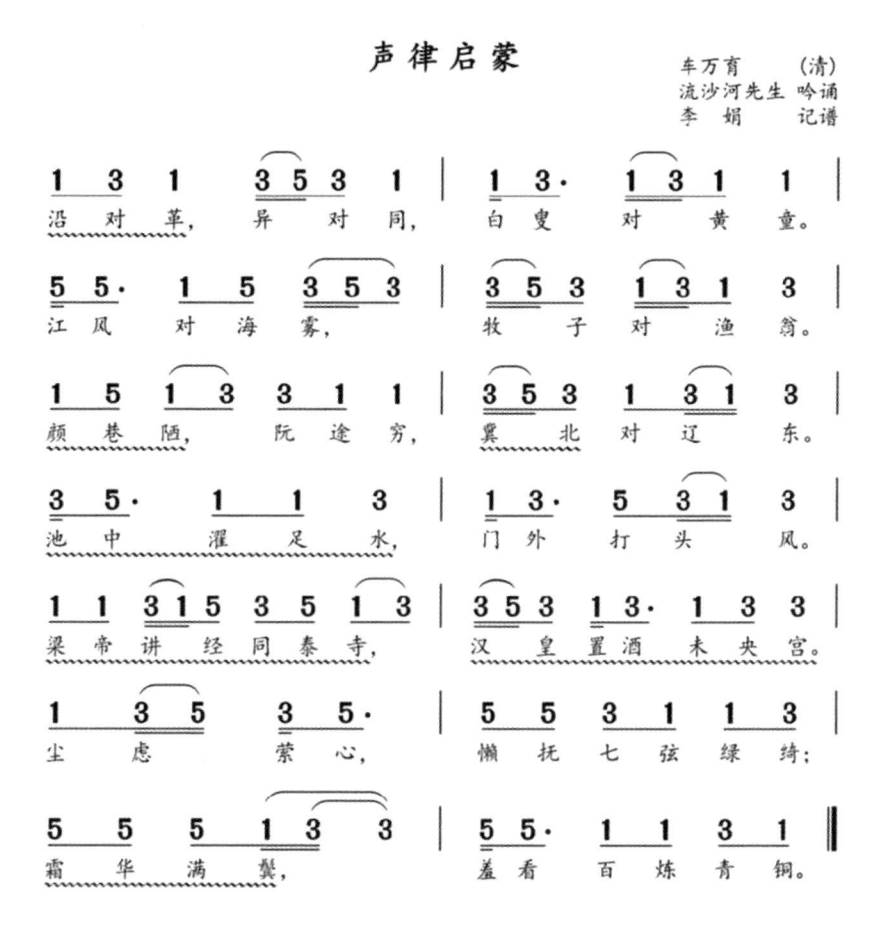

声律启蒙

车万育　（清）
流沙河先生　吟诵
李娟　记谱

1 3 1	3 5 3 1	1 3· 1 3 1 1
沿 对 革，	异 对 同，	白 叟 对 黄 童。

5 5· 1 5	3 5 3	3 5 3	1 3 1 3
江 风 对 海 雾，		牧 子 对 渔 翁。	

1 5 1 3 3 1 1	3 5 3 1 3 1 3
颜 巷 陋， 阮 途 穷，	冀 北 对 辽 东。

3 5· 1 1 3	1 3 5 3 1 3
池 中 濯 足 水，	门 外 打 头 风。

1 1 3 1 5 3 5 1 3	3 5 3 1 3· 1 3 3
梁 帝 讲 经 同 泰 寺，	汉 皇 置 酒 未 央 宫。

1 3 5 3 5·	5 5 3 1 1 3
尘 虑 萦 心，	懒 抚 七 弦 绿 绮；

5 5 5 1 3 3	5 5· 1 1 3 1
霜 华 满 鬓，	羞 看 百 炼 青 铜。

注：标有波浪线的文字为诵读。

第二句"江风对海雾，牧子对渔翁"（5̲5̲·1̲5̲ 3̲5̲3̲ 3̲5̲3̲ 1̲3̲1̲3̲）为 b 音乐短句（3̲5̲·1̲1̲3̲）的变体组合，以吟诵旋律最高音 5 起调，在第一句的基础上增加了五度（1̲5̲）音程大跳，呈现为山谷型和平稳而波折前进的波纹型相结合的旋律形态。"雾、翁"（3̲5̲3̲、3）作句末短拖腔处理，结束音均在角音 3 上，此句节奏较紧密，旋律优美流畅。

第三句"颜巷陋，阮途穷，冀北对辽东"（1̲5̲ 1̲3̲ 3̲1̲1̲ 3̲5̲3̲ 1̲3̲1̲3̲）为 ab 型音乐短句的组合，"颜巷陋""冀北"为诵读，"颜巷陋，阮途穷"（1̲5̲ 1̲3̲ 3̲1̲1̲）节奏规整，两字一拍，"穷"字一拍，末字"陋、穷、东"（1̲3̲、1、3）作短拖腔处理。旋律平稳发展，琅琅上口。

第四句"池中濯足水，门外打头风"（3̲5̲·1̲1̲3̲1̲3̲·5̲3̲1̲3̲）为 a 音乐短句（1̲5̲1̲3̲3̲1̲1̲）变体的组合，两短句旋法相似，起调都使用了切分节奏，突出了句中第二个字"中、外"（5·、3·），"池中濯足水"为诵读，末字"水、风"（3、3）作短拖腔处理。

第五句"梁帝讲经同泰寺，汉皇置酒未央宫"（1̲1̲ 3̲1̲5̲ 3̲5̲ 1̲3̲ 3̲5̲3̲ 1̲3̲·1̲3̲3̲）为 b 音乐短句（3̲5̲·1̲1̲3̲）的变体组合，这两句几乎都为诵读，只在末字"寺、宫"（1̲3̲、3）拖腔处有旋律。

第六句"尘虑萦心，懒抚七弦绿绮；霜华满鬓，羞看百炼青铜"（1̲3̲5̲ 3̲5̲·5̲5̲ 3̲1̲ 1̲3̲ 5̲5̲ 5̲1̲3̲3̲5̲5̲·1̲1̲ 3̲1̲），在 a（1̲5̲ 1̲3̲ 3̲1̲1̲）、b（3̲5̲·1̲1̲3̲）型短句组合的基础上融入了新的元素（1̲3̲ 5̲3̲5̲·）变化发展，使旋律更为丰富。"心、鬓"（5·、1̲3̲3̲）作句末拖腔处理，"霜华满鬓"为诵读，"百炼青铜"（1̲1̲ 3̲1̲）为均匀的两字一拍，一字一音，节奏规整，结束音落在调式主音 1 上，终止感明显。

d. 节奏腔式。

流沙河老先生在吟诵此篇《声律启蒙》时，遵循了成都方言语音自然规律，取读诵为主，唱读为辅。以 X̲X̲、X 为基本节奏，伴以 X̲X̲X̲、X̲X̲X̲、X̲X̲.等节奏，将吟诵节奏分为 2+1、2+2+1、2+2+2+1 等。末字"革、同、童、穷"作短拖腔处理，结音在调式主音宫音 1 上，"雾、翁、东、风、水、寺、宫"

- 166 -

均作句末短拖腔处理，结音在主音3上，旋律简单质朴，没有使用任何装饰音，整个吟诵声韵协调，琅琅上口。

5）流沙河先生《声律启蒙》吟诵概述。

此曲吟诵方式与《满江红·江汉西来》吟诵相同，吟诵旋律在中音区，无低八度音区内音级出现，传递出一种正向积极高昂的信息。但是也有本质的差别，主要差异体现在：《满江红·江汉西来》整体旋律呈下行走势，句尾多为顿腔，韵字落音在宫音（1）上；而《声律启蒙》恰恰相反，整体旋律呈上扬走势，句尾多为拖腔，韵字落音在宫音（1）和角音（3）上。这样就形成了完全不同的吟诵效果。达到了简单、中正、明亮、欢乐的蒙学吟诵性质要求。

（12）赋体《秋声赋》。

1）从创作背景方面考察。

此赋写于宋仁宗嘉祐四年（1059年）秋，时欧阳修53岁。欧阳修早年仕途坎坷，屡次遭贬。晚年虽入顺境、身居高位，然面对朝廷内外的污浊黑暗和无休止的政治斗争，他的改革之志难以实施，不知该如何作为，心中却是非常苦闷。

秋冬季节，万物凋零、到处一片萧瑟。在古人眼里，秋之文化象征着肃杀、兵象、五行在金等。用悲秋之文化意蕴来委婉表达欧阳修当时的敏感的心理，赋予深刻的意象系统，当为此赋创作之因。

2）从文体结构和吟诵节奏方面考察。

秋 声 赋

　　　　｜　　｜！　　　　｜　　　｜　　　　　｜　　｜
　欧阳子方夜读书，闻有声自西南来者，悚然
　　　　！　｜　　　　　！！｜　　！｜
而听之，曰："异哉！"初淅沥以萧飒，忽奔腾而砰湃，如波涛夜惊，风雨骤至。其触于物也，鏦鏦铮铮，金铁皆鸣；又如赴敌之兵，衔枚疾走，不闻号令，但闻人马之行声。予谓童子："此何声也？汝出视之。"童子曰："星月皎洁，明河在天，四无人声，声在树间。"

予曰："噫嘻悲哉！此秋声也，胡为而来哉？盖夫秋之为状也：其色惨淡，烟霏云敛；其容清明，天高日晶；其气栗冽，砭人肌骨；其意萧条，山川寂寥。故其为声也，凄凄切切，呼号愤发。

    此赋按"闻秋声、求其音、感其心"的思路展开全文，构思巧妙、逻辑严谨、层次分明。按文意可分为四段。第一段从首句"欧阳子方夜读书"起至"声在树间"。由自己夜间读书听见秋声的惊异感受入笔，描绘了一幅"异哉"的秋声图。第二段从"予曰"起至"物过盛而当杀"。描述秋状，进而理说秋意，点出秋之文化意蕴。第三段从"嗟乎"起至"亦何恨乎秋声"。作者通过体察秋意而触物兴词，从自然界转到社会人生方面，抒情言志，指出人事忧劳甚于秋心肃杀，表明自己的人生态度和人生感悟，归结出全篇主旨："念谁为之戕贼，亦何恨乎秋声！"第四段从"童子莫对"起至结尾。通过童子的朴拙稚幼反应和虫声之唧唧反衬，突出和强化了作者的悲愤郁结，首尾呼应。

吟诵节选段为文章的第一段全部和第二段的部分内容。作者首先惊叹"异哉"制造悬念，然后通过听觉和主观感受，集中笔力细体秋声，分别采用"风声、波涛、金铁、行军"四个比喻加以"鏦鏦铮铮"拟声词来充分展示了秋声不期而至、由远及近、自弱而强、从隐而显的动态过程，把难以捉摸的无形之物变得具体可感，极赋艺术感染力，使读者强烈地感受到秋声的肃杀奔涌、杀伐之气。接着引出与童子对话，从浮想联翩回到现实，然童子所答却与作者的感受截然不同。文章描写波澜起伏、摇曳多姿。

第二段以作者自答方式呈现主题。作者分别从"色、容、气、意"四个方面描述秋状的"惨淡、清明、栗冽、萧条"，推演出秋声凄切和秋气肃杀之天然特性，创造出一种秋天的杀伐奔涌之气，佐证"悲哉秋声"之感叹。

吟诵节奏如下：

欧阳子/方夜/读书，闻有/声自/西南/来者，悚然/而听之，曰："异哉！"初淅沥/以萧飒，忽奔腾/而砰湃，如波涛/夜惊，风雨/骤至。其触/于物也，鏦鏦/铮铮，金铁/皆鸣；又如/赴敌/之兵，衔枚/疾走，不闻/号令，但闻/人马/之行声。予谓/童子："此何/声也？汝出/视之。"童子/曰："星月/皎洁，明河/在天，四无/人声，声在/树间。"

予曰："噫嘻/悲哉！此/秋声也，胡为/而来/哉？盖夫/秋之/为状也：其色/惨淡，烟霏/云敛；其容/清明，天高/日晶；其气/栗冽，砭人/肌骨；其意/萧条，山川/寂寥。故其为/声也，凄凄/切切，呼号/愤发。

对于低于六言的句子，基本吟诵节奏是两个部分，即两顿法。大于六言的句子，基本吟诵节奏是三个部分，即三顿法。

3）从声韵调系统方面考察。

该赋第一段用韵统领全篇声情，韵字"鸣、兵、令"押下平八庚韵，徐健顺教授《汉语音义表》：庚韵源于上古四个韵部，大都是开口元音，收于后鼻音,因此其字多有"开阔、雄壮、坚硬"之意。①庚韵的字现在分别演变成了 ang、ong、eng、ing 韵母的字,尤以 eng、ing 韵母为多,但其本来的读音近似 ang,有开口韵母的开阔之意。汪烜《诗韵析》:大雅铿锵、慷慨不平。②这一部分末童子的语言用韵字:"天(下平一先)、间(下平十五删)""先韵、删韵"邻韵通押。

表 4—1—15　　《秋声赋》普通话和成都方言发音差异字

文字	普通话读音	成都方言读音	异同分析
飒	{sa}51	{s-ə}53	韵母由 a 韵变为 ə 韵,调值由普通话的 51 变为成都方言的 53
忽	{hu}55	{h-o}21	韵母由 u 韵变为 o 韵, 调值由普通话的 55 变为成都方言的 53
骤	{zhou}51	{c-ou}213	声母由 zh 变为 c,调值由普通话的 51 变为成都方言的 213
触	{chu}51	{z-u}21	声母由 ch 变为 z,调值由普通话的 51 变为成都方言的 21
铮	{zheng}55	{c-eng}55	声母由 zh 变为 c,调值不变
皆	{jie}55	{j-i-ai}55	韵母发生变化,由 ie 韵变为 iai 韵,调值不变
衔	{xian}35	{h-an}21	声母由 x 变为 h,韵母由 ian 变为 an,调值由普通话的 35 变为成都方言的 21
何	{he}35	{h-o}21	韵母由 e 变为 o。调值由普通话的 35 变为成都方言的 21
河	{he}35	{h-o}21	韵母由 e 变为 o,调值由普通话的 51 变为成都方言的 21
胡	{hu}35	{fu}21	声母由 h 变为 f,调值由普通话 51 变为成都方言的 21
而	{er}35	{fu}21	来自"而来哉",这个字可能是沙老用了一个替代字
容	{rong}35	{yong}21	声母由 r 变为 y,调值由普通话的 35 变为成都方言的 21

---

① 徐健顺:《汉语意义表》"庚韵",广西师范大学出版社 2017 年版。
② 续修四库全书编纂委员会:《续修四库全书》,上海古籍出版社 2002 年版,第 409 页。

续表

文字	普通话读音	成都方言读音	异同分析
栗	{li}51	{lin}53	韵母由 i 变为 in，这个字沙老读的是 lin 应该是与后面的冽字关联，可能是凛字的替代读音
冽	{lie}51	{l-i}53	声母由 ie 变为 i，成为一个入声韵
呼	{hu}55	{f-u}55	声母由 h 变为 f，调值不变
愤	{fen}51	{p-en}213	声母由 f 变为 p，调值由普通话的 51 变为成都方言的 213
发	{fɑ}55	{p-ə}53	声、韵母都发生改变，变为入声韵，应该是沙老吟诵时为了归韵所以改变了读音

注：普通话调值 55、35、214、51；成都方言调值 55、21、53、213。

第二段描述秋之状，以骈文见长，平声韵、仄声韵互相转换。韵字"淡"押二十八勘(仄)去声，"敛"押二十八琰（仄）去声。再转平声韵，韵字"青、晶"押下平八庚韵，韵部特点见上。又转到入声韵，韵字"冽"押九屑（仄）入声，"骨"押六月（仄）入声。再用平声韵，韵字"条、寥"押下平二萧韵，徐健顺教授《汉语音义表》：萧韵，似 ou，嘴唇展开，舌头靠前。或似 yo，开口度缩小。嘴唇展开，舌頭靠前。源于上古的两个韵部，而且往往前有介音，多是开口度由大变小，收于圆唇音，有温柔变化之感，因此其字多有"弯曲、柔软、遥远"之意。汪烜《诗韵析》：物色妖娆。①最后两个韵字"切"押九屑（仄）入声，"发"押六月（仄）入声。使语音戛然而止，带有滞涩与顿挫感。

全篇文体特点：散体为文，骈散结合，节奏鲜明，间有韵脚，形式自由，亦文亦赋，押韵灵活，有的一段押一韵，有的两句一换韵，押韵形式灵活多变。

沙老在吟诵这部作品时，诵的成分居多，所以地方口音比较明显。

---

① 续修四库全书编纂委员会：《续修四库全书》，上海古籍出版社 2002 年版，第 409 页。

4）从音乐性方面考察。

秋 声 赋

欧阳修 （宋）
流沙河先生吟诵
李娟 记谱

5 5̂ 1 3	5 3 1 3.	1 3 5 3	5 3 1 3
欧阳 子 方 夜 读 书，	闻 有 声 自 西 南 来 者，

5 1. 1 1 3 ｜ 3 1 3. 5 3 1 3 5 3
悚然 而听之， 曰："异哉!" 初渐沥以萧飒，

0 1 5 3 1 1 3 ｜ 0 1 5 3 1 5 3 1 3 1
忽奔腾而砰湃， 如波涛夜惊， 风雨骤至。

1 1 1 3 1 ｜ 1 3 1 5 5 ｜ 5 1 3 1
其触于物也， 鏦鏦铮铮， 金铁皆鸣；

1 3 1 1 3 1 5 5. ｜ 1 1 3 1 1 5 1 3
又如赴敌之兵， 衔枚疾走， 不闻号令，

1 5 3 1 5. 3 1 3 ｜ 1 3 1 3. 3 1 5 3. 5 3 1 3
但闻人马之行声。予谓童子："此何声也？汝出视之。"

1 3 5 3 5 3 3 1 ｜ 1 1 1 3 ｜ 1 5 3 3 5 3 ｜ 5 3 1 3
童子曰："星月皎洁， 明河在天， 四无人声， 声在树间。"

1 1. 1 3 1 3 3. ｜ 0 1 3 3 1 ｜ 1 1. 1 3 1 3
予曰："噫嘻悲哉! 此秋声也， 胡为而来哉？

1 3 1 5 5. 1 3 1 ｜ 1 1. 3 1 3
盖夫秋之为状也； 其色惨淡，

5 5 1 3 1 1. 3 3 1 ｜ 5 5. 1 3 1 6 1 3 1
烟霏云敛；其容清明， 天高日晶；其气栗冽，

5 3 3 1 1 6 1 5 1 3 3. 1 1 1 3 1 5 3. 3 1. 1 1 5 3. 1 3 1
砭人肌骨；其意萧条，山川寂寥。故其为声也， 凄凄 切切， 呼号 愤发。

注：标有波浪线的文字为诵读。

a. 基本结构。

《秋声赋》节选部分，吟诵旋律结构为 A+B 两个部分。以 a（53 13）、b（51 31）和 c（131 55）三个音乐短句为基本旋律形态反复变化运用贯穿吟诵旋律。

b. 音阶调式。

调式音阶为1 2 3 5 6 1̇；以宫音（1）作为调式主音和结束音，以宫音（1）为上句终止音，调式调性明确，属民族五声宫调式。

c. 旋律线。

A 段"欧阳子方夜读书"至"声在树间"，旋律围绕"135"三音在中音1至5的五度音程间发展变化，大量运用 a 型（53 13）音乐短句，b（5131）、c（131 55）型音乐短句结合其中，a 型短句以三度（53 13、13 53）级进为主，伴有五度音程（51、51·）大跳，如："欧阳子"（5513）、"方夜读书"（53 13·）、"西南来者"（53 13）、"悚然而听之"（51·113）、"初淅沥而萧飒"（531353）、"忽奔腾而澎湃"（01 53 113）、"如波涛夜惊"（01 53 153）、"衔枚疾走"（11 13）、"不闻号令"（11 1513）、"此何声也"（31 53·）、"汝出视之"（53 13）、"童子曰"（13 53）、"四无人声"（153 353）、"声在林间"（53 13）。"之、飒、湃、惊、声"（3、3、3、53、53）作句末拖腔处理，结音均在角音3上，b 型短句相对 a 短句减少了五度大跳，旋律更加平稳，如："风雨骤至"（5313 1）、"其触于物也"（111131）、"金铁皆鸣"（5131）、"予谓童子"（113131）、"星月皎洁"（5331），句末只在"子"（31）字处有较长拖腔处理，其他句末均无拖腔，收音干脆利落。c 型短句只出现了两次："鏦鏦铮铮"（13155）、"又如赴敌之兵"（13113155·），两句旋律相似，第二句为第一句的扩展。末字"兵"作较短拖腔处理。此段素材简练，旋律平稳发展，沙老吟诵音调质朴而平实，一连串生动的比喻将无形之风声，描摹得可感可触，真切动人。

B 段"予曰：噫嘻悲哉"至"呼号愤发"，在 A 段的基础上增加了低音6，音域拓宽，由原来的五度增加到七度，旋律继续作 abc 型相结合变化发展，"予曰：噫嘻悲哉"（11·131 33·）、"胡为而来哉"（11·1313）、"其色惨淡"

（1̲1̲·3̲1̲3̲3̲）、"烟霏云敛"（5̲5̲ 1̲3̲）、"天高日晶"（5̲5̲·1̲3̲）、"故其为声也"（1̲3̲1̲5̲3̲·），在旋律级进中，伴以音程跳进（5̲1̲、5̲·1̲、1̲5̲）结合，"此秋声也"（0̲1̲ 3̲3̲1̲）、"为状也"（1̲1̲3̲1̲）、"其容清明"（1̲1̲·3̲3̲1̲）、"其气栗冽"（1̲6̲3̲1̲）、"人肌骨"（5̲3̲ 3̲1̲）、"其意萧条"（1̲6̲1̲5̲1̲）、"山川寂寥"（3̲3̲·1̲1̲）、"凄凄切切"（3̲3̲·1̲1̲）、"呼号愤发"（5̲3̲·1̲3̲1̲），在 b 型短句的基础上增加了低音 6，旋律更为丰富，由低音 6 至中音 5 作七度音程间的级进、跳进。形成 ab 型两种不同旋律音型的音调，结合 c 型旋律"盖夫秋之"（1̲3̲1̲5̲5̲·），紧承 A 段，音高有所下移，音调深沉，连续音韵规整的四言句是对秋声的描绘和对秋气的议论。

该吟诵调整体音域不宽，旋律简单明了，整首旋律以 135 三个音为主，以这三个音反复变化重复组合，素材简练，节奏较规整，旋律起伏小，音调自然流畅。

d. 节奏腔式。

流沙河老先生在吟诵此篇《秋声赋》时，遵循了成都方言语音自然规律，取读诵为主，唱读为辅。大量运用四分音符、八分音符和十六分音符组成较丰富节奏型：X、XX、XXX、XXX、XX，各种节奏型有机结合，形态丰富，错落有致，形成了独特的节奏特色。句末拖腔为："之、飒、湃、惊、声、哉、淡"（3̲、3̲、3̲、5̲ 、5̲3̲、3̲、5̲3̲），结音均在角音 3 上，"子、也、也"（3̲1̲、1̲、1̲）结音均在宫音 1 上。结合下滑音"飒"（ゝ）、波音"声"（⌒）的润饰，形成平实质朴的吟诵风格。

5）流沙河先生《秋声赋》吟诵概述。

此赋节选段是全文的第一段和第二段的部分内容，此时作者展开自然景物的描述，尚未进入抒情感叹之高潮阶段。沙老吟诵时，基本以成都方言行腔咬字，在吟诵节奏处有短拖腔出现，相当于拉长了时值的"诵读"。吟诵旋律在中音区，沙老注意叙事、写景、抒情的语调语气变化以体现当时的场景和意境，在声音的高低、音流的起伏和节奏的松紧上给予体现，传递出一种有感而发、人生有悲秋之苦的感慨。

9.流沙河先生的成都传统吟诵基本规则。

流沙河先生成都传统吟诵的传承,从廖季平先生开始,已有一百余年。这种无谱可依,且仅仅通过口语以诵念、吟咏、讴歌、唱读的方式表述文字、传达情感的读书方式从未被全面总结。大多是先生把自身对汉诗文的理解,用吟诵的方式向学生口传心授,学生最大限度地模仿先生,所以师生、学生相互之间一般不会出现绝对的一致,但先生吟诵的基本调变化不大。这个基本旋律的形成自然也源于成都方言的发音。

概括成都传统吟诵的基本规则,我们将其总结为:语言规则和动作规则。语言规则,即方言定调、方音驮腔、平长仄短、入声尊古、好用衬字;动作规则,即凝神闭目、正襟危坐、手足和谐、随吟律动。

(1)方言咬字,方音行腔。

陈少松先生曾指出:"方言对吟诵腔调的影响是非常明显的,我国吟诵腔调所以多种多样是与方言的复杂密切相关的,用地道的某地方言来吟诵该地流行的腔调,可充分地表现出这种腔调的特色。方言对吟诵腔调的影响,主要表现在音色、音高、旋律和音场的处理上。"[1]语言学界普遍认为,以成都方言为代表的四川方言就是四川官话。笔者认为这里的成都方言指的是成都地区的湖广话,成都方言与普通话在语音方面有不同程度的一致性和差异性,成都方言一般没有舌尖前音和舌尖后音的区别,鼻音、边音往往不分,前鼻韵和后鼻韵不分,并常常读前鼻韵。成都方言的声调有4个,调值分别为55、21、53、213,普通话的声调有4个,调值为55、35、214、51,比较来看,只有阴平完全相同,成都方言的上声与普通话的去声相近,成都方言的去声与普通话的上声相近。沙老吟诵的腔音特点主要表现在,咬字准确依声断连、音调流畅刚柔互济、音域中和洪细有序、节奏准确快慢适度。

---

[1] 杨瑞萍:《"诵—吟—歌"吟诵的声乐特征解读》《齐鲁艺苑》2020年第4期。

（2）情通古人，自我代入。

所谓情通古人，实际上是吟诵者设身处地地从作者的角度体察，用作者的眼睛来观察世界，以作者的心来感知世界，刘勰说："缀文者情动而辞发，观文者披文以入情。"[1]在《神思》篇中又说"登山则情满于山，观海则意溢于海"[2]，这种移情式的吟诵是一种美学意义的体验。

沙老吟诵时，听似随意的抑扬徐疾，但内中首先体现的是他对作者的理解和作品背景的熟悉；其次是吟诵者对作者的最大共情；再次是将作者的人生经历悲欣遭际与自己的生命融为一体。

沙老说"吟诵的最大妙处在于'自我代入'，吟诵时依据诗文情感限定基调，语速徐疾有则，表达丰富，作者的感情会打动吟诵者，吟诵者的再创作会使自己与作者感通，吟诵者的心中有作者、文章、场景、情感，更有吟诵者自己，若是达到最高境界常常是'吟诵者便是作者'，到这一步真可谓浑然为一、物我两忘。"

（3）因声求义，文理自明。

清王念孙《广雅疏证·序》言："窃以诂训之旨本于声音，故有声同字异，声近义同，虽或类聚群分，实亦同条共贯，譬如振裘必提其领，举网必挈其纲，故曰本立而道生，知天下之至赜而不可乱也。此之不寤，则有字别为音，音别为义，或望文虚造而违古义，或墨守成训而尟会通。易简之理既失，而大道多歧矣。今则就古音以求古义。引申触类，不限形体。苟可以发明前训，斯凌杂之讥亦所不辞。"[3]古代汉诗文所使用的语词来源于当时的通语和方言，由于古代汉语中书面语言与口语的相对独立性，其特点往往是，字可识而义难懂，或字面生涩而义更晦，需要我们找出本字，以音求意，得其原意。关于字音与字意的关系，陈少松先生在《古诗

---

[1] 见（南朝）刘勰《文心雕龙·知音》，全书共10卷，50篇。
[2] 见（南朝）刘勰《文心雕龙·知音》，全书共10卷，50篇。
[3] （清）王念孙：《广雅疏证自序》，中华书局2004年版。

词文吟诵》中指出"字音（包括声、韵、调）往往与抒情表意有一定关系……，不同的字音产生不同的声响感觉，某一种声响感觉适宜表达某一类的感情"，沙老在吟诵时所使用的成都方言都能够在罗韵希先生编写的《成都话方言词典》（四川省社会科学院出版社1987年版）梁德曼先生编写的《成都方言词典》（江苏教育出版社1998年版）中找到标准发音，沙老在向他的老师曾直君先生学习时有70%的诗词文章是不需要讲的，通过师生的吟诵自然能够明白作者想要表达的感情。当然，成都传统吟诵有它的局限性，一是地域的局限性，二是成都方言属于近古音，在传统汉语音韵学的音系根源上远不及粤语和闽南语，所以在因声求义方面要逊色得多。但是对于成都人甚至四川人来讲，成都传统吟诵会让人感觉自然亲切、容易接受，便于理解汉诗文中文本和声音的意义。

通过吟诵展现诗文意境气象，必得有深厚国学底蕴、学养浑厚者方可。沙老的成都传统吟诵非常朴实，音乐元素较少，基本依照成都方言四声调值字声行腔，以"诵"为主，加以少量的吟腔。初听沙老吟诵，只觉简单直白、易学轻松，但事实上笔者通过吟诵模学和分析发现今人很难企及沙老的神韵。究其原因，沙老对所读诗文的主题基调、情感意境了然于胸，可以准确通过声音的高低、音流的起伏、节奏的松紧把握吟诵结构的布局和情感基调，对"诗眼""词眼""文眼"有精心设计和反复琢磨，把有限的吟诵技巧方法自然流露于声音中，达到使听者动容、闻者共情的妙用。

（二）以王治平先生为例

1. 王治平先生及其成都传统吟诵。

王治平先生（1920—1992），号居园，祖籍四川眉山县多悦镇，民国时期求学于四川大学中文系，中华人民共和国成立后任四川省文史研究馆研究员。王治平先生早年诗学梅村，词宗稼轩，喜爱哲学，精研《庄子》。其对文学、哲学、书画、雕塑以及佛学、瑜伽均有涉猎、造诣深厚，颇具传奇色彩，在民国时期被四川文坛誉为"蜀中才子""多宝道人"。

1946年，王治平先生受其恩师四川大学刘洙源教授引荐，依止蜀中禅门大德圣钦大和尚学习禅宗，后接受贡噶活佛和普钦上师灌顶，显密圆通，并于四川灌县灵岩山闭关潜修多年，一生儒释双修，三学磨炼，精进不止，其《楞严经白话注解》一书由上海佛学书局出版，广传于世。从1981年至1988年先生涉历川、湘、粤各省名山丛林，为诸梵刹精塑佛像百余尊，受到原全国政协副主席赵朴初先生的高度赞誉。王老先生晚耽禅悦，不喜著作，生前留有《吟边琐记》手稿两本，内容涉及诗词文赋、楹联隽语、判牍表章、文人雅事、佳章掌故，由其哲嗣王德生先生整理编辑成册。

2. 王治平先生的成都传统吟诵师承。

王治平先生的成都传统吟诵有着悠久的家学渊源，早自其祖父王文元开始就已经学习传统吟诵，传统在王家世代延续、薪火相传。

第一代：

王文元，王治平先生的曾祖父，晚清名臣张之洞的学生，光绪年间进士。

第二代：

王成钰，王治平先生之父，保定军官学校[①]四期学生。

第三代：

王治平，四川大学文学院教授，四川省文史馆馆员。

第四代：王德生（1954—），王治平之子，5岁起从父亲系统学习儒学，其吟诵调全面继承了王氏家学。

[①] （保定）陆军军官学校简称保定军校，创办于1912年的河北省保定市，是中国近代史上第一所正规陆军军校，停办于1923年。校址前身为清朝北洋速成武备学堂、北洋陆军速成学堂、陆军军官学堂。中华民国成立后，北洋政府在原址上建立了"陆军军官学校"。

3. 王治平先生成都传统吟诵举隅。

2016 年 7 月，四川省吟诵学会会长王传闻和副秘书长周永明两次到王德生先生家中进行采录。经过慎重思考，王德生先生把其父王治平先生在 20 世纪 80 年代的磁带转录成音频后赠送给四川省吟诵学会进行专题研究。

据王德生先生回忆，王治平先生的吟诵是家族传承下来的，后又师承成都前清秀才伍新言先生，受到川大中文系林山腴先生、陶亮生先生影响。我们通过对录音带中的吟诵声音及王德生先生的介绍发现，虽然王治平先生祖籍为眉山，但自小居住成都市，讲话发音已明显没有川南地区的入声音调，与成都话无异，故本文把王老的吟诵归类于成都传统吟诵进行研究。王治平先生的吟诵作品皆为自己所填之词，共有《摸鱼儿·理遗篇》《瑞龙吟·秋思》《莺啼序·丙辰·纪痛》《浪淘沙·己亥春晚》等四首。

（1）词《摸鱼儿·理遗篇》。

1）从创作背景方面考察。

《摸鱼儿·理遗篇》是王治平老先生在林乾良教授《春晖寸草卷》一书的卷首之词。林乾良先生 1932 年 10 月生，别名林冷伊堂，福建福州人，浙江中医学院教授，精通中医药学、金石书画、科技史，先后拜陆维钊、韩登安、沙孟海三大名家为师。

王先生在词前记述缘起："福建林乾良君，身世凄凉，周岁太夫人抱自育婴堂中抚之成人。太夫人亦为孤女，身不知姓氏，幼为人婢，失年始婚，复丧所天。今太夫人亡已廿载，林君痛切蓼莪，为《春晖寸草卷》徵题，赋此以应。"

2）从文体结构和吟诵节奏方面考察。

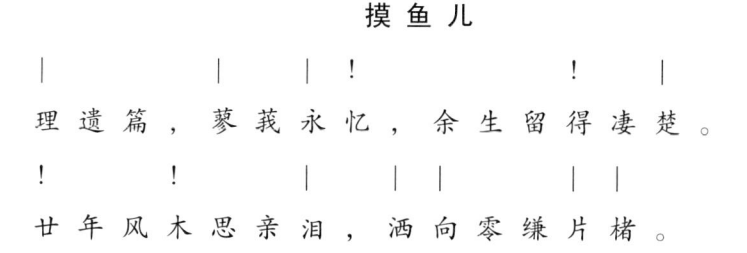

摸 鱼 儿

| | | | !   ! |
理 遗 篇， 蓼 莪 永 忆， 余 生 留 得 凄 楚。

! ! | | | | |
廿 年 风 木 思 亲 泪， 洒 向 零 缣 片 楮。

｜　｜　　｜　　　｜　　　　　　　｜　　　｜
　　春已去，更谁念，人间多少孤儿女。
　　　｜　｜　　｜　｜　｜　｜
　　秋灯夜雨，叹两世凄凉，
　　　　｜　｜　　｜　！　！　！　　｜
　　萍飘絮泊，不识托根处。

　　　｜　　｜　！　｜　　　｜　　　　　！　｜　　｜
　　终天恨，我亦婴年丧父，而今十载无母，
　　　｜　｜　　　　！　　　｜　　　　｜　　　｜
　　相闻纵隔天涯路，一样此情同苦。
　　　｜　　｜　！　｜　　　　｜　　　　｜
　　何堪诉，君不见：倚闾心眼终黄土，
　　　｜　｜　　　｜　！　！　｜
　　千秋万古，只日暮慈乌，
　　　｜　　　　｜　！　　　｜
　　声声肠断，长绕北棠树。

此词可分为上、下两片。

上片 10 句，从"理遗篇"至"不识托根处"，共 57 字，其中 22 个仄声字，8 个入声字。描述了词人对林乾良先及其母亲凄凉身世的同情，对"孤女养孤儿，孤儿报母恩"这样的人间真情予以最真诚的褒扬，字里行间透露着对一对并无血亲关系母子之情的感动，将儿子对母亲的思念和悲苦刻画的淋漓尽致、入木三分。

下片 11 句，从"终天恨"至"长绕北棠树"，共 59 字，其中 22 个仄声字，8 个入声字。词人由人及己，陈述自己幼年丧父，现今失母十年的身世，与林乾良先生虽然"相闻纵隔天涯路"，但却有着同样的苦痛，只能眼望海

— 180 —

棠树下返哺之鸦，听得声声肠断的鸣叫，乌鸦可以如此，词人与林君却"子欲养而亲不在"，深沉地表达了内心的无所依傍和孤独悲痛。全词平仄起伏较大，押仄声韵且一韵到底，悲伤痛苦之情，读之使人潸然，听之逼人泪下。

王老的吟诵节奏为三言句3+0、四言句2+2、五言句2+3、六言句2+2+2、七言句的吟诵节奏4+3和3+4。

3）从声韵调系统方面考察。

摸鱼儿，词牌名，一名"摸鱼子"，唐教坊曲名。因晁补之词有"买陂塘、旋栽杨柳"句，更名"买陂塘"，或名"迈陂塘"；另，李冶词有"请君试听双蕖怨"句，又名"双蕖怨"，以晁补之《摸鱼子·买陂塘》为正体，代表作有元好问《摸鱼儿·雁丘词》等。本词牌格式种类较多，王治平老先生采用的正体格式，双调一百一十六字，前片十句六仄韵，后片十一句七仄韵。全词有16个入声字，44个仄声字。上片押"楚""褚""去""女""雨""处"6个仄韵；下片押"父""母""苦""诉""土""古""树"7个仄韵。词的格律较为工整，如："秋灯夜雨"（平平仄仄），"叹两世凄凉"（仄仄仄平平），"萍飘絮泊"（平平仄仄），"不识托根处"（仄仄平平仄）。

王治平老先生在使用成都方言（湖广话）吟诵时，平翘舌音一律为平舌音，笔者择选成都方言语音明显的文字列入表4—1—16进行分析。

表4—1—16 　《摸鱼儿·理遗篇》普通话和成都方言发音差异字

文字	普通话发音	成都方言发音	异同分析
永	{yong}214	{y-un}53	成都方言习惯的发音，韵母由ong韵变为un韵，调值由普通话的214变为成都方言的53
得	{de}35	{d-ə}21	成都方言发音韵母由e变为ə韵，调值由普通话的35变为成都方言的21
泪	{lei}51	{l-u-ei}213	方言发音，韵母增加了u，变为uei韵，调值由普通话的51变为成都方言的213
絮	{xu}51	{s-ui}213	声韵母都发生了改变，声母由x变为s，韵母由u韵，变为ui韵，调值由普通话的51变为成都方言的213

- 181 -

续表

文字	普通话发音	成都方言发音	异同分析
泊	{bo}35	{p-ə}21	方言发音，韵母改变，但都是入声，由 o 韵变为成都方言的ə韵，调值由普通话的 35 变为成都方言的 21
隔	{ge}35	{g-ə}21	方言特色发音，韵母改变由 e 韵变为成都方言的ə韵，调值由普通话的 35 变为方成都方言的 21
闾	{lv}35	{l-u}21	方言习惯的发音，声母由u韵变为 u 韵，调值由普通话的 35 变为成都方言的 21
暮	{mu}51	{m-o}213	方言发音，韵母由 u 变为 o，调值由普通话的 51 变为成都方言的 213
北	{bei}214	{b-ə}53	典型的方言发音，韵母由 ei 韵，变为ə韵，调值由普通话的 214 变为成都方言的 53

注：普通话调值 55、35、214、51；成都方言调值 55、21、53、213。

4）从音乐性方面考察。

a. 基本结构。

吟诵调《摸鱼儿·理遗篇》为以 a（66 3653）、b（33 2321̇6）和 c（3235̇3）三个音乐短句变化重复贯穿全曲的 A+B 两段体结构。

b. 音阶调式。

音阶调式为6̣12356；吟诵调以羽音（6）作为调式主音和结束音，以角音（3）为上句终止所支持的羽终止群体，上下句终止音呈四度关系。调式调性明确，属民族五声羽调式。

c. 旋律线。

A 段"理遗篇"至"不识托根处"，主要以 a（66 3653）、b（33 2321̇6）音乐短句变换重复组合其中。a 音乐短句及变体在中音"3"至高音"3̇"的八度音程间作先上后下的山峰型旋律发展。如："理遗篇"（66 3653）、"廿年枫木"（1̇6 3653）、"洒向零缣"（6̣1 63653）、"孤儿女"（36 1̇653）、"秋灯夜雨"（1̇1̇ 6̣1653）等。b 音乐短句在高音"3̇"到中音"6"的五度音程中，呈现为连续级进式波纹型下行旋法。如："凄楚"（521̇6）、"思亲

第四章 四川传统吟诵的基本面貌

摸鱼儿

王治平（民国）
王治平先生吟诵
李婧 记谱

（乐谱略）

- 183 -

泪"(33 232 i6)、"春已去"(33 2i6)、"多少"(232 i6)、"凉"(32i6)、"絮泊"(532i6)等。王老在吟诵"篇、木、缣、女、雨"(3̱6̱5̱3̱、6̱5̱3̱、3̱6̱5̱3̱、i̱6̱5̱3̱、i̱6̱5̱3̱)和"楚、泪、去、少、凉、泊"(2i6、3̱2̱i6、2̱i6、3̱2̱i6、3̱2̱1̱6̱、3̱2̱1̱6̱)等末字时作了一字多音长音拖腔处理。并加以倚音、波音和衬字"诶"色彩润腔。a短句末字结音均在角音"3",b短句末字结音均在羽音"6"。角羽的上下终止(角羽上下终止使调式色彩更为柔和暗淡、悲凉凄恻)与ab短句两种不同形态的下行音调结合王老的深情吟诵,把林君对慈母的思念之情和失去亲人的痛不欲生,表现得淋漓尽致,使人听之而悲,涔涔落泪。

B段"终天恨"至"长绕北棠树",在A段的基础上,加入了新的音乐素材,融入了c音乐短句(3̱2̱353),如:"我亦婴年丧父"(66 3̱6̱5̱3̱5̱5̱6̱ i̱6·3̱5̱3̱1̱ 2̱3̱53)、"一样此情同苦"(335 63 3̱5̱3̱2̱1̱6̱1̱3̱2̱3̱5·3)、"只日暮慈乌"(i̱3̱ 1̱5̱ 1̱5̱ 6̱1̱6̱3̱ 2̱3̱53),句幅得到明显扩充,末字"父、苦、乌"拖腔明显拉长,相对A段,悲恸情绪也随之加深。王老吟诵此段时,对"父、乌、绕"(56 i̱6·3̱5̱3̱1̱ 2̱3̱53、56̱1̱6̱3̱2̱3̱5̱3、6·i̱ 5̱6̱5̱ 6̱5̱3̱ 32)作一字12音、一字9音、一字10音的连音拖腔处理,间有倚音、波音和衬字"哦、啊、诶"的色彩润腔,结合ab两种下行的悲苦音调,深刻表达了王老父母去世多年后的孤独与悲痛情绪和"子欲养而亲不在"的悲苦情感。

该吟诵调旋律主干音为56i23,在低音"6"至高音"3"的12度音程中作跳进级进发展,曲调高低起伏、长短相间。旋律音高主要体现在中高音区,音调悲愤愁苦,痛彻心扉。

d. 节奏腔式。

王老在吟诵此篇《摸鱼儿》时,遵循成都的方言语音咬字发音,取成都方言语音声调行腔,结合XX、X、XXX、X.X多种节奏型,以a(6̱5̱3̱)、b(3̱2̱i6)和c(3̱2̱353)三种拖腔形成的不同风格的基本吟腔变化重复贯穿全曲,第一段的句中句末拖腔相对简单,有"篇、木、缣、女、雨"(3̱6̱5̱3̱、6̱5̱3̱、3̱6̱5̱3̱、i̱6̱5̱3̱、i̱6̱5̱3̱);"楚、泪、去、少、凉、泊"(2i6、3̱2̱i6、2̱i6、3̱2̱i6、3̱2̱1̱6̱、3̱2̱1̱6̱)。第二段因加入c短句新元素,句中句末拖腔比较丰富,有"年、路、诉"(6̲5̲3、6̲1̲6̲5̲3、6̲5̲3);"恨、情、眼、断、树"(21̲6̲、3̲5̲3̲2̲1̲6̲、3̲2̲1̲6̲、3̲3̲2̲1̲6̲、3·5̲2̲1̲6̲)和"父、乌、苦、绕"(5̲6̲1̲6̲·3̲5̲3̲1̲ 2̲3̲5̲3̲、5̲6̲1̲6̲3̲2̲3̲5̲3̲、3̲2̲3̲5̲3̲、6·1̲ 5̲6̲5̲ 6̲5̲3̲ 3̲2̲)。

此吟诵调因拖腔独具特色,形成王老别具一格的吟诵音调,使人读之感动,听之泪落。

5) 王治平先生《摸鱼儿·理遗篇》吟诵概述。

王老在吟诵这首词时,音调偏高,音域跨度广,富有变化,运用上波音、下滑音、衬字等润腔技法来丰富吟诵的表达,句中拖腔是王老吟诵时的典型特点。音域较宽,在中、高音区行腔。乐曲的主干音是561̇2̇3̇,偶有低音6,作拖腔的尾音,音调较为高昂,情绪为悲愤。形成一字多音的拖腔形式,拖腔音调形式有三种,以a"篇、木、缣、女、雨、年、路、诉"(3̲6̲5̲3、6̲5̲3、3̲6̲5̲3、1̲6̲5̲3、1̲6̲5̲3、6̲5̲3、6̲1̲6̲5̲3、6̲5̲3);b"楚、泪、去、少、凉、泊、恨、情、眼、断、树"(21̲6̲、3̲2̲1̲6̲、2̲1̲6̲、3̲2̲1̲6̲、3̲2̲1̲6̲、21̲6̲、3̲5̲3̲2̲1̲6̲、3̲2̲1̲6̲、3̲3̲2̲1̲6̲、3·5̲2̲1̲6̲);c"父、乌、苦、绕"(5̲6̲1̲6̲·3̲5̲3̲1̲ 2̲3̲5̲3̲、5̲6̲1̲6̲3̲2̲3̲5̲3̲、3̲2̲3̲5̲3̲、6·1̲ 5̲6̲5̲ 6̲5̲3̲ 3̲2̲)三种一字多音的长吟拖腔贯穿全曲,形成本吟诵调的特色吟腔。

王治平先生使用成都方言语音进行吟诵时,尊重"依字声行腔"的规律,成都方言读音为阳平字21时,如"得、泊、隔",声调调型下降,音乐旋律走向由高到低,声音低沉;如成都方言读音为213时,如"泪、絮、暮",声调调型先降后升,音乐旋律上升高扬,此时加上前倚音或衬字体现旋律变化;当成都方言读音为53时,如"北、永",声调偏向缓和,音乐旋律走向平稳。

(2) 词《瑞龙吟·秋思》。

1) 从创作背景方面考察。

瑞龙吟,词牌名,调名本意即为敲击铜盘之声如瑞龙吟啸,调咏祈雨,因周邦彦《瑞龙吟·章台路》一词有"章台路"句,故又名"章台路"。周词为访旧感怀之作,写于词人因遭党祸罢黜庐州,十年后被召回京师任国子监主簿之时,抒发回京后访问旧友的复杂心情。

王治平老先生《瑞龙吟·秋思》用韵以周词为参照，在情感表达上亦有很多相通一致之处。本词创作于癸未年（1943）秋，王先生时年23岁，青春年少意气风发，但对离情别绪的敏感在词中却展现得一览无余，全词写景叙事，今昔交错，以铺叙手法，把秋意萧索、秋叶飘零、秋水易寒、寂寞凄凉的思绪描述得淋漓尽至，将世事沧桑、悲苦惆怅的情感向读者倾诉得缠绵凄恻、感慨动人。

2）从文体结构和吟诵节奏方面考察。

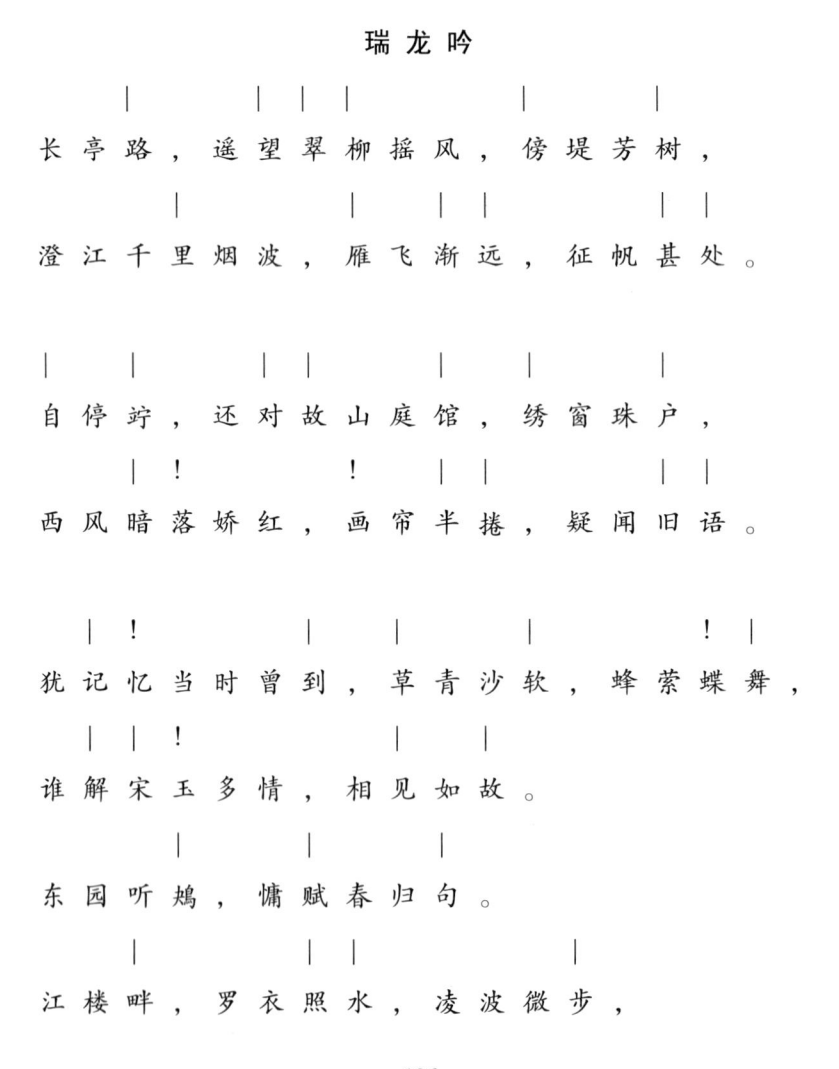

瑞 龙 吟

长亭路，遥望翠柳摇风，傍堤芳树，

澄江千里烟波，雁飞渐远，征帆甚处。

自停竚，还对故山庭馆，绣窗珠户，

西风暗落娇红，画帘半捲，疑闻旧语。

犹记忆当时曾到，草青沙软，蜂萦蝶舞，

谁解宋玉多情，相见如故。

东园听鸠，慵赋春归句。

江楼畔，罗衣照水，凌波微步，

|　|　　　　　|　　　　　|　　　|　　　|

倩 影 匆 匆 去 ， 夜 长 梦 短 ，

　　　　！　|　　　　　　　|　　　　　|

难 寻 别 绪 ， 新 藕 丝 千 缕 ，

　　　　|　　　　　　　　　　　　　|

莲 心 苦 ， 池 台 年 年 风 雨 ，

|　　　|　|　　　！　　　　|

汉 皋 旧 事 ， 却 随 飞 絮 。

此词可分为上、中、下三片。

上片共 6 句，27 字。首句“长亭路”起，“征帆甚处”止，描述送别时依依难舍之场景 。

中片共 6 句，27 字。第 7 句“自停竚”至“疑闻旧语”，对宛在耳边的伊人旧语美好往昔予以追忆。

下片共 17 句，79 字。从第 13 句“犹记当时曾到”至“汉皋旧事，却随飞絮”，抚今追昔早已物是人非，渲染出哀伤之情。

王老的吟诵节奏为三言句 3+0、四言句 2+2、五言句 2+3、六言句 2+2+2、七言句 3+4。

3）从声韵调系统方面考察。

《瑞龙吟·秋思》为北宋新声①，周邦彦《瑞龙吟·章台路》可算创调之作、词调典范，②亦为通行之正体。全词三段 133 字，前两段各六句，三仄韵；后一段十七句，九仄韵。第一段与第二段句式字数相同，似一词之两个头，故称双拽头。

① 段晴：《〈全宋词〉一百一十七至二百四十字长调词谱研究》，山东师范大学硕士学位论文，2016 年。

② 张璐瑶：《周邦彦〈瑞龙吟〉词调分阕问题辨正》，《河北北方学院学报》(社会科学版)2017 年第 2 期。

王治平先生此篇遵周词格律正统，多用律句，以四、六字为主，偶尔插入五字句，共有 6 个入声字，55 个仄声字。上片押"路、树、处"3 个仄韵；中片押"竚、户、语"3 个仄韵；下片押"舞、故、句、步、去、绪、缕、雨、絮"9 个仄韵。词人将写景叙事、往昔现实、时间空间等要素以网状排列，虽结构复杂，但章法谨严，层次清楚，词调纡徐和谐而又不失抗坠起伏，声韵尤为和婉。

表 4—1—17　　《瑞龙吟·秋思》普通话和成都方言发音差异字

文字	普通话发音	成都方言发音	异同分析
瑞	{rui}51	{s-ui}213	声母变为典型的成都方言发音，由 r 变为 s，调值由普通话的 51 变为成都方言的 213
雁	{yɑn}51	{ŋ-an}213	典型的方言发音，声母由 y 变为方言特有的 ŋ 声母，调值由普通话的 51 变为成都方言的 213
窗	{chuang}55	{c-ang}55	成都方言大多地方的发音，翘舌变为平舌，由 uang 韵变为 ang
户	{hu}51	{f-u}213	成都方言习惯声母由 h 变为 f，调值由普通话的 51 变为成都方言的 213
暗	{an}51	{ŋ-an}213	典型的成都方言发音，由零声母变为成都方言特有的 ŋ 声母，调值由普通话的 51 变为成都方言的 213
疑	{yi}35	{n-i}21	典型的成都方言发音，声母由 y 变为 n，调值由普通话的 35 变为成都方言的 21
萦	{ying}35	{y-un}21	韵母发生改变，由 ing 韵变为 un 韵，调值由普通话的 35 变为成都方言的 21
解	{jie}214	{j-i-ai}53	韵母也是方言习惯发音，由 ie 韵，变为 iai 韵，调值由普通话的 214 变为成都方言的 53
藕	{ou}214	{ŋ-ou}53	典型的成都方言发音，有零声母变为方言特有的 ŋ 声母，调值由普通话的 214 变为成都方言的 53

注：普通话调值 55、35、214、51；成都方言调值 55、21、53、213。

4) 从音乐性方面考察。

a. 基本结构。

吟诵调《瑞龙吟·秋思》以 a（3̲2̲1̇-6）、b（3̲3̲65·3）和 c（6̲3̲2̲3̲53）三个音乐短句变化重复贯穿全曲，形成 A+B+C 的三段体结构。

b. 音阶调式。

音阶调式为3561̇2̇3̇；吟诵调以角音（3）作为调式主音，以羽音（6）作为上句终止，上下句终止音呈四度关系，调式调性明确，属民族五声角调式。

c. 旋律线。

A 段"长亭路"至"征帆甚处"，在 abc 三种旋律音型变化组合的六句中，以 a 短句（3̲2̲1̇-6）为主，b（3̲3̲65·3）c（6̲3̲2̲3̲53）短句结合其中。a 类旋律呈现为以级进（2̇1̇-6、5̲3̲5、3̲2̲1̇-6、2̲1̲3̲2̲1̇-6）为多，跳进（5̲3̲、1̲3̇）结合的山峰型旋律形态，如"长亭路、傍堤芳树、征帆甚处"（1̇1̇2̇-6、5̲3̲5̲3̲2̲1̇-6、1̇3̲2̲1̲3̲2̲1̇-6）。b 类旋律主要在6 1̇ 3̇三音之间回旋起伏，如"遥望翠柳摇风、澄江千里烟波"（6̲1̲ 6̲1̲ 6̲3̲653、6̲3̲ 3̲3̲ 3̲3̲65·3）。平稳级进的 c 短句（6̲3̲ 2̲3̲ 5̲3̲）以波纹型旋律形态结合其中。韵字"路、树、处"（2̇1̇-6、2̇1̇-6、2̲1̲-6）和末字"风、波"（3̲653、3̲65·3）作 ab 型旋律一字多音句末拖腔，整个旋律在中高音区作下行音调变化重复，加以适当装饰音（波音、倚音、下滑音）和衬字的色彩润腔，音调伤感，清晰地描写了送别时的难舍场景和词人的离愁别绪。

B 段"自停伫"至"疑问旧语音"，旋律继续作 abc 型相结合变化发展，"自停伫、画帘半捲"（3̲1̲65·3、1̲6̲ 6̲1̲6̲1̲3̇-653）作"3̲、3̇"八度音程之间的级进旋法，"绣窗珠户、西风暗落娇红"（2̲3̲5·5̲2̲3̲1̲6、3̲3̲ 6̲6̲5̲3̲1̇·6）在旋律级进中，伴以音程跳进（3̲6̲、5̲3̲）结合，形成 ab 型两种不同旋律音型的下行音调。结合平稳级进的 c 型旋律"还对故山庭馆、疑闻旧语"（3̲5̲ 3̲1̲ 6̲6̲ 3̲2̲3̲5·3、3̲3̲ 3̲5̲1̲ 3̲5̲3̲1̲ 2̲3̲53）。旋律主要在中音区推进发展，紧承 A 段，音高下移，音调下沉。王老在吟诵该段时，给予适当色彩润腔，情感也随之变化。相对 A 段，句式相同，字数一样，音调作变化对比，其笔墨生动，音韵传神。旧语故山，往昔旧事，几分追忆，几分愁绪。

- 190 -

C 段"犹记忆当时曾到"至"却随飞絮",遵"瑞龙吟"词牌格律,字数增加,篇幅加大,旋律结构随之加宽,abc 三种旋律型结合运用其中,前后交替,层次分明,曲折盘旋,情思缠绵。王老在吟诵此段时将末字"畔、去、缕、事、絮"(6i̲6̲、2̇i̲6̲、i̲-6、2i̲6̲、2̲3̲ 2̲3̲5̲ 23·i̲6̲),"到、情、鸠、水、短、苦"(6i̲6̲5·3、6̲5̲3̲、6i̲6̲5̲3̲、i̲6i̲6̲5̲3̲、6i̲6̲5̲3̲、2̇i̲6i̲6̲5̲3̲)和"软、句、步、绪、雨"(6i̲6̲5̲ 3̲2̲3̲5·3、6i̲6̲ 3̲2̲3̲5·3、5̲2̲3̲5̲3̲、5̲2̲3̲5·3、6i̲6̲3̲2̲3̲5·3)作三种不同旋律音型的一字多音长吟拖腔处理,结合装饰音(波音、倚音、下滑音)和九处衬字"啊、呃、哦"色彩润腔,极大增强了该吟诵调的伤感凄婉之感。王老在吟诵"汉皋旧事、却随飞絮"(2̲3̲5̲ 2̲2̲1̲6̲、6̲6̲1̲ 5̲2̲3̲ 2̲3̲5̲ 23·i̲6̲)最后两句时降低音高,放慢速度,拉长音调,最后在"絮"字(2̲3̲ 2̲3̲5̲ 23·i̲6̲)中音区连续级进下行后在全调最低音"6̣"的一字九音长吟拖腔中结束该篇吟诵,其吟诵音调沉郁哀戚、伤感无奈,抚今追昔早已物是人非,伤离愁苦旧事随风飞去。

d. 节奏腔式。

吟诵调《瑞龙吟·秋思》末字中大多作四分音符 X 宽松型节奏拖腔运用,其余部分以八分节奏 X̲X̲ 为主,结合 X̲X̲X̲、X̲X̲X̲、X̲X̲X̲X̲ 等节奏型,前紧后松,节奏分明。旋律加以装饰音(波音、倚音、下滑音)和衬字"啊、呃、哦"色彩润腔。

A 段末字"路、树、处"(2̇i̲-6、2̇i̲-6、2̲1̲-6),"风、波"(3̇6̲5̲3̲、3̇6̲5·3);B 段末字"竚、捲"(6̲5·3、6i̲3̲-6̲5̲3̲),"户、红"(2̲3̲1̲6̲、3̇i̲·6)和"馆、语"(6̲3̲ 2̲3̲5·3、i̲ 3̲5̲3̲1̲ 2̲3̲5̲3̲);C 段末字"畔、去、缕、事、絮"(6i̲6̲、2̇i̲6̲、i̲-6、2i̲6̲、2̲3̲ 2̲3̲5̲ 23·i̲6̲),"到、情、鸠、水、短、苦"(6i̲ 6̲5·3、6̲5̲3̲、6i̲6̲5̲3̲、i̲6i̲6̲5̲3̲、6i̲6̲5̲3̲、2̇i̲6i̲6̲5̲3̲)和"软、句、步、绪、雨"(6i̲6̲5̲ 3̲2̲3̲5·3、6i̲ 6̲3̲ 2̲3̲5·3、5̲2̲3̲5̲3̲、5̲2̲3̲5·3、6i̲6̲3̲2̲3̲5·3)三种不同旋律音型的一字多音长吟拖腔形成以 a(3̲2̲i̲-6)、b(3̇3̲6̲5·3)和 c(6̲3̲ 2̲3̲5̲3̲)三种不同音调的基本吟腔变化重复贯穿全曲。王老在吟诵时,以成都方言语音声调行腔,遵循方言语音发音,吟诵音调韵味浓郁,匠心独具。

5）王治平先生《瑞龙吟·秋思》吟诵概述。

《瑞龙吟·秋思》以角音（3）作为调式主音，调式调性明确，属民族五声角调式。该词吟诵旋律 A 段集中在中高音区，B 段音调有所下移，C 段旋律主要在中音区发展，最后以低音6结束。三段末字均作 a（2̇1-6）、b（65·3）和 c（2353）三类不同旋律音型的一字长音拖腔，形成以 a（3̇21-6）、b（3̇365·3）和 c（632353）三种不同音调的基本吟腔变化重复贯穿全曲，整个吟诵音调趋于下行。

王老在使用成都方言吟诵时，与上一首《摸鱼儿·理遗篇》的普通话与成都方言对比调值变化大致一样，如"疑"字在普通话为阳平，成都读音调值变为 21，这是典型的方言读音。根据读音的上升或下降，其相应的旋律也随之而变动，依字声行腔，极具吟诵的音韵旋律美。

（3）词《莺啼序·丙辰·纪痛》。

1）从创作背景方面考察。

1976 年 3 月，王治平先生时年 56 岁，为悼念周恩来总理作《莺啼序·丙辰·纪痛》，字里行间流露着对周总理的爱戴和不舍、对"四人帮"的痛恨和愤怒，展示了中国知识分子忧国忧民的情怀。

2）从文体结构和吟诵节奏方面考察。

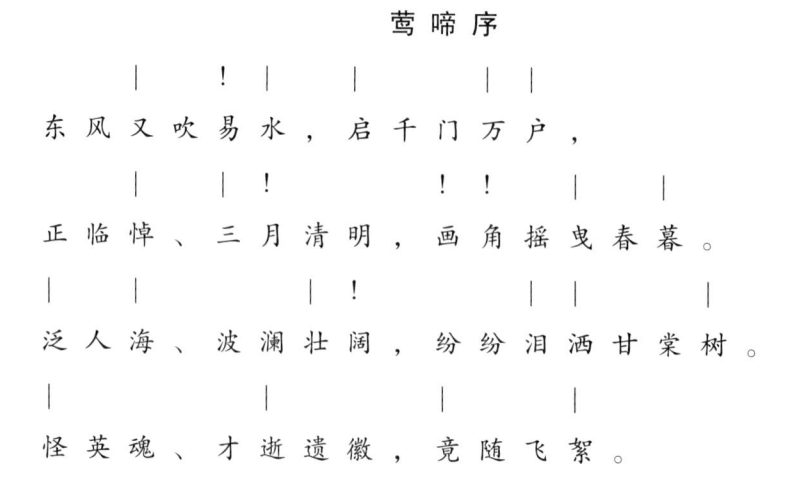

莺 啼 序

　　　　｜　　！｜　　　｜　　　　　｜
东 风 又 吹 易 水 ， 启 千 门 万 户 ，
　　　｜　　　｜　！　　　　！！　｜
正 临 悼 、 三 月 清 明 ， 画 角 摇 曳 春 暮 。
｜　　　　　　　｜！　　　｜　　　　　｜
泛 人 海 、 波 澜 壮 阔 ， 纷 纷 泪 洒 甘 棠 树 。
｜　　　　　　｜　　　　｜
怪 英 魂 、 才 逝 遗 徽 ， 竟 随 飞 絮 。

第四章 四川传统吟诵的基本面貌

封豕磨牙，祸水暗涌，幻妖韵黔雾。

日光耀、戈戟如林，剑花红透纨素。

刺刀锋、残肢断骨，肺肝裂，丝连筋缕，

捲惊飙、血洗神京，胔充鸢鹫。

千山霾恸，万魄沉冤，帝度禁寄旅。

啼泪满、玉楼瑶殿，父子妻女，

喷血含冤，啸风啼雨。

长星照地，遥天传影，

遐方亲见红羊酷，望瀛洲、咫尺悲难度，

长平鬼哭，怜他鬓绿颜朱，顷刻永化黄土。

谁司浩劫，尽杀齐民，痛命轻半纻。

但牝主纶音霏唾，便涨洪波，

｜　　｜　　　　　｜　　　　　　｜
　　四 海 尘 飞，九 城 魔 舞，
　　　　｜　｜　　　　　　｜
　　君 恩 胜 虎，潜 龙 安 在？
　　｜　｜　｜　｜　　　　　　　　　！　　｜
　　滔 滔 天 下 多 怨 愤，转 乾 坤、谁 作 擎 天 柱？
　　　　｜　｜　｜　　　　　　　！　　　　｜　｜　｜
　　千 秋 魂 绕 燕 台，禁 阙 桥 边，后 人 记 否？

全词共240字，可分四段。

第一段共8句，49字。首句"东风又吹易水"至"遗徽竟随飞絮"，通过自然和社会环境的描写，抒发对周总理逝世的悲痛，流露了词人痛苦伤感之情。

第二段共10句，51字。从"封豕磨牙"至"岢充鸾鹭"，表达出内心的愤慨。

第三段共14句，71字。从"千山霾恸"至"顷刻永化黄土"，把哀痛与悲愤推向了高潮。

第四段共14句，69字。从"谁司浩劫"至"后人记否"。三个问句呈现了怨愤情感的递增。

王老的吟诵节奏为三言句3+0、四言句2+2、五言句2+3、六言句2+2+2。

3）从声韵调系统方面考察。

《莺啼序·丙辰·纪痛》，词牌名，又名"丰乐楼"。南宋中期之新声，一说始词为高似孙作，其词序云："屈原《九歌·东皇太一》，春之神也。其词倭婉，含意无穷。略采其意，以度春曲。"词调中凡称"序"，皆是从唐宋大曲中摘出，因"序"实为大曲的起始部分。[①]此调传为最长词牌，始见于金代王哲的《莺啼序》"莺啼序时绕红树"。《词谱》以吴文英

---

① 左洪涛：《〈莺啼序〉词调新考》，《中国韵文学刊》2005年第4期。

第四章　四川传统吟诵的基本面貌

的《莺啼序·残寒正欺病酒》为正体，240 字，四段，第一段八句四仄韵，第二段十句四仄韵，第三段十四句四仄韵，第四段十四句五仄韵。王治平老先生此篇遵古法采用梦窗韵，即此正体格式。

全词共 23 个入声字，94 个仄声字。第一段押 4 个仄韵"户、暮、树、絮"；第二段押 4 个仄韵"雾、素、缕、鹭"；第三段押 4 个仄韵"旅、雨、度、土"；第四段押 5 个仄韵："纻、唾、舞、柱、否"。

全篇文体结构与句式均极复杂，仄声、入声字较多，仄声韵一押到底，声韵调势婉转起伏，波澜变化，时而流畅，时而低咽。

表 4—1—18　《莺啼序·丙辰·纪痛》普通话和成都方言发音差异字

文字	普通话发音	成都方言发音	异同分析
户	{hu}51	{f-u}213	声母是成都方言习惯的发音，把 h 变为 f，在四川方言各地方言里都是这样的变化。调值由普通话的 51 变为成都方言的 213
角	{jiɑo}214	{g-o}53	标准的成都方言习惯发音，声韵母完全改变，声母由 j 变为 g，韵母则由 iɑo 韵变为 o 韵，调值由普通话的 214 变为成都方言的 53
曳	{ye}51	{y-i}213	韵母是成都方言发音，由 e 韵变为 i 韵，调值由普通话的 51 变为成都方言的 213
暮	{mu}51	{m-o}213	韵母由 u 韵变为 o 韵，属成都方言发音，调值由普通话的 51 变为成都方言的 213
阔	{kuo}51	{k-u-ə}213	典型的成都方言发音，韵母由 uo 韵变为 u-ə。调值由普通话的 51 变为成都方言的 213
泪	{lei}51	{l-u-ei}213	成都方言习惯的发音，韵母由 ei 韵变为 uei 韵，调值由普通话的 51 变为成都方言的 213
戈	{ge}55	{g-o}55	成都方言习惯的发音，韵母由 e 韵变为 o 韵，调值不变
缕	{lv}214	{l-ou}42	成都方言习惯的发音，韵母由 v 韵变为 ou 韵，调值由普通话的 214 变为成都方言的 42

续表

文字	普通话发音	成都方言发音	异同分析
捲	{juan}214	{g-an}53	声韵母都有改变，声母由 j 变为 g，韵母由 uan 变为 an。调值由普通话的 214 变为成都方言的 53
惭	{zi}51	{j-i}213	声母改变由 z 变为 j，调值由普通话的 51 变为方言的 213
魄	{po}51	{p-ə}213	典型的成都方言发音，韵母由 o 韵，变为 ə 韵，调值由普通话的变为成都方言的 213
喷	{pen}55	{fen}55	典型的成都方言发音，声母由 p 变为 f，调值不变
鬓	{bin}51	{pin}213	声母由 b 变为 p，属方言特色的发音，调值由普通话的 51 变为成都方言的 213
绿	{lv}51	{lu}213	韵母是成都方言特色的发音，由 u 韵，变为 u 韵，调值由普通话的 51 变为成都方言的 213
顷	{qing}55	{qun}55	韵母也是典型的方言发音，把 ing 韵变为 un 韵，调值不变
刻	{ke}51	{kə}213	韵母由 e 韵变为成都方言特色的 ə 韵，调值由普通话的 51 变为成都方言的 213
永	{yong}214	{yun}53	韵母由 ong 韵变为成都方言特色的 un 韵。调值由普通话的 214 变为成都方言的 53
纶	{lun}35	{len}21	韵母是成都方言发音，由 un 韵变为 en 韵，调值由普通话的 35 变为成都方言的 21
恩	{en}55	{ŋen}55	由零声母的发音变为方言特色的 ŋ 声母，调值不变
虎	{hu}214	{fu}53	声母是典型成都方言习惯的读音，把 h 音变为 f，调值由普通话的 214 变为成都方言的 53
安	{an}55	{ŋan}55	由零声母的读发音变为成都方言特色的 ŋ 声母，调值不变

第四章 四川传统吟诵的基本面貌

续表

文字	普通话发音	成都方言发音	异同分析
擎	{qing}35	{jing}21	声母由 q 变为 j，是一种习惯性的发音，调值由普通话的 35 变为成都方言的 21
否	{fou}214	{fo}53	韵母是成都发音，由 ou 韵变为 o 韵。调值由普通话的 214 变为成都方言的 53

注：普通话调值 55、35、214、51；成都方言调值 55、21、53、213。

4）从音乐性方面考察。

a. 基本结构。

吟诵调《莺啼序·丙辰·纪痛》以 a ($\underline{3\dot{6}}\ \underline{6\dot{6}\dot{1}}\ \underline{6\ 5}\cdot 3$)、b ($\underline{535}\ \underline{3\dot{2}3}5-3$)、c ($\underline{6\dot{1}}\ \underline{56}\ \underline{3\dot{2}}\dot{1}-6$) 三个音乐短句变化重复贯穿全曲，形成的 A+B+C+D 四段体结构。

b. 音阶调式。

音阶调式为 $356\dot{1}\dot{2}\dot{3}$；吟诵调以角音（3）作为调式主音和结束音，以羽（6、$\dot{6}$）音作为上句终止。上下句终止音呈四度、五度关系，调式调性明确，属民族五声角调式。

c. 旋律线。

A 段"东风又吹易水"至"遗徽竟随飞絮"，旋律组合以 a($\underline{3\dot{6}}\ \underline{6\dot{6}\dot{1}}\ \underline{6\ 5}\cdot 3$)、b ($\underline{535}\ \underline{3\dot{2}3}5-3$) 型短句为主，c 短句作填充装饰。a 型旋律为音程跳进（$\underline{5\dot{1}}$、$\underline{\dot{1}5}$、$\underline{\dot{1}5}$、$\underline{3\dot{6}}$、$\underline{6\dot{3}}$）的谷峰型旋律音型结合末字"水、明、阔、逝"（$\underline{6\dot{1}}\ \underline{65}\ 3-$、$\underline{5}\ \underline{653}-$、$\underline{6\dot{6}\dot{1}}\ \underline{65}\cdot 3$、$\underline{6\dot{1}}\ \underline{3\dot{2}}\ \underline{\dot{1}6}\underline{\dot{1}65}\cdot 3$）一字多音的级进下行音型形成的旋律短句。如："东风又吹易水、正临悼三月清明、泛人海波澜壮阔、怪英魂绕逝"（$\underline{\dot{1}\dot{1}}\ \underline{5\dot{1}}\ \underline{6\dot{6}\dot{1}}\ 653-$、$\underline{\dot{1}56}\ \underline{\dot{1}5}\ \underline{\dot{1}5}\ 653-$、$\underline{6\dot{1}6\dot{1}}-\underline{3\dot{6}}\ \underline{6\dot{6}\dot{1}}\ \underline{65}\cdot 3$、$\underline{6\dot{3}}\underline{\dot{1}6\dot{6}\dot{1}}\ \underline{3\dot{2}}\ \underline{\dot{1}6}\underline{\dot{1}65}\cdot 3$；b 型旋律以音程级进为主，形成平稳而曲折的波纹型旋律，韵字"户、暮、絮"（$\underline{6\dot{1}6\dot{1}}\underline{653}235-3$、$\underline{353}235-3$、$\underline{23}235-3$）的一字 11 音、一字 7 音、一字 6 音的句末长吟拖腔结合其中，句幅加宽，音调拉长，情感加深。如："启千门万

- 197 -

莺啼序 丙辰 纪痛

王治平（民国）
王治平先生吟诵
李娟 记谱

东风又吹易水，启千门万户，正临悼三月清明（诶），画角摇曳（诶）春暮。泛人海，波澜壮阔，纷纷泪洒甘棠树（哦）。怪英魂缥逝，遗徽（诶）竟随（诶）飞絮。

封豕磨牙，祸水（诶）暗涌（啊），幻妖云（诶）瘴雾（啊）。日光耀戈戟如林（诶），剑花红透纨素。刺刀锋（诶），残肢断骨，肺肝裂，丝连筋缕（哦），捲鹭飙，血洗神京（呦），啬充鸳鸳。

千山霾恸（啊），万魄沉冤，帝度禁寄旅（诶），啼泪满玉楼瑶殿，父子妻女（诶），户、画角摇曳春暮、遗徽竟随飞絮"(6i5-66i6i653235-3、6i6i65335325353325-3、3i6i65335353235-3）；c 型旋律"纷纷洒泪甘棠树"（33232i656 3i66i65632i-6）七字 22 音的长句幅，韵字"树"（6i6i5632i-6）一字 10 音的长音拖腔和衬字"哦"的润腔运用，相比 ab 型旋律，其高昂而曲折多变的音调，极大地增强了词人对周总理逝世的悲痛伤感之情的表达程度。

B段"封豕磨牙"至"觜充鸢鹭"，以 ac 型音乐短句变化重复贯穿其中，在"356i"四音连接组合中，形成以"牙、云、骨、裂、飘、京"（6i653、66i65·3、6i65·3、66i65·3、365-3、3、6i65-3）为特色拖腔的 a 型旋律，如："封豕磨牙、残肢短骨、肺肝裂、捲惊飙、雪洗神京"（32i66i653、6366i65·3、6366i65·3、33365-3、6i636i65-3）；以"雾、林、素、烽、鹭"（6i65632i-6、332316、6i5632i-6、32i-6、232321-6）为另一特色拖腔的 c 型旋律，如："妖幻云黪雾、日光耀戈戟如林、剑花红透纨素、刺刀锋、觜充鸢鹭"（636i665·366i65632i-6、6363i653332316、6366ii6i6566i5632i-6、6332i-6、3i32125232321-6）。曲调在低音"6"至高音"3"的十二度音程中回旋起伏，旋律发展跨低中高三个音区，其中高音"i、3"的频繁出现，使吟诵音调更显高昂曲折。ac 两种不同风格的旋律组合形成明显的音高变化感，真实反映了跌宕起伏、波澜壮阔的历史，深切地表达出词人与民众内心的愤慨。

C段"千山霾恸"至"顷刻永化黄土"，曲调在"千山霾恸，万魄沉冤"（336632i-66i6i65632i6）高昂曲折的 c 型旋律音调中起调，结合相对平稳的 a（6365-3）、b（3553235-3）型旋律，前后交错，高低抗坠。旋律音高集中在中高音区，整个吟诵音调以"千山霾恸、万魄沉冤、红羊、望瀛洲咫尺悲难度、怜他鬒绿、顷刻永化"（336632i-6、6i6i65632i6、6632i6i65、i6336i65632i2i-6、6332i6、i6i32i66i32i6i65）c 型旋律为主，并加以多处装饰音（波音、倚音、下滑音）和 11 处衬字"啊、诶、嘞、哦"的色彩润腔，结合 ab 型旋律音调，将哀痛与悲愤的情绪推向了高潮。

D段"谁司浩劫"至"后人记否"，a、b、c 型旋律相互交错，发展变化。各句句幅明显减小，句中句末拖腔明显缩短，节奏紧缩，语势急切，音调愤懑，犹如滔滔江水连绵不绝。a 型旋律"谁司浩劫、痛命轻、四海尘飞、多怨愤、魂绕燕台"（6366i653、6i636653、6i3653、366653、6i365-3）和 c 型旋律"尽杀齐民、便涨洪波、九城魔舞、涛涛天下、禁阙桥边"（35321116、6i632i6、i32321312321·6、33232i6、6i6562i6）

— 200 —

相互连接，结合 b 型旋律，通过王老铿锵坚实、掷地有声的吟诵音调集中而鲜明地揭露了那段惨痛历史，抒发了对"四人帮"的痛恨和愤怒。该词最后以 b 型旋律音调连发三问，"潜龙安在？谁作擎天柱？后人记否？"（332·3523235·3、56i63235535235·3、353235-3）情感层层递增，展示了中国知识分子忧国忧民的情怀。

d. 节奏腔式。

王老在吟诵此篇《莺啼序·丙辰·纪痛》时，遵循成都方言语音发音，以成都方言语音声调行腔。其中"水、明、阔、逝、牙、云、骨、裂、飘、京、殿、女、地、哭"（6i653、66i65·3、6i65·3、66i65·3、365-3、3、6i65-3、6i653-、5653-、66i65·3、6i32i6i65·3、6i32665-3、6i65·3、6i653)；"户、暮、絮、旅、影、土、在、柱、否"（6i6i653235-3、353235-3、23235-3、365-3235-3、6633235-3、i3235-3、23235·3、235·3、3235-3）；"树、雾、林、素、烽、鹭、波、舞、下、边"（6i6i5632i-6、6i6563 2i-6、33231 6、6i5632i-6、32i-6、232321-6、32i6、312321·6、32i6、2i6）三种风格的一字多音连音拖腔为本吟诵调的特色吟腔。

旋律中56i23五个音以XX、XX、X-、X等节奏变化组合，结合三种特色拖腔形成 a（3666i65·3）、b（5353235-3）c（6i5632i-6）三种不同音调的音乐短句变化重复贯穿整个吟诵调，并加以地方特色的装饰音（波音、倚音、下滑音）和衬字"啊、诶、嘞、哦"的色彩润腔。吟诵音调韵味浓郁，风格独特。

5）王治平先生《莺啼序·丙辰·纪痛》吟诵概述。

该吟诵调以 a、b、c 三种旋律型的一字多音连音拖腔形成以 a(3666i65·3)、b(5353235-3)c(6i5632i-6)三种不同音调的音乐短句变化重复构成全曲。旋律发展集中出现在中高音区，吟诵音调宛转起伏，波澜变化，激昂曲折，情绪层层递进，抒发了内心的怨愤与哀痛。吟诵节奏以二分法、三分法结合进行，结构句式较为复杂。

在王老吟诵过程中，遵循了声调行腔，普通话调值变为成都方言时有一定的规律和变式。在吟诵过程中，普通话阴平调值大都不变，为高平调。吟诵时吐音平实、饱满、圆润。阳平调值变为21，调值下降。在曲谱中如："纶""擎"，旋律由高入低，依字腔行声。当普通话为上声时，调值变为53，如："角"，形成降调，沉郁顿挫。普通话去声调值变为213，降升调，旋律悠扬婉转，表达的情绪更加含蓄而丰富。

（4）词《浪淘沙·己亥春晚》。

1）从创作背景方面考察。

王治平老先生《浪淘沙·己亥春晚》作于 1959 年。作词时已年近不惑，由"幽恨"开篇可以为本首词的情绪定性，全词流露着好梦易醒、良辰不再、雨散云飞的遗憾和愁苦之情，读来赖人寻味。

2）从文体结构和吟诵节奏方面考察。

全词可分为上、下两片：

上片共5句，27字。首句"幽恨锁眉峰"至"太也匆匆"，此部分是对过往美好时光的怀念，幽恨绵绵无期，时光匆匆流逝。

浪淘沙·己亥春晚

```
   ｜ ｜           ！｜
幽 恨 锁 眉 峰， 目 断 长 空，
       ｜  ！        ｜           ｜ ！ ｜
重 来 江 上 觅 行 踪， 回 首 斜 阳 春 几 度， 太 也 匆 匆。

   ｜ ｜        ｜
池 馆 暂 从 容， 香 径 苔 封，
       ｜ ！        ｜ ｜        ｜    ｜  ｜
当 时 同 此 拾 残 红， 雨 散 云 飞 成 底 事， 恨 煞 东 风。
```

下片共5句，27字。"池馆暂从容"至"恨煞东风"，细致回忆了词人与故人池塘楼阁登临携手的往事，对"东风"吹过一切云雨散飞成昨又是极度的无可奈何。

王老的吟诵节奏为四言句2+2、五言句2+3、七言句4+3和3+4。

3）从声韵调系统方面考察。

浪淘沙，原为唐教坊曲名，后用为词牌名。隋唐燕乐大兴，文人善取乐入诗。中唐刘禹锡、白居易依小调唱和而首创乐府歌辞《浪淘沙》；五代李后主衍《浪淘沙》，始流行长短句双调小令；北宋柳永创长调慢曲《浪淘沙》。[①] 王治平老先生此篇《浪淘沙》即双调五十四字，上下片各五句、四平韵。

全词共18个去声字，4处入声字，上片韵字"峰、空、踪、匆"；下片韵字"容、封、红、风"，皆为平声一东韵。东韵源于上古的四个韵部，总体来说都是圆唇后接鼻音，有圆通之后顶起的感觉，因此其字多有"圆形、通透、大气"之意。汪烜《诗韵析》为"大雅春融"。[②]

全篇词格工整，如"幽恨锁眉峰"（平仄仄平平），"重来江上觅行踪"（平平平仄仄平平），"雨散云飞成底事"（仄仄平平平仄仄），"恨煞东风"（仄仄平平）。

表4—1—19 《浪淘沙·己亥春晚》普通话和成都方言发音差异

文字	普通话发音	成都方言发音	异同分析
眉	{mei}35	{m-i}21	韵母由ei变为i是典型的成都方言发音，调值由普通话的35变为成都方言的21
容	{rong}35	{y-ong}21	典型的成都方言发音，声母由r变为y，调值由普通话的35变为成都方言的21
风	{feng}55	{f-ong}55	韵母eng变为ong，典型的成都方言发音，调值不变

注：普通话调值55、35、214、51；成都方言调值55、21、53、213。

[①] 张改莉：《唐宋〈浪淘沙〉词研究》，兰州大学硕士学位论文，2014年。

[②] 续修四库全书编纂委员会：《续修四库全书》，上海古籍出版社2002年版，第409页。

4）从音乐性方面考察。

a. 基本结构。

吟诵调《浪淘沙·己亥春晚》以 a($\underline{3323}2\dot{1}6$)、b($6\underline{3\dot{2}\dot{1}}653$)c($\underline{3635}\underline{3123}53$)三个音乐短句变化重复贯穿全曲，形成的 A+B 的两段体结构。

b. 音阶调式。

音阶调式为612356；吟诵调以羽（6）音作为调式主音和结束音，以角（3）音为上句终止所支持的羽终止群体，上下句终止音呈五度关系。调式调性明确，属民族五声羽调式。

浪淘沙·己亥春晚

王治平　（民国）
王治平先生　吟诵
李娟　　　记谱

第四章　四川传统吟诵的基本面貌

c. 旋律线。

A 段"幽恨锁眉峰"至"太也匆匆过",在全曲最高音"$\dot{5}$"的连续八个高音的级进下行音调 $\underline{5}\underline{3}\underline{5}\underline{3}\underline{2}\underline{3}\underline{2}\dot{1}6$ 中起调,在 $56\dot{1}\dot{2}\dot{3}$ 为旋律主干音的变化组合中形成以 a 音乐短句($\underline{3}\underline{3}\underline{2}\underline{3}\underline{2}\dot{1}6$)变化出现四次的 a 型旋律为主要旋律结构,如"幽恨锁眉峰、重来江上觅行踪、回首斜阳春几度、太也匆匆"($\underline{5}\underline{3}\underline{5}\underline{3}\underline{2}\underline{3}\underline{2}\dot{1}6$、$\underline{3}\underline{3}\dot{1}\underline{5}\underline{6}\underline{3}\underline{3}\underline{2}\underline{3}\underline{2}\underline{3}\underline{5}\underline{2}\underline{3}\dot{1}6$、$\underline{3}\underline{3}\underline{6}\underline{6}\underline{3}\underline{3}\underline{2}\underline{3}\dot{1}6$、$6\dot{1}\underline{6}\underline{6}\dot{1}\underline{6}\underline{5}\underline{3}\underline{2}\underline{3}\dot{1}6$);间有"目断长空"($\underline{6}\underline{6}\underline{3}\underline{2}\underline{3}\underline{2}6\dot{1}\underline{6}\underline{5}\dot{1}\underline{3}\underline{2}\dot{1}\underline{6}\underline{5}3$)c 型旋律的填充组合。整个旋律进行主要在中高音区,高音"$\dot{1}\dot{2}\dot{3}$"的频繁出现,加上"锋、空、上、综、度、匆"的($\underline{3}\underline{2}\dot{1}6$、$\underline{3}\underline{2}\dot{1}\underline{6}\underline{5}3$、$\underline{5}63$、$\underline{5}\underline{2}\underline{3}\dot{1}6$、$\underline{2}\underline{3}\underline{2}\dot{1}6$、$\underline{2}\underline{3}\underline{2}\dot{1}6$)哀叹式下行音调的句中句末拖腔以及"哦"的衬字润腔,音调显得高昂而凄凉,曲折而愁苦。开篇"幽恨"($\underline{5}\underline{3}\underline{5}$)二字情绪定调,回首往事,时光匆匆,幽恨绵绵。

B 段"池馆暂从容"至"恨煞东风",以"容、飞"(653、$\underline{6}53$、$\underline{3}\underline{6}53$)、"此、风"($\dot{1}\underline{3}\underline{2}\dot{1}6$、$\underline{5}\underline{2}\dot{1}6$)、"苔封、事"($\underline{2}\underline{3}\underline{5}3$、$\underline{3}\underline{5}\underline{3}\dot{1}\underline{2}\underline{3}\underline{5}3$)的三种风格的拖腔为旋法形成的 abc 三种旋律短句组合其中,如:"池馆暂从容、雨散云飞"($6\dot{1}\underline{6}\underline{3}653$、$\underline{6}\underline{6}\dot{1}\underline{6}\underline{3}653$);"香径苔封、成底事"($\dot{1}\underline{6}\underline{3}\underline{2}\underline{3}\underline{5}6$、$\underline{3}\underline{6}\underline{3}\underline{5}\underline{3}\dot{1}\underline{2}\underline{3}\underline{5}3$);"当时同此、恨煞东风"($\underline{3}\underline{6}\underline{6}\dot{1}\underline{3}\underline{2}\dot{1}6$、$\underline{3}\underline{5}\underline{3}\underline{2}\underline{3}\underline{5}\underline{5}\underline{2}\dot{1}6$)。造景与记事融合无间,曲调与文辞意境相融。旋律音级组合主要出现在中音区,音区的整体下移,音调随之下沉,紧承上片,吟诵音调更显伤感凄婉,悲凉无奈。调式主音低音"$\underline{6}$"最后作结全曲,绵绵的哀思,深深的叹息,忆往事,恨东风,云雨散飞成底事。

d. 节奏腔式。

吟诵调《浪淘沙·己亥春晚》主要以四分音符 X 和八分音符 XX 为主,十六分节奏 XX 伴于其中,整体节奏相对舒展。王老在吟诵该词时,遵循成都的方言语音咬字发音,取成都方言语音声调行腔,以 2+2(四言句)、5+0(五言句)、4+3 和 4+2+1(七言句)节奏吟诵,"空、上、容、飞"($\underline{3}\underline{2}\dot{1}\underline{6}\underline{5}3$、$\underline{5}63$、$653$、$\underline{6}53$、$\underline{3}\underline{6}53$)、"锋、综、度、匆此、风"($\underline{3}\underline{2}\dot{1}6$、$\underline{5}\underline{2}\underline{3}\dot{1}6$、$\underline{2}\underline{3}\underline{2}\dot{1}6$、$\underline{2}\underline{3}\underline{2}\dot{1}6$、$\dot{1}\underline{3}\underline{2}\dot{1}6$、$\underline{5}\underline{2}\dot{1}6$)、"苔封、事"($\underline{2}\underline{3}\underline{5}3$、$\underline{3}\underline{5}\underline{3}\dot{1}\underline{2}\underline{3}\underline{5}3$)三种拖腔形成的 a

（3̲3̲2̲3̲2̲i̲6）、b（6̲3̲2̲i̲6̲5̲3）、c（3̲6̲3̲5̲3̲1̲2̲3̲5̲3）三种旋律型为此调特色吟腔，给予适当的装饰音（波音、倚音、下滑音）和衬字"诶、哦"的色彩润腔。吟诵音调余韵不绝，回味无穷。

5）王治平先生《浪淘沙·己亥春晚》吟诵概述。

全曲呈现为以a（3̲3̲ 2̲3̲2̲i̲6）、b（6̲3̲2̲i̲ 6̲5̲3）、c（3̲6̲ 3̲5̲3̲1̲ 2̲3̲5̲3）三个音乐短句变化重复贯穿全曲。旋律进行以中高音区为主，音调高昂曲折，情绪凄凉愁苦。开篇出现的连续八个高音（5̲3̲5̲3̲2̲3̲2̲i̲），极力引发读者情感的触动，奠定全曲对时间、对离合、对世事感叹的基调。

王老依字声行腔，按照字读的四声调值加以适当音调化。如"风"为阴平字，通常较长，出口音宜高出前面的音，显得发音更加饱满、平实。"容"原在普通话中为阳平字，但在成都方言读音中调值为21，呈低降型，在曲谱的旋律走向为6̲5̲3，韵字拖腔。

4. 王治平先生成都传统吟诵特点。

（1）倚声填词的创作方法。

在采录的众多老先生中，王治平先生是极少数能吟诵自己词作的人，深刻诠释了吟诵的诗词创作功能和欣赏作用。从王先生的吟诵录音和所填的四首词中我们可以见到宋人"依调填词、因声度词"的遗风。由于宋代音乐的逐渐消亡，古词调几乎失传，王先生所依据的填词音乐旋律是其从前人处习得的成都传统吟诵调，其吟诵律谱虽然与宋朝音乐的关系不大，但却继承了宋词词牌的格律谱，其词作中的用字遣词对声、韵、调都严格遵守。

王治平先生创作并吟诵的四首皆为词：《摸鱼儿·理遗篇》《瑞龙吟·秋思》《莺啼序·丙辰·纪痛》《浪淘沙·己亥春晚》，其内容均是王治平先生亲身经历、有感而发的。"咏歌"其实是吟诵的早期形态，在诗乐舞一体的时期，文人创作诗文与音乐旋律不能分开，诗人、词人在创作时需要反复吟诵体会遣词造句的准确性和声韵旋律的优美性。

王治平先生年轻时便以诗文著名蜀中，被前辈学人誉为"才子"，其《吟边琐记》一书内容所涉甚广，包括楹联隽语、判牍表章、诗词曲赋、佳章掌故等，足见其渊博的学识和极高的文学素养。本文所研究的四首词也出自该书，均是格律规范、文气跌宕的佳作。

《摸鱼儿·理遗篇》是王治平老先生为林乾良老师《春晖寸草卷》有感而题，全词格律工整，如，"秋灯夜雨"（平平仄仄），"叹两世凄凉"（仄仄仄平平），"萍飘絮泊"（平平仄仄），"不识托根处"（仄仄平平仄）等。词人用朴素的语言勾勒出林君凄凉的身世和失去亲人的痛苦，又以高度的共情对林君的孝行予以褒扬。

《瑞龙吟·秋思》用韵以周词为参照，叙事与抒情相结合，章法谨严，层次清楚，全词各句式，多用律句，四字和六字为主，偶尔插入五字句。在情感表达上周词为访旧感怀之作，写于词人因遭党祸罢黜庐州、十年后方被召回京师任国子监主簿之时，抒发回京后访问旧友的复杂心情，王先生的词作同样抒发了对世事沧桑感慨悲苦之情。声韵调势波澜起伏，乐音抗坠又不失和婉，情感惆怅凄恻。

《莺啼序·丙辰·纪痛》全篇结构与句式均极为复杂，仄声字较多、仄声押韵一韵到底，乐音变化波澜起伏，时而低咽，时而高亢，但均不离流畅和谐柔婉。通过自然环境和社会环境描写，抒发了对周总理逝世的悲哀，表达了词人内心悲痛伤感的愁绪。

《浪淘沙·己亥春晚》全篇格律工整，如："幽恨锁眉峰"（平仄仄平平），"重来江上觅行踪"（平平平仄仄平平），"雨散云飞成底事"（仄仄平平平仄仄），"恨煞东风"（仄仄平平）。抒发了幽恨绵绵和时光匆匆的感慨，对池塘楼阁登临携手的往事经东风吹过，一切皆无可奈何。

王治平先生四首词牌各异的词，均按照正体格律而填，叙事与抒情相结合，回忆与现实相联系，叹息、哀婉、悲苦、欣喜相得益彰贯穿始终。结构虽然复杂但章法严谨，往往一气呵成、行云流水，跌宕文气显而易见了。

（2）松紧有度的吟诵节奏。

词也称为"长短句"，词句的字数不一，吟诵节奏也存在松紧不一，在王治平先生吟诵篇目中其吟诵节奏主要以两字为一个节奏点,但也不乏三字为一个节奏的情况。

三言句的吟诵节奏为 3+0,在第三字处作停顿,如《摸鱼儿·理遗篇》中"理遗篇""更谁念""终天恨",其他篇目中的三言句吟诵节奏一致。

四言句句式的节奏多为 2+2 节奏类型,四言句的吟诵节奏为 2+2 的有 42 处,如《瑞龙吟·秋思》中,"雁飞渐远""草青沙软""傍堤芳树""征帆甚处""绣窗珠户"等。

五言句的吟诵节奏停顿点在一个短语的后面,主要包括两种,2+3 的有 9 处,3+2 的有 6 处。2+3 节奏如"新藕丝千缕""幽恨锁眉峰";3+2 节奏"启千门万户""幻妖云黪雾"。

六言句的吟诵节奏为 2+2+2 节奏类型,共 19 处。如"东风又吹易水""画角摇曳春暮""遣徽竞随飞絮""我亦婴年丧父""而今十载无母"。

七言句的吟诵节奏多以 4+3、3+4 节奏为主,3+4 共有 8 处、4+3 共 10 处。

王治平先生在吟诵节奏的处理上松紧有度,主要依据字声和格律,多在偶字数上停顿,停顿处多为拖腔,或加衬字长吟。通过曲谱我们发现王先生吟诵的四首作品,句中大量运用八分音符 XX 、十六分音符 XXXX 、前十六分音符 XXX 紧密型节奏,拖腔部分大多运用四分音符 X、二分音符 X- 宽松型节奏,加以少量的切分节奏 X X X 、X X.、XX.、附点 X.X 、X.X 来表现吟诵节奏。

(3) 依情行腔的标志旋律。

在吟诵中,拖腔作为吟诵者自身的一大特色,往往与情感表达密不可分,也是有别于他人吟诵的标志性旋律。拖腔的种类有很多,按旋律走向来分有平行、上行、下行。平行旋律走向的拖腔,旋律多以二度三度级进为主,给人沉稳、叙述之意;上行旋律拖腔,音乐形态呈级进跳进组合的上行旋律走向,表达激昂、愉悦、呐喊、哭诉的情感;下行旋律拖腔,旋律走向则由高向低,至上而下级进跳进组合发展,多表达忧伤感慨、物是人非、无可奈何的情感。从一定程度上讲,具有不同风格特点的拖腔决定了不同吟诵调风

第四章　四川传统吟诵的基本面貌

格的形成,王治平先生的吟诵拖腔主要由不同节奏和音级组合而成,以 a(653)、b(3216) 和 c(32353) 三种旋律拖腔为主,形成了王治平先生独具特色的吟诵调。

第一类是以旋律型(653)的一字多音的句中句末拖腔,如《摸鱼儿·理遗篇》中的"篇、木、缣、女、雨、年、路、诉"(3653、653、3653、1653、1653、653、61653、653);《瑞龙吟·秋思》中的"到、情、鸠、水、短、苦"(6165·3、653、61653、161653、61653、2161653);《莺啼序·丙辰·纪痛》中的"水、明、阔、逝、牙、云、骨、裂、飘、京、殿、女、地、哭"(61653、6616·3、6165·3、66165·3、365-3、3、6165-3、61653-、5653-、66165·3、613216165·3、6132665-3、6165·3、61653);《浪淘沙·己亥春晚》中的"空、上、容、飞"(321653、563、653、653、3653)。

第二类是以旋律型(3216)的一字多音的句中句末拖腔,如《摸鱼儿·理遗篇》中的"楚、泪、去、少、凉、泊、恨、情、眼、断、树"(216、3216、216、3216、3216、216、353216、3216、33216、3·5216);《瑞龙吟·秋思》中的"畔、去、缕、事、絮"(616、216、1-6、216、2323523·16);《莺啼序·丙辰·纪痛》中的"树、雾、林、素、烽、鹭、波、舞、下、边"(61615632 1-6、616563 21-6、332316、6156321-6、3216、23232 1-6、3216、312321·6、3216、216);《浪淘沙·己亥春晚》"锋、综、度、匆此、风"(3216、52316、23216、23216、13216、5216)。

第三类是以旋律型(32353)的句中句末拖腔,如《摸鱼儿·理遗篇》中的"父、鸟、苦、绕"(5616·35312353、561632353、32353、6·156565332);《瑞龙吟·秋思》中的"软、句、步、绪、雨"(61653235·3、6163235·3、52353、5235·3、6163235·3);《莺啼序·丙辰·纪痛》中的"户、暮、絮、旅、影、土、在、柱、否"(61653235-3、353235-3、23235-3、365-3235-3、6633235-3、13235-3、23235·3、235·3、3235-3);《浪淘沙·己亥春晚》"苔封、事"(2353、35312353)。

从这三类拖腔中我们可以发现,尾音均落在 3 或 6 上,形成民族五声角调式和羽

— 209 —

调式，整个拖腔旋律呈下行趋势，末字末音落在主干音上，有终止感，表达伤感的情绪。

除以上三类拖腔是形成王治平先生标志性吟诵特征外，拖腔的丰富性还表现在装饰音（上波音、前倚音、下滑音）及衬字等色彩润腔的使用。如《摸鱼儿·理遗篇》中，第一句"篇"字作上波音"⌒"润腔处理，"处"$6561\underline{32}\dot{1}\cdot 6$加下滑音"ㄟ"润饰。王先生衬字运用自如，如：诶、哦、啊、呃、嘞。在"诉、眼、土、古、乌、断、绕、树"八处长吟拖腔中，有六处的波音润腔处理和三处的衬字处理。

我们认为在吟诵旋律中最为重要的特征莫过于拖腔，拖腔时利用旋律的变化使情感充分表达。王先生在拖腔时运用装饰音（上波音、前倚音、下滑音）加衬字的润腔技法充分表达自己细腻的情感。如《摸鱼儿·理遗篇》中"不识托根处"中"处"（$6561\underline{32}\dot{1}\cdot 6$ㄟ）字拖腔手法独具一格，旋律先上行级进至高音$\dot{3}$后逐级回落至$6$ㄟ，加以多种色彩的润腔处理，再通过王老深情的吟诵音调让听者充分地理解其丧母之后人生无归处的悲痛。

又如在《莺啼序·丙辰·纪痛》第三段中王老先生的情感极其悲痛，音调的高低变化起伏较大，节奏较前两段更快。如首句"千山霾恸（啊）$\underline{33}66\underline{32}\dot{1}-6$"，王老先生以两个高音$\dot{3}$起调，在句尾的"恸"字，又以$\underline{32}\dot{1}-6$加衬字"啊"长拖腔，这一句整体音调较高。在接下来的两句中，虽同样也对"旅（唉）"$\underline{36}5-3\underline{23}5-3$、"女"$6\dot{1}65\cdot 3$、"冤"$5-3$几处进行拖腔处理，但整体音调下降。至"啸风啼雨（唉）"一句，"雨（唉）"字$\underline{32}165$的拖腔音又逐渐回到最低音6，这样的音调高低变化、节奏快慢处理可以使调势既有哀厉高亢之感，又有低咽哀婉之音，把满腔怨愤、悲痛欲绝之情表现得淋漓尽致。

为了使吟诵旋律更加婉转，情感表达更为细腻，王先生拖腔旋律的变化总体上是一字多音，高低起伏抗坠有序，于沉潜涵咏中依情而发，通过拖腔领略其中的甘苦曲折和词作妙用。

(4) 依字行腔的方言吟诵。

王治平先生在吟诵时依据成都方言语音的声调进行行腔，按照字读的四声调值化为旋律，依字行腔，字正腔圆，具有典型的成都传统吟诵音韵旋律美感。

在四首词中的方言与普通话差异字列表中，我们按照四声调值来分析变化规律，发现普通话阴平调值在成都方言中大都不变，仍为 55，高平调。这一类字吟诵时吐音平实、饱满、圆润。如《浪淘沙·己亥春晚》中"风"为阴平字，出口音宜高出前面的字音，发音饱满平实。

普通话阳平调值在成都方言中变为 21，调值下降，体现在吟诵旋律中，其走向由高到低，声音低沉。如《摸鱼儿·理遗篇》中"得"（6̲1̲63323），"泊"（3̲216），"容"（653）。

当普通话为上声字时，成都方言读音调值为 53，形成降调，沉郁顿挫，如《莺啼序·丙辰·纪痛》："角"（6̲1̲65）。

当普通话为去声字时，成都方言读音为 213，声调调型先降后升，如《摸鱼儿·理遗篇》：泪（3̲23）、絮（5̲33）、暮（6̲1），吟诵旋律上升高扬，此时加上前倚音或衬字体现旋律变化，悠扬婉转，表达的情绪更加含蓄而丰富。

（三）以王德生先生为例

1. 王德生先生及其成都传统吟诵。

王德生先生（1954— ），四川成都人，5 岁起从父亲王治平先生系统学习儒学，其成都传统吟诵全面继承了王氏家学。青年时期，多次亲近蜀中高僧圣钦大和尚、普钦法师，著有《贡噶活佛》（云南民族出版社 2006 年版）。

2. 王德生先生成都传统吟诵举隅。

2016 年 7 月 14 日、9 月 8 日，四川省吟诵学会会长王传闻和副秘书长周永明两次赶赴王德生先生家中进行采录。共采录到王德生先生古诗 4 首、先秦散文选章一节，分别为五言律诗《春夜喜雨》，七言绝句《赤壁》《江南逢李龟年》，七言古风《春江花月夜》和《孟子·梁惠王》选章。

（1）五言仄起律诗《春夜喜雨》。

1）从创作背景方面考察。

杜甫（712—770），字子美，自号少陵野老，世称"杜工部""杜少陵"。此诗成于 761 年（上元二年）春，杜甫流离转徙颠沛入蜀，长居成都已达两年，他热情地讴歌了来得及时、滋润一方的成都春雨夜景，以细腻的笔触描绘了春雨的特点，赞美了春雨无私奉献的品质，这是杜甫少有的快诗。

2）从文体结构和吟诵节奏方面考察。

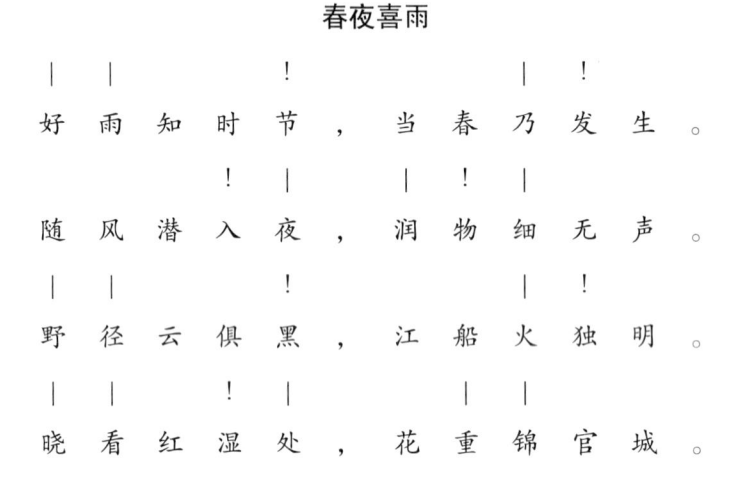

春夜喜雨

好雨知时节，当春乃发生。

随风潜入夜，润物细无声。

野径云俱黑，江船火独明。

晓看红湿处，花重锦官城。

此诗属于仄起的五言律诗，首句开篇便赞美春夜之"好雨"，春季农作物非常需要雨水滋润，农谚云："春雨贵如油"，作为"当春乃发生"的润泽万物之雨，不得不让诗人喜悦。成都地处"天府之国"四川盆地，气候温和、雨量充足，春日虽常有夜雨，但次日却阳光明媚。诗的情节从概括的叙述到形象的描绘，由耳闻到目睹，自当晚到次晨，结构严谨，用词讲究；把颇为难写的锦城夜雨，淋漓尽致地展现给世人，令人从字里行间感受到喜悦与春意。

前两联用流水对，把春雨的神韵一气呵成，末联则表达出骤然回首的惊喜，诗人是按先"倾耳听雨"再"举首望雨"后"闭目思雨"的过程充分展现了春雨好雨。在择韵上诗人以韵就情，"庚"韵是后鼻韵母，其发音过程较长，客观上拖慢了整首诗涵咏的时间和语调，这恰恰宜于表达诗中喜悦而不冲动、醇厚而不奔放的中和细腻之情。

王先生的吟诵节奏为 2+1+2（"好雨知时节""当春乃发生""随风潜入夜""润物细无声"），2+3 节奏（"野径云俱黑""江船火独明""晓看红湿处""花重锦官城"）。

3）从声韵调系统方面考察。

这是一首仄起五言律诗，全诗有 7 个入声字，13 个仄声字。押下平八庚韵"eng"，韵字"生""声""明""城"。庚韵源于上古四个韵部，大都是开口元音，收于后鼻音，因此其字多有"开阔、雄壮、坚硬"之意。庚韵的字现在分别演变成了以 ang、ong、eng、ing 为韵母的字，尤以 eng、ing 韵母为多，但其本来的读音近似 ang，有开口韵母的开阔之意。汪烜《诗韵析》：大雅铿锵、慷慨不平。[①]

全诗平仄规范四声和谐，吟诵起来琅琅上口。成都方言的特点在于平翘舌音不分明，几乎把翘舌音全部读成平舌音，所以这个吟诵作品里不做平翘舌的具体分析，另外成都方言的前后鼻韵都读作前鼻韵，但王德生先生的吟诵润腔手法较多，尾韵拖腔较长，在吟诵时把后鼻韵字的鼻韵全部表达出来。如："生"和"声"两个字(sheng)吟作（seng），"城"字（cheng）吟作(ceng)。

表 4—1—20　　《春夜喜雨》普通话和成都方言发音差异字

文字	普通话发音	成都方言发音	异同分析
黑	{hei}55	{h-ə}55	典型的方言发音，韵母由 ei 变为 ə，调值不变
独	{du}35	{z-u}21	这个字王德生先生读发作{zu}，根据文本是误读。调值由普通话的 35 变为成都方言的 21

注：普通话调值 55、35、214、51；成都方言调值 55、21、53、213。

---

① 续修四库全书编纂委员会：《续修四库全书》，上海古籍出版社 2002 年版，第 409 页。

4）从音乐性方面考察。

a. 基本结构。

吟诵调《春夜喜雨》为 A+B+C+D 四个连贯的长句构成的四句体结构。

b. 音阶调式。

调式音阶为 3567123；吟诵调以角音（3）作为调式主音和结束音，吟调在五声音阶（35612）的基础上，还用到了偏音变宫（7），属民族六声角调式。

春 夜 喜 雨

杜 甫 （唐）
王德生先生吟诵
何 民 记谱

```
3̇3̇  3̇6 6 5 - 3 | 2̇2̇  2̇6  3̇3̇5̇  3̇1̇  1̇ - 6 |
好雨 知时节，   当春 乃发 生(呃)。

6 3̇6 6 6 5 - 3 | 3̇5̇  3̇.  3̇5̇  2̇  3̇  5 - 3 |
随风 潜入夜，   润  物 细 无 声。

2̇6 6 2̇ 6 5 - 3 | 7 6̇ 7̇ 6̇ 3̇ 2̇ 3̇ 5̇.  5̇2̇  6̇ 7̇ 2̇. 6 - |
野径 云俱黑，   江船        火独  明。

2̇6  6 6 7̇ 6̇ 7̇ 2̇. 7̇. 6̇ | 2̇6  6 - 5 3̇ 6̇ 2̇  6 - 3̇5̇ 3̇ 2̇3̇ 5̇ - - 3̇0 ||
晓看 红湿 处，   花重(哟)    锦官    城。
```

所谓六声调式是指在五声调式基础之上加入一个偏音（清角 4 或变宫 7）。

c. 旋律线。

A 句（首联）<u>333</u>665-3，<u>222</u><u>633</u><u>553</u>1̇1̇-6（好雨知时节，当春乃发生）旋律主干音为 56123，在高音 3̇ 的连续同音反复后 <u>3336</u> 形成级进式下行音调 <u>3665</u>-3，紧接同音反复后的四度五度大跳 <u>2226335</u> 再三度级进下行 <u>3i</u>1̇-6。音程上下大跳，音调明朗跳跃，"好、知"的精巧用字，将雨拟人化，既言春雨应运催生，又表达诗人喜悦之情。

B句（颔联）6̇36665-3，353·35235-3（随风潜入夜，润物细无声）整个旋律在2356四个音相互连接组合中，呈现为级进353·35235-3为多，偶有音程跳进6̇3，旋律总体平稳，曲调细腻流畅，表现春雨随风而至，悄无声息，滋润万物。旋律的连续级进与诗词的内容有机结合，情景交融，淳朴而富有诗意。

C句（颈联）2̇662̇65-3，76763235·52672·6-（野径云俱黑，江船火独明）在前两联旋律发展的基础上，大胆运用了变宫（7），乐句得以扩充，曲调更具感染力，调式更具变化色彩，旋律由五声发展为六声，在高音2̇至低音6̣的十一度音程中，形成两个跳进下行2̇662̇65-3、76763235·52672·6-音调，音区扩大、音域拉宽，高中低音的对比运用，形象表现出江船渔火，反衬春夜的广漠幽暗，以及春雨的繁密。

D句（尾联）2̇6667672̇·7·6，2̇66-53626̇-353235--30（晓看红湿处，花重锦官城）紧接颈联，在23567的五音组合中，旋律进一步扩张，以四度跳进2̇6、6̣2为主，伴有二度三度级进667、353235，形成谷峰型形态，旋律循环往复，跌宕起伏，表现诗人春一般的喜悦心情以及细雨滋润、红艳欲滴、生机盎然之景。

全诗以"盼雨—听雨—看雨—想雨"为一条情感思路构思行文，全曲跳进与级进相结合，音级组合在高中低音区旋回跳动，乐音与诗歌意境相融，吟调明快活泼而不失清雅婉约。

d. 节奏腔式。

王先生在吟诵此篇《春夜喜雨》时多处用到下滑音"ㄑ"、波音"～"和衬字"呃"加以色彩润腔润饰，更细腻地表现了诗中喜悦而不冲动、醇厚而不放浪的绵长细腻的情感，增添了吟诵调的韵味。

此吟诵调四联出句均以XX、X、X-节奏型相结合为主，对句以XX、XX、X、X-节奏型相结合，形成音步节奏为2+2+1式。王德生先生在吟诵《春夜喜雨》时，对前三联出句句末"节、也、黑"（65-3）作了相同音调的长音拖腔处理，第四联出句句末"处"（672̇·7·6）与韵脚"生、声、明、城"（335311̇-6、

5-3、6͡72·6͡-、6-3͡53235--30）均为一字多音的连音拖腔。以 a 音乐短句（65-3）、b 音乐短句（3͡53·35235-3、3͡53235--30）和 c 音乐短句（6͡72·6͡-、6͡72·7·6͡）形成此调基本吟腔，结合成都方言语音的声调行腔，吟调颇具有地方特色，清纯朴实，气息宽广，婉转起伏，韵味独特。

5）王德生先生《春夜喜雨》吟诵概述。

王先生在吟诵时若遇句末为阴平声字时，成都方言声调值为55，高平调。此五言律诗的吟诵以 a 音乐短句（65-3）、b 音乐短句（3͡53·35235-3、3͡53235--30）和 c 音乐短句（6͡72·6͡-、6͡72·7·6͡）形成此调基本吟腔，结合成都方言语音的声调行腔，吟诵节奏为 2+2+1 和 2+3。吟诵调在中高音区，跳进和级进相结合，属于民族六声角调式，音调明朗跳跃，呈现谷峰型，旋律循环往复，跌宕起伏。

（2）七言仄起绝句《赤壁》。

1）从创作背景方面考察。

《赤壁》是唐代诗人杜牧创作的一首七言绝句，诗人经过著名的古战场赤壁（今湖北省武昌县西南赤矶山）时见到古战场遗物，有感于三国英雄成败，即物起兴、托物咏史，点明赤壁之战关系国家存亡、社稷安危，同时暗指自己怀才不遇，以小见大。

2）从文体结构和吟诵节奏方面考察。

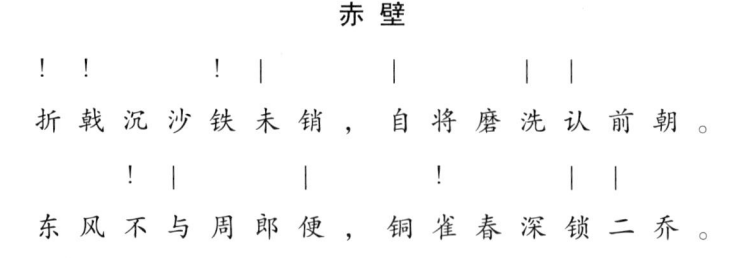

赤 壁

！！　　！｜　　　｜　　｜｜
折 戟 沉 沙 铁 未 销 ， 自 将 磨 洗 认 前 朝 。
　　！｜　　｜　　　！｜　　｜｜
东 风 不 与 周 郎 便 ， 铜 雀 春 深 锁 二 乔 。

首联和颔联之中，杜牧先以经过历史侵蚀的赤壁之战的"折戟"引发思考，在颈联和尾联中又大胆地猜测孙刘联军打败曹军的原因，倘若不是东风助阵，大乔、小乔恐已成为俘虏，三国的历史也将改写。

王先生的吟诵节奏为 4+1+2（折戟沉沙铁未销，自将磨洗认前朝）；2+2+3（东风不与周郎便，铜雀春深锁二乔）。

3）从声韵调系统方面考察。

表4—1—21　　《赤壁》普通话和成都方言发音差异字

文字	普通话发音	成都方言发音	异同分析
折	{zhe}35	{z-ə}21	典型的方言发音，翘舌变为平舌，韵母由 e 变为ə，调值由 35 变为 21
雀	{que}51	{q-i-o}213	改变了韵母，由 ue 韵变为方言的 io 韵，调值由 51 变为 213，应该是入声归去声

注：普通话调值 55、35、214、51；成都方言调值 55、21、53、213。

这是一首仄起七言绝句，诗歌首句入韵，下平二萧韵，韵字为"销""朝""乔"。萧韵源于上古的两个韵部，而且往往前有介音，多是开口度由大变小，收于圆唇音，有温柔变化之感，徐健顺先生研究认为其字多有"弯曲、柔软、遥远"之意，[①]汪烜在《诗韵析》中归纳为"物色妖娆"[②]。

吟诵时遵循平长仄短原则，成都方言几乎把翘舌音读成平舌音，但在王德生先生的吟诵中，往往在句尾处加入"呃""啊"等衬字进行拖腔，便于抒发情感。

4）从音乐性方面考察。

a. 基本结构。

吟诵调《赤壁》由 a（666̇365-3）、b（563̇21̇-6）和 c（3532·35--3）三个音乐短句变化重复组成 A+B+C+D 的四句体结构。

b. 音阶调式。

其调式音阶为 356123；吟诵调以角（3）音作为调式主音和结束音，以羽

[①] 徐健顺：《汉语音义表》，广西师范大学出版社 2017 年版。
[②] 续修四库全书编纂委员会：《续修四库全书》，上海古籍出版社 2002 年版，第 409 页。

（6）音为上句终止，上下句的终止音呈四度关系，调式调性明确，属民族五声角调式。

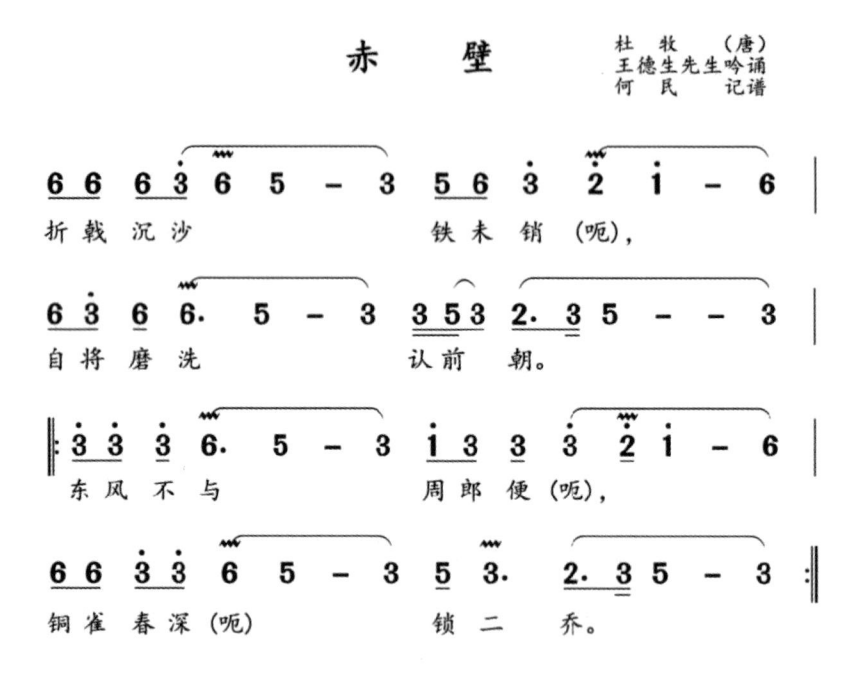

赤 壁

杜 牧（唐）
王德生先生吟诵
何 民 记谱

（乐谱略）

c. 旋律线。

A 句 666365-35632i-6（折戟成沙铁未销）为 a 音乐短句 666365-3 和 b 音乐短句 5632i-6 的组合，主干音为 56i23。旋律起调在 6 音同音反复三次后五度大跳直跃旋律最高音 6663 又陡转直下后的跳进下行 365-至调式主音 3，紧接 b 音乐短句 5632i-6，采用相似素材和旋法，在大二度后的五度上行跳进 563 再逐级下行 32i-6 的五声旋律中，整体呈现为高去低回的巨浪型旋律形态，音调明朗跳宕。

B 句 6366·5-33532·35--3（自将磨洗认前朝），以 a 音乐短句的变体 6366·5-3 和 c 音乐短句 3532·35--3 相结合，相对 A 句，采用了同头异尾的旋律音型组合而成，在以 2356 四个为主干音的相互连接组合中，以 63 五度大跳后的连续级进 66·5-33532·35--3 为主，以扶摇直上后再突然回落的旋律音调表现诗人"怀古之幽情"。

C 句 3336·5-31̠3̠3̠3̠2̠1̇-6（东风不与周郎便）是以 a 音乐短句的另一变体 3336·5-3 和 b 音乐短句的变体 1̠3̠3̠3̠2̠1̇-6 的结合。旋律主干音为 561̇2̇3̇，以全曲最高音 3̇ 同音反复三次后的五度下行跳进 3̠3̠3̠6̇·再级进 6·5-至主音 3，紧接六度下行跌落 1̇3 后的急转八度上跳 3̠3̇ 再逐级下行 2̇1̇-6，旋律大起大落，呈现出大幅度的高去低回的巨浪型形态，曲调激越高昂，极富推动感。

D 句 66̠3̠365-353̇·2̇·35-3（铜雀春深锁二乔）为 B 句的变化重复，音型相同、旋法一致，旋律五度大跳 66̠3̠3̇ 上扬后的迅速级进回落 65-353̇·2̇·35-3 的旋律形态，感叹式的音调平稳结束在调式主音 3 上。

整个吟调的四个长句均以高旋低回总体趋于下落的旋法，以感叹式的音调表现出诗人对国家兴亡的慨叹，曲调与内容相结合，气势连绵，引人遐想，诗人从小处落墨，小中见大，出语隐约，贴切而含蓄。

d. 节奏腔式。

吟诵调《赤壁》中上波音"⌒"和衬字"呃"的色彩润腔的处理更细腻地表现了诗人的情感，增强了吟诵调的地方特色和韵味。

王德生先生吟诵此篇《赤壁》时，明显将其音步节奏划分为 4+3，在第四字和第七字用到四分音符 X 和二分音符 X-相结合的节奏型，形成以 a "沙、洗、与、深"（3̠65-3、6·5-3）、b "销、朝"（3̠2̇1̇-6、3̠3̠2̇1̇-6）、c "便、乔"（2̇·35--3、2̇·35-3）三种一字多音的连音拖腔形成的基本吟腔贯穿全曲，吟诵调依据成都方言语音行腔，特色吟腔独树一帜。

5）王德生先生《赤壁》吟诵概述。

王老在吟诵《赤壁》时，由 a（666̠365-3）、b（563̠2̇1̇-6）和 c（3532̇·35--3）三个音乐短句变化重复组合而成。全诗吟诵旋律整齐，感情饱满，节奏分明，吟诵节奏取 4+3 式。在第四字和第七字处有明显一字多音连音拖腔，全曲由 a+b、a+c 式组合，前半句为 a 音乐短句，后半句为 b 或 c 音乐短句。属于民族五声角调式。全曲吟诵旋律在中高音区进行，旋律围绕 563 三音变化发展，旋律呈现巨浪型，情感表达明朗跌宕，拖腔音调为 3̠65-3、3̠2̇1̇-6、2̇·35--3。

王老在吟诵过程中，根据成都方言依字行腔，当为阳平字时，成都方言调值为 21，呈低降调，起伏不大，发音平实。当普通话音为去声时，成都方言调值为 213，在旋律中音调体现为下降后又上升，跳进上升，吟诵音调强实有力，短而急促。

（3）七言平起绝句《江南逢李龟年》。

1）从创作背景方面考察。

此诗作于唐代宗大历五年（770），杜甫时在潭州（今湖南长沙）。诗人青年时常出入于岐王李隆范和中书监崔涤之门，得以领略开元时期"特承顾遇"的宫廷歌唱家李龟年之风采。安史之乱后，杜甫漂泊到江南一带，大历四年（769）三月杜甫离开岳阳到潭州，于第二年春与李龟年重逢，相较之在岐王和崔九府第频繁相会盛极一时的情景，杜甫心中感慨万千、悲伤难掩，于是写诗寄情。

2）从文体结构和吟诵节奏方面考察。

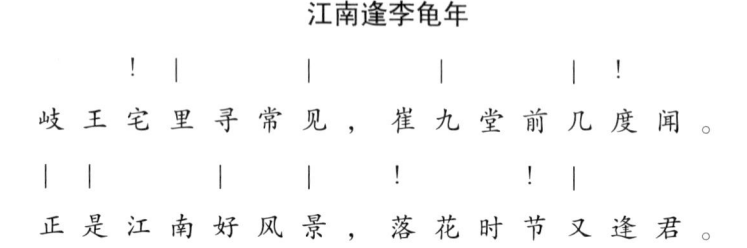

江南逢李龟年

！ ｜　　　｜　　　｜　　　｜！
岐 王 宅 里 寻 常 见， 崔 九 堂 前 几 度 闻。
｜｜　　｜　｜　　！　　！｜
正 是 江 南 好 风 景， 落 花 时 节 又 逢 君。

此诗属于七言绝句，平起首句不入韵。诗人在首联和颔联通过追忆开元盛世与歌唱家李龟年的交往，表达对国家昌盛的追忆，在颈联处开始做铺垫，尾联则着重描写诗人与艺人同为漂泊，衬托国事凋敝，慨叹世事无常。"寻常""几度"二词描述了当时盛唐时期豪门贵族爱好文艺，有才之人聚集的情景，转眼之间遭受战乱的唐王朝从顶峰开始下落，在杜甫眼中极负盛名的歌唱家李龟年就是盛唐的标志之一，是时代的特征，他的落魄反映出王朝的衰落。多年之后江南重逢虽春意阑珊却也是落花时节，全诗仅二十八字便写尽了一个时代的盛衰。

王先生的吟诵节奏为 4+3（岐王宅里寻常见，崔九堂前几度闻）；2+2+3（正是江南好风景，落花时节又逢君）。

3）从声韵调系统方面考察。

全诗共二十八字，9个仄声字，4个入声字，押上平十二文韵，韵字为"闻""君"。文韵源于上古的文部，开口度较小，变小收于前鼻音，有收敛、回味、抒情之感，因此其字多有"美丽、复杂、温柔"之意。汪烜《诗韵析》中归纳为"典丽欢欣"。①

表 4—1—22　　　《江南逢李龟年》②普通话和成都方言发音差异字

文字	普通话发读音	成都方言发音	异同分析
宅	{zhai}35	{c-ə}21	明显的成都方言文字，声韵母都有改变，声母由翘舌的 zh 变为平舌的 c，韵母由 ai 变为 ə，调值由普通话的 35 变为成都方言的 21
常	{chang}35	{sang}21	声母由翘舌音的 ch 变为平舌音的 s，调值由普通话的 35 变为成都方言的 21

注：普通话调值 55、35、214、51；成都方言调值 55、21、53、213。

4）从音乐性方面考察。

a. 基本结构。

吟诵调《江南逢李龟年》为 A+B+C+D 的四个长句组成的四句体结构。由 a（6̇6 6̇265-3）、b（6̇6 63̇2i--6）和 c（i56 532 2·3̇5·3）三个音乐短句变化重复组合而成构成全曲。

---

① 续修四库全书编纂委员会：《续修四库全书》，上海古籍出版社 2002 年版，第 409 页。
② 吴淑玲：《从〈江南逢李龟年〉谈唐代诗歌的传播》，《杜甫研究学刊》2015 年第 1 期。

江南逢李龟年

杜甫（唐）
王德生先生吟诵
何民　记谱

岐王宅里　　寻常见（呃），

崔九堂前　　几度闻。

正是江南　　好风景（哟），

落花时节　　又逢君（哟）。

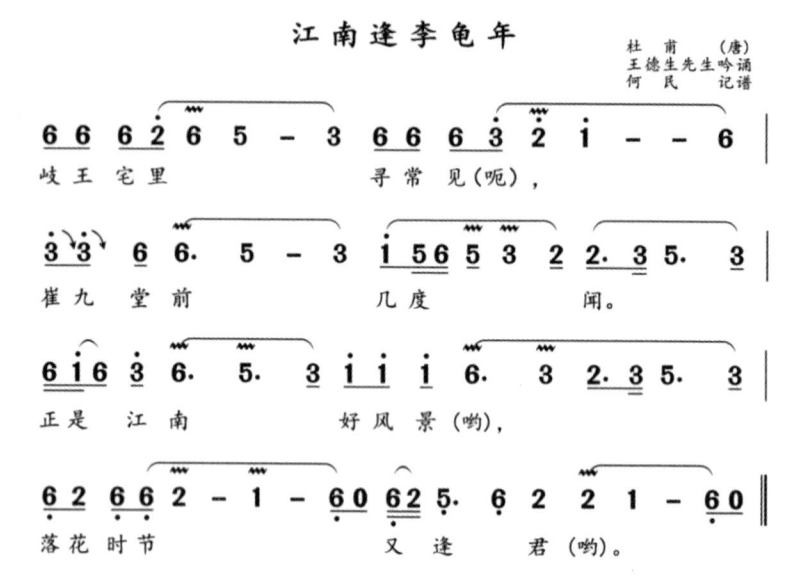

b. 音阶调式。

调式音阶为612356；吟诵调以羽音（6）作为调式主音和结束音，以角音（3）为上句终止，上下句的终止音呈五度关系，调式调性明确，属民族五声羽调式。

c. 旋律线。

A句 666265-366632i--6（岐王宅里寻常见）为ab音乐短句的组合，在主音6的同音反复三次后的四度上行跳进6662又连续级进下行65-3的旋律发展后，紧接相似音乐短句666632i--6，采用相似素材和旋法，在以6i23为主干音的五声旋律中，整体呈现为高去低回的巨浪型旋律形态。末字"见"加以衬字"呃"和波音"⌒"色彩润饰。

B句 33 66·5-3 i56 532 2·35·3（崔九堂前几度闻）以a音乐短句的变体和c音乐短句相结合，2356四个主干音相互连接组合，全曲最高音3的同音反复后的五度下行大跳336再逐级下行回落6·5-3，"崔九"两字运用下滑音"、"润腔，"前"字6·5-3加以一字多音长音拖腔。紧接c音乐短句，四度下行跳进后的连续上下级进i565322·35·3交替进行，"度"

作一字多音 56532 句中拖腔和两次波音润腔处理，曲调明快流畅，整体呈现为峰谷型旋律形态，与诗歌意境相融，寄寓诗人对开元初年鼎盛的眷怀。

C 句 6i6 36·5·3 ii i6·32·35·3（正是江南好风景）结合 ac 音乐短句的变体，主干音为 356i，旋律为 B 句的变化重复部分，沿用其相同素材，相同旋法，旋律舒展流畅、音调韵致悠扬。

D 句 62 662-1-60 625·6221-60（落花时节又逢君）为两个 b 音乐短句的变体组合，旋律主要围绕低音 6 作跳进级进发展，音高由前三句的中高音区整体下移至中低音区，"节、君"字 62-1-60、221-60 的下行音调长音拖腔，末字"君"加以衬字"哟"的润腔处理，使情绪由明朗变得阴郁感伤，借景寓情，别有寓托，以感叹式的吟诵音调表现诗人对人世巨变的慨叹。

整个吟调由 abc 三个音乐短句组合而成的基本吟腔以感叹式的乐调表现抚今思昔、世境离乱、年华盛衰、人情聚散以及彼此的凄凉流落。

d. 节奏腔式。

吟诵调《江南逢李龟年》大量运用上波音"⌒"和感叹式的衬字"哟、呃"拖腔更细腻地呈现伤感情绪。

王德生先生吟诵时，将其音步节奏分为 4+3 和 4+2+1，在第四字和第七字运用四分音符 X 和二分音符 X-相结合的节奏型，形成以 a "里、前、南"（ż65-3、6·5-3、6·5·3），b "见、节、君"（3żi--6、62-1-60、221-60），c "闻、景"（2·35·3、i6·2·35-3）三种一字多音的连音拖腔，形成特色吟腔，成都方言韵味浓郁。

5）王德生先生《江南逢李龟年》吟诵概述。

该首吟诵具有典型的成都风味，在成都方言与普通话对比分析中，普通话阳平调转为成都方言调值 21，呈低降调，在旋律中表现为调值下降或不变，吟诵时短促有力，较少拖腔。全曲由 a（66 6ż65-3）、b（66 6żi--6）和 c（i56 532 2·35·3）三个音乐短句结合而成的基本吟腔以感叹式的音调表现抚今追昔，世境离乱，年华盛衰之情，旋律由 abc 三个音乐短句组合成 a+b、a+c、 b+b 三种，呈民族五声羽调式。整个吟调首联和颈联吟诵节奏为 4+3，颔联和尾联吟诵节奏为 4+2+1，四联中在第四字和第七字处均长吟，颈联和尾联旋律较为低沉且。整体旋律分布在低中高三个音区，前三句集中在中高音区，呈现巨浪型和峰谷型，最后一句音高下移至中低音区，音调下行，情绪阴郁感伤。

（4）七言古诗《春江花月夜》。

1）从创作背景方面考察。

张若虚（约 660—约 720），唐代诗人，祖籍扬州，曾任兖州兵曹，事迹略见于《旧唐书·贺知章传》，唐中宗神龙（705—707）中，与贺知章、贺朝、万齐融、邢巨、包融俱以文词俊秀驰名于京都，与贺知章、张旭、包融并称"吴中四士"，唐玄宗开元时尚在世。张若虚的诗仅存两首于《全唐诗》，其《春江花月夜》可谓孤篇压全唐，沿用陈隋乐府旧题，抒写真挚动人的离情别绪，阐发唯物辩证的人生哲学，语言清新优美，韵律婉转悠扬，洗去了宫体诗的浓脂艳粉，给人以澄澈空明、清丽自然的感觉。

2）从文体结构和吟诵节奏方面考察。

全诗共三十六行，共分为九组，每四句一小组，一组三韵，另一组必定转用另一韵，整首诗整齐中又显复杂。全诗大量使用排比句、对偶句和流水对，起承转合皆妙，文章气韵无穷，围绕"春、江、花、月、夜、人"六个主题词错落重叠，回环复沓，呈现如梦似幻、斑彩迷离的境界。

全诗王先生的吟诵节奏均为 2+2+3 结构。

春江花月夜

　　│　　│　　　│　│　！　│
春　江　潮　水　连　海　平，海　上　明　月　共　潮　生。
　│　　│　　　│　　　│　　　　　│　　　！
滟　滟　随　波　千　万　里，何　处　春　江　无　月　明！

第四章　四川传统吟诵的基本面貌

｜　｜　｜　　｜　　！｜　　　　　｜　｜
江　流　宛　转　绕　芳　甸　，　月　照　花　林　皆　似　霰　；
｜　　　！！　　　　｜！　｜！｜
空　里　流　霜　不　觉　飞　，　汀　上　白　沙　看　不　见　。

3）从声韵调系统方面考察。

王德生先生在吟诵这个这个作品时只摘取《春江花月夜》前八句，共 21 个仄声字，7 个入声字。诗人用短短八句却给我们勾勒出了两幅画面，第一幅"春江图"，诗首句入韵，平声庚韵(eng)起首，韵字"平、生、明"。庚韵源于上古四个韵部，大都是开口元音，收于后鼻音，因此其字多有"开阔、雄壮、坚硬"之意。第二幅"花林图"入仄声霰（an）韵，韵字"甸、霰、见"，是大开口元音接前鼻音，收敛、沉淀之感最为突出，因此其字多有"伸展、沉积、下收"之意。

表4—1—23　　　《春江花月夜》普通话和成都方言发音差异字

文字	普通话发音	成都方言发音	异同分析
何	{he}35	{h-o}21	韵母变为方言韵o，调值由35变为21
觉	{jue}35	{j-i-o}21	韵母变为成都方言韵io入声，调值由普通话的35变为成都方言的21
白	{bai}35	{b-ə}21	韵母变为成都方言韵ə，入声，调值普通话的35变为成都方言的21

注：普通话调值55、35、214、51；成都方言调值55、21、53、213。

4）从音乐性方面考察。

a. 基本结构。

此吟诵调谱例为节选《春江花月夜》全诗三十六行的前八句，由 a（$\underline{3\dot{3}6}\dot{1}65\text{-}3$）、b（$\underline{6\dot{3}6\dot{3}2}\dot{1}\text{-}\text{-}60$）和 c（$\dot{1}665\underline{32}\cdot35\cdot3$）三个音乐短句变化重复组成的 A+B+C+D 的四个长句为一个音乐回环连续模进的四句体结构。

- 225 -

b. 音阶调式。

调式音阶为 612356；吟诵调以羽音（6）作为调式主音和结束音，以角音（3）为上句终止，上下句的终止音呈五度关系，调式调性明确，属民族五声羽调式。

c. 旋律线。

第一个音乐回环为 A（春江潮水连海平）+B（海上明月共潮生），A、B

句为 abab 音乐短句的组合，在 6i23 主干音的五声旋律中，以五度跳进 3361、6363 和下行级进 65-3、2i--60、6532·35·3 旋律发展相结合，围绕主音 6 作变化组合。高旋低回的巨浪型旋律音调，"水、海"的下滑音"ヽ"及"水、平、月、生"四字波音的色彩润饰，开篇就勾勒出一幅江潮连海、月共潮生的壮丽画面。

第二个音乐回环为 C（滟滟随波千万里）+D（何处春江无月明），C、D 句为 acbb 音乐短句的组合，旋律主干音为 61235，运用 A、B 句相同素材和旋法。"滟滟"加以倚音润腔，"何处"的下滑音润饰，"波、里、江、明"（365-3、6532·35-30、3·21-6、656-）一字多音连音拖腔，旋律由中高音区向中低音区下行发展，形成跳进与级进式下行音调，以两现春江、两现明月、两现潮、两现海，交错叠现的景观把人带进了一个神奇美妙的境界。

第三个音乐回环 A（江流宛转绕芳甸）+B（月照花林皆似霰），A、B 句为 acab 音乐短句的组合，旋律的五度音程下行 36 后作上下行级进交替 1616 5-3616--32·35·3 发展为主。"月照花林"2123 大二度级进后再下行 65-至全曲最低音 30，"林"字的八分休止符的断腔处理后接"皆似霰"连续音程级进下行 3232 11612-60，紧承上句，音高再一次从中高音区回落至中低音区，音调由上而下，视角由下而上，画面立体饱满，唯美灵动。

第四个音乐回环 C（空里流霜不觉飞）+D（汀上白沙看不见），紧接以 acbb 组合的 C、D 句，较第二音乐回环素材一样，旋法相同，在 61235 的五声旋律中跳进级进结合，以先下行模进后接上行再下行模进贯穿其中，旋律第三次在高、中、低音区中起伏跳宕，"流霜不觉飞，白沙看不见"，细腻的笔触，创造了一个神话般美妙的境界，使春江花月夜显得格外幽美恬静。

吟诵调前八句，以 a、b、c 三个不同的基本旋律及变体形成的基本吟腔，音域跨两个八度，音区集中高、中、低三个音区，旋律起伏大，结合诗词内容，由大到小，由远及近，将笔墨凝聚一轮孤月，以婉转谐美的音调表现诗人面对江月产生的感慨。

d. 节奏腔式。

王德生先生吟诵此篇《春江花月夜》时，将其吟诵节奏分为4+3和4+2+1，运用感叹式衬字"哟"和大量的上波音"⌒"润腔处理。结合成都方言语音的声调行腔，重点在每句第四字和第七字地方用到四分音符X和二分音符X-相结合的节奏型，形成以 a（65-3）、b（32i--6）、c（632·35-3）三个一字多音的长吟拖腔为此调基本吟腔贯穿始终，形成独具地方特色的吟诵。

5）王德生先生《春江花月夜》吟诵概述。

王先生在吟诵《春江花月夜》时吟诵音调分布高、中、低三个音区，音域跨度宽，旋律起伏大。首句以全曲最高音3开始，跳进级进结合呈现高去低回的巨浪型旋律形态，犹如波涛一般，以 a（336i65-3）、b（63632i--60）和 c（166532·35·3）三个不同的基本旋律及变体形成的基本吟腔，多以 a+b 的结构进行变化，属于民族五声羽调式。其第1、3、5、7句的吟诵结构为4+3，第2、4、6、8句的吟诵节奏为4+2+1，在每句的第四字和第七字处作句中、句末一字多音连音拖腔处理。"何""觉""白"三字，由普通话35调值，归入了成都方言调值为21。"何"变为低降调，加上下滑音"ヽ"降调的润腔处理，而"觉"字旋律不变，"白"字音调低降。王先生在吟诵时基本遵循了成都方言语音咬字行腔，这三字均体现了出口强实，发音短促的特点。

（5）先秦散文《孟子·梁惠王上》选章。

1）从创作背景方面考察。

《梁惠王》是《孟子》第一篇的篇名，梁惠王，即战国时魏惠王魏䓨，公元前369—前319年在位。魏原来都城在安邑（今山西夏县西北），因秦国来犯，魏惠王于公元前361年迁都大梁（今河南开封），故魏也被称为梁，魏惠王也被称为梁惠王，"惠"是其谥号。

2）从文体结构和吟诵节奏方面考察。

《孟子·梁惠王》是《孟子》的第一篇，讲述了孟子来到梁拜访梁惠王。梁惠王想要孟子给国家带来有利的高见，孟子对梁惠王说只要仁义就够了，并以万乘之国、千乘之国、百乘之国的大夫弑君来取得权力而使国家动乱的例子，来说明只有仁义的政策才能保国安民，还举例说明贵族、平民百姓都言利而不言义所带来的危难。

孟子·梁惠王

｜　｜　｜　　　｜
孟 子 见 梁 惠 王 。

　　　　！　｜　！｜　　｜　　　　！　｜｜｜　　！
王 曰：" 叟 ！ 不 远 千 里 而 来， 亦 将 有 以 利 吾 国 乎？"

｜｜｜　！　　　　　　！！｜　　！｜　　　｜｜
孟 子 对 曰：" 王 ！ 何 必 曰 利？亦 有 仁 义 而 已 矣。

　！　｜｜　！　　｜　　！　　｜
王 曰 ' 何 以 利 吾 国？' 大 夫 曰 ' 何 以 利 吾 家？'

｜｜　！　　｜　　　　｜｜　　｜　！　｜
士 庶 人 曰 ' 何 以 利 吾 身？' 上 下 交 征 利 而 国 危 矣。"

　　由于先秦散文句式长短不定，在吟诵节奏上多以 2+1 节奏停顿，逻辑重音在第二字上，如："孟子见梁惠王"，节奏为 2+1+3；"亦将有以利吾国乎"，节奏为 2+2+2+2；"上下交征利而国危矣"，节奏为 2+2+1+2+2，全篇的节奏简洁明了。

　　3）从声韵调系统方面考察。

　　吟诵选章共有 31 个仄声字，13 个入声字，诵读的部分较多，吟咏的部分只在句末作拖腔处理。

表4—1—24　　《孟子·梁惠王》[①]普通话和成都方言发音差异字

文字	普通话发音	成都方言发音	异同分析
国	{guo}35	{g-u-ə}21	韵母是成都方言发音有 uo 韵变为 u-ə 韵，调值由普通话的 35 变为成都方言的 21
乎	{hu}55	{f-u}55	普通话的 hu 音，在四川话里面声母全都变为 f。调值不变
何	{he}35	{h-o}21	韵母由 e 韵变为成都方言发音的 o 韵。调值由普通话的 35 变为成都方言的 21
义	{yi}51	{n-i}213	声母变为成都方言发音，由 y 变为 n，调值由普通话的 51 变为成都方言 213

注：普通话调值 55、35、214、51；成都方言调值 55、21、53、213。

4）从音乐性方面考察。

a. 基本结构。

此吟诵调谱例为节选先秦散文《孟子·梁惠王》的第一章，为 a（6̇i 6i6 6i665-3）、b（6̇i 63̇2̇i-6）和 c（35322·35--30）三个音乐短句变化重复组合而成的 A+B 两段体结构。

b. 音阶调式。

调式音阶为 6̇12356。吟诵调以羽（6）音作为调式主音，以角（3）音为上句终止，上下句的终止音呈五度关系，调式调性明确，属民族五声羽调式。

[①] 冯兵：《儒家仁政理想的基本面向——以〈孟子·梁惠王上下〉为中心的探讨》，《现代哲学》2019年第3期。

孟子·梁惠王

孟子（战国）
王德生先生吟诵
何民 记谱

[乐谱]

孟子见梁惠王。王曰："叟！不远千里而来，
亦将有以 利吾国乎？"
孟子对曰： "王！何必曰利？
亦有仁义 而已矣。 王曰： '何以利吾国？'
大夫曰， '何以利吾家？'
士庶人曰， '何以利吾身（呃）'？
上下交征利 而国 危矣"。

c. 旋律线。

A 段从"孟子见梁惠王"至"亦将有以利吾国乎"，为 ab 音乐短句的组合，在 3561̇2̇ 五声旋律中，以二度三度级进 6̲1̲6̲1̲6̲6̲1̲6̲6̲5-3、3̲5̲3̲2̲2·3̲5--3̲0̲ 呈波纹型形态为主，伴有四度和六度 5̲1̇·、2̲2̲5̲5̲、3̲1̇ 音程跳进，旋律在高中音区进行，曲调明朗流畅。王德生先生喜悦和急切的吟诵音调，真实还原了梁惠王见到孟子的喜悦和希望孟子为国家带来真知灼见的期待之情。

B 段从"孟子对曰"至"上下交征利而国危矣"，为 abc 音乐短句的组合，

旋律主干音为 356i，整个吟调在 abc 三个基本旋律组合中，明显用到四度五度 63、62、6i63、6i633 和八度音程大跳 35333 的旋律进行模式，加以 6 的同音反复 66666 与级进 3533532535-30、332i-60 相结合，旋律起伏跌宕形成大幅度高去低回的巨浪型旋律形态，曲调在高、中、低三个音区进行。通过王先生挺拔刚强、铿锵有力的吟诵，形象诠释了孟子对梁惠王义正言辞的规劝以及孟子不卑不亢的性格。

d. 节奏腔式。

《孟子·梁惠王》第一段的吟诵集中用到了下滑音"ㄟ"和波音"⌢"的润腔技法，第二段主要用加以波音的润腔处理，丰富了此篇吟诵音调。王老先生在吟诵此篇文章时，遵循成都方言字调咬字发音，结合成都方言语音声调行腔，取"读诵"法吟诵，在大多虚词地方选择一字多音拖腔润饰，以 a （6i6i66i665-3）、b （6i632i-6) 和 c (35322·35--30) 三个不同的基本旋律及变体形成的基本吟腔，使用成都方言语音在多个句读间长吟拖腔，高低起伏，长短相间，韵味隽永。

5）王德生先生《孟子·梁惠王上》吟诵概述。

王先生吟诵此篇由 a (6i 6i6 6i665-3)、b (6i 632i-6) 和 c (35322·35--30) 三个音乐短句变化重复组合而成的 A+B 两段体结构，属于民族五声羽调式，基本以"诵"为主，"吟"为辅，伴有虚词拖腔和句末拖腔。吟诵阳平字时，成都方言调值为 21，相应的音乐旋律也下行，音调略显低沉，如"国"（2、65-3、353），吟诵调适当运用下滑音"ㄟ"和波音色彩润腔，音调坚实有力，语调干净利落，整体音高集中在中高音区。

3. 王德生先生成都传统吟诵特点。

王德生先生祖籍眉山，生于成都，其吟诵源于家学，全面继承发展了其父王治平先生的吟诵腔调，属于地道的成都传统吟诵。

（1）整齐简明的规律性节奏。

朱光潜先生在《诗论》中提到了中国诗"顿"的概念，"中国诗的节奏不易在四声上见出，全平全仄的诗句仍有节奏，它大半靠着'顿'。它又叫'逗'或'节'。……就大体说，每句话都要表现一个完成的意义，意义完成，声音也自然停顿。"①在吟诵中的节奏停顿，其实是一种意义的表达完成。华钟彦先生提出格律诗吟诵的节奏规律"二四四二／四二二四"，正是朱光潜先生理论的实践，按照音步划分节奏的标准，节奏点仍在偶数字位置，突出强调的仍是音步中的后一字。按照华钟彦先生的理论，标准格律诗节奏点上的字都应该是平声字，且在节奏点上的字需长吟，严格遵守平长仄短的规则。

王德生先生吟诵的五篇作品中有近体诗、先秦散文两类，近体诗更注重有旋律的吟咏，先秦散文更多的是诵读。由于先秦散文句式长短不定，在吟诵节奏上多以2+1节奏停顿，逻辑重音在第二字上，如："孟子见梁惠王"，节奏为2+1+3；"亦将有以利吾国乎"，节奏为2+2+2+2；"上下交征利而国危矣"，节奏为2+2+1+2+2，全篇的节奏简洁明了。

五言律诗吟诵节奏为2+2+1和2+3；七言绝句或律诗，音步节奏为4+3和4+2+1。以仄起七言绝句《赤壁》为例，按照华钟彦先生仄起节奏规律应在"四二二四"处停顿长吟，即"沙""将""风""深"处拖腔，但王先生吟诵时统一在每句第四字处长吟，即"沙""洗""与""深"处拖腔；又如平起七言绝句《江南逢李龟年》，华钟彦先生划分的节奏点为"二四四二"，在"王""前""南""花"处停顿长吟，但王德生先生在"里""前""度""年""节""逢"处拖腔长吟。

朱光潜先生认为："诗里有一个形式化的节奏，我们不能否认。不过，同时我们也必须承认读诗者与作诗者都不应完全信任形式化的节奏，应该设法使它和自然的语言的节奏愈近愈好。"②

通过分析，我们可以看出王德生先生在吟诵先秦散文时，节奏较为清楚

---

① 参见朱光潜《诗论·中国诗的节奏与声韵的分析（上）》，作家出版社2019年版。
② 参见朱光潜《诗论·中国诗的节奏与声韵的分析（上）》，作家出版社2019年版。

明快；近体诗的吟诵节奏划分并未形成"二四分明"，吟诵时也不太注重平仄关系，但依然具有停顿规律，结合吟诵曲谱，其节奏点多在每一句的第四字和第七字处。

（2）拖腔清晰的标志性旋律。

王德生先生吟诵时拖腔较为明显，可谓王氏标志性的吟诵旋律，大致可分为句中拖腔和句末拖腔两种类型。

一类是以（653）变化组合的，如《春夜喜雨》中"节、夜、黑"（65-3），"声"（5-3），"城"（6-353235--30）；

《赤壁》中"沙、洗、与、深"（3̇65-3、6·5-3），"便、乔"（2·35--3、2·35-3）；

《江南逢李龟年》中"里、前、南"（2̇65-3、6·5-3、6·5·3̇），"闻"（2·35·3̇）；

《春江花月夜》"月、转、霜"（65-3），"飞、甸"（632·35-3）；

《孟子·梁惠王上》"王、以、利"（65-3），"曰"（6365-3）。这一类拖腔主要出现在诗文的句中或诗歌一联之中的上句句尾。

第二类则以（32̇1̇-6）变化组合形成的拖腔，如《春夜喜雨》中"生"（33̇53̇1̇1̇-6），"明"（672·6-）；

《赤壁》"销、朝"（32̇1̇-6、332̇1̇-6）；

《江南逢李龟年》中"见、节、君"（32̇1̇--6、62-1-6̇0、221-6̇0）；

《春江花月夜》中"平、生"（32̇1̇--6）；

《孟子·梁惠王上》中"曰、身"（32̇1̇-6）。

需要说明的是《孟子·梁惠王上》的体裁是古代散文，诵的部分虽然较多，但是句中或句末的拖腔旋律基本不变。

王德生先生的这两种类型都属于一字多音的长吟拖腔，无论是近体诗还是先秦散文均呈现这两种拖腔，成为其标志性旋律特征。

王德生先生在吟诵时并不刻意重视平仄关系，往往遇到仄声字在情感需要时则加衬字拖腔，体现了成都传统吟诵的自由性。如《春夜喜雨》中的"重",《赤壁》中的"便",《江南逢李龟年》中的"见""景",《春江花月夜》中的"水""月""转"等字都为仄声字,仄声字在吟诵时本不能拖长,但在其后加上衬字"哟""呃""诶"便可以拖腔来表达情感。

王德生先生的吟诵音色较好,腔调旋律优美,吟诵时较多的运用下滑音"ヽ"和上波音"⌒"的润腔技法,不仅能实现了音乐上的美听,更重要的是将古诗文的情感细腻委婉、流畅丰富的予以表达,极大彰显了成都传统吟诵的艺术魅力。

(3)声随情动的情感性抒发。

在王德生先生的吟诵作品中,古诗文的感情影响着吟诵旋律的高低起伏,主要体现为谷峰型和波浪型。其情绪高涨、心情激动时往往在旋律中体现为谷峰型,其情绪波动较小、节奏明朗时则体现为波浪型。

如《江南逢李龟年》"落花时节又逢君"整体音高下移八度,音调趋于下落,由明朗变得阴郁感伤,旋律主要围绕低音6在低中音区发展,即景书事,别有寓托,以感叹式的音调表现诗人对时代沧桑、人生巨变的慨叹,情绪呈现为波浪型。

《赤壁》是一首怀古诗,描写战场军营,在吟诵时自然不能缓慢低沉,王先生在吟诵时声音高亢、情绪豪迈,身临其境地再现诗人的情感。如"折戟沉沙铁未销"一句,首先旋律起调在 6 音,同音反复三次后五度大跳直跃旋律最高音 6663,又陡转直下后的级进下行 365-至调式主音 3,以一种快速的节奏、强烈的变化感引起吟诵者以及听者的情感变化。接着以长拖腔不断地缓解激动的情绪,从高音 3 降到调式主音 3。整个一句连贯自如,水到渠成,即讲究旋律变化,又体现谷峰型的情感表达。

不同的人吟诵同一作品或同一人吟诵不同作品都会呈现不尽相同的吟诵旋律,无论吟诵者采用何种旋律吟调、吟诵技法都只是表达自己内心情感的一种工具。对于吟诵而言,重要的是吟诵者对古诗文应该有深入的理解,将声音与情感有机地融合，在吟诵中既"代入自我"又"找到古人"，以情带声才能达到声情并茂。

（4）成都特色的方言性语音。

我们知道汉语的声调主要由音高决定，不仅是现代汉语，古代汉语也是如此，现代普通话的声调有阴、阳、上、去四声，古代分平、上、去、入四声。明代僧人释真空所著的《玉钥匙歌诀》描述四声读法："平声平道莫低昂，上声高呼猛烈强。去声分明哀远道，入声短促忽收藏。"（《玉钥匙歌诀》，国家图书馆藏古籍）可"平道莫低昂""高呼猛烈强"等对四声发音调值的解释并不明晰和标准，使人捉摸不清。直到五四运动后，语言学家刘复（刘半农）先生撰写《四声实验录》、中国现代语言学之父赵元任先生撰写的《中国语言字调的实验研究法》才对汉语的声调调值做了明确的描写，后经罗常培[①]先生的研究，最终确定并采用"五度标调法"。普通话"五度标度法"四声调值：阴平55，阳平35，上声214，去声51。

本书在《发音差异字列表》中尽可能地列出王德生先生的成都方言语音与普通话标准语音差异较大的字，全部差异字列表共分析13个字。从中笔者发现，王先生吟诵时都将翘舌音变为平舌音，基本按照成都方言的调值发声，其中最为显著是9个阳平字全变为成都方言调值为21，调型低降。其字音决定乐音旋律走向也有两类。一类是旋律由高入低，变化不大，如《春夜喜雨》中"独"，ゝ2加下滑音；《孟子·梁惠王上》中"国"，旋律为32，下降二度。

另一类为同音反复一度循环，以66、66或33体现。其中同音反复的有6字，占比66.6%；阴平字有2个，"黑""乎"属于高平调，位于句末。一字多音拖腔，拖腔方式为65-3、2·35--3，符合平长仄短的吟诵规则，但不符合阴平字单长音腔格走向，说明此为王德生先生基本吟腔特色。去声字如"雀"，

[①] 罗常培(1899—1958)，萨克达氏，满族，北京人。字莘田，斋名未济斋。北京大学毕业。语言教育家、语言学家。历任西北大学、中山大学、北京大学教授，"中央研究院"历史语言研究所研究员，北京大学文科研究所所长。

由去声字归入成都方言调值213，降升调，"雀"其旋律为63，主要体现了上升趋势。

（四）以谢桃坊先生为例

1. 谢桃坊先生及其成都传统吟诵。

（1）谢桃坊先生简介。

谢桃坊（1935— ），四川成都人，西南师范学院中国语言文学系毕业，四川省社会科学院文学研究所研究员，四川省文史馆馆员，《蜀学》副主编，古典文学研究专家、中国当代词学研究专家。他著有《中国词学史》《柳永》《苏轼诗研究》《宋词概论》《宋词辨》《词学辨》《宋词论集》《唐宋词谱粹编》《诗词格律教程》《敦煌文化寻绎》《中国市民文学史》《四川国学小史》等，发表学术论文两百余篇。

谢桃坊先生家学深厚，5岁由其父以儒家经典发蒙，13岁高小毕业后又由父亲送入成都牛市口刘家祠堂读私塾，受教于成都名仕刘咸新先生。1956年考入西南师范学院中国语言文学系，师从国学大师吴宓教授、《诗经》研究专家李景白教授、音韵学家郑思虞教授以及荀运昌、徐无闻、林昭德、刘兆吉、潘仁斋等专家学者。此间，追随四川大儒赵熙先生弟子赖以庄教授修习成都传统吟诵。1980年参加中国社会科学院考试，被录取为助理研究员，次年调至四川省社会科学院文学研究所。

谢先生研究领域广泛，在词学、诗学、国学、史学上都有精深的研究。

在词学研究上，因早年在私塾接受诗韵训练，对词体起源、宋词流派、词体分类、词韵分部与音韵训诂、词乐重构、词体文学性质以及词籍版本、词人生平事迹考证等，都有自己独到的见解，尤其重视词谱的整理与研究，并始终坚持自己填词。他曾谈道："如果作为一名词学研究者，若不懂音韵、平仄，自己不能填词，其研究无异于隔靴搔痒。"

在国学研究方面，谢桃坊先生所著《国学论集》于2011年出版。该书收集了他近十年来对国学思考的理论文章26篇，其"国学是以科学考证的方法研究中国文献与历史上若干狭小、困难的学术问题"的主张得到学术界高度认可。①

在治学上，谢桃坊先生认为："我们现在所生存的文化条件有新的特点，已很难再出现百科全书式的通才大家，相应的是专业水平的日益提高。因而，必须走专门的治学之路。只有在专业取得一定成就时，适当地向邻近的学术领域扩展才是较为现实的。"②他要求后学在治学中，对研究对象一定要做深邃的理论、意义发掘，使智慧达到理论层次，塑造学术研究灵魂的同时，要不断培养学科意识，对所治之学始终保持极大的兴趣，进行系统的积累，锻炼分析的能力以及肩负学术的使命，要带着使命制定短期和长远规划，脚踏实地逐步完成。当研究进入瓶颈期时，可以通过相邻学科进行学术研究转移，借鉴新的思维方向，不断扩大学术视野。

（2）谢桃坊先生成都传统吟诵。

我们在梳理谢桃坊先生成都传统吟诵形成的过程中，不难发现这与其少年时期的求学经历、生活环境、师承关系及青年时期的学术研究方向有着极大的关系。

1）私塾求学。

谢桃坊5岁由其父亲以儒家经典发蒙，13岁入成都市牛市口刘家祠堂读私塾，开始接触吟诵，业师刘杲新先生年近七十，为当时成都名仕，曾为四川军阀刘存厚③的幕僚。刘杲新先生特别把谢桃坊安排在私塾的最前排，上午读书，下午写大字，每天给他讲两段《四书章句集注》，不要求背书，只让其自己看注释。他从不指定谢桃坊的读书篇目，一般根据其意愿并为他作简单讲解。半年之中，谢桃坊学完了"四书"，还泛读了《古文观止》《唐诗三百首》《庄子》《左传》《周易》等。刘杲新先生偶尔会教写唐

---

① 谢桃坊：《国学论集》，社会科学文献出版社2011年版，第25页。
② 谢桃坊：《国学论集》，社会科学文献出版社2011年版，第38页。
③ 刘存厚(1885—1960)，字积之，四川简州(今简阳市)人，民国陆军上将，川军领导人之一。

诗、作对子或写作文。随堂拈一首唐诗,让学生按照诗韵改编一首,有时出一个题目,让学生立即作文。谢桃坊对子作得好,刘先生曾出上联"谦中学",他对"一品官";刘先生出对联"劝君更近一杯酒",他对"与尔同销万古愁",意思切题平仄、工整。看到谢桃坊在看余春亭所著的《诗韵集成》时,刘先生要求谢桃坊把《唐诗三百首》里的律诗全部标注出韵部,通过这些训练方式,既掌握了诗的韵部又了解到诗歌的平仄关系等,从而终生受益。

据谢桃坊先生回忆:"在刘家祠堂的私塾中,每个学生读的书不同。刘杲新先生一般不讲书,只是头一天在书上给学生圈一个段落,第二天上午必须在他面前背诵,如果背不到是要挨打的,背诵的腔调是成都方言的急读。"

从1948年至成都解放,谢桃坊在一年半的私塾学习中度过,刘杲新先生因材施教地教授成都方言急速诵读法。这样通过反复的读诵领会古文意思,其包本背诵了《四书章句集注》。谢桃坊虽然没有直接接受吟诵传承,也未以吟诵的方式读书,但却对成都传统的读书方法有了感性的认知,也为其打下了坚实的古诗文基础。

2) 祠堂耳闻。

私塾老师刘杲新先生所在的刘家是成都牛市口的大户人家、书香门第。他的弟弟刘果新曾在民国时期的成都做过小学校长,他有一个四川大学毕业的儿子(名字不详)在1948年时,被家族委派到刘氏祠堂管理田产。每天上午10点钟,刘杲新的儿子干完农活后便在刘家祠堂内用成都方言高声吟诵唐诗和古文,其吟诵声直接穿透墙壁传到私塾。"吟者无意,听者有心",只要刘氏的吟诵声起,谢桃坊就专心听他吟诵,口耳相传,深入骨髓。虽然这位刘姓大学生并未当面亲传吟诵,但一年半的听闻,使得其对吟诵从感性认知上升到了切己体察。

谢桃坊先生回忆:"1948年的成都,私塾先生只偶尔吟诵一些古诗,一般不吟文。只在私塾先生任礼生为学界长者办丧事时,才带着自己的学生行'三献礼'

期间，不仅吟诵祭文，更要'歌诗'。'歌诗'的方式与吟诗大致相同。我的私塾老师刘杲新先生是会吟诵的，他的吟诵调子和其侄儿的相差无几，但当时的社会风气已经对这种读书方法不再重视，甚至排斥，所以私塾教学的时候他已经不再吟诵了，我的成都传统吟诵是从私塾隔壁的刘家祠堂中听会的。"从上述回忆中不难看出，这位刘姓大学生的吟诵调与刘杲新先生的吟诵调同是刘氏家传的吟诵调，谢桃坊先生虽然未在刘杲新先生处习得吟诵，却通过听闻在其侄儿处习得"刘氏吟诵调"，有异曲同工之妙，给人殊途同归之感。

3）名师熏习。

1956年，谢桃坊先生在西南师范学院师从四川大儒赵熙先生弟子赖以庄教授，修习成都传统吟诵。赖以庄教授（1890—1966），名肃，四川巴县（今重庆市）人，曾任蜀军政府、镇抚府、川东宣慰使署秘书、参事，四川讨袁军民政总厅秘书，四川省长公署秘书，重庆大学中文系教授，国立女子师范学院教授。1950年8月起任西南师范学院汉语言文学系教授、系主任兼校务委员。赖先生博览经史百家、诸子佛道，长于古文诗词。

谢桃坊先生回忆："我入校三个月后，中文系举办了一次诗词吟诵会，请中文系的部分教授向学生作展示。李景白教授用北方话吟诵，赖以庄先生用四川话吟诵《丹青引》《盘中诗》[①]。我认为赖以庄先生的吟诵最为正宗，原因有二，一是方音咬字，字正腔圆；二是其字句之间、字字之间、句句之间停顿与延长的节奏和吟诵的总体旋律与我所学的'刘氏吟诵调'旋律不谋而合。"

4）后期实践。

20世纪80年代以来，谢桃坊先生经常参加全国性的古典文学研讨会，听过大量的古典文学专家的吟诵。他认为："成都大学白敦仁教授的吟诵，注

[①] 苏伯玉妻，古代诗女。传说苏伯玉曾官游蜀地，久而不归。他的妻子居住在长安，作《盘中诗》以寄，倾诉思念之情。《盘中诗》被视为中国最早的回文作品。

重气韵语势，声音高朗，但吟诵规则并未掌握成熟；华中师范大学石声淮教授的吟诵，用湖湘方言读书，吟诵调十分正宗；南充师范学院郑临川教授亦是正宗的湖湘调吟诵；而总结吟诵方法最高妙的是河南大学的华钟彦教授。"复旦大学苏渊雷教授曾亲传谢桃坊先生吟诵要点"逢平必顿"，即在句中逢平声字便意味着声音要延长，每句句末的韵字又是大的停顿。

至此，我们可以看出，谢先生的成都传统吟诵源于成都刘昊新先生及其侄儿的"刘氏吟诵调"，吟诵理论受教于赖以庄教授、苏渊雷教授，是成都传统吟诵的又一典范。

2. 谢桃坊先生关于成都传统吟诵的理论认知。

根据谢桃坊先生关于吟诵的授课录音和笔者的采录，我们就其吟诵学术认知做了以下七个方面的梳理。

（1）吟诵的本质。

吟诵是中国传统读书人陶冶情操、自得其乐、关乎个人修养的一种重要读书方法。诗、词必须要用吟诵的方法，古文则可以采取朗读或者吟诵，由读者自行选取。谢桃坊先生认为：古人读文的方法有很多种，如急读、缓读、吟诵、吟咏。"吟诵"是把"吟咏"跟"诵读"合在一起，"吟"是吟咏，是叹息之声；"咏"是"诗咏言"，把声音延长。"吟咏"是用叹息的方式把关键字音延长，是一种没有曲谱，近似于乐曲的自然声音腔调。"诵"是不歌唱的，而且有两个突出特点：一是必须背诵，二是必须要高声朗诵，古人说"不歌而诵谓之赋"。"诵"与"纯粹的读"也不相同，"诵"需要"以声节之"，即用自然的人的声音来进行调节。

（2）吟诵的价值。

汉族的传统读文法与传统文化共同存在，传统读文法的丧失，就意味着传统文化的消失。传统读文法应该抢救，也必须抢救，只有传统吟诵才会让读书人深刻体会到作者为什么要用这样的韵、这样的声，才能深刻体会古人如何表达情感，体会诗文美感。就吟诵者自身而言，吟诵是一件非常快乐的事，它使人陶醉在意境的美感之中。曾国藩说："非高声朗读则不能得其雄伟之概，非密咏恬吟则不能探其深远之韵。"[①]如果不高声朗读，读书人就不能体会曾国藩所说的雄伟气概；如果不细吟密咏，读书人就不能了解诗词文赋的深远意境。吟诵是古人引起今人高度共鸣的产物，能最真实地反应读者对作品的理解深度，读者只有通过吟诵才能深刻理解文本和作者，不通过吟诵绝对不能体会。

（3）吟诵与文体。

格律诗具有相当精巧的文学艺术形式，吟诵者必须先懂得格律、明白声韵，才能在吟诵时节奏错落有致、音韵优美感人。对于宋词而言，词律比诗的格律要复杂得多。格律诗有八种或十六式，然而词却有 850 多种词调，每一个调（牌）自成格律。词的用韵比诗更加考究、极度精美、声韵变化更加丰富。词要表达的主要是"词人的生活场景、个人抒情的事，不多表现社会重大记载"，所有的古诗词都能吟诵，其关键之处在于声韵的统一和情感的表达，即：字正韵正，以声传情。

（4）吟诵与音乐。

在古代，诗经的《风》《雅》《颂》不仅能歌唱，而且还配有音乐。在唐诗中，有一种诗称作"声诗"，专门用祭祀音乐或燕乐来配合进行歌唱。无论是唐代的声诗还是宋代的词，皆是先有乐曲后又诗词，每一首诗词均有固定的曲谱，作者依据乐曲旋律、音高、音阶、文字平仄关系配入歌词、按谱填诗词或依声制诗词。

谢桃坊先生认为：古代中国的记谱方式不太科学，目前保存下来的古代记谱资料非常少，只有《敦煌文献》里的琵琶学谱，一共 25 首，只有曲谱、无填词。古代记谱的方法，源自印度，经西域传播到中原，在四川称之为工尺谱（尺为入声字）。工尺谱有七个音阶，不同于传统的宫商角徵羽五声调式，记音要比目前的简谱更要精准，但非常复杂，难以掌握。工尺谱配合西

[①] 杨娜娜：《吟诵法在中学〈诗经〉教学中的运用》，西北师范大学硕士学位论文，2019 年。

域的琵琶，于是七音与十二律吕旋转相交而构成八十四调。这种记谱法只有高超的音乐家才能为之，古诗词作者即便如"唐宋八大家"苏轼这样的文豪也无法企及。

唐代的曲谱早已失传，不可考究，现在传下来的《诗经》、唐诗宋词及元曲的谱子，大都是清代人所为。乾隆年间编订了一本《九宫大城南北词公谱校译》，收录了大量曲谱，均用燕乐写谱。燕乐谱中的"燕"通"宴"，就是宴会使用有娱乐功效的音乐，曲调较为自由轻松，容易受到外来音（如昆曲）的影响，完全不同于宗庙祭祀音乐，不能称作真正的中国古谱。

谢桃坊先生认为：无论是词的吟诵还是歌唱，如果不尊重词律，不在文字声调和韵字发音上下功夫，没有做到字正韵正，很容易将宋词演绎为现代歌曲。

（5）吟诵的流派。

谢桃坊先生就当前全国的"吟诵"现状划分了五个流派：中国北方地区可称为北方话传统吟诵系统；湖南、湖北可称为湖湘传统吟诵系统；广东、广西、福建合起来可称为南音传统吟诵系统；江苏、浙江可称为吴越传统吟诵系统；四川虽然属于北方话区域，但是在吟诵方面自成一派，可称为四川（巴蜀）传统吟诵系统。这五个流派都使用方言吟诵，各系统中又有着非常严谨的规则。

（6）吟诵的误区。

谢桃坊先生指出：20世纪50年代中期，中央广播电台开始有朗诵诗词的广播，从那时的播音员朗读开始，就扭曲了、破坏了传统吟诵方法，贻误至今。例如：七言诗每句全是上四下三，五言诗每句全是上二下三，这样的朗读处理不仅破坏了格律，也破坏了传统读书方法。至于更多的配乐诗朗诵，配出来的音乐与诗歌本身毫不沾边、毫无关系。

（7）吟诵的要点。

吟诵的要点大致包括三个方面：一是吟诵者本人素日的学养积淀、胸襟风度决定其特有的吟诵风格；二是吟诵者应对吟诵作品、作者有深入了解，

- 243 -

准确把握诗文的节奏、旋律、声韵；三是吟诵者的神态、体态、语言气势应当与诗文情感一致，做到声随情动、情由声传、声情并茂。

3. 谢桃坊先生成都传统吟诵举隅。

2018年5月至8月，四川省吟诵学会会员王传闻、邓新靖、李昊等同志先后两次到成都四川省社会科学院谢桃坊先生处进行吟诵采录和开展传习工作。谢老先生还教授了王传闻《蜀道难》《丹青引》《兰陵王·柳》三首诗词的吟诵方法和基本吟诵旋律，以下是我们对谢老先生吟诵作品所做的详细分析。

（1）《蜀道难》。

1）从创作背景方面考察。

李白的乐府、歌行成就较高，《蜀道难》作为南朝乐府旧题属于《相和歌·瑟调曲》。李白袭用乐府旧题，以他纵横捭阖之才气、天马行空之思维、豪迈铿锵之胸襟、浪漫主义之情怀，艺术地再现了秦川蜀道的峥嵘突兀和雄奇瑰丽，按照由古及今、自秦入蜀的线索，围绕一个"难"字表现山水特点，为世人勾勒出一幅蜀道艰险、秦川难行的山水画卷。

关于《蜀道难》的创作背景，学界一直争议不断。有学者从史书和最早收录此诗的《河岳英灵集》编撰时间推断该诗可能成于天宝元年至三年（742至744年）。李白在长安为送友人王炎入蜀而写，其目的是规劝好友不要羁留蜀地，早日回归长安，以避免遭到小人暗算；也有学者考证认为此诗作于开元18年间（730年），李白初入长安无成而归时，送友人借喻仕途坎坷、感慨报国无门时的挥斥幽愤之作。关于《蜀道难》的寓意，历代也有不同论述。有学者提出"所守或匪亲，化为狼与豺"，在描写蜀地山川峻美的同时，也在告诫当局蜀地险要应加强防守。也有学者认为，此诗表面在写蜀道艰险，实则是写仕途坎坷，表达诗人怀才不遇的感慨。

我们认同杨和武先生的看法：从李白的生平所为及其作品，可以看出李白并不是一个只甘于写景的落魄文人，他有着雄心壮志，这种雄心壮志

第四章 四川传统吟诵的基本面貌

同当时的客观环境结合起来，就不能不让这篇千古佳作洋溢了丰富的思想性。

2）从文体结构和吟诵节奏方面考察。

蜀道难

| 　　　　　
噫吁嚱，危乎高哉！
！|　　　　　|
蜀道之难，难于上青天！
　　　　　！　　　　！
蚕丛及鱼凫，开国何茫然！
|　|　|　！　|　　！　|　！
尔来四万八千岁，不与秦塞通人烟。
　　|　！　|　|　|　　　　|　　　！
西当太白有鸟道，可以横绝峨眉巅。
|　　　|　|　|　　　　　　！　|
地崩山摧壮士死，然后天梯石栈相钩连。
|　|　|　！　　！　　　　|　　　　　！　！
上有六龙回日之高标，下有冲波逆折之回川。
　　！　|　！　！　　　　　　　！　！
黄鹤之飞尚不得过，猿猱欲度愁攀援。
　　　　　　！　|　|　！
青泥何盘盘，百步九折萦岩峦。
　　！　|　！　！　|　|　|　　|
扪参历井仰胁息，以手抚膺坐长叹。

- 245 -

问君西游何时还？畏途巉岩不可攀。
但见悲鸟号古木，雄飞雌从绕林间。
又闻子规啼夜月，愁空山。
蜀道之难，难于上青天，使人听此凋朱颜！
连峰去天不盈尺，枯松倒挂倚绝壁。
飞湍瀑流争喧豗，砯崖转石万壑雷。
其险也如此，嗟尔远道之人胡为乎来哉！

剑阁峥嵘而崔嵬，一夫当关，万夫莫开。
所守或匪亲，化为狼与豺。
朝避猛虎，夕避长蛇；磨牙吮血，杀人如麻。
锦城虽云乐，不如早还家。
蜀道之难，难于上青天，侧身西望长咨嗟。

第四章 四川传统吟诵的基本面貌

《蜀道难》是李白在古乐府上进行的创新和发展，采用了大量杂言句，字数从三言、四言、五言、七言，直至十一言，参差错落，长短不齐，形成了极为奔放的语言风格。诗的用韵，对梁陈时代旧作一韵到底的程式进行了突破，在描写蜀中险要环境时，一连三换韵脚，极尽变化之能事，故殷璠编《河岳英灵集》称此诗"奇之又奇，自骚人以还，鲜有此体调"。[①]全诗共294字，律体与散句间杂、文句参差、笔意纵横，李白以变化莫测的笔法将凶险蜀道此隐彼现，诗中对山高水急、林木荒寂、连峰绝壁作了淋漓尽致地刻画，本诗气象宏伟、境界广阔、豪放洒脱、感情强烈、一唱三叹、回环反复，读来令人心潮激荡，充分体现了李白诗歌的艺术特色和创作个性。在文章的结构方面，诗人大体按照由古及今，自秦入蜀的线索，对各处的山水特点进行了描写，来展示蜀道之难。

第一段从首句到"相钩连"，开篇以感情强烈的咏叹点出主题，用四韵八句叙述蜀道起源、极言蜀道之难，为全诗奠定了雄放的基调，如乐章的前奏，引人入胜，随着自然场景的变化，以"蜀道之难，难于上青天"为主旋律的情感起伏，反复咏叹，激荡心弦。

第二段从"上有六龙回日之高标"至"使人听此凋朱颜"，用虚写手法层层映衬描写蜀道的天梯石栈，以"高标"和"回川"对举，将夸张和神话融为一体，又借"黄鹤"与"猿猱"反衬，人欲行走难上加难。"青泥岭"悬崖万仞山多云雨，为唐代入蜀要道，寥寥数语尽显岭上曲折盘桓，将行人呼吸紧张、抚胸长叹艰难步履的惶悚神情绘声绘色地刻画出来，困危之状如在目前。似乎写到此处，蜀道的难行已到极处，但诗人笔锋一转，借景抒情，借"问君"引出旅愁，"悲鸟号古木""子规啼夜月"，杜鹃鸟空谷传响，充满哀愁，回荡着忧伤低沉的旋律，将读者带进古木荒凉、鸟声悲凄的境界，再用"连峰去天不盈尺"来夸饰山峰之高，"枯松倒挂倚绝壁"衬托绝壁之

---

① （唐）殷璠：《河岳英灵集》，载中华书局上海编辑所编辑《唐人选唐诗（十种）》，中华书局1958年版。

险，渲染了旅愁和蜀道上空寂苍凉的环境气氛，用山川之险揭示蜀道之难。诗人用"形胜之地，匪亲勿居"，从剑阁之险引出政治形势，劝人引为鉴戒，警惕战乱发生，从而表达了对国事的忧虑与关切。"畏途巉岩"以下的四韵七句，仍紧接着上文四韵写山中的禽鸟。第二段的结束语为一韵二句，先重复一句"蜀道之难难于上青天"，紧接着说：使人听闻这些情况，会惊骇得脸色剧变。

第三段从"连峰去天不盈尺"到"胡为乎来哉"，前四句分用两个韵描写蜀道山水之险，"尺""壁"一韵，只有二句，接下去立刻就换韵，有气氛短促之感。最后诗人设问"如此危险之旅，又何必要去？"

第四段从"剑阁峥嵘而崔嵬"到末句，蜀道之处自古历来"一夫当关，万夫莫开"，联系到蜀地形势所具有的现实政治意义，反映了初唐以来，蜀地因所守非亲，屡次引起吐蕃、南蛮的入侵，导致生灵涂炭、三秦震动。

全诗从蜀国开国历史之艰、自然环境之险、社会环境之恶三个方面，用全角度的方式，运用夸张、想象、神话等手法写出了蜀道艰难。

a. 开国历史之艰。

《蜀道难》开篇以"噫吁嚱"的语气词来感叹蜀道的石破天惊、高险峻峭，秦蜀两地由于蜀道阻隔千万年来几乎无人往来，又以五丁力士的神话故事烘托开山辟径的艰难，即便蜀道开辟成功之后，青泥岭上山道盘桓、百步九折、山高水急、上下纵横就连天上的黄鹤；山间的猿猴都无法逾越，何况我等凡人。

b. 自然环境之险。

随着攀缘的深入，诗人李白带读者进入了空旷的山林，听到幽深哀怨的鸟鸣，见到了迷途杜鹃的啼血，为这蜀道探险渲染出悲凉的气氛。李白再一次向世人喊出了"蜀道之难，难于上青天"，紧接着从下往上看，枯松倒挂，根须飘摇，山峰高耸入云只留下一条窄窄的缝隙；情急中从上往下看，飞流瀑布、水石激荡，如雷轰鸣，惊心动魄，李白不禁发问"道路如此艰险，行人为何还要来此"。

c. 社会环境之恶。

剑阁峥嵘，形势险要，易守难攻，古来已成了抵御外敌的重要关卡。剑门天下险，一人守，万人不能抵挡，可以想象这个地势攻守悬殊之大。不仅如此，李白还用了毒蛇、猛虎、豺狼来隐喻政治中的野心家。蜀地虽然好，但毕竟不是自己的家，还是回去吧。李白已经敏锐的觉察到了朝廷潜在的政治危机，所以"侧身西望长咨嗟"，发出了未卜先知的警报，后面发生的安史之乱及徐知道叛蜀即是有力的证明。

谢桃坊先生在吟诵实践中，对于低于五言的句子，基本读法是两个部分，即两顿法，大于（含）五言的句子，基本读法是三个部分，即三顿法。《蜀道难》的吟诵，三言句共 2 处，节奏为 2+1、1+1+1；四言句共 10 处，吟诵节奏为 2+2（共 5 处）、3+1（共 5 处）；五言句共 11 处，吟诵节奏为 2+1+2（共 4 处）、2+2+1（共 5 处）、4+1（共 2 处）；七言句共 21 处，吟诵节奏为 4+2+1（共 2 处）、2+4+1（共 3 处）、2+2+2+1（共 1 处）、4+3（共 1 处）；八言句共 1 处，吟诵节奏为 2+2+1+2+1；九言句共 3 处，吟诵节奏为 2+2+2+2+1；十一言句共 1 处，2+2+2+2+1+2。

3）从声韵调系统方面考察。

《蜀道难》是李白袭用的乐府旧题，诗句参差错落，字数从三言、四言、五言、七言到十一言；诗歌的用韵形式也突破了一韵到底，在描写蜀道险要环境时三换韵脚，极尽变化。

第一段分从"噫吁嚱"到"然后天梯石栈相钩连"，押下平一先韵，韵字为"天""然""烟""巅""连"。先韵源于上古的三个韵部，往往前有介音 u，多是开口度由小变大再变小，收于前鼻音，在变化感中突出了中间元音的开阔感，其字多有伸展、致远、终收之意，汪烜《诗韵析》概括为"景物流连，风景鲜艳，琴鹤翩然"。[①]

[①] 续修四库全书编纂委员会：《续修四库全书》，上海古籍出版社 2002 年版，第 409 页。

第二段从"上有六龙回日之高标"至"使人听此凋朱颜",韵字为"川"(先韵)"援"(元韵)"峦"(寒韵)"叹"(寒韵)"攀"(删韵)"间"(删韵)"山"(删韵)"天"(先韵)"颜"(删韵)等。

第三段和第四段用韵较为洒脱,从段落意义上可分为两段,但彼此之间用韵上下紧密较难分割,我们将其归为一个部分做整体分析。韵字为"尺""壁""嵌""雷""哉""鬼""开""豺""蛇""麻""家""嗟"。诗人先用仄声韵,再转入到上平十灰韵,灰韵源于上古的两个韵部(之、微),开口度中等,或由中等变小,有由后向前推和低处平展的感觉,徐健顺先生认为多有"压抑、推展、阔大"①之意。汪烜《诗韵析》概括为"处景悲哀,迥出尘埃"②。最后,以下平麻韵结束。麻韵源于上古的两个韵部(鱼、歌),多数是开口元音,少数收于齐齿音,伸展之感突出,多有"打开、铺展、增加"之意。汪烜《诗韵析》概括为"富丽繁华,千里思家"③。可以说诗人从韵的转换上把复杂的情感融入了艰险蜀道的描写之中。

谢桃坊先生在吟诵时,出现了大量的成都方言读音,笔者择其主要发音列表分析。

表4—1—25　　　　《蜀道难》普通话和成都方言发音差异

文字	普通话发音	成都方言发音	差异分析
乎	{hu}55	{fu}55	撮口呼 h 变唇齿呼 f 调值由普通话的 55 变为成都方言的 55
及	{ji}35	{j-i-e}21	韵母由 i 变为 ie,调值由普通话的 35 转为成都方言的 21
国	{guo}35	{g-u-ə}21	韵母由 uo 变为 uə,典型的方言发音。调值由普通话的 35 转为方言的 21

① 徐健顺:《吟诵概论(上)——中华传统读书法》,广西师范大学出版社2019年版,第265页。
② 续修四库全书编纂委员会:《续修四库全书》,上海古籍出版社2002年版,第409页。
③ 续修四库全书编纂委员会:《续修四库全书》,上海古籍出版社2002年版,第409页。

第四章　四川传统吟诵的基本面貌

续表

文字	普通话发音	成都方言发音	差异分析
白	{bai}35	{b-ə}21	韵母由ai，变为ə，典型的方言发音。调值由普通话的35转为方言的21
横	{heng}35	{h-u-n}21	韵母发生变化，eng韵变为un韵，调值由普通话的35转为方言的21
崩	{beng}55	{b-e-n}55	韵母由后鼻韵eng变前鼻韵en，调值不变
六	{liu}51	{l-u}213	韵母iu变u，调值由51变为213
逆	{ni}51	{n-i-e}213	i韵变为ie韵，调值变为213
鹤	{he}51	{h-o}213	e韵变为o韵，调值变为213
欲	{yu}51	{y-o}213	u韵变为o韵，调值由51变为213
何	{he}35	{h-o}21	e韵变为o韵，调值由35变为21
萦	{ying}35	{y-u-n}21	由ing韵变为un韵，调值由35变为21
岩	{yan}35	{ŋ-ai}21	声母变为方言特有的ŋ，韵母由an变为ai韵，是独特的四川方言发音，调值由35变为21
胁	{xie}35	{n-i}21	声韵母都改变，应为误读音。调值由普通话的35转为方言的21
息	{xi}55	{x-i-e}55	典型的方言发音，韵母由i变为ie韵，调值不变
豗	{hui}55	{t-ui}55	声母由h变为t，调值不变
砯	{ping}55	{cong}55	声韵母都发生改变，为谢先生个人习惯发音，调值不变
崖	{ya}35	{ŋ-ai}21	声母变为方言特有的ŋ，韵母由an变为ai韵，是独特的四川方言发音，调值由35变为21
壑	{he}51	{ho}53	e韵变为o韵，调值由51变为53
雷	{lei}35	{l-u-ei}21	韵母发生改变，在ei韵前面加入u变为uei韵，是典型的方言发音，调值由普通话的35变为方言的21
如	{ru}35	{r-o}21	韵母由u变为o韵，调值由普通话的35变变为方言的21
峥	{zheng}55	{cen}55	声母由翘舌zh变为平舌的c，韵母由后鼻韵eng变为前鼻韵en，调值不变

续表

文字	普通话发音	成都方言发音	差异分析
或	{huo}51	{h-u-ə}21	典型的方言发音，韵母由 uo 韵变为方言的 uə 韵，调值由普通话的 51 变为方言的 213
虎	{hu}214	{f-u}53	声母 h、f 混读，调值由普通话的 214 变为方言的 53
蛇	{she}35	{sɑ}21	声母由翘舌 sh 变为平舌 s，韵母由 e 变为 ɑ 韵，调值变为由普通话的 35 变为方言的 21
吮	{shun}214	{yun}53	声母发生改变，由 sh 变为 y，调值由普通话的 214 变为方言的 53
虽	{sui}55	{xu}55	声韵母都有发生改变，变为另外一个读音，由 sui 变为 xu，调值不变
侧	{ce}51	{c-ə}213	韵母由 e 变为 ə，调值由普通话的 51 转为方言的 213
嗟	{jie}55	{j-i-ɑ}55	韵母由 ie 变为 iɑ 调值不变

注：普通话调值 55、35、214、51；成都方言调值 55、21、53、213。

4）从音乐性方面分析考察。

a. 基本结构。

吟诵调《蜀道难》全曲结构 A+B+C+D 四个部分。呈现为以 a（5̲1̲ 1̄）、b（3̲3̲ 2̲3̲ 5 5̲0̲）和 c（1̲1̲ 5 3 ·）三个音乐短句为基本旋律形态变化重复贯穿全曲的四段体。

第四章 四川传统吟诵的基本面貌

蜀 道 难

李白（唐）
谢桃坊先生吟诵
李娟 记谱

注：标有波浪线 ～～～ 的文字为诵读。

第四章　四川传统吟诵的基本面貌

b. 音阶调式。

音阶调式为 5̣6̣1235；吟诵调以徵音（5）作为调式主音和结束音，以徵音（5）为上句终止所支持的徵终止群体，属民族五声徵调式。

c. 旋律线。

A 段"噫吁嚱"至"石栈相钩连"，主要以 a（5 i̅·）、b（3̲3̲ 2̲3̲ 5 5̲0̲）和 c（1̲1̲ 5 3·）音乐短句变换重复组合其中。a 型音乐短句在中音 5 至高音 i̅ 的四度音程间围绕"1235"四音在中高音区主要作由低向高的陡坡型旋法。如："噫吁嚱、八千岁、地崩山摧、壮士死"（5 i̅·、5 i̅· i̅–i̲0̲、5 i̅ i i̲·i、5̲i̲ 5 i̲0̲），开篇"噫吁嚱"（5 i̅· 6̲i̲ 5）高亢明亮，在 a 短句的基础上融入了新的元素"6̲i̲ 5"变化发展，旋律更为丰富，"嚱"一字多音（i̅· 6̲i̲ 5↘）的长吟拖腔和波音、下滑音的色彩润腔，让人置身于紧张神秘的气氛中。b 型音乐短句在中音 1 至 5 的五度音程间呈平稳而曲折前进的波纹型旋法，如："危乎高哉、难于上青天、通人烟、峨眉巅"（3̲3̲ 2̲3̲ 5 5̲0̲、3̲3̲ 2̲3̲ 5 5̲0̲、5̲2̲3̲ 5̲0̲、2̲2̲3̲ 5̲0̲），c 型音乐短句以三度（5 3·、1̲3̲·）级进为主，偶有五度（1 5）大跳，如："蜀道之难、蚕丛及鱼凫、何茫然、太白有鸟道、然后天梯、石栈相钩连"（1̲1̲ 5 3·、1̲3̲·3 1̲1̲·3̲0̲、5̲3̲· 3̲0̲、1̲1̲ 3̲3̲ 3、1̲1̲ 3̲3̲·、1̲1̲ 3̲5̲ 3̲0̲），开篇以 cb 型短句组合的形式出现了本诗第一叹"蜀道之难，难于上青天"（1̲1̲ 5 3· 3̲3̲ 2̲3̲ 5 5̲0̲）点明主题。谢老在吟诵"嚱、岁、崩、摧"（i̅· 6̲i̲ 5、i̅– i̲0̲、i·i、i·i）和"难、丛、道、梯"（3·、3̲·3、¯3、3·）等字作了一字多音或一字一音的拖腔处理，并加以倚音、波音和下滑音的色彩润腔。句末韵字收音干脆利落，如："天、然、烟、巅、连"（5̲0̲、3̲0̲、5̲0̲、5、3̲0̲）。此段旋律多在中高音区发展，在八度内级进或跳进，曲折起伏。

B 段"上有六龙回日之高标"至"以手抚膺坐长叹"，旋律继续作 abc 型相结合变化发展，旋律起调"上有六龙回日之高标"（1̲i̲ 3 3·5̲5̲5̲ i i·）出现了连续的八度（1̲i̲）、六度（i̲3̲）大跳，呈峭壁型旋律进行形态，下句"下有冲波逆折之回川"（1̲5̲ 3 5· 3̲3̲5̲ 3·5）从上句结束音 i 八度大跳陡转直下至中音 1，由 135 三音在中音区作五度内的级进、跳进旋法，两句旋律形成强烈对比，让人顿感山势高峻、道路崎岖。"回日之高标、尚不得过、猿猱欲度、扪参、号古木"（555 1̇ 1̇·、55 1̇ 1̇·2̇、5 1̇ 5 1̇·2̇ 1̇-、5 1̇·1̇、5 1̇ 1̇ 2̇ 1̇·）以四度跳进为主，在中高音区变化连接，"上有六龙、愁攀援、青泥何盘盘、百步九折萦岩峦、胁息、以手抚膺，"（1 1̇ 3 3·、1 5 3、53·3 3 3 3、1 1 5 3·、33 30、32 30、33 3 3·）在 A 段的基础上增加了八度（1 1̇）和六度（1̇ 3、1̇ 3·）大跳，旋律起伏更大，形成 ac 型两种不同旋律音型的上行、下行音调。b 型短句"下有冲波逆折之回川"（1 5 3 5·、33 5 3·5）在平稳级进中稍有起伏。"标、过、度、参"（1̇·、1̇·2̇、1̇·2̇ 1̇-、1̇·1̇）和"龙、飞、援、泥、折、膺"（3·、3·、3、3·3、3·、3·）等字作拖腔处理，并加以倚音、波音和下滑音的色彩润腔。跌宕起伏的旋律形象地表现了蜀道的难。

C 段"问君西游何时还"到"胡为乎来哉"主干音为"135"，旋律组合以 c 型音乐短句为主，ab 型短句结合其中。相比 A、B 段高亢的起调，此段低沉了下来，"问君西游何时还"（1 3 3 1·131 30）围绕 13 两音作上下行级进交替，谢老吟诵时以忧切低沉的音调把读者带入一个荒凉悲凄的境界。大量的 c 型短句主要在中音区发展，如："问君西游何时还、畏途巉岩、又闻子规、蜀道之难、凋朱颜、不盈尺、枯松倒挂倚绝壁、飞湍瀑流、砯崖转石万壑雷、其险也如此、嗟尔远道之人"（1 3 3 1·131 30、1 3 3·、53 3 3·、1 1 5 3·、5 5 30、33·30、5 5 53 53 30、53 33·、1̇ 5̇ 1̇ 3 1̇·30、1 3·3 1·30、53515 3），a 型短句："但见悲鸟、号古木、连峰去天、争喧豗"（5 3·1 1̇、5 1̇ 1̇ 2̇ 1̇·、5 1̇ 1̇·1̇·、5 1̇ 1̇-），cb 型短句组合："畏途巉岩不可攀、雄飞雌从绕林间、难于上青天、使人听此"（1 3 3 3·3 1 3 50、5 1̇·3 3·3 3 50、3 5 50、3 3 2 3 5 50、5 3 3 5·），悲鸟、古树、夜月、空山、绝壁、飞湍、瀑布等系列景象，渲染山中空旷可怖的环境和惨淡悲凉的气氛。此段中再次感叹"蜀道之难，难于上青天"（1 1 5 3·33 23 5 50），慨叹友人何苦要冒此风险入蜀，此为本吟诵调第二叹。

D 段"剑阁峥嵘而崔嵬"至"侧身西望长咨嗟"，此段旋律节奏疏密有致，abc 型短句相互交错，发展变化。以 c 型短句"剑阁峥嵘、化为狼与豺、夕避长蛇、磨牙吮血、杀人如麻、锦城虽云乐、蜀道之难"（53·3 53·、1̇ 3·35 30、

335 33、33 3 3·、13 313、3153 3-、11 5 3·）为主，a 型短句"而崔嵬、一夫当关、侧身"（5i i-、5i ii0、5i·i）和 b 型短句"万夫莫开、朝避猛虎、不如早还家、难于上青天、西望长咨嗟"（1 5·3 50、11·323 50、53 5 5·、33 23 5 50、i5 355）结合其中，"一夫当关，万夫莫开"（5i ii0 1 5·3 50）中"关"和"开"字都作断腔停顿处理，语气坚定，两句旋律间八度（i0 1）跨越，呈峭壁形旋律进行形态，突出剑阁关隘之险要。最后出现本诗的第三叹"蜀道之难，难于上青天"（11 5 3·33 23 5 50），对全诗进行总结，使全诗首尾呼应，回旋往复，绵连一体，难解难分。

d. 节奏腔式。

谢老在吟诵此篇《蜀道难》时，遵循成都的方言语音咬字发音，取成都方言语音声调行腔，取"读诵"法吟诵，运用了 XX、X、XXX、XX、X X、XXXX 多种丰富的节奏型，该吟诵调的拖腔在 a、b、c 音乐短句的基础上分为三类：a "噫吁嚱、八千岁、地崩山摧、之高标、不得过、扪参、号古木、连峰、去天、争喧豗、而崔嵬、侧身"（5i ī·6i 5、5i·ī-、5i·i ii·i、5i i·、5i i·2 i、5i·i、5ii2 i·、5i·5、5i·、5i ī-、5i·i），结音均在宫音 1 上，b "之难、蚕丛、天梯、六龙、之飞、青泥、九折、抚膺、子规、之难、剑阁、虽云乐"（5 3·、13·3、3 3·、3 3·、3 3·、53·3、5 3·、3 3·、3 3·、5 3·、53·3、533-）结音均在角音 3 上，c "听此、猛虎"（3 5·、5 5·）结音在徵音（5）上，结合波音"嚱、标、万、钩、豗、嵬"（ ），上滑音"可、飞、林、天"（╱）和下滑音"丛、绝、崩、梯、峰、此"（╲）的润腔技法，突出了吟腔的特点，使该吟诵调独具地方特色。

5）谢桃坊先生《蜀道难》吟诵概述。

谢桃坊先生在吟诵《蜀道难》时，依成都方言四声调值行腔，方言咬字、字正腔圆，在各乐段中吟咏和诵读有机结合，有上句吟咏，下句念诵者；有上句念诵，下句吟咏者；亦有一句中半吟咏半念诵者。吟咏部分旋律大量运用 a（5i ī）、b（33 23 5 50）和 c（11 5 3·）三个音乐短句及其变化形态为基本吟腔，加上一些连续的八度（1 i）、六度（i 3）大跳，以及高音区的反复出现，大起大落跌宕多姿的旋律渲染出一种雄壮气韵，以声音传达出蜀地山川的高峻崎岖形象，以及诗人激荡强烈的感情，达到了声情并茂的艺术效果。

以上说明谢桃坊先生一方面遵循着吟诵的一般规律，另一方面又以成都方言为基础，结合诗句内容和结构，灵活地给予各种音乐设计变化，与诗意情感全然吻合。可见深透地理解作品，以此为基础灵活运用吟诵调式宣泄传达诗意情感才是真正的吟诵。

该诗吟诵调以１３５为主干音，整体音域处于中高音区，最高音为商音（2），最低音为宫音（1），调式主音为徵音（5），调式调性明确，属民族五声徵调式。

此诗文体为乐府诗歌，诗句参差错落，三言到十一言不等，平仄韵相互转换，有重复回环、音韵响亮抗坠的艺术效果。韵字不论平仄，多有休止符，干脆短促有力地收束长顿，乐音落音多在角音（3）和徵音（5）上，少数落音在宫音（1）和商音（2）上。

谢桃坊先生的《蜀道难》吟诵，其旋律乐段的划分与全诗内容结构相吻合，"开国历史之艰""自然环境之险""社会环境之恶"三部分内容对应 A、B、C 三个乐段。每个乐段中，反复出现的诗句"蜀道之难，难于上青天"，像行走在蜀道之上绵绵不止、愈行愈难的叹息。谢桃坊先生则以相同的旋律反复给予强调，强烈表达了诗人对朋友入蜀的担忧之心和劝诫之意。

谢桃坊先生在吟诵节奏的处理上，句内多在偶数字上停顿或者拖腔，下句句尾短促有力收束，有一个大的停顿。句内停顿拖腔的偶数字基本遵守了逢平必顿、韵字长顿的吟诵原则，例如"从""当""绝""崩""摧""梯""龙""波"等，谢桃坊先生吟诵时做了停顿或者拖腔。但也有部分仄声字，以及上句尾字按普通话为去声，例如，"万""岁""塞""过""度""木"，但是按照成都方言则字音变调为上声，声调上扬，谢桃坊先生也做了停顿或者拖腔的处理。

谢桃坊先生的吟诵首句"噫吁嚱"时便从乐音5以四度跳进旋律到达全曲

第四章 四川传统吟诵的基本面貌

的最高音ⅰ，"嚱"字以一字多音的拖腔和上波音的润腔技法，渲染出神秘惊悚的气氛。"危乎～高～哉"的"乎""高"均有拖音，"嚱"长拖，"哉"字短促急收。"噫吁嚱"为蜀地方言，宋庠《宋景文公笔记》卷上：蜀人见物惊异，辄曰噫吁嚱。①开篇首句七个字有五个语气词，表达强烈的惊叹之情，引出"难"的主题，奠定全诗的感情基调。

由第一叹"蜀道之难～～，难于上青～天！"引入正文，"蚕丛～及鱼凫"一句，谢桃坊先生以低平的声调和陈述的口吻传递出追溯历史的沉静与沧桑之感，"开国"声调提高并拖长尾音，尾音中使用转音，强调其曲折艰难，"然"字重顿，急促收尾。

吟诵至"尔来～四万～八千岁～～，不与秦塞～～通人烟"的"来"字，音量增大、音调提高，"烟"字收尾急促。从开篇至此，每句的吟诵，结尾大致相同，重顿短促，流露出因蜀地形势险峻而生的沉抑心情。

"西当～～太白有鸟～道～，可以横绝～峨眉巅"，由历史的回顾而到现实境况，诗人的文字似乎牵引读者举头西望，太乙峨眉峻拔连绵，上接霄汉，略无阙处，唯有山巅起伏中的低伏处尚能勉强容飞鸟穿度，而人迹不能至。谢桃坊先生将"西当～"尾音适当延长，牵引着思绪和目光向西边的峰巅绝顶，在"可以"二字提高声调，强调其后"横绝峨眉巅"的艰险鸟道，令人望而却步。"横绝"沉吟半刻心生恐惧，"巅"字适当提高声调，如仰眺高峰。此句从整体上介绍蜀道的地势，为下文蜀道开辟的艰难张本。

"地崩～～山摧～～壮士死，然后天梯～～石栈相钩～连"承接上句，在连绵群峰之间开辟道路，其艰难以想象，诗人以丰富的联想，借助"五丁开山"的神话传说再现道路开辟的惊心动魄。《华阳国志·蜀志》记载，相传秦惠王欲征服蜀国，了解蜀王昏庸好色，答应送他五个美人，以此祸乱朝纲，蜀王派五位壮士去接人，回到梓潼（今四川剑阁之南）之时，一

---

① 参见（宋）宋祁撰《宋景文公笔记》，中华书局1985年版。

— 259 —

条大蛇拦住去路，遂与蛇争斗起来，霎时间山崩地裂，壮士和美女都埋于山下，后来山分为五岭，入蜀之路遂通。谢桃坊先生吟诵"地崩～～山摧～～壮士死"一句，用中音"5"形象表示"地"下的意味，之后采用连续的高音"i"，在爆破音"崩"字和"摧"字后拖长音，重读"死"字，"壮士"二字采用强调诵读，一字一顿，铿锵有力，如见力士挥镐凿石。"然后"一词平读，起承接作用，重点在突出后面的"天梯石栈相勾连"的伟大人力成就。其中"然后"为低音，"天梯"音调高拔高，"石栈"再次降低，既高低起伏表达了文字意象，又形象地表达蜀道在峦岩之间随势曲折盘旋的特点。

"上有六龙～～回日之高标～～，下有冲波～逆折之回～川。黄鹤之飞～～尚不得过，猿猱～欲度～～愁攀援。"继续紧承上句写蜀道开辟后道路的艰险，人行在蜀道之上山高水急、上入云霄、下临绝地、战战兢兢恐怕也难免粉身碎骨。诗人再次借助瑰丽的"六龙驭日"神话，以善飞的黄鹤、善攀的猿猱逾越山川的艰险，夸张地形容蜀道的高危崎岖。谢桃坊先生吟诵时，"上有"与"下有"均用诵读的方式，以示其对应关系；"高标"声调既高，节奏亦拖长，表达高远之意，传递望洋兴叹之情；"回川"声调则低，表达低下的意思，传达心生畏惧的嗫嚅之感，与前半句的高远相呼应，在音韵上形成高低错落的美感。在"黄鹤之飞～～尚不得过～～，猿猱欲度～～愁攀援"中，"飞"与"度"两个动词，谢桃坊先生在其后均拖腔吟诵，形容黄鹤与猿猱的奋力而不达，整句旋律由低而高后又由高而低，情感表达由陈述情感升温而变为惊叹，由惊叹而至无奈。

"青泥～～何盘～盘，百步九折～～萦岩峦。扪参～～历井仰胁～息，以手抚膺～坐长叹。"谢桃坊先生此句基本为诵读，一字一顿，字字铿锵，仿佛道路一步一折，崎岖坎坷，步步滞阻不畅，令人心情沉郁。在"扪参"一词处声调拔高拖长，描绘出举头仰望，引手摘星的高远景象；"抚膺"声调降低拖长，形象表达低头叹惋、久久不能释怀的感情。

- 260 -

第四章 四川传统吟诵的基本面貌

"问君西游～何时还？畏途巉岩～不可攀"由景到人，慢慢引出重点。低平的吟诵中传递的满是关切之情。"不可攀"以诵读的方式读出，字字强调，对友人的提醒真诚恳切。

"但闻～～悲鸟号古木～～，雄飞～雌从～绕林间。又闻子规～～啼夜月，愁～空～山～。"诗人以天马行空的想象力想象着蜀道途中景象，古木参天，遮天蔽日，在昼犹昏，鸟鸣悲切，雌雄相从；月夜，子规哀啼，空谷传响。以有声衬无声，突出深山巨谷的空旷幽深，使人心生森森寒意。谢桃坊先生慢吟"闻"字，仿佛听到了鸟在四周悲鸣的声音，笼罩出一种紧张的氛围，抒发出闻子规啼鸣后心中的幽幽怅惘。

"蜀道之难～～，难于上青天，使人听此凋朱颜！"诗人又一次忍不住发出感叹，蜀道难于登天，抒发叹息之情，与前文相呼应。谢桃坊先生在"难"字后拖腔，传递出深深的无奈叹息之情，"上青天"和"凋朱颜"都采用一字一顿的诵读，强调艰难程度，表达惊叹之情。

"连峰～～去天～不盈尺，枯松～倒挂倚绝壁。飞湍～瀑流～争喧豗～～，砯崖～转石万壑雷。"感叹之后，诗人又荡开一笔，再次转移观察角度，细致地描绘绝壁上的枯松，和飞流而下的瀑布，以"倒挂"的枯松和"飞湍瀑流"冲击山崖的惊雷般的声响侧面突出山势的陡峭峻拔，有声有色，视听结合。"峰""天""喧豗"都拔高了声调，形象传达其视觉和听觉的高度，"万"字亦提高，以示夸张之意、惊叹之情。

"其险也如此，嗟尔远道之人～胡为乎来哉"紧承上句总结，再次将重点放到人上。谢桃坊先生以连续快速的节奏诵读，表达出紧张的心情，既是因蜀道的惊险而生，也是为"远道之人"紧张关切。

"剑阁峥嵘而崔嵬～～，一夫当关～～，万夫莫开。所守或匪亲，化为狼与豺。朝避猛虎，夕避长蛇；磨牙吮血，杀人如麻。"诗人又转化角度，从剑阁险要、易守难攻的形势着眼，以"一夫"和"万夫"的数量进行对比，夸张地写出此地攻守形势的悬殊。还用豺狼、猛虎、长蛇等来形容守关者的凶狠可怕，或者也是隐喻蜀地冷酷残忍的政治野心家，以此来突出蜀道的另一种艰难，从而达到劝说友人的目的。谢桃坊先生此处将"崔嵬"拔高拖长，正是表现剑阁的险峻，"一夫"和"万夫"前者声调高，后者声调低，正形成对比之势。"所守或匪亲"用平调陈述，强调这种情况的危险可怕，"朝避猛虎，夕避长蛇；磨牙吮血，杀人如麻"亦是声调低平，节奏加快，传递出恐怖紧张的气氛。

"锦城虽云乐，不如早还家。蜀道之难，难于上青天，侧身～～西望长咨嗟"承接蜀道的惊险恐怖，再次劝说友人及早还家。又再次侧身西望蜀道，发出感叹之情。前一句谢桃坊先生以平调诵读，其中"早还家"三字一字一顿，传递真诚恳切的劝说之意。后一句，再次长吟"难"字，沉吟良久，"侧身"亦长吟，久久遥望，思绪难平。

谢桃坊先生的吟诵调，其缓急、高低、轻重的变化贴切地传递出蜀道的高低曲折，视线俯仰远近，情感的紧张和思绪的绵长，切合李白天马行空的思维，灵动的行文结构和内容，可谓一文一咏一叹，相得益彰。

（2）《丹青引》。

1）从创作背景方面考察。

《丹青引·赠曹将军霸》是著名诗人杜甫作于唐代宗广德二年(764)的一首歌行体诗歌。该诗悲壮沉着、感慨淋漓、纵横跌宕，最能显示杜甫沉郁顿挫的风格特色。其时"飘泊西南天地间"的杜甫，客于蜀已经第五个年头。此时的唐朝，刚刚结束持续八年的安史之乱，国力衰落，百姓赋税徭役沉重，民不聊生。朝廷对安史余孽实行姑息政策，原史朝义部下降将被任命为河北诸镇节度使，他们只名义上承认朝廷，实际却成为瓜分河北的割据势力，朝廷连年调兵讨伐安史，造成西北边防空虚，吐蕃乘机夺取河西陇右。广德元年十月，吐蕃入侵，代宗仓皇出逃，长安失陷，被焚掠一空。杜甫流寓的蜀中也未能安宁，既有地方势力的叛乱，又有异族的侵扰。在如此混乱的社会环境下，诗人杜甫于僻处西南的成都遇见了昔日声名赫赫、而今凄凉落寞的画家曹霸。曹霸是魏武帝曹操之后,是盛唐时期著名的一代画马宗师,被削籍沦为寻常百姓后,遭到流俗的轻视。在战乱动荡的岁月里流落漂泊,不得不靠卖画为生,甚至常常祈求为路人画像糊口,已近乞讨的境地。

杜甫在他39岁时,因敬献《三大礼赋》,受唐玄宗赏识,命待制在集贤院。虽然李林甫作梗,授官之事一直未得以落实,但这种以布衣名动朝廷之事,却是杜甫内心的骄傲和荣幸,这在其《进封西岳赋》中可见一斑。安史之乱期间,杜甫因冒犯肃宗在政治上被边缘化,与曹霸因事削官相类似。在辗转陇右、漂泊西南的日子里,杜甫备受贫困流离之苦,遍尝世态炎凉。见到画家曹霸的境况后,诗人产生共情,生发感概,留下千年名作《丹青引·赠曹将军霸》。

2)从文体结构和吟诵节奏方面考察。

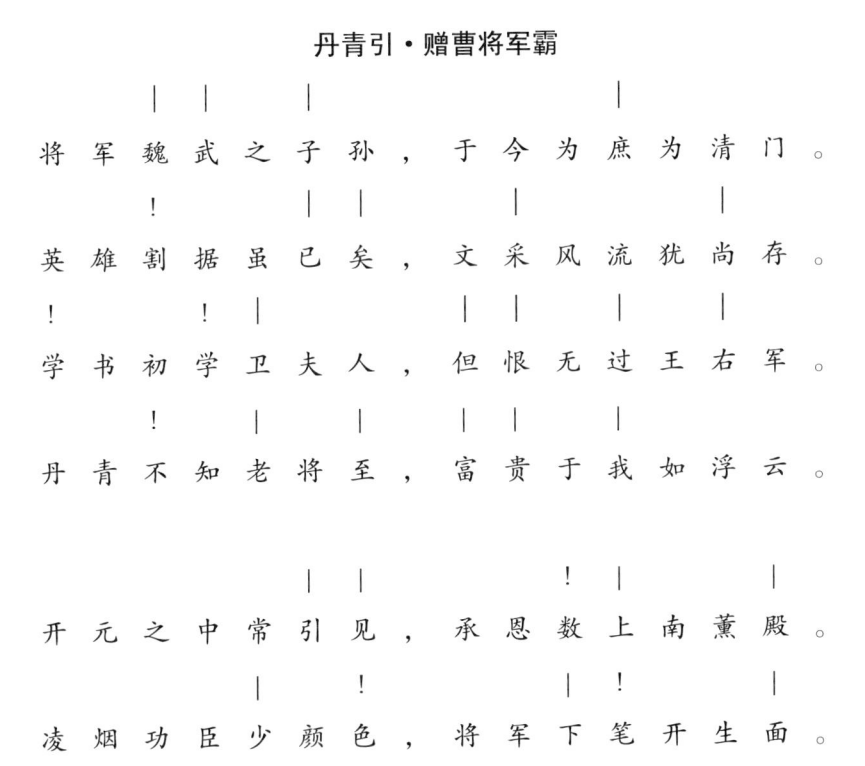

丹青引·赠曹将军霸

将军魏武之子孙,于今为庶为清门。

英雄割据虽已矣,文采风流犹尚存。

学书初学卫夫人,但恨无过王右军。

丹青不知老将至,富贵于我如浮云。

开元之中常引见,承恩数上南薰殿。

凌烟功臣少颜色,将军下笔开生面。

良相头上进贤冠，猛将腰间大羽箭。

褒公鄂公毛发动，英姿飒爽来酣战。

先帝御马五花骢，画工如山貌不同。
是日牵来赤墀下，迥立阊阖生长风。
诏谓将军拂绢素，意匠惨澹经营中。
斯须九重真龙出，一洗万古凡马空。

玉花却在御榻上，榻上庭前屹相向。
至尊含笑催赐金，圉人太仆皆惆怅。
弟子韩幹早入室，亦能画马穷殊相。
幹惟画肉不画骨，忍使骅骝气凋丧。

将军画善盖有神，必逢佳士亦写真。

第四章　四川传统吟诵的基本面貌

```
      ！      ！      |      | |            |
即　今　漂　泊　干　戈　际 ， 屡　貌　寻　常　行　路　人 。
      |      ！ |  ！      | |      |
途　穷　反　遭　俗　眼　白 ， 世　上　未　有　如　公　贫 。
|  |  |  |  |            ！ |  |
但　看　古　来　盛　名　下 ， 终　日　坎　壈　缠　其　身 。
```

本诗属于古风中的歌行类，"引"为古诗体裁的一种。一般来讲歌行体节奏均匀快速流畅，中间不中断停留，求的是一气呵成之气势，如歌之行。全诗围绕曹霸的"出身—勤学—画人—画马—穷途"五个部分展开描写，曹霸作为魏武帝曹操的子孙，不仅继承了祖上文采而且师承唐代著名的书法家卫夫人，尤其擅长画人和马。当时画工们没人能够画出唐玄宗五花马的神韵，而曹霸所画之马则是形合、神合、韵合，"一洗万古凡马空"，得到唐玄宗大加赞赏。这样一个久负盛名之人，却在国家战事频繁、国立衰落的大背景下，经历因事削官之后"终日坎壈缠其身"，曹霸的遭遇何尝不是杜甫的写照，由此引起了诗人强烈的共鸣。

总体来说，谢桃坊先生在吟诵时采用2+2+2+1节奏和4+2+1节奏为多数，从本诗的40句吟诵节奏来看。单句中，有11处为2+2+2+1节奏，有8处为4+2+1节奏，有1处为2+4+1节奏；双句中，有6处为2+2+2+1节奏，有12处为4+2+1节奏，有2处为4+1+1+1节奏。

3）从声韵调系统方面考察。

本诗共四十句，八句一个部分，共五个部分，第一个部分四句一换韵，后四个部分八句一换韵，诗人随文意的变化转用不同的韵脚。首四句入上平十三元韵，韵字为"孙、门、存"，元韵源于上古的两个韵部（之、职），开口度由大变小，收于前鼻音，收敛、沉淀之感突出，多有"汇聚、沉积、基础"之意，汪烜《诗韵析》概括为："意象温存、唳鹤啼猿"[①]。第五句至

[①] 续修四库全书编纂委员会：《续修四库全书》，上海古籍出版社2002年版，第409页。

- 265 -

第八句，入邻韵上平十二文韵，韵字为"军、云"，文韵源于上古的文部，开口度较小，变小收于前鼻音，有收敛、回味、抒情之感，多有"美丽、复杂、温柔"之意，汪烜《诗韵析》概括为典丽欢欣。①诗人对此二韵的选用与诗篇起笔洗炼，苍凉跌宕、抑扬起伏的意境有着密切的关系。

第九句至十六句，入仄声十七霰韵，韵字为"殿、面、见、箭、战"。徐健顺先生在其《汉语音义表》中分析，"霰"韵的声母"x"属齿音，邪母，邪母是舌头平伸，由舌尖和齿之间的缝隙送气，较强气流振动声带，有推送伸展的感觉，多表示延续、扩张、伸展之意；韵母"an"归元部，表示伸展、沉积、下收。声调是去声，表示坚决、明确。诗人选用此韵，以充分表现对曹霸在绘画上的高超技艺以及对其成就的高度赞扬。

第十七至二十四句转入上平一东韵，韵字为"骢、同、风、中、空"。东韵源于上古的韵部，总体来说，都是圆唇后接鼻音，有圆通之后顶起的感觉，多有"圆形、通透、大气"②之意，汪烜《诗韵析》概括为大雅春融。诗人选用此韵，旨在表达对曹霸曾在宫廷作画时落笔挥洒、笔墨酣畅、一气呵成的赞叹。

第二十五至三十二句，诗人使用仄声二十三"漾"韵，韵字为"上、向、怅、相、丧"。徐健顺先生《汉语音义表》分析：漾韵，声母"sh"属齿音，山母，山母是正齿送气音，气流感较强，因此多表示"吹送、舒展、伸长"之意；韵母"ang"为阳声韵，是大开口度的元音接后鼻音，后鼻音不改变口型，持续大开口，因此其字多有"开阔、向上、辽远"之意。③声调是去声，表示坚决、明确。此韵的运用极为生动地写出了画马的逼真传神，诗人以玄宗、太仆和圉人的不同反应渲染曹霸画技的高妙超群。

最后八句，入上平十一真韵，韵字为"神、真、人、贫、身"。真韵源于上古韵部，开口度中等，变小收于前鼻音，有闭合、收敛、抒情之感，多

---

① 续修四库全书编纂委员会：《续修四库全书》，上海古籍出版社2002年版，第409页。
② 徐健顺：《吟诵概论（上）——中华传统读书法》，广西师范大学出版社2019年版，第265页。
③ 同上。

有"深入、亲近、联系"之意，汪烜《诗韵析》概括为隽永清新。[①]诗人以苍凉的笔调描写曹霸如今的落泊境况，今夕对比，令人感慨万分。

此诗章法分明，用韵考究，八句换一宽韵，一韵即为一章，韵部平仄相间，精整匀停，俱出意匠经营，最开阔的韵反衬出最压抑的情绪，对比力量非常强大，使吟诵者更好感受到作者的心情和心态，以此传神达意，深化对作品的理解。

表4—1—26　　　　《丹青引》普通话和成都方言发音差异字

文字	普通话发音	成都方言发音	异同分析
孙	{sun}55	{s-en}55	韵母由un变为en。调值不变
割	{ge}55	{g-ei}55	韵母由e变为ei，调值不变
虽	{sui}55	{x-u}55	声韵母遵循方言发音，声母由s变为x，韵母由ui变为u。调值不变
存	{cun}35	{c-e-n}21	韵母由un变为en，调值由35变成21
浮	{fu}35	{f-o}21	韵母由u变为o，调值由35变为213
恩	{en}55	{ŋ-en}55	普通话是零声母，方言发音有特殊的声母ŋ，调值不变
鄂	{è}51	{ŋ-o}213	普通话是零声母，方言发音有特殊的声母ŋ，韵母由e变为o，调值51转为213
迥	{jiong}214	{j-un}53	韵母iong变为un，调值由214转为53
阖	{he}35	{h-o}21	韵母由e变为o，调值由35变为21
却	{que}51	{q-i-o}213	韵母由ue变为特殊的方言发音io，调值由51变为213
屹	{yi}51	{n-i}213	声母由y变为n，调值由51变为213
肉	{rou}51	{r-u}213	韵母由ou变为u，调值由51变为213
尊	{zun}55	{zen}55	韵母由un于韵变为en韵，调值不变
怅	{chang}51	{z-ang}213	声母由ch变为z，不分平翘舌，调值由51变为213
即	{ji}35	{j-ie}21	韵母由i变为ie，调值由35变为方言调值21

---

① 续修四库全书编纂委员会：《续修四库全书》，上海古籍出版社2002年版，第409页。

续表

文字	普通话发音	成都方言发音	异同分析
屡	{lǚ}214	{l-u-ei}213	声母由ǚ变为uei，调值由214变为213
俗	{su}35	{x-u}21	声母由s变为x，调值由35变为21
骅	{huɑ}35	{z-i}21	声韵母都改变为另外的发音，调值由35变为21

注：普通话调值55、35、214、51；成都方言调值55、21、53、213。

4）从音乐性方面考察。

a. 基本结构。

吟诵调《丹青引》共分为五个部分，由 a（i͞5 5i·）、b（i͞5 30）、c（3͞2͞3 50）和 d（3͞5 1）四个音乐短句为基本旋律形态变化重复贯穿全曲。

b. 音阶调式。

音阶调式为5̣61235。吟诵调以徵音（5）作为调式主音和结束音，以宫音（1）为上句终止所支持的徵音终止群体，上下句终止音呈四度关系，调式调性明确，属民族五声徵调式。

c. 旋律线。

第一段从"将军魏武之子孙"至"富贵于我如浮云"，旋律在中音1至高音i的八度音程间围绕"135"三音在中高音区发展变化，旋律组合以 a（i͞5 5i·）、b（i͞5 30）型短句为主，c（3͞2͞350）短句作为补充结合其中。a 型短句以四度音程（i͞5 5i）跳进为主，呈谷峰型旋律进行形态，多和其他短句组合成长句，如："虽已矣、但恨无过、丹青不知、老将至、富贵与我"（55i、i͞5 5i·、55·5i·i、5ii-、i͞5 5i 5），"矣、过、知、至、我"（i、i·、i·i、i、i 5）作句中、句末拖腔处理。b 型短句在五度内中音区作级进、跳进旋法，如："于今为庶为清门、文采风流今尚存、学书初学卫夫人、如浮云"（15·13 15 30、11 5̲3·5̲3 30、15·5̲53 15 30、33 30），"今、流、书"（5·、3·、5·5）作句中拖腔处理。c 型短句以音程级进为主，形成平稳而曲折的波纹型旋律，如："王右军"（3̲2̲350）、"将军魏武之子孙"（55·5-5̲3 3̲3̲23 50）、此句在 c

第四章 四川传统吟诵的基本面貌

丹青引

杜甫 （唐）
谢桃坊先生 吟诵
李娟 记谱

注：标有波浪的文字为诵读。

型短句的基础上融入了新元素"55·5-","军"字的拖腔和倚音、下滑音的润饰使得开篇便呈现苍凉之意。句末韵字"孙、门、存、军"(50、30、30、50、30)均作断腔停顿处理,收音干脆利落,结音落在3和5上。谢老吟诵时以抑扬起伏、跌宕多姿的音调交代了曹霸将军的家世渊源和他的书画才能,点明了主题。

第二段从"开元之中常引见"至"英姿飒爽来酣战",以大量的b型旋律为主,如:"开元之中常引见、承恩数上南薰殿、凌烟功臣少颜色、将军下笔开生面、褒公鄂公毛发动、来酣战"(51 33·35 30、15 33 35 30、5i·i 3·53 30、55·5 53·55 30、55 35 33 13、35·30),旋律几乎在都中音区发展,ac型旋律贯穿其中,在中高音区发展,如:"英姿飒爽"(i i 2 i·i 5),"良相头上进贤冠、猛将腰间大羽箭"(13 135 33 35、i3 55 3 i 50),"中、恩、烟、臣、军、上、冠、公、动、姿"(3·、5、i·、3·、5·5、353、5、13、i 2 i·)作句中、句末拖腔处理,句末韵字"见""殿""面""箭""战"(30、30、30、50、30)作断腔停顿处理,语气坚定,结音落在3和5上。此段在A乐段的基础上增加了六度音程(i 3·、3 i)大跳,出现了全曲最高音2,音域更宽,旋律起伏更大,一文一武的描写,一低一高的旋律对比,使文臣、武将的形象栩栩如生,高度赞扬了曹霸在人物画上的辉煌成就。

第三段从"先帝御马五花骢"至"一洗万古凡马空",第二段画人是衬笔,此段的画马才是重点。曲调以高昂曲折的a型旋律"先帝御马"(51 i i·)起调,"画工如山、迥立阊阖、诏谓将军拂绢素、意匠惨澹经营中、一洗万古凡马空"(5i 5i·、535 i i·、53 i i·、3·5 i i),结合相对平稳的bc型旋律,前后交错,高低抗坠,如:"貌不同、是日牵来赤墀下、斯须九重真龙出"(353 30、153 53·33 30、55·553·35 31 30),"五花骢、生长风、经营中、凡马空"(135 50、323 50、535、3123 50),句末韵字"骢、同、风、空"(50、30、50、50)作断腔停顿处理,结音多在5上,此段的在abc型旋律基础上融入了新元素"拂绢素"(335 11)d型短句变化发展,"马、山、阖、生、澹、古"(i·、i·、i·、i·、i·、i)和"来、重、军、须"(3·、3·3、

5、5·5）作句中拖腔处理，此段旋律在中高音区发展，上下跳跃起伏，结合倚音、波音和衬字"啊"的色彩润腔，细腻地描写了画御马骢的过程，使御马骢的形象鲜明生动地矗立在人们眼前。

第四段从"玉花却在御榻上"至"忍使骅骝气凋丧"，此段以 d 型旋律为主，此旋律以级进为主，偶有五度（15、51）、六度（i3）音程大跳，如："玉花却在御榻上、榻上庭前屹相向、亦能画马穷殊相、干惟画肉不画骨，气凋丧。"（1353i 1532i、13 11·35 10、33 13·35 10、i3 13i13 10、35 10），句末韵字"上、向、怅、相、丧"（1、10、10、30、10）结音随字音的变化也发生了变化，多落在1音上。b 型旋律"圉人太仆皆惆怅、弟子韩干早入室"（i3ii、521 30、3i 13·533），a 型旋律"忍使骅骝"（53ii·）和 c 型旋律"至尊含笑催赐金"（5i33 523 50）贯穿其中，"花、前、尊、人、干、马、肉、骝"（5、1·、i、3、3·、3·、1、i·）作句中拖腔处理，此段旋律相对第三段稍显平稳，进一步赞美曹霸画马之妙。以上，诗人极力铺写、渲染曹霸昔日的才能声名和荣遇盛事。

第五段从"将军画善盖有神"至"终日坎壈缠其身"，旋律继续以 abc 型相结合变化发展。a 型旋律"必逢佳士、漂泊干戈际、世上未有、但看古来盛名下、终日坎壈"（i5 i 5·、i5 iii-、i5 5i、i5 i i·）和 b 型旋律"将军画善盖有神、屡貌寻常行路人、途穷反遭俗眼白、如公贫"（55·351 15 30、i35 33·353、33·3ii·5i3、5i3）相互连接，结合较平稳的 c 型旋律"亦写真、缠其身"（⁻23 50、323 50）通过谢老悲慨沉郁的吟诵音调，表现出曹霸今日的困顿凄凉，同时也传递出诗人此时内心的共鸣，饱含对封建社会世态炎凉的愤慨。

d. 节奏腔式。

谢桃坊先生吟诵《丹青引》时遵循成都方言咬字发音，取当地语音声调行腔。结合 XX、X、XXX、XX.、X X.、XXXX 多种节奏型，形成 2+2+2+1 和 4+2+1 等音步节奏，该吟诵调的拖腔主要有三类，a "虽已矣、老将至、无过、不知、老将至、凌烟、先帝御马、如山、世上未有、盛名下、终日坎壈"

($\underline{55}$i、$\underline{5}$i i-、$\underline{5}$i·、$\underline{5}$i·i、$\underline{5}$i i-、$\underline{5}$ i·、$\underline{51}$ i i·、$\underline{5}$ i·、i$\underline{55}$i、i$\underline{5}$ i i·、i$\underline{5}$ i i·)为句中、句末拖腔；b "之中、功臣、上、牵来、军、九重、围人、韩幹、画马、寻常、即今、途穷、古来"（$\underline{33}$·、$\underline{i3}$·、$\underline{353}$、$\underline{53}$·、$\underline{53}$、$\underline{53}$·3、$\underline{i3}$、$\underline{13}$·、$\underline{13}$·、$\underline{33}$·、$\underline{33}$·3、$\underline{33}$·3、$\underline{i3}$·)为句中拖腔；c "将军、于今、学书、丹青、于我、将军、褒公、斯须、玉花、佳士"（$\underline{55}$·5-、$\underline{15}$·、$\underline{15}$·5、$\underline{5i}$ 5、$\underline{55}$·5、$\underline{55}$、$\underline{55}$·5、$\underline{135}$、$\underline{i5}$·)为句中拖腔。每一段的韵字几乎都为断腔停顿处理，结合波音"清、矣、知、至、山"（⌢）、下滑音"军、今、马、阖"（﹨）的润腔技法，增添了吟腔的色彩，更丰富地表达了诗歌的情感。

5) 谢桃坊先生《丹青引》吟诵概述。

谢桃坊先生吟诵《丹青引》时，依成都方言四声调值行腔，方言咬字、字正腔圆，以"诵"为主，以"吟"为辅，以 a（$\underline{15}$ $\underline{5}$i·）、b（$\underline{15}$ 30）、c（$\underline{323}$ 50）和 d（$\underline{351}$）四个音乐短句及其变化形态为基本吟腔，体现在句中吟诵节奏点处和句读处。二者互相包含、转换灵活自然。

此诗吟诵节奏较紧密变化灵活，其中 2+2+2+1 和 4+2+1 吟诵节奏较多采用，反映出歌行体节奏均匀、快速流畅、一气呵成、如歌之行的诗体特点。每句的第二、第四、第六吟诵节奏点上的字若为平声字时，往往长吟拖腔，乐音落音多在宫音（i）、角音（3）和徵音（5）上，并较多地采用旋律下行或者有成都方言声调特征的下滑音润腔技法，少数单句在句尾有拖腔。双句在句尾韵字处则多有休止符，干脆短促有力地收束长顿，乐音落音多在角音（3）和徵音（5）上，少数落音在宫音（1）上。

该诗吟诵调以 1 3 5 为主干音，整体音域处于中高音区，最高音为商音（$\dot{2}$），最低音为宫音（1），调式主音为徵音（5），调式调性明确，属民族五声徵调式。

首句"将军～～魏武^之子～孙，于今～～为庶^为清^门"，作者首先宕开一笔，颂扬曹霸祖先贵为宗潢，谢先生此处采用唱叹之音，"将军"中"军"字拖长，"子"字顺拖准备换气，"孙"字音调由 3 提高到 5，以强调主人公出身皇裔贵胄。然时运不济、作者笔锋一转，陡然一跌，主人公已今非昨昔，沦落为庶民。谢先生此处采用平行读诵处理，语调下降，"今"长吟良久，"清"字作长波音处理，流露出对主人公处境坎坷的感慨。

"英雄^割据虽已^矣～，文采风流～今尚^存"一句承上启下，由抑到扬，赞叹主人公文采了得。谢先生把"割据虽已"四字连读，快决地将魏武一事一笔撇过；在"风流"二字音调拔高，沉吟良久；"今"字重读、长读，重心落在此处，使听者明白，此"今"绝非彼"今"。

"学书～初学^卫夫^人，但恨无过～王右^军"，杜甫认为中华绘事之特点和要义须是学画必先学书，当时书法首推卫夫人，作者用"但恨"二字措词，立现主人公不甘圣人之后，欲为雁行同列。谢先生在"但恨"二字着力，提高音量，语调更加高扬，生发感叹，"过"字作波音处理，然后语调下降回收。

"丹青～～不知～老将^至，富贵于我～如浮^云。"书法学术有成，始敢言画事，"丹青"二字，点到主题。谢先生此处重吟"知""至""富贵于我"，提高音量、语调高扬、大声赞誉，四字连读快速顺过；"浮云"语调下降，归于平静，表现主人公不慕名利的恬淡情志。以上八句为一章，韵字分别为"孙、门、存""军、云"，此韵开口度不大，接闭口鼻音n，有细长而哼吟之感，有回味体会之意。

作者粗略交待曹霸生平后，立即展开主人公两大绝技的两大段描写：画人、画马。极力呈现主人公的高超神妙、超群绝类、无可比方之画工。

"开元之中～常引^见，承恩～数上^南薰^殿。凌烟～～功臣～少颜^色，将军～～下笔～开生^面。良相头上～～进贤^冠，猛将腰间～大～羽～箭。褒公～鄂公^毛发^动，英姿～～飒爽来～酣～战。"这八句为一章，换仄声韵相押，韵字分别为"见、殿、面、冠、箭、战"，"a"是汉语元音中开口度最大的音，接后鼻音n，n为闭口音，an表达为伸展平收，有抒情韵味。

"常引见"对"南薰殿"，"少颜色"对"开生面"，"进贤冠"对"大羽箭"，"毛发动"对"来酣战"，谢先生基本为诵，主体音节大致相同。其中"大～羽～箭"一字一拖腔，以局部细节夸张描绘，立即表达出静态画面的气韵神采，不禁让人浮想联翩。

"先帝御马～～五花^骢，画工如山～～貌不^同。是日牵来～赤墀^下，迥立闾阖～生长^风。诏谓将军～拂绢^素（啊），意匠惨淡～经营^中。斯须～九重～真龙^出，一洗万古～凡马^空。"这八句为一章，作者换韵押"ong"韵，韵字分别为"骢、同、风（古音读fong）、中、空"，ong韵有通透正大之意。谢先生吟诵时语调逐渐拔高与诗人画人作衬笔，画马为重点的写法高度吻合，逐层推进抽丝剥茧，声音与诗意高度和谐统一。

"玉花～却在^御榻^上，榻上^庭前～屹相^向。至尊～含笑^催赐^金，圉人～太仆^皆惆^怅。弟子韩幹～～早入^室，亦能画马～穷殊^相。干惟画肉～不画^骨，忍使骅骝～～气凋^丧。"这八句为一章，又换一韵，韵字分别为"向、怅、相、丧"，押"ang"韵，ang韵是汉语中所有韵母中开口度最大、延伸时间非常长的一个韵，有开阔向上、明朗的意义。

诗人从最开始的闭口韵逐步转换到最开阔的一个大开口韵，即 un→ an→ong →ang韵。此章又是所有章节里出现入声字的最多部分，入声字包括"玉、却、塌、屹、仆、入、室、亦、画、肉、不、骨"等，尤其在"画肉不画骨"，五字均为入声字连用，吟诵起来声音短促有力。谢先生朗吟为主字字铿锵，可谓大声放歌、极尽赞美，堪称最为精彩动人的吟诵环节。

"将军～～画善^盖有^神，必逢佳士～亦写^真。即今～～漂泊^干戈^际，屡貌寻常～～行路^人。途穷～～反遭^俗眼^白，世上未有～～如公^贫。但看古来～盛名^下，终日坎壈～缠～其～身。"这八句为一章，作者换为"en"韵，韵字分别为"神、真、人、贫、身"，此韵沉重压抑，有哽咽意，营造出悲慨苍凉的气氛。谢先生在吟诵此章时将声调抬高，语气悲怆，有高举重跌之感，尤其最后一句"缠其身"，一字一顿，强烈地表达了诗人对主人公的推崇惋惜、同情感慨的情绪。

谢桃坊先生吟诵此诗时紧贴诗意，诵读和吟咏灵活转换。诵读的内容大多数为以下三类：（1）须强调的名词，例如"魏武""英雄""文采""先帝御马""玉花"等；（2）以陈述事由的铺陈叙述性语句，例如"开元之中

常引见""是日牵来赤墀下""弟子韩幹早入室,亦能画马穷殊相"等句;

(3)除以上两点外,需要加以强调的其他重点字词也要铿锵有力地诵读,例如"富贵于我""数上""下笔""盖有神"等。

谢桃坊先生吟诵此诗时紧贴诗意,情感上总体沉郁而不乏抑扬起伏,有着诗人杜甫和画家曹霸坎坷心酸人生际遇的高度共情,在自我代入中自然地传递着痛苦悲慨的感受。

(3)《兰陵王·柳》。

1)从创作背景方面考察。

《兰陵王·柳》是北宋著名词人周邦彦的代表词作。周邦彦(1057 —1121)字美成,号清真居士,钱塘(今浙江杭州)人。他精通音律,诗、词、文、赋无所不擅,作品多写闺情、羁旅、咏物,其格律谨严,尤善铺叙言曲丽精雅,为格律词派所法,被婉约词派所宗,词坛奉为"词家之冠"和"词中老杜",今存《片玉集》传世。

周邦彦在宋神宗元丰初年进献《汴都赋》,获神宗赵顼赏识,由太学生擢升太学正。时值朝廷新旧党争异常剧烈,无论"新党"上台还是"旧党"执政,均会全力排除异己。神宗死后,旧党执政,周邦彦作为"新党"被排挤出京城,此后宦海沉浮、仕途坎坷。

孙虹在《清真集校注》中将《兰陵王·柳》的创作时间考证为两个时间段,"周邦彦在京师为官时,约元丰二年(1079)至元祐二年(1087);或周宦海浮沉后的中年时期,约崇宁元年(1102)至大观四年(1110)"。[①]笔者认为,若是周邦彦才入仕途不太可能有如此深刻的人生体悟,沉痛悲苦的感情,历练老辣洞见,词境所及非历经多年人世沧桑不能形成,故而更偏向此词作于崇宁至大观之间。

此词写"汴河隋堤之柳",汴河为隋炀帝所开凿大运河的一段,是当时沟通南北的交通要道,古人有折柳送别的习俗,诗词里常用柳来渲染别情。

---

① 参见(宋)周邦彦著,孙虹校注:《清真集校注》,中华书局2002年版。

第四章 四川传统吟诵的基本面貌

词人做官时，经常会有人因罢官或者贬谪离开京城，汴河上的隋堤便是开封城外离别相送的必经之地，表面上看似咏柳叙别之作，实则是词人心底对政治倾轧的痛苦表达。《兰陵王·柳》属宋词名篇，几乎每种词选皆选此词。叶嘉莹先生在论述周邦彦的词时，认为他不同于之前晏殊等人以直接的感发取胜，而是靠思力的安排，正如其论其词的绝句所说，"顾曲周郎赋笔新，惯于勾勒见清真。不矜感发矜思力，结北开南是此人"。①

2）从文体结构和吟诵节奏方面考察。

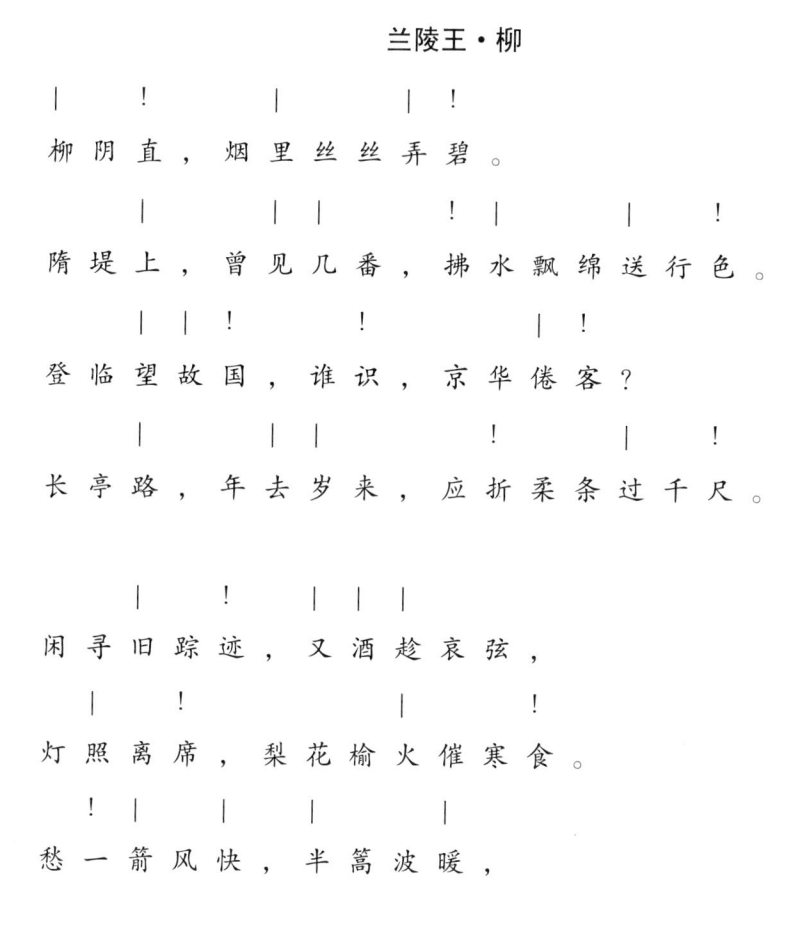

兰陵王·柳

｜　　！　　｜　　　｜！
柳 阴 直， 烟 里 丝 丝 弄 碧。
　　｜　　　｜｜　　！｜　　｜　　！
隋 堤 上， 曾 见 几 番， 拂 水 飘 绵 送 行 色。
　　｜｜！　　！　　　　　｜！
登 临 望 故 国， 谁 识， 京 华 倦 客？
　　｜　　　｜｜　　！｜　　｜　　！
长 亭 路， 年 去 岁 来， 应 折 柔 条 过 千 尺。

　　｜！｜｜｜
闲 寻 旧 踪 迹， 又 酒 趁 哀 弦，
　　｜！　　　｜　　　　　！
灯 照 离 席， 梨 花 榆 火 催 寒 食。
！｜　｜　｜　｜
愁 一 箭 风 快， 半 篙 波 暖，

---

① 周云峰：《论周邦彦词》，安徽师范大学硕士学位论文，2003年。

｜　｜　！　！　　　｜　　　　　｜　　　　！
　回 头 迢 递 便 数 驿，望 人 在 天 北。

　　　！　　｜　　　！
　凄 恻。恨 堆 积。
　｜　！　｜　　　　｜　　　　！　　　　｜　｜　　　　　！
　渐 别 浦 萦 回，津 堠 岑 寂，斜 阳 冉 冉 春 无 极。
　　｜　　｜　　　｜　　　　！
　念 月 榭 携 手，露 桥 闻 笛。
　　　｜　　｜　　　｜　　｜　！
　沉 思 前 事，似 梦 里，泪 暗 滴。

　　周邦彦在创作《兰陵王·柳》的过程中，笔触于过去、现在、未来之间跳跃行进，回忆和设想往往以实笔叙写，使得虚实相间、变幻莫测，形成了沉郁顿挫的词风。此词可分为上中下三阕。上阕共11句48字，"柳阴直"至"应折垂条过千尺"，词人借隋堤所见的柳色烘托倦客离别的气氛。中阕共8句42字，"闲寻旧踪迹"至"望人在天北"，刻画倦客乍别之际的怅惘与愁情。下阕10句40字，"凄恻"至"泪暗滴"，渲染倦客渐远之后的悲伤和遗憾。

　　谢桃坊先生在吟诵时节奏较为明确，低于五言的句子，基本吟诵节奏是两顿法，大于五言的句子基本吟诵节奏为三顿法。全词中，二言句的吟诵节奏为2+0（共2处）；三言句的吟诵节奏为3+0（共5处），只在最后一句"泪暗滴"做重点强调时，变为1+1+1；四言句的吟诵节奏为4+0（共3处）、2+2（共5处）；五言句的吟诵节奏为3+2（1处）、2+3（共3处）、1+4（共3处）；六言句的吟诵节奏为4+1+1（1处），七言句的吟诵节奏为4+2+1（共2处）、2+4+1（1处）、2+2+3（1处）、2+3+2（1处）。

　　3）从声韵调系统方面考察。

　　全词去声字较多、押入声韵，用在转折提挈处使声调激扬；同时，运用了大量的拗句，造成了通篇拗怒奇崛，末段声尤激越的声韵效果。全词上阕入十三仄声职韵，韵字为"直""碧"（陌韵）"色""国""客""识""尺"（陌韵）；中阕入十一仄声陌韵，韵字为"迹""席""食"（职韵）"驿""北"（职韵）；下阕入十二仄声锡韵，韵字为"侧"（职韵）"积"（陌韵）"寂""极"（职韵）"笛""滴"。

全篇多处出现拗句，所谓拗怒是指有意违背近体诗平仄相协、四声谐和的原则，去制造音节上的某种不协调感，以增添韵律的变化。如"拂水飘绵送行色"(仄仄平平仄平仄)，"登临望故国"(平平仄仄仄)，"应折柔条过千尺"(平仄平平仄平仄)，"一箭风快"(仄仄平仄)，"回头迢递便数驿"(平平平仄仄仄仄)，"灯照离席"(平仄平入)，"望人在天北"(仄平仄平仄)。

谢桃坊先生在吟诵时出现的成都方言语音，现列表逐字分析。

表 4—1—27　《兰陵王·柳》[①]普通话和成都方言发音差异字

文字	普通话发音	成都方言发音	差异分析
直	{zhi}35	{z-ə}21	翘舌音变平舌音，韵母由 i 韵变为ə，叶韵调值由 35 变为 21
上	{shang}51	{s-ɑ-ng}213	翘舌音变平舌音，调值由 51 变为 213
碧	{bi}51	{b-i-e}213	韵母由 i 变为 ie，叶韵，调值由 51 变为 213
识	{shi}35	{s-ə}21	翘舌变平舌音，叶韵读法，韵母音由 i 变为ə，调值由 35 变为 21
色	{se}51	{s-ə}213	方言发音，韵母由 e 变为ə，调值由 51 变为 213
国	{guo}35	{g-u-ə}21	方言发音，韵母由 uo 变为 uə，调值由 35 变为 21
客	{ke}51	{k-ə}213	方言发音，韵母由 e 变为ə，调值由 51 变为 213
尺	{chi}214	{c-ə}53	翘舌变为平舌，叶韵韵母由 i 变为ə，调值由 214 变为 53
哀	{ɑi}55	{ŋ-ɑi}55	由零声母变为方言声母 ŋ，调值不变

[①] 吉人：《拗怒激越之音——谈〈兰陵王·柳〉的音律美》，《语文学习》1984 年第 9 期。

续表

文字	普通话发音	成都方言发音	差异分析
弦	{xian}35	{x-u-an}21	韵母由 ian 变为 uan，调值由 35 变为 21
席	{xi}35	{x-i-e}21	叶韵韵母由 i 变为 ie，调值由 35 变为 21
食	{shi}35	{s-ə}21	翘舌变为平舌，叶韵韵母由 i 变为 ə，调值由 35 变为 21
驿	{yi}51	{y-ə}213	叶韵韵母由 i 变为 ə，调值由 51 变为 213
北	{bei}214	{b-ə}53	韵母由 ei 变为 ə，调值由 214 变为 53
恻	{ce}51	{c-ə}213	典型的方言发音，韵母由 e 变为 ə，调值由 51 变为 213
积	{ji}55	{j-ie}55	典型的方言发音，韵母由 i 变为 ie，调值不变
别	{bie}35	{b-i}21	韵母由 ie，变为 i，调值由 35 变为 21
萦	{ying}35	{y-u-n}21	韵母由 ing 变为 un，调值由 35 变为 21
寂	{ji}51	{j-i-e}213	叶韵读法，韵母由 i 变为 ie，调值由 51 变为 213
斜	{xie}35	{x-i-a}21	韵母由 ie 变为 ia，调值由 35 变为 21
极	{ji}35	{j-i-e}21	叶韵，韵母由 i 变为 ie，调值由 35 变为 1
携	{xie}35	{x-i}21	韵母由 ie，变为 i，调值由 35 变为 21
笛	{di}35	{d-i-e}21	叶韵，韵母由 i 变为 ie，调值由 35 变为 21
暗	{an}51	{ŋ-an}213	由零声母变为四川方言里独特的声母 ŋ，调值由 51 变为 213
滴	{di}55	{d-i-e}55	四川方言的发音，韵母由 i 变为 ie.调值不变

注：普通话调值 55、35、214、51；成都方言调值 55、21、53、213。

4）从音乐性方面考察。

a. 基本结构。

吟诵调《兰陵王·柳》为以 a（$5\dot{1}\ \overline{\dot{1}}$）和（$\underline{1530}$）两个音乐短句为基本旋律形态变化重复贯穿全曲的 A+B+C 三段体结构。

b. 音阶调式。

调式音阶为 $\underset{\cdot}{5}6123\dot{5}$，吟诵调以徵音（5）作为调式主音，以宫音（$\dot{1}$）为上句终止所支持的徵音终止群体，调式调性明确，属民族五声徵调式。

兰陵王·柳

c. 旋律线。

A 段从"柳荫直"至"应折柔条过千尺"，旋律主干音为"135"三音，以 a (5i ī) 和 b (15 30) 两个音乐短句变换重复组合其中，a (5i ī) 型短句多为四度音程跳进 (5i、i5i、5ī·) 的谷峰型旋律进行形态，在中音1至高音i 的八度音程间中高音区变化发展，音调高亢，如："柳荫直"(5i ī-ヽ)、"烟里丝丝"(i5i ī-)、"弄碧"(5iī)、"几番"(5 ī·)，"拂水飘绵"(55 i ī·)、"年去岁来"(15 i i ヽ) 等。旋律开篇"柳阴直，烟里丝丝弄碧"由连续三个 a 型短句呈现，以高亢的音调细腻的笔触刻画柳树在春风中之袅娜姿态，句末"弄碧"(5iī) 四度音程5i跳进后八度大跳陡转直下至中音1，著一"弄"字意境全出，"碧"字低沉下来，谢老在吟诵"直、丝、碧、番、来"(ī-、ī-、ī、ī·i、i·) 时作拖腔处理并给予波音或下滑音润饰。b (15 30) 型短句多在中音1至5的五度音程间作级进 (53·、33 53·、13·)、跳进 (15、15、3·i3) 旋法，主要在中音区发展，如："登临望故国"(31·11153-ヽ)、"京华倦客"(53·i3)、"应折柔条"(5313-) "过千尺"(153)，b 型旋律相对 a 型旋律音高下移，情绪也低沉了下来，结合"临、京华、倦客、路、柔条"(53·3、53·、i3、13·、13-) 拖腔的运用和"国、路"(ヽ) 下滑音润饰，"临"字最后一拍加重下滑音，突出了韵尾音的叹息声，如泣如诉，表达出欲归不得的倦客感叹人间离别的频繁，情深意挚，耐人寻味。

B 段从"闲寻旧踪迹"至"望人在天北"，相对于 A 段高亢的起调，此段起调略显低沉，以 b (1530) 型旋律起调，"闲寻旧踪迹"(33·3153)，"闲寻"(33·3) 为诵读，"寻"字拖腔的最后一拍加重韵尾音的下滑叹息声，突出"寻"的意境和苦闷的心情，"旧踪迹"(153) 五度大跳上行再级进下行。"又酒趁哀弦，灯照离席。梨花榆火催寒食"(0·5 i5 ii i-ヽi5i 5321 30 15·115 321 30) 为 abb 型旋律组合，由5i两音作上下行跳进交替再级进、跳进至3，ab 型旋律上下起伏形成对比，谢老吟诵"花"字的拖腔和下滑音时加重韵尾音下叹似哭诉，生动地表现出词人坠入追忆往事的悲凄情绪。"愁一箭风快，半篙波暖"(3-ヽ11 i i·5 i·ii)，"愁"为诵读，拖腔的最后一拍加重韵尾音的下滑叹息声，从中音1至高音i陡转直上八度大跳，转而下行到5再跳进至i。呈峭壁型和谷峰型旋律进行形态，表现出风顺船疾，行人本应高兴，这里却用一"愁"字，因为有人让他留恋。这样的旋律进行形态也真切地反映出词人乍别之际追寻往事和不忍离别的复杂心情。"回头迢递便数驿，望人在天北"（1 3·3ↄ1 1 3 5 3ↄ0 i i·ↄ5 i 3ↄ）为 ba 型旋律组合，低沉、高亢的旋律形成对比，"望人在天北"五字，包含着无限的怅惘与凄婉，此句旋律频繁出现高音i，尾腔作峭壁型旋法六度大跳下行至中音3，"北"字在悲痛中结音。

C 段从"凄恻"至"泪暗滴"，旋律围绕"1 3 5"三音变化发展。此段在 B 段的基础上变化和发展，继续作 ab 型旋律变化组合。以 b 型旋律"凄恻，恨堆积"（5 3·3ↄ1 5 3 0）起调，"恻"字由普通话的去声变成成都方言的上声，谢老长吟此字，最后一拍加强突出韵尾音的叹息声，作上滑音处理，似在宣泄道不尽的哀痛愁苦。大量的 b 型旋律贯穿其中，如："凄恻、恨堆积、渐别浦萦回、津堠岑寂、斜阳冉冉春无极、露桥闻笛、梦里、沉思前事似、泪暗滴"（5 3·3ↄ1 5 3 0、i·5 i 5 5 3、5 1 5 3 3 3ↄ、3 3·i i·i i 3·3 0、5 i 3·2 3 3、i i 2 i、1 3·3 3 3、5 i 5 i 3），"斜阳冉冉春无极"（3 3·i i·i i 3·3 0），由3 i两音作上下行六度跳进交替，呈峭壁型旋律进行形态，此乐句连续运用三个切分音，拉长"阳""冉""无"三字，也拉长了词人无尽的悲痛哀愁。"极"（3 0）字立顿，如泣如诉，词人形单影只的落寞形象跃然纸上。a 型旋律"念月榭携手、梦里"（1 5 3·3 3 i i·、i i 2 i）结合其中，"沉思前事似梦里、泪暗滴"（1 3·3 3 3 i i 2 i i 5 i 5 i 3）为 ab 型旋律组合，"沉思前事"为诵读，谢老吟诵时将前句的"前事"二字与后句的"似"字紧密相连，"似梦里"连续运用四个高音，三字几乎是呐喊而出，力度加强，词人与吟诵者的情感最终在此处爆发，到达全曲最高潮。"泪暗滴"（5 i 5 i 3），5 i两音循环四度跳进再陡转直下六度大跳下行至3，黯然回落，终止全曲。"滴"字如杜鹃啼血，悲痛不能自已，戛然而止，令人唏嘘不已，唯有暗自泪垂。

- 283 -

d. 节奏腔式。

谢老在吟诵此篇《兰陵王·柳》时，遵循成都的方言语音咬字发音，取成都方言语音声调行腔，XX、X、XXX、XX.、X X.、XXXX 各种节奏型有机结合，形态丰富，错落有致，与音乐走向紧密贴合。两类拖腔贯穿全曲，a "柳荫直、烟里丝丝、几番、拂水飘绵、年去岁来、酒趁哀弦、半蒿波暖、梦里" (5i ĭ、15i ĭ-、5 ĭ ĭ、55 i ĭ、15 ii、15ii·i-、5i·ii、ii2i)，b "国、路、条、过千尺、旧踪迹、回头、念、津堠、沉思" (1153-、13·、13-、153、153、13·3、15 3·、515 3、13·)，结合波音 "直、碧、快、番、弦" (⌣)，上滑音 "恻" (╱)，下滑音 "国、来、寻、花、驿、人" (╲) 的润腔技法，突出感叹语气，达到了才欲说破便自咽住，其味无穷的艺术效果，吟诵音调萦回曲折，凄婉愁苦。

5) 谢桃坊先生《兰陵王·柳》吟诵概述。

谢桃坊先生吟诵此词时本坐于书桌旁，开始吟诵时先生即从椅上起，端身站立、右手叉腰、左手轻点、全程闭目、流畅背吟。

《兰陵王》为词牌名，又名"大犯""兰陵王慢"等。此词特点为韵字全部押入声韵、全篇多处出现拗句，音节拗怒奇崛、声情激越抗坠。谢桃坊先生吟诵调与该词词体风格保持一致，以１３５为主干音，整体音域处于中高音区，最高音为宫音（ĭ），最低音为宫音（1），调式主音为徵音（5），调式调性明确，属民族五声徵调式。曲中大量出现八度音域差，旋律起伏急剧抗坠、富于变化。

谢桃坊先生依成都方言四声调值行腔，有"吟"有"诵"，"吟诵"结合，一般在每句起句处为"诵"，多为一字一音一拍；以两个音乐短句 a (5i ĭ) 和 b (15 30) 及其变化形态为基本吟腔，在句中吟诵节奏点处、句读处作长"吟"处理。吟诵节奏点多在句中第二或第四个平声字处及句法特殊处如一字领处。每句的上半句、中间半句不论是否韵字均拖腔，乐音落音在宫音（1）和角音（3）上；下半句含入声韵字，为顿腔处理，音节急促单一，绝大多数落音在角音（3）上，少数落音在宫音（1）上。

第四章 四川传统吟诵的基本面貌

本文以上阕为代表逐句进行剖析。

首句："柳荫直〰〰，烟里丝丝〰弄碧^。""柳荫"在成都方言中四声调值排列为 53 55，旋律呈上行趋势，曲谱标注为 5̲1̲；"直"字紧随"荫"字同音级发声（1̄-↘），整体音乐旋律呈现为 a 吟腔形式，"直"在中古音中为入声字，成都方言中入声字消失，谢老采用上波音加下滑音润腔技法长拖腔处理，音调高亢明亮，柳树挺立于风中的姿态顿时出现在听者脑海之中。下半句"烟里丝丝"在成都方言中四声调值排列为 55 53 55 55，对应谱面标识为 1̲5̲1̲1̄-，呈现为 a 吟腔形式，第四字"丝"为吟诵节奏点作一字一音长拖腔。去声字"弄"在成都方言中调值为 213，调型为低降低升、先降后升，对应谱面标识为 5̲1̲，与其字体腔格发展趋势保持一致。句尾韵字"碧"为入声字，谢老作上波音润腔技法，稍有拖腔（1̄）。比对可看出：上下两句尾字"直""碧"在音级时值、音高上明显形成一扬一顿、一高一低对比（1̄-↘、1̄）。

"隋堤上〰〰，曾见几番〰，拂水飘绵〰〰送行〰色^。"此时词人登临眺望，友人的归乡触动了词人的乡情。上半句"隋堤上"为明显诵念，尾字"上"做一字多音拖腔（1̲3̲1̲·）；中句尾字"番"做长拖腔加上波音润腔技法（1̄-↘），此句呈现为 a 吟腔形式；下半句在第四、六吟诵节奏点"绵、行"处拖腔处理（1̄·、3̲2̲1̲），"拂水飘绵"呈 a 吟腔形式，"送"在成都方言中调值为 213，谱面标识为 5̲1̲；"行"在成都方言中调值为 21，谱面标识为 3̲2̲1̲，二者谱面与其字腔格分别保持一致，"送行"呈 b 吟腔形式 5̲1̲3̲2̲1̲。句尾入声韵字"色"顿挫收尾（1̇0）。此句再次形成一扬一顿、一高一低对比，生动描绘出离人之间依依不舍、却又不得不面对现实的矛盾愁苦心理。

"登临〰〰望故国〰〰"，成都方言中此句四声调值排列为 55 21 213 213 21，对应谱面标识为 3̲1̲·1̲1̲1̲5̲3̄-↘，可看出："登临"为"诵"，第二字"临"为吟诵节奏点做一字一音长拖腔；"望故国"以吟腔 b 的旋律行进，韵字"国"在中古音中为入声字，谢老拖腔处理，但加以下滑音润腔技巧，赋予入声韵该有的凄壮声情特点。"故国"原是指具有悠久历史的国家，在古代诗词中常用来指代故乡，我国古代有登高怀乡的传统，此处词人登临所望的是自己

- 285 -

的家乡钱塘。

"谁识^？京华∽∽倦客∽。""谁识"与"京华"为明显诵读，"倦"字处开始有旋律出现，"倦"为去声字，成都方言调值为213，调型为低降低升、先降后升，谱面标识为高音i前加倚音5与其字体腔格趋势保持一致。句尾字"识""客"形成一顿一扬音乐回环（3、3）。

"长亭路∽∽，年去岁来∽，应折垂条∽过千尺^。""长亭路"与"应折柔条"为明显诵读，"年去岁来"为a吟腔，"过千尺"为b吟腔，前两句尾字"路""来"和下半句中吟诵节奏点"条"三字拖腔加上下滑音、波音润腔技法进行长拖腔（13·ˋ、i·ˋ、3̄-），下半句尾字"尺"顿腔处理（30），再次形成一扬一顿音乐回环对比。词人设想这年复一年的长亭路上送别时折断的柳条恐怕要超过千尺，暗示人间离别的频繁。其情深意挚，耐人寻味。

4. 谢桃坊先生成都传统吟诵特点。

根据本文对谢桃坊先生成都传统吟诵特色的分析，我们有以下结论。

第一，就谢桃坊先生成都传统吟诵的师承而言，成都晚清名仕刘呆新和其侄儿刘氏为其业师，成为其成都传统吟诵的基本旋律。大学之后再由四川近代大儒赵熙先生的弟子赖以庄教授加以细致指导和实践规范，在吟诵理论方面受益于复旦大学苏渊雷教授，理论研究与吟诵实践的结合，形成了谢氏独特的吟腔。

第二，谢桃坊先生的成都传统吟诵理论认知主要由赖以庄先生和苏渊雷教授所传。一是主张字正韵正、以声传情、深入诗词、尊重格律。如果吟诵不尊重诗词格律，没有准确把握诗文的节奏、旋律、声韵，做不到字正韵正，很容易将唐诗宋词演绎为现代歌曲；吟诵者应对吟诵作品、作者有深入了解。二是吟诵是古人引起令人高度共鸣的产物，能最真实地反映读者对作品的理解深度，读者只有用母语方音通过吟诵才能真切深刻地理解文本和作者。三是吟诵者的神态、体态、语言气势应当与诗文情感一致，其本人素日的学养积淀、胸襟风度决定了其特有的吟诵风格。

第三，自谢桃坊先生成都传统之具体吟诵特点而论，我们归纳为以下四项。

一是刘氏吟腔传承有序。谢桃坊先生是四川成都人，他所用的吟诵方式是源自成都刘氏的成都传统读书调腔。其吟诵发音成都方言十分明显，其阴平调的调型是高平调，阳平是低降调，上声是高降调，去声是低降低升调。如普通话中的去声字，在成都方言中虽为去声，但调型与普通话的上声调型相同，为"ˇ"，谢桃坊先生基本上都作长吟处理，同时阴平字和韵字也有拖腔，其声调委婉动人，成为其一大吟诵特色。

二是以诵为主拖腔明显。吟诵可分为吟咏和诵读，谢桃坊先生以诵居多，不倾向于唱，其吟诵方式重在"诵"，为读书腔，用作个人阅读理解，这与他作为学者潜心治学、内敛笃实的性格有关。虽然其吟诵调音乐感较弱，但谢先生重视拖腔，且旋律明显，主要为 a（5 $\overline{1}$ $\overline{\overline{1}}$）和（1530）两种。

三是逢平必顿拖腔变调。谢桃坊先生先生"逢平必顿"的吟诵理论源自苏渊雷教授。所谓顿，可以说实际就是拖腔，在吟诵实践中基本上遵循"平长仄短"的原则，吟诵时受语流影响偶尔也会有"平短仄长"的情况，入声字基本派入成都方言的阳平、去声、上声。成都方言的阳平字的调型为低降，去声字的调型为低降低升，谢桃坊先生在吟诵时作重读加长吟处理，当入声字派入上声时，调性高降，他吟诵时则急顿处理。实践中，谢先生常有将平声短吟，与同句的长吟平声对比，也有仄声顿住拖腔长吟，与文字声调有意相别，形成短促音长吟的效果。

四是情感语势匹配动作。谢桃坊先生吟诵时均要郑重调整姿势，闭目端立仰望，右手稍微扶腰，左手轻点节拍，偶有踱步转身，流畅全文背吟，极力自我代入，以期情通古人，以吟诵之高低抗坠之声情表达诗词意境，学者气象望之俨然。他认为吟诵不是表演，但当以吟诵示人时必须是背诵，掌握吟诵调式是基础，灵活运用之妙则全在吟者对作品作者的深切体察，从而要求后学者必须在高度熟悉作品、深入理解作者的基础上，以声音语势、肢体动作为载体，与古人长生生物共鸣从而达到共情。

二 重庆传统吟诵研究

（一）以开县祁和晖教授为例

1. 开县概貌。

四川开县（现属重庆），在川渝一体的时候，开县从地理位置上处于四川东部，大巴山南麓，东与巫溪、云阳县接壤，南与天城区毗邻，西与四川开江、宣汉县交界，北与城口县相连。开县历史悠久，古称开州，光绪年间的《夔州府志》记载："夔州郡土著之民少，荆楚迁居之民多。"[①]1990 年《开县志》记载："开县的移民，大多来源于湖北麻城、孝感等地，少部分来自湖南永州、新化、长沙。"所以，在这样的历史背景下，移民方言与当地方言的融合，形成了今日的开县方言。据黄雪贞[②]《西南官话的分区(稿)》，开县方言属西南官话成渝片。

2. 开县方言的声韵调系统。

（1）声母。共 19 个，双唇音 p、p`、m 和北京话相似。唇齿音 f，发音时上齿和下唇不如北京话那样接近。舌尖中音 t、t`，发音部位比北京话略后。不分 n、l，即两音素没有区别意义的作用，记作 l。舌尖前音 ts、ts`、s、z，发音时，舌位比北京话略后，但又不和舌叶音相混。舌尖音和舌面音舌位都偏后。舌根音和北京话大致相当。

（2）韵母。共有 36 个，有开尾韵（包括元音尾韵）22 个，鼻尾韵 13 个，卷舌韵 1 个。从韵母的第一个音位来看，开口韵 12 个，齐齿韵 9 个，合口韵 8 个，撮口韵 7 个，介音 i、u、y 俱全。从韵尾的情况看，入声韵已消失。

[①] 参见贵州省开阳县地方志编纂委员会编：《开阳县志》，贵州人民出版社 1993 年版。

[②] 黄雪贞，女（1940 年出生），福建永定人，研究员，主要从事汉语言方言研究。

表 4—2—1　　　　　　　　　　开县方言声母

			双唇	齿唇	舌尖前	舌尖中	舌面前	舌根
塞音	清	不送气	p			t		k
		送气	p^h			t^h		k^h
塞擦音		不送气			ts		tɕ	
		送气			ts^h		$tɕ^h$	
鼻音	浊		m					ŋ
擦音	清		ø	f	s		ɕ	x
	浊				z			
边音						l		

表 4—2—2　　　　　　　　　　开县方言韵母

	开尾韵				元音尾韵				鼻音尾韵				卷舌
开口呼	ɿ	ɑ	o	iɛ	ai	ei	au	əu	ɑn	ən	ɑŋ	uŋ	
齐齿呼	i	iɑ		iɛi			iau	iəu	iɛn	in	iɑŋ		ɚ
合口呼	u	uɑ	uɤ	uai	uei				uɑn	uən	uɑŋ		
撮口呼	y	yu	yo	yɛ					yɛn	yn		yŋ	

（3）声调调值调型。从调类方面看，开县方言有 4 个声调，即阴平（高平调）、阳平（低降调）、上声（高降调）、去声（微降低升调）。

表 4—2—3　　　　　　　　　　开县方言声调

调类	阴平	阳平	上声	去声
调值	55	21	43	214
调型	高平调	低降调	高降调	微降低升调

注：以上内容参考于《重庆开县方言语音记略》[①]。

---

① 《重庆开县方言语音记略》；曾春蓉、资丽君，《重庆开县移民原籍方言语音系统及移民后的方言变化》，《武陵学报》2015 年第 4 期。

3. 重庆传统吟诵。

在采录过程中，笔者发现开县传统吟诵近乎绝迹，仅有年逾古稀的祁和晖教授受到过开县传统吟诵的熏染。笔者认为，开县的传统吟诵是基于开县方言语音的有传承性的传统读书方法，基本旋律由方言的字音和字调决定。现今的开县方言属于西南官话成渝片，它的语音特点与成都和重庆大致相同，从字调上来看有以下几个方面的特征。

一是平声分阴阳，如：阴平，拖、甘、猜、憨、清；阳平，驼、财、咸。

二是浊上归去，如：是、妇、杏、棒、象。

三是入声派入阴平、上、去。派入阴平的入声字有，剔、默、拉、萨、挖、摸、喝、给、憋、搁等；派入上声的入声字有，撒、辱、饺、屹；派入去声的入声字有，式、饰、轼、术、述、剧、幕、轧、错等。

开县的传统吟诵在古诗文节奏的把握上，平仄规则是首要条件，文本与吟诵调之间的关系大致遵循依字行腔、平长仄短、韵字拖腔长吟、高低依调、平直仄曲、多调回环、自然发生、腔音唱法、随韵律动等基本规则，同时对吟诵者丹田气息的运用、节奏频率的控制、音色感受的好坏、诗文情景的把握和声腔韵味的表现等都有很高的要求。

4. 祁和晖教授及其重庆传统吟诵。

（1）祁和晖教授简介

祁和晖(1935—　　)，女，重庆开县（原属四川）人。1957年考入西南师范学院中文系。1961年分配到成都市西南民院[①]任教至今，现为西南民族大学文学院教授、四川省杜甫研究学会副会长、四川郭沫若研究会名誉会长、四川省吟诵学会学术委员会副主任。祁教授擅治中国文学，精研巴蜀文化，曾获"四川省优秀教师""四川省劳模""四川省优秀研究生导师"等荣誉称号；其相关学术研究成果获得国家民委和四川省人民政府表彰。

---

① 西南民院：现西南民族大学。

(2)祁和晖教授的重庆传统吟诵。

1)复杂的师承关系。

吟诵作为一种口传心授的读书方法,其最基础、最核心、最重要的渠道是师承。师承吟诵是吟诵者效法其私塾先生、学校老师、亲朋故旧并继承吟诵基本旋律的传统吟诵。师承是学术上、旋律上、规则上、细节上、情感上的师徒相传、一脉相承,在学业上亲炙师长,获得授业真传,并掌握吟诵精髓。梅贻琦先生言:"老师犹水也,学生犹鱼也,其行动犹游泳也,老师前导,学生尾随,是从游也,其濡染观摩之效,自不求而至,不为而成。"[①]师承的吟诵不仅是吟诵旋律技巧、诗词文赋的传授,更是学术理念、学术品质与人格魅力的熏陶。

祁和晖教授4岁时,邻居请了一位私塾先生教自己女儿读《女儿经》《百家姓》,每天早晨,伴随着这位私塾先生的读书声醒来,熏染一久,仿照音调,竟能成诵。这便是祁和晖教授吟诵的发蒙教育,吟诵习惯由此自然习得。

1955年至1956年,16岁的祁和晖就读于开县中学,在语文老师杨谨柏先生的耳濡目染下,完全接受了杨先生的开县传统吟诵方法,并在一定程度上固化为自己的读书方法。祁和晖教授回忆:"1960年期间,在西南师范学院读书的我曾受教于国学大师吴宓先生,以及中文系魏兴南先生、何建勋先生、薛德安先生、赖以庄先生等。吴宓先生不仅用陕西的腔调吟诵中国的古文,而且善于用地道的古典英语、拉丁语吟诵西洋文学原著。赖以庄先生用四川方言的文言文授课讲学,在课堂上用四川方言方音吟诵《左传》,吟诵骈文时学生往往听不清吟诵的内容,但能够明显地感受到,文章结构的优美,气韵的和谐,往往使受听者心生感动。"祁和晖教授更进一步指出:"在当时的西南师院,所有的老先生都不会说'普通话'或者当时的全国'通语',故而中文系的四川籍教师皆以方言授课,并且大都以吟诵的方式读古诗文。"尤其在古文的读法上,这些四川籍的老先生对祁教授影响较深,他们的读文

---

① 梅贻琦、潘光旦:《大学一解》,《清华学报》1941年第1期。

吟诵调大同小异，使祁教授逐渐形成了读文的吟诵基础旋律。

2) 复杂的唱酬影响。

结诗社在四川历代文人中长兴不衰，祁和晖教授在20世纪七八十年代，常常参与成都各种诗社的雅集，女性学者为数不多且又会吟诵，在成都的文人交往中往往极受重视，与此同时也获得了较多学习机会，其中包括向成都大学的白敦仁教授、四川师范大学的杜道生教授、诗人流沙河先生等专家学者以及文化界的老先生们交流学习吟诵，借他人之长，补己之短。祁和晖教授时常强调她的吟诵有基本的腔和调，但绝非一成不变，原则上是逢仄读短，逢平读长，同时要注意音域的宽窄、音色的好坏、气息的自如、气势的高低强弱，通过充分体会一首诗的诗意和情感，向受听者传递吟诵者当时的理解感悟和情绪表达。

文人间的唱酬聚会、吟诵欣赏等在一定程度上规范着该地域的吟诵规则和审美情趣。吟诵所引申出来的自由唱，在基本的腔调基础上，吟诵者所拥有的高度的自由，是在控制范围内的。在诗友雅集、知音相聚时可达到最佳状态。古时文人雅集是吟诵自己所做的诗，现代文人雅集则主要吟诵大家都熟悉的唐诗、宋词或古文。比如，有人吟诵时为了强调一首七言律诗的音韵对仗之美，在处理诗歌中音韵对仗的句子时，便会强调着吟，拖腔长吟着吟，带着情感地吟。若吟诵者想强调文辞对仗之美，便会在遵循方言吟诵基本腔调的前提下，把字音字词读得清晰明白，当然，吟诵时未遵循基本规则也可以理解，不能够以声害意，以声碍情。

3) 复杂的流动浸染。

从祁和晖教授的出生地来看，早期的开县汉族居民主要是明清两代从湖广(大致相当于今湖北、湖南)等地以各种方式迁入大量移民，使得开县方言杂糅交流，且祁和晖教授的祖上也属于移民，并非土著，其语言也并非开县的原始方言。加之祁教授18岁后，常年在北京、成都、重庆等地高校、研究所工作交流学习，普通话的普及和生活水平日益提高、多种传媒形式的产生对语音语调的影响对祁教授起到了潜移默化的作用，导致方言出现新旧差异，并在很大程度上使得方言与普通话中和甚至被代替从而形成新旧异读，吟诵时出现发音相异的"文白叠置"式的音变现象。

5. 祁和晖教授对吟诵理论的学术认知。

在近4年内对40余位老先生的吟诵采录过程中，能够有吟诵理论认知和理论系统的老先生十分少见，祁和晖教授是为数不多的具备吟诵理论系统的其中一人。总而言之，吟诵属于实践性的读书方法，祁和晖教授把朴实的吟诵实践上升到理论，再由理论指导吟诵实践，这在四川的传统吟诵中并不多见。

（1）"吟诵"就是读书。

祁教授认为："吟诵"是我国古人读书的日常方式，适用于读书而非表演。这种说法由来古远。《周礼·春官》中"大司乐""大师"等都是周王室为贵族子弟设置的"学政"官员，专司教育，其职官职责即包括教授"语言""讽诵"。《周礼·春官·大司乐》描述："大司乐掌成均之法，以治建国之学政，而合国之子弟焉。……以乐语教国子性，道（同导）讽（默读背书）、诵、言、语"。东汉初班固《两都赋·序》云："登高能赋，可以为大夫。""赋"即"风雅颂赋比兴"之"互赋共事"——指现场触景行文而诵之才能。杜甫在成都草堂所写《解闷》诗云"新诗写罢自长吟，语不惊人死不休"。"吟诵"是中国古人阅读的"正读"方式，也有人称这种"正读"方式为"美读"。"正读"也常指正规式读书，人前人后，只要是正规读书都得吟诵。杜甫"新诗写罢自长吟"即是在无他人在侧时自吟其句。

（2）吟诵的三种状态。

祁教授为我们讲述吟诵有三种状态。其一，诗文在整个创作过程中推敲平仄、韵律、文气等是否得当。例如杜工部的"新诗改罢自长吟"，便指完成新句后用"吟"的方式来查看诗句的格律是否工整，作诗是古人志向阐释的过程，往往可以从诗句的字词表达声韵安排上有所管窥。其二，文人学者在日常学习读书时的吟诵诗文，这是一个极其私密的修身过程，除了师徒之外一般不与外人所见，所以读书人的吟诵调不用过多起伏抗坠，仅以朴素的吟诵即可。其三，二三好友相聚时相互切磋以学术交流为目的，吟诵调的起伏感旋律性较为丰富，但也止于抒发己意即可。

（3）吟诵是口耳相传。

祁教授认为：“吟诵"按汉语声韵平仄及吟诵者情感体会自然成调，有调式规律与特点；叶嘉莹先生说基本上是一个调式节制下的反复，此说有道理。吟诵规律上，一般平声长、仄声短；平音低、仄音高（也有反转为平高仄低者）；平声多腔调舒缓，仄声多急顿吐气。

"吟诵"无乐谱，方音发音因吟诵者临场情绪而各异，有"吟诵"味道，但无法"格式化"，也不应"格式化"。吟诵千人千调，极富个性。格式化的读法不叫吟诵。它区别于今日之"朗诵"即是一种"格式化"的无个性读法。

四川人吟诗诵文，为方言在诵读文献典籍、诗词曲赋的一种语言表现的自然过程，通常会在古诗文的韵字或语气助词上拖腔，以长吟腔吟诵，使得韵字或语气助词的功能在很大程度上代替了标点符号，让受听者更加清晰。

祁教授认可徐健顺先生所说的："吟诵是一种口传文化，地方不同，曲调就不同；人不同，曲调也不同。"吟诵既为口传文化，就必定会出现信息传递差异甚至变异的情况，即同承一师，学生接收到的信息存在差异。再者同一人在不同的情绪状态下，吟同一首诗的旋律也会呈现差异。尽管如此，其依旧遵循吟诵的基本规则和吟诵调。

（4）吟诵的对象有别。

1）"诵"用于古文（分为押韵散文和不押韵散文）。

相比于诗的吟诵有起伏有音调，散文的"诵"则更简单质朴，散文有押韵和不押韵之分，押韵的散文以骈文为代表，即文赋等，诵到骈文和赋中的精华以及使用修辞的句式时，则略有旋律起伏以突出情感；不押韵的散文即我们平时所说的狭义古文。

散文的"诵"是提炼日常生活语言而专用于书面文章的朗读，有调有节奏，一般不讲究平仄声长短、顿挫，但讲究对仗、排比等修辞处的起伏用气。尤其在"诵"骈文时旋律性要强一些。如汉代时"登高能赋可以为大夫"，意思是当文人学者触景生情时即兴的口头创作一篇赋文，并用赋诵的方法当众展示，受到认可便会被推举做官。

2）"吟"用于诗词曲咏吟。唐代学者孔颖达言："动声曰吟，长言曰诵。"① "吟""咏"行腔使调均出之自然发声，不需故作姿态。吟咏无乐谱，不能按乐谱发声，但有节奏调式。现在的吟诵研究如果不写吟诵调的曲谱便无法描述该吟诵调的旋律，但过分强调吟诵的音乐性又会失去本真，即便是依照吟诵谱子唱出来，也和吟诵的原调大相径庭，吟诵的实际视听感受比吟诵乐谱更加丰满多姿。由此可见，吟诵记谱实则不得已而为之，不记谱，对于不了解吟诵的人而言，将无法准确把握吟诵时的高低、长短；但吟诵也不能照着谱子唱，一旦照着谱子唱，吟诵将变成歌唱。

（5）吟诵理论实践行将中断。

白话文的兴起加速了中国传统吟诵消失的进程，使其处于危机之中。吟诵的实践过程中断速度远快于理论数倍。吟诵归根结底是一种实践性的读书方法，就目前来看，研究它的实践方法比研究它的理论更加迫在眉睫。

6. 祁和晖教授重庆传统吟诵举隅。

2014年至2018年，笔者及其团队先后7次采录承传祁和晖教授的传统吟诵，内容有古体四言诗《诗经·周南·关雎》《诗经·周南·桃夭》；楚辞《离骚》；乐府诗《木兰辞》；近体诗《春望》《春夜喜雨》《送杜少府之任蜀州》《闻官军收河南河北》；文四书《中庸》章节等。为还原祁和晖教授重庆传统吟诵的基本面貌，我们将对每一例诗文吟诵从文学背景、吟诵的语言、节奏、腔调、旋律、音乐等各个方面进行分析。

（1）《诗经·周南·关雎》。

1）从创作背景方面考察。

《诗经》是我国古代第一部诗歌总集，《关雎》为开篇之首，通常认为是一首描写男女恋爱的情诗。《论语》给予《关雎》这篇诗歌乐而不淫、哀而不伤、洋洋盈耳的较高评价。

---

① （唐）孔颖达：《古本十三经注疏》，上海古籍出版社2017年版，第187页。

2）从文体结构和吟诵节奏方面考察。

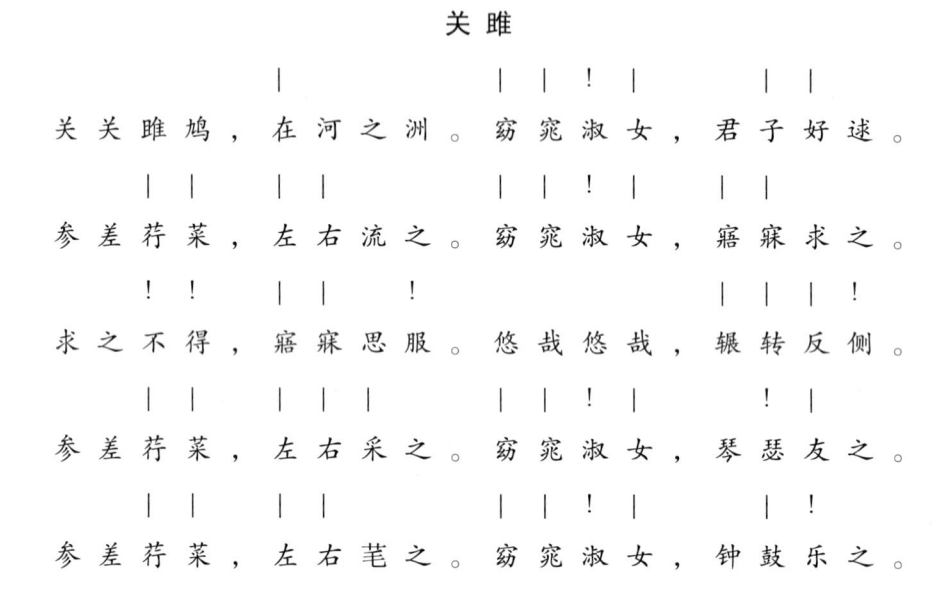

关 雎

关关雎鸠，在河之洲。窈窕淑女，君子好逑。

参差荇菜，左右流之。窈窕淑女，寤寐求之。

求之不得，寤寐思服。悠哉悠哉，辗转反侧。

参差荇菜，左右采之。窈窕淑女，琴瑟友之。

参差荇菜，左右芼之。窈窕淑女，钟鼓乐之。

《关雎》一共有 20 个四言句组成 10 个大句，形成 5 个段落。从字面上看，该诗描写了年轻的女子身穿夏装绾袖齐肩，褰裳及腰挽袖露臂，结伴涉水采摘荇菜的美丽画面，淑女们采摘荇菜为了供家中夏至节祭祀祖宗之用，小伙子们在岸上争相观看，俨然成为了当时的一种习俗，形如当今的男女相亲活动。

该文的吟诵节奏为 2+2。

3）从声韵调方面考察。

众所周知《诗经》的形成远远早于中国声韵调的发现，可以说中国文字的声韵调系统的研究材料源于《诗经》但并不能以此证明其声韵调，历来学者对《诗经》的平仄及韵律研究都莫衷一是。王力先生在《古代汉语》和《诗经韵读》两部书中认为《诗经》用韵特点的最主要格式有两种，一是隔句押韵的句尾韵，一是首句入韵而后隔句押韵的句尾韵。①这两种押韵的格式成了后代诗歌押韵的准绳。

从韵在句中的位置来看，《关雎》的一章"关关雎鸠，在河之洲。窈窕淑女，君子好逑"和三章"求之不得，寤寐思服。悠哉游哉，辗转反侧"为句尾用韵；二、四、五章以代词或语气词"之"收尾，韵在代词或语气助词的前面，为变相的句尾韵。从一章中所用的韵数来看，《关雎》第一章四句，第二、三章各八句，第二、三章换韵。从韵脚相互的距离来看，《关雎》一、三章首句入韵而后偶句押韵。二、四、五章都是第二句和第四句押韵。按照现代汉语的语音去读，《关雎》一、二章，现在还是押韵的，三、四、五章按现代音读就不押韵了。全诗的第一个韵部入下平声十一"尤"韵——"鸠、洲、逑、流、求"。"尤"韵源于上古三个韵部，都是中等开口元音，而且往往前有介音，始终小开口而又有变化，最后收于小开口元音，悠长之感最为突出，徐健顺先生认为其多有"舒缓、悠长、温柔"②之意，汪烜《诗韵析》概括为潇洒风流、素女悲秋、婉转优悠。③

第二个韵部入仄声韵十三职，"得、服、侧"三字押韵，在上古同属一个韵部，根据王力先生的研究，此三字以-k音收尾的入声字，它们的韵大概是一个-ek，小开口元音接舌根音趋势。徐健顺先生认为多有比较强烈的"挤压、突兀、闭合"之意。④

祁和晖教授所操的开县方言没有翘舌音只有平舌音，《关雎》中的"之"（zhi）、"洲"（zhou）、"淑"（shu）、"辗转"（zhan zhuan）、"钟"（zhong）等翘舌音，全部发作平舌音，不做具体分析。

---

① 王力：《〈古代汉语〉诗经韵读》，王力主编《古代汉语》第一册，中华书局1999年版，第175页。
② 徐健顺：《吟诵概论（上）——中华传统读书法》，广西师范大学出版社2019年版，第265页。
③ 续修四库全书编纂委员会：《续修四库全书》，上海古籍出版社2002年版，第409页。
④ 徐健顺：《吟诵概论（上）——中华传统读书法》，广西师范大学出版社2019年版，第265页。

表 4—2—4　　《诗经·周南·关雎》普通话和开县方言发音差异字

文字	普通话发音	开县方言发音	异同分析
侧	{ce}51	{c-ə}214	韵母由 e 变为 ə，具有明显的地方特色，调值由普通话的 35 变为 21
瑟	{se}51	{s-ə}214	韵母由 e 变为 ə，具有明显的地方特色，调值由普通话的 35 变为 21
女	{nv}214	{lv}43	声母为个人习惯的发音，由 n 变为 l，调值由普通话的 214 变为开县方言的 43

注：普通话调值 55、35、214、51；开县方言调值 55、21、43、214。

4）从音乐性方面考察。

a. 基本结构。

吟诵调《关雎》的结构为 a（6 6 2 6 6 5 3 6 5 3 0）、b（2 2 5 2 2 3 1 2 6 0）两个音乐短句变化重复的两句为一个音乐回环连续模进的复式两句体。

b. 音阶调式。

调式音阶为 6 1 2 3 5 6；吟诵调以羽音（6）作为调式主音，以角音（3）为上句终止，上下句终止音呈五度关系，调式调性明确，属民族五声羽调式。

c. 旋律线。

吟诵调《关雎》旋律以"6 1 2 3 5"五音为主干音，以 a+b 两个音乐短句为一个音乐回环变化重复形成的五个音乐回环，同时也是该诗的五个篇章。

第一个音乐回环 6 6 2 6 6 5 3 6 5 3 0 2 2 5 2 2 3 1 2 6 0（关关雎鸠，在河之洲。窈窕淑女，君子好逑），a 短句"关关雎鸠"（6 6 2 6 6）两组双声词叠用开篇，调式主音"6"的同音反复伴以四度小跳，"在河之洲"（5 3 6 5 3 0）两组音程下行级进，末字"鸠"（6 6）作句末的连音拖腔，"洲"（3 0）字结合四分休止符，作八分音符急促短吟后的急收断腔处理，节奏顿挫，音律和谐。b 短句"窈窕淑女，君子好逑"（2 2 5 2 2 3 1 2 6 0）与前两句旋法一致，"窈窕淑女"（2 2 5 2 2）旋律在"关关雎鸠"（6 6 2 6 6）基础上作下行四度平移，同音反复结合四度小跳，"在河之洲"（3126 两组音程下行，末字"女、逑"（22、60）作相同节奏拖腔和顿收处理，形成 2+2 式连读后的吟诵节奏点，四字一顿，句读分明，音调平正。

关 雎

《诗经·周南》
祁和晖先生吟诵
蒋天惠　记谱

四言诗

```
6 6  2̇ 6  6 5 3  6 5 3  0 | 2 2  5 2  2  3 1  2 6  0 |
关关 雎鸠，  在 河 之 洲。   窈窕 淑 女， 君子 好 逑。

6 6  2̇ 6·  6 5 5  6 5 3  0 | 2 2  5 2  2  3 1  2 6  0 |
参差 荇菜，  左 右 流 之。   窈窕 淑女， 寤寐 求 之。

6·6  2̇ 6· 6  6 5  6 5 3  0 | 2·2  2·2  2 2  2·2 1 6  0 |
求之 不得，   寤寐 思 服。   悠哉 悠哉， 辗转 反 侧。

2̇ 2̇  6 6  6 6  6 5 3  0 | 2 2  5 2· 2  2  1·2 1 6  0 |
参差 荇菜， 左右 采 之。   窈窕 淑女，  琴 瑟 友 之。

2̇ 2̇  6 6  6 5 5  3 2 3  0 | 2 2  5 2  2  3 1  2 1 6  0 |
参差 荇菜， 左 右 芼 之。   窈窕 淑女， 钟鼓 乐 之。
```

第二个音乐回环 6626·6556530225223260（参差荇菜，左右流之。窈窕淑女，寤寐求之），ab 短句组合，旋律作第一回环的基本重复，素材相同，旋法一致。"参差荇菜"承"关关雎鸠"，即景生情，"参差"双声，"窈窕"叠韵，音调和谐，画面生动。

第三个音乐回环 6·626·6﹨6565302·22·2222·2160（求之不得，寤寐思服。悠哉悠哉，辗转反侧），"求之不得，寤寐思服"（6·626·6﹨656530）旋律继续作第一回环的基本重复，"悠哉悠哉，辗转反侧"（2·22·2222·2160）旋律作变化再现，围绕主干音"2"作连续同音反复，"辗转"双声叠韵，真情流露，承接上句，"寤寐求之、辗转反侧"，求之不得，哀而不伤。

第四个音乐回环 2̇2̇66666653022̇52·2ˇ21·2160（参差荇菜，左右采之。窈窕淑女，琴瑟友之）ab 音乐短句作变化再现，"参差荇菜，左右采之"（2̇2̇66666653）以高音"2̇"同音反复后再"6"同音反复级进结合，音调上扬，"窈窕淑女，琴瑟友之"（52·2ˇ21·2160）旋律作变化重复，"女"（2，·2ˇ）字长音拖腔辅以波音和下滑音润饰，"琴"（2，）字波音处理及"瑟"（1·）字适当拖腔，音调和谐婉转，明朗喜悦。

第五个音乐回环 2̇2̇666553230̇22̇522312160（参差荇菜，左右芼之。窈窕淑女，钟鼓乐之），旋律作第四回环的基本重复，对比上句"采之、"琴瑟"，"芼之"（323）、"钟鼓"（31）旋律随字腔变化发展，音调欢快热烈，明亮喜庆，紧承上句，"琴瑟友之、钟鼓乐之"，求而得之，乐而不淫。

d. 节奏腔式。

祁老吟诵此篇《关雎》时，大量运用 XX XXX、X 等节奏型，单句末字"鸠、女、菜、女、得、哉、菜、女"（66、2、6·6、22、6·6、22、66、2·2）作"X X、X·X"节奏型的"6、2"两音长音拖腔润饰，偶句末字"洲、逑、之、之、服、侧、之、之"（30、60、30、60、30、60、30、60）作"X 0"相同节奏和"30、60"两音的短吟急收断腔处理，单句末字长音拖腔，偶句末字顿挫急收，节奏分明缓急相间，音韵谐美抑扬顿挫。全诗重章叠句，结构整齐，言切意婉，淳朴自然。吟诵调琅琅上口，别具一格。

5）祁和晖教授《关雎》吟诵概述。

该吟诵调旋律以调式主音中音"6"起调，低音"6"作结，调式调性明确，为角音"3"支持的五声羽调式。诗歌情绪结构结合旋律进行，每两个四字短句组成一个长句，以 a（66 2̇6 6 53 653 0）、b（22 52 2 31 26 0）两个基本旋律变化重复贯穿其中形成五个音乐回环。每四字单句末字作"XX、X·X"节奏型长音拖腔，如"鸠、女、菜、女、得、哉、菜、女"（66、2、6·6、22、6·6、22、66、2·2）；偶句末字作"X 0"节奏顿挫急收，如："洲、逑、

- 300 -

之、之、服、侧、之、之"（30、60、30、60、30、60、30、60），形成2+2式连读后的吟诵节奏点，四字一顿。二三回环旋律为第一回环的基本重复，四五回环为第一回环的变化再现，节奏明朗疾徐有致，音调始而缠绵悱恻、终则喜气洋洋，哀而不伤，乐而不淫。

（2）四言诗《诗经·桃夭》。

1）从创作背景方面考察。

《桃夭》是中国女教最好的教材，《周礼》记载："仲春，令会男女"，周代一般在春光明媚桃花盛开的时候姑娘出嫁，故诗人以桃花起兴，为新娘歌唱祝福，其性质与民俗婚礼上唱的"催妆词"相似。

宋代朱熹在《诗集传》中说："然则桃之有华，正婚姻之时也。文王之化，自家而国，男女以正，婚姻以时，故诗人因所见以起兴，而叹其女子之贤，知其必有以宜其室家也。"[1] 清姚际恒《诗经通论》："桃花色最艳，故以取喻女子，开千古词赋咏美人之祖。"[2]

2）从文体结构和吟诵节奏方面考察。

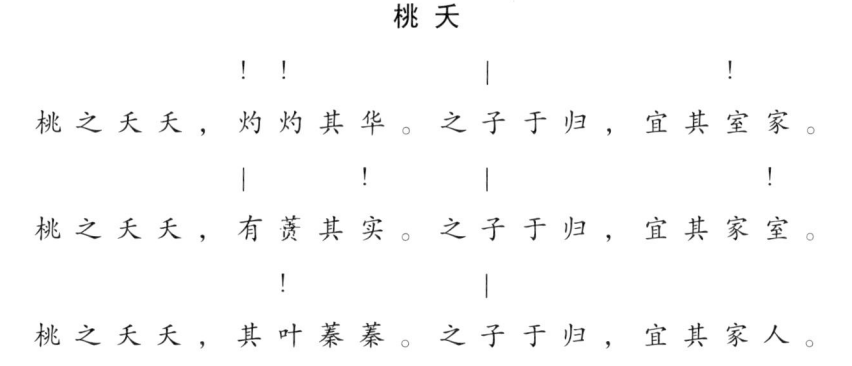

桃 夭

桃之夭夭，灼灼其华。之子于归，宜其室家。

桃之夭夭，有蕡其实。之子于归，宜其家室。

桃之夭夭，其叶蓁蓁。之子于归，宜其家人。

全诗三章比兴兼用，每章都先以桃起兴，继以花、果、叶兼作比喻，

---

[1] 转引自李明哲《诗经》，《诗经·国风·周南·桃夭》，青少年出版社2006年版，第68页。
[2] 顾颉刚：《诗经通论》，中华书局1958年版。

极有层次：由花开到结果，再由果落到叶盛，所喻诗意渐次变化，自然天成。

该诗描写了一场在黄昏中进行的婚礼盛典，云边漏下的余晖为这盛况增添光辉，迎亲队伍欢声笑语，四隅都有庭燎照明，嘉宾赠送的各种珍贵贺礼——陈列在堂前，堂上司仪左立东向，热情洋溢而不失分寸地高唱赞词主持典礼。司仪熟悉古礼，性情柔懦，他用歌颂的方式表达对新娘的美好祝愿："桃花开得多繁茂，纷纷绽蕊朵朵鲜艳，美丽的新娘就要出嫁了，她长得多么漂亮，喜气洋洋地去夫家，一定能给家庭带来吉祥；桃花开得多么美好，定会结下累累硕果，美丽的新娘，一定会早生贵子绵延子嗣，家庭吉祥；桃花开得真鲜艳，它的绿叶茂盛随风展，这位美丽的新娘，来到这里使夫家康乐又平安。"

该诗吟诵节奏为2+2。

3）从声韵调系统方面考察。

全诗有6个入声字，4个仄声字，《桃夭》一共为12个小句，组成6个大句，形成3个段落。

第一段押下平声六麻韵，韵字"华、家"，王力先生《古代汉语》归于"鱼部"，麻韵源于上古的两个韵部，多数是开口元音，少数收于齐齿音，伸展之感突出，徐健顺先生认为其多有"打开、铺展、增加"[①]之意，汪烜《诗韵析》概括为"富丽繁华，千里思家"[②]。

第二段押入声四质韵，韵字"实、室"开口半高元音接舌尖音趋势，多有较强烈的"极致、下沉、汇合"之意。

第三段押上平声十一真韵，王力先生在《古代汉语》里将"蓁、人"归入真韵部，真韵开口度中等，变小收于前鼻音，徐健顺先生认为有闭合、收敛、抒情之感，其韵多有"深入、亲近、联系"之意，汪烜《诗韵析》概括

---

① 徐健顺：《吟诵概论（上）——中华传统读书法》，广西师范大学出版社2019年版，第265页。
② 续修四库全书编纂委员会：《续修四库全书》，上海古籍出版社2002年版，第409页。

为"隽永清新"。

开县方言里无翘舌音，《桃夭》"之"（zhi）"灼"（zhuo）"室"（shi）"蓁"（zhen）"人"(ren)等翘舌音，全部发作平舌音。

表4—2—5　　　　《诗经·桃夭》普通话和开县方言发音差异字

文字	普通话发音	开县方言发音	异同分析
灼	{zhuo}35	{zo}21	声母由翘舌zh变为平舌z，韵母由复韵母uo变为单韵母o，调值由普通话的35变为方言的21

注：普通话调值55、35、214、51；开县方言调值55、21、43、214。

4）从音乐性方面考察。

桃　夭

四言诗

《诗经·周南》
祁和晖先生吟诵
蒋天惠　写谱

3 6 6 6 · 6　3 3 · 3 3 0 | 6 6　3 6 · 6　3 3　3 6 0 |
桃之 夭夭，　灼灼　其华。 之子 于归， 宜其　室家。

3 6 6 6 · 6　6 3 3 3　0 | 3 3　6 3 · 3　6 6　3 · 6　0 |
桃之 夭夭 哦，有蕡其实。 之子 于归， 宜其 家室。

6 2 2 2 · 2　6 6 · 3 3　0 | 6 6　3 6 · 6　3 3 ·　6 3　0 ‖
桃之 夭夭，　其叶 蓁蓁。 之子于 归， 宜其家人。

a. 基本结构。

吟诵调《桃夭》的结构为 a（<u>3666·633·330</u>）、b（<u>6636·633360</u>）两个音乐短句变化重复的两句为一个音乐回环连续模进的复式两句体。

b. 音阶调式。

调式音阶为 236；吟诵调为五度内的三音列（236）曲调，未出现大三度音程，调式调性不确定，具有游离性。

c. 旋律线。

吟诵调《桃夭》旋律以"236"三音为主干音，以 a+b 两个音乐短句为一个音乐回环变化重复形成的三个音乐回环，亦为此诗的三个篇章。

第一个音乐回环 3666·633·3306636·633360（桃之夭夭，灼灼其华。之子于归，宜其室家），旋律围绕"36"两个音级交替发展。a 短句 3666·633·330"桃之夭夭，灼灼其华"同音反复结合四度小跳。b 短句 6636·633360"之子于归，宜其室家"采用相同素材和旋法。末字"夭、归"（6·6、6·6）作相同音高和节奏的长音句末拖腔处理，韵字"华、家"（30、60）断腔急收。一拖一顿，长短相间，一字一音，节奏分明。

第二个音乐回环 3666·6633303363·3663·6（桃之夭夭，有蕡其实。之子于归，宜其家室），a 短句 3666·663330"桃之夭夭，有蕡其实"旋律作第一回环的基本重复，末字"夭"辅以"6·6"长音拖腔和波音润腔，再加以衬字"哦"装饰。b 短句 3363·3663·60 之子于归，"宜其家室"旋律作变化延伸，在"36"两音中作五度交错跳进发展，行腔由中音区转至中低音区，"归"（3·3）作适当拖腔，韵字"实、室"（30、60）作相同节奏顿收处理。音调高下相宜，缓急相间。

第三个音乐回环 6222·266·3306636·633·630（桃之夭夭，其叶蓁蓁。之子于归，宜其家人），a 短句 6222·266·330"桃之夭夭，其叶蓁蓁"旋律作变化发展，在"236"三音中同音反复跳进结合，b 短句 6636·633·630"之子于归，宜其家人"行腔回至中音区，旋律在"36"两音中起伏变化，为第一回环的基本重复。末字"夭、归"（2·2、6·6）适当拖腔，韵字"蓁、人"（30、30）作相同音高和节奏的断腔急收处理，首尾呼应，互为衔接。

d. 节奏腔式。

结合音频资料和吟诵谱例分析，祁老吟诵此篇《桃夭》时，以 XX、XXX、

XX.节奏型为主,每四字单句末字"夭、归、夭、归、夭、归、"(6·6、6·6、6·6、3·3、2·2、6·6)作相同节奏和时值的长音拖腔润饰,三组韵字"华、家;实、室;蓁、人"(30、60;30、60;30、30)作十六分音符和八分音符后的断腔顿吟处理,形成每四字为一个吟诵节奏点,诵读唱读结合,一字一音,节奏明快。旋律以"36"音级为主结合"2"音起伏变化,旋法简单,音调明朗。三章旋律以ab音乐短句变化重复,将"花、实、叶"喻"新婚、生子、治家"的三层含义,复沓回环,反复咏唱,歌颂出嫁女子宜其"室家""家室""家人"。

5)祁和晖教授《桃夭》吟诵概述。

吟诵调《桃夭》为"236"构成的三音曲,调式调性不明确,具有游离性。祁老吟诵时取XX、XXX、XX.节奏组合,一字一音,诵读为主,每四字为一个停顿点,单句末字"夭、归、夭、归、夭、归、"作长音拖腔润饰,韵字"华、家;实、室;蓁、人"作断腔急收处理。吟诵调以a(3666·633·330)、b(6636·633360)音乐短句变化组合表现三个章节,利用桃树春天到秋天的三个变化表达三层含义,以"灼灼其华"形容女子的美丽,"有蕡其实"指代传宗接代的意义,"其叶蓁蓁"借指开枝散叶、兴家旺夫的重要性,以一段花期的来去比喻一个女人的三段时光。诗歌重章迭句,反复赞咏,耐人寻味。

第一个音乐回环:"桃之^夭夭～,灼灼^其华^。之子～于归～,宜其^室家^。"祁老认为:"夭夭"是花开的特别浓艳的意思,"夭"字同沃土的"沃"和妖精的"妖",所以"灼灼其华",桃花简直就像火一样的光明,吟诵时"夭夭"作上扬处理,情绪饱满,赞美新娘的美丽,也相信能给家人带来吉祥。

第二个音乐回环:"桃之^夭夭(哦)～,有蕡^其实^。之子～于归～,宜其^家室^。"祁老认为"之子于归"是女孩子嫁到婆家才回家,在娘家好像是客居一样,吟诵时音调上扬,以声达意,强调"归、家"二字的重要性,祁老吟诵时头部微摇,眼睛微闭,神情悠然,脸上似有得意,仿佛窈窕新娘就站在眼前，感情浓厚，尾字后加衬字延长声线。

第三个音乐回环："桃之^夭夭∽∽，其叶^蓁蓁^。之子∽∽于归∽∽，宜其^家人^。"祁老吟诵时整首旋律以3（角）开头，以3（角）结尾，是典型的角调式结构，虽吟诵旋律起伏平缓，但简朴优美。

（3）楚辞《离骚》。

1）从创作背景方面考察。

屈原（约公元前340—公元前278年），芈姓，屈氏，名平，字原，又自名正则，字灵均。出生于楚国丹阳秭归（今湖北宜昌），楚武王熊通之子屈瑕的后代。周赧王四年（前317—前315年），屈原着手变法改革，得到民众拥护，触及贵族利益，遭上官大夫谗言诽谤，于公元前314年，被罢黜左徒之官，任三闾大夫之职。周赧王三年（前312年）楚国发兵反击秦国，在蓝田（今陕西蓝田一带）大败，楚怀王欲让齐楚两国重缔联盟，便重新启用屈原，让其出使齐国。

周赧王十一年（前304年），秦楚复合，与屈原谋划相反，而奸人必有谗言害之，屈原流浪汉北（今河南南阳西峡、淅川一带）。周赧王十六年（前299年），屈原从流放地返回，力劝楚怀王千万不能亲自赴秦，说："秦，虎狼之国，不可信，不如无行。"后秦昭王果然发兵攻楚取析（今河南淅川）及左右十五城，斩首五万而去。周赧王十九年（前296年），秦、楚交恶之际，屈原被免去三闾大夫之职，放逐江南，在此后长达十六年的时间里，写下了大量文学作品，《离骚》也在这一时期诞生。

《离骚》是屈原以自己的理想热情、痛苦遭遇乃至整个生命所熔铸而成的宏伟诗篇，其中闪耀着鲜明的人性光辉。周赧王三十七年（前278），楚国郢都破城，楚王出逃，屈原在国破家亡、痛苦绝望的之中于农历五月五日投汨罗江自尽，时年六十二岁。

- 306 -

2）从文体结构和吟诵节奏方面考察。

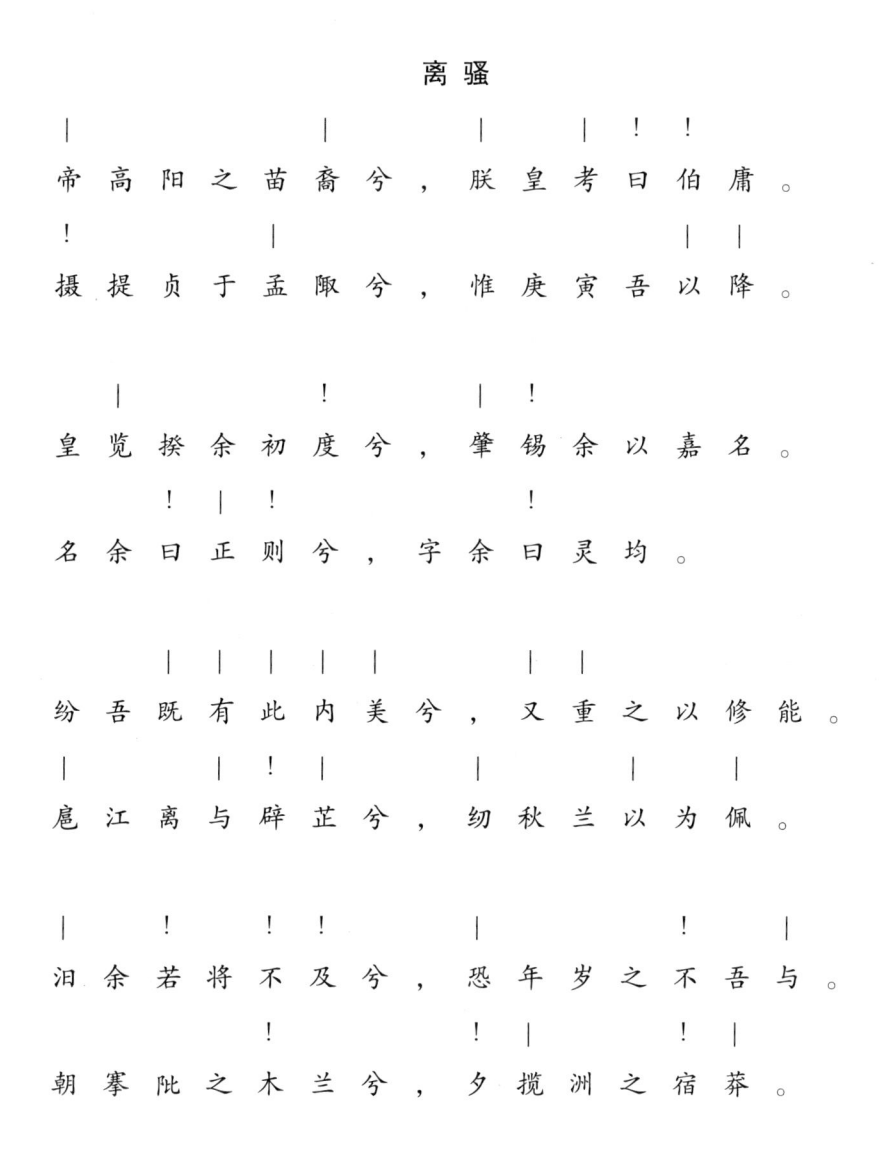

离骚

| 　　　　　｜　　　　　　　｜　　　　｜　　　｜！！
帝　高　阳　之　苗　裔　兮，朕　皇　考　曰　伯　庸。
！　　｜
摄　提　贞　于　孟　陬　兮，惟　庚　寅　吾　以　降。

　　　｜　　　　　　｜　　　　　｜　！
皇　览　揆　余　初　度　兮，肇　锡　余　以　嘉　名。
！　｜　！
名　余　曰　正　则　兮，字　余　曰　灵　均。

　　　｜　｜　｜　｜　　　　　　｜　｜
纷　吾　既　有　此　内　美　兮，又　重　之　以　修　能。
　｜　　｜！｜　　　　　｜　　　｜
扈　江　离　与　辟　芷　兮，纫　秋　兰　以　为　佩。

｜　！　！　！　　　　　｜　　　　　　　！　｜
汩　余　若　将　不　及　兮，恐　年　岁　之　不　吾　与。
　　　　　｜　　　｜　　　　　　｜　｜
朝　搴　阰　之　木　兰　兮，夕　揽　洲　之　宿　莽。

此处选取《离骚》开篇章句，共 16 个小句、8 个大句，形成 4 个段落，共 28 个仄声字，16 个入声字。其每一小句的吟诵节奏大致为：七字句为 2+2+3 结构，六字句为 3+3 结构，部分七字句呈 1+2+2+2 结构，虚词在句中句末皆为一个单独节奏拖腔。

— 307 —

第一段"帝高阳^之苗裔兮∽∽，朕皇考^曰伯庸。摄提^贞于^孟陬兮∽∽，惟庚寅∽∽吾以降"，自叙身世，"兮"为语气词，无实际意义，"兮"发"喔"音拖腔长吟，另外"降"发"红"音。

第二段"皇览^揆余^初度兮∽∽，肇锡^余以^嘉名。名余曰^正则兮∽∽，字余曰^灵均。"此句自述父赐名"正则"，字"灵均"，从名字可以看出其父对屈原寄予的希望，为他刚正不阿、为国捐躯、九死不悔的高尚品行做铺垫。

第三段"纷吾^既有此^内美兮∽∽，又重之^以修能。扈江^离与^辟芷兮∽∽，纫秋兰^以为佩。"此处为屈原自喻，"芷草、秋兰"是自然赐予的芳香之物，是美好纯洁的象征，"美、兮"均拖腔长吟，表达吟诵者对屈原人格修养和言行举止的高度认同与赞赏。

第四段"汩余^若将^不及兮∽∽，恐年岁^之不吾与。朝搴^阰之^木兰兮∽∽，夕揽洲^之宿莽。"时光的飞逝让屈原感到惶恐不安，追求自身品德的提升和人格的修养使其更加珍惜时间，清晨的屈原沐浴着晨曦去采摘山坡的木兰花，傍晚背着夕阳在洲畔采摘经冬不死的香草，以此润德修身。

祁和晖教授通过吟诵逐渐释放屈原的郁积忧愤，表达国破家亡痛苦崩溃的心理状态，在吟诵过程中其情绪感受、动作表情与作者产生高度共情。

祁教授的吟诵节奏大多为 2+2+2。

3）从声韵调系统方面考察。

王力先生在《古代汉语》第二册中对《离骚》的韵做了细致的阐释，认为"庸、降"押东冬合韵；"名、均"押耕真合韵；"能、佩"押之部；"与、莽"押鱼部。

表4—2—6　　《离骚》普通话和开县方言发音差异字

文字	普通话发音	开县方言发音	异同分析
兮	{xi}55	{o}55	语气助词，发作"哦"音调值不变
伯	{bo}35	{b-ə}43	典型的开县方言，由 o 变为ə，调值由 35 变为 43

续表

文字	普通话发音	开县方言发音	异同分析
庸	{yong}55	{r-on}55	声母变为 r，开县方言的发音，韵母由前鼻韵 ong 变为 on，调值稍降，还是阴平
摄	{she}51	{s-ə}214	翘舌音变为平舌音，韵母是变为开县方言的ə韵，调值由 51 变为 214
肇	{zhao}51	{s-ao}214	翘舌变为平舌，声母变为开县方言音，由 zh 变为 s，调值由 51 变为 214
则	{ze}35	{z-ə}21	韵母是典型的开县方言韵，由 e 韵变为ə韵
内	{nei}51	{luei}214	四川话里鼻音边音不分，所以鼻音声母 n 全都变为边音 l，韵母中增加了 u 与后面的 ei 相拼，调值由 51 变为 214
扈	{hu}51	{fu}214	开县方言习惯的发音，声母由 h 变为 f，调值由 51 变为 214

注：普通话调值 55、35、214、51；开县方言调值 55、21、43、214。

祁教授专门提出，文中的语气助词"兮"（xi）字在先秦时代，发不出来舌腭音，古无齐齿呼，先秦只能是发"呃"（e）音，而"喔"字是从"呃"字发端出来的，所以吟诵时发出"喔"（wo）音作叹词，如"帝高阳之苗裔喔，朕皇考曰伯庸。摄提贞于孟陬喔，惟庚寅吾以降"。发"喔"（wo）音有长啸之意，上句句末发"喔"音，下一句句末音调收敛，在一放一收之间，越来越看到屈原悲愤的感情在一点点地累积沉淀、激越爆发。其中"惟庚寅吾以降"这一句中的"降"字不能发去声 jiang，应发作阴平"红"（hong）音。开县方言里只有平舌音，祁教授在吟诵《离骚》时遵循方言特点。

4）从音乐性方面考察。

a. 基本结构。

吟诵调《离骚》节选部分为 a（3363636-336333）、b（6636633-636636）两个音乐长句变化重复的两句为一个音乐回环连续模进的 A+B+C+D 四段体结构。

- 309 -

离　　骚

楚辞

屈　原（先秦）
祁和晖先生吟诵
何民　记谱

[乐谱：帝高阳之苗裔兮，朕皇考曰伯庸。
摄提贞于孟陬兮，惟庚寅吾以降。
皇览揆余初度兮，肇锡余以嘉名：
名余曰正则兮，字余曰灵均。
纷吾既有此内美兮，又重之以修能。
扈江离与辟芷兮，纫秋兰以为佩。
汩余若将不及兮，恐年岁之不吾与。
朝搴阰之木兰兮，夕揽洲之宿莽。]

b. 音阶调式。

调式音阶为 36；吟诵调为双音曲（36）曲调，调式调性具有游离性。严格地说，双音曲构不成明确的调式调性，是游离而不确定的。

c. 旋律线。

A 段　3363636- 336333 6636363- 636636（帝高阳之苗裔兮，朕皇

考曰伯庸。摄提贞于孟陬兮，惟庚寅吾以降）为 a+b 旋律组合，a 旋律 3̲3̲6̲3̲636- 3̲3̲6̲3̲33 "帝高阳之苗裔兮，朕皇考曰伯庸"在"36"两个音级中连续四度跳进上下行交替，结合"3"的同音反复于中音区行腔，b 旋律 6̲6̲3̲6̲363- 6̲3̲6̲6̲3̲6̲ "摄提贞于孟陬兮,惟庚寅吾以降"音程转位后作"6̣3"两音五度大跳上下行变化发展，旋律转至中低音区。ab 短句四度五度回旋跳转，旋律起伏跳宕，音调明朗舒展。第二字"高、皇、摄、庚"（3、3、6̣、3）作四分音符拖腔处理，句末文言助词"兮"（6-、3-）作二分音符长音拖腔，祁教授吟诵时特意还原其中古发音"呃"（e）以作舒缓停顿，增强语势。

　　B 段 6̣3̲6̲6̲363- 6̲6̲6̲3̲3̲6̣ 3̲3̲3̲3̲636- 3̲3̲336-（皇览揆余初度兮，肇锡余以嘉名。名余曰正则兮，字余曰灵均）祁教授吟诵时，随当地方言语音发音及情感变化作适当调整，取 b+a 旋律组合，紧承上句继续行腔于中低音区，b 旋律 6̣3̲6̲6̲363- 6̲6̲6̲3̲3̲6̣ "皇览揆余初度兮，肇锡余以嘉名"围绕"6̣3"两音变化发展，后接 a 旋律 3̲3̲3̲ 3̲6̲3̲6- 3̲3̲336- "名余曰正则兮，字余曰灵均"变化再现，旋律跳转至中音区作同音反复和四度小跳发展，行腔回至中音区。祁老在平声字"余、则、余、灵、均"（3、3、3、3、6-）处作明显拉拖腔处理，助词"兮"作二分音符长音拖腔，在语意上作重点陈述，增强语气。

　　C 段 6̲3̲3̲3̲ 3̲3̲66- 3̲3̲636- 6̲3̲6̲3̲633- 3̲3̲6̲3̲6̄1（纷吾既有此内美兮，又重之已修能，扈江离与辟芷兮，纫秋兰以为佩）旋律为 A 段的变化再现，ab 型旋律结合，从"36"向"6̣3"下行跳转，四度五度跳进交替，行腔由中音区转至中低音区，助词"兮"作相同句末长音拖腔，末字"能、佩"（3、1̲）作短读和顿挫处理，旋律高下相宜，缓急相间。

　　D 段 6̲6̲6̲3̲663- 3̲6̲3̲6̲6̲3̲ 3̲3̲6̲3̲366- 3̲3̲3̲366-（汩余若将不及兮，恐年岁之不吾与，朝搴阰之木兰兮，夕揽洲之宿莽）沿用 B 段素材和旋法，ba 型旋律结合，在"6̣36"三音中旋回起伏，一字一音，参差出之，疏密有致，紧承 C 段，与 A、B 两段形成明显的 abba 两个大回环。

d. 节奏腔式。

吟诵调《离骚》a（3363636-336333）旋律为"36"两音四度小跳上下交替，b（6636633-636636）旋律为"63"两音五度大跳循环起伏，一高一低，回环交错。祁教授吟诵时，以开县方言语音诵读为主，给予适当音调化，文言助词"兮"字明显音调拉长，作排比句重复式的二分音符长音拖腔处理，落音均在"36"两音上，以较长的时值和明朗的音调强调语气，增强语意表达。吟诵调一字一音，琅琅上口，简单而不失韵味。

5）祁和晖教授《离骚》吟诵概述。

吟诵调《离骚》为角羽（36）结合的双音曲，调式调性游离不确定。以"36"两音组合形成a（3363636-336333）型旋律，"63"两音构成（6636633-636636）b型旋律，四度五度上下行跳进，一起一伏，循环往复，旋律简单，节奏顿挫，音调明朗。祁教授吟诵时，助词"兮"作较长时值句末拖腔处理，并且还原了其古音读法，使语意和情绪得到完整而充分的表达。祁和晖教授通过吟诵逐渐释放像屈原一样的郁积忧愤，表达国破家亡痛苦崩溃的心理状态，在吟诵过程中其情绪感受、动作表情与作者产生高度共情。

（4）乐府诗《木兰辞》。

1）从创作背景方面考察。

《木兰辞》为北朝乐府民歌，属于"鼓角横吹曲"，本是在马上用鼓和号角演奏的一种军乐，随着南北文化的交流，北方的歌曲陆续传到南方，齐、梁以后常用于宫中娱乐，并由梁代乐府机关保留下来，所以又称"梁鼓角横吹曲"。此诗产生于民间，作者不详，在长期流传过程中留下历代文人润色的痕迹，曾收入宋郭茂倩所编《乐府诗集》。

《木兰辞》讲述了女主人公木兰，女扮男装替父从军，战场屡建功勋却推辞荣华富贵，只求与家人团聚的故事，高度赞美了木兰勇敢善良的品质和保家卫国的精神。诗中用拟问作答细致深入地刻画主人公的心理活动，用铺张排比增强叙事气氛，彰显民歌本色。

2）从文体结构和吟诵节奏方面考察。

木 兰 辞

| ！ | ！ | ！ | ！ | ｜ | 　 | ｜ | ！ |

唧 唧 复 唧 唧 ， 木 兰 当 户 织 。

| ！ | 　 | ｜ | 　 | ｜ | ｜ | ！ |

不 闻 机 杼 声 ， 唯 闻 女 叹 息 。

| 　 | 　 | ｜ | 　 | 　 | ｜ | ！ |

问 女 何 所 思 ， 问 女 何 所 忆 。

| ｜ | ！ | 　 | ｜ | 　 | ｜ | ！ | 　 | ｜ |

女 亦 无 所 思 ， 女 亦 无 所 忆 。

| ！ | ｜ | 　 | ！ | 　 | ｜ | 　 | ｜ |

昨 夜 见 军 帖 ， 可 汗 大 点 兵 ，

| 　 | ！ | ｜ | 　 | ｜ | 　 | ｜ |

军 书 十 二 卷 ， 卷 卷 有 爷 名 。

| 　 | ｜ | 　 | 　 | ！ | 　 | 　 | ｜ |

阿 爷 无 大 儿 ， 木 兰 无 长 兄 ，

| ｜ | 　 | ｜ | 　 | ｜ | 　 | ｜ | ｜ |

愿 为 市 鞍 马 ， 从 此 替 爷 征 。

| ｜ | ｜ | ｜ | ｜ | 　 | ｜ | ｜ | ｜ |

东 市 买 骏 马 ， 西 市 买 鞍 鞯 ，

| ｜ | ｜ | ｜ | 　 | ！ | ｜ | ｜ |

南 市 买 辔 头 ， 北 市 买 长 鞭 。

| ｜ | 　 | ｜ | 　 | ｜ | ！ |

旦 辞 爷 娘 去 ， 暮 宿 黄 河 边 ，

不闻爷娘唤女声，但闻黄河流水鸣溅溅。
旦辞黄河去，暮至黑山头，
不闻爷娘唤女声，但闻燕山胡骑鸣啾啾。

万里赴戎机，关山度若飞。
朔气传金柝，寒光照铁衣。
将军百战死，壮士十年归。
归来见天子，天子坐明堂。
策勋十二转，赏赐百千强。
可汗问所欲，木兰不用尚书郎，
愿驰千里足，送儿还故乡。

爷娘闻女来，出郭相扶将；
阿姊闻妹来，当户理红妆；

- 314 -

第四章 四川传统吟诵的基本面貌

｜　｜　　｜　　　　　！！　｜
小 弟 闻 姊 来 ， 磨 刀 霍 霍 向 猪 羊 。
　　　　！　　　｜　｜
开 我 东 阁 门 ， 坐 我 西 阁 床 ，
！　｜　　　　　！　｜
脱 我 战 时 袍 ， 著 我 旧 时 裳 。
　　｜　　｜　　｜　｜　｜　！
当 窗 理 云 鬓 ， 对 镜 帖 花 黄 。
！　｜　｜　｜　　　　　
出 门 看 火 伴 ， 火 伴 皆 惊 忙 ：
　　　　！　｜　｜　　！　！　｜　｜
同 行 十 二 年 ， 不 知 木 兰 是 女 郎 。

　　｜　！　！　！　　　　｜　｜
雄 兔 脚 扑 朔 ， 雌 兔 眼 迷 离 ；
｜　｜　｜　｜　　　　｜　｜
双 兔 傍 地 走 ， 安 能 辨 我 是 雄 雌 。

全诗共六十二个小句，每四个小句组成一个基本旋律，进行模进对称的句意推进。其中，句中五字句最多54个小句，七字句6个小句，九字句6个小句。

祁教授的吟诵节奏为：五字句采用 2+2+1 或 2+1+2 结构组合，七字句为 2+2+3 或 2+2+2+1 结构，九字句为 2+4+3 结构。

3）从声韵调系统进行考察。

《木兰辞》共62句392字。全诗虽句式多样，五句、七句、九句灵活变化，但押韵形式主要为隔句押韵、偶句韵，也有少数首句入韵的情况，全篇7次换韵，平仄通押。

第1句至第8句，韵字"织、息、忆"，为入声十三职韵。职韵多为小开口元音接舌根塞音趋势，徐健顺先生认为其韵多有比较强烈的"挤压、突

兀、闭合"之意。①

第 9 句至第 16 句，韵字"兵、名、兄、征"，为下平声八庚韵。庚韵源于上古四个韵部，大都是开口元音，收于后鼻音，徐健顺先生认为其字多有"开阔、雄壮、坚硬"之意。汪烜在《诗韵析》中概括为"大雅铿锵、慷慨不平"。②第 17 句至第 24 句，韵字"鞯、鞭、边、溅"，为下平声一先韵。先韵源于上古的三个韵部，而且往往前有介音 u，多是开口度由小变大再变小，收于前鼻音，在变化感中，突出了中间元音的开阔感，徐健顺先生认为其字多有"伸展、致远、终收"之意。汪烜在《诗韵析》中概括为"景物流连、风景鲜妍、琴鹤翩然"。

第 25 句至第 28 句，韵字"头、啾"，为下平声十一尤韵。尤韵源于上古三个韵部，都是中等开口元音，而且往往前有介音，始终小开口而又有变化，最后收于小开口元音，悠长之感最为突出，徐健顺先生认为其字多有"舒缓、悠长、温柔"之意。汪烜在《诗韵析》中概括为"潇洒风流、素女悲秋、婉转优悠"。

第 29 句至第 34 句，韵字"机、飞、衣、归"，为上平声五微韵。微韵源于上古的微部，是小开口接齐齿音，有越来越小之感，徐健顺先生认为多有"飘动、减少、稀薄"之意。汪烜在《诗韵析》中概括为"景物芳菲"。

第 35 句至第 58 句，韵字"堂、强、郎、乡、将、妆、羊、床、裳、妆、黄、忙、郎"，为下平声七阳韵。阳韵源于上古的阳部，是大开口度的元音接后鼻音，后鼻音不改变口型，持续大开口，徐健顺先生认为其字多有"开阔、向上、辽远"之意。汪烜在《诗韵析》中概括为"富丽宫商、鸣凤朝阳、触物心伤"。

第 59 句至第 62 句，韵字"离、雌"，为上平声四支韵。支韵源于上古五个韵部，大部分是中等开口元音接齐齿音，徐健顺先生认为其字多有"细长、

---

① 徐健顺：《吟诵概论（上）——中华传统书法》，广西师范大学出版社 2019 年版，第 265 页。
② 续修四库全书编纂委员会：《续修四库全书》，上海古籍出版社 2002 年版，第 409 页。

稀薄、连绵"之意。汪烜在《诗韵析》中概括为"静夜幽思、伤心别离"。[①]

表 4—2—7　　《木兰辞》普通话和开县方言发音差异字

文字	普通话发音	开县方言发音	异同分析
户	{hu}51	{f-u}214	声母是开县方言发音，由 h 变为 f，调值由普通话的 51 变为开县方言的 214
何	{he}35	{h-o}21	韵母由 e 变为 o，也是典型的开县方言发音，调值由普通话的 35 变为开县方言的 21
女	{nv}214	{l-v}43	四川方言里有少数人，不分地区，他们在发（nv）音时，直接发的（lv）音，所以这个异读字没有区域性
帖	{tie}51	{d-ie}21	声母变为 d，虽是异读字，但没有开县方言代表性，应该是祁教授的个人习惯
可	{ke}214	{k-o}43	声母变为开县方言的 o 韵，调值由普通话的 214 变为开县方言 43
鞍	{ɑn}55	{ŋ-ɑn}55	声母由零声母变为 ŋ 声母，调值不变
北	{bei}214	{b-ə}21	韵母由 ei 韵变为ə韵，调值由普通话的 214，变为开县方言的 21
暮	{mu}51	{m-o}214	韵母变为开县方言习惯的发音，由 u 韵变为 o，调值由普通话的 51 变为 214
黑	{hei}55	{h-ə}43	韵母由 ei 韵变为ə韵，调值由普通话的 55 变为 43
啾	{jiu}55	{q-iu}55	声母由 j 变为 q，调值不变
戎	{rong}35	{y-ong}21	声母由 r 变为 y，调值由普通话的 35 变为开县方言 21
百	{bɑi}214	{b-ə}21	韵母由 ɑi 变为ə，调值由普通话的 214 变为开县方言的 21
郭	{guo}55	{g-o}43	韵母变为开县方言习惯的发音，调值由 55 变为 43

注：普通话调值 55、35、214、51；开县方言调值 55、21、43、214。

[①] 续修四库全书编纂委员会：《续修四库全书》，上海古籍出版社 2002 年版，第 409 页。

本诗的韵有三个方面的特点。一是韵字"息、忆"押仄声韵十三职，其为小开口元音接舌根塞音趋势，徐健顺先生认为多有较强烈的挤压、突兀、闭合之感；二是在诗中出现最多的下平声七阳韵"强、郎、乡、将、妆、羊、床、裳、黄、忙、堂"，阳韵源于上古的阳部，是大开口度的元音接后鼻音，后鼻音不改变口型而持续大开口，多有开阔、向上、辽远之感，汪烜《诗韵析》概括为"富丽宫商、鸣凤朝阳、触物心伤"；三是韵字"鞯、鞭、边、溅"入下平声一先韵，先韵源于上古的三个韵部，而且往往前有介音u，多是开口度由小变大再变小，收于前鼻音，在变化中突出中间元音的开阔感，多有伸展、致远、终收之感，汪烜《诗韵析》概括为"景物流连、风景鲜艳、琴鹤翩然"。

四川方言的湖广话区域多使用平舌音，祁和晖教授的方言平翘舌音多混用，前文已做分析，此不赘述。

4）音乐性方面考察。

a. 基本结构。

吟诵调《木兰辞》属于由 a（<u>66·56</u>·6）、b（<u>33</u>·<u>633</u>）两个音乐短句为基本旋律变化重复组合构成的多段体结构。

b. 音阶调式。

调式音阶为 356123。吟诵调以角音（3）作为调式主音和结束音，以羽（6、6）音为上句终止所支持，上下句的终止音呈四、五度关系，调式调性明确，属民族五声角调式。

c. 旋律线。

吟诵调《木兰辞》共计六段，一、二段（"唧唧复唧唧"至"但闻黄河流水鸣溅溅"）旋律主干音为 356，在 36 两音之间以循环往复的四度小跳为主，以 a（<u>66·56</u>·6）、b（<u>33</u>·<u>633</u>）两个音乐短句为基本旋律变化重复贯穿其中，音域跨度不大，旋律进行主要在中音区发展，以平稳而起伏的音调陈述木兰决定代父从军和准备出征奔赴战场的情景。

第四章 四川传统吟诵的基本面貌

木兰辞

北朝民歌
祁和晖先生吟诵
何民 记谱

唧唧复唧唧，木兰当户织。
不闻机杼声，惟闻女叹息。
问女何所思，问女何所忆。
女亦无所思，女亦无所忆。
昨夜见军帖，可汗大点兵，
军书十二卷，卷卷有爷名。
阿爷无大儿，木兰无长兄，
愿为市鞍马，从此替爷征。

东市买骏马，西市买鞍鞯，
南市买辔头，北市买长鞭。
旦辞爷娘去，暮宿黄河边，
不闻爷娘唤女声，但闻黄河流水鸣溅溅。
旦辞黄河去，暮至黑山头，
不闻爷娘唤女声，但闻燕山胡骑鸣啾啾。

- 319 -

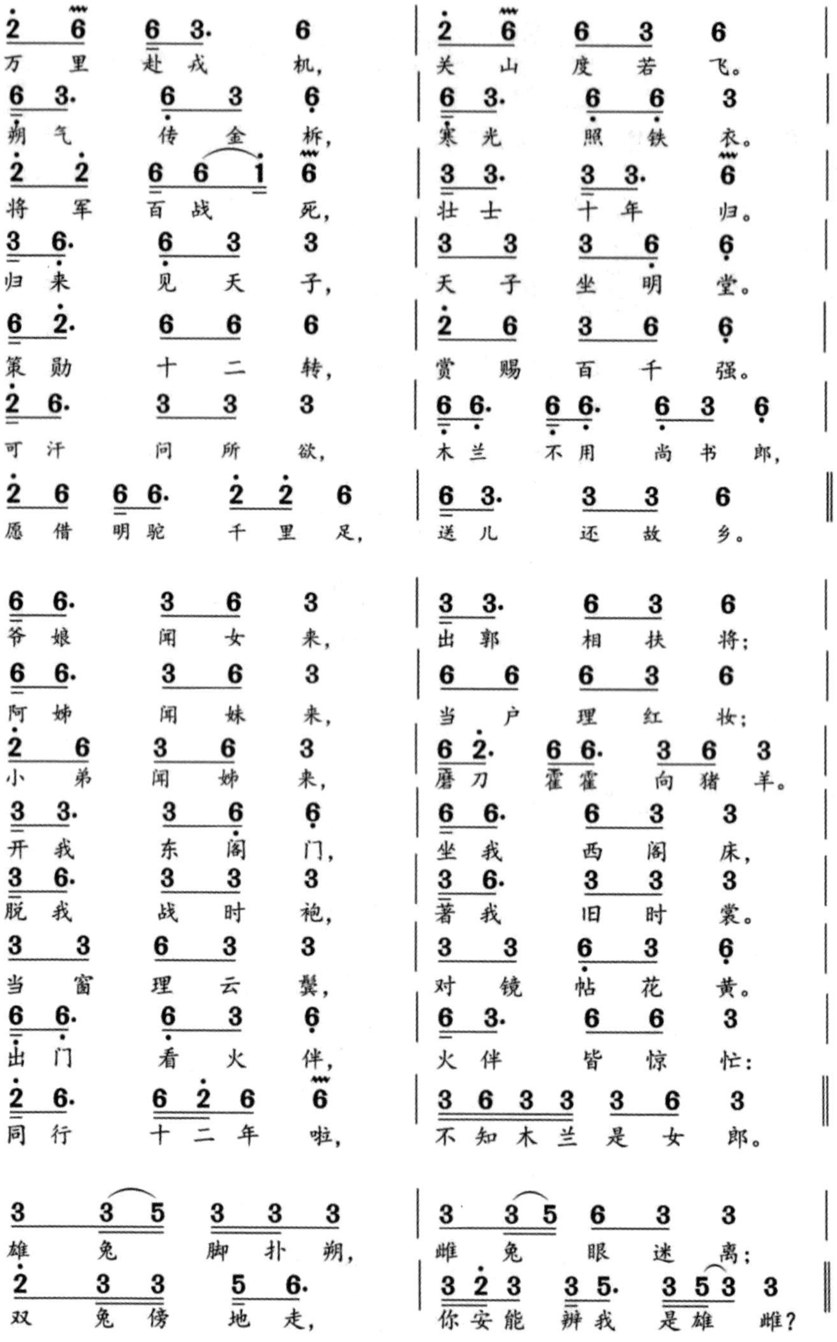

四川传统吟诵研究

(musical notation page - numbered musical notation 简谱 for 木兰诗)

万里赴戎机，关山度若飞。
朔气传金柝，寒光照铁衣。
将军百战死，壮士十年归。
归来见天子，天子坐明堂。
策勋十二转，赏赐百千强。
可汗问所欲，木兰不用尚书郎，
愿借明驼千里足，送儿还故乡。
爷娘闻女来，出郭相扶将；
阿姊闻妹来，当户理红妆；
小弟闻姊来，磨刀霍霍向猪羊。
开我东阁门，坐我西阁床，
脱我战时袍，著我旧时裳。
当窗理云鬓，对镜帖花黄。
出门看火伴，火伴皆惊忙：
同行十二年啦，不知木兰是女郎。
雄兔脚扑朔，雌兔眼迷离；
双兔傍地走，你安能辨我是雄雌？

四段（"旦辞黄河去"至"送儿还故乡"）写木兰十年征战的过程和木兰得胜回朝不受封赏的情节。随着故事的推进，旋律音域跨度明显增加，从低音 6 至高音 $\overset{\cdot}{2}$（十一度）以 a、b 音乐短句变化重组，旋律忽高忽低升腾跌宕，曲调顿挫波折明朗开阔，画面生动细致神气跃然。曲中频繁出现高音"$\overset{\cdot}{2}$"，祁教授吟诵到此处时，音调明显上扬，语速加快，情绪热烈激动，形象展现了木兰驰骋疆场和凯旋归来的英雄形象。

五段（"爷娘闻女来"至"不知木兰是女郎"）为 a、b 音乐短句变化再现，旋律进行以中高音区为主，高音 $\overset{\cdot}{2}$ 再次出现，音调明快活泼，旋律优美舒展，形象刻画了木兰与家人团聚的喜悦之情。

六段（"雄兔脚扑朔"至"你安能辨我是雄雌"）旋律以 35 两音小三度级进，62 两音经过而装饰，以 <u>335333</u>、<u>35·3533</u> 为主，祁教授运用诵读的方式以陈述的音调结束全诗。

d. 节奏腔式。

《木兰辞》为长篇乐府叙事诗，祁教授吟诵时以家乡开县方言语音声调行腔，诵读为主，个别地方给予适当音调化，吟诵调以 <u>XX</u> 节奏为主，结合 <u>XX</u>.节奏型，第二字音调拉长，句末四分音符 X 尾音拖腔，形成五字句 2+2+1、七字句 2+2+2+1、九字句 2+4+3 的吟诵节奏。吟诵调以 a(<u>66·56·6</u>)、b(<u>33·633</u>) 两个音乐短句形成两种定腔贯穿全诗，其中"溅溅"(<u>55</u>)下滑音"ヽ"和"声、卷、去、啾啾、里、山、死、归"(6、3、3、33、<u>6</u>、<u>6</u>、6、6) 的上波音" "色彩润腔使乐调与开县方言的语调趋近，进而富有浓郁的地域风味，吟诵调独具匠心，别有韵味。

5）祁和晖教授《木兰辞》吟诵概述。

吟诵调《木兰诗》以 "3、6" 两音为主干音，高音 "$\overset{\cdot}{2}$" 给予色彩辅助，以 a (<u>66·56·6</u>)、b (<u>33·633</u>) 两种旋律形成吟诵定腔，一起一落，循环交错。此调结构整齐，一字一音，节奏均匀，音调明朗。祁教授吟诵时尤其注意情绪的表达，力度、速度的把握，旋律发展随故事情节的推动而变化。一二段相对平稳曲折，主要于中低音区行腔，三四段旋律跌宕起伏，十处出现高音

"2"，旋律进行至中高音区，音调热烈高亢，第五段音调活泼跳动，末段回归平稳。祁教授认为《木兰辞》作为民间采集的乐府歌，本身带有较强的歌唱性，又是配乐器演唱，所以在吟诵时可以适当加上婉转的腔音，增加声韵之美。此诗的吟诵旋律属于分节形式，一段旋律多段词，多角度的细致陈述诗歌内容，为适应多段词的不同需要，旋律随文章字意不同分为六个乐段，与文章所体现的六个文意完全吻合。从内容上突出儿女情怀，丰富英雄性格，是人物形象更真实感人。祁教授吟诵时结合开县方言语音的声调行腔，以读诵为主，遵循当地方言语音语调，充满了浓郁的地方风味。

（5）五言仄起律诗《春望》。

1）从创作背景方面考察。

杜甫的诗集南北古今之大成，是因为他感情真挚，感于哀乐，缘事而发，故而动人。因为有一颗"致君尧舜上，再使风俗淳"的圣人情怀，而不仅仅是个人的悲欢离合与相思，将国家、人民，与个人、私人的情感合为一体。杜甫被后世尊称为诗圣。所以在那些流离失所、战火纷飞的日子里，杜甫写下了大量的战争诗，情感中透出对百姓困苦生活深深的同情。忧国忧民之情一直贯穿在他整个的生命之中，力透纸背。

天宝十四载(755年)，"安史之乱"爆发，潼关失守，玄宗逃至成都，次年七月，太子李亨(肃宗)即位于灵武。此刻杜甫将家眷安顿至陕西，闻讯后即刻于八月只身北上投奔肃宗，途中不幸被叛军俘至长安，因官职卑微，所幸未被囚禁。在目睹家国残破以及叛军的暴虐，杜甫感时伤怀，于公元757年春(一般学者认为)写下此诗。

山河虽在，然国之惨破已不忍用言语表达，语出泪下，如李后主之感"故国不堪回首月明中"，山河虽在，然今日之山河已非昨日之"城春"。想那城池残破，花草惨败，国难深重，烽火连天，家书如金。此景此境，花溅泪鸟惊心，草木岂能无痛，花鸟焉能无情，忧国忧民的诗人被困城中，发亦白、搔更短、簪如何能胜。

2）从文体结构和吟诵节奏方面考察。

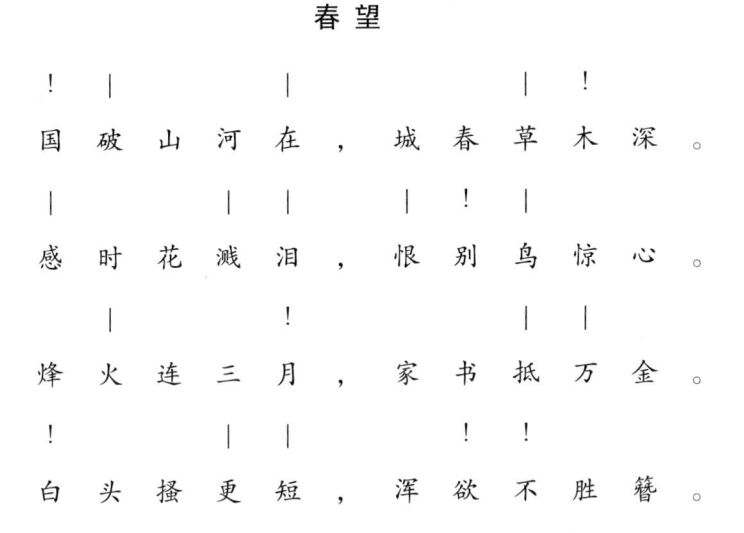

春 望

！　｜　　　｜　　　　｜　！
国　破　山　河　在　，　城　春　草　木　深　。
｜　　　｜　｜　　　｜　！　｜
感　时　花　溅　泪　，　恨　别　鸟　惊　心　。
　　　｜　　　　　！
烽　火　连　三　月　，　家　书　抵　万　金　。
！　　　｜　　　　　！　！
白　头　搔　更　短　，　浑　欲　不　胜　簪　。

《春望》，是一首五言仄起律诗，辞句优美，用字讲究，韵味绵长，立意深远，共8个小句、组成4个大句，即首、颔、颈、尾四联。这是一首春的悲歌，基调无比沉痛。整首诗开篇宏大充满张力，情感强烈真挚动人，诗中充满了山河破碎、满目萧然、连连烽火的国恨离愁，饱含忧国忧民的苦楚深情，以及将个人与国家民族命运紧紧相连的故园之心。

此为千古好诗，而好诗必发自肺腑，又必须有表达性与感染力，且更具格局境界，缺一不可。这正是中国文学艺术的"骚雅"[①]特征，

祁教授的吟诵节奏为 2+1+2(国破山河在、城春草木深、恨别鸟惊心、家书抵万金、白头搔更短、浑欲不胜簪)、2+3(感时花溅泪、烽火连三月)。

3）从声韵调系统方面考察。

《春望》是一首仄起五言律诗，全诗共8句56字，14个仄声字，7个入

[①] 骚，是指情感；雅，是语言文字的表现形式。

声字，首句不入韵，韵字为"深、心、金、簪"，入下平声十二侵韵。侵韵源于上古侵部，是小开口元音收于闭口 m 音，有压抑感，徐健顺先生认为多有"尖细、闭合、深藏"之意。侵韵现为 in，原为 m 韵尾，闭合感更强。汪烜在《诗韵析》中概括为"寂寞伤心"[①]。

以普通话和开县方言的发音相比较，祁和晖教授吟诵此首诗时，"溅"念"z-ɑn"，"泪"念"l-u-ei"，"火"念"h-o"，"书"su，"白"念入声"b-e-i"，"胜"念"seng"，"国"念阴平"g-uê-r"，"在"变上声，"别"字入声归阳平。

开县方言里没有翘舌音，只有平舌音，但祁教授的平翘舌在吟诵时因个人习惯有混读的现象，如"春""深""时"这几个字祁教授都并未遵循四川方言特点发作平舌音，而"搔"字却是把原本的平舌音误发作翘舌音。

表4—2—8　　　《春望》普通话和开县方言文字差异

文字	普通话发音	开县方言发音	异同分析
国	{guo}35	{g-u-ə}21	韵母是典型的开县方言发音，由 uo 韵变为 uə 韵，调值由普通话的 35 变为开县方言的 21
河	{he}35	{h-o}21	韵母由 e 变为 o，调值由普通话的 35 变为开县方言的 21
溅	{jiɑn}51	{z-ɑn}214	典型的开县方言音，声母由 j 变为 z，韵母则由 iɑn 韵变为 ɑn 韵，调值由普通话的 51 变为开县方言的 214
泪	{lei}51	{l-u-ei}214	韵母变为开县方言韵 uei，调值由普通话的 51 变为开县方言的 214

注：普通话调值 55、35、214、51；开县方言调值 55、21、43、214。

---

① 续修四库全书编纂委员会：《续修四库全书》，上海古籍出版社 2002 年版，第 409 页。

4）从音乐性方面考察。

春 望

杜 甫 （唐）
祁和晖先生吟诵
蒋天惠　记谱

3 3·	6	3 3	3 3·↘	6	³6̄ 3
国破	山	河 在，	城春	草	木 深。

3 6	3 6·	6·	3 6·	3 6 3 3	0
感时	花溅	泪，	恨别	鸟惊	心。

6 3·	3 6	3·↘	—	6 6·	6	3 6·
烽火	连三	月，		家书	抵	万 金。

6 6·	3	6 3·↘	0	3 3·↘	6	6 3·	0
白头	搔	更 短，		浑欲	不	胜 簪。	

a. 基本结构。

吟诵调《春望》是由 A+B+C+D 四个音乐长句构成的四句体结构。

b. 音阶调式。

调式音阶为 36；吟诵调为双音曲（36）曲调，（双音曲严格的说构不成明确的调式调性，是游离而不确定的）因此，这个吟诵调的调式调性具有游离性。

c. 旋律线。

A 句（首联）33·633 33·↘6̄63（国破山河在，城春草木深）出句"国破山河在"（33·633）以"36"两音变化起伏，中音"3"同音反复起调，入声字"国"短读"破"波音润腔附点拖腔，四度小跳至"山"（6）全曲最高音长音拖腔后回落"河在"（33），对句"城春草木深"（33·↘6̄63）音程转位，旋律在"36"两音之间转换，行腔由中音区转至中低音区，"城春"（33·↘）两字连读"春"字下滑拖腔，下行五度至"草"（6）再"木深"

- 325 -

(63) 五度回转，入声字"木"倚音润腔短读，"草、山"两字长音拖腔，八度音高（6、6）对比，"破"与"深"反衬，安史起狼烟，国破不长安，哀伤之情得以凸显。

B句（颔联）363 66· 363 6330（感时花溅泪，恨别鸟惊心）旋律发生变化，"36"两音五度大跳上下行交替，于中低音区行腔，"感时"（36）音程下行大跳"时"字拖腔，"花溅泪"（3 66·）继续下行大跳"泪"字波音润腔拖腔，对句"恨别鸟惊心"（363 63 30）作相同旋律进行，入声字"别"（6）字拖腔，"心"（30）字顿挫急收，五度大跳，起伏相间，拖顿结合，疾徐相承，感时泪四溅，亲人何日还，哀伤之情深入骨髓。

C句（颈联）63·363↘ 66·636·（烽火连三月，家书抵万金）旋律回转，在中音"36"之间循环跳转，由中低音区行腔转至中音区，情绪发生变化，"烽火连三月"（63·363↘）四度小跳上下交替，"火"字波音润腔附点拖腔，入声字"月"波音润饰下滑拖腔，"家书抵万金"（66·636·）连续"6"音同音反复，伴以"3"音装饰，"书、金"字作相同音高和时值拖腔，此句六次出现全曲最高音"6"，悲愤之情近乎呐喊，战火延三月，家书值万金，悲痛情绪推向高潮。

D句（尾联）66·363↘0 33·↘663·0（白头搔更短，浑欲不胜簪）取B句相同素材和旋法，紧承上句，旋律再一次跳转，由中音区转至中低音区，"白头搔更短"（66·363↘0）同音反复结合五度大跳，入声字"白"短读"头"字附点短吟拖腔，"短"（30）字下叹顿收，"浑欲"（33·↘）同音反复两字连读后"欲"字下滑拖腔，"不胜簪"（663·0）尾音断腔顿收，低音"6"频繁出现，音调沉郁顿挫，搔手弄白头，垂暮晚景忧，忧国之情推向极致。

d. 节奏腔式。

吟诵调《春望》以 XX. XX.X XX 等节奏型为主，以第二字"破、春、时、别、火、书、头、欲"（3·、3·、6、3·、6、6·、3·）和第三字"山、草、鸟、抵、搔、不"（6、6、36、6、3、6）作方言语音拖腔，末字"在、深、泪、心、月、金、短、簪"（3、3、6·、30、3-、6、30、30）作适当拖腔和断腔顿收两种处理，吟诵节奏为 2+3，2+1+2。祁和晖教授吟诵时结合开县方言语音声调行腔，多处运用装饰音（波音、下滑音、前倚音）润腔，更为深刻地表达了诗人的愁苦悲愤之情。

5）祁和晖教授《春望》吟诵概述。

在吟诵本诗时，祁和晖教授自始至终表情凝重咬字较重，感情浓厚时眉头紧锁，仿佛与诗人达到情感的共鸣；同时通过注重和强调关键字表情达意。每一联组合成一个基本旋律，上半句拖腔，下半句不论平仄，均采取迅速顿住处理。

首联"国^破∽∽山∽河在，城春∽∽草∽木∽∽深"。祁教授对山河破碎的触目惊心之情与景，通过重点强调"破、在、春、深"四个字表现出来。"国破"二字连读，入声字"国"开县方言派入阳平，拖音并做波音润腔处理，意在表现山河之凄惨现状，让人感受到唐朝曾经的繁华似锦在转瞬间消失残尽，听来令人触目惊心。"城春"亦是如此，一短(城)一长(春)连读，"春"下滑拖腔长吟，有沉重之情，透出对往昔美好的眷恋，深陷追忆之中。仿佛拖腔长吟了"春"字，就能让美好多停留一会儿，然而此刻却是满眼"草木深"，只剩下杂草众生，繁华已逝，处处了无生机。经历了唐朝"开元盛世"的杜甫，此刻却经历着"安史之乱"之痛，故国不堪回首，山河已非昨日"城春"，满目荒凉。其中韵字"深"拖腔长吟，与"破"字意味相似，是一种无奈之叹。另外"山"字、"草"字和"在"字，做了适当加强重读和拖音处理，这种适当的重读，也体现了寥落之情。

颔联"感时∽∽花∽∽溅泪∽∽∽，恨别∽∽鸟惊心"。此联文字典雅优美，诗人用美好柔软的事物衬托战争的残酷与毁灭性。据学者考证，普遍认为玄宗天宝元年（742）前，国民人口在 8000 万以上，安史之乱（八年）后，仅仅剩下了 1600 余万，整个唐朝整整减少 6000 多万人，死亡率达到了 80%，如此惨绝人寰，其惨状不可想象。这"感时花溅泪，恨别鸟惊心"是中华儿女所共有的疼痛与悲怆，国之殇恸未央，而中华民族始终以坚韧不拔的毅力，在一次次磨难中艰难前行。

祁教授吟诵时，把"时"字作拖腔长吟处理，今昔对比无尽哀叹。"花"拖腔并稍微上扬，突显花本然的姹紫嫣红之态。"溅"字重读，这个"溅"字用得特别高妙，液体受冲击，向四处飞溅，悲恸如此强烈一发不可收拾。"溅"和"惊"对应，两字都用得非常高妙。"泪"字拖腔波音（下滑音）表现情绪波动起伏，"别"字入声变阳平拖腔，并适当重读拖腔长吟，强调在战乱中生离死别之痛。诗人用拟人的笔触借物舒怀喧泄情感。

颈联："烽火〰连三月，家书抵万金"。"火"与"月"字皆重读，祁教授把入声字"月"作拖腔长吟下滑处理，情绪层层深入，听者能强烈体会到祁教授与诗人对战争残酷与持久的悲叹。"抵"字沉重，稍作拖腔，"万"字咬字清晰突出长吟，"金"字重读拖腔，珍贵的家书在此刻意味着人还活着。

尾联："白头〰搔更短，浑欲〰不〰胜〰簪"。"头"拖腔长吟处理，诗人因国家动乱流离失所，思念亲人憔悴苍老，青丝变白发，发白而稀少；"搔"欲止愁，愁更愁。"搔、更、短"皆重读，"欲"（入声）、"不"（入声）、"簪"（平声）三字，皆拖腔长吟。当祁教授吟诵完，抬眼望了一下听者，又马上转目回到诗文上，似乎还沉浸在诗和诗人的悲痛情绪中，至此，听者早已泪目。

（6）五言仄起律诗《春夜喜雨》。

1）从创作背景方面考察。

参见王德先成都传统吟诵举隅中《春夜喜雨》创作背景方面的表述。

2）从文体结构和吟诵节奏方面考察。

《春夜喜雨》是五言仄起律诗，首联春旱需雨适然发生，似知其时故曰好雨，一呼一应，点明喜意；颔联春雨之状，闻有风来疑是潜随而至，万物得润如膏如酥，雨来之势及其所用，承时节而发生；颈联野径苍茫江上寒烟澜漫，惟船火隐约独明，江郊景物雨中气象，承入夜句；尾联次晨雨止所见，新红多处，垂垂累累，满于锦官城，此联另拓一境，承接润物一句。

祁教授的吟诵节奏为2+3（好雨知时节、随风潜入夜、野径云俱黑、晓看红湿处）、2+1+2（当春乃发生、润物细无声、江船火独明、花重锦官城）。

3）从声韵调系统方面考察。

本诗首句不入韵，韵字为"生、声、明、城"，入下平声八庚韵（eng）。庚韵源于上古四个韵部，大都是开口元音，收于后鼻音，因此其字多有"开阔、雄壮、坚硬"之意。庚韵的字现在分别演变成了ang、ong、eng、ing韵母的字，尤以eng、ing韵母为多，但其本来的读音近似ang，有开口韵母的开阔之意。汪烜《诗韵析》称之："大雅铿锵、慷慨不平。"[1]

表4—2—9　《春夜喜雨》片段普通话和开县方言发音差异

异读字	普通话发音	开县方言发音	异同分析
黑	{hei}55	{h-ə}55	韵母是典型的开县方言音，由ei变为ə，调值不变

注：普通话调值55、35、214、51；开县方言调值55、21、43、214。

4）从音乐性方面进行考察。

a. 基本结构。

吟诵调《春夜喜雨》为A+B+C+D四个连贯的音乐长句构成的四句体结构。

b. 音阶调式。

调式音阶为356；吟诵调为四度内的小三度到大二度的三音列（356）曲调，未出现大三度音程，调式调性不确定，具有游离性。（三音曲调式调性具有游离性与确定性，调式调性确定与否，在于曲调中有没有大三度音程，有就确定，没有就具游离性。）

c. 旋律线。

A句（首联）663 6653 66356（好雨知时节，当春乃发生）旋律主干音为

---

[1] 续修四库全书编纂委员会：《续修四库全书》，上海古籍出版社2002年版，第409页。

"3 6"，"好雨"（6 6 3）由"6"同音反复后直跃最高音"3"再五度音程回落"知时节"（6 6 5 3），"知"（3）字重读，赋予春雨以人的生命和情感，说它"知时节"。"当春乃发生"（6 6 3 5 6），在人们急需的时候飘然而至，催发生机，旋律以"6"音为中心，同音反复级进结合平稳推进。第二字"雨、春"（6、6）和末字"节、生"（6 5 3、6）明显拖腔，节奏清晰明朗，音调高亢明亮，表达了诗人的喜悦之情，吟诵节奏为 2+3。

春 夜 喜 雨

五言仄起律诗

杜 甫（唐）
祁和晖先生 吟诵
蒋天恩　记谱

6 6	3 6 6 5 3	6 6	3 5 6
好 雨	知 时 节，	当 春	乃 发 生。

3 6	3 6 5 3	6 3	6 3 3 6
随 风	潜 入 夜，	润 物	细 无 声。

5 3	6 3 3.	3 6	3 6 6 0
野 径	云 俱 黑，	江 船	火 独 明。

6 6	3 3 6	6 3	6 3 3 5 3
晓 看	红 湿 处，	花 重	锦 官 城。

B 句（颔联）3 6 3 3 6 5 3 6 3 6 3 3 6（随风潜入夜，润物细无声）旋律为 A 句的变化再现，围绕"3 6"两音作连续的四度小跳上下行交替发展，旋律旋回起伏，音调灵动飘逸，第二字"风、物"（6、3）和第四字"夜、声"（6 5 3、6）作 A 句相同节奏和时值的长音拖腔。"潜、润、细"字生动形象展现了春雨随着春风在夜里飘然落下，悄然无声地滋润着大地万物的景象。

C 句（颈联）5 3 6 3 3·↘ 3 6 3 3 6 6 0（野径云俱黑，江船火独明），承接前两句，旋律发展由高中音区转至中低音区，以"3 6"两音为主，"野径云俱黑"（5 3 6 3 3·↘）在经过音 5 起调后的五度音程大跳下行后回弹至中音"3"，"江船火独明"（3 6 3 3 6 6 0）旋律在"3 6"两音之间循环起伏，第二字"径、船"（3、6）拖腔，句末"黑"（3·↘）字附点四分音符拖腔伴以下滑音润腔，"明"

（60）结合八分休止符断腔顿吟，以低音"6̣"与中音"3"的组合对比形象真实展现了雨夜中野外黑茫茫，只有江船上的灯火格外明亮的画面。

D句（尾联）663 336 636 3353ヽ（晓看红湿处，花重锦官城），采用B句相同素材和旋法，旋律进行由C句中低音区回转至中音区，"晓看红湿处"（663 336）同音反复结合四度小跳，"花重锦官城"（636 3353ヽ）跳进级进结合，整个旋律在"63"之间回旋起伏，循环往复，音调活泼跳动，紧扣题中"喜"字写想象中的雨后之晨锦官城的迷人景象。

d. 节奏腔式。

吟诵调《春夜喜雨》结合 **XXX**、**XXX**、**X** 节奏型，第二字"雨、春、风、物、径、船、看、重"（6、6、6、3、3、6、6、3）作相同时值的句中拖腔处理，第三字"细、火、红、锦"（63、3、3、63）适当拖腔，句末"节、生、夜、声、黑、处、城"（653、6、653、6、3·、6、3）明显拖腔，形成了2+3和2+1+2的吟诵节奏。祁和晖先生在吟诵《春夜喜雨》时，结合开县方言语音咬字发音及声调行腔，"黑、城"字下滑音（ヽ）润腔，"处"波音（∽）装饰，更为细腻地表达了诗人对春雨"润物"的喜悦之情，全诗意境淡雅，意蕴清幽，诗境与画境浑然一体，是一首传神入化、别具风韵的咏雨诗。

5）祁和晖教授《春夜喜雨》吟诵概述。

祁和晖教授在吟诵此诗时，遵循开县方言语音行腔，整体音调较高，音域跨度较大，但该吟诵调调式调性不确定，具有游离性，主要于中音区行腔，以角羽两音（3 6）为旋律骨干音，连续的四度五度音程上下跳进结合同音反复再伴以音程级进构成了回旋起伏的吟诵旋律，曲调质朴优美，音调轻松活泼。

（7）五言仄起律诗《杜少府之任蜀州》。

1）从创作背景方面考察。

王勃（650—676），字子安，汉族，唐代文学家，古绛州龙门（今山西省河津市）人，与杨炯、卢照邻、骆宾王并称为"初唐四杰"，作有名篇《滕王阁序》流于后世，《送杜少府之任蜀州》是送别诗中的经典之作，一改往昔送别诗悲苦缠绵之态，尽现诗人高远的志向、豁达的情趣和旷达的胸怀。

据《元和郡县图志》及《旧唐书》记载，唐睿宗垂拱二年(686)设置蜀州，那是王勃死后11年的事，所以诗题上的"蜀州"，显系"川"字之误。蜀川指西川，在今四川岷江流域一带，"少府"是对县尉的美称。从题意可知，这首诗是王勃送一个姓杜的县尉到四川赴任的赠别之作。

2）从文体结构和吟诵节奏方面考察。

送杜少府之任蜀州

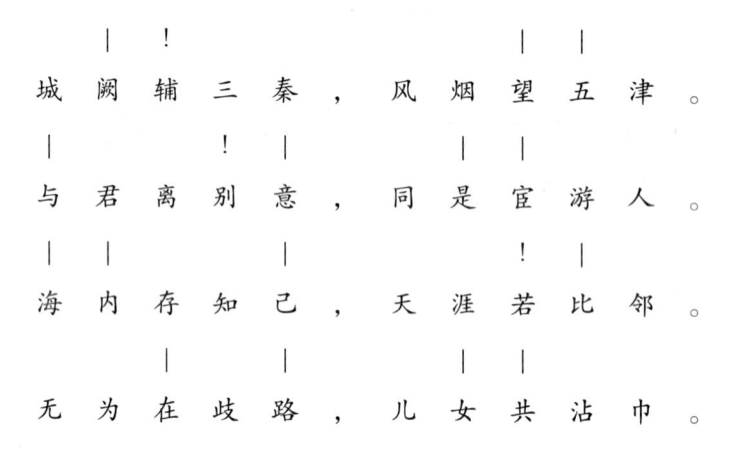

|　　｜　｜　　　　　　　　　　｜　｜　　　
城　阙　辅　三　秦　，　风　烟　望　五　津　。
｜　　｜　　　｜　｜　　　　　｜　｜　　　　
与　君　离　别　意　，　同　是　宦　游　人　。
｜　｜　　　　｜　　　　　　　｜　｜　　　　
海　内　存　知　己　，　天　涯　若　比　邻　。
　　｜　　｜　　　｜　　　　　｜　｜　　　　
无　为　在　岐　路　，　儿　女　共　沾　巾　。

《送杜少府之任蜀州》是一首在初唐时期的律诗，有"拗体"句式，格律较为松散。祁教授在吟诵时的节奏处理与后期成熟的格律诗《春夜喜雨》大致相同，但在诗篇的整体情感把握和关键字处理上有不同。祁教授认为，虽然五律具代表性本身平仄讲究更多，但五古已经有自然的平仄节奏了。在吟诵时她特别强调："你看这个'无为（wèi）'好多就读成'无为（wéi）在岐路'，实际上我是觉得是'无为（wèi）在岐路'，不要为了我们在分别的路上哭哭啼啼，儿女情长。比如杜甫的《春夜喜雨》'晓看红湿处，花重

（chóng）锦官城。'，我没有读'花重（zhòng）锦官城'。"

从吟诵节奏上看，祁教授的每一联中上半句为 2+2+1，下半句变化多，常常出现 2+3、2+1+2 结构。

3）从声韵调系统方面考察。

表 4—2—10　　《送杜少府之任蜀州》普通话和开县方言文字差异

文字	普通话读发音	开县方言发音	异同分析
内	{nei}51	{l-u-ei}214	四川方言里鼻音边音不分，声母由鼻音 n 变为边音 l，韵母由 ei 变为明显的开县方言 uei 韵。调值由普通话的 51 变为开县方言的 214
存	{cun}35	{c-en}21	韵母由 un 韵变为 en 韵，调值由普通话的 35 变为开县方言的 21
女	{nv}214	{l-v}43	四川方言里有少数人，不分地区，他们在发（nv）音时，直接发的（lv）音，所以这个异读字没有区域性

注：普通话调值 55、35、214、51；开县方言调值 55、21、43、214。

这是一首仄起五律诗，全诗共有 15 个仄声字，3 个入声字。此诗入上平声十一真韵，韵字为"秦、津、人、邻、巾"，真韵源于上古的两个韵部，开口度中等，发音时变小收于前鼻音，有闭合、收敛、抒情之感，徐健顺先生认为多有"深入、亲近、联系"之意。[①]汪烜《诗韵析》概括为"隽永清新"。[②]

4）从音乐性方面考察。

a. 基本结构。

吟诵调《送杜少府之任蜀州》为 A+B+C+D 四个音乐长句构成的四句体结构。

[①] 徐健顺：《吟诵概论（上）——中华传统读书法》，广西师范大学出版社 2019 年版，第 265 页。

[②] 续修四库全书编纂委员会：《续修四库全书》，上海古籍出版社 2002 年版，第 409 页。

b. 音阶调式。

调式音阶为 356；吟诵调为四度内的小三度到大二度的三音列（356）曲调，未出现大三度音程，调式调性不确定，具有游离性。

杜少府之任蜀州　　王　勃　（唐）
　　　　　　　　　　　祁和晖先生吟诵
　　　　　　　　　　　蒋天恩　　记谱

3 3.	5 6 3	—	6 6.	3 5 3	5 3 6	6 0
城阙	辅 三 秦，		风烟	望	五	津。

3 3.	6 6 6	—	3 3.	3 5 3	6 6 0
与君	离 别 意，		同是	宦	游 人。

6 3.	6 3 3		3 6	6 3.	6 6
海内	存 知 己，		天涯	若 比	邻。

6 6.	6 1 6	6	—	6 3.	6	3	3
无为	在 歧	路，		儿女	共	沾	巾。

c. 旋律线。

A 句（首联）3 3·5 6 3 – 6 6·3 5 3 5 3 6 6 0（城阙辅三秦，风烟望五津）旋律以"36"为主，"5"音辅助装饰。"城阙"（3 3·）在"3"的同音反复起调后音程级进小跳回落"辅三秦"（5 6 3 –），对句"风烟"（6 6·）在全曲最高音"6"的同音反复后"望"（3 5 3）级进回转"五津"（5 3 6 6 0）级进后"6"音作结，第二字"阙、烟"（3·、6·）和第三字"望"（3 5 3）适当拖腔，末字"秦、津"（3 –、6 6 0）长音拖腔。整个旋律在中音区四度内变化发展，节奏明快，音调爽朗，境界开阔，气象雄浑。

B 句（颔联）3 3·6 6 6 – 3 3·3 5 3 6 6 0（与君离别意，同是宦游人）旋律发展跳转至中低音区，以"36"两音为主，"与君离别意"（3 3·6 6 6 –）同音反复结合四度小跳，"同是宦游人"（3 3·3 5 3 6 6 0）旋律变化重复，"3 5 3"小三度级进填充，第二字"君、是"（3·3·）拖腔及波音润饰，末字"意、人"

(6̲-、6̲0̲)作二分音符长音拖腔和断腔顿断处理,"宦"(3̲5̲3̲)字一字多音。旋律下行,音调低回,客中之别,情感共鸣。

C句(颈联)6̲3̲·6̲3̲3̲-丶3̲6̲6̲ 3̲·6̲6̲(海内存知己,天涯若比邻)旋律继续于中低音区回旋,在"36"两音之间来回跳宕,"海内存知己"(6̲3̲·6̲3̲ 3̲-丶)旋律在八度内作四度、五度音程上下行跳转,对句"天涯若比邻"(3̲6̲6̲ 3̲·6̲6̲)五度大跳结合同音反复,第二字"内、涯"(3̲·、6̲·)适当拖腔,末字"己"(3̲-丶)波音下滑长音拖腔。旋律跳宕,音调豪迈,与友互勉,乐观豁达。

D句(尾联)6̲6̲·6̲1̲6̲6̲-6̲3̲·6̲3̲3̲(无为在歧路,儿女共沾巾)旋律以低音"6̲"为主,伴以中音"3"装饰,"无为在歧路"(6̲6̲·6̲1̲6̲6̲-)在低音"6̲"连续同音反复中,"为"字波音拖腔,末字"路"二分音符加波音拖腔,"儿女共沾巾"(6̲3̲·6̲3̲3̲)在"6̲3̲"之间五度大跳结合同音反复,"女"(3̲·)字拖腔,"共沾巾"(6̲3̲3̲)三音拉长音调上扬。发语高远,劝勉作结,格调明朗,意境旷达。

d. 节奏腔式。

吟诵调《送杜少府之任蜀州》以 X̲X̲、X̲X̲、X-节奏型为主,结合X̲X̲X̲、X̲X̲X̲ 节奏型,每句第二字"阙、烟、君、是、内、涯、为、女"(3̲·、6̲·、3̲·、3̲·、6̲·、6̲·、3̲·)明显拖腔,出句末字"秦、意、己、路"(3-、6-、3-、6-)二分音符长音拖腔,对句末字"津、人、邻、巾"(6̲0̲、6̲0̲、6̲、3)作适当拖腔和断腔顿收处理,吟诵节奏规律清晰,出句2+2+1,对句2+3、2+1+2。祁和晖先生吟诵时遵循开县方言语音声调行腔,第二字和末字多有装饰音(波音、下滑音)色彩润腔,吟诵调与当地方言音调结合紧密,富有浓郁的地方色彩,别有韵味。

5)祁和晖教授《杜少府之任蜀州》吟诵概述。

首联"城阙∽∽辅^三秦∽∽,风烟∽∽望∽∽五津∽∽",诗人首先不言离别,而是先言"三秦""五津"之地,将离别的伤感进行烘托。祁教授在吟诵时有意将"城阙""风烟""三秦""五津"第二字呈对称拖腔长吟。"辅"在上句是言明此时的地点,并未作长吟抒发。通常离别之时,会叮嘱友人在所去之地保重身体,故在目的地多有想象,在"望"字时做拖腔处理。

颔联"与君〜〜离别^意〜〜，同是〜〜宦^游〜〜人"，似在对友人说其实也在对自己说，言辞之中不免多了几分怅惘和无奈。尤其是"宦游人"三字，本在平常是一个词组，但在此处却字字重读，抒发诗人对身在官场身不由己的郁结之气。

颈联"海内〜〜存^知己〜〜，天涯〜〜若^比邻〜〜"。颔联情绪较为低沉，在颈联中情感基调开始转变为一种积极劝勉的乐观情感，祁教授的吟诵能明显感到王勃态度的转变。"海"字以中音"6"起调，"存"字音高八度下移由低音"6"到"知己"五度回转至"3"波音下滑润腔，呈现出一种抑扬顿挫之感，"天涯"与"海内"相对，第二字均作拖腔长吟处理。

尾联"无为〜〜在^歧路〜〜，儿女〜〜共^沾^巾〜〜"。当通过颈联勉励彼此后，诗人不得不回到现实的送别中来，情绪又一次低沉下来，吟诵节奏放慢。在"无为""沾巾"二处拖腔长吟，语重心长的对朋友叮咛，与颈联的情感形成鲜明对比，前面似高山流水奔流而下的情感，到了此联便如溪水蜿蜒惆怅不已。

（8）七言仄起律诗《闻官军收河南河北》。

1）从创作背景方面考察。

公元762年，唐朝大军大举挫败安史之乱叛军，节节胜利收复了河南、河北诸郡，直至史朝义兵败自杀。至此，历时八年之久的安史之乱终于宣告平息。此时，杜甫正流寓梓州（今四川三台），诗人听到这一大快人心的消息，欣喜若狂，走笔而唱出这生平第一快诗。杜甫避安史之乱寓居蜀中，苏北为逆贼巢穴，忽从剑门以外传来捷报，感激庆幸转而悲涕，妻子尚未离散，重整诗书行装，激动喜悦之情无以言表。且籍诗书以放歌，幸全妻子以做伴，正好还乡，于是计划江船行程，由西而东起于巴峡经于巫峡，转向陆路行程则由南向北，起于襄阳，再到洛阳，一片真情涌沸，万里归思缠绵，收复故土好不快哉。

2）从文体结构和吟诵节奏方面考察。

闻官军收河南河北

| | ！　　　　| ！　　　　　　| | |
剑 外 忽 传 收 蓟 北 ， 初 闻 涕 泪 满 衣 裳 。
！ | 　　　　| 　　| | 　　　　| ！
却 看 妻 子 愁 何 在 ， 漫 卷 诗 书 喜 欲 狂 。
！ ！ | 　　　| 　　　　！ | |
白 日 放 歌 须 纵 酒 ， 青 春 作 伴 好 还 乡 。
！ 　　！ 　　　| 　　　　| 　　　| ！
即 从 巴 峡 穿 巫 峡 ， 便 下 襄 阳 向 洛 阳 。

起联一正一拗，痛定思痛。颔联突然一开是欲归兴奋之心，情景兼至。颈联忽又一顿，是暂住排遣之计，虚实犹分，尾联一江一陆，预拟归程。

客居异乡之人最易思乡，更何况是在战乱期间多年漂泊，立志"奉儒守官"、忧国忧民的"诗圣"杜甫。有学者考证杜甫三分之二的诗歌诞生于巴蜀，这一时期的作品中也有部分寄情名胜古迹、关注生活的作品，并写下了《春夜喜雨》《绝句》《江畔独步寻花》等表达惬意的诗篇，但诗人不能做到"居庙堂之高则忘忧其民；处江湖之远则遗忧其君"[1]，杜甫的伟大就是在于其时刻都在关心人民的痛苦，国家的命运，当听说官军收复河南河北，觉得自己和家人从此可以不再流浪异乡，人民可以安居乐业，不再饱受战乱之苦时，便脱口而出这一全不见雕琢的诗篇。

虽远居"剑外"却可忽闻，皆因一直心系于此，而从"剑外"至"蓟北"一个"即"字，言出了日日夜夜对回归的渴望和期盼，隐含了常年流离在外的痛苦和无奈。所以回家的路在诗人的笔下是如此畅快通达"从巴峡""穿巫峡""下襄阳""向洛阳"，千里之远一蹴而就，而诗人之欲歌欲哭、喜

---

[1] （北宋）范仲淹：《范文正公集·岳阳楼记》，上海古籍出版社2003年版。

极而泣又欣喜若狂的情状,也在"愁何在""喜欲狂""须纵酒""青春作伴"等词句中充分表达。

《闻官军收河南河北》是一首标准的七言律诗,共 8 个小句组成 4 个大句,分别为首、颔、颈、尾四联。

祁教授的吟诵节奏大体为"2+2+1+2""2+2+3",在每一句的节奏上,上句句末长吟拖腔,下句尾音顿腔留白。

3)从声韵调系统方面考察。

这是一首仄起七言律诗,入下平声七阳韵,韵字为"裳、狂、乡、阳",阳韵源于上古的阳部,发音时是大开口度的元音接后鼻音,后鼻音不改变口型,持续大开口,徐健顺先生认为多有"开阔、向上、辽远"[①]之意。汪烜《诗韵析》概括为"富丽宫商、鸣凤朝阳、触物心伤"。[②]

表 4—2—11   《闻官军收河南河北》普通话和开县方言文字差异

文字	普通话发音	开县方言发音	异同分析
忽	{hu}55	{f-u}55	四川方言很多地方的 hu 音,都发作 fu。祁和晖教授在这里就遵循了开县方言发音习惯,调值不变
北	{bei}214	{b-ə}43	韵母由 ei 韵变为开县方言韵ə,调值由 214 变为 43
何	{he}35	{h-o}214	韵母由 e 韵变为开县方言韵 o,调值由 35 变为 214

注:普通话调值 55、35、214、51;开县方言调值 55、21、43、214。

祁教授的吟诵都有文白异读现象,如"泪"念 l-u-ei;"却"读"q-i-o";读"que";"欲"读"yo";"何"读"ho";"白"念入声,b-e-i;"歌"念"go"。

---

① 徐健顺:《吟诵概论(上)——中华传统读书法》,广西师范大学出版社 2019 年版,第 265 页。
② 续修四库全书编纂委员会:《续修四库全书》,上海古籍出版社 2002 年版,第 409 页。

开县方言里没有翘舌音，只有平舌音，祁和晖教授在吟诵该诗时平翘舌音受个人经历、时代发展等的影响，具备其自身的特点。

闻官军收河南河北
七言仄起律诗

杜　甫　（唐）
祁和辉先生吟诵
蒋天惠　　记谱

$\underline{6\,6\cdot}\ \underline{5\,6\cdot}\ \underline{\dot{2}\,6}\ \underline{6\,5\,3}\ 3\ |\ \underline{5\,5}\,0\ \underline{3\,\overset{\frown}{2}}\ \underline{6}\ 2\,2\,0\ |$
剑外　忽传　收蓟北，　初闻　涕泪满　衣裳。

$\underline{6\,6\cdot}\ \underline{\dot{2}\ \overset{\frown}{6}}\ -\ \underline{6}\ \underline{6\dot{1}}\,6\ |\ \underline{\overset{\frown}{6}\,3\cdot}\ \underline{6\,6}\ -\ \underline{3\,3}\ 3\,0\ |$
却看　妻子　愁何　在，　漫卷　诗书　喜欲　狂。

$\underline{2\,2\cdot}\ \underline{6\,2}\ 2\cdot\ \underline{\dot{1}\,3}\ \underline{6\,6\cdot}\ |\ \underline{6\,6}\ \underline{6\,6}\ \underline{3\,3}\ 6\,0\ |$
白日　放歌　须　纵酒，　青春　作伴　好还　乡。

$\underline{2\,2\cdot}\ \underline{6\,6\cdot}\ \underline{6\,6\,6}\ -\ |\ \underline{6\,3\cdot}\ 6\,3\cdot\ 3\ 3\,3\ \|$
即从　巴峡　穿巫峡，　便下　襄阳　向　洛阳。

4. 从音乐性方面考察。

a. 基本结构。

吟诵调《闻官军收河南河北》是由 A+B+C+D 四个音乐长句构成的四句体结构。

b. 音阶调式。

调式音阶为 612356：吟诵调以羽音（6）作为调式主音，以商音（2）、角音（3）为上句终止所支持的羽终止群体，上下句终止音呈五度、四度关系，调式调性明确，属民族五声羽调式。

c. 旋律线。

A 句（首联）$\underline{66}\cdot\underline{56}\cdot\underline{\dot{2}6}\ \underline{6533}\ \underline{550}\ \underline{326220}$（剑外忽传收蓟北，初闻涕泪满衣裳）旋律主干音为"2356"，"剑外"（$\underline{66}\cdot$）调式主音"6"起调，同音反复后"外"（$6\cdot$）字附点拖腔，"忽传"（$\underline{56}\cdot$）级进后附点拖腔，"收蓟北"（$\underline{\dot{2}6}\ \underline{6533}$）四度上跳全曲最高音"$\dot{2}$"再小跳回落级进结合至"北"（$\underline{6533}$）

一字多音拖腔，音调明朗开阔。对句中"初闻"（550）在中音"5"同音反复后断字断腔，"涕泪"（32,）下行级进波音润腔，"满衣裳"（6220）全曲最低音"6"四度上行小跳"2"同音反复至句末"裳"（20）断腔顿吟。出句第二、四、末字"外、传、北"（6·、6·、6533）明显拖腔，对句第二、四、末字"闻、泪、裳"（50、2、20）断腔顿吟，旋律起调经过最高音"2"随即跌落最低音"6"，一起即伏，音程跨越11度，山峰型结合山谷型旋律形态，真实表现蓟北已收捷报迅传，诗人悲喜交集喜极而泣。

B句（颔联）66·26-6616 6ゝ3·66-ゝ3330（却看妻子愁何在，漫卷诗书喜欲狂）旋律围绕"623"变化发展，"却看"（66·）同音反复后附点拖腔，四度跳跃"妻子"（26-）高音"2"再回落主音波音拖腔，"愁何在"（6616）同音反复级进结合，旋律发展与首联起调形成呼应。对句"漫卷诗书喜欲狂"（6ゝ3·66-ゝ3330）在"63"两音之间作四度小跳结合同音反复发展，"漫、书"两字下滑重读。第二字"看、卷"（6·、3·）和第四字"子、书"（6-、6-）及末字"在"（6）拖腔明显，末字"狂"（30）断腔停留。音调高亢跳跃，拖顿结合，徐疾有致，形象刻画了妻子愁容消散喜不自胜的心情。

C句（颈联）22·622·13 66·，66663360（白日放歌须纵酒，青春作伴好还乡）旋律采用B句相同素材和旋法，"白日放歌"（22·622·）对比上联"却看妻子"（66·26-）音程转位下行八度，同音反复结合四度小跳上下交替"歌"（2·）附点拖腔，七度大跳至"须纵酒"（13 66·）高音"1"后音调回落，旋律在十度音程中变化起伏。出句"青春作伴好还乡"（66663360）为B句旋律再现，"63"两音同音反复结合四度小跳，旋律平稳而曲折。第二字"日、春"（2·、6）和第四字"歌、伴"（2·、6）及末字"酒"（6·）拖腔处理，末字"乡"（60）断腔顿吟。此联旋律跳宕节奏顿挫音调欢悦，表现了诗人放歌纵酒喜欲狂，妻儿作伴好还乡的喜悦心情。

D句（尾联）22·66·666ゝ 63·63·333（即从巴峡穿巫峡，便下襄阳向洛阳）旋律在四度内以"236"三音同音反复为主，"即从巴峡穿巫峡"

（22·66·666﹨）"26"两音连续同音反复，"便下襄阳向洛阳"（63·63·333）"36"的四度小跳结合同音反复。第二字"从、下"（2·、3·）和第四字"峡、阳"（6·、3·）及末字"峡"（6-）明显拖腔，末字"阳"（3）急收。此联素材紧缩，旋法简单，节奏明快，音调活泼，两句紧连，一气贯注，诗人的惊喜达到高潮，全诗至此结束。

d. 节奏腔式。

结合音频资料和吟诵谱例发现，吟诵调《闻官军收河南河北》以 XX、XX、XXX 三种切分节奏为主，结合 XX、X、X-等节奏型，形成第二字"外、看、卷、日、春、从、下"（6·、6·、3·、2·、6、2·、3·），第四字"传、子、书、歌、伴、峡、阳"（6·、6-、6-、2·、6、6·、3·）不同情况拖腔节点，出句末字"北、在、酒、峡"（6533、6、6·、6-）句末长音拖腔，对句末字"裳、狂、乡、阳"（20、30、60、3）断腔顿吟，吟诵节奏为 2+2+3、2+2+1+2。祁老在吟诵时，"泪、子"字作波音"⌒"润腔处理，"卷、书、峡"辅以下滑音"﹨"色彩润腔，吟诵音调与开县方言的语调非常接近，充满了浓郁的开县地方风味。

5）祁和晖教授《闻官军收河南河北》吟诵概述。

祁教授在吟诵本诗时，通篇语速较快，起调也较高亢，喜悦兴奋之情得以充分表达。

首联"剑外∽∽忽传∽∽收^蓟北∽∽，初闻^涕泪∽∽满衣裳^"，首句"北"字开县方言为阴平声，作拖腔处理；"外"字也进行了表现力极强拖腔处理，在吟诵声腔中可以体会出"距离之远，然因心系，所以可以忽闻"，在"闻"处顿住喜极而泣，但此处之"泪"与《春望》不同，为喜悦之泪，祁教授在此处吟诵时开始随韵律动的摇头，表达开心之情。

颔联"却看∽∽妻子∽∽愁^何^在，漫卷∽∽诗书∽∽喜^欲狂"，"妻子"和"喜"字重读，强调非一人一家之喜，是国家之喜、天下之喜。"看"字重读，"何"是自问语也是自答语，"漫、书"作下滑音处理，皆为开县方言语音，地方风味十足。

- 341 -

颈联"白日^放歌∽∽须^纵酒∽∽，青春^作伴∽∽好^还乡∽∽"，颈联是喜悦之情的进一步抒发，描述诗人的狂态。"白日"重读，这里既指晴朗的白天也是指人到中年，但是遇到此情此情，便也顾不得年老体弱端庄举止，反而要大声歌唱饮酒才能表达内心的喜悦。"歌、酒、伴、乡"做拖腔长吟处理，此时一定要拖腔长吟才能感受到诗人内心久久不能平静的喜悦。

尾联"即从^巴峡∽∽穿巫峡∽∽，便下^襄阳^向洛阳^"，祁教授在吟诵尾联时神情非常激动，索性丢了手中的诗卷，微微抬头，面向前方，摇头大声纵歌，仿佛身临其境，看到杜甫回家时的神情。吟诵过程中整句节奏紧凑，停顿干脆，"巴峡""巫峡""襄阳""洛阳"四个地点出现在一句，再以"从、穿、下、向"连贯，可以看出路途遥远但行程飞快。作者还未出发便已行万里，这里运用的想象可以看出作者归乡的急迫和喜悦之情。

(9) 四书《中庸》（节选）。

1) 从创作背景方面考察。

《中庸》出自《礼记》，原本是《礼记》四十九篇中的第三十一篇。

《中庸》思想以"诚"为核心，认为"诚者，天之道也""诚者，物之终始。不诚无物"。人通过修养达到"至诚"境界，便可与天地鬼神相通。作者子思提出的"仁义礼智圣""五行"（帛书《五行》），对后世"五常"的形成产生了重要影响。

2) 从文体结构和吟诵节奏方面考察。

中　庸

　　｜　　　　　｜　　　｜
君子之中庸也，君子而时中，

```
 |       |      |       |          |   |   |
小 人 之 反 中 庸 也 ，  小 人 而 无 忌 惮 也  。
```

选章共两句论述君子与小人的区别，君子之所以中庸，是因为君子随时做到适中，无过无不及；小人之所以违背中庸，是因为小人肆无忌惮，专走极端。祁和晖教授吟诵时语速较快，主要以两个字为一个节奏单元，在之、而、也等虚词上拖腔长吟。

3）从声韵调方面考察。

《中庸》选章共有 25 字，祁和晖教授完全以开县方言语音诵读，实字重读断顿，虚字长吟拖腔，实字往往音调平缓，虚字则高扬婉转。

4）从音乐性方面考察。

a. 基本结构。

吟诵调《中庸》为节选，属于两个音乐短句构成的两句体。

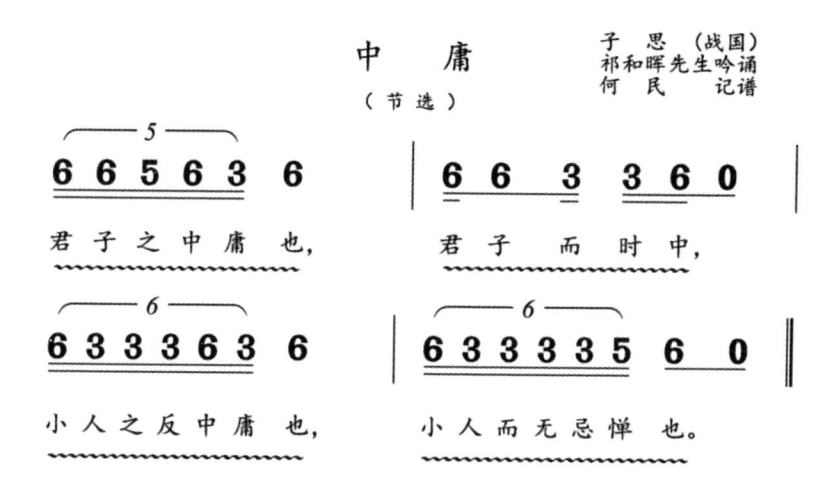

中　庸
（节选）

子　思　（战国）
祁和晖先生吟诵
何　民　记谱

```
 ⌒5⌒
6 6 5 6 3   6      6 6 3   3 6 0
君 子 之 中 庸 也，  君 子 而 时 中，

 ⌒6⌒                ⌒6⌒
6 3 3 3 6   6      6 3 3 3 3 5   6 0
小 人 之 反 中 庸 也， 小 人 而 无 忌 惮 也。
```

注：标有波浪线的文字为诵读。

b. 音阶调式。

调式音阶为 356；吟诵调为四度内的小三度到大二度的三音列（356）曲调，未出现大三度音程，调式调性不确定，具有游离性。（三音曲调式调性具有游离性与确定性，调式调性确定与否，在于曲调中有没有大三度音程，有就确定，没有就具游离性。)

c. 旋律线。

A句"<u>665636</u> <u>663</u> <u>360</u>"（君子之中庸也，君子而时中）以羽音"6"为基本音级，"35"两个音快速经过装饰，同音反复结合四度小跳，旋律平稳中略有起伏。祁老吟诵时，语速较快，一字一音，节奏简单紧密，音调简洁有力，虚字"也"给予句末适当拖腔，语气坚定，强调"君子"的品质，能做到适中无过无不及。

B句"<u>6333636</u> <u>633335</u> <u>60</u>"（小人之反中庸也，小人而无忌惮也）取A句相同素材和旋法，"6"音起调和结束，"3"音连续同音反复结合"36"两音四度小跳，旋律简单，节奏明快。祁老吟诵时，语速急促，一字一音，音调短促有力，干净利落，讲述小人违背中庸之道是因为毫无忌惮。

d. 节奏腔式。

吟诵调《中庸》为节选部分，以"36"两音为吟诵旋律主干音级，调式调性不明朗，具有游离性，祁老吟诵时，遵循开县方言语音咬字发音，快速诵读，一字一音，节奏简单明朗，音调短促明快，句中没有明显拖腔，句尾给予虚字"也"（6、<u>60</u>）适当拖腔以拉长语气和快速急收的两种形式，一缓一急，徐疾相间，形成祁老独具地方特色的吟文吟诵调。

5）祁和晖教授《中庸》吟诵概述。

祁教授在吟诵这两句时节奏快速鲜明，音调高昂，类似于现在的快读。但是在"也"处也作适当拖腔和顿断处理，语气坚定，句读分明，这种吟诵方式在古文中比较常见，多诵读部分，而吟唱部分较少。

7. 祁和晖教授的重庆传统吟诵与开县民歌的关系。

开县古为巴国地，巴人以乐舞著称。清乾隆《开县志》记："俗重田神，渔樵耕牧，好唱竹枝歌"。《竹枝词》为开县早期最普及的民歌，流传时间很长，曲调尾声有和声，其词为七字句。唐代刘禹锡把民歌变成文人的诗体，

第四章 四川传统吟诵的基本面貌

竹枝词在漫长的历史发展中，是经文人搜集整理，吸收，融合其精华而创作出浓郁的民歌色彩的诗歌体裁。竹枝词亦为下川东民歌的总称。开县位于重庆市东北部，拥有山地、丘陵、平坝三种地形，境内有东河、南河、浦里河三条大小溪流。其民歌受地域文化影响很大，竹枝词也有对地形、地貌、名胜等周遭景观的描摹。竹枝词"志土风而祥习尚"[1]，以吟咏风土为主要特色，常于状摹世态民情中，洋溢着鲜活的文化个性和浓厚的乡土气息。其民歌艺术特征为篇幅短小、句式整齐、平仄不严、通俗易懂、属于歌谣体。曲体结构常见为四句型结构，首句为全曲的陈述部分，具有开启音乐基本情绪作用，第二句是对首句的回应，起到巩固作用，强调前面乐思意义，第三句常常引入新材料，以便有意造成对比，反差效果，第四句是前三句的总结，起到收拢、结束的作用，也具有举足轻重的地位，直观的看它的基本关系是"起、承、转、合"的曲式结构关系。

在《中国民间歌曲集成·四川省卷》[2]中，收录开县民歌三首《唐朝有个薛丁山》《唱起山歌散心肠》《天子重英豪》，从谱例中我们可以清楚地了解到开县民歌明确的调式调性，均属于民族五声调式，旋律主要围绕"5 6 1̇ 2̇ 3̇"五音在中高音区发展，以大二度、小三度级进为主，偶有四度、五度音程跳进，旋律起伏不大，节奏相对自由，变化中有统一，有字密腔长的特点，作品中大量出现具有地方特色的衬词衬腔和前倚音（ᵔ）、上波音（‾）、下滑音（丶）等多种装饰音，并采用领唱、对唱、齐唱等多种演唱形式，音乐结构完整，形象细腻丰富，色彩高亢明亮，具有浓郁的地方特色。

附开县民歌谱例：

通过分析祁和晖教授吟诵谱例，其旋律主要以角（3）羽（6）两音为主干音，以双音曲、三音曲结构居多，调式调性多为游离不确定，旋律发展以

---

[1] 雷梦水等编：《中华竹枝词》，北京古籍出版社1997年版，第78页。
[2] 中国民间歌曲集成四川省卷编委会：《中国民间歌曲集成·四川省卷》，中国ZSBN中心1997年版。

四度（36）、五度（63）音程跳进为主，极少用到二度、三度平稳性音程，吟诵旋律伴有少量装饰音润腔，未出现民歌中方言衬字衬腔，其作品结构整齐统一，旋律起伏较大，节奏简单明朗，音调质朴古拙，遵循诗词格律，无民歌的自由性和朴实性。

结合开县民歌分析祁和晖教授传统吟诵调，笔者认为祁和晖教授的重庆传统吟诵与民歌在音乐旋律上并无直接借鉴关系，从另一个角度而言，祁和晖教授的吟诵旋律也未受到开县民歌的影响。

第四章 四川传统吟诵的基本面貌

唱起山歌散心肠

[5 (6) 1̇ 2̇ 3̇]
开县民歌

1=G 2/4

(乐谱略)

演唱者：江运才
采录者：赵绍华 冀瑞亭
记　谱：冀瑞亭

5. 祁和晖教授重庆传统吟诵特点。

祁和晖教授的重庆传统吟诵伴随着上百年的传承与熏习，在重庆传统吟诵基本规律的基础上形成了一套自己的方法与评价标准。如果说方言方音决定了吟诵调的基本旋律，那么师承也是区分不同吟诵调异同的最重要因素，同一位老师教出来的不同学生，其风格往往不同，但主旋律不会大相径庭，每一位吟诵者有着不同的生活体验、性格特点、审美倾向和文化素养，这些因素在很大程度上会影响吟诵调的风格，所以我们认为祁和晖教授的重庆传

第四章 四川传统吟诵的基本面貌

统吟诵是一种"基于传承和规则的重庆市开县读书调"。在吟诵诗的时候，祁和晖教授的音乐性更强，在吟诵文的时候，音乐性稍弱，在古文中，韵文与骈文的音乐性较之于普通的散文强一些，特别是骈文的吟诵更加接近诗歌吟诵的音乐性。

（1）构成复杂的方言性语音。

首都师大赵敏俐教授提出："传统吟诵是以语言为本位的口传艺术，它强化了语言的声音意义，即强化语言的声调意义和语言组合的节奏意义。分析某一地方吟诵调的特征首先不能脱离方言层次及特征的剖析。"[①]

开县方言作为汉藏语系的语言，其声调性、旋律性本自具足，其音高具有天然的语义性，祁和晖教授在吟诵时注重音色、节奏、音高、旋律、速度等要素通过语言规律性运腔组调，形成了开县方言吟诵语音的音乐性，即基于开县方言的基本吟诵调。吟诵旋律的起伏高低直接受到方言声调的影响，其方言吟诵乐调与方言词语声调、诗文韵律基本同步。方言声调的高低是相对的，方言入乐调的同时连接方音声调，音中有声，声中有调，声调连接互补相融，把方言语音中的音乐性表现得淋漓尽致。

《宋书·谢灵运传》"欲使宫羽相变，低昂互节，若前有浮声，则后须切响；一简之内，音韵尽殊；两句之中，轻重悉异。"[②]其所描述的宫羽就是现在的声调平仄二分，古典诗文中形成的特殊音响效果则是由声调的平仄所构成，可以说汉语声调系既孕育了汉语诗文的旋律性又决定着节奏性。陈少松先生在《古诗词文吟诵研究》一书中指出："平声字一般读得低一点、长一点，仄声字一般读得高一点、短一点。这样，首句吟诵起来，'平平———仄仄———平平—仄'，音高的'低低—高高—低低-高'，音长的'长长——短短—长长-短'，如此很有节奏地交替出现，就自然地

[①] 赵敏俐：《论歌唱与中国早期诗体发展之关系》，《北京大学学报》（哲学社会科学版）2016年第1期。

[②] 参见（南朝）沈约：《宋书·谢灵运传》，载（南朝）萧统编《文选》卷五十，上海古籍出版社1986年版。

形成了抑扬顿挫的鲜明节奏。"①暂抛开平低仄高或是平高仄低的问题,至少说平仄形成了长短音、高低音和节奏感的对比。

祁和晖教授在吟诵时会根据每一个字的开县方言属性,依照字的四声调值进行咬字,并在吟诵时自然运用"腔音",通过音高的变化与装饰,使吟诵调的音高走向与字调保持相对一致。汉语一个音节由声母、韵母、声调3个部分组成。声母一般由一个辅音充当,韵母由韵头、韵腹、韵尾组成。声母、韵头、韵腹、韵尾的发音在时间上前后连接按照不间断的线性出现,同时以一个方音为核心音或作为高音的基点呈上下起伏的线性波动,或成曲线型,或成波浪型。从而祁和晖教授所持的开县方言方音与开县传统吟诵调形成了线性同构。

(2)抑扬曲折的旋律性声调。

语调变化与声调变化是语言音调变化的主要形式,语调变化是一句话的各种片段在语音上的顿挫高低,声调变化则是一段语言中每个字音所固有的能区别意义的抑扬升降,即我们通常说的句调与字调。句调的升降曲折贯穿于整个句式中,又突出地在句末予以充分释放和表达,句调的不同便能区分每一句不同的含义,或陈述事实或提出疑问,字调的不同则使得一句话,或者一句话中的某些片段,呈现出高低起伏顿挫有序的旋律型声调。语言学上将有声调语言中音节的相对高度及其升降变化的情形称为"调值",通常将不同的声调划分为平、升、降、曲折等几种类型,并将其相对的音高分为五度,一度最低,五度最高。

祁教授的重庆传统吟诵旋律悠扬婉转,声调高低错落有致,在诗文吟诵时或低吟浅唱婉转悠扬,或高声朗吟清脆铿锵,既有激越热烈又不失温婉舒缓,其吟诵调在读书的基础上体现了音乐性,给人以丰富美听的感受,具有开县方言南北交融所留存的典型传统吟诵特征。其吟诵原则上尊重平长仄短,但在读仄声字时,灵活地根据情绪拖声,在读完字音后立即顿挫,再用转弯

---

① 陈少松:《古诗词文吟诵研究》,社会科学文献出版社1997年版,第40页。

的腔调去表现。展现了诗文吟诵在本质上的非机械性,主要表达诗文的本身情感和气势,不能够以声害意。祁教授在吟诵乐府诗时会有较多的转弯腔调,从文学史上看,乐府诗的本来面貌就是配乐"吟唱",而这种"吟唱"正是为了展现声乐韵律之美,加上转弯的"花腔"则更有锦上添花之妙。

吟诵是即兴的艺术,吟诵者往往用自己的基本调即兴吟诵诗词文赋,创造出格律诗、古诗、歌行、乐府、词、文等多种类别的基本吟诵调的变体,具有强烈的地域性音乐审美感受和习惯性吟诵形态,并逐渐形成较为典型的方言腔音和别具风味的方音旋律音调。吟诵更是鲜活的而不是生硬的,吟诵的评价标准,考察的是吟诵者是否遵守声腔音韵的规律性和行腔使调的灵活性,就祁和晖教授个人而言,其吟诵是"同调异诗",就全国吟诵而言,则属于"异调同诗"音乐作品。

(3)润泽缠绵的层次性腔音。

现代音乐声学证明,在很大程度上人耳对声音的接受不是被动简单的受到刺激后的反应,而是一种主动的选择过程,人耳所反映出来的声音,并不是客观音响的"真实写照",而是经过人的主观意识改造过的客观音响。吟诵的美感实际上是吟诵者和受听者对读书声的共情。从中国古代到现在,只要是中国音乐谱例,"腔音"的痕迹随处可见,是地地道道的中国优秀传统文化,无论是民歌小调还是地方戏曲抑或是吟诵,若能很好地运用腔音,才能体会到中国传统音乐的妙用。腔音也受制于地域文化、地理环境和使用腔音的人本身,从语言学的角度讲,吟诵腔音是根据汉藏语系的旋律型语言声调的必然结果,好比中国传统乐器"古琴"中使用的"吟、揉、绰、注"等技法。

祁和晖教授的吟诵有"腔音"与"直音"两种,由这两类音形成了其基本的吟诵唱腔,"腔音"与"直音"是其吟诵乐音形态的阴阳刚柔的两面,"直音"通常阳刚挺直,"腔音"通常阴柔婉转。音高的变化也是祁和晖教授吟诵"腔音"的独特之处,最能突出表现开县方言吟诵的乐音特色,在"腔

— 351 —

音"的音高变化过程中,历时长短、力度强弱、出现次数并不均等,其中存在着"核心"的成分,或有一定的变化"基点",或者整个"腔音"在一个音高的高度上历时较长、力度较强、反复出现。祁教授的"腔音"音高变化在一句诗文中,从一次到多次或升音或降音,以渐进式、滑进式的音高变化,呈现出既有曲线形又有波浪形的多样性。

祁教授的吟诵"腔音",除"核心"成分的音高较为清晰外,高低升降的两端音高,历时极为短暂,往往刚一出现便开始向另一高度滑行,听起来不十分准确明显。但在句尾拖腔和衬词运用方面,使其吟诵格外婉转动听,尾腔一般由小三度下行的两音组成,其中的"下滑"通常是由倒数第二个音滑至最后一个音,以共鸣腔润色,使吟诵腔音的轻重、疾徐、高低始终处在连绵不断的变化之中,这也成为了祁氏传统吟诵的标志性特征。

(4) 疾徐并存的丰富性节奏。

祁和晖教授的吟诵从速度上可分为慢吟调和快诵调。慢吟调以诗词为主,音乐性较重,旋律性较强;快诵调主要是文,节奏较快,音乐性旋律性较弱,这种诵文方法曾在古代私塾中广泛运用。无论是一首古诗还是一篇古文,一句诗文中的几个音节并不是孤立的,一般是两个或三个地组合在一起形成节奏,也有学者称这样的节奏为顿,袁行霈先生认为"顿就是音步"。[①]音节的组合不仅形成顿,还形成逗。逗,就是一句之中最显著的那个顿。祁教授在吟诵的节奏处理上受到音高、音强、音长、音色的直接影响,其若干个音节组成的语音片段形成一句诗文中的音步,音步间被顿逗分割,成为节奏的基本单元,并出现长短、高低、强弱的对比差异。

我们综合江苏师范大学李昌集教授的理论研究观点,结合其他文献资料,初步将诗词文的音步作如下概括。

三言的音步:"1+2""2+1"

四言的音步:"2+2"

[①] 袁行霈,字春树,江苏人,著名古典文学家。

五言的音步："2+3""3+2""2+2+1""1+2+2"

六言的音步："2+2+2"

七言的音步："4+3""3+4""2+2+3""1+2+2+2"

楚辞体音步："1+2+2"虚词在句中句末皆为一个单独节奏拖腔。

词的音步：以双音节"2+2"音步为主，其他可随词义变化为"1+2+3"

文的音步：以一字一拍为主，在虚词助词处常有2+2或2+3音步出现。

祁教授吟诵的节奏，主要按照开县方言方音的特点，安排高低长短互相交替。二言、四言、六言均为双音节音步组合，《楚辞》出现单音节音步，三言、五言和七言单双音节音步组合。七言和五言中有双音节和单音节音步的组合变换，文的吟诵主要是单音节音步为主，辅以双音节和三字一节的旋律感，显得质朴简单，使得音步高低长短交替，节奏变化灵活多样，充满生命力。

（5）文白交替的异读性现象。

现在的四川方言中普遍存在着文白异读的现象，文读音更偏向于普通话，白读音更偏向本地发音。"文读是外来的，白读是本地的。文读比较晚，白读比文读早，文读和白读没有直接的历史关系，并非一个是从另一个演变出来的。文读白读代表两种汉语方言的传统。"[①]祁和晖教授的重庆传统吟诵，有部分的文读语音，但以方言语音为主夹杂着文读语音，有的方言语音保留古音的读法，文读音则大多是受普通话的影响，与北京音较为接近。在方言语音的基础上夹杂文读语音进行的吟诵，其方言和文读是可以变换的，同一个词其字音可以用两种发音去念，文读听起来显得文雅正规，易于交流，多少带点"文雅"的色彩；用方言语音吟诵听起来则自然通俗，更贴地气，开县方言语音的声韵调有一部分与文读音相同，声韵调都异于文读音的则不多见。

祁教授吟诵时文白发音在一篇诗文中不是平均的，或者平衡的，呈现出

---

① 袁碧霞：《柘荣话的文白读》，《守德师专学报》（哲学社会科学版）2010年第1期。

方言方音弱，文读语音强的趋势，从其吟诵中我们看出，一种语言或方言的语音发展具有渐变性。祁教授近80年的生活经历，特别是60年的异乡生活，加之改革开放以来，社会政治、经济、文化迅猛发展，国家加大推普力度，使开县传统吟诵中的文读音大量涌现，并使其演变速度越来越快。老派的开县方言读音处于萎缩状态，在吟诵过程中大都少用、不用或根本不会用。祁教授认为："从开县方言的角度上来讲在，文读吟诵语音与方言吟诵语音差别不大，开县方言属于成渝片，其方言区域只有部分地区的部分方音与普通话语音相去甚远，其他大部分的方音与普通话差别不大。假如，一首诗词里边，入声字太多，没有部分文读的语音去缓解入声字急促的腔调，听的人难受读的人也疲倦。"文读的原因就是吟诵者在吟诵时为了让更多的人听得明白容易接受，更能够让受听者和吟诵者彼此都体会到音乐美，更好的达到对诗词文赋传递出喜怒哀乐的共情。

文读与否主要是取决于吟诵者自身的经历，特别是地域流动经历，文读如果没有方言语音决定的吟诵旋律作基础，方言文读吟诵便不可能实现，而方言文读往往是吟诵者在吟诵过程中以一种自然或无意识的状态呈现出来。拿古代做官来讲，朝廷官话并不是由谁来培训一段时间就能根深蒂固，必须通过语言环境才能形成无意识的自然状态，官员之间要交谈，官员要向皇帝汇报工作，绝不可能用方言交流，同僚听不懂，皇帝更加不可能有耐心去分辨臣子方言语音。祁和晖教授理解的文读，实际上就是"夹生的普通话""四川人说的'川普'"，祁教授的"川普"不是有意为之，她在西南民族大学50余年的教学工作中，面对来自祖国各地各民族的同学，总是希望所有的学生都能听懂她的语言和课程，便天然地向普通话的基本音调上面靠拢，所以祁和晖教授的重庆传统吟诵便自然地形成了现在的文读。

（二）以奉节县曹家谟先生为例

1. 奉节县概貌。

奉节县位于长江上游地区、重庆东北部，东邻巫山县，南界湖北省恩施市，西连云阳县，北接巫溪县。属长江三峡库区腹心，是渝东北地区的门户。奉节县历史悠久，是一个文明古县，历代为路、府、州、郡治地。春秋为鱼邑，战国属巴，秦置鱼腹县，西汉设江关都尉，东汉升为固陵郡，三国改为巴东郡，南北朝改为巴州，正光四年（523）改为信州，唐代改为夔州，贞观二十三年（649）更名奉节，北宋置夔州路，明代降路为府，清代复为奉节县至今。

奉节县城居民多为汉族，少数民族主要为土家族。

奉节方言是我国西南官话的一个组成部分，它历史悠久，内容丰富，独具特色，其语音与北京音系差别较大。

2. 奉节方言的声韵调系统。

（1）声母。共 19 个，包括辅音声母 18 个，零声母 1 个。其中，[f]为唇齿音，[x]为舌根音，两者发音一致，没有特别区分，混读尤为明显。[n][l]不分，没有固定规律，完全随说话者的意愿而使用。

表 4—2—12　　　　　　　奉节方言声母

			双唇	齿唇	舌尖前	舌尖中	舌面前	舌根
塞音	清	不送气	p			t		k
		送气	p^h			t^h		k^h
塞擦音		不送气			ts		tɕ	
		送气			ts^h		$tɕ^h$	
鼻音	浊		m			n		ŋ
擦音	清			f	s		ɕ	x
	浊				z			
零声母					ø			

（2）韵母。共 38 个，有单元音韵母 8 个，复元音韵母 16 个，鼻音韵尾韵母 13 个，自成音节 1 个(v，武屋舞)。

表 4—2—13　　　　　　　　奉节方言韵母

	开尾韵				元音尾韵			鼻音尾韵			自成音节
开口呼					i	I	u	əu	n	ən	aŋ	oŋ
齐齿呼	ɑ	o	u	ε	ai		au	iəu	n	iεn	iaŋ	v
合口呼	ɑ			ε	ai	Ei			an	uan	uaŋ	
撮口呼				ε						yεn	Yn	ioŋ

（3）声调调值调型。从调类方面看，奉节方言有 4 个声调，即阴平（高平调）、阳平（低降调）、上声（高降调）、去声（降升调），古入声归入阳平。

表 4—2—14　　　　　　　　奉节方言声调[①]

调类	阴平	阳平	上声	去声
调值	55	21	42	214
调型	高平调	低降调	高降调	降升调

3. 曹家谟先生及其重庆传统吟诵形成脉络梳理。

曹家谟，78 岁，汉族，重庆奉节县人。2019 年 7 月 27 日，四川省吟诵学会"四川传统吟诵研究"课题组派出研究组成员蒲锦屏、蒲爱民两位老师，奔赴重庆奉节县对曹家谟进行深入交流并进行抢救性吟诵采录。

曹家谟 1942 年生，6 岁进私塾读书 2 年，当时的私塾先生魏相成用重庆传统吟诵方法教他们读书，内容是《诗经》《幼学》等。新中国成立后，曹家谟进入新学堂读书，又遇到了李尚让老师，这位老师将重庆传统吟诵和新式教学相结合，教了《唐诗三百首》等古诗词。1958 年初中毕业，由于家庭

[①] 谭世松：《奉节方言音系调查研究》，《北方文学（下旬）》2010 年 9 月。

成分问题没有继续读书，1958 年回乡后在当地当小学代课老师，1960 年进师范学校培训一年，学习完成后继续当小学老师到 1963 年。1964 年回乡务农，一直到现在。

据曹家谟回忆，以前读书不像现在是义务教育，当时讲究的是"富贵之分，贫贱有别"。他的私塾先生魏相成先生，是奉节当地的一名大地主请来的，送一个人去读书，要交一石二的大米。

学堂里，先生的案桌在上方，墙上会挂孔子的画像，左侧靠墙还有供奉孔子的牌位，学生们就坐在下面。平时上学，学生依次上前，在先生身旁，猫着腰聆听先生吟诵课文。

先生是根据个人情况教学的，年纪小的读幼学，该读《诗经》的就读《诗经》。曹家谟刚去的时候读的是《学而》。先生讲完，学生就回到自己的座位上诵读。有些读书不用功的学生，下午先生抽查时背不到课文的，先生会用三尺长两指宽的竹片惩罚他们。在一个课堂里读书的同学大的二十多岁，小的几岁。曹家谟是课堂里最小的一名学生，只有 6 岁。

回忆中，曹家谟还提到了孔子诞辰日，又叫圣人会。整个私塾的学生这天都不上课，要进行祭祀活动。学生们挨个排队上香，行跪拜礼，跪、叩首、起，反复三次才算礼毕。

1950 年，曹家谟 8 岁，这时在新学堂只有李尚讓老师教吟诵，且因曹家谟在私塾学习过吟诵，也更得李老师喜爱些。

曹家谟说，李老师曾讲过，吟诵的含义就是把诗句的意思表达出来。当时他们吟诵都是依靠老师口口相传学来的。

曹家谟认为，吟诵是根据诗句的高低长短来决定的，有些地方需要高，有些地方需要拖；一般情况下，高是阳声，低是入声。不同的诗也要用不同的情绪去吟诵，这也会影响吟诵时声音的高低。

现代人听不懂吟诵时的高低音，只以为是在唱歌。用白话文读诗词，根本理解不到诗词中的情感；将诗词吟诵出来，才能感受到文字中的情感，加深对诗词的理解，这才是原本的诗歌。

4. 曹家谟先生重庆传统吟诵举隅。

现场采录到曹家谟先生的吟诵内容为古体诗、近体诗、词、文四类。分别为，古体诗：《静夜思》《悯农二首》；五言平起律诗《登岳阳楼》；七言平起绝句《早发白帝城》；七言仄起绝句《赠汪伦》《白胜卖酒歌》；词类为《水调歌头·明月几时有》；蒙学：《百家姓》《三字经》《声律启蒙》；文《论语》。以下将依次对曹家谟先生的重庆传统吟诵进行详细分析。

（1）古体诗《静夜思》。

1）从创作背景方面考察。

李白（701－762），字太白，号青莲居士，唐代诗人，被后人誉为"诗仙"。这首诗以极其简短而又浅显的语言，写尽了羁旅夜宿的思乡之情，既有寂寥之感，又有清冷之夜，勾勒出一幅生动形象的月夜思乡图。

2）从文体结构和吟诵节奏方面考察。

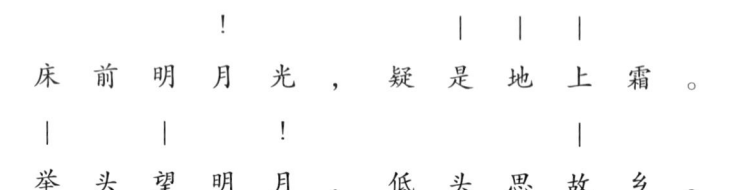

静夜思

床前明月光，疑是地上霜。
举头望明月，低头思故乡。

此诗属于五言古体诗，有平仄，但是平仄交替没有规律。古体诗歌在韵脚的运用上，可以押平声韵，也可以押仄声韵。这首《静夜思》押的是平声韵，韵字是"光""霜""乡"。诗前两句是描写景色，"疑是地上霜"承接"床前明月光"，描写的是洁白的月光，第三句由月色转写月亮，最后一句是写由月亮生发的感想——想念自己的故乡。"举头""低头"之间表达了深沉的思念。全诗通俗易懂，韵律自然，读来郎朗上口。

曹家谟吟诵节奏为2+3（床前明月光、举头望明月）、4+1（疑是地上霜、低头思故乡）。

3）从声韵调系统方面考察。

这首诗首句入韵，韵字为"光、霜、乡"，入下平声七阳韵。阳韵源于上古的阳部，是大开口度的元音接后鼻音，后鼻音不改变口型，持续大开口，因此其字多有"开阔、向上、辽远"[①]之意。汪烜《诗韵析》：富丽宫商、鸣凤朝阳。[②]

曹家谟在吟诵这首诗的时候没有明显的异读字。

表4—2—15　　　　《静夜思》普通话和奉节方言发音差异字

文字	普通话发音	奉节方言发音	异同分析
疑	{yi}35	{ni}21	声母由 y 变为 n，调值由普通话的 35 变为奉节方言的 21，符合四川方言发音特点

注：普通话调值 55、35、214、51；奉节方言调值 55、21、42、214。

4）从音乐性方面考察。

a. 基本结构。

吟诵调《静夜思》属于 A+B+C+D 的四个音乐短句组成的四句体结构。

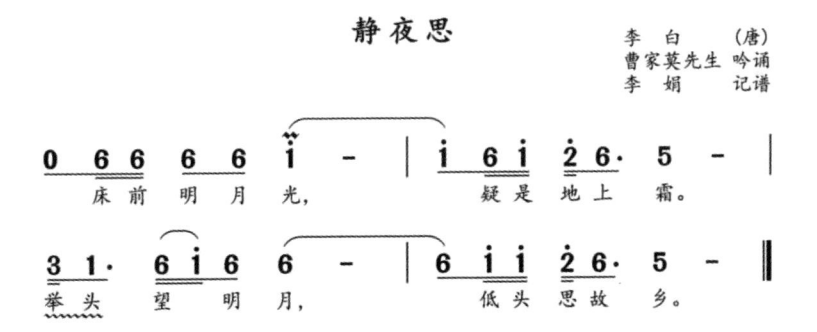

静夜思　　　　李　白　（唐）
　　　　　　　　曹家荚先生　吟诵
　　　　　　　　李　娟　记谱

```
0 6 6 6 6 | 1̇ - | 1̇ 6 1 | 2̇ 6 · 5 | - |
  床 前 明 月 光，      疑 是 地 上   霜。

3 1 · 6 1 6 | 6 - | 6 1 1 2̇ 6 · 5 | - |
  举 头 望 明 月，      低 头 思 故 乡。
```

注：标有波浪线的文字为诵读。

---

① 徐健顺：《吟诵概论（上）——中华传统读书法》，广西师范大学出版社 2019 年版，第 265 页。
② 续修四库全书编纂委员会：《续修四库全书》，上海古籍出版社 2002 年版，第 409 页。

b. 音阶调式。

调式音阶为 5̣ 6 1 2 3 5；吟诵调以徵音（5）作为调式主音和结束音，以宫音（1）、羽音（6）为上句终止所支持的徵终止群体，调式调性明确，属民族五声徵调式。

c. 旋律线。

A 句 0 6 6 6 6 1̄ -（床前明月光），素材简洁，旋律围绕"6 1"两音变化发展。旋律起调"床前明月"（0 6 6 6 6）中 6 同音反复四次，以诵读的形式交代了地点和时间，后再三度上行级进至高音 1，"光"字作句末长拖腔，加以波音润饰，突出了宁静的环境，平稳的旋律稍有起伏，一幅寂寥的庭院中皎洁的月光透过窗户洒向床前的画面映入我们眼帘。

B 句 6 1̇ 2̇ 6·5 -（疑是地上霜），在 6 1̇ 的基础上加入新元素 5 2̇ 两个音级，音域拓宽，旋律更加完整丰富。曹家谟在吟诵"疑是"二字时快速掠过，而在"地上霜"（2̇ 6·5 -）中"上"字重读并作适当拖腔，"霜"字作句末长拖腔处理，月色如霜，寒意更浓。旋律从全曲最高音 2̇ 下行跳进、级进至 5，音调悲凉，烘托出诗人漂泊他乡的孤寂凄凉之情。

C 句 3 1·6 1̇ 6 6 -（举头望明月）"举头"二字为诵读，"头"字作适当拖腔处理，转而六度（1·6）上行大跳再级进至高音 1̇，形象地刻画出诗人翘首凝望月亮的神态，最后在句末"月"字作二分音符的长音拖腔，望着月亮，诗人愁绪满怀。

D 句 1̇ 1̇ 2̇ 6·5 -（低头思故乡）此乐句在 b 乐句的基础上重复变化发展。旋律主要在"5 6 1̇ 2̇"四音中变化连接。"思故乡"（2̇ 6·5 -）旋律作下行跳进、级进，悲凉情绪再一次被推进，思乡之情在"举头"与"低头"之间，在曹家谟的吟诵音调中表现得淋漓尽致。

d. 节奏腔式。

曹家谟先生在吟诵《静夜思》时基本遵循重庆奉节方言咬字发音，在以"5 6 1̇ 2̇"四音为主干音的五声旋律中，以 XX、XX.、XXX、X-节奏型为主，形成 2+3、4+1 的吟诵节奏，末字"光、霜、月、乡"（1̇ -、5 -、6 -、5 -）均作长音拖腔。第二句和第四句中的第四字"上、故";第三句的第二字"头"都作了适当拖腔处理。每句末形成以 a ($\underline{66}$ $\underline{1}\dot{2}$、$\underline{6\dot{1}6}$ 6-)"明月光、望明月" b ($\underline{2\dot{6}}\cdot 5-$、$\underline{2\dot{6}}\cdot 5-$)"地上霜、思故乡"的基本吟腔,"光"作波音(⌒)润饰,吟诵音调忧郁悲凉。

5)曹家谟先生《静夜思》吟诵概述。

整体旋律在中高音区,以 $56\dot{1}\dot{2}$ 为主干音。吟诵节奏为上句 2+3 结构,体现在第二字顿住,下句 4+1 结构,体现在第四字停顿拖腔。旋律简单,同音反复后呈缓坡上行,音域跨度在五度以内,呈山谷型和波纹型相结合的形态。

曹家谟以重庆话语音的声调行腔,取"读诵"式的音调。除了方言发音能够体现依字声行腔外,韵字也同样。如"光""霜""乡",为阴平声字,其腔格为单音,通常较长,为单长音。吐音平实、饱满、圆润。

(2)古体诗《悯农二首》。

1)从创作背景方面考察。

李绅(772—846),字公垂。祖籍安徽省亳州人,生于浙江省湖州市。唐朝宰相、诗人。幼年丧父,由母亲教读经义文章。青少年时目睹农民在烈日当空的正午辛勤劳作、汗流不断的情景,终日劳作而不得温饱的境况,便以同情和愤慨的心情写出了千古流传的《悯农》,被誉为悯农诗人。

2)从文体结构和吟诵节奏进行考察。

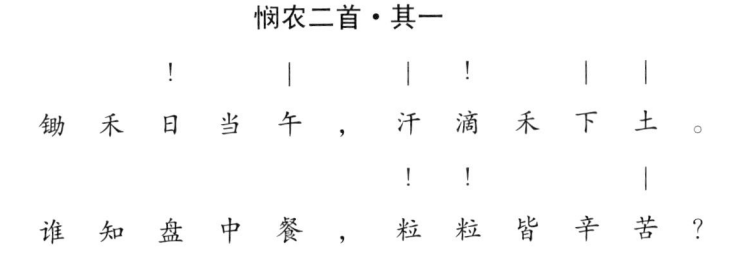

悯农二首·其一

！	｜	｜！	｜	｜
锄	禾	日 当	午，	汗 滴 禾 下 土。

！！	｜
谁 知 盘 中 餐，	粒 粒 皆 辛 苦？

《悯农》其一，此诗可谓人人皆知，质朴而感人。诗中清晰勾勒出农夫在烈日下面朝黄土背朝天，辛苦劳作的身影。诗人用人们最熟悉、平实的事物教化于无形之中，文字、寓意深入浅出，精简，纯朴，使人于日常生活中不忘"一粥一饭当思来之不易，半丝半缕恒念物力为艰"，心怀感恩，懂得珍惜。所以，这首诗被编入小学语文教材以教诲后人。

悯农二首·其二

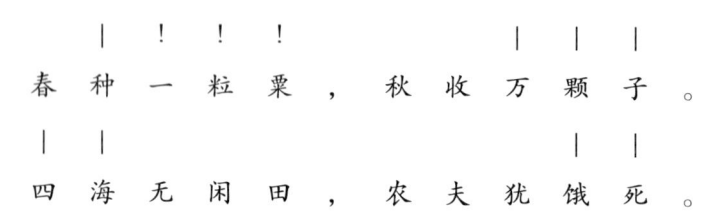

| ！ ！ ！　　　　　　 ｜ ｜ ｜
春 种 一 粒 粟 ，　秋 收 万 颗 子 。
｜ ｜　　　　　　　 ｜ ｜
四 海 无 闲 田 ，　农 夫 犹 饿 死 。

《悯农》其二，前两句生动、形象地描绘了粮食大丰收的景象，用字巧妙、质朴，极具表现力。第三、四句笔峰顿转，尽管农民辛勤劳作，"丰收"之后却被"饿死"，以此形成强烈反差，君不见遍身罗绮者，不是养蚕人，痛斥统治阶级于百姓生死不顾，极端压榨老百姓，使诗人极度的悲愤与同情。

《悯农》二首算不上唐诗中的精品，仅是一组小诗，却在民间广为流传，其胜在意纯，而非言语之工。它通俗易懂，亲切质朴、寓意深重。表达诗人青春时纯真、善良、美好的内心，对劳动人民真挚的同情。其悯心也与题目"悯农"相映照，引起人们深深的思考与同情。

曹家谟的吟诵节奏为2+3。

3）从声韵调系统方面考察。

《悯农》其一，全诗有4个入声字，5个仄声字。首句入韵，韵字："午""土""苦"，入仄声韵七虞（仄）上声。

《悯农》其二，全诗有3个入声字，8个仄声字。韵字"子""死"，入仄声韵四纸（仄）上声。

表4—2—16　　　　《悯农二首》普通话和奉节方言发音差异字

文字	普通话发音	奉节方言发音	异同分析
禾	{he}35	{h-o}21	韵母由e韵变为o韵，是典型的奉节方言发音，调值由普通话的35变为奉节方言的21
餐	{can}55	{c-en}55	韵母由an韵变为en，具有奉节方言的地方音特色，调值不变
粟	{su}51	{x-io}214	声韵母都改变，典型的奉节方言发音，声母由s变为x，韵母由u变为io，调值由普通话的51变为奉节方言的214
皆	{jie}55	{j-iai}55	韵母由ie变为iai，调值不变
颗	{ke}55	{k-o}55	韵母由e变为o，奉节方言音发音习惯，调值不变
田	{tian}35	{t-ien}21	韵母由an韵变为en，具有奉节方言的地方音特色，调值由普通话的35变为奉节方言的21

注：普通话调值55、35、214、51；奉节方言调值55、21、42、214。

4）从音乐性方面考察。

a. 基本结构。

吟诵调《锄禾》属于 A+B+C+D 的四个独立音乐短句组成的四句体结构。

锄　禾　　　　李　绅　（唐）
　　　　　　　曹家莫先生　吟诵
　　　　　　　李　娟　　　记谱

注：标有波浪线的文字为诵读。

b. 音阶调式。

调式音阶为5 6 i 2̇；吟诵调为五度以内的（5 6 i 2̇）四音列曲调，仅有大二度、小三度和纯四度，未见大三度出现，因此调式调性不确定而具有游离性。（判定调式调性确定与否，在于曲调中有没有大三度音程，有就确定，没有就具游离性。[①]）

c. 旋律线。

A 句 6 6·6·6 i i i·（锄禾日当午）旋律主干音为"6 i"两音。旋律起调6同音反复后三度级进至高音 i，呈波纹型旋律进行形态，"禾"字作长音拖腔处理，整个乐句连续三次出现高音 i，和"午"字的波音和衬词"哦"的运用，突出了"日当午"三字，让人感受到了酷热难耐的天气。

B 句 6 i·6 6 5-（汗滴禾下土）旋律以 6 i·三度级进起调，切分节奏突出"滴"字作适当拖腔处理，"禾下土"（6 6 5-）旋律作级进下行旋法，末字"土"作二分音符的长音拖腔，整句旋律把农民在烈日下劳作时挥汗如雨的场景生动地展现了出来。

C 句 6 6·ˇ6 i i 6·（谁知盘中餐）此乐句是 A 句的重复变化发展，只在尾音作了三度（i 6）下行的变化。第二字"知"作适当拖腔处理，并加以下滑音润饰，加强喟叹，"餐"给予波音润饰加衬词"嗯"下叹拖腔长吟，有一种无奈和辛酸之感，为下一句作好铺垫。

D 句 6 i·2 6 5-（粒粒皆辛苦）旋律围绕"5 6 i 2̇"四音变化连接。紧承上句，旋律以上句末音6起调，形成鱼咬尾的旋法。此乐句为四句中起伏最大的一句，出现了四度（2̇ 6）跳进，呈缓坡型旋律进行形态。第二字"粒"（i·）作适当拖腔处理，"皆辛苦"（2 6 5-）由6逐级级进至全曲最高音2̇再下探，诗人的情感推进加强，真挚地表达了对农民的同情之心。

d. 节奏腔式。

《锄禾》主要旋律套用了《静夜思》吟诵调，突出了切分节奏 XX·、X X·

[①] 王建欣：《〈五知斋琴谱〉·四曲研究》，中国艺术研究院博士学位论文，2002 年。

的运用，结合 X 、XX 、X-等节奏型形成 2+3 的音步节奏，在每句的第二字有适当拖腔处理，如："禾、滴、知、粒"（$\underline{6\cdot6}\cdot$、$\dot{1}\cdot$、$\underline{6}\cdot$、$\dot{1}\cdot$），每句末形成以 a（$\underline{\dot{1}\dot{1}}\cdot$、$\underline{\dot{1}6}\cdot$）"午（哦）、餐（嗯）、" b（$\underline{66}$ 5- 、$\underline{2}\overset{\frown}{6}5$-）"禾下土、皆辛苦"的基本吟腔，结合下滑音"知"（╲）、波音"午、餐"（⌒）的色彩润腔，使吟诵调表现力更丰富，更具地方特色。

悯 农

李 绅　（唐）
曹家莫先生　吟诵
李 娟　记谱

$\underline{\dot{1}\ \dot{1}}$	$\underline{6\ 6}$	6	-	$\underline{\dot{1}\ \dot{1}}$	$\underline{6\ \dot{1}}$	5	-
春种	一粒	粟，		秋收	万颗	子。	

$\underline{3\ 3}\cdot$	$\underline{6\ 6}$	$\dot{1}$	$\dot{1}$	$\underline{6\ \dot{1}}$	$\underline{2\ 6}\cdot$	5	-
四海	无闲	田	(呃)，	农夫	犹饿	死。	

注：标有波浪线的文字为诵读。

a. 基本结构。

吟诵调《悯农》属于属于 A+B+C+D 四个独立的音乐短句构成的四句体结构。

b. 音阶调式。

调式音阶为 5̣ 6̣ 1 2 3 5；吟诵调以徵音（5）作为调式主音和结束音，以徵音（1）为上句终止所支持的徵终止群体，调式调性明确，属民族五声徵调式。

c. 旋律线。

A 句 $\underline{\dot{1}\dot{1}}$ $\underline{66}$ 6-（春种一粒粟）旋律主干音为"6 $\dot{1}$"两音。旋律以高音 $\dot{1}$ 起调，同音反复后三度下行级进至 6，一字一音，旋法简单，形态平稳。"一粒粟"（$\underline{66}$ 6-）三字作同音反复，"粟"作句末长音拖腔。

B 句 $\underline{\dot{1}\dot{1}}$ $\underline{6\dot{1}}$ 5-（秋收万颗子），"秋收"对"春种"，沿用 A 句旋法仍然以高音 $\dot{1}$ 起调再同音反复，后三度、二度级进至调式主音 5，呈平稳而曲折的波纹型旋律进行形态。以"一粒粟"($\underline{666}$-)化为"万颗子"($\underline{6\dot{1}65}$-)，旋律也由单一变得丰富，具体而形象地描绘了丰收，用"种"和"收"赞美了农民的劳动。

C句$\underline{33\cdot66\dot{1}\dot{1}}$（四海无闲田）旋律围绕"36$\dot{1}$"三音发展变化，"四海"二字为诵读，"无闲田"（$66\dot{1}\dot{1}$）三度级进至高音$\dot{1}$。"田"作波音润饰加以衬词"呃"作短拖腔处理，给人一种广阔无垠的感受，勾勒出四海之内，荒地变良田的画面，和前两句连起来，便构成了到处硕果累累，遍地"黄金"的生动景象。

D句$\underline{6\dot{1}\dot{2}6\cdot5}$-（农夫犹饿死）连续的级进（$6\dot{1}$）、跳进（$\dot{2}6\cdot$）再下行至调式主音$5$结束。"犹饿死"（$\dot{2}6\cdot5$ -）从全曲最高音$\dot{2}$作下行跳进、级进，突出"饿死"二字，两字均字作句拖腔处理，曹家谟吟诵时似哭诉的音调表达出勤劳的农民创造了巨大的丰收，却落得个惨遭饿死的悲惨境遇。

d. 节奏腔式。

吟诵调《悯农》主要旋律套用了《静夜思》吟诵调，第一句素材简洁，旋律简单，第二三四句运用XXX、XX、XX.X-等节奏型，形态丰富，错落有致。每句末形成以a（$\underline{66}$ 6-、$66\dot{1}\dot{1}$）"一粒粟、无闲田"和b（$\underline{6\dot{1}65}$、$\dot{2}6\cdot5$-）的基本吟腔。"田"作波音润饰加衬词"呃"作句末短拖腔处理。曹家谟在吟诵此篇《悯农》时遵重庆奉节方言咬字发音，取当地方言语音声调行腔，形成别具风味的重庆传统吟诵。

5）曹家谟先生《悯农二首》吟诵概述。

《锄禾》调式不明确，具有游离性。《悯农》属于民族五声徵调式。同音反复吟诵较多，吟诵节奏均为 2+3 结构。第二字作迅速顿住处理，最后一字拖腔。

《锄禾》中"日""滴""粒粒"都是入声字，因此曹家谟在吟诵时短促、有力、顿挫，表现了烈日炎炎的辛勤劳作，粮食的来之不易。

《悯农》中首句"一""粒""粟"连用三个入声字，曹家谟吟诵时短促而有力，表现出播种时的小心谨慎。当吟诵到"农夫犹饿死"时，情感悲哀，节奏缓慢而又通过声音提出控诉。"死"字长吟，需要细细体会。

（3）五言平起律诗《登岳阳楼》。

1）从创作背景方面考察。

杜甫（712—770），字子美，自号少陵野老，唐代诗人。《登岳阳楼》作于唐代宗大历三年（768），这一年杜甫58岁，已是人生暮年，也近人生终点，此时的诗人，多病体弱、处境艰难、凄苦不堪；然而，诗人依然忧国忧民，希望报效国家，所以，诗人也再一次把对个人命运的慨叹与慷慨的爱国情在诗篇中尽情长吟。

2）从文体结构和吟诵节奏方面考察。

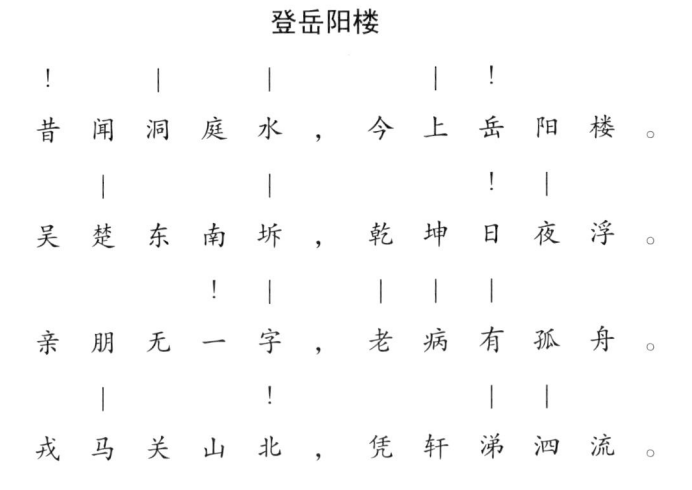

登岳阳楼

| ！   ｜   ｜   ｜ ！

昔 闻 洞 庭 水， 今 上 岳 阳 楼。

    ｜   ｜   ！ ｜

吴 楚 东 南 坼， 乾 坤 日 夜 浮。

     ！ ｜   ｜ ｜ ｜

亲 朋 无 一 字， 老 病 有 孤 舟。

    ｜   ！   ｜ ｜

戎 马 关 山 北， 凭 轩 涕 泗 流。

本诗为五言平起律诗，全诗共8小句，40字，分首、颔、颈、尾四联。四联之间起承转合变化，情感前两句写环境，首联是起，在叙事写景中，对多年夙愿得以实现之喜的自然流露，是今昔对比；颔联承接首联写景，也渗透着诗人的开阔胸怀。颈联，是情感的转折，是联想，是由景入情。尾联，是赤诚爱国情的表达和无奈，是对国家命运的感叹。

曹家谟的吟诵节奏为2+2+1。

3）从声韵调方面考察。

这是一首平起五言律诗，韵字："楼""浮""舟""流"。入下平声十一尤韵（ou），徐健顺教授《汉语音义表》总结此韵特点：尤韵源于上古三个韵部，都是中等开口元音，而且往往前有介音，始终小开口而又有变化，最后收于小开口元音，悠长之感最为突出，因此其字多有"舒缓、悠长、温柔"[①]之意。汪烜《诗韵析》：潇洒风流、素女悲秋、婉转优悠。[②]

我们分析由于此韵开口度小、悲悠的特点，利于抒发诗人对祖国壮丽河山的热爱、对国家命运的感伤和关切。

表 4—2—17　　　《岳阳楼记》普通话和奉节方言发音差异字

文字	普通话发音	奉节方言发音	异同分析
岳	{yue}51	{y-o}214	韵母是四川方言发音，由 üe 韵变为 o 韵，调值由普通话的 51 变为奉节方言的 214
坼	{che}51	{c-ə}214	声母由翘舌变为平舌音，韵母由 e 韵变为方言的ə韵，调值由普通话的 51 变为奉节方言的 214
戎	{rong}35	{y-ong}21	声母由 r 变为 y，是典型的四川方言发音，调值由普通话的 35 变为奉节方言的 21
北	{bei}214	{b-ə}42	韵母由 e 韵变为方言的ə韵，调值由普通话的 214 变为奉节方言的 42
涕	{ti}51	{d-i}214	声母由 t 变为 d，是方言发音，调值由普通话的 51 变为奉节方言的 214

注：普通话调值 55、35、214、51；奉节方言调值 55、21、42、214。

4）音乐性方面考察。

a. 基本结构。

吟诵调《登岳阳楼》属于以 a（33· 66 í-）、b（6í 26· 5-）和 c（33· íí 6-）三个音乐短句为基本旋律变化组合构成 A+B+C+D 的四句体结构。

[①] 徐健顺：《吟诵概论（上）——中华传统读书法》，广西师范大学出版社 2019 年版，第 265 页。

[②] 续修四库全书编纂委员会：《续修四库全书》，上海古籍出版社 2002 年版，第 409 页。

b. 音阶调式。

调式音阶为 5̣6̣1235；吟诵调以徵音（5）作为调式主音和结束音，以徵音（6）为上句终止所支持的徵终止群体，调式调性明确，属民族五声徵调式。

登岳阳楼

杜 甫　（唐）
曹家谟先生 吟诵
李 娟　记谱

3 3·	6 6	1̇ -	6 1̇	6 6·	5 -
昔闻	洞庭	水，	今上	岳阳	楼。

3 3·	6 6	1̇ -	6 1̇	2̇ 6·	5 -
吴楚	东南	坼，	乾坤	日夜	浮。

3 3·	1̇ 1̇	6 -	6 1̇	2̇ 6·	5 -
亲朋	无一	字，	老病	有孤	舟。

3 1·	1̇ 1̇	6 -	6 1̇	2̇ 6·	5 -
戎马	关山	北，	凭轩	涕泗	流。

注：标有波浪线的文字为诵读。

c. 旋律线。

A 句（首联）3 3·6 6 1̇-，6 1̇ 6 6·5-（昔闻洞庭水，今上岳阳楼）ab 型短句组合，旋律主干音为 3 5 6 1̇，"昔闻洞庭水"（3 3· 6 6 1̇-）起调由 3 6 两音同音反复作四度跳进再级进至高音 1̇，"今上岳阳楼"（6 1̇ 6 6·5-）以 6 1̇ 三度级进上行再逐级级进下行，整个旋律呈山峰型旋律形态，"水"（1̇-）作长吟拖腔并给予波音润饰，"楼"（5-）作句末拖腔长吟，音调舒展，表面看有初登岳阳楼之喜悦，实则感叹早年抱负至今未能实现的感伤之情。

B 句（颔联）3 3·6 6 1̇-，6 1̇ 2̇ 6·5-（吴楚东南坼，乾坤日夜浮）ab 型短句组合，旋律发展在 A 句的基础上重复变化，由 A 句的（6 1̇ 6 6·5-）变化为（6 1̇ 2̇ 6·5-），音域变宽，旋律走向由低向高再由高向低，呈山峰型旋律形态，音调高亢曲折回旋，诗人在一实一虚的描写中将洞庭湖的万千气象展现得淋漓尽致。

C 句（颈联）33·ⅱ 6-，6ⅰ　2̇6·5-（亲朋无一字，老病有孤舟）cb 型短句组合，旋律围绕"356ⅰ2̇"五音变化连接，上下句作鱼咬尾旋法，"亲朋无一字"（33·ⅱ 6-）旋律在 3ⅰ两音六度大跳中起调再下行至 6，呈陡坡型旋律形态，"字"作长音拖腔并给予波音润饰，"老病有孤舟"（6ⅰ　2̇6·5-）旋律以 6ⅰ2̇三音作连续级进上行，再以 2̇65 逐级级进下行，悲凉之感油然而生，此句用洞庭湖的雄伟壮观衬托诗人自己的身世之悲和孤苦境遇。

D 句（尾联）3ⅰ·ⅱ 6-，6ⅰ　2̇6·5-（戎马关山北，凭轩涕泗流）cb 型短句组合，旋律在中音 1 至高音 2̇的九度音程间变化发展，上下句作鱼咬尾旋法，在 A 句的基础上重复变化，由（33·ⅱ）变化为（3ⅰ·ⅱ），一音之变化，从六度大跳的"陡坡型"变为八度大跳的"峭壁型"旋律形态，高旋低回的旋律，凄凉悲伤的音调，通过曹家谟深情的吟诵诠释了诗人将个人的身世之悲升华至国家沦亡、忧国忧民的情感高度。

d. 节奏腔式。

《登岳阳楼》主要旋律套用了《静夜思》吟诵调，曹家谟先生在吟诵《登岳阳楼》时根据重庆奉节方言语音声调行腔，结合诗词格律和 XX、XX、X-三种节奏型，形成 2+2+1 的吟诵节奏，所有的上句节奏相同，下句节奏也相同，在上句的第二字、下句的第四字有明显的拖腔处理，如"闻、楚、朋、马"（3·、3·、3·、1·），"阳、夜、孤、泗"（6·）。每句末形成以 a（66ⅰ-、ⅱ 6-）和 b（66·5-、2̇6·5-）的基本吟腔，所有末字均为一字一音的长音拖腔，"水、坼、字"加以波音（⌒）色彩润腔，增强了该吟诵调的韵味和地方特点。

5）曹家谟先生《登岳阳楼》吟诵概述。

曹家谟吟诵此诗旋律简单，回环重复。上下句节奏停顿相同且上句与上句，下句与下句旋律类似，每句末形成以 a（66ⅰ-、ⅱ 6-）和 b（66·5-、2̇6·5-）的基本吟腔。

曹家谟吟诵节奏形成了 2+2+1 停顿方式，在停顿字位上即上句的第二字和下句的第四字以及末字，不论平仄均拖腔。这就形成了曹家谟特有的吟诵方式，即按照自己的语意划分简单统一的节奏进行相对类似的旋律吟诵。

（4）七言平起绝句《早发白帝城》

1）从创作背景方面考察。

参见前文。

2）从文体结构和吟诵节奏方面考察。

早发白帝城

　　！｜｜　　　　　｜　　！！
朝 辞 白 帝 彩 云 间， 千 里 江 陵 一 日 还。
　｜｜　　　！｜　　　　｜｜｜
两 岸 猿 声 啼 不 住， 轻 舟 已 过 万 重 山。

此诗为七言平起首句入韵式绝句，首句点出开船时间为早晨，地点在白帝城，"彩云间"描写白帝城地势之高，为下句船行于水蓄势，彩云缭绕生动表达了诗人遇赦的喜悦心情。第二句以空间之远与时间之短作悬殊对比，"一日"两个入声字连用，有急速短促意，与"千里"相对，用夸张手法再次表达出诗人心中快意。第三、四句形象描绘轻舟快驶的情形，一个"已"字把"啼不住"和"万重山"联结起来，修辞手法巧妙。全诗写景抒情，时刻诉说着诗人轻松愉快之情，情景交融、呈现轻捷明快的气象。曹家谟的吟诵节奏为4+3（朝辞白帝彩云间、千里江陵一日还）和4+2+1结构（两岸猿声啼不住、轻舟已过万重山）。

3）从声韵调系统方面考察。

本诗首句入韵，韵字"间、还、山"，押上平声十五删韵（an）。清朝词论家周济认为这些韵母an、ian、uan等，其韵腹a，属宽元音，发音时开口度大，加上鼻音n收尾，有口腔和鼻腔的共鸣，整个字音比较响亮，给人悠扬稳重之感，适宜表达奔放、深厚等感情。

表 4—2—18 　　《早发白帝城》[①]普通话和奉节方言发音差异字

文字	普通话发音	奉节方言发音	异同分析
白	{bai}35	{b-ə}21	韵母变为奉节方言发音ə，调值由普通话的35变为奉节方言的21

注：普通话调值 55、35、214、51；奉节方言调值 55、21、42、214。

4）从音乐性方面考察。

a. 基本结构。

吟诵调《早发白帝城》属于 A+B+C+D 的四个音乐短句组成的四句体结构。

b. 音阶调式。

调式音阶为 5̣ 6̣ 1 2 3 5，吟诵调以徵音（5）作为调式主音和结束音，以宫音（1）、羽音（6）为上句终止所支持的徵终止群体，调式调性明确，属民族五声徵调式。

c. 旋律线。

A 句 3 2 1 2 3 2·ˋ 1 6 1---（朝辞白帝彩云间）旋律主干音为 6 1 2 3，开篇以全曲最高音 3 的连续七个高音（3 2 1 2 3 2·1）级进变化起调，呈现为二度三度级

---

① 李征：《从系统功能语言学的角度分析〈早发白帝城〉及其三种译文》，《南阳理工学院学报》2011年第3期。

进平稳而曲折前进的波纹形旋律形态。音调高亢舒展，仿佛展现了白帝城高耸入云的地势。曹家谟吟诵时轻松而愉悦，特别是"帝"（$\underline{1\dot{2}3}\dot{2}\cdot\searrow$）字的长音拖腔和下滑音的处理，"间"（$\underline{\dot{1}6}\dot{1}---$）字的四拍长音拖腔并加以波音润饰，婉转动听，生动地表达出了诗人激动、喜悦的心情。

B 句 $\underline{1\dot{1}}\,\underline{\dot{2}\dot{1}}\,\underline{\dot{1}6}\,5$(千里江陵一日还) 此句旋律句幅缩短，素材简洁，旋法简单，围绕"$56\dot{1}\dot{2}$"四音作下行级进发展，"还"（5）作句末短拖腔处理，音调灵动，不仅表现出诗人"一日"而行"千里"的痛快，也隐隐透露出遇赦的喜悦。

C 句 $\underline{66}\,\underline{5}\,6\,\underline{66}\dot{1}-$（两岸猿声啼不住），旋律在 AB 乐句的中高音区下移，几乎在中音区发展变化，以中音 6 同音反复和 5 作级进发展，再至高音 $\dot{1}$ 结束，第四字"声"作短拖腔处理，"住"（$\dot{1}-$）作句末长音拖腔并给予波音润饰，身在这如脱弦之箭、顺流直下的船上，诗人是何等畅快而又兴奋啊！

D 句 $\underline{6\dot{1}}\,\underline{\dot{2}\dot{1}}\,\underline{\dot{2}6}\cdot5$（轻舟已过万重山）旋律主干音为 $56\dot{1}\dot{2}$。在前三句波纹型旋法的基础上增加了四度音程（$\underline{\dot{2}6}\cdot$）跳进，呈现为缓坡型旋律进行形态。"重、山"二字均作拖腔处理，轻快流动的旋律好似轻舟进入坦途，诗人历尽艰险重履康庄的快感亦不言而喻了。

d. 节奏腔式。

《早发白帝城》主要旋律套用了《静夜思》吟诵调，以 X、XX、XX、X-、XX 等节奏型为主，形成 4+3、4+2+1 的吟诵节奏，每句末形成以 a（$\underline{\dot{1}6}\dot{1}---$、$\underline{66}\dot{1}-$）"彩云间、啼不住"、b（$\underline{\dot{1}6}5$、$\underline{\dot{2}6}\cdot5$）"一日还、万重山"的基本吟腔，"间、住"（⌒）给予波音润饰，"帝"（↘）作下滑音处理。

此吟诵调以重庆奉节方言语音的声调行腔，取"读诵"式的音调，旋律风格轻快流畅。

5）曹家谟先生《早发白帝城》吟诵概述。

《早发白帝城》属于 a+b+c+d 的四个音乐短句组成的四句体结构。属于民族五声徵调式。上句吟诵节奏为 4+3，下句吟诵节奏为 4+2+1。一、三句句尾长拖腔，体现"彩云间"的美丽景象和"啼不住"的猿声，表现诗人愉悦的心情。二、四句句尾短拖，着重表现夸张手法下"一日还"的速度之快，和"万重山"的路途之远。

整体旋律几乎都在高音区，情感激昂，表现出李白豪迈、愉悦的心情，声随情动，吟出的音调就较高。旋律素材简单，呈现波纹型和山峰型。一、三句音乐旋律变化丰富，自成风格。二四句旋律几乎一致，均以 $2\dot{1}\ \dot{1}6\ 5$ 结尾。

曹家谟吟诵时根据重庆奉节方言依声行腔。例如《早发白帝城》中"朝辞白帝彩云间"一句，"朝"为平声字，字腔为单长音。"辞"为阳平字，腔格上行。"辞"为阳平字但因方言调值为21，旋律走向下降。在曲谱当中，这两字上都只标了一个音调，这是因为在吟诵过程中没有拖腔出现的一字一音的情况。但这依然遵守字腔的走向，"朝辞"二字与"白"联系紧密，旋律整体下行。故旋律为 $3\underline{2}\dot{1}$。"帝"字拖腔，去声字，其腔格为先上升后下行，旋律为 $2\underline{3}\underline{2}\cdot$。"彩"为上声字，其行腔时宜出口降而后上升。若与后面一字联系紧密时，可以只标出降，不标升的音。"彩"后连跟两个阴平字，故旋律主要体现在上声字上，"彩云间"旋律为 $\searrow\dot{1}6\dot{1}\text{---}$。"间"为阴平字，其行腔为单长音，拖腔饱满，呈现 $\dot{1}\text{---}$ 的旋律。故这一句的旋律线为 $3\underline{2}\dot{1}\,2\underline{3}\underline{2}\cdot\searrow\dot{1}6\dot{1}\text{---}$。

（5）七言仄起绝句《赠汪伦》。

1）从创作背景方面考察。

《赠汪伦》大约写于天宝十四载（755年），李白去泾县（今安徽皖南）桃花潭拜访友人汪伦，并于离别之际赠予好友汪伦这首留别诗，其中道出了两位友人之间无比深厚而真挚的情谊。

2）从文体结构和吟诵节奏方面考察。

赠 汪 伦

| ！　　　　！　　　　｜｜｜
李 白 乘 舟 将 欲 行 ， 忽 闻 岸 上 踏 歌 声 。

第四章 四川传统吟诵的基本面貌

|　　｜　　　　！　　！！　　　｜｜
桃 花 潭 水 深 千 尺 ，不 及 汪 伦 送 我 情 。

这是一首七言绝句，是李白广为流传的赠别诗，别具匠心，空灵回响。首先，诗一开篇"李白乘舟将欲行"李白直接将自己名字写进诗里，交待自己将乘舟离开一事。这是读者始料未及的，也是一般诗人很少想到、很少用的。这种直白的表达反而独显特色，也体现了李白一贯的洒脱、豪迈。其次，李白不直接讲有谁来送行，而是用侧面的手法"忽闻岸上踏歌声"作铺垫，引发读者好奇与期盼，且文字中有声有形有相送者，到最后才道出相送之人是友人汪伦。而最后两句"桃花潭水深千尺，不及汪伦送我情"，也成为千古送别佳话，唯美、空灵、耐人寻味。句中"不及"二字更是妙不可言，以一种极其夸张的手法表达出与汪伦之间无比质朴、真挚的友情，超越时空。

曹家谟的吟诵节奏为4+3（李白乘舟将欲行、桃花潭水深千尺）和4+2+1结构（忽闻岸上踏歌声、不及汪伦送我情）。

3）从声韵调系统方面考察。

这是一首仄起七言绝句，韵字："行、声、情"，入下平声八庚韵。庚韵源于上古四个韵部，大都是开口元音，收于后鼻音，因此其字多有开阔、雄壮、坚硬之意。庚韵的字现在分别演变成了 ng、ong、eng、ing 韵母的字，尤以 eng、ing 韵母为多，但其本来的发音近似ang，有开口韵母的开阔之意。汪烜《诗韵析》：大雅铿锵、慷慨不平。①

表4—2—19　　　　《赠汪伦》普通话和奉节方言发音差异字

文字	普通话发音	奉节方言发音	异同分析
白	{bɑi}35	{b-ə}21	韵母变为奉节方言发音ə，调值由普通话的35变为奉节方言的21

---

① 续修四库全书编纂委员会：《续修四库全书》，上海古籍出版社2002年版，第409页。

续表

文字	普通话发音	奉节方言发音	异同分析
忽	{hu}55	{f-u}55	声母由 h 变为 f，符合地方音发音习惯，调值不变
歌	{ge}55	{g-o}55	韵母由 e 变为 o，符合地方音发音习惯，调值不变
伦	{lun}35	{l-en}21	韵母由 un 变为 en，符合地方音发音习惯，调值由普通话的 35 变为奉节方言的 21

注：普通话调值 55、35、214、51；奉节方言调值 55、21、42、214。

4）从音乐性方面考察。

a. 基本结构。

吟诵调《赠汪伦》属于 A+B+C+D 四个独立的音乐短句构成的四句体结构。

赠 汪 伦

李 白 （唐）
曹家莫先生 吟诵
李 娟 记谱

```
i 6 6 3 6 - i 2 i -  | 6 6 6 i 2 6. 5 -  |
李白乘舟  将欲行，    忽闻岸上 踏歌 声。

3 5 6 6. i 2 6 -    | i i 2 i 2 6. 5 -  ‖
桃花潭水 深 千 尺，   不及汪伦送我 情。
```

b. 音阶调式。

调式音阶为 5̣ 6̣ 1 2 3 5；吟诵调以徵音（5）作为调式主音和结束音，以宫音（1）、羽音（6）为上句终止所支持的徵终止群体，调式调性明确，属民族五声徵调式。

c. 旋律线。

A 句 i 6 6̄ 3̄ 6 - i 2̄ i - ↘（李白乘舟将欲行），旋律在"3 6 i 2"四音级之间变化发展。此句句幅较宽，旋律舒展，"李白乘舟"（i 6 6̄ 3̄ 6 -）旋律起调作三度（i 6）四度（6 3）级进、跳进至"将欲行"（i 2̄ i -）级进后在高音 i 结束。

曹家谟吟诵时第四字"舟"（6-）作长音拖腔并给予波音润饰，"行"（i-）作句末长音拖腔并给予波音和下滑音润饰，旋律起调高亢明快，表现出诗人乘兴而来、兴尽而返的潇洒神态。

B 句 66 6i 26·5-（忽闻岸上踏歌声），"忽闻"（66）二字节奏紧密快速吟出，强调很突然，出乎李白的预料，紧接6i两音三度上行级进至高音2，"踏歌声"（26·5-）26·四度下行跳进后级进至调式主音5结束，第六字"歌"作句中适当拖腔，"声"作句末长音拖腔，歌声萦绕耳畔，只闻其声，不见其人，但人已呼之欲出。

C 句 35 66·i2 6-（桃花潭水深千尺），旋律主干音为"356i2"整句旋律在中音3至高音2的七度音程间变化发展，呈山峰型旋律进行形态，第四字"水"作适当拖腔处理，"尺"作句末拖腔长吟，连绵起伏的旋律似"深千尺"的潭水，更触动了诗人的情怀。

D 句 ii 2i 26·5-（不及汪伦送我情）旋律主干音为56i2。此乐句在 B 句的基础上重复变化发展。连续五个高音（ii2i2）的运用，把诗歌的情感推向高潮，"情"字作句末拖腔长吟，通过曹家谟的深情吟诵，真切地表达了两人真挚深厚的友情。

d. 节奏腔式。

《赠汪伦》主要旋律套用了《静夜思》吟诵调，曹家谟先生在吟诵《赠汪伦》[①]时基本遵循重庆方言咬字发音，以 XX、XX·、X-、XX 等节奏型为主，形成4+3、4+2+1 的吟诵节奏，第一三句的第四字"舟、水"（6-、6·）作拖腔处理，第二四句的第六字"歌、我"（6·、6·）作适当拖腔处理。每句句末形成以 a（i2 i- i2 6-）"行、声"、b（26·5-、26·5-）"尺、情"的基本吟腔，"舟、行"（⌢）作波音润饰，"行"（ˋ）作下滑音处理。吟诵音调优美流畅，耐人寻味。

---

① 张连城：《别开生面的送别 不同凡响的赠诗——李白〈赠汪伦〉赏析》，《小学教学研究》1987年第7期。

5）曹家谟先生《赠汪伦》吟诵概述。

全诗属于以 a+b+c+d 结构组成的四句体，属于民族五声徵调式，旋律简单，多以同音反复构成。吟诵节奏上句为 4+3 结构，下句为 4+2+1 结构。上句在第四字、下句在第六字停顿拖腔。每句句末形成以 a ($\dot{1}\dot{2}$ $\dot{1}$-、$\dot{1}\dot{2}$ 6-) "行、声"、b ($\dot{2}6\cdot 5$-、$\dot{2}6\cdot 5$-) "尺、情"的基本吟腔。整体旋律在中高音区，旋律线 $\dot{1}$ $\dot{2}6\cdot 5$-反复变化其间。

曹家谟用重庆奉节方言声调行腔，取"读诵"式的音调，形成独特吟腔。如在差异字列表分析中，"白""伦"普通话为阳平，奉节方言调值为 21，低降调。这两字与前面"李""汪"相接较紧，且出口音较高。故在阳平声字在谱子上只标一个较低的音，吟诵时滑下，仍有下行意。所以旋律走向分别为：$\dot{1}6$、$\dot{2}\dot{1}$。"忽""歌"普通话为阴平，依据奉节方言方言习惯，只作声母或韵母的改变，调值不变。在字腔走向上属于高平调，呈单长音，吐音平实饱满。在曲谱上的呈现方式常见的是同音反复或节拍加长。所以旋律走向分别为：$6\dot{6}$、$6\cdot$。

按照依声行腔，要求字腔的头、腹、尾音都要完整地呈现。但有时曲谱上只标了一个音，这就需要联系上下字的旋律走向，灵活处理。

（6）七言仄起绝句《白胜卖酒歌》。

1）从创作背景进行考察。

作者，宋代无名氏。出自施耐庵所作《水浒传》第十六回《杨志押送金银担，吴用智取生辰纲》中，杨志押送生辰纲行至黄泥冈时，白胜扮作挑酒桶的汉子所吟唱的一首诗。

2）从文体结构和吟诵节奏进行考察。

白胜卖酒歌

！！　　　｜｜　　　　｜　　　　｜｜
赤 日 炎 炎 似 火 烧，野 田 禾 稻 半 枯 焦。
　　　｜　　　｜　　　　｜　　　　｜｜
农 夫 心 内 如 汤 煮，公 子 王 孙 把 扇 摇。

此诗描写赤日酷暑难当，大旱之年，农夫辛苦劳作的庄稼颗粒无收，其悲苦无助与绝望达到极致。并用农夫与贵族对举，揭示出公子王孙对百姓毫无体恤之情，百姓受到压迫、剥削，苦难深重，体现了北宋王朝日益严重的阶级矛盾，透出了诗人悲悯同情之情，扣人心弦。

此诗属于七言仄起绝句。节奏有规律，平长仄短，琅琅上口。曹家谟吟诵节奏为4+3结构（共2处）赤日炎炎似火烧、农夫内心如汤煮；4+2+1结构（共2处）野田禾稻半枯焦、公子王孙把扇摇。特别在"炎""田""夫""孙"这四个平声字处作拖长、停顿吟诵。

3）从声韵调系统方面考察。

纵观全诗，有2个入声字，10个仄声字。全诗平仄调和、顿挫有韵。

此诗首句入韵，韵字："烧、焦、摇"，入下平声二萧韵。萧韵源于上古的两个韵部，而且往往前有介音，多是开口度由大变小，收于圆唇音，有温柔变化之感，因此其字多有"弯曲、柔软、遥远"之意。汪烜《诗韵析》：物色妖娆。[1]

表4—2—20　《白胜卖酒歌》普通话和奉节方言发音差异字

文字	普通话发音	奉节方言发音	异同分析
火	{huo}214	{ho}42	韵母发音把曲调中间的u由uo韵母变成o韵，调值由普通话的214变为奉节方言的42
禾	{he}35	{ho}21	韵母由e韵变为o韵，是典型的奉节方言发音，调值由普通话的35变为奉节方言的21
孙	{sun}55	{sen}55	韵母由un韵变为en韵，是典型的奉节方言发音，调值不变

注：普通话调值55、35、214、51；奉节方言调值55、21、42、214。

---

[1] 续修四库全书编纂委员会：《续修四库全书》，上海古籍出版社2002年版，第409页。

4）从音乐性方面考察。

a. 基本结构。

吟诵调《白胜卖酒歌》属于 A+B+C+D 四个独立的音乐短句组成的四句体结构。

```
水浒传  智取生辰纲  白胜卖酒歌
                        施耐庵    （明）
                        曹家谟先生  吟诵
                        李娟      记谱

6 3 6 6·` 6 6·ĩ -` | ĩ 6 6 ĩ 2̇ 6· 5 - |
赤 日 炎 炎  似 火 烧，  野 田 禾 稻 半 枯  焦。

3 5 ĩ 6· 6 ĩ ĩ - | ĩ 6 6 ĩ 2̇ 6· 5 - ‖
农 夫 心 内  如 汤 煮，  公 子 王 孙 把 扇  摇。
```

b. 音阶调式。

调式音阶为 5̣61235；吟诵调以徵音（5）作为调式主音和结束音，以宫音（1）为上句终止所支持的徵终止群体，上下句的终止音 ĩ5 呈四度关系，调式调性明确，属民族五声徵调式。

c. 旋律线。

A 句 6 3 6 6· 6 6·ĩ -（赤日炎炎似火烧）旋律围绕"36ĩ"三个音级发展变化。"赤日炎炎"（6 3 6 6·）以63两音作四度下行、上行跳进，第四字"炎"作句中长音拖腔并加以下滑音处理，"似火烧"（6 6·ĩ -）中音6级进上行至高音ĩ，"烧"（ĩ -）作句末拖腔长吟并给予波音、下滑音润饰。曹家谟吟诵此句时作两次下叹和句末波音处理，形象地表现出了农民焦灼的情绪。

B 句 ĩ 6 6 ĩ 2̇ 6·5-（野田禾稻半枯焦），紧承 A 句，旋律以上句末音"ĩ"起调，形成鱼咬尾的旋法。此句节奏前紧后松，"野田禾稻"（ĩ 6 6 ĩ）四字节奏紧密快速诵读，与"半枯焦"（2̇ 6·5-）较疏松的节奏形成对比，旋律层层下探，突出一个"焦"（5-）字，酷热难耐，庄稼被烤晒得枯焦了。

C 句 3 5 ĩ 6· 6 ĩ ĩ -（农夫心内如汤煮），在"356ĩ"四音为主干音的五声旋

- 380 -

律中由中音3至高音i在六度音程间发展变化，整句旋律以三度（35、i6·、6i）级进为主，偶有四度音程（5i）跳进，呈山峰型和波纹型相结合的旋律进行形态。

"农夫心内"（35 i6·）旋律上行再下探，"内"作句中拖腔处理，起伏的旋律似农夫忐忑的心情，"如汤煮"（6ii-）旋律级进上行，"煮"（i-）作句末长音拖腔并给予波音润饰，眼看一年收成无望，农夫心如汤煮油煎一般痛苦。

D句i6 6i 26·5-（公子王孙把扇摇）旋律主干音为56i2。此乐句是B乐句的重复再现。"公子王孙"（i66i）快读，"把扇摇"（26·5-）"扇、摇"作句中、句末拖腔处理，舒缓的旋律和拖腔的运用体现出公子王孙安逸的生活，和农民的现状形成鲜明的对比。

d. 节奏腔式。

《白胜卖酒歌》主要旋律套用《静夜思》吟诵调，运用XX、XX·、X X、XXX、XXXX、X- 等多种节奏型，形成 4+2+1 和 4+3 的吟诵节奏，上句第四字"炎、内"（6·、6·）作了句中长音拖腔，下句第六字"枯、扇"（6·、6·）作适当句中拖腔，每句末形成以 a（66·i-、6ii-）"似火烧、如汤煮"、b（26·5-、26·5-）"半枯焦、把扇摇"的基本吟腔，"烧、煮"作波音（⁓），"炎、烧"作下滑音（ヽ）色彩润腔。

此吟诵调以重庆话语音的声调行腔，取"读诵"式的音调，形成独特吟腔。

5）曹家谟先生吟诵《白胜卖酒歌》概述。

此诗是 a+b+c+d 的四个音乐短句组成的四句体结构，属于民族五声徵调式。整体旋律在中高音区，呈现出山谷型、山峰型、波纹型多种旋律形态变化其间，旋律丰富多变，且音调偏高，体现烈日下农夫百姓与公子王孙两个不同阶级的生活情态，预示着北宋王朝矛盾激烈。

曹家谟吟诵时，一、三句通常旋律变化较多，具有丰富性。二、四句旋律一致或有一两个音不同。这首诗中二、四句旋律均为i66i 26·5-，有音乐的

— 381 —

回环美。这里形成了曹家谟自己的特色吟腔。曹家谟特别在"炎""田""夫""孙"这四个平声字处作拖长、停顿吟诵。每一句句尾都有拖腔。

(7) 词《水调歌头·明月几时有》。

1) 从创作背景方面考察。

这首词是宋神宗熙宁九年（公元 1076 年）中秋节，苏轼在密州时所作。苏轼因与当权的变法者王安石等人政见不同，自求外放，辗转在各地为官。他曾经要求调任到离苏辙较近的地方为官，熙宁七年（公元 1074 年）苏轼被调到密州任职。到密州后，这一愿望仍无法实现。公元 1076 年的中秋，皓月当空，银辉遍地，词人与胞弟苏辙分别之后，已七年未得团聚。此刻，词人面对一轮明月，心潮起伏，于是乘酒兴正酣，挥笔写下了这首名篇。

2) 从文体结构和吟诵节奏方面考察。

水调歌头·明月几时有

```
 ！ |     |      | | |
明 月 几 时 有？把 酒 问 青 天。
 !      |      !      ! |
不 知 天 上 宫 阙，今 夕 是 何 年。
 | !      |    | |         ! |      | !
我 欲 乘 风 归 去，又 恐 琼 楼 玉 宇，高 处 不 胜 寒。
 | | |     |       |
起 舞 弄 清 影，何 似 在 人 间？

 | !     |      |     |
转 朱 阁，低 绮 户，照 无 眠。
 !    | |     |      | !
不 应 有 恨，何 事 长 向 别 时 圆？
```

第四章 四川传统吟诵的基本面貌

```
  |     |    !   !   |        |     |  |  |
人 有 悲 欢 离 合 ， 月 有 阴 晴 圆 缺 ， 此 事 古 难 全 。
  |  |      |        |  |
但 愿 人 长 久 ， 千 里 共 婵 娟 。
```

该词是中秋望月怀人之作，表达了对胞弟苏辙的无限怀念。以皓月当空、亲人千里、孤高旷远的境界氛围，反衬自己遗世独立的意绪，同时与往昔的神话传说融合一处。

上片望月，写词人酒后，天上人间难以抉择的矛盾心理，既怀逸兴壮思，又脚踏实地，向青天问明月；虽未涉及人事，却处处关涉人事。通过隐喻的使用，将人世间的悲欢冷暖倾倒而出。

下片怀人，写其对亲人的思念，重在对弟弟苏辙的思念，抒发自己洒脱、旷达的情怀，由中秋的圆月联想到人间的离别，感念人生的离合无常，在这个过程中，月光好像具有了人的情感。

曹家谟吟诵节奏为三言句3+0、四言句2+2、五言句2+2+1和2+3、六言句2+2+2和4+2、七言句2+2+2+1。

3）从声韵调系统方面考察。

纵观全词，有12个入声字，38个仄声字。韵字："天""年""寒""间""眠""圆""全""娟"，"寒"入上平十四寒韵，间入上平十五删韵，因为寒韵、删韵、先韵互为邻韵，所以全部归为"先韵"。先韵源于上古的三个韵部，而且往往前有介音 u，多是开口度由小变大再变小，收于前鼻音，在变化感中，突出了中间元音的开阔感，因此其字多有"伸展、致远、终收"之意。汪烜《诗韵析》：景物流连、风景鲜艳、琴鹤翩然。[1]

---

[1] 续修四库全书编纂委员会：《续修四库全书》，上海古籍出版社2002年版，第409页。

表 4—2—21　《水调歌头·明月几时有》普通话和奉节方言发音差异字

文字	普通话发音	奉节方言发音	异同分析
何	{he}35	{h-o}21	韵母由 e 韵变为 o 韵，是典型的奉节方言发音，调值由普通话的 35 变为奉节方言的 21
欲	{yu}51	{y-o}214	韵母由 u 韵变为 o 韵，是典型的奉节方言发音，调值由普通话的 51 变为奉节方言的 214
风	{feng}55	{h-ong}55	声母发音由 f 变为 h，是奉节方言的发音习惯，调值不变
琼	{qiong}35	{q-un}21	韵母由 iong 变为 un，调值由普通话 35 变为奉节方言的 21
合	{he}35	{h-o}21	韵母由 e 韵变为 o 韵，是典型的奉节方言发音，调值由普通话的 35 变为奉节方言的 21
婵	{chan}35	{san}21	声母由 ch 变为 s，成都方言发音习惯，调值由普通号的 35 变为奉节方言的 21

注：普通话调值 55、35、214、51；奉节方言调值 55、21、42、214。

4）从音乐性方面考察。

a. 基本结构。

吟诵调《水调歌头》以 a（66·16·1-）、b（2i 66 5-）和 c（33·16i 6·）三个音乐短句变化重复贯穿全曲的 A+B 两段体结构。

b. 音阶调式。

调式音阶为 561235；吟诵调以徵音（5）作为调式主音，以宫音（1）为上句终止音，上下句的终止音呈四度关系，调式调性明确，属民族五声徵调式。

c. 旋律线。

A 段"明月几时有"至"何似在人间"，由 a（66·16·1-）、b（2i 66 5-）和 c（33·16 16·）三个音乐短句变化重复构成。a 型旋律在中音 1 至高音 i 八度音程间围绕"1356"四音作发展变化，旋律以二度三度音程（16·1-、31·）级进为主，偶有六度（16）大跳，呈上坡型旋律进行形态，如："明月几时有"（66·16·1-）、"我欲乘风归去"（31·66 1i·），"有、去"均作句末

第四章　四川传统吟诵的基本面貌

长音拖腔并加以波音和下滑音润饰，b型旋律高音$\dot{2}$到中音5的五度音程中，呈现为连续级进、跳进的下坡型旋法。如："把酒问青天"（$\dot{2}\dot{1}$ 66·5-）、"今夕是何年"（$\dot{1}$·$\dot{1}$ 26 5-）、"又恐琼楼玉宇"（6$\dot{1}$·66 65）、"起舞弄清影"（$\dot{1}\dot{1}$ 66 5）。c型旋律"不知天上宫阙"（33·$\dot{1}$6$\dot{1}$6·）在A段只出现一次，由36$\dot{1}$三音变化连接。曹家谟在吟诵"有、去"（$\dot{1}$-、$\dot{1}$·）"阙"（6·）和"天、年、影、间"（5-、5-、5-、5-）等末字时作了一字一音长音拖腔或短拖腔处理。并加以波音、下滑音色彩润腔。

水调歌头

苏　轼　（宋）
曹家谟先生　吟诵
李　娟　　记谱

[乐谱]

注：标有波浪线的文字为诵读。

B段"转朱阁"至"千里共婵娟"，旋律继续作abc型相结合变化发展，"转朱阁、低绮户、不应有恨、但愿人长久"（35 6$\dot{1}$、$\dot{1}$6$\dot{1}$、33 6$\dot{1}$·、131 66 $\dot{1}$-）八度音程之间以级进为主的旋法，句幅较短，末字"阁、户、恨、久"

（6i̲、i̲、i̲·、i̲-）作拖腔处理和波音润饰，"何时长向别时圆、月有阴晴圆缺、此事古难全、千里共婵娟"（6i̲·、6i̲ 2̲6̲·5、6i̲ 2̲6̲ 6̲5̲、6̲6̲·i̲6̲ 5、2̲i̲ 6̲6̲ 5-），五度音程间作级进、跳进旋法，句幅较宽，末字"圆、全、娟"（5、5、5-）作拖腔处理。形成 ab 型两种不同旋律走向的音调，起伏较大的 c 型旋律"人有悲欢离合"（3̲3̲ i̲i̲ 6̲6̲·），相对 A 段，B 段的句式、字数都发生了变化，旋律跌宕起伏，曹家谟吟诵时情感的表达更为丰富。

d. 节奏腔式。

《水调歌头》主要旋律套用《静夜思》吟诵调，突出了切分节奏 X X、XX.的运用，和 X、XXX、XX、X-等各种节奏型有机结合，形态丰富，错落有致，与音乐走向紧密贴合。旋律加以波音"有、去、阁、户、久"（ ）、下滑音"有、去"（ ）润饰。

每句末形成以 a（i̲6̲·i̲-、6̲6̲ i̲i̲·、i̲6̲i̲、6̲i̲·、6̲6̲ i̲-）"几时有、乘风归去、低绮户、有恨、人长久"，b（6̲·5-、6̲5̲-、6̲5̲、6̲5̲-、6̲·5̲、6̲5̲-）"青天、何年、清影、人间、时圆、难全、婵娟"，c（i̲6̲i̲·、i̲i̲ 6̲6̲·）"天上宫阙、悲欢离合"三类基本吟腔，结束音分别在"i、5、6"三音上。

此吟诵调以奉节方言语音的声调行腔，取"读诵"式音调，旋律风格婉转悠扬。

5）曹家谟先生《水调歌头·明月几时有》吟诵概述。

《水调歌头》吟诵旋律的结构为 AB 两段。以 a（6̲6̲·i̲6̲·i̲-）、b（2̲i̲ 6̲6̲ 5-）和 c（3̲3̲·i̲6̲ i̲6̲·）三个音乐短句为基本旋律形态反复变化运用式贯穿全曲。属民族五声徵调式。

整体旋律在中高音区，音域跨度大。旋律形态丰富，呈现波纹形、峰谷形、峭壁形、缓坡形，体现了诗人的复杂情感。曹家谟吟诵时旋律清晰，呈现韵字旋律一致的特点，均以徵声5结尾，拖腔较长。用上波音、下滑音的润腔技法，更加细腻表达诗人复杂的情感，增加吟诵魅力。《水调歌头·明月几时有》是一首词，所以吟诵时与诗不同。诗旋律简单，素材简洁，旋律线明了。而此词旋律比较复杂多样，有 a i̲6̲·i̲-、b 6̲6̲·5 和 c i̲6̲·三种拖腔方式。

曹家谟以奉节方言语音的声调行腔，取"读诵"式的音调，旋律风格婉转悠扬。《水调歌头》中韵字均押平声韵，所以其行腔方式为单长音或上行音。8个韵字均有体现，其旋律为5、5-、56，在中音区，属于平韵。旋律与唱词语言声调较相吻合，采用善于叙述事物缘由的腔韵。

（8）蒙学《三字经》（节选）。

1）从创作背景方面考察。

关于《三字经》的成书年代和作者，历代说法不一，但是大多数学者意见倾向于"宋儒王伯厚先生作《三字经》，以课家塾"。王应麟（1223—1296），字伯厚，号深宁居士，南宋大儒、重臣，今浙江宁波人。南宋末年，蒙古人入侵中原。宋亡之后，王应麟辞官归隐田园，闭门20年，著书立说。《三字经》即是他晚年为教育本族子弟读书而编写的儿童蒙书，古人称之为"千古一奇书""袖里通鉴纲目"，成为众多蒙书教材的典范，一种沿用至今。

2）从文体结构和吟诵节奏方面考察。

三 字 经

| │ | │ | │ | ！ | │ |

人 之 初， 性 本 善。 性 相 近， 习 相 远。

| │ ！ | │ | │ | │ | │ |

苟 不 教， 性 乃 迁。 教 之 道， 贵 以 专。

！ │ | ！ | │ | ！ ！ | │ |

昔 孟 母， 择 邻 处。 子 不 学， 断 机 杼。

│ | │ | │ | │ | │ |

窦 燕 山， 有 义 方。 教 五 子， 名 俱 扬。

│ ！ | │ | │ | ！ | │ |

养 不 教， 父 之 过。 教 不 严， 师 之 惰。

｜　｜　！　　　　｜　　　　｜　｜　！　　　　｜
子　不　学　，　非　所　宜　。　幼　不　学　，　老　何　为　。

！　！　！　　　　！　　｜　　　　！　！　！　　　　｜
玉　不　琢　，　不　成　器　。　人　不　学　，　不　知　义　。

《三字经》版本，随着时间的推移，在内容上不同历史时期的版本皆有所修改或增加，字数最少的为宋末元初版本 1068 字。因其内容较长，故曹家谟先生只选吟了《三字经》刚开始的一部分文字，共 84 字，为 28 个小句。

《三字经》中三字为一句，大多数是四个小句构成一段，每段讲明一件事一个道理。全文结构严谨，可大致分为五个部分。

曹家谟选吟的这一段为《三字经》第一个部分。开篇宏大，开宗明义，讲为学和做人的关系及学习目的，从根本上树立儿童人生方向和观念、态度。养成坚定人生美好、向善的品格，奠定生命的基调。

曹家谟的吟诵节奏为 2+1。

3）从声韵调系统方面考察。

《三字经》以韵文形式组成，用韵格式十分一致，基本上是首句不入韵的偶句韵。押韵大多为两句一韵、四句一段，一段一韵，换段即换韵，韵随义转，形成四句韵段。不是一韵到底，相当于换韵古体诗。这种四句韵段占绝对优势，八句韵段在绝对弱势中又占绝对优势。

这部分出现 14 个韵字、19 个入声字、36 个仄声字。平、上、去、入四韵对比分明，交错出现。形成了四声迭荡、平仄错落的韵律美感。

具体分析如下：

第 1 小句至第 4 小句，"善"押上声十六铣韵，"远"押上声十三阮韵。

第 5 小句至第 8 小句，"迁""专"押下平声一先韵。

第 9 小句至第 12 小句，"处""杼"押上声六语韵。

第 13 小句至第 16 小句，"方""扬"押下平声七阳韵。

第四章 四川传统吟诵的基本面貌

第 17 小句至第 20 小句，"过"押去声二十一个韵，"惰"押上声二十哿韵。

第 21 小句至第 24 小句，"宜""为"押上平声四支韵。

第 25 小句至第 28 小句，"器""义"押去声四寘韵。

表 4—2—22   《三字经》[①]普通话和奉节方言发音差异字

文字	普通话发音	奉节方言发音	异同分析
学	{xue}35	{x-i-o}21	韵母是四川方言发音，由 üe 韵变为 o 韵，调值由普通话的 51 变为奉节方言的 214
何	{he}35	{h-o}21	韵母由 e 韵变为 o 韵，是典型的奉节方言发音，调值由普通话的 35 变为奉节方言的 21
仪	{yi}35	{n-i}21	声母由 y 变为 n，是典型的奉节方言发音，调值由 35 变为 21
融	{rong}35	{y-ong}21	声母由 r 变为 y，典型的奉节方言发音，调值由普通话的 35 变为奉节方言的 21
百	{bɑi}35	{b-ə}21	韵母变为方言发音ə，调值由普通话的 35 变为方言的 21
者	{zhe}214	{z-ə}42	声母由翘舌音变为平舌音，韵母变为方言发音ə，调值由普通话的 214 变为奉节方言的 42
乎	{hu}55	{f-u}55	声母发音由 h 变为 f，是四川话的发音习惯，调值不变
土	{tu}214	{t-o}42	韵母由 u 韵变为 o 韵，是典型的奉节方言发音，调值由普通话的 214 变为奉节方言的 42

注：普通话调值 55、35、214、51；奉节方言调值 55、21、42、214。

4）从音乐性方面考察。

a. 基本结构。

吟诵调《三字经》为节选部分，以 a（66 $\dot{1}$）、b（6 $\dot{1}$ 66）和 c（665）三个音乐短句为基本旋律变化重复的四句为一个音乐回环连续模进贯穿全曲的一段体。

[①] 张文轩：《〈三字经〉用韵解析》，《甘肃高师学报》2017 年第 11 期。

三字经
（节选）

王应麟　（宋）
曹家谟先生　吟诵
李娟　　　　记谱

[乐谱：

6 6 i | 6 i 6 5̇6 | 6 i i | 6 6 5 |
人 之 初，性 本 善，性 相 近，习 相 远。

6 6 i | 6 i 6 6 | 6 6 i | 6 i 6 5 |
苟 不 教，性 乃 迁，教 之 道，贵 以 专。

6 i 6 | 6 6 6 | i 6 6 | 6 i 6 |
昔 孟 母，择 邻 处。子 不 学，断 机 杼。

6 6 i | i 6 6 | 6 6 i | 6 6 5 |
窦 燕 山，有 义 方，教 五 子，名 俱 扬。

i 6 6 | 6 i i | 6 6 i | i 6 5 |
养 不 教，父 之 过，教 不 严，师 之 惰。

i 6 6 | i i 6 6 | 6 i 6 i | i 6 5 |
子 不 学，非 所 宜，幼 不 学，老 何 为。

6 6 6 | 6 6 i | 6 i 6 | 6 i 6 ‖
玉 不 琢，不 成 器。人 不 学，不 知 义。]

b. 音阶调式。

调式音阶为56i；吟诵调为四度以内的（56i）三音列曲调，仅有大二度和小三度，未见大三度出现，因此调式调性不确定而具有游离性。

c. 旋律线。

吟诵调《三字经》节选部分，旋律主干音为"56i"，每三字为一句，即一个音乐短句，以 a+b+c 三个音乐短句为一个音乐回环，共计七个音乐回环。

每一个音乐回环均以 a（66i）、b（6i66）和 c（665）三个音乐短句为基本旋律变化重复组合而成。abc 短句均以"56i"三音变化连接，旋律发展在中高音区，音调自然流畅，如：a 短句"人之初、苟不教、择邻处、窦燕山、教五子、性相近、父之过、幼不学"（66i、66i、66i、66i、6ii、6i6i），b 型短句"性本善、性乃迁、昔孟母、子不学、断机杼、有义方"（6i66、

6i66、6i6、i66、6i6、i66），c 型短句围绕"65"两音变化组合，"i"作填充，如："习相远、贵以专、名俱扬、师之情、老何为"（665、6i65、665、i65、i65），同音反复（66、ii）和二度三度（665、6i65）音程级进为此吟诵调主要旋律发展方式，呈现为相对平稳而曲折的波纹型旋律形态。曹家谟在吟诵每一句的末字时都作一字一拍的短拖腔处理，如："初、近、教、道、处、山、子、过、严、学、器"（i），"善、迁、母、学、抒、方、教、学、琢、学、义"（6），"远、专、扬、惰、为"（5），结音均在"i65"三音上，"初、近、教、道、处、子、过、严、学、器"给予波音（⌒）润饰。abcd 组合旋律形态总体趋于平实，起伏不大，变化少，旋律感不强，每个音乐回环具有明显的终止感。

d. 节奏腔式。

《三字经》为三字韵文，其音步节奏为 2+1，第三字有明显拖腔处理。大量使用八分音符 XX 节奏型，与少量四分音符 X 和十六分音符 XXX 相结合，一字一音，每三字为一个节奏点，节奏分明，素材简单。多处第三字用到波音的润腔处理。末字短拖腔分别在"i65"三音上。

该吟诵调以奉节方言语音的声调行腔，形成独特的重庆奉节吟调，音调简单，朗朗上口。

5）曹家谟先生《三字经》吟诵概述。

曹家谟吟诵时整体节奏较快。三字韵文节奏分明，吟诵节奏为 2+1，旋律简单，每一个音乐回环均以 a（66i）、b（6i6 6）和 c（665）音乐短句为基本旋律变化重复组合而成。旋律主干音单一，为"56i"，且结字尾音也落在这三个音上。

《三字经》三字为一句，大多数是四个小句构成一段，每段韵字平仄韵交错。读来朗朗上口，抑扬顿挫。入声字、仄声字密集，吟诵时一字一音。

（9）蒙学《百家姓》（节选）。

1）从创作背景方面考察。

《百家姓》与《三字经》《千字文》并"三百千"，是中国古代幼儿的启蒙读物。《百家姓》是一篇关于中文姓氏的文章。按文献记载，成文于北宋初。原收集姓氏 411 个，后增补到 568 个，其中单姓 444 个，复姓 124 个。

《百家姓》全文 568 个字，通篇采用四言体例，句句押韵，虽然它的内容没有文理，但读来顺口，易学好记，对于中国姓氏文化的传承、中国文字的认识等方面都起了巨大作用，这也是能够流传千百年的一个重要因素。关于《百家姓》与《三字经》《千字文》的区别，明代理学家吕坤曾说过："初入社学八岁以下者，先读《三字经》以习见闻，读《百家姓》以便日用，读《千字文》以明义理。"《百家姓》作品的出现，是中国特有的文化现象，流传至今，影响极深，它所辑录的姓氏，还体现了中国人对宗脉等的强烈认同感。《百家姓》在历史的衍化中，为人们寻找宗脉源流，建立宗脉意义上的归属感，帮助人们认识传统的血亲情结，提供了重要的文本依据。它是中国人认识自我与家族来龙去脉不可缺少的文化文献基础蓝本。《百家姓》是一种特殊的历史文献，记载了中国姓氏的发展，它与姓氏家谱、方志、正史构成完整的中国历史，是中国珍贵文化遗产的一部分。

2）从文体结构和吟诵节奏方面考察。

百 家 姓

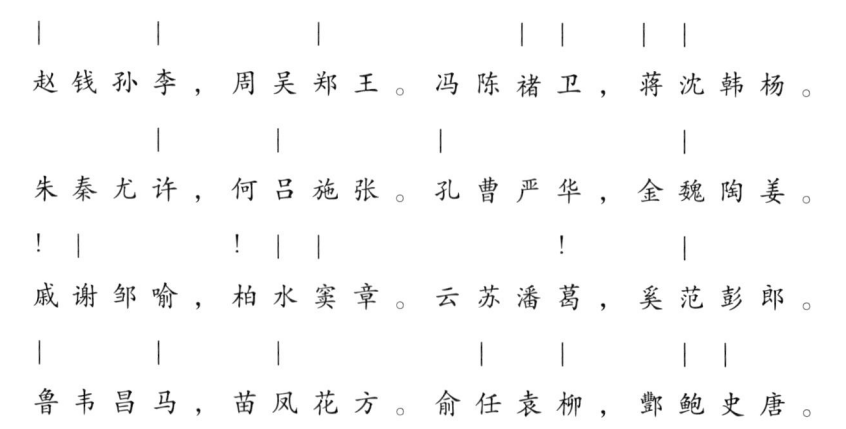

｜　　　｜　　　｜　　　｜｜　　｜　｜
赵 钱 孙 李，周 吴 郑 王。冯 陈 褚 卫，蒋 沈 韩 杨。

　　　　　　｜　　　　　　｜
朱 秦 尤 许，何 吕 施 张。孔 曹 严 华，金 魏 陶 姜。

！｜　　　　　　！｜　　　　　　！
戚 谢 邹 喻，柏 水 窦 章。云 苏 潘 葛，奚 范 彭 郎。

｜　　　｜　　　｜　　　｜　　　｜　｜　　｜　｜
鲁 韦 昌 马，苗 凤 花 方。俞 任 袁 柳，酆 鲍 史 唐。

第四章 四川传统吟诵的基本面貌

ǀ ǃ ǀ ǀ ǃ ǃ ǀ
费 廉 岑 薛， 雷 贺 倪 汤。 滕 殷 罗 毕， 郝 邬 安 常。
ǃ ǀ ǀ ǀ ǃ ǀ ǀ
乐 于 时 傅， 皮 卞 齐 康。 伍 余 元 卜， 顾 孟 平 黄。

曹家谟的吟诵节奏为 2+2。

3）从声韵调系统方面考察。

《百家姓》偶位字都是平仄对仄平。《百家姓》是大致有格律的。《百家姓》也是有韵的，以平声韵为主，共119句，中间也会有入声韵，读时做速度上的一个调节，要求我们读平声要长，有韵味，入声要斩钉截铁。《百家姓》因为它没有含义。在吟诵的方法上最简单，只有依字行腔，没有依义行调。另外百家姓是四言一句，两句是一个韵脚，二四字平仄仄平为主，入声韵的八个字以仄平平仄为主的，所以建议采用平长仄短，平低仄高，二四字遇平声要更长，平声韵长，入声韵要急促，这是大原则，这样读起来感到四平八稳，结构稳重，庄重之感油然而生，充分体现了我们对百家姓的尊重。《百家姓》要读出庄重感、四平八稳的感觉、神圣感。

表4—2—23　　《百家姓》普通话和奉节方言发音差异字

文字	普通话发音	奉节方言发音	异同分析
孙	{sun}55	{sen}55	奉节方言习惯发音，韵母 un 变为 en，调值不变
何	{he}35	{h-o}21	韵母 e 变为 o，很明显的奉节方言发音，调值改变由普通话的 35 改为奉节方言的 21
严	{yan}35	{nian}21	奉节方言习惯发音，由 yan 音变为 nian 音。调值由普通话的 35 改为奉节方言的 21
柏	{bai}35	{b-ə}21	调值改变由普通话的 35 改为奉节方言的 21，由 ai 韵变为 ə 韵，很明显的方言音
葛	{ge}214	{g-o}42	调值改变由普通话的 214 改为奉节方言的 42，由 e 韵变为 o 韵，很明显的奉节方言音

续表

文字	普通话发音	奉节方言发音	异同分析
贺	{he}51	{h-o}214	调值改变由普通话的51改为奉节方言的214，由e韵变为o韵，很明显的方言音
郝	{hao}214	{h-o}42	典型的奉节方言发音，韵母由ao韵变为o韵，调值214变为42
安	{an}55	{ŋ-an}55	典型的奉节方言发音，调值不变，但由零声母变为方言的特有ŋ声母
常	{chang}35	{s-ang}21	声母由翘舌变为平舌音，且由ch变为s。调值由35变为21

注：普通话调值：55、35、214、51；奉节方言调值 55、21、42、214。

"赵钱孙李，周吴郑王。冯陈褚卫，蒋沈韩杨。朱秦尤许，何吕施张。孔曹严华，金魏陶姜。"在读的这八句中，第二四六八字规律是平仄仄平，只有在第二句是平平，其他都是平仄仄平，这八句没有入声字，入下平七阳韵"ang"，声情含义有豪放、高亢、壮阔之意。"戚谢邹喻，柏水窦章。云苏潘葛，奚范彭郎。鲁韦昌马，苗凤花方。俞任袁柳，酆鲍史唐。"这八句第二四六八字规律也是平仄仄平，只有在第一句第五句第七句是仄平，其他都是平仄仄平，也是入下平七阳韵"ang"。"费廉岑薛，雷贺倪汤。滕殷罗毕，郝邬安常。乐于时傅，皮卞齐康。伍余元卜，顾孟平黄。"这八句第二四六八字规律是平仄仄平，只有在第一句是平平，第三句是平仄，第四句是平仄，其他都是平仄仄平，同入下平七阳韵"ang"。阳韵源于上古的阳部，是大开口度的元音接后鼻音，后鼻音不改变口型，持续大开口，因此其字多有"开阔、向上、辽远"之意。汪烜《诗韵析》：富丽宫商、鸣凤朝阳、触物心伤。这个韵，非常适合蒙学读物。所以《百家姓》用这个韵来寻找到了乱码的规律，这也是汉语声韵的奇妙之处。

4）从音乐性方面考察。

百家姓

佚　名　（北宋）
曹家谟先生　吟诵
李　娟　　记谱

6 6 1 1̃	1̇ 6 6 5	3 3 5 6̃	5 3 3 2
赵 钱 孙 李，	周 吴 郑 王。	冯 陈 褚 卫，	蒋 沈 韩 杨。

5 3 2 3̃	3 3 5 6	5 3 5 3	5 3 2 2
朱 秦 尤 许，	何 吕 施 张。	孔 曹 严 华，	金 魏 陶 姜。

2 2 5 6̃	3 5 3 3	3 3 5 3	5 3 2 2
戚 谢 邹 喻，	柏 水 窦 章。	云 苏 潘 葛，	奚 范 彭 郎。

2 2 5 3	2 2 3 5	5 3 2 3	5 3 5 3
鲁 韦 昌 马，	苗 凤 花 方。	俞 任 袁 柳，	酆 鲍 史 唐。

5 3 2 2	2 5 3 2	3 5 3 3	3 5 6 3
费 廉 岑 薛，	雷 贺 倪 汤。	滕 殷 罗 毕，	郝 邬 安 常。

3 5 3 5	3 3 2 3	5 3 2 3	5 3 2 2 ‖
乐 于 时 傅，	皮 卞 齐 康。	伍 余 元 卜，	顾 孟 平 黄。

a. 基本结构。

吟诵调《百家姓》为节选部分，以 a（5̱ 3 2 3）、b（3 3 5 6）、c（2 2 3 5）、d（5̱ 3 2 2）四个音乐短句为基本旋律变化重复的四句为一个音乐回环连续模进贯穿全曲的一段体。

b. 音阶调式。

调式音阶为 5̱ 6̱ 1 2 3 5；吟诵调以徵音（5）作为调式主音和结束音，调式调性明确，属民族五声徵调式。

c. 旋律线。

吟诵调《百家姓》节选部分，旋律主干为"5̱ 6̱ 1 2"，"3"音作色彩填充，每四字为一句，即一个音乐短句，以 a+b+c+d 四个音乐短句为一个音乐回环，共计六个音乐回环。

第一二句以读诵为主，出现了高音"1̇"，其他的每一个音乐回环均在中音区进行，采用 a（53 23）、b（33 56）、c（22 35）、d（53 22）四个音乐短句为基本旋律变化重复组合而成。acd 短句均以"235"三音为主，音调明朗舒展，b 短句主要在"356"三音中起伏变化，围绕"2356"四音作同音反复和二度三度音程级进为此吟诵调的主要旋律发展方式，四个音乐短句句末落音大致表现为"3632、6332、3533、2233、5332"，分析发现，每一个音乐回环起调于"235"，结音落于"23"，有四个回环均以"5332"短句结束，整体以 abcd 组合旋律平稳进行，结束音调平稳下落，每个音乐回环具有明显的终止感。

d. 节奏腔式。

曹家谟老先生吟诵此篇《百家姓》时遵循重庆奉节方言语音习惯，以方言语音咬字发音，方言语音声调行腔，读诵为主，适当音调化。吟诵调以 XX 为基本节奏，一字一音，四字一顿，节奏明朗，句读分明。旋律发展以 a+b+c+d 四个音乐短句变化重复为一个音乐回环连续模进贯穿全曲，素材简单，结构整齐，音调平实，琅琅上口。曹家谟在吟诵"李、卫、许、喻"时给予波音（⌢）润饰，吟诵调具由浓郁的地方风味。

5. 曹家谟先生《百家姓》吟诵概述。

曹家谟在吟诵《百家姓》时速度较快，声调起伏不大，围绕"2356"四音作同音反复和二度三度音程级进为主要吟诵旋律发展方式。吟诵节奏为 2+2，一字一音，句读明显，节奏明朗。旋律素材简单，采用 a（53 23）、b（33 56）、c（22 35）、d（53 22）四个音乐短句为基本旋律变化重复组合而成。

（10）蒙学《声律启蒙》（节选）。

1）从创作背景方面考察。

《声律启蒙》格局宏大、文辞优美、典雅，极富韵味。自清代始，便成为流行的启蒙读物，目的是让学生分清字的平仄、学会对仗、记住韵部，熟悉、掌握格律，为以后吟诗作赋打下坚实的基础。无论是《声律启蒙》，还是《笠翁对韵》，都是对唐宋以来近体诗韵字、平仄、对仗的系统总结。

《声律启蒙》以极美的诗文、画境开启、培养、提升儿童的审美情趣和无限的想象力。并善用典故，让儿童了解许多历史和历史人物，以广博知识，引导智慧，可以多认识山川草木鸟兽虫鱼之名，亲近自然，生发一颗善感动、敏锐的心。

2）从文体结构和吟诵节奏方面考察。

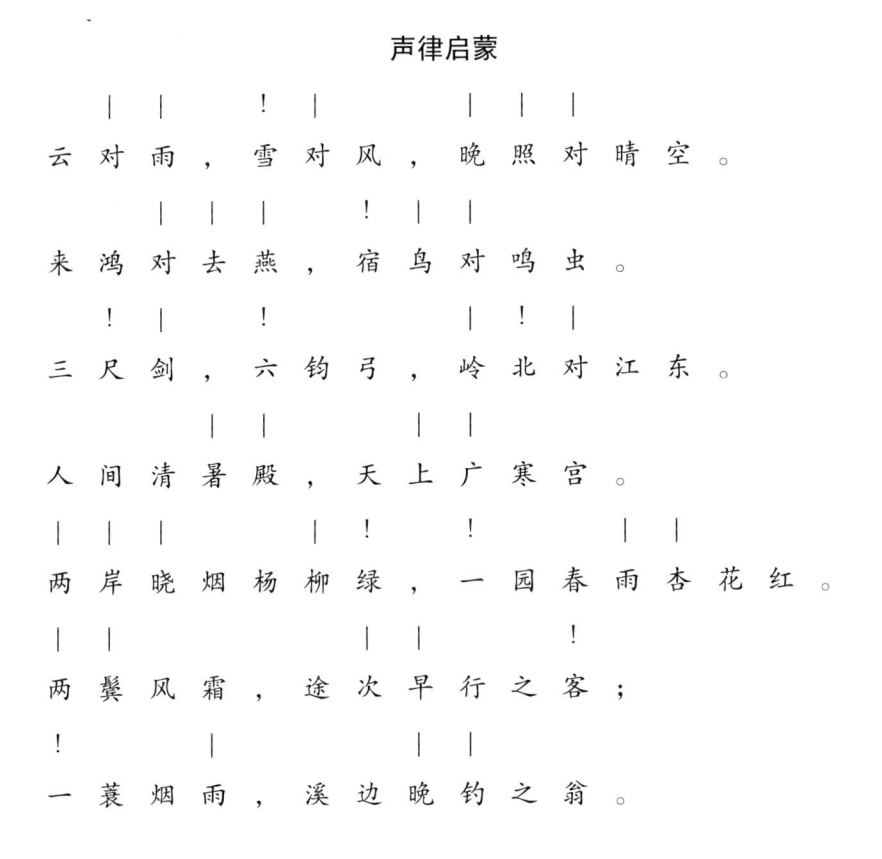

声律启蒙

云对雨，雪对风，晚照对晴空。
来鸿对去燕，宿鸟对鸣虫。
三尺剑，六钧弓，岭北对江东。
人间清暑殿，天上广寒宫。
两岸晓烟杨柳绿，一园春雨杏花红。
两鬓风霜，途次早行之客；
一蓑烟雨，溪边晚钓之翁。

《声律启蒙》是训练儿童应对、掌握声韵格律的启蒙读物，从单字对到双字对，三字对、五字对、七字对到十一字对，声韵协调，琅琅上口，从中得到语音、词汇、修辞的训练。从单字到多字的层层属对。较之其他全用三言、四言句式更见韵味。本文所截取的是《声律启蒙·一东》片段。

"云""雨","雪""风","晚照""晴空"等是自然景物的对偶。"三尺剑""六钧弓"是典故的对称。

曹家谟吟诵节奏为三字句为 2+1、五字句 2+2+1、六言句 2+2+2、七言句 2+2+3。

3）从声韵调系统方面考察。

这则十六句对文用了九个入声:"雪、宿、尺、六、北、绿、一、客、一"。韵文的韵脚依次为"风、空、虫、弓、东、宫、红、翁"八个韵脚。都属于平水韵中"一东"韵部,《声律启蒙》选用的是《平水韵》每个韵的常用韵字,如果记熟了,在以后作诗就很容易了。

表4—2—24　　《声律启蒙》普通话和奉节方言发音差异字

文字	普通话发音	奉节方言发音	异同分析
宿	{su}51	{x-i-o}214	声母变为 x,韵母变为 io,调值由普通话的 51 变为奉节方言的 214
岸	{ɑn}51	{ŋ-ɑn}214	由零声母变为特有的方言声母 ŋ,调值由普通话的 51 变为奉节方言的 214
绿	{lv}51	{l-u}214	韵母由 ü 变为 u 韵,调值由普通话的 51 变为奉节方言的 214
杏	{xing}51	{h-en}214	由 xing,变为 hen,调值由普通话的 51 变为奉节方言的 214
客	{ke}51	{k-ə}214	韵母变为方言发音ə,调值由普通话的 51 变为奉节方言的 214
革	{ge}35	{g-ə}21	韵母变为方言发音ə,调值由普通话的 35 变为奉节方言的 21
白	{bɑi}35	{b-ə}21	韵母变为方言发音ə,调值由普通话的 35 变为奉节方言的 21
融	{rong}35	{yong}21	声母由 r 变为 y,是典型的四川话发音,调值由普通话的 35 变为奉节方言的 21
眉	{mei}35	{mi}21	韵母由 ei 韵变为 i 韵,调值由普通话的 35 变为奉节方言的 21

续表

唇	{chun}35	{sun}21	声母由翘舌音的 ch 变为平舌音的 s, 调值由普通话的 35 变为奉节方言的 21
额	{e}35	{ŋ-ə}21	由零声母变为特有的方言声母 ŋ, 韵母由 e 韵变为方言韵 ə 调值由普通话的 35 变为奉节方言的 21

注：普通话调值 55、35、214、51；奉节方言调值 55、21、42、214。

韵文从单字对到双字对，三字对、五字对、七字对到十一字对，对仗工整，层层叠加，且声韵协调，抑扬顿挫、铿锵优美、诗意盎然、琅琅上口，可以扩大语音、词汇、典故、修辞的训练。如此，使得《声律启蒙》在众多蒙书中独具一格，经久不衰。

4）从音乐性方面考察。

声律启蒙

车万育（清）
曹家谟先生 吟诵
李娟　　　记谱

$\dot{6}\ \dot{2}\ \dot{1}\ \ 6\ \ 6\ \ 6\ \ \dot{1}\ |\ \dot{2}\ \dot{1}\ 6\ \ 6\ \ 6\ \ \dot{1}\ |$
云　对　　雨，雪　对　风，晚　照　对　晴　空。

$6\ \dot{1}\ \ 6\ \dot{1}\ \ 6\ \ \dot{1}\ |\ 6\ \dot{1}\ \ \dot{2}\ \ 6\ \ 5\ |$
来　鸿　　对　　去　　燕，宿　鸟　对　鸣　虫。

$\dot{2}\ 6\ \ 6\ \ 6\ \ 6\ |\ \dot{2}\ \ 6\ \ 6\ \ 5\ |$
三　尺　剑，六　钧　弓，岭　北　对　江　东。

$6\ \ 6\ \ \dot{1}\ \ 6\ \ 6\ |\ \dot{1}\ \ 6\ \ 6\ \ 5\ |$
人　间　清　暑　殿，天　上　广　寒　宫。

$6\ \ 6\ \ 6\ \dot{1}\ \dot{2}\ \ 6\ |\ 6\ \dot{1}\ \dot{2}\ 6\ \ 6\ \ \dot{1}\ 6\ 5\ |$
两　岸　晓　烟　杨　柳　绿，一　园　春　雨　杏　花　红。

$\dot{1}\ 6\ \dot{1}\ \dot{2}\ \dot{1}\ |\ 6\ \dot{1}\ \dot{2}\ 6\ \ 6\ |$
两　鬓　风　　霜，途　次　早　行　之　客；

$5\cdot\ \ 6\ \ \dot{2}\ \ \dot{1}\cdot\ |\ \dot{1}\ 6\ \dot{1}\ 6\ \dot{1}\ 6\ |$
一　　蓑　烟　雨，溪　边　晚　钓　之　翁。

- 399 -

a. 基本结构。

该吟诵调为节选《声律启蒙》上卷韵目"一东"的第一则,属六个独立的音乐长句构成的一段体结构。以 a（6 2̇ 1̇ 6 6 6 1̇）、b（6 1̇ 2̇ 6 5）和 c（6 1̇ 2̇ 6 1̇ 6）三个音乐短句变化重复构成全曲。

b. 音阶调式。

调式音阶为5 6 1̇ 2̇；吟诵调为四度以内的（5 6 1̇ 2̇）四音列曲调,仅有大二度、小三度和纯四度,未见大三度出现,因此调式调性不确定,具有游离性。

c. 旋律线。

第一句 6 2̇ 1̇ 6 6 6 1̇ 2̇ 1̇ 6 6 6 1̇（云对雨,雪对风,晚照对晴空）为 a 音乐短句（6 2̇ 1̇ 6 6 6 1̇）和 a 音乐短句变体（2̇ 1̇ 6 6 6 1̇）的组合,旋律主干音为6 1̇ 2̇三音,以二度三度（6 6 1̇、2̇ 1̇ 6）级进为主,偶有四度（6 2̇）音程跳进,句末韵字"风、空"作短拖腔处理,结音均在高音"1̇",音乐素材简洁,旋法简单,旋律在平稳中稍有起伏,明快而流畅。

第二句 6 1̇ 6 1̇ 6 1̇ 6 1̇ 2̇ 6 5（来鸿对去雁、宿鸟对鸣虫）旋律组合为 a 型音乐短句（6 1̇ 6 1̇ 6 1̇）和 b 音乐短句（6 1̇ 2̇ 6 5）,两个对句在5 6 1̇ 2̇四音列中,以6 1̇两音反复循环跳进至高音2̇再下行至中音5,主要呈现为平稳而波折的波纹型旋律形态。韵字"虫"作句末短拖腔处理。

第三句 2̇ 6 6 6 6 1̇ 2̇ 6 6 6 5（三尺剑,六钧弓,岭北对江东）为 a（2̇ 6 6 6 6 1̇）b（2̇ 6 6 6 5）型音乐短句的组合,旋律在中音5至高音2̇的五度音程间发展变化,两个乐句旋律相似,只在尾音有所变化,都以2̇ 6四度下行跳进起调,同音反复后分别以6 1̇和6 5结束,尾腔旋律走向相反,呈谷峰型旋律进行形态,句末韵字"弓、宫"（1̇ 5）作短拖腔处理,旋律高低起伏,错落有致。

第四句 6 6 1̇ 6 1̇ 2̇ 6 1̇ 6 5（人间清暑殿,天上广寒宫）为 a（6 6 1̇ 6 1̇）b（2̇ 6 1̇ 6 5）型短句的组合,旋律主干音为5 6 1̇ 2̇,旋律发展采用第二句相似旋法,级进跳进组合,旋律平稳发展后句末韵字"宫"（5）作短拖腔处理。两个短句节奏相同,旋律简单,朗朗上口。

第五句 6 6 6 1̇ 2̇ 6 6 6 1̇ 2̇ 6 6 1̇ 6 5（两岸晓烟杨柳绿,一园春雨杏花红）,在前

— 400 —

四句的基础上加入了新的音乐素材，融入了 c 短句，此句旋律组合为 c（6̇6̇ 6̇1̇ 2 6̇6̇）b（6̇1̇ 2 6̇6̇1̇6̇5）型音乐短句，字数增加，句幅拉宽，旋律发展以二度、三度（6̇1̇、1̇6̇5）级进为主，伴有四度（2 6̇）跳进，呈波纹型和谷峰型相结合的旋律形态，音调婉转优美。

第六句 1̇6̇ 1̇1̇2̇1̇6̇1̇ 2 6̇ 1̇6̇ 5·6̇ 2̇1̇·1̇6̇1̇6̇（两鬓风霜，途次早行之客。一蓑烟雨，西边晚钓之翁）为 a（1̇6̇1̇1̇2̇1̇）c（6̇1̇2̇6̇1̇）a（5·6̇2̇1̇·）c（1̇6̇1̇6̇）型短句的组合，整段旋律围绕"561̇2̇"四音级发展变化，节奏丰富，旋律起伏有致，"一蓑烟雨"（5·6̇2̇1̇·）在 a 短句的基础上增加了 5，运用了附点和切分节奏，"雨"作适当拖腔并给予波音润饰，使得旋律更为丰富，韵律感更强，"西边晚钓之翁"（1̇6̇1̇6̇）只 1̇6̇两个音级反复循环跳进构成此句旋律，"晚钓之翁"四字作一字一音短拖腔处理，节奏疏松，终止感明显。

d. 节奏腔式。

曹家谟先生在吟诵此篇《声律启蒙》时，遵循了重庆方言语音自然规律，取读诵为主，唱读为辅。吟诵调以 <u>XX</u>、<u>X</u> 为基本节奏，伴以 <u>XXX</u>、<u>XX·</u>等节奏。末字"雨、燕、剑、殿、绿、霜、雨、霜"作短拖腔处理，基本结音主要在主音 6̇1̇上，韵字"风、空、虫、弓、东、红、翁"均作句末短拖腔处理，且基本结音主要在主音 1̇5 上，"风、剑、殿、雨"加以波音（⌒）色彩润腔，使旋律更加生动，字腔更为丰富，整个吟诵调声韵协调，琅琅上口。

5）曹家谟先生《声律启蒙》吟诵概述。

《声律启蒙》专门训练儿童声韵格律，读来郎朗上口，声韵和谐。曹家谟在吟诵《声律启蒙》时有明显的旋律感，曲调更为动听。吟诵节奏分明以 2+1、2+2+1、2+2+2+1 节奏为主，句末韵字均做短拖腔处理，结音在主音 6̇1̇、1̇5 上，音乐素材简洁，旋法简单，旋律在平稳中稍有起伏，明快而流畅。

（11）文《论语》（节选）。

1）从创作背景方面考察。

《论语》是孔子及其弟子的语录结集，由孔子弟子及再传弟子编写而成，至战国前期成书。全书共 20 篇 492 章，以语录体为主，叙事体为辅，都辞约义富，有些语句、篇章形象生动主要记录孔子及其弟子的言行，较为集中地体现了孔子的政治主张、伦理思想、道德观念及教育原则等。

2）从文体结构和吟诵节奏方面考察。

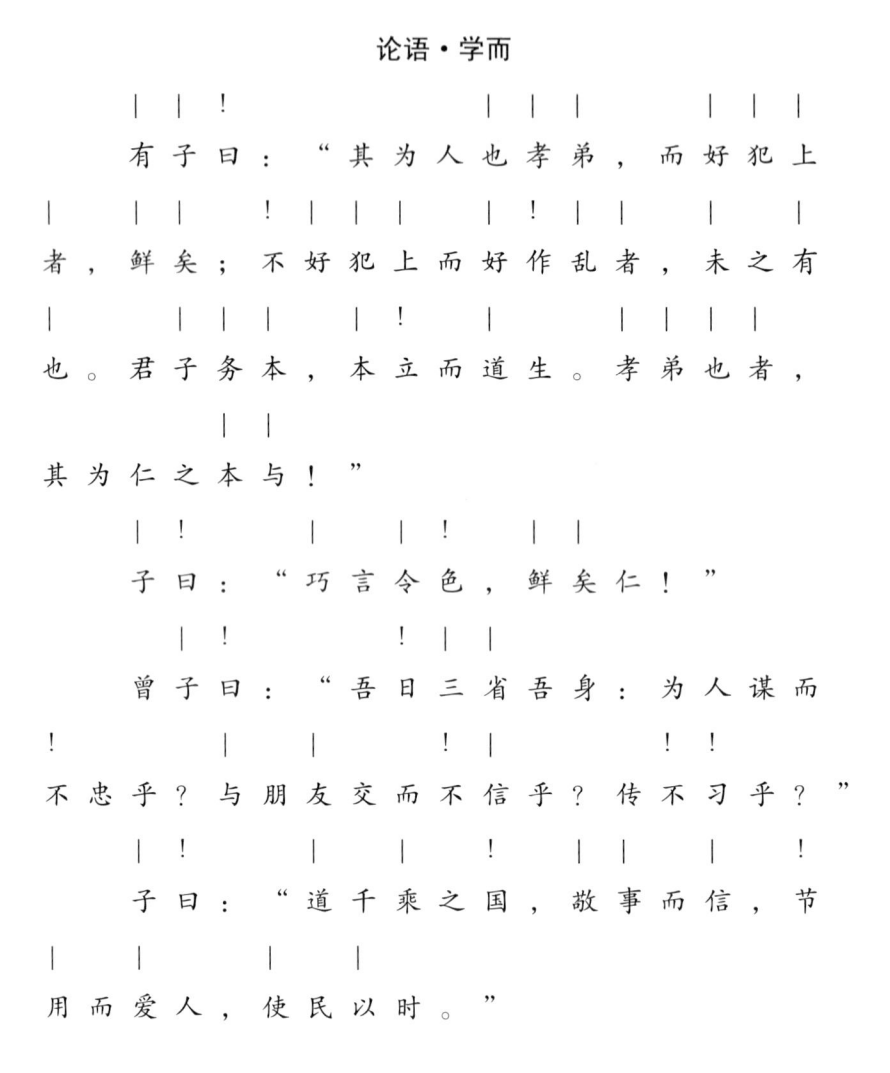

论语·学而

　　　　　　|　|　!　　　　　　|　|　|　　　|　|　|
　　　　有　子　曰　：　"　其　为　人　也　孝　弟　，　而　好　犯　上
|　　|　　|　　　|　|　|　|　　　　　|　!　|　|　　　|　|
者　，　鲜　矣　；　不　好　犯　上　而　好　作　乱　者　，　未　之　有
|　　　　　　　　　　　　|　　　　　　　　　　　　　　|　|　|　|
也　。　君　子　务　本　，　本　立　而　道　生　。　孝　弟　也　者　，
　　　　　　　　　　　　　　　　|　　|
其　为　仁　之　本　与　！　"

　　　　　　　　|　!　　|　　　　|　!　　|　　|
　　　　子　曰　：　"　巧　言　令　色　，　鲜　矣　仁　！　"
　　　　　　　　　|　!　　　　　　　!　　|　　|
　　　　曾　子　曰　：　"　吾　日　三　省　吾　身　：　为　人　谋　而
!　　　　　|　　　　|　　　　　　　|　　|　　　　!　　!
不　忠　乎　？　与　朋　友　交　而　不　信　乎　？　传　不　习　乎　？　"
　　　　　　　|　!　　　　　　　　　　|　　　　|　　|　　　|　　　!
　　　　子　曰　：　"　道　千　乘　之　国　，　敬　事　而　信　，　节
　　　|　　　|　　　　　　　|
用　而　爱　人　，　使　民　以　时　。　"

　　选文中共52个仄声字，15个入声字，在《论语·学而》中选取了4则，分别阐述了孝顺父母、顺从兄长是仁的根本，巧言令色的人很少有仁爱之心，每天要善于反省自己，治理国家时严谨认真、恪守信用、节约开支、爱护官僚、使人以时。

曹家谟的吟诵节奏为：

有子曰："其为人也/孝弟，而好/犯上者，鲜矣；不好/犯上而好/作乱者，未之有也。君子/务本，本立/而道生。孝弟也者，其为仁之/本与！"

子曰："巧言令色，鲜矣仁！"

曾子曰："吾/日三省/吾身：为人谋/而不忠乎？与朋友交/而不信乎？传/不习乎？"

子曰："道千乘之国，敬事/而信，节用/而爱人，使民/以时。"

3）从声韵调系统方面考察。

论语中不存在韵字，故不做韵字分析。曹家谟方言异读字如下表：

表4—2—25 　　　　《论语》普通话和奉节方言发音差异字

文字	普通话发音	奉节方言发音	异同分析
乎	{hu}55	{f-u}55	声母发音由 h 变为 f，是四川方言的发音习惯，调值不变
愠	{yun}51	{w-en}214	方言习惯发音，由 yun 变为 wen 音，调值由普通话的 51 变为奉节方言的 214
者	{zhe}214	{z-ə}42	声母由翘舌音变为平舌音，韵母变为奉节方言发音 ə，调值由普通话的 214 变为奉节方言的 42
国	{guo}35	{ɡ u-ə}21	奉节方言发音。韵母由 uo 变为四川方言韵 uə，调值由普通话的 35 变为奉节方言的 21
则	{ze}35	{z-ə}21	韵母变为奉节方言发音ə，调值由普通话的 35 变为奉节方言的 21
学	{xue}35	{x-i-o}21	韵母是四川方言发音，由 üe 韵变为 o 韵，调值由普通话的 51 变为奉节方言的 214
色	{se}51	{s-ə}214	韵母变为奉节方言发音ə，调值由普通话的 51 变为奉节方言的 214
虽	{sui}55	{xu}55	四川方言发音，声母变为 x，韵母变为 u，调值不变
惮	{dan}51	{tan}214	方言发音，声母由 d 变为 t，调值由普通话的 51 变为奉节方言的 214

注：普通话调值 55、35、214、51；奉节方言调值 55、21、42、214。

4）从音乐性方面考察。

a. 基本结构。

吟诵调《论语·学而》（节选）共四段，以主干音5 6 i 三个音级变化组合而成的 a（i i 6）、b（6 6 5 6 i）和 c（6 i 6 i 5）三个音乐短句变化重复构成全曲。

论语·学而
（节选）

春秋
曹家谟先生 吟诵
李娟 记谱

| i i 6 | 6 6 6 i 6 i | 6 i 6 i 6 5 |
有子曰："其为人也孝弟，而好犯上者，

| i 6 5 6 6 i | 6 i 6 i i | 6 i i 6 |
鲜矣；不好犯上，而好作乱者，未之有也。

| i 6 5 6 | 6 6 5 6 i | 6 i i 6 |
君子务本，本立而道生。孝弟也者，

| 5 5 5 i i 6 ‖
其为仁之本与！"

| i 6 i 6 6 i 6 | i 6 5 ‖
子曰：巧言令色，鲜矣仁。"

| i i 6 | 5 6 i i 6 i | 6 6 5 6 6 i i |
曾子曰："吾日三省吾身。为人谋而不忠乎？

| i 6 i i 6 6 5 | 5 5 5 6 ‖
与朋友交而不信乎？传不习乎？"

| 6 6 5 i 5 i 5 | i 6 5 i | 6 i 5 i 6 |
子曰："道千乘之国，敬事而言，节用而爱人，

| i 5 i 6 ‖
使民以时。"

b. 音阶调式。

调式音阶为5 6 i；吟诵调为四度以内的（5 6 i）三音列曲调，仅有大二度和小三度，未见大三度出现，因此调式调性不确定具有游离性。

c. 旋律线。

第一段"有子曰"到"其为仁之本与",旋律围绕"56i"三音级在中高音区变化发展,呈二度三度音程级进的波纹型旋律进行形态,形成以 a (ii6)、b (6656i) 和 c (6i 6i65) 三种不同音调的旋律型贯穿其中。如:"有子曰、未之有也、君子务本、孝弟也者、其为人之本也"(ii6、6i i6、i656、6ii6、55 5ii6),"其为人也孝弟、不好犯上、而好作乱者、本立而道生"(666i6i、566i、6i 6ii、6656i),"而好犯上者"(6i 6i65),句末多为一字一音的短拖腔,如"曰、也、本、者、与"(6、6、6、6、6),"者、生、者、"(i、i、5),曹家谟吟诵时一字一音,唱诵结合,增添了旋律的节奏感和音乐性,以委婉平缓的音调陈述孝顺父母、顺从兄长,这就是仁的根本。

第二段"子曰"至"鲜矣仁",此段篇幅简短,素材简练,旋法简单,由 bc 型短句组合而成,"子曰:巧言令色"(i6 i6 6i6) 由6i两音循环级进,"鲜矣仁"(i65) i65三音逐级级进下行,"仁"(5) 作句末短拖腔处理,音调曲折委婉。

第三段"曾子曰"至"传不习乎",旋律以 ab 型短句交替发展,a 型旋律主要以6i两音作交替变化作三度上行、下行级进旋法,5作为补充,如:"曾子曰"(ii6)、"与朋友交而不信乎"(i6i i6 65 6)、"传不习乎"(5556),b 型旋律以56i三音作同音反复(ii、66ii)和二度三度(56、6i)级进旋法,如:吾日三省吾身(56 ii6i)、"为人谋而不忠乎"(66566 ii),曹家谟吟诵"曰、乎、乎"(6、6、6)和"身、乎"(i、i)末字时均作一字一音短拖腔处理,整个旋律走向趋于上行,突出此段的重点"吾日三省吾身"。

第四段"子曰"至"使民以时",旋律继续作 abc 型短句相结合变化发展,此段旋律为四段中起伏最大的一段,在二三度级进的基础上增加了四度(5i、i5i)音程跳进,呈谷峰型旋律形态,如:"子曰:道千乘之国"(66 5i 5i5)、"敬事而言"(i65i)、"节用而爱人"(6i 5i6)、"使民以时"(i5i6)。

"国、言、人、时"（5、i̇、6、6）作句末一字一音短拖腔处理。以明朗跳跃的旋律，简练的言语，阐述了治理国家的方略。

d. 节奏腔式。

曹家谟在吟诵《论语·学而》时，遵循重庆奉节方言咬字发音，取当地语音声调行腔。素材简洁，节奏规整，大量运用八分音符和四分音符组成的 <u>XX</u>、X 节奏型，旋律主要围绕56i̇三个主干音变化发展，音域跨度小（4度内），旋律起伏不明显，曹家谟吟诵时注重句式节奏，基本为一字一音的唱诵，节奏感强，句末伴有一字一音的短拖腔处理，如第一段中"曰、也、本、者、与"（6、6、6、6、6）和"者、生、者"（i̇、i̇、5）；第二段中"仁"（5）；第三段中"曰、乎、乎"（6、6、6）和"身、乎"（i̇、i̇）；第四段中"国、言、人、时"（5、i̇、6、6），结束音集中在"56i̇"三音。

吟诵曲调整体趋于平实质朴，具有重庆奉节代表性吟诵读文特征。

5）曹家谟先生《论语》吟诵概述。

曹家谟吟诵时以主干音56i̇三个音级变化组合而成的 a（<u>i̇i̇6</u>）、b（<u>6656i̇</u>）和 c（<u>6i̇ 6i̇65</u>）三个音乐短句变化重复构成全曲。音乐素材简洁，一字一音，句尾短拖。

《论语》为文，没有韵字，因此在吟诵时不像诗词韵文一般郎朗上口，音韵和谐。但是曹家谟吟诵时，节奏感强，具有规律性。主干音56i̇反复运用，也形成了同音反复，如"其为人也孝弟、不好犯上、而好作乱者、本立而道生"（<u>666i̇6i̇</u>、<u>566i̇</u>、<u>6i̇ 6i̇i̇</u>、<u>6656i̇</u>）。在拖腔时尾音也落在这三个音上，形成了曹家谟主要的吟诵特点。

5. 曹家谟先生重庆传统吟诵特点。

（1）方言发音　依声行腔。

曹家谟大致按照重庆奉节方言调值发声，阴平字调值不变，声母或韵母发生变化。曹家谟按照奉节方言语音发音，可以追溯到广韵发音。在曹家谟方言与普通话差异字列表中大致可以分为韵母和声母两类变化。

1）声母变化，韵母不变。

"疑""仪"声母由 y 变为 n。疑母大多变为普通话中的零声母。

"涕"声母由 t 变为 d，"惮"声母由 d 变为 t；"忽""乎"声母由 h 变为 f；曹家谟吟诵时 hf、dt 不分。

"婵""常""唇"声母由 ch 变为 s {chun}{sun}；"戎""融"声母由 r 变为 y。

特殊："安""岸"由零声母变为方言的特有 ŋ 声母；额{e}{ŋ-ə}零声母变为方言的特有 ŋ。

2）声母不变，韵母变。

以 o、ə 结尾的开韵尾

① 韵尾为 o 韵。

"岳"韵母由 üe 韵变为 o 韵；"学"韵母由 üe 韵变为 i-o 韵；"火"由 uo 韵母变成 o 韵；"禾、颗、歌、何、合、葛、贺"韵母由 e 韵变为 o 韵；"欲、土"韵母由 u 韵变为 o 韵；"郝"韵母由 ao 韵变为 o。

② 韵尾为 ə 韵。

"国"韵母由 uo 变为四川方言韵 uə。

"北"韵母由 ei 韵变为方言的ə韵；"白、百、柏"韵母 ai 变为方言发音 ə；"客、革"{ge}{g-ə}；"则"{ze}{z-ə}；"色"{se}{s-ə}。

③ 韵尾为 i、u 韵的元音韵尾。

"眉"韵母由 ei 韵变为 i；"皆"韵母由 ie 变为 iai；"绿"韵母由ü变为 u 韵。

④ 以鼻音 n 结尾的鼻音韵尾。

"伦、孙"韵母由 un 变为 en；"餐、田"韵母由 an 韵变为 en；"琼"韵母由 iong 变为 un。

3）声母、韵母均变。

"粟、宿"声韵母都改变，{su}{x-i-o}声母由 s 变为 x，韵母 u 变为 io。

"杏"{xing}{h-en}由 xing，变为 hen。

"圻"{che}{c-ə}声母由翘舌变为平舌音，韵母由 e 韵变为方言的ə韵。

"风"{feng}{h-ong}声母发音由 f 变为 h，韵母 eng 变为 ong。

"者"{zhe}{z-ə}声母由翘舌音变为平舌音，韵母变为方言发音ə。

"严"由 yan 变为 nian 音。

"愠"由 yun 变为 wen 音。

"虽"{sui}{xu}声母变为 x，韵母变为 u。

由上例字可分析出韵母主要元音发生变化，但同为古韵中的阴声韵或阳声韵。如"岳"韵母是四川话发音，由üe 韵变为 o 韵，撮口呼变为开口呼，但同为阴声韵；而"贺""葛""何"由 e 韵变为 o 韵，同为开口呼，为阴声韵。"柏"由ai 韵变为ə韵，"郝"韵母由ao 韵变为 o 韵都是开口呼，为阴声韵。

"孙"的韵母由 un 变为 en，合口呼变为开口呼，但同为以鼻音收尾的阳声韵。

由此可以看出，普通话和奉节方言一些字虽然韵母发生了变化，但是在古韵当中是同属一类韵。奉节方言中没有入声韵。

在奉节方言声母系统中，多存在四川方言的特性，h、f、d、t，平翘舌不分。但比较特殊的一类是零声母前添加一个声母，如"严"由 yan 音变为"nian"，"安"由零声母变为方言的特有 ŋ 声母。另一类是同一声类互换，如"常"在《广韵》中是"禅"母，出现了由 ch 变为 s 的情况。

曹家谟重庆传统吟诵体现了语音的古今变化。在字的调值中阳平字调值变为 21，低降调。在重庆奉节方言中平声字的旋律走向为同音反复或上行一级或级进二级。上声字调值变为 42，高降调，吟诵时体现为出口就降，但曹家谟吟诵部分字时旋律没有改变，在中音区。去声字调值变为 214，升降调。曹家谟吟诵时加上下滑音、上波音的润腔技法来体现依声行腔。

（2）节奏分明　特色拖腔。

在采录过程中，曹家谟吟诵了三首五言绝句，三首七言绝句、一首词、三首蒙学、一篇文。不同文体，曹家谟的吟诵节奏有所变化。其中，五言《静夜思》上句节奏为 2+3，下句节奏为 4+1。《悯农二首》节奏均为 2+3。三首七言绝句吟诵节奏均为上句 4+3，下句 4+2+1。词类吟诵节奏为 3+0、2+2+1、2+2+2+1、2+2、2+3、2+2+2 和 4+2、2+2+2+1。蒙学中《百家姓》节奏为 3+1；《三字经》以一句为单位节奏；《声律启蒙》三字句为 3+0，五字句 2+3；因此曹家谟吟诵时节奏分明。

除此之外，按照主干音 56i，曹家谟还形成了两类特色拖腔。

上句以 6、i 按不同节奏进行二度级进组合，形成的拖腔（66ī-、6i6 6-、i i·、i6·、66 6-、īi、i2i-、i2 6-、i6 ī---、66 ī、66·ī、6iī-、i6·ī-）此类拖腔主要出现的字较多：平声字（光、餐、间、烧、天、田、行、池、阁）和入声字（月、粟、住、去、恨）和少量的上声字（午、煮、有、久）。

下句以 56i2 按不同节奏进行二度级进组合，形成拖腔（2̇6·5-、66 5-、2̇6 5-、6i6 5-、2̇6·5、66·5-），此类拖腔出现在二、四句最后一字。多为阴平字（霜、乡、声、山、焦、天、间、缺、娟）和阳平字（情、还、摇、年、寒、眠、圆、全），少量的上声字（土、苦、子、死）。这些字均为韵字，比上一句拖腔长。

（3）旋律质朴　富有变化。

不论古体诗、近体诗，平起仄起，曹家谟老先生都套用一个相同的基本旋律，旋律特点是四句一个完整的音乐片段，句末拖腔形成定腔，首句为（66ī-），次句为（6ī·665-），第三句为（6i66-），尾句为（2̇6·5-），整体高起低收，旋律推进契合诗歌起承转合的一般结构，不同的诗歌又因依不同的字音行腔，旋律走向随字腔变化而发展，每一首诗歌的吟诵都呈现不同的面貌。超过四句的诗歌，则进行复沓回环，复沓中根据诗意情感、字音平仄灵活变化，句内常常一字一音，少数字根据方言发音有一字多音或装饰音，每句韵字处常常加衬字一字多音拖腔，总体看来，其字音决定着乐音的走向，吟诵者力求旋律的推进和情感的表达变化丰富，避免简单呆板的重复。

曹家谟的重庆传统吟诵基本旋律朴实简单，用几个单音构成变化为全曲。他吟诵绝句和律诗时上句旋律调式较为复杂丰富，大都以66、ⅰⅰ、33同音反复后行进，下句旋律规整，形成基本腔句和特色吟腔（6ⅰ 2̇6·5-、6ⅰ·2̇65-、ⅰⅰ6ⅰ65-、ⅰ2̇6·5、2̇ⅰ2̇6·5、ⅰ66ⅰ2̇6·5-）。吟诵词时旋律变化多端，形成 66·ⅰ6·ⅰ-、2̇ⅰ 66 5-、33·ⅰ6 ⅰ6·三种旋律变化，并且在韵字上以5、6、ⅰ结尾。

蒙学和韵文旋律具有相似性，多以66、ⅰⅰ为同音反复，旋律简单。文吟诵时虽然只有三个音56ⅰ，但组合形式较为多样。

在曹家谟重庆传统吟诵的所有作品中，我们可以发现，曹家谟喜用56ⅰ作为主干音，且尾音也多为这三个音。

（五）以巴县刘纯万先生为例

1. 巴县概貌。

巴县，老县名，具有2300多年历史，即重庆主城区的古称，早在3000多年前的商代，巴人就在此繁衍生息，立国建都。秦代置巴郡，北周时改称巴县。民国时期重庆设市，巴县迁出市区，先后迁至人和场、马王坪、南泉，1954年最后定在鱼洞溪。1995年撤县建区，巴县改为巴南区，巴县至此消失。

巴南区位于重庆南部，属重庆都市经济发达圈。截止到2006年底，有206个村、77个社区居委会，总人口86万。东与重庆市涪陵区、南川区接壤，南与綦江县、江津区毗邻，西与九龙坡区、大渡口区隔江相望，北与南岸区相接。常住人口以汉族为主，其次有苗族、回族、藏族、彝族等40多个少数民族2500余人。

2. 巴县方言的声韵调系统。

巴县方言属于四川方言中的湖广话，入声字消失，其声韵调与其他湖广话地区大致相同。

（1）声母。共 20 个(含零声母)。

表 4—2—26　　　　　　　　巴县方言声母

			双唇	齿唇	舌尖前	舌尖中	舌面前	舌根
塞音	清	不送气	p			t		k
		送气	p'			t'		k'
塞擦音		不送气			ts		tɕ	
		送气			ts'		tɕ'	
鼻音	浊		m					ŋ
擦音	清			f	s		ɕ	x
	浊			v	z			
边音						l		
零声母			ø					

（2）韵母。共有 37 个，有开尾韵 15 个，元音尾韵 9 个，鼻音尾韵 13 个。从韵母的第一个音位来看，开口韵 13 个，齐齿韵 9 个，合口韵 8 个，撮口韵 7 个，从韵尾的情况看，入声韵已消失。

表 4—2—27　　　　　　　　巴县方言韵母

	开尾韵					元音尾韵				鼻音尾韵			
开口呼	ɿ	ɑ	ɛ	o	ə	ai	ei	au	əu	an̨	ən̨	ɑŋ	oŋ
齐齿呼	i	ia	iɛ			iai		iau	iəu	ian	in		iaŋ
合口呼	u	ua	uɛ			uai	uei			uan	uən	uaŋ	
撮口呼	y	yu	yɛ	yo						yɛn̨	yn		yoŋ

（3）声调调值。从调类方面看，巴县入声字已消失，则巴县话有 4 个声调，分别是阴平（高平调），阳平（低降调），上声（高降调）和去声（降升调）。

表 4—2—28　　　　　　巴县方言声调

调类	阴平	阳平	上声	去声
调值	55	21	42	214
调型	高平调	低降调	高降调	降升调

3. 刘纯万先生及其重庆传统吟诵。

刘纯万先生，重庆巴县人，1938 年出生，毕业于西南师范学院教育系，中学高级语文教师，一生从事教育工作。据刘先生回忆，1951 年考入四川省重庆地区巴县一中，当地名士肖艾钦先生教授其国文，凡遇古文诗词，皆用吟诵进行教读，其中《诗经·王风·君子于役》一首味道最浓印象最深。

2018 年 6 月 17 日，四川省吟诵学会副会长邓新靖先生带队赴四川省成都市杜甫草堂对刘纯万先生进行采录，现场采录到刘纯万先生的一首吟诵作品《诗经·王风·君子于役》。

（1）从创作背景方面考察。

《君子于役》出自《诗经·王风》，描写了先秦时代一位妻子思念远出服役丈夫的诗歌，是一首典型的哀婉思妇之诗，由傍晚景色引发愁思，堪称借景抒情、情景交融的典范。

（2）从文体结构和吟诵节奏方面考察。

君子于役

　｜　！　！　　　　！　｜
君子于役，不知其期。曷至哉？鸡栖于埘。
！　！　｜　　｜　　　｜　！　　　　！
日之夕矣，羊牛下来。君子于役，如之何勿思！

---

① 钟维克、郭飞鸣：《巴县方言同音字汇》，《渝州大学学报》(社会科学版)1999 年第 4 期。

第四章　四川传统吟诵的基本面貌

| ！ ！ ！ ！ ！ | ！ ！
君子于役，不日不月。曷其有佸？鸡栖于桀。
！ ！ | | ！ | ！ | ！
日之夕矣，羊牛下括。君子于役，苟无饥渴？

全诗分两章，每章八句，共十六句。以白描的手法、整齐的句式、重叠的章句、平实的画面、低沉的语调循序渐进的推进情感、直至深入读者的内心。每章又可分三个小节，第一章的前三句为思妇内心独白；四至六句则描绘出一幅浓浓情味的乡村晚景；第七、八句，表达妇人缠绵思念之情。第二章的前六句是第一章的重复，目的是为了加深整首诗的情感，最后两句则将思念转变为对丈夫的牵挂和诚挚祈祷。

刘纯万先生的吟诵节奏为三言句 2+1、四言句 2+2、五言句 3+2。

3）从声韵调系统方面考察。

虽然在《诗经》诞生的时代并无平仄观念，但为了更好地理解吟诵，我们对这首诗作了声韵调的分析。全诗 64 个字，有 11 个仄声字、20 个入声字，以至于刘先生在吟诵时声音铿锵抗坠、沉痛哀怨。

表 4—2—29　　《君子于役》普通话和巴县方言发音差异字

文字	普通话发音	巴县方言发音	异同分析
役	{yi}51	{yo}42	韵母是方言音由 i 韵变为 o 韵，调值由普通话的 51 变为方言的 42
哉	{zai}55	{ji}55	叶韵发音，变为{ji}
栖	{qi}55	{xi}55	这是一个方言习惯的读音，声母由 q 变为 x
来	{lai}35	{zi}55	叶韵发音，变为{zi}
何	{he}35	{ho}21	方言发音，韵母由 e 韵变为 o 韵。调值由普通话的 35 变为方言的 21
佸	{huo}35	{lie}21	叶韵发音，变为{lie}，调值由普通话的 35 变为方言的 21

续表

文字	普通话发音	巴县方言发音	异同分析
括	{kuo}51	{lie}21	叶韵发音，变为{lie}，调值由普通话的35变为方言的21
渴	{ke}214	{jue}21	叶韵发音，变为{jue}，调值由普通话的214变为方言的21

注：普通话调值55、35、214、51；巴县方言调值55、21、42、214。

全诗用韵较密且整齐，每章一韵到底。虽两章之间对应的第三句和第八句字数有所不同，但每章总字数皆为32字，且韵字位置相同，皆为句尾韵。第一章"期""哉""埘""来""思"5个韵字，按照王力先生《古代汉语·上古韵部及常用字归部表》将其归为"之部"，在"e"的基础上舌位靠前，读似"e"，阴声韵，小开口元音，多有"扁平、延展、细长"之意。第二章"月""佸""桀""括""渴"5个韵字，王力先生在《古代汉语·上古韵部及常用字归部表》将其归为月部，读似和d的组合，d只塞住不发声，入声韵，大开口低展元音接舌尖塞音趋势，多有比较强烈的"广大、扫除、终端"之意。①

在巴县方音中没有zh、ch、sh这组声母，把普通话读作zh、ch、sh和z、c、s的声母，都读成了z、c、s，也就是所有的翘舌音全部读作平舌音。

4）从音乐性方面考察。

a. 基本结构。

吟诵调《君子于役》结构为A+B的两段体，以a音乐短句5222·6和b音乐短句62·622612为基本旋律形态反复变化运用贯穿全曲。

b. 音阶调式。

调式音阶为235612；吟诵调以商音（2）作为调式主音，以羽（6）为上

---

① 徐健顺：《吟诵概论（上）——中华传统读书法》，广西师范大学出版社2019年版，第265页。

句终止音，调式调性明确，属民族五声商调式。

君子于役
诗经

佚 名（先秦）
刘纯万先生吟诵
李 婳 记谱

(乐谱略)

c. 旋律线。

A 段"君子于役"至"如之何勿思"，开篇以 a 短句 52 2 2·6 和 b 短句 6 2·6 2 2 6 1 2 组合，"君子于役"（52 22·6）在 526 三音的连续四度下行跳进 52 22·6 的感叹式音调中陈述丈夫在外服役，"不知其期，曷至哉"（6 2·6 2 2 6 1 2）围绕 6 2 两音作上下行跳进交替，以连续起伏的旋律形态表现亟盼丈夫归来的心情，紧接"鸡栖于埘，日之夕矣，羊牛下来"（55 32·6 25 2·16 55 23 5）以 ab 型短句加以新元素（55 235）变化发展，旋律以两个连续下行音调 5532·6 252·16 后再音调上扬 55235，以一副乡村晚景的画面从侧面烘托，家畜尚且出入有时，而人却杳无音信再无归期，最后"君子于役，如之何勿思"（5532616 626·12）作 ab 型短句的变化重复，与"君子于役，不知其期"首尾呼应，旋律在以"526"三音为主的 ab 型短句的基础上添加"13"两音，旋律更为丰富，声调更显惆怅，情绪更加强

- 415 -

烈，"如之何勿思"，一字一顿，愁思更浓，不能自已。

B 段"君子于役"至"苟无饥渴"，紧承 A 段，重章叠句，以 ab 型短句的变化重复推进，"君子于役，不日不月。曷其有佸？"（5532·622·22665252-16），旋律在 a 短句的下行音调中起调 5532·6，紧接"不日不月"（22·2266）的低音"2"和倍低音"6"的音级组合，以极其沉郁的乐音强调丈夫的漫长役期，后又作"曷其有佸？"（5252-16）下行音调的回弹，旋律在"5"至"6"的 15 度极大音域跨度中作连续四度五度（5532·622·22665252-16）跳进发展，以陡坡型下行旋律形态和极其低沉的音调重申役期漫长、不知归期的愁绪。"鸡栖于桀，日之夕矣，羊牛下括"（55 22 25 2216 55 61652）与上章语意相同，旋律继续在中低音区进行，再次表现由"夕阳下山、牛羊牧归"的场景引发的惆怅，以平和静谧和安逸恬美的乡村晚景反衬情绪。最后"君子于役，苟无饥渴？"（5532·6662·1622）旋律继续采用 ab 型短句的变化重复，作主干音"5262"的连续下行跳进处理，在 11 度的音程跳进中最后平稳回归主音"2"，以绝对的调式稳定感结束了该吟诵。刘老在吟诵此句时，速度做了渐慢处理，以细腻而无奈的声情传达了妻子从期盼愁怨的情绪转变为对丈夫的牵挂和祝愿。

d. 节奏腔式。

根据吟诵曲谱，通过分析刘老的音频，我们发现，刘老吟诵时遵循重庆巴县方言语音发音，依据当地方言语音声调行腔，以八分音符 XX 和四分音符 X 的宽松型节奏为主,伴有十六分音符 XX 和附点音符 X.X 节奏，极大增强了吟诵调的节奏感和韵味。末字中大多作 a 型短句（2·6、216）一字多音的下行拖腔处理，如："役、埘、役、役、月、佸、矣、役、饥"（2·6、2·6、2616、2·6、266、2-16、216、2·6、2·16），再加以衬字"呀"的独具特色润腔，形成了以刘老为代表性的巴县传统吟诵，简单质朴，耐人寻味。

4. 刘纯万先生重庆传统吟诵特点。

《诗经》是我国第一部诗歌总集，《诗经》可以"歌、诵、弦、舞"，极具音乐艺术特质,刘熙载《艺概·诗概》说:"赋不歌而诵,乐府歌而不诵,诗兼歌诵。"①《君子于役》一诗主要表达的是"君子行役无期无度,大夫思其危难加以警醒"。

(1)读音尊古　叶音押韵。

众所周知《诗经》押韵问题在学界一直存在争议,宋代朱熹在《诗集传》中提出"叶音"说,明代陈第在《毛诗古音考》②中提出了"时有古今,地有南北,字有更革,音有转移,亦势所必至"的观点。清代学者顾炎武对《诗经》用韵与《广韵》对比,建立了上古韵部系统,后在段玉裁、孔广森、朱骏声、章太炎等人的研究基础上,王力先生在《古代汉语》中又将其分为三十个韵部。《君子于役》共分二章,每章有八句,每章一韵到底,韵字相同,为句尾韵,全诗以白描的手法、整齐的句式、重叠的章句、日常的画面、低沉的语调来推进情感,表达思妇的情感。

刘纯万先生在吟诵过程中,其韵脚的读音与现代普通话的读音迥然不同,如第一章中"期""哉""埘""来""思"5个韵字,在王力先生《古代汉语》中同属于上古韵的"之部",其吟诵读音为:"qi""ji""shi""zhi""si"。第二章中"月""佸""桀""括""渴"5个韵字又同属于上古韵中"月部",其吟诵时读音为:"yue""lie""jie""lie""jue"。这10个韵字在刘老吟诵中"哉""来""佸""桀""渴"采用叶韵的方式使之押韵并尽可能地还原古音,使全诗吟诵起来琅琅上口,具有流畅爽利的音韵美感。

(2)字声基础　乐调表达。

我们认为,方言的声调值与吟诵旋律走向有着密不可分的关系,巴县方言调值的走向与吟诵旋律走向基本一致,从吟诵乐谱分析,刘老的基本吟腔为 a(52 22·6)和 b(62·622612)。我们找出 8 个巴县方言与普通话发音差异较大的字,单独分析。

---

① (清)刘熙载:《艺概·诗概》,江苏广陵书社 2019 年版,第 59 页。
② (明)陈第著,康瑞琮点校:《毛诗古音考》,中华书局 2011 年版,第 213 页。

其中"役"字古音为入声字，巴县方言中入声字已消失，入声派入上声，巴县方言中上声字声调值为 42，调型高降，刘老吟诵"役"字时，音级由商音2拖调然后四度下行至6，谱面对应标识为2·6，二者保持一致。"君子"为阴平字+上声字的组合，在巴县方言中对应四声调值组合为：55 42，调型为"一丶"，刘老吟诵时，音级由徵音5然后四度下行至2，谱面对应标识为52。"鸡栖"均为阴平字，在巴县方言中对应四声调值组合为：55 55，调型为"一一"，谱面对应标识为55。刘老读音尊古、叶音押韵，"佸"字发音为{lie}21，谱面对应标识为2-1丶，旋律走势为下行；且人类发声结束时会有一个自然下滑的特征，则此字腔自然滑落拖腔至6，旋律在和其字腔吻合的同时，也形成刘老的一个尾部吟腔特色。

此诗入声字密集的贯穿全篇多达 18 个，刘先生吟诵时音乐旋律下行在中低音区回环推进，与诗歌本身沉痛哀怨的情感意境高度统一。

（3）吟诵声情　和于古人。

刘纯万先生在吟诵《君子于役》前曾对四川省吟诵学会的工作人员说："吟诵的好处就是生发自己的情感，对原著内容达到深刻理解。由于自己年龄大了，很多吟诵中本来就有的小拐弯儿就变少了，吟不出来了。刘三姐说秀才就是'摇头晃脑'，那其实是在韵味，是思想上在和古人相通。"

宋代学者真德秀在其《西山读书记》[①]中指出："学者必须要知道读书的简要真诀，通过吟、咏、讽、诵来读诗可以表现其委曲折旋之意。"王国维先生也说："言气质，言神韵，不如言境界。"

刘先生在吟诵时通过声音表达古人赋予诗歌的情表，从而与诗人达到高度共情。就《君子于役》的吟诵而言，第一章"君子于役，不知其期。曷至哉？鸡栖于塒。日之夕矣，羊牛下来。君子于役，如之何勿思"首句"役""不""曷"三个入声字，"役"字长吟且旋律下降四度，给人哀婉凄楚之感，"不""曷"短促有力，强调丈夫不知归期，表达寂寞孤单之情。刘老

---

① （宋）真德秀：《西山读书记》，四库馆 1868 年版，第 1325 页。

吟诵时，"鸡栖于埘"整体旋律下降七度，着力在韵字"埘"处并拖腔长吟。强调夕阳西下，羊牛下来时，"夕"字乐音降至 $\underline{2}$，表达妻子看到羊牛尚且知道归家，而夫君不知何时归来的痛苦之情。

第二章"君子于役，不日不月。曷其有佸？鸡栖于桀。日之夕矣，羊牛下括。君子于役，苟无饥渴？"刘老在吟诵"不日不月"四个入声字时，用低音 $\underline{2}$ 同音反复四次，前两字短促有力，最后一字"月"加语气词"呀"拖腔延长乐音，下降四度到最低音 $\underline{6}$，而"佸"字拖腔 2-16 为本诗的最长音，强烈表达妻子思念丈夫的哀愁乃至愤怨。"桀"字既是入声字，又是韵字，刘老处理为 $\underline{2}$ 音短吟。"日之夕矣，羊牛下括"与第一部分此句只改了一字，"矣""括"作 $\underline{216}$、$\underline{2}$ 拖腔处理，描绘出一幅农耕社会安谧恬美的画面。末句"苟无饥渴"（$\underline{662}\cdot\underline{162}\underline{2}$）在第一章的基础上，作了 b 短句的变化发展，结束音由"如之何勿思"（$\underline{626}\cdot\underline{12}$）的中音"2"下移八度至低音"$\underline{2}$"，上下章末句虽都结束在调式主音"2"上，但第二章末句末字"渴"的音高八度下移，以及末句的速度减慢处理，更为形象地表现了善良的妻子把无尽的等待和无望的期盼转换为对丈夫的思念和祝愿，祈祷他在外不要忍饥受渴。

三　达州传统吟诵研究

以渠县寇森林先生为例

1. 渠县概貌。

渠县隶属达州市，位于四川东北，地处南充、达州、广安三市的中间点，南距重庆 140 公里，西距南充 80 公里，西北距达州 50 公里，全县幅员面积 2013 平方公里，辖 60 个乡镇，总人口为 141.95 万。渠县早在新石器时期便有了人类活动，据史料记载，殷商时期賨人在今土溪镇城坝村建立了国都城，在古代川东地区影响深远，是古代强悍尚武的土著，他们天性劲勇，勤劳聪慧，创造了灿烂的賨人文化。周赧王元年（公元前 314 年）设置宕渠县，明洪武九年（1376 年）定名渠县，历史上曾为川东北商贸、文化的中心城市。

2. 渠县方言的声韵调系统。

（1）声母。共 19 个，双唇音 p、p'、m 和北京话相似。唇齿音 f，发音时上齿和下唇不如北京话那样接近。舌尖中音 t、t'，发音部位比北京话略后。不分 n、l，即两音素没有区别意义的作用，记作 l。舌尖前音 ts、ts'、s、z，发音时，舌位比北京话略后，但又不和舌叶音相混。舌尖音和舌面音舌位都偏后，舌根音和北京话大致相当。

表 4—3—1　　　　　　　　　　渠县方言声母

			双唇	齿唇	舌尖前	舌尖中	舌面前	舌根
塞音	清	不送气	b			t		k
		送气	p'			t'		k'
塞擦音		不送气			ts		tɕ	
		送气			ts'		tɕ'	
鼻音	浊		m					ŋ
擦音	清			f	s			x
	浊				z		ɕ	
边音						n		
零声母			ø					

（2）韵母。按照罗家国 2002 年的研究成果《渠县方言词语研究》，共有 38 个韵母，有开尾韵 15 个，鼻音尾韵 13 个，元音尾韵 10 个。从韵母的第一个音位来看，开口韵 13 个，齐齿韵 11 个，合口韵 9 个，撮口韵 5 个，从韵尾的情况看，入声韵已消失。[1]

---

[1] 罗家国：《渠县方言词语研究》，厦门大学硕士学位论文，2002 年。

表4—3—2　　　　　　　　　渠县方言韵母

	开尾韵				元音尾韵				鼻音尾韵			
开口呼	ɿ	ɑ	o	ɛ	ər	ai	ei	au	əu	an	ən	ɑŋ	oŋ
齐齿呼	i	iɑ	io	iɛ		iai		iau	iəu	ian	in	iɑŋ	ioŋ
合口呼		uɑ	uo	uɛ		uai	uei		uən	uan		uɑŋ	uoŋ
撮口呼	y		yo	yɛ						yan	yn		

（3）声调调值调型。渠县方言有4个声调，即阴平（高平调）、阳平（低降调）、上声（高降调）、去声（降升调）。

表4—3—3　　　　　　　　　渠县方言声调

调类	阴平	阳平	上声	去声
调值	55	21	42	214
调型	高平调	低降调	高降调	降升调

渠县方言与重庆话更接近，与成都话则相对疏远，但同属于四川方言的湖广话。

3. 寇森林先生及其达州传统吟诵。

寇森林，汉族，1929年8月生，中国共产党党员（1949年前入党），四川省达州市渠县白兔乡人，大学毕业，原中共渠县县委宣传部部长。现系中国诗歌学会、四川省作家协会会员，《宕渠诗丛》主编。出版《渠县民歌选》（1958年），《宕渠行吟》（2008年），主编《宕渠晚霞吟》（2009—2017年），《小康路上》等。

1938年，9岁的寇森林入渠县白兔乡上文昌宫私塾，由年逾五十的寇月山先生发蒙，读《娃娃书》（蒙书）、《幼学》《四书》；10岁时入的私塾先生寇作宾（50余岁）家中，随其包本《左传》（包本即全本背诵）。1940—1941年在下文昌宫和石马河两处国民学校各读一年初小，1942年上半年在八庙乡小学读高小，当年下期至次年上期随秀才王兰亨先生增读《古文观止》。1945

年秋考入了渠县中学初一甲班，次年转学至私立来仪中学，1948年加入中国共产党，同年参加革命，1948年任白兔乡支部书记兼地下交通员，1950年起曾任静边区区委宣传干事，三汇镇镇长，中共渠县县委宣传部理论教员、部长，1990年离休。

从寇森林先生的吟诵师承来看主要有寇月山、寇作宾、王兰亨三位私塾先生，据寇森林先生回忆其吟诵调的来源最主要的是寇作宾先生所传的《左传》，笔者在采录和向寇先生学习时也注意到，只有读《左传》时寇先生才用渠县的传统唱读（吟诵），其他的诗词文均用渠县方言平读，寇先生也明确指出，"其他两位私塾先生并未教带腔调的读书法"。

在笔者采录的过程中，渠县的传统吟诵已近绝迹，从2014年至2019年，四川省吟诵学会会长王传闻先后6次带队赶赴渠县进行吟诵采录、开展吟诵传习，作为中国诗歌之乡的渠县文风鼎盛，"五老七贤""乡贤先进"不可谓不多，但笔者在接触的30几位老先生中，只有年逾九十的寇森林先生学习并传承了当地的渠县传统吟诵，而遗憾的是寇先生也只传承了其中的读文腔调。

4. 寇森林先生达州传统吟诵举隅。

四川省吟诵学会采录到寇森林先生的吟诵内容为《左传》选章中的《晋公子重耳之亡》。以下是我们从五个方面对寇老先生的吟诵内容所做的详细分析。

（1）从创作背景方面考察。

《晋公子重耳之亡》出自春秋末期的名著《左传》，记载了晋文公重耳因权位之争遭人陷害，颠沛流离四处逃亡受尽屈辱之后回国重新夺得政权的史实。晋公子重耳是晋献公的次子，其母为大狐偃，晋献公的宠妾骊姬想让她的儿子奚齐成为太子，于是设计杀害了太子申，又嫁祸于重耳，重耳逃回其封地蒲城，其父晋献公派军绞杀并攻打蒲城。重耳念及父子之情，更不愿意蒲城百姓受难，决定离开自己的国家开始逃亡。

《晋公子重耳之亡》分为"重耳复国""重耳报恩""重耳画像""介子推不言禄"四个部分,本章内容选自"重耳复国"。

(2)从文体结构和吟诵节奏方面考察。

晋公子重耳之亡

晋公子重耳之及于难也,晋人伐诸蒲城。蒲城人欲战,重耳不可,曰:"保君父之命而享其生禄,于是乎得人。有人而校,罪莫大焉。吾其奔也。"遂奔狄。从者狐偃、赵衰、颠颉、魏武子、司空季子。

狄人伐啬咎如,获其二女:叔隗、季隗,纳诸公子。公子娶季隗,生伯鯈、叔刘;以叔隗妻赵衰,生盾。

将适齐,谓季隗曰:"待我二十五年,不来

而后嫁。"对曰:"我二十五年矣,又如是而嫁,则就木焉,请待子。"处狄十二年而行。

过卫,卫文公不礼焉。出于五鹿,乞食于野人,野人与之块。公子怒,欲鞭之。子犯曰:"天赐也。"稽首受而载之。

及齐,齐桓公妻之,有马二十乘。公子安之。从者以为不可。将行,谋于桑下。蚕妾在其上,以告姜氏。姜氏杀之,而谓公子曰:"子有四方之志,其闻之者吾杀之矣。"公子曰:"无之。"姜曰:"行也。怀与安,实败名。"公子不可。姜与子犯谋,醉而遣之。醒,以戈逐子犯。

及曹,曹共公闻其骈胁,欲观其裸。浴,薄

第四章 四川传统吟诵的基本面貌

而观之。僖负羁之妻曰："吾观晋公子之从者，皆足以相国。若以相，夫子必反其国。反其国，必得志于诸侯。得志于诸侯而诛无礼，曹其首也。子盍早自贰焉？"乃馈盘飧，置璧焉。公子受飧反璧。

及宋，宋襄公赠之以马二十乘。

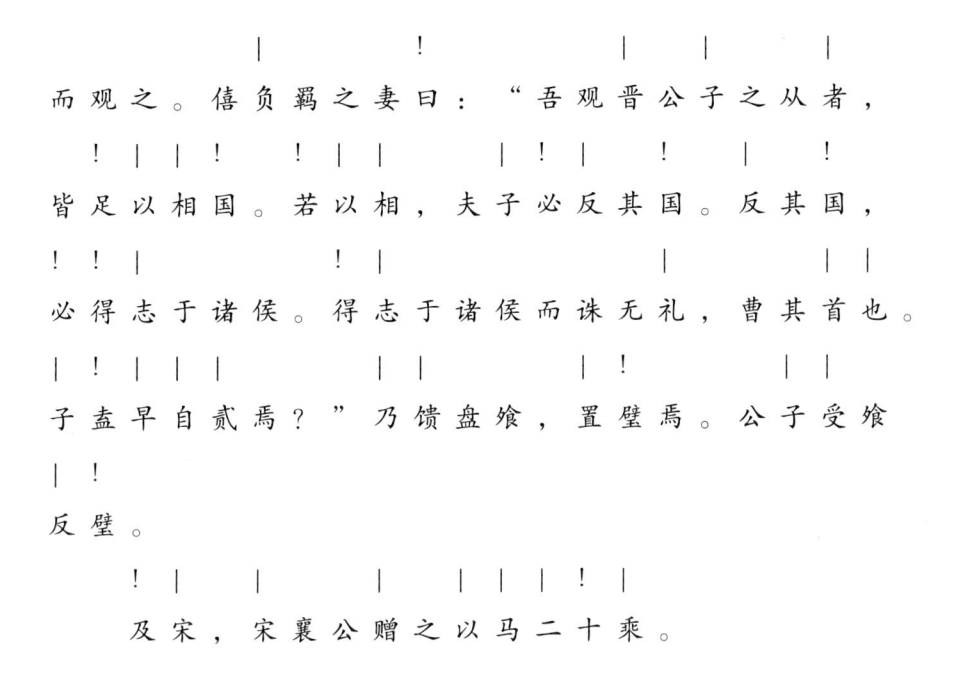

寇森林先生吟诵的全文可以分为六个层次。

a. "晋公子重耳之及于难也"到"从者……司空季子"为第一个层次，交代了重耳出逃的背景，介绍了跟随其出逃的五人，寥寥数语点明了重耳"知礼仪，得人心"的主题。

b. "狄人伐廧咎如"到"处狄十二年而行"为第二个层次，狄国是重耳母亲的祖国，所以重耳将其作为逃亡的首选之国，狄国以礼相待，送女子为妻。在狄国的十二年期间，该国内忧外患，于是重耳心生去意，整顿人马离开狄国逃亡到齐国。

c. 从"过卫，卫文公不礼焉"到"稽首，受而载之"为第三个层次，逃经卫国时，重耳受到了卫国国君的冷遇，既没有设宴款待，又没有表示欢迎。无可奈何的重耳又亡命于去往齐国的路上，饥渴难耐之时，向当地人要饭，却被施舍以泥土，受到奇耻大辱，愤怒的重耳欲用鞭子抽打这个无理之人，被随从子犯劝阻，继续向齐国奔逃而去。

d. 从"及齐，齐桓公妻之"到"醒，以戈逐子犯"为第四个层次，重耳到达齐国后，娶了姜氏为妻，沉溺于稳定安逸的生活，重耳的随从和姜氏都担心其安于现状，荒废大业，于是姜氏和子犯共同商议设计让他离开齐国。

e. 从"及曹，曹共公闻其骈胁，欲观其裸"到"公子受飧反璧"为第五个层次，重耳被迫逃亡到曹国，曹共公荒唐无理，想让重耳脱光衣服展示其长在一起的肋骨，实则是曹共公对重耳的侮辱，以此让其离开曹国。曹国大夫僖负羁的妻子知道重耳必将成就一番事业，担心曹国和其丈夫引火烧身，把当前局势分析给僖负羁听，并让他礼待重耳。

f. "及宋，宋襄公赠之以马二十乘"是最后一个层次，到了宋国，宋襄公赠送了他二十乘的马。

古典诗文的语步节奏具有很强的整饬性，寇先生的吟诵节奏与与该文章的语步节奏、意义节奏基本保持一致。

（3）从声韵调系统方面考察。

《晋公子重耳之亡》选章与诗词不同，篇幅较大，没有韵字，共有66个入声字，111个仄声字。寇先生吟诵时基本遵循了平长仄短的吟诵方法，渠县方言的平翘舌基本不分，所以文中所有的翘舌音都发的平舌音。

表4—3—4 《晋公子重耳之亡》普通话和渠县方言发音差异字

文字	普通话发音	渠县方言发音	异同分析
乎	{hu}55	{f-u}55	四川方言大多把 h 发成 f，仅声母是渠县方言发音，调值不变
得	{de}35	{d-ə}21	韵母变为渠县方言特色音ə，调值由普通话的35变为渠县方言的21
遂	{sui}51	{x-u}214	声韵母都渠县方言发音，声母由 s 变为 x，韵母由 ui 韵变为 u 韵，调值由普通话的51变为渠县方言的214
者	{zhe}214	{z-ə}42	韵母变为渠县方言特色音ə，声母变为平舌音，调值由普通话的214变为渠县方言的42
狐	{hu}35	{fu}21	h 发成 f，仅声母是渠县方言发音，调值由听话的35变为渠县方言的21

续表

文字	普通话发音	渠县方言发音	异同分析
衰	{shuɑi}55	{c-ui}55 古音	文中这个字是古发音。声韵母都不同，调值不变
伯	{bo}35	{b-ə}21	韵母变为渠县方言特色音ə，调值由普通话的35变为方言的21
盾	{dun}51	{d-en}214	韵母变为渠县方言特色音en，调值由普通话的51变为渠县方言的214
乘	{cheng}35	{s-eng}21	发平舌音，声母由zh变为s，调值由普通话的35变为渠县方言的21
安	{ɑn}55	{ŋ-ɑn}55	由零声母变为ŋ声母，具渠县方言特色，调值不变
可	{ke}214	{k-o}42	韵母由e变为o，调值由普通话的214变为渠县方言的42
骈	{piɑn}35	{bin}21	声韵母都发生改变，声母由p变为b，韵母由iɑn变为in.调值由普通话的35变为渠县方言的21
胁	{xie}35	{s-ə}21	声韵母都改变，声母由x变为s，韵母由ie韵变为ə，调值由普通话的35变为渠县方言的21
国	{guo}35	{g-uə}21	声母变为渠县特色音由uo韵变为uə韵，调值由普通话的35变为渠县方言的21
皆	{jie}55	{g-ɑi}55	典型的渠县方言发音，声韵母都有改变，由jie变为gɑi.调值不变
盍	{he}35	{h-ə}21	韵母发生改变由e韵变为ə韵，调值由普通话的35变为渠县方言的21
饟	{xiɑng]214	{sen}55	声韵母都改变，由xiɑng变为sen，调值由普通话的214变为渠县方言的55

注：普通话调值55、35、214、51；渠县方言调值55、21、42、214。

4）从音乐性方面考察。

晋公子重耳之亡
《春秋左传》

左丘明（春秋）
寇森林先生吟诵
李娟　记谱

a. 基本结构。

吟诵调《晋公子重耳之亡》选章共分六段，大致以主干音 135 三个音级变化组合而成的 a 型音乐短句（51 11 3-）和 b 型音型短句（11 531·）变化重复构成全曲。

b. 音阶调式。

调式音阶为123561，吟诵调以宫音（1）作为调式主音和结束音，以角音（3）为上句终止，调式调性明确，属民族五声宫调式。

c. 旋律线。

第一段"晋公子重耳之及于难也"到"从者狐偃、赵衰、颠颉、魏武子、司空季子"，旋律围绕主干音 135 变化发展，间有 26 两音装饰，以五度音程大跳和三度音程级进为主，如"晋公子、之及、晋人、保君父之、其生禄、其奔也、遂奔狄"（15 3、51、351·、13 15、15 321、1531·、351·），形成以 a（51 11 3-）、b（11531·）两种不同音调的旋律型贯穿其中。寇老在吟诵时注重句式节奏，起句以读诵为主，一字一音，不疾不徐，句末加以三度内音程级进的旋律拖腔，如"也、战、禄、校、焉、也、狄、偃"（21·、13、21、13-、3-、31·、1·、31），唱诵结合，增添了旋律的节奏感和音乐性，音调舒展委婉，清晰地交代了重耳出逃的背景，点明了重耳"知礼仪，得人心"的主题。

第二段"狄人伐廧咎如"到"处狄十二年而行"，旋律大量出现同音反复和三度音程级进，如"狄人伐廧、获其、叔隗、伯儵、适齐、不来"（111、11、11、11、11、11）；"女、公子、以叔、生盾、待我二十五、而后、对曰、木焉、处狄"（3·1、53、31、3-13、53 53 53、135、351、13-、31），呈现平稳中有曲折的波纹型旋律形态。寇老吟诵时，句末常用旋律拖腔，如"如、女、公子、季隗、叔刘、赵衰、盾、年、嫁、矣、嫁、焉、子、行"（1-、3·1、53·21、351、6 61、21 5 3·、13、21、121、2-、61 13-、3-、1-），以叙述的口吻描述重耳在狄国娶妻生子十二年的平静生活和离狄去齐的打算，吟诵音调平稳质朴而不失韵味。

第三段"过卫，卫文公不礼焉"到"稽首，受而载之"，此段共五句，篇幅缩短，结构简练，素材单一，旋律在中音区的五度内围绕 135 三个音平稳发展，ab 型音乐短句前后结合，起伏相间，如 a 短句"卫文公不礼焉、稽首，受而载之"（53 51 33--、5315113-）；b 短句"出于五鹿、乞食于野人、野人与之块"（113·1、11 13·1、313 53 1），音调平稳中有起伏，真实地描写了重耳逃经卫国时受到的冷遇和遭当地无礼乡民羞辱后，在随从子犯的帮助和劝导下忍辱负重，继续奔逃齐国的经过。

第四段"及齐，齐桓公妻之"到"醒，以戈逐子犯"，故事发生了转变，旋律进行也做了相应调整，"及齐，齐桓公妻之、有马二十乘、公子安之"（11·16133-、33 3·51-、3133-），以同音反复和三度音程级进开篇，以平稳舒展的旋律形态，轻松和缓的旋律音调描写重耳在齐国以礼相待和安于现状的生活状态。"从者以为不可，将行，"至"姜氏杀之"（135 31 351·115 23·113 11·1131-31130），ab 型旋律交替发展，五度大跳结合三度音程级进，故事发展趋于紧张。"而谓公子曰：子有四方之志，其闻之者吾杀之矣"，寇老在吟诵此句时语气急促语速明显加快，全句19字并未作拖腔处理一气呵成，完美诠释了姜氏的公正果断、言行不怠的烈女形象。"公子曰：无之。姜曰：行也。怀与安，实败名"，寇老吟诵时作了三处"公子曰、姜曰、败名"（531·、51、351 ·）波音润腔处理，音调曲折委婉，将重耳与姜氏的对话及人物形象刻画得细致入微。"公子不可"至"醒，以戈逐子犯"（531⌒51·、⌒5133、10353151），五度三度音程跳进级进交替，ab 型短句起伏相间，前倚音"⌒"、波音" "色彩润饰，音调更为细腻委婉，生动形象地描述了姜氏和子犯共同商议设计让重耳离开齐国的情景。

第五段"及曹，曹共公闻其骈胁，欲观其裸"到"公子受飧反璧"。开篇"及曹，曹共公闻其骈胁，欲观其裸"（11·163·﹨11-6311513·）旋律中以613 三音作为主干音，调式色彩发生转变，阴郁暗淡的音调揭示了曹共公的无礼行为。"僖负羁之妻曰：吾观晋公子之从者，皆足以相国"至"乃馈盘飧，置璧焉"，旋律中多处运用四分音符 X 和二分音符 X-宽松舒展节奏型，如"若以相、必得志于诸侯、乃馈盘飧、置璧焉"（1113-、0111131、03513-、0113），加以较长时值的句末旋律拖腔，如"相、无礼、也、焉、飧"（13-、13·3-、31·1-、3-、3-），经寇老平稳的语速，质朴流畅的吟诵，深刻地刻画了曹国

- 431 -

大夫僖负羁的妻子独具慧眼和颇有政治谋略的女性形象。

第六段"及宋，宋襄公赠之以马二十乘"（1̲132̲1335̲3̲3̲·55̲11̲），为此篇最简短的一段，交代事件，一带而过。旋律进行简洁明了，以平实的音调、陈述的口吻交代了重耳在宋国所受的待遇。

d. 节奏腔式。

根据音频资料结合吟诵曲谱，我们发现，寇老在吟诵此篇文章时，遵循渠县方言咬字发音，取当地语音声调行腔。大量运用八分音符 XX、四分音符 X、二分音符 X-，节奏相对宽松舒展。旋律主要围绕 135 三个主干音变化发展，音域跨度不大（7 度内），旋律起伏不明显，寇老吟诵时注重句式节奏，起句多为一字一音的读诵，节奏感强，句末伴有旋律拖腔处理，辅以唱诵，如第一段中"也、战、禄、校、焉、也、狄、偃"（2̲1·、1̲3̲、2̲1̲、1̲3̲-、3-、3̲1̲·、1·、3̲1̲）；第二段中"如、女、公子、季隗、叔刘、赵衰、盾、年、嫁、矣、嫁、焉、子、行"（1-、3̲·1̲、5̲3̲·2̲1̲、3̲5̲1̲、6̲ 6̲1̲、2̲1̲ 5 3·、1̲3̲、2̲1̲、1̲2̲1̲、2-、6̲1̲1̲3-、3-、1-）；第五段中"相、无礼、也、焉、飨、"（1̲3̲-、1̲3̲·3-、3̲1̲·1-、3-、3-）。其中装饰音（下滑音、前倚音、波音）的色彩润腔运用，增强了该吟诵调的地方特色和韵味，更具艺术感染力，如"也、人、行、之"（2̲1̲·↘、1-↘、1-↘、3-↘）；"公子曰、姜曰、败名"（5̲3̲1̲·、5̲1̲、3̲5̲1̲·）；"姜与子犯谋，醉而遣之"（5̲3̲1̲⁀5̲1̲·、⁀5̲1̲3̲3̲），吟诵曲调整体趋于平实质朴，具有渠县代表性吟诵读文特征。

5. 寇森林先生达州传统吟诵特点。

（1）读唱式的古文吟诵。

《左传》作为编年体史书，记载的都是历史事件，情感明显没有诗词丰富，抗坠之声明显没有诗词频繁，寇先生在吟诵《晋公子重耳之亡》时运用渠县方言读唱来疏通文意、加深理解，以读诵为主唱诵为辅，通常起句为读、句末加唱，句中逻辑重音处偶而加唱，语义结束处加短促拖腔，由此形成旋律平缓、气度中和具有寇氏特质的达州传统吟诵读文法。

从实践上看，我们认为诗的吟诵停顿、拖腔节奏、平仄长短都有一定的规范，词曲次之，古文则较为自由。诗词的篇幅往往较短，而寄予诗人的感情又较多，如此便为吟诵者的表情达意提供了更大空间，所以"吟诗"节奏较为缓慢、音乐性较强、旋律感突出，通常在平声字和韵字上拖腔，体现声韵、表达情感。"诵文"虽然没有相对固定的旋律定腔，但注重语言节奏、文章气象，古文不太讲究平仄和韵字，尤其是先秦散文，故而在吟诵中有较大的自由性和灵活性。韩愈在《题欧阳生哀辞后》说："愈之为古文，岂独取其句读不类於今者邪？思古人而不得见，学古道则欲兼通其辞。"①作为古文运动杰出的组织者和领导者，韩愈主张恢复先秦和汉代散文内容充实、长短自由、朴质流畅的传统，并将这类散文体称之为古文。《春秋左传》作为儒家"五经"之一，具备了所有先秦散文的特质，主要为叙事说理类的古文，情感抒发方面与诗词相比较少，且文章篇幅较大，不讲究平仄和押韵，所以在吟诵时音乐性不多、旋律感较少，注重读诵，便于读者理解文意。

（2）灵活性的读文节奏。

吕叔湘②先生曾在《中小学语文教学问题》中提到："讲到读书，中国的传统是耕读的，特别是古文有一定的念法，一定的腔调。"③清代学者沈德潜在其《说诗晬语》中提出："读者静气按节，密咏恬吟，觉前人声中难写，响外别传之妙，一齐俱出。"④这里所谓的"古文有一定的念法和腔调"便是"静气按节，密咏恬吟"，简而言之，便是按照文章气象和汉语规律，以遵循句式节奏的读诵方式为主，以音乐旋律的唱诵方式为辅的读文法。寇先生的吟诵深刻地诠释了这一传统吟诵方

---

① 刘振鹏主编：《韩愈文集·题欧阳生哀辞后》，辽海出版社2010年版，第2卷，第57页。
② 吕叔湘（1904—1998），语言学家，代表作《现代汉语词典》《中国文法要略》《汉言虚字》等。
③ 吕叔湘：《中小学语文教学问题》，《江苏师院学报》1978年第2期。
④ （清）沈德潜：《说诗晬语》，人民文学出版社2013年版，第325页。

式。尤其在吟诵节奏方面紧扣文章句意，严格遵循汉语规律，虽灵活性较大、富于变化，但却节奏分明、错落有致。

寇先生吟诵节奏分析：

二言句：2+0"过卫"。

三言句：3+0"遂奔狄"；2+1"子犯曰""天赐也"；1+2"怀与安""实败名"。

四言句：2+2"有人而校""吾其奔也"；2+1+1"获其二女""罪莫大焉"；1+2+1"出于五鹿"；3+1"曹其首也"。

五言句：2+2+1"蒲城人欲战"；3+2"于是乎得人"；2+3"公子取季隗"；1+2+2："野人与之块"。

六言句：2+2+2"晋人伐诸蒲城"；2+3+1"待我二十五年"；1+3+2"我二十五年矣"；3+3"僖负羁之妻曰""狄人伐廧咎如"。

七言句：2+3+2"处狄十二年而行"；3+2+2"曹共公闻其骈胁"。

八言句：4+4"其闻之者吾杀之矣"；2+3+3 吾观晋公子之从者。

九言句：3+2+4"得志于诸侯而诛无礼"。

十言句：3+2+1+2+2"晋公子重耳之及于难也"；3+2+3+2"保君父之命而享其生禄"；3+2+2+3"宋襄公赠之以马二十乘"。

寇森林先生就其吟诵节奏专门指出："通过吟诵节奏培养语感，增强语言的敏锐性，从而逐渐发现文章的内在结构，通过吟诵过程中的停顿才能有时间更好地理解文章句意，通过轻重缓急的读书声才能充分感受作者的情感。"

（3）标志性的旋律拖腔。

寇森林先生在吟诵先秦散文时多以 a（51 11 3-）、b（11531·）两种不同的旋律音型变化组合其中，并作变化重复。起句一字一音现象明显，富有节奏感，末字尾音多为"1"和"3"两音作结的旋律拖腔，具有调式稳定感，以 a（51 11 3-）、b（11531·）两类标志性旋律拖腔贯穿全曲，如第一段：a 旋律拖腔"晋公子重耳、有人而校、罪莫大焉"（15 321 3-、51 11 3-、5163-），

b 旋律拖腔"其生禄、吾其奔也、狄人伐廥咎如"(<u>15 32</u> 1、<u>11</u>5<u>3</u>1·、<u>1</u>11<u>15</u>1-)。第二段：b 旋律拖腔"狄人伐廥咎如、获其二女、纳诸公子、不来而后嫁、十二年而行"（<u>1</u>11<u>15</u>1-、<u>11 1235</u> 3·1、<u>6</u>1<u>53</u>·<u>2</u>1、<u>11 135 51</u>2 1、<u>15 32</u> 1-）。第三段：a 旋律拖腔"卫文公不理焉、受而载之"（<u>535133</u>--、<u>5</u>11<u>3</u>-、），第四段：a 旋律拖腔"将行、谋于桑下、姜曰：行也、醉而遣之"（<u>5</u>1·<u>11523</u>·、<u>5</u>11<u>3</u>-、<u>5</u>1<u>33</u>），b 旋律拖腔"以告姜氏、而谓公子曰、其闻之者吾杀之矣、醒、以戈遂子犯"（<u>11</u> 31、<u>11</u>5<u>3</u>1·、<u>11531</u>1<u>3</u>1、<u>10353151</u>）。第五段：a 旋律拖腔"欲观其裸、公子之从者、得志于诸侯而无礼"（<u>15 13</u>·、<u>55 51</u> 3、<u>1 31 5 11 1 3</u>·3-）b 旋律拖腔"薄而观之、足以相国"（<u>11</u>5<u>3</u>·1、<u>1</u>1<u>51</u>）。该吟诵调虽整体旋律性不强，但拖腔明显，极具四川达州传统吟诵的读文特点。

四　乐山传统吟诵研究

（一）以杜道生先生为例

1. 乐山市概貌。

乐山，古称嘉州，四川省辖地级市，岷江、青衣江、大渡河三江在此交汇，北与眉山接壤，东与自贡、宜宾毗邻，南与凉山相接，西与雅安连界，是四川南部的中心城市。公元前 256 年，李冰组织当地乡民凿断凌云山崖，开出引水渠道，从此岷江、大渡河在乐山的水上航运逐步发展起来。

乐山历史上属古蜀国，公元前 600 年前后，以鳖灵为首领的开明氏部族定居青衣江流域，在此生息繁衍，开垦荒地，史称蜀王"开明故治"。公元前 309 年，秦武王派兵南下，灭掉开明氏，建立南安县（今乐山市市中区），陕西泾水大量人口迁徙到青衣江流域定居。至北周时期设嘉州，南宋置嘉定府，故乐山又名嘉州，雍正十二年嘉定府治置乐山县，后"乐山"之名一直沿用至今。

2. 乐山方言的声韵调系统。

引李东穗先生《四川乐山方音系统研究》考：乐山地处三江，文化悠久，清代湖广填四川后，四川本地语言多受外来湖广话融合影响，但由于山川河流的阻挡，移民未能大规模进入乐山地区，使得乐山的古汉语调类系统得以最大程度的保存。①

黄雪贞教授《西南官话的分区（稿）》一文将乐山方言归为"灌赤片岷江小片"，方言中保留中古入声。②李蓝《西南官话的分区（稿）》一文将乐山方言归为"西蜀片岷赤小片"，虽名称稍有区别，但内容一致。③

灌赤片主要分布在岷江流域一带。古代交通多借助河流，语言声腔往往因水而浸淫趋同。岷江小片沿岷江水流贯穿南北，北起都江堰，南至宜宾，且略延伸至泸州，横向则摄青衣江流域的雅安地区。在这一大片区域的方言俚语中，因地而异，或部分、或大量，甚至全部保存了古代汉语中的"入声"语音。按照语言学家周及徐教授的理论，这一带的语音可概括为"南路话"。乐山处于这一区域的中部，是最典型的入声方言区。可以说乐山方言是岷江小片的典型代表。乐山方言作为四川方言入声独立区，成为四川最具代表性的一种分支语言，具有强烈的地域特色和重要的文化价值，对汉语语音史的研究有很大价值。

乐山方言的最大特点是较为完整地保留了古汉语调类系统的入声字，在声韵调方面有其独特的语音发声特征。入声字声调较之去声更重，读音急促轻短，如"白、湿、吃、急、客"等。乐山著名人物郭沫若，姓名三字全是入声，他的名字用乐山方言喊出来，就特别响亮。

乐山方言广泛而多样，狭义的乐山方言指乐山中部地区方言（市中区、犍为县、五通桥、沙湾区）；广义的乐山方言包括中部地区的乐山方言，西北

---

① 李东穗：《四川乐山方音系统研究》，江西师范大学硕士学位论文，2017年。
② 黄雪贞：《西南官话的分区稿》，《方言》1986年第4期。
③ 李蓝：《西南官话的分区稿》，《方言》2009年第1期。

部地区的夹江方言（夹江县、峨眉山市、峨边县、金口河区），西南部地区的嘉南方言（马边县、沐川县），东部地区的自贡方言（井研县）等区县方言；本文主要是以狭义的乐山方言为主进行吟诵分析。

（1）声母。共21个，包括辅音声母20个，零声母1个。

表4—4—1　　　　　　　　　乐山方言声母

		双唇	齿唇	舌尖前	舌尖中	舌面前	舌根
塞音	清 不送气	p			t		k
	送气	p'			t'		k'
塞擦音	不送气			ts		tɕ	
	送气			ts'		tɕ'	
鼻音	浊	m			n		ŋ
擦音	清		f	s		ɕ	x
	浊		v	z			
边音					l		
零声母		ø					

（2）韵母。共有39个。单韵母11个，复韵母16个，鼻韵母12个。

表4—4—2　　　　　　　　　乐山方言韵母

	开尾韵								元音尾韵				鼻音尾韵			
开口呼	ɿ	A	æ	o	ʊ	ɛ	ə	ɚ	ai	ei	au	əu	an	ən	aŋ	oŋ
齐齿呼	i	iA	iæ		ie		iɛ			iau	ieu	in	iɛ	iaŋ		
合口呼	u	uA			uɛ				uai	uei			uan	uən	uaŋ	uoŋ
撮口呼	y				yo	yɛ										yoŋ

（3）声调调值调型。从调类方面看，乐山方言有5个声调，即阴平（高平调）、阳平（中降调）、上声（高降调）、去声（低升调）、入声（半高

平调或中平调）。阴入和阳入不分。

表4—4—3　　　　　　乐山方言声调[①]

调类	阴平	阳平	上声	去声	入声
调值	55	31	42	13	33
调型	高平调	中降调	高降调	低升调	半高平调、中平调

3. 杜道生先生及其乐山传统吟诵。

杜道生（1912—2013）先生，四川省乐山市人，文字学家、语言学家、音韵学和古文学家，主要论著有《汉语大字典》《论语注译》《四川扬琴传统唱本选》《〈中华大字典〉校阅琐记纠正存在之错误》《及神农氏结绳为治而统其事的探索》《汉字：人类心灵几何学》《试评秦始皇书同文字》等。

杜道生先生 7 岁入杜家祠堂私馆，由得过秀才功名的九叔祖发蒙。期间杜老包本背诵《三字经》《百家姓》《千字文》《大学》《中庸》《论语》《孟子》《左传》等，直至百岁尚能全书记诵。杜道生先生曾感慨："八年私塾，受儒家陶养，程朱旧注先入为主，一辈子治学的功夫全赖这八年在九叔祖家练的童子功。"

1933 年，21 岁的杜道生毕业于四川大学附属高中文科第一班，同年考入四川大学中文系，1934 年转考至北平辅仁大学文学系，1935 年又同时考取北京大学和清华大学，因仰慕胡适先生，最终选择入读北京大学中文系。1937 年毕业后留校继续攻读研究生。时逢抗战全面爆发，杜道生先生南迁返回家乡乐山，1940 年至 1946 年入乐山复性书院随马一浮先生治儒学、入乐山五通桥黄海化学工业社附设哲学部受熊十力先生教诲。1956 年由乐山一中副校长调入四川师范学院任教直至 1992 年退休。

---

① 李书：《四川乐山等六县市方言调查研究》，四川师范大学硕士学术论文，2014 年。

杜道生先生一生多遇鸿儒巨擘，对其学问、人格的塑造影响至深。中学时期著名作家李劼人先生是其语文教师；求学辅仁大学时，亲炙语言文字学家沈兼士先生和史学家陈垣先生、目录学家余嘉锡先生；求学北京大学时，受教于胡适、钱穆、冯友兰、顾颉刚、闻一多、唐兰、周作人、朱光潜、罗常培、杨伯峻、马裕藻等先生。

杜道生先生晚年曾总结自己的人生："本人个性内向，不多接触教学以外的工作，我的人生归纳起来就是两点，读书和教书。"

4. 杜道生先生乐山传统吟诵举隅。

笔者在 2003 年夏天的一个夜晚，曾经听到过杜道生先生用乐山方言吟诵庄子的《养生主》《逍遥游》，很可惜当时没有录音录像，笔者也没有传承下来。2010 年秋中华吟诵学会到成都进行采录，时杜老正值病中，但仍然坚持以 98 岁高龄病躯吟诵《前出师表》选段。以下是我们对杜老吟诵内容的详细分析。

（1）古文《出师表》（节选）。

1）从创作背景方面考察。

诸葛亮(181—234)，字孔明，号卧龙。琅玡阳都人(今山东沂南县)。三国蜀汉丞相，政治家、军事家。

《出师表》出自《三国志》，是蜀汉建兴五年(227)诸葛亮准备挥师北伐曹魏之前给后主刘禅上书的表文。临行前感慨后主暗弱，内忧外患，上表劝谏刘禅发奋图强，追续先帝遗愿。文中淋漓尽现了诸葛亮忠肝义胆、鞠躬尽瘁的决心。后世有言："读《前情表》不堕泪者，其人必不孝；读《出师表》不堕泪者，其人必不忠。"其被视为"至文"而流传不朽，至今仍熠熠生辉，粲然于文苑。

2）从文体结构和吟诵节奏方面考察。

出 师 表

臣亮言：先帝创业未半而中道崩殂，今天下三分，益州疲弊，此诚危急存亡之秋也。然侍卫之臣不懈于内，忠志之士忘身于外者，盖追先帝之殊遇，欲报之于陛下也。诚宜开张圣听，以光先帝遗德，恢弘志士之气，不宜妄自菲薄，引喻失义，以塞忠谏之路也。

宫中府中，俱为一体，陟罚臧否，不宜异同。若有作奸犯科及为忠善者，宜付有司论其刑赏，以昭陛下平明之理。

"表"是古代向帝王上书陈情言事的一种文体，《出师表》是诸葛亮北伐出征前，向君主上的奏章。全文以"追先帝之殊恩，报之以陛下"之情贯通始终，全篇波澜起伏、气象辽阔、情感真挚深沉。文中多用整齐工稳的排比、对偶句式。

第四章 四川传统吟诵的基本面貌

杜道生先生只吟诵了文章的前一部分,共 23 句。选段为诸葛亮进谏部分,从当前局势叙起,由势入理,以理服人,以情动人,激发继承先帝遗志之情,以震动后主之心,完成千秋大业。用恳切委婉之语,循循善诱,勉励后主刘禅,提出三项建议:广开言路、严明赏罚、亲贤臣远小人。

杜老的吟诵节奏按照文章气象和汉语规律,紧扣句意,严格遵循汉语规律,虽灵活性较大、富于变化,但却节奏分明、错落有致。

对于字数为偶数的句子,杜老的吟诵节奏比较简洁,如:四言为 2+2(共 6 处),六言为 2+2+2(共 4 处),八言为 2+2+2+2(共 3 处)。奇数句中,三言"臣亮曰"为 1+2,五言"而中道崩殂"为 1+2+2,"今天下三分"为 2+2+1,七言"欲报之于陛下也"为 1+3+2+1,"以塞忠谏之路也"为 2+2+2+1,九言"此诚危机存亡之秋也"为 2+5+1+1,"忠志之士忘身于外者"为 2+2+2+2+1、"然侍卫之臣不懈于内"为 1+2+2+2+2,十一言句"若有作奸犯科及为忠善者"为 2+2+2+2+2+1。

另外两句杜道生先生给予了特殊处理,八言偶数句"陛下陈宜开张圣听"在句尾字"听"后增加语气助词"诶"变成奇数句,吟诵节奏为 2+2+2+2+1;七言奇数句"盖追先帝之殊遇"在句尾字"遇"后增加语气助词"诶"变成偶数句,吟诵节奏为 2+2+2+2。

3)从声韵调系统方面考察。

此吟诵选段有 17 个入声字、58 个仄声字,超总字数的一半,具有铿锵抑扬、高低抗坠的音律特点。

杜道生先生吟诵时,遵循乐山方言发音习惯,平翘舌音不分,均读平舌。因杜老尚在病中,气息微弱,对发音有一定影响。

表 4—4—4 《前出师表》普通话和乐山方言发音差异字

文字	普通话发音	乐山方言发音	异同分析
业	{ye}51	{n-ie}33(入)	典型的乐山方言发音,调值由普通话的 51 变为入声的调值 33

续表

文字	普通话发音	乐山方言发音	异同分析
崩	{beng}55	{b-en}55	调值不变，韵母由后鼻韵变为前鼻韵的读音
懈	{xie}51	{x-i-ɑi}13	调值由51变为13，韵母由ie韵变为iɑi韵
陛	{bi}51	{bei}13	调值由51变为13，韵母由i变为ei韵，属于乐山方言习惯的读音，在四川方言里不具备普遍性
宜	{yi}35	{ni}31	调值由35变为31，声母由y变为n
义	{yi}51	{ni}13	调值由35变为13，声母由y变为n
德	{de}35	{də}33（入）	韵母由e韵变为方言韵ə，调值由35变为入声的33
陟	{zhi}51	{zə}33（入）	调值由51变为入声的33。声母变为平舌音，韵母由i韵变为ə韵
及	{ji}35	{jie}33（入）	韵母由i韵变为ie韵，调值由35变为入声的33
论	{lun}51	{len}13	调值由51变为方言的13，韵母由un韵，变为en韵，是典型的四川方言读音，具有普遍性

注：普通话调值55、35、214、51；乐山方言调值55、31、42、13、33（入）。

4）从音乐性方面考察。

a. 基本结构。

此曲谱记谱内容为《出师表》第一段和第二段的一部分内容，吟诵旋律呈现为以a（25 1̲6·）、 b（03 52 53）和c（1̲5 6̲5）三个音乐短句变化重复贯穿全曲的A+B两段体结构。

b. 音阶调式。

音阶调式为6̲12356；吟诵调以羽（6）音作为调式主音和结束音，以羽（6）为上句终止所支持的羽终止群体，调式调性明确，属民族五声羽调式。

出师表

诸葛亮 （三国）
杜道生先生 吟诵
李娟 记谱

2 5 | 1 6· 2 1 6 6 6 6 | 0 3 5 2 5 3 | 5 5 2 5 2 1 6 |
臣亮言： 先帝创业未半， 而中道崩殂。 今天下三分，

2 1 5 6 0 | 2 1 5 6 6 5 6 6·5 | 0 3 3 2 5 3 1 2 1 5 6 0 |
益州疲弊， 此诚危急存亡之秋也。 然侍卫之臣 不懈于内，

1 5 6 5 6 1 5 6 6 | 2 3 5 2 3 5 2 3 1 6· |
忠志之士忘身于外者，盖追先帝之殊遇（诶），

0 5 6 3 1 6 2 3 1 6 | 3 5 3 5 2 3 5 5 | 2 3 5 3 2 |
欲报之于陛下 也。（陛下） 诚宜开张圣听 （诶），

1 2 3 2 5 6 | 2 1 5 6 1 5 | 2 1 5 6 5 6 |
以光先帝遗德，恢弘志士之气，不宜妄自菲薄，

1 5 6 5 | 6 1 2 5 | 1 6 1 | 5 0 ‖
引喻失义， 以塞忠谏之路 也。

5 5 2 5· | 1 6 2 1 6 | 2 2 3 1 6 | 6 6 6 1 5 |
宫中府中， 俱为一体， 陟罚臧否， 不宜异同。

5 2 5 5 2 5 3 | 1 6 2 1 6 | 6 1 6 1 2 1 6 6 |
若有作奸犯科 及为忠善者，宜付有司论其刑赏，

6 1 6 1 5 5 1 6 ‖
以昭陛下平明之理。

c. 旋律线。

A 段从"臣亮言"至"以塞忠谏之路也",旋律组合以 a（2̲5̲ 1̇6̇·）音乐短句为主,b（0̲ 3̲5̲2̲ 5̲3̲）、c（1̲5̲ 6̲5̲）音乐短句结合其中,a 类旋律主要呈现为以四度、五度（2̲5̲、1̲5̲、6̲2̇）跳进和二度、三度级进（1̇6̇·、2̲1̲ 6̲、2̲1̲）相结合的峰谷型旋律进行形态,在低音5至中音5的八度音程间中低音区变化发展,如:"臣亮言"（2̲5̲ 1̇6̇·）、"先帝创业未半"（2̲1̲ 6̲6̲ 6̲6̲）、"下三分"（2̲5̲ 2̲1̲ 6̲）、"益州疲弊"（2̲1̲5̲ 6̲0）、"不懈于内"（2̲1̲5̲ 6̲0）、"忘身于外者"（6̲1̲ 5̲6̲ 6̲）、"之殊遇（诶）"（3̲5̲ 2̲3̇ ⁷6̇·）、"陛下也"（6̲2̲3̇ 1̇6̇）、"以光先帝遗德"（1̲2̲ 3̲2̲ 5̲6̲）、"不宜妄自菲薄"（2̲1̲ 5̲6̲ 5̲6̲）,b 类旋律相对平稳,素材简练,主要以235三音在中音区变化连接,如:"而中道崩殂"（0̲3̲ 5̲2̲ 5̲3̲）、"然侍卫之臣"（0̲3̲3̲ 2̲5̲ 3̲1̲）、"盖追先帝"（2̲3̲ 5̲2̲）、"（陛下）诚宜"（3̲5̲ 3̲5̲ 2̲3̲）、"开张圣听"（5̲5̲ 2̲3̲ 5̲3̲2̲）,c 类旋律多在低音区发展,音调低沉,如:"亡之秋也"（5̲6̲ 6̇·5̇）、"志士之气"（5̲6̲ 1̲5̲）"忠志之士"（1̲5̲ 6̲5̲）、"引喻失义"（1̲5̲ 6̲5̲）、"以塞忠谏"（6̲1̲ 2̲5̲）、"之路也"（1̲6̲1̲ 5̲0）。杜老吟诵"言、分、遇（诶）、也"（1̇6̇·、2̲1̲ 6̲、2̲3̇ ⁷6̇·、1̲6̲）末字时作拖腔,结音均在调式主音6上。连续规整的两字一拍的二八节奏也是该吟诵调的特点,如:"以光先帝遗德,恢弘志士之气,不宜妄自菲薄,引喻失义,以塞忠谏"（1̲2̲ 3̲2̲ 5̲6̲、2̲1̲ 5̲6̲ 1̲6̲、2̲1̲ 5̲6̲ 5̲6̲、1̲5̲ 6̲5̲、6̲1̲ 2̲5̲）。这几句皆是诸葛亮的劝谏之词,杜老吟诵时干脆、干练,表达了诸葛亮希望刘禅听取并予以采纳的迫切。此乐段旋律在中低音区八度音程内围绕"6̇1235"五个音变化发展,起伏很小。

B 段从"宫中府中"至"以昭陛下平明之理",此段旋律主干音为"6̇125",音乐素材比 A 段更简练,旋律简单流畅。旋律组合仍然以 a 类旋律为主:"俱为一体"（1̲6̲ 2̲1̲6̲）、"陟罚臧否"（2̲2̲ 3̲1̲6̲）、"及为忠善者"（1̲6̲ 2̲1̲ 6̲）、"论其刑赏"（2̲1̲ 6̲6̲）、"平明之理"（5̲5̲ 1̲6̲）,b 类旋律"宫中府中"（5̲5̲ 2̲5̲·）、"若有作奸犯科"（5̲2̲ 5̲5̲ 2̲5̲ 3̲）和 c 类旋律"不宜异同"（6̲6̲ 6̲1̲5̲）结合其中。旋律开篇以 ba 型短句组合起调"宫中府中,俱为一体"（5̲5̲ 2̲5̲· 1̲6̲

— 444 —

216），在 a 段尾音5的基础上陡转直上八度大跳至中音5，"宫中府中"（55 25·）此句四字出现三个全曲最高音5，"中"字拖长，音调上扬，吸引了读者的注意力，"俱为一体"（16 216）音调下移，由前一句尾音中音5至¹五度下行大跳再级进跳进至低音6，前后旋律形成高低对比，情感随之起伏。"若有作奸犯科及为忠善者"（52 55 25 3 16 21 6）ba 型短句组合，此句在起调旋律的基础上做了扩充发展，四次出现全曲最高音5，强调了"若有作奸犯科"引起读者的重视。杜老在吟诵这个乐句时力度加强，声调随旋律起伏提高再下沉，情绪稍显激动。最后两句"宜付有司论其刑赏，以昭陛下平明之理"（61 61 21 66 61 61 55 16）以连续规整的二八节奏、一字一音、低音为主的旋律回归平静，结束全曲。通过杜老沉稳、质朴的吟诵，形象地诠释了诸葛亮对后主刘禅的恳切委婉劝勉之心。

d. 节奏腔式。

杜道生老先生在吟诵《出师表》时根据乐山方言语音发音，依据当地方言语音声调行腔，以八分音符 XX 为主，伴有十六分音符 XX 和切分音符 XX X.、XX.、X X X 节奏，各种节奏型有机结合，形态丰富，错落有致。

以"61235"五音为旋律主干音形成的 a（25 16·）、 b（52 55 25 3）和 c（15 65）三种不同旋律形态的短句为基本吟腔组合其中，a 型短句呈现为以尾腔落音在调式主音羽"6"上适当拖腔为特点，如："臣亮言"（25 16·）、"下三分"（25 21 6）、"遇（诶）"（23 6·）、"陛下也"（62 3 16），b 型短句在句中和句末有短拖腔处理，如："（陛下）诚宜"（35 35 23）、"圣听（诶）"（2 3 5 32）、"宫中府中"（55 25·）、"犯科"（25 3），多在角音3和徵音5上有拖腔处理，c 型短句"忠志之士"（15 65）、"亡之秋也"（56 6·5）、"引喻失义"（15 65）等多为两字一拍，结音均在徵音5上，无拖腔。

5. 杜道生先生乐山传统吟诵特点。

（1）坚守乐山方言。

乐山方言作为四川方言的"南路话"，是灌赤片岷江小片的典型代表，最大特点是较为完整地保留了入声。方言，承载着地方特色文明和哲学世界观，是蕴藏地方智慧、技艺、信仰、风俗的载体。

杜道生先生一生，大江南北辗转求学，无论身处何地，始终乡音不改。在杜老看来："乐山话，不是土，而是古。"杜老认同其师王力先生的观点："每一种具体语言的语音都是一个完整的系统，它的各个组成部分是有机联系着的。"

《出师表》吟诵选段中含有大量的入声字，如"业、益、急、不、薄、失、塞、一、陟、罚、若、作、及"。这些入声字的谱面对应音级分别标注为：6̲、2̲、6̲、2̲、6̲、1̲、2̲、2̲、2̲、5̲、5̲、1̲。乐山方言的入声字调值为33，调型为中平调，但实际上是个短促音，保留着较为完整的舒、入相承原则，体现着较早的历史语音层次。

杜道生先生曾经提出："先秦的声调分为舒促两大类，但又细分为长短。短而长的声调就是平声，舒而短的声调就是上声。促声不论长短，我们一律称为入声。长入到了中古变为去声，不再收-P、-t、-k，短入仍旧是入声。"《出师表》里的吟诵音频及谱面标识展示了这种语音流变情况。

（2）"诵""吟"规律清晰。

洛地先生在《词乐曲唱》中指出[①]，"依字声行腔"是按照字读的四声调值走向化为音乐旋律的一种体现。此种乐句称为"腔句"。在正昆及曲唱界，有一个"字腔""腔句""过腔"的术语。字腔，是每个字依其字读的四声阴阳调值化为乐音而进行的旋律片段。字腔不是一种"定腔"（确定不移的旋律），而是按字读的四声乐化的"行腔"（旋律进行）走向。过腔，是字腔与字腔之间过接性质的旋律片段。在曲唱中，无论其文辞文体及其音乐唱腔，其基本单位是句，则带有音乐性的"句"称之为"腔句"。"腔句"由"字腔"和"过腔"构成，其中字腔为主、过腔为辅。唱中"曲唱"的旋律构成，就是"腔句"的构成。

[①] 洛地：《词乐曲唱》，人民音乐出版社2001年版，第127页。

第四章 四川传统吟诵的基本面貌

古代的吟诵主要服务于读书，其吟诵方式是依据汉语本身自带的旋律性特点"拖起走"，即按照字读的平仄四声阴阳调值走势来行腔，甚至简化到各自的字腔腔格只通过上下字的彼此衔接关系而予以体现，一般简单的吟诵方式就是一个字只对应着一个乐音，这个字的调值通过它的乐音与其紧邻字乐音的相对音高差即音程来体现。

从《出师表》的音乐分析来看，出现三种音乐短句 a（2 5 1̲6̲·）、b（0̲3̲ 5̲2̲ 5̲3̲）和 c（1̲5̲ 6̲5̲）变化重复贯穿始终。

b 音乐短句中，"而中道崩殂"（0̲3̲ 5̲2̲ 5̲3̲）这五个字为"阳平字+阴平字+去声字+阴平字+阳平字"，在乐山方言四声调值中，其所对应的调值排列应该是：3155135531.，每个字的调值通过彼此的相对音程简化后排列为：35153，与 b 音乐短句的旋律 0̲3̲ 5̲2̲ 5̲3̲ 基本吻合。

此类 b 音乐短句在《出师表》中大量出现，可以说"诵"是杜老吟文所采用的主要方式。a 音乐短句有时体现为一种"腔句"，有时则是专门附在句中或句末的一个字上的修饰成分，成为有杜老特色的一个基本吟腔（2 5 1̲6̲ 或者变化形态 2 1̲6̲）。例："今天下三分"，这五个字为"阴平字+阴平字+去声字+阴平字+阴平字"，在乐山方言四声调值中，其所对应的调值排列则应该是：5555135555，五个字的不同调值通过彼此的相对音程简化后为：55155，对应谱面呈现的是：5̲5̲ 2̲5̲ 2͡1̲6̲，句尾字"分"的发音已乐化为杜老的固定尾腔（2 1̲6̲）。

再举一例："盖追先帝之殊遇（诶）"，这句的句尾字"遇"为去声字，乐山方言中去声字调值为1 ，调型"╱"。一般情况下，作为肯定式的陈述语句是一个自然下行的语气趋势。然"遇"却是一个上行的声调，对于这种矛盾现象，杜道生先生采用添加一个衬字"诶"在"遇"后予以解决。"诶"所对应的乐音加前倚音"¹"，"遇诶"整体形成 2 3̂⁴ 6· 的音乐旋律，在满足字腔腔格的同时也赋予了杜老固定尾腔的吟诵特征。

还有第三种音乐乐句 c（1̲5̲ 6̲5̲），这类音乐短句非常低弱，始终在偏于中低音域的范围内行进，既没有按照四声调值的走向也没有所谓的吟腔体现。笔者回查《出师表》采录现场，发现杜老当时处于重病期间，气息非常微弱，故有一部分吟诵内容不宜从乐音上和字音上进行甄别。

整体来说，该《出师表》吟诵选段作为一种"表"体，偏于理性议论，杜道生先生在吟诵时运用乐山方言读唱来疏通文意、加深理解，通常是起句为"诵"或整句皆为"诵"读，在感情抒发处、逻辑重音处或句尾处偶尔加"吟"唱，由此形成旋律相对平稳、以"诵"为主，先"诵"后"吟"、"诵""吟"规则相谐、具有杜氏特质的乐山传统吟诵读文法。

（3）声情中正端庄。

北宋哲学家邵雍在《答傅钦之》中说道："诗似多吟，不如少吟。诗欲少吟，不如不吟。我谓钦之曰：亦不多吟，亦不少吟。亦不不吟，亦不必吟。芝兰在室，不能无臭。金石振地，不能无声。恶则哀之，哀而不伤。善则乐之，乐而不淫。"

在杜道生先生"诵""吟"规则相谐的吟诵过程中，杜老随着声情的悲伤哀叹而自我代入，随着声音的抗坠起伏而身临其境。杜老的气息虽然衰弱，声音低沉，但并不影响其通过吟诵表达文章的情感意境。杜老的吟诵使吟者和听者获得对作者的高度理解和共情，最大程度地感受到诸葛亮对幼主殷切的嘱托和期盼以及对国运的沉重担忧。

杜道生先生的乐山传统吟诵以乐山方言依字行腔，整体吟诵风格沉稳质朴、语调平缓、语气温和、气象端庄，与作品思想、内容、意境、气象、高度统一、相得益彰，达到了"乐而不淫、哀而不伤"的读书境界。

第四章　四川传统吟诵的基本面貌

（二）以李忠洪先生为例

1. 李忠洪先生及其乐山传统吟诵。

李忠洪（1924—2018），10 岁左右在乐山市市中区车子乡杜家场杜氏祠堂跟随杜家私塾秀才杜寻久先生和民国乡长杜高吉学习四书五经。12 岁毕业于牛华镇初中，民国时期任国民党四川省党部干部，1953 年被送到新疆农垦二师接受劳改，1976 年后返回家乡跟随其父从医开药店谋生，其他个人情况不详。李老自述他印象最深的一件事是在 1939 年于车子乡拜见回乡省亲的郭沫若先生。

2. 李忠洪先生乐山传统吟诵举隅。

2015 年 11 月 15 日，由叶剑峰老师带队到四川省乐山市对李忠洪先生进行采录。由于李老当时已有 91 岁高龄，听力视力不佳，现场采录情况不甚理想。李忠洪先生当时吟诵的诗歌分别为古体诗《早发白帝城》和《清平调》。以下对李忠洪先生的吟诵进行详细分析。

（1）七言平起绝句《早发白帝城》。

1）从创作背景方面考察。

唐玄宗末年（755 年），安史之乱爆发，玄宗避难蜀中，永王李璘统管东南地区，聘李白为军中幕僚，后李璘起兵造反失败，李白被朝廷降罪流放夜郎，取道四川行至白帝城时，忽然收到赦免的消息，随即乘舟东下江陵。此诗即诗人怀着喜悦畅快的心情返回江陵时所作，时为唐肃宗乾元二年(759 年)三月。

2）从文体结构和吟诵节奏方面考察。

早发白帝城

！　｜　｜　　　　　｜　　　！　！
朝　辞　白　帝　彩　云　间　，　千　里　江　陵　一　日　还　。

| | 　　　　! |　　　　　| | |
两 岸 猿 声 啼 不 住， 轻 舟 已 过 万 重 山。

　　此诗为七言平起首句入韵式绝句，首句点出开船时间为早晨，地点在白帝城，"彩云间"描写白帝城地势之高，为下句船行于水蓄势，彩云缭绕生动表达了诗人遇赦的喜悦心情。第二句以空间之远与时间之短作悬殊对比，"一日"两个入声字连用，有急速短促意，与"千里"相对，用夸张手法再次表达出诗人心中快意。第三、四句形象描绘轻舟快驶的情形，一个"已"字把"啼不住"和"万重山"联结起来，修辞手法巧妙。全诗写景抒情，时刻诉说着诗人轻松愉快之情，情景交融，呈现轻捷明快的气象。李老的吟诵节奏为 2+2+3。

　　3）从声韵调系统方面考察。

　　本诗首句入韵，韵字"间、还、山"，押上平声十五删韵（an）。清朝词论家周济认为这些韵母 an、ian、uan 等，其韵腹 a，属宽元音，发音时开口度大，加上鼻音 n 收尾，有口腔和鼻腔的共鸣，整个字音比较响亮，给人悠扬稳重之感，适宜表达奔放、深厚等感情。

　　乐山有微弱的喉塞音，但这些地区入声字发音仍然十分短促，不能任意延长。这主要是由于四川话中保留有一套相对独立的仅用于入声字的韵母。在这个吟诵作品里，李老的入声发音很明显。乐山方言与四川大部分地区方言相似，故平翘舌部分不做具体分析。

表 4—4—5　　《早发白帝城》普通话和乐山方言文字差异

文字	普通话发音	乐山方言发音	异同分析
白	{bai}35	{b-ə}{入}33	这是入声字的发音，乐山方言里保留有入声，所以发音短而快，调值由普通话的 35 变为乐山方言的 33

第四章　四川传统吟诵的基本面貌

续表

文字	普通话发音	乐山方言发音	异同分析
千	{qian}55	{q-i-æ}55	典型的乐山方言发音，在发an韵时，口腔和喉咙稍显紧张发声部位稍靠前
岸	{an}51	{ŋ-æ}13	声母是典型的乐山方言发音，由零声母变为乐山方言特色的ŋ声母，调值由普通话的51变为乐山方言的13
猿	{yuan}35	{y-u-æ}31	典型的乐山方言发音，在发an韵时，口腔和喉咙稍显紧张发声部位稍靠前

注：普通话调值55、35、214、51；乐山方言调值55、31、42、13、33（入）。

4）从音乐性方面考察。

a. 基本结构。

吟诵调《早发白帝城》属于A+B+C+D的四个音乐短句组成的四句体结构。

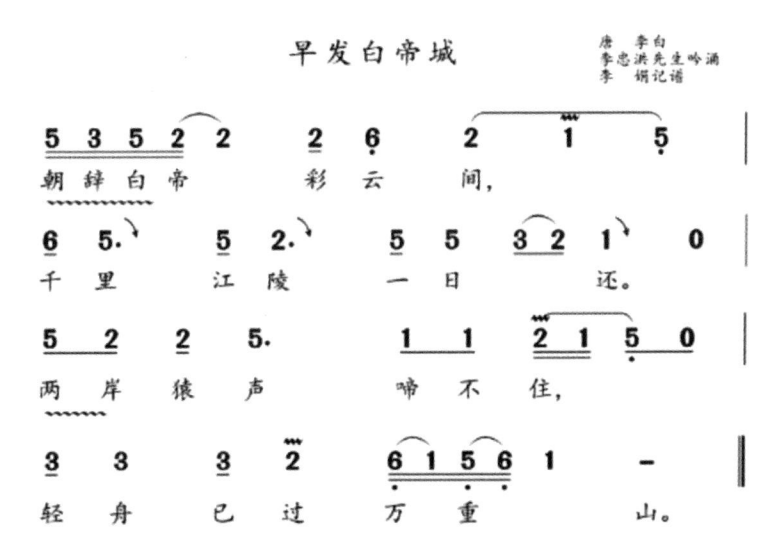

早发白帝城　唐 李白
李忠洪先生吟诵
李　娟记谱

```
5 3 5 2  2    2 6    2  1    5
朝 辞 白 帝   彩 云   间，

6 5.   5 2.   5 5  3 2 1   0
千 里  江 陵  一 日  还。

5 2   2 5.   1 1   2 1 5   0
两 岸 猿 声   啼 不  住，

3 3   3 2   6 1 5 6 1    —
轻 身  已 过  万 重    山。
```

注：标有波浪线的文字为诵读。

b. 音阶调式。

调式音阶为 5̣ 6̣ 1 2 3 5

吟诵调以徵音（5）作为调式主音，以宫（1）为上句终止所支持的徵终止群体，调式调性明确，属民族五声徵调式。

c. 旋律线。

A 句 5352 2 2̄6̄ 2 1̄ 5̣（朝辞白帝彩云间），旋律在中音"5"至低音"5̣"的八度音程间围绕"5̣6̣123"五音作发展变化，此句节奏前紧后松，"朝辞白帝"（5352 2）四字节奏紧密作快速诵读，在"帝"字作适当拖腔处理，重点突出后半句"彩云间"（2̄6̄ 2 1̄ 5̣），节奏变得疏松，"间"字作句末拖腔长吟并给予波音润饰，整句旋律婉转悠扬，呈现出一幅曙光初现、朝霞满天、巍巍白帝城屹立在彩云之中的画面。

B 句 6 5·5̣ 2·5 5 32 10（千里江陵一日还），旋律起调紧接上句末音"5̣"陡转直上大跳 11 度至全曲最高音"6"，以二度、三度音程（6 5、5 32 1）级进为主，伴有四度音程（5̣ 2·5̣）跳进，呈平稳而曲折前进的波纹型和山谷型旋律进行形态。连续三个切分节奏的运用，突出了"里、陵、日"三字且都作了拖腔处理，"里、陵、还"作下滑音处理，不仅表现出诗人"一日"而行"千里"的痛快，也隐隐透露出遇赦的喜悦。

C 句 52 2 5·11 21̄5̣0（两岸猿声啼不住），此句音乐素材简练，围绕"5̣12"三音变化连接。旋律呈四度（52 2 5·）五度（5·1、15̣0）音程跳进的谷峰型旋律进行形态。句末"住"（21̄5̣0）字作长吟拖腔并给予波音润饰，旋律上下起伏，音调明朗跳跃，身在这如脱弦之箭、顺流直下的船上，诗人感到十分畅快和兴奋。

D 句 3 3 3 2̄ 6̄1̄5̄6̄ 1-（轻舟已过万重山），旋律主干音为"5̣6̣123"五音。"轻舟已过"（3 3 3 2̄）"3"同音反复三次后级进至"2"，旋律平缓，"过"字作句中拖腔和波音润饰，"万重山"（6̄1̄5̄6̄ 1-）后半句旋律下移到中低音区以"5̣6̣1"三音作二度三度级进至中音"1"结束，给人一种冲破阻力如释重负的感觉，平缓流动的旋律好似轻舟载着诗人历经艰险，终于进入坦途。

d. 节奏腔式。

李忠洪先生在吟诵此篇《早发白帝城》时根据乐山方言语音声调行腔，突出了切分节奏 X X X、X X.的运用，结合 X、XX、X-、XXXX 等节奏型，形成 4+3、2+2+3 等吟诵节奏，在第四字有明显的长音处理，如："帝、陵、声、过"（2̲2、2·、5̲·、2） 上句末字"间、住"（21̲5̇、21̲5̇0）作一字多音长吟拖腔，结束音在"5̇"。下句末字 "还、山"（1̇、1̇-）作一字一音拖腔处理，结束音在"1̇"。结合下滑音"里、陵、还"（ヽ）和波音"间、住、过"（⌢）润腔技法的运用，地方特色浓郁，使吟诵调更富有感染力。

5）李忠洪先生《早发白帝城》吟诵概述。

《早发白帝城》属于四句体结构，是民族五声徵调式，以5为主，均以高音开始，低音结束，呈现一种先扬后抑的感觉。旋律以二度、三度级进呈平稳而曲折前进的波纹型旋律进行形态表现诗人愉悦的心理；以四度、五度跳进，呈现山谷形，显现出诗人兴奋、激动之情。"朝辞白帝""两岸"处用的是诵读的形式，主要是通过吟的方式。

整体旋律集中在中低音区，全诗洋溢的是诗人经过艰难岁月之后突然迸发的一种激情，所以在雄峻和迅疾中，又有豪情和欢悦。诗歌的吟诵显得悠扬、轻快，回味悠长。在快船快意中，给读者留下了广阔的想象余地。"万重山"在低音区，来表现山的阻滞与深沉。

李老以乐山方言语音的声调行腔，取"读诵"式的音调，形成独特的吟腔。李老上句拖腔 21̲5̇或21̲5̇0，下句拖腔较丰富6̲1̲5̲6̇ 1̇-。加上下滑音"里、陵、还"（ヽ）和上波音"间、住、过"（⌢）润腔技法的运用更细腻地表达了诗人的情感，使吟诵调更富有感染力。

（2）七言仄起绝句《清平调》。

1）从创作背景方面考察。

据晚唐五代人的记载，这三首诗是李白在长安供奉翰林时所作。唐玄宗天宝二载（743年）或天宝三年（744年）春天的一日，唐玄宗和杨妃在宫中沉香亭观赏牡丹花，伶人们正准备表演歌舞以助兴。唐玄宗却说:"赏名花,对妃子,岂可用旧日乐词。"因急召翰林待诏李白进宫写新乐章。李白奉诏进宫,即在金花笺上作了三首诗,在此我们采录的为第一首。

2)从文体结构和吟诵节奏方面考察。

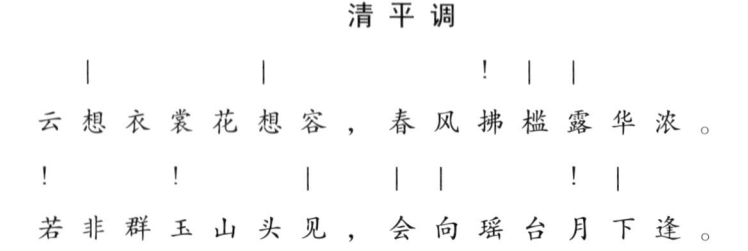

清平调

云　想　衣　裳　花　想　容，春　风　拂　槛　露　华　浓。
｜　　　　｜　　　　｜　｜　｜
若　非　群　玉　山　头　见，会　向　瑶　台　月　下　逢。
｜　｜　　｜　｜　｜　　　　　　｜

"云想衣裳花想容",以牡丹花比贵妃的美艳。首句以云霞比衣服,以花比容貌;二句写花受春风露华润泽,犹如妃子受君王宠幸;三句以仙女比贵妃;四句以嫦娥比贵妃。这样反复作比,塑造了艳丽有如牡丹的美人形象。然而,诗人采用云、花、露、玉山、瑶台、月色,一色素淡字眼,赞美了贵妃的丰满姿容,却不露痕迹。

此诗属于七言仄起绝句。在七言绝句,由于可以不拘对偶,故构写自由;由于篇幅短小,故语句精炼含蓄,多言外之音;由于讲究声律,故抑扬顿挫,琅琅上口,宜于低吟高诵。

在这首诗歌中,首句一起七字:"云想衣裳花想容",把杨贵妃的衣服,写成真如霓裳羽衣一般,簇拥着她那丰满的玉容。"想"字有正反两面的理解,可以说是见云而想到衣裳,见花而想到容貌,也可以把衣裳想象成云,把容貌想象成花。这样交互参差,给人以花团锦簇之感。接下去"春风拂槛露华浓",进一步以"露华浓"来点染花容,美丽的牡丹花在晶莹的露水中显得更加艳冶,这就使上句更为酣满,同时也以风露暗喻君王的恩泽,使华容人面倍见精神。接下来,诗人的想象忽又升腾到天堂西王母所居的群玉山、瑶台。"若非""会向",诗人故作选择,意实肯定。

这样超绝人寰的华容,恐怕只有在天上仙境才能见到!玉山、瑶台、月色,一色素淡的字眼,映衬华容人面,使人自然联想到白玉般的人儿,又像一朵温馨的白牡丹花。与此同时,诗人又不露痕迹,把杨贵妃比作天女下凡,真是精妙至极。

李老的吟诵节奏为 2+2+2+1(云想衣裳花想容)、2+2+1+2(春风拂槛露华浓)、4+2+1(若非群玉山头见、会向瑶台月下逢)。

3)从声韵调系统方面考察。

这首诗有 8 个仄声字,4 个入声字,首句入韵,韵字"容""浓""逢"。入上平二冬韵,冬韵源于上古的两个韵部,总体来说都是圆唇后接鼻音,大部分开口度较小,鼻音感悠长,因此其字多有"深远、浓重、庄严"之意。汪煊《诗韵析》:风韵纤浓。[①]

乐山的方言与四川大多地方的特点一样,在平翘舌音上不分明,几乎全部把翘舌音全部读成平舌音,所以这个吟诵作品里不做平翘舌的具体分析。

表4—4—6　　　　　　《清平调》普通话和乐山方言发音差异字

文字	普通话发音	乐山方言发音	异同分析
容	{rong}35	{y-ong}21	声母由 r 变为 y,调值由普通话的 35 变为乐山方言的 21
槛	{jian}51	{j-i-æ}44(入)	典型的乐山方言发音,在发 an 韵时,口腔和喉咙稍显紧张发声部位稍靠前,口腔半开状态
见	{jian}51	{j-i-æ}44(入)	典型的乐山发音,在发 an 韵时,口腔和喉咙稍显紧张发声部位稍靠前,口腔半开状态

注:普通话调值 55、35、214、51;乐山方言调值 55、21、52、213、44(入)。

[①] 续修四库全书编纂委员会:《续修四库全书》,上海古籍出版社 2002 年版,第 409 页。

4）从音乐性方面考察。

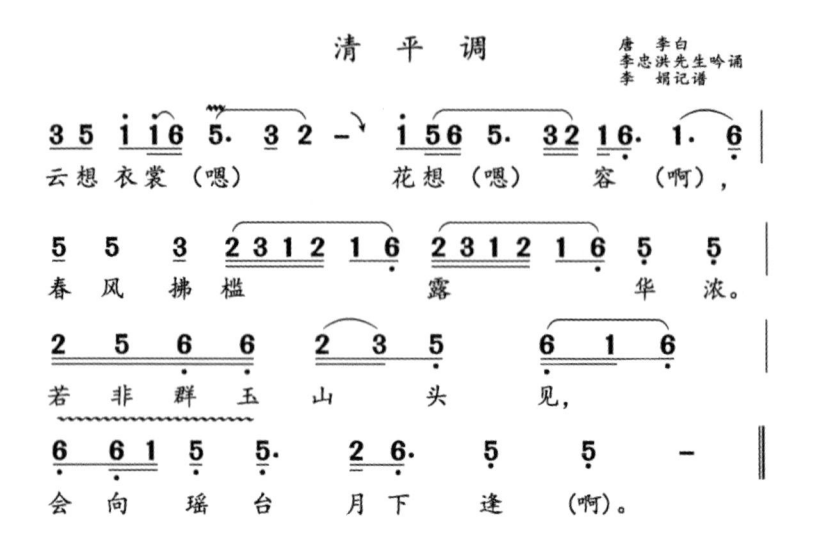

清 平 调

唐 李白
李忠洪先生吟诵
李 娟 记谱

（乐谱：云想衣裳（嗯）花想（嗯）容（啊），春风拂槛露华浓。若非群玉山头见，会向瑶台月下逢（啊）。）

注：标有波浪线的文字为诵读。

a. 基本结构。

吟诵调《清平调》属于 A+B+C+D 的四个音乐短句组成的四句体结构。

b. 音阶调式。

调式音阶为 $\underline{5}$ 6 1 2 3 5。

吟诵调以徵音（5）作为调式主音，以徵（5）为上句终止所支持的徵终止群体，调式调性明确，属民族五声徵调式。

c. 旋律线。

A 句 35 116 5·3 2-↘156 5·32 16·1·6（云想衣裳花想容），旋律围绕"56123"起伏变化，"云想衣裳"（35 116 5·3 2-↘）起调以"351"三音连续上行级进、跳进直跃全曲最高音"1"后逐级下行级进回落至中音"2"，"花想容"（156 5·32 16·1·6）由2七度大跳扶摇直上至高音"1"，而后再跳进级进下行至低音"6"，整体呈现为高去低回的巨浪型旋律形态。此句旋律句幅宽起伏大，音域跨11度，第四字"裳"加衬字"嗯"（16 5·3 2-↘）长拖腔轻吟，

- 456 -

加以波音、下滑音润腔，韵味十足，和第六字"想"加衬字"嗯"（5̲6̲ 5·3̲2̲）、"容"加衬字"啊"（1̲6̲·1·6̲）一字多音的长吟拖腔运用使得吟诵旋律婉转动听，如贵妃之美一样。此句以云霞比贵妃的衣服，以花比作她的容貌，表现出贵妃的富贵之态。

B 句 5̲ 5̲ 3̲ 2̲3̲1̲2̲ 1̲6̲ 2̲3̲1̲2̲ 1̲6̲ 5̲ 5̲ (春风拂槛露华浓)，旋律在中音"5"至低音"5̣"的八度音程间围绕"5̣6̣123"五音作发展变化，呈二度、三度（5̲ 5̲ 3̲ 2̲3̲1̲2̲）级进平稳而曲折前进的波纹型旋律进行形态。起调的切分节奏"春风拂"（5̲ 5̲ 3̲）突出，拉长了第二字"风"，第四字"槛"（2̲3̲1̲2̲ 1̲6̲）作一字多音长吟拖腔，"露"（2̲3̲1̲2̲ 1̲6̲）和"槛"字相同的旋法和拖腔，"华浓"（5̲ 5̲）一字一音一拍，以调式主音5结音，旋律轻盈流动，和两处相同的一字多音的长吟拖腔更显华丽。此句不仅表现春风拂煦，露水滋润，花朵娇艳，同时以花喻人，来说明杨贵妃受帝王的恩宠。

C 句 2̲5̲6̲6̲ 2̲3̲5̲ 6̲1̲6̲（若非群玉山头见），此句旋律节奏紧密，句幅缩短，"若非群玉"（2̲5̲6̲6̲）四字短促，快速诵读，"山头"（2̲3̲5̲）级进上行再六度下行大跳，末字"见"（6̲1̲6̲）作一字多音拖腔长吟，跌宕起伏的旋律好似连绵的"群玉山头"，此时的贵妃真有飘飘欲仙之美。

D 句 6̲6̲1̲ 5̲ 5̲· 2̲6̲· 5̲ 5̲ -（会向瑶台月下逢）紧承 C 句，作鱼咬尾旋法，旋律围绕"5̣6̣12"四音起伏变化，于低音区行腔，"会向瑶台"（6̲6̲1̲ 5̲ 5̲·）旋律平缓，"月下逢"（2̲6̲· 5̲ 5̲-）四度跳进后级进下行至调式主音"5"结束。第四字"台"（5̲·）和句末"逢"加衬字"啊"（5̲ 5̲-）作拖腔长吟，画面静怡美好，从"群玉山"到"瑶台"，此句是 C 句的进一步体现，将杨贵妃比作那月下嫦娥，高贵、美丽、动人。

d. 节奏腔式。

吟诵调《清平调》大量使用二分、四分、八分、十六分音符组成的节奏型，如：X、X̲X̲、X̲X̲X̲、X̲X̲、X-、X̲X̲X̲X̲各种节奏型有机结合，形态丰富，错落有致，与音乐走向紧密贴合。句中第四字多有拖腔处理："裳（嗯）、槛、台"（1̲6̲ 5̲·3̲ 2-、2̲3̲1̲2̲ 1̲6̲、5̲·），上句末字"容（啊）、见"（1̲6̲·1·6̲、

616）作一字多音长吟拖腔，结束音在"$\overset{\frown}{6}$"。下句末字"浓、逢（啊）"（5、$\overset{\frown}{55}$-）作一字一音拖腔处理，结束音在"$\overset{\frown}{5}$"。衬字的特色润腔是此吟诵调的特点，结合下滑音"嗯"（ヽ）和波音"嗯"（⌒）润腔技法的运用，地方特色浓郁，使吟诵调更富有感染力。此吟诵调以乐山话语音的声调行腔，吟腔优美婉转。

5）李忠洪先生《清平调》吟诵概述。

吟诵调《清平调》属于 A+B+C+D 的四个音乐短句组成的四句体结构。属于民族五声徵调式。

整体旋律在中低音区，旋律形态丰富。音调婉转，极度赞美杨贵妃的美貌，以缓而低沉的音调来内心的抒发的真实感情。

李忠洪先生依声行腔主要体现在对拖腔的运用："裳"$1\overline{65}\cdot 32$-、"想"$1\underline{565}\cdot 32$、"容"$1\underline{6}\cdot 1\cdot\overset{\frown}{6}$ ，"露""槛"$2\underline{31216}$。

3. 李忠洪先生乐山传统吟诵特点。

（1）李忠洪先生在吟诵这两首诗时，均遵循了平长仄短的规则。且都喜用5作为吟诵的主旋律，是非常典型的民族五声徵调式，音域较宽，表现力强，具有旋律的丰富性。除此之外，李忠洪先生将吟、诵结合，主要用短吟的方式。李老在吟诵时，每一个字开口度不大，处理仄声字总是有旋律，也善用衬字来体现情感，音调的跨度不大，整首诗善用低音表现，给人以深远、浓重之感。

（2）善于用下滑音、上波音润腔技法来表达诗人细腻的情感，使吟诵更富有感染力。节奏型丰富：大量运用八分音符 XX 和四分音符 X，全十六分音符节奏型 XXXX，切分节奏型 XX.、X.X，采用一字一音、一字多音的单腔式吟诵形式。

（3）两首吟诵调看似没有多大联系，但都属徵调式，且主要吟腔都运用到其中。吟诵节奏为 4+3、2+2+1、4+2+1 等。

（三）以井研县雷定基先生为例

1. 井研县简介。

井研县位于四川盆地西南，岷江东支流茫溪河中上游。县境北连仁寿，东邻荣县，南界犍为、五通桥，西靠乐山市中区，西北接壤青神，处于成渝、攀西、川南三大经济圈的重要节点。

井研之名始于汉代武阳县井研镇。井研县名的来历与盐有关。秦灭蜀后，在蜀开发盐铁，至汉代井盐工业发展迅速，南安、武阳均为产地，产盐特丰的南安设盐官，官商争相开拓，在今井研县南开出第一口盐井。唐代《元和郡县志·井研条》："井研盐井，在县南七里，镇与县皆取名焉。"宋代《寰宇记》称其为"研井"，意为该盐井产出的盐洁白精细研净，盐质最好。

民国 24 年（1936）井研县属第二行政督察区（区治地资中城关镇）。1950年，由资中专区划属乐山专区，归属乐山市。

2. 井研方言的声韵调系统。

（1）声母，共 23 个（包括 1 个零声母）。

表 4—4—7　　　　　　　　井研方言声母

			双唇	齿唇	舌尖前	舌尖中	舌尖后	舌面前	舌根
塞音	清	不送气	p			t			k
		送气	p^h			t^h			k^h
塞擦音		不送气			ts		tʂ	tɕ	
		送气			ts^h		$tʂ^h$	$tɕ^h$	
鼻音	浊		m					ȵ	ŋ
边音	浊					l			
擦音	清			f	s		ʂ	ɕ	x
	浊						ʐ		
零声母						ø			

(2) 韵母，共 34 个。包括 12 个开尾韵，8 个元音尾韵，13 个鼻音尾韵。

表 4—4—8　　　　　　　　　井研方言韵母

	开尾韵				元音尾韵				鼻音尾韵			
开口呼	ɿ/ʅ	A	e	o	ai	ei	au	əu	an	ən	aŋ	oŋ
齐齿呼	i	iA	ie	io			iau	iəu	ian	in	iaŋ	ioŋ
合口呼	u	uA			uai	uei			uan	un	uaŋ	
撮口呼	y		ye						yan	yn		

(3) 声调调值调型。井研方言有 4 个声调，即阴平（高升调）、阳平（高降调）、上声（高降调）、去声（中升调）。

表 4—4—9　　　　　　　　　井研方言声调[①]

调类	阴平	阳平	上声	去声
调值	45	41	51	34
调型	高升调	高降调	高降调	中升调

3. 雷定基先生及其乐山传统吟诵。

雷定基（1920—2017），四川省乐山市井研县人，其祖为井研县千佛镇雷氏翰林，6 岁入私塾，1932 年曾参加井研籍经学大师廖平[②]先生葬礼，深受震撼。1942 年毕业于成都机电专科学校。民国时期考入成都市政府公用事业科，负责成都市区路灯照明等市政工程。抗战期间，郭沫若到成都市视察文化工作时与其多次会面。解放战争期间，曾任贵州省安顺市警察大队上尉指导员，新中国成立后因地下共产党员证明雷定基曾经支持革命遂下放回乡，

[①] 郑敏：《四川眉山市、乐山市交界地区方言音系调查研究》，四川师范大学硕士学位论文，2017 年。

[②] 廖平（1852—1932），四川井研县青阳乡人，字旭陵，号四益，经学家，在医学和政治学上也颇有建术。

考入井研县工商联任会计。退休后参加《井研县志》编撰和廖平墓迁葬、雷畅故居文物调查等工作。从 1990 年至 2010 年，雷定基先生每周定期义务给井研的文史爱好者讲解文史知识，传授古典诗文传统吟诵，井研人送雅号"井研文史活字典"。治学严谨，做事谨慎，家庭开支笔笔记账，沉默寡言，严于口德，勤于读书，远离是非，受到乡邻尊敬，堪称仁者典范。

雷定基先生的传统吟诵源于其私塾先生的口传心授，他回忆："私塾先生当时有 50 多岁，是清末井研的秀才，我所在的班里面，学生的年龄极不整齐，有的刚发蒙，有的已经十二三岁，甚至有十七八岁的。整个私塾里，有些人在读，有些人在看，有些人在写，学生们各做各的事。他不一定给学生讲所学内容的含义，主要方法就是跟着念起走。私塾老师自然是熟读经书，唱读四书五经的时候就像背顺口溜一样，让人佩服。现在的人读书发音跟我们读的时候不同，我们读的音是用井研方言唱着读，现在读书用普通话读，发音不同于自己的方言，听起来少了音韵美。"

由于年代久远，记忆模糊，雷先生并未向笔者告知私塾先生的姓名及其吟诵的具体源流，但我们从雷先生的口述回忆中可以得知其吟诵调乃由其私塾学习时自然习得，属于井研县当地的传统吟诵。

4. 雷定基先生乐山传统吟诵举隅。

2015 年，叶金峰老师受中华吟诵学会委派赴四川省乐山市井研县对雷定基先生进行吟诵采录，2016 年中华吟诵学会将相关资料转交四川省吟诵学会进行研究，其最具代表性吟诵作品的有《回乡偶书》《登金陵凤凰台》《水调歌头》《三字经》四首。以下是对雷老先生吟诵内容的详细分析。

（1）七言仄起绝句《回乡偶书》。

1）从创作背景方面考察。

贺知章（659－744），字季真、维摩，号石窗、四明狂客，唐代著名诗人，与李白、李适之、李进、崔宗之、苏晋、张旭、焦遂并称"饮中八仙"。

公元 744 年（天宝三载），贺知章辞去朝廷官职，告老返回故乡越州永兴（今浙江萧山），时已 86 岁，距其中年离乡已有五十多个年头，人生易老世事沧桑，心中无限感慨，遂写下《回乡偶书》二首，流传至今。

2）从文体结构和吟诵节奏方面考察。

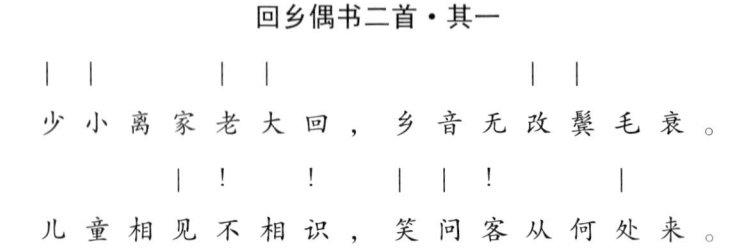

回乡偶书二首·其一

少小离家老大回，乡音无改鬓毛衰。
儿童相见不相识，笑问客从何处来。

这是一首七言仄起首句入韵式的绝句，作为近体的感怀诗，其格律讲究，声韵和谐。全诗抒发了山河依旧人事不同，人生易老世事沧桑的感慨。首句写数十年客居他乡的事实，次句写自己的"老大"之态，暗寓乡情无限，诗人置于熟悉而又陌生的故乡环境中心情难以平静；三、四句从儿童嬉笑问声中表达诗人久客异乡杳无音信，回到故乡无所依靠的怅然若失。雷老的吟诵节奏为 4+2+1（少小离家老大回、乡音无改鬓毛衰）、2+2+2+1（儿童相见不相识、笑问客从何处来）。

3）从声韵调系统方面考察。

表 4—4—10　　《回乡偶书》普通话和井研方言发音差异字

文字	普通话发音	井研方言发音	异同分析
鬓	{bin}55	{p-in}55	声母由 b 变为 p，调值不变
客	{ke}51	{k-ə}33（入）	入声字，韵母由 e 韵变为ə韵，调值由普通话的 51 变为井研方言的 33
何	{he}35	{h-o}21	韵母改变由 e 变为 o，调值由普通话的 35 变为井研方言的 21

注：普通话调值 55、35、214、51；井研方言调值 55、31、42、13、33（入）。

第四章　四川传统吟诵的基本面貌

本诗是仄起的七言绝句，韵字为"回、衰、来"，"衰"与"回"在上古同属一个韵部，入上平十灰韵，开口度中等，或由中等变小，徐健顺先生认为其韵有由后向前推出和低处平展的感觉，多有"压抑、推展、阔大"之意，汪烜《诗韵析》概括为"处景悲哀，迥出尘埃"。

4）从音乐性方面考察。

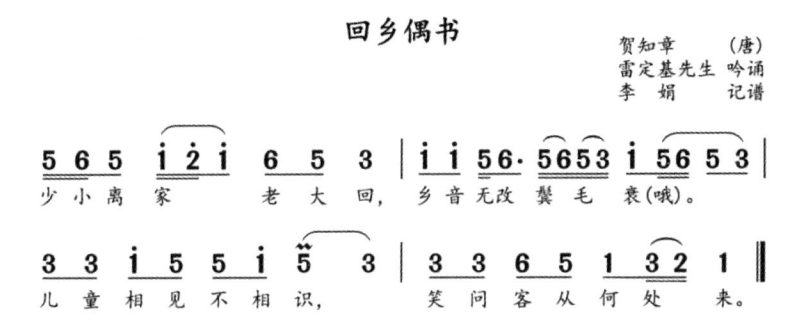

回乡偶书

贺知章　（唐）
雷定基先生 吟诵
李　娟　记谱

$5\ 6\ 5\ \ \widehat{1\dot{2}\dot{1}}\ \ 6\ 5\ \ 3\ |\ \dot{1}\ \dot{1}\ 5\ 6\cdot\ 5\ 6\ 5\ 3\ \ \dot{1}\ 5\ 6\ 5\ 3\ |$
少小离　家　　老大 回，乡音无改 鬓毛 衰(哦)。

$3\ 3\ \dot{1}\ 5\ 5\ \widehat{1\ \dot{5}}\ \ 3\ |\ 3\ 3\ 6\ 5\ 1\ 3\ 2\ 1\ |$
儿童相见 不相识，　　笑问客从何处　来。

a. 基本结构。

吟诵调《回乡偶书》属于 A+B+C+D 的四个音乐短句组成的四句体结构。

b. 音阶调式。

调式音阶为 123561̇，吟诵调以宫音（1）作为调式主音，以角（3）为上句终止音，上下句的终止音呈三度关系，调式调性明确，属民族五声宫调式。

c. 旋律线。

A 句 565 1̇2̇1̇ 65 3（少小离家老大回），旋律围绕"12356"五音发展变化，"少小离"（565）音程级进，第四字"家"（1̇2̇1̇）作一字多音拖腔处理，到达全曲最高音 2̇，开篇就让人感受到诗人激动的情绪，"老大回"（65 3）逐级下行级进，音调伤感，旋律在中音 3 至高音 2̇ 的七度音程间作先上后下山峰型旋法，雷老吟诵此句时，以上下起伏的音调表达了诗人久客他乡今朝得还的悲喜交融之情。

B 句 1̇1̇ 56·5653 1̇5653(乡音无改鬓毛衰)，在 A 句基础上增加了六度音程（31̇）大跳，旋律起伏更大，由"乡音"（1̇1̇）高音 1̇ 同音反复起

- 463 -

调，"无改"（5 6·）音程级进，"改"字拖长，以"鬓毛衰"（$\overline{5653}$ $\overline{16}$ $\overline{53}$）顶承上句，"衰"字后的衬字"哦"（$\overline{56}$ $\overline{53}$）和一字多音拖腔意味深长，以不变的"乡音"映衬变化的"鬓毛"，为儿童相见不识的发问作铺垫。

C 句 $\overline{33}$ $\overline{15}$ $\overline{51}$ $\overline{53}$（儿童相见不相识），主干音为"$3\overline{51}$"，素材简练，BC 句作鱼咬尾旋法，旋律以四度跳进 $\overline{15}$ $\overline{51}$ 为主，伴有六度音程（$3\dot{1}$）大跳，呈峭壁型和谷峰型相结合的旋律进行形态，"识"（$\overline{53}$）字作一字多音句末长时值拖腔并加以波音润饰，诗人表面写儿童，实为写自己。

D 句 $\overline{33}$ $\overline{65}$ $\overline{132}$ 1（笑问客从何处来），CD 句仍然作鱼咬尾旋法，"笑问客从"（$\overline{33}$ $\overline{65}$）中音3同音反复后再跳进、级进至5，"何处来"($\overline{132}$$1$)结尾处波纹型音调温柔平和，给人亲切之感。全诗在这有问无答处悄然作结，而弦外之音却如空谷传响，哀婉备至，久久不绝。

d. 节奏腔式。

雷定基老先生吟诵调《回乡偶书》时遵循井研方言语音发音，依据当地方言语音声调行腔，运用了丰富的节奏型 X、XX、XXX、XXXX、XX.，形成 4+3、2+2+2+1 等音步节奏。第一、二句的第四字"家、改"（$\overline{12}\dot{1}$、6·）作拖腔处理，每句末字"回、衰（哦）、识、来"（3、$\overline{156}$ $\overline{53}$、$\overline{53}$、1）作拖腔处理，"识"（$\overline{}$）给予波音润饰，再加以衬字"哦"的独具特色润腔，形成了以雷老为代表性的乐山吟诵音调，简单质朴，耐人寻味。

5) 雷定基先生《回乡偶书》吟诵概述。

雷定基先生遵循乐山整体音域在中高音区旋律起伏较大，音调多为四度跳进偶有六度大跳。吟诵节奏为 2+2+3、2+2+2+1，第一、二句的第四字"家、改"（$\overline{12}\dot{1}$、6·）作拖腔处理，每句末字 "回、衰（哦）、识、来"（3、$\overline{156}$ $\overline{53}$、$\overline{53}$、1）不论是否韵字均作拖腔处理。在旋律推进的过程中"离"至"家"的旋律由5上行跳进至高音$\dot{1}$再级进至全曲最高音$\dot{2}$，"家"一字多音拖腔$\overline{12}\dot{1}$，表达诗人离家的感慨，"衰"后加衬字"哦"形成旋律$\overline{156}$ $\overline{53}$，一字多音高低起伏，更显无奈感伤。第二、三、四句都采用了鱼咬尾旋法，音调连贯流畅。

此诗吟诵节奏前紧后松，一字多音拖腔特点突出，情感表达深沉隽永，在有问无答处悄然作结，弦外之音言外之意哀婉凄楚空谷传响。

（2）七言歌行体《登金陵凤凰台》。

1）从创作背景方面考察。

《登金陵凤凰台》是李白为数不多的七言律诗，创作背景说法不一：一说是唐玄宗天宝年间（742—756），作者奉命"赐金还山"，被排挤离开长安，南游金陵时所作；一说是作者流放夜郎遇赦返回途中所作；也有人称是李白游览黄鹤楼时对崔颢《黄鹤楼》的一首和诗。①

2）从文体结构和吟诵节奏方面考察。

作为脍炙人口的唐诗杰作，本诗以景抒情借古怀今，共四联八句。首联以凤凰台的传说开篇，凌空起势大气磅礴，凤凰已去空留高台，昔日美好与今日荒凉盛衰对照，营造空寂惆怅的情感氛围；颔联追忆此处过往历代的繁华，无论身处高位的吴王还是潇洒风流的名士都抵不过时间和岁月，最终化为烟云和尘土；颈联描写诗人远眺山水看到三峰并立、江水两分，江中沙洲与空中青天错落有致，雄浑壮观；尾联表达诗人报国无门的感慨，内心的愁绪如长江之水奔流不止，忧国忧民的无奈与郁恨交织，苦痛情绪如浮云蔽日。雷定基先生吟诵此诗的节奏为 2+2+2+1。

登金陵凤凰台

凤凰台上凤凰游，凤去台空江自流。

吴宫花草埋幽径，晋代衣冠成古丘。

---

① 高翀骅：《在创作状态中理解一首诗的体裁和题材——以设计李白〈登金陵凤凰台〉的语文活动为例》，《语文学习》2018 年第 4 期。

```
 |    |  !       |  |      !  |  |
 三 山 半 落 青 天 外 ， 二 水 中 分 白 鹭 洲 。
 |    |  !       !  |  |
 总 为 浮 云 能 蔽 日 ， 长 安 不 见 使 人 愁 。
```

3）从声韵调系统方面考察。

这是一首七言平起首句入韵式的律诗，韵字为"游、流、丘、洲、愁"入尤韵，该韵源于上古三个韵部，都是中等开口元音，往往介音在前最后收于小开口，悠长之感最为突出，徐健顺先生认为其韵多有"舒缓、悠长、温柔"之意，汪烜《诗韵析》概括为"潇洒风流、素女悲秋、婉转优悠"。[①]

表4—4—11　　《登金陵凤凰台》普通话和井研方言发音差异字

文字	普通话发音	井研方言发音	异同分析
白	{bai}35	{b-ə}33(入)	典型的井研方言发音，韵母由ai变为ə，是入声字，调值由普通话的35变为井研方言的33
安	{an}55	{ŋ-an}55	典型的井研方言发音，由零声母变为井研方言特有的声母ŋ，读音发生改变，调值不变

注：普通话调值55、35、214、51；井研方言调值55、31、42、13、33（入）。

雷老先生吟诵时使用井研方言发音，但出现了误读情况，"三山半落青天外"误读为"三台半落青山外"；"白鹭洲"误读为"白鹭鸥"。

4）从音乐性方面考察。

a. 基本结构。

吟诵调《登金陵凤凰台》属于a（565 i 5653）、b（565 i i 533）、c（3i i i 5i 565）和d（55 i i · 56 i 565）四个音乐短句为基本旋律变化组合构成A+B+C+D的四句体结构。

---

① 续修四库全书编纂委员会：《续修四库全书》，上海古籍出版社2002年版，第409页。

b. 音阶调式。

调式音阶为3 5 6 i。

登金陵凤凰台

李　白　（唐）
雷定基先生吟诵
李　娟　　记谱

5 6 5　ĩ	5 6 5　3	5 6 5　i	i 5 3 3
凤凰台　上	凤凰　游，	凤去台　空	江自　流（啊）。

3 i　i i	5 i　5 6 5	5 5　i i ·	5 6　i　5 6 5
吴宫 花草	埋 幽径，	晋代 衣冠	成 古 丘。

5 6 5　ĩ	5 6 5　3	5 6 5　i	i 6　5　3
三山半　落	青天　外，	二水中　分	白鹭　洲。

3 i　i i	5 i　5 6 5	5 5　i i ·	5 6　i　5 6 5
总为 浮云	能 蔽日，	长安 不见	使 人 愁。

c. 旋律线。

A句（首联）5 6 5　ĩ　5 6 5　3　5 6 5　i　i 5 3 3（凤凰台上凤凰游，凤去台空江自流）ab短句组合，出句"凤凰台上凤凰游"（5 6 5　ĩ　5 6 5　3），以调式主音5起调，"凤凰台"和"凤凰"相同的波纹型旋律（5 6 5），结合"上"和"游"（ĩ、3）一高一低形成对比，灵动的旋律和"上"字波音色彩润腔再现了凤凰台上凤凰悠游的生动画面，对句"凤去台空江自流"（5 6 5　i　i 5 3 3）旋律和出句作同头异尾旋法，"江自流"（i 5 3 3）旋律逐级级进下行，情绪发生变化，此句十四字中三见"凤"字，却不觉重复，音节流转明快，旋律细腻优美流畅。

B句（颔联）3 i　i i　5 i　5 6 5，5 5　i i ·　5 6　i　5 6 5 (吴宫花草埋幽径，晋代衣冠成古丘）cd短句组合，旋律起调"吴宫花草"（3 i　i i）从中音3扶摇直上至高音i，高音i同音反复三次，"埋幽径"（5 i　5 6 5）5 i两音四度跳进后再次出现波纹型旋律5 6 5，对句"晋代衣冠"（5 5　i i ·）5 i两音同音反复

— 467 —

作四度跳进，"成古丘"（56 1̇ 565）旋律作先上后下的山峰型旋法，音调忧郁，句末拖腔"幽径"（1̇ 565）、"丘"（1̇ 565）和此句七次反复出现的高音1̇，将诗人的情感推向高潮，整句旋律起伏跳跃，如诗人难以平静的心绪，由眼前之景联想到六朝繁华，如今也如凤凰台一样消失在历史的波浪中。

C句（颈联）565 1̇ 565 3，565 1̇ 15 33（三山半落青天外，二水中分白鹭洲）ab短句组合，旋律"1356"四音，此句旋律是A句的再现，以二度、三度（565、5 3）级进为主，伴有四度（5 1̇、1̇5）跳进，呈峰谷型旋律进行形态，此句由抒情转为写景，此句气象壮丽境界开阔，为尾联"长安不见"作铺垫。

D句（尾联）31̇ 1̇1̇ 51̇ 565，55 1̇1̇·56 1̇ 565（总为浮云能蔽日，长安不见使人愁）cd短句组合，此句旋律是B句的再现，以四度（51̇、55 1̇1̇、1̇ 5）跳进为主，伴有六度（31̇）大跳，呈峭壁型和谷峰型相结合的旋律进行形态。"愁"（1̇ 565）字作句末一字多音长拖腔，"长安不见"暗点诗题的"登"字，触境生愁，意寓言外，饶有余味。

d. 节奏腔式。

《登金陵凤凰台》是李白诗歌中为数不多的七言律诗之一，雷老在吟诵时，以井研方言语音的声调行腔，结合XXX、XX、X、XX.等节奏型，形成4+3、2+2+2+1的音步节奏。第四字"上、空、冠、落、分、见"（1̇、1̇、1̇·、1̇、1̇、1̇·）作一字一音短拖腔处理，末字"游、径、丘、外、州、日、愁"（3、565、1̇ 565、3、53、565、1̇ 565）作一字一音或一字多音拖腔处理，结合"上、落"（⌒）波音和衬字"啊"独特润腔，形成优美、流畅的独特吟腔。

5）雷定基先生《登金陵凤凰台》吟诵概述。

《登金陵凤凰台》吟诵旋律简单，形成同头异尾和异头同尾的两种旋律构成形式。首联和颈联旋律565 1̇ 565 3，565 1̇ 15 33，其每联两句前面的乐音同为565 1̇，构成同头异尾的旋律；颔联和尾联旋律31̇ 1̇1̇ 51̇ 565，55

$\underline{1}\,\underline{1\cdot 56}\,\underline{1}\,\underline{565}$，旋律$\underline{1}\,\underline{565}$不仅句末乐音一致，而且成为该诗吟诵的拖腔旋律标志。

（3）《水调歌头》。

1）从创作背景方面考察。

这首词写于宋神宗熙宁九年（1076年）中秋节，苏轼因与当权的变法者王安石等人政见不同自求外放，辗转在各地为官，熙宁七年（公元1074年）苏轼被调到密州任职，两年后的中秋皓月当空，银辉遍洒，词人与胞弟苏辙已有七年未得团聚，此情此景心潮难平，于是乘着酒兴伴着月色为他的胞弟填词一首，以表达怀念之情。

2）从文体结构和吟诵节奏方面考察。

水调歌头·明月几时有

！　｜　　｜　　｜　｜
明 月 几 时 有？把 酒 问 青 天。
！　　｜　　！　　！　｜
不 知 天 上 宫 阙，今 夕 是 何 年。
｜　！　　｜　　　　　！　｜　　｜　！
我 欲 乘 风 归 去，又 恐 琼 楼 玉 宇，高 处 不 胜 寒。
｜　｜　｜　　｜　｜
起 舞 弄 清 影，何 似 在 人 间？

｜　　！　　｜　｜　　｜
转 朱 阁，低 绮 户，照 无 眠。
！　｜　｜　　｜　　｜　！
不 应 有 恨，何 事 长 向 别 时 圆？

人有悲欢离合，月有阴晴圆缺，此事古难全。
但愿人长久，千里共婵娟。

该词是中秋望月怀人之作，表达了词人对胞弟苏辙的无限思念，以皓月当空、亲人千里、孤高旷远的氛围，反衬自己遗世独立的意绪。上阕望月，着重描写词人酒后，天上人间难以抉择的矛盾心理，既有向青天问明月的逸兴壮思，又有通过隐喻将人世间的悲欢冷暖倾倒而出的笔法。下阕怀人，抒发对弟弟苏辙的思念，由中秋的圆月联想到人间的离别，感念人生的离合无常，彰显词人的洒脱旷达。雷先生的吟诵节奏为 2+2+1、2+2+2、2+2+2+1、2+2、2+3、2+4、3+0 和 4+2。

3）从声韵调系统方面考察。

全词共有 12 个入声字，38 个仄声字，入下平一先韵、上平十四寒韵、上平十五删韵，寒、删、先互为邻韵，遂归为"先韵"，韵字为"天、年、寒、间、眠、圆、全、娟、寒"，先韵源于上古的三个韵部往往前有介音 u，多是开口度由小变大再变小后收于前鼻音，在变化感中，突出了中间元音的开阔感，徐健顺先生认为此韵多有"伸展、致远、终收"之意，汪烜《诗韵析》概括为"景物流连、风景鲜艳、琴鹤翩然"。[①]

表 4—4—12　《水调歌头》普通话和井研方言发音差异字

文字	普通话发音	井研方言发音	异同分析
何	{he}35	{h-o}31	韵母改变由 e 变为 o，调值由普通话的 35 变为井研方言的 31
琼	{qiong}35	{q-un}31	韵母由 iong 变为 un 韵，调值由普通话的 35 变为井研方言的 31

---

① 续修四库全书编纂委员会：《续修四库全书》，上海古籍出版社 2002 年版，第 409 页。

续表

文字	普通话发音	井研方言发音	异同分析
阁	{ge}35	{g-o}31	韵母改变由 e 变为 o，调值由普通话的 35 变为井研方言的 31
婵	{chan}35	{san}31	声母由 ch 变为 s，调值由普通话的 35 变为井研方言的 31

注：普通话调值 55、35、214、51；井研方言调值 55、31、42、13、33（入）。

4）从音乐性方面考察。

水调歌头　　苏轼（宋代）
雷定基先生吟诵
李蜩　记谱

```
5 1̇ 5 1̇ 2̇ 1̇.   | 5 6  5 6 1̇  1̇ 0 |
明 月 几 时 有？    把 酒 问 青  天。

0 5 6 1̇ 5 1̇ 5.   | 1̇ 5 3 1 2 1 |
不 知 天 上 宫 阙、  今 夕 是 何 年（啊）？

3 3 1̇ 1̇ 1̇ 5.    | 3 5 3 3  2 3 5 |
我 欲 乘 风 归 去，  又 恐 琼 楼  玉 宇，

1̇ 6 5 1̇ 3  | 3 3 2 5 5 | 3 3 3 2 3 5 - |
高 处 不 胜 寒， 起 舞 弄 清 影， 何 似 在 人  间？

1̇ 5 1̇ 5 3 | 1̇ 1̇ 5 1̇ 5 3 | 3 5 3 3 - |
转 朱 阁，  低 绮 户，   照 无 眠。

3 3 1̇ 5 6 5 | 3 3 3 5 3 3 3 - |
不 应 有 恨， 何 事 长 向 别 时 圆？

3 3 1̇ 1̇ 5 5 6 5 | 3 3 2 3 5 5 |
人 有 悲 欢 离 合，  月 有 阴 晴 圆 缺，

1̇ 5 1̇ 5 5 3 | 3 1̇ 3 3 5 | 3 3 3 2 3 5 - |
此 事 古 难 全。 但 愿 人 长 久， 千 里 共 婵 娟。
```

注：标有波浪线的文字为诵读。

a. 基本结构。

吟诵调《水调歌头》结构为 AB 两段。以 a（5̲1̲ 1̲5̲ 1̇2̇ 1̇·）、b（3̲5̲ 3̲3̲ 2̲3̲5）、c（3̲3̲ 1̲1̲ 5̲5̲6̲ 5）和 d（1̲6̲ 5̲1̲ 3）四个音乐短句为基本旋律形态反复变化运用贯穿全曲。

b. 音阶调式。

调式音阶为 5̣6̣1235。吟诵调以徵音（5）作为调式主音和上句终止音，上下句的终止音呈同度关系，调式调性明确，属民族五声徵调式。

c. 旋律线。

A 段"明月几时有"至"何似在人间"，旋律组合以 a（5̲1̲ 1̲5̲ 1̇2̇ 1̇·）、b（3̲5̲ 3̲3̲ 2̲3̲5）和 c（3̲3̲ 1̲1̲ 5̲5̲6̲ 5）型旋律为主，d（1̲6̲ 5̲1̲ 3）型旋律作为补充，a 型旋律围绕"12356"五音在中高音区变化发展，以二度三度（1̇2̇ 1̇·、5̲6̲、3̲1̲）级进为主，伴有四度（5̲1̲ 1̲5̲）跳进，呈峰谷型旋律进行形态，如："明月几时有、把酒问青天"（5̲1̲ 1̲5̲ 1̇2̇ 1̇·、5̲6̲ 5̲6̲1̲ 1̇0）以 51̇ 两音上下交替跳进至全曲最高音 2̇，再跳进级进至高音 1̇，起调高亢明亮，"有"（1̇2̇ 1̇·）字拖腔长吟下滑音润饰，"天"（1̇0）字顿住，一拖一顿形成对比，开篇就把酒相问，显示了词人豪放的性格和不凡的气魄。"今夕是何年"（1̇5 3̲1̲ 2̲1̲）在 a 短句的基础上音高下移，从高音 1̇ 至中音 1 作跳进、级进下行旋法。b（3̲5̲ 3̲3̲ 2̲3̲5）型旋律以级进为主，偶有四度（2̲5̲）音程跳进，在中音区五度内变化发展，如："又恐琼楼玉宇、起舞弄清影、何似在人间"（3̲5̲ 3̲3̲ 2̲3̲5、3̲3̲ 2̲5̲ 5、3̲3̲ 3̲2̲3̄ 5̄-），旋律平稳发展稍有起伏，"影、间"（5、5̄-）作句末拖腔并给予波音润饰，c（3̲3̲ 1̲1̲ 5̲5̲6̲ 5）型旋律起伏最大，出现六度（3̲1̇）、八度（1̲1̇）大跳，如："不知天上宫阙、我欲乘风归去"（0̲5̲6̲ 1̲5̲ 1̇ 5̄·、3̲3̲ 1̲1̲ 1̇ 5̄·），"阙、去"（5̄·、5̄·）作句末拖腔并给予波音润饰，d 型旋律"高处不胜寒"（1̲6̲ 5̲1̲ 3）在 d 短句的基础上融入了新的元素 6，旋律更为丰富，从高音 1̇ 至中音 3 作级进、跳进下行旋法，"不胜寒"（5̲1̲ 3）51̇ 四度跳进后陡转直下六度大跳下行至 3，巨大的落差，让人感受到高耸九天的寒义。丰富的旋律型有机结合，展现出词人望月饮酒，发离奇飞跃之神思。

- 472 -

B段"转朱阁"至"千里共婵娟",以连续三句d（1̲5̲1̲ 5̲3̲）型旋律起调:"转朱阁,低倚户,照无眠"（1̲5̲1̲ 5̲3̲、1̲1̲ 5̲1̲5̲ 3̲、3̲5̲3̲ 3-）,旋律节奏紧密,字少音多,突出一字多音和尾音拖腔,"朱、阁、户、照、眠"（5̲1̲、5̲3̲、5̲1̲5̲ 3̲、3̲5̲、3-）,连续的一字多音和拖腔,高亢低回旋律婉转,将离人的愁绪表达得淋漓尽致。旋律组合以d型旋律为主,如:"转朱阁,低倚户,照无眠、不应有恨,何事长向别时圆、此事古难全"（1̲5̲1̲ 5̲3̲、1̲1̲ 5̲1̲5̲ 3̲、3̲5̲3̲ 3-、3̲3̲ 1̲5̲6̲ 5̲3̲、3̲3̲ 3̲5̲ 3̲3̲ 3-、1̲5̲1̲5̲5̲3̲）,c"人有悲欢离合"（3̲3̲ 1̲1̲ 5̲5̲6̲ 5）、b"月有阴晴圆缺、但愿人长久、千里共婵娟"（3̲5̲ 3̲3̲ 2̲3̲5̲、5̲1̲ 3̲3̲ 5、3̲3̲ 3̲2̲3̲ 5-）型旋律结合其中。结束句"千里共婵娟"（3̲3̲ 3̲2̲3̲ 5-）音调平稳舒缓,"婵娟"（2̲3̲5-）二字三音作级进上行发展,"娟"字结束在调式主音5上,作句末长拖腔处理,呈现出静怡美好的月夜画面引人遐想。此段写对月怀人,感人生离合无常。

d. 节奏腔式。

《水调歌头》吟诵时基本遵循井研方言咬字发音,在"561̇2̇3̇"的五声旋律中,以X̲X̲、X̲X̲X̲节奏型为主,伴有X、X-、X X.等节奏型,形成2+2+1、2+2+2、2+2+2+1、2+2、2+3、2+4、3+0和4+2等多种吟诵节奏。拖腔在abcd短句的基础上分为四类,a"有"（1̲2̲ 1·）,b"弄清影、在人间、人长久、共婵娟"（2̲5̲ 5、3̲2̲3̲ 5-、3̲3̲ 5、3̲2̲3̲ 5-）,c"宫阙、归去、离合"（1̲5·、1̲5·、5̲5̲6̲ 5）,d"不胜寒、朱阁、户、照无眠、有恨、别时圆、古难全"（5̲1̲3̲、5̲1̲ 5̲3̲、5̲1̲5̲ 3̲、3̲5̲3̲ 3-、1̲5̲6̲ 5̲3̲、3̲3̲ 3-、1̲5̲5̲3̲）,结束音多落在角音3和徵音5上。"有"字重读并作下滑音（╲）处理,"阙、去、间"作波音（⌒）润饰。

5）雷定基先生《水调歌头》吟诵概述。

《水调歌头》吟诵调大气端庄又不失婉约柔美,吟诵旋律主要在中高音区进行,多呈峰谷形和平稳而曲折前进的波纹型相结合的旋律进行形态,吟诵调音乐走向与井研方言语音声调行腔密切相关,如阳平声调变为31,旋律下行,"何"3̲1̲、"阁"5̲3̲、"琼"5̲3̲、"婵"2̲3̲。3̲3̲ 1̲5̲6̲、1̲1̲ 1̲5̲·等旋律起伏大,吟诵时落差感较大,但也不乏3̲3̲ 2̲3̲ 5̲5̲等同音反复和变化较小的音乐旋律。

（4）蒙学《三字经》（选段）。

1）从创作背景方面考察。

关于《三字经》的成书年代和作者，历代说法不一，多数学者倾向为宋儒王应麟先生为课家塾所作。王应麟（1223—1296），字伯厚，号深宁居士，南宋大儒，浙江宁波人。南宋末年，蒙古入侵中原，宋灭后，王应麟避乱归隐闭门20年，读书课徒，《三字经》是他晚年为教育本族子弟编写的儿童启蒙读物，古人称之为"千古一奇书""袖里通鉴纲目"，堪称蒙书教材典范沿用至今，对后世影响巨大。[①]

2）从文体结构和吟诵节奏方面考察。

三 字 经

```
  |     |     |     |     !     |
人 之 初 ， 性 本 善 。 性 相 近 ， 习 相 远 。
| !   |     |     |     |     |
苟 不 教 ， 性 乃 迁 。 教 之 道 ， 贵 以 专 。
!   |     !   |     |   !     |
昔 孟 母 ， 择 邻 处 。 子 不 学 ， 断 机 杼 。
  |                 |
窦 燕 山 ， 有 义 方 。 教 五 子 ， 名 俱 扬 。
| ! |     |         | !     |
养 不 教 ， 父 之 过 。 教 不 严 ， 师 之 惰 。
| ! |     |     | !     |
子 不 学 ， 非 所 宜 。 幼 不 学 ， 老 何 为 。
! ! |     !     | ! !     |
玉 不 琢 ， 不 成 器 。 人 不 学 ， 不 知 义 。
```

[①] 工磊：《章太炎童蒙教育思想研究——以重订〈三字经〉为中心》，《教育评论》2019年第7期。

为人子， 方少时。 亲师友， 习礼仪。

香九龄， 能温席。 孝于亲， 所当执。

融四岁， 能让梨。 弟于长， 宜先知。

首孝悌， 次见闻。 知某数， 识某文。

一而十， 十而百。 百而千， 千而万。

三才者， 天地人。 三光者， 日月星。

三纲者， 君臣义。 父子亲， 夫妇顺。

曰春夏， 曰秋冬。 此四时， 运不穷。

曰南北， 曰西东。 此四方， 应乎中。

曰水火， 木金土。 此五行， 本乎数。

《三字经》的内容在不同历史时期的皆有所修改或增加，字数最少的为宋末元初版 1068 字。①因其内容较长，雷先生只选吟了《三字经》前两个部分，共 68 个三字句，共 204 字。《三字经》中三字为一句，多数是四个小句

---

① 宋丹、王蕙：《译诗"三美"与国学经典英译的美学问题——以赵译〈英韵三字经〉为例》，《文教资料》2019 年第 24 期。

构成一段，每段讲明一件事或一个道理，全文结构严谨，可大致分为五个部分。① "人之初"至"不知义"为第一部分，开篇宏大，开宗明义地讲清楚了为学和做人以及学习的目的，从根本上培塑儿童的人生观、价值观、世界观；"为人子"至"本乎数"为第二部分，对儿童从道德、社会、自然、生活等方面传授基本常识。雷先生的吟诵节奏为 2+1 和 1+2。

3）从声韵调系统方面考察。

《三字经》是典型的韵文，多为两句一韵、四句一段，一段一韵换段即换韵，韵随义转形成四句韵段，其中也不乏八句韵段。

雷先生选吟部分出现 36 个韵字、40 个入声字、77 个仄声字。四声交错出现，对比分明，形成了平仄错落韵律迭荡的美感。②

具体分析如下：

第 1 小句至第 4 小句，"善"押上声十六铣韵，"远"押上声十三阮韵；

第 5 小句至第 8 小句，"迁""专"押下平声一先韵；

第 9 小句至第 12 小句，"处""杼"押上声六语韵；

表 4—4—13　　《三字经》普通话和井研方言发音差异字

文字	普通话发音	井研方言发音	异同分析
择	{ze}35	{c-ə}31	由 z 变为 c 同时韵母也发生改变，由 e 韵变为 ə 韵，调值由普通话的 35 变为井研方言的 31
学	{xue}35	{x-io}31	由 ue 韵变为 io 韵，调值由普通话的 35 变为井研方言的 31

---

① 王秀江：《传统蒙学对于现代家庭建设的教育价值分析——以〈三字经〉〈弟子规〉为例》，《中国教育学刊》2019 年第 9 期。

② 唐晨欣：《"三美"视角下〈三字经〉英译本对比研究》，《文学教育》2019 年第 30 期。

续表

文字	普通话发音	井研方言发音	异同分析
义	{yi}51	{n-i}13	由 y 变为 n，调值由普通话的 35 变为井研方言的 13
宜	{yi}35	{n-i}31	由 y 变为 n，调值由普通话的 35 变为井研方言的 31
何	{he}35	{h-o}31	韵母改变由 e 变为 o，调值由普通话的 35 变为井研方言的 31
仪	{yi}35	{n-i}31	由 y 变为 n，调值由普通话的 35 变为井研方言的 31
融	{rong}35	{y-ong}31	典型的方言发音，声母由 r 变为 y，调值由 35 变为 31
某	{mou}214	{m-ong}42	韵母发生变化，由 ou 韵变为 ong 韵，调值由普通话 214 变为井研方言的 42
百	{bɑi}35	{b-ə}33	韵母由 ɑi 变为 ə，入声字，调值为 33。调值由普通话的 35 变为井研方言的 31
者	{zhe}214	{z-ə}42	声母由翘舌音变为平舌音韵母由 e 变为 ə，调值由普通话的 214 变为井研方言的 42

注：普通话调值 55、35、214、51；井研方言调值 55、31、42、13、33（入）。

第 13 小句至第 16 小句，"方""扬"押下平声七阳韵；

第 17 小句至第 20 小句，"过"押去声二十一个韵，"惰"押上声二十哿韵；

第 21 小句至第 24 小句，"宜""为"押上平声四支韵；

第 25 小句至第 28 小句，"器""义"押去声四寘韵；

第 29 小句至第 32 小句，"时""仪"押上平声四支韵；

第 33 小句至第 36 小句，"席"押入声十一陌韵、"执"押入声十四缉韵；

第 37 小句至第 40 小句，"梨"押上平声八奇韵、"知"押上平声四支韵；

第 41 小句至第 44 小句,"闻""文"押上平声十二文韵;

第 45 小句至第 48 小句,"十"押入声十四缉韵、"百"押入声十一陌韵、"千"押下平声一先韵、"万"押去声十四愿;

第 49 小句至第 52 小句,"人"押上平声十一真韵、"星"押下平声九青韵;

第 53 小句至第 56 小句,"亲"押上平声十一真韵、"顺"押去声十二震;

第 56 小句至第 64 小句,"冬"押上平声二冬韵、"穷""东""中"押上平声一东韵;

第 65 小句至第 68 小句,"土"押去声七虞韵、"数"押去声七遇韵。

4)从音乐性方面考察

a. 基本结构。

吟诵调为《三字经》节选部分以 a (5 i i)、b (5 3 1 3) c (1 3 5) 和 d (1 3 1) 四个音乐短句为基本旋律变化重复的四句为一个音乐回环连续模进贯穿全曲的一段体。

三字经
(节选)

王应麟　(宋)
雷定基先生吟诵
李娟　记谱

5 i i	5 6 5　3	5 i 5	3 5 3
人 之 初,	性 本 善。	性 相 近,	习 相 远。
5 1 1 3	1 3　5	5 i 3	1 3 5
苟 不 教,	性 乃 迁。	教 之 道,	贵 以 专。
3 5 3 5 3	3 3 5	5 3 1 3	1 5 3
昔 孟 母,	择 邻 处。	子 不 学,	断 机 杼。
1 5 5	1 5 5	1 5 3	3 5 3
窦 燕 山,	有 义 方。	教 五 子,	名 俱 扬。
5 3 1 3	1 5 1	1 3 1	5 5 1
养 不 教,	父 之 过。	教 不 严,	师 之 惰。
5 3 1 3	5 3 1	1 3 1	3 1 1
子 不 学,	非 所 宜。	幼 不 学,	老 何 为。
5 3 1 3	i 5 3	5 5 3	3 5 3
玉 不 琢,	不 成 器。	人 不 学,	不 知 义。
3 3 5	i 5 3	5 5 3	3 5 3
为 人 子,	方 少 时;	亲 师 友,	习 礼 仪。

b. 音阶调式。

调式音阶为1356；吟诵调为四音列（1356）曲调，出现（13）大三度音程，以徵音（5）作为调式主音。上下句的终止音呈同度关系，四音曲调式调性具有游离性与确定性，调式调性确定与否，在于曲调中是否有大三度音程，很显然此调式调性明确，属徵调式四音曲。

c. 旋律线。

吟诵调《三字经》节选部分，旋律主干音为"135"，6作为经过音出现，每三字为一句，即一个音乐短句，以a+b+c+d四个音乐短句为一个音乐回环，共计八个音乐回环。

每一个音乐回环均以 a（5 1̇ 1̇）、b（5 3 1 3）c（1 3 5）和 d（1 3 1）音乐短句为基本旋律变化重复自由组合而成。旋律发展在中高音区，音调自然流畅，整首吟诵调以大量的 b（5 3 1 3）型短句为主，围绕"135"三音变化发展，"6"作补充，旋律以级进（5 6 5 3、3 5 3、5 3 1 3）为主，伴有四度（5 1̇、1̇ 5）五度（5 1、1 5）跳进，呈平稳而曲折前进的波纹型和峰谷型相结合的旋律进行形态，如："性本善、习相近、苟不教、教之道、昔孟母、子不学、断机杼、教五子、名俱扬、养不教、子不学、非所宜、玉不琢、不成器、人不学、不知义、方少时、亲师友、习礼仪"（5 6 5 3、3 5 3、5 1 1 3、5 1̇ 3、3 5 5 3、5 3 1 3、1 5 5 3、1 5 5 3、3 5 3、5 3 1 3、5 3 1 3、5 5 3、5 3 1 3、1 1 3、3 1 1 3、1 5 1 3、1̇ 5 3、5 5 3、3 5 3），acd 型短句结合其中，a（5 1̇ 1̇）型短句"人之初、父之过、教不严、师之惰"（5 1̇ 1̇、1 5 1、5 5 1）围绕"1 5 1̇"三音变化连接，呈四度五度跳进的峰谷型旋法，c（1 3 5）型短句"性相近、性乃迁、贵以专、择邻处、窦燕山、有义方、为人子"（5 1̇ 5、1 3 5、1 3 5、3 3 5、1 5 5、5 1 5、3 3 5）围绕"135"三音作级进、跳进旋法，d（1 3 1）型短句"教不严、幼不学、老何为"（1 3 1、1 3 1、3 1 1）以13两音作上下行级进交替旋法。abcd 组合旋律形态总体趋于平实，起伏不大，变化少，旋律感不强，每个音乐回环具有明显的终止感。

d. 节奏腔式。

《三字经》为三字韵文，其音步节奏为 2+1，第三字有明显拖腔处理。大量使用八分音符 XX 和四分音符 X 节奏型，与极少的十六分音符 XXX 相结合，多为一字一音，每三字为一个节奏点，节奏分明，素材简练。曹家谟在吟诵每一句的末字时都作一字一拍的短拖腔处理，如：a "初、过、惰"（1̇、1、1），b "善、远、教、道、母、学、杼、子、扬、教、学、宜、琢、器、学、义、时、友、仪"（3、3、13、3、53、13、53、53、3、13、13、3、13、3、13、13、3、3、3），c "近、迁、专、处、山、方、子"（5），末字短拖腔结音分别在 "135" 三音上。音乐素材简练，未使用装饰音，旋律风格古朴自然。

5) 雷定基先生《三字经》吟诵概述。

吟诵调《三字经》旋律感不强，简单朴实，音步节奏为 2+1，雷老吟诵时以读诵式的音调为主，多为一字一音，第三字有明显拖腔处理。出现少量一字多音吟诵，如 "教、义、学、琢"（13），"母、杼、子"（53），"性"（56）等。

5. 雷定基先生乐山传统吟诵特点。

（1）吟诵源流有自。

雷定基先生家学渊源深厚、文学功底扎实，一生从事有关文史方面的工作，其传统吟诵调源于私塾之中跟着先生读书时耳濡目染自然习得，从蒙童入学到年近期颐，吟诵实践有 90 余年。

（2）吟诵旋律和谐。

《文心雕龙·声律第三十三》中提出："是以声画妍媸，寄在吟咏，吟咏滋味，流于字句，气力穷于和韵。异音相从谓之和，同声相应谓之韵。"[①] 实则是说，古诗文字词的韵味、声调的和谐、平仄的变化、旋律的推进，都可以从吟诵中得以体现。和谐的吟诵旋律基于吟诵者对汉语言文字基本规律

---

① （南朝梁）刘勰著，范文澜注：《文心雕龙注》，人民文学出版社 1996 年版，第 128 页。

的尊重以及师承旋律的影响，雷定基先生吟诵古诗文时，对旋律的把握、节奏的停顿、字音与乐音的相谐都较为规范。

《回乡偶书》的吟诵旋律较强，基本遵循平长仄短的吟诵规则，第四字"家、改"（1̲2̲1̇、6·）作拖腔处理，韵字"回、衰、来"（3、1̇5̲6̲5̲3̲、1）作拖腔处理；《登金陵凤凰台》旋律感稍弱，第四字"上、空、冠、落、分、见"（1̇、1̇、1̇·、1̇、1̇、1̇·）作一字一音短拖腔处理，末字"游、径、丘、外、州、日、愁"（3、5̲6̲5̲、1̇5̲6̲5̲、3、5̲3̲、5̲6̲5̲、1̇5̲6̲5̲）作一字一音或一字多音拖腔处理；《水调歌头》平仄分明，在韵字"间、眠、圆、娟"（5-、3-、3-、5-）处长吟，在部分句末"有、阁、户、恨"（1̲2̲1̇·、5·、5̲1̲5̲3̲、5̲6̲5̲3̲）处长吟，在句末有仄声字时停顿重读，如"宇、影、合、缺"；《三字经》多为一字一音的读诵式，旋律感最弱，每句句末有短拖腔处理。音乐短句（5̲6̲5̲ 1̇）和（1̇ 5̲6̲5̲）及其变体均在《回乡偶书》《登金陵凤凰台》《三字经》和《水调歌头》中出现，成为雷定基老先生井研县传统吟诵的标志性旋律。

（3）吟诵情感到位。

王国维在《人间词话》中谈道："无我之境，人惟于境中得之。有我之境，于由动之静时得之。故一优美，一宏观也。"[①]此两者之境在吟诵中需结合起来，以有我之境的代入体会物我为一的情感，以无我之境的吟诵进入物我两忘的境界。

《文心雕龙·情采第三十一》指出"昔诗人什篇，为情造文；辞人赋颂，为文而造情"。诗人为情而创作，情感真实，雷先生的吟诵便有"为文造情"之感。《回乡偶书》的吟诵以情带声，"家、衰"的转音拖腔代入感极强，吟诵声在"何处来"中悄然作结，弦外之音空谷传响，哀婉之情久不能忘，令闻者动容。

[①] 王国维：《人间词话》，中华书局 2009 年版，第 95 页。

(四) 以峨眉山谢祥荣先生为例

1. 峨眉山市概貌。

峨眉山市，四川省辖县级市，行政区划归乐山市管辖，位于四川盆地西南边缘，东北与川西平原接壤，西南连接大小凉山，是盆地到高山的过渡地带。

峨眉山市是一座具有深厚文化底蕴的古城，迄今已有 1400 多年的历史。峨眉古系蜀国地，蜀汉时期至两晋、南北朝属犍为郡南安县（今乐山市）辖地。北周武帝保定元年正式建平羌县，隋开皇三年改名峨眉县，属眉山郡；民国时期和建国后沿设峨眉县，1988 年 9 月撤县建市。

峨眉山市因地处峨眉山东麓而得名。峨眉山是世界自然与文化双遗产、国家 5A 级风景名胜区和中国四大佛教名山之一，素有"仙山佛国""地质博物馆"之美誉。峨眉，取大峨山与二峨山两山相对如眉而名。一说峨眉作蛾眉，谓山云鬟凝翠，鬓黛遥妆，如蠊首蛾眉，细而长，美而艳也。于是有"峨眉天下秀"之谚。或谓峨以名言，状其巍峨；眉以形言，有如秀眉。千百年来，儒、释、道三家文化在此碰撞、融合、演变，形成了以佛禅、武术、茶为核心的峨眉山文化。

峨眉山方言属西南官话系统，在四川方言中属于灌赤片—岷江小片，是中国汉语的一个分支，在语言、词汇和语法上都有其特点。明、清由于几次较大的移民迁徙，外来人与本地人在语言上互相同化，形成了不同于西南官话—成渝片的川西语系。

2. 峨眉山的声韵调系统

（1）声母。共 21 个(含零声母)。

表 4—4—14　　　　　　　　峨眉山方言声母

			双唇	齿唇	舌尖前	舌尖中	舌面前	舌根
塞音	清	不送气	p			t		k
		送气	p^h			t^h		k^h

续表

		双唇	齿唇	舌尖前	舌尖中	舌面前	舌根
塞擦音	不送气			ts		tɕ	
	送气			tsʰ		tɕʰ	
鼻音	浊	m				ȵ	ŋ
擦音	清		f	s		ɕ	x
	浊		v	z			
边音					l		
零声母		ø					

（2）韵母。共有36个，9个单韵母，14个复韵母，13个鼻韵母。

表 4—4—15　　　　　　　　　峨眉山方言韵母

	无韵尾						元音韵尾				鼻音韵尾				
开口呼	ɿ	ʌ	o		ə	æ	ɐ	ai	ei	ɑu	əu	an	ən	ɑŋ	oŋ	
齐齿呼	i	iʌ	io	ie				iɑu	iəu			iɑŋ	ioŋ	in	iɛ
合口呼	u	uʌ	uo					uai	uei			uan	uən	uɑŋ	
撮口呼	y			ye								yən			yɛ

（3）声调调值调型。峨眉山方言有5个声调（古入声字保留），分别为：阴平（中平调）、阳平（低降调）、上声（高降调）、去声（低升调）、入声（高升调）。

表 4—4—16　　　　　　　　　峨眉山方言声调[1]

调类	阴平	阳平	上声	去声	入声
调值	33	21	41	23	45
调型	中平调	低降调	高降调	低升调	高升调

---

[1] 李书：《四川乐山等六县市方言调查研究》，四川师范大学硕士学位论文，2014年。

3. 谢祥荣先生及其乐山传统吟诵

谢祥荣（1928— ）先生，四川省乐山市峨眉山燕岗人，1952 年毕业于四川大学历史学系，任中共成都市委党校教授，主讲马、恩经典论著。1989 年离休后开始悉心研究中华传统文化，发表论著《想尔注》《怎样解〈老子〉为宗教神学》《"玄之又玄"与老子认知模式刍议》《从文化人类学看伏羲氏画八卦》《易经文化的现代意义》等，其《周易见龙》一书在国内影响巨大。

据谢老先生回忆，在他 6 岁那年，他父亲开办私塾；当时，私塾里一共有十八九个学生；在私塾上课的第一个先生叫王品三（音译），王先生对不同阶段的学生进行不同形式的教学。对于初学的蒙童，王先生教他们读《三字经》；对于六七岁的学生，则教他们读一些《千字文》；而对于十五六岁的学生，教他们《古文观止》；对于最大的学生，就开始传授《左传》。

谢老就读私塾四年，先后有四个私塾老师教授了吟诵的读书法。其中，王品三老先生和谢如九大哥（年长谢老60多岁的谢家堂兄）留下的印象最为深刻："当时学生们很少吟诵，老师也没教，只是老师偶尔会自己吟一吟，学生们才偶尔听得到。能听到吟诵的时候还有在过去哭丧婚嫁的时候，当时会行礼，叫三献礼，那个时候吟诗。"

谢老强调，他的吟诵调不是自己独创的，是其父亲、大哥和私塾老师传给他的，而他们的吟诵调比较统一，当时不可能会作曲来创作吟诵旋律，更不会自己自由哼唱。这种吟诵调就是给读书人提供一个方便的读书方法，比较单一但很实用。笔者采录时，峨眉山传统吟诵已近绝迹，目前只采录到年逾古稀的谢祥荣教授保留着此种传统吟诵。

4. 谢祥荣先生的乐山传统吟诵认知。

（1）古诗词文都应该吟诵。

吟诵是读书的一个方法，很简单但很实用。现在的朗诵没有深意，较为粗浅。所以对于我们来说，传承吟诵极其重要。

（2）吟诵不需要刻意为之。

古人的吟诵比较随意，所有的诗都是吟诵着读，不用特意去想，吟诵的旋律其实很简单，最好的吟诵其实是一种状态。吟诵进入最佳状态后，我们会跟古人的思想感情慢慢地融合在一起，在动情和共情的时候，流泪哭泣都是非常自然的现象。

（3）吟诵调并非自创，源于家学。

谢老多次强调其吟诵调并非自创，而是来源于家学，且吟诵方式和技法较为灵活，不显呆板，更不会墨守成规。对于格律诗和词，吟诵时所用的旋律腔调大体相同。

（4）吟诵因文体不同而读法不同。

谢老认为：吟诵长文时，诵读比较合适，比如《赤壁赋》，开始的时候没有起韵就用平读，起韵以后读起来抑扬顿挫音乐性较强。通过不同的声调起伏，慢慢进入吟诵状态，平仄自然体现，并不需要有意识的去安排吟诵旋律，因为文章本身就有起伏，从文字音韵到思想情感都有起伏，读起来领会它的意思以后自然就有了起伏。

（5）四川人的吟诵有川剧味道。

四川人的吟诵听感虽跟川剧类似，但绝不等同，四川的传统吟诵比川剧出现得更早些。

（6）吟诵会潜移默化地塑造我们。

古人的诗词里蕴含着古代士大夫、读书人的精神状态、高尚情感及人格光辉，比如曹操的《短歌行》、辛弃疾的《贺新郎》。谢祥荣先生曾对笔者说："你通过吟诵读进去了，就会养成与古人同样的一种感情方式、表达方式和思维方式，你的思想境界就会向古圣先贤看齐，自然地就会培养一种高尚、优雅、文明的生活方式。人就这样自然而然的高尚高雅起来，就不会有在电视上、网络上出现的那些乱七八糟的、道德缺失的现象。"

5. 谢祥荣先生乐山传统吟诵举隅。

2015年12月，四川省吟诵学会王传闻、陈德建、周永明前往四川省成都市对谢祥荣先生进行吟诵采录传承。现场采录到谢祥荣先生的吟诵内容可分为诗、词、文三类。诗为《弹琴》《滁州西涧》《宿建德江》《登鹳雀楼》《山居秋暝》《送孟浩然之广陵》《登高》；词类为《浪淘沙·帘外雨潺潺》；文为《前赤壁赋》。

（1）古体诗《弹琴》。

1）从创作背景方面考察。

刘长卿(709—789)，字文房，唐代诗人；汉族，宣城（今属安徽）人。曾迁居洛阳，河间（今属河北）为其郡望。唐玄宗天宝年间进士。肃宗至德中官监察御史，苏州长洲县尉，代宗大历中任转运使判官，知淮西、鄂岳转运留后，又被诬再贬睦州司马。因刚而犯上，两度迁谪。德宗建中年间，官终随州刺史，世称刘随州。

刘长卿工于诗，诗多写政治失意之感，也有反映离乱之作，善于描绘自然景物，以五七言近体为主，尤长于五言，称为"五言长城"。留有《刘随州诗集》。《骚坛秘语》有谓："刘长卿最得骚人之兴，专主情景。"

刘长卿刚中进士不久，还没来得及释褐，便逢安史之乱，于是逃至江苏一带，在唐肃宗至德年间（756—758）做了短暂的长洲尉和海盐令。本诗大约作于此时。

2）从文体结构和吟诵节奏方面考察。

《弹琴》为弘扬爱国精神和民族气节的典范之作。该诗为五言体，共四句，前琴后情，字里行间无比体现着诗人怀才不遇的遗憾。[①]

第一句描写词人初听弹奏时，声音的清越、悠扬。

第二句中的"松风"词义双关。词人此时聚精会神、全神贯注地静听，只觉琴音逐渐转为清幽、凄清，有如天风入松之势，神与物游，恍入妙境。

---

① 张培阳：《近体诗律研究》，南开大学硕士学位论文，2013年。

弹 琴

泠 泠 七 弦 上 ， 静 听 松 风 寒 。
古 调 虽 自 爱 ， 今 人 多 不 弹 。

第三句感慨穆如松风的琴声虽美，最终还是变成了古调，古调高雅肃穆，确实阳春白雪，但曲高和寡；"虽"字一转，从对琴声的赞美进入对现实的感慨。

第四句的一个"多"字突显了知音的稀少，无人赏识，今人好趋时尚不弹古调；词人不禁发出感叹，其中寄托了其孤芳自赏、不苟流俗的情操。

谢老的吟诵节奏为 2+3。

3）从声韵调系统方面考察。

表4—4—17　　《弹琴》普通话和峨眉山方言发音差异字

文字	普通话读音	峨眉山方言读音	异同分析
泠	{ling}35	{yin}21	这个字的发音，是明显的个人习惯发音，调值由35变为21
虽	{sui}55	{xu}33	典型的方言读音，声韵母都改变了，声母由s变为x，韵母由ui韵，变为u韵，调值变为33
爱	{ai}51	{ŋai}23	典型的方言读音，零声母变为 ŋ 声母，调值由普通话的51变为方言的23

注：普通话调值55、35、214、51；峨眉山方言调值33、21、41、23、45。

全诗有2个入声字，6个仄声字。

这首诗的韵字为"寒、弹"，入上平十四寒韵。徐健顺教授《汉语音义表》总结此韵特点：寒韵源于上古的元部，开口度由最大变小，收于前鼻音，

- 487 -

下沉、收敛之感最为突出，因此其字多有"宽大、沉稳、下收"之意。[①]汪烜《诗韵析》：淡雅堪观。[②]

谢老吟诵这首诗的时候，平翘舌发音遵循四川方言的普遍规律，都发平舌音。其中，"弦"字的发音却没有遵循方言发音（xuan），而是依照普通话（xian）的本来发音，只是调值变化，形成川味。

4）从音乐性方面考察。

a. 基本结构。

吟诵调《弹琴》为 A+B+C+D 的四个音乐短句组成的四句体结构。

b. 音阶调式。

调式音阶为 356 i̇；吟诵调为六度内的四音列（356 i̇）曲调，出现（13）大三度音程，以角（3）音作为调式主音和结束音，调式调性明确，属角调式四音曲。

弹　　琴　　　　　刘长卿　（唐）
　　　　　　　　　　谢祥荣先生吟诵
　　　　　　　　　　何　民　记谱

3 3. i̇ 6 6 － ｜ 6 i̇ 6 i̇ i̇ 3 － ｜
泠泠　七　弦　上，　　静听　松　风　寒。

i̇ 6 i̇ i̇ 6　5 3 ｜ i̇ 3. 6 5　3 0 ｜
古调　虽　自　爱，　　今人　多　不　弹。

四音曲调式调性具有游离性与确定性，调式调性确定与否，在于曲调中有没有大三度音程，有就确定，没有就具游离性。

[①] 徐健顺：《吟诵概论（上）——中华传统读书法》，广西师范大学出版社 2019 年版，第 265 页。

[②] 续修四库全书编纂委员会：《续修四库全书》，上海古籍出版社 2002 年版，第 409 页。

c. 旋律线。

A 句 33·i66-（泠泠七弦上）旋律主干音为"36i"，"泠泠"（33·）同音反复后六度上跃"七弦上"（i66-）全曲最高音"i"再级进回转，第二字"泠"（3·）句中拖腔，末字"上"（6-）二分音符拖腔，节奏分明，吟诵音调简单明朗。

B 句 6i6 ii3-（静听松风寒）紧接上句，采用相同素材和旋法，旋律围绕"36i"三音变化组合。"静听"（6i6）三度级进后的"松风寒"（ii3-）六度下行跳进至全曲最低音"3"，第二字"听"（6）适当拖腔，末字"寒"（3-）句末拖腔，旋律级进跳进结合，起伏有致，与诗歌意境融合，更显风来松下的幽清肃穆之感。

C 句 i6 ii 653（古调虽自爱）旋律加入新的音符"5"，"古调"（i6）旋律最高音"i"三度下行，两字连读后顿住，"虽自爱"（ii653）高音"i"同音反复后逐级下行末字"爱"（653）波音拖腔，旋律高旋低回，曲调清幽高雅。

D 句 i3·6530（今人多不弹）采用 C 句相同素材和旋法，"今人"（i3·）高音"i"六度下行后拖腔，"多不弹"（653）连续级进下行至最低音"3"全诗终止，旋律整体趋于下落，以感叹式的音调表现诗人曲高和寡、知音难觅的孤独感。

d. 节奏腔式。

谢祥荣先生吟诵此篇《弹琴》时，遵循峨眉山方言语音发音和声调行腔，结合 XX、XX、X-节奏型，在第二字"泠、听、调、人"（3·、6、6、3·）作适当拖腔处理，末字"上、寒、爱、弹"（6-、3-、653、3）拖腔长吟，拖腔节点为第二字和第五字，吟诵节奏为 2+3。末字"上、爱"给予方言语音特点的波音"～"彩润腔，使其更为细腻地表现了诗人感伤世无知音，孤芳自赏的情怀。

5）谢祥荣先生《弹琴》吟诵概述。

《弹琴》前琴后情，怀才不遇的遗憾引起共鸣。[①]全曲以"36 $\dot{1}$"为主干音，变化组合的四句体。A 句 $\underline{33}\cdot\underline{1}66-$（泠泠七弦上），B 句 $\underline{6}\dot{1}\underline{6}$ $\dot{1}\dot{1}3-$（静听松风寒），C 句 $\underline{1}\underline{6}$ $\dot{1}\dot{1}$ $\underline{653}$（古调虽自爱），D 句 $\underline{1}3\cdot\underline{6}5\underline{3}0$（今人多不弹）。全曲节奏分明，形成了 2+3 结构，吟诵旋律简单，音色明朗。谢老吟诵时在第二字和末字上拖腔，便于情感的抒发。

在情感上，"上"字拖腔表达了作者初听琴时的惊叹，以及面对琴声清幽肃穆的感慨。"松风"上扬后，"寒"字突然下降并拖腔，将松风带来的寒意充分展现。这并非只是松风带来的寒气，更是听琴者与弹琴者神与物游，共入音乐妙境的一种特殊感受。"爱"字拖长且末尾声调下降，和前文的悠扬不同，此句开始便多了几分沉重。"不"字拖腔；"弹"字音调最低，但因为拖腔与重音，不似前二字低沉。弹，是弹琴的弹，也是悲叹的"叹"。最后一个字借此发出一声深深的叹息，从表面上看是由听琴所生的感慨，但实际是诗人自觉怀才不遇、世无知音所引发的孤独寂寞，是诗人孤芳自赏心理的自我抒发，也是他对浇薄世风的深刻批判。

$\underline{653}$ 为谢老吟诵的固定尾腔，见"爱"$\underline{653}$，"多不弹"$\underline{6}5\underline{3}0$。

（2）古体诗《滁州西涧》。

1）从创作背景方面考察。

韦应物（737—792），唐代诗人，汉族，长安（今陕西西安）人。他出身世族，十五岁起任三卫郎，为唐玄宗近侍。他早年豪纵不羁，横行乡里，同乡认为他是祸行而苦。后安史之乱起，玄宗奔蜀，他流落失职，开始立志读书，常"焚香扫地而坐"。[②]唐代宗广德至唐德宗贞元年间，他历任洛阳丞、京兆府功曹参军、鄠县令、滁州和江州刺史、左司郎中、苏州刺史，罢官后，

[①] 王春明：《唐代涉乐诗研究》，吉林大学博士学位论文，2013 年。
[②] 杨绍华：《传统与象征——〈滁州西涧〉和〈游园不值〉的现代解析》，《湖南文理学院学报》（社会科学版）2005 年第 5 期。

闲居苏州诸佛寺。由此，后世称他为韦江州、韦左司或韦苏州。

本诗被学术界认为是在唐德宗建中二年（781）韦应物任滁州刺史时所作。当时，他常独步郊外西涧（在滁州城西郊野），喜爱那里清幽的景色。某天，他心怀诗意，便写下了这首诗情浓郁的小诗。

2）从文体结构和吟诵节奏方面考察。

《滁州西涧》描写了春游滁州西涧时赏景和晚潮带雨的野渡所见。该诗为七言体，共四句，一句一景，分别写了幽草、黄鹂、春潮、扁舟，所谓处处是景，景景皆情。①

滁州西涧

```
 !     |  |        |  |          |
独 怜 幽 草 涧 边 生 ， 上 有 黄 鹂 深 树 鸣 。
 |  |  |     !     |  |          |
春 潮 带 雨 晚 来 急 ， 野 渡 无 人 舟 自 横 。
```

第一句写静，幽草深树，透出西涧的幽冷，与作者好静的性格相契，表露了作者闲适恬淡的心境。

第二句写动，莺啼婉啭，打破了方才的沉寂和悠闲，在诗人静谧的心田荡起一层涟漪，写出了诗人随缘自适、怡然自得的开朗和豁达。

第三句，一"带"一"急"，使本不相属的两种事物紧紧相连，春潮涨，涧水急，二者由静转动，春雨淅沥的画面随之鲜活。

第四句与上一句成因果，"自"与"急"互为照应，尽显悠闲和自得。

谢老的吟诵节奏为 4+2+1 和 4+3。

3）从声韵调系统方面考察。

全诗有 2 个入声字，11 个仄声字。

---

① 王国栋：《写景中寄予的生命的欢歌——〈滁州西涧〉赏析》，《语文学刊》2002年第3期。

该诗首句入韵，韵字："生、鸣、横"，入下平八庚韵。庚韵源于上古四个韵部，大都是开口元音，收于后鼻音，因此其字多有"开阔、雄壮、坚硬"之意。庚韵的字现在分别演变成了 ang、ong、eng、ing 韵母的字，尤以 eng、ing 韵母为多，但其本来的读音近似 ang，有开口韵母的开阔之意。汪烜《诗韵析》：大雅铿锵、慷慨不平。①

访谈中，笔者得知谢老平时普通话应用较多，吟诵时不全以方言读音。而这首诗里，仅有一个"横"字是明显的方言发音，与普通话读音不同，韵母由（eng）变为方言习惯的（un）韵，调值由普通话的 35 变为峨眉山方言的 21，其他无明显差异。

4）从音乐性方面考察。

a. 基本结构。

吟诵调《滁州西涧》属于 A+B+C+D 四个音乐短句构成的四句体结构。

滁州西涧

韦应物　（唐）
谢祥荣先生吟诵
何　民　记谱

```
5 3 6 6.  6 1 1̇ | 6 1 6 3 3 1̇ 5.  5̇3 |
独 怜 幽 草   涧 边 生， 上 有 黄 鹂 深 树     鸣。

1̇ 3  5̇6 6.  6 3 6 | 1̇ 6 3 3 1̇ 5̇6.  3̇ |
春 潮 带 雨   晚 来 急， 野 渡 无 人 舟 自     横。
```

b. 音阶调式。

调式音阶为 3 5 6 1̇；吟诵调为六度内的四音列（3 5 6 1̇）曲调，出现

---

① 续修四库全书编纂委员会：《续修四库全书》，上海古籍出版社 2002 年版，第 409 页。

（13）三度音程，以角音（3）作为调式主音和结束音，调式调性明确，属角调式四音曲。（四音曲调式调性具有游离性与确定性，调式调性确定与否，在于曲调中有没有大三度音程，有就确定，没有就具游离性。）

c. 旋律线。

A 句 53 66·6i1̄，（独怜幽草涧边生）旋律主干音为"56i"，"独怜幽草"（53 66·）四字连读"草"（6·）字附点拖腔，"涧边生"（6i1̄）级进上扬至韵字"生"（1̄）波音润饰句末拖腔，旋律级进为主缓缓上行，首句饱含深情拉腔长吟，描写诗人闲游西涧、独见幽草的会心感受。

B 句 6i6 33 i5·,3̄（上有黄鹂深树鸣）旋律以"36i"三音为主，"上有黄鹂"（6i6 33）旋律上行级进后回转，"上"（6i）字重读"黄鹂"（33）轻吟，后六度上跃"深树鸣"（i5·,3̄）再跳进级进下行至全曲最低音"鸣"（3̄）拖腔，"树鸣"波音倚音润腔，旋律曲折变化，紧承上句，涧边幽草，黄鹂鸣啼，动静结合，意境悠远。

C 句 i3 6̄6·6↘3̄6，（春潮带雨晚来急）旋律继续围绕"36i"三音起伏变化，"春潮"（i3）作全曲最高音（i）至最低音（3）的音程六度下行大跳，"带雨"（6̄6·,）同音反复，倚音波音润饰拖腔，"晚来急"（6↘3̄6）四度小跳回转，"晚"（6↘）字作方言语音下滑处理，末字"急"（6̄）波音拖腔，旋律六度、四度大跳起伏，呈现谷峰型旋律形态，形象表现春潮滚滚春雨淅沥的飞转流动之势。

D 句 i6 33 i6·3↘（野渡无人舟自横）为 B 句的变化重复，"野渡无人"（i6 33）级进跳进下行至"人"（3）字适当拖腔，"舟自横"（i6·3↘）作相同音调下行，韵字"横"（3↘）主音下滑作结，其素材简练统一，旋法简单明了，连续两个相同音调重复运用，更显野渡无人空舟纵横的闲淡宁静景象，可谓诗中有画，景中寓情。

d. 节奏腔式。

结合音频资料和吟诵谱例分析发现，谢祥荣先生吟诵此篇《滁州西涧》

时，遵循峨眉山方言语音声调行腔，结合 XX.、XX、X 节奏型，第四字"草、鹂、雨、人"（6·、3、6·、3），第六字"树、自"（5·、6·）及末字"生、鸣、急、横"（i、3、6、3）为明显的拖腔节点，吟诵节奏为 4+3 和 4+2+1。其中"生、树、鸣、带、雨、晚、急、自、横"（i、、5·、、ˇ3、ˇ6、6·、、6、6、、ˇ6·、3）给予丰富的装饰音（波音、倚音、下滑音）色彩润腔，吟诵调韵味浓郁，别具风味。

5）谢祥荣先生《滁州西涧》吟诵概述。

《滁州西涧》一句一景，依次描绘了幽草、黄鹂、春潮、扁舟，可谓"处处景语皆情语"。谢老吟诵时节奏明快，形成了以上句用 4+3、下句用 4+2+1 为格式的吟诵节奏。第四字、六字不论平仄均采用拖腔处理，形成了第四字"草、鹂、雨、人"（6·、3、6·、3），第六字"树、自"（5·、6·）及末字"生、鸣、急、横"（i、3、6、3）为明显的拖腔节点。

在这四句体结构的曲谱中，谢老主要以"56 i""36 i"分别作为 A 句 5366·6 i i、B 句 6 i 6331 5·、ˇ3 的主干音，形成了以 A、B 为组合形式的全谱。AC 旋律相似，第二、三、四字旋律为 366·6，BD 旋律相似，两句旋律大致为 1633 i、ˇ3。音乐旋律回环简单，有跌宕起伏之美。

谢老方音行腔，声调与旋律走向一致。此诗明显的方言异读字"横"，调值为 21，调型为低降，腔格走向为下行，呈"↘"状。谱面标记为 3↘，二者保持一致。

（3）五言平起绝句《宿建德江》。

1）从创作背景方面考察。

孟浩然（689—740），唐代著名山水田园派诗人，本名浩，字浩然；襄州襄阳人，世称孟襄阳。

其诗清淡，长于写景，多反映山水田园和隐逸、行旅等内容，绝大部分为五言短篇，其中虽有愤世嫉俗之词，而更多属于诗人的自我表现。他在艺术上有独特的造诣，与王维并称"王孟"。① 有《孟浩然集》三卷，今编诗二卷。

孟浩然于唐玄宗开元十八年（730年）离乡赴洛阳，再漫游吴越，借以排遣仕途失意的悲愤。② 《宿建德江》当作于作者漫游吴越时，与《问舟子》是同一时期的作品。③

2）从文体结构和吟诵节奏方面考察。

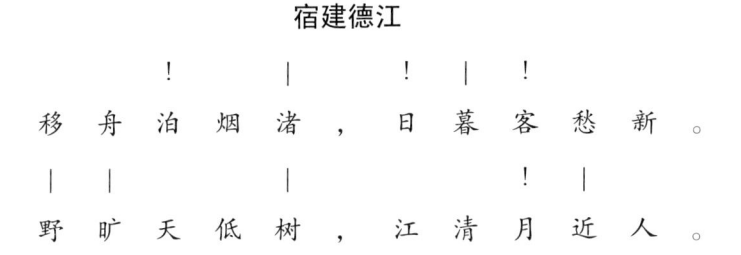

宿建德江

```
    !    |   !  |   !
移  舟  泊  烟  渚， 日  暮  客  愁  新。
    |    |      |        !  |
野  旷  天  低  树， 江  清  月  近  人。
```

该诗为五言体，共四句，一隐一现，虚实相间，互为映衬形成补充，构成一种特殊的意境，虽只有一个愁字，却愁得淋漓尽致。

第一句描写诗人行船停靠在江中的一个烟雾朦胧的小洲边，隐隐感到一丝低落的景象，而正是在日暮时刻的江上看到这般烟气朦胧的景致，才有了之后的愁绪。

第二句描绘天色将暗时，船需要停宿，江面上也泛起水烟蒙蒙。本是行船停下静静地休息一夜，谁知在这众鸟归林、牛羊下山的黄昏时刻，羁旅之愁又蓦然而生，其中的矛盾在"日暮"与"新"的一上一下之间展现出来。

第三句中的一旷一低，形成高低对比，相互依存、相互映衬，远处本应更高的天空却显得比近处的树木还要低，冲突中更添一份愁绪。

---

① 杨银书：《例谈古典诗歌的表达技巧》，《现代语文》2002年第9期。
② 吴华大：《小学古诗教法多议》，《小学教学研究》1997年版第1期。
③ 吕克俭：《意象叠加与意象透视——以〈宿建德江〉为例谈古诗教学》，《小学教学参考》2006年第　　期。

第四句表现了词人暗藏的已随江水流入思潮翻腾的海洋中的愁心，正是这四野茫茫、江水悠悠、明月孤舟，令诗人感慨，上下求索中，发现一轮此刻和他如此亲近的孤月，寂寞已久的愁心得到一丝慰藉。

谢老的吟诵节奏为 2+3 和 2+2+1。

3) 从声韵调系统方面考察。

全诗有 4 个入声字，6 个仄声字。

此诗首句不入韵，韵字"新、人"，入上平十一真韵。真韵源于上古的两个韵部，开口度中等，变小收于前鼻音，有闭合、收敛、抒情之感；因此，其字多有"深入、亲近、联系"之意。汪烜《诗韵析》：隽永清新。[①]

谢祥荣先生在吟诵这首诗的时候，平翘舌音上遵循都发平舌音的四川话习惯，但是出现了普通话和四川方言的混读现象。有些约定俗成的本来该是四川方言发音，谢老却按照普通话的发音吟诵；如"暮"四川方言读"mo"，谢老读的是普通话的读音"mu"，"客"四川方言应读"kə"，谢老还是普通话读音"ke"。不过，所有调值遵循峨眉山方言的调值。所以谢老的吟诵有着其鲜明的个人特色。

表 4—4—18　　**《宿建德江》普通话和峨眉山方言发音差异字**

文字	普通话发音	峨眉山方言发音	异同分析
泊	{bo}35	{b-ə}21	方言读音，韵母由 o 变为方言特色的 ə 韵，调值由 35 变为 21。
渚	{zhu}214	{du}53	这是个人习惯的读音，声母由 zh 变为 d，没有普遍性。调值由 214 变为 53。

注：普通话调值 55 35 214 51；峨眉山方言调值 33 21 41 23 45。

---

① 续修四库全书编纂委员会：《续修四库全书》，上海古籍出版社 2002 年版，第 409 页。

第四章 四川传统吟诵的基本面貌

4）从音乐性方面考察。

a. 基本结构。

吟诵调《宿建德江》为 A+B+C+D 的四个音乐短句组成的四句体结构。

b. 音阶调式。

调式音阶为 561235；吟诵调以徵音（5）作为调式主音，调式调性明确，属民族五声徵调式。

宿建德江

孟浩然　（唐）
谢祥荣先生吟诵
何　民　记谱

```
3 6·  3 6  5  -  | 5 5·  3 3 2 1 2  -
移舟   泊烟  渚,    日暮   客愁    新。

5 3 5  6 6  5  -  | 6 6·  5 3 5  3 2 1 0
野旷   天低 树,    江清   月近    人。
```

c. 旋律线。

A 句 36·365-、ヽ（移舟泊烟渚）主干音为"356"，"移舟"（36·）四度上行最高音"舟"（6·）字附点拖腔，"泊烟渚"（365-、ヽ）四度上行后级进下行至末字"渚"（5-、ヽ）波音下行拖腔，旋律连续起伏，尾腔长吟下叹，首句点题，道出诗人移舟近岸停船宿夜的含意。

B 句 55·33212-（日暮客愁新），采用与首句鱼咬尾的结构形式，在"1235"四音的相互连接组合中，"日暮"（55·）两字连读后拖腔，"客愁新"（33212-）旋律下行末字"新"（2-）拖腔，曲调低回婉转，表现诗人"旧愁未消又添新愁"羁旅之思。

C 句 535 665-,（野旷天低树）旋律为首句的换头合尾，"野旷"（535）级进后"旷"（35）适当拖腔，"天低树"（665-）作全曲最高音强调后

- 497 -

末字"树"($\overline{5}$-)波音拖腔,旋律平稳中下行。"低"和"旷"两相映衬,野旷天低,天韵合成。

D 句 <u>66</u>·<u>535</u> <u>321</u>(江清月近人)为 B 句的变化再现,"江清"(<u>66</u>·)全曲最高音的同音反复后"清"(<u>6</u>·)字附点拖腔,"月近人"(<u>535</u> <u>321</u>)级进下行末字"人"(<u>321</u>)一字多音句末拖腔,旋律高旋低回。紧接上句,因野"旷"而天"低",因江"清"而月"近"人,一隐一显,虚实相间,互为补充,情景相生。

d. 节奏腔式。

谢祥荣先生吟诵此篇《宿建德江》时,结合 XX、XXX、X-等节奏型,第二字"舟、暮、旷、清"(<u>6</u>·、<u>5</u>·、<u>35</u>、<u>6</u>·)句中拖腔,第三字"愁、近"(<u>321</u>、<u>35</u>)适当拖腔,第五字"渚、新、树、人"(5-ヽ、2-、5-ヽ、<u>321</u>)句末长吟拖腔,吟诵节奏为 2+3 和 2+2+1。谢老吟诵时结合方言语音声调行腔,辅以末字"渚、树"(5-ヽ、5-ヽ)方言特征的装饰音(波音、下滑音)润腔,增添了此吟诵调的地方韵味,吟诵音调独树一帜,耐人寻味。

5)谢祥荣先生《宿建德江》吟诵概述。

《宿建德江》一隐一显,虚实相间,互为映衬形成补充,[①]构成一种特殊的意境,虽只有一个愁字,却愁得淋漓尽致。全曲在中音区,跨度较小。谢老吟诵时平缓有度,声音低沉,表现了全诗的羁旅之愁。其吟诵节奏为上句 2+3 和下句 2+2+1。第二字"舟、暮、旷、清"(<u>6</u>·、<u>5</u>·、<u>35</u>、<u>6</u>·)句中拖腔,第三字"愁、近"(<u>321</u>、<u>35</u>)适当拖腔,第五字"渚、新、树、人"(5-ヽ、2-、5-ヽ、<u>321</u>)句末长吟拖腔。在仄声字"泊""日""客""月"上一字一音,短促有力。

谢祥荣先生吟诵此诗时旋律有其规律性,体现在 AC、BD 句两两相似。A 句 <u>36</u>·<u>365</u>-ヽ、C 句 <u>535</u> <u>665</u>-以主干音"356"组合变化形成 <u>365</u>-的变式。B

[①] 柯贤兵、何小清:《从语篇衔接评析〈宿建德江〉及其三个英译本》,《桂林航天工业高等专科学校学报》2004 年第 4 期。

句 55·33212-、D 句 66·535 321 以"1235"四音的相互连接组合中形成同音反复后 5321 结尾的形式。

A 句中"移舟"声调上扬拖长，诗人行船停靠在江中的一个烟雾朦胧的小洲边，"渚"字前高扬而下降，隐隐感到一丝低落，正是在日暮时刻的江上看到这般烟气濛濛的景致，才有了之后的愁绪。

B 句中一个"愁"字出现了 321 的拖腔，羁旅之愁又蓦然而生，将全曲感情推至高潮。

由此 C 句尾全首诗句中整体音调最高的一句。"旷"与"低"声调的高低对比，相互依存、相互映衬，远处本应更高的天空却显得比近处的树木还要低，冲突中更添一份愁绪。

D 句情绪持续高扬，乐曲在 66 同音反复中逐渐下降音调至全曲最低音形成 535 321 的走势，体现了四野茫茫、江水悠悠、明月孤舟令诗人感慨。诗人暗藏的已随江水流入思潮翻腾的海洋中的愁心，上下求索中，发现一轮和他如此亲近的孤月，寂寞已久的愁心得到一丝慰藉。

谢老吟诵时方音行腔。如"泊"方言调值为 21，旋律为 3，但前面一字"舟"旋律为 6·，连读吟诵时旋律有下行意；"渚"方言调值为 21，旋律为 5-丶，呈下降型。故谢老吟诵时方言调值与旋律走向一致。

（4）五言仄起绝句《登鹳雀楼》。

1）从创作背景方面考察。

王之涣（688—742），盛唐时期著名浪漫主义诗人，字季凌；汉族，蓟门人，一说晋阳（今山西太原）人。王之涣早年由并州（山西太原）迁居至绛州（今山西新绛县），曾任冀州衡水主簿。因被人诬谤，乃拂衣去官，后复出担任文安县尉，在任内期间去世。

王之涣"慷慨有大略，倜傥有异才"，讲究义气，性格豪放不羁，常击剑悲歌，早年精于文章，且善于写诗，其诗多被当时乐工制曲歌唱，名动一时，常与高适、王昌龄等相唱和。他尤善五言诗，以善于描写边塞风光著称，用词十分朴实，造境极为深远。靳能《王之涣墓志铭》称其诗："尝或歌从军，吟出塞，瞰兮极关山明月之思，萧兮得易水寒风之声，传乎乐章，布在人口。"但他的作品现存仅有六首绝句（有三首边塞诗）。其中以《登鹳雀楼》①、《凉州词》为代表作。

在衡水罢官之后，不到三十岁的王之涣过上了访友漫游的生活。写本诗时，王之涣只有三十五岁。

2）从文体结构和吟诵节奏方面考察。

登鹳雀楼

！　！　　　｜　　　　　！　｜
白　日　依　山　尽，　黄　河　入　海　流。
！　　　｜　！　　　｜　｜　！
欲　穷　千　里　目，　更　上　一　层　楼。

《登鹳雀楼》反映了盛唐时期人们积极向上的进取精神。该诗为五言体，共四句；前写景，缩万里于咫尺；后议论，"景入理势"。

第一句写远景，一轮落日向着楼前一望无际、连绵起伏的群山西沉，在视野的尽头冉冉而没，是当前景，且是一个极短暂的过程。

第二句写近景，流经楼前下方的黄河奔腾咆哮、滚滚南来，又在远处折而东向，流归大海，是意中景，是一种永恒的运动。此句同上句一道，缩万里于咫尺，使咫尺有万里之势。

第三句展现了词人无止境探求的愿望，还想进一步穷目力所及，看尽远方景物。

第四句表达了向上进取的精神、高瞻远瞩的胸襟，以及要站得高才看得远的哲理。

谢老的吟诵节奏为 2+3 和 2+2+1。

---

① 廖立军：《虚实相生意境雄浑——王之涣〈登鹳雀楼〉赏析》，《科教文汇》2013 年第 23 期。

第四章 四川传统吟诵的基本面貌

3）从声韵调系统方面考察。

全诗有 6 个入声字，5 个仄声字。

该诗首句不入韵，韵"流、楼"入下平十一尤韵。尤韵源于上古三个韵部，都是中等开口元音，而且往往前有介音，始终小开口而又有变化，最后收于小开口元音，悠长之感最为突出，因此其字多有"舒缓、悠长、温柔"之意。汪烜《诗韵析》：潇洒风流、素女悲秋、婉转优悠。[①]

此部分内容无明显异读字，故不做分析。

4）从音乐性方面考察。

a. 基本结构。

吟诵调《登鹳雀楼》属于 A+B+C+D 四个独立音乐短句构成的四句体结构。

登鹳雀楼

王之焕 （唐）
谢祥荣先生吟诵
何 民 记谱

| 3 3. | i i | 6 | — | 3 3. | i 6 | 3 | — |
| 白日 | 依山 | 尽， | | 黄河 | 入海 | 流。 | |

| 3 5 3 | i i | 6 | — | 6 i 6 | 5 3. | 3 | — |
| 欲穷 | 千里 | 目， | | 更上 | 一层 | 楼。 | |

b. 音阶调式。

调式音阶为 356i；吟诵调为六度内的四音列（356i）曲调，出现（13）大三度音程，以角音（3）作为调式主音和结束音，调式调性明确，属角调式四音曲。（四音曲调式调性具有游离性与确定性，调式调性确定与否，在于曲调中有没有大三度音程，有就确定，没有就具游离性。）

---

① 续修四库全书编纂委员会：《续修四库全书》，上海古籍出版社 2002 年版，第 409 页。

c. 旋律线。

A 句 <u>33</u>·<u>ii</u>6-，（白日依山尽）旋律主干音为"36i"，"白日"（<u>33</u>·）两字连读，"日"（<u>3</u>·）字附点拖腔，六度直跃全曲最高音"依山"（<u>ii</u>）两字重读后级进下行"尽"（6-,）字句末波音拖腔，首句西望，丛山苍苍，落日西沉，冉冉而没。

B 句 <u>33</u>·⌒<u>i6</u>·⌒3-（黄河入海流）旋律运用 A 句相同素材，围绕"36i"三音变化组合，"黄河"（<u>33</u>·）同音反复"河"字附点拖腔，"入海"（⌒<u>i6</u>·）倚音润饰附点拖腔，韵字"流"（⌒3-）倚音润腔音调拉长，此句东望，黄河远去，景象壮观，气势磅礴。

C 句 <u>353</u> <u>ii</u>6-，（欲穷千里目）采用 A 句相同素材和旋法，旋律作变化再现，加以"5"音装饰，音调得以丰富。"欲穷"（<u>353</u>）旋律级进，"穷"字适当拖腔，"千里"（<u>ii</u>）最高音"i"同音反复后"目"（6-）字波音拖腔，承上所见，意犹未尽，含意深远，耐人探索。

D 句 <u>6i6</u> <u>53</u>·3-（更上一层楼）紧接前两句，旋律采用鱼咬尾的发展手法，"更上"（<u>6i6</u>）连读"上"（6）字拖腔，"一层"（<u>53</u>·）级进下行，韵字"楼"（3-）主音拖腔全终止，"上、层、楼"三字重读长吟，气势充沛，一意贯连，景入理势，意韵高远。

d. 节奏腔式。

谢祥荣先生吟诵此篇《登鹳雀楼》时，结合 **XX**、**XX**、**XXX**、X-节奏型，第二字"日、河、穷、上"（<u>3</u>·、<u>3</u>·、<u>3</u>、6）、第四字"海、层"（6·、<u>3</u>·）句中不同时值拖腔，末字"尽、流、目、楼"（6-、⌒3-、6-、3-）作二分音符长音拖腔吟诵，形成吟诵节奏为 2+3 和 2+2+1。结合音频资料分析，"尽、入、流、目"（6-、⌒i、⌒3-、6-，）字辅以装饰音（波音、倚音）色彩润腔，谢祥荣先生吟诵时遵循峨眉山方言语音声调行腔，吟诵调节奏分明，音调简单，独具特色。

5）谢祥荣先生《登鹳雀楼》吟诵概述。

《登鹳雀楼》前写景，缩万里于咫尺；后议论，"景入理势"。

五言诗谢老的吟诵节奏仍为上句 2+3 和下句 2+2+1，AC、BD 句旋律两两相似。C 句旋律是 A 句 $\underline{33}\cdot\underline{\dot{1}\dot{1}}6-$ 的拓展，B 句将前倚音 $\underline{65}$ 补充完整后与 D 句 $\underline{6\dot{1}65}3\cdot 3-$ 一致，只是在内部有一定的变化。

《登鹳雀楼》仄声字、入声字较多，谢老吟诵时节奏快速，拖腔均为短拖腔，加附点增加时长。"白日""黄河"以 $\underline{33}\cdot$ 同音反复且拖腔，有视觉的变换。C 句是由写景转向抒情的过渡，"欲穷"短促，"千里"更是加快，体现诗人无止境探求的强烈渴望。"目"字声调先降后扬，目之所及已经不能满足，还想看得更远，看到目力所不能达到的地方，这种渴望十分浓烈。

D 句语气回归平稳，"上""层""楼"微微上扬且拖腔，在平淡中体现了向上进取的精神、高瞻远瞩的胸襟，以及要站得高才看得远的哲理，有一种深沉的兴奋。

同样地，谢老在吟诵时 AC 句以 6- 结尾，以此确定为角调式四音曲，BD 句仍有 $\underline{653}$、$\underline{6\dot{1}6}$ 为谢老的固定吟腔。

（5）五言平起律诗《山居秋暝》。

1）从创作背景方面考察。

这首诗写初秋时节山居所见雨后黄昏的景色，当是王维隐居终南山下辋川别业（别墅）时所作。

2）从文体结构和吟诵节奏方面考察。

《山居秋暝》以自然美来表现诗人的人格美和一种理想中的社会之美。该诗为五言体，共八句，禅意绘景，以动衬静，借景抒情，诗中有画，画中有诗。

山居秋暝

　　　｜　　｜　　　　　｜　　｜
空　山　新　雨　后　，　天　气　晚　来　秋　。
　　　！　　｜　　　　　　　｜　　！
明　月　松　间　照　，　清　泉　石　上　流　。

竹喧归浣女，莲动下渔舟。
随意春芳歇，王孙自可留。

第一联从整体着眼，领起全诗，用精练的语言交代了地点和时间、季节和天气，字里行间弥漫着一股清幽之气，大笔勾勒出画面的轮廓，框定了全诗的意境。①既写出了客观环境的清丽空远，又蕴含着诗人主观意识的恬淡闲逸，给人以身临其境、神清气爽之感。

第二联侧重写物，以物芳而明志洁。从小处落笔，上句写仰视，镜头由远而近，由上而下；下句写俯视，镜头由近而远，由静而动，错落有致，幽趣盎然，营造出一个脱俗雅致的迷人世界，仿佛让人感受到了自然的脉动。②清幽的环境与诗人恬淡的心情实现了高度的和谐统一，即景与情高度和谐统一，意与境高度和谐统一。被苏东坡称为"诗中有画，画中有诗"的典范。

第三联侧重写人，以人和而望政通。转向动态描写，由景及人，以动衬静，愈见其静。上句写岸上，镜头由远而近，下句写水中，镜头由近而远，把主体的人引入作品中空寂的环境，达到了自然美和人情美的高度结合，反映了诗人对安静淳朴生活的向往和追求，衬托出诗人自身超尘脱俗的心境，也蕴含着他内心对污浊官场的极度厌恶。与上联互为补充，虽各有侧重，但都是诗人高尚情操的写照，都是诗人理想境界的环境烘托。

第四联由写景转为抒情，表达的是回归大自然的欣喜之情，是对安逸快乐生活的向往之情，是对勾心斗角的官场生活的厌恶而求退的隐逸之情。融情入景，有感而发，远离仕途，回归自然的喜悦溢于言表。一方面表露了诗

---

① 陆思晴：《以〈山居秋暝〉为例浅析优美风格》，《美与时代：美学（下）》2015年第4期。
② 赵学勉：《从〈山居秋暝〉看王维诗的"诗中有画"的特点》，《黑龙江科技信息》2008年第21期。

人对山中秋色的喜爱;一方面巧用前人之典,表达了诗人隐居山林,远离官场而洁身自好的意愿。

谢老的吟诵节奏为 2+3 和 2+2+1。

3)从声韵调系统方面考察。

全诗有 4 个入声字,10 个仄声字。

这是一首平起五言律诗,韵字"秋、流、舟、留"入下平"十一尤"韵。尤韵源于上古三个韵部,都是中等开口元音,前往往有介音,始终小开口而又有变化,最后收于小开口元音,悠长之感最为突出;因此其字多有"舒缓、悠长、温柔"之意。汪烜《诗韵析》:潇洒风流、素女悲秋、婉转优悠。[①]

在分析谢祥荣先生的作品时,笔者发现谢老很多作品里有四川方言和普通话的混读现象,但这首诗里却没有。这首诗遵循平翘舌音全部发平舌音的规律,没有明显异读字,仅根据方言调值的不同加之一些润腔技法,以体现出浓郁的川味,旋律之优美。

4)从音乐性方面考察。

a. 基本结构。

吟诵调《山居秋暝》属于 A+B+C+D 四个音乐长句构成的四句体结构。

b. 音阶调式。

调式音阶为 3561;吟诵调为六度内的四音列(3561)曲调,曲中出现(13)大三度音程,以角音(3)作为调式主音和结束音。调式调性明确,为角调式四音曲。

c. 旋律线。

A 句(首联) 11 16 6 53 165 1 5-(空山新雨后,天气晚来秋),旋律主干音为"561","空山新雨"(11 16)以全曲最高音"1"的三次同音反复起调,"后"(6 53)字波音倚音润腔,一字多音句末拖腔,"天气晚来

[①] 续修四库全书编纂委员会:《续修四库全书》,上海古籍出版社 2002 年版,第 409 页。

秋"（1̲6̲5 1 5-）级进后五度大跳，"气"（6）字适当拖腔，韵字"秋"（5-）单音延长句末拖腔，节奏简洁，音调明亮，山雨晚晴，新凉送爽，始感天气有秋意矣。

山居秋暝

王　维　（唐）
谢祥荣先生　吟诵
何　民　记谱

1 1 1̲ 6̲ ⁵6̅ 5̲ 3̲	1̲ 6̲ 5 1 5 -
空 山 新 雨 后，	天 气 晚 来 秋。

3̲ 3̲ 1̲ 1̲ 6̅ -	1̲ 3̲· 1̲ 5̲ 6̲ 3 0
明 月 松 间 照，	清 泉 石 上 流。

6 1̲· 1̲ 6̲ 6̲ 5̲ 3̲	3̲ 6̲· 6̲ 5̲ 3̲ 6 0
竹 喧 归 浣 女，	莲 动 下 渔 舟。

3̲ 3̲· 1̲ 1̲ 6̅ -	3̲ 6̲· 6̲ 1̲ 6̲ 5̲ 3
随 意 春 芳 歇，	王 孙 自 可 留。

B 句（颔联）3̲3̲ 1̲1̲ 6̅- 1̲3̲·、1̲5̲6̲ 3 0（明月松间照，清泉石上流）旋律以"3 6 1"三音为主，"明月松间照"（3̲3̲ 1̲1̲ 6̅-）六度内同音反复级进结合，"照"（6̅-）字波音润饰句末拖腔，"清泉"（1̲3̲·、）六度大跳下滑拖腔，"石上流"（1̲5̲6̲ 3 0）音调下行韵字"流"（3 0）顿住，旋律循环往复，音调韵致悠扬，明月孤照松间，清泉承流石上，特以此景，烘托山雨新晴。

C 句（颈联）6 1̲·1̲6̲ 6̲5̲3̲ 3̲6̲·6̲5̲3̲ 6 0（竹喧归浣女，莲动下渔舟）此联旋律在"3 5 6 1"四音连接组合中，"竹喧"（6 1̲·）两字连读"喧"字适当延长，"归浣女"（1̲6̲ 6̲5̲3̲）级进下行，"女"字一字多音短暂拖腔，"莲动"（3̲6̲·）两字一顿"动"字延长，"下渔舟"（6̲5̲3̲ 6 0）级进跳进结合，韵字"舟"（6 0）断腔急收，旋律鱼咬尾，音调一字一顿，浣纱女子，穿竹寻归，钓网渔舟，荡莲鼓棹，竹喧响，莲摇动，天气已晚矣。

D 句（尾联）3̲3̲· 1̲1̲ 6̅-3̲6̲· 1̲6̲5̲ 3（随意春芳歇，王孙自可留）旋律采用 B

— 506 —

句相同素材，同头异尾变化再现，"随意"（33·）两字连读，"意"（3̄·）字波音润饰短暂拖腔，"春芳歇"（ii6-）音调下行，"歇"（6̄-）字波音润腔句末拖腔，"王孙"（36·）四度小跳"孙"字延长，"自可留"（6i65 3）级进下行，韵字"留"（3）主音作结，短暂拖腔，吟调随意洒脱，浣渔知归，芳菲知归，借草自喻，隐而不出。

d. 节奏腔式。

结合音频资料和谱例分析发现，谢祥荣先生吟诵此篇《山居秋暝》时，注重方言咬字发音，遵循峨眉山方言语音声调行腔，结合 XX、XX.、X、X-等节奏型，第二字"气、泉、喧、动、意、孙"（6、3·、i·、6·、3·、6·）短暂拖腔，第四字"来、上"（1、56）适当延长，出句末字"后、照、女、歇"（6̄53、6-、653、6-）一字多音长音拖腔，韵字"秋、流、舟、留"（5-、30、60、3）拖腔顿腔结合，吟诵节奏为 2+2+1 和 2+3。其中"后、照、泉、意、歇"（6̄53、6-、3̄·、3̄·、6-）字辅以方言特征的装饰音（前倚音、波音、下滑音）色彩润腔。音调明快流畅超然豁达，颇具感染力和韵味。

5) 谢祥荣先生《山居秋暝》吟诵概述。

《山居秋暝》借禅意绘景，以动衬静，借景抒情，诗中有画，画中有诗。此诗谢老吟诵时旋律感十足，优美动听，且能听出谢老洒脱随意的特色。在五言律诗中依然体现了五言绝句的部分特点，节奏依然运用 2+2+1 和 2+3 式，在拖腔中除了使用附点之外，首次运用了句末一字多音长音拖腔，如"泉、喧、动、意、孙"（3·、i·、6·、3·、6·）在句中有明显的长音处理，"后、秋、照、女、歇、"（653、5-、6-、653、6-、），音乐性更强。上句之间旋律相似，下句之间旋律相似。总的来说，律诗的下句旋律更加的丰富多样。如上句中多以 33·ii6-和 i6 653为主要旋律，下句以36·65 3及其他变式为主。

句末拖腔有两种旋律形式，最显著的是65 3旋律贯穿全曲，共六处，既可做句末拖腔，如"后""女"；又可做句中旋律，如"下渔舟""自可留"。而"天气晚来秋"（i65 1 5-）中65 1和"清泉石上流"（i3·↘i56 3 0）中56 3

均是 <u>65</u> 3 的变体，用法灵活。另一种句末拖腔为 <u>i i</u> 6-。

（6）七言仄起绝句《送孟浩然之广陵》。

1）从创作背景方面考察。

本诗是李白出蜀壮游期间的作品。唐玄宗开元十五年（727），李白东游归来，至湖北安陆，年已二十七岁。他在安陆住了有十年之久，不过很多时候都是以诗酒会友，在外游历，用他自己的话说就是"酒隐安陆，蹉跎十年"。也就是寓居安陆期间，李白结识了长他十二岁的孟浩然。孟浩然对李白非常赞赏，两人很快成了挚友。开元十八年（730）三月，李白得知孟浩然要去广陵（今江苏扬州），便托人带信，约孟浩然在江夏（今武汉市武昌区）相会。几天后，孟浩然乘船东下，李白亲自送到江边。送别时写下了这首《黄鹤楼送孟浩然之广陵》。

2）从文体结构和吟诵节奏方面考察。

《送孟浩然之广陵》充满了诗意的离别。该诗为七言体，共四句，无处无时不在写景，景即情，情即景，每一景物都牵动着作者的思绪和情怀。

第一句紧扣题旨，点明送行的地点及二人的深厚情谊，并结合二人的潇洒飘逸与黄鹤楼自身的种种传说，展现了浓厚的诗意和浪漫色彩。

第二句承接首句，点明送行时令与被送者要去的地方。不仅写出烟雾迷蒙、繁花似锦的阳春特色，也使人联想到那处在开元盛世的扬州，以及扬州花团锦簇、绣户珠帘、繁荣且太平的景象，当友人扬帆远去的时候，惜别之情油然而生。

送孟浩然之广陵

| ! | ! |

故人 西 辞 黄 鹤 楼， 烟 花 三 月 下 扬 州。

    | | ! | | |

孤 帆 远 影 碧 空 尽， 唯 见 长 江 天 际 流。

第三句描写诗人一直把朋友送上船，虽然船已经扬帆而去，而他还在江边目送远去的风帆的场景。目光望着帆影，一直看到帆影逐渐模糊，消失在碧空的尽头，目送时间之长由此可见。当帆影已经消逝，然而还在翘首凝望，一江春水，在浩浩荡荡地流向远远的水天交接之处。

第四句写的是眼前景，亦是一片情。将依依惜别的深情寄托在对自然景物的动态描写之中，情与景完全交融在一起，含而不露却余味无穷。诗人此时的心潮起伏，正像滚滚东去的一江春水，他将他对友人的一片深情与向往都融入这阳春三月、放舟长江以及孤帆远影之中。

谢老的吟诵节奏为 2+2+3 和 4+3。

3) 从声韵调系统方面考察。

纵观全诗，有 3 个入声字，8 个仄声字。

这是一首平起七言绝句，首句入韵，韵字有"楼、州、流"，入下平十一尤韵。尤韵源于上古三个韵部，都是中等开口元音，而且往往前有介音，始终小开口而又有变化，最后收于小开口元音，悠长之感最为突出，因此其字多有"舒缓、悠长、温柔"之意。汪烜《诗韵析》：潇洒风流、素女悲秋、婉转优悠。[①]

如"鹤"普通话读"he"，方言应该读"ho"，这首诗里谢老依然按照普通话的发音读的"he"。谢老偶尔有平翘舌混读的现象，四川话把所有的翘舌音都读作平舌音，但谢老还是把"州"按照普通话翘舌读音读成"zhou"而没有读成四川话的平舌音"zou"。

4) 从音乐性方面考察。

a. 基本结构。

吟诵调《送孟浩然之广陵》属于 A+B+C+D 四个独立的音乐短句构成的四句体结构。

---

① 续修四库全书编纂委员会：《续修四库全书》，上海古籍出版社 2002 年版，第 409 页。

送孟浩然之广陵

李白（唐）
谢祥荣先生吟诵
何民 记谱

```
5 3·  i 3  3 5  3  | i i  i 6·  6 ⁵3·  6 |
故人  西辞 黄鹤 楼， 烟花 三月  下  扬  州。

i 6  6 6ˋ  3 i  6  | 6 6·  3 6·  6·i 5  3 ‖
孤帆 远影  碧空 尽， 唯见  长江  天际 流。
```

b. 音阶调式。

调式音阶为 3 5 6 i；吟诵调为六度内的四音列（3 5 6 i）曲调，出现（1 3）大三度音程，以角音（3）作为调式主音和结束音，调式调性明确，属角调式四音曲。（四音曲调式调性具有游离性与确定性，调式调性确定与否，在于曲调中有没有大三度音程，有就确定，没有就具游离性。）

c. 旋律线。

A 句 5 3· i 3 3 5 3（故人西辞黄鹤楼）旋律主干音为 "3 5 i"。"故人"（5 3·）三度级进 "人" 字附点拖腔，六度大跳 "西辞"（i 3）再六度下行回落，"黄鹤楼"（3 5 3）三字连读韵字 "楼"（3）短暂拖腔。首句明显方言读诵，以明朗的音调交代了送行的地点与人物关系，开篇点题，清丽自然，意境开阔，浪漫飘逸。

B 句 i i i 6·，6 ⁵3· 6（烟花三月下扬州），"3 6 i" 三音相互连接组合，"烟花三月"（i i i 6·）旋律最高音 "i" 三次同音反复后 "月"（6·）波音润饰附点拖腔，"下扬"（6 ⁵3·）四度小跳，"扬"（⁵3·）字倚音拖腔，韵字 "州"（6）短暂拖腔，旋律高旋低回，音调高亢明朗，紧承首句，点明送行的时间与去向，暮春时节，烟花之地，繁花似锦，欣羡不已。

C 句 i 6 6 6ˋ 3 i 6（孤帆远影碧空尽）主干音 "3 6 i"，采用 B 句相同素材和旋法，旋律作变化再现，"孤帆远影"（i 6 6 6）级进同音反复结合，"影"（6ˋ）字下滑短暂拖腔，"碧空尽"（3 i 6）六度跳转后三度回落，旋律循环往复，音调高低错落，李白极目远送，风帆远尽，感情之深，令

- 510 -

人感慨。

D 句 $\underline{66}\cdot$，$\underline{36}\cdot\overline{\dot{1}}$，$\underline{53}$（唯见长江天际流）紧承上句，旋律鱼咬尾，"唯见"（$\underline{66}\cdot$）两字连读"见"（$\dot{6}\cdot$）波音润腔，"长江"（$\underline{36}\cdot$）四度小跳"江"（$\dot{6}\cdot$）字附点拖腔，"天际流"（$\overline{\dot{1}}$，$\underline{53}$）旋律最高音向最低音滑落，"天"（$\overline{\dot{1}}$，）倚音波音润腔，韵字"流"（3）句末拖腔，紧承上句，孤帆远去，江流天际，气象天然，境界飘渺。

d. 节奏腔式。

吟诵调围绕 XX、XX、X 三种节奏，一字一音，第二字"人、见"（$3\cdot$、$\dot{6}\cdot$）、第四字"辞、月、影、江"（3、$\dot{6}\cdot$、$\dot{6}\cdot$、$\dot{6}\cdot$）和第六字"扬、际"（$3\cdot$、$\underline{5}$）作不同时值的长短拖腔，末字"楼、州、尽、流"（3、6、6、3）明显音调延长，吟诵节奏为2+2+3和4+3。结合音频资料和谱例分析发现，谢祥荣先生吟诵此篇《送孟浩然之广陵》时根据峨眉山方言语音的声调行腔，读诵为主，"月、扬、影、尽、见、天、际"（$\dot{6}\cdot$、$\overline{3}\cdot$、$\dot{6}$、$\dot{6}$、$\dot{6}\cdot$、$\overline{\dot{1}}$、5，）字作方言语音特点的装饰音（倚音、波音、下滑音）色彩润腔处理，吟诵调简单明快，易学易记。

5）谢祥荣先生《送孟浩然之广陵》吟诵概述。

《送孟浩然之广陵》无处无时不在写景，景即情，情即景，每一景物都牵动着作者的思绪和情怀。谢老吟诵时节奏清晰，吟诵节奏为2+2+3和4+3。旋律$\underline{65}$ 3依然贯穿全曲，与上一首五言律诗旋律具有相似性，故不在此赘述。

A句点明送行的地点及二人的深厚情谊，"楼"字下降且短促，结合诗人二人的潇洒飘逸与黄鹤楼自身的种种传说，展现了浓厚的诗意和浪漫色彩。

BCD句看似旋律不相同，实则是上下句两两相承。BC二句以$\dot{1}$、6同音反复，旋法相似，交替出现，一以贯之。B句开头四字较快，声调上扬并拖长，"烟花三月"，不仅写出烟雾迷蒙、繁花似锦的阳春特色，也使人联想到处在开元盛世的扬州，那花团锦簇、绣户珠帘、繁荣而又太平的景象。当友人扬帆远去的时候,"扬"声调上扬拖长,惜别之情油然而生。C句两字一顿,前半部分上下往复,形成一个回环。后三字逐字上升,"尽"字到顶点并拖长,酣畅淋漓。诗人一直把朋友送上船,船已经扬帆而去,而他还在江边目送远去的风帆,目光望着帆影,一直看到帆影逐渐模糊,消失在碧空的尽头,目送时间之长,二人感情之深,令人感慨。

而CD两句中,D句紧承上句,旋律鱼咬尾,而后旋律音调下降直至全曲结束。"唯见"($\underline{66}$·,)两字连读"见","长江"下降且重读,似乎又不单纯是写景,诗人将依依惜别的深情寄托在对自然景物的动态描写之中。后三字一字一顿,逐字下降,诗人的心潮起伏,正像滚滚东去的一江春水,他将他对友人的一片深情与向往都融入这阳春三月、放舟长江以及孤帆远影之中。

(7)七言仄起律诗《登高》。

1)从创作背景方面考察。

此诗作于唐代宗大历二年(767)秋天,杜甫时在夔州。这是五十六岁的老诗人在极端困窘的情况下写成的。当时安史之乱已经结束四年了,但地方军阀又乘时而起,相互争夺地盘。杜甫本入严武幕府,依托严武。不久严武病逝,杜甫失去依靠,只好离开经营了五六年的成都草堂,买舟南下。本想直达夔门,却因病魔缠身,在云安待了几个月后才到夔州。如不是当地都督的照顾,他也不可能在此一住就是三个年头。而就在这三年里,他的生活依然很困苦,身体也非常不好。一天他独自登上夔州白帝城外的高台,登高临眺,百感交集。望中所见,激起意中所触;萧瑟的秋江景色,引发了他身世飘零的感慨,渗入了他老病孤愁的悲哀。于是,就有了这首被誉为"七律之冠"的《登高》。

2)从文体结构和吟诵节奏方面考察。

该诗无一字写愁,却愁容满篇。为七言体,共八句,前景后情,八句皆对,对仗工整。

第一联写景,写出登高所见,紧扣题目。上下成对,句中自对,读来富有节奏感。"风急"二字带动全联，天高气爽，猎猎多风，水清沙白，迎风飞翔的鸟群不住回旋。

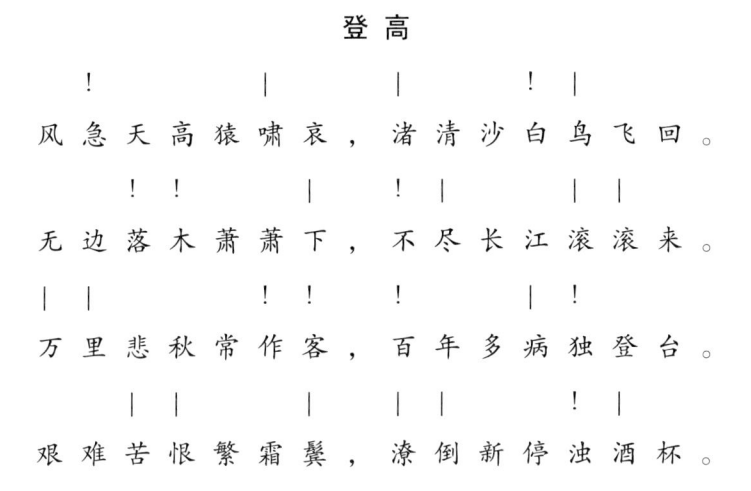

登 高

```
  !         |         |       ! |
风 急 天 高 猿 啸 哀， 渚 清 沙 白 鸟 飞 回。
  ! !       |     ! |         |
无 边 落 木 萧 萧 下， 不 尽 长 江 滚 滚 来。
  |         ! !         | !
万 里 悲 秋 常 作 客， 百 年 多 病 独 登 台。
  |         | |       | ! |
艰 难 苦 恨 繁 霜 鬓， 潦 倒 新 停 浊 酒 杯。
```

第二联承接首联继续写秋景秋色，秋味深厚。词人将情怀寄托在茫无边际、萧萧而下的木叶与奔流不息、滚滚而来的江水中。对句沉郁悲凉，但难掩磅礴气势。

第三联笔锋一转，想起毕生之苦，牵系情思。词人将自己沦落他乡、年老多病的处境与苍凉恢廓的秋景联系在一起，与上一联形成呼应，情与景交融相洽，生出无限悲愁之绪。

第四联写眼下之愁，概括所有愁思的缘由起因。表现了词人兴致盎然地登高望远，却平白无故惹恨添悲的矛盾心情。

谢老的吟诵节奏为 4+3 和 2+2+3。

3）从声韵调系统方面考察。

全词有 10 个入声字，16 个仄声字。音律上平仄相协、有抑扬铿锵顿挫之感。

这是一首仄起七言律诗，韵字为"回、来、台、杯"，入上平十灰韵。灰韵源于上古的两个韵部，开口度中等，或由中等变小，有由后向前推和低处平展的感觉，因此，多有"压抑、推展、阔大"之意。汪烜《诗韵析》：

处景悲哀，迥出尘埃。[1]

表4—4—19　　　　《登高》普通话与峨眉山方言发音差异字

文字	普通话读音	峨眉山方言读音	异同分析
啸	{xiao}51	{sao}23	声韵母都发生了改变，调值由51变为23，不是具有普遍性的方言发音，仅个人习惯的发音
哀	{ai}55	{ŋai}33	由零声母变为方言特有的ŋ声母，调值由55变为33，是典型的方言发音
渚	{zhu}214	{du}41	声母由zh变为d，这是个人习惯的读音，不具有普遍性。调值由普通话的214变为方言的41
回	{hui}35	{huai}21	调值由35变为21，韵母由ui韵变为uai韵，是为了押韵而采用的叶韵读法

注：普通话调值55、35、214、51；峨眉山方言调值33、21、41、23、45。

4）从音乐性方面考察。

a. 基本结构。

吟诵调《登高》属于A+B+C+D的四个音乐长句构成的四句体结构。

登　　高　　　　　杜　甫　（唐）
　　　　　　　　　谢祥荣先生吟诵
　　　　　　　　　何　民　记谱

| 1 6 1 1　3 3 5　1　—　| 6 1　1 6.　5 6 3　— |
　风 急 天 高　猿 啸 哀，　　渚 清　沙 白　鸟 飞 回。

| 3 1　6 6 5 3 1 1　6　—　| 5 5.　3 6.　5 5　3 |
　无 边　落 木　萧 萧　下，　　不 尽　长 江　滚 滚 来。

| 6 6　1 1.　3 3　6　—　| 6 3　1 6.　5 6.　3 |
　万 里　悲 秋　常 作 客，　　百 年　多 病　独 登 台。

| 1 3.　1 6.　3 1　6.　3　| 3 6　6 3　1 1　3 |
　艰 难　苦 恨　繁 霜 鬓，　　潦 倒　新 停　浊 酒 杯

---

[1] 续修四库全书编纂委员会：《续修四库全书》，上海古籍出版社2002年版，第409页。

第四章 四川传统吟诵的基本面貌

b. 音阶调式。

调式音阶为 3561；吟诵调为六度内的四音列（3561）曲调，出现（13）大三度音程，以角（3）音作为调式主音和结束音，调式调性明确，属角调式四音曲。（四音曲调式调性具有游离性与确定性，调式调性确定与否，在于曲调中有没有大三度音程，有就确定，没有就具游离性。）

c. 旋律线。

A 句（首联）<u>16</u> <u>1i</u> <u>335</u>i-6i <u>i6</u>·<u>563</u>-（风急天高猿啸哀，渚清沙白鸟飞回）对仗开篇，"风急"（<u>16</u>）全曲最高音"i"起调带动全联，"天高"（<u>1i</u>）最高音停留后"猿啸哀"（<u>335</u>i-）级进再度上跃高音"i-"末字拖腔，诗人登高，飒飒秋风猿臻哀啸，凄婉悲凉之境顿出，"渚清沙白"（6i <u>i6</u>·）上下级进，四字连读后"白"（6·）字附点拖腔，"鸟飞回"（<u>563</u>-）尾腔下行"回"（3-）字拖腔，水清沙白，鸟群回旋，诗人以"猿哀鸣、倦鸟回"开门见山地渲染出一种悲凉气氛。

B 句（颔联）<u>3i</u> <u>6653</u> <u>1i</u>͡6-<u>55</u>·<u>36</u>·<u>553</u>（无边落木萧萧下，不尽长江滚滚来）主干音为"3561"，"无边落木"（<u>3i</u> <u>6653</u>）四字连读，音程六度大跳后"木"（<u>653</u>）一字多音句中拖腔，"萧萧下"（<u>1i</u>͡6-）下行级进拖腔，"下"（͡6-）字波音倚音润腔，"不尽长江"（<u>55</u>·<u>36</u>·）两字一顿，"尽、江"（5·、6·）附点拖腔，"滚滚来"（<u>553</u>）连读后顿收，无边落叶窸窣之声，滚滚长江汹涌之状，落木江水，萧瑟空廓，亦为诗人心境的写照。

C 句（颈联）<u>66</u> <u>1i</u>·<u>33</u> 6-<u>63</u> <u>i6</u>·<u>56</u>·3（万里悲秋常作客，百年多病独登台）为首联的变化再现，出句对句鱼咬尾，"万里悲秋常作客"（<u>66</u> <u>1i</u>·<u>33</u>，͡6-）旋律进行以"6i3"三音的同音反复后"客"（6-）字波音句末拖腔，"百年多病独登台"（<u>63</u> <u>i6</u>·<u>56</u>·3）级进跳进结合，"病、登"（6·、6·）相同音高和时值拖腔。"万里"对"百年"，从时间到空间，"常作客"对"独登台"，由异乡漂泊到多病缠身，都更加凸显了诗人漂泊他乡的孤寂凄凉之感。

D 句（尾联）<u>13</u>·<u>i6</u>·<u>3i</u>͡6-\<u>3</u> <u>36</u> <u>63</u> <u>11</u> 3（艰难苦恨繁霜鬓，潦倒新停浊酒

杯）旋律围绕"36ĺ"三音变化组合，"艰难苦恨"（i3·i6·）跳进结合级进下行，"难、恨"（3·、6·）附点拖腔，"繁霜鬓"（3ĺ⌢6·↘3）音程六度上跃后回落，"鬓"（⌢6·↘3）字一字多音波音下滑拖腔，"潦倒新停浊酒杯"（<u>36 63 11</u> 3）一字一音，级进小跳结合，音调趋于下落。出句中音程六度大跳"艰难、繁霜"（<u>i3</u>·、<u>3ĺ</u>）以及对句中四度小跳"潦倒、新停"（<u>36</u>、<u>63</u>），旋律起伏与诗意紧密结合，突出了诗人壮志未酬身先老，悲秋之情愁苦之绪达到高潮，全诗至此结束。

d. 节奏腔式。

吟诵调以 <u>XX</u>.节奏型为主，结合 <u>XX</u>、X、X-等多种节奏，第二字"尽、难"（5·、3·）和第四字"白、木、江、秋、病、恨"（6·、<u>653</u>、6·、ĺ·、6·、6·）句中适当拖腔，第七字"哀、回、下、来、客、台、鬓、杯"（ĺ-、3-、⌢6-、3、6-、3、⌢6·3、3）明显句末拖腔，节奏形态丰富，错落有致，吟诵节奏为 4+3 和 2+2+3。谢老吟诵此篇《登高》时，遵循峨眉山方言语音声调行腔，末字"下、客、鬓"加以装饰音（波音、倚音、下滑音）润腔，吟诵调别具一格，独有韵味。

5）谢祥荣先生《登高》吟诵概述。

《登高》前景后情，无一字写愁，却愁容满篇，八句皆对，对仗工整。谢老吟诵时在中高音区行腔。A 句以全曲最高音 ĺ 开始，前四字较快，尤其是"急"与"高"字，更是低沉短促，将夔州猿多与峡口大风做重点突出。后三字放慢，近乎一字一顿，且声调慢慢上扬，到"哀"时最高并拖腔，作者登上高处，峡中不断传来高猿长啸，"空谷传响，哀转久绝"。一"急"一"哀"，将人代入作者所营造的令人忧伤的情境里不可自拔。

"渚清"与"沙白"一短一长，一促一拖，富有节奏感，构造一幅冷淡惨白的画面。"飞"字上扬，"回"字下降拖腔，上下往复间，仿佛就是鸟群在一片萧瑟肃杀的荒无人烟的渚沙之中孤独地飞舞盘旋。

当谢老吟诵 B 句时，"无边落木萧萧下"与"渚清沙白鸟飞回"旋律连贯且相似。"木"（<u>653</u>）一字多音句中拖腔，心中升起感慨之意。"不尽长江滚滚来"，谢老采用4+3的停顿方式，"不尽""滚滚"以<u>55</u>同音反复，眼前宛若呈现出长江汹涌之状，在无形中传达了韶光易逝，壮志难酬的感怆。

C句是A句的变化，音乐片段具有回环形式，都为同音反复后音调上升，以<u>563</u>-作为尾音结束。当诗人目睹苍凉恢廓的秋景，眼中的秋天略显沉痛，"万里"低沉短促，"悲秋"也是下降且长拖，这种情绪更添几分沉重。后三字声调逐字上升，于"客"处最高并拖长，体现了诗人飘泊无定的生涯，正是联想到自己沦落他乡的处境，故而生出无限悲愁之绪。"多病"下降长拖，更显悲愁。久客最易悲愁，多病独爱登台，"独登"上扬短促，整句跳动着沉重的感情脉搏，与我们形成强烈的共鸣。

D句为尾句，也是诗人情感最激荡的一句。谢老在吟诵时，抑扬顿挫，高低回环，最终音调慢慢降低给人无限的惆怅。"艰难"上扬短促，"苦恨"下降长拖，对前文所述的悲愁，诗人升起了强烈的感慨。后三字逐字上升，但在"鬓"字下降且长拖，备尝艰难潦倒之苦，国难家愁，诗人的白发日益增多。"新停"低沉短促，悲愁就此难以排遣。"浊酒"与"杯"字先上扬后下降，上下往复间，将诗人此时的矛盾心情较为通透地展现出来，本是兴会盎然地登高望远，却平白无故地惹恨添悲，实在令人惆怅。

谢老在吟诵"风急天高猿啸哀，渚清沙白鸟飞回"（<u>i6 ii 335 i-6i i6·563</u>-）时，出现了"啸""哀""渚""回"四个异读字，其方言调值与旋律走向一致。分析如下：

"啸"的调值为23，调型上升，故旋律为<u>35</u>。"哀"的调值为33，低平调，旋律为i-拖腔。紧接其后的"渚"调值为41，调型下降，由于为首字，其旋律变化要与前后字相联系。后一字"清"为阴平声，调值为55，高平调，旋律为<u>ii</u>。故"渚"与前一字"哀"相联系，形成i-6，旋律下行，具有一致性。"回"字调值为21，低降调，旋律走向为3-拖腔。

同样地，谢老在此诗吟诵中出现了 5̲6̲3̲（鸟飞回、独登台、鬓）和 6̲5̲3̲（木、长江滚滚来）两种固定吟腔。

（8）词《浪淘沙·帘外雨潺潺》。

1）从创作背景方面考察。

李煜（937－978），南唐元宗（即南唐中主）李璟第六子，初名从嘉，字重光，号钟隐、莲峰居士，汉族，生于金陵（今江苏南京），祖籍彭城（今江苏徐州铜山区），五代十国时南唐最后一位国君。世称南唐后主、李后主。

李煜虽不通政治，但其艺术才华却非凡。精书法，工绘画，通音律，诗和文均有一定造诣，尤以词的成就最高。李煜的词，继承了晚唐以来温庭筠、韦庄等花间派词人的传统，又受李璟、冯延巳等的影响，语言明快、形象生动、用情真挚，风格鲜明，其亡国后词作更是题材广阔，含意深沉，在晚唐五代词中别树一帜，对后世词坛影响深远。[①]在政治上失败的李煜，却在词坛上留下了不朽的篇章，被称为"千古词帝"。千古杰作有《虞美人》、《浪淘沙》、《乌夜啼》等词。

此词是作者去世前不久所写。胡仔《苕溪渔隐丛话》前集卷二十九《西清诗话》："南唐李后主归朝后，每怀江国，且念嫔妾散落，郁郁不自聊，尝作长短句云'帘外雨潺潺……'含思凄婉，未几下世。"[②]

2）从文体结构和吟诵节奏方面考察。

浪淘沙·帘外雨潺潺

　｜　｜　　　　｜　　　　　｜｜　｜
帘　外　雨　潺　潺，春　意　阑　珊。罗　衾　不　耐　五　更　寒。

[①]（五代十国）李煜、赖海忠：《浪淘沙·帘外雨潺潺》，《音乐创作》2017年第6期。

[②]（宋）蔡绦、郭绍虞：《宋诗话辑佚》，中华书局1980年版，第142页。（宋）蔡绦、朱弁：《诗话珍本著书》，广文出版社1973年版，第109页。

第四章 四川传统吟诵的基本面貌

| | | ! | !   ! |
梦 里 不 知 身 是 客， 一 晌 贪 欢。

! | ! | !   ! |
独 自 莫 凭 栏， 无 限 江 山， 别 时 容 易 见 时 难。

| ! | | |
流 水 落 花 春 去 也， 天 上 人 间。

该词以春雨开篇，雨中落花结束，通过梦境与现实之间的虚实转换，将国破家亡的情感合着血泪淋漓尽致地表达出来。

上片使用倒叙，先写梦醒再写梦中。帘外雨，五更寒，是梦后事；忘却身份，一晌贪欢，是梦中事，从抒情主人公到真实人生的凄凉景况。梦中梦后，实际上是今昔之比。

下片写梦醒后凭栏之感，长叹水流花落，春去人逝，故国一去难返，无由相见，令人伤怀。

谢老的吟诵节奏为 2+2、5+0、4+3 和 2+2+3。

3）从声韵调系统方面考察。

全词有 9 个入声字，16 个仄声字，音律上有平仄相协、一样起伏顿挫之美。

这首词的韵字有"潺、珊、寒、欢、栏、山、难、间"，分别入上平十四寒、十五删韵，删韵寒韵互为邻韵，可以通押。徐健顺教授"汉语音义表"总结：删韵源于上古的两个韵部，开口度由大变小，收于前鼻音，而且往往前有介音 u，在收敛、闭合感之外，又有由小变大又变小的变化感，因此其字多有"弯曲、关闭、改变"之意。[①]汪烜诗韵析：逸致幽闲。[②]

[①] 徐健顺：《吟诵概论（上）——中华传统读书法》，广西师范大学出版社 2019 年版，第 265 页。
[②] 续修四库全书编纂委员会：《续修四库全书》，上海古籍出版社 2002 年版，第 409 页。

表4—4—20　《浪淘沙·帘外雨潺潺》普通话与峨眉山方言发音差异字

文字	普通话读音	成都话读音	异同分析
潺	{chan}35	{zan}{入}33	翘舌音变为为平舌音，声母由 ch 变为 z，调值由 35 变为 33，属于入声归阴平
珊	{shan}55	{suan}33	翘舌音变为平舌音，韵母由 an 变为 uan，调值由 55 变为 33
容	{rong}35	{yong}21	典型的方言发音，声母由 r 变为 y，调值由 35 变为 21

注：普通话调值55、35、214、51；峨眉山方言调值33、21、41、23、45。

4）从音乐性方面考察。

浪淘沙·帘外雨潺潺

李　煜（五代）
谢祥荣先生吟诵
何　民　记谱

```
3 3 5  6 1  1  -  │ 6 1  6.  3  6  -
帘  外   雨 潺 潺，    春    意    阑  珊。

3  3.   6  6.   6  1   5 3   -
罗 衾   不 耐   五 更   寒。

6 1 6  6 1 1 5 6  6.  5 3  │ 3 5 5  3 6  6  3
梦 里 不  知 身 是 客，     一  晌   贪  欢  （啰）。

6 1 6  5 3   3   │ 3 5 6   6  0
独  自  莫 凭 栏，   无  限    江 山，

6 1 6   3   6.   │ 6.  5 3   -
别  时   容  易，    见  时  难。

5 5   3 6.  6 1 6  6  -  │ 1  6.   3 2 1  3
流 水  落 花  春 去 也，   天  上    人  间。
```

a. 基本结构。

吟诵调《浪淘沙·帘外雨潺潺》属于 a（6i̠i-）、b（i̠6·36-）、c（6i̠3-）三个音乐短句为基本旋律变化组合形成的 A+B 两段体。

b. 音阶调式。

调式音阶为"356i̠"；吟诵调为六度内的四音列（356i̠）曲调，出现（13）大三度音程，以角（3）音作为调式主音和结束音，调式调性明确，属角调式四音曲。

c. 旋律线。

A 段（上阕）"帘外雨潺潺"至"一晌贪欢（啰）"，旋律主干音为"356i̠"，第一句"帘外雨潺潺，春意阑珊"（3̠3̠5̠ 6i̠ i̠-i̠6·36-）旋律为 ab 型短句组合，"帘外雨潺潺"（3̠3̠5̠ 6i̠ i̠-）级进上行，"潺"（i̠-）字作全曲最高音调拖腔，"春意阑珊"（i̠6·36-）级进下行后四度上扬，"春意"（i̠6·）倚音装饰适当延长，"珊"（6-）字长音拖腔。第二句"罗衾不耐五更寒"（3̠3̠·6̠6̠·6̠i̠3̠-↘）旋律主要围绕"36"两音作 c 型短句变化发展，"衾、耐"（3·、6·）字相同时值拖腔，韵字"寒"（3̠-↘）倚音润饰下滑拖腔。第三句"梦里不知身是客，一晌贪欢（啰）"（6̠i̠6̠ 6̠i̠ i̠5̠6̠ 6̠·5̠3̠ 3̠5̠5̠3̠6̠6̠3̠↘）acc 型短句组合，"梦里不知"（6̠i̠6̠6̠i̠）上下行级进交替，"身是客"（i̠5̠6̠6̠·，5̠3̠）音调下行，"客"（6̠·，5̠3̠）一字多音波音润饰拖腔长吟，"一晌贪欢（啰）"（3̠5̠5̠3̠6̠6̠3̠↘）级进跳进结合，"晌"（5̠3̠）短暂拖腔，韵字"欢（啰）"（6̠3̠↘）给予衬字衬腔下滑处理。旋律起调相对高昂，音调整体趋于下行。听雨，伤春，感寒，及觉，梦中旧时欢娱，更显此刻凄冷。

第二段（下阕）"独自莫凭栏"至"天上人间"，旋律以"356"三音为主，第一句"独自莫凭栏，无限江山"（6̠i̠6̠ 5̠3̠ 3̠3̠·6̠6̠6̠0）级进同音反复结合，cb 型短句组合，"栏"（3）字适当延长，韵字"山"（6̠0）断腔急收，拖顿结合，节奏顿挫。第二句"别时容易见时难"（6̠i̠6̠3̠6̠·，6̠·5̠3̠-）bc 型短句组合，"别时容易"（6̠i̠6̠ 3̠6̠·）级进跳进结合，"易"（6·）字波音润饰附点四分音符拖腔，"见时难"（6̠·5̠3̠-）级进下行，"难"字（3-）句末长音拖腔。第三句"流水落花春去也，天上人间"（5ˇ5ˇ36·6i66-ˇi6·，3213）继续以 bc 型短句结合，"流水落花"（5ˇ5ˇ36·）同音反复结合四度上行，"流水"（5ˇ5ˇ）下滑音润腔，"花"（6·）字适当延长，"春去也"（6i66-ˇ）同音反复级进结合，"也"（6-ˇ）字下滑音润饰长吟拖腔，"天上人间"（i6·，3213）音调下行，"天上"（i6·）两字一顿，"上"（6̃·）字波音拖腔，"人间"（3213）级进发展，主音作结。流水落花照应阑珊春意，更叹无奈，使人不忍卒读。

d. 节奏腔式。

谢祥荣先生吟诵此篇《浪淘沙·帘外雨潺潺》时，遵循峨眉山方言发音和声调行腔，读诵为主，结合 XX、XX.、XXX、X、X-等节奏型，四字句中第二字"意、响、上、限"（6·、53、6、6·）适当拖腔，末字"珊、欢（啰）、山"（6-、63、60、3）拖腔顿腔结合，吟诵节奏为 2+2，五字句中第二字"外、自"（35、6）和末字"潺、栏"（i-、3）为拖腔节点，吟诵节奏为 2+3，七字句中第二字"衾、时"（3·、6）、第四字"耐、易、花"（6·、6·、6·）适当拖腔，末字"寒、客、难、也"（͡3-、6·53、3-、6-）长音拖腔，吟诵节奏为 2+2+3。其中"春、寒、客、限、易、流、水、也、上"（͡i、͡3-、6·、͡6、6·、5ˇ、5ˇ、6-ˇ、6·）字作装饰音（前倚音、波音、下滑音）色彩润腔。a（6ii-）、b（i6·36-）和 c（6i3-）三种音调的旋律短句变化组合贯穿全曲，音调婉转曲折，悲凉哀怨，伤感凄婉。

5）谢祥荣先生《浪淘沙·帘外雨潺潺》吟诵概述。

《浪淘沙·帘外雨潺潺》以春雨开篇，雨中落花结束，通过梦境与现实之间的虚实转换，将国破家亡的情感合着血泪淋漓尽致地表达出来。

谢老谈到吟诵诗词是有区别的。在词的吟诵上较诗的停顿更多变。整首词吟诵如下：帘外/雨潺潺，春意/阑珊。罗衾/不耐/五更寒。梦里/不知/身是客，一响/贪欢。独自/莫凭栏，无限/江山， 别时/容易，见/时难。流水落花/春去也，天上/人/间。

整首词起调较高，在i65为主干音中反复徘徊，形成56i、6i6、653及其变化形式。依然出现了以653为主的句尾韵和句中韵。如五更寒21客21独自莫凭栏21见时难2。

旋律的高低跟随诗词内容和吟诵者情感而波动。如"潺潺"拖长且声调下降，便又增添几分凉意。本是落花时节，却见得风雨飘零，何等凄苦，而"阑珊"二字一上一下，回环往复间更显凄凉。"罗衾"低沉短促，是对单薄锦被不抵晨寒侵袭的无奈，亦是独自流年的囚居之人，无言的况味。"寒"字拖长且声调下降，帘外雨，五更寒，令人感同身受。"不知"重读短促，似在追忆，又如同在感慨。"莫凭栏"的声调逐字下降，情绪慢慢低沉起来，远望看不到江山，只能引起对故国的无尽思念和愁绪，看到的是虚幻的江山，感受到的是真实的伤感。

"天上"声调上扬，"人间"下降拖长，一上一下，相隔遥远，不知其处。这里的天人之隔指的是春，也兼指人。词人悲凉这水流花谢，两处无情；也因江山如画，只是曾经而痛苦。故国一去难返，无由相见，对故国的深切怀念以及对美好事物流逝的无限慨叹，令人不由想到这或许就是相见之难。

（9）文《前赤壁赋》（又名《赤壁赋》）（节选）。

1）从创作背景方面考察。

苏轼是北宋中期的文坛领袖，在诗、词、散文、书、画等方面取得了很高的成就。与父苏洵、弟苏辙合称"三苏"。一生仕途坎坷，学识渊博，天资极高，诗文书画皆精。其文纵横恣肆，明白畅达，散文著述宏富，豪放自如，与欧阳修并称欧苏，为"唐宋八大家"之一；其诗题材广阔，清新豪健，善用夸张比喻，艺术表现独具风格，与黄庭坚并称"苏黄"；词开豪放一派，对后世有巨大影响，与同是豪放派代表的辛弃疾并称"苏辛"；书法擅长行书、楷书，能自创新意，用笔丰腴跌宕，有天真烂漫之趣，与黄庭坚、米芾、蔡襄并称宋四家；画学文同，论画主张神似，提倡"士人画"，擅文人画，尤擅墨竹、怪石、枯木等。有《东坡七集》《东坡易传》《东坡书传》《东坡乐府》等。

《赤壁赋》写于苏轼一生最为困难的时期之一——被贬谪黄州期间。

元丰二年（1079），因被诬作诗"谤讪朝廷"，苏轼因写下《湖州谢上表》，遭御史弹劾并扣上诽谤朝廷的罪名，被捕入狱，史称"乌台诗案"。"几经重辟"，惨遭折磨。后经多方营救，于当年十二月释放，贬为黄州团练副使，但"不得签署公事，不得擅去安置所"。这无疑是一种"半犯人"式的管制生活。元丰五年，苏轼于七月十六和十月十五两次泛游赤壁，写下了两篇以赤壁为题的赋，后人因称第一篇为《赤壁赋》，第二篇为《后赤壁赋》。

2）从文体结构和吟诵节奏方面考察。

该文通过畅游赤壁抒发的感慨，表达了作者阔达的胸怀以及超然的思想。

前赤壁赋

　　　　！　　　！！｜　　　　｜｜！｜　　　　　！
　　壬戌之秋，七月既望，苏子与客泛舟游于赤
！　｜　　　　　　｜　！　　　　｜｜！｜
壁之下。清风徐来，水波不兴。举酒属客，诵明
！　　｜｜
月之诗，歌窈窕之章。

　　　　｜　　！！　　　　｜　　　　　｜
　　少焉，月出于东山之上，徘徊于斗牛之间。
！｜　　　　｜　！　　｜！｜　　　　｜｜
白露横江，水光接天。纵一苇之所如，凌万顷之
　　　　｜｜　　　　｜　　　　！｜
茫然。浩浩乎如冯虚御风，而不知其所止；飘飘
　　　　｜｜！｜
乎如遗世独立，羽化而登仙。

第四章　四川传统吟诵的基本面貌

　　于是饮酒乐甚，扣舷而歌之。歌曰："桂棹兮兰桨，击空明兮溯流光。渺渺兮予怀，望美人兮天一方。"客有吹洞箫者，倚歌而和之。其声呜呜然，如怨如慕，如泣如诉；余音袅袅，不绝如缕。舞幽壑之潜蛟，泣孤舟之嫠妇。

　　苏子愀然，正襟危坐，而问客曰："何为其然也？"客曰："'月明星稀，乌鹊南飞。'此非曹孟德之诗乎？西望夏口，东望武昌，山川相缪，郁乎苍苍，此非孟德之困于周郎者乎？方其破荆州，下江陵，顺流而东也，舳舻千里，旌旗蔽空，酾酒临江，横槊赋诗，固一世之雄也，而今安在哉？况吾与子渔樵于江渚之上，侣鱼虾而友麋鹿，驾一叶之扁舟，举匏樽以相属。寄蜉蝣于天地，渺沧海之一粟。哀吾生之须臾，羡长江之无穷。挟飞仙以遨游，抱明月而长终。知不可乎骤得，托遗响于悲风。"

第一段将作者笔下浩瀚的江水与洒脱的胸怀腾跃而出，泛舟而游之乐，溢于言表，以景抒情，融情入景，情景俱佳。

第二段展现作者饮酒乐极，扣舷而歌，以抒发其理想不得实现的怅惘、失意的胸怀。一曲洞箫，凄切婉转，其悲咽低回的音调感人至深，作者的感情骤然变化，由欢乐转入悲凉，文章也因之波澜起伏，文气一振。

第三段由赋赤壁的自然景物，转而赋赤壁的历史古迹。连用两个问句，感叹自己生命的短暂，羡慕江水的长流不息，希望与神仙相交，与明月同在。将悲伤愁苦通过箫声传达出来，并借客人之口流露出自己的虚无主义思想和消极的人生观。

谢老的吟诵节奏如下：

壬戌之秋，七月/既望，苏子与客/泛舟/游于赤壁之下。清风徐来，水波不兴。举酒属客，诵明月/之诗，歌窈窕/之章。少焉，月出于/东山之上，徘徊于/斗牛之间。白露横/江，水光接天。纵一苇/之所如，凌万顷/之茫然。浩浩/乎如冯虚御风，而不知其/所止；飘飘乎/如遗世独立，羽化而登仙。

于是/饮酒/乐甚，扣舷而歌之。歌曰：桂棹兮/兰桨，击空明兮/溯流/光。渺渺兮/予怀，望美人兮/天一方。客有吹/洞箫者，倚歌而/和之。其声/呜呜然，如怨/如慕，如泣/如诉；余音/袅袅，不绝如缕。舞幽壑/之潜蛟，泣孤舟/之嫠妇。

苏子愀然，正襟危坐，而问客曰：何为其然也？客曰：月明星稀，乌鹊南飞。此非/曹孟德/之诗乎？西望夏口，东望武昌，山川相缪，郁乎/

苍苍,此非孟德/之困于/周郎者/乎?方其/破荆州,下江陵,顺流而东也,舳舻千里,旌旗蔽空,酾酒临江,横槊/赋诗,固一世/之雄也,而今/安在/哉?况吾与子/渔樵于/江渚/之上,侣鱼虾而/友麋鹿,驾一叶/之扁舟,举匏/樽以相/属。寄蜉蝣/于天地,渺沧海/之一/粟。哀吾生/之须/臾,羡长江/之无穷。挟飞仙/以遨游,抱明月/而长终。知不可乎/骤得,托遗响/于悲/风。

3)从声韵调系统方面考察。

全文节选有49个入声字,107个仄声字,全文声调和谐,印象清朗,琅琅上口、铿锵悦耳。

"赋"讲究文采、韵律,兼具诗歌和散文的特点。唐宋人写词作赋,依据的是《广韵》音系的"平水韵",但是比诗韵宽,更自由更容易。具体表现在:可与他部或邻韵可混用、平声韵和仄声韵可混用、可使用方音协韵。明末清初的学者们为了研究唐宋诗词文赋,根据唐宋用韵情况进行归纳整理,编订词韵。本书节选部分根据清代学者戈载的《词林正韵》进行韵部分析。

第一段韵字有"间"(第七部删韵)、"天、然、仙"(第七部先韵),可互押。

第二段韵字有两类:第一类为"桨"(第二部养韵)、"光、方"(第二部阳韵),可互押。第二类为"慕、诉"(第四部遇韵)、"缕"(第四部虞韵)、"妇"(十二部有韵),可互押。

第三段韵字有两类:第一类为"稀、飞"(第三部微韵)、"飞"(第三部支韵),"里"(第三部纸韵)、"地"(第三部寘韵),以上韵部可互押。第二类为"昌、苍"(第二部阳韵)。第三类为"东、空""雄、穷、终、风"(第一部东韵)。第四类为"鹿"(第十五部屋韵)、"属、粟"(第十五部沃韵),可互押。

表4—4—21　　《前赤壁赋》[①]**普通话与峨眉山方言发音差异字**

文字	普通话读音	峨眉山方言读音	异同分析
横	{heng}35	{h-un}21	韵母由eng韵变为un韵，典型的具有普遍性的四川方言发音，调值由普通话的35变为方言的21
顷	{qing}55	{q-un}33	韵母由ing韵变为un韵，典型的具有普遍性的四川方言发音，调值由55变为33
舷	{xiɑn}35	{x-u-ɑn}21	韵母由iɑn韵，变为uɑn韵，是典型的方言发音，调值由普通话的35变为方言的21
客	{ke}51	{k-ə}23	韵母由e韵，变为ə韵，调值由普通话的去声51变为方言的23
缕	{lv}214	{l-ou}41	韵母由ü韵，变为ou韵，是地方习惯的发音，不具备方言普遍性。调值由214变为41
壑	{he}51	{h-o}23	韵母由e变为o，是具有普遍性的四川方言发音。调值由51变为23
乎	{hu}55	{f-u}33	四川方言里h与u相拼时，声母全部变成f音，（fu），典型的方言发音，调值由55变为33
樽	{zun}55	{z-en}33	韵母由un变为en，是典型的方言发音。调值由55变为33
骤	{zhou}51	{c-ou}23	翘舌音变平舌音，声母由zh变为c，调值由51变为23
者	{zhe}214	{z-ə}41	翘舌音变平舌音，韵母由e变为ə，调值由214变为41
安	{ɑn}55	{ŋ-ɑn}33	典型的方言发音，由零声母变为ŋ声母，调值由55变为33

注：普通话调值55、35、214、51；峨眉山方言调值33、21、41、23、45。

[①] 董荟：《旷达外衣下裹藏的悲苦心灵——〈前赤壁赋〉中苏轼情感探究》，《语文教学之友》2009年第332期。

第四章　四川传统吟诵的基本面貌

4）从音乐性方面考察。

前赤壁赋

苏　轼　（宋）
谢祥荣先生吟诵
何　民　记谱

3 3 1 1.	6 1 6 6 1 6	1 6 1 6.	3 6.	3 3 3 3 1 6
壬戌之秋，	七月既望，	苏子与客	泛舟	游于赤壁之下。

1 1 3 3.	6 6 3 6	1 1 6 6.	1 3 3 6 6	1 3 3 6 6
清风徐来，	水波不兴。	举酒属客，	诵明月之诗，	歌窈窕之章。

6 6.	3 5 3 1 1 1 6	3 3 3 1 3 6 6
少焉，	月出于东山之上，	徘徊于斗牛之间。

1 6 3 6	6 5 6 3 6	1 6 6 1 6 3	3 1 6 1 3 3
白露横江，	水光接天。	纵一苇之所如，	凌万顷之茫然。

6 1 3 3 3 1 6 1.	3 3 1 3 6.	1 1 3 3 1 6	6 5 3 6 6.
浩浩乎如冯虚御风，	而不知其所止；	飘飘乎遗世独立，	羽化而登仙。

3 6. 1 1 6 1 6	1 3 3 6 6	6 3.	1 6 1 3 6.	3 1 6 1 5 3. 6
于是饮酒乐甚，	扣舷而歌之。	歌曰：	"桂棹兮兰桨，	击空明兮溯流光。

6 6 1 3 3	6 1 6 3 6 5 2 3	6 6 1 2 5 3	5 6 2 2 5
渺渺兮予怀，	望美人兮天一方。"	客有吹洞箫者，	倚歌而和之。

3 6 1 1 3	3 1 6 6.	3 6. 3 6	3 1. 3 3.
其声呜呜然，	如怨如慕，	如泣如诉，	余音袅袅，

6 1 6 3	3 1 6 1 3 6.	3 1 1 3 3 6
不绝如缕。	舞幽壑之潜蛟，	泣孤舟之嫠妇。

6 3 6 3	3 1 3 6	3 6 3 6	3 3 3 3 3.
苏子愀然，	正襟危坐	而问客曰：	"何为其然也？"

5 3. 5 3 6.	3 6 6.	6 5 6 3 6	3 6 1 3 5 3.
客曰："月明星稀，	乌鹊南飞，	此非曹孟德	之诗？

1 6 6 6.	1 6 6 6	1 1 1 6.	6 3. 6 6
西望夏口，	东望武昌，	山川相缪，	郁乎苍苍，

- 529 -

注：标有波浪线的文字为诵读。

a. 基本结构。

吟诵调《前赤壁赋》为节选全篇前三段，属于 a（33 1 1·）、b（1 6 1 6·）和 c（6 6 1 33）三个音乐短句变化重复组合的 A+B+C 三段体结构。

b. 音阶调式。

调式音阶为 3 5 6 1；吟诵调为六度内的四音列（3 5 6 1）曲调，曲中出现（13）大三度音程，以角（3）音作为调式主音和结束音。上下句终止音（63）呈四度关系，调式调性明确，为角调式四音曲。

c. 旋律线。

A 段："壬戌之秋"至"羽化而登仙"，旋律围绕"3 6 1"三个主干音在 abc 三个音乐短句变化组合中发展，开篇以全曲最高音调的 a 型旋律"壬戌之秋"（33 1 1·）起调，随即出现大量平稳起伏的 b 型旋律，伴以三处低沉的 c 型音调旋律进行，读诵为主层层展开，如 b 型旋律"七月既望（6 1 6 6 1 6）, 苏子与客（1 6 1 6·）, 泛舟游于赤壁之下（3 6、33 33 1 6），水波不兴（6 6

36)，举酒属客（1̇1 66·），诵明月之诗（1̇33 66），窈窕之章（1̇33 66），少焉（66·、），月出于东山之上（353 1̇1̇1̇ 6），徘徊于斗牛之间（333 1̇3 66），白露横江（1̇636），水光接天（65636），浩浩乎如冯虚御风（6 1̇3 33 1̇ 6 1̇·），而不知其所止（33 1̇366·、），飘飘乎如遗世独立（1̇1̇3、3 1̇ 6͞6），羽化而登仙（6536͞6·）；c 型旋律 "清风徐来（1̇1̇ 33·），纵一苇之所如（1̇66 1̇63），凌万顷之茫然（3 1̇6 1̇33），开篇以开阔舒畅的音调腾跃而出，表现出浩瀚的江水与洒脱的胸怀，此段以景抒情，融情入景，情景俱佳。

B 段："于是饮酒乐甚"至"泣孤舟之嫠妇"，素材发生变化，以 bc 型旋律变化组合其中，在"36 1̇"三音中分层推进，前半段以 b 型旋律为主，以平稳而起伏的音调表现诗人饮酒放歌的欢乐，如"于是饮酒乐甚（36· 1̇、1̇、6 1̇6），扣舷而歌之（1̇33 66），歌曰：桂棹兮兰桨（63· 1̇6 1̇36·、），击空明兮溯流光（3 1̇6 1̇ 53· 6）"。后半段以下行音调的 c 型旋律为主结合 b 型旋律，表现客人悲凉的箫声，如 c 型旋律的"渺渺兮予怀（66 1̇ 33），望美人兮天一方（6 1̇ 636523），客有吹洞箫者（66 1̇ 253、），其声呜呜然（36 1̇1̇3），余音袅袅（3 1̇· 33·），泣孤舟之嫠妇（3 1̇· 33·、），如 b 型旋律的"怨如慕（3 1̇ 66·），如泣如诉（36·36），不绝如缕（6 1̇6 36），舞幽壑之潜蛟（3 1̇6 1̇36、）"。前后对比，音调由欢乐转入悲凉，文章也因之波澜起伏，文气一振。

C 段："苏子愀然"至"托遗响于悲风"，旋律以 bc 型旋律为主，结合 a 型旋律交错推进，如 b 型短句的"正襟危坐（3 1̇ 36），月明星稀（5366·），乌鹊南飞（6536），曹孟德之诗（353 66·、），西望夏口（1̇6 66·、），东望武昌（1̇6 66），山川相缪（1̇1̇ 1̇6），郁乎苍苍（63· 66），舳舻千里（63 1̇6·、），旌旗蔽空（6356），酾酒临江（1̇336·），固一世之雄也（3 1̇6 1̇36），渔樵于江渚之上（333 1̇6 1̇6），寄蜉蝣于天地（533 3 1̇6），知不可乎骤得（1̇553 1̇6·），托遗响于悲风（1̇66、36·6）"，c 型短句的"苏子愀然（6363），而问客曰（33 63），何为其然也（3333 3、），此非孟德之困于（6 1̇6 1̇53），周郎者乎（636、3），下江陵（6 1̇3），顺流而东也

（63363˅），举匏樽以相属（53·665·˅3），渺沧海之一粟（6i6˅i3·˅3），哀吾生之须臾（636 63·˅3），羡长江之无穷（636 633），挟飞仙以遨游（3i̇i 533）"，以及明朗的a型旋律加以点缀润饰，如"方其破荆州（i3 6i̇i），横槊赋诗（36·6i̇），驾一叶之扁舟（653 56i̇）"，整体音调低婉哀怨，形象表达客人对人生短促无常的感叹，以及虚无主义思想和消极的人生观。

d. 节奏腔式。

谢祥荣先生在吟诵此篇《前赤壁赋》时，遵循峨眉山方言语音声调行腔，读诵为主，唱诵为辅，运用 <u>XXX</u>、<u>XX</u>、<u>XX.XXXX</u> 等多种节奏型，形成主导性的b（i̇6 i̇6·）型平稳性旋律音调，结合a（33 i̇i·）、c（66i̇ 33）两种不同风格的旋律短句变化组合贯穿整个吟诵调。曲中还频繁运用多种装饰音（下滑音"˅"、前倚音"ᵡ"和上波音"⌣"）色彩润腔，使曲调与峨眉山方言的语调非常接近，充满了浓郁的地方风味，音调高低起伏，语音长短相间，形成以谢祥荣先生为代表的峨眉山传统吟诵调。

5）谢祥荣先生《前赤壁赋》吟诵概述。

《前赤壁赋》通过畅游赤壁抒发的感慨，表达了作者阔达的胸怀以及超然的思想。全曲由a（33 i̇i·6i̇6 6i̇6）、b（66i̇ 33）两个音乐短句变化重复组合构成。

谢老吟诵古文时，速度较快，多为诵读，旋律感较少。吟诵节奏基本与朗读节奏一致，抑扬顿挫，平仄分明，停顿有序。谢老曾提到："文章本身思想上有起伏，它的韵也有起伏，你读起来领会它的意思以后，它自然就有了起伏。"谢老的吟诵风格与文体风格保持一致。

6. 谢祥荣先生乐山传统吟诵特点

（1）吟诵家传传承有序。

谢老的吟诵调源于家学，他曾上过四年的私塾，打下了深厚的文学功底，先后从四位私塾先生学习。谢老强调："我的吟诵调不是自己独创的，而是父亲、大哥、私塾老师传的，他们的吟诵调比较统一，不会像现在这样用作

第四章　四川传统吟诵的基本面貌

曲的方式来创作吟诵调，也不是自己自由哼唱出来的。"对于格律诗和宋词的吟诵，谢老采用的旋律与腔调大体相同。

（2）文白混读发音。

我们发现谢老吟诵时使用普通话的字音频率较高，常有方言和普通话混读的现象，但调值仍以方言发音为准。如"鹤"普通话读"he"，方言应该读"ho"，谢老按照普通话发音读"he"调值却为 23。四川方言的大部分地区几乎把所有的翘舌音都读作平舌音，但谢老偶尔也有平翘舌混读的现象，如"州"按照普通话翘舌读音读成"zhou"而没有读成平舌音"zou"。

谢老在吟诵时，大部分字读音遵循峨眉山方言的发音规律，如"虽""爱""横""泊"等。但另一部分字读则带有明显的个人习惯发音，如"渚"声母由 zh 变为 d（这种现象没有普遍性），调值由 214 变为 53；"泠"在峨眉山方言里没有后鼻韵读音；但谢老读成后鼻音，调值由 35 变为 21；"啸"调值由 51 变为 23。究其原因和谢老一生从事教学工作频繁使用普通话有关。

（3）节奏旋律简单。

谢老在古体诗、绝句、律诗中的吟诵节奏大致相同。五言诗吟诵节奏为上句 2+3、下句 2+2+1；七言诗吟诵节奏为 2+2+3、4+3；词的节奏为 2+3、2+2、2+2+3、1+2、2+1+1，基本与五言、七言句节奏吻合。

对于极少数句子，谢老根据自己的理解有所改变。如"渺沧海/之一/粟、哀吾生/之须/臾、托遗响/于悲/风"，本应作"一粟、须臾、悲风"，但谢老在句中停顿，增添了苏轼表达的生命短暂、环境悲凉的情感神韵。

谢老的吟诵旋律较为简单统一。在九首吟诵作品中，只有《宿建德江》一首为民族五声徵调式，其他都为角调式四音曲。

诗词的旋律特点较为明显，在 1̇65 为主干音中反复徘徊，形成 561̇、61̇6、653 及其变化形式，旋律 65̠3 贯穿全曲。四句体结构中 AC、BD 旋律两两相似。诗歌的上句中多以 33·1̇1̇ 6- 和 1̇6 653 为主要旋律，下句以 36·65 3 及其变式，最显著的特点

- 533 -

是 65̲ 3 旋律贯穿全曲，既可做句末拖腔，又可做句中旋律，用法灵活。

　　文的旋律特点主要以 a（33̲ 1̇1̇·6̲1̲̇6̲ 6̲1̲̇6̲）、b（6̲6̲1̇3）两个短句为主，以 361̇ 为主干音，旋律简单质朴，以诵为主，以吟为辅。虽然文的吟诵旋律性较诗词要少，但三种文体在吟诵时都有 61̇6 和 653 的旋律，成为谢老的吟诵"胎记"。

四川傳統吟誦研究

流沙河題

（下 册）

王传闻 著

中国社会科学出版社

下册目录

  五 内江传统吟诵研究 …………………………………（535）
  六 宜宾传统吟诵研究 …………………………………（573）
  七 绵阳传统吟诵研究 …………………………………（649）
  八 广元传统吟诵研究 …………………………………（737）
  九 遂宁传统吟诵研究 …………………………………（835）
  十 南充传统吟诵研究 …………………………………（852）

第五章 四川传统吟诵的腔调研究 ………………………………（866）
  一 四川传统吟诵腔调的定义和概述 …………………（867）
  二 四川传统吟诵腔调的地域特性 ……………………（870）
  三 四川传统吟诵腔调的发展 …………………………（872）
  四 四川传统吟诵腔调的特点 …………………………（881）

第六章 四川传统吟诵的审美研究 ………………………………（926）
  一 传统吟诵的审美理论梳理 …………………………（927）
  二 四川传统吟诵的演进与流播 ………………………（928）
  三 四川传统吟诵的审美特征 …………………………（930）
  四 四川传统吟诵审美的原则 …………………………（931）

五　四川传统吟诵的审美次第 …………………………………………（934）

跋 ……………………………………………………………吕耀东（940）

五　内江传统吟诵研究

（一）以隆昌郭绍岐先生为例

1. 隆昌县概貌。

隆昌县隶属四川省内江市素有"川南门户"之称。

隆昌历史悠久,置县可追溯到唐代,距今已1300多年。明朝隆庆元年(1567)割泸县2里、荣昌4里、富顺14里置县,以隆桥驿为县治,取名为隆昌县,寓意"兴隆昌盛"。

2. 隆昌方言的声韵调系统。

（1）声母：共25个（包括零声母）。

（2）韵母,共39个。包括17个无尾韵母,9个元音尾韵母,13个鼻音尾韵母。

表4—5—1　　　　　　　　　隆昌方言声母

			双唇	齿唇	舌尖前	舌尖中	舌面前	舌面中	舌根
塞音	清	不送气	p			t			k
		送气	pʰ			tʰ			kʰ
塞擦音		不送气			ts	tʂ	tɕ		
		送气			tsʰ	tʂʰ	tɕʰ		
鼻音	浊		m					ȵ	ŋ
边音	浊					l			
擦音	清			f	s	ʂ	ɕ		x
	浊			v	z			j	
零声母			ø						

表 4—5—2　　　　　　　　　　　隆昌方言韵母

	无尾韵						元音尾韵				鼻音尾韵			
开口呼	ɿ	ʌ	e	o	ə	ʅ	ɐ	ai	ei	au	əu	an	en	aŋ	oŋ
齐齿呼	i	iʌ	ie	io			iai		uei	uei		iɐn	in	iɐŋ	ioŋ
合口呼	u	uʌ	ue	uə			uai		uei			uɐn	uen	uɐŋ	
撮口呼	y		ye									yɐn	yin		

3) 声调调值调型。隆昌方言有 4 个声调，即阴平（中升调）、阳平（中降调）、上声（高降调）、去声（低平调），古入声字读去声。

表 4—5—3　　　　　　　　　　　隆昌方言声调

调类	阴平	阳平	上声	去声
调值	35	31	51	22
调型	中升调	中降调	高降调	低平调

以上内容参考于《四川自贡等八县市方言音系调查研究》[①]。

3. 郭绍岐先生及其内江传统吟诵。

郭绍岐(1939—2018)，笔名柯丹，四川省内江市隆昌县人，1960 年毕业于西南师范学院中文系，先后任教于渠县中学、渠县涌兴中学、渠县三汇中学、渠县教师进修学校，从教 40 余年，曾任渠县教师进修学校副校长、高级讲师，受聘于达县师专副教授。退休后继续进行诗词、书法创作，任渠县老年书画研究会会长、渠江诗社副社长、渠县诗歌协会副会长、《宕渠诗丛》执行主编、渠县作家协会理事、《濛山文艺》报编辑出版诗文选《点滴集》，有《乡村教师》《短歌》《弟弟来信》及教学论文数十篇见诸报刊。业绩收入《中华当代名人辞典》、《中国专家大辞典》(第 6 卷)及《当代优秀论文选集》。

[①] 刘燕：《四川自贡等八县市方言音系调查研究》，四川师范大学硕士学位论文，2011 年。

郭绍岐先生的吟诵调主要源于家传，入大学后又得到楚辞专家赖以庄教授的亲传，在吟诵理论上得到吴宓先生的点拨。

4. 郭绍岐先生内江传统吟诵举隅。

2015 年至 2018 年，四川省吟诵学会会长王传闻与渠县电教馆万小龙老师前后 6 次在成都、渠县、绵阳、德阳等地对郭绍岐先生进行吟诵采录学习，传承到《琵琶行》《长恨歌》《蜀道难》《离骚》等。以下依次对郭先生的吟诵内容进行分析。

（1）歌行体《琵琶行》。

1）从创作背景方面考察。

唐宪宗元和十年（815），宰相武元衡被唐朝藩镇势力派刺客刺杀身亡。白居易上表主张严缉凶手，因其平日多作讽喻之诗，又有越职言事之嫌，受到朝中权贵倾轧，于是被贬为江州司马。司马为刺史的助手，在中唐时期多专门安置"犯罪"官员，实属变相发配。此事对白居易打击较大，成为其思想变化的转折点，早期的斗志和锐气也日渐消磨。

元和十一年（816）秋，白居易被贬江州司马一年后，一日在浔阳江头送别客人，偶遇一位年老色衰的歌女，听她自述经历后，联想到自己遭遇，有感而发，创作出这首脍炙人口的现实主义杰作——《琵琶行》。

2）从文体结构和吟诵节奏方面考察。

琵 琶 行

｜　｜　｜　　　！　！　　　　！　！
浔　阳　江　头　夜　送　客　，　枫　叶　荻　花　秋　瑟　瑟　。
｜　｜　｜　！　　　｜　｜　！　！
主　人　下　马　客　在　船　，　举　酒　欲　饮　无　管　弦　。
｜　！　　　｜　！　！　　　　｜　｜　！
醉　不　成　欢　惨　将　别　，　别　时　茫　茫　江　浸　月　。

！　｜　｜　　　　　　｜　｜　　！　！　！
忽　闻　水　上　琵　琶　声，主　人　忘　归　客　不　发。
　｜　｜　　｜　　　　　　　　　　｜　｜
寻　声　暗　问　弹　者　谁，琵　琶　声　停　欲　语　迟。
　　　｜　　　｜　　　　　　　　　｜
移　船　相　近　邀　相　见，添　酒　回　灯　重　开　宴。
　｜　｜　　｜　｜　　　！　　　　｜　　　　｜
千　呼　万　唤　始　出　来，犹　抱　琵　琶　半　遮　面。
　｜　！　！　｜　　　　　　　　　｜　　！　｜
转　轴　拨　弦　三　两　声，未　成　曲　调　先　有　情。
　　　｜　！　　　　　　　　　　　　　　！　！
弦　弦　掩　抑　声　声　思，似　诉　平　生　不　得　志。
　｜　｜　！　｜　　　　　　　　　　！
低　眉　信　手　续　续　弹，说　尽　心　中　无　限　事。
　｜　！　！　｜　　｜　　　　　　　！
轻　拢　慢　捻　抹　复　挑，初　为　霓　裳　后　六　幺。
　｜　　　　　　　！　　　　　　　　！　！
大　弦　嘈　嘈　如　急　雨，小　弦　切　切　如　私　语。
　！　！　！　！　　　　　　　｜　　　｜　　！　！
嘈　嘈　切　切　错　杂　弹，大　珠　小　珠　落　玉　盘。

《琵琶行》是一首长篇歌行体叙事诗，共 616 字，全诗以琵琶女的身世遭遇为明线；以诗人被贬处境为暗线，两线交织，贯穿全篇，表达了对琵琶女的深切同情，抒发了"同是天涯沦落人"的叹息。全诗一明一暗、一实一虚，用琵琶女高超的弹奏技艺，与其悲凉身世做对比，结构严谨主题鲜明，脉络清晰情节曲折，情感真挚。

以下是郭先生吟诵选段分析。

第一部分描写琵琶女出场过程。首句"浔阳江头夜送客"仅七字，概括介绍了人物（主人和客人）、地点（浔阳江头）、事件（送客）和时间（夜晚）；"枫叶荻花秋瑟瑟"烘染环境，传递秋夜送客的萧瑟落寞之感；反跌出"举酒欲饮无管弦"，与后面的"终岁不闻丝竹声"相呼应，为琵琶女的出场和弹奏做好铺垫；因为"无管弦"，所以"醉不成欢惨将别"，"别时茫茫江浸月"则对环境作了进一层烘染，让人产生强烈的压抑感，让"忽闻水上琵琶声"具有浓烈的空谷足音。下文"忽闻""寻声""暗问""移船"直到"邀相见"，为琵琶女的出场作了充分准备，可谓"千呼万唤"，琵琶女因"天涯沦落之恨"，而"琵琶声停欲语迟""犹抱琵琶半遮面"，不便明说也不愿见人，表现了她的难言之痛。此段琵琶女出场过程的描写未见其人先闻其琵琶声，未闻其语先已微露其内心隐痛，埋下伏笔，造成许多悬念。

第二部分描写琵琶女高超的琵琶弹技。转、拨、拢、捻、抹、挑等动作充分表现琵琶女娴熟自然的弹奏技艺，借助语言的音韵摹写音乐，用"嘈嘈""切切"叠字词摹声，用"如急雨""如私语"使其形象立体，再现了"如急雨""如私语"两种旋律的交错。由"大弦嘈嘈如急雨"到"曲终收拨当心画"几句，将抽象的、难以感知的乐曲用形象生动的比喻模拟出来，"急雨""私语""莺语""泉流""珠落玉盘""瓶破水迸""骑出刀鸣""裂帛"等一连串精妙的比喻匠心独运，无与伦比，兼具了听觉形象和视觉形象，让人感觉余音袅袅，余味无穷。"大珠小珠落玉盘""别有幽愁暗恨生，此时无声胜有声"成为写乐声的经典诗句。

郭老的吟诵节奏为 2+2+3 和 4+3。

3）从声韵调系统方面考察。

诗人创作所押的韵根据所需情感特点选择，韵脚用于烘托气氛与帮助情感表达。本诗具有韵脚多变、转换频繁的特色，有的以两小句为一节，有的以四小句为一节，且平仄韵脚依次交换。全诗韵换情转，韵腔开合与诗篇情感对应吻合，使得全诗促悠有致，灵活多变，扣人心弦。

所选《琵琶行》片段一共182个字，其中去声字62个，仄声字34个，两者合计占总字数一半还多，说明仄声字的比例非常高。

《琵琶行》首句以入声字起韵，韵字为"客、瑟"。其中入声韵"客"押平水韵十一陌，"瑟"押四质（仄）入声韵，在《词林正韵》里都押第十七部（入）韵。入声字有塞音韵尾，特点是气流突然被截断堵死，形成一种戛然而止、压迫急促的感觉，从声调上看，也有不同于平上去三声的特性，特点是短促、急促，用入声字押韵，反复回环，句与句之间便形成明显的顿挫梗塞感。

第二句转平声韵，韵字为为"船、弦"，押下平一先韵。徐建顺教授《汉语音义分析》认为：先韵源于上古的三个韵部，而且往往前有介音u，多是开口度由小变大再变小，收于前鼻音，在变化感中，突出了中间元音的开阔感，因此其字多有"伸展、致远、终收"之意。汪烜《诗韵析》概括为"景物流连、风景鲜艳、琴鹤翩然"。①

第三、四句转入声韵，韵字为"别、月、发"。其中"别"押九屑（仄）入声韵，"月、发"押六月（仄）入声韵，在《词林正韵》里都押第十八部（入）韵，此处可通押。

第五句转平声韵，韵字为"谁、迟"，押上平四支韵。徐建顺教授《汉语音义分析》认为：支韵源于上古五个韵部，大部分是中等开口元音接齐齿音，因此其字多有"细长、稀薄、连绵"之意。②汪烜《诗韵析》概括为"静夜幽思、伤心别离"。③

第六、七句变为去声韵，韵字为"见、宴、面"，押十七霰（仄）去声韵。第八句转平声韵，韵字为"声、情"，押下平八庚韵。徐建顺教授《汉语

---

① 续修四库全书编纂委员会：《续修四库全书》，上海古籍出版社2002年版，第409页。
② 徐健顺：《吟诵概论（上）——中华传统读书法》，广西师范大学出版社2019年版，第265页。
③ 续修四库全书编纂委员会：《续修四库全书》，上海古籍出版社2002年版，第409页。

第四章 四川传统吟诵的基本面貌

音义分析》认为：庚韵源于上古四个韵部，大都是开口元音，收于后鼻音，因此其字多有"开阔、雄壮、坚硬"之意。庚韵的字现在分别演变成了 ang、ong、eng、ing 韵母的字，尤以 eng、ing 韵母为多，但其本来的读音近似 ang，有开口韵母的开阔之意。①汪烜《诗韵析》概括为"大雅铿锵、慷慨不平"。②第九句转去声韵，韵字为"志、事"，押四寘（仄）去声韵。

第十句中有仄声韵，也有平声韵，平仄韵交错。韵字为"挑、幺"，其中"挑"押十七筱（仄）上声韵，"幺"押下平二萧韵。在《词林正韵》中都押第八部（平）韵。下平二萧韵，似 ou，嘴唇展开，舌头靠前，或似 yo，开口度缩小。嘴唇展开，舌头靠前。徐建顺教授《汉语音义分析》认为：萧韵源于上古的两个韵部，而且往往前有介音，多是开口度由大变小，收于圆唇音，有温柔变化之感，因此其字多有"弯曲、柔软、遥远"之意。③汪烜《诗韵析》概括为"物色妖娆"。④

第十一句转上声韵，韵字为"雨、语"。其中"雨"押七虞（仄）上声韵，"语"押六语（仄）上声韵，可通押，在《词林正韵》里都押第四部（仄）韵。

最后一句为平声韵，韵字为"弹、盘"，押上平十四寒韵。徐建顺教授《汉语音义分析》认为：寒韵源于上古的元部，开口度由最大变小，收于前鼻音，下沉、收敛之感最为突出，因此其字多有"宽大、沉稳、下收"之意。⑤汪烜《诗韵析》概括为"淡雅堪观"。

隆昌方言与四川大多数地区方言接近，但平翘舌音与四川方言区别较大，多有翘舌。表4—5—6就明显的异读字做分析。

---

① 徐建顺：《吟诵概论（上）——中华传统读书法》，广西师范大学出版社2019年版，第409页。
② 续修四库全书编纂委员会：《续修四库全书》，上海古籍出版社2002年版，第409页。
③ 徐建顺：《吟诵概论（上）——中华传统读书法》，广西师范大学出版社2019年版，第265页。
④ 续修四库全书编纂委员会：《续修四库全书》，上海古籍出版社2002版，第409页。
⑤ 刘勰著，范文澜注：《文心雕龙注》，中国古典文学理论批评专著选撰；人民文学出版社2009年版，第47页。

表4—5—4　　　《琵琶行》普通话和隆昌方言发音差异字

文字	普通话发音	隆昌方言发音	异同分析
琶	{pa}轻声	{b-a}35	轻声变为阴平声，声母由p变为b是典型的隆昌方言发音
客	{ke}51	{k-ə}312	韵母由e韵变为特殊的隆昌方言韵ə，调值由普通话的51变为隆昌方言的312
弦	{xian}35	{x-uan}31	韵母由ian韵变为uan韵，调值由普通话的35变为隆昌方言的31
浸	{jin}51	{q-in}312	声母由j变为q，调值由普通话的51变为隆昌方言的312
忽	{hu}55	{f-u}31(入声)	入声归入阳平的发音，调值由普通话的55归入隆昌方言的31，声母由h变为f，符合典型的隆昌方言发音习惯
寻	{xun}35	{x-in}31	韵母由un韵变为in韵，调值由普通话的35变为隆昌方言的31
语	{yu}214	{y-i}41	韵母由u变为i，调值由普通话的214变为隆昌方言的41
轴	{zhou}35	{zh-u}31	韵母由ou变为u，调值由35变为31
得	{de}35	{d-ə}31	韵母由e变为ə，调值由35变为31
眉	{mei}35	{m-i}31	韵母由ei变为i，调值由普通话的35变为隆昌方言的31
六	{liu}51	{l-u}312	韵母由iu变为u，调值由普通话的51变为隆昌方言的312
咽	{ye}51	{y-an}312	韵母由e变为an，调值是隆昌方言读音的调值312
暗	{an}51	{ŋ-an}312	由零声母变为鼻音声母，调值由普通话的51变为隆昌方言的312，是典型的隆昌方言发音
白	{bai}35	{b-ə}31	韵母由ai韵变为隆昌方言味的ə韵，调值由普通话的35变为隆昌方言的31
顿	{dun}51	{d-en}312	韵母由un韵变为en韵，调值由普通话的51变为隆昌方言的隆昌方言312
容	{rong}35	{y-ong}31	声母由r变为y，调值由普通话的35变为隆昌方言的31

续表

文字	普通话发音	隆昌方言发音	异同分析
学	{xue}35	{x-i-o}31	韵母由 ue 韵变为 io 韵，调值由普通话的 35 变为隆昌方言的 31
碎	{sui}51	{c-ui}312	声母由 s 变为 c，调值由普通话的 51 变为隆昌方言的 312
泪	{lei}51	{l-u-ei}312	韵母由 ei 韵，变为 uei 韵，调值由普通话的 51 变为隆昌方言的 312
乐	{yue}51	{y-o}312	韵母由 ue 韵变为 o 韵，由普通话的 51 变为隆昌方言的 312
何	{he}35	{h-o}31	韵母由 e 韵变为 o 韵，调值由普通话的 35 变为隆昌方言的 31
歌	{ge}55	{g-o}35	韵母由 e 韵变为 o 韵，调值由普通话的 55 变为隆昌方言的 35
村	{cun}55	{c-en}35	韵母由 un 韵变为 en 韵，调值由普通话的 55 变为隆昌方言的 35
我	{wo}214	{ŋ-o}41	由零声母变为方言特有的鼻音声母，调值由普通话的 214 变为隆昌方言的 4
却	{que}51	{q-i-o}312	韵母由 ue 韵变为 io 韵，调值由普通话的 51 变为隆昌方言的 312
皆	{jie}55	{j-i-ai}35	韵母由 ie 变为 iai，调值由普通话的 55 变为隆昌方言的 35

注：普通话调值 55、35、214、51；隆昌方言调值 35、31、41、312。

4）从音乐性方面考察。

a. 基本结构。

吟诵调节选《琵琶行》章句，呈现为由 a (1̇3 66 65 3) b (31 13 231 2) 和 c (63· 31 23· 1) 三个音乐短句变化重复组合构成的单段体结构。

b. 音阶调式。

音阶调式为 6 1 2 3 5 6；吟诵调以羽音（6）作为调式主音和结束音，以商音（2）和角音（3）为上句终止音，上下句终止音呈四度、五度关系，调式调性明确，属民族五声羽调式。

c. 旋律线。

整首吟诵调由 a （$\dot{1}$3 66 65 3）、b （31 13 231 2）和 c （6$\dot{3}$·31 23·1）三个音乐短句变化重复构成全曲。

a 型旋律在低音"6"至高音"$\dot{1}$"的十度音程间围绕"$\dot{6}$1235"五音发展变化，旋律起调（$\dot{1}\dot{1}$、65$\dot{1}$、$\dot{1}\dot{1}$、$\dot{1}6\dot{1}$）高亢，然后多为跳进（$\dot{1}$3、65$\dot{1}$ 3、$\dot{1}\dot{1}$5）再级进发展，给人造成一种强烈的听觉冲击。a 短句在音符和节奏上都有丰富的变化形态，如："忽闻水上琵琶声"（$\dot{1}6\dot{1}$ 6$\dot{1}$63 5 56 65）、"千呼万唤始出来"（$\dot{1}\dot{1}$ 65 $\dot{1}$6 53）、"大弦嘈嘈如急雨"（$\dot{1}$5 55 66$\dot{1}$ 53 5 3）、"弦弦掩抑声声思"（66$\dot{1}$5355653），而"浔阳江头夜送客"（65$\dot{1}$3·53231$\dot{1}$6）和"举酒欲饮无管弦"（$\dot{1}\dot{1}$ 5$\dot{1}$65132 $\dot{1}$6）两句在 a 短句变化发展的基础上，加入了新的音乐素材，在句末加入一字多音长拖腔"客"（$\dot{1}$6）和短拖腔"弦"（$\dot{1}$6），句幅得以扩充，音域拉宽，音乐情感更为饱满。这样的拖腔也多次融入到 bc 音乐短句的变化形态中。郭老吟诵时在乐句第四字处有一字多音长拖腔或短读，形式不固定。如"头、上"（3·5 32、6$\dot{1}$635）作一字多音拖腔长吟，"花、唤、嘈"（6、5、5）短读；句末拖腔多为一字多音短拖腔如"弦、声、来、思"（$\dot{1}$6、65、53、653、），也有少数一字多音长拖腔如"客、雨"（$\dot{1}$6、5353）。句中多处使用前倚音"客、枫、大"（）、波音"唤、来"（）、上滑音"万"（）等色彩润腔。

b 型旋律在以"123"三个主干音的相互连接组合中，呈二度三度（13 231、2323、1213）级进，表现为平稳而曲折前进的波纹型旋律形态，主要在中音区发展变化，只有个别拖腔进入低音区，素材简练，节奏较规整，旋律起伏小，音调平缓。如，"主人忘归客不发"（31 13 231 2）、"转轴拨弦三两声"（3231·2323）、"轻拢慢捻抹复挑"（53133132）、"初为《霓裳》后《六幺》"（32111213）。而"主人下马客在船"（31·13 3·1216）、"寻声暗闻弹者谁"（13·311316）和"醉不成欢惨将别"（1313331·6）三句旋律在 b 短句变化发展的基础上，于句末加入一字多音短拖腔"船、谁"（216、$\dot{1}$6）

- 545 -

和一字多音长拖腔"别"（1·6ゝ）并加以下滑音润饰。郭老在吟诵句末"发、声、挑、幺、船、谁"（2、3、2、3、216、16）等字时作一字一音或一字多音短拖腔。

c型旋律的旋律主干音为"6123"，旋律在平缓中稍有起伏，呈五度、六度（63·、6135）大跳的山峰型和二度三度（3123·1）级进的波纹型相结合的旋律进行形态，音级集中在中低音区，整体音域在七度内变化。如"琵琶声停欲语迟"（63·3123·1）、"添酒回灯重开宴"（3363132）、"未成曲调先有情"（63111232 1ゝ），而"别时茫茫江浸月"（6135ゝ1616）此句在c短句发展变化的基础上，加入新的音乐素材，句末加入和ab乐句相似的吟腔（1616），"月"（6）作一字一音短拖腔处理，句中第四字"茫"（5ゝ）作短拖腔处理并给予下滑音润饰，句中基本一字一音，句末"迟、宴、情"（1、2、1ゝ）作一字一音短拖腔处理，"情"还加以下滑音润饰。

d. 节奏腔式。

郭老在吟诵《琵琶行》时，遵循隆昌方言语音声调行腔，运用X、XX、X.X、XX·、XXX、XXX、X-等丰富的节奏型，形成4+3、2+2+2+1等吟诵节奏，上句末"客、船、将别、者谁、续弹"（⅔16、216、31·6、316、21 6）多作一字多音拖腔abc音乐短句多以加入这些标志性拖腔而形成其变化形态。下句句末多作一字一音短拖腔，"瑟、发、迟、宴、面、情、志"（3、2、1、2、3、1、2），也有少量的一字多音拖腔，"弦、玉盘、私语"（16、16、2·1 6、），加以大量的前倚音"客、枫、信、大"（ᵗ），下滑音"别、茫、语、事、低、情、志"（ゝ），波音"唤、来"（⌢），上滑音"万、错"（ノ）等色彩润饰，细腻地表达了诗歌的情感，使吟腔更具地方特色，整首吟诵调音乐风格婉转悲凉。

5）郭绍岐先生《琵琶行》吟诵概述。

《琵琶行》作为一首七言叙事长诗，叙事线索清晰，情感丰富深沉，艺术形象生动鲜明，郭老吟诵《琵琶行》时音调高低起伏、错落有致，语意和情感回环叠合，声腔技法巧妙，将诗意情感演绎得贴切酣畅。以 abc 三个音乐短句及变化形态组合构成整首音乐旋律，结合郭老对诗意情感的理解感受，依隆昌方言四声调值走向行腔，抒情意味浓烈的诗句旋律曲折婉转，叙事部分情感较为平和多为两字连读，旋律平缓，娓娓道来，体现出叙事诗的表达特点。

a 音乐短句（以 $\underline{^{6}13}$ $\underline{66}$ $\underline{65}$ 3 为代表）各音级在中高音区，句中有多种润腔技法，起调高亢，然后旋律跳进发展，给受听者造成较强的动感张力，

b 音乐短句（以 $\underline{31}$ $\underline{13}$ $\underline{231}$ 2 为代表）的音乐旋律基本按照隆昌方言的四声腔格来行腔，节奏均匀，旋律平缓，集中在中音区，整体音域不宽，音域变化基本在五度以内。

c 音乐短句（以 $\underline{63}$· $\underline{31}$ $\underline{23}$· 1 为代表）以低音6起调，大跳上行，旋律主要集中在中音区，音域变化在七度以内。

关于 abc 音乐短句如何选用，郭老根据诗文的情感以及对作品的文学认知，有着充分的考虑和择取。对于情感强烈、艺术形象鲜明的诗句，多选择 a 乐句，如浔阳江头夜送客、忽闻水上琵琶声、千呼万唤始出来等；对于诗中陈述性的一般诗句，多选择 b 乐句，如移船相近邀相见、添酒回灯重开宴、转轴拨弦三两声等；对于感伤忧郁的诗句，多选择 c 乐句，如别时茫茫江侵月、琵琶声停欲语迟、似诉生平不得志等。

我们分析发现曲调中大量的前倚音、下滑音或波音的使用与隆昌方言的四声调值有着密切关系。例如：隆昌方言中，阴平字声调值35，调型为"ノ"，吟诵时采用一字一音加前倚音处理 $^{6}\dot{1}$（枫）。阳平字声调值 31，上声字调值为 51，两种声调的调型都为"ヽ"，吟诵时采用一字一音加下滑音处理，如5ヽ（芒）、1ヽ（情）、$\underline{3}$ヽ（语）。去声字声调值22，调型中平，吟诵吟诵时采用上波音润腔技法，5（唤）。其中有部分去声字如："志、事"，吟诵时作单音下滑音处理，有果敢决绝意。

这首吟诵调有一个鲜明的句尾吟腔"16"及其变化形态，如：$^{2}_{6}$（客）、$\underline{216}$（船）、1·6（别）、16（弦）、$\underline{161}$ 6（江侵月）、16（谁）、16（弹）、

$\underline{2 \cdot 1}6$（语）、$\underline{1}6$（盘）。

分析此尾腔发现，除"客、月"外，其余文字均为阳平和上声，在隆昌方言中，阳平字调值为 31，上声字调值为 41，字腔腔格与旋律走向一致，依字声行腔，富有隆昌方言特色。这种句尾吟腔又与 abc 乐句分别进行组合，在该诗中反复出现，频率较高，以此造成全曲低沉、悲凉的意境。尤其在该诗首句，郭老以全曲最高音"í"起调，尾腔却落在"$\overset{2}{1}6$"，这种最高音和最低音同时出现的现象，给人造成强烈的听觉刺激，完美表达了诗人的无奈和悲痛。

以上这些丰富的色彩润腔和长短拖腔使得整首诗旋律节奏丰富多变、高低抗坠起伏有致、情感表达曲折婉转，具有高度艺术感染力。

（1）歌行体《长恨歌》。

1）从创作背景方面考察。

元和元年（806），诗人白居易时任盩厔县（今陕西周至）县尉，他与友人陈鸿、王质夫同游仙游寺，谈起 50 多年前唐玄宗和杨贵妃的"天宝遗事"。当时由王质夫提议，白居易写成《长恨歌》，陈鸿作《长恨歌传》。

《长恨歌》所叙既是重大的历史和政治题材，又是具有悠久传统的人性和心理题材。此时的白居易 34 岁，正值壮年，思想成熟抱负远大，和元稹共同发起了"新乐府运动"，颇有挽唐室于既衰、拯生民于水火的政治气概，诗人从民本思想出发，有所扬弃地在《长恨歌》中塑造了唐明皇形象，以"不惑"来总结其后半生的政治得失，再现了一个一往情深、重色轻国、有爱欲苦恼、有错误缺点、人情味十足的痴情皇帝，和的唐明皇这样对立而统一的形象。通篇看来，诗人将此故事写成了一个好皇帝的悲剧，因好皇帝自己有所惑，终造成自己和百姓的悲哀，感染了千百年来的读者，具有十分深刻的政治意义和现实意义。

第四章 四川传统吟诵的基本面貌

2）从文体结构和吟诵节奏方面考察。

长 恨 歌

｜　　｜　！　　　！　　｜　｜　　　　　！！
汉 皇 重 色 思 倾 国 ， 御 宇 多 年 求 不 得 。
　｜ ｜　　　　　　　　｜ ｜　　　　　｜ ！
杨 家 有 女 初 长 成 ， 养 在 深 闺 人 未 识 。
　｜ ！　｜　　！　　　｜ ｜　　　　　！
天 生 丽 质 难 自 弃 ， 一 朝 选 在 君 王 侧 。
！｜ ｜　　　　　　！　　｜　　　　　！
回 眸 一 笑 百 媚 生 ， 六 宫 粉 黛 无 颜 色 。
　　　｜　　！
春 寒 赐 浴 华 清 池 ， 温 泉 水 滑 洗 凝 脂 。
　｜　　　｜　　　！　｜ ｜　　　　！
侍 儿 扶 起 娇 无 力 ， 始 是 新 承 恩 泽 时 。
　｜　　　　　｜　　　　｜ ｜　！
云 鬓 花 颜 金 步 摇 ， 芙 蓉 帐 暖 度 春 宵 。
　｜ ｜ ！　｜　　　　　　　　！ ｜
春 宵 苦 短 日 高 起 ， 从 此 君 王 不 早 朝 。
　　　｜　　　｜　　　　｜
承 欢 侍 宴 无 闲 暇 ， 春 从 春 游 夜 专 夜 。
　　　　　　　　　　　　　　　　　！
后 宫 佳 丽 三 千 人 ， 三 千 宠 爱 在 一 身 。
　　　！　　｜ ｜　　！　｜　　　　｜
金 屋 妆 成 娇 侍 夜 ， 玉 楼 宴 罢 醉 和 春 。
　｜ ｜ ｜　！ ｜　　｜　　　｜　　　｜
姊 妹 弟 兄 皆 列 土 ， 可 怜 光 彩 生 门 户 。

｜　｜　｜　｜　　！　｜　　｜　｜
　　遂　令　天　下　父　母　心，不　重　生　男　重　生　女。

　　《长恨歌》是一首流传千古的长篇歌行体叙事诗，同《琵琶行》一样，这类歌行体为白居易等诗人创造出的新体式。所谓"歌"，其特点是不讲究格律，句数多少不限，可以说是句式整齐的"自由体"诗，诗人创作兴致所至抒情而发，但此诗中融入了近体诗的格律，如"行宫见月伤心处，夜雨闻铃肠断声"等，上下句对仗工整用词华丽，本诗每隔数句一换韵以表现曲折婉转而又缠绵的姿态，非常适合于委婉的叙事。①

　　对于《长恨歌》的主题思想，历来有歌咏李杨爱情的爱情主题说，有批判重色误国的政治主题说，有认为二者兼备的双重主题说。全诗先写了李杨热恋情景，突出杨氏之美和玄宗对她的迷恋；次写兵变妃死，铸成悲剧，玄宗肠断，将悲欢荣辱极端对比；再写物是人非刻骨铭心的无望思念；最后写天人永隔的长恨。如此由乐而悲，进思而恨，构成全诗的感情脉络。

　　因全诗较长，郭绍岐先生只择第一层内容进行吟诵，故本文只对此部分进行文体分析。

　　诗歌开篇第一句"汉皇重色思倾国，御宇多年求不得"，看似寻常，含量却极大。一国之君不"重德思贤才"却"重色思倾国"，能有何好结果呢？仅前七字是全篇的纲领统领全诗，揭示故事的悲剧因素，确定全诗情节发展方向。"倾国"一词，本指美色使国人倾倒，但另一重含义却是"思倾国，果倾国矣"。诗人用极其省俭的语言，叙述了安史之乱前，唐玄宗如何重色求色，终于得到"回眸一笑百媚生"的杨贵妃。

　　"回眸一笑百媚生，六宫粉黛无颜色"，"一"和"百"形成映衬，又和"六宫"形成对比，只"一笑"就能生"百媚"，将贵妃的万种风情和绝顶美艳描绘到极致，从"一"到"百"再到"六宫"，数位的递升，展示了

---

① 叶嘉莹：《古诗词课》，《博览群书》2018年第399期。

贵妃不可抗拒的魅力，为后文写她受到独宠作铺垫。进宫后因有色而得宠，贵妃不但自己"新承恩泽"，而且"姊妹弟兄皆列土"。"春宵苦短日高起，从此君王不早朝"，反复渲染唐玄宗得贵妃后在宫中如何纵欲行乐，如何沉湎于歌舞酒色之中。日后终酿成"渔阳鼙鼓""惊破霓裳"的安史之乱。此段深刻分析了"长恨"的内因，阐释了悲剧故事的基础。

诗人通过此段宫中生活的写实，向我们介绍了一个重色轻国的帝王，一个娇媚恃宠的妃子，暗示了唐玄宗的迷色误国才是悲剧的根源。

3）从声韵调系统方面考察。

《长恨歌》选段共13句，一般以两句或四句为一小节，换韵5次，平仄交替。

表4—5—5 　　《长恨歌》普通话和隆昌方言发音差异字

文字	普通话发音	隆昌方言发音	异同分析
倾	{qing}55	{q-un}35	韵母ing变为un韵，是典型的隆昌方言发音，调值由普通话的55变为隆昌方言的35
眸	{mou}55	{m-u}35	韵母由ou韵变为u韵，也是隆昌方言发音，调值由普通话的55变为隆昌方言的35
百	{bɑi}214	{bə}41	韵母变为特有的隆昌方言韵ə，是个入声字发音，调值由普通话的214变为隆昌方言的41
色	{se}51	{sə}312	韵母变为特有的隆昌方言韵ə，调值由普通话的51变为隆昌方言的312
六	{liu}51	{l-u}312	韵母由iu变为u，调值由普通话的51变为隆昌方言的312
恩	{en}55	{ŋ-en}35	由零声母变为方言声母ŋ，调值由普通话的55变为隆昌方言的35
泽	{ze}35	{c-ə}31	声母由z变为c，韵母由e韵变为ə韵，调值由普通话的35变为隆昌方言的31
鬓	{bin}51	{p-in}312	声母由b变为p，调值由普通话的51变为隆昌方言的312
蓉	{rong}35	{yong}31	声母由r变为y，调值由普通话的35变为隆昌方言的31

- 551 -

续表

文字	普通话发音	隆昌方言发音	异同分析
爱	{ai}51	{ŋ-ai}312	零声母变为隆昌方言声母 ŋ，调值由普通话的 51 变为隆昌方言的 312
和	{he}35	{ho}31	韵母由 e 韵变为 o 韵，调值由普通话的 35 变为隆昌方言的 31
户	{hu}51	{fu}312	声母由 h 变为 f，调值由普通话的 51 变为隆昌方言的 312
遂	{su}51	{xu}312	声母由 s 变为 x，调值由普通话的 51 变为隆昌方言的 312
眉	{mei}35	{mi}31	韵母由 ei 变为 I 韵，调值由普通话的 35 变为的隆昌方言的 31
埃	{ai}55	{ŋ-ai}35	由零声母变为声母 ŋ，读音发生改变，调值不变由普通话的 55 变为隆昌方言的 35
阁	{ge}35	{go}31	韵母由 e 韵变为 o 韵，调值由普通话的 35 变为隆昌方言的 31
嵋	{mei}35	{mi}31	韵母由 ei 变为 i 韵，调值由普通话的 35 变为隆昌方言的的 31
何	{he}35	{ho}31	韵母由 e 韵变为 o 韵，调值由普通话的 35 变为隆昌方言的 31
娥	{e}35	{o}31	零声母，韵母由 e 韵变为 o 韵，调值由普通话的 35 变为隆昌方言的 31
泪	{lei}51	{luei}312	韵母由 ei 韵，变为 uei 韵，调值由普通话的 51 变为隆昌方言的 312
雀	{que}51	{qio}312	韵母由 ue 韵变为 io 韵，调值由普通话的 51 变为隆昌方言的 312

注：普通话调值 55、35、214、51；隆昌方言调值 35、31、51、22。

第一到四句的韵字为"国、得、识、侧、色"，押平水韵十三职（仄）入声。

第五、六句转平声韵，韵字为"池、脂、时"，押上平四支韵。徐建顺教授《汉语音义分析》认为：支韵源于上古五个韵部，大部分是中等开口元音接齐齿音，因此其字多有"细长、稀薄、连绵"之意。①汪烜《诗韵析》概括为"静夜幽思、伤心别离"。②

第七、八句为平声韵，韵字为"宵、朝"，押下平二萧韵。此韵母似ou，嘴唇展开，舌头靠前；或似yo，开口度缩小，嘴唇展开，舌头靠前。徐建顺教授《汉语音义分析》认为：萧韵源于上古的两个韵部，而且往往前有介音，多是开口度由大变小，收于圆唇音，有温柔变化之感，因此其字多有"弯曲、柔软、遥远"之意。③汪烜《诗韵析》概括为"物色妖娆"。④

第九句转仄声韵，韵字为"暇、夜"，押平水韵二十二祃（仄）韵。

第十、十一句转平声韵，韵字为"人、身、春"，押上平十一真韵。徐建顺教授《汉语音义分析》认为：真韵源于上古的两个韵部，开口度中等，变小收于前鼻音，有闭合、收敛、抒情之感，因此其字多有"深入、亲近、联系"之意。⑤汪烜《诗韵析》概括为"隽永清新"。⑥

第十二、十三句转仄声韵，韵字为"士、户、女"。

4）从音乐性方面考察。

a. 基本结构。

吟诵调节选《长恨歌》章句，呈现为 a（$55\ \dot{1}\ \bar{5}\ 3\ 55\ 653$）、b（$53\ 51\ 112$）和 c（$66\ 31\ 33\ 16$）三个音乐短句变化重复构成的单段结构。

b. 音阶调式。

音阶调式为612356；吟诵调以羽（6）音作为调式主音，以角（3）为上句终止音。上下句终止音呈四度关系，调式调性明确，属民族五声羽调式。

---

① 徐健顺：《吟诵概论（上）——中华传统读书法》，广西师范大学出版社2019年版，第265页。
② 续修四库全书编纂委员会：《续修四库全书》，上海古籍出版社2002年版，第409页。
③ 徐健顺：《吟诵概论（上）——中华传统读书法》，广西师范大学出版社2019年版，第265页。
④ 续修四库全书编纂委员会：《续修四库全书》，上海古籍出版社2002年版，第409页。
⑤ 徐健顺：《吟诵概论（上）——中华传统读书法》，广西师范大学出版社2019年版，第265页。
⑥ 续修四库全书编纂委员会：《续修四库全书》，上海古籍出版社2002年版，第409页。

长恨歌

白居易　（唐）
郭绍岐先生吟诵
李娟　记谱

汉皇重色思倾国，御宇多年求不得。
杨家有女初长成，养在深闺人未识。
天生丽质难自弃，一朝选在君王侧。
回眸一笑百媚生，六宫粉黛无颜色。
春寒赐浴华清池，温泉水滑洗凝脂。
侍儿扶起娇无力，始是新承恩泽时。
云鬓花颜金步摇，芙蓉帐暖度春宵。
春宵苦短日高起，从此君王不早朝。
承欢侍宴无闲暇，春从春游夜专夜。
后宫佳丽三千人，三千宠爱在一身。
金屋妆成娇侍夜，玉楼宴罢醉和春。
姊妹弟兄皆列土，可怜光彩生门户。
遂令天下父母心，不重生男重生女。

c. 旋律线。

整首吟诵调以 a（55 1̇ 5̄ 3 55 653）、b（53 51 112）和 c（66 31 33 16）三个音乐短句变化重复构成全曲。

a 型旋律在中高音区围绕"1356"四个音发展变化，旋律起调（$^{\sharp}$1̇、51̇6、551̇、51̇、15̇1、15·）高亢，以""四度上行或"1̇5"下行跳进，然后在十度内上下起伏级进或跳进发展，多呈山峰型和波纹型相结合的旋律形态，如"杨家有女初长成"（51̇6 $^{\sharp}$53 55 1）、"回眸一笑百媚生"（55 1̇ 5̄ 3 55 653）、"春从春游夜专夜"（15̇1 3 56 3）、金屋妆成娇侍夜（15̇1 3 66 3̄）、可怜光彩生门户（15·15 63 5）。郭老在吟诵句中第四字"女、笑"（$^{\sharp}$53、5̄ 3）时作一字多音短拖腔和长拖腔，"游、成"（3）作一字一音短拖腔。吟诵句末字"成、户、生、夜"（1、5、653、3̄）时作一字一音或一字多音短拖腔。而"汉皇重色思倾国"（1̇ 53 3 55 66· 532 1·6）和"侍儿扶起娇无力"（$^{\sharp}$15 55 15 $^{\sharp}$6·3 5-）两句在 a 短句变化发展的基础上增加了新的音乐素材，在句末加入了一字多音长拖腔"国"（532 1·6）、"力"（$^{\sharp}$5·3 5-），句幅得以扩充，音域拉宽，音乐情感更为饱满，句中大量使用了前倚音"汉、丽、女、侍、力、帐、玉、土、父、女"（⌒）、波音"笑、夜、夜"（～）、和下滑音"力"（＼）等色彩润腔。

b 型旋律在"61235"的五声旋律中，以二度三度（53、13 231、232 3）级进为主，伴有五度（51、15、1·5）大跳，呈谷峰形和平稳而曲折前进的波纹形相结合的旋律形态，如"御宇多年求不得"（53 51 112）、"温泉水滑洗凝脂"（51 21 21 3）、"六宫粉黛无颜色"（15 31 11 2）、"始是新承恩泽时"（523 51 323 1）、后宫佳丽三千人（1·5 51 55 1）、郭老在吟诵时句中多为一字一音，旋律平缓，句末字"脂、色、时、人"作一字一音短拖腔处理，而春寒赐浴华清池（51 22 13 216）和姊妹弟兄皆列土（3213 32 ^{22}16）两句旋律在 b 短句发展变化的基础上，句末加入一字多音"池、土"（216、^{22}16）短拖腔或长拖腔，句末入声字"得、识"（2、20）作了短读断腔处理。

c 型旋律在中低音区围绕"$\underline{5}613$"四音变化发展，音域在八度以内。c 型旋律稍显低沉，在此吟诵调中运用较少，"云鬓花颜金步摇"（$\underline{66}\ \underline{31}\ \underline{33}\ 1\ \underline{6}$）、"承欢侍宴无闲暇"（$\underline{6}\overset{2}{3}\ \underline{31}\ \underline{11}\cdot\ \underline{16}\ \underline{5}$），旋律以低音6起调，五度上行（$\underline{66}3$、$\underline{6}3$）后级进下行发展，句尾收腔为"$1\ \dot{6}$"（摇）及其变化形态"$\underline{16}\underline{5}$"（暇）。

d. 节奏腔式。

本诗的吟诵以八分音符 $\underline{XX}$ 和四分音符 X 的宽松型节奏为主，伴有十六分音符 $\underline{\underline{XX}}$ 和附点音符 X.X、切分音节奏 $\underline{XX}$.，极大增强了吟诵调的节奏感和韵味，形成 4+3、2+2+2+1 等吟诵节奏。上句末字多作一字多音拖腔处理"国、池、步摇、土"（$\underline{532}\ \underline{1\cdot6}$、$\underline{216}$、$3\ 1\ 6$、$\overset{2}{\ }16$）也是郭老吟诵调的标志性拖腔，下句句末多作一字一音短拖腔，"侧、色、脂、时、宵、朝、身、春、户"（2、2、3、1、2、1、3、3、5），"汉、丽、侍、力、帐、土、女"（$\overset{⌣}{\ }$）作前倚音润饰，"力"作下滑音（$\searrow$）处理，"笑、夜"作上波音（$\overset{⌒}{\ }$）润饰。

5）郭绍岐先生《长恨歌》吟诵概述。

《长恨歌》节选段以 abc 音乐短句及变化形态组合构成整首音乐旋律，通过分析我们发现，郭老的吟诵遵循隆昌方言语音发音，取"读诵"式的音调，结合诗意情感，依据隆昌方言四声调值走向行腔，首句处理与《琵琶行》相似，起调高亢激昂尾腔落于 $\underline{532}\ \underline{1\cdot6}$（国），将抒情与叙事有机融合，有意使音域跨度形成十度，造成强烈的听觉刺激，描绘出张扬肆意的帝妃相恋图，奠定了"繁华落尽终成伤"的 基调，吟咏了一出荡气回肠的爱情悲剧。

a 音乐短句（以 $\underline{55}\ \overset{-}{1}\underline{5}\ 3\ \underline{55}\ \underline{653}$ 为代表）起调高亢，旋律大跳下行，音级在中高音区发展，句中有多种润腔技法，句尾拖腔，多为一字一音短拖腔，也有少数一字多音长拖腔和短拖腔。

b 音乐短句（以 $\underline{53}\ \underline{51}\ \underline{112}$ 为代表）旋律平缓，整体音域不宽，音域变化基本在五度之内，集中在中音区，所套诗句基本按照隆昌方言的四声腔格来行腔，诵的成分多，吟的成分少，多在句尾一字一音短拖腔数为，少数一字多音长拖腔，甚至不拖腔。从不拖腔的句子，求不得（<u>11</u>2）、人未识（<u>11</u> <u>2</u>0）来分析，"得、识"在古汉语中皆为入声字，多表达为阻塞决绝。但随着历史的发展，入声字失去了原来的辅音韵尾，声调发生了巨大变化，隆昌地区入声字消失，此处应是郭老入声尊古的吟诵处理。

c 音乐短句（以<u>66</u> <u>31</u> <u>33</u> 1<u>6</u>为代表）起调在低音区发声，五度上行然后级进发展，音级在中低音区发展，c 音乐短句在节选吟诵段中共出现两处，句尾收腔为1<u>6</u>及其变化形态，分别为1<u>6</u>（摇）和1<u>65</u>（暇），此尾部吟腔为郭老的吟诵特点。此尾腔也和 b、c 两个音乐短句有组合，与 a 音乐短句组合一次为 <u>532</u> 1·<u>6</u>（国），和 b 音乐短句组合两次为2<u>16</u>（池）、1<u>6</u>（土）。

（2）《蜀道难》。

1）从创作背景方面考察。

《蜀道难》是南朝乐府旧题，属《相和歌·瑟调曲》。

杨和武先生认为："从李白的生平所为及其作品，可以看出李白并不是一个只甘于写景的落魄文人，他有着雄心壮志，这种雄心壮志同当时的客观环境结合起来，就不能不让这篇千古佳作洋溢了丰富的思想性。"[1]

2）从文体结构和吟诵节奏方面考察。

蜀道难

噫吁嚱，危乎高哉！
！　｜　　　　　｜
蜀道之难，难于上青天！
　　！　　　　　　！
蚕丛及鱼凫，开国何茫然！

---

[1] 殷璠：《河岳英灵集》，中华书局1958年版。

｜　　｜　｜　！　　｜　　　！　｜　　　！
　　尔　来　四　万　八　千　岁，不　与　秦　塞　通　人　烟。
　　　　　｜　｜　｜　｜　　　｜　｜　　　！
　　西　当　太　白　有　鸟　道，可　以　横　绝　峨　眉　巅。
　　｜　　　　　｜　　　　　｜　　　　　！　｜
　　地　崩　山　摧　壮　士　死，然　后　天　梯　石　栈　相　钩　连。
　　｜　｜　！　｜　！　　　｜　　　　　　　！　！
　　上　有　六　龙　回　日　之　高　标，下　有　冲　波　逆　折　之　回　川。
　　　　！　　　｜　｜　！　　　　　！　｜
　　黄　鹤　之　飞　尚　不　得　过，猿　猱　欲　度　愁　攀　援。
　　　　　　　　　　！　｜　｜　！
　　青　泥　何　盘　盘，百　步　九　折　萦　岩　峦。
　　　　｜　｜　｜　！　｜　　　｜　｜　｜　｜　｜
　　扪　参　历　井　仰　胁　息，以　手　抚　膺　坐　长　叹。

　　该诗属于古乐府，李白在此基础上进行了创新和发展，采用了大量散文化诗句，不严格讲究格律，字数从三、四、五、七直至十一言，参差错落，长短不齐，形成了极为奔放的语言风格，突破一韵到底，尤其在描写蜀中险要环境时，一连三换韵脚。殷璠编《河岳英灵集》称此诗"奇之又奇，自骚人以还，鲜有此体调。"①

　　全诗从蜀开国之艰、自然之险、环境之恶三个方面进行描写，诗人运用夸张、想象、神话等手法，围绕一个"难"字为人们展现出秦蜀道路上雄奇瑰丽而又惊险可畏的山川图景。

　　因全诗较长，郭绍岐先生只择第一层内容进行吟诵，故本文只对此部分

---

① （唐）殷璠：《河岳英灵集》，载中华书局上海编辑所编辑《唐人选唐诗（十种）》，中华书局1958年版。

进行文体分析。第一段从开头到"相钩连",开篇以感情强烈的咏叹点出主题,用四韵言蜀道之难,为全诗奠定雄浑基调,并用五丁开山的神话,点染了神奇色彩,随着感情起伏和自然场景的变化,以"蜀道之难,难于上青天"为主旋律反复咏叹,激荡心弦。①

自古以来,秦蜀之间被高山峻岭所阻挡,世人皆说蜀道难行难于上青天,诗人用夸张的笔墨,写出了不可逾越的险阻,融汇了五丁开山的神话,渲染神秘色彩,用四韵八句如乐章的前奏,叙述蜀道的起源。②

从"上有六龙回日之高标"至"使人听此凋朱颜"为第二段落,共九个韵,用虚写手法,层层映衬,着力刻画蜀道的高危难行。诗人将夸张和神话融为一体,直写山高,并衬以"回川"之险。以"高标"和"回川"对举,描写了山势高危,挡住太阳之神的去路,冲波激浪、曲折回旋的河川让人惊惧惶恐。写到此处,诗人仍意犹未尽,借黄鹤与猿猱反衬,翱翔的黄鹤,敏捷的猿猱欲行此道都难上加难,何况我辈凡夫。

后两句着重描绘峰路萦回和山势峻危的入蜀要道青泥岭,用手扪星辰、呼吸紧张、抚胸长叹等细节将步履艰难、惶悚神情,刻画的淋漓尽致,困危之状如在目前。

3)从声韵调系统方面考察。

这首诗李白袭用乐府旧题,用了大量散文化的诗句,字数从三言、四言、五言、七言、十一言,诗歌的用韵,也突破一韵到底。按王力先生在《古代汉语》中总结的内容,诗歌第一段落,从"噫吁嚱,危乎高哉"到"然后天梯石栈相钩连"。押"先韵",韵字为"天、然、烟、巅、连、川、援"。③徐健顺教授《汉语音义分析》认为:先韵源于上古的三个韵部,而且往往前有介音 u,多是开口度由小变大再变小,收于前鼻音,在变化感

---

① 肖峰旭:《〈蜀道难〉中一唱三叹的指向及蕴涵解读》,《语文学习》2018 年第 3 期。
② 吴荞:《汉水蜀道难的咏叹调》,《中国三峡》(人文版)2018 年第 6 期。
③ 王力:《古代汉语》(第一册),中华书局 1999 年版,第 37 页。

中，突出了中间元音的开阔感，其字多有"伸展、致远、终收"之意。[①]汪烜《诗韵析》概括为"景物流连、风景鲜艳、琴鹤翩然"。[②]

诗歌第二个段落入上平十四"寒韵"，韵字为"盘、峦、叹"。徐建顺教授《汉语音义分析》认为：寒韵源于上古的元部，开口度由最大变小，收于前鼻音，下沉、收敛之感最为突出，其字多有"宽大、沉稳、下收"之意。[③]汪烜《诗韵析》概括为"淡雅堪观"。[④]

可以说韵的转换，把李白复杂的情感与蜀道的艰险完美地融合起来凸显出来。

表4—5—6　　《蜀道难》普通话和隆昌方言发音差异字

文字	普通话发音	隆昌方言发音	异同分析
乎	{hu}55	{f-u}35	撮口呼 h 变唇齿呼 f,调值由普通话的55变为隆昌方言的35
国	{guo}35	{g-u-ə}31	韵母由 uo 变为 uə，调值由普通话的35变为隆昌方言的31
白	{bai}35	{b-ə}31	韵母由ɑi，变为ə，调值由普通话的35变为隆昌方言的31
横	{heng}35	{h-un}31	韵母发生变化，eng 韵变为 un 韵，调值由普通话的 35 变为隆昌方言的 31
眉	{mei}35	{m-i}31	韵母由 ei 韵变为 i 韵，调值由普通话的35变为隆昌方言的31
六	{liu}51	{l-u}312	韵母 iu 变 u，调值由 51 变为 312
鹤	{he}51	{h-o}312	e 韵变为 o 韵，调值由普通话的51变为隆昌方言的312

---

① 徐健顺：《吟诵概论（上）——中华传统读书法》，广西师范大学出版社2019年版，第265页。
② 续修四库全书编纂委员会：《续修四库全书》，上海古籍出版社2002年版，第409页。
③ 徐健顺：《吟诵概论（上）——中华传统读书法》，广西师范大学出版社2019年版，第265页。
④ 续修四库全书编纂委员会：《续修四库全书》，上海古籍出版社2002年版，第409页。

续表

文字	普通话发音	隆昌方言发音	异同分析
得	{de}35	{d-ə}31	韵母由 e 变为ə，调值由普通话的 51 变为隆昌方言的 31
何	{he}35	{h-o}31	e 韵变为 o 韵，调值由普通话的 35 变为隆昌言的 31
百	{bɑi}214	{b_ə}41	韵母由ɑi，变为ə，调值由普通话的 214 变为隆昌方言的 41
岩	{yɑn}35	{ŋ-ɑi}31	声母变为隆昌方言特有的 ŋ，韵母由ɑn 变为ɑi 韵，调值由 35 变为 31

注：普通话调值 55、35、214、51；隆昌方言调值 35、31、51、22。

4）从音乐性方面考察。

a. 基本结构。

吟诵调节选《蜀道难》章句，属于 a（⁂i̇6 65 555 665 30）、b（3212 11 30）和 c（6̣16 6̣3 30）三个音乐短句变化重复贯穿全曲的 A+B 两段体结构。

b. 音阶调式。

音阶调式为 6̣12356；吟诵调以羽音（6）作为调式主音，以羽（6）为上句终止音，上下句终止音呈四度关系，调式调性明确，属民族五声羽调式。

c. 旋律线。

A 乐段"噫吁嚱"至"石栈相钩连"，旋律组合以 a（⁂i̇6 65 555 665 30）、b（3212 11 30）型短句为主，c（6̣16 6̣3 30）短句作补充。a 型旋律起调高亢明亮，以四度音程跳进（i̇i5、36、i̇5i̇5、63）为主，伴有二度、三度音程级进（65、53、56），呈谷峰型和波纹型相结合的旋律形态，如"危乎高哉呃噫呃"（065 i̇i5 365）、"尔来四万八千岁"（i̇5i̇5 56̄3 3）、"岁"（3̄ 3）作句末一字多音拖腔长吟，在"危乎高哉"四个字感叹之后，郭老意犹未尽，在"哉"字后还继续用了"呃噫呃"的语气词延续情感，开篇就把全诗咏叹的韵味表现得强烈而富有感染力。b 型旋律由 a 型旋律的中高音区下移至中低音区，围绕"6̣123"四音发展变化，以二度三度音程级进（3212 11、2311

- 561 -

32·、3216、1116）为主，形成平稳而曲折的波纹型旋律，如"不与秦塞通人烟"（2311 32· 30）、"可以横绝峨眉巅"（3212 11 30）两句末字"烟、颠"

蜀 道 难

李白（唐）
郭绍歧先生吟诵
李娟 记谱

5 3 6 5 3 2 1 6 5	0 6 5 1 1 5 3 6 5
噫吁嚱，	危乎高哉(呃 噫呃)！

| 1 1 3 2 1 6 | 6 1 6 6 3 3 0 |
| 蜀 道 之 难， | 难 于 上 青 天！ |

| 1 1 0 1 1 1 6 | 3 2 3 1 1 1 6 |
| 蚕 丛 及 鱼 凫， | 开 国 何 茫 然！ |

| 1 5 1 5 5 6 3 3 | 2 3 1 1 3 2· 3 0 |
| 尔 来 四 万 八 千 岁， | 不 与 秦 塞 通 人 烟。 |

| 3 3 2 1 3 2 1 6 | 3 2 1 2 1 1 3 0 |
| 西 当 太 白 有 鸟 道， | 可 以 横 绝 峨 眉 巅。 |

| 6 6 6 6 6 5 5 3 | 1 1 0 3 3 1 1· 3 3 2 1 0 |
| 地 崩 山 摧 壮 士 死， | 然 后 天 梯 石 栈 相 钩 连。 |

| 1 6 6 5 5 5 5 6 6 5 3 0 | 5 3 5 5 1 1 0 3 1 3 0 |
| 上 有 六 龙 回 日 之 高 标， | 下 有 冲 波 逆 折 之 回 川。 |

| 1 1 3 3 2 3 1 1 2· 1 6 | 5 5 6 1 6 3 5 5 1 3 |
| 黄 鹤 之 飞 尚 不 得 过， | 猿 猱 欲 度 愁 攀 援。 |

| 3· 6 1 1 1 6 | 5 5 1 5 3 5 1 1 1 |
| 青 泥 何 盘 盘， | 百 步 九 折 萦 岩 峦。 |

| 3 3 2 3 3 2 1 6 | 3 3 2 3 2 3 1 2 1· 2 |
| 扪 参 历 井 仰 胁 息， | 以 手 抚 膺 坐 长 叹。 |

第四章　四川传统吟诵的基本面貌

又闻子规啼夜月，愁空山。
蜀道之难，难于上青天，
使人听此凋朱颜！连峰去天不盈尺，
枯松倒挂倚绝壁。飞湍瀑流争喧豗，
砯崖转石万壑雷。其险也如此，
嗟尔远道之人胡为乎来哉！剑阁峥嵘而崔嵬，
一夫当关，万夫莫开。所守或匪亲，
化为狼与豺。朝避猛虎，夕避长蛇；
磨牙吮血，杀人如麻。锦城虽云乐，
不如早还家。蜀道之难，
难于上青天，侧身西望长咨嗟！

注：标有波浪线的文字为诵读。

(30)都作八分休止断腔急收,干脆利落。而"开国何茫然"(323 111 6)、"西当太白有鸟道"(3321 32 16)、"蜀道之难"(113 216)这几句旋律在 a 音乐短句变化发展的基础上增加了吟腔"16",句末"然、道"(16、16)作一字多音拖腔长吟,"难"(216)作一字多音短拖腔处理,整个旋律句幅加宽,音调拉长,情感加深。c 型旋律"难于上青天"(616 63 30)在 A 乐段只出现一次,由"613"三音在中低音区发展变化,情绪较低沉,突出一个"难"字。整段旋律在低音"6"至高音"1"的十度音程中回旋起伏,围绕"61235"五音变化发展,旋律发展跨越低中高三个音区,abc 三种不同风格的旋律组合形成明显的音高变化感。

B 乐段"上有六龙回日之高标"至"以手抚膺坐长叹",旋律以高昂曲折的 a 型旋律起调"上有六龙回日之高标"(⁵16 65555 665 30),结合相对平稳的 b(3212 11 30)、c(616 63 30)型旋律,前后交错,高低抗坠,形象地刻画出山势之高危和青泥岭的难行。a 型旋律"上有六龙回日之高标"(⁵16 65 555 665 30)、"猿猱欲度愁攀援"(55 61 63 5 5 1 3)、"百步九折萦岩峦"(55 1 535 111)在中高音区上下起伏,运用前倚音"上"(⁶)、上滑音"六"(╱)波音"度、折"(⁻)加以色彩润腔,虚写手法层层映衬山势之高危。b 型旋律"扪参历井仰胁息"(3323 32 16)、"以手抚膺坐长叹"(332 3231 21·2)和 c 型旋律"青泥何盘盘"(3·6 11 16)在中低音区发展,音调平缓,生动地表现出了青泥岭曲折盘桓。

d. 节奏腔式。

郭老吟诵时运用 XX、X、XXX、XXX、XX.、XXXX 等多种节奏型,加以上波音"岁、道、度、折"、(⁻)、前倚音"鸟、死、上、下"(⁶)的润腔技法,增添了吟腔的色彩,体现出隆昌方言吟诵的魅力。拖腔中,上句多为一字多音的长拖腔,如"噫、难、鱼凫、有鸟道、过、何盘盘、仰胁息"(65 321 65、216、11 6、216、216、11 16、216),尾音绝大多数落在调式主音低音 6 上;下句有一字一音的短拖腔"援、峦、叹"(312),更有"烟、巅、连、川"(30、30、10、30)八分休止断字断腔处理。

5) 郭绍岐先生《蜀道难》吟诵概述。

《蜀道难》节选段以 abc 三个音乐短句及变化形态组合构成整首音乐旋律，郭老以隆昌方言语音的声调行腔，取"读诵"式音调，呈现一字一音、一字多音的吟诵形式，形成独特的当地传统吟腔。a 音乐短句（以 $\overset{\sharp}{\underline{1}}6\ 65\ \underline{555}\ \underline{665}\ \underline{30}$ 为代表）高亢起调后旋律下行，音级在中高音区发展，音域变化在五度之内，所套吟的诗句句中运用多种润腔技法，一字一音，句尾一字多音长拖腔和短拖腔。

b 音乐短句（以 $\underline{3212}\ \underline{11}\ \underline{30}$ 为代表）集中在中音区，音域变化不宽基本在五度之内，所套吟的诗句多为一字一音，节奏均匀，旋律平缓，诵多吟少，句尾收音干脆利落偶有一字多音或一字一音的短拖腔，甚至断字断腔，如 $\underline{30}$（烟）、$\underline{30}$（巅）、$\underline{10}$（连）、$\underline{30}$（川）。

c 音乐短句（以 $\underline{616}\ \underline{63}\ \underline{30}$ 为代表）起调在中低音区上下行交替发展。

结合《琵琶行》《长恨歌》的吟诵概述，尾部吟腔 $\underline{16}$ 及其变化形态在《蜀道难》中的 b 音乐短句中大量出现。如在开篇首句 $\underline{53}\ \underline{65}\ \underline{321}\ \underline{65}$（噫吁嚱）中就直接带入此尾腔旋律，并在第二句"危乎高哉"后连增三个语气助词"呃噫呃"进行咏叹。吟诵过程中大量运用 b 音乐短句，a、c 音乐短句运用较少；7 处使用 $\underline{16}$ 句尾吟腔。

相对前两首，此首吟诵调节奏松紧有度，音域较宽，在十度内发展变化，出现大量的一字多音长拖腔，同时也有大量顿挫有力的收尾。这种一高一低、一收一放，造成跌宕错落、起伏激荡的音韵美感。

（3）骚体《离骚》

1) 从创作背景方面考察。

《离骚》是屈原以自己的理想、遭遇、痛苦、热情以至整个生命所熔铸而成的宏伟诗篇，其中闪耀着鲜明的人性光辉，是屈原全部创作的重点。周赧王三十七年（前 278 年），楚国郢都破城，楚顷襄王狼狈逃难，保于陈城（今河南淮阳县），屈原眼见国破家亡悲愤交加极度绝望，于农历五月五日投汨罗江自尽，时六十二岁。

2）从文体结构和吟诵节奏方面考察。

离 骚

｜　　　　　｜　　　　｜　｜！！
帝 高 阳 之 苗 裔 兮 ， 朕 皇 考 曰 伯 庸 。
！　　　｜　　　　　　　｜　｜
摄 提 贞 于 孟 陬 兮 ， 惟 庚 寅 吾 以 降 。
　　　　　｜　　　　！
皇 览 揆 余 初 度 兮 ， 肇 锡 余 以 嘉 名 。
　　　！｜！　　　　　　　　
名 余 曰 正 则 兮 ， 字 余 曰 灵 均 。
｜｜｜｜　　　　　｜　｜
纷 吾 既 有 此 内 美 兮 ， 又 重 之 以 修 能 。
｜　　　｜！　　　｜　　　｜
扈 江 离 与 辟 芷 兮 ， 纫 秋 兰 以 为 佩 。
｜　　！　！！　　　｜　　　　　！　｜
汨 余 若 将 不 及 兮 ， 恐 年 岁 之 不 吾 与 。
　　　　　！　　　　！　｜　　！｜
朝 搴 阰 之 木 兰 兮 ， 夕 揽 洲 之 宿 莽 。
！！！　｜　！　　　　｜　｜　｜
日 月 忽 其 不 淹 兮 ， 春 与 秋 其 代 序 。
　　｜！　　！　　　　｜　　　　｜
惟 草 木 之 零 落 兮 ， 恐 美 人 之 迟 暮 。
！｜　　｜　　　　　　　！　｜　　！
不 抚 壮 而 弃 秽 兮 ， 何 不 改 乎 此 度 ？
　　　｜　　｜　　　　　｜
乘 骐 骥 以 驰 骋 兮 ， 来 吾 道 夫 先 路 ！

- 566 -

《离骚》作为楚辞的代表，虽不拘于古诗章法，形式自由，句式灵活，但本质仍然是诗，形式以六言为主，间以五、七、八、九等杂言，多用楚地特色语气助词"兮"与比兴手法，将抒情与叙事相结合，充分体现楚地浪漫自由的文化特色。

吟诵所选取的《离骚》章句，共 16 个小句组成 8 个大句形成 4 个段落，在结构上为 4 个乐句，共 28 个仄声字，14 个入声字。

郭老对于每一小句的吟诵节奏划分为七言句 2+2+3、3+4，六言句 3+3。虚词在句中句末皆为一个单独节奏拖腔。

3）从声韵调系统方面考察。

表 4—5—7　　《离骚》普通话和隆昌方言发音差异字

文字	普通话发音	隆昌方言发音	异同分析
伯	{bo}35	{b-ə}31	由 o 变为 ə，调值由普通话的 35 变为隆昌方言的 31
肇	{zhao}51	{s-ao}312	翘舌变为平舌，声母由 zh 变为 s，调值由普通话的 51 变为隆昌方言的 312
则	{ze}35	{z-ə}31	韵母是典型的隆昌方言韵，由 e 韵变为 ə 韵，由普通话的 35 调值变为隆昌方言的 31
内	{nei}51	{l-u-ei}312	鼻音变为边音，韵母由 ei 变为 uei，调值由普通话的 51 变为隆昌方言的 312
扈	{hu}51	{fu}312	声母由 h 变为 f，调值由普通话的 51 变为隆昌方言的 312
宿	{su}51	{xu}312	声母由 s 变为 x，调值由普通话的 51 变为隆昌方言的 312

注：普通话调值 55、35、214、51；隆昌方言调值 35、31、41、312。

王力先生在《古代汉语》第二册中对《离骚》的韵做了细致的阐释，认为"庸、降"押东冬合韵；"名、均"，押耕真合韵；"能、佩"押之部；"与、莽、序"押鱼部；"暮、度、路"押铎部。[①]

[①] 王力：《古代汉语》，中华书局 2018 年版，第 73 页。

4) 从音乐性方面考察。

离 骚　　屈　原（先秦）
楚辞　　　　郭绍歧先生吟诵
　　　　　　李　娟　记谱

第四章 四川传统吟诵的基本面貌

a. 基本结构。

吟诵调节选《离骚》章句，呈现为 a（6·1 51 61 63 ⁀53）、b（13 22 32 1·）和 c（66 11 15 3·2）三个音乐短句变化重复构成的单段体结构。

b. 音阶调式。

音阶调式为356123，吟诵调以角音（3）作为调式主音，多为羽（6）上句终止，上下句终止音呈五度关系，调式调性明确，属民族五声角调式。

c. 旋律线。

a 型旋律（6·1、15、61）起调高亢，然后上行或下行跳进（6·1 51、15 156、6153）再级进发展，呈峰谷型和曲折前进的波纹型相结合的旋律形态，如"帝高阳之苗裔兮"（6·1 51 61 63 ⁀53）、"日月忽其不淹兮"（15 156 163 ↘）、"不抚壮而弃秽兮"（61 53 66⁀3↘），郭老吟诵时，句末字"兮"（63 ⁀5 3、6 3 ⁀5、3），作一字多音或一字一音不同时值拖腔处理，并加以装饰音（波音、前倚音、下滑音）色彩润饰，a 型旋律围绕"3561"四音在中高音区发展变化，多出现在上句。

b 型旋律基本按照隆昌方言的四声腔格来行腔，在"6123"四个主干音相互连接组合中，以二度三度（13 231、232 3）级进，呈平稳而曲折前进的波纹型旋律形态。b 型旋律由 a 型的中高音区下移到中低音区发展变化，素材简练，节奏较规整，吟诵过程中大量用在下句，如"惟庚寅吾以降"（13 22 32 1·）、"又重之以修能"（113 13 2）、"夕揽洲之宿莽"（1 12 213）、"惟草木之零落兮"（1 311 11 3）、"何不改乎此度"（113 13 1）、"皇览揆余初度兮"（33 11 31 31·）、"字余曰灵均"（31 31 3）、"恐美人之迟暮"（3 313 13），在 b 短句发展变化的基础上，"扈江离与辟芷兮"（13 23 13 21 6）、"朝搴阰之木兰兮"（33·3121 21 6）和"乘骐骥以驰骋兮"（11 31 13 16·）三句句末加入一字多音"兮"（216、216、16·）长吟拖腔。

c 型旋律的旋律主干音为"6123"，旋律在平缓中稍有起伏，呈五度（63·、15）大跳的山峰型和二度三度（6611、3·2、116、323231）级进的波纹型相结合的旋律进行形态，音级集中在中低音区，整体音域在八度内变化，如"摄提贞于孟陬兮"（6̲6̲ 1̲1̲ 1̲5̲ 3·2）、"来吾道夫先路"（1̲1̲6̲3̲2̲3̲2̲3̲1̲）。

d. 节奏腔式。

郭老吟诵《离骚》时，注重句式节奏，多为一字一音的唱读，主要运用 X̲X̲、X̲.X̲、X̲X̲X̲、X̲X̲X̲、X̲X̲.等节奏型，a 音乐短句句末"兮"（63̇ 5̇ 3、6 3̇ 5、3）不同时值长短拖腔结合，b 音乐短句句末"兮"（2̲1̲6̲、2̲1̲6̲）为一字多音拖腔。在润腔技法的运用上，往往加上波音"兮、度"（ ）、下滑音"降、兮"（ヽ）、前倚音"正、肇、兮"（ ）和上滑音"能、序"（ノ）形成了以郭老为代表性的内江传统吟诵特色。

5）郭绍岐先生《离骚》吟诵概述。

《离骚》节选结合郭老对诗情的理解，依隆昌方言四声调值走向行腔，以 abc 三个音乐短句及变化形态组合构成整首音乐旋律，a 音乐短句（以6·1̇ 5̇ 6̇ 1̇ 6̇3̄ 5̇3为代表）起调高亢旋律大跳下行，音级在中高音区发展，音域变化在六度之内；b 音乐短句以1̲3̲ 2̲2̲ 3̲2̲ 1·为代表的集中在中音区，整体音域不宽，音域变化基本在五度之内；c 音乐短句以6̲6̲ 1̲1̲ 1̲5̲ 3·2为代表音级在中低音区发展，所套诗句的句尾有不同时值的长短拖腔。北宋张表臣云："幽忧愤悱，寓之比兴，谓之骚。"《离骚》的体式特点本身不同于乐府诗的"感于哀乐，缘事而发"，感情色彩较为暗淡，情感倾向偏于悲哀。吟诵节选《离骚》开篇部分，以叙事为主，吟诵调大量运用偏中性的 b 音乐短句达 17 处，4 处(1̲6̲)句尾吟腔；a 音乐短句有 4 处，c 音乐短句有 3 处，均无 (1̲6̲)句尾吟腔。

该吟诵调多在语气助词"兮"处作一字多音长拖腔，自由舒缓，创造出摇曳多姿、回环往复的音韵效果，恰当地表达了楚辞舒缓浪漫的艺术特色。

5. 郭绍岐先生内江传统吟诵特点。

（1）隆昌方言发音　自然发声。

凡存有经典的民族，都曾用本民族的语言以唱或读的方式承传延续民族文化，汉诗文的吟诵也不例外，在古代文人长期创作实践中，根据其所在地隆昌方言语音的声调、气势、节奏、音节等自觉的建立了形式规范，逐渐形成具有地域特色的诗词文赋唱读方法，郭绍岐先生在吟诵时遵循隆昌方言咬字发音，按隆昌方言四声字调行腔构成整体的吟诵旋律。

通过研究四首诗的吟诵，笔者发现，郭绍岐先生存在三个基本吟诵旋律，a 音乐短句旋律均以高音 $\dot{1}$ 起调，然后上下行大跳，音级集中在中高音区，音色清亮高亢有力，可称之为高调；c 音乐短句旋律以低音 $\underline{6}$ 起调，然后大跳上行，音级集中在中低音区，音色低沉迷离，可称之为低调；b 音乐短句则在两者之间，音级在中音区，类似陈述句语气，音色平稳素淡，可称之为平调。高调和低调除了显示其主要特征的音级外，其他音级或下降或平行或高扬，其旋律走势均与隆昌方言的四声相谐宜。郭绍岐先生的吟诵调中，大多出现八分音符和十六分音符紧密型节奏，前后字衔接紧密，四声调值的上下起伏通过前后字的彼此配合，在上下字的乐音中变化体现。郭绍岐先生的吟诵调尾腔 $\underline{16}$ 是其又一鲜明特点，我们发现尾腔文字，多数为阳平字和上声字，其字腔腔格与旋律走向一致。

以吟诵调《琵琶行》中 a 音乐短句为例，$\underline{\dot{1}\dot{1}}\ \underline{5\dot{1}65}\ 1\ \underline{32}\ \underline{16}$（举酒欲饮无管弦），按隆昌方言的四声调值排列应为：51 51 36 51 41 51 41。郭老以高音 $\dot{1}$ 起调后，"酒"为上声，同前面的"举"字，发音也为 $\dot{1}$；"欲"在古代为入声字，隆昌方言派入阴平调值 35，调型呈"╱"状。其腔格为级进上行。吟诵旋律对应乐音为 $\underline{5\dot{1}}$，"饮"为上声，调型下降"╲"，"饮"与前面"欲"字为同一音步，衔接紧密，两字乐音为 $\underline{5\dot{1}65}$；"无"是阳平字，调值 31，调型中降"╲"，吟诵音级继续下行为 1，"管"为上声，调型下降"╲"，乐音为 $\underline{32}$；"弦"为阳平，调值 31，调型下降"╲"，其腔格体现为下降，吟诵旋律对应乐音为 $\underline{16}$。"举酒欲饮无管弦"的隆昌方言吟诵旋律经过精简可变化为- -╱╲╲╱╲╲，即 $\underline{\dot{1}\dot{1}}\ \underline{5\dot{1}65}\ 1\ \underline{32}\ \underline{16}$ 由此充分说明了郭老吟诵调是遵循隆昌方言语音发音形成吟诵旋律的特点。

（2）明辨文体 猗裁迁抑。

北宋诗人张表臣云："刺美风化，缓而不迫，谓之风。采撷事物，摘华布体，谓之赋。推明政治，庄语得失，谓之雅。形容盛德，扬励休功，谓之公布。幽忧愤悱，寓之比兴，谓之骚。感触事物，托於文章，谓之辞。程事较功，考实定名，谓之铭。援古刺今，箴戒得失，谓之箴。猗裁迁抑，以扬永言，谓之歌。非鼓非钟，徒歌谓之谣。步骤驰骋，斐然成章，谓之行。品秩先后而推之，谓之引。声音杂比，高下短长，谓之曲。呼嗟慨叹，悲忧深思，谓之吟。吟咏性情，总合而言志，谓之诗。苏李而上，高古简淡，谓之古。沈宋而下，法律精切，谓之律。此诗之语众体也。"①

本文所分析的郭老吟诵作品共四首，按张表臣分类可归为"歌""行""骚"。其中《蜀道难》《离骚》句式灵活，《琵琶行》《长恨歌》均为七言句式，在诗歌用韵上，均无一韵到底的形式，有平声韵有仄声韵，平仄互换，形式自由，情感强烈，郭绍岐先生在吟诵四首诗时熟练运用a、b、c三类旋律，加以句中、句尾的多音长拖腔，单音短拖腔，顿腔等技法；采取波音、上下滑音、倚音等润腔方式，在"诵"的基础上，遵循隆昌方言声调变化极大增强了郭氏吟诵的自由度和丰满度，使吟诵调的整体风格向诗人的个性和诗歌的风格靠扰。

(3) 格调气象　宣叙有致。

明胡应麟在《诗籔》中指出："其格则高卑、远近、浓淡、浅深、巨细、精粗、巧拙、强弱，靡弗具矣。其调，则飘逸、浑雄、沉深、博大、绮丽、幽闲、新奇、猥琐，靡弗诣矣。"②每一首诗都有其感情基调，骚、歌、引、行等体式更是文人抒发情怀、以诗言志的重要载体，唯有准确把握其格调气象，才能在吟诵时做到声情并茂、宣叙有致，不至以声害意。

《琵琶行》悲凉幽愤，高调和平调大量使用尾腔16；《长恨歌》首段选章艳丽高扬，高调偏多，尾腔16运用较少；《蜀道难》尾腔和顿腔与平调交替组合；《离骚》多平调和长拖腔结合。郭绍岐先生的吟诵注重审视诗文的

---

① （唐）杜甫著，（清）仇兆鳌注：《杜诗详注》，中华书局2004年版，第238页。
② （明）胡应麟：《诗薮》，上海古籍出版社1979年版，第47页。

内部结构准确把握字词句的声韵关系，体现了吟诵的语言本位而非表层的旋律曲调，只有基于对作品的深层理解和探究，才能从言之长短、声之高下中透过声情来表达感受、阐释诗意、宣发气势取得叙事之果。郭老运用三种基本吟诵旋律在不同风格的诗中分别进行排列组合，通过抑扬顿挫、轻重疾徐声腔，紧扣诗歌格调气象，表达诗歌情感，将音乐和文学完美结合，达到调与诗和，气随意走。

六 宜宾传统吟诵研究

以兴文县杨星泉先生为例

1. 兴文县概貌。

兴文县隶属于四川省宜宾市，位于四川盆地南缘，地处泸州、宜宾两市与滇北结合部，东南与叙永县相邻，南与云南省威信县相连，西邻珙县，西北接长宁县，北与江安、纳溪两县、区共界。

《关于四川方言的语音分区问题》一文中根据入声的有无及其归派情况将四川方言分为四区：第一区，特征是古入声归阳平；第二区，特征是古入声自成调类；第三区，特征是古入声归去声；第四区，特征是古入声归阴平；以及"拒绝归类"的西昌方言区。兴文方言入声独立，自成调类，属第二区。[①]此后，在《西南官话的分区（稿）》中将兴文方言列入西南官话灌赤片中的岷江小片，入声独立成调。《中国语言地图集》也将宜宾、泸州地区归类于西南官话灌赤片岷江小片。[②]

综上，我们可以看出，兴文县应属西南官话中入声独立的方言区，其方言则可归为周及徐教授归纳的四川方言南路话。

[①] 郝锡炯、胡淑礼：《关于四川方言的语音分区问题》，1985年，未出版。

[②] 黄雪贞：《西南官话的分区（稿）》，1986年，未出版。

2. 兴文方言的声韵调系统。

（1）声母。共 21 个(含零声母)。

表 4—6—1　　　　　　　　兴文方言声母

			双唇	齿唇	舌尖前	舌尖中	舌面前	舌根
塞音	清	不送气	p			t		k
		送气	p'			t'		k'
塞擦音		不送气			ts		tɕ	
		送气			ts'		tɕ'	
鼻音	浊		m				ȵ	ŋ
擦音		清		f	s		ɕ	x
		浊		v	z			
边音						l		
零声母			ø					

（2）韵母。共有 39 个，有开尾韵 18 个，元音尾韵 8 个，鼻音尾韵 13 个。从韵母的第一个音位来看，开口韵 15 个，齐齿韵 9 个，合口韵 9 个，撮口韵 6 个。

表 4—6—2　　　　　　　　兴文方言韵母

	开尾韵						元音尾韵				鼻音尾韵			
开口呼	ɿ	ᴀ	e	æ	o	ə	ɐ	ai	ei	au	əu	an	ən	ɑŋ	oŋ
齐齿呼	i	iᴀ	ie	iæ						iau	iəu	iɛn	in	iɑŋ	
合口呼	u	uᴀ	uə	uæ				uai	uei			uan	uən	uɑŋ	
撮口呼	y				yu	yə						yɛn	yn	yŋ	

（3）声调调值调型。有 5 个声调，即阴平（高平调）、阳平（中降调）、上声（高降调）、去声（降升调）、入声（中平调）。从调类方面看，兴文

方言古入声字仍为入声。

表 4—6—3　　　　　　兴文县方言声调

调类	阴平	阳平	上声	去声	入声
调值	55	31	53	324	33
调型	高平调	中降调	高降调	降升调	中平调

3. 宜宾传统吟诵现状。

据四川省吟诵学会近 5 年的田野调查来看，除采录传承到宜宾市兴文县杨星泉先生的吟诵外，四川省吟诵学会在宜宾地区几乎一无所获，宜宾传统吟诵濒临断绝。

4. 杨星泉先生及其宜宾传统吟诵。

杨星泉（1939—），字善成，又字子丹，号荒堂斋主人，四川省宜宾市兴文县大坝乡人，汉族，现任四川省美协会员、眉山市美协理事、眉山市文联委员、眉山市国画院书画家。

1943 年至 1950 年，四岁半的杨星泉入兴文县大坝乡私塾随晚清秀才范尧阶先生读书，1962 年高中毕业应征入伍，在中国人民解放军第五十军一四九师服役，1968 年退伍转业至铁道部眉山车辆厂担任管理干部，1999 年退休。

据杨先生回忆，其宜宾传统吟诵主要从其父亲和塾师范尧阶先生读书时自然习得。杨星泉先生承幼庭训，其父甚爱读书写字、钟情古典诗词，虽家道中落，但依旧每日书声琅琅、吟诵不绝，四岁半由父亲送入私塾读孔孟文章、临先贤墨迹。其私塾先生范尧阶为晚清秀才，虽才华横溢但家境贫寒，终生以教书课徒为业。

杨先生向笔者描述过就读私塾时教室的布置情况，一间100多平方米的瓦房，正面墙上挂着孔子行教图和对联，孔子像的左侧坐着老师，右侧下方学生们依次落座。上课前要先拜孔老夫子，再拜老师，学生中最小的只有四五岁，最大的有20多岁。幼龄学生的启蒙课从《三字经》开始，大龄学生则从《幼学琼林》到"四书五经"。范尧阶学生因材施教，刚入学不识字的幼龄学生，先生会为他们写大字卡片，集腋成裘，引其入门。

杨星泉先生的吟诵从父师读书时自然习得，其印象最深的一次吟诵经验使其终生难忘。一日杨星泉放学后，经过范尧阶先生家门时听到范先生高吟唐诗"苦恨年年压金线，为他人作嫁衣裳"，虽然不知出自何诗，但听到如此优美的读书声时，不足七岁的杨星泉居然体会到了凄苦贫女迫于生计年年为他人缝制嫁衣而终不得嫁的痛楚。回家学吟给父亲听后，得知这就是吟诗唱读，随即恳请父亲教唱，父答："必须尊重老师，由老师先教吟。"后来杨星泉先生得知其父的吟诵旋律与范先生教吟的高度一致，实则均是出自同一位乡贤所教授，可惜不知其姓名。

杨星泉先生20世纪50年代进入中学后，遇到一位车白桃先生也会吟诵，但旋律完全与范先生和其父的不同，故未留心传承，年代久远遂逐渐遗忘了白先生的吟诵旋律。

5. 杨星泉先生的传统吟诵理论认知。

（1）通过吟诵诗文留下一根做人的脊梁。

杨星泉先生现年虽已八十岁(2019)高龄，但仍希望在家乡办一个吟诵传习班，把宜宾传统吟诵传承给下一代。杨先生说："读书有用，写字怡情，画画养眼，为文悦性，赋诗抒怀，得之淡然，失之坦然。"先生谈到自己的人生时谦虚地说："我很悲哀，写字不成、画画不成、做事不成、为文不成，真是大荒唐。但即使荒唐，我还是要再做一次传承吟诵这件事，明知不可为，我还是要为之。"

杨先生认为："面对各种外来文化的侵袭，如果我们不用深厚的中国文化筑起一道防火墙，这将成为民族的不幸，要想实现中华民族的伟大复兴，首先中华文化要复兴。中华文化是中国人的精神支柱，更是我们的魂和根，中国古典文学里保留着中华文化的根脉和灵魂，只有通过吟诵不断地加深国人对中华文化的认知，从而涵养性情提升道德水准，才能留下一根做人的脊梁！"

（2）通过吟诵诗文找到宜宾传统读书方法的应有规律。

杨先生认为：吟诵诗文能够最大限度地理解诗情文意、滋养自己。吟诵也是作诗的前提条件，作诗是诗人的兴发感动，要进入诗境必须先吟后写，才能有真情实感，才不会无病呻吟。

杨先生多次表示：宜宾传统吟诵的旋律并非自创，属于传唱，有明显的师承关系，师承兴文秀才范尧阶先生和他的父亲。宜宾传统吟诵虽然没有谱子但绝不能乱唱，基本旋律由师徒之间代代相传，有着平声高吟、仄声浅唱、韵脚装饰等规矩。

（3）通过吟诵诗文培塑中国人自己的气质。

杨先生认为："吟诵者必须要理解诗歌，站在诗人的角度融入诗人的心灵和情感，才能与诗人同臻化境。通过吟诵，诗的意境情感便立体呈现出来，如同放 3D 电影一般，使人容易理解便于记忆影响深刻。只有通过不断的吟诵诗文，才能使我们的后人深入中华优秀传统文化的堂奥，才会理解中华文化的博大精深，才会对中华文化的传承有所担当，才能培养塑造中国人本自具足的好古之心和浩然气质。"

6. 杨星泉先生的宜宾传统吟诵举隅。

2019 年 1 月 6 日，由四川省吟诵学会何民老师和蒲锦屏老师前往四川省眉山市对杨星泉先生进行了采录。传承到杨星泉先生的宜宾传统吟诵内容可分为近体诗、词、文三类。近体诗为五言平起律诗《登岳阳楼》、仄起律诗《送杜少府之任蜀州》，七言平起绝句《海棠》、仄起绝句《无题·新月如眉》，七言仄起律诗《相见时难别亦难》《昨夜星辰昨夜风》，古体诗《春江花月夜》；词为《一剪梅·舟过吴江》《江城子·乙卯正月二十日夜记梦》《苏杭纪游》；文《滕王阁序》《声律启蒙》。以下依次对杨先生先生的吟诵进行详细分析。

（1）五言平起律诗《登岳阳楼》。

1）从创作背景方面考察。

杜甫作此诗时已五十七岁，步入暮年，接近人生终点。此时的诗人百病缠身，既贫穷又孤独，然而其心中装着的仍然是整个国家的前途和安危。

2）从文体结构和吟诵节奏方面考察。

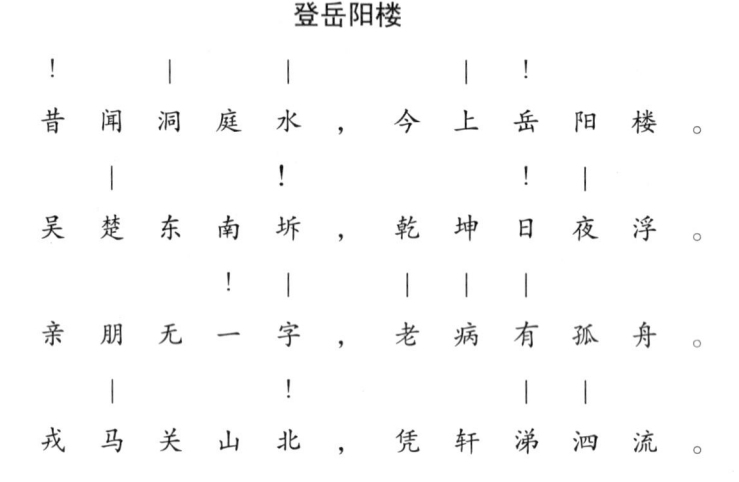

登岳阳楼

昔 闻 洞 庭 水， 今 上 岳 阳 楼。
吴 楚 东 南 坼， 乾 坤 日 夜 浮。
亲 朋 无 一 字， 老 病 有 孤 舟。
戎 马 关 山 北， 凭 轩 涕 泗 流。

该诗为五言平起律诗，对仗工整、用韵严谨，前后映衬，浑然一体。

岳阳楼因洞庭而建，洞庭因登楼寄情，首联"昔闻洞庭水，今上岳阳楼"用倒入手法，直接点题。登楼远眺目之所及的是"吴楚东南坼"的雄浑气象和"乾坤日夜浮"的开阔气魄。颔联虽雄跨古今，然颈联却极为暗淡，自叙落寞，诗境阔狭顿异。"东南坼"则"一字"难通，"日夜浮"则"孤舟"同泛。颈颔二联，前言景，后言情，情中有景，浑然一体。尾联上句"戎马关山北"，胸襟高立云霄，下句申明伤感，"凭轩涕泗流"扣住登楼，总收上文。全文真景实情，元气浑灏。《唐诗品汇》评价："气压百代，为五言雄浑之绝。"①《唐宋诗醇》评其为"元气浑沦，不可凑泊，千古绝唱"。②

杨先生的吟诵节奏为2+2+1（昔闻洞庭水、今上岳阳楼、吴楚东南坼、亲朋无一字、老病有孤舟、凭轩涕泗流）、2+3（乾坤日夜浮、戎马关山北）。

3）从声韵调方面考察。

该诗首句入韵，韵字"楼、浮、舟、流"，押下平声十一尤韵（ou），徐健顺教授《汉语音义表》总结此韵特点为"尤韵源于上古三个韵部，都是中等开口元音，往往前有介音，始终小开口而又有变化，最后收于小开口元音，悠长之感最为突出，多有舒缓、悠长、温柔之意。③汪烜《诗韵析》概括为"潇洒风流、素女悲秋、婉转优悠。"④

杨先生在吟诵时，均使用兴文方言咬字发音，行腔使调。笔者现择其该诗主要发音有明显区别的文字进行列表分析。

表4—6—4　　《登岳阳楼》普通话和兴文方言发音差异字

文字	普通话发音	兴文方言发音	异同分析
坼	{che}51	{q-ie}324	声母由ch变为q，韵母由e韵变为ie，调值由普通话的51变为兴文方言的324
夜	{ye}51	{y-i}324	韵母由e变为i，是典型的方言发音。调值由普通话的51变为兴文方言的324
戎	{rong}35	{y-ong}31	声母由r变为y，是四川方言习惯的发音，调值由普通话的35变为兴文方言的31
北	{bei}214	{b-ə}31	韵母变为四川方言习惯的发音由ei韵变为ə韵，调值由普通话的214变为方言的31

注：普通话调值55、35、214、51；兴文方言调值55、31、53、324、33（入）。

---

① （明）高棅编纂，（明）汪宗尼校订，葛景春、胡永杰点校：《唐诗品汇》，中华书局2015年版，第681页。
② 《御选唐宋诗醇序》，内府本1750年版。
③ 徐健顺：《吟诵概论（上）——中华传统读书法》，广西师范大学出版社2019年版，第265页。
④ 续修四库全书编纂委员会：《续修四库全书》，上海古籍出版社2002年版，第409页。

4）从音乐性方面考察。

登岳阳楼

杜　甫　（唐）
杨星泉先生 吟诵
谢　玲　记谱

[五线谱/简谱记谱略]

昔闻 洞庭 水，今上 岳阳 楼。
吴楚 东南 坼，乾坤 日夜 浮。
亲朋 无一 字，老病 有孤 舟。
戎马 关山 北，凭轩 涕泗 流。
戎马 关山 北，凭轩 涕泗 流。

a. 基本结构。

吟诵旋律《登岳阳楼》属于 a（1 5·1 5 6 1 6 6-）、b（2 1 1-2 6·6 5 5-）和 c（1 6 6-6 2·2--）三个音乐短句为基本旋律变化组合构成 A+B+C+D 的四句体结构。

b. 音阶调式。

调式音阶为 5 6 1 2 3 5；吟诵旋律以徵音（5）作为调式主音和结束音，以羽（6）、商（2）音为上句终止所支持的徵终止群体，调式调性明确，属民族五声徵调式。

c. 旋律线。

A 句（首联）1 5·1 5 6 1，6，6- 2 1 1-2 6·6 5 5-（昔闻洞庭水，今上岳阳楼）ab 型短句组合，旋律主干音为"5 6 1 2"，出句中"昔闻"（1 5·）四度小跳，

"闻"字重读下滑延长,"洞庭"(156)跳进级进结合,"庭"字音调拉长,末字"水"(1,6,6-)一字多音,波音润饰级进拖腔,旋律平稳中有起伏。对句中"今上"(211-)两字连读,"上"字音调延长,"岳阳"(26·)四度下行,"阳"字短暂拖腔,韵字"楼"(655-)主音延长句末拖腔。首联旋律平稳进行,音调喜悦含蓄,表面交代了初登岳阳楼之喜悦,实则在感叹早年抱负至今未能实现的感伤之情。

B 句(颔联)56·2561,66-62·22、655--(吴楚东南坼,乾坤日夜浮)采用首联相同素材,出句对句旋律形成鱼咬尾,"吴楚"(56·)平稳级进,"楚"字延长,"东南"(256)五度下行"难"字句中拖腔,"坼"字波音润腔音调延长,对句"乾坤"(62·)方言发音,"坤"字附点拖腔,"日夜浮"(22、655--)三字连读,"夜"字下滑润腔,韵字"浮"作相同音调拖腔长吟,此联旋律以二度三度级进"56·、166-、655--"为主,伴有五度四度跳进"25、62·",旋律高低起伏,音调曲折回旋,激越雄浑,诗人以乾坤宇宙的空间落笔,将洞庭湖的开阔宏伟壮观的气象一笔勾出,可谓点石成金,富于神韵。

C 句(颈联)25、522·16-16,6-62·2--(亲朋无一字,老病有孤舟)ac型短句组合,旋律引入新的素材,"亲朋无一"(25、52)五度上下行交替,"朋"字重读,下叹拖腔,末字"字"(2·16-,)一字多音逐级下行,波音润饰长吟拖腔,对句中"老病"(16,6-)两字连读,"病"字波音长吟,"有孤舟"(62·2--)四度上行,尾音上扬拖腔,韵字"舟"长音终止中音"2--",旋律形态与前两联形成对比,音调在起伏后上扬结束,此联由前面宽阔广大的写景,转为凄凉落寞的个人身世叙述,意境由广阔到狭窄,发生了一个极大的转变。

D 句(尾联)56·332 3·2 6、621--61·1655--5633-3266-621--61·,1655--(戎马关山北,凭轩涕泗流)在颔联旋律基础上加以中音"3"点缀装饰,"戎马"(56·)两字一顿,音程五度上扬再"关山北"(332 3·26,、)连续级进,"北"字波音下滑润饰长音拖腔,出句"凭轩"(621--)方言咬字,音程四度上扬"轩"字长音拖腔,"涕泗流"(61·,1655--)旋律级进,韵字"流"(1655--)

一字多音逐级下行，长音拖腔主音终止。旋律在 5̲6̲123 五声音列中高旋低回，曲调凄凉悲伤，诗人的情感随着杨老的复沓吟诵，与"吴楚东南坼，乾坤日夜浮"一联上下衬托，斤两相称，意境情景交融，和谐自然。

d. 节奏腔式。

杨星泉先生在吟诵此篇《登岳阳楼》时，严格遵循宜宾兴文方言语音声调行腔，结合 XX、XXX、X-等节奏型，在第二字"闻、上、楚、坤、朋、病、马、轩"（5·、1̲1-、6·、2·、5·、6̲6̲-、6·、2̲1--）、第四字"庭、阳、南、孤、一、泗"（5̲6̲、6·、5̲6̲、2、2·、1·）形成明显的吟诵节点，每句末字"水、楼、坼、浮、字、舟、北、流"（1̲6̲6-、6̲5̲5-、1̲6̲6-、6̲5̲5--、2·1̲6̲-、2--、3·2̲6̲-、1̲6̲55--）均作一字多音长音拖腔处理，吟诵节奏为 2+2+1 和 2+3。结合音频资料和谱例分析发现，吟诵旋律呈现出三种特色尾音拖腔，分别为仄声末字句末落音在低音"6̣"的 a 型旋律拖腔，如"水、坼、字、北"（1̲6̲6-、1̲6̲6-、2·1̲6̲-、3·2̲6̲-、）；阳平末字句末落音在低音"5̣"的 b 型旋律拖腔，如韵字"楼、浮、流"（6̲5̲5-、6̲5̲5--、1̲6̲55--）；以及阴平末字句末落音在中音"2"的 c 型旋律拖腔，如末字"舟"（2--）。分析还发现，杨老在吟诵时注重方言咬字发音，字腔腔格清晰明了，大多仄声字对应羽音"6̣"，阳平字多为对应主音徵"5̣"，而阴平字则对应商音"2"。部分地方还进行方言语音特征的装饰音（波音、下滑音）润腔，吟诵音调节奏顿挫，婉转动听，句末拖腔韵味浓郁，独具特色。

5）杨星泉先生《登岳阳楼》吟诵概述。

杨先生吟诵时，双臂合拢在胸，眼睛轻闭，头部随着旋律的回旋而随韵律动。通过分析我们发现，杨先生吟诵过程中，阴平字在句中位置决定着每句旋律的开始走向。当阴平字在句首时，为高音起调、旋律下行；当阴平字不在句首，在第二或第三、四位置时，为低音起调、旋律上行。兴文方言的阴平声调值 55，调型高平，其他调值皆不如阴平字的响度大，杨先生按照兴文方言四声调值行腔，"阴平字高吟、仄声字浅唱"吟诵特点显著。

该诗中每句第二个字，有阴平字"坤、轩"，阳平字"闻、朋、楚、马"，不论平仄，杨先生均把第二字作为吟诵节奏点进行拖腔处理，乐音走向受到兴文方言四声调值的影响。如：阳平字"闻、朋"（5˙↘）附下滑波音润腔技法，兴文方言中阳平字调值 31，调型中降；阴平字"轩"（21--）"坤"（2·），兴文方言中阴平字调值 55，调型高平，按理谱面标识应平直不变，但尾部音高下滑是平声发音延长的自然趋势。故仍认为此处乐音其字腔腔格与调值走向保持一致。

分析诗中第四个字，有平声字"阳、孤、山、阳、南"，去声字"夜、泗"，入声字"一"。不论平仄，多数有拖腔，个别不拖腔。且尾联复沓部分上半句中第四字"山"时值长短不一，这与杨先生对诗歌文字的理解和情感的把握有直接关系。

分析诗中每句句末字，不论是否为韵字均有长拖腔，但韵字所占时值则相对更长。每联上半句句末仄声字："水、圻、字、北、北（复沓处）"（1$\underline{66}$-、1$\underline{66}$、2·$\underline{16}$-、3·$\underline{26}$-、3$\underline{266}$-），结尾均落在羽音（6）上。每联下半句句末字均为韵字，其中："舟"（2--）为长拖腔，尾音落在商（2）音上；其他韵字"楼、浮、流"（6$\underline{55}$-、6$\underline{55}$--、1$\underline{655}$--）尾音落在调式主音徵音（5）上，该吟诵旋律的五声徵调式调性明确。

该诗吟诵旋律起调高亢，尾腔多为下行旋律，整体在中低音区发展，最高音级为 3̇，最低音级为 5̣，整体音域跨 6 度。这种欲扬终抑的旋律完美的表达了诗人忧国忧民、却只能徒自哀叹的情感。

（2）五言仄起律诗《送杜少府之任蜀州》。

1）从创作背景方面考察。

王勃（约 650—约 676），字子安，汉族，唐代文学家。此诗是他的代表作品之一，写于京城长安。王勃在长安送一位杜姓少府去蜀州上任，临别赠诗。"少府"是唐代对县尉的通称。

据杨炯的《王子安文集原序》，王勃宦游时间是在高宗李治把他赶出沛王府之后。23 岁的王勃由蜀地返回长安做貌州参军。期间王勃游历川蜀之地，熟悉五津。可见，本诗应写于他结束宦游之后不久。

2）从文体结构和吟诵节奏方面考察。

送杜少府之任蜀州

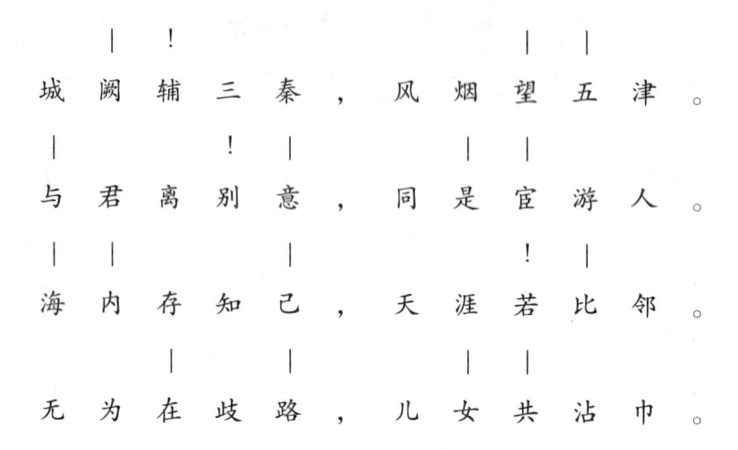

城阙辅三秦，风烟望五津。

与君离别意，同是宦游人。

海内存知己，天涯若比邻。

无为在歧路，儿女共沾巾。

初唐时期，五律并未定型，所以本诗不完全合律。本诗首联和颈联用了对仗，颔、尾没有。整体而言，该诗在选字、组词、成句方面为五律的定型开拓了道路。

该诗围绕"送"字这个主题，一步步把感情明朗、深入化。首联以景物描写为领起，颔联叙写事件，颈联抒发情怀，尾联言其心志。起承转合，结构严谨。此诗虽为送别诗，但呈现出昂扬乐观自信的精神面貌。

杨先生的吟诵节奏为 2+3（与君离别意）、2+2+1（其他句）。

3）从声韵调系统方面考察。

本诗首句入韵，押上平十一真韵，韵字："秦""津""人""邻""巾"。真韵源于上古的两个韵部，开口度中等，变小收于前鼻音，有闭合、收敛、抒情之感，因此其字多有"深入、亲近、联系"之意。汪烜《诗韵析》："隽永清新。"[1]

---

[1] 续修四库全书编纂委员会：《续修四库全书》，上海古籍出版社 2002 年版，第 409 页。

第四章 四川传统吟诵的基本面貌

表4—6—5 《送杜少府之任蜀州》普通话和兴文方言发音差异字

文字	普通话发音	兴文方言发音	异同分析
别	{bie}35	{b-i}31	韵母是典型的地方音由ie韵变为i韵，调值由普通话的35变为兴文方言的31
内	{nei}51	{l-u-ei}324	韵母是地方音发音，由ei韵变为uei韵，声母由n变为l，调值由普通话的51变为兴文方言的324
存	{cun}35	{c-en}31	韵母是方言发音。由un韵变为en韵。调值由普通话的35变为兴文方言的31

注：普通话调值55、35、214、51；宜宾兴文方言调值55、31、53、324、33（入）。

4）从音乐性方面考察。

a. 基本结构。

吟诵旋律《送杜少府之任蜀州》属于 a（$\underline{5\dot{2}\cdot\underline{2166}}-$）、b（$\underline{121}\ \underline{6\dot{5}\dot{5}}-$）和 c（$\underline{6\dot{6}\cdot 2}-$）

三个音乐短句为基本旋律变化组合构成 A+B+C+D 的四句体结构。

b. 音阶调式。

调式音阶为5612；吟诵旋律为五度内的大二度和小三度的四音列（5612）曲调，未出现大三度音程，调式调性不确定，具有游离性。（四音曲调式调性具有游离性与确定性，调式调性确定与否，在于曲调中有没有大三度音程，有就确定，没有就具游离性。）

c. 旋律线。

A 句（首联）56·，121655-22·66·2-(城阙辅三秦，风烟望五津）旋律主干音为"5612"，"城阙"（56·）级进上行，"阙"字波音润腔附点延长，"辅三秦"（121655-）二度级进，"三"字短暂拖腔，"秦"字长吟，尾音作 b 型旋律拖腔。对句"风烟望五津"（22·66·2-）作 c 短句发展，在四度内"26"两音同音反复，第二字"烟"、第四字"望"附点拖腔，韵字"津"句末长吟，音调整体上扬。二度级进结合四度小跳，呈现为波纹形、山谷形相结合的旋律形态，旋律平稳中有起伏，音调流畅而高亢，三秦之地，气势雄伟，遥望蜀川，风尘烟霭苍茫无际，视线由近至远，秦蜀两地相连，送别情意自在其中。

B 句（颔联）62·5166-56·，1655-（与君离别意，同是宦游人），以"561"三音为主，出句中"与君"（62·）四度小跳，音调上扬，"离别意"（516，6-）三字连读方言发音，"别"字入声短读，"意"字波音润腔音调延长，以 a 型短句尾音拖腔，对句"同是宦游人"（56·，1655-）作 b 型旋律平稳级进，第二字"是"波音附点延长，第四字"游"适当拖腔，韵字"人"（5-）作二分音符时值延长，旋律主要在低音区行腔，音调深沉而悲凉，诗人与友人在客居中话别，背井离乡的别绪中又多了一重别绪。

C 句（颈联）66·，52·2166-25·616·，655-（海内存知己，天涯若比邻）运用颔联相同素材，ab 型短句组合，"海内"（66·）两字一顿，"存知己"（52·2166-）音调五度跳转后级进下行，"知"字平声拖腔，"己"（2166-）作 a 型短句尾音拖腔，对句中"天涯"（25·）五度下行，"涯"字附点拖腔，

"若比邻"(6̲1̲6̲·, 6̲5̲5̲-)作 b 型短句拖腔,"若"字入声急读,"比"字波音延长,韵字"邻"句末长吟,旋律呈现为峰谷型旋律形态,音调上下跌宕,起伏有致,此联境界由狭小转宏大,情调由凄恻转豪迈。

D 句(尾联)5̲5̲·↘6̲1̲5̲·6̲, --↘ 5̲6̲, 6̲-6̲2̲·2̲, -- 5̲5̲·↘6̲1̲5̲1̲, 6̲-↘ 6̲1̲, 6̲-6̲1̲·1̲1̲6̲5̲-(无为在歧路,儿女共沾巾)出句中"无为"(5̲5̲·↘)方言诵读,"为"字重读下滑延长,"在歧路"(6̲1̲5̲·6̲, --↘)作 a 短句尾音拖腔,"歧"字附点延长,末字"路"波音下滑色彩润腔长音拖腔,旋律级进为主,于低音区行腔,对句"儿女"两字一顿,"女"字波音延长,"共沾巾"(6̲2̲·2̲, --)方言发音,音程四度上扬,"沾"字附点延长,韵字"巾"(2, --)作全曲最高音拖腔长吟,其音调高昂,情绪饱满,以鲜明的 c 型旋律拖腔完成尾联的第一遍吟诵,杨老吟至此处,意犹未尽,继续复沓,音调回落,速度渐慢,在带有终止感的 b 型旋律音调中缓缓结束全诗吟诵,吟调委婉真切,更显友人间真挚深厚的友情。

d. 节奏腔式。

杨星泉先生在吟诵此篇《送杜少府之任蜀州》时,注重方言咬字发音,遵循宜宾兴文方言语音声调行腔,其中 XX、XXX、X-等节奏型的运用,其中每句第二字"阙、烟、君、是、内、涯、为、女、为"(6·、2·、2·、6·、6·、5·、5·、6̲6̲-)、第四字"三、五、游、知、比、歧、沾"(2̲1̲、6·、6·、2·、6·、5·、2·)都有明显拖长,末字"秦、津、意、人、己、邻、路、巾"(6̲5̲5̲-、2-、6̲6̲-、5-、2̲1̲6̲6̲-、6̲5̲5̲-、6--、2--)均作一字多音长音句末拖腔处理,形成 2+2+1 和 2+3(与君离别意)的吟诵节奏。结合音频资料和谱例分析发现,杨老在吟诵时结合方言字调,针对每句末字不同作了不同类型的尾音拖腔处理,如阳平字结束的"辅三秦、宦游人、若比邻"(1̲2̲1̲ 6̲5̲-、1̲6̲5̲5̲-、6̲1̲6̲·6̲5̲5̲-),阳平字结束的"望五津、共沾巾"(6̲6̲·2-、6̲2̲·2--),仄声字结束的"离别意、存知己、在歧路"(5̲1̲6̲6̲-、5̲2̲·2̲1̲6̲6̲-、6̲1̲5̲·6̲--),由此形成 a(5̲2̲·2̲1̲6̲6̲-)、b(1̲2̲1̲ 6̲5̲5̲-)和 c(6̲6̲·2-)三种不同类型的特色尾腔。进一步分析发现,其中阳平字"城、秦、离、同、人、存、涯、邻、无、为、歧、儿"均对应徵音"$\underset{.}{5}$",仄声字和入声字"阙、望、五、与、意、是、海、内、己、若、比、路、女、共、在"对应羽音"$\underset{.}{6}$",平声字"三、风、烟、津、君、知、天、巾"则对应商音"2"。个别地方作装饰音（前倚音、波音、下滑音）色彩润腔，字腔得以装饰，地方风格凸显。

5）杨星泉先生《送杜少府之任蜀州》吟诵概述。

杨先生吟前说明："此诗为五律，音节较短，在音韵上不能尽如人意，尽我而为。我对此诗的理解加上我个人和诗人的心灵沟通来吟唱此诗。"

杨先生吟诵时，以手抚案，头微低轻摇、眼轻闭，当吟至结尾处，抬头凝视前方，似有所述。

该诗第二、四字为吟诵节奏点，不论平仄，多做拖腔处理。该诗每句句末字，不论平仄，或是否韵字，均为拖腔，拖腔时值在本句中相对为最长处。整体来看，句末韵字所占时值较非韵字更长，非句尾韵字"意、己、路"（$\underset{.}{6}$ $\underset{.}{6}$-、2166-、6--）为仄声字，有波音和下滑音润腔技法，尾音多落于羽音（$\underset{.}{6}$），韵字"秦、津、人、邻、巾、巾啊"（655-、2-、5-、655-、2--、1165-），尾音落在徵音（5）和商音（2）上。尾联做复沓处理，结尾"巾"处加衬字"啊"色彩辅助，以明显的下叹式音调拖腔作结全曲最低音$\underset{.}{5}$。

该诗吟诵旋律整体在中低音区发展，旋律在最高音"2"至最低音"$\underset{.}{5}$"的五度音程中变化起伏，整体旋律流畅、意境开阔。

(3) 七言平起绝句《海棠》。

1) 从创作背景方面考察。

宋神宗元丰二年（1079年），四十三岁的苏轼被调为湖州知州。七月二十八日，上任才三个月的苏轼罹"乌台诗案"，被贬为黄州（今湖北黄冈）团练副使，本州安置，不得签书公文。此诗写于元丰七年(1084)，当时已是诗人被贬黄州后的第五个年头。

苏轼之爱海棠，尤如陶渊明之爱菊，周敦颐之爱莲。海棠盛产于西蜀，又名川红、蜀锦、蜀红，对于出身蜀地的苏轼来说，海棠是家乡之表征，睹之可慰思乡之情。唐代贾耽《花谱》将其列为"花中神仙"，唐玄宗曾以海棠比杨贵妃。史载，昔明皇召贵妃同宴，而妃宿酒未醒，帝曰："海棠睡未足也。"苏轼以海棠喻"红妆"代"佳人"，其来有自。苏轼在贬谪地黄州与海棠邂逅（"寓居定惠院之东杂花满山有海棠一株土人不知贵也"），仿佛造物有安排。[①]海棠超凡脱俗，自然富贵出天资，却也天涯流落，空谷独苦幽独，与诗人命运何其相似，遂"以海棠自寓"，作黄州海棠诗。

2）从文体结构和吟诵节奏方面考察。

本诗为七言平起绝句，全诗语言浅近而情意隽永。首句是起，化用《楚辞·九歌·湘夫人》中的"袅袅兮秋风，洞庭波兮木叶下"之句，属于用典中的"语典"，为海棠的盛开营造氛围；次句是承，从嗅觉的角度侧写海棠，香飘四溢，同时暗示夜已深而人难眠的寂寞之感；第三句为转，为全诗的关键句，由环境到人物的内心世界描写，一个"恐"字，暗含了诗人的孤寂、冷清；最后是合句，将爱花的感情提升到极致，一个"故"字含有"特意而为"之意。

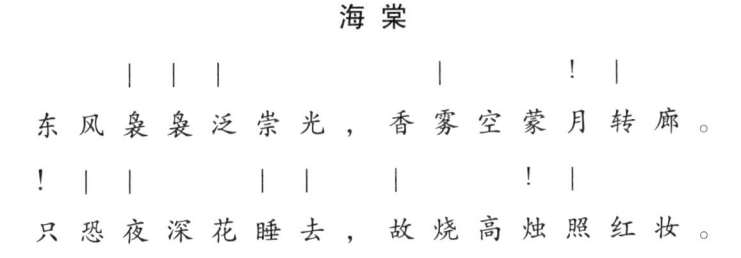

海 棠

东风袅袅泛崇光，香雾空蒙月转廊。
只恐夜深花睡去，故烧高烛照红妆。

杨先生吟诵节奏为 2+2+2+1（东风袅袅泛崇光）、4+2+1（香雾空蒙月转廊、故烧高烛照红妆）、4+3（只恐夜深花睡去）。

3）从声韵调系统方面考察。

本诗首句入韵，韵字为"光、廊、妆"，押下平七阳韵（ang）。徐健

---

① 姜楠楠：《中国海棠花文化研究》，南京林业大学硕士学位论文，2008年。

顺教授《汉语音义表》总结此韵特点为"阳韵源于上古的阳部,是大开口度的元音接后鼻音,后鼻音不改变口型,持续大开口,因此其字多有为开阔、向上、辽远之意"。[①]汪烜《诗韵析》概括为"富丽宫商、鸣凤朝阳、触物心伤。"[②]

表4—6—6 《海棠》普通话和兴文方言发音差异字

文字	普通话发音	兴文方言发音	异同分析
蒙	{meng}35	{mong}31	韵母由 eng 变为 ong,调值由普通话的 35 变为兴文方言的 31
夜	{ye}51	{yi}324	韵母由 e 变为 i,调值由普通话的变为兴文方言的 324

注:普通话调值 55、35、214、51;兴文方言调值 55、31、53、324、33(入)。

4)从音乐性方面考察。

a. 基本结构。

吟诵旋律《海棠》属于 a($\underline{3226}$-)、b($\underline{221}$ $\underline{655}$-)和 c($\underline{7652}$--)三个音乐短句为基本旋律变化组合构成 A+B+C+D 的四句体结构。

b. 音阶调式。

调式音阶为 $\dot{5}6\dot{7}123\dot{5}$;吟诵旋律以徵(5)音作为调式主音和结束音,旋律在五声音阶($\dot{5}6123$)的基础上,还用到了偏音变宫(7),属民族六声徵调式(六声调式是指在五声调式基础之上加入一个偏音"清角4或变宫7"构成的六声调式)。

[①] 徐健顺:《吟诵概论(上)——中华传统读书法》,广西师范大学出版社2019年版,第265页。
[②] 续修四库全书编纂委员会:《续修四库全书》,上海古籍出版社2002年版,第409页。

第四章 四川传统吟诵的基本面貌

海棠　　　　　　　苏　轼　（宋）
　　　　　　　　　杨星泉先生 吟诵
　　　　　　　　　谢　玲　　记谱

2 2· 7̲7̲· 7̲6̲ 5̲2̲ - - | 3̲2̲3̲1̲ 1 - 2̲2̲1̲ 6̲5̲ 5̣ - |
东风 袅袅 泛崇 光，　　香雾空蒙　月转 廊。

6̲6̲5̲2̲ 2 - 3̲2̲2̲6̲ - | 5̲2̲2̲1̲ 6̣ - 1̲6̲· 1̲ 1̲6̲ 5̣ - |
只恐夜深　花睡去，　故烧高烛　照红 妆(啊)，

5̲2̲2̲1̲ 6̣ - 1̲5̲6̲ 1̲ 1̲6̲ 5̣ - ‖
故烧高烛　照红 妆(啊)。

c. 旋律线。

A 句 2 2·7̲7̲·7̲6̲5̲2̲--（东风袅袅泛崇光）主干音为"5̣72"，"东风袅袅"（2 2·7̲7̲·）旋律作"27"两音同音反复，第二字"风"和第四字"袅"相同时值句中拖腔，"泛崇光"（7̲6̲5̲2̲--）逐级下行后五度回转，第六字"崇"字拖长，韵字"光"（2--）长音拖腔。句首音调平稳下行，句尾音调五度上扬，c 型旋律短句起调，偏音（7）运用其中，曲调更具感染力，音调更显柔美清雅，活化出了春意浓浓的景象，也为海棠的盛开营造了氛围。

B 句 3̲2̲3̲1̲1-2̲2̲1̲ 6̲5̲ 5̣-（香雾空蒙月转廊）在"5̣6123"五声旋律中，"香雾空蒙"（3̲2̲3̲1̲1-）作"321"三音级进发展，四字连读"蒙"字长吟，"月转廊"（2̲2̲1̲ 6̲5̲ 5̣-）旋律逐级下行，第六字"转"短暂拖腔，韵字"廊"（6̲5̲ 5̣-）一字多音明显拖腔。句首作全曲最高音调发展，明朗而开阔，句末作 b 型旋律拖腔，轻柔而幽雅，旋律在全曲最高"3"至最低音"5̣"的六度音程中平稳下行，极大地增添了诗歌的空间感，丰富了诗歌的意境，以清香的月下海棠，寓意夜已深而人难以入眠的寂寞之感。

C 句 6̲6̲5̲2̲2-3̲2̲2̲6̲（只恐夜深花睡去）在"5̣623"四音相互连接组合中，"只恐夜深"（6̲6̲5̲2̲2-）同音反复后"夜深"（5̲2̲2-）五度大跳"深"字长

- 591 -

音拖腔，"花睡去"（32̄2̄6-）三字连读"去"（2̄6-）字四度下行波音拖腔，第四字"深"和第七字"去"形成明显拖腔节点，整体音调上扬后回落，旋律呈现 cb 型短句组合，紧承上句，由描写环境进入描写人物的内心世界，以景抒情，融情入景，情景俱佳。

D 句 5221, 6-, ↘16·1165-5221, 6-, 1561165-（故烧高烛照红妆）旋律主干音转为"5612"，"故烧高烛"（52216-）作 b 型旋律发展，五度上扬后"烛"（1̄, 6-↘）字波音润饰下滑音拖腔，"照红妆"（16·1165-）作 a 短句变化再现，韵字"妆"（1165-）辅以衬字"啊"润饰，一字多音长音拖腔。整体旋律进行在五度内级进跳进交替，上下起伏跌宕生姿，末句作复沓吟诵，既表现诗人对海棠的情有独钟，同时也以花喻人，点化入咏，浑然无迹。

d. 节奏腔式。

吟诵旋律结合 **XX**、**XXXX**、X-等节奏型，首句两字一顿，第二、四、六、七字"风、袅、崇、光"（2·、7·、6、2--）音调明显拉长，形成 2+2+2+1 的吟诵节奏，第二句中第四、六、七字"蒙、转、廊"（1̄1-、2、655-）形成拖腔节点，吟诵节奏为 4+2+1，第三句中第四、七字"深、去"（22-、2̄6-）明显拖腔，吟诵节奏 4+3，末句中第四、六、七字"烛、红、妆"（1̄6-、6·、1165-）作第二句相同节奏处理，吟诵节奏 4+2+1。杨老吟诵此篇《海棠》时，遵循宜宾兴文方言发音和声调行腔，形成仄声末字句末落音"6"、阳平末字句末落音"5"和阴平末字句末落"2"的 a（32̄2̄6-）、b（221 655-）、c（7652--）三种特色尾腔，"去、烛"（2̄6-、1̄, 6-↘）两字辅以波音润饰长音拖腔，增强了该吟诵旋律的地方风格和韵味。

5）杨星泉先生《海棠》吟诵概述。

诗中首句第二字"风"（2·）处有长拖腔，其他短句不论平仄，均无拖腔；诗中每句第四字，不论平仄，均为长拖腔，其中"烛"（1̄, 6-↘）字加波音和下滑音润腔，仿佛模拟燃烧蜡烛的摇曳生姿；诗中每句第六字，只在首句"崇"（65）字处有一字多音长拖腔，其他短句不论平仄，均无明显拖腔；该诗句尾字不论平仄或韵字，均作本句最长时值拖腔处理。总体看来，韵字时值相对更长，非韵字"去"（2̄6̄-）加波音润腔一字多音拖腔处理，形象表达了诗人看花望花的状态；韵字"光、廊、妆啊、妆啊（复沓处）"（2--、6̲5̲5-、1̲1̲6̲5-、1̲1̲6̲5-），尾音落在主干音商音（2）和调式主音徵音（5）上，具有明显的调式稳定感，该吟诵调为民族六声徵调式。

该吟诵旋律整体在中低音区发展，最高音级为中音 3，最低音级为低音 5，音域跨 6 度。韵字采用七阳韵，此韵开口度较大、发音响亮，杨先生在最后韵字"妆"后再次增加一个与之开口度相同的语气助词"啊"帮助气息延展呼出，传递诗人积极的生活态度和潇洒的胸襟。

（4）七言平起绝句《无题》

1）从创作背景方面考察。

此诗为杨星泉先生所作，杨先生自述，他曾到峨眉山小住，寄宿在峨眉山历史最悠久的古刹之万年寺中。一夜，寺院主持星空大师邀请其前去田间割韭菜，推开房门出去只见弯弯新月，深山老僧，田园溪桥，文思泉涌，口占一绝，即为此诗。

2）从文体结构和吟诵节奏方面考察。

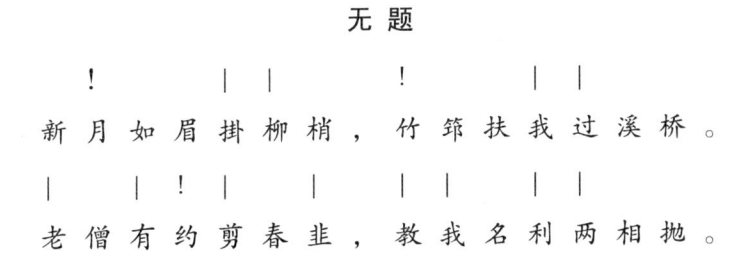

无 题

! | | ! | |
新 月 如 眉 挂 柳 梢， 竹 筇 扶 我 过 溪 桥。
| | ! | | | | |
老 僧 有 约 剪 春 韭， 教 我 名 利 两 相 抛。

该诗为七言仄起绝句，前两句叙述了时间和地点，在新月挂上柳梢的时候，兴冲冲的诗人挂着竹拄跨过溪上的小桥。后两句描述了作者内心的感受，诗人和老僧约好一起剪春韭，春天的韭菜必须在晚上剪才最鲜嫩，诗人把自己融入自然的意境中，禅意十足。一个"抛"字表达了诗人的此时对人生顿悟的快然自足。全诗写景意境疏淡，寄托了诗人淡逸超然的情怀。

杨先生吟诵节奏为 4+2+1（新月如眉挂柳梢、竹筇扶我过溪桥、教我名利两相抛）、2+4+1（老僧有约剪春韭）。

3）从声韵调系统方面考察。

该诗为杨先生自创诗，韵书选择为《诗韵新编》（上海古籍出版社）。首句入韵，韵字为"梢、桥、抛"，押十三豪部，韵母的韵腹为大开口元音"a"，韵尾收于圆唇音"o"，韵字的包裹感强烈，是诗人情绪和内心平和的体现。杨先生吟诵时气息自然流转、文气十足，没有明显的异读音。

4）从音乐性方面考察。

a. 基本结构。

吟诵旋律《无题》属于 a（31 123 6-）、b（26 65 5--）和 c（66·322--）三个音乐短句为基本旋律变化组合构成 A+B+C+D 的四句体结构。

b. 音阶调式。

调式音阶为561235；吟诵旋律以徵音（5）作为调式主音和结束音，以羽（6）、商（2）音为上句终止所支持的徵终止群体，调式调性明确，属民族五声徵调式。

c. 旋律线。

A句 2̲6̲ 6̲5̲ 5̄--6̲6̲·3̲2̲2̄--（新月如眉挂柳梢）旋律为bc短句组合，主干音为"5̣623"，"新月如眉"（2̲6̲6̲,5̄5̄--）四度小跳级进结合，旋律下行至"眉"（5̄5̄--）主音延长，"挂柳"（6̲6̲·）同音反复"柳"字短暂拖腔，音程五度大跳至韵字"梢"（3̲2̲2̄--）一字多音句末长吟，第四、六、七字"眉、柳、梢"形成三个拖腔节点，尾腔音调高亢明朗，抬头仰望，新月柳梢头，点明了事件发生的具体时间。

B句 3̲1̲ 1̲2̲3̲ 6̲-6̲2̲·6̲5̲ 5̄--（竹筇扶我过溪桥）在"5̣6123"的五声旋律中ab型短句结合，紧承首句，音调逐步回落，"竹筇扶我"（3̲1̲1̲2̲3̲6̲-）连续级进后五度下行，"扶我"（1̲2̲3̲6̲-）两字缓吟适当延长，诗人虽行动不便，却兴致不减，"过溪桥"（6̲2̲·，6̲5̲5̄--）旋律四度跳转后继续回落，"溪"字波音润饰适当延长，韵字"桥"（6̲5̲5̄--）主音作结句末拖腔，旋律平稳下行，音调委婉沉稳，意境幽然，视觉拉回，诗人挂杖跨溪桥，进一步交代了具体地点。

C句 6̲2̲2̲-2̲2̲2̲3̲2̲6̄--（老僧有约剪春韭）故事继续发展，旋律围绕"623"三音变化起伏，"老僧"（6̲2̲2̲-）方言发音，四度小跳"僧"字单音延长，"有约剪春韭"（2̲2̲2̲3̲2̲,6̄--）级进跳进结合，第四字"春"（3̄）作全曲最高音延长，"韭"（2̲,6̄--）字波音润腔句末长吟，此句"2"音的频繁出现，三连音的节奏运用，节奏顿挫，音调明朗，清晰地陈诉了诗人夜晚出行的真正原因。

D句 2̲1̲ 6̲2̲,6̲-6̲1̲·1̲·6̲5̲-（教我名利两相抛）主干音转为"5̣612"，旋律ab短句组合，属B句的变化再现，"教我名利"（2̲1̲6̲2̲,6̲-）四字连读"利"（2̲,6̲-）字波音润饰句中拖腔，"两相抛"（6̲1̲·1̲·6̲5̲-）旋律级进后回落，"相"字适当延长，韵字"抛"（1̲·6̲5̲-）一字多音句末拖腔，主音作结全诗终止。尾句旋律级进为主，音调流畅洒脱，寄托了诗人名利相抛淡泊宁静的超脱情怀。

d. 节奏腔式。

杨老吟诵此篇时，遵循宜宾兴文方言发音和声调行腔，吟诵谱例显示，吟诵旋律以 XX、XX、X 节奏型为主，结合 XXX、XXX（三连音）节奏型，形成第二字"僧"（22-），第四字"眉、我、利"（55--、6-、26-），第六字"柳、溪、春、相"（6·、2·、3、1·）为明显的拖腔节点，末字"梢、桥、韭、抛"（322--、655--、26--、1·65-）一字多音句末拖腔，吟诵节奏为 4+2+1 和 2+4+1。结合音频资料和谱例进一步分析发现，吟诵旋律由三种不同音调的旋律短句构成，如 a 型短句"竹笋扶我、有约剪春韭、教我名利"（31 1236-、222326--、21626-），b 型短句"新月如眉、过溪桥、两相抛"（26655--、62·655--、61·1·65-），c 型短句"挂柳梢、老僧"（66·322--、622-）。"如、溪、桥、韭、利"（62·、6、2、2）加以波音色彩润腔，字腔更为细腻丰富，吟诵音调更为流畅洒脱。

5）杨星泉先生《无题·新月如眉挂柳梢》吟诵概述。

杨先生吟诵时，嘴角含笑，头部微摇、眼睛时而轻闭，手指空中轻点，怡然自得。

该诗每句第二字，除第三句"僧"（22-）字处有长拖腔外，其他不论平仄，均无拖腔；该诗每句第四字，除第三句"约"字处无拖腔，其他三句不论平仄，"眉、我、利"（55--、6-、26-）均为长拖腔；该诗每句第六字均无拖腔；该诗句尾字，不论平仄，不论是否韵字，均作本句最长时值拖腔处理。非韵字"韭"（26--）加波音润腔拖腔长吟，尾音落在羽音（6）上。韵字"梢、桥、抛"（322--、655--、1·65-），尾音落在主干音商（2）音和调式主音徵（5）音上，该吟诵调属民族五声徵调式，其调式调性明确。

该吟诵旋律整体在中低音区发展，音调柔美清雅，拖腔时值非常长，最高音级为中音 3，最低音级为 5，音域跨度只有 6 度，完美衬托了诗人淡雅超脱的胸怀情致。

(5)《无题·相见时难别亦难》。

1)从创作背景方面考察。

李商隐,10 岁丧父、32 岁丧母、39 岁丧妻,活了 46 岁,一生经历了玄宗、穆宗、敬宗、文宗、武宗、玄宗六个危机四伏的朝代。他少年发奋,渴望建功立业,却受"牛李"党派之争而导致政治生涯坎坷异常。该诗创作时间一说为诗人李商隐 16 岁时所作。笔者分析,诗中表达的感情是历经多年人生沧桑之后才有可能形成,16 岁的李商隐是不可能写出这么深刻的人生况味。所以,这首诗应该是在他历经苦难之后的结晶。

诗人天生气质忧郁哀伤,性格内向,情感细腻,多愁善感,虽才气逼人却屡招排挤。人生中早期和后期的经历使得诗人这种天性和情感倾向被固定强化,发展成为一种明显的内求性格,遇事易生悲感、思虑深远却郁结于心,不愿直白袒露、欲语还休,但强烈之情感又往往不可自已,往往以较强的主观色彩寄予到诗作之中,其诗歌始终弥漫着一种悲戚、忧郁的气息。

诗人写作时以《无题》命名的共有 15 首,此诗尤可作为其诗歌代表。《唐贤小三昧集续集》记载"玉溪《无题》诸作,深情丽藻,千古无双,读之但觉魂摇心死,亦不能名言其所以佳也。"[①]

2)从文体结构和吟诵节奏方面考察。

相见时难别亦难

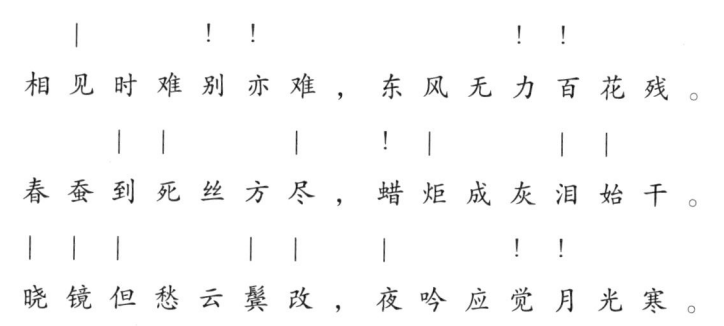

```
 |       ! !                    ! !
相 见 时 难 别 亦 难, 东 风 无 力 百 花 残。
 | |     |      ! |          | |
春 蚕 到 死 丝 方 尽, 蜡 炬 成 灰 泪 始 干。
 | | |   |        |       ! !
晓 镜 但 愁 云 鬓 改, 夜 吟 应 觉 月 光 寒。
```

---

① 参见(清)史承豫、(清)周咏棠辑《唐贤小三昧集三卷续集三卷》,上海古籍出版社 2005 年版。

　　　　　　|　|　　　　　|　　　　　|　　|　|
　　　　蓬　山　此　去　无　多　路　，　青　鸟　殷　勤　为　探　看　。

　　该诗为七言仄起律诗，全诗共 8 句，56 字，从头至尾都融铸着痛苦失望而又缠绵执着的感情，诗中每一联都有这种感情状态的反映，但是各联的具体意境又彼此有别。首联以两个"难"字为起，发出感叹，道出痛苦；颔联描写更曲折入微，"丝"谐音为"思"，"泪"为双关义，蜡烛油和眼泪；颈联表达了惆怅怨虑之相思苦；尾联不为绝望之词，固诗人忠厚执着之性也。

　　杨先生的吟诵节奏为 4+2+1（相见时难别亦难、蜡炬成灰泪始干、夜吟应觉月光寒）、2+2+2+1（东风无力百花残、春蚕到死丝方尽、晓镜但愁云鬓改、青鸟殷勤为探看）、2+4+1（蓬山此去无多路）。

　　3）从声韵调系统方面考察。

　　该诗首句入韵，韵字为"难、残、干、寒、看"。押上平十四寒韵，徐健顺教授《汉语音义表》总结此韵特点为"寒韵源于上古的元部，开口度由最大变小，收于前鼻音，下沉、收敛之感最为突出，因此其字多有宽大、沉稳、下收之意"；[①]汪烜《诗韵析》概括为"淡雅堪观"。[②]

表 4—6—7　《无题·相见时难别亦难》普通话和兴文方言发音差异字

文字	普通话发音	兴文方言发音	异同分析
百	{bai}35	{b-ə}31	韵母是四川方言发音，由 ɑi 变为 ə，调值由普通话的 35 变为兴文方言的 31
夜	{ye}51	{yi}324	韵母由 e 变为 i，调值由普通话的 51 变为兴文方言的 324

注：普通话调值 55、35、214、51；兴文方言调值 55、31、53、324、33（入）。

[①] 徐健顺：《吟诵概论（上）——中华传统读书法》，广西师范大学出版社 2019 年版，第 265 页。
[②] 续修四库全书编纂委员会：《续修四库全书》，上海古籍出版社 2007 年版，第 409 页。

第四章　四川传统吟诵的基本面貌

4）从音乐性方面考察。

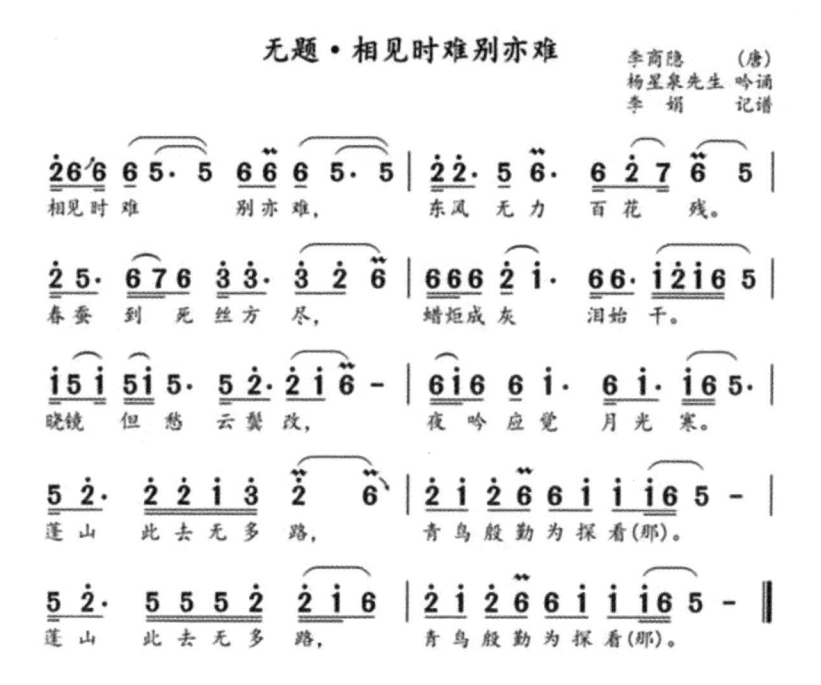

无题·相见时难别亦难　　李商隐　（唐）
　　　　　　　　　　　　　　杨星泉先生 吟诵
　　　　　　　　　　　　　　李娟　　记谱

（曲谱）

a. 基本结构。

吟诵调《无题·相见时难别亦难》属于 a（2̇i6-）、b（6i ii65-）和 c（666 2i·）三个音乐短句为基本旋律变化组合构成的 A+B+C+D 四句体结构。

b. 音阶调式。

调式音阶为 567i23；吟诵调以徵音（5）作为调式主音和结束音，调式调性明确，属民族六声徵调式。（六声调式是指在五声调式基础之上加入一个偏音"清角（4）"或"变宫（7）"构成的调式。）

c. 旋律线。

A 句（首联）266 65·5 66 65·5 22·56·62765（相见时难别亦难，东风无力百花残）旋律主干音为"567 2̇"，上下句旋律都以高音"2̇"起调至调式主音"5"结束，以二度三度（65、56·、62765）级进为主，伴有四度五度（26、2·5）下行跳进，整句呈谷峰型和波纹型相结合的旋律进行形态。出句为 ab

- 599 -

型旋律组合，"相见时难"（2̠6̠6 65·5），"别亦难"（6̄6 65·5）旋律起调作两次下探，似诗人因极度相思而发出深沉的感叹，一句中两见"难"字，且结合两字一字多音的长吟拖腔和"亦"（6̄）字的波音润饰更突出了在聚散两依依中别离的苦痛。对句和出句的旋律相似，ab 型旋律组合，"东风无力百花残"（2̠2·5̠6·6̠2̠7 65），第四字"力"（6̄·）和第七字"残"（6̄）都作长吟拖腔处理并给予波音润腔，旋律的连绵起伏与诗词内容有机结合，物我交融，面对暮春景物，更让诗人悲怀难遣。

B 句（颔联）2̠5·6̠7̠6 3̠3·3̠2 6̄ 666 2̠1̇·6̄6·1̠2̇165（春蚕到死丝方尽，蜡炬成灰泪始干）旋律围绕"567 1̇ 2̇ 3̇"六音在中音5至高音3̇六度音程间发展变化，此句在 A 句的基础上音域有所拓宽，作 acb 型旋律变化组合，出句与对句作鱼咬尾旋法，"春蚕到死丝方尽"（2̠5·6̠7̠6 3̠3·3̠2 6̄）旋律起调作跳进、级进下行再五度（6̠3̇）大跳上行到达全曲最高音3̇，且三字在高音3̇同音反复三次，"丝方尽"（3̠3·3̠2 6̄）中"丝"与"思"谐音，情感在这里爆发，结合"尽、灰、干"（3̠2 6̄、2̠1̇·、1̠2̇165）句中和句末一字多音下行音调的 acb 型旋律拖腔和波音的运用，表达出诗人无尽无休的思念和痛苦。

C 句（颈联）"晓镜但愁云鬓改，夜吟应觉月光寒"（1̠5̇1 5̇1 5·5̠2·2̠1̇ 6̄-6̠1̇6 6̠1·6̠1·1̠6 5·）继续作 acb 型旋律变化组合，素材简练，主干音为"561̇2̇"，出句以四度（5̠1̇ 5̇·）、五度（5̠2̇·）跳进起调，句末"改"（2̠1̇ 6̄-）作一字多音 a 型旋律拖腔并给予波音润饰，呈谷峰型和波纹型相结合的旋律进行形态。上下起伏的旋律，结合"愁、改"（5·、2̠1̇6̄-）句中、句末的拖腔和波音润饰表达出主人公为爱情而憔悴，而痛苦、而郁悒。对句以 c 型旋律（6̠1̇6 6̠1̇·）起调，"61̇"两音循环跳进，"觉"作句中拖腔，波纹型的旋律细腻地表达出诗人感情的真挚。句末"月光寒"（6̠1̇·1̠6 5·）作 b 型旋律拖腔，上句写自己，对句想像对方，分别描述两人因不能相见而惆怅、怨虑，倍感清冷以致衰颜的情状。

D 句（尾联）"蓬山此去无多路，青鸟殷勤为探看"（5̠2̇·2̠2̇1̇3̇3̇ 6̄、2̠1̇ 2̠6̇ 6̠1̇ 1̠1̇65-），主干音为"561̇2̇3̇"，上句五度（5̠2̇·）大跳后以连续六个高音

(5̱2̱·2̱2̱1̱3̱2̇̄)呈现,句末"路"(2̇6︵)作 a 型旋律一字多音长吟拖腔并给予波音润饰,对句以 a 型旋律(2̇1̱2̇6)级进为主,偶有四度(2̇6̄)跳进,句末"为探看"(6̱1̱ 1̱1̇6̱5-)作 b 型旋律一字多音长吟拖腔,整句旋律多在高音区发展,呈峰谷型和波纹型相结合的旋律进行形态,深切的思念在这里再一次爆发,高亢凄婉的音调把诗人痛苦无奈的情绪表达得淋漓尽致。杨老吟诵时把 D 乐句做了复沓处理,在"此去无多路"(5̱5̱5̱2̇2̇1̱6̱)稍作变化,再一次加强了情感的表达。诗已结束,诗人的痛苦与追求还将继续下去。

d. 节奏腔式。

杨星泉先生在吟诵此篇《无题·相见时难别亦难》时根据宜宾方言语音声调行腔,突出了切分节奏 X̱X̱、X̱X̱X̱、X̱X̱.的运用,结合 X 、X̱X̱、X-、X̱X̱X̱、X̱X̱X̱X̱等多种丰富的节奏型,形成 4+2+1、2+2+2+1、2+4+1、4+3 等吟诵节奏,在第二字多有适当拖腔处理,第四字多有明显的长音拖腔处理,如"难、力、灰、愁、觉"(6̱5·5、6·、2̇1̇·、5·、1̇·),每句末字形成以 a"尽、改、路、路"(3̱2̱6、2̇1̱6-、2̇6︵、2̇1̱6)和 b"难、残、干、寒、看(那)"(6̱5·5、6̱5、1̱2̱1̇6̱5、1̱6̱5·、1̱1̇6̱5-)为基本吟腔的一字多音拖腔长吟,结束音分别在"65"两音上,其拖腔悲苦缠绵,吟诵调独具特色。

5)杨星泉先生《无题·相见时难别亦难》吟诵概述。

全诗每句的第二字,"见、风、蚕、镜、山"(6̱6̱、2̇·、5·、5̇1̇、2̇·)作短拖腔处理,其他全部与相邻字紧密相接、快速滑过,无拖腔。

该诗每句第四字,节奏疏密有致,时值长短不一,多为一字一音,少数顺势自然滑下成为两音,按时值由短到长排列如下:"去"(2̇);"死、勤"(6̱、6̱);"力、愁、觉"(6·、5·、1̇·);"难、灰"(6̱5·5、2̇1̇·)。

该诗每句第六字"方、始、鬓、光"(3̱·、6̱·、2̇·、1̇·)作短拖腔处理。

该诗句尾字,不论平仄韵字作本句最长时值拖腔处理。非韵字"尽、改、路、路(复沓处)"(3̱2̱6、2̇1̱6-、2̇6︵、2̇1̱6)加波音和下滑音润腔技法进行拖腔处理,落音在羽音(6)上。韵字"难、残、干、寒、看哪"(6̱5·5、6̱5、

— 601 —

$\underline{1}\dot{2}\underline{1}65$、$\underline{1}65\cdot$、$\underline{1}\underline{1}65$-）尾音落在调式主音徵音（5）上，具有鲜明的尾腔特征（$\underline{1}65$-及其变化形态）。

在尾联复沓吟诵处理时，杨先生保持主旋律基本不变，将复沓中"此去无多"四字的音调下移，由第一次吟诵"此去无多"的旋律$22\underline{1}\dot{3}$下移至$555\dot{2}$，形成一高一低、对应变化的旋律形态。

此诗吟诵旋律集中在中高音区，在中音5至高音3的六度音程间发展变化，旋律婉转，节奏丰富，吟诵的旋律走向按照兴文方言四声调值进行，每句句末旋律均为下行走势，尾联句末加衬字"哪"增加感慨语气。杨先生吟诵时情感投入，对诗歌理解深入，故能全面表述出诗人悲苦缠绵的诗情。

（6）七言仄起律诗《无题·昨夜星辰昨夜风》。

1）从创作背景方面考察。

诗人写作时以《无题》命名的共有15首，该诗为其中另一首。本诗在哀婉凄凉的乐调下有一种似解非解的愁绪，既像是写给不能长相厮守的恋人，又像哀叹君臣遇合，或许是写爱情，也或许实有所指，均不便说出，故作者借"无题"以寄意。

2）从文体结构和吟诵节奏方面考察。

本诗为七言仄起律诗。首联以昨夜相会引起下文，欲言良宵佳会，却从星辰说起，乃具文见意之法。颔联承接，描述了相思情感，身虽似远却心已相通，"身无"与"心有"，一外一内，一悲一喜，矛盾而奇妙地统一为一体，将复杂的情感和心理活动刻画得惟妙惟肖；颈联承转，回忆昨日宴会：友人们隔座送钩，分曹射覆，灯红酒暖，其乐融融，听到更鼓报晓之声的诗人立即就要告别朋友，走马赴任了。尾联表达了对分离的无奈，暗含身世飘零的感慨。全诗将一段只可意会不可言传的情感描绘得扑朔迷离而又入木三分。《唐诗笺注》评价为诗意平常，而炼句设色，字字不同。

昨夜星辰昨夜风

```
 !  |     !  |        |  |
昨 夜 星 辰 昨 夜 风， 画 楼 西 畔 桂 堂 东。
    |  |     !  |        |     !  |
身 无 彩 凤 双 飞 翼， 心 有 灵 犀 一 点 通。
 !  |     |  |        !  !  !
隔 座 送 钩 春 酒 暖， 分 曹 射 覆 蜡 灯 红。
    |     |     |  |     |  |
嗟 余 听 鼓 应 官 去， 走 马 兰 台 类 转 蓬。
```

杨先生的吟诵节奏为 2+2+2+1（身无彩凤双飞翼、嗟余听鼓应官去）、（昨夜星辰昨夜风、画楼西畔桂堂东、隔座送钩春酒暖、分曹射覆蜡灯红）、4+2+1（心有灵犀一点通、走马兰台类转蓬）。

3）从声韵调系统方面考察。

该诗首句入韵，韵字为"风、东、通、红、蓬"，押上平一东韵。徐健顺教授《汉语音义表》总结此韵特点为"东韵源于上古的四个韵部"，总体来说，都是圆唇后接鼻音，有圆通之后顶起的感觉，因此其字多有"圆形、通透、大气"之意。①汪烜《诗韵析》概括为"大雅春融"。②

表4—6—8　《无题·昨夜星辰昨夜风》普通话和兴文方言发音差异字

文字	普通话发音	兴文方言发音	异同分析
昨	{zuo}35	{z-u}31	韵母由 uo 变为 u，是典型的地方口音，调值由普通话的35变为兴文方言的31。

---

① 徐健顺：《吟诵概论（上）——中华传统读书法》，广西师范大学出版社2019年版，第265页。
② 续修四库全书编纂委员会：《续修四库全书》，上海古籍出版社2002年版，第409页。

续表

文字	普通话发音	兴文方言发音	异同分析
夜	{ye}51	{y-i}324	韵母由 e 变为 i，是典型的方言发音，调值由普通话的 51 变为兴文方言的 324
隔	{ge}35	{g-ə}31	韵母是四川方言发音，由 e 变为ə，调值由普通话的 35 变为地方话的 31
射	{she}51	{s-ə}324	声母由翘舌音变为平舌音，韵母是四川方言发音，由 e 变为ə，调值由普通话的 51 变为地方话的 324
蓬	{peng}35	{pong}31	韵母由 eng 变为 ong，符合四川话发音习惯，调值由普通话的 35 变为兴文方言的 31

注：普通话调值 55、35、214、51；兴文方言调值 55、31、53、324、33（入）。

4）从音乐性方面考察。

a. 基本结构。

吟诵旋律《无题·昨夜星辰昨夜风》属于 a（33226-）、b（66·1165-）和 c（66·322---）三个音乐短句为基本旋律变化组合构成 A+B+C+D 的四句体结构。

b. 音阶调式。

调式音阶为56123̣5；吟诵旋律以徵音（5）作为调式主音和结束音，以羽（6）、商（2）音为上句终止所支持的徵终止群体，调式调性明确，属民族五声徵调式。

c. 旋律线。

A 句（首联）1625--66·322---21·22·6-66·1165-（昨夜星辰昨夜风，画楼西畔桂堂东）旋律主干音为"56123"，出句为 bc 型旋律组合，"昨夜星辰"（1625--）方言发音，跳进为主，"夜"字短暂拖腔，"辰"字主音长吟，"昨夜风"（66·322---）同音反复后"夜"字附点延长，再五度大跳至韵字"风"（322---）作全曲最高音调和最长时值长吟拖腔，对句旋律鱼咬尾，ab 型旋律组合，"画楼西畔"（21·22·6-）音调回落，"楼"字短拖，"畔"

— 604 —

字四度小跳，长吟拖腔，"桂堂东"（6̱6̱·1̱1̱6̱5-）级进中平稳下行，"堂"字附点延长，韵字"东"（1̱1̱6̱5-）一字多音，衬腔（啊）润腔。旋律高低起伏，回肠荡气，音调舒缓绵长，回环往复，恍若夜幕低垂，星光闪烁，凉风习习，一个春风沉醉的夜晚，萦绕着宁静浪漫的温馨气息。

无题·昨夜星辰昨夜风　　李商隐　（唐）
　　　　　　　　　　　　　　杨星泉先生 吟诵
　　　　　　　　　　　　　　何　民　记谱

```
1 6 2 5 - - 6̱6̱·3̱2̱ 2 - - - | 2̱1̱·2̱2̱·6̱ - 6̱6̱·1̱ 1̱6̱5 - |
  昨夜 星辰    昨夜 风，         画楼 西畔   桂堂 东(啊)。

2 5· 6̱6̱· 3̱3̱ 2̱ 2 6̱ - | 2̱1̱6̱2̱ 1 - 6̱6̱·1̱ 6̱5 5 - |
  身无 彩凤 双飞 翼，    心有 灵犀  一点 通(啊)。

5̱5̱·6̱2̱ 2 - - 3̱3̱·2̱6̱ 6̱ - | 2̱6̱·6̱1̱6̱ - 6̱1̱·1̱ 1̱6̱5 5 - |
  隔座 送钩   春酒 暖，      分曹 射覆   蜡灯 红。

2 5·6̱6̱ 6̱-6̱3̱ 2̱ 2 6̱ - | 2̱1̱ 6̱6̱ 6̱ - 1̱1̱·6̱ 5 5 - |
  嗟余 听鼓  应官 去，    走马 兰台   类转 蓬。

2 5· 6̱6̱ 6̱3̱ 2̱1̱6̱ - | 2̱1̱6̱6̱ 6̱ - 1̱1̱· 6̱ 5 5 - |
  嗟余 听鼓 应官 去，    走马 兰台   类转 蓬。
```

B 句（颔联）2 5·6̱6̱·3̱3̱2̱，2 6̱-，2̱1̱6̱2̱1-，6̱6̱·1̱6̱5 5-（身无彩凤双飞翼，心有灵犀一点通）为 ab 型旋律组合，出句"身无彩凤"（2 5·6̱6̱·）同音反复跳进结合，"双飞翼"（3̱3̱2̱6̱-）音调高亢明朗，第二、四、六字"无、凤、飞"形成拖腔节点，末字"翼"（2̱，2 6̱-，），波音润饰一字多音句末拖腔，对句中"心有灵犀"（2̱1̱6̱2̱1-）四字连读"犀"字波音拖腔，"一点通"（6̱6̱·1̱6̱5 5-）作 b 型旋律尾音拖腔，韵字"通"（1̱6̱5 5-）级进下行，衬字（啊）润腔，一字多音拖腔长吟。整体旋律跳进级进交替，曲调细腻流畅，其相思之苦，相知之深，恋人的心态刻画细致入微、惟妙惟肖。

C 句（颈联）5̱5̱·6̱2̱·2--3̱3̱·2̱6̱6̱-2̱6̱·6̱1̱6̱-6̱1̱·1̱1̱6̱5 5-（隔座送钩春酒暖，分曹射覆蜡灯红）出句为 ca 型旋律组合，"隔座送钩"（5̱5̱·6̱2̱·2--）旋律上扬，"隔

— 605 —

座"两字一顿,"钩"字时值加长单音拖腔,"春酒暖"($3\underline{3}\cdot2\underline{6}\underline{6}$-)音调高亢,"暖"字音调下滑长吟,对句素材变化,ab 组合,"分曹射覆"($2\underline{6}\cdot6\underline{1}\underline{6}$-)级进跳进结合,"曹、覆"形成节奏点,"蜡灯红"($\underline{6}\underline{1}\cdot1\underline{1}\underline{6}\underline{5}\underline{5}$-)旋律平稳级进,"灯"字延长,韵字"红"($1\underline{6}\underline{5}\underline{5}$-)一字多音长音拖腔。出句曲调先扬后抑,呈山峰型旋律形态,对句级进为主,平稳下行,觥筹交错,灯红酒暖,满堂的红影衬托出作者的萧索孤独,前后对比,令人心生不安。

D 句(尾联)$2\underline{5}\cdot\underline{6},\underline{6}\underline{6}-\underline{6}\underline{3}\underline{2}\underline{2}\underline{6}-2\underline{1}\underline{6}\underline{6}\underline{6}-1\underline{1}\cdot\underline{6},\underline{5}\underline{5}-2\underline{5}\cdot\underline{6}\underline{6}\underline{6}\underline{3}\underline{2}\underline{1}\underline{6}-2\underline{1}\underline{6}\underline{6}\underline{6}-1\underline{1}\cdot\underline{6}\underline{5}\underline{5}$-)(嗟余听鼓应官去,走马兰台类转蓬)旋律为 B 句的变化再现,"嗟余听鼓"($2\underline{5}\cdot\underline{6},\underline{6}\underline{6}$-)五度下行结合同音反复,"余"字附点延长,"鼓"字单音长吟,"应官去"($\underline{6}\underline{3}\underline{2}\underline{2}\underline{6}$-)旋律上扬后下行回落,"官"字音调高亢,"去"字波音润饰下行拖腔,对句"走马兰台"($2\underline{1}\underline{6}\underline{6}\underline{6}$-)方言发音,"台"字单音长吟,"类转蓬"($1\underline{1}\cdot\underline{6},\underline{5}\underline{5}$-)旋律平稳下行,"转"字附点延长,韵字"蓬"拖腔长吟。此联 ab 型旋律组合,杨老复沓吟诵,旋律回环往复,音调悲咽低回,听鼓而起,恰如蓬草,欢情难再,令人感伤,反衬诗人对这段恋情的难以磨灭,刻骨铭心。

d. 节奏腔式。

结合音频资料和吟诵谱例分析得知,杨星泉先生吟诵此篇《无题·昨夜星辰昨夜风》时遵宜宾兴文方言咬字发音,循方言语音声调行腔,第二字"夜、楼、无、座、曹、余、"($\underline{6}、1\cdot、\underline{5}\cdot、\underline{5}\cdot、\underline{6}\cdot、\underline{5}\cdot$)、第四字"辰、畔、凤、犀、钩、覆、鼓、台"($5--、2\cdot\underline{6}-、\underline{6}\cdot、\underline{6}、2\cdot2--、1\underline{6}-、\underline{6}\underline{6}-、\underline{6}\underline{6}-$)、第六字"夜、堂、飞、点、酒、灯、官、转"($\underline{6}\cdot、\underline{6}\cdot、3、\underline{6}\cdot、\underline{3}\cdot、1\cdot1、3、1\cdot$)作不同时值的延长,形成明显的拖腔节点,每句末字"风、东、翼、通、暖、红、去、蓬"($3\underline{2}\underline{2}---、1\underline{1}\underline{6}\underline{5}-、2\underline{2}\underline{6}-、1\underline{6}\underline{5}\underline{5}-、3\underline{3}\cdot2\underline{6}\underline{6}-、1\underline{6}\underline{5}\underline{5}-、2\underline{2}\underline{6}-、\underline{6}\underline{5}\underline{5}-$)作一字多音拖腔长吟,形成 2+2+2+1 和 4+2+1 两种吟诵节奏。分析还得知,吟诵旋律基本由三种不同类型的旋律短句组合而成,如 a 型旋律"画楼西畔、双飞翼、春酒暖、分曹射覆、嗟余听鼓、应官去、走马兰台"($2\underline{1}\cdot2\underline{2}\cdot\underline{6}-、3\underline{3}\underline{2}\underline{6}-、3\underline{3}\cdot2\underline{6}\underline{6}-、2\underline{6}\cdot6\underline{1}\underline{6}-、2\underline{5}\cdot\underline{6}\underline{6}\underline{6}-、\underline{6}\underline{3}\underline{2}\underline{2}\underline{6}-、2\underline{1}\underline{6}\underline{6}\underline{6}-$),b 型旋律"昨夜

星辰、桂堂东、一点通、蜡灯红、类转蓬"（1625--、66·1165-、66·1655-、61·11655-、11·655-），c型旋律"昨夜风、隔座送钩"（66·322---、55·62·2--）。其中"翼、犀、覆、听、去、蓬"字伴以波音润饰，韵字"东、通"加以衬字"啊"色彩润腔，旋律更加生动，字腔更为丰富。吟诵旋律长短相间，高下相宜，婉转流畅，独有韵味。

5）杨星泉先生《无题·昨夜星辰昨夜风》吟诵概述。

该诗为一首七言仄起律诗，其吟诵旋律与同是七言仄起律诗的《无题·相见时难别亦难》，基本旋律特点基本相同，主要有三个区别。

一是复沓部分的处理方式不同。《相见时难》复沓尾句时，在保持基本旋律一致的基础上，部分腔调变低，形成高低回环错落有致的旋律听感，情感的抒发显得委婉曲折深沉；而本诗最后一句的复沓旋律是原句的直接重复。

二是衬字的添加。《相见时难》强调在末句加了衬字"哪"，而此诗则在第一联和第二联末尾加了衬字"啊"，该诗韵部属上平声一东韵，此韵韵腹。为宽元音，发音时舌与上颚的距离宽大，口腔与鼻腔有共鸣，发声的声响较大，加上同是大开口度的衬词"啊"，强调了吟诵旋律主音和调式调性的明确性和统一性。

三是两首诗在每句的第二四六字上拖腔处理有所不同。仅以此诗每句第二字举例，该诗第二字所占时值各不相同，最短的时值有"有、马"（1、1），吟诵时与邻字相接紧密、快速诵行；最长的有时值有"无、余"（5·、5·），拖腔明显；居中的还有三种节奏型，如"马"（1）为八分音符，"夜"（6）为四分音符，"楼、座、曹"（1·、5·、6·）为附点八分音符，其时值长短不一，这说明杨先生的吟诵在语言逻辑和情感表达的双重作用下，格律诗每句的第二四六字的时值长短具有灵活的伸缩空间。

（7）《春江花月夜》。

1）从创作背景方面考察。

张若虚（约660—约720），唐代诗人，祖籍扬州，曾任兖州兵曹，事迹略见于《旧唐书·贺知章传》，唐中宗神龙（705—707）中，与贺知章、张旭、包融并称"吴中四士"。张若虚的存诗仅两首，以《春江花月夜》名冠天下，后世誉为"孤篇横绝全唐"。

2）从文体结构和吟诵节奏方面考察。

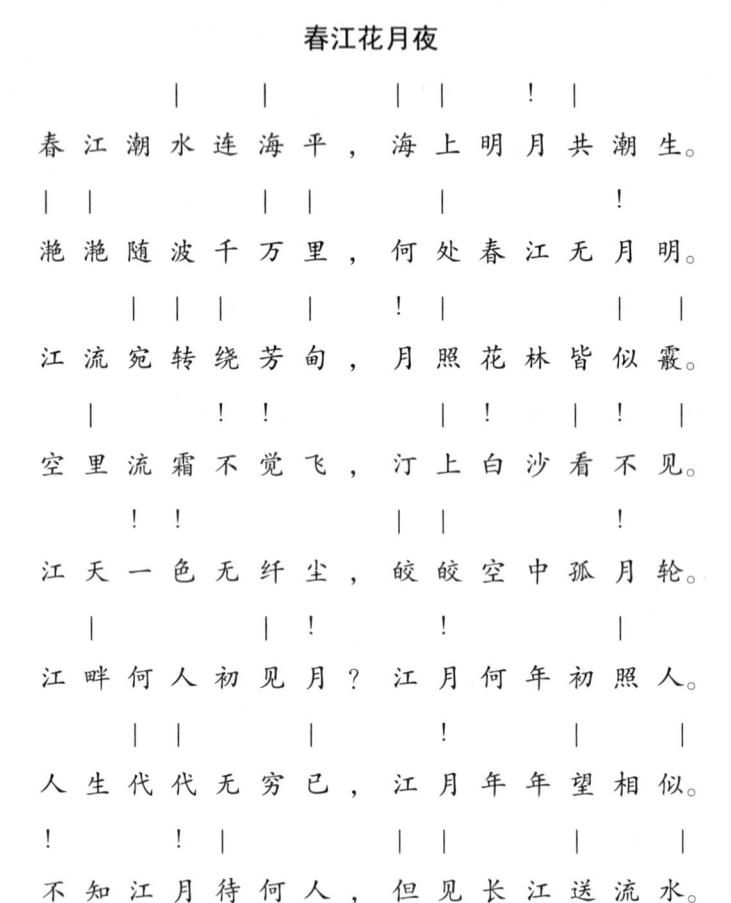

春江花月夜

　　　｜　　　｜　　　｜｜　　｜　｜
春　江　潮　水　连　海　平，海　上　明　月　共　潮　生。
｜　｜　　　　｜　｜　　　　　　　　　　　　　　｜
滟　滟　随　波　千　万　里，何　处　春　江　无　月　明。
｜　｜　｜　｜　　　　　　｜　　　　　　　　　　　
江　流　宛　转　绕　芳　甸，月　照　花　林　皆　似　霰。
　　｜　　　｜　｜　　　　　　｜　｜　｜　｜
空　里　流　霜　不　觉　飞，汀　上　白　沙　看　不　见。
　　　　｜　｜　　　　　　　　｜　　　　　　　｜
江　天　一　色　无　纤　尘，皎　皎　空　中　孤　月　轮。
　　　　｜　　　　｜　｜　　　｜　　　　　　　　
江　畔　何　人　初　见　月？江　月　何　年　初　照　人。
　　　｜　　　　　　　　　　　　　｜　　　　　　
人　生　代　代　无　穷　已，江　月　年　年　望　相　似。
｜　　｜　｜　　　　　　　　　　　　　　　　　　
不　知　江　月　待　何　人，但　见　长　江　送　流　水。

吟诵选段为全诗第一层和第二层部分。杨先生吟诵节奏均为2+2+3结构。

3）从声韵调系统方面考察。

该诗首句入韵，四句一转变换韵部，共换九韵，可视为换九幅画面。韵部特点按徐健顺教授《汉语音义表》进行分析。

表 4—6—9　　　《春江花月夜》普通话和兴文方言发音差异字

文字	普通话发音	兴文方言发音	异同分析
何	{he}35	{h-ə}31	韵母由 e 变为ə，调值由普通话的 35 变为兴文方言的 31
觉	{jue}35	{j-io}31	韵母由 ue 变为 io，调值由普通话的 35 变为兴文方言的 31
色	{se}51	{s-ə}324	韵母由 e 变为ə，调值由普通话的 51 变为兴文方言的 324
轮	{lun}35	{l-en}31	韵母由 un 变为 en，调值由普通话的 35 变为兴文方言的 31

注：普通话调值 55、35、214、51；宜宾兴文方言调值 55、31、53、324、33（入）。

第一幅"春江图"，韵字"平、生、明"，入平声庚韵(eng)。庚韵源于上古四个韵部，大都是开口元音，收于后鼻音，因此其字多有"开阔、雄壮、坚硬"之意。

第二幅"花林图"，韵字"甸、霰、见"，入仄声霰（an）韵。是大开口元音接前鼻音，收敛、沉淀之感最为突出，因此其字多有"伸展、沉积、下收"之意。

第三幅"悠远图"。韵字"尘、轮、人"，入平声真韵（en）。此韵特点：真韵源于上古的两个韵部，开口度中等，变小收于前鼻音，有闭合、收敛、抒情之感，因此其字多有"深入、亲近、联系"之意。

第四幅"江水图"，韵字"已、似、水"，入仄声纸韵（i）。此韵为阴声韵，开口元音较小，多有"细小、低矮、微弱"之意。

平仄声韵互换特点，使得整首诗声调抑扬婉转，读来琅琅上口。

4）从音乐性方面考察。

a. 基本结构。

此吟诵调为节选《春江花月夜》的前十六句，由 a（22·566-）、b（56·655--）和 c（615662--）三个音乐短句为基本旋律变化组合的四句为一段的多段体。

春江花月夜

张若虚　（唐）
杨星泉先生　吟诵
何民　记谱

2 2· 5 6 6 - 5 6· 6 5 5 - - | 6 6· 5 6 6 - 6 1 5 6 6 2 - - |
春江　潮水　连海平，　　海上　明月　共潮　生。

6 1 6 5 2· 6 6 6 5 5 2 - | 6 6 2 2 1 - 6 1· 1 6 5 5 - |
滟滟随波　千万里，　何处春江　无月明。

2 5· 6 1 6 6 2· 2 1 6· | 1 6 2 5 5 　 2 5 6 1 6· |
江流　宛转绕芳甸，　　月照花林　皆似霰，

2 1 6 2 2 - 2 2 3 2 2 - - | 3 2 2 2 2 　 2 2 2 6· |
空里流霜　不觉飞，　汀上白沙　看不见。

2 2· 6 6· 6 2 1 6 5 5 - | 6 6 2 2 2 　 3 2 1 6 5· |
江天一色　无纤尘，　皎皎空中　孤月轮。

2 6 6 5 5 6 2 5 6 1 6· | 2 1 6 6 6 　 2 2 1 6 5· |
江畔何人　初见月？　江月何年　初照人？

6 2· 6 6 5 5 5 6 1 6· | 2 1 6 6 5 　 6 2· 2 1 6` |
人生代代无穷　已，　江月年年　望相似。

6 2· 3 2· 2 6 1 6 5 - | 6 1 5 2 2 - 2 5 6 1 6· |
不知江月待何人，　但见长江　送流水。

b. 音阶调式。

调式音阶为561235；吟诵调以徵音（5）作为调式主音和结束音，以羽（6）、商（2）音为上句终止，为徵、羽两大终止体的交融体，属羽音支持的五声徵调式。

第四章　四川传统吟诵的基本面貌

c. 旋律线。

第一段：

22·566-56·655--66·566-615662--61652·666552-66221-61·1655-（春江潮水连海平，海上明月共潮生。滟滟随波千万里，何处春江无月明）主干音为"5612"，旋律为 abc 型短句组合，"春江潮水"（22·566-）同音反复级进结合，起调明朗，"连海平"（56·655--）在"56"两音之间循环级进，"海上明月"（66·566-）平稳级进，"共潮生"（615662--）尾腔上扬，"滟滟随波"（61652·）级进后五度上行，"千万里"（666552-）波音润饰，作全曲最高音调抒发，"何处春江"（66221-）同音反复级进结合，"无月明"（61·1655-）音调回落，级进下行。句中第二字"江、上"（2·、6·）、第四字"水、月、波、江"（66-、66-、2·、21-）、第六字"海、潮、月"（6·、566、1·）作不同时值长短拖腔，末字"平、生、里、明"（655--、2--、6552-、61·1655-）一字多音拖腔长吟。

第二段：

25·61662·216·1625525616·21622-22322--322222226·（江流宛转绕芳甸，月照花林皆似霰。空里流霜不觉飞，汀上白沙看不见）旋律在"5612"四音基础上，加以"3"音装饰，"江流宛转绕芳甸"（25·61662·216·）五度内跳进级进结合，"月照花林"（16255）四字连读方言发音，"皆似霰"（25616·）五度大跳级进结合，旋律在中低音区起伏跳宕，"空里流霜不觉飞，汀上白沙看不见"（21622-22322--322222226·）旋律围绕"2"音在中音区平稳起伏，c 型短句的连续出现，吟诵音调明亮高亢。句中第二字"流"（5·）适当延长，第四字"林、霜、沙"（55、22-、22）、第六字"芳、似"（2·、56）句中拖腔，末字"甸、霰、飞、见"（216·、16·、322--、26·）一字多音句末长吟。

第三段：

22·66·621655-6622232165·26655625616·2166622165·（江天一色无纤尘，皎皎空中孤月轮。江畔何人初见月，江月何年初照人）素材不变，继续围绕

"5̲6̲12"四音结合 ab 型短句变化发展，"江天一色"（2̲2̲·6̲6̲·）四度内同音反复，"无纤尘"（6̲2̲1̲6̲5̲5̲-）小跳后级进回落，"皎皎空中孤月轮"（6̲6̲2̲2̲2̲3̲2̲1̲6̲5̲·）音调上扬后回转，"江畔何人初见月"（2̲6̲6̲5̲5̲6̲2̲5̲6̲1̲6̲·）四度五跳进结合级进发展，"江月何年"（2̲1̲6̲6̲6̲）四字连读方言发音，"初照人"（2̲2̲1̲6̲5̲·）级进下行，句中第四字"色、中、人、年"（6̲·、2̲2̲、5̲5̲6̲、6̲6̲）明显拖腔，第六字"月、见、照"（2̲1̲、5̲6̲、2̲1̲）适当延长，末字"尘、轮、月、人"（6̲5̲5̲-、6̲5̲·、1̲6̲·、6̲5̲）一字多音句末拖腔。

第四段：

6̲2̲·6̲6̲5̲5̲5̲6̲1̲6̲·2̲1̲6̲6̲5̲6̲2̲·2̲1̲6̲6̲2̲·3̲2̲·2̲6̲1̲6̲5̲-6̲1̲5̲2̲2̲-2̲5̲6̲1̲6̲·（人生代代无穷已，江月年年望相似。不知江月待何人，但见长江送流水）旋律继续作 abc 型短句组合起伏变化，"人生代代无穷已"（6̲2̲·6̲6̲5̲5̲5̲6̲1̲6̲·）旋律主要于低音区行腔，围绕"5̲6̲"两音级进为主，"江月年年"（2̲1̲6̲6̲5̲）方言发音音调下行，"望相似"（6̲2̲·2̲1̲6̲）跳进后级进下行，"不知江月"（6̲2̲·3̲2̲·）四度小跳级进结合，"待何人"（2̲6̲1̲6̲5̲-）跳进级进下行，"但见长江"（6̲1̲5̲2̲2̲-）级进后五度上扬，"送流水"（2̲5̲6̲1̲6̲·）五度大跳后级进下行，第二字"生、知"（2̲·、2̲·）短暂拖腔，第四字"年、江"（6̲5̲、2̲2̲-）音调延长，第六字"穷、相、何、流"（5̲5̲6̲、2̲·、6̲1̲、5̲6̲）适当拖腔，末字"已、似、人、水"（1̲6̲、2̲1̲6̲、6̲5̲-、1̲6̲·）一字多音句末长吟。

d. 节奏腔式。

吟诵调结合 XX、XX、XXXX、XXX、XX、X-节奏型，第二字和第六字适当拖腔，第四字"水、月、波、江、林、霜、沙、色、中、人、年、年、江"（6̲6̲-、6̲6̲-、2̲·、2̲1̲-、5̲5̲、2̲2̲-、2̲2̲、6̲·、2̲2̲、5̲5̲6̲、6̲6̲、6̲5̲、2̲2̲-）明显拖腔长吟，每句末字"平、生、里、明、甸、霰、飞、见、尘、轮、月、人、已、似、人、水"（6̲5̲5̲--、2̲--、6̲5̲5̲2̲-、6̲1̲·1̲6̲5̲5̲-、2̲1̲6̲、1̲6̲、3̲2̲2̲--2̲6̲·、6̲5̲5̲-、6̲5̲·、1̲6̲·、6̲5̲、1̲6̲、2̲1̲6̲、6̲5̲-、1̲6̲·）均作一字多音最长时值句末拖腔处理，吟诵节奏以 4+3 为主，杨老在吟诵此篇《春江花月夜》时，遵循宜宾兴文方言语音声调行腔，形成以"春江潮水、海上明月、江流宛转、绕芳甸、皆似霰、看不见、江天一色、江畔何人、初见月、江月何年、无穷已、望相似、送流水"（2 2·5̲6̲6̲-、6̲6̲·5̲6̲6̲-、2̲5̲·6̲1̲6̲、6̲2̲·2̲1̲6̲·、2̲5̲、6̲1̲6̲·、2̲2̲2̲6̲·、2 2·6̲6̲·、2̲6̲6̲5̲5̲6̲、2̲5̲6̲1̲6̲·、2̲1̲6̲6̲6̲、5̲5̲5̲6̲1̲6̲·、6̲2̲·2̲1̲6̲、2̲5̲6̲1̲6̲·）"连海平、无月明、月照花林、无纤尘、孤月轮、初照人、江月年年、待何人"（5̲6̲·6̲5̲5̲--、6̲1̲·1̲6̲5̲5̲-、1̲6̲2̲5̲5̲、6̲2̲1̲6̲5̲5̲-、3̲2̲1̲6̲5̲·、2̲2̲1̲6̲5̲·、2̲1̲6̲6̲5̲、2̲6̲1̲6̲5̲-）、"共潮生、滟滟随波、千万里、空里流霜、不觉飞、汀上白沙、皎皎空中、不知江月、但见长江"（6̲1̲5̲6̲6̲2̲--、6̲1̲6̲5̲2̲·、6̲6̲6̲5̲5̲2̲-、2̲1̲6̲2̲2̲-、2̲2̲3̲2̲2̲--、3̲2̲2̲2̲2̲、6̲6̲2̲2̲2̲、6̲2̲·3̲2̲·、6̲1̲5̲2̲2̲-）的a（2 2·5̲6̲6̲-）、b（5̲6̲·6̲5̲5̲--）和c（6̲1̲5̲6̲6̲2̲--）三种不同特征的音乐短句贯穿整个吟诵调。进一步分析还发现，诗歌中大多阴平字对应商音（2），阳平字对应徵音（5），仄声字对应羽音（6），个别地方作装饰音（波音、下滑音）色彩润腔，杨老吟诵时注重方言字调发音，其吟诵调高下相宜，缓急相间，唯美动听。

5) 杨星泉先生《春江花月夜》吟诵概述。

该诗吟诵旋律以a（2 2·5̲6̲6̲-）、b（5̲6̲·6̲5̲5̲--）和c（6̲1̲5̲6̲6̲2̲--）及其变化形态组合而成。a音乐短句旋律走向趋向下行，c音乐短句旋律走向趋向上扬，c音乐短句和a音乐短句的旋律走向相反，都在中音2至低音5五度内发展变化，b音乐短句的旋律平稳进行。abc音乐短句都有着非常丰富的变化形态，它们在重复中保持统一，变化中形成对比，且你中有我，我中有你，彼此相互包含，组合极尽变化，在遵守兴文话四声调值依字行腔和古体诗规则的基础上，增强旋律发展的动力感，从而创造出波澜起伏、令人心旷神怡的美听效果。

该诗每句第二字，平声拖、仄声顿，拖腔时值较短；每句第四字，除"人生代代无穷已"一句，其他句不论平仄，均有明显拖腔，拖腔长短不一；每句第六字，不论平仄，有拖有顿，拖腔时值较短；该诗句尾字，不论平仄，不论是否韵字，均拖腔，拖腔时值在本句中相对最长。该吟诵旋律为徵羽两大终止体的交融体，属羽音支持的五声徵调式。平声字中除了"生、飞"（2̲--、3̲2̲2̲--）拖腔落在商音（2）上，其余平声字"平、明、尘、轮、人"（6̲5̲5̲--、

$1655-$、$655-$、$65·$、$65·$）一字多音拖腔结音在主音徵音（5）上，仄声字中除了"里"（$6552-$）一字多音拖腔结音在商音（2）上，其余仄声字"甸、霰、见、月、已、似、水"（$216·$、$16·$、$26·$、$16·$、$16·$、216、$16·$）一字多音拖腔全部结音在主干音羽音（6）上。

（8）《一剪梅·舟过吴江》。

1）从创作背景方面考察。

蒋捷(约1245—约1305)，宋末元初江苏宜兴人，字胜欲，1274年考取进士，五年后南宋灭亡，虽元朝多次许以高官，均被蒋捷拒绝，后隐居不仕，因其气节如竹，被当世称道，人称"竹山先生"。蒋捷长于词，与周密、王沂孙、张炎并称"宋本四大家"，有《竹山词》传世。

南宋亡国之初，词人开始了颠沛流离的羁旅生涯，因常怀黍离之悲，在暮春时节舟行吴江（今江苏滨临太湖东岸的吴江县吴格江），凄然写下这首艳丽世人的名篇。全文以春愁为核心，通过词中春色的怡人，文辞意境的深远，衬托词人内心的孤寂与无奈全词道尽了词人遭遇亡国离乡、飘泊无依，流光易逝的人生悲愁。

2）从文体结构和吟诵节奏方面考察。

一剪梅·舟过吴江

! |　　 | | |　　　 |　　　　 |
一 片 春 愁 待 酒 浇。江 上 舟 摇， 楼 上 帘 招。
| | |　　　　　　 | | 　　　 | |
秋 娘 渡 与 泰 娘 桥， 风 又 飘 飘， 雨 又 萧 萧。

! |　　 | ! 　　　 |　　　　 |
何 日 归 家 洗 客 袍。银 字 笙 调， 心 字 香 烧。
| !　　　 | 　　　　 | !
流 光 容 易 把 人 抛， 红 了 樱 桃， 绿 了 芭 蕉。

第四章 四川传统吟诵的基本面貌

该词双调六十字，分上下阕。

上阕：起笔点题，"一片春愁待酒浇"，直述春愁难解，此乃志写客愁之作，词人欲借酒杯浇胸中块垒。然而舟过吴江时，"江上舟摇"不止，"秋娘渡与泰娘桥"两个渡口的"楼上帘招"已一晃而过。偏偏此刻"风又飘飘，雨又萧萧"，这"不解人意"的风雨让诗人增加了无尽的苦涩。

三个单音动作字"浇、摇、招"，两个叠音摹声词"飘飘、萧萧"力透纸背，生动形象地把外物和内情毫无遗留地表达出来，白描写景手法道尽主人公漂泊悲苦的人生况味。

下阕：以目常家景，述归心之迫，"银字笙调，心字香烧"，文字意境极美，旧日家的温馨与此刻的孤寂形成了强烈对比，激起词人无比眷恋之情，不禁发问"何日归家洗客袍"，然而国己破、家不在、无处归，最后三句"流光容易把人抛，红了樱桃，绿了芭蕉"，红樱绿蕉，如此亮丽明艳的景色，却终究败给了流光。字句纤巧处处关情，真乃泣血之作。

杨先生的吟诵节奏为：四字句 2+2；七字句 2+2+2+1（一片春愁待酒浇、何日归家洗客袍、流光容易把人抛）、3+1+3（秋娘渡与泰娘桥）。

3）从声韵调系统方面考察。

《一剪梅》所用宫调，元高拭词注为南吕宫。该词牌有叶六平韵和逐句叶韵两种手法。词人充分利用该词牌特点，发挥四组排比句式特点，在舒徐（七字句）急促（四字句）中呈现的整齐交替的节奏从而彰显现动人的音乐性，通过逐句叶韵的词格，读来更加铿锵悦耳。

韵字中"浇、摇、招、桥、飘、萧、调、烧、蕉"押下平二萧韵；"抛"押下平三肴韵；"袍、桃"押下平四豪韵，邻韵通押。徐健顺教授《汉语音义表》总结此韵特点似 ou，嘴唇展开，舌头靠前。或似 yo，开口度缩小。萧韵源于上古的两个韵部，而且往往前有介音，多是开口度由大变小，收于圆唇音，有温柔变化之感，因此其字多有"弯曲、柔软、遥远"之意。[①] 汪烜《诗

[①] 徐健顺：《吟诵概论（上）——中华传统读书法》，广西师范大学出版社 2019 年版，第 265 页。

韵析》概括为物色妖娆。[①]

表 4—6—10 《一剪梅·舟过吴江》普通话和兴文方言发音差异字

文字	普通话发音	兴文方言发音	异同分析
何	{he}35	{h-ə}31	韵母由 e 变为ə，调值由普通话的 35 变为兴文方言的 31
客	{ke}51	{k-ə}324	韵母由 e 变为ə，调值由普通话的 51 变为兴文方言的 324
容	{rong}35	{yong}31	声母由 r 变为 y，调值由普通话 35 变为兴文方言的 31
绿	{lv}51	{lu}324	韵母由u韵变为 u 韵，调值由普通话的 51 变为兴文方言的 324

注：普通话调值 55、35、214、51；兴文方言调值 55、31、53、324、33（入）。

4）从音乐性方面考察。

一剪梅·舟过吴江　　蒋　捷　（宋）
　　　　　　　　　　杨星泉先生　吟诵
　　　　　　　　　　李　胡　　　记谱

（乐谱）

一片春愁待酒浇。江上舟摇，楼上帘招。
秋娘渡与泰娘桥。风又飘飘，雨又萧萧。
何日归家洗客袍？银字笙调，心字香烧。
流光容易把人抛，红了樱桃（哦），绿了芭蕉（啊）。
红了樱桃（哦），绿了芭蕉。

[①] 续修四库全书编纂委员会：《续修四库全书》，上海古籍出版社 2002 年版，第 409 页。

a. 基本结构。

吟诵旋律《一剪梅·舟过吴江》结构为 A+B 的两段体。以 a（6̲6̲ 2̇5̇·6̲6̲·2̇-）、b（2̇1̇6̲ 2̇2̇1̇ 6-）和 c（6̲1̲6̲ 1̇1̇ 1̲6̲ 5·）三个音乐短句为基本旋律形态反复变化运用贯穿全曲。

b. 音阶调式。

调式音阶为 5̲6̲1235；吟诵旋律以徵音（5）作为调式主音，以商音（2̇）为上句终止所支持的徵终止群体，上下句终止音（5 2̇）呈五度关系，调式调性明确，属民族五声徵调式。

c. 旋律线。

A 段"一片春愁待酒浇"至"雨又萧萧"旋律围绕"561̇2̇3̇"五音在中高音区发展变化，开篇"一片春愁待酒浇"（6̲6̲2̇5̇·↘6̲6̲·2̇--）由 a 短句起调，以"6̲2̇5̇"三音呈四度、五度上下行跳进，在第四字"愁"（5·↘）字作句中较长时值的拖腔并加以下滑音下叹，起笔点题，指出时序，点出"春愁"的主旨，"浇"（2̇--）字作句末拖腔长吟，开篇就让人感受到词人愁绪之浓。紧接"江上舟摇，楼上帘招"（3̇2̇3̇1̇-↘1̇2̇·6̲2̇·）以 a 型短句加以新元素（1̇3̇）变化发展，整句旋律几乎都在高音区，出现全曲最高音"3̇"两次，以连续波动起伏的旋律和句末字"摇、招"（1̇-↘、2̇·）的长吟拖腔，表现出了乘舟的主人公的动荡漂泊之感。"秋娘渡与泰娘桥"（2̇5̲6̲·6̲2̇1̲6̲6̲5·）作 bc 型短句的变化重复，婉转流畅的旋律以级进为主，呈现出"秋娘渡"与"泰娘桥"如画之美景，词人触景生情，思归情绪更浓。最后"风又飘飘，雨又萧萧"（2̇5̇ 2̇2̇-2̇1̇6̲2̇2̇1̇6-）ab 型短句，"风又飘飘"以"2̇5̇"两音作四度跳进后在句末"飘"（2̇-）字作拖腔长吟，"雨又萧萧"（2̇1̇6̲2̇2̇1̇6-）以"2̇1̇6̲"三音作循环逐级下行，句末"萧"字加以衬词"哦"进行拖腔长吟，漂泊思归，偏逢这恼人天气，杨先生吟诵时以哀叹式下行音调把词人内心的阴郁和愁苦表达得淋漓尽致。

B 段"何日归家洗客袍"至"红了樱桃绿了芭蕉"，旋律主干音为"561̇2̇"四音，"何日归家洗客袍"（5̲5̲2̇ 2̇1̇·6̲1̇2̇ 1̲6̲5）以 c 短句作发展变化。旋律以

- 617 -

"5$\overset{\frown}{2}$"两音五度上行大跳起调，下行级进后在第四字"家"（$2\dot{1}\cdot$）字作适当拖腔，再以（$6\dot{1}\dot{2}$ $\dot{1}6\dot{5}$）波纹型旋律级进至调式主音"5"结束，末字"袍"加衬词"哦"作拖腔处理，紧承 A 段，首句点出"归家"的情思，"何日"二字道出漂泊的厌倦和归家的迫切。"银字筌调，心字香烧"（$56\dot{2}6\cdot$ $25\dot{2}\dot{2}\cdot$）以 a 短句作发展变化，旋律以四度五度音程（$62\dot{6}\cdot25$）跳进作上下起伏，"调、烧"作句末拖腔长吟，词人感叹"洗客袍""调筌""焚香"已成为遥不可及的事。紧接一句"流光容易把人抛"（$6\overset{\frown}{2}5\dot{6}\cdot$ $6\dot{1}5\dot{6}\dot{2}-$）把情感推向高潮，句中第四字"易"（$\dot{6}\cdot$）作适当拖腔处理并加以波音润饰，"抛"（$\dot{2}-$）字作句末拖腔长吟，词人伤感年华易逝，人生易老。最后"红了樱桃，绿了芭蕉"（$5\overset{\frown}{6}\cdot\dot{2}\dot{1}6\dot{5}-$，$6\dot{1}6$ $\dot{1}\dot{1}$ $\dot{1}6\dot{5}\cdot$）以 c 短句作发展变化，旋律以二度三度（$\dot{2}\dot{1}6\dot{5}-$、$6\dot{1}6$ $\dot{1}\dot{1}$）级进为主，偶有四度音程"$6\dot{2}$"跳进，呈曲折前进的波纹型和缓坡型相结合的旋律形态。句末"桃、蕉"加以衬词"哦、啊"作长吟拖腔。词人以"红了樱桃，绿了芭蕉"巧妙、完美地诠释了"流光容易把人抛"的全过程，杨先生吟诵时把最后这两句作复沓处理，以加深情感的表达。结束句稍作变化回到了 a 短句上"绿了芭蕉"（$66\cdot\dot{2}\dot{2}-$），与首句"待酒浇"（$66\cdot\dot{2}--$）遥相呼应，给人以余音绕梁之感。此段将自己羁旅在外的思归之情上升为对年华易逝的感叹，表达了词人对家国的无尽思念之情。

d. 节奏腔式。

吟诵旋律《一剪梅•舟过吴江》大量使用四分、二分、八分、十六分音符组成的节奏型：X、X-、<u>XX</u>、<u>XXX</u>、<u>XXX</u>、<u>XXXX</u>，各种节奏型有机结合，形态丰富，错落有致，与音乐走向紧密贴合。拖腔的运用在 abc 音乐短句的基础上分为三类：a "待酒浇、帘招、把人抛、心字香烧、绿了芭蕉"（$66\cdot\dot{2}--$、$6\dot{2}\cdot$、$6\dot{1}5\dot{6}\dot{2}-$、$25\dot{2}\dot{2}\cdot$、$66\cdot\dot{2}\dot{2}-$），b "秋娘渡、萧萧、流光容易"（$25\dot{6}\dot{1}\dot{6}$、$\dot{2}\dot{2}\dot{1}6-$、$6\dot{2}5\dot{6}\cdot$）c "泰娘桥、樱桃芭蕉"（$\dot{2}\dot{1}6$ $6\dot{5}\cdot$、$\dot{2}\dot{1}6\dot{5}-$、$\dot{1}\dot{1}$ $\dot{1}6$ $5\cdot$），结束音分别在"$\dot{2}65$"三音上，加以下滑音"愁、摇"（╲），上波音"调、易"（～）和衬词"哦、啊"的色彩润饰增添了吟腔的特色。杨先生吟诵时以宜宾方言行腔使调，诵唱结合，旋律凄美婉转，吟腔独特，耐人寻味。

5）杨星泉先生《一剪梅·舟过吴江》吟诵概述。

该词吟诵旋律基本按照兴文方言的四声调值行腔，一字一音居多，平上去入四声调值走向依赖于前后文字的相互配合予以体现。

吟诵旋律最高音 $\dot{3}$ 出现在"江上舟摇"（$\underline{3 2 3}\dot{1}-$），四个高音紧密相连，节奏前紧后松，旋律呈下行趋势，以此突显诗人在宽阔无边的江面上遭受风雨袭击、舟摇人晃的危险紧张心情，此句应是杨先生充分体会意境后进行的吟诵创作。

全曲以 a（$6 6 \underline{2 5} \cdot \underline{6 6} \cdot \dot{2}-$）、b（$\underline{2 \dot{1} 6} \underline{2 2 \dot{1}} 6-$）和 c（$\underline{6 \dot{1} 6} \underline{\dot{1} \dot{1}} \underline{\dot{1} 6} 5\cdot$）三个音乐短句为基本旋律形态反复变化运用贯穿始终，杨先生的吟诵节奏依据文意进行了灵活调整，七字句基本采用 4+3 节奏，在第四字处有短拖腔；四字句采用 2+2 节奏或者中间不停顿。韵字中"浇、招、飘、烧、抛、蕉"（$\dot{2}--$、$\dot{2}\cdot$、$\dot{2}$、$\dot{2}\cdot$、$\dot{2}-$、$\dot{2}-$）为一字一音长拖腔，尾音落在主干音商音（$\dot{2}$）上，阳平字"桥、袍、桃哦、蕉啊"（$6 5\cdot$、$\underline{\dot{1} 6} 5$、$6 5-$、$\underline{\dot{1} 6} 5\cdot$）为一字多音长拖腔，尾音落在调式主音徵音（5）上，调式调性体现明确，为民族五声徵调式。

吟诵旋律整体在中高音区发展，通过三个音乐短句的有机组合和调整节奏的紧张和舒缓以及拖腔时值长短的控制，使得整个吟诵呈现出凄美的风格。该词韵脚密集、句句押韵，杨先生通过在韵字上大量使用高音（$\dot{2}$），造成声声高呼的气势，传递出诗人内心激荡难安的复杂情绪，与该词的写作风格相得益彰。

（9）《江城子·乙卯正月二十夜记梦》。

1）从创作背景方面考察。

该词作于宋神宗熙宁八年（1075）正月，其时苏轼任密州（今山东诸城）知州，年已四十。苏东坡十九岁时，与十六的王弗结婚，嗣后出蜀入仕，夫妻琴瑟调和，恩爱情深。可惜天命无常，王弗二十七岁便撒手人寰，归葬于家乡眉山的祖茔。[①]

[①] 王惠芳：《豪情万丈男儿心　凄婉清绝女儿情——〈江城子·乙卯正月二十日夜记梦〉赏析》，《语文月刊》2013 年第 10 期。

该词是苏东坡夜梦之妻王弗后所作，时隔亡妻离世正好十年，虽隔十年之久，妻子的离开仍是其心中之痛。苏轼虽然志向远大才华横溢，但因政见独立而遭党争排斥，政治生涯颇为坎坷，出仕后的大部分时间均被贬谪为地方官。越是感受到外界的险恶，就愈加怀念家的温馨，从而加深了他对亡妻的思念。于是写下了这首"有声当彻天，有泪当彻泉"的千古的悼亡词。①

2）从文体结构和吟诵节奏方面考察。

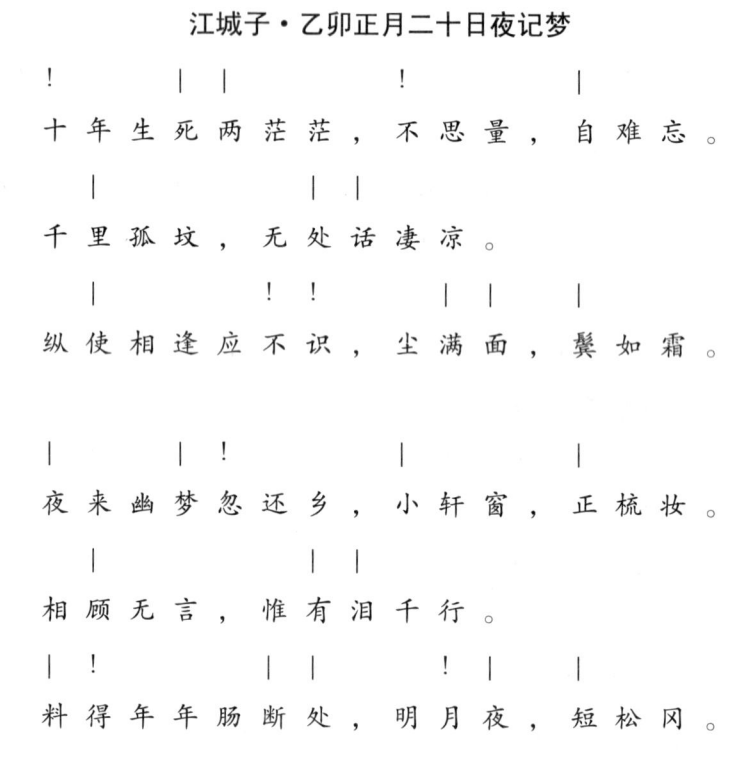

江城子·乙卯正月二十日夜记梦

！　　｜｜　　　　！　　　　｜
十　年　生　死　两　茫　茫，不　思　量，自　难　忘。
　　　｜　　　　｜　｜
千　里　孤　坟，无　处　话　凄　凉。
　｜　　　　！！　　　｜｜　　　｜
纵　使　相　逢　应　不　识，尘　满　面，鬓　如　霜。

｜　　　！　　　｜　　　　｜
夜　来　幽　梦　忽　还　乡，小　轩　窗，正　梳　妆。
　　｜　　　　　｜
相　顾　无　言，惟　有　泪　千　行。
｜！　　　｜｜　　　！｜　　　｜
料　得　年　年　肠　断　处，明　月　夜，短　松　冈。

---

① 谷玉英、何丽：《从及物性角度析〈江城子·乙卯正月二十日夜记梦〉》，《山东理工大学学报》(社会科学版)2014年第4期。

该词共七十字，分上下两阕。①

上阕先从"十年生死两茫茫"入题，十年时间夫妻二人虽阴阳相隔，但词人对妻子的感情并未减少，一者尚存人间，另一人却远葬于千里之外的孤坟中，时间如水消逝，词人已苍老衰败，两鬓斑白，"纵使相逢应不识"，这个不可能的假设，抹煞了生死界线的痴语，愈见词人对爱侣的深切怀念，读来格外感人。

下阕从"记梦"开始，"夜来幽梦忽还乡"，一个"忽"字道出词人惊喜之情，在恍惚的梦境中，词人回到了阔别已久的家乡，"小轩窗，正梳妆"，亲切而又熟悉的当年情形呈现在词人梦中，夫妻相见没有出现久别重逢、卿卿我我的画面，而是"相顾无言，惟有泪千行"的十年辛酸其间苦痛不言而喻，读来令人无限凄凉。就在这哽噎之时，梦被惊醒了，"料得年年肠断处，明月夜，短松冈"，词人设想亡妻长眠于地下的孤独与哀伤，使全词再次笼罩在悲哀凄凉的氛围之中，萦回不绝。

杨先生的吟诵节奏为三字句 2+1、四字句 2+2、五字句 2+2+1、七字句 2+2+2+1。

3）从声韵系统方面考察。

该词词牌《江城子》，又名《江神子》，上下阕各五平韵，《金奁集》入"双调"。全词韵字中"茫、量、忘、凉、霜、乡、妆、行、冈"押下平声七阳韵，"窗"押上平声三江韵，徐健顺教授《汉语音义表》总结：江韵源于上古两个韵部，都是圆唇后接鼻音，大部分开口度大，因此其字多有"圆形、开阔、宏大"之意。汪烜《诗韵析》：险韵。阳韵源于上古的阳部，是大开口度的元音接后鼻音，后鼻音不改变口型，持续大开口，因此其字多有开阔、向上、辽远之意。汪烜《诗韵析》概括为"富丽宫商、鸣凤朝阳、触物心伤"。

---

① 徐健顺：《吟诵概论（上）——中华传统读书法》，广西师范大学出版社 2019 年版，第 265 页。

表4—6—11 《江城子·乙卯正月二十夜记梦》普通话和兴文方言发音差异字

文字	普通话发音	兴文方言发音	异同分析
夜	{ye}51	{yi}324	韵母由 e 变为 i，调值由普通话的 51 变为兴文方言的 324
梦	{meng}51	{mong}324	韵母由 eng 变为 ong，调值由普通话的 51 变为兴文方言的 324
忽	{hu}55	{fu}55	声母由 h 变为 f.，调值不变
窗	{chuang}55	{cang}55	声母由翘舌 ch 变为平舌音的 c，韵母由 uang 变为 ang，调值不变

注：普通话调值 55、35、214、51；兴文方言调值 55、31、53、324、33（入）。

4）从音乐性方面考察。

江城子·乙卯正月二十日夜记梦

苏　轼　（宋）
杨星泉先生　吟诵
李　娟　记谱

$6\ \underline{75}\ \dot{2}\ 7\cdot\ \underline{6\ 7\ 6\ 5}\ 5\ -\ -\ -\ |\ \underline{6\ \dot{2}\cdot}\ \underline{\dot{2}\ 6\cdot}\ 6\ -\ \underline{1\ 6\ 6\ 5\cdot}$
十　年　生　死　两　茫　茫，　　不　思　量，　　自　难　忘。

$\dot{2}\ 7\ \dot{2}\ \underline{6\ 7\ 6}\ 5\ |\ \underline{6\ 6\ 7}\ 6\ \ 6\ \dot{2}\cdot\ \underline{6\ 7\ 6}\ 5$
千　里　孤　坟，　无　处　　话　凄　凉。

$6\ \underline{75}\ \dot{2}\ 5\cdot\ \underline{5\ \dot{2}\cdot}\ \underline{\dot{2}\ 7\ 6}\cdot\ |\ \underline{5\ 6\ 7}\ 6\ -\ \underline{\dot{2}\ 5\ 6}\ \dot{2}\ -$
纵　使　相　逢　应　不　识，　尘　满　面，　鬓　如　霜。

$6\ \underline{75}\ \dot{2}\ \underline{6\ 7\ 6}\ \underline{6\ 7\ 5\ 6}\ \dot{2}\ -\ |\ \underline{6\ \dot{2}\ \dot{2}}\ -\ \underline{6\ \dot{2}\cdot\ \dot{2}}$
夜　来　幽　梦　忽　还　乡，　小　轩　窗，　正　梳　妆。

$\dot{2}\ 6\ 6\ 6\ 5\ |\ \underline{5\ 6\ 7}\ 6\ -\ \underline{6\ \dot{1}\ \dot{1}\ 6\ 5\cdot}$
相　顾　无　言，　惟　有　　泪　千　行。

$6\cdot\ \underline{7\ 5\ 5\cdot\ 5\ 5\ 6}\ \underline{\dot{2}\ 7\ 6}\ |\ 6\ \dot{2}\cdot\ \underline{\dot{2}\ \dot{1}\ 6}\ \underline{6\ \dot{1}\cdot}\ \underline{\dot{1}\ \dot{1}\ 6\ 5}\|$
料　得　年　年　肠　断　处，　明　月　夜，　短　松　冈(啊)。

- 622 -

a. 基本结构。

吟诵调《江城子·乙卯正月二十日记梦》全曲结构为 A+B 两个部分。以 a（$\underline{675}\ \underline{2}\dot{5}\cdot$）、b（$\underline{675}\ \underline{2}\dot{6}\dot{7}\ 6$）和 c（$6\dot{2}\dot{2}-$）三个音乐短句为基本旋律形态反复变化运用贯穿全曲。

b. 音阶调式。

调式音阶为 $567\dot{1}\dot{2}$；吟诵调以徵音（5）作为调式主音，以商音（$\dot{2}$）为上句终止所支持的徵终止群体，上下句终止音呈五度关系，调式调性明确，属省略角音的民族六声徵调式。六声调式是指在五声调式基础之上加入一个偏音清角（4）或"变宫（7）构成的调式。

c. 旋律线。

A 段"十年生死两茫茫"至"鬓如霜"旋律围绕"$567\dot{1}\dot{2}$"五音发展变化，旋律组合以主要以 a（$\underline{675}\ \underline{2}\dot{7}\cdot\underline{6765}\ 5$）、b（$\underline{675}\ \underline{2}\dot{6}\dot{7}\ 6$）型短句为主，c（$6\dot{2}\dot{2}-$）型短句作补充。a 型旋律在中音"5"至高音"$\dot{2}$"的五度音程间作回旋起伏，以二度三度（$\underline{675}$、$\underline{2}\dot{7}$）级进为主，偶有四度、五度（$\underline{2}\dot{6}$、$\underline{5}\dot{2}$）跳进，呈平稳而波折的波纹型和峰谷型相结合的旋律形态。如："十年生死两茫茫"（$\underline{675}\ \underline{2}\dot{7}\cdot\underline{6765}\ 5---$）、"无处话凄凉"（$\underline{667}\underline{66}\dot{2}\cdot\underline{676}\ 5$）、"千里孤坟"（$\underline{2}\dot{7}\dot{2}\ \underline{676}\ 5$）、"纵使相逢"（$\underline{675}\ \underline{2}\dot{5}\cdot$）、"自难忘"（$\underline{\dot{1}\ 6}\ 6\ 5\cdot$）。旋律起调"十年"（$\underline{675}$）、"生死"（$\underline{2}\dot{7}\cdot$）、"两茫茫"（$\underline{6765}\ 5---$）以 2+2+3 的吟诵节奏作三次下探，间有五度大跳，"茫"（$5---$）作长时值拖腔，开篇就让人感受到词人思念亡妻时不能自已的悲痛。b 型旋律作先上后下的山峰型和波纹型旋法，如："不思量"（$\underline{6\dot{2}}\cdot\underline{\dot{2}6}\cdot 6-$）、"无处"（$\underline{6676}$）"应不识"（$\underline{5\dot{2}}\cdot\underline{\dot{2}7}\ 6\cdot$）、"尘满面"（$\underline{5676}-$），c 型旋律"鬓如霜"（$\underline{25}\underline{6\dot{2}}-$）作四度、五度跳进，旋律先下再上，呈山谷型旋律形态，杨先生在吟诵"茫、忘、坟、凉"（$5---$、$\underline{65}\cdot$、$\underline{676}\ 5$、$\underline{676}\ 5$）、"量、处、识、面"（$\underline{\dot{2}6}\cdot 6-$、$\underline{676}$、$\underline{\dot{2}76}\cdot$、$\underline{676}$）和"霜"（$\dot{2}-$）等字时做了一字一音或一字多音的长音拖腔处理，间有波音色彩润腔，结合 abc 三种不同形态的悲苦音调生动地表达出词人对亡妻深深的思念和绵绵不尽的哀伤。

- 623 -

B段"夜来幽梦忽还乡"至"短松冈"旋律主干音为"5671̇2̇"，B段旋律在A段旋律的基础上重复发展变化。以"言、年、行、冈（啊）"（6̱5̱、5·、1̱6̱5--、1̇1̱̇6̱5̇）、"梦、有、处"（6̱7̱6、6̱7̱6、2̱7̱6）和"乡、窗、妆"（2̇-、2̇-、2̇）三种风格的拖腔为旋法形成的abc三种旋律短句组合其中，如：a"相顾无言、料得年年、泪千行、短松冈"（2̱6̱ 66̱5̱-、6·7̱5̱5·、6̱1̱·1̱6̱ 5--、6̱1̱·1̱1̱̇6̱ 5），b"夜来幽梦、惟有、断肠处、明月夜"（6̱7̱5̇ 2̱6̱7̇ 6、5̱6̱7̱6-、5̱5̱6̱2̱7̱6），c"忽还乡、小轩窗、正梳妆"（6̱7̱5̱6̇ 2̇-6̱2̇ 2̇-、6̱2̇·2̇）。旋律起调"夜来幽梦忽还乡"（6̱7̱5̇ 2̱6̱7̱6̇ 6̱7̱5̱6̇ 2̇-）在a短句的基础上采用了同头异尾的旋法，融入了b短句的素材（6̱ 2̇-），音调上扬，杨先生吟诵"忽还乡、小轩窗、正梳妆"（6̱7̱5̱6̇ 2̇-、6̱2̇ 2̇-、6̱2̇·2̇）时"6̱2̇"连续三次循环四度跳进，把人带入了诗人和亡妻在故乡相聚重逢的温馨梦境，却是"相顾无言，泪千行"（2̱6̱ 66̱ 5-、6̱1̱·1̱6̱5--），连续的级进下行音调和末字的长吟拖腔，尤其"行"一字多音的四拍长拖腔，如泣如诉，肝肠寸断。结束句"明月夜、短松冈"（6̱2̇·2̱1̱̇6̱，6̱1̱·1̱1̱̇6̱5̇）由高音"2̇"至调式主音"5"以缓坡型和波纹型相结合的旋法层层下行，余音袅袅，凄清幽独，黯然销魂。

d. 节奏腔式。

杨星泉先生在吟诵此篇《江城子·乙卯正月二十日记梦》时根据宜宾方言语音声调行腔，结合诗词格律和X、XX、XXX、XX.XX、X-、X---等丰富的节奏型，形成以a"茫茫、坟、凉、相逢、无言、料得年年、自难忘、泪千行、短松冈"（6̱5̱5---、6̱7̱6̱5̱、6̱7̱6̱5̱、2̇5·、6̱6̱5̱、6·7̱5̱5·、1̱6̱6̱5̱·6̱5̱-、6̱1̱·1̱6̱5--、6̱1̱·1̱1̱̇6̱5̇）、b"量、处、满面、梦、惟有、识、处、夜"（2̱6̱·6-、6̱6̱7̱6、6̱7̱6-、5̱6̱7̱6-、2̱7̱6·、2̱7̱6、2̱1̱̇6），c"如霜、还乡、小轩窗、正梳妆"（5̱6̱2̇-、5̱6̱ 2̇-、6̱2̱2̇-、6̱2̇·2̇）三种一字多音或一字一音长吟拖腔，结束音集中在"56̱2̇"三音上。五言句的第二字"处、有"（6̱7̱6）、七言句的第四字"死、逢、梦"（7·、5·、6̱7̱6）均作拖腔处理，结合下滑音"年"（ˋ）和波音"面、处、夜"（ ）润腔技法的运用增添了吟腔的特色，旋律连绵起伏，凄凉哀怨，沉痛感人。

第四章　四川传统吟诵的基本面貌

5) 杨星泉先生《江城子·乙卯正月二十夜记梦》吟诵概述。

该词词牌在北宋词人张先词注中标注为高平调。该词的吟诵旋律整体在中高音区发展，最高音为 $\dot{2}$，最低音为 5，以 a（$\underline{675}\,\dot{2}\,5\cdot$）、b（$\underline{675}\,\underline{\dot{2}67}\,6$）和 c（$6\underline{22}$-）三个音乐短句为基本旋律形态反复变化运用贯穿始终。

通过分析笔者已基本归纳出杨先生吟诵旋律最高音基本都落在阴平字上。但此词的吟诵旋律有例外，最高音 $\dot{2}$ 不仅出现在阴平字处，还多次出现在阳平字、去声字和入声字处。且该词韵字较多，多采用上平声三江韵，此韵韵腹 a 发音时口腔开度大，收尾音 ng 鼻腔共鸣，整个字音给人震撼、洪亮、深厚的感觉。该词上阕首句"十年生死～两茫茫～～～～，不思量～～～～，自难忘～～"和下阕"惟有～～泪千行～～～～"为全词拖腔最长处，绵延无尽的声韵传递出作者内心无尽的悲怆凄凉。

该词有三言、四言、五言和七言四种句型，杨先生的吟诵节奏按文意进行了灵活调整，基本在第二字处做短暂停顿，有蓄势待发意。该词韵字落音明确，韵字"霜、乡、窗、妆"（$\dot{2}$-、$\dot{2}$-、$\dot{2}$-、$\dot{2}$），拖腔结音落在主干音商音（$\dot{2}$）上；韵字"茫、忘、凉、行、冈"（5---、$\underline{65}\cdot$、$\underline{6765}$、$\dot{1}65$--、$\dot{1}\underline{1}65$），拖腔结音在调式主音徵音（5）上，只有韵字"量"（$\dot{2}6\cdot 6$-）的拖腔结音在主干音羽音（6）上。句末仄声字处也有拖腔，"识、面、处"（$\underline{276}\cdot$、6-、$\underline{276}$），拖腔结音在主干音羽音（6）上。该词吟诵调式调性明确，为民族六声徵调式，吟诵风格鲜明独特，吟诵情感始终弥漫着痛彻心扉的相思怀念。

（10）《苏杭纪游》。

1) 从创作背景方面考察。

此词为杨星泉先生畅游苏州、杭州时所作，期间正值深秋，杭州的阡陌、河畔还留有桂花余香。作者直抒胸臆，希望奉献自己以报效国家，一腔忠贞热血喷洒而出，其高尚的爱国情怀和纯粹的精神追求，读之不禁令人肃然起敬！

2）从文体结构和吟诵节奏方面考察。

苏杭纪游

｜　　　　　！　　　　　　　｜｜
浪 悠 悠， 叶 乘 舟， 寒 山 钟 声 壮 我 游。
｜！｜　　！｜　！
帘 拢 隔 断 西 窗 月， 绿 水 沉 玉 钩。
　　　　！　｜　｜　｜
参 星 初 没 轻 云 外， 西 子 相 邀 楼 外 楼。
｜　｜｜　｜　｜
嫩 寒 乍 起 黄 花 瘦， 江 南 正 清 秋。

　　｜　｜　　｜｜　！｜
苏 堤 畔， 小 瀛 洲， 桂 子 余 香 陌 上 头。
｜｜　｜！｜｜｜
漫 草 荒 烟 眠 女 侠， 换 酒 有 貂 裘。
｜｜　｜｜｜｜
两 鬓 霜 花 休 怠 慢， 长 啸 起 舞 看 吴 钩。
｜！｜　　｜！｜
但 得 此 身 长 报 国， 不 需 万 户 侯。

　　此为杨先生借景抒志的自创式长短句词式。分上下两段，共 102 字。
　　上段首句"浪悠悠，叶乘舟，寒山钟声壮我游"，词人从苏州游过寒山古寺，傍晚乘舟前往杭州，看见朵朵浪花，听见寒山寺雄浑的钟声，似在为作者送行。"帘拢隔断西窗月，绿水沉玉钩"，一句描述悠悠倒映水中的月影，好似一把玉钩。随着参星的慢慢隐没，此刻作者的心已然飞到了西湖之畔的楼外楼，那里翘

— 626 —

首盼望的好友。上段描述词人在旅途中的期盼和欣喜之情。

下段，首句以桂花余香为引子，词人已经描写融入阡陌留香的小瀛洲，畅漾于如画的苏堤畔，通过对葬于西湖孤山的鉴湖女侠秋瑾的追思，点醒自己，即使两鬓斑白，也绝不懈怠时光，此生刚毅坚强，只为以身报国。

"但得此身长报国，不需万户侯。"上段写景，有虚有实，意象丰富，文字细腻，委婉含蓄。于浅吟低唱处包含深情；下段着力于抒情言志，善于用典，语气豪迈，境界绝佳。

杨先生的吟诵节奏为三字句2+1、五字句2+2+1、七字句2+2+2+1。

3）从声韵调系统方面考察。

这首自创式长调，韵字为："舟、游、钩、楼、秋、洲、头、裘、钩、侯"，押下平十一尤韵。徐健顺教授《汉语音义表》总结此韵特点"尤韵源于上古三个韵部，都是中等开口元音，而且往往前有介音，始终小开口而又有变化，最后收于小开口元音，悠长之感最为突出，因此其字多有'舒缓、悠长、温柔'之意"。[1] 汪烜《诗韵析》"潇洒风流、素女悲秋、婉转优悠"。[2]

表4—6—12　　《苏杭纪游》普通话和兴文方言发音差异字

文字	普通话发音	兴文方言发音	异同分析
叶	{ye}51	{y-i}33（入）	韵母由e变为i，调值由普通话的51变成兴文方言的入声字韵33
得	{de}35	{d-ə}33（入）	韵母由e变为ə，调值由普通话的51变为兴文方言的入声字韵33
户	{hu}51	{fu}324	声母由h变为f，调值由普通话的51变为兴文方言的324

注：普通话调值55、35、214、51；兴文方言调值55、31、53、324、33（入）。

---

[1] 徐建顺：《吟诵概论（上）——中华传统读书法》，广西师范大学出版社2019年版，第265页。

[2] 续修四库全书编纂委员会：《续修四库全书》，上海古籍出版社2002年版，第409页。

4）从音乐性方面考察。

a. 基本结构。

吟诵调《苏杭纪游》由 a（22216-）、b（321655--）和 c（1652---）三个音乐短句为基本旋律变化组合的两段体结构。

苏杭记游

杨星泉先生　词
杨星泉先生　吟诵
何　民　记谱

522--- 1652--- | 63332---32 1655-- |
浪悠悠，　　夜乘舟，　寒山钟声　　壮我游。

55 5522 216 - | 616· 55· 2-- |
帘栊　隔断西窗月，　绿水　沉玉　钩。

22· 3331 2 66 | 26221· 61 1655 - |
参星　初没轻云外，　西子相邀　楼外楼。

615· 665 2 216· | 25· 62· 2-- |
嫩寒　乍起黄花瘦，　江南　正清　秋。

25 616· 25 62- | 22133-221 655- |
苏堤畔，小瀛洲，　桂子余香　陌上头。

6152 2· 521 6· | 121· 61 1655 - |
漫草荒烟　眠女侠　换酒　有貂裘。

522· 323 2 6 | 6211 6615 62-- |
两鬓霜花 休息慢　长啸起舞　看吴钩。

32233-112 6- | 621-61· 1655 - |
但得此身　长报国，　不须　万户侯。

6·652 5561 6 | 62 11-61· 165· ‖
但得此身 长报 国，　不须　万户侯。

b. 音阶调式。

调式音阶为$\underline{5}$61235；吟诵调以徵音（5）作为调式主音和结束音，以商音（2）为上句终止所支持的徵终止群体，调式调性明确，属民族五声徵调式。

c. 旋律线。

第一段（上阕）"浪悠悠"至"江南正清秋"共四句，旋律主干音为"$\underline{5}$6123"。第一句"浪悠悠，叶乘舟，寒山钟声壮我游"（$\underline{5}$22--- $\underline{16}\underline{5}$2--- $\underline{63}\underline{33}$2--- $\underline{32}\underline{16}\underline{5}$5--）旋律为 cb 型短句组合，连续三个 c 型旋律开篇，"悠、舟、声、游"（2---、2---、2---、5--）字辅以全曲最高音调和最长时值拖腔，高亢明朗，舒展悠长，第二句"帘拢隔断西窗月，绿水沉玉钩"（$\underline{5}\underline{55}\underline{5}$ $\underline{22}\underline{21}$6- $\underline{61}$6·$\underline{5}$5·2--）ac 型结合，围绕"$\underline{5}$612"四音级进跳进发展，上半句音调相对低沉，后半句尾腔五度上扬，"拢、窗、月、水、玉、钩（5·、2、$\underline{21}$6-、6·、5·、2--）沟"为此句拖腔节点，第三句"参星初没轻云外，西子相邀楼外楼"（22·$\underline{33}$$\underline{3}$ $\underline{12}$6$\underline{6}$· $\underline{26}$ $\underline{22}$1·$\underline{61}$ $\underline{16}$55-）ab 型组合，旋律级进为主，上半句音调明亮，主要在中音区行腔，下半句音调回落，"星、邀"（2·、$\underline{22}$1·）字句中拖腔，"外、楼"（$\underline{12}$6$\underline{6}$·、$\underline{16}$55-）字句末拖腔，第四句"嫩寒乍起黄花瘦，江南正清秋"（$\underline{61}$5·$\underline{66}$5$\underline{22}$1$\underline{6}$· $\underline{25}$·$\underline{62}$·2--），为第二句变化再现，ac 短句结合，"寒、花、瘦、南、清、秋"（5·、2、$\underline{21}$6-、5·、2·、2--）作第二句相同节奏处理，音调回归明朗。

第二段（下阕）"苏堤畔"至"不须万户侯"，末句复沓，共五句，继续围绕"$\underline{5}$6123"五声旋律发展，第一句"苏堤畔，小瀛洲，桂子余香陌上头"（$\underline{25}$6$\underline{1}$6·$\underline{25}$$\underline{6}$2- $\underline{22}$ $\underline{13}$3-$\underline{22}$1$\underline{6}$55-）旋律 cab 型短句结合，前半句跳进（$\underline{25}$、$\underline{25}$、$\underline{6}$2-）为主，后半句连续级进，"堤、畔、瀛、洲、香、头"（5、$\underline{16}$·、$\underline{56}$、2-、$\underline{33}$-、$\underline{6}$55-）字不同音高和时值拖腔，第二句"漫草荒烟眠女侠，换酒有貂裘"（$\underline{61}$5 $\underline{22}$·$\underline{52}$ $\underline{16}$· $\underline{12}$1·$\underline{61}$ $\underline{16}$55-）旋律 ab 型组合，上半句跳进级进结合，下半句级进发展，"烟、侠、酒、裘"（2·、$\underline{16}$·、1·、$\underline{16}$55-）字形成明显拖腔节点，第三句"两鬓霜花休怠慢，长啸起舞看吴钩"（$\underline{5}$2 $\underline{22}$·$\underline{32}\underline{32}$6 $\underline{6}$2 $\underline{11}$6 $\underline{61}$$\underline{5}$62--）ac 型短句组合，前半句旋律主要围绕"23"两音发展，后半句尾腔

上扬，此句音调高亢而舒展，"花、慢、舞、吴、钩"（2·、26、16、56、2--）字为拖腔节点，末句"但得此身长报国，不须万户侯"（32 233-1126-621-621-1655-）上半句为 a 型旋律，以"123"三音级进为主作全曲最高音调发展，下半句作 b 型旋律平稳回落，"身、须"（33-、21-）字长吟，"国、侯"（26-、1655-）字句末拖腔，末句复沓（6·6 525 5616 6211-61·165-），旋律围绕"561"三音级进跳进组合，以平稳而低沉的音调主音（5-）作结，全曲终止。

d. 节奏腔式。

吟诵调《苏杭纪游》结合 XX、XXX、XX·、XXX、X---节奏型，三字句中第二字"乘、堤、瀛"（6·、5·、5）适当延长，末字"悠、舟、畔、洲"（2---、2---、26·、2-）句末拖腔，吟诵节奏为 2+1。五字句中第二字"水、南、酒、须、须（复沓处）"（6·、5·、1·、21-、211-）、第四字"玉、清、户"（5·、2·、1·）和末字"钩、秋、裘、候"（2--、2--、1655-、1655-）为拖腔节点，吟诵节奏为 2+2+1 和 2+3。七字句中第二字"拢、星、寒"（5·、2·、5·）、第四字"声、邀、香、烟、花、舞、身、身（复沓处）"（32---、21·、33-、2·、2·、13、3-、2）、第六字"窗、花、上、吴、报（复沓处）"（2、2、21、5、56）以及末字"游、月、外、楼、瘦、头、侠、慢、钩、国、国（复沓处）"（1655--、216-、26、1655-、216·、655-、16·、26、2--、26-、16）形成明显的拖腔节点，吟诵节奏为 4+3、2+4+1 和 4+2+1。杨老吟诵此篇《苏杭纪游》时，遵循宜宾兴文方言发音和声调行腔，形成仄声字和入声字结束的"西窗月、轻云外、黄花瘦、苏堤畔、眠女侠、休息慢、长报国、长报国（复沓处）"（22216-、3 1266·、52216、25616·、52 16、32326、1126-、5 5616）、阳平字结束的"壮我游、楼外楼、陌上头、有貂裘、万户侯、万户侯（复沓处）"（3 21655--、61 1655-、221 655-、61 1655-、61·1655-、61·165·）、阴平字结束的"浪悠悠、夜乘舟、沉玉钩、正清秋、小瀛洲、看吴钩"（522---、1652---、55·2--、62·2--、2562-、61562--）的 a（22216-）、b（321655--）和 c（1652---）三种特色拖腔，末字"外、瘦、侠、慢、国"（26，6，216、

第四章 四川传统吟诵的基本面貌

16·、、2,6、26-)字辅以波音润饰长音拖腔，吟诵调婉转流畅，韵致悠扬，独具地方风格和韵味。

5）杨星泉先生《苏杭纪游》吟诵概述。

上段首句"浪悠悠～～～～～～～，叶乘舟～～～～，寒山钟声～～～～壮我游～～～～"，此句为全词拖腔最长处，传递出作者在旅途之中的悠闲惬意之情，为下文雄心壮志的表达埋下了伏笔和对比。

下段结尾句"但得此身～长报国～～～，不需～～～万户侯～～～。"此句为全词拖腔第二长处，表达了作者报效祖国的志向和决心。

该词有三字句、五字句和七字句。整体吟诵节奏悠然缓慢，表现在五言句中，多为2+2+1节奏；在七字句中，则根据文意进行灵活调整，有2+4+1、4+2+1、4+3节奏，并不雷同。

分析诗中句末字，不论是否韵字均为长拖腔，且为该句中所占时值最长处；韵字所占时值较句尾非韵字相对更长。韵字"舟、钩（第一个）、秋、洲、钩（第二个）"（2--、2--、2--、2-、2--）一字一音长拖腔，拖腔结音在主干音商音（2）上；韵字"游、楼、头、裘、侯（第一个）、侯（第二个）"（1655--、1655-、655-、1655-、1655-、165·），作一字多音相同音调句末拖腔处理，结音在调式主音徵音（5）上；仄声结尾字"月、外、瘦、侠、慢、国（第一个）、国（第二个）"（216-、266、216、16·、26、26-、16）拖腔结音在主干音羽音（6）上。

该吟诵旋律整体在中低音区发展，最高音级为中音3，最低音级为5，音域跨度为六度，调式调性明确，为民族六声徵调式。杨先生通过吟诵完美表达了其平静细腻、卓然淡雅的胸怀情致。

（11）《滕王阁序》。

1）从创作背景方面考察。

滕王阁为唐永徽四年（653），唐高祖李渊之子滕王李元婴为洪州都督时所建，以封号为名，曰洪府滕王阁，故址在今江西南昌市赣江滨。滕王阁建

— 631 —

成后，历经唐、宋、元、明、清等封建王朝，一千多年来毁而复建达几十次，民国十五年（1926）又毁于战火，1989年10月8日再次重新建成。

此文创作时间有二：唐末五代时人王定保《唐摭言》记载："王勃著《滕王阁序》，时年十四"，时王勃之父任六合县（今属江苏）令，王勃赴六合探亲经过洪州（今江西南昌）所作；且此篇序文中有"童子何知，躬逢胜饯"之语，可佐证其为一说，另一说为元代辛文房《唐才子传》言，唐高宗上元二年（675），王勃之父任交趾县令（越南河内西北），王勃探亲路过洪州时所作。适逢洪州都督阎公重修此阁，并于九九重阳之际大宴宾客于滕王阁，王勃亦应邀赴宴，本文出于宴席上的即兴之作，文章原题目《秋日登洪府滕王阁饯别序》为《滕王阁诗》的序文。①

2）从文体结构和吟诵节奏方面考察。

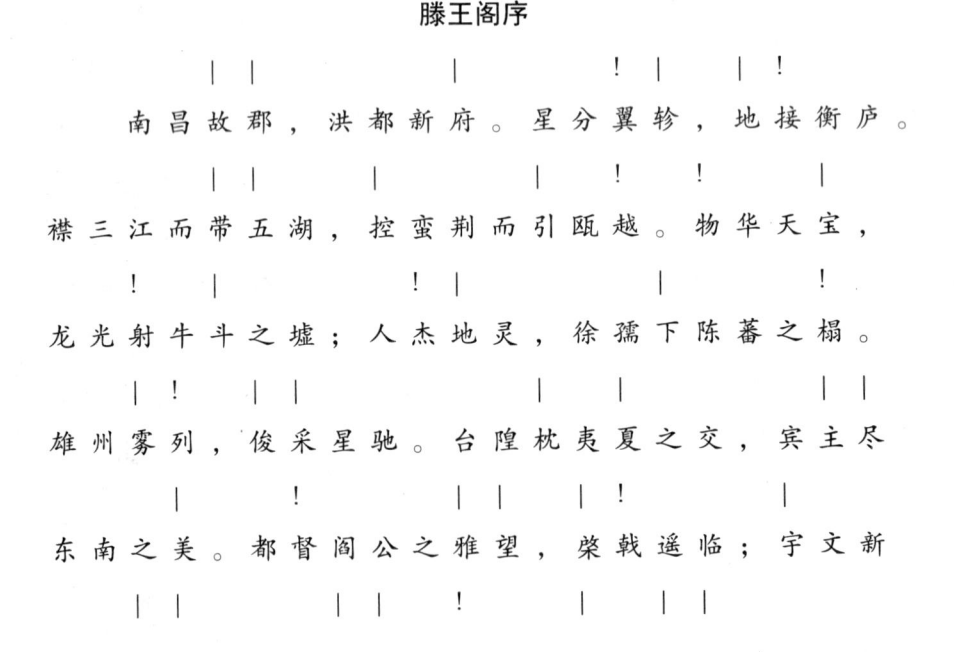

滕王阁序

南昌故郡，洪都新府。星分翼轸，地接衡庐。襟三江而带五湖，控蛮荆而引瓯越。物华天宝，龙光射牛斗之墟；人杰地灵，徐孺下陈蕃之榻。雄州雾列，俊采星驰。台隍枕夷夏之交，宾主尽东南之美。都督阎公之雅望，棨戟遥临；宇文新

---

① 顾玲玲：《识人·鉴美·悟情——以〈滕王阁序〉为例谈文言文的阅读策略》，《语文教学之友》2019年第4期。

第四章　四川传统吟诵的基本面貌

州之懿范，襜帷暂驻。十旬休假，胜友如云；千
｜　　　　｜　｜　　｜｜　｜！｜
里逢迎，高朋满座。腾蛟起凤，孟学士之词宗；
｜｜　　　｜　｜　　｜｜　　！｜　｜｜！
紫电清霜，王将军之武库。家君作宰，路出名区；
　　　　　　　　｜　　　｜｜
童子何知，躬逢胜饯。

　　《滕王阁序》是一篇骈体文，其中主要以四字句和六字句为主，强调对偶对仗，俗称"四六"，杂以七字句，三字句，二字句，乃至一字句。三、四字句用于文中段落的开始或转折，六、七字句连用，多为叙述。[①]四字句的创作方法来自《诗经》，六字句则多受楚辞的影响。上下句的格律一般是相反的，有如对联，但上下句格律有时也出现一致的情况。

　　杨先生的吟诵节选于全文的第一部分，历叙洪都雄伟的地势、丰富的物产、杰出的人才以及宴中尊贵的宾客，紧扣题中"洪府"二字，为后文写景进行铺垫。"南昌/故郡，洪都/新府。"四字对，文章开头从洪府着笔以四字句起，由古及今，写称名的沿革，说明历史久远。"星分/翼轸，地接衡/庐。"四字对，从星宿对应到地理位置，描写洪州界域广大，辖境辽阔。"襟三江/而带五湖，控蛮荆而/引瓯越。"七字对，"襟、带、控、引"四个动词连用，生动描绘出洪州坐镇中央，威震四方的气势。

　　"物华/天宝，龙光/射牛斗/之墟；人杰地/灵，徐孺/下陈蕃/之榻。"两个四七句相对，通过渲染和铺垫，高度赞美了此地的人杰地灵。

　　"雄州/雾列，俊采/星驰。台隍/枕夷夏/之交，宾主/尽东南/之美。"两句承上启下，续写"雄州""台隍"的洪府位置，对前面内容进行总结；"俊

[①] 卢菡清：《文言文教学中的美学探究——以〈滕王阁序〉一课为例》，《教育观察》2019年第17期。

采""宾主"句,为引出下文做了铺垫。

"都督阎公/之雅望,棨戟遥/临;宇文/新州/之懿范,襜帷/暂驻。"赞主人雅望,颂宇文懿范,突出与会者中的两位贤达名士。

"十旬/休假,胜友/如云;千里逢/迎,高朋/满座。"称赞胜友如云高朋满座。

"腾蛟/起凤,孟学士/之词宗;紫电/清霜,王将军/之武库。"两个四六句,称赞宴会中文武齐集、翘楚皆至。

"家君/作宰,路出/名区;童子/何知,躬逢/胜饯。"最后作者谦虚内敛而又自然顺畅地介绍自己,至此,宴会人物介绍结束,第一段亦结束。文章在句式上极为考究,使整篇文章文从字顺,一气呵成,气势磅礴,恢弘大气。

杨先生的吟诵节奏详见上文各章句中。

3)从声韵调系统方面考察。

该文为骈体,全篇以双句为主,不论几对,均平仄相协,声律铿锵优美。其中,"府"押七虞(仄)上声韵;"驻"押七遇(仄)去声韵;"庐、墟"押六鱼(平)声韵;"湖、区"押七虞(平)声韵。在《词林正韵》第四部中,平声"六鱼、七虞"通用;上声"六语、七虞"通用;去声"六御、七遇"通用。[①]

表4—6—13 《滕王阁序》普通话和兴文方言发音差异字

文字	普通话发音	兴文方言发音	异同分析
湖	{hu}35	{fu}31	声母是地方发音,由 h 变为 f,调值由普通话的 35 变为兴文方言的 31
鸥	{ou}55	{ŋ-ou}55	方言习惯的发音,由零声母变为 ŋ 声母,调值不变
射	{she}51	{s-ə}324	声母由翘舌 sh 变为平舌 s,韵母是四川方言发音,由 e 变为ə,调值由普通话的 51 变为兴文方言的 324

注:普通话调值55、35、214、51;兴文方言调值55、31、53、324、33(入)。

---

① (清)戈载:《词林正韵》第2卷,上海古籍出版社2009年版,第85页。

4）从音乐性方面考察。

a. 基本结构。

吟诵旋律《滕王阁序》（节选）全曲结构为 A+B 两个部分。以 a（15·223 2）、b（231 1）和 c（25 231 25 5）三个音乐短句为基本旋律形态反复变化运用贯穿全曲。

滕王阁序

王 勃　（唐）
杨星泉先生 吟诵
李 娟　记谱

15·2 2 3 2	1 5 5 3 2 1	5 5 2 5·	2 3 1 1
豫章 故郡，	洪都 新府。	星分 翼轸，	地接 衡庐。

5 5 5·1 2 3 1	2 3 1 5 1 2 5 3 2	2 3 1 5 2 3 2
襟三江 而带五湖，	控蛮荆 而引瓯越。	物华 天宝，

2 5 2 3 1 2 5 5	1 1 2 3 1	1 1·2 3 1 1 5 5 3 2
龙光 射牛斗之墟；	人杰 地灵，	徐孺 下陈蕃之榻。

1 5 3 2·	2 3 2 5 1	1 1·2 1 2 5 5 —
雄州 雾列，	俊采 星驰。	台隍 枕夷夏之交，

5 3 2 5 2 5 3 2	5 3 1 5 3 2 —	2 3 1 1
宾主 尽东南之美。	都督阎公之雅望，	棨戟遥临；

2 3 1 5 5 5 2 3 2	1 1 2 3 2	1 1·5 1·
宇文新州之懿范，	襜帷 暂驻。	十旬 休假，

2 3 2 1 1·	5 3 1 1	5 1 3 2 3 2	1 5 3 2 3 2
胜友 如云，	千里逢迎，	高朋 满座。	腾蛟 起凤，

2 3 2 2 5 1 5	3 2 5 5·	1 5 5 5 3 2 3 2
孟学士之词宗；	紫电 青霜，	王将军之武库。

5 5 3 2·	2 3 2 1 5·	1 2 1 5·	5 1·2 2 3 2
家君 作宰，	路出 名区；	童子 何知，	躬逢 胜饯。

b. 音阶调式。

调式音阶为1235；吟诵调为四音列（1235）曲调，出现（13）大三度音程，以徵音（5）作为调式主音。以宫（1）、商（2）音为上句终止所支持的徵终止群体，四音曲调式调性具有游离性与确定性，调式调性确定与否，在于曲调中是否有大三度音程，很显然此调式调性明确，属徵调式四音曲。

c. 旋律线。

A段（"豫章故郡"至"宾主尽东南之美"），旋律主干音为"1235"，主要以 a（15·223 2）、b（231 1）和 c（231 25 5）三个音乐短句变换重复组合其中，a型旋律以二度、三度音程（2232、532、11 23 2）级进为主，伴有四度、五度音程（5·2、15·、15）跳进，呈山峰型和波纹型相结合的旋律形态，如："豫章故郡"（15·223 2）、"雄州雾列"（15 32·）、"番之榻"（15 532）、"控蛮荆而引瓯越"（231 51 25 32）、"物华天宝"（231 5232）、"宾主尽东南之美"（532 52 532）。句末为一字多音长吟拖腔或短拖腔："郡、榻、越、宝、列、美"（232、532、32、23 2、2·、2），结音均在商音"2"。"列"作波音润饰，b型旋律句幅较短，围绕"1235"在五度音程间发展变化，如："地接衡庐"（231 1）、"人杰地灵"（1123 1）、"俊采星驰"（232 51）、"襟三江而带五湖"（55 51 223 1）、"洪都新府"（15 53 21），句末多为一字一音短拖腔和一处长拖腔或不拖腔："府、庐、湖、灵"（321、1、1、1）结音均在宫音"1"。"灵"作下滑音处理。c型旋律以级进和四度跳进结合，如："星分翼轸"（55 25·）、"龙光射牛斗之墟"（25 231 255）、"台隍枕夷夏之交"（11·、21 25 5-）。句末为一字多音长吟拖腔或短拖腔："交、轸、墟"（5-、5·、5），结音均在徵音"5"。

B段"都督阁公之雅望"至"躬逢胜饯"，旋律继续作abc型相结合变化发展，在A段的基础上，a短句的变体出现的频率增多："都督阁公之雅望"（5315532-）、"高朋满座"（513232）、"家君作宰"（55 32·）、"躬逢胜饯"（51·2232）、"王将军之武库"（155 53 232）、"宇文新州之懿范"（231 55 523 2）杨先生在吟诵"望、座、宰、饯、范"（2-、232、2·、232、2）

第四章　四川传统吟诵的基本面貌

末字时均作一字多音或一字一音长吟拖腔一字。"库"（232）作一字多音短拖腔。"望、驻、范"均作波音润饰，"迎、凤"作下滑音处理。

整首吟诵旋律旋律在中音区发展，素材简练，曲调在平稳中稍有起伏，乐句之间相互衔接，作变化重复发展。

d. 节奏腔式。

吟诵旋律《滕王阁序》旋律素材简洁，节奏分明，旋律随字腔的变化而变化。大量使用二分、四分、八分、十六分音符组成丰富的节奏型：X、XX、XXX、XX.XX、X-，各种节奏型有机结合，形态丰富。拖腔的运用在 abc 音乐短句的基础上分为三类：a "郡、榻、越、宝、列、美、望、座、宰、饯、范"（232、532、32、232、2·、2、2-、232、2·、232、2），b "府、庐、湖、灵、临、迎"（321、1、1、1、1、1），c "交、轸、墟、宗、霜、区、知"（5-、5·、5、5、5·、5·、5·），结束音分别在"215"三音上。结合上波音"望、驻、范"（⌢）和下滑音"迎、凤"（﹨）润腔技法的运用形成古朴自然的独特吟腔。

5. 杨星泉先生《滕王阁序》吟诵概述。

该吟诵选段属骈文文体，多以对偶句为主，句法整齐，平仄相协，文句在声律上亦十分考究，从每句尾字的平仄来看，几乎大多数句末仄声字（含上声、去声和入声字）以商音"2"结尾，句末平声字以宫音"1"和徵音"5"结尾，以宫音"1"结尾的字多为阳平字，以徵音"5"结尾的字多为阴平字。这与兴文方言的四声调值"阴平、阳平、上、去、入"所对应的调值"55、31、42、324、33"有着直接的对应关系，说明杨先生依据其母语按兴文方言的四声调值行腔。

杨先生在吟诵时按照其文体特点紧扣文意，分为七个小段进行旋律回环（具体参见"文体结构"内容）。以商音"2"结尾的音乐短句2232为各小段的开始和结尾处，对应文字为仄声字。以宫音"1"结尾的音乐短句2311、5321和徵音"5"结尾的音乐短句为各小段的陈述句，多为平声字。

句中文字节奏紧凑，大多为一字一音，句尾多有较长时值拖腔，基本以诵读为主，唱读为辅，但旋律依旧高低曲折、舒缓流畅。

（12）《声律启蒙》。

1）从创作背景方面考察。

车万育（1632—1705），字双亭，一字与三，号鹤田，湖南邵阳人，康熙甲辰进士，官至兵科掌印给事中。唐代，对仗日趋严格，出现了专门的对仗教学。平水韵形成之后，音韵对仗教学更是不断发展，到了清代，科举开始的规定发生变化，儒童入学考试时增加五言六韵诗并取消携带韵书入场，车万育编著的《声律启蒙》和李渔编著的《笠翁对韵》因适应科考要求而逐渐盛行，一直延用至今，影响甚大。

2）从文体结构和吟诵节奏方面考察。

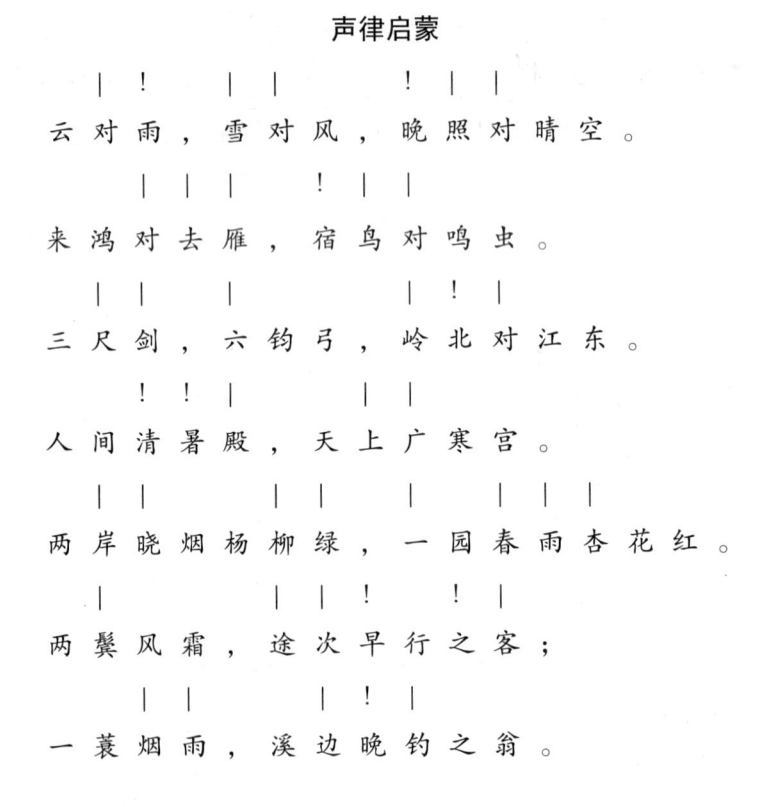

声律启蒙

云对雨，雪对风，晚照对晴空。

来鸿对去雁，宿鸟对鸣虫。

三尺剑，六钧弓，岭北对江东。

人间清暑殿，天上广寒宫。

两岸晓烟杨柳绿，一园春雨杏花红。

两鬓风霜，途次早行之客；

一蓑烟雨，溪边晚钓之翁。

《声律启蒙》按古代韵书《平水韵》平声三十韵部编写。分为上下两卷，称为上平声、下平声,共计三十部。每一韵部由三段构成,每段含八个韵脚,三段之中有重复的韵脚用字,但每段之中都没有重复的韵脚,每段均是一个独立的结构单元。每段从一字对、二字对、三字对、五字对、七字对到十一字对,由简至繁,层层属对、层层叠加,平仄相协,琅琅上口。①

吟诵选段选自《声律启蒙》上平声卷一东韵部。

杨先生的吟诵节奏为三言句2+1、四言句2+2、五言句2+2+1、六言句2+2+2、七言句2+2+2+1。

3)从声韵调系统方面考察。

这则十六句韵文用了"雪、晚、北、清、暑、早、之、晚"八个入声字,韵文的韵脚依次为"风、空、虫、弓、东、宫、红、翁"八个韵脚。都属于平水韵中"一东"韵部。

表4—6—14　　《声律启蒙》普通话和兴文方言发音差异字

文字	普通话发音	兴文方言发音	异同分析
风	{feng}55	{f-ong}55	韵母由eng变为ong,调值不变
宿	{su}51	{x-io}324	声韵母都有改变,声母由s变为x,韵母由u变为io,调值由普通话的51变为兴文方言的324
北	{bei}214	{b-ə}31	韵母由e变为ə,调值由普通话的214变为地兴文方言的31
岸	{an}51	{ŋ-an}324	由零声母变为ŋ声母,调值由普通话的51变为方言的324
绿	{lv}51	{l-u}324	韵母由ü韵变为u韵,调值由普通话的51变为兴文方言的324
翁	{weng}55	{ong}55	由w声母变为零声母,直接发音韵母ong,调值不变

注:普通话调值55、35、214、51;兴文方言调值55、31、53、324、33(入)。

---

① 肖园园:《新雅乐运用于儿童音乐教学的实证分析——以〈声律启蒙〉为例》,《大众文艺》2019年第19期。

韵文从单字对到双字对，三字对、五字对、七字对到十一字对，对仗工整，层层叠加，且声韵协调，抑扬顿挫、铿锵优美、诗意盎然、琅琅上口，可以扩大语音、词汇、典故、修辞的训练。如此，使得《声律启蒙》在众多蒙书中独具一格，经久不衰。

流沙河先生曾经说过："《声律启蒙》选用的是《平水韵》每个韵的常用韵字，如果记熟了，在以后作诗就很容易了。"

4）从音乐性方面考察。

声律启蒙

车万育（清）
杨星泉先生 吟诵
何民 记谱

```
1 23 2̃ - 2 2· 5 -  | 3 2 3·  3 2 6 5 - - |
云  对 雨， 雪 对 风，   晚  照    对 晴  空。

1 1· 2 2 3̃2 2 -    | 3 3·  3 2 1  1 - |
来 鸿  对 去 雁，    宿 鸟   对 鸣 虫。

5 3 2·  2 5·  5 -  | 3  2·   2 5·  5 - |
三 尺 剑， 六 钓 弓，  岭  北   对 江  东。

1 5·  5 3 2̃ -    | 5 2·  2 1 6  5 - |
人 间  清 暑 殿，  天 上   广 寒 宫。

3 2 2 5·  1 2 3̃ -  | 1 6·  5 5 3 2 2  2 5 3 2 1· |
两 岸 晓 烟  杨 柳 绿， 一 园  春 雨      杏 花  红。

2  5  5  5 -    | 1 2·  2 3 1 6  5 2· |
两 袭 风 霜，    途 次   早 行 之 客。

2 5  5 3̃ 2 -   | 5 5·  3 2 5  5· |
一 蓑 烟 雨，    溪 边  晚 钓 之 翁。
```

a. 基本结构。

该吟诵旋律为节选《声律启蒙》上卷韵目"一东"的第一则，由 a（1232-）、

- 640 -

b（2̲2̲·5-）和 c（3̲2̲1̲1）三个音乐短句为基本旋律变化组合的六句构成的单段体结构。

b. 音阶调式。

调式音阶为 561235；吟诵旋律以徵（5）音作为调式主音和结束音，以宫（1）、商（2）音为上句终止所支持的徵终止群体，上下句的终止音呈四度五度关系，属民族五声徵调式。

c. 旋律线。

第一句 1̲2̲3̲2̲-2̲2̲·5-3̲2̲3̲·3̲2̲6̲5--（云对雨，雪对风，晚照对晴空）包括两个一字对句，一个两字对句，ab 型音乐短句组合，在主干音"1235"四音连接中变化发展，"云对雨，雪对风"（1̲2̲3̲2̲-2̲2̲·5-）旋律级进后尾腔四度上扬，"晚照对晴空"（3̲2̲3̲·3̲2̲6̲5--）级进后的七度上行大跳，"雨、照"（2-、2̲3̲·）适当延长，句末韵字"风、空"（5-、5--）给予最高音调长音拖腔处理，曲调明快而流畅。

第二句 1̲1̲·2̲2̲3̲2̲2̲-3̲3̲·3̲2̲1̲1-（来鸿对去雁、宿鸟对鸣虫）两个对句在"123"三音中平稳级进，ac 型短句结合，"来鸿对去雁"（1̲1̲·2̲2̲3̲2̲2̲-）同音反复级进结合，"宿鸟对鸣虫"（3̲3̲·3̲2̲1̲1-）级进下行，"鸿、鸟、鸣"（1̲·、3̲·、2̲1̲）适当延长，末字"雁、虫"（2̲2̲-、1-）句末长吟，整体呈现为平稳而波折的波纹型旋律形态，素材简洁，旋法简单，音调灵动。

第三句 5̲3̲2̲·2̲5̲·5-3̲2̲·2̲5̲·5-（三尺剑，六钧弓，岭北对江东）ab 型短句结合，旋律为第一句的变化再现，围绕"235"三音变化起伏，"三尺剑，六钧弓"（5̲3̲2̲·2̲5̲·5-）逐级下行后四度上扬，"岭北对江东"（3̲2̲·2̲5̲·5）级进后四度跳转，前后两句采用相同素材和旋法，"剑、北"（2·、2·）字句中拖腔，韵字"弓、东"（5-、5-）作相同时值和音高句末拖腔长吟，音调明朗开阔。

第四句 1̲5̲·5̲3̲2̲-5̲2̲·2̲1̲6̲5-（人间清暑殿，天上广寒宫）旋律主干音为"1235"，a 型短句"人间清暑殿"（1̲5̲·5̲3̲2̲-）五度上行后在逐级下行，b 型短句"天上广寒宫"（5̲2̲·2̲1̲6̲5-）跳进级进下行后七度跳转，"间、上"

（5̲、2̲·）字适当拖腔，末字"殿、宫"（2-、5-）相同时值句末长吟，音调明亮活泼。

第五句 32 25·1232- 16·5532225321·（两岸晓烟杨柳绿，一园春雨杏花红）字数增加，句幅扩充，旋律继续围绕"1235"四音变化起伏，bac 型短句组合连接，"两岸晓烟杨柳绿"（32 25·1232-）级进上行后回落，"一园春雨杏花红"（16·5532 225321·）级进跳进结合，"烟、雨"（5·、5̲3̲2̲2̲）句中拖腔，末字"绿、红"（2-、1·）句末拖腔，旋律平稳中有起伏，音调清新俊逸。

第六句 25 555- 12·2316 52· 25532- 55·32 55·（两鬓风霜，途次早行之客。一蓑烟雨，西边晚钓之翁）主干音为"1235"，"两鬓风霜"（25 555-）四度小跳后连续同音反复，"途次早行之客"（12·2316 52·）级进后跳进发展上下交替，"一蓑烟雨"（25532-）四字连读方言发音，"西边晚钓之翁"（55·32 55·）同音反复级进结合，"次、边"（2·、5·）字适当延长，"客、翁"（2·、5·）字拖腔长吟，旋律作 ab 型短句变化组合，循环起伏，错落有致。

d. 节奏腔式。

杨星泉先生在吟诵此篇《声律启蒙》时，遵循了宜宾兴文方言语音自然规律，读诵为主，句中"对、照、鸿、鸟、北、间、上、次、边"（2·、23·、1̲、3̲、2̲、5̲、2̲、2̲、5̲·）字均作附点延长，韵字"风、空、虫、弓、东、宫、红、翁"（5-、5--、1-、5-、5-、5-、21·、5·）均作句末长音拖腔处理，结合音频资料和吟诵谱例分析发现，此吟诵调由"云对雨、对去雁、三尺剑、清暑殿、杨柳绿、一园春雨、早行之客、一蓑烟雨"（1232-、22322-、532·、532-、1232-、16·55322、2316 52·、25532-）、"雪对风、对晴空、六钧弓、对江东、广寒宫、两岸晓烟、两鬓风霜、晚钓之翁"（22·5-、3265--、25·5-、25·5-、216̲5-、32 25·、25 555-、32 55·）和"对鸣虫、杏花红"（3211-、25321·）的 a（1232-）、b（22·5-）和 c（3211）三种不同音调的音乐短句为基本吟腔贯穿全曲，进一步分析发现，短句中拖腔节点商音（2）均对应仄声

- 642 -

字和入声字，徵音（5）皆对应阴平字，而宫音（1）则对应阳平字，其中"雨、雁、剑、北、殿、绿、客"字辅以波音（⌢）色彩润腔，字腔腔格更为细腻，吟诵调声韵协调，琅琅上口。

5）杨星泉先生《声律启蒙》吟诵概述。

该吟诵选段为《声律启蒙》"一东"韵内容，从一字对、二字对、三字对、五字对到七字对，平仄相协，共八个韵脚。吟诵调中，句末多为"一东"韵的平声字，阴平字以徵音"5"结尾，阳平字以宫音"1"结尾，句末仄声字多以商音"2"结尾；其调式调性明确，属民族五声徵调式。

"一东"韵腹 o，为宽元音，舌头与上颚的距离较宽大，因口腔和鼻腔的共鸣故发出的声响较大，在兴文方言中阴平字调值为 55，响度最大，杨先生对"一东"韵字基本以旋律中的最高音"5"出现。吟诵旋律主要在中音区循环发展，最高音为徵音"5"，最低音为"6"，音域跨度七度，素材简练，句中文字节奏紧凑，大多为一字一音，以诵读为主，唱读为辅，声韵协调、抑扬顿挫。

7. 杨星泉先生宜宾传统吟诵特点。

（1）平高仄浅，兴文方言行腔。

汉字的调值是按单字重读和作词尾字的发音而言的，其音高是在这些条件下的相对音高，非各字的绝对音高。兴文方言的语音高低与平仄声调的关系，反映在杨先生的吟诵乐音上，就是其吟诵音调的"平高仄浅"。在兴文方言中，阴平字的调值为 55，其他声调（包括阳平字）的发音都相对要低。依声调行腔，平声总是趋向于高声，仄声总是趋向于低音或变度音，尤其在平仄相连时，平声一般要比仄声高出四到五个音级。"平高仄浅"的规律在杨先生的所有诗词文赋吟诵中都表达得异常清晰。

除了兴文方言的影响，杨先生对诗文情感的处理是造成"平高仄浅"的另一个重要原因，通过对声音轻重的控制，突显语法重音、逻辑重音、修辞重音。

在杨先生的所有吟诵旋律中,以五声正音为主,整体音域不宽,但依然能给听者造成起伏跌宕的旋律感和高低有序的抗坠感,依据方言四声调值形成的"平高仄浅"的宜宾传统吟诵基本方法,使其吟诵旋律线形成了由低向高再由高向低的山峰型形态和由高向低再由低向高的山谷型形态,以及峰谷交替组合的形态,彰显出吟诵旋律推进发展过程中的动力感。

（2）声腔质朴,衬字润腔丰富。

宜宾传统吟诵主要使用真声平腔的自然发声方法,以口腔、咽腔、鼻腔的共鸣的比例较大,声音集中明亮,吟诵时绝无高腔假声,除充分运用各声腔共鸣之外,在吟诵中杨先生处处体现着宜宾传统吟诵的最初状态,坚持书斋学堂中的读书原则,声音发出之时便将自我"代入"教室之中,书房之内,让自己身临其境,让声音回归读书。

杨先生的宜宾传统吟诵注重使用衬字,且多用衬字"啊""那"作一字多音的长音拖腔,使得旋律生动,字腔丰富,起到了锦上添花的作用。作为一种突出的吟诵特点,衬字既有乐音上的装饰性又在一定程度上横向补充和发展旋律,古人称衬字所表达的腔音为"无辞之声",在某种意义上起到了音乐独立的表情作用。

此外,杨先生的宜宾传统吟诵善于运用润腔增加情感,有其独特的韵味方法,往往不受绝对音高和均分律动的约束,旋律音高和节奏处理方式,均贯彻其宜宾兴文方言声调的发音特点,较多的装饰性吟诵润腔不宜用绝对音高来表现,主要靠吟诵者的吟诵感受和吟诵习惯得以呈现。

从笔者田野调查的采录情况看,一般被采录的老先生绝大多数没有受过西洋或是传统音乐的训练,从理性上并不认知所谓的"do、re、mi"或"上尺工",他们只按表达诗歌感情意境的需要,长期研习养成的音乐直感和个人习惯来吟诵,往往自由即兴,在音高上常会出现游移性、不稳定性和不合律性。传统吟诵通常为一字一音比重较大,句内字字之间的节奏均匀简单,即使有一些润腔技巧,也主要为适应字的声调变化或两字间接续需要而产生的

"装饰"，质朴古拙。

通过研究发现，杨先生的吟诵音高非常准确和律，节奏丰富疏密有致，旋律较为曲折委婉细腻，一字长音或多音的情况较多。由于汉语的语言特点和中国古典哲学"变异一体"的思维模式，中国传统音乐音高、力度、音色等均有其独特之处，表现在吟诵中则呈现"音高变化的音"，与朝鲜语中的"摇声"相似，即将两三个不同的音级进行组合而称之为"一个音"。杨先生吟诵也普遍出现此种情况，反映在吟诵谱面上则表现为倚、滑、波、颤等各种"装饰"润腔，恰恰正是这些润腔让闻者回味无穷，欲说还休无法用文字详尽准确描述的神韵所在。

（3）终止式稳定，调式调性明确。

宜宾传统吟诵属于中国传统音乐的文人音乐，具有典型的民族调式，调式作为旋律曲调的结构形式是一个独立音乐形态的"灵魂"和"中枢神经"，笔者通过记谱读谱和吟诵学唱对宜宾传统吟诵的调式调性进行了民族调式音阶的分析。

笔者发现，杨先生的吟诵旋律，均为民族五声徵调式或加一个偏音变宫"7"的民族六声徵调式。

所谓"终止群体"是指以一首独立乐曲为单位，各个腔句的终止按一定的调式逻辑，组成一个小的终止群体，同性质的小终止群体的乐曲，组成大终止群体。"终止"在传统音乐中具有举足轻重的重要地位，终止的旋律、终止式与调式，渗透着深刻的民族性与区域审美意识。一般而言，传统音乐的终止式具有明显的稳定性和传承性，传统吟诵也不例外。故而研究宜宾传统吟诵的终止式，对探究其渊源、种属与调式体系，深化理性认识，具有重要的现实意义和实践价值。

杨先生有 11 首吟诵旋律为徵终止群体，虽为同类调式，但含有不同的支持音。如《登岳阳楼》这种调式的上句终止柔和，下句稳健，是一种文静内敛的徵调式形态；《江城子·乙卯正月二十日记梦》调式形态略显悲凉；《滕王阁序》此种调式形态在文的吟诵时较为常用。

杨先生吟诵旋律的生成来看除了基于"平高仄浅"的高、低音程搭配，吟诵的起音结音，节奏的灵活处理以及诗词文赋的文体特点外，另一个重要基础便是吟诵直感习惯和声情表达的需要。可以说杨先生的吟诵旋律和乐音走向虽然丰富多彩、曲折优美，但其依然具有清晰的音调基本模式的主线脉络。杨先生在《春江花月夜》的吟诵中，按照结构章节、段落、句读之间的总体布局，以 abc 三个音乐短句及其变化形态进行组合，三者在变化形态中彼此相互包含、反相对应、模进出现，在节奏松紧、速度快慢、音级高低的局部处理上极尽变化，使听者在重复之中感觉不到平淡单调。杨先生具备深厚的音乐审美和传统文化底蕴，将各种丰富的音乐属性巧妙安排在不同诗文之中，表达情感、体现意境，使音乐调式调性神奇的"灵魂"效应得以充分发挥。

（4）诗词文赋，尾腔规律落音。

通过对十首诗词和两篇散文的逐一梳理，笔者清晰地发现宜宾传统吟诵在诗词和古文等方面的尾腔以及落音规律。

在诗词的吟诵方面。杨先生在吟诵诗词时诗歌的尾联和词的末句均要做复沓处理，即重复吟诵一次尾联和末句，且尾腔和落音均有相对应的规律可循。

当吟诵旋律处于中低音区发展时，非韵字或仄声韵字的尾腔基本为"2·16-"及其变化形态，尾音落在羽音（6）上；阳平韵字的尾腔为"165-"及其变化形态，尾音落在徵音（5）上，阴平韵字的尾腔为"2--"及其变化形态，尾音落在商音（2）上。如吟诵调《登岳阳楼》《春江花月夜》《海棠》《送杜少府之任蜀州》《苏杭纪游》《无题》《无题·昨夜星辰昨夜风》。

当吟诵旋律处于中音区发展时，非韵字或仄声韵字的尾腔基本为"2-"及其变化形态，结尾音落在商音（2）上；阳平韵字的尾腔为"211-"及其变化形态，尾音落在宫音（1）上；阴平韵字的尾腔为"5--"，尾音落在徵音（5）上。如吟诵调《声律启蒙》和《滕王阁序》。

当吟诵旋律处于中高音区发展时，非韵字或仄声韵字的尾腔基本为"$\dot{2}\dot{1}6-$"及其变化形态，结尾音落在羽音（6）上；阳平韵字的尾腔为"$\dot{1}\dot{1}65-$"及其变化形态，尾音落在徵音（5）上；阴平韵字的尾腔为"$\dot{2}--$"，尾音落在商音（$\dot{2}$）上。如吟诵调《江城子·乙卯正月二十日夜记梦》《无题·相见时难别亦难》《一剪梅·舟过吴江》。

王力先生在《诗经韵读》中提出"有韵处为大停顿"，笔者认为此说亦适用于诗词的尾腔及其韵字处理，从杨先生的吟诵实践来看，每句句尾无论是否为韵字均有拖腔，但韵字时值最长，若句中有拖腔则韵字处所占时值则相对更长。

在文的吟诵方面。通过对一篇骈文和一篇蒙学的吟诵分析，我们发现宜宾传统吟诵读文时的特点也较为明显。首先其调式调性明确，为民族五声徵调式。其次以诵读为主，唱读为辅，句中文字节奏紧凑，多为一字一音，句尾无论是否为韵字均做拖腔处理。再次，选章的吟诵旋律主要集中在中音区发展，素材简练，以仄声字结尾的尾腔为"$2\underline{23}2$"及其变化形态，尾音落在商音（2）上；以阴平字结尾的尾腔为"$2\underline{55}$"，尾音落在徵音（5）上；以阳平字结尾的尾腔为"$2\underline{31}1$"及其变化形态，尾音落在宫音（1）上。通过分析比对诗词和文赋不难发现，二者的吟诵若均处于中音区时其旋律特征大体保持一致。

（5）涵养德性，臻于神和气平。

《王文成全书》卷二《教约》："凡歌诗，须要整容定气，清朗其声音，均审其节调，勿躁而急，勿荡而嚣，勿馁而慑。久则精神宣畅，心气和平矣。"[①]《列子·仲尼篇》强调读书："心合于气、气合于神。"[②]《文心雕龙》："气有刚柔、学有深浅。"顾炎武曾言："文章之气，须与天地清明之气相接。"[③]吴汝纶言："文章之道，感动性情，义通乎乐，故当从声

---

① （明）王守仁：《王文成全书》卷二，吉林出版集团2005年版，第785页。
② 黄中译注：《列子·仲尼篇》，中华书局2007年版，第4页。
③ 转引自（明）王守仁《王文成全书》卷二，吉林出版集团2005年版，第785页。

音入，先讲求读法"，"读文之法，不求之于心，而求之于气，不听之以气，而听之以神。"①

古典诗文是古人情志的产物，吟诵则是一种更重视个人直感的活动，杨先生的吟诵有力的印证了宜宾传统吟诵的真实性和正当性，与王阳明等先贤所提倡的读书要旨高度契合。

笔者注意到，杨星泉先生在每次吟诵之前，均会对采录者进行简练的诗文解释以及自己吟诵特点的概括。如吟诵《送杜少府之任蜀州》时，杨先生说："此诗为五律，音节较短，在音韵上不能尽如人意，尽我而为。同时加上我对此诗的理解我个人和诗人的心灵沟通来吟唱此诗"。在读《声律启蒙》时，杨先生说："我来诵读一下《声律启蒙》。"杨先生在吟诵时重视身心准备，对所吟诵的文本亦非常熟悉，吟诵过程体态端庄气定神闲，始终以手抚书敛身正坐，头部随旋律和音韵左右轻摇，吟诵声音清晰明朗，咬字发声字字着实，有拖有顿疾徐有致，心气和平不急不躁。当一首吟诵结束后，杨先生会下意识地抬头凝望，双眼炯炯有神，精神宣扬舒畅，明显感受到其通过吟诵所得到的滋养。

杨星泉先生从小接受中华优秀传统文化教育，以吟诵的传统读书方法学习古诗词，在多年的传承熏陶文化侵染中总结自然习得的传统吟诵，并加以规范，将其贯穿终生。一定规范下的自由宽松的吟诵，实则为杨先生的诗文创作和吟诵旋律的二度创作开拓了更加广阔的天地。杨先生在古诗文的长吟短叹中充分涵养性情，在表达诗情、感悟诗意中使自己与古人在心灵上达到甚深微妙的交流感应。

---

① 薛莉娅：《唐文治古诗文诵读法的理论与实践》，《中国大学教学》2012 年版第 6 期。

七 绵阳传统吟诵研究

（一）以三台县萧璋先生为例

1. 三台县概貌。

三台历史悠久，自西汉高祖六年(公元前201)置郪县以来，已有2200多年历史，境内文物古迹和风景名胜众多，唐朝时称"梓州"，与成都齐名为蜀中第二大城市，唐代大诗人李商隐赞为"蜀川巨镇、郪道名邦"。

三台县隶属四川省绵阳市，境域状若艾叶，南北长81公里，东西宽56公里，幅员面积2661平方公里，位于四川盆地西北部，东与绵阳市盐亭县交界，南与遂宁市射洪县相邻，西与德阳市中江县接壤，北与绵阳市涪城区相连，距省会成都153公里，为四川百万以上人口的农业大县之一。

2. 三台方言的声韵调系统。

元末至清四川曾有三次大规模移民，改变了四川方言的面貌。绵阳三台地区，除了来自"湖广"的移民，也有大批来自粤、晋、闽等行政区的移民，各种方言渗透，形成"你中有我，我中有你"的混杂现象，三台县的音系主要以"湖广方言"为主。

（1）声母。共21个(辅音声母20个，零声母1个)。

表4—7—1　　　　　　　　　三台方言声母

			双唇	齿唇	舌尖前	舌尖中	舌面前	舌根
塞音	清	不送气	p			t		k
		送气	pʰ			tʰ		kʰ
塞擦音		不送气			ts		tɕ	
		送气			tsʰ		tɕʰ	
鼻音	浊		m			n	ȵ	ŋ
擦音	清			f	s			x
	浊			v	z		ɕ	
零声母					ø			

资料来源：周颖异：《四川绵阳地区方言音系实验语音学分析及方言地理学研究》，四川师范大学硕士学位论文，2014年。

（2）韵母。共有 36 个，单元音韵母（一级元音）8 个，复元音韵母 14 个，鼻音韵尾韵母 13 个。

表 4—7—2　　　　　　　　　三台方言韵母

	开尾韵					元音尾韵				鼻音尾韵			
开口呼	ɿ	o	A	e	ə	ʌi	ei	ɑu	əu	ɑn	en	ɑŋ	oŋ
齐齿呼	i	io	iA	ie		iɑi		iɑu	iəu	iɛn	in	iɑŋ	ioŋ
合口呼	u		uA	ue		uʌi	uei			uɑn	uen	uɑŋ	
撮口呼	y												

资料来源：周颖异：《四川绵阳地区方言音系实验语音学分析及方言地理学研究》，四川师范大学硕士论文，2014 年版。

（3）声调调值调型。三台方言有 4 个声调，即阴平（中升调）、阳平（高降调）、上声（升降调）、去声（降升调）。

表 4—7—3　　　　　　　　　三台方言声调

调类	阴平	阳平	上声	去声
调值	35	42	454	324
调型	中升调	高降调	升降调	降升调

3. 萧璋先生及其绵阳传统吟诵。

萧璋（1909—2001），字仲珪，出生于山东济南，祖籍四川省绵阳市三台县，曾任北京市政协常委，九三学社北京市分社常委，中国语言学会理事，中国训诂学研究会常务理事，北京市语言学会顾问。

萧璋之父萧龙友，名方骏，光绪丁酉科拔贡，早年从政，晚年行医。萧璋幼年由其父发蒙，后随父读儒家经典，13 岁入中学，17 岁考进北京大学国文系，师从章太炎先生高足沈兼士教授。1931 年，萧璋毕业，先后在吉林省立第一师范学校、天津南开中学、北平图书馆、北平大学女子文理学院任教；1940年，任国立浙江大学（遵义）中国文学系副教授，两年后升任教授；1948年应聘为辅仁大学中国文学系教授并代理系主任；1952年院系调整，任北京师范大学中文系教授、副系主任、系主任，1980年退休。

萧璋先生的研究方向集中于文字、音韵、训诂、语源，潜心段（玉裁）王（念孙）章（太炎）之学，融会贯通，突出对传统训诂学的继承、总结和发展，论文集《文字训诂论集》和《毛诗》研究专著，集中体现了其治学精神和方法。20世纪50年代中期，萧璋先生及其所在的北师大中文系最早向国家教育部门倡议，在高校中文系开设古代汉语课程，曾任《古代汉语》文选编写部分负责人，提出以现代汉语、古代汉语、现代文学、古代文学为四大支柱的高等师范院校中文系教学体系，为中国传统语言学的继承与发展做出了重大贡献，对古代汉语学科的建立及发展发挥了重要作用。

萧璋先生自小由其父萧龙友先生发蒙，并随其父读书直至13岁，其吟诵录音为明显的三台方言，三台传统吟诵应从其父读书时自然习得。

在四川省吟诵学的采录过程中，三台传统吟诵几乎绝迹，2015年中华吟诵学会转交北京王恩保先生提供的萧璋先生吟诵遗音，由四川省吟诵学会进行学术研究，吟诵代表作包括《蜀相》和《春望》两首。

4. 萧璋先生绵阳传统吟诵举隅。

（1）七言仄起律诗《蜀相》。

1）从创作背景方面考察。

杜甫（712—770），字子美，自号少陵野老，世称"杜工部""杜少陵"，后世尊为"诗圣"。依照仇兆鳌所注《蜀相》[①]，断为唐肃宗上元元年（760）春，杜甫"初至成都时作"。唐肃宗乾元二年（759）十二月，杜甫结束了四

---

① 黄海滨：《"寻"找心灵慰藉的悲歌——〈蜀相〉教学文本解读》，《中学语文教学参考：高中版》2016年第3期。

年秦州、同谷（今甘肃省成县）的颠沛生活，受友人资助辗转成都，定居浣花溪畔。次年春，杜甫探访位于成都西北供奉蜀汉丞相诸葛亮的武侯祠，此时安史之乱尚未平息，诗人感慨国势艰危生灵涂炭，悲愤请缨无路报国无门，于武侯祠中触景生情，对开创基业、挽救时局的诸葛孔明无限敬仰，为后世留下这首感人肺腑的千古绝唱。

2）从文体结构和吟诵节奏方面考察。

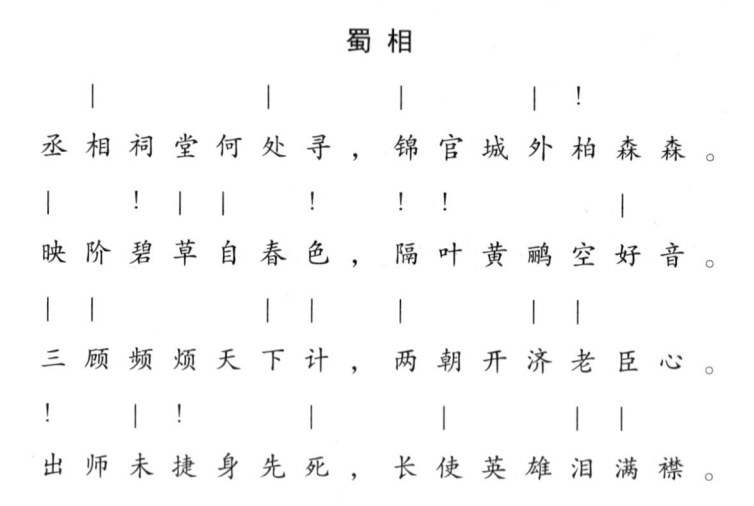

蜀 相

｜　　　　　｜　　　　　｜　　｜！
丞 相 祠 堂 何 处 寻， 锦 官 城 外 柏 森 森。
｜　｜！｜　｜！　｜！｜！
映 阶 碧 草 自 春 色， 隔 叶 黄 鹂 空 好 音。
｜　｜　　　｜　　　　｜　　｜
三 顾 频 烦 天 下 计， 两 朝 开 济 老 臣 心。
！　｜！　｜　　　｜　　｜
出 师 未 捷 身 先 死， 长 使 英 雄 泪 满 襟。

该诗为七言仄起律诗，格律严谨。声韵和谐，从诗歌的起承转合来分析，《蜀相》采用了设置悬念的方式。首联"丞相祠堂何处寻"，以设问起势，自问蜀汉政权的丞相，智慧英勇的化身，诸葛孔明葬于何处？诗人自问自答，在"霜皮溜雨四十围，黛色参天二千尺"的锦官城外古森柏中。

颔联用"草"来承接，"春草"无情青黄更替，护卫着丞相之墓，而隔叶黄鹂整天重复着它单调的鸣叫，想让这英雄故事响彻环宇。首联起于悬念，颔联承于环境，自然地回答了"何处"的设问。

颈联的"转"回答了为什么要"寻"，对于蜀汉而言没有诸葛亮便不可能有蜀汉政权，诸葛亮与刘备君臣风云际会，刘备曾"三顾茅庐"请其出山，诸葛亮也贡献出为天下苍生、为刘家天下之计，为刘备"功盖三分国"形成三足鼎立局面，又为光复汉室，辅佐刘禅"六出祁山"，更希望还于旧都洛阳"业复五铢钱"。

尾联的"合"则着重回答"业复五铢钱"最终只能是"星落五丈原"，诗人感叹诸葛亮虽然为蜀汉王朝兢兢业业、鞠躬尽瘁，以至于死而后已任未能天遂人愿光复汉室，每每谈及这些，后世的仁人志士怎能不潸然泪下。

萧璋先生的吟诵节奏为 2+2+3（锦官城外柏森森、映阶碧草自春色、两朝开济老臣心、出师未捷身先死）和 4+3（丞相祠堂何处寻、隔叶黄鹂空好音、三顾频烦天下计、长使英雄泪满襟）。

3）从声韵系统方面考察。

全诗共有 56 字，20 个仄声字中入声字有 7 个，全诗平仄相合，四声相谐，读来朗朗上口。《蜀相》为仄起七言律诗首句押韵，入十二侵韵，韵字为"寻、森、音、心、襟"，侵韵源于上古侵部，是小开口元音收于闭口 m 音，有压抑感，因此多有尖细、闭合、深藏之意。

萧璋先生吟诵时使用母语三台方言，使四川人备感亲切，三台方言与多数四川方言相同，平翘舌音不分，几乎所有的翘舌音全部发平舌音。

表 4—7—4　　　　《蜀相》普通话和三台方言发音差异

文字	普通话发音	三台方言发音	异同分析
何	{he}35	{h-o}42	韵母变为三台方言，音由 e 变为 o 韵，调值由普通话的 35 变为三台方言的 42
柏	{bɑi}35	{b-ə}42	韵母由 ɑi 韵变为三台方言韵 ə，调值由普通话的 35 变为三台方言的 42
阶	{jie}55	{j-i-ɑi}35	韵母由 ie 韵变为方言韵 iɑi 韵，调值由普通话的 55 变为三台方言的 35
色	{se}51	{s-ə}42	韵母变为三台方言韵 ə，调值由普通话的 35 变为三台的 42
隔	{ge}35	{g-ə}42	韵母变为三台方言韵 ə，调值由普通话的 35 变为三台方言的 42

续表

文字	普通话发音	三台方言发音	异同分析
捷	{jie}35	{q-ie}42	声母变为三台方言发音，由 j 变为 q，韵母不变，调值由普通话的 35 变为三台方言的 42
泪	{lei}51	{l-u-ei}324	韵母由 ei 韵变为三台方言韵 uei，调值由普通话的 51 变为三台方言的 324

注：普通话调值 55、35、214、51；三台方言调值 35、42、454、324。

4）从音乐性方面进行考察。

a. 基本结构。

吟诵调《蜀相》属于 A+B+C+D 四个连贯长句构成的四句体结构。

蜀　相　　　　　杜甫　（唐）
　　　　　　　　萧埠先生吟诵
　　　　　　　　何民　记谱

[简谱略]

b. 音阶调式。

音阶调式为 $5 6 \dot{1} \dot{2}$；此吟诵调为五度内的四音列（$5 6 \dot{1} \dot{2}$）曲调，曲中出现大二度、小三度、纯四度、纯五度音程，未出现大三度音程，故其调式调性不明确，具有游离性。

c. 旋律线。

A 句（首联）6̲i̲ 65·i̲2̲ 2̲i̲60 i̲2̲·66̲i̲-2̲2̲ 2̲i̲655-（丞相祠堂何处寻，锦官城外柏森森）旋律主干音为 6i̲2̲，"丞相祠堂"（6̲i̲ 65·）中音"6"的上下行级进后"堂"（5·）字附点二分音符拖腔，"何处寻"（i̲2̲ 2̲i̲60）音调上扬语气加重，"寻"（2̲i̲60）字级进拖腔后四分休止短暂停留，拖腔节点在第四字和第七字。"锦官城外"（i̲2̲·66̲i̲-）级进为主，"柏森森"（2̲2̲ 2̲i̲655-）全曲最高音"2̇"至最低音"5"逐级下行，韵字"森"（2̲i̲655-）一字多音下行音调长音拖腔，节奏点在第二、四、七字。开篇直承诗题，起势自然亲切，表现了诗人对诸葛亮的景仰和缅怀之情。

B 句（颔联）6̲2̲·i̲i̲ 6̲2̲i̲- 66̲ i̲i̲·2̲2̲ 2̲i̲655-（映阶碧草自春色，隔叶黄鹂空好音）旋律在"56i̲2̲"的连接组合中，"映阶"（6̲2̲·）四度小跳后的"碧草自春色"（i̲i̲ 6̲2̲i̲-）级进跳进结合，第二字、七字明显拖腔。"隔叶黄鹂"（66̲ i̲i̲·）两个双音节的同音反复，"空好音"（2̲2̲ 2̲i̲655-）作首联相同旋律拖腔，拖腔节点在第四字和第七字，节奏顿挫，腔格一致。此联色彩鲜明，音韵浏亮，"自"和"空"互文，景中生意，情景交融。

C 句（颈联）66̲ 35·2̲i̲ 2̲i̲·i̲6 2̲i̲·2̲i̲62̲-（三顾频烦天下计，两朝开济老臣心）旋律主干音为"6i̲2̲"，"三顾频烦"（66̲ 35·）同音反复和级进拖腔，音程五度跨越后"天下计"（2̲i̲ 2̲i̲·）平稳级进至末字拖腔，"两朝开济"（i̲6 2̲i̲·）四度小跳级进结合"济"字长音，"老臣心"（2̲i̲62̲-）级进后的四度小跳至"心"（2̇-）全曲最高音拖腔作结，节奏点在第四字和第七字。承接前面情景，蓄势盘旋后力点诸葛武侯的雄才大略、报国苦衷和生平业绩以及忠贞不渝、坚毅不拔的精神品格，一淡一浓，叙议结合，笔墨浓重，含义丰富。

D 句（尾联）6̲2̲·i̲6↘02̲2̲i̲-↘ 6̲i̲ 2̲i̲·i̲6 2̲i̲655-（出师未捷身先死，长使英雄泪满襟）采用 AB 句相同素材和旋法，"出师未捷"（6̲2̲·i̲6↘）四度小跳结合三度级进，"捷"（i̲6↘）字下滑音重读后伴随四分休止停顿，断字断腔，断中顿出。"身先死"（2̲2̲i̲-↘）同音反复后末字"死"（i̲-↘）一字长

— 655 —

腔下滑长叹，痛惜之感，直入人心。"长使英雄"（6̣1 2̇1·）上下行级进，"泪满襟"（6̣1 2̇1655-）级进后"襟"（2̇1655-）一字多音长音拖腔下行结音全曲最低音"5"，话语奇简，蕴藉深厚，一唱三叹，余味不绝。此联诗句是诗人自己壮志难酬的苦痛和对诸葛亮的仰慕、叹惋之情熔铸成的千古名句。

d. 节奏腔式。

吟诵调《蜀相》结合 XX、XX、XXXX、XX、X-等多种节奏型，形成第二字"官、阶、师"（2·、2·、2·）、第四字"堂、外、鹂、烦、济、雄"（5·、6̇1-、1̇·、5·、1̇·、1̇·）、第七字"寻、森、色、音、计、心、死、襟"（2̇160、2̇1655-、1̇-、2̇1655-、2̇1·、2̇-、1̇-、2̇1655-）明显的拖腔节奏点，吟诵节奏为 2+2+3 和 4+3。"锦、捷、死"字下滑音（丶）色彩润腔，强调字腔，加强语气。萧璋先生吟诵时遵循绵阳三台方言语音咬字发音及声调行腔，形成两种不同的句尾拖腔为本吟诵调的定腔，独具特色，别有韵味。如 a 型拖腔"自春色、天下计、身先死"（6̇2̇1-、2̇1̇2̇1·、2̇2̇1-）、b 型拖腔"柏森森、空好音、泪满襟"（2̇2̇ 2̇1655-、2̇2̇ 2̇1655-、6̣1 2̇1655-）。

5) 萧璋先生《蜀相》吟诵概述。

吟诵调《蜀相》为四个音乐长句构成的四句体结构，调式调性不明确，具有游离性，吟诵节奏为 2+2+3 和 4+3，停顿明确。

"祠堂"二字附点音符平声拖腔长吟，突出寻找丞相祠堂的疑问；"寻"字长吟，表现作者对先贤的仰慕和追寻；"城外"长吟自问自答，点明丞相的祠堂在城外；祠堂四周挺拔茂盛、柏树环绕，故"柏森森"长吟；吟诵"锦官城外柏森森"时音调上扬后回落。"自"与"空"镶嵌在诗句中，吟诵时将"自春色"和"空好音"长吟，在"天下计"拖长后语速变快直接切入"两朝开济"，将诗人的忧心如焚表达得淋漓尽致。吟诵"出师未捷身先死，长使英雄泪满襟"时情绪下降，"出师未捷"停顿无拖腔；"死"下滑音润腔，带哭腔似在呜咽；最后一句两字一顿一拖，声音苍凉沉郁。萧璋先生将诗人忧国忧民的精神与崇敬惋惜悲伤的感情，由吟诵的声腔表达喷薄而出，令人感动。

吟诵旋律主要以中音"6"起调，跳进级进结合进入高音区后逐级下行回落，整体行腔于中高音区。萧璋先生以三台方言的声调行腔，a 型"自春色、天下计、身先死"（6̇2i-、2̇12i·、2̇2i-）、b 型"柏森森、空好音、泪满襟"（2̇2 2̇1655-、2̇2 2̇1655-、6̇1 2̇1655-）两种拖腔结合，形成萧氏独具风味的三台传统吟腔，入声字"柏、碧、色"，三台方言派入阴平，高升调型，在旋律中贴近上升趋势，音调特别，韵味浓厚。

（2）五言仄起律诗《春望》。

1）从创作背景方面考察。

此诗成于公元756年，"安史之乱"爆发潼关失守，玄宗仓皇逃往成都，七月太子李亨即位于灵武，是为肃宗。此时杜甫避难于鄜州(今陕西富县)羌村，听说肃宗即位，立即在八月只身北上，投奔灵武，途中不幸为叛军俘虏押至长安，目睹国家的破亡、叛军的残暴，诗人感时伤事写下了《春望》《哀江头》《哀王孙》等不朽诗篇。

2）从文体结构和吟诵节奏方面考察。

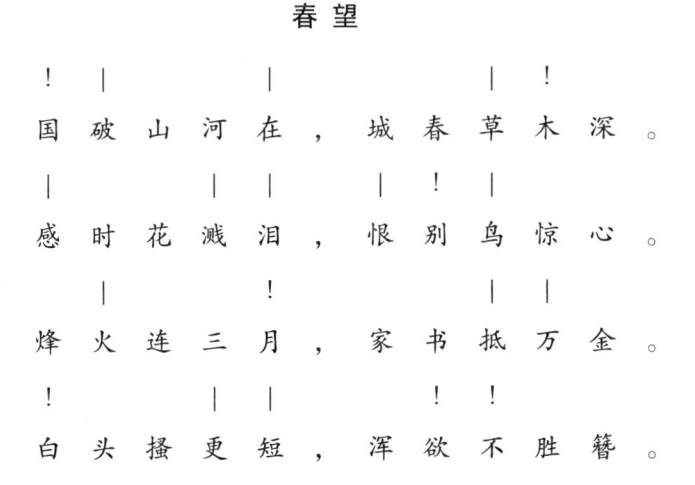

春　望

| ！　｜　　｜　　　　｜！
国　破　山　河　在　，　城　春　草　木　深　。
｜　　｜　｜　　　　｜！　｜
感　时　花　溅　泪　，　恨　别　鸟　惊　心　。
　　　｜　　｜　　　　｜　｜
烽　火　连　三　月　，　家　书　抵　万　金　。
！　　｜　　　　　　！！
白　头　搔　更　短　，　浑　欲　不　胜　簪　。

《春望》是一首标准的五言律诗。诗人痛苦山河虽在，国家破亡，与家人音书断绝,语未出而泪已下,诗人不敢想象自己如何面对连天的烽火、残破的城池、衰败的花草、深重的国难。此景此境,诗人料想,草木有痛花溅泪,虫鱼有情鸟惊心,此时忧国忧民的杜甫却因于叛军之手,被困于乱军之中,愁苦不堪言述,发亦白搔更短要簪又何用?!萧璋先生的吟诵节奏为 2+3。

3) 从声韵系统方面考察。

《春望》是一首仄起五言律诗,入下平声十二侵韵,韵字为"深、心、金、簪",侵韵源于上古侵部,属小开口元音收于闭口 m 音,有压抑感,多有"尖细、闭合、深藏"之意,侵韵现为 in,闭合感更强。汪烜《诗韵析》概括为"寂寞伤心"。①

表4—7—5　　《春望》普通话和三台方言发音差异

文字	普通话发音	三台方言发音	异同分析
国	{guo}35	{g-uə}42	韵母由 uo 韵变为 uə 韵,调值由普通话的 35 变为三台方言的 454
河	{he}35	{h-o}42	韵母由 e 变为 o,调值由普通话的 35 变为三台方言的 454
簪	{zɑn}55	{z-en}35	韵母由 ɑn 变为 en,调值变为 35

注:普通话调值 55、35、214、51;三台方言调值 35、42、454、324。

4) 从音乐性方面进行考察。

a. 基本结构。

吟诵调《春望》属于 A+B+C+D 四个独立长句构成的四句体结构。

b. 音阶调式。

音阶调式为 561̇2̇;此吟诵调为五度内的四音列(561̇2̇)曲调,曲中出现大二度、小三度、纯四度、纯五度音程,未出现大三度音程,调式调性不明

---

① 续修四库全书编纂委员会:《续修四库全书》,上海古籍出版社 2002 年版,第 409 页。

确，具有游离性。

春　望

杜　甫　（唐）
萧　璋先生吟诵
何　民　记谱

6 6i 2̇6 1̇2̇1̇2̇i	6 2̇·　2̇i 6 2̇　0
国破　山河在，	城春　草木　深。

2̇ 5 2̇i i　－↘	6i5 2̇i2̇　2̇i65 5　－
感时　花溅泪，	恨别　鸟惊心。

2̇i· i̇2̇i 0	2̇ 2̇· 2̇i6i 2̇i65 5 －
烽火　连三月，	家书　抵万　金。

5 5· 2̇i 1̇2̇i· ↘	6 6i2̇　2̇i65 5　－
白头　搔更短，	浑欲　不胜簪。

c. 旋律线。

A 句（首联）6 6i 2̇6 1̇2̇1̇2̇i 6 2̇·2̇i62̇0（国破山河在，城春草木深）主干音为"61̇2̇"，"国破山河在"（6 6i 2̇6 1̇2̇1̇2̇i）旋律中音"6"起调级进上扬后回落至"在"（1̇2̇1̇2̇i）级进交替，"在"字连续起伏波音拖腔，更添悲悯伤感色彩，"城春草木深"（6 2̇·2̇i62̇0）四度小跳级进结合，第二字"春"（2̇·）和第五字"深"（2̇0）明显拖腔停顿，"国破"和"城春"对比反衬，国家衰败，草木依旧，诗人睹物伤感，黍离之悲扑面而来。

B 句（颔联）2̇5 2̇i i－↘ 6i5 2̇i2̇ 2̇i65 5－（感时花溅泪，恨别鸟惊心）上承首联，"5"音的加入旋律变得逐渐丰富，"感时花溅泪"（2̇5 2̇i i－↘）音程五度下行后级进拖腔下滑，"恨别鸟惊心"（6i5 2̇i2̇ 2̇i65 5－）四度小跳级进结合，韵字"心"（2̇i65 5－）一字多音，一声叹息。花因时事而落泪，鸟因离别而惊心，诗人感伤时局，惊心哀绝的感情表现得深刻透彻。

C 句（颈联）2̇i· 1̇2̇i0 2̇2̇· 2̇i6i 2̇i65 5－（烽火连三月，家书抵万金）旋律以"61̇2̇"三音为主，"烽火连三月"（2̇i· 1̇2̇i0）两音级进交替后入声"月"字（i0）断腔急收，"家书抵万金"（22·2i6i 2i655-）在五度内作全曲最高音"2"至最低音"5"的长调运腔，拖腔节点在第二字"书"及第五字"金"，吟诵节奏为2+3。"连三月"对"抵万金"，战事连绵，家书难求，苦景真情，与人共鸣。

D句（尾联）55·2i 12i、66 12 2i655-（白头搔更短，浑欲不胜簪）旋律"56i2"四音交错，"白头搔更短"（55·2i 7i）同音反复后五度上跃再级进回旋，"短"（12i）一字多腔下滑音拖腔，语调加重，语气加强，"浑欲不胜簪"（66 12 2i655-）先上后下逐级进行，"簪"（2i655-）下行音调长音拖腔终止全调。本句为细节描写，沉郁顿挫，感情沉重，忧思深远，"白发不胜簪"，将诗人内心的痛苦和愁怨推向了极致。

d. 节奏腔式。

吟诵调《春望》以 XX、XX.X-宽松型节奏结合 XXXX、XXX、XX.紧密型节奏，形成以第二字"春、火、书、头"（2·、i·、2·、5·）和第五字"在、泪、心、金、短、簪"（12i2i、i-、2i655-、2i655-、12i·、2i655-）的拖腔节点，吟诵节奏为 2+3。萧璋先生吟诵时以绵阳三台方言声调行腔，以 ab 型两种句尾拖腔为本吟诵调的特色吟腔，如 a 型拖腔"山河在、花溅泪、搔更短"（26 12i2i、2i i-、2i 12i·）、b 型拖腔"鸟惊心、抵万金、不胜簪"（2i2 2i655-、2i6i 2i655-、i2 2i655-），吟诵音调独具三台传统风味。

5) 萧璋先生《春望》吟诵概述。

该吟诵调调式调性游离，不明确，为四个长句构成的四句体，结构简单整齐。萧老吟诵时依据绵阳三台方言行腔，第二字"春、火、书、头"和第五字"在、泪、心、金、短、簪"明显拖腔，吟诵节奏为 2+3。仄声字"泪、短"（2i i-、12i·）下滑音润腔处理，字腔明朗，腔格清晰。a 型"山河在、花溅泪、搔更短"（26 12i2i、2i i-、2i 12i·）末字仄声拖腔、b 型"鸟惊心、抵万金、不胜簪"（2i2 2i655-、2i6i 2i655-、i2 2i655-）末字平声拖腔，两种句尾拖腔相结合，形成该吟诵调的特色吟腔。

5. 萧璋先生绵阳传统吟诵特点。

（1）源流有自　传承清楚。

萧璋先生的吟诵源流有自，是四川传统吟诵的典型代表，5岁由父萧龙友先生发蒙至13岁后考入新式学堂，8年时间内随父与师熟读儒家经典和诗词文赋，打下了坚实的文化基础。萧龙友先生是清末的拔贡，读书修身吟诗诵文乃一生大事须臾未停，为萧璋先生发蒙时一定用母语三台方言教读《三字经》《百家姓》《千字文》。我们知道萧璋先生虽然出生在济南，但清末民初并未真正形成全国通语，我们通过讲课录音和吟诵录音便可以清楚地辨析出萧璋先生所操语言为三台方言，从另外一个角度证明了萧璋先生的三台传统吟诵由其父萧龙友先生处自然习得。

（2）节奏分明　平长仄短。

华钟彦教授在《唐诗的赏析与吟咏》中指出："有人说五言诗每句都要上二字一顿，下三字一顿，即所谓上二下三；七言诗则上四下三，杂说纷纭。这种说法不符合诗的音乐的规律，违反平长仄短的基本原则。"黄炳辉先生在《泉州方音与唐诗吟咏》中也提出相同观点："一味上二下三，上四下三的停顿、音步配搭，自是不对，因为音步和停顿受到句子结构和吟者情感的影响。"[①]

萧璋先生的吟诵节奏分明，主要以停顿和拖腔的形式表现。《蜀相》的吟诵节奏主要为2+2+3和4+3，《春望》的吟诵节奏2+3，两首律诗在总体上呈现上句节奏急促，下句节奏舒缓的特点。

《蜀相》每一联的上句吟诵节奏点的字为"堂、阶、草、烦、师、捷"，其中"草"为仄声字，"捷"为入声字，萧璋先生吟诵时做停顿处理未拖腔，其他平声字均长吟拖腔；《蜀相》每一联的下句吟诵节奏点的字为"官、外、鹂、济、雄"，其中"外、济"为仄声字，在节奏点处均作长吟。

《春望》每一联的上句节奏点为"破、河、时、火、头"，其中"破、

---

① 黄炳辉：《泉州方音与唐诗吟诵》，《华侨大学学报》（哲学社会科学版）1997年第1期。

火"为仄声字，萧璋先生做停顿处理未拖腔，其他平声字拖腔；《春望》每一联的下句节奏点为"春、木、别、书、欲"，其中"木、别、欲"做短拖腔处理。

萧璋先生的三台传统吟诵节奏分明，平长仄短明显，在诗句的偶数位如遇仄声字，多以停顿的方式处理，在整体节奏较舒缓的诗句中偶有偶数位的仄声字作短拖腔。每一联中上句的末字常作半拖音，下句末字则作长拖音，形成短—长—短—长的句末吟诵尾腔，在张弛有度，跌宕起伏节奏中，增添了诗歌声音和韵律的和谐美感。

（3）标志拖腔　声情一致。

萧老根据三台方言语音行腔，带有浓厚的地方风味，吟诵节奏急徐有度，以 a 型短拖腔（$2\underline{1}\overline{1}$-）和 b 型长拖腔（$2\overline{2}\;2\underline{1}6\underline{5}$5-）及其变式形成三台萧氏传统吟诵旋律的标志性拖腔。《文心雕龙·情采第三十一》中论述文章文采的三种构成方式，分别是形象、声音、情感。每一个吟诵腔调都表现一定的声情，萧璋先生的吟诵恰如其分的选择了声音与自己所要表达的情感相切合的腔调，将诗歌音调与情调、节奏与情感通过声音予以组织和描绘表达，再由吟诵的声音传递诗人和吟诵者相互协调融合的情感内涵，使得声情与文情和谐相从。

（二）以王宗斌先生为例

1.绵阳市概貌。

绵阳市位于四川盆地西北部，成都平原东北边缘，涪江中上游。东邻广元市青川县、剑阁县和南充市南部县、西充县；南接遂宁市射洪县；西接德阳市罗江县、中江县、绵竹县；西北与阿坝藏族羌族自治州和甘肃省文县接壤。

西汉高祖二年（前 201 年），置涪县，后为州郡治所。民国二年（1913），因其地处绵山之南，依"山南水北"为"阳"，命名绵阳。诗仙李白、黄帝元妃嫘祖、夏王朝缔造者大禹等诸多历史人物生于绵阳。

绵阳居民主要由汉族、羌族、藏族组成，主要操西南官话。各区县方言在语音、词汇、语法等方面稍有差异，但不影响交际。绵阳话代表地区是涪城区。它是绵阳的政治经济文化中心。

2. 绵阳方言的声韵调系统[①]。

绵阳方言是四川省标准方言，属四川方言的次方言区，包括建国后原绵阳地区（19县）：绵阳、江油、青川、平武、广元、旺苍、剑阁、梓潼、三台、盐亭、射洪、遂宁、蓬溪、潼南、中江、德阳、绵竹、安县、北川。

绵阳方言有自己的特点，绵阳方言除有个别客家话和湖南话方言点以外，主分属西南方话中的两个方言片。一是绵阳市城区(涪城区和游仙区)、江油市、三台县、平武县、安县、北川羌族自治县以及梓潼县大部分地区所属的成渝片；二是盐亭县和梓潼县东南地区所属灌赤片里的岷江小片。前者入声部消失，后者保留部分。

1）声母：共21个。辅音声母20个，零声母1个。

表4—7—6　　　　　　　　绵阳方言声母

			双唇	齿唇	舌尖前	舌尖中	舌面前	舌根
塞音	清	不送气	p			t		k
		送气	p^h			t^h		k^h
塞擦音		不送气			ts		tɕ	
		送气			ts^h		tɕ^h	
鼻音	浊		m			n	ȵ	ŋ
擦音	清			f	s		ɕ	x
	浊			v	z			
零声母					ø			

[①] 参见中国社会科学院语言所、中国社会科学院民族学与人类学研究所、香港城市大学语言资讯科学研究中心编《中国语言地图集》（第2版，汉语方言卷），商务印书馆2012年版。

2）韵母：共 36 个。单元音韵母（一级元音）8 个，复元音韵母 15 个，鼻音韵尾韵母 13 个。

表 4—7—7　　　　　　　　　绵阳方言韵母

	无韵尾				元音韵尾				鼻音韵尾			
开口呼	ɿ	o	ɑ	e	ə	Ai	ei	au	əu	an	en	aŋ	oŋ
齐齿呼	i	io	iA	ie		iai		iau	iəu	iɛn	in	iaŋ	ioŋ
合口呼	u		uA	ue		uai		uei		uan	uən	uaŋ	
撮口呼	y			ye						yɛn	yn		

3）声调调类调值调型：绵阳方言有 4 个声调，即阴平（中升调）、阳平（高降调）、上声（微升高降调）、去声（低升调），其中，古入声归入阳平。

表 4—7—8　　　　　　　　　绵阳方言声调

调类	阴平	阳平	上声	去声
调值	35	42	452	224
调型	中升调	高降调	微升高降调	低升调

3. 绵阳传统吟诵。

绵阳传统吟诵是用绵阳方言念诵、吟咏、唱读、讴歌汉诗文的传统读书方法。它是绵阳地区中国古代诗歌吟唱形式流传于今的重要见证，不仅展现了绵阳清朝以来历史上文人阶层吟诵音乐的风貌，也很好地保存了绵阳方言的音韵特色。

考究吟诵源流，可追溯到三国时期的绵阳地区吟唱，后经唐宋发展，明清走向繁盛。据《三国志》和《方舆胜览》记载：东汉建安十六年（212 年），刘备入蜀，益州牧刘璋迎至绵州，备曰："富哉，今日之乐乎！"李白在他的诗文中也曾多次提到"吟诵"，如"与君歌一曲，请君为我倾耳听"（《将

第四章 四川传统吟诵的基本面貌

进酒》）、"三杯拂剑舞秋月，忽然高咏涕泗涟。"（《玉壶吟》）、"月下沉吟久不归，古来相接眼中稀"（《金陵城西楼月下吟》）、"吟诵有所得，众神卫我形"（《游泰山六首》）以及《梁园吟》《梦游天姥吟留别》等等，这些无不体现吟诵文化对古代文人的滋养。

由于历史原因，绵阳传统吟诵传承几近断绝。从2009年至今，中华吟诵学会及四川吟诵学会在绵阳先后十余次开展吟诵采录，陆续采录了20位老先生的读书腔调。后经中华吟诵学会专家委员会评估和认可，只有93岁的王宗斌先生吟诵调属于绵阳传统吟诵调。可见，绵阳吟诵的传承情况不容乐观，采录、传承、保护工作迫在眉睫。

4. 王宗斌先生及其绵阳传统吟诵。

王宗斌（1926—），非物质文化遗产"绵阳传统吟诵"代表性传承人，4岁发蒙于祖父王良辅、外祖父张贡生；后入私塾，先后在雷升之、张介眉、赵安之诸师门下传习绵阳传统吟诵。

王宗斌先生吟诵内容丰富、全面，有吟诗的音调（古体诗、近体诗）、吟词的音调以及《四书五经》的吟诵音调等。

王宗斌先生回忆，绵阳传统吟诵分诗、词、古文三个部分：

（1）诗。

《诗经》、《千家诗》、《唐诗三百首》、《楚辞》（王良辅、张贡生、赵安之等先生传调）。

（2）词。

《宋词》（张介眉先生传调）。

（3）古文。

《论语》《孟子》（雷升之、张跃先等先生传调）；《大学》《中庸》（王良辅先生传调）；《三字经》《百家姓》《声律启蒙》《增广贤文》《千字文》（赵安之、张介眉等先生传调）。

5. 绵阳传统吟诵代表人物王宗斌先生的吟诵师承。

王老的绵阳传统吟诵有悠久家学渊源，其曾祖父在 1841 年间就开始学习绵阳传统吟诵，此后，绵阳传统吟诵在王家薪火相传。

第一代：王栋生（1836—1893），王宗斌的曾祖父，四川中江县人，清朝贡生，1841 年开始在私塾先生处学习绵阳传统吟诵。

第二代：王良辅(1876—1933)，王宗斌的祖父，绵阳人，清朝秀才，汉族，清光绪七年（1881 年）开始在私塾先生处学习绵阳传统吟诵。

张贡生（本名不详)(1880—1948)，王宗斌的外祖父，绵阳人，清朝贡生，汉族，清光绪十一年（1885 年）开始在私塾先生处学习绵阳传统吟诵。

雷升之(1896—？)，王宗斌的私塾老师，绵阳人，汉族，早年是留洋大学生，曾任游仙区柏林高小校长，1900 年开始在私塾先生处学习绵阳传统吟诵。

张介眉(1894—？)，王宗斌的老师，绵阳柏林镇人，汉族，曾任私塾先生、小学和中学教师，1898 年开始在私塾先生处学习绵阳传统吟诵；赵安之(1900—？)，王宗斌的老师，绵阳新桥镇人，汉族，民国时大学生，曾任私塾先生、小学和中学教师，1905 年开始在私塾先生处学习绵阳传统吟诵。

第三代：王宗斌(1926—)，汉族。

第四代：王旭，号传闻，汉族，研究生，1984 年生，中华吟诵学会理事、四川省吟诵学会会长、绵阳传统吟诵传承人，19 岁时拜在四川师范大学杜道生教授门下学习四川传统吟诵，28 岁跟随王宗斌先生进行绵阳传统吟诵传承。

6. 王宗斌先生的绵阳传统吟诵举隅。

2012 年至 2017 年，四川省吟诵学会会长王传闻师从王宗斌先生。在此期间学习采录到王宗斌先生的吟诵内容大致分为古体诗、近体诗、词、文四类。古体诗有《诗经·王风·木瓜》、乐府诗《金缕衣》、乐府民歌《木兰诗》；近体诗有五言平起绝句《画》和《送别》、五言平起律诗《山居秋暝》、五言仄起律诗《送杜少府之任蜀州》、七言仄起律诗《闻官军收河南河北》；杂体诗《倒顺书》；宋词《虞美人·春花秋月何时了》；蒙学《三字经》；古文《中庸》《孟子·尽心下》。以下对王老先生的吟诵特点进行详细分析。

（1）《诗经·卫风·木瓜》。

1）从创作背景方面考察。

《木瓜》出自《诗经·卫风》，其创作主旨，历来学界见解不同，莫衷一是。主要有"美齐桓公说""男女相互赠答说""朋友间相互赠答说""讽刺送礼行贿说""礼尚往来说"等①，其中朱熹的"男女相互赠答说"备受推崇，此诗广为传颂、脍炙人口。

2）从文体结构和吟诵节奏方面考察。

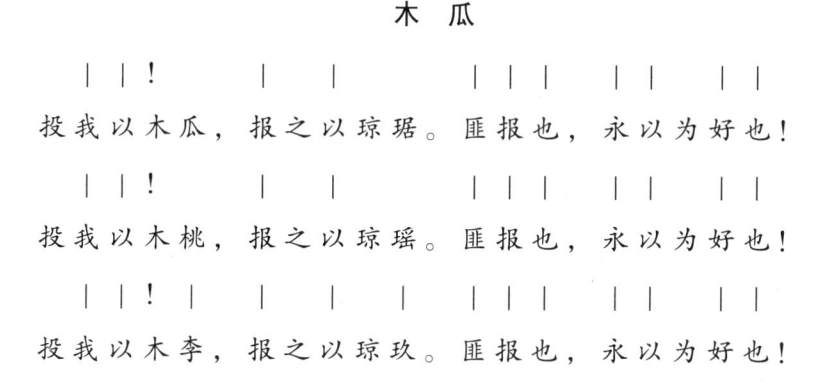

木 瓜

| | ！　　　 | 　| 　　| | |　 | | 　| |
投 我 以 木 瓜， 报 之 以 琼 琚。 匪 报 也， 永 以 为 好 也！

| | ！　　　 | 　| 　　| | |　 | | 　| |
投 我 以 木 桃， 报 之 以 琼 瑶。 匪 报 也， 永 以 为 好 也！

| | ！　　　 | 　| 　　| | |　 | | 　| |
投 我 以 木 李， 报 之 以 琼 玖。 匪 报 也， 永 以 为 好 也！

《木瓜》分三章，属叠咏体，每章 4 句 18 字，共 12 句 54 字；三章内容基本相同，每章前两句对偶，仅一字之差，如"瓜"对"琚"，后两句一模一样，为叠唱重复。这种高度重叠复沓处理，使文体结构和节奏形成回环，颇具音韵美。

《诗经》多用四字一句，《木瓜》打破惯例，在"投我木瓜"等中加上"以"，变为五字；"匪报也"为三字；"永以为好也"又变为五个字，字数变化独特，妙趣丛生。

---

① 张树波：《国风集说》，河北人民出版社 1993 年版，第 23 页。

王老吟诵节奏为三言句 1+1+1（匪报也），五言句 1+2+2（投我以木瓜）、2+2+1（永以为好也）。

3）从声韵调系统方面考察。

《诗经》成书年代，汉字语音无完善的四声系统和平仄观念。为更好地理解吟诵，我们对这首诗做了"声、韵、调"系统分析。全诗出现 1 个入声字"木"，共出现三处；6 个仄声字："我""以""报""匪""也""好"，共出现三十三处。两者合计占全诗字数多于 60%，造成铿锵抗坠的声韵效果。

全诗 4 个平声韵，8 个仄声韵。每章前两句为句尾韵，后两句为句中韵，句句押韵、换韵。第一章前两句韵字"瓜""琚"，鱼部，句尾韵；第二章前两句韵字"桃""瑶"，宵部，句尾韵；第三章前两句韵字"李""玖"，之部，句尾韵。此三章的后两句韵字均为"报""好"，幽部，句中韵。[①]

考究王老吟诵调形成因素，笔者发现：王老四十余年的教师生涯和扫盲运动使得他的吟诵调里方言文读语音较多，主要体现在平翘舌音的发音不同于绵阳方言而类似于普通话，其余文字基本按照绵阳方言声调值发音。现择王老发音差异较明显的文字进行列表分析。

表4—7—9　《诗经·卫风·木瓜》普通话和绵阳方言发音差异字

文字	普通话发音	绵阳方言发音	异同分析
我	{wo}214	{ŋ-o}452	绵阳方言音，声母变为绵阳方言 ŋ，调值由普通话214变为绵阳方言的452
琼	{qiong}35	{qun}42	绵阳方言音，韵母改变，由 iong 变为 un，调值由普通话35变为绵阳方言的42
永	{yong}214	{yun}452	韵母改变为绵阳方言，由 ong 韵变为 un 韵，调值由普通话214变为绵阳方言的452

注：普通话调值55、35、214、51；绵阳方言调值35、42、452、224。

[①] 王力：《诗经韵读 楚辞韵读》，中国人民大学出版社2004年版，第382页。

4）从音乐性方面考察。

a. 基本结构。

《木瓜》吟诵调谱例以 A 旋律 153153-153153-加 B 旋律 532353531235 为基本旋律，形成两句为一个音乐回环、连续模进的两句体结构。

b. 音阶调式。

调式音阶为 123561。

吟诵调以宫音（1）作为调式主音和结束音，调式调性明确，属民族五声宫调式。

木 瓜

《诗经·卫风》
王宗斌先生吟诵
张 敏 记谱

1 5315 3 —	1 53 1 5 3 —
投 我 以 木 瓜，	报 之 以 琼 琚。
5 3 23 5 3	5 3 1 23 5
匪 报 也，	永 以 为 好 也！
1 53 1 —	23 5 3 6 1
投 之 以 木 桃，	报 之 以 琼 瑶。
5 3 23 5 3	5 5 3 6 5 3
匪 报 也，	永 以 为 好 也！
1 53. 1 53	23 5 3 1 5
投 我 以 木 李，	报 之 以 琼 玖。
5 23 5 3	5 3 1 5 3
匪 报 也，	永 以 为 好 也！

c. 旋律线。

A 旋律 153153-153153-（投我以木瓜，报之以琼琚）旋律在 135 三音中以纯五度和小三度跳进级进交替发展，形成以 153 为基本旋律重复发展四次构成的峰谷型旋律，素材简约、旋律简单、音调平稳流畅。

B 旋律 532353531235（匪报也，永以为好也）235 三音为主干音，以小三度与大二度相结合呈波纹型旋律级进发展。王老在吟诵"匪报也"时，遵循绵阳方言语音发音，取读诵为主，一字一拍，节奏明确、咬字清晰。

全诗三章，重章叠唱，形成旋律和词义的往复推进。整体呈现为A+B两句为一个音乐回环的旋律形态连续模进；音域不宽，旋律基本在五度内级进或小跳完成；旋律形态相对平稳，起伏不大。

d. 节奏腔式。

此调中八分音符XX、四分音符X和二分音符X-节奏型被频繁使用，吟调极富节奏感。在"永以为好也""报之以琼玖"的句末处加以下滑音"ヽ"的润腔处理，在"木瓜""琼琚""木桃""琼瑶""木李""琼玖"处作明显的句末拖腔，强调"投木报琼"的深厚情感，使吟诵调更具跌宕有致的韵味和声情并茂的效果。

此调以 a 音乐短句 153153-和 b 音乐短句 532353 为基本吟腔，结合绵阳方言的声调行腔，吟调婉转流畅，清新明快。

5) 王宗斌先生《木瓜》吟诵概述。

王老吟诵该诗时，方言咬字、方音行腔、字正腔圆，根据该诗文体结构特点，三次重复叠唱，每章上句为吟咏，下句为诵行，在各乐段中吟咏和诵读有机结合，形成独特的绵州腔韵。

每章第一句，如"投我以木瓜，报之以琼琚"，以音乐短句 153153-作为基本吟腔行进两次。句中第一字开始拖腔，句末韵字如"瓜""琚"等也有一字多音长拖腔，乐音落音在宫音（1）和角音（3）上。

每章第二句以绵阳方言诵读为主，句中三个字节奏相同，一字一拍两音，完整传递出每个字的四声调值走势，也决定了音乐旋律走向。如"匪报也"，普通话调值为 214 51 214，绵阳方言声调值为 53 224 53，谱面标识为 53 23 53，二者保持一致。

该诗吟诵调调式调性明确，为民族五声宫调式。音乐旋律整体在中音区发展，最高音为徵音（5），最低音为宫音（1），最大音域差 5 度在曲中频繁出现，加之节奏舒展，整体造成高亢悠长、激扬明亮的吟诵风格，与该诗声韵特点保持一致。

（2）七言乐府《金缕衣》。

1）从创作背景方面考察。

《金缕衣》是中唐时一首七言乐府诗，作者不可考据。元和年间镇海节度使李锜酷爱此诗，其侍妾杜秋娘便在酒宴上演唱此诗。因此，有人认为《金缕衣》是杜秋娘或李锜作。

另一说法，杜秋娘出生金陵，善写诗，也好填词作曲，曾为歌妓，风靡一方；十五岁时，被镇海节度使李锜以重金买入府中充任歌舞姬。一次家宴上，杜秋娘自写自谱一首乐府诗，演唱时声情并茂，歌声娓娓动听，深得李锜赏识。相传，那便是《金缕衣》。

2）从文体结构和吟诵节奏方面考察。

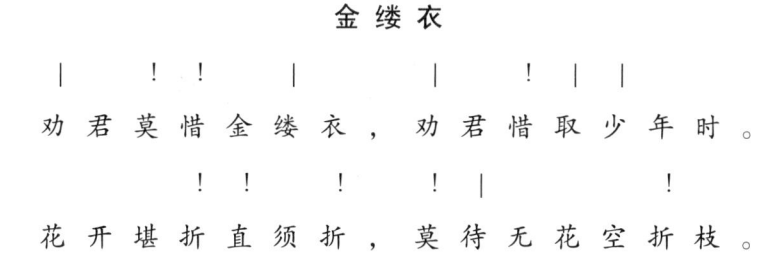

金 缕 衣

| ！！ | | ！ | |
劝 君 莫 惜 金 缕 衣 ， 劝 君 惜 取 少 年 时 。
！！ ！ ！ | ！
花 开 堪 折 直 须 折 ， 莫 待 无 花 空 折 枝 。

此诗为七言乐府，共4句28字，两层结构，以物起兴。第一层以金缕衣为赋，两句一个否定，一个肯定，否定后者是为了肯定前者，似分实合，虚实相生，形成诗中第一次反复和咏叹。第二层以花为比，构成诗中第二次反复和咏叹句，是"劝君"的继续，语调节奏由徐缓变得峻急、热烈且更加强调。最后的"空折枝"耐人寻味、富有艺术感想象力。

此诗采用规劝语气，通俗易懂，表达的愿望单纯而强烈，情真意切之中极富感染力，发人深省。

王老吟诵节奏为2+2+2+1。

3）从声韵调系统方面考察。

全诗共 4 句 28 字，4 个入声字"莫""惜""折""直"在诗中共出现八处；5 个仄声字"劝""缕""取""少""待"在诗中共出现六处；两者相加占全诗一半，该诗声律平仄相协，声韵协调。

此诗首句入韵，韵字为"衣、时、枝"，押上平四支韵。其中"衣"为上平五微，借用邻韵。支韵大部分是中等开口元音接齐齿音，徐健顺先生认为其韵多有"细长、稀薄、连绵"①之意，汪烜在《诗韵析》中概括为"静夜幽思、伤心别离"。②

王宗斌老先生在吟诵此诗时，平翘舌发音准确。现择发音有明显区别的文字进行分析。

表4—7—10　　《金缕衣》普通话和绵阳方言发音差异字

文字	普通话发音	绵阳方言发音	异同分析
缕	{lv}214	{lou}452	四川方言特点，当形声字读，所以韵母发生了改变。由 ü 韵变为 ou 韵，调值由 214 变为 452
折	{zhe}35	{z-ə}42	绵阳方言发音，韵母变为绵阳方言特色的ə韵，调值由 35 变为 42
须	{xu}55	{x-i-u}35	韵母由 u 韵变为-i-u 韵，调值由 55 变为 35

注：普通话调值 55、35、214、51；绵绵阳方言调值 35、42、452、224。

4）从音乐性方面考察。

a. 基本结构。

吟诵调《金缕衣》属于 A+B+C+D 四个音乐短句组成的四句体结构。

b. 音阶调式。

调式音阶为 561235。

---

① 徐健顺：《吟诵概论（上）——中华传统读书法》，广西师范大学出版社 2019 年版，第 265 页。
② 续修四库全书编纂委员会：《续修四库全书》，上海古籍出版社 2002 年版，第 409 页。

第四章 四川传统吟诵的基本面貌

吟诵调以徵（5）音作为调式主音和结束音，以宫（1）为上句终止所支持的徵终止群体；上下句的终止音 15 呈五度关系，即上句终止 1 为下句终止 5 下方的五度音程，属民族五声徵调式。

金 缕 衣

全唐诗 无名氏
王宗斌先生吟诵
张 敏 记谱

```
5 i 6 5 i 6 i 6 | 5 i 2 5 25 32 1 |
劝 君 莫 惜 金 缕 衣， 劝 君 惜 取 少 年 时。

5 5 3 5 32 16 53 2 1 | 1 23 15 3 53 21 5 — ‖
花 开 堪 折 直 须 折(啊)，莫 待 无 花 空 折 枝。
```

c. 旋律线。

A 句 <u>5 i</u> <u>6 5</u> <u>i 6</u> <u>i 6</u>（劝君莫惜金缕衣）主干音为 5 6 i 三音。旋律在四度上行 <u>5 i</u> 后的二度、三度连续级进 <u>6 5 i 6</u> 中发展，上下行交替、一字一音、连绵起伏，旋律在中高音区进行，三次出现全曲最高音 i，调子高亢有力。

B 句 5 i 2 <u>5 2 5</u> <u>3 2</u> 1(劝君惜取少年时) 主干音为 1 2 5 三音。在中音 1 到高音 i 的连接中以四度上行后的陡转七度下行 <u>5 i 2</u> 再小跳级进 <u>5 2 5 3 2 1</u> 回落，山峰型与缓坡型相结合的旋律形态，音域跨度大，旋律起伏有致。诗中两度"劝君"，"莫惜""惜取"对比强烈，重复中嵌入变化，构成诗中第一次反复咏叹。

C 句 <u>5 5 3 5 3 2</u> <u>1 6</u> <u>5 3</u> <u>2 1</u>(花开堪折直须折)紧承前两句，旋律转至中低音区，在 6 1 2 3 5 的五声旋律中，以三度、二度级进为主。"直须" <u>1 6 5 3</u> 出现七度音调上扬，强调了"须"的重要性。句末"折"加以衬字"啊"润腔处理，凸显了吟诵调的地方特色。

D 句 1 <u>2 3</u> <u>1 5</u> 3 <u>5 3</u> <u>2 1</u> 5—↘（莫待无花空折枝）以 1 3 5 三个主干音的波纹型级进旋法为主，音调总体平稳。强调时光易逝，莫空留悔恨。

- 673 -

C、D 句中"花"字两现,"折"字三现,构成诗中第二次反复和咏叹,与 A、B 句诗意重复,但反复中,又形成上联与下联之间的较大回旋重现,语调节奏由急入缓。

d. 节奏腔式。

吟诵调主要以八分音符 XX 和四分音符 X 节奏型相结合,节奏相对规整。衬字"啊"和下滑音"ㄟ"的润腔处理,增强诗歌意境,心诚意真,让人感动不已。

A、D 句末"衣、枝"两字（i6、5-）作长音拖腔,整个吟诵调音调简单明爽,其"莫惜""惜取"25 32 1 "堪折""须折""空折"层层跌宕。吟诵调以音乐短句"5321"（少年时 25 321、直须折 16 53 2 1、无花空折 15353 21）为基本吟腔贯穿其中,形成独特吟腔,韵味浓郁,吟之不厌。

5）王宗斌先生《金缕衣》吟诵概述。

王老吟诵该诗时,方言咬字、方音行腔,整曲吟诵风格高亢有力,与该诗的劝诫意义相契合。全曲音乐旋律在中高音区发展,最高音为宫音（i）,最低音为宫音（1）,最大八度音域差出现在第二句正向肯定式的规劝上,清晰传达出长者对幼者的善意规劝意图。

王老在首句吟诵时节奏较快,只在句尾韵字"衣"处做一字多音长拖腔,乐音落音在羽音（6）上；在后面三句中,节奏放慢,采取两字一个音步的吟诵节奏行进,句尾韵字"时、枝"为一字一音长拖腔,乐音分别落音在宫音（1）和徵音（5）上,调性为民族五声徵调式。

去声字"少、待"在绵阳方言中的调值为 224,调型低升,谱面标示为 25、23,阳平字"年、折"在绵阳方言中的调值为 42,调型高降,谱面标示均为 32,以上文字的调值与其腔格基本保持一致,说明王老按绵阳方言行腔。但是也有一些特别现象:如:"衣"（i6）、"开"（53）、"须"（53）、最后一个"花"字（53）、"空"（53）,这些阴平字的腔格既不属于普通话,也不属于绵阳方言,应是王老的吟诵特色设计,王老通过接二连三的高降旋律,制造一个又一个的音乐回转漩涡,以期达到强烈的规劝效果。

（3）乐府民歌《木兰诗》。

1）从创作背景方面考察。

《木兰诗》源自民间，无确切作者，后经乐官翻译加工，但民歌特色得以保存。此诗的创作时间，一说北朝，二说隋唐。作品中提到的地点和称谓等暗示本诗是北朝乐歌。

作为一首以军旅和战争为题材的作品，它与《十五从军征》《战城南》等同题材作品表达的思想内容不同。故事开头有些心酸，但表达了对主人公从军热情的赞扬，少有战争残酷气氛渲染。

2）从文体结构和吟诵节奏方面考察。

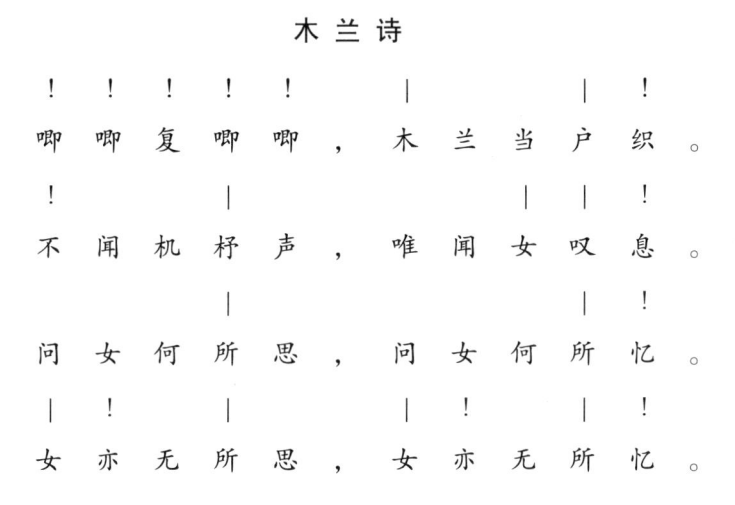

木 兰 诗

！	！	！	！	！		｜			｜	！
唧	唧	复	唧	唧	，	木	兰	当	户	织	。

！		｜			｜	｜	！
不	闻	机	杼	声	，	唯	闻	女	叹	息	。

		｜			｜	！
问	女	何	所	思	，	问	女	何	所	忆	。

｜	！	｜		！	｜		！
女	亦	无	所	思	，	女	亦	无	所	忆	。

这是一首充满传奇色彩的长篇叙事诗，主要记述木兰女扮男装，代父从军，征战沙场，凯旋回朝，建功受封，辞官还家。"事奇，语奇，卑靡时得此，如凤凰鸣，庆云见，为之快绝"。[①]

篇幅较长，王宗斌老先生只节选诗中前一小段部分吟诵，即前 8 个小句，

[①]（清）沈德潜选：《古诗源》，中华书局 2006 年版，第 213 页。

本文仅对此内容进行分析。

王老吟诵节奏划分如下：2+1+2（唧唧复唧唧、惟闻女叹息）；2+2+1（木兰当户织、不闻机杼声、问女何所思、问女何所忆）；1+2+2（女亦无所思、女亦无所忆）。

3）从声韵调系统方面考察。

节选诗段共40个字，7个入声字："唧""复""织""不""息""亦""忆"，共十二处；5个仄声字："木""户""杼""女"、"叹"，共十一处。

首句入韵，韵字为"唧、织、息、忆"，押十三职入声韵（i）。音似 e 和 g 的組合，g 只塞住不发声。此入声韵的特点为小开口元音接舌根塞音趋势，多有强烈的挤压、突兀、闭合之意。此诗采用入声韵，句中还有叠韵和其他入声字，这种文学创作特点造成该诗音节铿锵、抗坠的音韵效果。

表4—7—11 　　《木兰诗》普通话和绵阳方言发音差异字

文字	普通话发音	绵阳方言发音	异同分析
户	{hu}51	{fu}452	声母 h 变为 f，调值由普通话 51 变为绵阳方言 452
织	{zhi}55	{zhi}42	调值由普通话 55 变为绵阳方言 42
杼	{zhu}51	{c-u}224	声母 zh 变为 c 韵，调值由普通话 51 变为绵阳方言 224
女	{nv}214	{n-v-u}452	韵母 ü 变为 ü-u，调值由普通话 214 变为绵阳方言 452
何	{he}35	{h-o}42	韵母 e 变为 o，调值由普通话 35 变为绵阳方言 42

注：普通话调值 55、35、214、51；绵阳方言调值 35、42、452、224。

第四章　四川传统吟诵的基本面貌

4）从音乐性方面考察。

a. 基本结构。

此吟诵调是诗歌第一段节选部分，属 A+B+C+D 四个连贯独立长句构成的四句体结构。

木 兰 诗
（节选）

北朝民歌
王宗斌先生吟诵
张敏　记谱

```
5 5  3 2  1 6  5 5  3 2 | 6̣  6̣  5 3  2 3  6̣ —
唧 唧  复  唧 唧，   木 兰  当  户  织。

6̣  6̣  5  5 3  5 3· | 6̣  6̣  5 3  2 3  6̣ —
不 闻 机 杼 声，   惟 闻  女  叹  息。

6̣  2  6̣  1  2 2 | 6̣ 3  6̣  2  6̣ —
问 女 何 所 思(呃)？ 问 女  何  所  忆？

5  6̣  6̣  1  5 3· | 5 6  6̣  5 3  6̣ 1  2 1  6̣
女 亦 无 所 思，    女 亦 无  所  忆。
```

b. 音阶调式。

调式音阶为 6̣12356。

吟诵调以羽音（6）作为调式主音和结束音，调式调性明确，属民族五声羽调式。

c. 旋律线。

A 句 <u>55 32 16 55 32</u>，<u>6̣6̣53 236</u>-（唧唧复唧唧，木兰当户织）旋律主干音为 6̣532，在中音 5 到低音 6̣ 的五声旋律中，以音乐短句 <u>553216</u> 连续三度下行的旋律形态接续三次模进，形成高旋低回的旋律音调，音乐富有动力感。人物形象及环境跃然眼前，与主人公清新、活泼的少女形象极其吻合，令听者身临其境。"唧唧"是叹息声，也可理解为织布机产生的"唧唧"声。

B 句 6̣6̣<u>553</u> 53·，<u>6̣6̣53236</u>-（不闻机杼声，惟闻女叹息）以 6̣53 为主干音，旋律起调在 6̣ 音的同音反复之后的七度大跳上行 6̣65 再级进 <u>5353</u> 形成以上句和下句同头异尾的旋律重复形态，上句音调上扬、下句音调回落，给听者以强烈的听觉刺激，引人深思。

C 句 62↘6122，63626-（问女何所思，问女何所忆）旋律在 6123 四个音的连接组合中，以主音 6 为中心作三度、四度、五度上下行级进跳进交替发展。旋律起伏错落有致，音调活泼跳动。

D 句 5↘66153·，5665361216（女亦无所思，女亦无所忆）主干音为 6135，旋律采用 B 句相似旋法，是同头异尾结构，上下句在七度大跳下行后的同音反复 5↘66 中起调。"无所思"153·作音调，平稳发展；"无所忆"5361216作音调下行发展结音在主音 6，旋律具有明显的段落收束感。紧承上句，给出回答，对前几句情景渲染、挑起好奇心给出最终回答，可看作一个叙述的强调和高潮表达。王老先生在吟诵此句时，尤重"女"字发音，作下滑音"↘"润腔处理。末字"忆"61216作一字多音的连腔吟诵，充分表达了主人公的情感变化，引发深思，使听者对后续的故事充满了期待。

d. 节奏腔式。

结合四分音符 X、八分音符 XX、附点音符 XX.等节奏型，吟诵调形成以韵字"织、息、忆"（6-）有明显长音句末拖腔。"唧"（532）"声、思"（53·）、"忆"（61216）作一字多音的长音连腔处理，拖腔富有特色。少量衬字"呃"和下滑音"↘、↘"润腔技法，增强吟诵调韵味和地方特色。

音乐短句"5532"（唧唧 5332、当户 5323、机杼声 5353·、女叹 5323）作为基本吟腔，形成独特绵州腔韵，音调爽朗、古朴自然。

5）王宗斌先生《木兰诗》吟诵概述。

此诗为一首叙事性的古体诗歌，讲述了一个民间奇女子的故事。吟诵选段为故事刚开始的叙述部分，相对较平静。王老吟诵风格缓慢悠然，与诗意相切合。

该诗吟诵调采用了较多的中国民族音乐表现手法，如：在第二句和第三句、第四句和第五句采用"鱼咬尾"的结构形式，即第二句的句尾字"织"（6-）与第三句的句头"不"（6）、第四句的句尾字"息"（6-）与第五句的句头"问"（6）采用相同音级，起到了顺势承接延展的作用；在第三句和第四句、第七句和第八句采用"同头异尾"的结构形式（具体详见音乐分析），前半部分音调上扬，后半部分音调回落，像老人给小孩讲故事一样，一问一答，现场画面感十足。

全曲音域在中低音区发展，最高音为徵音（5），最低音为羽音（6）。首句句尾韵字"唧"为一字多音短拖腔（5 32），第二句尾韵字"织"为一字一音长拖腔（6-），形成一高一低、一抑一扬的旋律对比。其他三对句子同样如此处理。韵字"息、忆、忆"为长拖腔（6-、6-、61 21 6），乐音落音在羽音（6）上，调式调性明确，为民族五声羽调式。

王老以绵阳方言四声声调行腔，方言咬字、方音行腔，绵阳方言腔韵浓厚，极富动感。例：上声字"女"，绵阳方言上声调值452，调型微升高降。按上声字腔格的行腔，一般谱面上需要三个音符，忽略微升，也需两个音符。王老在吟诵中采用两种方式予以表达：53 和 2ˋ、5ˋ（加下滑音润腔技法），与上声字腔格基本一致。绵阳方言中古音入声字已消失，基本被派入阳平，调值为42。如入声字"唧""复"，王老在此作 532、16 一字多音处理，与阳平字腔格一致。

王老在第五句尾按绵阳方言习惯，加语气助词"呃"做衬字，显得更加生动活泼、自然诙谐。

（4）五言仄起绝句《画》。

1）从创作背景方面考察。

王维（701－761），字摩诘，号摩诘居士，河东蒲州（今山西运城）人，唐朝著名诗人、画家，著作有《王右丞集》《画学秘诀》。

王维出生河东王氏，于开元十九年（731）状元及第，历官右拾遗、监察御史、河西节度使判官，唐玄宗天宝年间拜吏部郎中、给事中。安禄山攻陷长安被迫受伪职，安史之乱平息后被责授太子中允。唐肃宗乾元年间任尚书右丞，世称"王右丞"。

王维参禅悟理，学庄信道，精通书画乐理，以诗名盛于开元、天宝间，尤长五言多咏山水田园，与孟浩然并称"王孟"，有"诗佛"之称。书画特臻其妙，后人推其为南宗山水画之祖。苏轼评价为"味摩诘之诗，诗中有画；观摩诘之画，画中有诗"。王维存诗 400 余首，《相思》《山居秋暝》等广传于世。

2）从文体结构和吟诵节奏方面考察。

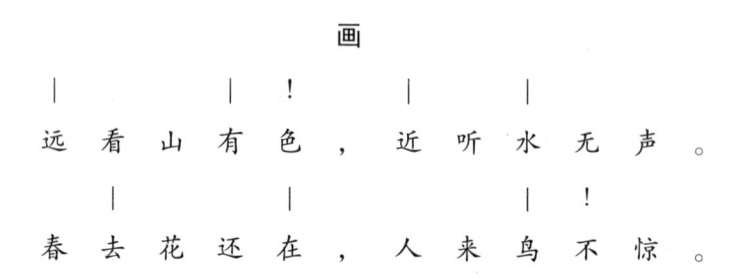

画

远看山有色，近听水无声。

春去花还在，人来鸟不惊。

该诗为五言仄起首句不入韵式绝句。从对仗形式来讲，诗歌全部运用"反对"手法，"远看"对"近听"，"有色"对"无声"，"春去"对"人来"，"还在"对"不惊"。一般来说，反对形式的对仗难度最高、正对次之、流水对则可以使整个诗歌显示出流动性。本诗短短二十个字中，用十六个字来"反对"，手法堪称高妙。

从意境来看，作者在描写景物时，以朦胧的线条勾勒山水花鸟的轮廓，给人以似可见，而不可全知的感受，呈现出自然界、图画中、诗歌里的三重山水花鸟，在实物符号、文字符号、图画符号三个层面彼此沟通相互转换。

自然界中的山色花鸟会因季节变化而变，图文符号中的山水花鸟却是把山色水景、花貌鸟态定格在某一空间和时间上，诗人抓住这一特点，虚实结合、动静相宜的彰显其深邃的禅意。

王老的吟诵节奏为 2+1+2 。

3）从声韵调系统方面考察。

全诗 20 字，韵字为"声"和"惊"。入下平声八庚韵，庚韵的字现在分别演变成了 ng、ong、eng、ing 韵母的字，尤以 eng、ing 韵母为多，但其本来的读音近似 ang，有开口韵母的开阔之意，徐健顺先生认为其韵多有开阔、雄壮、坚硬之意。①汪烜《诗韵析》概括为"大雅铿锵、慷慨不平"。②

王宗斌老先生在吟诵此诗时，发音准确。现择其主要发音有明显区别的文字进行分析。

表 4—7—12　　　　《画》普通话和绵阳方言发音差异字

文字	普通话发音	绵阳方言发音	异同分析
色	{se}51	{s-ə}42	典型的绵阳方言发音，韵母由 e 韵，变为绵阳方言味的ə韵，调值由普通话的 51 变为绵阳方言调值 42

注：普通话调值 55、35、214、51；绵阳方言调值 35、42、452、224。

a. 基本结构。

吟诵调《画》属于 A+B+C+D 的四个连贯独立短句组成的四句体结构。

b. 音阶调式。

调式音阶为 235612。

吟诵调以商音（2）作为调式主音和结束音，属民族五声商调式。

---

① 徐健顺：《吟诵概论（上）——中华传统读书法》，广西师范大学出版社 2019 年版，第 265 页。
② 续修四库全书编纂委员会：《续修四库全书》，上海古籍出版社 2002 年版，第 409 页。

c. 旋律线。

A句 5̱2̱3551-ㄟ(远看山有色)旋律主干音为125。旋律在全曲最高音5起调，二度、三度上行级进后 2̱3̱5 的五度跳进 51 回落，呈谷峰型旋律形态，旋律简单，音调明朗。

B句 2251̱6̱5-（近听水无声）以2的同音反复后的五度、三度下行跳进后再七度大跳上扬 51̱6̱5 后作结，旋律在主干音 125 三音连接组合中起伏跳动，曲调活跃灵动，动静结合，富有诗情画意。远处观景，青山隐隐，而画上山色明了；近处听声，流水潺潺，而画上水流无息。

C句 5·3512-（春去花还在）旋律在 1235 四音中以三度、二度级进交替为主，伴有五度跳进，曲调在平稳中稍有起伏，音调恬静优美，韵致悠扬。

D句 6̱62-6̱12-（人来鸟不惊）旋律在全曲最低音6和中音2-的四度跳进中上下回旋，音调在重复中上下变化，跌宕起伏。人已去，空留花，鸟未惊，人又来，曲调与诗歌意境相融，韵味隽永。

春花随季节更替而凋谢，然画上花鸟，无论何时何地，都自在安然。"在、鸟、惊"三字在主音2上作一字一音的长音拖腔且加波音（⌒）润腔处理，完美诠释诗人心灵深处的佛自在本意。

d. 节奏腔式。

此调充分运用四分音符节奏 X 和八分音符节奏 XX，使其节奏舒展而简练。"色、声、在、鸟、惊"结合二分音符（1-、5-、2-、2-、5-）做长吟拖腔处理。"春"（5·）做附点音符的拖腔处理。"在、鸟、惊"作波音"⌒，⌒"，和"色"作下滑音"1-ㄟ"的色彩润腔处理，使字腔得到强调，增强了此吟诵调的地方风味。

王老吟诵此诗时，遵循绵阳方言语音声调行腔，取读诵方式，加以适当"音调"化，形成独特的绵州腔韵。调式与气韵相融，耐人寻味。

5）王宗斌先生《画》吟诵概述。

该诗吟诵调音域集中在中低音区，最高音5，最低音6，旋律简单质朴，基本为一字一音。王老吟诵时，按绵阳方言四声调值行腔，方言咬字、方音行腔，绵阳方言腔韵浓厚。

该诗每联的上下句呈一高一低对比趋势，整体形成一高一低一高一低的重复回环音乐走势。每句尾部都长拖腔，韵字"声、惊"乐音落音分别落在徵音5和商音2上，该诗调性属民族五声商调式。

笔者发现：每句的阴平字和上声字所对应的音级基本为该句的最高音级。如"远、山、有、水、春、花"字的对应乐音都为5，在绵阳方言中，上声字的调值为452，调性为高降，因该诗旋律相对简单，多为一字一音，故高降趋势落在紧邻其字的后面字上予以体现，谱面标识相邻后边字对应音级为1和6，由此在曲中反复多次出现五度和四度大跳（51、2-6）。阴平字在绵阳方言中调值为35，调性为中升，有上扬至最高声调的趋势；同时，由于王老有多年推广普通话的工作经历，阴平字发音也遵循了普通话阴平字声调最高的特点，故在此诗中阴平字发音也为最高音级，以上原因造成整曲音乐旋律欢快明亮、活泼跳跃的特点。

（5）五言绝句《送别》。

1）从创作背景方面考察。

作者王维（同上）。此诗写于何时何地，送别何人，已无法考证，诗中用朴素自然的话语传递出他与友人彼此深厚、真挚的感情。唐汝询在《唐诗解》中概括这首诗的内容为"扉掩于暮，居人之离思方深；草绿有时，行子之归期难必"。[①]

2）从文体结构和吟诵节奏方面考察。

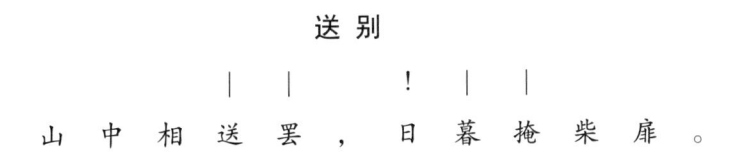

送 别

| | ！ | |

山 中 相 送 罢， 日 暮 掩 柴 扉 。

---

① （明）唐汝询选释，王振汉点校：《唐诗解》，河北大学出版社2010年版，第311页。

春　草　明　年　绿　，　王　孙　归　不　归　。

　　这是一首构思独具匠心的五言平起绝句，又名《山中送别》或《送友》。诗中只言不谈离情，首句"山中相送罢"中一个毫无感情色彩的"罢"就告诉读者相送已罢，轻描淡写、一笔带过。次句通过时间跳越，把一件平凡的"掩柴扉"提到读者面前，使读者立即感受到诗人的寂寞怅惘心情。三、四两句从《楚辞·招隐士》中的"王孙游兮不归，春草生兮萋萋"得来。诗人藏于内心的深情厚谊和期待再见的急切心情已跃然纸上。

　　3）从声韵调系统方面考察。

　　全诗4句20字，首句不入韵，韵字"扉""归"押上平五微韵。微韵源于上古的微部，是小开口接齐齿音，有越来越小之感，其字多有"飘动、减少、稀薄"①之意。汪烜《诗韵析》："景物芳菲。"②

　　王宗斌老先生在吟诵此诗时，平翘舌发音准确。现择其发音有明显区别的文字进行分析。

表4—7—13　　《送别》普通话和绵阳方言发音差异字

文字	普通话发音	绵阳方言发音	异同分析
暮	{mu}51	{mo}224	u韵变为o韵，是典型的绵阳方言发音，调值由普通话的51变为绵阳方言的224
绿	{lv}51	{lu}42	绵阳方言发音，韵母ü变为u韵，调值由普通话51变为绵阳方言42

注：普通话调值55、35、214、51；绵阳方言调值35、42、452、224。

---

① 徐健顺：《吟诵概论（上）——中华传统读书法》，广西师范大学出版社2019年版，第265页。
② 续修四库全书编纂委员会：《续修四库全书》，上海古籍出版社2002年版，第409页。

4）从音乐性方面考察。

a. 基本结构。

《送别》由 A+B+C+D 四个连贯的独立短句构成四句体结构。

b. 调式音阶。

调式音阶为 561235。

吟诵调以徵音（5）作为调式主音和结束音，以徵音（5）为上句终止所支持的徵终止群体，调式调性明确，属民族五声徵调式。

$$\text{送别}$$

王　维　（唐）
王宗斌先生吟诵
何　民　记谱

i i 5 6 5 - ↘	5 23 13 5 32	1 23 5 32 5 32 1 5 - ↘
山中	相送罢，	日暮　掩　柴扉。

5	5	1	1	1	6̣	1 - 5 5 32 1 5 - ↘
春	草	明	年	绿	（啊），	王孙归　不归。

c. 旋律线。

A 句 i i 565-↘ 523 13532(山中相送罢）主干音 135，旋律在全曲最高音 i 的同音反复后的大二度级进 i i 565-↘ 中起调，紧接四度小跳后的二度、三度连续级进 523 13532 交替发展。第二字"中"（i 565-↘）采取了一字多音的连音拖腔及下滑音润腔处理，末字"罢"（13532）的一字多音连音拖腔。旋律呈现缓坡型向波纹型发展为自上而下的旋律形态，音调婉转流畅，以"送罢"隐去送别情景，惜别之情，自在话外。

B 句 12353253215-（日暮掩柴扉）主干音为 1235，旋律从 1 到 5 的五度音程中，以二度、三度平稳级进的波纹型旋律发展为主，较于 A 句，B 句音调变得更深沉，末字"扉"（5-↘）作一字一音的长音拖腔加下滑音色彩润腔处理。这样的吟诵处理包含非常深厚的感情色彩，增添句外留白和无尽遐思，更显送别之无尽寂寞，也为盼友归来的题意做了铺垫。

C句551116（春草明年绿）旋律主干音为15，在15两个音中作连续同音反复55111的发展，最后结音低音6，素材单一，旋律简化，形态朴素，旋法简单。此句取诵读方式，句末用衬字"啊"作色彩润腔，增强感慨之意。

D句1-553215-（王孙归不归）主干音为15，中音区五度内小跳与级进结合完成旋律变化，旋法简单，音调平实。一个"归"字两次出现，先后为一字多音拖腔（532）和一字一音拖腔（5-），声声呼唤，期望友人快些归来。同时紧接上句，无离亭饯别之依依不舍，仅冀望友人早些归来。

此调形态、旋法独特，AB句以旋律伸长，扩充为主，C、D句旋律简约，前后曲调弛张有度。

d. 节奏腔式。

A、B句以四分音符X和八分音符XX紧密型节奏为主，C、D句以四分音符X居多，相对简单；前后节奏对比强烈，繁简结合。韵字"扉、归"（5-）作一字一音长音拖腔，"中"（i565-↘）、"罢"（13532）、"暮"（23532）、"掩"（532）、归（532）做一字多音的连音拖腔处理；拖腔曲折别致，独具特色，耐人寻味。三处下滑音"中、扉、归"（5-↘）和衬字"啊"的色彩润腔处理，增强吟诵韵味和地方特色。

此吟诵调以音乐短句"532"（相送523、罢13532、暮23532、掩532、归532）作为基本吟腔结合绵阳方言语音声调行腔，形成独特绵州腔韵。音调宛转悠扬，令人神远。

5）王宗斌先生《送别》吟诵概述。

该诗吟诵调音域较宽，最高音级为宫音（i），最低音级为羽音（6），主要旋律集中在中音区发展。整体旋律婉转曲折，大量呈现一字多音，整体节奏比《画》要慢，吟诵拖腔更有韵味，悠悠不尽的吟诵调风格与诗中的离情别意相妥切。

王老吟诵此诗时，以全曲最高音i起调，高亢有力。首句在第二字"山"、尾字"罢"处有一字多音长拖腔（i565-↘、13532），在第二句第三字"掩"和第四句第三字"归"处出现与"罢"同样的吟腔形式（532、532），说明532是王老特有的固定吟腔方式。

— 686 —

诗中第三句基本为诵，以绵阳方言声调行腔，句末添加语气助词"啊"表感慨。

韵字"扉、归"为一字一音长拖腔，乐音落音在徵音（5）上。非韵字"罢"的句尾也有拖腔，乐音落在商音（2）上，该诗吟诵调调式调性明确，属民族五声徵调式。

（6）五言平起律诗《山居秋暝》。

1）从创作背景方面考察。

作者王维（同上）。依诗中禅意境界，此诗应作于其第三次归隐之后，在终南山下建造辋川别业时所做。此前，44岁的王维上书朝廷："伏乞尽削臣官，放归田里……"①《山居秋暝》是王维山水诗中名篇，写于初秋时节诗人在终南山隐居地所见雨后黄昏的景色，于诗情画意中寄托诗人高洁情怀和对理想境界的追求。

2）从文体结构和吟诵节奏方面考察。

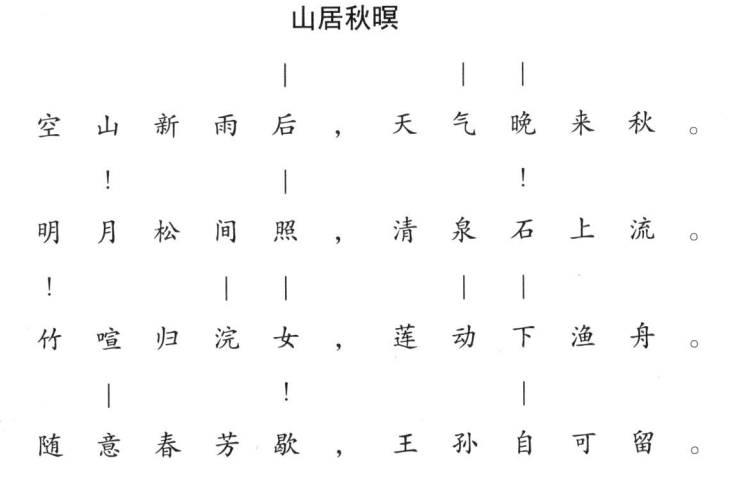

山居秋暝

```
          |         |  |
空  山  新  雨  后， 天  气  晚  来  秋 。
    !      |              |
明  月  松  间  照， 清  泉  石  上  流 。
!      |              |  |
竹  喧  归  浣  女， 莲  动  下  渔  舟 。
    |         !      |
随  意  春  芳  歇， 王  孙  自  可  留 。
```

这是一首五言平起律诗,严格按照格律诗的要求所作,中间两联对仗,第二、

---

① 王维：《责躬荐弟表》。

四、六、八句押韵。诗人通过描写秋雨初晴后傍晚时分山村的旖旎风光，将空山雨后的秋凉，松间明月的光照，石上清泉的声音以及浣女归来竹林中的喧笑声，渔船穿过荷花的动态，和谐完美地融合在一起，营造出恬静幽美的意境。王维用比兴手法通过对山水的描绘"空山、新雨、明月、清泉、竹莲"这些意象，无不给人带来清新之感，空灵意境，表达诗人寄情山水田园并对隐居生活怡然自得的纯朴安静、放纵山林生活的热爱，以自然美来表现人格美和社会美。王维《山居秋暝》挣脱了枯竭衰败的悲秋意象，营造出别开生面的清新雅洁、自由轻灵的暮秋意境，寄慨言志，含蕴丰富，耐人寻味，颇具创造性。

王老吟诵节奏为 2+1+2(竹喧归浣女、莲动下渔舟)、2+2+1 (其余句)。

3）从声韵调系统方面考察。

本诗是平起五言律诗，入下平声十一尤韵，韵字为"秋、流、舟、留"，尤韵源于上古三个韵部，都是中等开口元音，往往前有介音最后收于小开口元音，悠长之感最为突出，因此多有舒缓、悠长、温柔之意，汪烜《诗韵析》概括为"潇洒风流、素女悲秋、婉转优悠"。

尤韵的声情是婉转优悠，有舒缓之意。王维面对秋山的快乐，不是欢喜雀跃而是从容平静的，仿佛终于得到了休息和放松。本诗共有四个入声字"月、石、竹、歇"，在平仄字音上产生抑扬顿挫的节奏，共同形成整体上的和谐音乐美，也加强了诗歌的感染力和表达效果。

表4—7—14　　《山居秋暝》普通话和绵阳方言发音差异字

文字	普通话发音	绵阳方言发音	异同分析
雨	{yu}214	{y-i-u}452	韵母嵌入 i 韵过度到 u 韵，改变了原本的 ü 韵，调值由普通话的214变为绵阳方言的452
女	{nv}214	{ni-u}452	韵母嵌入 i 韵过度到 u 韵，改变了原本的 ü 韵，调值由普通话的214变为绵阳方言的452
可	{ke}214	{k-o}452	典型的绵阳方言发音，韵母由 e 变为 o，调值由214变为452

注：普通话调值55、35、214、51；绵阳方言调值35、42、452、224。

4）从音乐性方面考察。

a. 基本结构。

吟诵调《山居秋暝》属于 A+B+C+D 四个独立的长句构成的四句体结构。（四音曲调式调性具有游离性与确定性，调式调性确定与否，在于曲调中有没有大三度音程，有就确定，没有就具游离性。）

山居秋暝

王维（唐）
王宗斌先生吟诵
张敏 记谱

5·5 5 3	2 3 5 3	5·3 5323	5 —
空 山 新 雨 后，		天 气 晚 来 秋。	

1 1 5 5	2 —	5 3 2 3	1 —
明 月 松 间 照，		清 泉 石 上 流。	

1 5 5 5	5 3	1 2353 23	1 5
竹 喧 归 浣 女，		莲 动 下 渔 舟。	

1·3 5 5	3 1·	1 5 23 53	1 1
随 意 春 芳 歇，		王 孙 自 可 留（啊）。	

b. 音阶调式。

调式音阶为 1235。

吟诵调为五度内的四音列（1235）曲调，出现（123）大三度音程，以宫音（1）作为调式主音和结束音。上下句的终止音 51 呈五度关系，调式调性明确，属宫调式四音曲。

c. 旋律线。

A 句（首联）5·5 53 23 53，5·3 5323 5—↘(空山新雨后，天气晚来秋) 旋律在 235 三音中作小三度、大二度上下行级进交替发展，在四度音程内形成平稳曲折前进的波纹型旋律形态，音调恬静优美。上半句末字"后"（2353）作了一字多音的连音拖腔；下半句末字"秋"（5—↘）做一字一音长音拖腔加下滑音润腔处理，奠定该诗明快、平和气氛。

— 689 —

B句（颔联）11 55 2-，53231↘（明月松间照，清泉石上流）主干音为1235，旋律起调在15两音的同音反复后1155再回落至2-，下半句以小三度、大二度的上下行级进53231↘为主，呈现为山峰型与波纹型相结合的旋律形态，吟调随意洒脱，耐人寻味。

C句（颈联）155553，12353 23 15↘（竹喧归浣女，莲动下渔舟）在以1235为主干音的四音列中，以五度上行后的连续同音反复再小三度155553作结完成上半句的旋律进行，其音调简单明快。下半句在原有基础上添加新的素材，节奏音型有明显变化，由宽松型节奏向紧密型节奏发展，"动"2353字的一字多音句中拖腔润饰和韵字"舟"的下滑音润腔，使吟诵调更显灵动唯美。

D句（尾联）1·3 55 31·↘，1523 5311↘（随意春芳歇，王孙自可留）旋律在以135为主干音的五度内变化发展，大小三度结合，构成上半句平稳而曲折的波纹型旋律形态。下半句的五度大跳15后的连续级进235311↘回落结音主音1。句末"歇"字长音拖腔加下滑音的色彩润腔，韵字"留"加以衬字"啊"润饰和下滑音处理。王老声情并茂的吟诵使听者感受到诗人高洁情怀和对理想境界的追求。

全曲音级组合均在中音区1至5的五度内完成，音域较窄，旋律起伏不大，素材简洁，旋法简单。

d. 节奏腔式。

A、C句以 X.X、XX、XXXX 节奏型相结合，疏密有致。B、D句相对舒展宽松。"秋、照、流"（5-、2-、1-）作一字一音长音拖腔，"后"（2353）、"动"（2353）"歇"（31·）作一字多音的连音拖腔，大量运用下滑音"秋、流、舟、歇、留"（5-↘、1-↘）和部分衬字"啊"及上波音的色彩润饰，增强吟诵韵味和地方特色。

王老在吟诵此时，遵循绵阳方言语音咬字发音，用绵阳方言语音声调行腔，形成以音乐短句2353（新雨5323、晚来5323、清泉石上5323、动2353、自可2353）为基本吟腔贯穿全曲，形成独具特色的绵阳吟腔，清新婉转，柔美动听。

5）王宗斌先生《山居秋暝》吟诵概述。

王老吟诵时以绵阳方言四声调值行腔，方言咬字，全曲最高音为5，最低音为1，全曲音域在中音区五度内行进，音域较窄，整体呈现平和、安宁、简单的状态，与诗中宁静超然禅意相辅相成。

首联上半句尾"后"、颈联下半句第二字"动"处（23 53），这个是王老一个非常独特的吟腔特点。

除了颈联，其他三联不论上下句均在尾部有长拖腔，韵字皆为一字一音拖腔加下滑音润腔技法。"秋、舟"乐音落音在徵音（5），"流、留"乐音落音在宫音（1），调式调性明确，该诗吟诵曲调属民族五声宫调式。整体形成一上一下一上一下旋律，具有回环圆满意义。

（7）五言仄起律诗《送杜少府之任蜀州》。

1）从创作背景方面考察。

王勃（约650—约676），字子安，汉族，唐代文学家。此诗是他的代表作品之一，写于京城长安。王勃在长安送一位杜姓少府去蜀州上任，临别赠诗。"少府"是唐代对县尉的通称。

据杨烟的《王子安文集原序》，王勃宦游时间是在高宗李治把他赶出沛王府之后。23岁的王勃由蜀地返回长安做貌州参军。期间王勃游历川蜀之地，熟悉五津。可见，本诗应写于他结束宦游之后不久。

2）从文体结构和吟诵节奏方面考察。

送杜少府之任蜀州

城阙辅三秦，风烟望五津。

与君离别意，同是宦游人。

海内存知己，天涯若比邻。

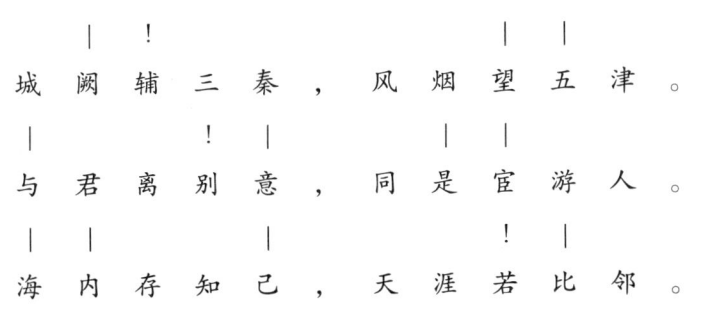

— 691 —

　　　　|　　|　　　　|　　|
　　　无 为 在 歧 路 , 儿 女 共 沾 巾 。

　　初唐时期，五律并未定型，所以本诗不完全合律。本诗首联和颈联用了对仗，颔、尾没有。整体而言，该诗在选词、组词、成句方面为五律的定型开拓了道路。

　　诗的主题即一个"送"字，围绕它，一步步把感情明朗、深入化。首联以景物描写为领起，颔联叙写事件，颈联抒发情怀，尾联言其心志。起承转合，结构严谨。

　　此诗虽为送别诗，但呈现出昂扬乐观自信的精神面貌。

　　王老吟诵节奏除"风烟望五津"为 1+2+2，其他皆为 2+2+1。

　　3）从声韵调系统方面考察。

　　本诗首句入韵，押上平十一真韵，韵字为"秦、津、人、邻、巾"。真韵源于上古的两个韵部，开口度中等，变小收于前鼻音，有闭合、收敛、抒情之感，因此其字多有"深入、亲近、联系"[1]之意。汪烜《诗韵析》："隽永清新。"[2]

表4—7—15　《送杜少府之任蜀州》普通话和绵阳方言发音差异字

文字	普通话发音	绵阳方言发音	异同分析
与	{yu}214	{y-i-u}452	绵阳部分县区绵阳方言发音，声韵母是（yu）的文字，发音时在声母启动时嵌入 i 韵，快速过渡到 u 音上，调值由普通话的 214 变为绵阳方言的 452
内	{nei}51	{l-uei}224	韵母由 ei 韵变为 uei 韵，调值由普通话的 51 变为绵阳方言的 224
存	{cun}35	{c-en}42	un 韵变为 en 韵，调值由普通语的 35 变为绵阳方言的 42
路	{lu}51	{lu}224	调值由普通话的 51 变为绵阳方言的 224

---

[1] 徐健顺：《吟诵概论（上）——中华传统读书法》，广西师范大学出版社 2019 年版，第 265 页。

[2] 续修四库全书编纂委员会：《续修四库全书》，上海古籍出版社 2002 年版，第 409 页。

续表

文字	普通话发音	绵阳方言发音	异同分析
女	{nv}214	{n-i-u}452	地方音，不具有四川绵阳方言的普遍性，与以上的"与"字一样，韵母嵌入 i 韵，形成明显的地方音韵，调值由 214 变为 452

注：普通话调值 55、35、214、51；绵阳方言调值 35、42、452、224。

4）从音乐性方面考察。

杜少府之任蜀州

王 勃 （唐）
王宗斌先生吟诵
张 敏 记谱

$5\overset{\frown}{3}\ 5\overset{\frown}{3}\ 1\overset{\frown}{3}\ 1\overset{\frown}{6}\ 5\ \overset{\frown}{3\ 2}\ 1\ -\ |\ \overset{\frown}{5.\ 3}\ 5\overset{\frown}{3}\ 2\overset{\frown}{3}\ 5\overset{\frown}{3}\ 5\ -\ |$
城　阙　辅　三　秦，　　风　烟　望　五　津。

$5\overset{\frown}{3}\ 5\ 1\ 1\ 3\ -\ |\ 1\ \overset{\frown}{3\ 5}\ \overset{\frown}{3\ 5}\ \overset{\frown}{2\ 1}\ 1\ 1\ |$
与　君　离　别　意，　同　是　宦　游　人（哪）。

$\overset{\cdot}{6}\ 2\ 3\ 1\ \overset{\frown}{3\ 5}\ \overset{\frown}{5\ 3}\ |\ \overset{\frown}{5\ 3.}\ 0\ 2\ 3\ 1\ -\ |$
海　内　存　知　己（呀），天涯　　若　比　邻。

$1\ 1\ -\ \overset{\frown}{2\ 3}\ 1\ \overset{\frown}{2\ 3}\ \overset{\frown}{2\ 0}\ |\ 1\ \overset{\frown}{5\ 3}\ \overset{\frown}{2\ 3}\ 5\ 5\ -\ |$
无　为　　在　歧　路，　儿　女　共　沾　巾。

a. 基本结构。

本诗属四个连贯独立长句构成的四句体结构。

b. 音阶调式。

调式音阶为 5 6 1 2 3 5。

吟诵调以徵音（5）作为调式主音和结束音，以宫音（1）为上句终止所支持的徵终止群体，上下句的终止音 1 5 呈五度关系，调式调性明确，属民族五声徵调式。

c. 旋律线。

A 句（首联）<u>53</u> <u>53</u> <u>i3</u> <u>i6</u> <u>5321</u>-，5·<u>3</u> <u>53</u> <u>23</u> <u>53</u> 5-(城阙辅三秦，风烟望五津)在中音1到高音i的五声旋律中凸出主干音135，小三度级进<u>53</u>居多。上半句"辅三秦"出现六度下行大跳<u>i3</u>后的转逐级下行级进<u>i65321</u>-；下半句以小三度、大二度的级进交替发展为主，旋律经"辅三秦"两次全曲最高音i的发展后，旋律在平稳中形成一个大跳跃，显示此诗气象高昂。句末"秦"字作<u>5321</u>-下行音调的一字多音的连音拖腔，韵字"津"（5-）有一字一音长音句末拖腔。此联是此诗最富有旋律表现之处，描绘出一幅雄伟壮阔的古城长安自然景象。

B 句（颔联）<u>535</u>113-，13<u>535</u> <u>21</u>11（与君离别意，同是宦游人）主干音为135，旋律在中音区的五度内作波纹型级进发展，从5起调到1终止，旋律整体呈现平稳级进下行的缓坡型形态，韵味转深沉，使人感到矫夭变化，不可端睨。句首"与"字由普通话调值214变为绵阳方言调值53，调型高降，字调形成旋律音调<u>53</u>。末字"意"由普通话调值51变为绵阳方言调值224，调型降升，王老做二分音符长音句末拖腔处理。下半句第二字"是"（35）为一字多音连音拖腔，末字"人"加以衬字"哪"色彩润腔，抒发了诗人与友人为求官而奔走异地、萍踪无定的感慨。

C 句（颈联）6╲<u>23</u>1<u>35</u> <u>53</u>，<u>53</u>·0<u>231</u>-（海内存知己，天涯若比邻）旋律以一个不具调式特性的羽音（6）起调，在主干音135三音的相互连接组合中，以五度下行跳进 6╲2 后的连续级进为主，形成由下坡型转为平稳曲折的波纹型旋律形态，情调由凄恻转为豪迈，乐观豁达。此句诵、唱结合，句末"己"加衬字"呀"润饰，下半句"天涯"后四分休止符"0"的巧妙运用，字腔突然断顿后再连腔，气断意连，增强了吟诵调的意境美和韵律美。末字"邻"作二分音符拖腔处理，表达诗人开阔胸襟和乐观品质，整体上，一改前朝送别诗的感伤基调，呈现昂扬乐观的精神面貌。

D 句（尾联）11-<u>23</u>1<u>23</u>20，1<u>53</u> <u>23</u>55-（无为在歧路，儿女共沾巾）主干音为1235，旋律形态与B句大为相似，均在五度内大二度、小三度级进发展，

- 694 -

第四章 四川传统吟诵的基本面貌

由 B 句的 5 到 1 下行级进改为 1 到 5 上行级进。其素材、旋法一致，形态平稳。紧承上句，情感变化发展，奇势迭出，韵味十足。上半句第二字"为"（1-）作一字一音的句中拖腔，末字"路"（23 20）为一字多音的连音拖腔；句末韵字"巾"（5-⌒）作一字一音长音拖腔和下滑音的润腔处理。这些充分表达诗人面对坎坷人生道路，虽无奈但仍坚忍的强大意志。

d. 节奏腔式。

A 句以八分音符 <u>XX</u> 节奏型为主，相对紧密。B 句以四分音符 X 节奏型居多，相对宽松。A、B 句节奏对比明显，情感对比强烈，C、D 句节奏相对统一。韵字"津、邻、巾"（5-、1-、5-）作二分音符长音拖腔，"秦"（5<u>321</u>-）、"路"（<u>2320</u>）则为一字多音的连音句中拖腔。

衬字"哪、呀"和下滑音"海、巾"（6⌒、5-⌒）的色彩润腔，使吟诵调更具韵味和地方风格。

此吟诵调以音乐短句"<u>53</u> <u>23</u>"（城阙 <u>53</u> <u>53</u>、秦 5<u>321</u>、烟望 <u>53</u> <u>23</u>、五津 5<u>35</u>-、宦游 <u>35</u> <u>21</u>、知己 <u>35</u> <u>53</u>、天涯若比 <u>53</u>·0<u>23</u>、女共 <u>53</u> <u>23</u>）作为基本吟腔运用整个吟诵调，王老用绵阳方言语音声调行腔，音调爽朗，清新高远，独树一帜。

5）王宗斌先生《送杜少府之任蜀州》吟诵概述。

王宗斌先生吟诵此诗时，语气铿锵，呈现出豁达乐观、昂扬向上的气象。

全曲最高音（í）集中在首句，且重复出现，旋律起伏较大，音调高昂，音域较宽，节奏欢快。开端即制造出一种高昂、壮阔气象。中间过程吟诵节奏放慢，旋律平稳，音域集中在中音区六度内完成，音域较窄；语气助词"哪""呀"出现，极具亲和力，营造出平和、安宁的气氛。尾句旋律上行，音调上扬，再次表达出铿锵激昂、不畏未来险阻的人生态度，首尾呼应，形成回环。

王宗斌先生据诗意对韵字处进行适当调整，首联上半句韵字"秦"作一字多音长音拖腔（5<u>321</u>-），落音在宫音（1）上，此尾部吟腔为王老的一个吟诵特点，在"宦游人""天涯若比邻"的短句旋律上与之体现一致。另外两个韵字"津""巾"则以一字一音长拖腔（5-），乐音落音在徵音（5）上，形成一上一下、一下一上的回环。且王老在颔联韵字"人"后加语气助词"哪"、在尾联韵字"巾"后附下滑音润腔技法，表达一种斩钉截铁的态度。该诗调式调性明确，属民族五声徵调式。

（8）七言仄起律诗《闻官军收河南河北》。

1）从创作背景方面考察。

公元762年，唐军大举反攻安史之乱的叛军，节节胜利收复了河南、河北诸郡，直至史朝义兵败自杀。至此，历时八年之久的安史之乱终于宣告平息。此时，杜甫正流寓梓州（今四川三台），诗人听到这一大快人心的消息，欣喜若狂，走笔而唱出这生平第一快诗。

2）从文体结构和吟诵节奏方面考察。

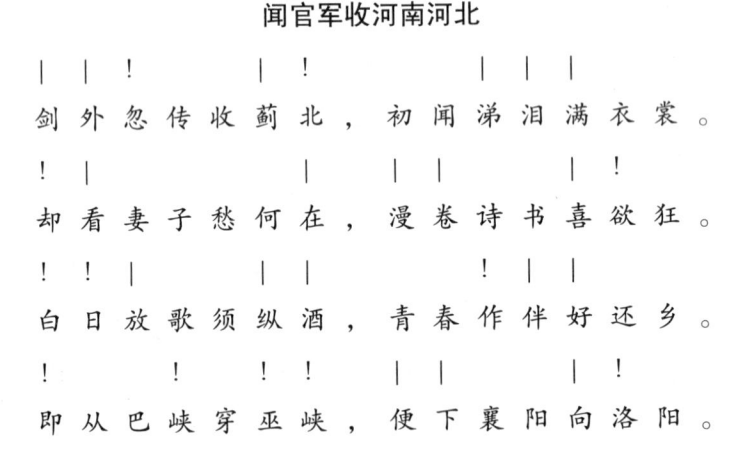

闻官军收河南河北

| | | ！　　　 | ！　　　　| | | |
剑 外 忽 传 收 蓟 北， 初 闻 涕 泪 满 衣 裳。
！ |　　　　　 | | 　　　　　| ！
却 看 妻 子 愁 何 在， 漫 卷 诗 书 喜 欲 狂。
！ ！ |　　　 | |　　　　　！ | |
白 日 放 歌 须 纵 酒， 青 春 作 伴 好 还 乡。
 |　　 ！ |　　 ！ |　　　　 ！ |
即 从 巴 峡 穿 巫 峡， 便 下 襄 阳 向 洛 阳。

本诗为七言仄起律诗，四联全用对仗，且极其工整。除第一句叙事点题外，其余都是抒发忽闻胜利消息之后的惊喜。起联一正一拗，痛定思痛。颔联突然一开是欲归兴奋之心，情景兼至。颈联忽又一顿，是暂住排遣之计，虚实犹分，尾联一江一陆，预拟归程。

客居异乡之人最易思乡，更何况是在战乱期间多年漂泊，立志"奉儒守官"、忧国忧民的"诗圣"杜甫。有学者考证杜甫三分之二的诗歌诞生于巴蜀，这一时期的作品中也有部分寄情名胜古迹、关注生活的作品，并写下了《春夜喜雨》《绝句》《江畔独步寻花》等表达惬意的诗篇，但诗人不能做到"居庙堂之高则忘忧其民；处江湖之远则遗忧其君"，杜甫的伟大就是在于其时刻都在关心人民的痛苦，国家的命运，当听说官军收复河南河北，觉得自己和家人从此可以不再流浪异乡，人民可以安居乐业，不再饱受战乱之苦时，便脱口而出这一全不见雕琢的诗篇。

虽远居"剑外"却可忽闻，皆因一直心系于此，而从"剑外"至"蓟北"一个"即"字，言出了日日夜夜对回归的渴望和期盼，隐含了常年流离在外的痛苦和无奈。所以回家的路在诗人的笔下是如此畅快通达"从巴峡""穿巫峡""下襄阳""向洛阳"，千里之远一蹴而就，而诗人之欲歌欲哭、喜极而泣又欣喜若狂的情状，也在"愁何在""喜欲狂""须纵酒""青春作伴"等词句中充分表达。

王老吟诵节奏划分：2+2+1+2。

3）从声韵调系统方面考察。

这是一首仄起七言律诗，韵字为"裳、狂、乡、阳"，入下平声七阳韵。阳韵源于上古的阳部，是大开口度的元音接后鼻音，后鼻音不改变口型，持续大开口，因此其字多有"开阔、向上、辽远"之意。汪烜《诗韵析》：富丽宫商、鸣凤朝阳、触物心伤。

表4—7—16　《闻官军收河南河北》普通话和绵阳方言发音差异字

文字	普通话发音	绵阳方言发音	异同分析
忽	{hu}55	{fu}35	声母h变为f，调值由普通话55变为绵阳方言35
北	{bei}214	{b-ə}452	韵母ei变为ə，调值由普通话的214变为绵阳方言的452
泪	{lei}51	{l-uei}224	绵阳方言多了介母u，调值由普通话51变为绵阳方言的224

续表

文字	普通话发音	绵阳方言发音	异同分析
裳	{chang}35	{s-ang}42	声母 ch 变为 s，调值由普通话的 35 变为绵阳方言 42
却	{que}51	{q-io}224	韵母由普通话的 ue 变为 io，调值由普通话 51 变为绵阳方言 224
何	{he}35	{h-o}42	韵母由 e 变为 o。调值由普通话 35 变为绵阳方言的 42
欲	{yu}51	{y-o}224	韵母 u 变为 o，调值由普通话的 51 变为绵阳方言 224
白	{bai}35	{b-ə}42	韵母由 ai 变为ə，调值由普通话 35 变为 224
歌	{ge}55	{g-o}35	韵母由普通话 e 变为绵阳方言 o。调值由普通话 55 变为绵阳方言 35
须	{xu}55	{x-i-u}35	韵母由普通话 u 变为 iu。调值由普通话 55 变为绵阳方言 35

注：普通话调值 55、35、214、51；绵阳方言调值 35、42、452、224。

4）从音乐性方面考察。

a. 基本结构。

本诗属于 A+B+C+D 的四个连贯独立长句构成的四句体结构。

闻官军收河南河北　　杜　甫　（唐）
　　　　　　　　　　　王宗斌先生吟诵
　　　　　　　　　　　张　敏　记谱

5 5 3 1　1 5　2 3 1　-　| 5 2 1 2　1 3 3　5 3　1 1 |
剑外　　忽传　收蓟北，　　初闻　涕泪　满衣　裳(啊)。

1 1　5 3　1 1　2 3.　| 2 3 5 3　5 5　5 3 5 2 1　- |
却看　妻子　愁何　在，　　漫卷　诗书　喜欲狂。

1 1.　2 3　5　5 3　2 3 5　| 5 5　1 3.　5 3　2 1 5　- |
白日　放歌　须纵酒，　　　青春　作伴　好还乡。

1 1　5 1.　5　5.　1　| 3 2　5　3.　2 3　1 1 ‖
即从　巴峡　穿　巫峡，　　便下　襄阳　向　洛阳(啊)。

- 698 -

b. 音阶调式。

调式音阶为 1235。

吟诵调为五度内的四音列（1235）曲调，出现（13）大三度音程，以宫（1）音作为调式主音和结束音。上下句的终止音（51）呈五度关系，调式调性明确，属宫调式四音曲。（四音曲调式调性具有游离性与确定性。）

c. 旋律线。

A 句（首联）553115231-，521 213353 11(剑外忽传收蓟北，初闻涕泪满衣裳）主干音为 1235，全曲以最高音 5 的同音反复开始，接五度、四度跳进 1523 至主音 1-终止，下半句以四度跳进 52 后的循环级进 21335311 为主，旋律在五度内自然发展，呈现为山峰型与波纹型相结构的旋律形态，以"初闻"紧承"忽传"，生动表现诗人初闻喜讯后精神恍惚、感慨万千的样子。

B 句（颔联）11 5311123·，23 53 55353211-（却看妻子愁何在，漫卷诗书喜欲狂）旋律在 1235 四音列中连续级进居多，起调在主音 1 同音反复后的五度大跳 115 再小三度、大二度级进交替发展，形成此句开头一个较大起伏后的平稳而曲折的旋律形态。从"却看妻子"1153、"漫卷诗书"2353 至"喜欲狂"53211-，曲调连绵不断，层层推进，意蕴深长。

C 句（颈联）11·23553 235丶，55 13·53 215-（白日放歌须纵酒，青春作伴好还乡）旋律主干音为 1235，结合 ABC 句，采用鱼咬尾的旋律结构形式，上半句以大二度、小三度音程级进为主，下半句伴以五度 551、215-跳进发展，整个旋律由 1 起调至 5 终止，呈现为波纹形与上坡形的旋律形态。曲调趋于上扬，音调更显高昂，既要"放歌"，还须"纵酒"，"喜欲狂"的情感得到进一步体现，真实表现诗人急于返回故乡的欢快之情。

D 句（尾联）11 51·55·1，32／53·23111丶（即从巴峡穿巫峡，便下襄阳向洛阳）主干音为 135，上半句为 15 两音的五度上下行连续跳进 1151·55·1 形成的连续峰谷型旋律形态，表现"巴峡"到"巫峡"的路途险而窄，舟行如梭的地理环境。下半句以大二度、小三度级进结合发展，稳稳终止在主音 1。以"便下、向"接"襄阳、洛阳"，文势、吟调绾合，两句紧连，一气贯注，诗人的惊喜达到高潮,全调到此结束。此联语速较快,无明显拖腔,用上滑音和下滑音润腔运腔,引人遐思,仿佛诗人已然乘上一叶小舟,在水上如箭穿行。

d. 节奏腔式。

该调大量使用 XX 节奏型,与 XXX、XX.X-相结合,节奏形态丰富,有"北、狂、乡"(1-、5-、1-)的一字一音长音拖腔,也有"外、泪、在、书"(53、13、23·、53)一字多音的连音拖腔。此调出现少量衬字"啊"、下滑音"酒、阳"(5↘、1↘)及上滑音"便下"(32↗)的色彩润腔处理,增强了该吟诵调的音韵美和旋律美。

此吟诵调以音乐短句"53 21"(收蓟 523、初闻涕泪 521 21 3、漫卷 23 53、喜欲 53 21、需纵 53 23、青春作伴 55 13·、好还 53 21、襄阳向 53·23)作为基本吟腔,结合绵阳方言语音的声调行腔,形成独具风味的绵阳吟腔,音调特别,韵味浓厚。

5)王宗斌先生《闻官军收河南河北》吟诵概述。

王宗斌先生吟诵此诗时,首句以全曲最高音 5 起调,高亢有力。全曲节奏欢快,从首联下句句尾开始,连续五个短句持续采用"鱼咬尾"的民族音乐表现手法进行相接,这种结构方式如行云流水、顺流而下、一气呵成,完美的表达了诗人喜悦满溢、迫切归乡之情。

除了该曲开头起调处的两个去声字"剑外"出现了最高音5,其他出现最高音5的地方对应的大多数文字是阴平字"收、初、衣、妻、诗书、歌、须、青春、乡、巴、穿、巫、襄"和上声字"喜、好"。前面已有说明,王老有推广普通话的教学经验,他在这里采用了普通话阴平字的调值进行了发音,即有文白混读现象。而其他三声调值则均遵守绵阳四声字腔腔格进行了乐音传递。举例说明:绵阳方言中上声字调值为452,调型为"微升高降",谱面体现为53,如:"喜""好"(53)。

该诗吟诵调音域集中在中音区发展,最高音为徵音(5),最低音为宫音(1),音域不大。但是王老通过高频率使用最高音的方式在吟诵过程中反复贯穿、回旋，使得整曲吟诵调呈现出高昂明亮，欢快推进的特点，与作者的心情意愿高度吻合。

王宗斌先生吟诵拖腔不按平仄关系，而依"二四四四、二四四四"进行划分，即首、颈联上半句的第二个字和下半句的第四个字；颔、尾联上半句的第四个字和下半句的第四个字。韵字"裳、狂、阳"为一字一音长拖腔，乐音落音在1上，韵字 乡 落音在5上，调式调性明确，为民族五声宫调式。

（9）杂体诗《倒顺书》。

1）从创作背景方面考察。

相传该诗作者为卓文君，西汉时期蜀郡临邛(今四川省成都市邛崃市)大富豪卓王孙之女，中国古代四大才女之一。

她夫君司马相如是西汉有名的辞赋家，然家境贫寒。卓文君为司马相如放弃锦衣玉食，冲破世俗礼教，如同飞蛾扑火，上演了一段"文君夜奔"的千古佳话。后夫妻二人生计窘迫，曾一度以卖酒为生。

后来，司马相如飞黄腾达，决定抛弃卓文君。卓文君用这封《倒顺书》，将自己的爱与悲愤刻划在一字一句中，挽回了司马相如的心，同时也体面地保存了作为女性的尊严。

2）从文体结构和吟诵节奏方面考察。

倒顺书（节段）

｜　｜　　　　！！｜　　！　　　　｜｜！　｜
万　语　千　言　说　不　尽，百　无　聊　赖　十　倚　栏，
　　　　｜　　　　　｜　　！！　　　　　　　！
重　九　登　高　看　孤　雁，八　月　中　秋　月　圆　人　不　圆。
！！｜　　　｜！｜　　　　！
七　月　半　烧　香　秉　烛　问　苍　天，

！　！　！　　　　　　　　｜
　　六　月　伏　天　人　人　摇　扇　我　心　寒　。
　｜　！　！　　　｜　　　　｜　｜　！　｜　｜　　　｜　　　｜
　　五　月　石　榴　如　火　偏　遇　阵　阵　冷　雨　浇　花　端　。
　｜　！　　　｜　　　｜　！　｜　｜　　　｜　　　｜
　　四　月　枇　杷　未　黄　我　欲　对　镜　心　意　乱　。
　！　　　　　　　　！　　　　　　　　｜
　　急　匆　匆，　三　月　桃　花　随　风　转，
　　　　　｜　！　　　　　　｜　　　　　｜
　　飘　零　零，　二　月　风　筝　线　儿　断　。
　　　　　　　　！　！　｜　！　｜　｜　｜　　　　　｜　｜　｜
　　郎　呀　郎，　巴　不　得　下　一　世　你　做　女　来　我　做　男　。

　　《倒顺书》是一首数名杂体诗，每句嵌一数字，有文字游戏性质，大致分为两部分。第一部分从"一"开始，后接"二三四五六七八九十百千，至"万"终；第二部分倒转，从"万"开始，后接"千百十九八七六五四三二"，至"一"终。全诗数字构成回环，结构精巧，读起来琅琅上口，妙趣横生。

　　因诗较长，王老只择第二部分进行吟诵，故本文只对第二部分文体进行分析。

　　第二部分 11 句 113 字。三言句："急匆匆""飘零零""郎呀郎"归入下半句中。诗人运用烘托手法，借"孤雁""圆月""冷雨浇花端"这些独特意象，烘托诗人内心愁怨，着力表现诗人心灰意冷、幽怨以及在得知夫君对自己无意时内心的慌乱。最后一句，诗人以假设之辞，直接表达怨愤，同时在给自己夫君暗示，要换位思考，将心比心。

　　王老吟诵节奏划分如下：

　　万语/千言/说不完，百无/聊赖/十倚/栏，重九/登高/看孤雁，八月/中秋/月圆/人不圆，七月/烧香/秉烛/问/苍天（哪），六月/伏天/人人/摇扇/我/心寒，五

月/石榴/如火/偏遇/冷雨/浇花端，四月/枇杷/未黄/我/欲对镜/心意乱，急匆匆，三月/桃花/随/风转（啰），飘/零零（啦），二月/风筝/线儿/断，噫，郎呀/郎，巴不得（呃）/下一世，你为/女来/我为/男。

3）从声韵调系统方面考察。

该诗作者若为卓文君所作，则该诗作于西汉时期，彼时韵文使用汉语的自然韵律，并无固定韵书。笔者暂按韵母(an)韵考虑，平仄通押，韵字为"栏、雁、圆、天、寒、端、乱、转、断、男"。徐建顺先生认为：韵母"an"归于"元"部，这个韵部的音义特点是：阳声韵，是大开口度元音接前鼻音，收敛、沉淀之感最为突出，多有"伸展、沉积、下收"之意。

王宗斌老先生在吟诵此篇时，平翘舌基本都准确发音。部分字，王老采用了其他字替代，如"十倚栏"的"栏"，王老吟诵为"寒"；"随风转"的"风"，王老吟诵为"水"。笔者推断应为误读所致。现择其主要发音有明显区别的文字进行分析。

表4—7—17　　《倒顺书》普通话和绵阳方言发音差异字

文字	普通话发音	绵阳方言发音	异同分析
雁	{yan}51	{ŋ-an}452	声母发生变化，由 y 变为 ŋ，调值由普通话的51变为绵阳方言的452
六	{liu}51	{l-u}42	韵母发生变化，由 iu 韵变为 u 韵，调值由普通话的51变为绵阳方言的42
我	{wo}214	{ŋ-o}224	声母发生变化，由 w 变为 ŋ，调值由普通话的214变为绵阳方言的224
杷	{pa}35	{b-a}35	声母改变由 p 变为 b，调值由普通话的35变为绵阳方言的42
欲	{yu}51	{y-o}224	韵母发生变化，由 u 韵变为 o 韵，调值由普通话51变为绵阳方言的224
得	{de}35	{d-ə}224	韵母改变，入声归去调值变为224

注：普通话调值55、35、214、51；绵阳方言调值35、42、452、224。

4）从音乐性方面考察。

（乐谱：倒顺书　卓文君（汉）　王宗斌先生吟诵　张敏记谱）

a. 基本结构。

吟诵调以 A 音乐短句 13 53 33 3-（A'11·33536222）和 B 音乐短句 11 12·1216（B'12226）为基本旋律形态形成两句为一个音乐回环连续模进的两句体结构。

b. 音阶调式。

调式音阶为612356。

以羽音（6）作为调式主音和终止音，以角音（3）和商音（2）为上句终止所支持的羽终止群体，调式调性明确，属民族五声羽调式。

c. 旋律线。

A 音乐短句 13 53 333-（A'11·33536222）以 1235 五音为主干音，三度、

— 704 —

五度级进跳进的旋律发展为主，旋律发展整体上行，音调趋于上扬。

B 音乐短句 1112·1216（B'12226）旋律以612 三音为主干音，二度、三度、四度音程级进小跳发展为主，旋律发展整体下行，音调趋于下抑。

此诗基本呈现为 A（A'）、B（B'）两个音乐短句组合的音乐回环连续模进八句体结构，贯穿全曲。

第一句："万语千言说不完，百无聊赖十倚栏"以 A（13 53 333-）+B（1112·1216）音乐短句形成第一个音乐回环，主要以大二度、小三度的音程级进为主，上句末字"完"3-做二分音符长音拖腔且加以波音润腔处理，传递诗人欲语还休的无奈。"十倚栏"1216三字做一字一拍的下行音调处理，表达出诗人百无无聊的情绪。

第二句："重九登高看孤雁，八月中秋月圆人不圆"为 A'（13 33·61 13 12）+B（1133·111116）音乐短句形成的第二个音乐回环。"看孤雁"611312、"月圆人不圆"111116 均为一字一拍，节奏分明，字字坚定，音调的一上一下，突出诗人思恋之情。

第三句："七月烧香秉烛问苍天，六月伏天人人摇扇我心寒"为 A'（11·33·5↘36222↘）+ B（11·13·11 12·1216）音乐短句形成的第三个音乐回环，起调11·33·5↘在三度逐级上行后至全曲最高音 5 且加以下滑音"↘"色彩润饰，王老在第五字"秉"（5↘）处着力，末字"天"加衬字"哪"且下滑音润腔处理，语气更为凝重压抑，此时诗人悲愤情绪开始凝聚。"我心寒"1216以四度三音列中的下行音调生动地表现诗人心灰意冷之态。

第四句："五月石榴如火偏遇冷雨浇花端"本为一句，因字数较多，王老采取了 A"5313·15↘0"+B'（3·1312226）音乐短句组合吟诵，形成了第四个音乐回环。"五月石榴如火"5313·15↘音调上扬后的叹息，"偏遇冷雨浇花端"3·1312226音调的悲咽低回，更为形象地表达诗人痛彻心扉的悲伤。

第五句："四月枇杷未黄我欲对镜心意乱"，王老对此句的处理非常巧妙，即为 B'音乐短句的重复，"四月枇杷未黄"31·↘6326、"我欲对镜心意乱"2↘622-2226 为两个连续的下行音调。"月、我"字的下滑音润腔处理。

三仄连读，表现诗人心烦意乱的情绪。

第六句："急匆匆，三月桃花随风转"为 A 音乐短句的重复，"急匆匆"255·3、三月桃花随风转 532515353 为两个上行音调。第二个"匆"5·3 作句中拖腔处理，"转"53 作下滑后加衬字"啰"润腔，表达年华已逝、昔人不再的意境。

第七句："飘零零，二月风筝线儿断"为 B+B'的组合，"飘零零"3·2116、"二月风筝线儿断"6162261161 为两个下行音调。"飘"3·2 作句中长音拖腔处理，"零"加衬字"啦"色彩润腔，深切表现了怨恨的情绪。

第八句："噫！郎呀郎，巴不得下一世，你为女来我为男"此为 B'+A+B 的组合，"噫！郎呀郎"3·2162-6、"巴不得下一世"533-53 33、"你为女来我为男"3131216，以先下后上再下的吟诵音调形成曲调与文意的完美结合。"噫"3·21、"呀"2-、"得"3-作长音拖腔，强调字腔。"你为女来我为男"3131216，一字一音、一顿，再次点出诗人心中怨愤。

d. 节奏腔式。

八分音符 XX 和四分音符 X 节奏型为主，附点音符 X.X 和二分音符 X- 节奏型为辅，前后结合，疏密有度。

吟诵调出现上波音"完、世"（ ）"秉""蜡""火"字加以下滑音"ˋ"以及"哪""啰""呃"等衬字的色彩润腔技法。以 216 四度三音列构成 1216 下行音调拖腔为本吟诵调的特色拖腔。

据旋律线和节奏分析，王老遵循绵阳方言字调发音，用绵阳方言语音声调行腔。吟诵调以 A13 53 333-、A'11·33536222 音乐短句（看孤雁 61 13 12、问苍天 6222、我欲对镜 2622-、二月风筝 61622），B 11 12·1216、B'12226 音乐短句（十倚栏 1216、人不圆 1116、我心寒 1216、浇花端 2226、我为男 216）作为本调基本吟腔，变化组合后形成独具风味的绵阳吟腔，韵味独特，易学易记。

5）王宗斌先生《倒顺书》吟诵概述。

王老吟诵时，左手捧书，右手在字里行间滑动；吟罢，头抬起微侧，双眼合闭，表情凝重。

该诗为九言到十六言不等的杂体诗，王老采取读文吟诵方式，以 A<u>1353333</u>-、A'<u>11</u>·<u>33</u><u>53</u><u>6</u><u>222</u> 音乐短句和 B <u>1112</u>·<u>1216</u>、B'<u>12226</u>音乐短句作为该诗基本吟腔，以上音乐短句在变化形态中彼此相互包含，你中有我，我中有你，模进出现，反相对应，在节奏松紧、速度快慢、音级高低多少等方面根据具体文字含义进行有机处理。

全诗节奏简洁分明，基本为一字一音，部分句末字有长音拖腔加波音润腔处理，传递悲凉情感。部分句中、句末添加"哪""啰""啦""呃"等语气助词延续抒情。

（10）词《虞美人·春花秋月何时了》。

1）从创作背景方面考察。

李煜（937—978），五代十国时南唐国君，史称李后主。这是李煜生命的绝唱，也是其最具代表性的作品。北宋太平兴国三年（978），李煜归宋已近三年，虽有封位，实为苟且偷生的阶下囚。徐铉奉宋太宗之命探视李煜，而李煜曾对徐铉叹曰："当初我错杀潘佑、李平，悔之不已！"大概是在这种心境下，李煜写下了这首《虞美人》词。

2）从文体结构和吟诵节奏方面考察。

虞美人·春花秋月何时了

```
      !      |      |    |
春 花 秋 月 何 时 了？ 往 事 知 多 少。
|    !  |         |   !  |       |  !
小 楼 昨 夜 又 东 风， 故 国 不 堪 回 首 月 明 中。
   !  |       |      !  |       |
雕 栏 玉 砌 应 犹 在， 只 是 朱 颜 改。
|       |    |      !  |       |
问 君 能 有 几 多 愁？ 恰 似 一 江 春 水 向 东 流。
```

全词分为上下两阕,皆为4字28句,起承转合自然。上阕首句起问,若"奇语劈空而下"(俞平伯《读词偶得》),宇宙永恒无尽和人事短暂无常对比,写尽天下人同悲!第三、四句紧承其后,再次借景,进一步点出"回首故国"的不堪之情。下阕第五、六句语意有转,由上阕"不堪回首"到"回首"。第七、八句卒章显志,情感经过层层铺垫、喷薄而出,将破国亡家之恸、人类的共同悲哀赤裸裸地倾泻出来了。[①]

王老吟诵节奏划分如下:五言句 2+1+2(往事知多少)、 2+2+1(只是朱颜改),七言句2+2+2+1(春花秋月何时了问君能有几多愁)、2+2+1+2(小楼昨夜又东风 雕栏玉砌应犹在),九言句2+2+2+2+1(故国不堪回首月明中、恰似一江春水向东流)。

3)从声韵调系统方面考察。

全词换了四韵,皆为两仄韵转两平韵。韵字转换真切地表达作者百转愁肠到长歌当哭的过程。

上阙前两句韵字"了、少"押《词林正韵》第八部(仄)韵;后两句韵字"风、中"押第一部(平)韵。

下阙前两句韵字"在、改"押第五部(仄)韵;后两句韵字"愁、流"押第十二部(平)韵。

前三个韵开口度大,最后一韵"ou"为中等开口元音,往往前有介音,始终小开口而又有变化,最后收于小开口元音,悠长之感最为突出,多有舒缓、悠长、温柔之意。

表4—7—18　《虞美人·春花秋月何时了》普通话和绵阳方言发音差异字

文字	普通话发音	绵阳方言发音	异同分析
何	{he}35	{h-o}42	韵母由 e 韵变为 o 韵,调值由普通话的 35 变为 42。

[①] 叶嘉莹:《古诗词课》,生活·读书·新知三联书店 2018 年版,第 68 页。

续表

文字	普通话发音	绵阳方言发音	异同分析
国	{guo}35	{g-u-ə}42	韵母由 uo 韵变为 uə 韵，调值由普通话的 35 变为 42
玉	{yu}51	{y-i-u}224	韵母嵌入 i 韵，拖长 u 韵，调值由普通话的 51 变为 224，形成特别的绵阳方言韵味
砌	{qi}51	{q-ie}224	韵母由 i 韵变为"切"字的 ie 韵，调值由普通话的 51 变为 224

注：普通话调值 55、35、214、51；绵阳方言调值 35、42、452、224。

4）从音乐性方面考察。

a. 基本结构。

此吟诵调属于上阕（A+B）和下阕（C+D）四个独立的长句构成的四句体结构。

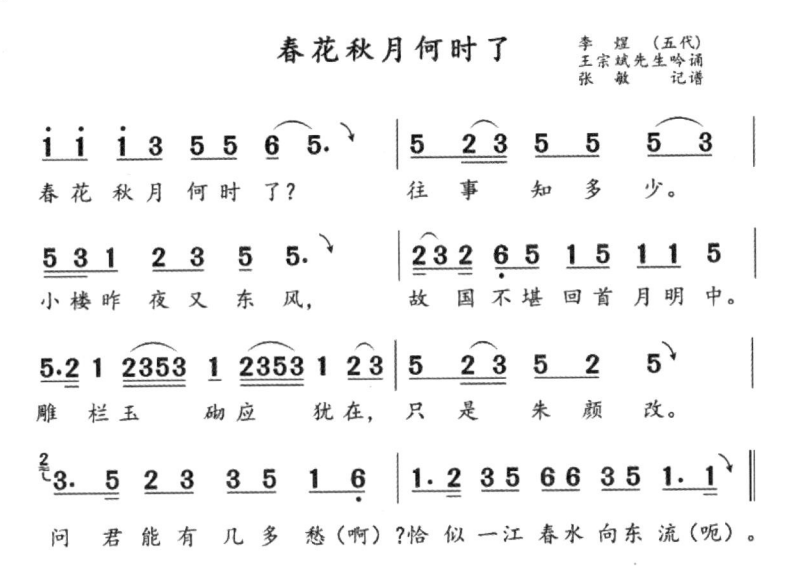

春花秋月何时了

李　煜（五代）
王宗斌先生吟诵
张　敏　记谱

```
１ １ １３ ５ ５ ６ ５.　│ ５ ２３ ５ ５ ５ ３
春 花 秋 月 何 时 了？    往 事　知 多 少。

５３１ ２３ ５ ５.　│ ２３２ ６５ １５ １ ５
小 楼 昨 夜 又 东 风，     故 国 不 堪 回 首 月 明 中。

５.２ １ ２３５３ １ ２３５３ １ ２３ │ ５ ２３ ５ ２ ５
雕 栏 玉　 砌 应　犹　在，    只 是 朱 颜 改。

²３. ５ ２３ ３ ５ １ ６.　│ １.２ ３ ５ ６ ６ ３ ５ １. １
问 君 能 有 几 多 愁（啊）?恰 似 一 江 春 水 向 东 流（呃）。
```

b. 音阶调式。

调式音阶为 １２３５６ i̇ 。

吟诵调以宫音（1）作为调式主音和结束音，以角音（3）和徵音（5）为上句终止所支持，调式调性明确，属民族五声宫调式。

c. 旋律线。

上阕 A 句 <u>i i i 3 55 65</u>·ㄟ，<u>523 55 53</u>(春花秋月何时了，往事知多少)旋律主干音为 35i。此句为"起"，吟诵调以全曲最高音"i"同音反复三次开始，"春花秋月"<u>i i i 3</u>，"何时了"<u>55 65</u>·ㄟ，开篇发出惊人一问。"春花""秋月""夏荷""冬雪"正是人间四季最美景致，人人唯恐其不多、不久长，然词人却直问上天"何时了"？末字"了"<u>65</u>·ㄟ作了附点切分音的长音拖腔并加下滑音色彩润饰，似厌其繁多，蕴藉已久的情感在此陡然宣泄。"往事知多少"<u>523 55 53</u>，旋律低回，音调伤感，深刻描述词人由"春花秋月"勾起往事而流露出的悲苦愤慨、无奈悔恨之情。

上阕 B 句 <u>531 23 55</u>·ㄟ，<u>232 65 15 115</u>(小楼昨夜又东风，故国不堪回首明月中)主干音为 135。此句为"承"，语义上和上句意义相承，意味更深。"小楼昨夜又东风"<u>531 23 55</u>·ㄟ，以大二度、小三度音程级进为主，末字"风"<u>5</u>·ㄟ作附点切分音长音拖腔且下滑音润腔处理；强调春天又一次来临，眼前情景是多次出现，精神折磨已非一日。"故国不堪回首明月中"，级进后的七度大跳 <u>232 65</u> 再五度连续跳进 <u>15 115</u>，旋律起伏跌宕，愁绪万千。

下阕 C 句 <u>5·2 12353 1 2353 123</u>，<u>523 525</u>ㄟ(雕栏玉砌应犹在，只是朱颜改)旋律主干音为 1235。此句为"转"，旋律引进新的素材，王老吟诵至此，将音乐短句"2353"变化重复三次并运用其中，"玉"<u>2353</u>、"应"<u>2353</u>、"在只是"<u>23523</u>，呈现平稳而曲折的波纹型形态，使此句成为全词中音调最为曲折变化之处。这最曲折的音调变化恰当表达词人细细回想往日帝王生活后，婉曲不平的心绪，可谓"九曲愁肠"，百折不回。末字"改"<u>5</u>ㄟ加入下滑音"ㄟ"润腔技法，引人深思，旧梦终已逝去，"镜中只剩憔悴容颜"。

下阕 D 句 <u>3·5 23 35 16</u>，<u>1·2 35 66 35 1·</u>ㄟ(问君能有几多愁，恰似一江春水向东流)主干音为 1236。此句为"合"，"问君能有几多愁"<u>3·5233516</u>，小三度、大二度的连续级进 <u>3·5233</u> 后的五度大跳下行 <u>51</u> 至全曲最低音 <u>6</u>，音调先扬后抑，末字"愁"以衬字"啊"色彩润腔，突出一个"愁"字。"恰似一江春水向东流"旋律以级进后的四度、五度大跳 66351·1ゝ后结束在主音1，具有明显的收束感和终止感，末字"流"加衬字"呃"且下滑音"ゝ"的润腔处理，加深沉郁之感，令人不禁扼腕。

全曲从低音 6 至高音 i，音域跨低中高三个音区，旋律在十度音程中高旋低回，起伏跌宕，充分体现词人汹涌翻腾和悠长深远的愁恨情绪。

d. 节奏腔式。

此调主要以 XX 和 XXXX 紧密型节奏为主，X.X 、X.X 作填充，节奏形态丰富，形成"了、少、风、中、在、改"（6 5·、5 3 、5·、5、2 3、5）和"玉、应"（2353）的不同风格性拖腔，加之衬字"啊、呃"及"了、风、改、流"字下滑音"ゝ"的润腔运用，形象表达词人内心汹涌翻腾的愁恨情绪，增强了风韵。

王宗斌先生依绵阳方言语音声调行腔吟诵，以 523 55（往事知多 523 55、小楼昨夜又东风 531 23 55·、只是朱颜改 523 525）、2353（玉 2353、应 2353、在只是 23 523）作两种基本吟腔丰富其调，使其风格独特，耐人寻味。

5）王宗斌先生《虞美人·春花秋月何时了》吟诵概述。

王宗斌先生吟诵此词时按绵阳方言四声调值咬字行腔，以"诵"为主，只在局部有固定吟腔出现。如"往事知多少"在绵阳方言四声调值中依次排列为：452 224 55 55 452，通过前面几首分析我们已确定，王老的阴平字发声基本按普通话阴平字的腔格发声，其他三声遵守绵阳方言腔格走势，且上声字一般发高音，其下落音通过与其相邻字的乐音下落予以体现。但是也分两种情况：（1）上声字+阴平字，则同时发高音，下落音消失；（2）上声字+去声字（或者为阳平字、上声字），则下落音通过与其相邻字的乐音下落予以体现。故该句按绵阳方言依字行腔走势图为：¯ゝ↗¯¯ゝ，谱面的对应标识为 523 55 53，二者保持一致。"春花秋月何时了""小楼昨夜又东风，故国不堪回首明月中"等为按均为绵阳方言依字行腔诵行、多呈一字一音一拍，只在各句尾部字做适当拖腔处理。"雕栏玉砌应犹在"则不同，此句两次出现王老的固定吟腔 2353，成为全词中音调最为曲折变化之处。

该曲音域跨低中高三个音区，较为宽泛，最高音为$\dot{1}$，最低音为6，旋律在十度音程中高旋低回。该词平仄韵互换频繁，上声韵"少、在"不拖腔，乐音落音在角音（3）上，"了、改"拖腔，乐音落音在徵音（5）上；平声韵"风、中"有拖腔，乐音落音在徵音（5）上，"愁、流"不拖腔，乐音落音在宫音（1）上，"愁"后加衬字"啊"进行色彩润腔。调式调性明确，属民族五声宫调式。

（11）蒙学《三字经》节选。

1）从创作背景方面考察。

关于《三字经》的成书年代和作者，历代说法不一，多数学者倾向为宋儒王应麟先生为课家塾所作。王应麟(1223—1296)，字伯厚，号深宁居士，南宋大儒，浙江宁波人。南宋末年，蒙古入侵中原，宋灭后，王应麟避乱归隐闭门20年，读书课徒，《三字经》是他晚年为教育本族子弟编写的儿童启蒙读物，古人称之为"千古一奇书""袖里通鉴纲目"，堪称蒙书教材典范沿用至今，对后世影响巨大。

2）从文体结构和吟诵节奏方面考察。

三 字 经

　　｜　　　｜　　　｜　　　！　　｜
人 之 初， 性 本 善。 性 相 近， 习 相 远。
｜ ！ ｜　　　｜　　　｜　　　｜
苟 不 教， 性 乃 迁。 教 之 道， 贵 以 专。
！ ！ ｜　　！　　　｜　　！　　｜
昔 孟 母， 择 邻 处。 子 不 学， 断 机 杼。
　　｜　　　｜　　　｜　　　｜
窦 燕 山， 有 义 方。 教 五 子， 名 俱 扬。

第四章　四川传统吟诵的基本面貌

｜　！　｜　　｜　　　｜　！　　｜
养　不　教　，　父　之　过　。　教　不　严　，　师　之　惰　。

｜　｜　！　　｜　　　｜　！　！　　｜
子　不　学　，　非　所　宜　。　幼　不　学　，　老　何　为　。

！　！　！　　！　　｜　　！　！　　！
玉　不　琢　，　不　成　器　。　人　不　学　，　不　知　义　。

　　　　　｜　　　｜　　　｜　　！　｜
为　人　子　，　方　少　时　。　亲　师　友　，　习　礼　仪　。

　　　｜　　　　｜　　　｜　　　　｜
香　九　龄　，　能　温　席　。　孝　于　亲　，　所　当　执　。

　　｜　　　　　｜　　　　　｜　！　！
融　四　岁　，　能　让　梨　。　弟　于　长　，　宜　先　知　。

｜　｜　｜　　｜　｜　　　｜　！　！　｜
首　孝　悌　，　次　见　闻　。　知　某　数　，　识　某　文　。

！　！　！　　！　｜　　！　！　！　　｜
一　而　十　，　十　而　百　。　百　而　千　，　千　而　万　。

　　　｜　　　　　｜　　　　　｜　！　！
三　才　者　，　天　地　人　。　三　光　者　，　日　月　星　。

　　｜　　　　｜　　　｜　｜　　｜　｜
三　纲　者　，　君　臣　义　。　父　子　亲　，　夫　妇　顺　。

！　｜　　｜　　！　　　｜　｜　　｜　！
曰　春　夏　，　曰　秋　冬　。　此　四　时　，　运　不　穷　。

！　｜　！　　！　　　　｜　｜　　｜
曰　南　北　，　曰　西　东　。　此　四　方　，　应　乎　中　。

！　｜　｜　　！　｜　　　｜　　　｜　！
曰　水　火　，　木　金　土　。　此　五　行　，　本　乎　数　。

《三字经》的内容在不同历史时期的皆有所修改或增加，字数最少的为宋末元初版1068字。因其内容较长，雷先生只选吟了《三字经》前两个部分，共68个三字句，共204字。《三字经》中三字为一句，多数是四个小句构成一段，每段讲明一件事或一个道理，全文结构严谨，可大致分为五个部分。"人之初"至"不知义"为第一部分，开篇宏大，开宗明义地讲清楚了为学和做人以及学习的目的，从根本上培塑儿童的人生观、价值观、世界观；"为人子"至"本乎数"为第二部分，对儿童从道德、社会、自然、生活等方面传授基本常识。王老先生的吟诵节奏为2+1和1+2。

　　3）从声韵调系统方面考察。

　　《三字经》是典型的韵文，多为两句一韵、四句一段，一段一韵换段即换韵，韵随义转形成四句韵段，其中也不乏八句韵段。

　　王老选吟部分出现36个韵字、40个入声字、77个仄声字。四声交错出现，对比分明，形成了平仄错落韵律迭荡的美感。

　　具体分析如下：

　　第1小句至第4小句，"善"押上声十六铣韵，"远"押上声十三阮韵；

　　第5小句至第8小句，"迁""专"押下平声一先韵；

　　第9小句至第12小句，"处""杼"押上声六语韵；

　　第13小句至第16小句，"方""扬"押下平声七阳韵；

　　第17小句至第20小句，"过"押去声二十一个韵，"惰"押上声二十哿韵；

　　第21小句至第24小句，"宜""为"押上平声四支韵；

　　第25小句至第28小句，"器""义"押去声四寘韵；

　　第29小句至第32小句，"时""仪"押上平声四支韵；

　　第33小句至第36小句，"席"押入声十一陌韵，"执"押入声十四缉韵；

　　第37小句至第40小句，"梨"押上平声八奇韵、"知"押上平声四支

第四章 四川传统吟诵的基本面貌

韵；

第 41 小句至第 44 小句，"闻""文"押上平声十二文韵；

第 45 小句至第 48 小句，"十"押入声十四缉韵、"百"押入声十一陌韵、"千"押下平声一先韵、"万"押去声十四愿；

表 4—7—19 　　《百家姓》普通话和绵阳方言发音差异字

文字	普通话发音	绵阳方言发音	异同分析
择	{ze}35	{c-ə}42	声母 z 变为 c，韵母由 e 变为 ə 韵，调值由普通话 35 变为绵阳方言 42
学	{xue}35	{x-o}42	韵母 ue 韵变为 o 韵，调值由普通话 35 变为绵阳方言 42
宜	{yi}35	{n-i}42	声母 y 变为 n，调值由普通话 35 变为绵阳方言 42
何	{he}35	{h-o}224	韵母 e 变为 o，调值由普通话 35 变为绵阳方言 224
某	{mou}214	{m-ong}224	韵母 ou 韵变为 ong 韵，调值由普通话 214 变为绵阳方言 224

注：普通话调值 55、35、214、51；绵阳方言调值 35、42、452、224。

第 49 小句至第 52 小句，"人"押上平声十一真韵、"星"押下平声九青韵；

第 53 小句至第 56 小句，"亲"押上平声十一真韵、"顺"押去声十二震；

第 56 小句至第 64 小句，"冬"押上平声二冬韵、"穷""东""中"押上平声一东韵；

第 65 小句至第 68 小句，"土"押去声七虞韵、"数"押去声七遇韵。

4）从音乐性方面考察。

a. 基本结构。

该吟诵调节选三字韵文《三字经》全篇五段中前两段部分内容（A+B），三字一短句，四短句一长句连续模进的多段体结构。

三字经
（节选）

王应麟（宋）
王宗斌先生吟诵
张　敏　记谱

```
3 3   5 3   1 5   2 3 | 2 5   3     1 5   5 3
人 之  初，  性 本  善。  性 相  近，  习 相  远。

5 1   2 3   1 3   5   | 3 5   3     1 5   5
苟 不  教，  性 乃  迁。  教 之  道，  贵 以  专。

1 3   5 1   1 3   5 1 | 5 1   1     1 3   5
昔 孟  母，  择 邻  处。  子 不  学（呃），断 机  杼。

3 5   5     5 3   5   | 3 5   3     1 3   1
窦 燕  山，  有 义  方。  教 五  子，  名 俱  扬。

5 1   1 3   1 5   1 3 | 1 3   1     5 5   3
养 不  教，  父 之  过。  教 不  严（呃），师 之  惰。

5 5   1     5 5   5   | 5 5   5     1 5   1
子 不  学，  非 所  宜（呃）。幼 不  学（呃），老 何  为。

3 3   1 1   1 1   1 3 | 1 1   1     1 5   1 3
玉 不  琢（呃），不 成  器。  人 不  学（呃），不 知  义。

1 1   5 1   5 3   1   | 5 5   5     2 3   1 1
为 人  子，  方 少  时：  亲 师  友，  习 礼  仪（呃）。

5 1   1     1 3   1   | 3 3   5     3 5   3
香 九  龄，  能 温  席：  孝 于  亲，  所 当  执。

3 5   3     3 5   1 1 | 5 5   5     1 5   5     | 5 3   3     2 3   1
融 四  岁，  能 让  梨（呃）：弟 于  长，  宜 先  知。     首 孝  悌，  次 见  闻。

5 3   2 3   1 5   1   | 1 1   1     1 1   1     | 1 1   5     5 1   1 3
知 某  数，  识 某  文。  一 而  十，  十 而  百，     百 而  千，  千 而  万。

5 1   3     5 3   1   | 5 5   5     1 1   5
三 才  者，  天 地  人。  三 光  者，  日 月  星。

5 1   1     1 3   1   | 5 3   1     1 3   1     | 2 3
三 纲  者，  君 臣  义（呃），父 子  亲（呃），夫 妇  顺。

5 5   2 3   5 5   5   | 5 3   1     1 3   1
曰 春  夏，  曰 秋  冬：  此 四  时（呃），运 不  穷。

5 1   1 3   1 5   5   | 5 3   1     1 5   1
曰 南  北（呃），曰 西  东：  此 四  方，  应 乎  中。

5 5   5 3   3 5   5   | 5 3   1     1 3   1 3
曰 水  火，  木 金  土：  此 五  行（呃），本 乎  数。
```

- 716 -

第四章　四川传统吟诵的基本面貌

b. 音阶调式。

调式音阶为 1235。

吟诵调为五度内的四音列（1235）曲调，出现（13）大三度音程，宫（1）音作为调式主音和结束音，调式调性明确，属宫调式四音曲。

c. 旋律线。

A 段（"人之初，性本善"至"人不学，不知义"）七个长句，以三度级进、五度跳进（<u>13</u>、<u>35</u>、<u>15</u>）和同音反复（<u>55</u>、<u>33</u>、<u>11</u>）为主要旋律发展手法，伴有二度、四度（<u>23</u>、<u>25</u>）音程结构，在主干音 135 的相互连接组合中形成平稳而曲折的波纹型旋律形态，每三字一个节奏点，末字"初、善、远、教、母、处、学、过、严、宜、琢、器"等字有明显一字多音拖腔且伴有衬字"呃"的色彩润腔，旋律起伏不大，音调自然流畅。B 段中（"为人子，方少时"至"首孝悌，次见闻"）三个长句，旋律在 135 三音中，以三度（<u>13</u>、<u>35</u>）级进为主，偶有同音反复（<u>11</u>、<u>55</u>）和大二度（<u>23</u>）音程级进。第三字"子、时、龄、席、亲、执、岁、长、知、悌、闻"有明显的拖腔，"仪、梨"加以衬字"呃"润腔处理，强调儿童要懂礼仪、孝父母、敬兄长。

B 段中（"知某数，识某文"至"此五行，本乎数"）六个长句，以同音反复"<u>11 55</u>"和五度、三度（<u>51</u>、<u>53</u>）音程结构为主，二度音程（<u>13</u>）为辅。第三字"数、文、十、百、千、万、者、人、星、者、顺、夏、冬、穷、东、方、中、火、土、数"等有明显句中拖腔，"义、亲、时、北、行"加以衬字"呃"润腔处理，着重介绍了生活中的一些名物常识，一应俱全，简单明了。

吟诵调以 135 三音为本调主干音，不具调式特点的 2 音加以色彩填充。旋律平和。

d. 节奏腔式。

《三字经》为三字韵文，吟诵调结合 **XX**、**X**、**X-**节奏型，第一、二字为一字一音，第三字有明显长音拖腔，形成每三字为一个节奏点，音步节奏为 2+1 式。部分第三字用衬字"呃"和"九、仪"的下滑音"1↘"润腔，节奏分明，用材简单。

王宗斌先生在取读诵法吟诵此篇《三字经》时，适当音调化，遵循绵阳方言语音的咬字发音，并以绵阳方言语音声调行腔，形成以音乐短句"53 23"（人之初 33 53、苟不教 51 23、师之惰 55 13、知某数 53 23、千而万 51 13、君臣义 51 13、夫妇顺 53 23、曰春夏 53 23、曰水火 55 53）的习惯性音调，琅琅上口，形象生动。

5）王宗斌先生《三字经》吟诵概述。

王宗斌先生吟诵时，按绵阳方言四声调值依字行腔，为绵阳方言诵读方式。集中在中音区，最高音为5，最低音为1，"1235"为全曲主干音，在全曲中不断重复变化组合进行，整体旋律起伏不大，变化少。

王宗斌先生的吟诵时，第三字有明显长吟拖腔。整体节奏轻快、分明、琅琅上口，两句一换气，四句一回环，有时在上半句或下半句末字后随机加入"呃"语气助词。此诵读方式非常简单朴实，易于掌握，符合儿童的生理发育和记忆特点，极为实用，可称之为"三字歌诀"。

（12）文《中庸》（节选）。

1）从创作背景方面考察。

《中庸》出自《礼记》，原本是《礼记》四十九篇中的第三十一篇。

2）从文体结构和吟诵节奏方面考察。

中 庸

| | | ！ | | | | | | |

天 命 之 谓 性， 率 性 之 谓 道， 修 道 之 谓 教。 道 也

| ！ | | | | ！ | | |

者， 不 可 须 臾 离 也， 可 离 非 道 也。 是 故 君 子 戒

| | ！ | | | ！ | | ！ |

慎 乎 其 所 不 睹， 恐 惧 乎 其 所 不 闻。 莫 见 乎 隐，

第四章 四川传统吟诵的基本面貌

```
  !  |      |    | |     ! |
莫 显 乎 微 。 故 君 子 慎 其 独 也 。
|  |      ! |   | !  |            !        !
喜 、怒 、哀 、乐 之 未 发 ， 谓 之 中 ； 发 而 皆 中 节 ，
|        | |    |   | |     | |
谓 之 和 。 中 也 者 ， 天 下 之 大 本 也 ； 和 也 者 ， 天
|  ! | |    |      |    | | !  !
下 之 达 道 也 。 致 中 和 ， 天 地 位 焉 ， 万 物 育 焉 。


  !  !              |   |          |
仲 尼 曰 ： "君 子 中 庸 ， 小 人 反 中 庸 。 君 子 之 中
      |       |           |       |
庸 也 ， 君 子 而 时 中 。 小 人 之 中 庸 也 ， 小 人 而 无
| | |
忌 惮 也 。"
|  !          | |            | |
子 曰 ： "中 庸 其 至 矣 乎 ！ 民 鲜 能 久 矣 。"
```

《中庸》节选部分共34句，分为三章。

王宗斌先生的吟诵节奏为：

天命/之谓/性，率性/之谓/道，修道/之谓/教。道也/者，不可/须臾/离也，可离/非道/也。是故/君子/戒慎乎/其所/不睹，恐惧乎/其所/不闻。莫/见乎/隐，莫/显乎/微，故/君子/慎其独/也。喜怒哀乐/之未发/谓之/中，发而皆/中节/谓之/和。中也/者，天下/之大本/也；和也/者，天下之/达道/也。致/中和，天地/位焉，万物/育焉。仲尼/曰："君子/中庸，小人/反中庸。君子/之中庸/也，君子/而时中。小人之/中庸也，小人/而无/忌惮/也。"子曰："中庸/其至/矣乎！民鲜/能久/矣。"

- 719 -

3）从声韵调系统方面考察。

选吟部分，有17个入声字，70个仄声字。

表 4—7—20 《中庸》普通话和绵阳方言发音差异字

文字	普通话发音	绵阳方言发音	异同分析
率	{shuai}51	{s-uo}42	韵母 uai 韵变为 uo 韵，调值由普通话的 51 变为绵阳方言的 42
可	{ke}214	{k-o}452	韵母 e 韵变为 o 韵，调值由普通话的 214 变为绵阳方言的 452
须	{xu}55	{x-i-u}35	韵母变为撮口呼 iu，调值由普通话的 55 变为绵阳方言的 35
臾	{yu}35	{y-i-u}42	韵母变为撮口呼 iu，调值由普通话 35 变为绵阳方言 42
戒	{jie}51	{j-i-ai}224	韵母 ie 变为 iai，调值由普通话 51 变为绵阳方言 224
慎	{shen}51	{c-en}224	声母发生变化，由翘舌音 sh 变为平舌音 c，调值由普通话 51 变为绵阳方言 224
乎	{hu}55	{f-u}35	声母 h 变为 f。调值由普通话 55 变为绵阳方言 35
哀	{ai}55	{ŋ-ai}35	由零声母变声母 ŋ，由普通话 55 变为绵阳方言 35
乐	{le}51	{l-o}42	韵母 e 变为 o 韵，调值由普通话 51 变为绵阳方言 42
皆	{jie}55	{g-ai}35	声韵母都发生改变，声母 j 变为 g，韵母 ie 变为 ai，调值由普通话 214 变为绵阳方言 452
和	{he}35	{h-o}42	韵母 e 变为 o，调值由普通话 35 绵阳方言 42
育	{yu}51	{y-o}42	韵母发生改变由 u 变为 o，调值由普通话的 51 变为绵阳方言的 42
鲜	{xian}55	{x-u-an}35	韵母 ian 变为 uan 韵，调值由普通话 55 变为绵阳方言 35

注：普通话调值 55、35、214、51；绵阳方言调值 35、42、452、224。

— 720 —

4）从音乐性方面考察。

a. 基本结构。

吟诵调节选自《中庸》三章里一二章，为 A+B 两段体结构。

b. 音阶调式。

调式音阶为 561235。

吟诵调以徵音（5）作为调式主音和结束音，调式调性明确，属民族五声徵调式。

c. 旋律线。

A 段（"天地之谓性"至"万物育焉"）为第一章，在 53 523 2 3 2 平稳而曲折的旋律中起调，以二度三度级进 312、23、53 为主，伴有跳进 63、26、15 音程结构。音乐短句 53 523 为基本旋律形态在 61235 的五声旋律中变化组合并贯穿其中，如"之谓性"（523 232）、"之谓道"（523 23）、"哀乐之未"（53 523）、"皆中"（5·3 23）、"天地位焉"（5·3 253）等。旋律主要在中音区发展，偶尔下行至低音 6 再回转，在句读之间相互衔接，做变化重复发展，音调明快流畅。

B 段（"仲尼曰：君子中庸"至"民鲜能久矣"）为第二章的前半部分，主干音为 6135，旋律在 3216、5·3 53 16 两个连续级进下行音调中开始，紧接 1235 四音的级进跳进组合，以音乐短句 53 523 贯穿其中，如"小人反中庸"51253、"君子之中"53 2 53、"小人而无忌"53 21 23。其后紧接"子曰：中庸其至矣乎！民鲜能久矣"（55·532 623 51 16 65155），首句音调作部分变化，在 6135 四个音相互连接组合形成跳进与级进交替发展后结束在调式主音 5 上，首尾句音调主要在中低音区回旋，旋律形态大致相同，前后呼应，两相契合。

d. 节奏腔式。

吟诵调主要以 XX、XXX、X 节奏型为主，结合绵阳方言语音的声调行腔。音乐短句"523 232"（之谓性 523 232、之谓道 523 23、君子戒慎 532 223、哀乐之未 53 523、皆中 5·323、天地位焉 5·3253、小人反中庸 51 253、君子之中 53 2 53、小人而无忌 53 21 23）为王老的习惯性音调，构成王老特有的读书腔调，其音调平实自然，别出机杼。

5）王宗斌先生《中庸》节选吟诵概述。

《中庸》为古文，王老吟诵基本以"诵"为主、"吟"为辅，偶有句末拖腔，极少用到润腔技法，语调干净利落。音乐短句 53523 作为基本旋律，形态变化重复并大量运用在其中，曲调平稳，结合绵阳方言语音声调行腔，明快而流畅，别具一格。

（13）古文《孟子·尽心下》。

1）从创作背景方面考察。

孟子（约前372—前289），姬姓，孟氏，名轲，战国中期邹国人，孔子学说的重要继承人，地位仅次于孔子，与孔子并称"孔孟"。孟子提出性善论，利义之辩、王霸之争，民本思想，对中国文化影响巨大。他的"养浩然之气""不为名利所动"为中华民族构建了气节与风骨。

2）从文体结构和吟诵节奏方面考察。

孟子·尽心下

| | ！　　　！　　　｜　　　｜　　　｜ ｜　　　｜ ｜ ！
孟子曰："不仁哉梁惠王也！仁者以其所爱及
｜ ｜ ！ ｜　　　！ ｜　　　｜ ｜　　　｜ ｜ ！ ｜ ！　　　｜ ｜　　　　　｜
其所不爱，不仁者以其所不爱及其所爱。"公孙丑
！ ｜　　　｜　　　　　　　｜ ｜ ｜
曰："何谓也？""梁惠王以土地之故，糜烂其民
｜ ｜ ｜ ｜　　　｜ ｜　　　｜ ｜　　　｜ ｜ ｜　　　｜ ｜ ｜
而战之，大败，将复之，恐不能胜，故驱其所爱子
｜ ｜ ｜ ｜　　　｜ ｜　　　｜ ｜ ！ ｜ ！ ｜ ｜　　　｜ ｜
弟以殉之，是之谓以其所不爱及其所爱也。"

| | ！　　　｜ ｜　　　　｜　　　｜ ｜ ！ ｜
孟子曰："春秋无义战。彼善于此，则有之矣。

｜　　｜｜　｜｜　　！！！　　　｜
　　　征　者，上 伐 下 也，敌 国 不 相 征 也。"

　　　　　　｜｜｜　｜　　｜　　　　　　　　！！
　　　　　　孟子曰："尽信《书》，则不如无《书》。

　　《孟子·尽心下》是《孟子》第七篇的下卷，论天命、心性。
　　孟子继孔子"仁"的思想发展成"仁政"，其核心是以民为贵的王道政治，孟子在《尽心下》中对其进行详细阐发。这段节选是借孟子与弟子公孙丑的对话，批评魏国国君梁惠王不仁，并以此为开端，对国君提出仁的标准，将仁与不仁进行正反对比论述。
　　3）从声韵调系统方面考察。
　　吟诵部分，仄声字63个，入声字21个，即基本是仄声字，吟诵时，诵的部分居多，吟的部分只在尾句作拖腔处理。

表4—7—21　　《孟子·尽心下》普通话和绵阳方言发音差异字

文字	普通话发音	绵阳方言发音	异同分析
者	{zhe}214	{zh-ə}224	韵母e变为绵阳方言的ə，调值由普通话的214变为绵阳方言452
爱	{ai}51	{ŋ-ai}224	由零声母变为绵阳方言特有声母ŋ，调值由普通话的51变为绵阳方言224
及	{ji}35	{jie}42	韵母改变为绵阳方言，由i韵变为ie韵，调值由普通话的35变为绵阳方言42
国	{guo}35	{g-u-ə}42	韵母uo变为绵阳方言uə，调值由普通话的35变为绵阳方言42

注：普通话调值55、35、214、51；绵阳方言调值35、42、452、224。

4）从音乐性方面考察。

a. 基本结构。

吟诵调是以 a 音乐短句"6632·"、b 音乐短句 6625·6 为基本旋律形态，变化重复并贯穿全曲的 A+B+C 三段体结构。

b. 音阶调式。

调式音阶为612356。

吟诵调以羽音（6）作为调式主音，以商（2）角（3）音为上句终止所支持的羽终止群体，上下句终止音呈四度、五度关系，调式调性明确，属民族五声羽调式。

孟子·尽心下
（节选）

孟　子　（战国）
王宗斌先生吟诵
何　民　记谱

3 3 1 6· | 6 6 3 2· 6 1 5 6· | 6 3· 6 6 3 2·
孟子曰："不仁哉　　梁惠王也！仁者　以其所爱

6 6 2 5· 6 | 6 6 3 6 6 3 1 2 6 6 2 5 6·
及其所　爱，不仁者以其所不爱　及其所爱。"

3 3 3 6 | 6 1 6· 6 6 5 3 6 3 1 3 2 6
公孙丑曰："何谓　也？"梁惠　王　以土地之故，

3 2 6 6 6 6 | 6 1 6 - 5 1 5 3· 1 1 1 1 2 6
糜烂其民而战之，　大　败，将复之，恐不能胜，

1 3 1 2 2 2 6 2 6 2 - 1 3· 1 3 1 3 1 2· 6 6 2 6 2
故驱其所爱子弟以殉之，　是之　谓以其所不爱及其所爱也。"

5 3 3 0 | 5 5 1 3 2 | 3 2 6 2 | 6 6 2 2· | 5 5
孟子曰："春秋无义战。彼善　于此，则有之矣。　征者，

1 6 1 1· | 1 1 1 3 3 3
上伐下　也，　敌国　不相征也。"

5 3 3 0 | 3 3 5 - | 1 1 1 6· 3 -
孟子曰："尽信《书》，则不如无《书》。

c. 旋律线。

A 段（"孟子曰：不仁哉梁惠王也"至"是之谓以其所不爱及其所爱也"）以 a 音乐短句 6̲3̲·6̲6̲ 3 2· 和 b 音乐短句 6̲6̲ 2 5̲·6̲ 为基本旋律形态，在旋律主干音6123 的相互连接组合中以变化重复的连续四度 6̲2̲、五度 6̲3̲·、2̲5̲· 跳进为主，形成两句为一个音乐回环并贯穿整个 A 段。如回环一："不仁哉梁惠王也！"（6̲6̲3̲2̲·ˇ6̲1̲5̲6̲·），回环二："仁者以其所爱及其所不爱"（6̲3̲·6̲6̲ 3̲2̲·6̲6̲ 2̲5̲·6̲），回环三"不仁者以其所不爱及其所爱"（6̲6̲3̲6̲6̲ 3̲1̲2̲6̲6̲2̲5̲6̲·）等。整个旋律以主音6为中心，上下起伏，音调作部分重复，句读之间相互衔接，曲调趋于感叹式，吟腔纯朴自然。

B 段在 A 段的基础上，旋律进行有明显变化，在主干音61235 五声旋律中，旋律整体移高，主要表现在中音区以二度、三度 5̲3̲、1̲3̲2̲ 级进为主，旋律较 A 段有明显对比，曲调明朗流畅。

C 段紧接 B 段，旋律主干音为6135，素材简约，旋法一致，曲调简单明了。

d. 节奏腔式。

《孟子·尽心下》为古文，王老吟诵时，取读诵法吟诵，遵循绵阳方言语音的声调行腔，结合 X̲X̲、X̲X̲、X 节奏型，一字一音为主要节奏，以 a 音乐短句（6̲6̲3̲2̲·）和 b 音乐短句（6̲6̲2̲5̲·6̲）作两个基本吟腔，高低相间，变化组合为一个音乐回环并贯穿其中。王老吟诵时，注重虚词拖腔，加个别波音"⁓"和大量下滑音"ˇ"进行色彩润腔，音调高低起伏，语音长短相间，形成王老别具匠心的读文吟诵风格。

5）王宗斌先生《孟子·尽心下》吟诵概述。

王老吟诵基本为一字一音、节奏简洁，以"诵"为主，在句末和王老做文体结构中句读判断处，有一字长音或一字多音，且加波音或下滑音润腔技法。

王先生的读文吟腔有两种："6̲6̲ 3̲2̲·、6̲6̲ 2̲5̲·6̲"。两者灵活组合，形成高低相间的音乐回环并贯穿其中。期间，他结合绵阳方言语音的声调行腔，语气从容坦然，节奏和谐统一，达到有说有唱、轻重疾徐有致的境界，别开生面。

7. 王宗斌先生绵阳传统吟诵特点。

（1）传承脉络清晰　文化底蕴深厚。

中国文化的演进赓续极重统绪，王宗斌先生的绵阳传统吟诵有着深厚的家学渊源，其曾祖父在1841年间就开始传承，百年不断。王老4岁开始发蒙，接受祖父和塾师教导，其绵阳传统吟诵可上溯至清朝道光年间，至今达178年。

吟诵是我国传统读书方法，绵阳传统吟诵文化底蕴深厚，传人均出自儒学名门。第一代代表性传人王栋生为清朝贡生[①]。第二代代表性传人王良辅为清朝秀才，张老先生（本名不详）为清朝贡生，雷升之、张介眉、赵安之、张跃先等均为民国时期绵阳文化界、教育界有影响力的代表人物。

绵阳传统吟诵涉及古诗文的不同文体，内容极其丰富全面，包括诗经、乐府、楚辞、杂言诗以及近体诗的五绝、五律、七绝、七律、排律等；宋词；蒙学、《四书》等亦齐备无缺。

（2）绵阳方言行腔　夹杂文白异读。

绵阳方言对吟诵腔调的影响，主要表现在音高、旋律和音长的处理上。王宗斌先生的吟诵虽然无谱可依，但凭借其丰富经验，用地道的绵阳方言和师承的吟诵旋律来吟诵汉诗文，可以充分细腻地表现绵阳传统吟诵的腔调特色。

王宗斌先生的吟诵方式以绵阳传统读书方法为基础，用绵阳方言吟诵。这是一种介于唱读之间的艺术方式，很好地保存了绵阳方言的音律特色。

王宗斌先生的吟诵遵循绵阳方言咬字发音，基本按绵阳方言四声调值行

[①] 古代各地区府、州、县生员（秀才）中成绩或资格优异者，即可升入京师的国子监读书，称为贡生，意谓以人才贡献给国家，古代称为国子监或太学生。

腔构成整体的吟诵旋律，即四声字腔腔格基本决定吟诵旋律走向，以腔句为基本单位，按字腔构成腔句，腔句之间结合连接，构成整首唱段的音乐旋律，部分诗词在句中句尾处出现王氏特有的绵阳吟腔"5 <u>32</u>"和"<u>23</u> <u>53</u>"。如《木兰辞》的首句"唧唧复唧唧"（<u>55 32 16 55</u> 32）、《送别》的首句"山中相送罢"（i i <u>565</u>﹑<u>523 135</u>32）、《山居秋暝》的首句"空山新雨后"（5·<u>5 53 23 53</u>）、《虞美人·春花秋月何时了》的"雕栏玉砌应犹在"（5·21 <u>2353</u> 1 <u>2353</u> 1 23）等处。

由于王宗斌先生在教师岗位上工作五十余年且在扫盲运动中推广过普通话，所以王宗斌先生在吟诵时有文白异读现象，即以方言为主夹杂着普通话语音，主要体现在两处：①平翘舌音的发音异于绵阳方言而近于普通话；②阴平字的发音与普通话的阴平字发音一致。普通话的阴平字调值为55，调型为高平，绵阳方言的阴平字调值为35，调型为中升。在王宗斌先生所有的吟诵谱例中，我们很容易发现阴平字的字腔腔格都呈现出高平的调型、其他三类字腔腔格则与绵阳方言的四声调值基本保持一致（具体可参见各诗文的吟诵概述）。另外，王宗斌先生的特定吟腔与绵阳方言四声调值有着较大关系，如："5 <u>32</u>"大多出现在上声字处，而"<u>23</u> <u>53</u>"大多出现在去声字处，这与绵阳方言中上声字的调值452（调型微升高降）、去声字的调值224（调型低升）有着因果关系，此类绵阳吟腔韵味独特，音调宛转悠扬，古朴自然，令人神往。

（3）吟诵腔韵质朴　吟诵基调阳刚。

王先生的绵阳传统吟诵，音乐旋律形态相对平稳朴素、旋法简单、音乐素材简约，没有过多的音乐润饰手段和艺术装饰手法，但也不乏音律蕴藉和步线行针的构思。王先生的吟诵整体结构布局有序，出声自然、大气方正、质朴醇厚、悠扬舒展，达到了声情与作品意境高度统一的艺术效果。

唐文治先生曾提出"文气说"，意为文章气势与吟诵调保持一致，"读法有急读、缓读、极急读、极缓读、平读五种。大抵气势文急读极急读，而其音高。识度文缓读极缓读，而其音低。趣味情韵文平读，平读，而其音平。然情韵文亦有愈读愈高者，未可拘泥。太阳、少阳之文，高调偏多；太阴、少阴之文，低调偏多。叙事之处，旋律平缓，情感变化之处，旋律随之高低起伏，不可拘泥"。①

细究王宗斌先生文的吟诵，可体现出与唐文治先生"文气说"的一致性，吟诵基调与诗文意境和整体声韵保持统一和谐。此外，王宗斌先生的诗词吟诵整体呈现出中正高亢的声情，给听者阳刚向生机勃勃的感受，突出表现在：①大多数诗词文起句吟诵高亢有力、音级在中高音区、会多次出现全曲最高音级；②对诗词文中主要文字进行着重处理，发音为全曲的最高音级且会增加一些拖腔或润腔技法；③通过增加语气助词等方式形成阳刚气势，如善于变化使用"啊、哪、啰、呃、呀"。究其原因，这与绵阳山丘交接的地域与当地乐观向上、坚强不屈的民风有着极大的关系。

（三）以盐亭何绍基先生为例

1. 盐亭县概貌。

盐亭县，隶属于四川省绵阳市，位于绵阳东南部，因境内多盐井，盐卤出产丰富得名盐亭。地处四川盆地中部偏北，地形以山地丘陵为主，自东晋安帝义熙元年（405）建县，已有1600余年历史，是古巴文化和蜀文化的交汇点，历史传统文化底蕴深厚。被誉为"华夏母亲之都、世界丝绸之源"。

2. 盐亭方言的声韵调系统。

（1）声母。共21个（包括零声母），没有舌尖后音。

---

① 朱立侠：《唐调：桐城派吟诵法之代表》，《光明日报》2016年4月14日。

表 4—7—22　　　　　　　　　盐亭方言声母

			双唇	齿唇	舌尖前	舌尖中	舌面前	舌根
塞音	清	不送气	p			t		k
		送气	p^h			t^h		k^h
塞擦音	清	不送气			ts		tɕ	
		送气			ts^h		$tɕ^h$	
鼻音	浊		m			n		ŋ
擦音	清			f	s		ɕ	x
	浊			v	z			
边音						l		
零声母					ø			

（2）韵母。共 38 个，单元音韵母 15 个，复元音韵母 9 个，鼻音韵尾韵母 14 个。

表 4—7—23　　　　　　　　　盐亭方言韵母

	开尾	元音尾	鼻音尾
开口呼	ɿ　a　o　e　ə　ɚ	ai　ei　au　əu	æn　en　əŋ　aŋ　oŋ
齐齿呼	i　ia　io　ie	iai　iau　iəu	iɛn　in　iaŋ
合口呼	u　ua　　ue	uai　uei	uæn　uən　uaŋ
撮口呼	y　　　ye		yɛn　yn　ioŋ

（3）声调调值调型。从调类方面看，盐亭方言有 5 个声调，分别为阴平（中升调），阳平（中降调），上声（高降调），去声（中降低升调），入声（半高平调）。

表 4—7—24　　　　　　　盐亭方言声调

调类	阴平	阳平	上声	去声	入声
调值	35	31	51	324	44
调型	中升调	中降调	高降调	中降低升调	半高平调

以上方言声韵调参考《四川盐亭等六县市方言音系调查研究》。①

3. 何绍基先生及其绵阳传统吟诵。

何绍基（1932—2018）先生，四川盐亭县八角镇人，中专高级讲师、特级教师，中华诗词学会会员。自幼承父母教诲，受家庭熏陶，天资聪颖志强勤奋，为人率直端方正派，修身儒雅学识宏富，功底扎实令声远播。执教 40 余年，著有《中国古代文学作品选讲》等师范教材，与人合编出版《成功阅读法——乐学丛书之一》等中学生课外阅读写作指导丛书，发表新旧体诗词数百首。

何绍基先生深知为人和作诗的关系，注重诗内功夫和诗外功夫的双重修炼，所作诗词题材涉猎广泛，立意高远深情动人，无矫揉造作之弊，远无病呻吟之嫌。坚持立言载德，发挥诗歌吟诵的教化作用，因此作品格调高雅，意境清新，风骨强劲，具有极大的正能量和极强的感染力。

绵阳的盐亭传统吟诵是用盐亭方言对诗文进行高低抑扬、有节奏有情感地诵读的一种传统读书方式，该方言范围包括盐亭县的各乡镇。

4. 何绍基先生绵阳传统吟诵举隅。

因何绍基先生已过世，四川省吟诵学会目前只采录到何绍基先生的一首《春日偶成》，根据其子女的回忆，其吟诵调传承源自其父亲。以下对《春日偶成》吟诵进行详细分析。

（1）七言仄起绝句《春日偶成》。

1）从创作背景方面考察。

程颢(1032—1085)，字伯淳，号明道。学者称其"明道先生"，河南府(今

---

① 张强：《四川盐亭等六县市方言音系调查研究》，四川师范大学硕士学位论文，2012 年。

河南洛阳)人。北宋理学家，教育家，理学的奠基者，"洛学"的代表人物。

程颢其祖先历代任官，世代居住在中山府。自幼深受家学熏陶，资性过人，修养有道，和粹之气盎然于面。在政治思想上尤其受其父程珦的影响，以反对王安石新法著称。宋神宗在位期间(1068—1085)任御史。因与王安石政见不合，不受重用。遂潜心于学术，与弟程颐开创"洛学"，奠定了理学基础。他先后在嵩阳、扶沟等地设学堂，并潜心教育研究，论著颇巨，形成了一套教育思想体系。

《春日偶成》这首诗是程颢任陕西鄠县主簿时，春日郊游，即景生情写下来的。

2）从文体结构和吟诵节奏方面考察。

春日偶成

｜　　｜｜｜　　　　　｜｜
云淡风轻近午天，傍花随柳过前川。
！！　　！　｜　　　　｜！｜
时人不识余心乐，将谓偷闲学少年。

《春日偶成》全诗四句，共28个字，是七言仄起绝句，也是一首即景诗。前两句写景，后两句抒情。作者用朴素的手法把柔和明丽的春光同作者自得其乐的心情融为一体。

《春日偶成》这首诗，看似十分平淡，但如细细品味，却有几层意思在其中。"云淡风轻，傍花随柳"寥寥数笔，不仅出色地勾画出了春景，而且强调了动感——和煦的春风吹拂大地，作者信步漫游，到处是艳美的鲜花，到处是袅娜多姿的绿柳。可谓是:人在画中游。过"前川"并不仅仅是简单地描写作者在河岸漫步的情况，而是用"过"来强调作者在春花绿柳的伴随下，不知不觉走了很远很远。隐括着作者要忘世脱俗的高雅情调，才使他忘记了时间，忘记了疲劳，达到了如醉如痴的境界。

何绍基先生的吟诵节奏4+3（云淡风轻近午天、傍花随柳过前川、将谓偷闲学少年）、2+2+3（时人不识余心乐）。

3）从声韵调系统方面考察。

这首诗首句入韵，韵字为"天、川、年"，入下平声一先韵，先韵源于上古的三个韵部，而且往往前有介音 u，多是开口度由小变大再变小，收于前鼻音，在变化感中，突出了中间元音的开阔感，因此其字多有伸展、致远、终收之意。汪烜《诗韵析》：景物流连、风景鲜妍、琴鹤翩然。[①]

何绍基先生在吟诵该诗时每句的后面都加上了一个衬字"啰"，入下平声五歌韵，可视之为叠韵，也相当于改变了该诗的韵脚。徐健顺先生在《汉语音义表》中认为：歌韵源于上古的歌部，是大开口元音，有回缩之感，因此，其字多有伸展、担负、凹陷之意。[②]汪烜《诗韵析》概括为"佩玉鸣珂、坐石攀萝"。[③]

表4—7—25　　《春日偶成》普通话和盐亭方言发音差异字

文字	普通话发音	盐亭方言发音	异同分析
乐	{le}51	{l-o}44	韵母由 e 韵变为 o 韵,是典型的四川方言发音,调值由普通话的 51 变为盐亭方言的 44
学	{xue}35	{x-io}44	韵母由 ue 韵变为 io 韵，明显的方言发音，调值由普通话的 35 变为盐亭方言的 44

注：普通话调值 55、35、214、51；盐亭方言调值 35、31、51、342、44。

4）从音乐性方面考察。

a. 基本结构。

吟诵调《春日偶成》属于 A+B+C+D 四个音乐短句构成的四句体结构。

[①] 续修四库全书编纂委员会：《续修四库全书》，上海古籍出版社 2002 年版，第 409 页。

[②] 徐健顺：《吟诵概论（上）——中华传统读书法》，广西师范大学出版社 2019 年版，第 265 页。

[③] 续修四库全书编纂委员会：《续修四库全书》，上海古籍出版社 2002 年版，第 409 页。

b. 音阶调式。

调式音阶为 २३५६i२；吟诵调以商（2）音作为调式主音和结束音，调式调性明确，属民族五声商调式。

春日偶成

程颢　（宋）
何绍基先生吟诵
何　民　记谱

```
3 3 5  i i   i 6 5 3 2   3 5.   3 5 6   5  —  |
云淡  风轻  （啰）     近（啰） 午（啰）天（啰），

i i   3 5   3      2      2 5   3   —  |
傍花  随柳  （啊） 过     前川  （啰）。

2 2.  2 2.  2 i   i 6 5 3   2    |
时人  不识  余心   （啰），

i 6 i 3   5 3 2 1   3    2 5   1 2.  |
将谓偷闲（啰）  学    少    年（啰）。
```

c. 旋律线。

A 句　335 ii i653 235·3565-（云淡风轻近午天）在"2356i"的五声旋律中，"云淡风轻（啰）"（335 ii i6532）旋律上行至全曲最高音"i"再级进回落，第四字"轻（啰）"（ii6532）级进下行衬字拖腔，音调高亢明亮，云烟淡荡，风日轻清，景色宜人，"近（啰）午（啰）天（啰）"（35·3565-）旋律平稳级进，音调婉转流畅，一字一衬，衬字衬腔，句幅扩充，结构完整，诗人沉醉于大自然的喜悦心情得以完美诠释。

B 句　1i 3532253-（傍花随柳过前川），旋律主干音为"1235"，句首"傍花"（1i）音程八度大跳，"随柳（啊）"（353）衬字润腔，"过前川（啰）"（2253-）音调平实，韵字"川（啰）"（53-）"衬字拖腔，旋律八度跳转后的连续级进，曲调平稳中有起伏，既表现了诗人傍随花柳凭眺山川如痴如醉的心情，也突出了闲适恬静怡然自得的诗歌意境。

— 734 —

C 句 2̲2̲·2̲2̲·2̲1̲ 1̲6̲5̲3̲2̲↘（时人不识余心乐）音乐素材发生转变，旋律以主音"2"为中心变化发展，"时人不识"（2̲2̲·2̲2̲·）连续同音反复，方言念白，音调自然，节奏简单，"余心乐（啰）"（2̲1̲1̲6̲5̲3̲2̲↘）音程七度直跃再逐级下行，末字"乐（啰）"（1̲6̲5̲3̲2̲↘）衬字润腔下滑拖腔，曲调朴实而活泼，简练而优美，诗意在转折中继续推进。

D 句 1̲6̲1̲3̲ 5̲3̲2̲1̲3̲2̲5̲1̲2̲·（将谓偷闲学少年）旋律在"2356i̇"五音连接组合中，"将谓偷闲"（1̲6̲1̲3̲ 5̲3̲2̲1̲）跳进级进结合，方言诵读，第四字"闲（啰）"（3̲5̲3̲2̲1̲）衬字填充下行拖腔，"学少年（啰）"（3 2̲5̲ 1̲2̲·）音调舒展宽松，韵字"年（啰）"（1̲2̲·）衬字润腔主音作结，曲调活泼轻松，"偷闲学少年"，出语新颖，平淡中寓有深意。

d. 节奏腔式。

何绍基先生吟诵此篇《春日偶成》时，喜加衬字润腔，在多达九处的衬字衬腔中以"轻（啰）、乐（啰）、闲（啰）"（i̇ 1̲6̲5̲3̲2̲、1̲6̲5̲3̲2̲↘、3̲5̲3̲2̲1̲）最为特色，旋律下行，字少腔多。通过衬字衬腔的大量运用，旋律更丰富，音调更形象，结构更完整，形象表现了诗人怡然自得陶然若醉的心情和清幽淡漠平静悠闲的诗歌意境。结合音频资料和谱例分析发现，何老先生是根据绵阳盐亭方言语音发音和声调行腔，结合 XXXX、XXX、XXX、XX、XX、X、X-多种节奏型，第二字"人、识"（2·、2·）、第四字"轻（啰）、柳（啊）"闲（啰）"（i̇ 1̲6̲5̲3̲2̲、5̲3̲、3̲5̲3̲2̲1̲）、末字"天（啰）、川（啰）、乐（啰）、年（啰）"（5-、5̲3̲-、1̲6̲5̲3̲2̲↘、1̲2̲·）为明显的拖腔节点，吟诵节奏为 4+3 和 2+2+3。进一步分析发现，诗中阴平字"风、轻、花、心、将、偷"（i̇、i̇、i̇、i̇、i̇、i̇）均以方言重读加强语气，其对应乐音为全曲最高音"i̇"，音调明朗开阔，清新舒展，吟诵调独具一格，别具匠心。

5. 何绍基先生绵阳传统吟诵特点。

（1）吟诵风格与诗意贴切。

该诗为程颢忘世脱俗的高雅情调之作，整首诗明快清新，充满活力和喜悦之情。何绍基先生的吟诵风格与诗意表达的非常妥帖，中音3起调后，音乐旋律往上至该曲的最高音级1，在该诗的第四字"轻"处加衬字"啰"进行长拖腔 $\underline{16532}$，此拖腔为何绍基先生的固定吟腔。随后在两个仄声字"近、午"和句尾韵字"天"后同时加衬字"啰"，并在句尾做一字一音长拖腔，韵字乐音落音在徵音 5 上。承句的音乐旋律与第一句相同，起调后呈上行趋势然后在第四字"柳"处添加衬字"啊"做一字一音长拖腔，句尾韵字"川"后加衬字"啰"做一字一音长拖腔，韵字乐音落音在角音 3 上。转句的音乐旋律则变得相对平缓，前四字以相同音级 2 按一个音步一个短拖腔平行前行，在句尾非韵字"乐"处做一字多音长拖腔，此处再次出现固定吟腔 $\underline{16532}$ 并加下滑音润腔技法在语气上给予肯定。合句与第一二句的音乐旋律保持一致，在第四字"闲"处使用固定吟腔的变体 $\underline{35321}$，然后回落至句尾韵字"年"处，"年"后添加衬字"啰"作短拖腔，给予一个简洁式的再次肯定后吟诵收尾结束。

何绍基先生的吟诵旋律结构简洁明了，整曲旋律在中高音区发展，且何绍基先生善用语气助词进行吟诵语气辅助，本诗中"啊、啰"使用频率合计达到 7 处，将近整首诗字数的四分之一，不可谓不多。

（2）盐亭方言与咬字行腔。

何绍基先生吟诵时按盐亭方言依字声行腔，即按照每个字的声调走向化为音乐旋律，在每句的吟诵节奏点处，何先生增加固定吟腔旋律、在韵脚处做长拖腔处理，从而构成了一首明快愉悦、充满活力的吟诵旋律。

盐亭方言中入声字没有消失，其调值对 44，属于半高平调，调型平直，《春日偶成》一诗中有三个入声字"不、识、乐、学"，其对应的音乐旋律片段为2、2·、$\underline{1653}$、3，何绍基先生对"识、乐、学"三个字都做了短拖腔处理。承句1傍花随柳过前川2，这七字为"去声+阴平+阳平+上声+去声+阳平+阴平"，在盐亭方言的调值中其所对应的排列应该是342 35 31 51 342 31 35，但何先生在此句中增加了两个语气助词"啊、啰"作为衬字，则调值排列变化为 342 35 31 51（35）342 31 35（35），谱面对应乐音为 1i 35 3 2 25 3-，两者保持高度的一致。一般情况下吟诵是一个字只对应一个乐音，每个字的字腔腔格只通过上下字的彼此衔接关系而予以体现，每个字的调值通过与其紧邻字的相对音高差来体现其乐音实际走向。

八 广元传统吟诵研究

（一）以青川县丁稚鸿先生为例

1. 青川县概貌。

四川省广元市青川县，地处四川盆地北部边缘，秦岭南麓，白龙江下游，川陕甘三省结合部；于中国中西部交接地带上；与陕西省汉中市宁强县，甘肃省陇南市文县、武都区，四川省绵阳市江油市、平武县，广元市利州区、朝天区、剑阁县等八县（区）相邻，素有"鸡鸣三省"之称。

青川因"其水清美"，唐天宝元年始名为清川，从西汉置郡至今，已有2300多年历史，截至2017年，全县幅员面积3216平方公里，辖11镇25乡（两个名族乡，蒿溪、大院）268个行政村，总人口25万。

2. 青川方言的声韵调系统。

（1）声母，共20个（包括零声母）。

表4—8—1　　　　　　　　青川方言声母

			双唇	齿唇	舌尖前	舌尖中	舌面前	舌根
塞音	清	不送气	p			t		k
		送气	p^h			t^h		k^h
塞擦音		不送气			ts		tɕ	
		送气			ts^h		$tɕ^h$	
鼻音	浊		m				ȵ	ŋ

续表

		双唇	齿唇	舌尖前	舌尖中	舌面前	舌根
擦音	清		f	s		ɕ	x
	浊			z			
边音					l		
零声母		ø					

（2）韵母，共36个。包括14个开尾韵，9个元音尾韵，13个鼻音尾韵。

表4—8—2　　　　　　　　青川方言韵母

	开尾韵				元音尾韵				鼻音尾韵			
开口呼	ɿ	ɑ	o	ɚ	æe	ei	ɑo	əu	ɑn	ən	ɑŋ	oŋ
齐齿呼	i	iɑ	io	iɛ	iæe		iɑo	iəu	iɑn	in	iɑŋ	
合口呼	u	uɑ	uo		uæe	uei			uɑn	uən	uɑŋ	
撮口呼	y		yo	yɛ					yɑn	yn		yŋ

（3）声调调值调型。青川方言有4个声调，即阴平（高升调）、阳平（中降调）、上声（高降调）、去声（低降升调）。

表4—8—3　　　　　　　　青川方言声调

调类	阴平	阳平	上声	去声
调值	45	31	53	212
调型	高升调	中降调	高降调	低降升调

以上内容参考于《川陕之交西南官话方音比较研究》[①]。

[①] 王丽：《川陕之交西南官话方音比较研究》，北京语言大学硕士学位论文，2008年。

第四章 四川传统吟诵的基本面貌

3. 广元传统吟诵现状。

整体大社会转型的环境冲击使得传统吟诵日渐消沉、濒临湮没，川北地区的方言吟诵无法幸免，仅剩广元的剑阁、青川等局部地区还有零星尚存。由于交通不便，经济较为落后、没有足够的现代师资满足新式教学等因素，青川直到新中国成立前夕，仍有一些民间私塾留存。

不少出生于20世纪20年代、30年代的老人读过私塾。目前，四川省吟诵学会在广元共访问了几十位耄耋之年的吟诵传承人，有青川县的丁稚鸿先生，剑阁县的赵庭辅先生、赵树奎先生、李溢泉先生等。值得一提的是，他们的吟诵音视频资料相对丰富，吟诵文体也较为全面。

4. 丁稚鸿先生及其广元传统吟诵。

（1）丁稚鸿先生生平。

丁稚鸿(1939—)，四川青川人，中华诗词文化研究所研究员、新加坡新风诗协会名誉会长、四川省吟诵学会方言吟诵总顾问，著有《听雨轩诗联集》《中学语文古诗词鉴赏词典》《闻涛阁集》《千古一诗人》。

丁稚鸿先生自幼生活在青川县白家乡。1935年红军北上，路经白家乡，其父当选村苏维埃主席，其兄参加了红军，全家辗转于罗家坝、小阳沟等地生活。1945年始，他就读于私塾。十岁时，他转入青川县凉水镇学校读四年级，一年后辍学，凭借其自身才智和努力，考入了昭化初级中学，后在绵阳南山中学完成高中学业，升入南充师范学院中文系。

1962年，他初闻诗词格律后就系统地学习了有关传统诗词的创作，曾获得闻一多先生弟子郑临川教授的青睐。大学毕业至1984年间，他一直从事教育工作。其真正开始创作传统诗词是在1985年，他被调李白纪念馆之后，应对外交往之需，重新开始传统诗词的创作，后任李白纪念馆副馆长，1999年退休。

2016年10月，中国文化学会《文化人物》杂志、中国航天文化艺术中心联合举办了"祝福祖国神舟十号飞天中国艺术名家题贺创作暨首届中国艺术飞天奖"评选活动，丁稚鸿先生创作的《神十飞天》《嫦娥宴友》《太空授课》《科技争先》4 首格律诗，从数以万计的征稿中脱颖而出，荣获"终身成就奖"。

（2）丁稚鸿先生广元传统吟诵的形成脉络梳理。

丁稚鸿先生是广元传统吟诵的代表性传承人，其吟诵调式主要受教于幼时的私塾先生。7 岁时，他在青川乡贤李成树先生门下以《百家姓》《三字经》《千字文》《千家诗》等书发蒙，后在清末秀才刘海聪先生门下学习《论语》《中庸》。据丁稚鸿回忆："私塾老师用唱读的方式口传心授，学生听之，受之，模仿之。虽师生之间、学生之间的调子难以一致，但先生吟诵的基本调不会有多大变化；当时吟诵的是套曲，学完之后，可以套用在古体诗、散体赋、古文吟诵。"笔者研究发现，这些吟诵调之间关系密切，大体源自同一旋律，其差别在于旋律高低不同，细微之处有异。

5. 丁稚鸿先生广元传统吟诵举隅。

2015 年至 2019 年，四川吟诵学会会长王传闻先后五次赶赴丁稚鸿先生家中承传广元传统吟诵，内容包括古体诗、近体诗、古文、蒙学四类。古体诗为五言古体《江雪》；近体诗含五言仄起绝句《和张仆射塞下曲·其三》、五言平起律诗《山居秋暝》、七言平起绝句《出塞》、七言仄起绝句《回乡偶书》《赠汪伦》；古文为《大学》选章，蒙学为《百家姓》。以下进行详细分析。

（1）五言古绝《江雪》。

1）从创作背景方面考察。

柳宗元（773—819），字子厚，祖籍山西蒲州（古属河东郡）。因其天资聪慧、博学多才，人们称其为"柳河东"。

永贞元年（805），永贞革新失败，柳宗元被贬至永州。期间，他心中苦闷难抒，于是言于纸墨，留下了许多诗作、寓言故事和山水游记，《江雪》即在此列。据柳宗元《答韦中立论师道书》及相关记载，公元 807 年冬天永州下过大雪，由此，学术界推测为本诗在此年创作。

2）从文体结构和吟诵节奏方面考察。

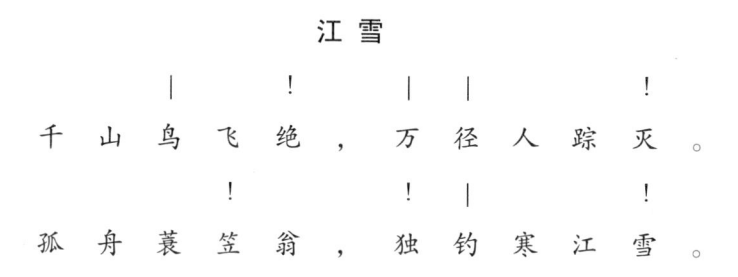

江 雪

千 山 鸟 飞 绝， 万 径 人 踪 灭。

孤 舟 蓑 笠 翁， 独 钓 寒 江 雪。

这是一首五言古绝，呈现出一幅孤独的画面，在大雪纷飞的江面上，一叶小舟上渔翁在独自垂钓。诗人用一半的篇幅描写背景，用"千、万"两个量词描绘山、径的广大寥廓，浩瀚无边，用"孤舟、独钓"形成强烈反差，诗人摆脱世俗、超然物外、清高孤傲的思想寄托和写照扑面而来。

这幅寒江独钓图实际上是借歌咏景色而言儒士之志的诗教图，冰天雪地是当时严酷的政治环境，迎风抗雪、孤舟独钓的渔翁形象，是诗人不屈精神和洁身自好情怀的化身。

丁老的吟诵节奏为2+3。

3）从声韵调系统方面考察。

此诗平起首句入韵，韵脚为"绝、灭、雪"，押"九屑"入声韵（ie）。用入声字来押韵，念起来会短促急收，造成句与句之间明显的顿挫哽塞感。结合作者当时的创作背景以及人生轨迹，诗人选用入声韵，则入情入理。袁枚《随园诗话》中说："欲作佳诗，先选好韵。"[①] 所谓"好韵"，即诗人创作时要选择与诗情诗境相切的音韵，也就是根据诗词作品表情达意的需要，选择相应的韵脚，做到以声传情、声情相谐。

丁稚鸿先生吟诵本诗时，平翘舌发音遵循方言习惯，翘舌音都读平舌音。不过，本诗没有明显异读音，仅一个"翁"字用方言发音。

---

① （清）袁枚：《随园诗话》，《袁枚全集》三，江苏古籍出版社1993年版，第86页。

表 4—8—4　　《江雪》普通话与青川方言发音差异字

异读字	普通话发音	青川方言发音	异同分析
翁	{weng}55	{ong}55	声母由 w 变为零声母直接发韵母 ong 音，调值不变

注：普通话调值 55、35、214、51；青川方言调值 55、21、53、213。

4）从音乐性方面考察。

江雪　　　　　柳宗元　　（唐）
　　　　　　　丁稚鸿先生　吟诵
　　　　　　　何民　　　　记谱

5 5 3 2 5 - 10 | 1 1 6 5 - 1 - 5 0 |
千 山　 鸟 飞　绝，万 径　人　踪　灭。

5 5 3 3 2 0 1 1 | 1 1 6 5 1 - 5 |
孤 舟 蓑　 笠 翁，独 钓　寒 江 雪。

5 5· 5 1 - 5 - ‖
独 钓 寒 江 雪。

a. 基本结构。

吟诵调《江雪》属于 A+B+C+D 四个连贯的音乐短句构成的四句体结构。

b. 音阶调式。

调式音阶为 5 6 1 2 3 5；吟诵调以徵（5）音作为调式主音和结束音，以宫（1）音为上句终止所支持的徵终止群体，上下句的终止音呈四度关系，调式调性明确，属民族五声徵调式。

c. 旋律线。

A 句 5 5 3 2 5 - 10（千山鸟飞绝）旋律主干音为 1 2 3 5，"千山"（5 5 3）在主音"5"同音反复后的三度下行级进中起调，再接"鸟飞"（2 5 -）四度小跳后至入声韵字"绝"（10）的下行顿挫急收处理，第二字"山"和第四字"飞"作适当拖腔润饰，吟诵节奏 2+2+1。开篇三次出现全调最高音"5"，

第四章 四川传统吟诵的基本面貌

音调明朗开阔，清晰勾勒出千山万岭之间不见飞鸟踪影的寂静画面。

B 句 116 5-1-50（万径人踪灭）紧接 A 句，旋律采用鱼咬尾的结构形式，"万径"（116）以 A 句末音"1"为 B 句起音的同音反复后级进下行至"人踪灭"（5-1-50）四度小跳下行交替，句末"灭"字（50）收音干净利落，第二字"径"和第四字"踪"句中拖腔。旋律采用 A 句相同素材和旋法，在 A 句基础上作五度下行平移，由中音区转入中低音区行腔，旋律形态相同，音调节节下落，以飞鸟远遁、行人绝迹的景象渲染出一个荒寒寂寞的境界。

C 句 553ˋ 32 01 1（孤舟蓑笠翁）旋律为 A 句的变化再现，在"1235"四音相互连接组合中，"孤舟"（553ˋ）同音反复级进结合，"蓑笠"（32 01）逐级下行顿断即连作结"翁"（1），入声字"笠"（01）的八分休止符"0"的巧妙运用，节奏顿挫，音调铿锵，声断意连，意境幽僻，生动刻画出孤舟之中垂纶而钓的蓑翁形象。

D 句 116 51-5，55·51-5-（独钓寒江雪）为 B 句的变化重复，运用相同素材和旋法，在"5、1"两音之间作四度小跳交替进行，末字"雪"作结调式主音"5"，"寒江雪"三字"画龙点睛"，此句复沓吟诵，正面破题，大有豁然开朗之感。第二字"钓"和第四字"江"长音拖腔，形成 2+2+1 吟诵节奏。音调坚实有力，掷地金声，刻画了一个寒江独钓的渔翁形象，曲折地表现出诗人在政治改革失败后处境孤独和顽强不屈、凛然无畏、傲岸清高的精神。

d. 节奏腔式。

结合音频资料及吟诵调谱例分析，丁老在吟诵《江雪》时是根据青川方言语音咬字发音及语音声调行腔，且遵循平长仄短吟诵法则，结合 XXX、XX. 切分音节奏型，第二字"山、径、舟、钓"（53、16、53、16）和第四字"飞、踪、江"（5-、1-、1-）明显拖腔，吟诵节奏 2+1+2、2+2+1。此诗采用入声韵，韵脚"绝、灭、雪"（50、50、5）句末断腔急收，韵促味永，连腔断腔结合，节奏顿挫有致，别具韵味。

- 743 -

5）丁稚鸿先生《江雪》吟诵概述。

丁老认为五古吟诵节奏要清晰明确，吟诵时声音不必太大，用沉静舒缓的声腔表现诗中场景即可。此吟诵调属于民族五声徵调式，吟诵节奏为2+1+2（共1处）、2+2+1（共3处），首句以全调最高音5起调，音域由中音区逐渐转入中低音区，音调节节下落，充满冷傲孤独之感，末句复沓吟诵，音调坚实有力，显得大义凛然、无所畏惧。

（2）五言仄起绝句《和张仆射塞下曲·其三》。

1）从创作背景方面考察。

作者卢纶（748－800），唐代诗人，字允言，籍贯蒲州（今山西永济西），大历十才子之一。他多次应举不第，后经元载、王缙等举荐才谋得官职。朱泚之乱后，咸宁王浑瑊出镇河中，提拔卢纶为元帅府判官。边塞的军营生活使其接触到粗犷豪迈的将士，领略到雄浑肃穆的景色，于是触景生情留下许多千古佳作，《和张仆射塞下曲·其三》是其组诗《塞下曲》中的第三首。

2）从文体结构和吟诵节奏方面考察。

《塞下曲》虽是乐府旧题，但完全符合格律诗的要求，因此笔者将其归为仄起的五言绝句分析。作为中唐时期非常著名的边塞诗，其情感澎湃、气势高昂。前两句写单于黑夜遁逃，气氛紧张。首句"飞、高"二字长吟；第二句的"夜"字重读，强调时间；第三句准备捉活单于；最后一句是全诗的高潮，虽生存条件恶劣，但为了抵御外敌，边塞将士不惧艰辛，始终保持高昂斗志。丁老的吟诵节奏为2+2+1。

3）从声韵调系统方面考察。

和张仆射塞下曲·其三

！　！　｜　　　　　　　！　！
月　黑　雁　飞　高，　单　于　夜　遁　逃。

！　　　｜　｜　　　｜　！　｜
欲　将　轻　骑　逐，　大　雪　满　弓　刀。

此诗仄起，首句押韵，韵字为"高、逃、刀"，入下平声"四豪"韵（ɑ o）。豪韵源于上古的两个韵部，前多有大开口元音，收于 o 圆唇音，呼号之感突出，从大开口到中等圆形韵，有跳跃、伸展之意。汪烜《诗韵析》："倜傥呼号。"①

首句"月、黑"两个入声字连在一起强调月亮被云遮住，夜里光线昏暗；第三句"欲、逐"两个入声字的运用，强调捉拿单于时，战略的快速果敢及骑兵行动的轻盈，最后一句的入声字"雪"，强调天气环境的恶劣。

表 4—8—5　《和张仆射塞下曲》普通话与青川方言读音差异

异读字	普通话发音	青川方言发音	异同分析
黑	{hei}55	{h-ə}21	调值（古入声归阳平）普通话的 55 变为青川方言的 21
遁	{dun}51	{den}213	韵母由 un 变为 en 韵，调值由普通话的 51 变为青川方言的 213

注：普通话调值 55、35、214、51；青川方言调值 55、21、53、213。

4）从音乐性方面考察。

---

① 续修四库全书编纂委员会：《续修四库全书》，上海古籍出版社 2002 年版，第 409 页。

a. 基本结构。

吟诵调《和张仆射塞下曲》属于 A+B+C+D 四个连贯的音乐短句组成的四句体结构。

b. 音阶调式。

调式音阶为 561235；吟诵调以徵音（5）作为调式主音和结束音，以宫音（1）为上句终止所支持的徵终止群体，上下句终止音（15）呈五度关系，即上句终止"1"为下句终止"5"下方的五度音程。属民族五声徵调式。

c. 旋律线。

A 句 55·↘255(月黑雁飞高)旋律以主音"5"为主，辅以"2"音色彩辅助，"月黑"（55·）两字重读并作下滑音"↘"处理，后接"雁飞"（25）四度上行小跳后"高"（5）字拖腔结束，第二字"黑"和末字"高"音调拉长，以"月黑"的茫无所见、无迹可寻和"雁飞高"的意中之景烘托雪夜月黑下宿雁惊飞的战前紧张气氛。

B 句 22·5231（单于夜遁逃），用"1235"四音连接组合，旋律在"单于"（22·）同音反复后的"夜遁逃"（5231）跳进级进结合，呈现山峰型旋律形态，表露必胜信念以及对敌人的蔑视。

C 句 66·i53（欲将轻骑逐）主干音为"356i"，旋律上扬，"欲将"（66·）同音反复后高音"i"的"轻骑逐"（i53）四度小跳级进结合，第二字"将"（6·）适当拖腔且加以下滑音（↘）润腔，相对 B 句，虽采用相同旋法，但音调高亢豪迈，战斗场面气势不凡、惊心动魄。

D 句 52·25·5，52·255（大雪满弓刀）采用与 A 句同样素材和旋法，旋律在"2、5"两音中四度音程跳进"52·25"、"52·25"上下行交替，素材简练，旋法简单。第二字"雪"和第四字"弓"明显拖腔，节奏简单分明，音调坚实有力，结句作复沓吟诵，以谷峰型的旋律音调表现战斗之艰苦和将士们奋勇杀敌的精神。

d. 节奏腔式。

丁老在吟诵时，结合 XX、XX、X 三种节奏型，第二字"黑、于、将、雪"（5·、2·、6·、2·）作附点八分音符的句中拖腔润饰，末字"高、逃、逐、刀"（5、1、3、5）作四分音符句末长音拖腔，吟诵节奏为2+2+1和2+3。该吟诵调取青川方言语音声调行腔，旋律节奏分明，吟诵腔式简单，伴有下滑音"ヽ"的色彩润腔，颇具地方色彩。

5）丁稚鸿先生《和张仆射塞下曲·其三》吟诵概述。

整个吟诵调属民族五声徵调式，首尾呼应，模进对称，整个旋律在八度内完成，情感基调气势高昂，情绪紧张。依青川方言语音的声调行腔，每句第二字和韵字作长吟拖腔；古音为入声的文字在青川方言中被派入平声，丁老对它们做拖腔处理，增强了感情色彩，伴有下滑音"ヽ"的色彩润腔技法使得该吟诵调活泼灵动，这些都表现出丁老吟诵的地域性特色。

（3）五言平起律诗《山居秋暝》。

1）从创作背景方面考察。

参照前文。

2）从文体结构和吟诵节奏方面考察。

山居秋暝

		｜				｜	｜	
空	山	新	雨	后，	天	气	晚	来	秋 。
	！		｜			！		
明	月	松	间	照，	清	泉	石	上	流 。
！		｜	｜			｜	｜	
竹	喧	归	浣	女，	莲	动	下	渔	舟 。
｜		！				｜		
随	意	春	芳	歇，	王	孙	自	可	留 。

这是一首五言平起律诗，严格按照格律诗的要求所作，中间两联对仗，第二、四、六、八句押韵。诗人通过描写秋雨初晴后傍晚时分山村的旖旎风光，将空山雨后的秋凉，松间明月的光照，石上清泉的声音以及浣女归来竹林中的喧笑声，渔船穿过荷花的动态，和谐完美地融合在一起，营造出恬静幽美的意境。王维用比兴手法通过对山水的描绘，"空山、新雨、明月、清泉、竹莲"这些意象构造了一种空灵的意境，给人以清新之感。诗人寄情于山水田园并表达出对隐居生活纯朴安静、放纵山林的热爱，以自然美来表现人格美和社会美，挣脱了自古以来暮秋之诗多用悲秋意象的潮流，营造出别开生面的清新雅洁、自由轻灵的晚秋意境，寄慨言志，含蕴丰富，耐人寻味，颇具创造性。①丁老的吟诵节奏为2+3、2+2+1。

3）从声韵调系统方面考察。

本诗入下平声十一尤韵，韵字为"秋、流、舟、留"，尤韵源于上古三个韵部，都是中等开口元音，往往前有介音最后收于小开口元音，悠长之感最为突出，因此多有舒缓、悠长、温柔之意，汪烜《诗韵析》："潇洒风流、素女悲秋、婉转优悠。"②尤韵的声情婉转优悠，有舒缓之意。王维面对秋山所得的快乐，不是欢喜雀跃而是从容平静的，好比舟车劳顿的旅人突然得到放松时的喜悦。

表4—8—6　　《山居秋暝》普通话和青川方言发音差异字

异读字	普通话发音	青川方言发音	异同分析
孙	{sun}55	{sen}55	这是典型的四川方言发音，韵母由un变为en韵，调值不变
可	{ke}214	{ko}53	典型的青川方言音，韵母由e变为o，调值由普通话的214变为青川方言的53

注：普通话调值55、35、214、51；青川方言调值55、21、53、213。

① 刘大远：《〈山居秋暝〉"言景境"的典雅性探讨》，《文学教育》2017年第9期。
② 续修四库全书编纂委员会：《续修四库全书》，上海古籍出版社2012年版，第409页。

本诗四个入声字"月、石、竹、歇"在平仄字音上产生抑扬顿挫的节奏，共同形成整体上的和谐音乐美，也加强了诗歌的感染力和表达效果。

4）从音乐性方面考察。

a. 基本结构。

吟诵调《山居秋暝》属于 A+B+C+D 四个独立的音乐长句构成的四句体结构。

山居秋暝

王 维　（唐）
丁稚鸿先生 吟诵
何 民　记谱

$\underline{5\ 5}\ 3\ \ \underline{5\ 2}\ 1\ \ 1\ 0\ |\ 1\ \underline{5\cdot}\ \ 1\ 5\ \ 1\ |$
空　山　新　雨　后，　天　气　晚　来　秋。

$\underline{1\ 1}\ \underline{6}\ \ \underline{5\ 5}\ 3\ \ 2\ 0\ |\ \underline{1\ 1}\ \underline{6}\ \ \underline{5\ 5}\ \ \overset{3}{5}\ |$
明　月　松　间　照，　清　泉　石　上　流。

$2\ 2\cdot\ \ \underline{3}\ \underline{3}\ \underline{3}\ \ |\ 6\ 6\ \ 1\ 5\ \ 1\ |$
竹　喧　归　浣　女，　莲　动　下　渔　舟。

$\underline{2}\ \underline{3}\ \ \underline{5\ 5}\ 3\ \ 1\ \ |\ 6\ 1\cdot\ \ \underline{5}\ \underline{1}\ \ \underline{3}\ \underline{5}\ |$
随　意　春　芳　歇，　王　孙　自　可　留。

$5\ 1\cdot\ \ \underline{5\ 1\ 6\ 5}\ \ \underline{3}\ \underline{5}\ \|$
王　孙　自　可　　留。

b. 音阶调式。

调式音阶为 5̱ 6̱ 1 2 3 5；吟诵调以徵（5）音作为调式主音和结束音，以宫（1）音为上句终止所支持的徵终止群体，上下句终止音呈五度关系，调式调性明确，属民族五声徵调式。

c. 旋律线。

A 句（首联）$\underline{5\ 5}\ 3\ \underline{5\ 2}\ 1\ 10\ 1\underline{5\cdot}\ 1\ 5\ 1$（空山新雨后，天气晚来秋）以"1、5"两音为主，结合"2、3"发展。开篇以"空山"（$\underline{5\ 5}\ 3$）全曲最高音"5"起调，"新雨后"（$\underline{5\ 2}\ 1\ 0$）小跳级进结合，"天气晚来秋"（$1\underline{5\cdot}\ 1\ 5\ 1$）四度

小跳上下行交替，旋律由上而下，音调由高至低，行腔由中音区转至中低音区，第二字"山、气"拖腔明显，节奏舒展，展现了山居秋日，山雨初霁，幽静闲适，清新宜人的景象。

B 句（颔联）11̲6̲ 5̲5̲3̲ 20 11̲6̲ 5̲5̲5̲（明月松间照，清泉石上流）主干音为"5̇13"，出句"明月松间照"（11̲6̲ 5̲5̲3̲ 20）级进后的七度大跳"6̇ 5"再级进回落，对句"清泉石上流"（11̲6̲ 5̲5̲5̲）同音反复级进结合，行腔再次转至中低音区。第二字"月、泉"和第四字"间、上"适当拖腔，吟诵节奏 2+2+1。音调先扬后抑，描绘出一副皓月当空，青松如盖，山泉清冽，流于石上，清幽明净的自然美景。

C 句（颈联）22·3̲3̲3̲ 66·15̌1（竹喧归浣女，莲动下渔舟）连续同音反复"22·3̲3̲3̲ 66"后的小跳起伏"15̌1"，音调平稳下行，丁老此处使用诵读的方式吟诵；"归浣女"（3̲3̲3̲）三处下滑音"ヽ"色彩润腔，音调与当地方言语调趋近。竹林喧声，莲叶分披，浣女渔舟，画面灵动唯美，充满诗情画意。

D 句（尾联）2̲3̲2̲ 5̲5̲3̲1̲ 61·5̇1 35 5̇1·5̲1̲6̲5̲ 35（随意春芳歇，王孙自可留）用"5̇6123"五声旋律，"随意春芳歇"（2̲3̲2̲ 5̲5̲3̲1̲）在中音区波纹型起伏后，"王孙自可留"（61·5̇1 35 5̇1·5̲1̲6̲5̲）"三、四度小跳作结低音"35"，旋律在中低音区旋回，复沓于中低音区行腔，音调总体趋于下沉且复沓吟诵。诗人有感而发，虽夏花不再，但秋景更佳，寄情山水可洁身自好啊！

d. 节奏腔式。

本吟诵调结合 X̲X̲X̲、X̲X̲.两种切分节奏，第二字"山、气、月、泉、喧、动、意、孙"（5̲3̲、5̇·、1̲6̲、2·、6·、3̲2̲、1·、1·）适当句中拖腔，出句末字"后、照、女、歇"（10、20、3、1）顿挫急收，韵脚"秋、流、舟、留"（1、5、1、35）句末长音拖腔，节奏清晰明确，吟诵节奏为 2+2+1 和 2+3。

四联出句旋律均在中音区发展，行腔于中音区，对句音调回落至中低音区，行腔转至中低音区，旋律上下起伏高低抗坠，结合方言语音特点的前倚音"ʳ"及波音"⁻"和下滑音"ヽ"的色彩润腔，吟诵音调清新婉转、柔美动听，别具风韵。

5）丁稚鸿先生《山居秋暝》吟诵概述。

此吟诵调以中音"5"开篇，低音"5"终止，属五声徵（5）调式。首联以全曲最高音"5"起调，高亢明朗的音调缓缓下行至中低音区，颔联旋律下移，音调节节下落，尾联的吟诵与首联旋律相似，但音高低于首联，整体上给人一种跌宕迂回、流转而下的灵活之感。

旋律出句均在中音区进行，音调相对明朗，对句下行至中低音区，音调下沉。丁稚鸿先生吟诵时据青川方言的声调行腔，每句偶数平声字和韵字做长吟拖腔，形成吟诵调悠扬婉转、悦耳动听的风格。

（4）七言平起绝句《出塞》。

1）从创作背景方面考察。

王昌龄(698—756)，字少伯，河东晋阳（今山西太原）人，盛唐著名边塞诗人，被后人誉为"七绝圣手"。

盛唐时期，唐朝在对外战争中屡屡取胜，全民民族自信心极强，在边塞诗人的作品中，多体现一种慷慨激昂、积极向上的精神与克敌制胜的强烈自信。然而，频繁的边塞战争，也使人民不堪重负。《出塞》是王昌龄早年赴西域时所作的乐府诗，其反映出了诗人渴望和平。

2）从文体结构和吟诵节奏方面考察。

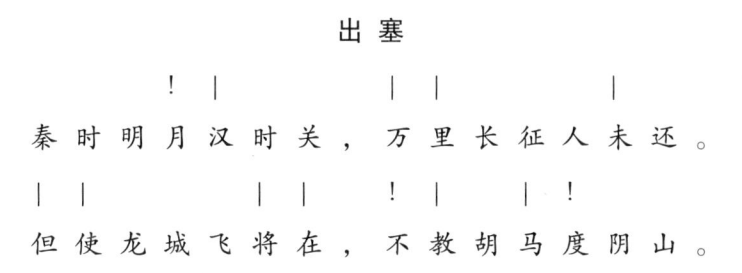

出 塞

！｜　　　｜｜　　　　｜
秦 时 明 月 汉 时 关 ， 万 里 长 征 人 未 还 。
｜｜　　　｜｜　　！｜　　｜！
但 使 龙 城 飞 将 在 ， 不 教 胡 马 度 阴 山 。

《出塞》虽然是乐府旧题，却也是一首合格律的平起七言绝句。诗人谈古论今，表露出他希望朝廷起任良将、平息战事、使人民过上安定生活。此诗意气悲壮却不凄凉，语气慷慨而不粗俗，被誉为唐代七绝的压卷之作。

诗的首句最耐人寻味，"多年过后，人们之所见依旧是秦汉时的明月，秦汉时的关！"诗人借"旧时今物"感叹朝代变换而征战未绝。"秦时明月汉时关"中秦、汉、关、月四字交错使用，修辞上称"互文见义"，诗人借此暗示战事自秦汉以来从未间歇。次句"万里长征人未还"，"万里"指边塞和内地相距万里，虚写，意在突出空间辽阔；"人未还"使人联想到战争给平民百姓带来的灾难之严重，表达出诗人的悲愤；三、四句写出千百年来百姓冀望"龙城飞将"的共同意愿。全诗以平凡的语言，唱出乐观豁达的主旨，气势流畅一气呵成，使人吟之莫不叫绝。丁老的吟诵节奏为 2+2+2+1、2+2+1+2。

3）从声韵调系统方面考察。

首句入韵，韵字"关、还、山"入上平十五删韵，删韵源于上古的两个韵部，从"a"大开口度到成"n"鼻音，开口度由大变小，收于前鼻音，往往前有介音 u，在收敛闭合感之外，又有由小变大又变小的变化感，有雄浑大气又延绵感慨等复杂的感情特征，因此其字多有"弯曲、关闭、改变"之意，汪烜《诗韵析》："逸致幽闲。"①

全诗有两个入声字"月、不"，平声字十四个，平仄相当，此诗吟诵基调平缓深沉而又悲壮慷慨；有对戍边战士的歌颂，也有对历史的反思。

丁老吟诵时遵循大多四川话的发音习惯，如"胡"字，按四川话习惯当读作"fu"。诗中没有明显异读音，诵的部分依照青川方言发音。

4）从音乐性方面考察。

a. 基本结构。

吟诵调《出塞》属于 A+B+C+D 四个独立音乐长句构成的四句体结构。

b. 音阶调式。

调式音阶为 $2356\dot{1}\dot{2}$；吟诵调以商（2）音作为调式主音和结束音，吟调在五声音阶（$2356\dot{1}$）的基础上，加用了偏音变宫（7），属民族六声商调式。

---

① 续修四库全书编纂委员会：《续修四库全书》，上海古籍出版社 2002 年版，第 409 页。

（六声调式是指在五声调式基础之上加入一个偏音"清角 4 或变宫 7"构成的六声调式）。

出　塞

王昌龄　　（唐）
丁稚鸿先生　吟诵
何　民　　记谱

| 2̇ 2̇ 7 6 6 7 6 5 5 2 5·3 | 3 5 3 2 5 1 - 2 3 1 - |
| 秦时 明月 　汉时 关， 万里 长征 人 未 还。 |

| 2 5· 5 5· 7 6 5 | 2 5 3 2 1 6 2 2 |
| 但使 龙城 飞 将 在， 不教 胡马 度 阴山。 |

| 2 5· 2 1 2 2 - 5 - 5 2 ‖
| 不教 胡马 度 阴 山。 |

c. 旋律线。

A 句 2̇2̇7 667 65525·3（秦时明月汉时关）主干音为 2356，旋律中加入偏音变宫（7），由五声发展为六声，乐句得以扩充，调式上更具变化色彩，旋律更具感染力，"秦时"（2̇2̇7）旋律在全曲最高音 "2̇" 的同音反复后向"明月"（667 65）级进发展，"汉时关"（525·3）的四度、三度小跳回落，旋律形态由高向低，以下叹的音调表达出朝代变换，秦时明月汉时关仍在，征战却未断的感叹。第二字"时"（2̇）和第四字"月"（67 65）及末字"关"（5·3）做明显拖腔，形成 2+2+3 的吟诵节奏。

B 句 353251-231-（万里长征人未还）紧接 A 句，旋律运用鱼咬尾的结构形式，在"1235"四个音连接组合中，"万里"（353）的音程级进后与"长征"（25）的四度小跳结合，再与"人未还"（1-231-）三音级进交替，旋律在中音区的五度内进行，表现波纹型旋律形态，以平稳而曲折的音调，表达了诗人的悲愤。

C 句 25·ヽ 55·765（但使龙城飞将在）旋律以正音"256"为基础，"但使"（25·ヽ）四度小跳后的"龙城"（55·）同音反复后与"飞"偏音变宫（7）

色彩填充重读，第二字"使"做拖腔重读加下滑音"ヽ"润腔，第四字"城"做适当拖腔，音调趋于青川方言语音，读诵为主。旋律在"2、7"之间变化起伏，实现六度跨越，音调高昂、气势雄浑，直接抒发了边防士卒巩固边防的愿望和保卫国家的壮志。

D句 2̲5̲321̲6̲22 2̲5̲·2̲1̲22-5-52（不教胡马度阴山）旋律围绕主音"2"在"6̲1235"五声旋律中变化起伏，以四度音程跳进"2̲5̲、6̲2̲、2̲5̲·、2-5-52"为主，间有二度、三度级进"3̲2̲16、2̲1̲2"发展，此句复沓吟诵，"度阴山"（2-5-52）三字音调拉长，最后用主音"2"终止，音调悲壮慷慨、雄浑豁达。

d. 节奏腔式。

丁老吟诵《出塞》时遵循青川方言咬字发音，结合方言语音声调行腔，X̲X̲X̲、X̲X̲.、X̲、X-节奏型运用其中，第二字"时、里、使、教"（2̲7̲、5̲3̲、5̲·、5̲3̲）及"月、人、城、"（6̲7̲ 6̲5̲、1-、5·）字的句中连音拖腔，韵字"关、还、山"（5·3̲、1-、2）给予句末长音拖腔润饰，吟诵节奏为2+2+2+1、2+2+1+2。"使"字用下滑音"ヽ"做色彩润腔，末句复沓吟诵，字腔清晰平稳；吟诵调悲壮慷慨、耐人寻味。

5）丁稚鸿先生《出塞》吟诵概述。

丁老以全调最高音"2̇"高亢起调，后缓慢下行，第三句以读诵为主，旋律又由低向高再到第四句平缓行进至主音"2"终止。此吟诵调依照青川方言语音的声调行腔，节奏在每句第二个字和韵字长吟拖腔，个别由入声派入平声的方言作拖音处理。整体上，该吟诵先缓后快，最后一句复沓吟诵，力度加强；"度阴山"三字音调拉长，重读结束，振起有力，声音雄浑地吟出了全诗豁达的主旨。

（5）七言仄起绝句《回乡偶书》。

1）从创作背景方面考察。

参照前文。

2）从文体结构和吟诵节奏方面考察。

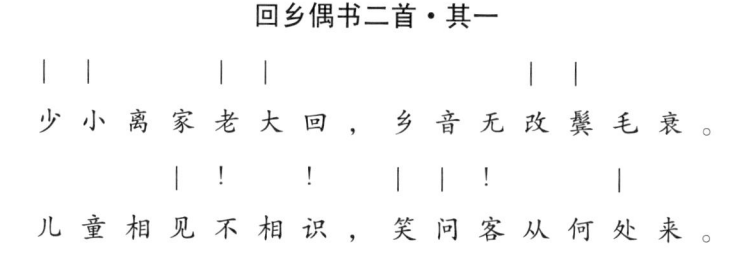

回乡偶书二首·其一

```
  |   |       |   |              |   |
少 小 离 家 老 大 回 ， 乡 音 无 改 鬓 毛 衰 。
  |   !   !     |   |   !         |
儿 童 相 见 不 相 识 ， 笑 问 客 从 何 处 来 。
```

这首诗为七言仄起绝句，为久客异乡人回归故里的感怀之作，抒发了山水依旧、人事不同、人生易老和世事沧桑的感慨。第一、二句，诗人置于熟悉而又陌生的故乡环境中，心情难以平静。首句写数年久客他乡的事实，次句写自己的"老大"之态，暗蕴乡情无限。三、四句虽写自己，从儿童戏笑中引出了他的无穷感慨，自己的老迈衰颓与反主为宾的悲哀，尽都包含在这看似平淡的一问中了。丁老的吟诵节奏为 2+2+2+1 和 4+2+1。

3）从声韵调系统方面考察。

本诗首句入韵，韵字蔚"回、衰、来"。"衰"与"回"在上古同属一个韵部[①]，入上平十灰韵（灰韵源于上古的两个韵部），开口度中等，有由后向前推和低处平展的感觉，多有"压抑、推展、阔大"之意。汪烜《诗韵析》："处景悲哀，迥出尘埃。"

表4—8—7　　《回乡偶书》普通话与青川方言读音差异

异读字	普通话发音	青川方言发音	异同分析
回	{hui}35	{h-u-ɑi}21	叶韵字，韵母由 ui 改为 uɑi，普通话调值35，调值由普通话的35变为青川方言的21

[①] 王力：《古代汉语》，中华书局1999年版，第56页。

续表

异读字	普通话发音	青川方言发音	异同分析
衰	{cui}55	{s-u-ai}55	现在的教材里读作cui，吟诵时读作{shuai}，因方言不分平翘舌，所以读作{suai}，与首句"回""huai"押韵，因此是叶韵字
客	{ke}51	{k_ə}213	发这个音时很轻，韵母变为方言韵ə，调值是入声归阳平，所以有普通话的51变为青川方言的213
何	{he}35	{h-o}21	韵母变为方言韵o，调值由普通话的35变为青川方言的21

注：普通话调值55、35、214、51；青川方言调值55、21、53、21。

4）从音乐性方面考察。

a. 基本结构。

吟诵调《回乡偶书》属于A+B+C+D四个连贯音乐短句构成的四句体结构。

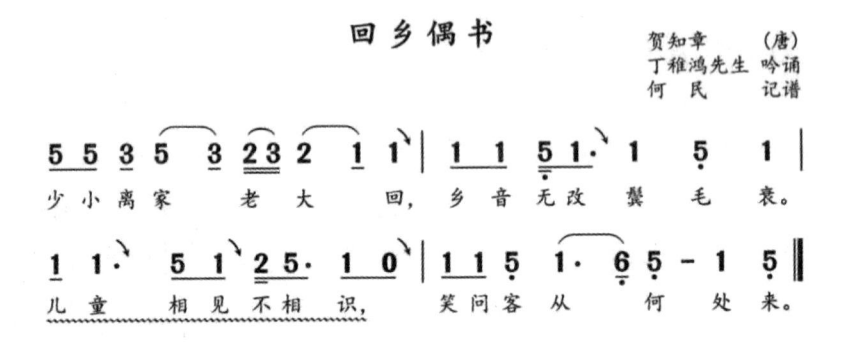

注：文字中"～～～"为诵读部分。

b. 音阶调式。

调式音阶为 5̣61235；吟诵调以徵音（5）作为调式主音和结束音，以宫音（1）为上句终止所支持的徵终止群体，上下句的终止音"1、5̣"呈四度关系，调式调性明确，属民族五声徵调式。

c. 旋律线。

A 句 55 353 23211（少小离家老大回）主干音为 1235，旋律在"少小"（55）达到全曲最高音"5"，同音反复起调后作"离家老大回"（353 23211）小三度、大二度连续级进发展，呈现由高向低的缓坡型旋律形态，第四字"家"（53）和第六字"大"（21）作明显拖腔，末字"回"作下滑音短读，吟诵节奏为 4+2+1。旋律由"5"至"1"五度内下行发展，整体趋于下落，以感叹式的音调概括出诗人数十年久客他乡的事实，暗含自伤"老大"之情。

B 句 11 51·ゝ151（乡音无改鬓毛衰）旋律绕"1、5"两音变化发展，"乡音无改"（11 51·ゝ）同音反复后结合四度小跳，"改"（1·）字适当拖腔重读且下滑音ゝ润腔，"鬓毛衰"（151）四度小跳上下交替，三字重读。顶承上句，旋律由中音区下行至中低音区，一字一音，音调简单明朗，以不变的"乡音"反衬变化了的"鬓毛"，透露诗人悲喜交集、感慨万千的复杂情绪。

C 句 11·51 25·10（儿童相见不相识），丁老吟诵该句时，用青川方言读诵，旋律进行随字腔变化发展，在"125"三音中四度、五度跳进为主（1·51 25·10），"童、见、识"三字根据方言字调发音作下滑音ゝ润腔，末字"识"（10）出现八分休止符，作断字断腔急收，更为生动刻画出诗人自己的老迈衰颓与反主为宾的悲哀。

D 句 1151·65-15（笑问客从何处来）为 B 句旋律的变化再现，运用同样音调素材和旋法，在"561"三音中起伏变化；"笑问"（11）同音反复后与"客从"（51·6）小跳积极结合，"何处来"（5-15）上下行小跳全终止于主音"5"；第四字"从"（1·6）句中拖腔，旋律四度小跳为主，音调平稳中下叹，全诗在有问无答中作结，哀婉备至，动人心弦。

d. 节奏腔式。

吟诵调《回乡偶书》是结合青川方言语音的声调行腔，运用 XXX、XX、XX、X-、X 等节奏，第二字"童"（1·）和第四字"家、改、从"（53、1·、1·）都有不同程度的句中长音拖腔处理，吟诵节奏为 2+2+2+1 和 4+2+1。吟诵调中"回、改、童、见、使"字重读且加以下滑音"ˋ"的色彩润腔，起加强语气强调字读作用，ABD 句取"唱诵"法，C 句明显"读诵"，运腔口语化，唱读结合，别具一格。

5）丁稚鸿先生《回乡偶书》吟诵概述。

丁老吟诵时以全诗最高音"5"始，旋律整体下落，承上句旋律由中音区转至中低音区，音调再次下落，表达诗人无以言表的感叹。第三句以读诵为主，结合青川方言语音的声调行腔，句中第四个字大多长吟拖腔，句末韵字加重语气重读但不长吟，入声短促。丁老特别说明："'回'读 huai；'衰'读 suai，不能读成语文课本中的 cui，这样和最后一句的'来'不押韵。"整首诗节奏舒缓均匀，吟唱和读诵结合，形成回味无穷的吟诵调。

（6）七言仄起绝句《赠汪伦》。

1）从创作背景方面考察。

参照前文。

2）从文体结构和吟诵节奏方面考察。

赠 汪 伦

! !　　　! !　　　　! ! !
李 白 乘 舟 将 欲 行 ，忽 闻 岸 上 踏 歌 声 。
　　 !　　! !　!　　　　! !
桃 花 潭 水 深 千 尺 ，不 及 汪 伦 送 我 情 。

此诗是七言仄起绝句，格律严谨，以写实叙事的笔调谈起乘舟将行之际，汪伦踏歌相送的情景；用比兴手法，表达了对汪伦深情相送的感激。即用"深千尺"的潭水比拟难忘汪伦的深情厚意，结句生动而形象，"不及"二字肯定地表达出作者与友人间真挚纯洁的友情。与其他带有伤感色彩的离别诗不同，李白的这首离别诗是温暖、喜悦而又饱含深情的。丁老的吟诵节奏为 2+2+2+1。

3）从声韵调系统方面考察。

这首诗首句入韵，韵字为"行、声、情"，押下平声八庚韵。八庚韵是后鼻韵母，发音过程较长。这种发音特点从客观上拖慢了整首诗涵咏的时间和语调，诗情铿锵悦耳，雅正脱俗，宜于表达李白感激汪伦踏歌相送的友情。

表4—8—8　《赠汪伦》普通话和青川方言发音差异字

异读字	普通话发音	青川方言发音	异同分析
忽	{hu}55	{fu}55	四川方言里 hu 音一般都发的 fu。丁老这里也遵循了青川方言习惯，调值未有改变
岸	{an}51	{ŋ-an}213	由零声母变为特有的 ŋ 声母，调值由普通话的 51 变为青川方言的 213
我	{wo}214	{ŋ-o}53	由零声母变为特有的 ŋ 声母，调值由普通话的 214 变为青川方言的 53

注：普通话调值 55、35、214、51；青川方言调值 55、21、53、213。

4）从音乐性方面进行考察。

a. 基本结构。

吟诵调《赠汪伦》属 A+B+C+D 四个连贯音乐短句构成的四句体结构。

赠 汪 伦　　　　　李　白　（唐）
　　　　　　　　　丁稚鸿先生　吟诵
　　　　　　　　　何　民　　　记谱

(简谱略)

b. 音阶调式。

调式音阶为 2 3 5 6 7 i 2；吟诵调以商音（2）作为调式主音和结束音，吟调在五声音阶（2 3 5 6 i）的基础上，运用了偏音变宫（7），属民族六声商调式（六声调式是指在五声调式基础之上加入一个偏音"清角 4 或变宫 7"构成的六声调式）。

c. 旋律线。

A 句 6 6·2 2 7 6 5 3 2（李白乘舟将欲行）旋律在"2 3 5 6"四音基础上，运用不具调式特性的变宫（7）作为经过音加以色彩辅助，"李白"（6 6·）同音反复后四度上扬至"乘舟"（2 2 7）全曲最高音"2"后回落，"将欲"（6 5 3 2）逐级下行至"行"（2）主音作结，第二、四、六字"白、舟、欲"（6·、2 7、5 3）适当作句中拖腔，节奏明朗，2+2+2+1。音调明快高亢，表现出诗人乘兴而来、兴尽而返的潇洒神态。

B 句 5 5 3 2 2·2 2 2（忽闻岸上踏歌声）承接上句，旋律下移，在"5、2"两音中加以"3"音点缀装饰，"呼闻"（5 5 3）同音反复级进结合，"岸上踏歌声"（2 2·2 2 2）作主音"2"的五次叠用，第二、四、六字"闻、上、歌"（5、2·、2）适当拖腔。素材简练，旋法简单，吟调平稳流畅、平实质朴，更显情真意切。

C 句 6 i 5 3 5 5 3 2（桃花潭水深千尺）运用首句相同旋法，在"2 3 5 6 i"五音之间以级进为主，"桃花"（6 i）三度音程级进后与"潭水深千尺"（5 3 5 5 3 2）级进同音反复结合，在高音"i"至中音"2"的七度音程中缓缓下行，第二字、四字"花、千"（i 6、5 3）作适当拖腔。旋律形态由高到低，音调深情真挚，流露出诗人对两人深情厚谊的珍视。

D 句 2 2·5 5 3 2 i 6，2 2·5 5 3 2 i 6 2（不及汪伦送我情）紧接 C 句，旋律采用鱼咬尾的结构形式，以"6 i 2 3 5"为旋律主干音，"不及"（2 2·）主音反复后上扬四度至"汪伦"（5 5 3）再"送我情"（2 i 6）逐级下行终止，第二字、四字"及、伦"（2·、5 3）明显拖腔，吟诵节奏 2+2+2+1。此句复沓吟诵，音调空灵，意犹未尽。

d. 节奏腔式。

吟诵调《赠汪伦》以 X X X、X X.节奏为主，X X、X 为辅，第二字"白、

— 760 —

闻、花、及"（66·、53、16、22·）、第四字"舟、上、伦"（27、2·、53）"及第六字"欲、歌、千"（53、2、53）在句中作相应的连音拖腔处理，吟诵节奏明朗清晰，2+2+2+1。曲中多处连音拖腔的运用使旋律线条更为柔和圆润，吟诵调越加亲切温暖、婉转流畅。

5）丁稚鸿先生《赠汪伦》吟诵概述。

本吟诵调首句出现两次全曲最高音"2"，以明朗高亢音调开篇，次句平稳下行，悠扬婉转、情绪跳跃，第三句旋律由高到低，句尾入声顿住，尾句回环复沓吟诵，婉转缓慢，突出情真意切。整个吟诵调主要用中音区行腔，句中第二字"白、闻、花、及"、第四字"舟、上、伦"及第六字"欲、歌、千、"作长吟拖腔，丁老的吟诵节奏整饬，均为2+2+2+1。

（7）古文《大学》

1）从创作背景方面考察。

《大学》是一篇论述儒家"修身治国平天下"思想的散文，原是《小戴礼记》第四十二篇，为中国古代讨论教育理论的重要著作。后经北宋程颢、程颐竭力尊崇，南宋朱熹又作《大学章句》，最终和《中庸》《论语》《孟子》并称"四书"。宋、元以后《大学》成为学校官定的教科书和科举考试的必读书，对后代中国古代教育产生了极大的影响。清人崔述认为："凡文之体，因乎其时……《大学》之文繁而尽，又多排语，计其时当在战国。"[①]综合而论，《大学》的成书年代应是在战国初期，其作者应是"曾氏之儒一派"，即现在学术界比较认可的战国初期曾参所作。

2）从文体结构和吟诵节奏方面考察。

大 学

| ! | | | ! | | | | |
大 学 之 道， 在 明 明 德， 在 亲 民， 在 止 于 至 善。

[①]（清）崔述：《洙泗考信录》，启圣图书公司1972年版，第48页。

｜　｜｜　　｜　｜　　｜　｜　｜
知 止 而 后 有 定， 定 而 后 能 静， 静 而 后 能 安，
　｜　｜　｜　｜　　　｜　　！
安 而 后 能 虑， 虑 而 后 能 得。

！｜｜！　｜｜　｜　　　｜　｜　！｜｜
物 有 本 末， 事 有 终 始。 知 所 先 后， 则 近 道 矣。
　｜　！　　！　｜　｜　　｜　！
古 之 欲 明 明 德 于 天 下 者， 先 治 其 国，
！｜　！　｜
欲 治 其 国 者， 先 齐 其 家；
！　　　｜
欲 齐 其 家 者， 先 修 其 身；
！｜　｜　　｜
欲 修 其 身 者， 先 正 其 心；
！｜　　｜　　　｜
欲 正 其 心 者， 先 诚 其 意；
！　｜｜　　｜　　　　｜　　｜！！
欲 诚 其 意 者， 先 致 其 知， 致 知 在 格 物。
！！　｜　　｜　　｜　　｜
物 格 而 后 知 至， 知 至 而 后 意 诚，
｜　　　｜　　　　｜　　｜
意 诚 而 后 心 正， 心 正 而 后 身 修，
　　　｜　　　　　　　｜！｜
身 修 而 后 家 齐， 家 齐 而 后 国 治，
！｜　　｜　　｜
国 治 而 后 天 下 平。

"四书"中《大学》文字最少,但因其讲儒家修身方法次第,于是排在"四书"第一位,核心思想为"自天子以至于庶人,一是皆以修身为本"。儒家讲修身、修养"大学之道,在明明德,在亲民,在止于至善"。"大"字按朱熹的说法,从前读"太",应该是"太学";程颐最先认为这个"亲"应该读"新"(亲是新的通假字)。"大学之道,在明明德,在亲民,在止于至善",古人认为这是《大学》这篇文章的三纲;古人读《大学》分为三纲八目,后面提到的"格物、致知、诚意、正心、修身、齐家、治国、平天下"为八目。

3) 从声韵调系统方面考察。

丁稚鸿先生在吟诵时,平翘舌发音遵循方言习惯,都读平舌音。

4) 从音乐性方面考察。

a. 基本结构。

吟诵调《大学》节选部分以 a "353 553 232 11"、b "11 5̣ 11 5̣ 11"、c "55·2221 125 1 215 5̣·"三个音乐短句为基本旋律变化重复、贯穿全曲的 A+B 两段体。

b. 音阶调式。

调式音阶为 5̣61235;吟诵调以徵音(5)作为调式主音和结束音,以宫(1)、商(2)音为上句终止所支持的徵终止群体,上下句的终止音呈四度、五度关系,属民族五声徵调式。

c. 旋律线。

A 段"大学之道"至"则近道也",为 a+b 音乐短句的组合,a 短句(353 553 232)以二度、三度音程级进为主,旋律主要在中音区进行,如"大学之道,在明明德"(353 553 232 11)、"知止而后有定,定而后能静"(553 231 2 231 311);b 短句(11 5̣ 11 5̣ 11)同音反复五度音程大跳结合,旋律进行于中低音区,如"在亲民,在止于至善"(11 5̣ 11 5̣ 11)、"静而后能安,安而后能虑"(15 15 11 5̣1 35)。丁老在吟诵"虑而后能得。物有本末,事有始终,知所先后,则近道矣"时依照青川方言读诵,音调口语化。整个旋律在"5̲123"为主干音的四音中回环起伏，音调平稳质朴。

大 学

曾 子 （春秋）
丁稚鸿先生 吟诵
何 民 记谱

B 段"古之欲明明德于天下者"至"国治而后天下平",在 A 段的基础上,旋律进行有了较为明显的变化,主要呈现为 c(55·2221 125 1 215 5·)和 b(11 5̲ 11 5̲ 11)短句变化重复贯穿始终,c 短句以"2、5"两音为主,同音反复(55·、2221)结合四度小跳(25·、52),旋律主要在中音区变化组合,如"古之欲明明德于天下者,先治其国"(55·2221 125 1 215 5·)、"欲齐其家者,先修其身"(2225 3 21 51)、"欲正其心者,先诚其意"(25·355 52 22);b 短句围绕"1、5̲"两音作同音反复(11、5̲5̲5̲)和四度小跳(15̲、51)发展,如"欲诚其意者,先致其知"(55 511, 15̲ 51)、"物格而知至,知至而后意诚"(5̲5̲5̲ 1 15̲ 155 11 5̲)等。整体旋律以低音"5̲"为中心,结合"1、2"两音变化发展,于中低音区行腔,一字一音,节奏明朗,音调平实。

d. 节奏腔式。

丁老吟诵此篇《大学》时,遵循青川方言语音习惯,依照青川方言声调行腔,取读诵为主、唱诵为辅,多处运用下滑音"ヽ",语音下滑重读,强调字腔、增强文意,吟诵调以 <u>XX</u> 节奏为主,结合 <u>XXXX</u>、<u>XXX</u>、X 节奏型,一字一音,既有变化,又有统一,以 a(353 553 232 11)、b(11 5̲ 11 5̲ 11)、c(55·2221 125 1 215 5·)三个基本吟腔贯穿全曲,为广元代表性的丁式传统读文吟诵调。

5)丁稚鸿先生《大学》吟诵概述。

吟诵调谱例为《大学》节选部分,丁老结合青川方言的声调行腔,以读诵为主、唱诵为辅;以 a、b、c 三个音乐短句为基本旋律为变化重复、贯穿全曲的 A+B 两段体。A 段以 a、b 短句组合其中,旋律平稳起伏,音调自然流畅;B 段以 b、c 短句变化交替,旋律进行明显变化,音调高低相间,语音长短相宜,情感真挚充沛。吟诵调多处运用下滑音"ヽ"加强语气、排比疾读,其他则节奏舒缓,语音婉转,顿挫简短有力。

(8)蒙学读物《百家姓》。

1)从创作背景方面考察。

《三字经》与《百家姓》《千字文》并"三百千",是中国古代幼儿的启蒙读物。《百家姓》是一篇关于中文姓氏的文章，按文献记载，成文于北宋初年，原文搜集姓氏 411 个，后增补到 568 个（单姓 444 个，复姓 124 个）。

《百家姓》全文 568 个字，通篇采用四言体例以尊重韵律，虽然内容并无文理，但读来顺口、易学好记，对于中国姓氏文化的传承、中国文字的认识具有难得的积极作用，这也是它能够流传千百年的一个重要因素。

2）从文体结构和吟诵节奏方面考察。

百 家 姓

| | |
赵 钱 孙 李 ， 周 吴 郑 王 。 冯 陈 楮 卫 ， 蒋 沈 韩 杨 。
朱 秦 尤 许 ， 何 吕 施 张 。 孔 曹 严 华 ， 金 魏 陶 姜 。
戚 谢 邹 喻 ， 柏 水 窦 章 。 云 苏 潘 葛 ， 奚 范 彭 郎 。
鲁 韦 昌 马 ， 苗 凤 花 方 。 俞 任 袁 柳 ， 酆 鲍 史 唐 。
费 廉 岑 薛 ， 雷 贺 倪 汤 。 滕 殷 罗 毕 ， 郝 邬 安 常 。
乐 于 时 傅 ， 皮 卞 齐 康 。 伍 余 元 卜 ， 顾 孟 平 黄 。

吟诵节奏为 2+2。

3）从声韵调系统方面考察。

《百家姓》偶位字均为平仄相对、有韵有律，在吟诵方法上最简单，只有依字行腔，无依义行调；以平声韵为主，见插入声韵，共 119 句，四言一句，两句一个韵脚；二四字平仄仄平为主，入声韵的八个字以仄平平仄为主，二四字遇平声要更长，入声韵要急促，读时做速度调节，由此方显结构稳重。因《百家姓》没有涵义，要读出四平八稳的庄重感和神圣感实为难事。

表4—8—9　　　《百家姓》普通话与青川方言发音差异字

异读字	普通话发音	青川方言发音	异同分析
何	{he}35	{h-o}	调值改变由普通话的35改为青川方言的21，由e韵变为o韵
柏	{bai}35	{b-ə}21	调值改变由普通话的35改为青川方言的21，由ai韵变为ə韵
葛	{ge}214	{g-o}53	调值改变由普通话的214改为青川方言的53，由e韵变为o韵
岑	{cen}35	{q-in}21	这是老先生的发音习惯，把声韵母都做了改变，由{cen}音变为{qin}音了。青川方言音的21
薛	{xue}55	{x-ie}21	ue韵变为ie韵，调值是方言的21
雷	{lei}35	{luei}21	韵母在中间加了u韵，所以有ei变为了uei韵。调值由普通话的35变为青川方言21
贺	{he}51	{h-o}213	调值改变由普通话的51变为青川方言的213，由e韵变为o韵
郝	{hao}214	{h-o}53	韵母由ao韵变为o韵，调值由普通话的214变为青川方言的53
安	{an}55	{ŋ-an}55	调值不变，但由零声母变为方言的特有ŋ声母
常	{chang}35	{s-ang}21	声母由翘舌变为平舌音，且由ch变为s。调值由普通话的35变为青川方言的21
乐	{yue}51	{y-o}213	ue韵变为o韵，调值由普通话的51变为青川方言的213
卜	{bu}214	{p-u}53	声母由b变为p，调值由普通话的214变为青川方言的53

注：普通话调值55、35、214、51；青川方言调值55、21、53、213。

"赵钱孙李、周吴郑王、冯陈楮卫、蒋沈韩杨、朱秦尤许、何吕施张、孔曹严华、金魏陶姜"这八句第二四六八字规律是平仄仄平，只有在第二句是平平，其他都是平仄仄平；这八句没有入声字，入下平七阳韵"ang"，声情含义有豪放、高亢、壮阔之意。"戚谢邹喻，柏水窦章。云苏潘葛，奚范彭郎。鲁韦昌马，苗凤花方。俞任袁柳，酆鲍史唐"这八句第二四六八字规律也是平仄仄平，只有在第一句第五句第七句是仄平，其他都是平仄仄平，也是入下平七阳韵"ang"。"费廉岑薛，雷贺倪汤。滕殷罗毕，郝邬安常。乐于时傅，皮卞齐康。伍余元卜，顾孟平黄"这八句第二四六八字规律是平仄仄平，只有在第一句是平平，第三句是平仄，第四句是平仄，其他都是平仄仄平，同入下平七阳韵"ang"。阳韵源于上古的阳部，是大开口度的元音接后鼻音，后鼻音不改变口型，持续大开口，因此其字多有"开阔、向上、辽远"①之意。汪烜《诗韵析》："富丽宫商、鸣凤朝阳、触物心伤。"②这个韵非常适合蒙学读物，所以《百家姓》用此韵寻找到乱码的规律，这也是汉语声韵的奇妙之处。

4）从音乐性方面考察。

a. 基本结构

吟诵调《百家姓》为节选部分，以 a（3̲2 5̲5·3）、b（2̲2 3̲1）、c（1̲1 1̲6·）、d（1̲1 5̲5̲）四个音乐短句为基本旋律，变化重复的四句为一个音乐回环连续模进贯穿全曲的一段体。

b. 音阶调式。

调式音阶为 5̲61235；吟诵调以徵音（5）作为调式主音和结束音，以宫（1）、商（2）音为上句终止所支持的徵终止群体，上下句终止音呈四度、五度关系，调式调性明确，属民族五声徵调式。

c. 旋律线。

吟诵调《百家姓》节选部分，旋律主干为"5̲612"，"3"音作色彩填充，每四字为一句，即一个音乐短句，以 a+b+c+d 四个音乐短句为一个音乐回环，共计六个音乐回环。

---

① 徐健顺：《吟诵概论（上）——中华传统读书法》，广西师范大学出版社2019年版，第409页。
② 续修四库全书编纂委员会：《续修四库全书》，上海古籍出版社2002年版，第409页。

第四章 四川传统吟诵的基本面貌

百家姓

佚 名 （北宋）
丁稚鸿先生 吟诵
何 民 记谱

（乐谱略）

赵钱孙李，周吴郑王。冯陈褚卫，蒋沈韩杨。
朱秦尤许，何吕施张。孔曹严华，金魏陶姜。
戚谢邹喻，柏水窦章。云苏潘葛，奚范彭郎。
鲁韦昌马，苗凤花方。俞仁袁柳，酆鲍史唐。
费廉岑薛，雷贺倪汤。滕殷罗毕，郝邬安常。
乐于时傅，皮卞齐康。伍余元卜，顾孟平黄。

每一个音乐回环均采用 a（32 55·3）、b（22 31）、c（11 16·）、d（11 55）音乐短句为基本旋律变化重复组合而成。a 短句以"235"三音为主，旋律发展在中音区，音调明朗舒展，b 短句主要在"612"三音中起伏变化，靠"53"填充；c 短句以"561"为主干音；d 短句围绕"15"两音变化组合；bcd 旋律逐步下行至中低音区。同音反复和音程级进及四度小跳为此吟诵调主要旋律发展方式，四个音乐短句句末落音大致表现为"3165"、"3155"、"3215"，分析发现，每一个音乐回环起调于中音"235"，结音落于低音"5"，末字适当拖腔，以 abcd 组合旋律由高向低缓缓下行，音调平稳下落，行腔由中音区转至中低音区，每个音乐回环具有明显的终止感。

d. 节奏腔式。

丁老吟诵此篇《百家姓》时遵循青川方言语音习惯，以方言语音声调行腔咬字发音，读诵为主，加以适当音调化。吟诵调以 **XX** 为基本节奏，一字

- 769 -

一音，四字一顿，节奏明朗，句读分明，吟诵节奏为 2+2。旋律发展以 a+b+c+d 四个音乐短句变化重复为一个音乐回环，连续模进贯穿全曲。其素材简单，结构整齐，音调平实，琅琅上口。前倚音"ㄟ"和下滑音"ㄟ"的频繁运用使音调与青川方言语调非常接近，吟诵调具有浓郁的地方风味。

5）丁稚鸿先生《百家姓》吟诵概述。

《百家姓》节选部分的吟诵调，以 a、b、c、d 四个音乐短句为基本旋律，变化重复、连续模进贯穿全曲；多处运用下滑音"ㄟ"前倚音"ㄟ"和上波音" "加以强调，形成四句一个的音乐回环；每两字为一个节奏点诵读，四字一顿，每一个音乐回环起调在中音区，然后缓缓下行，平稳下落并终止于低音"5"。丁老认为《百家姓》比较整齐，声调起伏大体一样。于是，丁老吟诵时结合青川方言语音的声调行腔，以四句为一个回环，有长有短高低起伏，结构稳重，声调平和，强弱转换，节奏感极强。

6. 丁稚鸿先生广元传统吟诵特点

（1）具有旋律套用的重要特征。

丁稚鸿先生的吟诵主要包括古体、近体诗、词、文，在吟诵方法上的独特性与具体的技巧运用紧密相关。旋律套用是传统吟诵的一种常见的表现手段，在广元传统吟诵中，无论是诗词抑或是古文都用得极为广泛、频繁、别致。赵元任先生说："在中国吟调儿用法的情形，大略是这样：ّ吟律诗的调儿跟吟词的调儿相近而吟文的调儿往往与吟古诗的调儿相近'。"从吟诵旋律基本特点和结构样式上来说，词与近体诗较接近；词有"诗余"之称，为近体诗的变体。观丁稚鸿先生的吟诵旋律，就总体格局而言，古体诗、近体诗、词、古文四大类的吟诵各有差异。但总结起来无外乎两类，一是近体诗与词，它们格律严格，旋律套用多有共同之处；二是古体诗与古文，它们格律都较自由，旋律套用亦有共通，但与前者的差异在于后者使用的方法更多。

丁稚鸿先生回忆："我的吟诵旋律和方法主要是幼时在刘海聪先生门下读私塾时习得；刘先生口传心授，教会学生几首诗、几篇文的吟诵旋律和读法；学生熟读这些诗文后，按照诗文体裁可以将这种旋律根据读法套用在任何古诗文上。"

由于诗词的吟诵和文章的吟诵略有不同，丁先生所代表的广元传统吟诵基本可分为读文和吟诗两类。诗词更注重气势与韵味和情感的表达，重在"吟"上，唱词流畅，多以徵音"5"开头和结尾，首句多为全曲最高音"5"起调，末句低音"$\underline{5}$"终止，旋律音调多为高起低收诗词的音乐表现性较强，更具有音韵美。而读文重在"诵"上，句尾音有吟的旋律，强调文气情感的表达。吟诵旋律简单质朴，以主旋律"模进"的音乐展开手法居多，即在不同的音高上作旋律的基本重复和变化再现，形成 32 $\underline{55}$·3、22 $\underline{31}$、11 $\underline{55}$ 三种定腔并在此基础发展变化成 $\underline{353}$ $\underline{553}$、$\underline{232}$ $\underline{11}$、11 $\underline{5}$ 11 $\underline{5}$ 等旋律变体。丁老在多年的吟诵实践中，基于幼时习得的基本旋律腔调，亦吟亦诵；特别吟诵诗作时，第三句或第七句必定为诵，最后一句一定会重复吟诵一次。

（2）具有润腔断连的突出表现。

青川方言的声韵调影响着丁稚鸿先生的吟诵节奏和旋律走向。上、下滑音润腔的吟诵技法在广元传统吟诵中屡见不鲜，而这种滑音润腔绝非拿腔作调刻意而为，完全是下意识的自然运行，可归结到广元青川地区日常语调习惯。青川方言语音常有上滑、下滑声调，吟诵者在吟诵中受上滑、下滑语气支配，往往在乐句末尾出现特色鲜明的滑音润腔。

丁老的吟诵按照文字平仄语音节奏断连拖顿，在诗歌上主要表现为一首诗中每句的偶数字，平声拖腔长吟，仄声断腔停顿。《江雪》此诗采用入声韵，韵脚"绝、灭、雪"（$\underline{50}$、$\underline{50}$、5）均做断字断腔处理，"山、舟"（$\underline{53}$、$\underline{53}$）长音连腔，韵促味永刚劲有力，吟诵调连腔断腔的应用，使得吟调别具韵味。

而在《山居秋暝》中四联每句第二字"山、气、月、泉、喧、动、意、孙"（$\underline{53}$、$\underline{5}$·、$\underline{16}$、$\underline{16}$、$\underline{2}$·、$\underline{6}$·、$\underline{32}$、$\underline{1}$·、$\underline{1}$·）都有明显的句中长音连腔和断腔处理，韵脚"秋、流、留"($\underline{1}$、$\underline{5}$、$\underline{35}$)作句末长音拖腔，此调切合诗情的起伏形成独具地方特色的吟诵音调，清新婉转，柔美动听。

（3）具有读文气韵的显著特质。

姚鼐在《与陈硕士》中谈道："大抵学古文者，必要放声疾读，又缓读，只久之自悟。但若能默看，即终身作外行也……急读以求其体执，缓读以求其神味，得彼之长，悟吾之短，自有进也。"[①]丁稚鸿先生吟诵古文时深谙"桐城派"因声求气的方法，讲究气韵，徐建顺学生先生将读文气韵概括为："字分实、虚、入，音分短、重、长，即实字的逻辑重音、语法重音虚字的副词通常要重读；虚字如一般语气词、代词、连词以及实字的特别重音字，尾字重读字等通常长读。将它们融汇到一起，读一篇文章时，就会出现长短高低、轻重快慢，气韵流动，连绵不绝的状况。文以气为主，只有实现这一步，吟诵才能让听者体会到文章意蕴之浓厚。"[②]《大学》文字理性、逻辑缜密，句式相对整齐，有"顺势而下"的行文特征，吟诵起来气韵流动。丁先生吟诵此文时节奏由弱到强，心态静谧平和，气息顺畅自如。在他吟诵"大学之道，在明明德"时能明显体现出旋律高低起伏自然，一气呵成。入声字"学、德"，短读表示肯定；虚字"之、而、矣"长读表示强调。吟诵者通过吟诵气韵渐次提升道德、涵养性情、塑造人格。

（4）具有自我代入的表征方式

在吟诵具体作品时，丁稚鸿先生会按照文体选定对应调式，据诗词内容以及风格、意境，加入自己的理解表达情绪。如《出塞》作为平起七言绝句，首句"秦时明月汉时关"起调不宜太高或太低，丁先生用平缓声腔表现出诗人回望历史给人带来的沧桑感以及对秦汉以来边塞战事不断的感叹；次句"征"在节奏点上长吟，暗指战事不断，"人"重读，充满了作者对戍边战士的敬意；后两句重读"但使、飞、度"；"教"字平声拖腔。

丁老通过吟诵将自我代入的深沉含蓄之情和诗人复杂的情感内容熔铸在

---

① 蔡镜浩：《音节、音步与文言修辞》，《徐州师范学院学报》（哲学社会科学版）1985年第2期，第119—124页。

② 徐健顺：《吟诵概论（上）——中华传统读书法》，广西师范大学出版社2019年版，第267页。

声腔之中，令人感动，耐人寻味。如《赠汪伦》首句高起，丁老采用加后鼻韵母的慢声长吟使其在抑扬顿挫的音乐感中将诗人的喜悦之情代入自己的声腔以表达与诗人在情感上的高度共鸣。总体来说，丁老的吟诵中音乐表现性较强，以吟为主，节奏舒缓语音婉转，旋律流畅情感真挚，注重自我情感与诗词融为一体，着力打通自我感受与古人心境。

（二）以剑阁赵庭辅先生为例

1. 剑阁县概貌。

剑阁县隶属四川省广元市，地处四川盆地北部边缘，东与广元市昭化、苍溪毗连，南与南充市南部、阆中接壤，西与绵阳市梓潼、江油交界，北与广元青川、利州为邻，幅员面积3204平方公里。

剑阁古称"剑门"，古时入蜀必经之道，"剑阁"一词源于三国蜀相诸葛亮在险峻的蜀道剑门关上修建飞梁阁楼，已有1700多年历史。李白《蜀道难》"剑阁峥嵘而崔嵬，一夫当关，万夫莫开"使得素有"蜀道明珠"的剑阁县誉满天下。

2. 剑阁方言的声韵调系统。

（1）声母，共23个(辅音声母22个，零声母1个)。

表4—8—10　　　　　剑阁方言声母

			双唇	齿唇	舌尖前	舌尖中	舌尖后	舌面前	舌根
塞音	清	不送气	p			t			k
		送气	p^h			t^h			k^h
塞擦音	清	不送气			ts		tʂ	tɕ	
		送气			ts^h		$tʂ^h$	$tɕ^h$	
鼻音	浊		m			n			ŋ
擦音		清		f	s		ʂ	ɕ	x
		浊		v			ʐ		
零声母						ø			

（2）韵母，共有 35 个，开尾韵母 13 个，元音尾韵母 9 个，鼻音韵尾韵母 13 个。

表 4—8—11　　　　　　　剑阁方言韵母

	开尾韵					元音尾韵				鼻音尾韵			
开口呼	ɿ	a	o	ɛ	ɚ	ai	ei	au	əu	an	ən	aŋ	oŋ
齐齿呼	i	ia		iɛ				iau	iəu		iɛn	iaŋ	in
合口呼	u	ua				uai	uei			uan	uən	uaŋ	
撮口呼	y	yo	yɛ					yo			yɛn		yn	yŋ

（3）声调调值调型，剑阁方言有 4 个声调，即阴平（高平调）、阳平（低平调）、上声（降升调）、去声（降升调）。

表 4—8—12　　　　　　　剑阁方言声调

调类	阴平	阳平	上声	去声
调值	55	22	313	212
调型	高平调	低平调	降升调	降升调

以上声韵调内容参考于《四川剑阁县白龙方言语音和词汇研究》[①]。

3. 剑阁县传统吟诵。

剑阁县地理位置偏远地形险峻，交通不便、经济区较为落后，直至 21 世纪才修建高速公路，近十年来社会经济才得以长足发展。2018 年 11 月至 2019 年 7 月间，四川省吟诵学会先后四次派出赵蓉、何民、郝祁香、李凌燕等研究人员赴剑阁县搜集传统吟诵。在寻访过程中，他们得知该县尚有几位耄耋老人读过私塾，会用方言唱读诗文。

[①] 康婧：《四川剑阁县白龙方言语言和词汇研究》，四川师范大学硕士学位论文，2012 年。

他们采录到了王宗成先生（95岁）、赵庭辅老先生（79岁）、李瀛泉老先生（79岁）、赵树奎老先生（83岁）等四位老先生，老先生们虽然生活条件都十分艰苦，但历经人世沧桑的他们，却知足常乐，精神世界异常丰盈。他们起居有常身体硬朗，为人质朴待人真诚，勤学精进笔耕不辍，言谈举止之间尽显中国传统读书人的品质操守、思想境界和君子气象。四位先生幼时接受的都是纯粹的私塾教育，一生之中与外界交流甚少，几乎没有离开家乡，也没有受到外来语言的影响，不会讲普通话，吟诵时使用纯正的剑阁方言。吟诵内容从蒙学到"四书五经"等古文均有涉及。此处将对赵庭辅老先生及其吟诵调进行专题研究，其他老先生另章分析。

4. 赵庭辅先生及其剑阁传统吟诵。

（1）赵庭辅先生简介。

赵庭辅（1940—2019），四川省广元市剑阁县人，四川省诗词协会会员、剑门诗词楹联学会会员，退休教师。

1946年正月，6岁的赵庭辅由其父亲送入当地私塾，拜当地乡贤时年62岁的王平先生为塾师。赵老回忆："拜师的当天，父亲提着一壶酒算着束脩，让我给先生作揖后便正式入学读书。当时私塾是全木的房子，大门口高悬一木匾，上写'椿萱并茂'四个大字。教室里有三张长木桌纵向排列，木桌两长边坐人，一张桌子可以坐6至8人。课程安排与现在学校教育要求不同，不是所有的学生齐头并进，而是按照孩子的年龄和资质来教。学生的教材也因人而异，有的读《孟子》，有的读《论语》，有的读《中庸》。教读时王先生要写个类似书签的纸片，比如，今天教我读《大学》到第10页第27个字时，便写在这个纸片上放在这一页，当天就得背到那里，背完才放学。读书背书是私塾里的主要功课，王老先生对记忆力好的学生要求高，书也背得多；对记忆力一般的学生，便让他们少背一些。所有学生每天早上都要轮流到先生处背诵之前学的篇章，记忆力好的学生一个上午要在老师那里背很久的时间。"

从 1946 年至 1949 年,赵庭辅的私塾生活简单充实幸福和谐,他回忆道:"我每天早上背着书篮,手持荆竹棒走 5 里山路去私塾上学。有时把竹棒当马一样骑着跑,到了教室把竹棒放门后面,回家又拿走。每年端午节和中秋节私塾都要聚会。每个学生家里都做好几样菜带到私塾,放在事先准备好的大蒸笼里蒸熟,摆成宴席,先生、家长和学生一起进餐。餐后由家长与先生商量束脩,一般就是一个学生交几斗谷子。私塾先生在当地的地位很高,学生家里的婚丧嫁娶人来客气都会请先生作为上宾。"

赵庭辅先生的记忆力超强,过目不忘,三年的私塾学习已经可以包本背诵《三字经》《三字幼仪》《增广贤文》《随身宝》《幼学琼林》《大学》《论语》《中庸》《易经》等,其所用的读书方法便是王平先生所传的剑阁传统吟诵读文调。

清末民初,官方没有足够的经费办学,特别是在如此偏远的剑阁山区,情况更为艰难。即使到民国时期,当地的国民学校也是寥寥无几。当时一些有功名的秀才、有文化的老私塾先生,以文化情怀和文化担当兴办私学,既传承了中华文化,又可以挣点钱粮补贴家用。一些家境稍微富裕的乡邻,为子女的前途着想,让他们多识几个字、多明一点理、多学一些文化,便把孩子送到私塾读书。大多数私塾虽然规模不大,办学条件较差,但却方便乡邻子女入学,在民国时期直至新中国扫盲运动前都有其顽强的生命力。

(2)赵庭辅先生剑阁传统吟诵来源探究。

赵庭辅先生回忆:"私塾里主要读的是文章,王平先生唱读起来节奏较快,旋律不是很婉转,吟诗的旋律感比读文章要强一些。我吟诗的调子是乡贤李勇先生教的,他的吟诵调是其宗祖李榕所传。李榕先生是剑阁的饱学之士,王平先生是他的徒孙。实际上,不管是唱读文章还是吟诗词,大体旋律都大同小异,只在节奏和韵字上拖音的长短不同罢了。"从赵老的回忆可知,其吟诵调传承源头均来自清末大儒李榕。李榕(1819—1889),字甲先,号申夫,又号六容,清四川剑州人。咸丰壬子年(1852)进士,著有《十三峰全集》，官至湖南布政司、江宁盐运使，因获罪巨室，罢职还乡，主剑阁兼山书院和龙州登龙、匡山书院讲席以终。李榕宦海生涯17年，教书育人20载，将"启我愚昧、佑我聪明，克勤克俭、且读且耕，不学下流，不堕家声"的家训牢记心中，将"勤、和、恕、让"的家风和座师曾国藩题赠的"温恭朝夕"勉语付诸学问生计和待人处世的实践。赵庭辅先生的吟诵调师承概括起来有两个，一是剑阁私塾先生王平的读文调；另一个是乡贤李勇先生的家传吟诗调。李榕先生既是王平先生的师爷，又是李勇先生的宗祖，两个吟诵调均源于李榕的剑阁传统吟诵。在赵庭辅长久的吟诵实践中，王李二师的吟诵调高度融合，形成了具有赵氏吟诵特色的古诗文套曲。

5.赵庭辅先生剑阁传统吟诵举隅。

2018年12月15日，四川省吟诵学会郝祁香副秘书长一行四人，赴四川省广元市剑阁县对赵庭辅先生进行采录和学习。依采录内容可知：赵庭辅先生传习的吟诵内容包括古体诗、近体诗、词、文等。其中古体诗为《春晓》《静夜思》；近体诗为五言平起绝句《画》、五言仄起绝句《逢雪宿芙蓉山主人》、五言平起律诗《草/赋得古原草送别》、七言平起绝句《初春小雨》《凉州词》、七言仄起绝句《九月九日忆山东兄弟》、七言平起律诗《黄鹤楼》；古文为《增广贤文》《大学》选章。

（1）古体诗《春晓》。

1）从创作背景方面考察。

孟浩然（689—740），唐代诗人，本名浩，字浩然，襄州襄阳人，世称孟襄阳。早年有志用世，年四十游长安，应进士不第，曾在太学赋诗，名动公卿一座倾服，仕途困顿痛苦失望后尚能自重，不媚俗世，曾隐居鹿门山，以隐士终身。其诗长于写景清雅淡然，多反映山水田园和隐逸行旅等内容，有《孟浩然集》传世。

《春晓》是孟浩然早年隐居鹿门时所作，诗人抓住春日早晨刚刚醒来时的一瞬间展开联想，描绘了一幅春天早晨的美景，抒发了诗人热爱春天、珍惜春光的美好心情。

2）从文体结构和吟诵节奏方面考察。

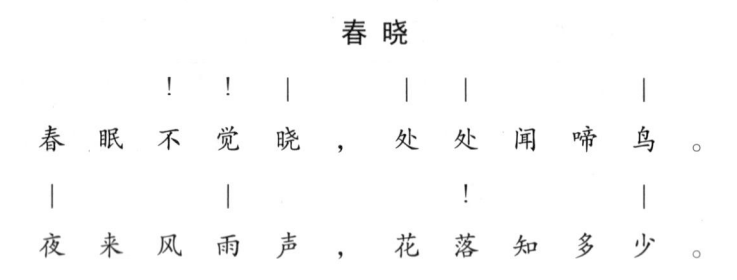

春晓

春 眠 不 觉 晓， 处 处 闻 啼 鸟。
夜 来 风 雨 声， 花 落 知 多 少。

该诗为五言古体诗。首句破题，写春睡的香甜，流露对朝阳明媚的喜爱；次句即景，写悦耳的春声，交代醒来的原因；三句转写回忆；末句又回到眼前，由喜春翻转为惜春。诗人从听觉着笔，处处啼鸟，沙沙春雨，描写春天之声，用春声来渲染春意的美好，使读者自己去想象、去体悟那莺啼花香的烂熳春光。"处处"二字，让婉转的鸟声啁啾起落，远近应和，使人有置身山间小路之感。诗歌虽然朴实无华，但却诗意盎然。全诗语言平易浅近，自然天成，言浅意浓景真情切，深得大自然真趣。赵老的吟诵节奏为 2+3（春眠不觉晓），2+2+1（处处闻啼鸟、夜来风雨声），2+1+2（花落知多少）。

3）从声韵调系统方面考察。

该诗属古体诗，押上声韵，也称仄声韵。韵字"晓、鸟、少"。上声的调型属于前低后高，前部或平拖或下降，有一定时长，徐健顺教授概括其音义特点为"细小，亲密，低沉，有力"。[1]此韵为中等开口的圆唇元音，前常有大开口元音，因此多有"弯曲、包裹、呼号"之意。诗中的"不、觉、落"三个入声字，突出了诗人对春景短暂的无奈。

---

[1] 徐健顺：《吟诵概论（上）——中华传统读书法》，广西师范大学出版社 2019 年版，第 265 页。

第四章 四川传统吟诵的基本面貌

绝大多数四川方言将翘舌音都读作平舌音，但在剑阁方言里平翘舌音较为分明，同时在发 an 韵和 ang 韵时，声音位置靠前，口腔呈半开状态。

表 4—8—13　《春晓》普通话和剑阁方言发音差异

文字	普通话发音	剑阁方言发音	异同分析
眠	{mian}35	{m-æ}22	韵母变音为 æ 韵，调值由普通话的 35 变为剑阁方言的 22
觉	{jue}35	{j-io}22	韵母由 ue 韵，变为方言特色的 io 韵，调值由普通话的 35 变为剑阁方言的 22
夜	{ye}51	{yi}212	e 韵变为 i 韵，调值普通话的 51 变为剑阁方言的 212

注：普通话调值 55、35、214、51；剑阁方言调值 55、22、313、212。

4）从音乐性方面考察。

春　晓　　孟浩然　（唐）
　　　　　　赵庭辅先生吟诵
　　　　　　何　民　记谱

a. 基本结构。

吟诵调《春晓》属于 A+B+C+D 四个独立的音乐短句构成的四句体结构。

b. 音阶调式。

调式音阶为 5̣61235；吟诵调以徵音（5）作为调式主音和结束音，调式调性明确，属民族五声徵调式。

c. 旋律线。

第一句 6566653（春眠不觉晓）旋律围绕 356 三个音级发展变化，"春眠"

（65）的大二度级进结合"不觉晓"（666）的同音反复，一字一音，旋法简单，形态平稳。赵老在吟诵时将韵字"晓"给予波音"⌒"处理并加以衬字"呃"（53）的渲染，音调平实而不失韵味，给人以春眠初醒旭日临窗的美感。

第二句 653 22 32 1·（处处闻啼鸟）旋律主干音为"12356"，随着"1、2"两音的加入，旋律更加完整丰富。第二字"处"（53）的句中拖腔和波音润腔，以及韵字"鸟"（321·）的一字多音句中拖腔加衬字"哦"的装饰，音调更加清新婉转，春晨鸟语，远近应和，一派生机。

第三句 232 553 3 2 6（夜来风雨声）在 232 二度级进后上跳至 553 的三度音程级进再 326 小跳回落至低音"6"，"夜、雨"（23、53）给予句中拖腔处理，"声"（326）字加以衬字"啰"色彩润饰且作音调下叹吟诵，呈现旋律起伏，诗人惜春的心绪涌上心头。

第四句 32 11·165·（花落知多少）旋律在"32165"五声旋律中逐级级进下行，以下叹的音调结音主音低音"5"，"多"字加以附点音符拖腔，"少"（165·）的衬字"哦"润腔及拖腔吟诵，使吟调更为清雅哀婉，潇潇春雨，落红无数，众芳零落，伤感无限。

d. 节奏腔式。

吟诵调《春晓》第一句素材简洁，旋律简单，第二三四句运用 XXX、XXX、XX、XXX.等节奏型，形态丰富错落有致。"处、鸟、夜、雨、少"（53、32、23、53、16）作一字多音的句中拖腔。句末字"晓、鸟、声、少"加衬字"呃、哦、啰、哦"润腔处理，"晓、处、声"三字给予波音润腔。赵老在吟诵此篇《春晓》时遵循剑阁方言咬字发音，取当地方言语音声调行腔，形成别具风味的广元传统吟诵。

5）赵庭辅先生《春晓》吟诵概述。

该诗意境优美，赵老吟诵曲调欢快、流畅，闻之仿佛春天诗意触手可及。全曲吟诵节奏看似类同，但有细微区别，体现为 2+3，2+2+1，2+1+2 的停顿节奏，相同点为在每句的第二字有短暂停顿，句末尾字不论是否为韵字一律加衬字做一字多音长拖腔处理，部分字兼有波音润腔技法装饰。四句有三个不同衬字："呃、哦、啰"。

全曲按 4 个基本吟腔构成，整体旋律如行云流水，自然流转。首句为 A 吟腔 $\underline{65}\ \underline{66}\ \underline{653}$（春眠不觉晓），在韵字"晓"处使用波音润腔技法加衬字"呃"，尾腔$\overline{653}$，尾音落音在角音（3）上，但重音在强拍上即调式主音（5）上。承句为 B 吟腔 $\underline{653}\ \underline{22}\ \underline{32}1\cdot$（处处闻啼鸟），在第二字"处"使用波音润腔技法进行短拖腔，在韵字"鸟"处加衬字"哦"延长声线，尾腔$\overline{32}1\cdot$，尾音落音在主干音（1）上。转句为 C 吟腔 $\underline{232}\ \underline{553}\ \underline{326}$（夜来风雨声），尾字"声"做长拖腔加波音润腔技法和衬字"啰"，尾腔$\overline{32}\cdot6$，尾音落音在主干音（$\underline{6}$）上。合句为 D 吟腔 $\underline{32}\ \underline{11}\cdot\underline{165}\cdot$（花落知多少），在第四字"多"有短拖腔，韵字"少"加衬字"哦"延长声线，尾腔$\underline{165}\cdot$，尾音落音回落至调式主音（5）上。全曲以徵音（5）作为调式主音和终结音，其他主干音出现在强拍处，构成稳定的调式骨架，这样的音乐运动稳定而完满，调式调性明确，为民族五声徵调式。

赵老结合剑阁方言语音的声调行腔，大多为一字一音，节奏丰富有致。仄声字"夜、雨、少"的方言发音特点突出，加上衬字的恰当选用，使吟腔具有浓厚的传统地域文化风味，充分地表达出诗人在春日里被清脆的鸟啼声唤醒后的喜悦以及回顾一夜风雨后那般落英满地花枝凋零的情思。

（2）古体诗《静夜思》。

1）从创作背景方面考察。

李白（701－762），字太白，号青莲居士，唐朝浪漫主义诗人，被后人誉为"诗仙"，公元 762 年病逝，享年 61 岁，存诗文千余篇，有《李太白集》传世。据孙宏亮先生《李白〈静夜思〉考证》[1]研究，《静夜思》作于公元 726 年（唐玄宗开元之治十四年）旧历九月十五日前后的扬州旅舍，李白时年 26 岁。

---

[1] 孙宏亮：《李白〈静夜思〉考证》，《延安大学学报》1998 年第 2 期。

2）从文体结构和吟诵节奏方面考察。

该诗为五言古体诗，在这个最小的意境单元中，诗人通过描写月光的视角进行转换，诗的前两句是从平视描写月色，第三句仰视月亮，最后一句俯视沉思，点明由月亮生发的思乡之情。俯仰之间，传递着由异乡到故乡之思念情绪。《增订唐诗摘钞》曰："思乡诗最多，终不如此四语真率而有味。此信口语，后人复不能摹拟，摹拟便丑，语似极率，回环尽致。"[①]赵老的吟诵节奏为 2+3（床前明月光、疑是地上霜、低头思故乡），2+1+2（举头望明月）。

静 夜 思

床　前　明　月　光　，　疑　是　地　上　霜　。

举　头　望　明　月　，　低　头　思　故　乡　。

3）从声韵调系统方面考察。

此诗属于五言古体诗，有平仄，但是平仄交替没有规律。古体诗歌在韵脚的运用上，可以押平声韵，也可以押仄声韵。这首《静夜思》押的是平声韵，韵字为"光、霜、乡"，入下平声七阳韵，阳韵源于上古的阳部，大开口度的元音接后鼻音，持续大开口不改变口型，徐健顺先生认为此韵多有"开阔、向上、辽远"之意，[②]汪烜《诗韵析》概括为富丽宫商、鸣凤朝阳、触物心伤。[③]在四川方言中，绝大多数地区翘舌音均读作平舌音，在剑阁方言中存在翘舌音，吟诵时也不是方言文读。

---

① （清）黄生：《增订唐诗摘钞》四卷，亦山房刻本 1722 年版。
② 徐健顺：《吟诵概论（上）——中华传统读书法》，广西师范大学出版社 2019 年版，第 265 页。
③ 续修四库全书编纂委员会：《续修四库全书》，上海古籍出版社 2002 年版，第 409 页。

表 4—8—14　　　　《静夜思》普通话和剑阁方言发音差异

文字	普通话发音	剑阁方言发音	异同分析
前	{qian}35	{q-i-æ}22	调值由普通话的 35 变为剑阁方言的 22
月	{yue}51	{y-u-ɑi}212	韵母由 ue 变为 uɑi 韵，调值由普通话的 51 变为剑阁方言的 212

注：普通话调值 55、35、214、51；剑阁方言调值 55、22、313、212。

4）从音乐性方面考察。

静夜思　　　　李　白　（唐）
　　　　　　　赵庭辅先生吟诵
　　　　　　　何　民　　记谱

（乐谱：床前明月光（呃），疑是地上霜（哦）。举头望明月，低头思故乡（哦）。）

a. 基本结构。

吟诵调《静夜思》属于 A+B+C+D 四个独立的音乐短句构成的四句体结构。

b. 音阶调式。

调式音阶为 5̲ 6̲ 1 2 3 5；吟诵调以徵音（5）作为调式主音和结束音，调式调性明确，属民族五声徵调式。

c. 旋律线。

A 句 5̲5̲ 5̲6̲ 6̲5̲3（床前明月光）旋律主干音为 3 5 6。"床前明月"（5̲5̲ 5̲6̲）中"5"的同音反复结合二度上行，"光"（6̲5̲3）作较长时值的句末拖腔处理，加以波音"〜"和衬字"呃"的色彩润饰，突出环境的静谧，吟诵乐调平稳和缓，描绘诗人客中深夜不能成眠，短梦初回的情景。

B 句 5̲6̲ 3̲5̲3̲2̲ 3̲2̲ 1·（疑是地上霜）第二字"是"（6）适当重读拖腔并做

- 783 -

波音和下滑音"↘"处理，"地上霜"（<u>3532 321</u>·）三字均以一字多音的句中拖腔加衬字"哦"旋律级进下行，整个吟调哀伤失意，视角平移至地面，月光如霜般冰冷洁白，烘托出飘泊他乡的孤寂凄凉氛围。

C句 <u>52</u>·<u>352</u> <u>352</u>·<u>6</u>（举头望明月）紧接上句末音"1"，旋律主要在"235"三音中变化连接。"举头"（<u>5↘2</u>·）二字起调上跳五度做下滑音处理，"头"字作适当长音拖腔，"望明月"（<u>352</u> <u>352</u>·<u>6</u>）旋律作"352"三音叠用，仄声字"月"（<u>352</u>·<u>6</u>）加波音装饰作一字多音的长时值句末拖腔，视角上扬，翘首望月，思乡之情，泛上心头。

D句 <u>32</u> <u>11165</u>-（低头思故乡）沿用B句旋法，在B句旋律基础上，做平行下行处理，由中音"3"至低音"5"作逐级级进下行发展，旋律再一次下移，悲凉情绪再一次被推进，孤身远客，秋月清冷，思乡之情在"抬头"与"低头"之间，在赵老的吟调中体现得淋漓尽致。

d. 节奏腔式。

《静夜思》的吟诵基本遵循剑阁方言咬字发音，在"<u>56123</u>"的五声旋律中，以 XX、XXXX、XXX、XXX.等节奏型为主，形成 2+3 式的吟诵节奏，每句第二字"前、是、头、头"均作适当句中拖腔，韵字"光、霜、乡"（<u>653</u>、<u>321</u>·、<u>165</u>-）作一字多音句末长音拖腔和衬字"呃、哦"装饰，仄声字"是、举"重读作下滑音"↘"处理，"光、是、月"作波音"～"润饰，吟诵调清新朴素，细致深曲。

5）赵庭辅先生《静夜思》吟诵概述。

该诗乃诗人不经意自然之神作。赵老吟诵调如同其诗，结合剑阁方言语音的声调行腔、脱口吟成、起承转合、自然流淌，浑然无迹，朴实之中却意味深长、深深打动着听者的心扉。

全诗节奏丰富有致，多呈现一字一音，每句尾字不论是否为韵字一律做一字多音长拖腔处理。

全曲按 4 个基本吟腔构成，整体旋律如行云流水，自然流转。首句为 A 吟腔 <u>55 56 653</u>（床前明月光），在韵字"光"处使用波音润腔技法加衬字"呃"，

尾腔 $\widehat{653}$，尾音落音在角音（3）上，给人以辽远之感；承句为 B 吟腔 $\underline{56}\ \underline{3532}$ $\underline{321}\cdot$（疑是地上霜），在第二字"是"处使用下滑音加波音润腔技法，此处从该曲最高音（6）直跌下去，与句尾乐音（1）形成全曲最高音域差，反映了诗人看到地上返光时的愕然心理。在韵字"霜"处加衬字"哦"延长声线，尾腔$\underline{321}\cdot$，尾音落音在主干音（1）上；转句为 C 吟腔 $\underline{52}\cdot\underline{352}\ \underline{352}\cdot\underline{6}$（举头望明月），在句头"举"处出现下滑音润腔技法，这是仄声字在赵老吟诵调中的一个特色表现。第二字"头"处停顿较其他几句稍长，生动模拟诗人抬头望月，明月如霜般清冷，顿起思乡之情的过程。尾字"月"做长拖腔加波音润腔技法，此处无衬字，尾腔$\underline{352}\cdot\underline{6}$，尾音落音在主干音（6）上；合句为 D 吟腔 $\underline{32111\dot{6}5}$-（低头思故乡），全诗最长拖腔处，韵字"乡"加衬字"哦"延长声线，尾腔$\underline{1\dot{6}5}$-，尾音落音在调式主音（5）上。全曲以徵音（5）作为调式主音和终结音，调式调性明确，为民族五声徵调式。

（3）五言平起绝句《画》。

1）从创作背景方面考察。

王维（701-761），字摩诘，号摩诘居士，河东蒲州（今山西运城）人，唐朝著名诗人、画家，著作有《王右丞集》《画学秘诀》。创作背景参考前文。

2）从文体结构和吟诵节奏方面考察。

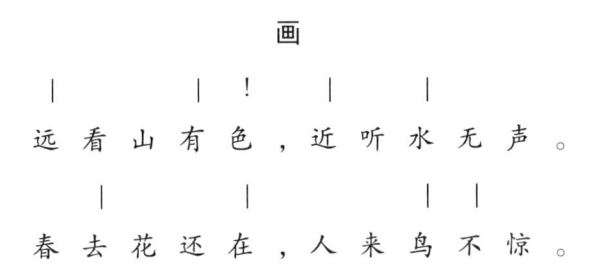

画

| | ! | | |

远 看 山 有 色， 近 听 水 无 声 。

| | | |

春 去 花 还 在， 人 来 鸟 不 惊 。

该诗为五言仄起首句不入韵式绝句。从对仗形式来讲，诗歌全部运用"反对"手法,"远看"对"近听","有色"对"无声","春去"对"人来","还在"对"不惊"。一般来说,反对形式的对仗难度最高、正对次之、流水对则可以使整个诗歌显示出流动性。本诗短短二十个字中,用十六个字来"反对",手法堪称高妙。

从意境来看,作者在描写景物时,以朦胧的线条勾勒山水花鸟的轮廓,给人以似可见而不可全知的感受,呈现出自然界、图画中、诗歌里的三重山水花鸟,在实物符号、文字符号、图画符号三个层面彼此沟通相互转换。

自然界中的山色花鸟会因季节变化而变,图文符号中的山水花鸟却是把山色水景、花貌鸟态定格在某一空间和时间上,诗人抓住这一特点,虚实结合、动静相宜地彰显其深邃的禅意。赵老的吟诵节奏为2+3。

3)从声韵调系统方面考察。

全诗20字,韵字为"声"和"惊"。入下平声八庚韵,庚韵的字现在分别演变成了ng、ong、eng、ing韵母的字,尤以eng、ing韵母为多,但其本来的读音近似ang,有开口韵母的开阔之意,徐健顺先生认为其韵多有开阔、雄壮、坚硬之意。[①]汪烜《诗韵析》概括为大雅铿锵、慷慨不平。[②]

表4—8—15　　　　《画》普通话和剑阁方言发音差异

文字	普通话发音	剑阁方言发音	异同分析
远	{yuan}214	{y-u-æ}313	口腔半开,明显的剑阁方音味道。韵母听起来发生了变化,调值由普通话的214变为剑阁方言的313
看	{kan}51	{k-æ-n}212	口腔半开,明显的剑阁方音味道。韵母an变为短元音后面加鼻音n。调值由普通话的51变为剑阁方言的212

注:普通话调值55、35、214、51;剑阁方言调值55、22、313、212。

[①] 徐健顺:《吟诵概论(上)——中华传统读书法》,广西师范大学出版社2019年版,第265页。

[②] 续修四库全书编纂委员会:《续修四库全书》,上海古籍出版社2002年版,第409页。

4）从音乐性方面考察。

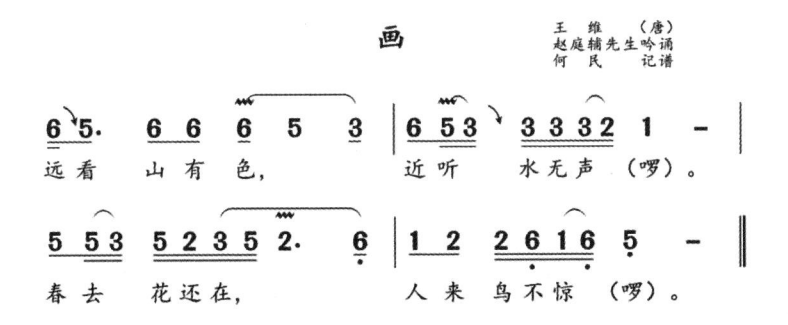

画

王　维　（唐）
赵庭辅先生吟诵
何　民　记谱

| 6̇5· 6̇6 6̇ 5 3 | 6̇5 3 3 3 3 2 1 - |
| 远看 山有 色， | 近听 水无 声（啰）。|

| 5 5 3 5 2 3 5 2· 6̣ | 1 2 2 6 1 6 5̣ - |
| 春去 花还在， | 人来 鸟不 惊（啰）。|

a. 基本结构。

吟诵调《画》属于A+B+C+D四个独立的音乐短句构成的四句体结构。

b. 音阶调式。

调式音阶为5̣61235；吟诵调以徵音（5）作为调式主音和结束音，调式调性明确，属民族五声徵调式。

c. 旋律线。

A句 6̇5·6̇6 6̇ 5 3（远看山有色）开篇"远看"以全曲最高音"6̇"起调，"远"字（6̇）下滑音处理，"看"（5·）音调拉长拖腔并重读，"山有"（6̇6̇）同音反复后"色"（6̇53）字波音"⌒"润腔并作一字多音句末拖腔吟诵，音调高昂明亮，点出远山秀丽风光。

B句 6̇53 3321-（近听水无声）旋律在"356"基础上加入新元素"1、2"两音级，第二字"听"（53）作适当拖腔并用波音"⌒"与下滑音"＼"润腔，"水无声"（3321-）同音反复后级进落音"1"，旋律平稳级进下行，对比上句，视角由远山拉回近水，看山听水，有色无声，画中山水动静相宜，相得益彰。

C句 553 52352·6̣（春去花还在）旋律中运用B句相同节奏音型，"去"（53）作适当拖腔吟诵，"花还"（52）级进后"在"（352·6̣）的一字多音长音句末拖腔，旋律平稳曲折，吟调末音下叹，形象刻画春尽花不逝只可画

- 787 -

中寻的伤怀。

D句 12 2616 5-（人来鸟不惊）紧接上句，"花还在"（5235）与"鸟不惊"（2616）旋律作四度平行下移，末字加以衬字"啰"在主音低音（5-）全曲终了，画意与诗意相融，山水花草画中留，观画人在诗中游。

d. 节奏腔式。

赵老在吟诵《画》时，遵循剑阁方言咬字发音，依据方言语音声调行腔，取 XX、XXX、XXXX X-等节奏型，形成 2+3 的吟诵节奏，在每句第二字"看、听、去、来"（5·、53、53、2）作适当的句中拖腔，句末字"色、声、在、惊"（653、321-、352·6、165-）作一字多音长音拖腔。

5）赵庭辅先生《画》吟诵概述。

该诗看似诗人对一幅画进行评价，实则暗含诗人修禅境界之空灵清净。赵老吟诵调充分展现出对诗人高妙艺术境界和思想境界的由衷赞叹，吟腔高亮、优美、自得，尾句归于低婉，在二、四句末加一个非常生活化的、大众常用衬字"啰"使其更富有生活气息和活力。

首句为 A 吟腔 65·66 653（远看山有色），在韵字"色"处使用波音润腔技法进行长拖腔，尾腔653，尾音落音在角音（3）上，承句为 B 吟腔 653 33321-（近听水无声），在第二字"听"处使用下滑音加波音润腔技法，形成鲜明比对。在韵字"声"处加衬字"啰"延长声线，尾腔321-，乐音落音在主干音（1）上；转句为 C 吟腔 55352352·6（春去花还在），在尾字"在"做长拖腔加波音润腔技法，此处无衬字，尾腔352·6，乐音落音在主干音（6）上；合句为 D 吟腔 12 2616 5-（人来鸟不惊），在韵字"惊"加衬字"啰"延长声线，尾腔165-，乐音落音在调式主音（5）上。调式调性明确，为民族五声徵调式。

（4）五言仄起绝句《逢雪宿芙蓉山主人》。

1）从创作背景方面考察。

刘长卿（约 709—789），字文房，河间（今属河北）人，唐代天宝进士，有《刘随州诗集》传世。唐肃宗至德年间任监察御史，后为长洲尉，因事贬

- 788 -

潘州南巴尉，代宗大历中任淮西鄂岳转运后被诬贪赃，贬为睦州司马，德宗朝任随州刺史。叛军李希烈攻随州，弃城出走复游吴越，终于贞元六年之前，世称刘随州，其诗气韵流畅、意境幽深、婉而多讽，以五言擅长，世称"五言长城"。

作此诗时，诗人处境艰难两遭贬谪，政治虽然失意但精神上却豁达乐观，字里行间暗示着一种可以让他喘息的光明和由此生发出的希望。

2）从文体结构和吟诵节奏方面考察。

逢雪宿芙蓉山主人

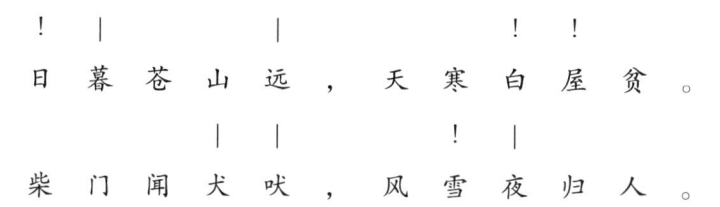

！　｜　　　｜　　　　　！！
日　暮　苍　山　远　，　天　寒　白　屋　贫　。
　｜　｜　　　　　！　｜
柴　门　闻　犬　吠　，　风　雪　夜　归　人　。

该诗为仄起首句不入韵式五言绝句，全诗采用白描手法，描绘了一幅风雪夜归图，前两句写诗人投宿山村时的所见所感，首句以"日暮苍山远"五个字勾勒出暮色苍茫、山路漫长的画面。第二句使读者的视线跟随诗人沿着山路投向借宿人家，"天寒"二字承上启下，在进一步渲染日暮路遥的行色同时，又为夜来风雪埋下伏笔。后两句写投宿主家之后的情景，"柴门"上承"白屋"，"风雪"遥承"天寒"，"夜"则与"日暮"衔接。此两句用字考究、立意深远。全诗语言朴实无华，却具有悠远的意境和无穷的韵味。《唐诗笺注》概括本诗为：孤寂况味，犬吠人归，若惊若喜，景色入妙。

赵老吟诵节奏为2+3（柴门闻犬吠）、2+2+1（日暮苍山远、天寒白屋贫、风雪夜归人）。

3）从声韵调系统方面考察。

全诗共4个入声字，5个仄声字，韵字为"贫、人"，入上平声十一"真"韵，开口度中等，变小收于前鼻音，有闭合收敛抒情之感，徐健顺先生认为多有"深入、亲近、联系"之意，韵字声调为阳平，给人低沉有力之感。①

表 4—8—16　《逢雪宿芙蓉山主人》普通话和剑阁方言发音差异

文字	普通话发音	剑阁方言发音	异同分析
寒	`{han}35	{h- ə-n}22	韵母由an 变为ən，调值由普通话的35 变为剑阁方言的22
雪	{xue}214	{x-u-ai}313	韵母由ue 韵变为uai，调值由普通话的214 变为剑阁方言的313
夜	{ye}51	{yi}212	e 韵变为i 韵，调值由普通话的51 变为剑阁方言的的212

注：普通话调值 55、35、214、51；剑阁方言调值 55、22、313、212。

4）从音乐性方面考察。

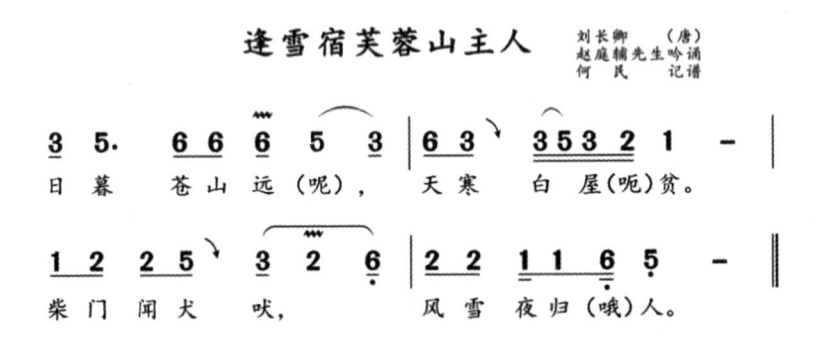

逢雪宿芙蓉山主人　　刘长卿　（唐）
赵庭辅先生吟诵
何民　记谱

日暮　苍山　远（呢），　天寒　白屋（呃）贫。
柴门　闻犬　吠，　风雪　夜归（哦）人。

a. 基本结构。

吟诵调《逢雪宿芙蓉山主人》属于A+B+C+D四个独立的音乐短句构成的四句体结构。

---

① 徐健顺：《吟诵概论（上）——中华传统读书法》，广西师范大学出版社2019年版，第265页。

b. 音阶调式。

调式音阶为 $\underline{5}6123\underline{5}$；吟诵调以徵音（5）作为调式主音和结束音，调式调性明确，属民族五声徵调式。

c. 旋律线。

A 句 $3\underline{5}·\underline{66}\,\underline{6}5\underline{3}$（日暮苍山远）旋律在"356"三音级之间变化发展，以"3"音起调并终止，在"日暮"（$3\underline{5}·$）小三度级进后的"苍山远"（$66\underline{6}$）三次同音反复直至全曲最高音"6"，再衬字"呢"（$5\underline{3}$）小三度回落，以山峰型旋律形态，高昂明朗的乐调展现了一幅千嶂万壑霭暮笼罩的山村景象。

B 句 $6\underline{3}\,\underline{35}3\underline{21}-$（天寒白屋贫）视线由远景逐渐移入近处投向借宿人家。"天寒"（$6\underline{3}\searrow$）两字赵老给予重读并加以"寒"字下滑音"$\searrow$"强调，"白屋贫"（$\underline{35}3\underline{21}-$）吟诵音调级进下沉。赵老在吟诵此句时，区别于其他诗歌的读法，在第四字"屋"后给予衬字"呃"的扩充处理，并未将衬字放于句末，以此强调"天寒"与"百屋"。

C 句 $\underline{12}\,\underline{25}\,3\,2\,\underline{6}$（柴门闻犬吠）以耳闻的角度落墨，"柴门"（$\underline{12}$）大二度级进后的"闻犬"（$\underline{25}\searrow$）四度跳进并下滑音渲染，紧跟"吠"（$3\,2\,\underline{6}$）的一字多音句末长音拖腔且波音"$\smile$"的润饰，旋律平稳中有起伏。

D 句 $2\,2\,\underline{11}\,\underline{6}5-$（风雪夜归人）旋律采用B句相似旋法，音程由"2"音逐级级进下行，"归"（$\underline{16}$）字作了适当拖腔并给予衬字"哦"色彩润腔，曲调平稳回落后末字"人"结音主音低音"$\underline{5}-$"并给予二分音符长音拖腔，以明显终止感的吟诵音调结束该篇诗歌。紧扣前三句，"柴门"上承"白屋"，"风雪"遥承"天寒"，"夜"与"日暮"衔接，吟诵音调圆美流转，柔和低婉。

d. 节奏腔式。

结合赵庭辅先生吟诵音频资料和吟诵曲谱分析发现，他在吟诵此篇《逢雪宿芙蓉山主人》时，遵循剑阁方言咬字发音，取当地方言语音声调行腔，结合 XX、XXXX、XXX、X-等节奏型，形成2+3的吟诵节奏，在每句第二字

"暮、寒、门、雪"（5·、3、2、2）作适当的句中拖腔处理，句末字"远、贫、吠、人"（653、321-、326、5-）均有一字多音长音拖腔。第一句末字"远"，第二、四两句"屋、归"两字加衬字"呢、呃、哦"色彩润腔，"寒、犬"作下滑音"╲"装饰，"远、吠"给予波音"～"润饰，吟诵音调婉转优美，独具风味。

5) 赵庭辅先生《逢雪宿芙蓉山主人》吟诵概述。

从以上几首的吟诵概述分析中可看出，该诗吟诵旋律风格与以上几首基本接近，属于固定套调吟诵。赵老在多年的吟诵读书实操过程中，已固定形成一个类似于程序化的音乐主旋律为其特有吟诵调。但在吟诵主旋律基本相同的基础上，依据每首诗歌不同文字的方言发音和诗意情感表达的需要，赵老对吟诵旋律进行了灵活自然的微调处理。

首句以主干音（3）起调，旋律向上级进至第二字"暮"处，作长吟停顿，然后旋律继续上行，在尾字"远"作波音长拖腔后回落至起始音（3），同时加衬字"呢"，仿佛诗人在发出无助的求救："山路漫漫，出路在何方呢？"一个在风雪中艰难跋涉旋的旅人形象，顿时浮现在听众脑海里。峰回路转，看到一处贫寒山家，第三句"犬"字旋律做四度大跳，高声狗吠对于困者来说，显得也是格外欢喜和亲切。在第二、四句，赵老分别选用了两个富有四川当地生活气息的衬字"呃""哦"，但是赵老没有把它们放在句尾，而是置于每句的第四字处"屋""归"进行短暂转换语气，句尾韵字同时采用短拖腔，吟诵节奏加快，旅人仿佛在此时终于松了一口气，心情放松，那活泼、乐观、调皮的天性也显露了出来，要和屋主人寒暄一番呢。全曲吟诵节奏相对加快，透露出诗人虽处困境仍乐观面对的强大精神境界。

（4）五言平起律诗《赋得古原草送别》。

1) 从创作背景方面考察。

白居易（772－846），字乐天，号香山居士，又号醉吟先生，祖籍山西太原，生于河南新郑，唐代现实主义诗人。少年时代的白居易家境贫寒朝不保夕,生活颠沛流离,但聪慧过人勤奋刻苦,少年时代便以诗闻名。该诗通过对古原上野草的描绘,抒发送别友人时的依依惜别之情。

唐朝有以诗取士的制度,按科举考试规定,凡指定的试题,题目前须加"赋得"二字,作法与咏物诗相类似。相传白居易18岁入长安,以此诗谒见大诗人顾况,顾始见其名便笑曰:"长安百物贵,居大不易",待读到"离离原上草,一岁一枯荣,野火烧不尽,春风吹又生"时大为赞叹,白居易由顾况举荐从此进入仕途。

2)从文体结构和吟诵节奏方面考察。

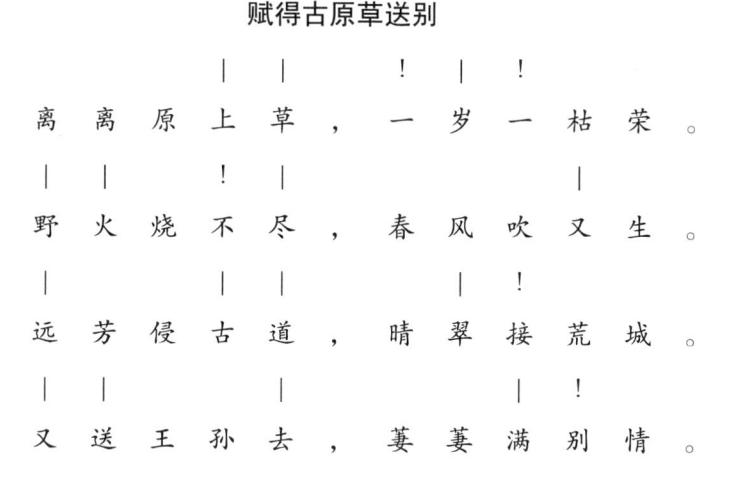

赋得古原草送别

| | ! | !

离 离 原 上 草, 一 岁 一 枯 荣。

| | ! |

野 火 烧 不 尽, 春 风 吹 又 生。

| | | !

远 芳 侵 古 道, 晴 翠 接 荒 城。

| | | !

又 送 王 孙 去, 萋 萋 满 别 情。

此诗属于五言平起律诗,格律较为严谨,首句破题"原上草"三字突显春草强大的生命力;"一岁一枯荣",两个"一"字复叠,形成咏叹,表达生生不息之意;"野火烧不尽,春风吹又生"两句便是"枯荣"二字的发展,由抽象的概念变为具象的画面,"烧不尽""吹又生"对仗工整天然,卓绝千古;五、六两句将重点落到"古原"引出"送别"题意;"远芳侵古道,晴翠接荒城"用流水对变化有致,妙在自然;诗人并非为古原而写古原,在末句将视觉转入"送"与"别"的环境,诉说离恨恰如春草,表达更行更远恐再难见的痛苦之情。此诗别名亦为《草》。

赵老吟诵节奏为2+3（离离原上草、野火烧不尽、春风吹又生），2+2+1（一岁一枯荣、远芳侵古道、晴翠接荒城、又送王孙去、萋萋满别情）。

3）从声韵调系统方面考察。

全诗共有5个入声字，15个仄声字，平仄相谐，四声和美，读来琅琅上口。韵字为"荣、生、城、情"，入下平声八庚韵，均为开口元音收于后鼻音，徐健顺先生认为其韵多有"开阔、雄壮、坚硬"[①]之意，汪烜《诗韵析》概括为"大雅铿锵、慷慨不平"。[②]

表4—8—17　　《赋得古原草送别》普通话和剑阁方言发音差异

文字	普通话发音	剑阁方言发音	异同分析
荣	{rong}35	{y-un}22	声母由r变为y，韵母由ong韵变为un韵，调值由普通话的35变为剑阁方言的22
野	{ye}214	{y-i}313	韵母由e变为i，调值由普通话的214变为剑阁方言的313
接	{jie}55	{j-iɑi}55	韵母由ie变为iɑi，调值不变
别	{bie}35	{b-iɑi}22	韵母由ie变为iɑi，调值由普通话的35变为剑阁方言的22

注：普通话调值55、35、214、51；剑阁方言调值55、22、313、212。

4）从音乐性方面考察。

a. 基本结构。

吟诵调《草》属于A+B+C（A'）+D（B'）四个独立的音乐长句构成的四句体结构。

b. 音阶调式。

调式音阶为 $\underset{.}{5}\underset{.}{6}1235$；吟诵调以徵音（5）作为调式主音和结束音，调式调性明确，属民族五声徵调式。

[①] 徐健顺：《吟诵概论（上）——中华传统读书法》，广西师范大学出版社2019年版，第265页。

[②] 续修四库全书编纂委员会：《续修四库全书》，上海古籍出版社2002年版，第409页。

草

韩愈（唐）
赵庭辅先生吟诵
何民　记谱

```
3 5  5 6  6  5  3 | 6 6 3  3 3 2 1  -
离离 原上 草（哦），一岁  一 枯  荣。

5 5.  5 2  2 3  2  6 | 2 2  1 1  1 6  5  -
野火  烧不  尽（呢），春风 吹又  生（啰）。

6 5.  5 1  6  5  3 | 5 6  3 5 3 2 1  -
远芳  侵古  道（呃），晴翠 接 荒 城。

5 5.  2 3  3  2  6 | 3 3  2 1 6 1  5  -
又送  王 孙  去，    萋萋  满 别（哟）情。
```

  c. 旋律线。

  A 句（首联）<u>35 56 653 663 332</u> 1-（离离原上草，一岁一枯荣）旋律主要围绕"356"三音变化发展，首句"离离原上草"（<u>3556653</u>）级进上行后再下行，描写古原之上芳草萋萋的景象，以"3"音作为起始音和终止音，"离离"叠用、末字"草"一字多音长音拖腔及波音和衬字"哦"润腔；"一岁一枯荣"（<u>6633321</u>-）旋律从"6"至"1"的下行发展，级进与跳进结合，枯荣相对生生不息。"岁、枯、荣"（<u>63</u>、<u>32</u>、1-）长音拖腔，以陈述的音调表现野草顽强的生命力。

  B 句（颔联）<u>55·52 2326 22 11 16</u> 5-（野火烧不尽，春风吹又生）旋律以"526"三音为主干音，"野火烧不尽"（<u>55·52 2326</u>）同音反复结合四度小跳，"野火"两字重读下滑音"ヽ"润腔，"尽"作一字多音长音拖腔加波音及衬字"呢"修饰。"春风吹又生"（<u>22 11 16</u>5-）同音反复后级进下行结音主音"5-"，音调趋于下落。"烧不尽"对"吹又生"，一枯一荣唱叹有味。

  C 句（颈联）<u>65·51 653 56 35321</u>-（远芳侵古道，晴翠接荒城）旋律为首联的变化重复，素材一致旋法相同。"远芳侵古道"（<u>65·51653</u>）在"356"三音的基础上融入高音"1"，"道"字波音和衬字"呃"润腔并加以句末长音拖腔处理，音调明朗悠远。"晴翠接荒城"（56 35321-）旋律级进回落，"翠"字波音下滑音并用更显春草的明丽清香，"城"作句末二分音符长音拖腔，"远芳"和"晴翠"，"古道"与"荒城"刻画出春草蔓延绿野广阔的景象。

D句（尾联）55·23 3263 32161 5-（又送王孙去，萋萋满别情）画面切入送别场景，"又送王孙去"（55·23326）此句沿用颔联素材和旋法，旋律随方言字音发音略作变化，"送"作了适当拖腔和重读，末字"去"（326）的波音装饰及一字多音的切分音长音拖腔，倍增送别愁情。"萋萋满别情"（33 21615-）旋律作全曲终止式发展，"萋萋"（33）同音反复且两字复叠，意蕴丰富；"满别情"（21615-）旋律级进跳进结合，上行下行并用，最后长音终止调式主音（5-），满满的情意深深的别绪一迸而出。"古原、草、送别"人物与景物情景呼应，旋律与文字意境相融，色彩丰富画面立体，字字真情声声有味，此处结清题意、关合全篇、意味深长。

d. 节奏腔式。

吟诵调《草》首联颔联音乐结构完整统一，颈联尾联沿用前面旋律变化发展，形成回环咏叹之意味，其句式整齐节奏顿挫，旋律曲折音调优美。赵庭辅先生吟诵时遵循剑阁方言语音的咬字发音，旋律音调随字音平仄、诗意情感变化发展，形成 2+3、2+2+1 的吟诵节奏，"岁、火、风、芳、翠、送、萋"（63、5·、2、5·、6、5·、3）和"枯、古、荒、孙、别"（32、1、32、3、61）作适当拖腔处理，"草、尽、道、去"（653、2326、653、326）作切分节奏一字多音长音拖腔，"荣、生、城、情"（1-、5-、1-、5-）作二分音符长音拖腔，节奏分明高下相宜缓急相间，"草、尽、道"赋予波音与衬字"哦、呢、呃"的润腔，"火、古、翠"作下滑音"ヽ"处理。

5）赵庭辅先生《赋得古原草送别》吟诵概述。

在文学结构上，学术界有把绝句作为"截取律之半"一说，此说法是否准确，本文不做讨论，然入乐传唱上，律诗在绝句吟诵的基础上重复一遍，即律诗视为两首绝句的叠加，却是非常普通和实用之法。

该诗为平起五言律诗，分析此曲，即是赵老套用平起五言绝句的吟诵旋律然后再次重复构成，相当于以两个高起低落的旋律回环推进。然前后重复并不是旋律的直接呆板复制，而是依据字音平仄、诗意情感的不同给予恰当的处理，形成了看似大致相同，实则丰富灵动的吟腔。例如，首联"离离原上草"旋律为 $\underline{3556653}$，颈联"远方侵古道"$\underline{65\cdot 5\dot{1}653}$ 则加入最高音（$\dot{1}$），语调语气更加高昂，突显了"远芳"的空间距离。在衬字的添加上，首联和颔联中有三句在句末使用了"哦、呢、啰"衬字，颈联和尾联则只在两处不同位置增加"呃、哟"衬字，使得旋律情感起伏变化更为丰满，离离之情层层加深，意远声长，余音袅袅，回味不绝。

（5）七言平起绝句《初春小雨》。

1）从创作背景方面考察。

韩愈（768—824），字退之，河阳（今河南省焦作孟州市）人，祖籍河北昌黎，世称韩昌黎。晚年任吏部侍郎，又称韩吏部，谥号"文"，也称韩文公。唐代古文运动的倡导者，主张学习先秦两汉的散文语言，破骈为散扩大文言文的表达功能，在思想上是中国"道统"观念的确立者，宋代苏轼称他"文起八代之衰"，明人推其为唐宋八大家之首，有"文章巨公""百代文宗"之名。

《初春小雨》又名《早春呈水部张十八员外》，作于公元 823 年（唐穆宗长庆三年）的早春时节，此时任吏部侍郎的韩愈已经 56 岁。相传韩愈约同僚水部员外郎张籍春游未得成行，于是作诗寄赠。

2）从文体结构和吟诵节奏方面考察。

初春小雨

| | |　　| ｜ !　　　| !
天 街 小 雨 润 如 酥，草 色 遥 看 近 却 无。
| | |　　| | |　　 ! 　　 | |
最 是 一 年 春 好 处，绝 胜 烟 柳 满 皇 都。

该诗为一首平起首句入韵式七言绝句。全诗四句共 28 个字，首句以"润如酥"来形容初春小雨的细滑润泽，第二句紧承首句以远看似青，近看却无描绘出春草沾雨的朦胧景象，三、四两句是对初春景色极力赞美，诗人用诗歌特有的语言描绘出早春细腻的色彩，给读者以无穷的美感趣味。《唐诗笺注》："草色遥看近却无"，写照工甚。[①]正如画家设色，在有意无意之间。"最是"二句，言春之好处，正在此时，绝胜于烟柳全盛时也。

赵老吟诵节奏为 2+2+3（天街小雨润如酥、最是一年春好处）和 2+2+2+1（草色遥看近却无、绝胜烟柳满皇都）。

3）从声韵调系统方面考察。

表 4—8—18　　《初春小雨》普通话和剑阁方言发音差异

文字	普通话发音	剑阁方言发音	异同分析
街	{jie}55	{gai}22	声母由 j 变为 g，韵母由 ie 变为 ai。调值由普通话的 55，变为剑阁方言的 22
色	{se}51	{sai}212	韵母由 e 变为 ai，调值由普通话的 51 变为剑阁方言的 212
却	{que}51	{qio}212	韵母 ue 韵变为 io 韵，调值由普通话的 51 变为剑阁方言的 212

注：普通话调值 55、35、214、51；剑阁方言调值 55、35、21、451。

全诗有 4 个入声字，11 个仄声字，平仄相谐、四声相和、格律严谨、琅琅上口。此诗首句入韵，韵字为"酥、无、都"三字，归七虞韵。虞韵源于上古的鱼、侯二部，比鱼韵开口度略小，前常有介音，然后略微变大，延续感较强，与今音不同，徐健顺先生认为此韵多有"延展、绵长、神秘"[②]之意。汪烜《诗韵析》概括为"感慨踌躇"。[③]

[①]（清）王尧衢选，单小青、詹福瑞点校：《唐诗合解笺注》，河北大学出版社 2010 年版，第 425 页。
[②] 徐健顺：《吟诵概论（上）——中华传统读书法》，广西师范大学出版社 2019 年版，第 265 页。
[③] 续修四库全书编纂委员会：《续修四库全书》，上海古籍出版社 2002 年版，第 409 页。

4）从音乐性方面考察。

初春小雨 　　　　　　　韩　愈　（唐）
　　　　　　　　　　　　　赵庭辅先生吟诵
　　　　　　　　　　　　　何　民　记谱

5 3 6 5· 6i5 6 5 3 | 6 6 563 3532 1 — |
天 街 小 雨 润 如 酥（呃），草 色 遥 看 近 却（呃）无。

5·5 1 2 3 6 35 2 6 | 1·2 32 2 6 1 5· ||
最 是 一 年 春 好 处， 绝 胜 烟 柳 满 皇 都。

a. 基本结构。

吟诵调《初春小雨》属于A+B+C+D四个独立的音乐短句构成的四句体结构。

b. 音阶调式。

调式音阶为 5̣61235；吟诵调以徵音（5）作为调式主音和结束音，调式调性明确，属民族五声徵调式。

c. 旋律线。

A 句 53 65·6i5 653（天街小雨润如酥）旋律以"356i"四音为主干音，"天街"（53）级进后"小"字波音润腔和"雨"（5·）字附点四分音符句中拖腔，"润如"（6i5）音程级进至全曲最高音"i"再小跳回落，韵字"酥"（653）的一字多音句末长音拖腔并衬字"呃"渲染，曲调明朗舒展，充分表达了诗人对春雨的喜悦之情。

B 句 66 563 3532 1 —（草色遥看近却无）在"65321"的五声旋律中由中音"6"至"1"下行级进发展，"草色遥看"（66563）四字连读，"看"给予适当拖腔处理，视觉投向远方，音调轻松明快。"近却无"（3532 1 —）视觉拉回，旋律下行，力度减弱，韵字"无"给予二分音符的长音拖腔，音调婉转细腻，完美呈现了远望春草成片近看稀疏零星的意境，可谓兼摄远近空处传神。

— 799 —

C句 5·5 12 36 3526（最是一年春好处）旋律发展有明显变化，"最是一年"（5·512）同音反复后的五度下行大跳后再级进，"春好处"（363526）旋律在"66"八度音程间级进跳进结合，旋律高低错落，末字"处"一字多音长音拖腔，波音润饰后结音低音"6"，音调起伏跳宕抑扬顿挫。

D句 1·2 32 26 15·（绝胜烟柳满皇都）紧接上句采用相同节奏型，"绝胜烟柳"（1·232）一字一音级进发展，"满皇"（26）"都"（15·）连续两个四度音程下行小跳结音主音"5"，曲调具有明显终止感，旋律经前三句起承转之后妙合于尾句，别有况味。初春的小雨草色远胜暮春的满城烟柳，真切地表达诗人对春天的喜爱和生命的赞美之情。

d. 节奏腔式。

吟诵调《初春小雨》运用 XX、XXX、X.X、XX.、X-多种节奏型，形成2+2+3、2+2+2+1 的吟诵节奏，每句第四字"雨、看、年、柳"（5·、63、2、2）作适当的句中拖腔处理，句末字"酥、无、处、都"（653、1-、3526、15·）一字多音长音拖腔。赵庭辅先生在吟诵时遵循剑阁方言语音声调行腔，"小、处"字作波音"⌒"色彩润腔，"酥、却"加衬字"呃"填充修饰，此调节奏分明韵味独特。

5）赵庭辅先生《初春小雨》吟诵概述。

该诗为七言平起绝句，整首诗充满着对春回大地的欣喜和对生命的热爱之情。赵老按其固定七言吟诵调进行套调吟诵。具体分析如下：

全诗曲调明朗舒畅，节奏欢快跳跃，多呈现一字一音，在第四字有短拖腔处理，每句尾字不论是否为韵字一律做一字多音长拖腔处理。

首句起调高昂，句中旋律级进至全曲最高音"i"再小跳回落，奠定该曲明亮欢快的情感基调，句尾韵字"酥"加衬字"呃"进行长拖腔处理，尾腔6⌒53，乐音落音在角音（3）上，承句整体节奏加快，在倒数第二字处加衬字"呃"，在句尾韵字"无"做一字一音长拖腔，尾音落音在主干音（1）上；转句在句尾"处"做长拖腔加波音润腔技法，此处无衬字，尾腔352·6，落音在（6）上，合句句尾韵字"都"长拖腔，尾腔15·，尾音落音在调式主音（5）上。全曲以徵音（5）作为开始音和终结音，调式调性明确，为民族五声徵调式。

（6）七言平起绝句《凉州词》。

1）从创作背景方面考察。

王之涣（688—742），字季凌，绛州（今山西新绛县）人，盛唐时期的著名诗人，常与高适、王昌龄等相唱和，以善于描写边塞风光著称。他为人豪放不羁，常击剑悲歌，其诗多被当时乐工制曲歌唱，尤其《登鹳雀楼》《凉州词》闻名于世。

时开元中，唐玄宗荒淫纵乐，不务边防，不关心远戍征人的疾苦。727年至741年诗人辞官归乡，期间到凉州，面对黄河、边城的辽阔景象，又听闻《折杨柳》曲有感。"杨柳"与离别有直接的关系，折柳赠别的风习在唐时最盛。所以，人们不但见了杨柳会引起别愁，连听到《折杨柳》的笛曲也会触动离恨。诗人遂写下这首戍边思乡的佳作，表达对远戍战士们的深切同情。明代杨慎在《升庵诗话》中说："此诗言恩泽不及于边塞，所谓君门远于万里也。"此话然也。

2）从文体结构和吟诵节奏方面考察。

该诗为平起七言绝句，又名《出塞》。首句"黄河远上白云间"凭栏远眺，汹涌澎湃的黄河犹如一条丝带飞上云端映入眼帘；"一片孤城万仞山"描绘塞上孤城巍然屹立于雄阔苍凉的山川之下，突出戍边将士处境的孤危；第三句中"何须怨"写戍边者不得还乡的怨情，但写得悲壮苍凉，没有衰飒颓唐的情调，表现出边防将士在乡愁难禁时，同样也意识到卫国戍边责任的重大，方能如此自我宽解。第四句"春风不度玉门关"，即是抒发对当朝执政者的不满，悲壮感情水到渠成，深沉含蓄耐人寻味。即使写悲切的怨情，也是悲中有壮，悲凉而慷慨。"何须怨"三字不仅见其艺术手法的委婉蕴藉，也可看到也许正因为《凉州词》情调悲而不失其壮，所以能成为"唐音"的典型代表。

凉 州 词

黄　河　远　上　白　云　间，一　片　孤　城　万　仞　山。
｜　｜　｜　！　　　　！　｜　　　　｜　｜

羌　笛　何　须　怨　杨　柳，春　风　不　度　玉　门　关。
！　　　｜　　　｜　　　　　　　　！　！　！

赵老吟诵节奏为 4+3（黄河远上白云间、一片孤城万仞山、春风不度玉门关）、2+3+2（羌笛何须怨杨柳）。

3）从声韵调系统方面考察。

表4—8—19　　《凉州词》普通话和剑阁方言发音差异

文字	普通话发音	剑阁方言发音	异同分析
河	{he}35	{h-o}22	韵母由 u 变为 o，调值由普通话的35变为剑阁方言的22
何	{he}35	{h-o}22	韵母由 u 变为 o，调值由普通话的35变为剑阁方言的22
间	{jian}55	{j-æ}55	发an韵时因为口腔的开合状态，导致韵母近似 æ，调值不变
怨	{yuan}51	{y-u-æ}212	发an韵时因为口腔的开合状态，导致韵母近似 æ，调值由普通话的51变为方言的剑阁方言的212

注：普通话调值55、35、214、51；剑阁方言调值55、22、313、212。

该诗首句入韵，韵字为"间、山、关"入上平声十五"删"韵。删韵开口度变小，收于前鼻音，往往前有介音u，在收敛、闭合感之外，又有由小变大又变小的变化感，徐健顺先生认为此韵多有"弯曲、关闭、改变"[①]之意，

[①] 徐健顺：《吟诵概论（上）——中华传统读书法》，广西师范大学出版社2019年版，第265页。

汪烜《诗韵析》概括为"逸致幽闲"。①全诗入声字和仄声字合计 13 个，占全诗比例一半，音律铿锵顿挫，有高低抗坠之感。王之涣作成该诗后，时人即谱曲传唱、流传甚广，曲调名为《凉州歌》。《乐苑》称，开元年间，西凉都督郭知运进献宫调《凉州》，实则为其诗。该诗谱成曲后其音同北朝乐府《鼓角横吹曲·折杨柳枝》："上马不捉鞭，反拗杨柳枝。下马吹横笛，愁杀行客儿。"音甚凄苦。

4）从音乐性方面考察。

凉州词

王之涣　（唐）
赵庭辅先生吟诵
何　民　记谱

$5\ 5\ \underline{6\underline{5}\cdot}\ \underline{6\ 5}\ 6\ 5\ 3\ |\ \underline{5\ 6}\ \underline{6\ 3}\ \underline{3\underline{5}3\underline{2}}\ \underline{3\ 2}\ 1\cdot\ |$
黄河　远上　白云　间（呃），一片　孤城　万仞　山（哦）。

$5\ 5\ \underline{1\ 2}\ \underline{3\underline{5}2}\ \underline{3\ 5}\ 2\ \dot{6}\ |\ \underline{3\ 3}\ \underline{1\ 2\cdot}\ \underline{1\ 6}\ \underline{1\ 6}\ \dot{5}\cdot\ \|$
羌笛　何须　怨杨　柳（呃），春风　不度　玉门　关（啰）。

a. 基本结构。

吟诵调《凉州词》属于A+B+C+D四个独立的音乐短句构成的四句体结构。

b. 音阶调式。

调式音阶为$\underline{5}6123\underline{5}$；吟诵调以徵音（5）作为调式主音和结束音，调式调性明确，属民族五声徵调式。

c. 旋律线。

A 句 $5\ 5\ \underline{6\underline{5}\cdot}\ \underline{6\ 5}\ 6\ 5\ 3$（黄河远上白云间）开篇画面雄壮，音调明朗开阔，以"56"两音循环级进，"黄河远上"（$5\ 5\ \underline{6\underline{5}\cdot}$）同音反复后级进，"上"（$\underline{5}\cdot$）适当拖腔为此句吟诵节奏点。"白云间"（$\underline{6\ 5}\ 6\ 5\ 3$）级进发展，"白"字波音

---

① 续修四库全书编纂委员会：《续修四库全书》，上海古籍出版社2002年版，第409页。

装饰，韵字"间"（653）一字多音句末拖腔以"呃"作衬字辅助，黄河白云色彩明丽，水流云飞画面灵动。

B句 56 63 3532 321·（一片孤城万仞山），"一片孤城"（56 63）级进跳进结合，一字一音，节奏舒展。"万仞山"（3532 321·）平稳级进曲折发展，韵字"山"（321·）作衬字"哦"润腔和一字多音句末拖腔，高远粗犷孤峭冷寂，雄奇广袤动静相宜。

C句 55 12 352 3526（羌笛何须怨杨柳）在"61235"的五声旋律中，旋律发生较大变化，"羌笛何须"（55 12）同音反复后五度下行再级进，"怨杨柳"（352 3526）级进结合四度小跳，"352"两次推进后低音"6"作结，五度四度跳进与二度三度级进结合，音调曲折回旋高下相间，羌笛声声情景交融。

D句 33 12·16 165·（春风不度玉门关）音区下移旋律下行，与首句"黄河远上白云间"形成对比，"春风不度"（33 12·）四字连读，"度"作适当拖腔并波音修饰，形成此句节奏点。"玉门关"（16 165）旋律继续下行，韵字"关"（165）拖腔附衬字"啰"终止于主音低音"5"，旋律经前三句起承跳转之后妙合尾句，边地苦寒杨柳不青，春风不度无限离情，意蕴广阔妙绝千古。

d. 节奏腔式。

旋律中结合 XX、XX、XXXX、XXX、XXX.等多种节奏型，形成2+3+2和 4+3 的吟诵节奏，第二字"笛"（5）和第四字"上、城、度"（5·、3、2·）作了适当句中拖腔，末字"间、山、柳、关"（653、321·、3526、165·）给予一字多音长音拖腔并加以"呃、哦、呃、啰"衬字润腔，"白、柳、度"字波音和"笛"字作下滑音色彩润腔，吟诵调苍凉慷慨悲壮。

5）赵庭辅先生《凉州词》吟诵概述。

在声韵调方面中，本书已提及该诗被谱成曲后，其音甚凄苦，说明此诗情感基调有悲凉哀怨意。

该诗与《初春小雨》平仄格律一致，赵老吟诵该诗时，按其固定七言绝句吟诵调进行套调吟诵，其调与《初春小雨》吟诵调基本相同，两者遵循剑阁方言的咬字发音，乐调随字音平仄、诗意情感变化发展，音乐结构完整，形成起承转合之势但两首诗的感情基调大不同，吟诵时则有所区别、有所侧重。《初春小雨》情感基调以欢快喜悦为主，而该诗则以苍凉悲壮为感情基调，意境辽阔深远，情感深沉曲婉。故该曲音域区较《初春小雨》要窄，曲谱中未出现高音 i；衬字在四句中都有出现，位置固定，分别为"呃、哦、呃、啰"，加强感慨无奈，有自我安慰意；该诗押上平声十五"删"韵，删韵有由小变大又变小的变化感，曲谱用一字多音拖腔体现；此诗有较多古入声字，音律铿锵，但剑阁方言中入声字已消失，此音律特点未呈现。

（7）七言仄起绝句《九月九日忆山东兄弟》。

1）从创作背景方面考察。

该诗作于 730 年，诗人王维是一位早熟的作家，少年时期即创作了不少优秀的作品，此诗就是他十七岁时的作品。王维为考取功名独自一人漂泊于洛阳、长安之间。重阳佳节来临，然举目无亲，在繁华热闹的异乡诗人倍感孤独，思乡之情犹如潮水喷薄，留下此千古名句。这首诗写得非常朴素、抒情，和他后来经过宦海沉浮、退隐修禅后的山水诗考究风格、构图设色截然不同。

2）从文体结构和吟诵节奏方面考察。

九月九日忆山东兄弟

！ | | | ！ | ！ |
独 在 异 乡 为 异 客， 每 逢 佳 节 倍 思 亲。
  | | | ！ | ！
遥 知 兄 弟 登 高 处， 遍 插 茱 萸 少 一 人。

该诗为七言仄起首句不入韵式绝句，首句紧切题目，描写自己异乡生活的孤独凄然，逢此佳节良辰，思乡更浓思亲更切，后两句遥想远在家乡的亲人一定会按照重阳节的风俗在登高时插上茱萸怀念自己。诗人写出了游子的思乡怀亲之情，情真意切，其"每逢佳节倍思亲"更是千古名句，流传至今。《茧斋诗谈》："不说我想他，却说他想我，加一倍凄凉。"①《唐诗直解》："诗不深苦，情自蔼然，叙得真率，不用雕琢。"②

赵老吟诵节奏为 2+2+3（共 4 处）。

3）从声韵调系统方面考察。

全诗共 28 字，5 个入声字，9 个仄声字，韵字为"亲、人"，入上平声十一真韵。真韵开口度中等，变小收于前鼻音，有闭合、收敛、抒情之感，徐健顺先生认为其韵多有"深入、亲近、联系"之意，③汪烜《诗韵析》概括括为"隽永清新"。④

表 4—8—20　《九月九日忆山东兄弟》普通话与剑阁方言发音差异

文字	普通话发音	剑阁方言发音	异同分析
独	{du}35	{d-o}22	韵母由 u 变为 o 韵，调值由普通话的 35 变为剑阁方言的 31
客	{ke}51	{k-ə}22	韵母由 e 韵，变为ə韵，调值是入声归阳平 22
遍	{bian}51	{pian}212	声母由 b 变为 p，调值由普通话的 51 变为剑阁方言的 212

注：普通话调值 55、35、214、51；剑阁方言调值 55、22、313、212。

4）从音乐性方面考察。

a. 基本结构。

吟诵调《九月九日忆山东兄弟》属于A+B+C+D四个独立的音乐短句构成的四句体结构。

---

① （清）张谦宜：《茧斋诗谈》，古书社 2008 年 8 月版 48 页。
② （清）王尧衢选，单小青、詹福瑞点校：《唐诗合解笺注》，河北大学出版社 2010 年版，第 425 页。
③ 参见徐建顺《吟诵概论（上）——中华传统读书法》，广西师范大学出版社 2019 年版。
④ 续修四库全书编纂委员会：《续修四库全书》，上海古籍出版社 2002 年版，第 409 页。

b. 音阶调式。

调式音阶为 5̣61235；吟诵调以徵音（5）作为调式主音和结束音，调式调性明确，属民族五声徵调式。

九月九忆山东兄弟

王维　（唐）
赵庭辅先生吟诵
何民　　记谱

```
3 35 6i5 66i 653 | 656 ⁽ⁿ⁾3 353 32 1·
独在 异乡 为异 客，   每逢佳 节  倍思 亲。（啰）。

1·2 553 33 352 6̣ | 21 3 22 16̣ 5̣ —
遥知兄弟 登高处（呃），遍插茱萸少一（哟）人
```

c. 旋律线。

A 句 335 6i5 66i 653（独在异乡为异客）旋律以"356i"四音为主干音，"独在异乡"(335 6i5)中音"3"起调，同音反复后级进跃上最高音"i"，"为异客"(66i 653)采用前面相同旋法，"6"的同音反复后级进至"i"再逐级下行"3"音结束。"独"字开篇，"异"字迭用，末字"客"一字多音拖腔再辅以波音润饰，增添了凄楚孤独之感。

B 句 656 3353 321·（每逢佳节倍思亲）此句为千古名句，道出古往今来游子佳节思亲的共同心理。"每逢佳节"(6563)四字连读，"节"(⁽ⁿ⁾3)字给予前倚音装饰并作适当拖腔处理，形成该句第一个节奏点，"倍思亲"(353 321·)旋律级进下行，"亲"作一字多音句末拖腔且取衬字"啰"润色。整体旋律在"12356"五音的相互连接中，级进为主逐级下行。

C 句 1·2 553 333526（遥知兄弟登高处），遥想弟兄重阳登高的情景，由实到虚，"遥知兄弟"(1·2 553)级进跳进结合，"弟"字适当拖腔，"登高处"(333526)同音反复后再连续两个四度下行小跳，结音低音"6̣"，末字"处"(352̣6̣)长吟拖腔，波音及衬字并用，音调悲凉凄婉思乡之情浓烈。

D句 <u>21</u> <u>322</u><u>21</u><u>6</u>5-（遍插茱萸少一人），以重阳登高和茱萸插头，意象新颖饱含深情。"遍插茱萸"（<u>2132</u>）平稳级进，"少一人"（<u>216</u>5-）逐级下行终止调式主音。"萸、人"作句中句末拖腔，形成两个节奏点。此句吟诵时语速放慢，音高降低，将诗人对家乡、亲人的思念娓娓道来。

d. 节奏腔式。

《九月九日忆山东兄弟》主要旋律套用《初春小雨》吟诵调，吟诵乐调根据字音平仄及方言发音随之变化，旋律中出现XXX、XXX、XXX、XXX.、XX、X-等多种节奏型，形成2+2+3的吟诵节奏，第二字"在、插"（<u>35</u>、<u>1</u>）和第四字"乡、节、弟、萸"（<u>5</u>、<u>3</u>、<u>53</u>、<u>2</u>）作了适当句中拖腔，末字"客、亲、处、人"（<u>6</u><u>53</u>、<u>32</u>1·、<u>35</u><u>26</u>、<u>5</u>-）给予一字多音长音拖腔，"客、处"两处波音和"节"字前倚音。

5）赵庭辅先生《九月九日忆山东兄弟》吟诵概述。

该诗为七言仄起绝句，《初春小雨》为七言平起绝句，两者在平仄格律上不同，但在剑阁方言中，其四声调值55、22、313、212均为平起平收，没有高降高升等调型变化明显走向，故而在赵老的吟诵调中，很难体现出文体差异。该诗曲调与《初春小雨》基本相同，按其固定七言吟诵调进行套调吟诵。只是因情感基调、诗歌意境、韵部特点不同上而有所区别、有所侧重。

该诗因重阳佳节思念家人而作。情感基调悲凉、孤寂且含有强烈思念意。赵老在首句中两次采用曲谱中最高音i，有登高望远、大声呼喊之势。整体吟诵节奏放慢，韵字押上平声十一真韵，真韵开口度中等，变小收于前鼻音，便于抒发愁苦心情，但不利于拖腔沉吟，赵庭辅先生在第二句尾韵字处加衬字"啰"、第三句尾处加衬字"呃"、第四句在句中"一"字加衬字"哟"，帮助延缓声线，充分表达了游子郁结难解的愁思，感情走向低沉回收。

（8）七言平起律诗《黄鹤楼》。

1）从创作背景方面考察。

崔颢（704—754），汴州（今河南开封市）人氏，盛唐诗人。《全唐诗》

存其诗四十二首。

　　这首诗具体创作时间已无从考证，诗人登临武昌黄鹤山的黄鹤楼，听闻费祎驾鹤于此成仙，即景生情，写下这成名传世之作。李白后期登楼，因崔颢题诗前头，发"眼前有景道不得，崔颢题诗在上头"的赞叹，弃笔不作。《沧浪诗话》："唐人七言律诗，当以崔颢《黄鹤楼》为第一。"沈德潜评此诗："意得象先，神行语外，纵笔写去，遂擅千古之奇。"[①]。

2）从文体结构和吟诵节奏方面考察。

黄鹤楼

```
!     |    !  |    | |              !
昔 人 已 乘 黄 鹤 去 ， 此 地 空 余 黄 鹤 楼 。
  ! !  | ! !  |    !        |
黄 鹤 一 去 不 复 返 ， 白 云 千 载 空 悠 悠 。
      ! !  |    |           |
晴 川 历 历 汉 阳 树 ， 芳 草 萋 萋 鹦 鹉 洲 。
! |      |  |        | |
日 暮 乡 关 何 处 是 ？ 烟 波 江 上 使 人 愁 。
```

　　该诗为七言平起律诗。起首四句宕开、虚写空灵，有万钧之势。首联点题，叙仙人乘鹤传说，仙鹤已去，徒留空楼。颔联与首联相接相抱：过去事已不可得，唯留天际白云，千载悠悠。颈联写登楼远眺之实景，但见晴川草树，历历在目；水天浩荡，萋萋满洲。对此苍茫，诗人百端交集，不禁生发出乡关何处之问，愁绪也如烟波蔓延无边。尾联以恋阙怀乡之意总结全篇。全篇虚实结合、浑然一体、意境开阔、气势宏大、蕴含无穷，真乃千古绝唱也。

[①] （清）沈德潜编：《唐诗别裁》，中国致公出版社2011年版，第328页。

赵老吟诵节奏为 2+2+2+1。

3）从声韵调系统方面考察。

律诗有严格的格律要求，如：平仄相对、词性相同、词意相类。该诗不属规范的七律。前半首用散调变格，受固定地名、神话传说之限，后半首整饬归正。然此格律缺陷反而成为其气势喷溢、声调自然响亮的有力补充。"黄鹤""复返"等双声词，"此地""江上"等叠韵词及"悠悠""历历""萋萋"等叠音词，双声、叠韵和叠音词或词组的多次运用，造成了此诗声音铿锵，清亮和谐，琅琅上口。

全诗共56字，11个入声字，16个仄声字，韵字为"楼、悠、洲、愁"，入下平声十一尤韵。尤韵为中等开口元音，往往之前有介音，最后收于小开口音，徐健顺先生认为其韵悠长之感最为突出，多有"舒缓、悠长、温柔"之意。① 汪烜《诗韵析》概括为"潇洒风流、素女悲秋、婉转优悠"。②

表4—8—21　　　　《黄鹤楼》普通话和剑阁方言发音差异

文字	普通话发音	剑阁方言发音	异同分析
乘	{cheng}35	{sh-eng}22	方言发音，声母由 ch 变为 sh，调值由普通话的35变为剑阁方言的22
鹤	{he}51	{h-o}212	韵母是方言习惯的发音，由 e 变为 o 韵，调值由普通话的51变为剑阁方言的212
暮	{mu}51	{m-o}212	韵母是方言习惯的发音，由 u 变为 o 韵，调值由普通话的51变为剑阁方言的212
何	{he}35	{h-o}31	韵母是方言习惯的发音，由 e 变为 o 韵，调值由普通话的35变为剑阁方言的22
烟	{yɑn}55	{y-æ}55	这是剑阁特有的方言音，发ɑn韵时口腔半开，声音位置靠前。所以发音有较为明显的区别。调值不变

注：普通话调值55、35、214、51；剑阁方言调值55、3521451。

---

① 徐健顺：《吟诵概论（上）——中华传统读书法》，广西师范大学出版社2019年版，第265页。
② 续修四库全书编纂委员会：《续修四库全书》，上海古籍出版社2002年版，第409页。

4）从音乐性方面考察。

a. 基本结构。

吟诵调《黄鹤楼》属于A＋B＋C（A'）＋D（B'）四个独立的音乐长句构成的四句体结构。

b. 音阶调式。

调式音阶为561235，吟诵调以徵音（5）作为调式主音和结束音，调式调性明确属民族五声徵调式。

黄鹤楼

崔颢（唐）
赵庭辅先生吟诵
何民 记谱

6 5 6 5 5 6 6 5 · 3	6 6 6 5 2 3 2 1 —
昔人已 乘 黄鹤去，	此地空余 黄鹤 楼。
1 2 2 5 3 3 3 5 2 6 0	2 3 2 3 1 1 1 6 5 ·
黄鹤一去 不复返(呃)，	白云千 载 空悠悠 (哦)。
3 5 5 5 · 6 5 6 5 3	6 5 6 6 · 3 3 5 3 2 3 2 1 ·
晴川 历历 汉阳树，	芳草萋萋 鹦鹉 洲。
1 · 2 5 5 3 2 3 3 5 2 · 6	3 3 3 2 2 6 1 6 5 —
日 暮乡关 何处是？	烟波江 上 使人(啰) 愁。

c. 旋律线。

A 句（首联）65655665·3 66652321-（昔人已乘黄鹤去，此地空余黄鹤楼）开篇"昔人已乘黄鹤去"（65655665·3）旋律以"56"两音交替回旋起伏，"去"（65·3）字级进下行长音拖腔，仙人乘鹤展翅飞远，画面生动意境飘逸。对句中"此地空余"三次同音反复（666）后级进至"5"音拖腔，再接"黄鹤楼"（2321-）级进回落至"楼"（1-）的二分音符长音拖腔。此联 7 次出现全曲最高音"6"，5 次出现中音"5"，音调明朗开阔意境空明悠远。

B 句（颔联）12 253 33526 0 2323211 65·（黄鹤一去不复返，白云千载空

悠悠）旋法发生明显变化，旋律主要围绕"1235"四音发展于中低音区行腔，"黄鹤一去不复返"（12 253 335260）级进跳进结合波音衬字并用，"去、返"（53、5260）句中句末拖腔。对句中"白云千载"（23232）在"23"两音之间交替级进，"空悠悠"（11 165·）旋律下行至最低音"5"结音，"载、悠"（2、165·）加以明显长音拖腔。此联两句旋律整体下行，音调悲凉伤感，紧接上联三见"黄鹤"两见"空"，琅琅碧空白云悠 悠，鹤去楼空物是人非。

C句（颈联）35 55·65 6536566·3 3532 321·（晴川历历汉阳树，芳草萋萋鹦鹉洲）旋律回转音调上扬，此处以首联音调复沓吟诵，旋律继续围绕"356"三音级进发展，与首联形成复叠回环的韵律感。"鹦鹉洲"对"汉阳树"，远眺汉阳俯瞰长江，晴川草树萋萋满洲，虚实结合意中有象，情真意切气韵生动。

D句（尾联）1·2 553 23352·6333226165-（日暮乡关何处是？烟波江上使人愁）套用颈联的音调复沓吟诵，"日暮乡关何处是"（1·2 553 23352·6）旋律发展级进为主，四度小跳结音低音"6"，末字"是"（352·6）一字多音长音拖腔并波音润色。"烟波江上使人愁"（333226165-）同音反复后逐级下行，旋律以调式主音的低音"5-"结音，音调失意深沉惆怅悲凉，乡关何处归思难禁，问而不语思而不见，一"愁"收篇，全曲终了。

d. 节奏腔式。

此篇吟诵调《黄鹤楼》套用《初春小雨》主要旋律，遵循剑阁方言语音声调行腔并复沓吟诵，旋律随字音平仄及方言发音而变化，形成两个音乐回环。吟诵节奏取 2+2+2+1 式，第二字"人、川"（5、5）和第四字"乘、余、去、载、历、萋、关、上"（5、5、53、2、5·、6·3、53、2）作了适当拖腔处理；末字"去、楼、返、悠、树、洲、是、愁"（65·3、1-、5260、165·、653、321·、352·6、5-）作一字多音句末长音拖腔；"已、去、余、呃、汉、树、是"七处波音和"呃、哦、啰"衬字的运用使吟诵更显曲折婉转。

5）赵庭辅先生《黄鹤楼》吟诵概述。

该诗为七言平起律诗，参照前文《赋得古原草送别》吟诵概述，该诗吟诵调同为套用赵老七言绝句吟诵调如《初春小雨》然后重复构成，相当于以两个高起低落的旋律回环推进。同时，赵老依据此诗具体的字音平仄、诗意情感的不同给予恰当处理，形成了看似大致相同，实则丰富灵动的吟腔。例如，首联中上半句"昔人已乘黄鹤去"旋律为 $\underline{6565}\underline{5665}\cdot 3$，出现 4 次全曲最高音"6"，4 次中音"5"，曲调高亮。颈联中上半句"晴川历历汉阳树"$\underline{3555}\cdot\underline{65653}$则围绕着"356"三音级进发展，语气相对中和；在衬字的添加上，颈联在上下句尾同时出现衬字"呃、哟"，尾联则只在下半句中增加一个衬字"啰"；另，该诗中上波音大量使用在不同部位，使得整曲呈现出韵味悠悠、绵绵不绝之气势。

（9）蒙学《增广贤文》。

1）从创作背景方面考察。

《增广贤文》为中国古代儿童启蒙书目，又名《昔时贤文》或《古今贤文》。书名最早见于明代万历年间的《牡丹亭》，经明、清两代文人不断增补初具规模，作者一直未见任何书载，清代同治年间儒生周希陶曾进行修订，名为《重订增广贤文》。

《增广贤文》绝大多数句子都来自经史子集，诗词曲赋、戏剧小说以及文人杂记，其思想观念囊括了儒释道各家经典，语言通俗易懂，行文生动活泼，大致包括四个方面内容：一是人与人的关系，二是人的命运，三是如何处世，四是表达对读书的看法。文中有大量强调命运和报应的文字，更用较大篇幅深刻揭示了人性的虚伪自私，把变化无常趋炎附势的世态描绘得淋漓尽致，既有消极的宿命论又有积极的入世观。

2）从文体结构和吟诵节奏方面考察。

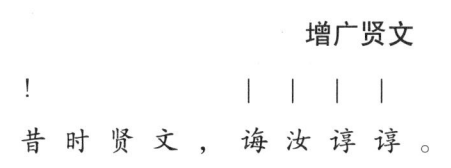

增广贤文

！　　　　　｜｜｜｜

昔时贤文，诲汝谆谆。

！　｜　　｜　　　｜
集 韵 增 广 ， 多 见 多 闻 。
　　　　｜　｜　　　｜　｜　！
观 今 宜 鉴 古 ， 无 古 不 成 今 。
｜　　｜　　｜
知 己 知 彼 ， 将 心 比 心 。
｜　｜　｜　　　｜　　｜
酒 逢 知 己 饮 ， 诗 向 会 人 吟 。
　　！　｜　　　　　　｜
相 识 满 天 下 ， 知 心 能 几 人 ？
　　｜　｜　　｜　　　｜　｜　｜　｜
相 逢 好 似 初 相 识 ， 到 老 终 无 怨 恨 心 。
｜　｜　　　｜　　　｜　　　！　｜
近 水 知 鱼 性 ， 近 山 识 鸟 音 。
！　｜　！　｜　　　｜　　！　｜　！　｜
易 涨 易 退 山 溪 水 ， 易 反 易 覆 小 人 心 。
｜　｜　　　！　　　　　｜　　　！
运 去 金 成 铁 ， 时 来 铁 似 金 。
！　　　｜　｜　　　！　｜
读 书 须 用 意 ， 一 字 值 千 金 。
　　　　｜　｜　！　｜　　　　　　　　！　｜
逢 人 且 说 三 分 话 ， 未 可 全 抛 一 片 心 。
｜　｜　　　　　！　！　　　　　！　｜　｜　　　｜
有 意 栽 花 花 不 发 ， 无 心 插 柳 柳 成 荫 。
！　｜　！　　　　　！　！　　　　　　　　｜　！
画 虎 画 皮 难 画 骨 ， 知 人 知 面 不 知 心 。

《增广贤文》内容十分广泛，礼义道德、典章制度、风物人情、天文地理无所不包，中心思想是人生哲学和处世之道。其绝大多数句子来自经史子集、诗词曲赋、戏剧小说以及文人杂记，编撰时用有韵的谚语和文献佳句汇集而成，富有韵律，读来琅琅上口，便于记诵。

赵老吟诵节奏为 2+2+1 和 2+2+2+1 。

3）从声韵调系统方面考察。

《增广贤文》吟诵选段的韵字不论声调，可根据元明清时代普遍采用的《中原音韵》韵书进行分析。《中原音韵》韵谱分十九个韵部，每个韵的韵目用两个代表字表示。每个韵目分部包括平、上、去韵字，平声分为阴、阳，上、去不分，入声字分别附于平、上、去声之后。

选段中韵字有"文、谆、闻、今、心、饮、吟、音、金、荫"，押《中原音韵》侵寻韵；第二类韵字有"文、闻、人"，押《中原音韵》真文韵。

剑阁方言在发 an 韵和 ang 韵时，声音位置靠前，口腔呈半开状态，如文中"贤""广""全"等字，音节不变发音位置靠前，有较为明显的方言音调。

表 4—8—22　　《增广贤文》普通话和剑阁方言发音差异

文字	普通话发音	剑阁方言发音	异同分析
多	{duo}55	{du}55	剑阁方言发音位置靠前，因此这个字在听觉上韵母的发音由 uo 变为 u，调值不变
铁	{tie}214	{t-iɑi}313	普通话的 e 韵，在剑阁方言里基本变成 ai 韵，发音由"ie"韵变为"iai"韵，调值由普通话的 214 变为剑阁方言的 313

注：普通话调值 55、35、214、51；剑阁方言调值 55、35、55、214。

4）从音乐性方面考察。

a. 基本结构。

此吟诵调为明代儿童蒙学《增广贤文》上集节选部分，以 a（65 56·）+ b

（6 3 5 3·）＋c（5 5 6 5·）＋d（5 5 3 2·）四个音乐短句变化重复的四句为一个音乐回环连续模进贯穿全曲的一段体。

增广贤文

周希陶　（明）
赵庭辅先生吟诵
何　民　记谱

b. 音阶调式。

调式音阶为 2356；吟诵调为五度内的四音列（2356）曲调，四音曲调式调性具有游离性与确定性，调式调性确定与否在于曲调中有没有大三度音程，本旋律曲调中出现大二度、小三度音程，未出现大三度音程，调式调性不确定，具有游离性。

c. 旋律线。

吟诵调《增广贤文》节选部分旋律主要以"356"三音为主干音，"2"音作句末色彩辅助，以 a+b+c+d 四个音乐短句为一个音乐回环变化重复形成的七个音乐回环。

第一个音乐回环"昔时贤文"至"多见多闻"（6 5 5 6·6 3 5 3·5 5 6 5·5 5 3 2·）

为四字句，旋律发展同头异尾，级进跳进结合，五处前倚音"⌒"润腔处理结合方言语音行腔，增强了字腔的旋律走向。末字"文、谆、广、闻"（6·、3·、5·、2·）作附点四分音符拖腔，形成 2+2 式连读后的吟诵节奏点，四字一顿，句读分明，语意清楚。

第二个音乐回环"观今宜鉴古"至"将心比心"（55 35666 63563 65·55 32·），五字句结合四字句，旋律为第一回环的变化重复，素材相同，旋法一致，末字"古、今、彼、心"（6、5、5·、2·）句末拖腔，一字一音，节奏明确。

第三个音乐回环"酒逢知己饮"至"知心能几人"（53 55666 63566 66555 332）为五字句，重复运用第二回环的旋律，取 2+2+1 的吟诵节奏，末字"饮、吟、下、人"（6、3、5、2）句末拖腔，同音反复结合级进发展，素材简单，结构整齐。

第四个音乐回环"相逢好似初相识"至"近山识鸟音"（53 65 55665 66 66353 53565 332）为七字句和五字句的组合，句幅随字数扩而充之，音乐结构也随之扩展，旋律继续沿用 abcd 四个音乐短句变化重复，音程级进伴随同音反复，音调平稳质朴，末字"识、心、性、音"（6、3、5、2）作适当句末拖腔，形成七字句 2+2+2+1，五字句 2+2+1 的吟诵节奏。

第五个音乐回环"易涨易退山溪水"至"时来铁似金"（36↘55 55666↘66 63355 63522 232）同为七字句和五字句的组合，旋律在第四回环基础上稍有变化，"易涨、小人、金成"（36、63、63）四度小跳结合级进和同音反复发展，旋律平稳中有起伏，末字"水、心、铁、金"（6、3、5、2）作适当拖腔，吟诵节奏明朗清晰。两处下滑音"涨、反"（6↘、6↘）和六处前倚音"易、退、水、运、去、铁"（5、5、6、5、5、5）均为仄声字上的润腔处理，由此可见，赵老吟诵时遵循剑阁方言的咬字发音，以方言语音行腔。

第六个音乐回环"读书须用意"至"未可全抛一片心"（55 55636 55333 65 66556 35 232）五字句结合七字句，以 abcd 音乐短句变化组合作回环处理，五字句同音反复中四度小跳，七字句的音程级进伴以同音反复，旋律平稳稍有起伏，末字"意、金、话、心"作"6、3、5、2"四音句末拖腔，形成 2+2+1

和 2+2+2+1 吟诵节奏。

第七个音乐回环"有意栽花花不发"至"知人知面不知心"为连续四个七字句,"有意栽花花不发,无心插柳柳成荫"(<u>66 55 55666 66 633</u>)为"356"三音的同音反复交替组合,"画虎画皮难画骨,知人知面不知心"(<u>65 63 36553 56 332</u>)跳进级进为主,末字末字"发、荫、骨、心"(6、3、5、2")句末拖腔与前几环一致,吟诵节奏统一为 2+2+2+1。素材简洁统一,音调平实有力,一字一音,琅琅上口。

d. 节奏腔式。

赵庭辅先生吟诵此篇《增广贤文》时遵循广元方言语音咬字发音,以当地方言语音的声调行腔,读诵为主,唱诵为辅。每句除末字外皆以 <u>X X</u> 节奏型吟诵,末字给予 <u>X X</u>.和 X 两种节奏型拖腔处理,吟诵节奏分别为:四字句 2+2、五字句 2+2+1、七字句 2+2+1。每一个音乐回环围绕 a(<u>65 56</u>·)、b(<u>63 53</u>·)、c(<u>55 65</u>·)、d(<u>55 32</u>·)四个音乐短句变化重复,句末末字大致以前两句"6、3"、后两句"5、2"平行四度下行音调拖腔,32 处前倚音"⌒"和 3 处下滑音"ヽ"色彩润腔装饰,使吟诵调与广元方言语调非常接近,旋律走向随字腔变化而进行,七个回环循环往复,素材简洁结构整齐,节奏分明句读清晰,旋律平稳起伏有致,音调平实别有韵味。

5)赵庭辅先生《增广贤文》吟诵概述。

《增广贤文》作为蒙学经典,其句式以四言、五言、七言为主,句式对仗工整,平仄相协,音韵和谐。赵老吟诵调风格与该文体吻合,遵循剑阁方言咬字发声,语气平和中正,语调平稳质朴,速度明快流畅,旋律简单重复回环,以"诵"为主,以"吟"为辅,基本为一字一音,节奏以八分音符为主,只在每个短句句尾有较短拖腔。

全曲最高音为羽音(6),最低音为商音(2),音域较窄。整曲吟诵基本旋律主要由四个音乐短句 a(<u>65 56</u>·)、b(<u>63 53</u>·)、c(<u>55 65</u>·)、d(<u>55 32</u>·)及其变化形态构成,大多运用"鱼咬尾"的音乐结构形式推进旋律发展,即 a 句尾音与 b 句起音同,c 句尾音与 d 句起一致,类似文学中的顶真修辞,使旋律和语意连贯流畅。一个音乐回环的乐音落音则依次落在羽音（6）、角音（3）、徵音（5）和商音（2）上。形成前两"6、3"、后两"5、2"，均为平行四度下行音程变化，规则严整。曲中大量使用前倚音"⌒"和下滑音"丶"加以色彩润腔处理，增强了吟腔的地方风味。该吟诵调旋律节奏明快流畅、琅琅上口的特点，适合于儿童启蒙学习的需要。

（10）《大学》（节选）。

1）从创作背景方面考察。

参照前文。

2）从文体结构和吟诵节奏方面考察。

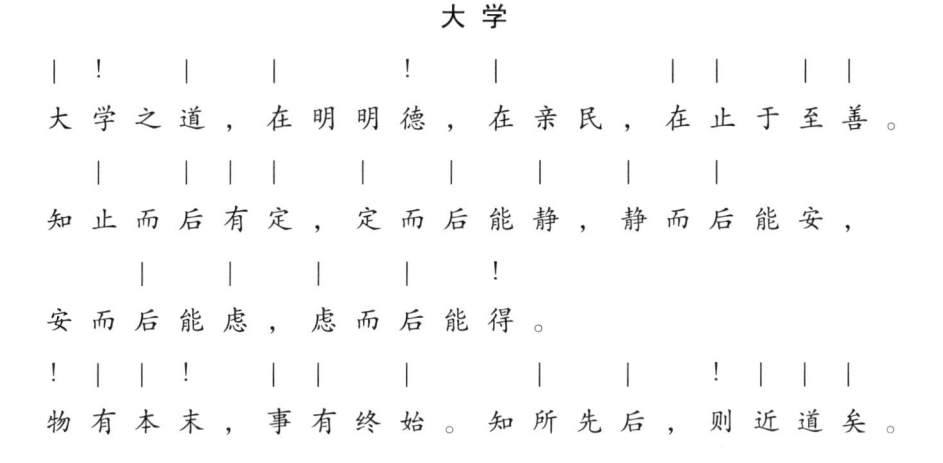

大　学

| ！ | | | ！ | | |
大 学 之 道， 在 明 明 德， 在 亲 民， 在 止 于 至 善。
| | | | | | | |
知 止 而 后 有 定， 定 而 后 能 静， 静 而 后 能 安，
| | | | ！
安 而 后 能 虑， 虑 而 后 能 得。
！ | | ！ | | | ！ | |
物 有 本 末， 事 有 终 始。 知 所 先 后， 则 近 道 矣。

先秦散文文体类型较为复杂，其发展脉络大致经历语录体—对问体—专论体三个直线发展过程，《大学》属于专论体的散文，内部结构严谨，论证逻辑严密，在文体形式上，多用短句对句，骈散结合，庄重典雅又不失灵动变化。

吟诵选段为《大学》选章开篇第一段，该段句式尤为工整、节奏鲜明、语言凝练。可分为三个层次，第一层"大学之道⌒，在明明德⌒，在亲民⌒，在止于至善⌒"以最凝练的三个短语"明明德""亲民""止于至善"高度概括了大学的根本宗旨，以"大学之道"一句领起三个分句，均以"在"字

开头，形式整齐。

第二层"知止而后有定〜，定而后能静〜，静而后能安〜，安而后能虑〜，虑而后能得〜"作者用条件关系进行层层逻辑推理，前一个条件关系的推理结果，又成为第二个条件关系的条件，接连五个句子，构成顶真的句子形式，意思连贯，句式整齐流畅，一气呵成。

第三层"物有本末〜，事有终始〜。知所先后〜，则近道矣〜"前两句意思并列句式工整，论述事物之间前后相承的关系；后两句为顺承关系，以一个"则"字将两个整齐的四字句紧密连接，突出其必然关联。

赵庭辅先生的吟诵节奏为三言句 2+1，四言句 2+2，五言句 2+2+1，六言句 2+2+2。

3）从声韵调系统方面考察。

吟诵先秦散文时应当特别注重入声字和语气助词，此篇《大学》选章中"学、德"为入声字应当短读，表示极其肯定；"矣"作为语气助词应当拖腔长读，表达语重心长、重点强调、递进连接等情绪和语义。

表4—8—23　　　《大学》普通话和剑阁方言发音差异

文字	普通话发音	剑阁方言发音	异同分析
学	{xue}35	{xio}22	韵母由 ue 变 io，调值由普通话的 35 变为剑阁方言的 22
德	{de}35	{d-ai}22	韵母由 e 变为ai，调值由普通话的 35 变为 22
安	{an}55	{ŋ-an}55	由零声母变为方言的 ŋ 声母，调值不变
得	{de}35	{d-ai}22	韵母由 e 变为ai，调值由普通话的 35 变为 22
则	{ze}35	{z-ai}22	韵母由 e 变为ai，调值由普通话的 35 变为 22

注：普通话调值 55、35、214、51；剑阁方言调值 55、35、55、214。

4）从音乐性方面考察。

a. 基本结构。

吟诵调《大学》选章第一段属于A+B+C三个独立的音乐长句构成的三句

体结构。

大　学

朱　子（春秋）
赵庭辅先生吟诵
何　民　记谱

（曲谱）

大学之道，在明明德，在亲民，在止于至善。知止而后有定（哪），定而后能静，静而后能安，安而后能虑，虑而后能得。物有本末，事有终始。知所先后，则近道矣。

b. 音阶调式。

其调式音阶为356123；吟诵调以角音（3）作为调式主音和结束音，调式调性明确，属民族五声角调式。

c. 旋律线。

A段从"大学之道"至"在止于至善"，旋律以"356"为主干音，在句读之间结合同音反复级进跳进发展。"大学之道"（53 56·）以"356"三音起调，首字"大"（5）作前倚音"ᛊ"装饰，末字"道"拉长音调，作全曲最高音"6·"的附点四分音符长音拖腔，旨在强调大学的宗旨，陈述其三纲，"在明明德，在亲民、在止于至善"（63 33·56 333 13 32·），"德"辅以前倚音润腔，末字"道、德、民、善"（6·、3·、3、32·）均作较长时值句末拖腔。旋律整体下行，以陈述的音调告诉我们《大学》的纲领旨趣，儒学的"垂世立教"的目标所在。开篇音调明朗，一字一音，节奏简单，唱读为主。

B段从"知止而后能定"至"虑而后能得"，旋律在"31"两音之间旋回级进，素材简单，旋法简练，一字一音，音调平稳，诵读为主。"知止而后有定，定而后能静，静而后能安，安而后能虑，虑而后能得"（33 13　13 33 1

— 821 —

31331 31331 31331 312）整个旋律以音乐短句（31 313）级进循环，结构整齐，顶针连接，环环相扣，层层推进。

C 段从"物有本末"至"则近道矣"，沿用首句旋法，在"135"三音的相互连接中，唱读吟诵。"物有本末，事有终始"（53 65331 33、）级进发展，前后相承。"知所先后，则近道矣"（53 55·13 153-）级进为主，跳进相间，"道"（15）字重读并一字多音句中拖腔，和首句"大学之道"前后呼应。末字"末、始、后、矣"（53、3·、5·、3-）作句末长音拖腔，二二节奏，句读分明，琅琅上口。

d. 节奏腔式。

吟诵调《大学》选章中一三句运用相同素材及旋法，旋律略有起伏，唱诵为主，读诵为辅。第二句素材简单，旋法单一，取读诵法，音调平稳。旋律以 XX、X 节奏型为主，伴以 XX.辅助，四字句和六字句末字"道、德、定、末、始、后、矣"（6·、3·、33、3、3·、5·、3-）作长音拖腔，形成 2+2 吟诵节奏；三字句末字"民"（3）及五字句末字"善、静、安、虑、得"（32·、3、3、3、2）作适当拖腔，形成 2+1 和 2+2+1 的吟诵节奏。赵庭辅先生在吟诵中遵循剑阁方言语音的咬字发音，取剑阁方言语音声调行腔，音调连贯流畅，文意层次清晰，润腔较少，吟诵调大都一字一音，节奏明快，琅琅上口，便于记诵。

5）赵庭辅先生《大学》吟诵概述。

赵庭辅先生读文的吟诵调依照剑阁方言咬字发声，语气中正恳切，语调平稳质朴，速度明快流畅，以"诵"为主，以"吟"为辅，基本以一个分句为一个音乐小节，一字一音，句末停顿，例如"大学之道"在句末停顿，旋律为"5356·"，在不同意义段落之间停顿更长。从旋律变化来看，吟诵调在整体整齐的特点下音调高低错落，装饰音增添些许婉转腔调，如"在明明德"（6333·）的"德"字加了前倚音"ㄟ"润腔。在"知止而后有定，定而后能静，静而后能安，安而后能虑，虑而后能得"一句基本是"3"与"1"交替出现，既体现了旋律整齐明快的音韵美，更形象地表明了"定""静""安"

"虑""得"之间修养的过程是环环相扣的紧密联系。

综上所述，赵庭辅先生的古代散文吟诵调简单易学，琅琅上口，文意层次清楚，旋律高低错落，整齐节奏中富有变化，将散文的音韵之美、文意的逻辑层次表达得恰如其分，最大限度地服务于读书人的诵读和记忆。

6. 赵庭辅先生剑阁传统吟诵特点。

赵庭辅先生吟诵调是以广元剑阁方言发音为基础，依声行腔的方言读书法。主要分为诗词的吟诵和文的吟诵两类。

（1）诗词的吟诵调。

赵庭辅先生在多年的吟诵读书实操过程中，已固定形成一个类似于程序化的音乐主旋律为其特有吟诵调。不论古体诗、近体诗，五言七言、平起仄起、绝句律诗，旋律特点是四句一个完整的音乐片段，句末拖腔形成定腔，首句为（653），次句为（321·），第三句为（3526），尾句为（165·），整体高起低收，旋律推进契合诗歌起承转合的一般结构，不同的诗歌又因依不同的字音行腔，旋律走向随字腔变化而发展，每一首诗歌的吟诵都呈现不同的面貌。超过四句的诗歌，则进行复沓回环，复沓中根据诗意情感、字音平仄灵活变化，句内常常一字一音，少数字根据方言发音有一字多音或装饰音，每句韵字处常常加衬字一字多音拖腔，总体看来，其字音决定着乐音的走向，吟诵者力求旋律的推进和情感的表达变化丰富，避免简单呆板的重复。

从吟诵节奏上看，其停顿一般依照字数而定，与字音平仄无关，五言诗大致按照2+2+1和2+3的字数进行停顿；七言诗大致按照2+2+2+1和4+3的字数进行停顿，其中四三停顿节奏居多，拖腔往往在句子偶数字位的平声字和韵字上。

衬字的运用是他吟诗的重要特点，赵庭辅先生在句尾衬字的添加上灵活自由，如"啰、啊、哦、呃、哟、呢"等。这些衬字的添加，是赵老对其所吟诵对象进行深入理解后根据自身情感生发进行的二次创作，不仅使吟诵曲调富有口语化的特点，通俗易懂，也使得整个作品由于增添了生活气息而显得活泼、谐趣和灵动。同时这些衬字发音开口较大帮助吟者能够拖腔长吟，尤其在一些韵字发音开口较小的情况下衬字拖腔的优势更为突出。衬字的使用位置比较灵活，除韵字后面位置外，赵庭辅先生还根据情感和节奏的需要在单数句尾以及句内灵活增添衬字，句内的衬字多在倒数第二字后，使诗句的节奏变化更为丰富，情感表达气氛渲染更为强烈，同时也使其吟腔具有强烈的地域文化特色。

（2）文的吟诵。

赵庭辅先生吟诵古文时主要根据对文意的理解，依照方言字音行腔，旋律高起低收，节奏简洁明快，同时辅以装饰音（前倚音、下滑音）润腔技巧和衬字增加吟腔的旋律美感，文的吟诵调可分为句式相对整齐的文章和句式变化丰富的散文两类。一是吟诵句式相对整齐的文章时，多数使用一字一音吟诵方法，根据方言发音对重点字词进行润腔处理，旋律平实有力，节奏明快，连贯流畅，琅琅上口，易于识记。整体旋律以四个基本的音乐短句 a（$\underline{6556}$·）、b（$\underline{6353}$·）、c（$\underline{5565}$·）、d（$\underline{5532}$·）为基本旋律重复变化，回环复沓，四个音乐短句两两顶真连贯，形成整体由高至低、旋律均匀起伏下降的推进规律。二是吟诵句式变化丰富的散文，则基本采用念诵的方式，依方言发音行腔，根据字句关系和文意层次进行停顿，段落内句读之间停顿短暂，旋律往往高起低收，段落之间停顿较长，层次分明，表意清晰。

赵庭辅先生在吟诵时必端身正坐，左手右脚轻点，随韵律节奏摇头，手足和谐随吟律动，自然流畅怡然自得。其吟诵调基本旋律看似简单相对固定，如果要运用自如，必须不断揣摩反复体悟。后来人要想醇熟地运用这个吟诵调，就必须对诗文内容拥有深刻理解，对旋律节奏具备高度敏感，对诗情文意进行准确把握。赵庭辅先生用最真实的读书状态告诉我们，吟诵的本质是有旋律有节奏的读书。读书就要身心投入、正心诚意，只有用心读书才能让身心接受思想洗礼和文化滋养。

(三)以剑阁赵树奎先生为例。

1. 赵树奎先生及其广元传统吟诵。

赵树奎(1936—),四川剑阁县人,1942年至1950年在当地阳明观私塾读书,1954年参加工作,先后在剑阁县供销社、档案局、县政府工作,后任县商业局办公室主任兼商业职工学校校长。据赵老回忆:"我祖父和外祖都是有功名的读书人,家风淳厚,重视家庭成员的文化培养,我的父亲40多岁都没有儿子,祖母临终前留下遗言'你忠孝传家,我死后会送儿子给你',祖母去世之后,母亲几年间便生了我们兄弟三人,后来家道中落,60多岁的父亲背柴换钱供我们读书。父母一生忠厚善良,父亲一次赶集在路边捡到一口袋银元,害怕丢钱的人着急,一直在原地等候失主前来认领;母亲自小读《女儿经》[①],心地善良,当时家门口是一条大路,母亲会给过往的路人施茶解渴分文不取。"可以说赵先生忠厚良善、勤奋好学的品格,都基于良好的家风和父母的引导,尤其是父母身体力行的德育奠定了其读书做人的坚实基础。

赵树奎先生回忆:"我6岁到阳明观读私塾,私塾先生是时年60岁的王济阶老先生,一间大约三十平方米的教室,雕窗木门古色古香,竖排的两张大案桌置于室内,王先生坐在正前方,50多个学生分成四列对坐于案桌两侧,年龄从6岁到18岁不等。年龄小的读《三字经》《四书》,大点的读《诗经》《尚书》,一般上午读古书、背早课,先生根据不同学生的不同教材先教读三遍,学生背熟后到先生那里检验还课,先生坐在他的太师椅上,手拿烟斗边抽边听,有时会从背的书中间抽出个别字来盘问学生如何写,是何意。答不出来就要挨打,当学生背过后,王先生便在书上背过的地方打个记号,然后再教下一段。"

赵树奎当时年龄最小读书又最用功,深得王先生喜爱,赵先生回忆:"每天天未亮点我便起床点上桐油灯读书,天亮后用背篓装上自己会背的书去上

---

① 《女儿经》,古代女子思想道德的教材,大约撰于明代,作者不详,在民间流传甚广。

学，由于会背的书太多太重，时常还要请同路的同学帮忙背，放学如果走夜路害怕的话，我就高声唱读一段四书五经，可以扶正驱邪。私塾里每天要练一版毛笔字，写在白纸上，先生批改时在写得好的字上画个圈，写错的字则打叉。王老先生经常留饭给我，还让我在私塾里当小先生教其他同学读书，我长大后王先生还想将自己的女儿许配给我，由于种种原因没能如愿。我此生最引以为傲的是我两年私塾里从没因为读书挨过王先生的打。"

赵树奎八岁转到杨氏祠堂随时年68岁的杨泽生老先生读私塾，杨老先生年轻时做过保长，学问深厚为人正直，私塾课的内容除四书外，还包括作对联、写文章（文言文）、算算术（珠算），以及每天写80个毛笔字。从6岁到14岁，赵树奎在私塾学习的时间超过八年，读过的蒙书包括《三字经》《百家姓》《幼学琼林》《千字文》《增广贤文》《千家诗》，正书包括《大学》《中庸》《论语》《诗经》《尚书》。赵老认为"读古书让人懂得做人的道理，现在学校的课程应该多加一些语文课，尤其是古文，年龄小的学生记忆力好，先让他们背下来，随着年龄增长慢慢消化理解，成为自己的精神食粮。"

赵老读文时没有吟诵，读《千家诗》和《诗经》时私塾先生开始教唱读，五言诗的吟诵调源自王济阶先生，七言诗的吟诵调源于杨泽生先生，在赵先生看来两位先生的吟诵调与剑阁地区的其他私塾先生的旋律大致相近。

2. 赵树奎先生广元传统吟诵举隅。

2018年12月16日，四川省吟诵学会副秘书长郝祁香带队赴四川省广元市剑阁老县城对赵树奎先生进行采录和学习，现场采录到赵树奎先生的吟诵内容包括近体诗，五言平起律诗《送友人入蜀》、七言平起绝句《初春小雨》《十字祭文》、七言仄起绝句《元日》；古文《大学》《论语》《中庸》；蒙学《三字经》《笠翁对韵》。通过比对我们发现赵树奎先生的部分吟诵调旋律和赵庭辅先生较为相似，则只选择《送友人入蜀》和《十字祭文》两首旋律迥然不同的吟诵调进行分析。

（1）仄起五言律诗《送友人入蜀》。

1）从创作背景方面考察。

《送友人入蜀》是唐代伟大诗人李白作于唐玄宗天宝二年（743）的一首以描绘蜀道山川奇美而著称的抒情诗，诗人以写实的笔触准确地刻画了蜀地崎岖难行、别有洞天的景象，在劝勉友人不必沉溺于功名利禄的同时又感慨自己在政治上受到朝廷权贵的排挤。全诗语言简练朴实，分析鞭辟入里，笔力开阖顿挫，风格清新俊逸，后世誉为"五律正宗"。

2）从文体结构和吟诵节奏方面考察。

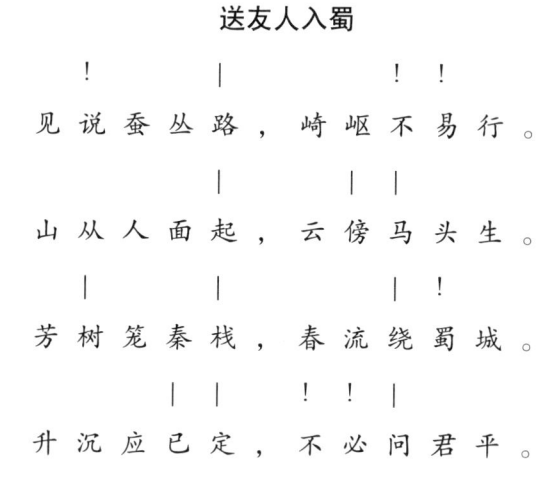

送友人入蜀

　　! 　　　|　　　!!
见 说 蚕 丛 路 ， 崎 岖 不 易 行 。
　　|　　　|　　　|
山 从 人 面 起 ， 云 傍 马 头 生 。
　　|　　　|　　　!
芳 树 笼 秦 栈 ， 春 流 绕 蜀 城 。
　　|　　　!!
升 沉 应 已 定 ， 不 必 问 君 平 。

这首诗是格律严谨的仄起五言律诗，对仗两联精工严整富于变化，首联平实，颔联奇险，颈联转入舒缓，尾联低沉。全诗从送别和入蜀两方面落笔，首联"见说蚕丛路，崎岖不易行"先从蜀道之难开始，亲切地叮嘱友人蜀道崎岖险阻、层峦叠嶂、不易通行，语调平缓自然，娓娓道来，感情诚挚恳切。

颔联"山从人面起，云傍马头生"就蜀道之险作具体描画，"起、生"两个动词用生动地表现了栈道的狭窄险峻，想象诡异，境界奇美，写得气韵飞动。

颈联"芳树笼秦栈，春流绕蜀城"，"笼秦栈"与"绕蜀城"字凝语炼，恰好构成严密工整的对偶句，前者写山上蜀道景致，后者写山下春江环绕成都而奔流的美景。诗人浓墨重彩地描绘蜀道胜景，对入蜀的友人而言无疑是一种抚慰与鼓舞。此联中的"笼"字是评家所称道的"诗眼"，写得生动传神含意丰满，准确地描画了山岩间凿石架木建成的栈道，形象地表现了林荫由山上树木朝下覆盖而成的特点。

尾联"升沉应已定，不必问君平"，突出题旨含蓄蕴藉语短情长，诗人了解友人怀着追求功名的目的入蜀，意味深长的临别赠言："个人的官爵地位，进退升沉都早有定局，不必再去询问善卜的君平。"李白借用严君平的典故婉转地启发友人不要沉迷功名利禄，凝聚着真挚的情谊，其中又不乏自身的身世感慨。

赵先生的吟诵节奏为 2+2+1，末字"路、起、栈、定"及韵字"行、生、城、平"作明显拖腔长吟。

3）从声韵调系统方面考察。

本诗是仄起五言律诗，入下平声八庚韵，韵字为"行、生、城、平"，庚韵源于上古四个韵部，大都是开口元音收于后鼻音，徐健顺先生认为此韵多有"开阔、雄壮、坚硬"之意。①庚韵的字现在分别演变成了 ng、ong、eng、ing 韵母的字，尤以 eng、ing 韵母为多，但其本来的读音近似ang，有开口韵母的开阔之意。汪烜《诗韵析》概括为"大雅铿锵、慷慨不平"。②

"见说蚕丛路，崎岖不易行"首句开始就用两个仄声字"见说"进行强调引起注意，"不、易"两个入声的运用凸显了蜀道难行；"山从人面起，云傍马头生"末字"起"及韵字"生"长吟，突出蜀道险峻；"芳树笼秦栈，春流绕蜀城"，节奏点"栈"拖长，言明地点，"蜀"入声短促，强调地点；"升沉应已定，不必问君平"中"沉"适当拖腔，感叹人生的遭遇和命运的

---

① 徐健顺：《吟诵概论（上）——中华传统读书法》，广西师范大学出版社 2019 年版，第 265 页。
② 续修四库全书编纂委员会：《续修四库全书》，上海古籍出版社 2002 年版，第 409 页。

浮沉，"不、必"两个入声字强调进退升沉命中注定的宿命论。

剑阁方言的平翘舌比较分明，an 和 ang 韵母在发音时声音位置靠前，口腔呈半开状态，具有明显的地域特点，如诗中"见、蚕、面、傍、芳"等字方言发音特色明显。除此之外，本诗中无明显的异读字。

4）从音乐性方面考察。

a. 基本结构。

吟诵调《送友人入蜀》为 A+B+C+D 四个连贯的独立长句构成的四句体结构。

送友人入蜀　　李　白　（唐）
赵树奎先生吟诵
何　民　记谱

```
7 6 5 6 6 -  | 7 6 5 3 2 -
见 说 蚕 丛 路，  崎 岖 不 易 行。

6 3 3 5 5 3.  | 1 2 5 1 2 0
山 从 人 面 起，  云 傍 马 头 生。

7 6 6 2 3 -  | 3 2 1 2 6 -
芳 树 笼 秦 栈，  春 流 绕 蜀 城。

5 2 5 2 3 -  | 1 1 2 2 6 -
升 沉 应 已 定，  不 必 问 君 平。
```

b. 音阶调式。

调式音阶为 6712356；吟诵调以羽音（6）作为调式主音和结束音，调式调性明确，属民族六声羽调式。所谓六声调式是指在五声调式基础之上加入一个偏音"清角（4）"或"变宫（7）"构成的调式。

c. 旋律线。

A 句（首联）76 566-76 532-（见说蚕丛路，崎岖不易行），首联入题，以送别和入蜀落笔。出句"见说蚕丛路"（76566-）旋律以全曲最高音"7"

起调，围绕"6"作上下二度级进后至"路"（6-）句末拖腔且波音"⌒"润腔；对句"崎岖不易行"（76 532-）旋律继续"7"音起调，再逐级下行至韵字"行"（2-）作二分音符长音拖腔处理，整体旋律平缓下行，以明朗的音调描述临别之际李白叮嘱友人，蜀道崎岖难行。

B句（颔联）63 35 53·12 5120（山从人面起，云傍马头生）"山从人面起"（63 35 53·）旋律在四度音程内作跳进级进发展，末字"起"（53·）作一字多音连音拖腔；对句"云傍马头生"（12 51 20）的四度、五度的音程跳进伴以二度级进，韵字"生"（20）作适当拖腔后停顿，旋律在12356五音中起伏跌宕。进一步描写了蜀道盘旋、山崖险峻、云气升腾的蜀道风光。

C句（颈联）76 623-32 126-（芳树笼秦栈，春流绕蜀城）与首联旋法相似，同头异尾，旋律以"芳树"（76）起调后的"笼秦栈"（623-）五度下行跳进至句末"栈"（3-）长音拖腔，对句"春流绕蜀城"（32 126-）连续级进后的四度下行"城"（6-）句末拖腔主音作结，音调在"7、6"之间自上而下九度跳转，山中芳树"笼秦栈"，山下春江"绕蜀城"，画面由远而近，上下配合，相互映衬。

D句（尾联）52 523-11 226-（升沉应已定，不必问君平）旋律主干音为"6125"，出句"升沉应已定"（52 523-）的连续四度小跳后"定"（3-）字句末拖腔及波音润腔，对句"不必问君平"（11 226-）以"1、2"两音的同音反复后五度下行落音调式主音"6-"全调终止，音调平稳笃定，规劝友人，语短情长，借景感慨，点出题旨。

d. 节奏腔式。

吟诵调《送友人入蜀》以 XX 节奏型为主、X、X-为辅，根据音频资料和吟诵调谱例分析，赵树奎先生吟诵时，遵循广元方言语音咬字发音，以当地方言语音声调行腔，仄声字"路、栈、定"（6-、3-、3-）辅以波音"⌒"色彩润腔且句末长音拖腔处理，韵字"行、生、城、平"（2-、2、6-、6-）作句末长音拖腔润饰，吟诵节奏为2+2+1，一字一音，节奏简练舒展，字腔结合旋律发展，吟诵调细腻醇厚，清新俊逸。

5）赵树奎先生《送友人入蜀》吟诵概述。

赵老吟诵此诗时遵循入短韵长吟诵规则，入声字"说、不、易、蜀、不、必"（6、5、3、2、1）急促短吟，韵字"行、生、城、平"（2-、2、6-、6-）作句末长音拖腔，平长仄短、平低仄高原则体现不明显。旋律节奏以 XX 为主，X、X-为辅，一字一音，节奏舒缓。首联"见说"（76）、颈联"芳树"（76）起调一致，明朗舒展；颔联"山从"（63）、尾联"升沉"（52）四度小跳下行后平稳级进，旋法相似，高旋低回；整体吟诵曲调简单质朴，语音高低起伏，旋律婉转优美。

（2）民间作品《十字祭文》。

1）从创作背景方面考察。

《十字祭文》是剑阁县杨氏祠堂私塾老师杨泽生老先生所作的一首平起七言绝句。杨先生在民国时期做过剑阁县的保长，后以教书为生，深受乡邻爱戴。赵树奎的外祖母离世时，杨老先生用了十个字作了一首祭奠之诗即《十字祭文》并当众吟诵，赵树奎终生难忘。

2）从文体结构和吟诵节奏方面进行考察。

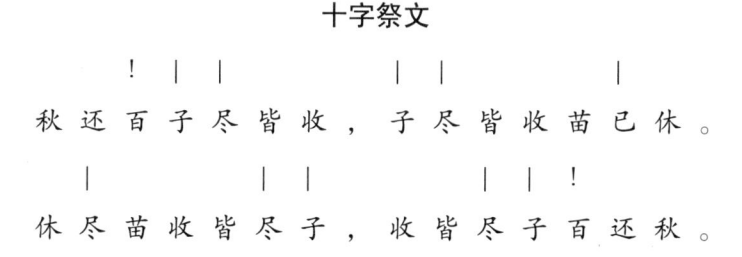

十字祭文

！｜｜　　　｜｜　　　｜
秋 还 百 子 尽 皆 收， 子 尽 皆 收 苗 已 休。
｜　　　｜｜　　　｜｜！
休 尽 苗 收 皆 尽 子， 收 皆 尽 子 百 还 秋。

《十字祭文》是一首平起七言首句入韵式的绝句，本诗是赵树奎的私塾老师杨泽生老先生所作的一首悼亡诗，祭奠的对象是自己学生赵树奎的外祖母，杨老先生只用"秋、还、百、子、尽、皆、收、苗、已、休"十个字作诗悼亡，格律工整、声韵和谐、情感真挚，足见其深厚的文学功底。首句"秋还百子尽皆收"字面讲春耕秋收，寓意为儿女成年；第二句"子尽皆收苗已休"秋收之后根苗已近枯萎，用"苗"来代指父母，儿女今日的成就是父母无私的奉献；第三句"休尽苗收皆尽子"，虽然"苗"休但"皆尽子"，喻为父母虽然老去但后代却延绵不绝、生生不息；第四句"收皆尽子百还秋"，表达今日的子女终将成为明日的父母，依然会老去、会离开，但家风家教要代代传承。全诗用十个字，以比兴的手法融景入情情真意切，立意高远寓意深刻。

赵树奎先生的吟诵节奏为 2+2+2+1。

3）从声韵调系统方面进行考察。

本诗为平起七言绝句，首句入韵，韵字为"收、休、秋"入下平声十一尤韵，尤韵源于上古三个韵部，属中等开口元音，往往前有介音，收于小开口元音，悠长之感最为突出，徐健顺先生认为其韵多有"舒缓、悠长、温柔"[①]之意，汪烜《诗韵析》概括为"潇洒风流、素女悲秋、婉转优悠"[②]。

表4—8—24　　《十字祭文》普通话和剑阁方言文字差异

文字	普通话发音	剑阁方言发音	异同分析
皆	{jie}55	{gai}55	声韵母都有改变，声母由 j 变为g，韵母由 ie 变为ai

注：普通话调值 55、35、214、51；剑阁方言调值：55、22、313、212。

4）从音乐性方面进行考察。

a. 基本结构。

吟诵调《十字祭文》为 A+B+C+D 四个连贯的音乐短句构成的四句体结构。

[①] 徐健顺：《吟诵概论（上）——中华传统读书法》，广西师范大学出版社 2019 年版，第 265 页。

[②] 续修四库全书编纂委员会：《续修四库全书》，上海古籍出版社 2002 年版，第 409 页。

十字祭文

赵树奎先生吟诵
何民 记谱

```
6 3  5 5  6 6  6 5·  | 6 5  5 5  2 3  2 -  |
秋还 百子 尽皆 收，    子尽 皆收 苗已 休。

5 5  2 3  5 2  3 2·  | 1 1  1 6  1 6  1 5· |
休尽 苗收 皆尽 子，    收皆 尽子 百还 休。
```

b. 音阶调式。

调式音阶为 5 6 1 2 3 5；吟诵调以徵音（5）作为调式主音和结束音，以商音（2）为上句终止所支持的徵终止群体，上下句的终止音呈五度关系，调式调性明确，属民族五声徵调式。

c. 旋律线。

A 句 6 3 5 5 6 6 6 5·（秋还百子尽皆收）在"秋还"（6 3）四度下行小跳起调后的"百子尽皆"（5 5 6 6）同音反复至末字"收"（6 5·）的二度音程下行级进拖腔，旋律在"3 5 6"三音中推开，音调悲凉阴郁。看似描述秋季丰收，实则寓意儿女成年，人丁兴旺，子孙满堂。

B 句 6 5 5 5 2 3 2-（子尽皆收苗已休）旋律在"2 3 5 6"四音级中作同音反复结合级进跳转，"子尽皆收"（6 5 5 5）级进后的同音反复再四度下移后至"苗已休"（2 3 2-）级进跳转，旋律作"6"至"2"的五度下行回落，韵字"休"（2-）作长音拖腔，音调更为悲戚伤感。万物收获"苗"将枯萎，寓意儿女各自成就，父母却垂垂老矣。

C 句 5 5 2 3 5 2 3 2·（休尽苗收皆尽子）旋律在"5 3 2"三音的四度内以同音反复结合级进跳进交错进行，"休尽苗收"（5 5 2 3）旋律下行，"皆尽子"（5 2 3 2·）变化重复，音调连续下行，末字"子"（3 2·）作一字多音句末拖腔。虽已"苗休"但"皆尽子"，父母虽老后代却延绵不绝、生生不息。

D 句 1 1 1 6 1 6 1 5·（收皆尽子百还秋）旋律在 1 6 5 三音相互连接组合中，"收皆尽子"（1 1 1 6）同音反复后的三度下行级进至"百还秋"（1 6 1 5·）

- 833 -

的旋律再度下行，音调节节下落，末字"秋"（1̠5·）一字多音四度下行长音拖腔，结音全曲最低音5，以极其悲痛的音调结束此篇祭文。春耕秋收四季轮回，寓为子女终将成父母，依然会老去离开，但家风家教须代代传承。

d. 节奏腔式。

结合音频资料和吟诵调谱例分析发现，赵树奎先生吟诵此篇《十字祭文》时遵循广元方言语音声调行腔，旋律随字腔变化而变化。每句前六字以连续 X̲X̲ 节奏型为主，一字一音，末字"收、休、子、秋"（6̠5·、2﹣、3̠2·、1̠5·）作一字多音 X̲X̲、X﹣节奏型长音拖腔处理，吟诵节奏为 2+2+2+1，素材简洁，节奏分明。十字成篇，用字精练，寓意准确，吟诵调字字锥心，句句断肠。

5）赵树奎先生《十字祭文》吟诵概述。

赵老吟诵时首句"秋还百子尽皆收"以全调最高音"6"起调，"秋还"两个平声字说明此诗的季节，入声字"百"（5）短促高昂，强调儿孙满堂，韵字"收"（6̠5·）作句尾拖腔，音调下滑，表明秋收丰厚，比喻人丁兴旺。

第二句"子尽皆收苗已休"，再次"6"音起调，"收"（5）作为节奏点稍作停顿，旋律下行至末尾韵字"休"（6̠5·）拖腔，"收、休"二字皆平缓长吟，以种子成熟根苗枯萎为喻，抒发对父母养育孩子心血耗尽，垂垂老去的感恩和忧伤。

第三句"休尽苗收皆尽子"文意转折，旋律整体下行，"收"字作为节奏点的处理不明显，只稍作停顿，仄声字"子"（3̠2·）作拖腔尾音嗟叹，强调根苗枯萎种子收获，赞美父母养育之恩。

第四句"收皆尽子百还秋"（11）平稳起调，旋律继续下行，韵字"秋"（1̠5·）长音拖腔至调式主音低音"5"，与句首"秋"字首尾呼应，表达出轮回不止、生生不息、绵延不绝的人生观、世界观、价值观。

吟诵调四句首字"秋、子、休、收"起调音为"6、6、5、1"，末字"收、休、子、秋"落音 6̠5·、2﹣、3̠2·、1̠5·"，吟诵调结合 X̲X̲、X̲X̲、X﹣节奏型，每句前六字一字一音，末字"收、休、子、秋"一字多音拖腔处理。四句旋律层层下行，音调悲痛凄婉。

3. 赵树奎先生广元传统吟诵特点。

赵先生家风淳朴、为人温和、勤奋敦厚，其广元传统吟诵（此处只论述其近体诗吟诵调）师出有门源流有自，旋律简单质朴，根据广元剑阁方言发音行腔，整体旋律高起低收，总体遵循平长仄短吟诵规则，情感自然声情统一。剑阁方言在上声和去声发音时音调上扬，故赵氏吟诵旋律在体现平低仄高、入短韵长等吟诵规则时并不明显，句内往往一字一音两字一顿，节奏均匀乐音起伏，旋律调式中正典雅。

四川传统吟诵在四川的历史上称为唱读，表明了其与传统音乐有千丝万缕的联系，但这里的"唱"并不是单纯的唱歌、唱曲、唱旋律，而是要唱语言文字、唱内容感情、唱风格意境。作为四川传统吟诵的重要支流，广元传统吟诵从不同层面展示出传统吟诵的重要特点，虽声无定高、拍无定值、旋律单调，但通过吟诵者对古诗文创作背景的了解、对师承吟诵旋律的二度创作，在吟诵过程中实现声音的表达、情感的唤醒、心理的感受，真正地将"死谱"唱活。

九　遂宁传统吟诵研究

（一）以蓬溪县牟柯先生为例

1. 蓬溪县概貌。

四川省遂宁市蓬溪县，地处四川盆地中部偏东，与船山区、射洪县、大英县、武胜、南充嘉陵区、西充以及重庆市的潼南区、合川区等八县市区毗邻接壤，幅员面积 1251 平方公里，是中国共产党在四川省建立第一个县级苏维埃政府所在地。

蓬溪在夏商周时为蜀国地，秦时为蜀郡地，为汉代道家严君平、明代宰相席书、清代宰相张鹏翮、大诗人张问陶祖籍地。县域人口近 69 万（2019 年末），除汉族外，有彝族、藏族等少数民族散居，人口总数占全县 0.5%。蓬溪方言属西南官话川黔方言片。

2. 蓬溪方言的声韵调系统[①]。

（1）声母。共 21 个(包括零声母)，蓬溪方言没有舌尖后音，只有前音和舌尖后音，没有鼻音 n，只有边音 l。

表 4—9—1　　　　　　　　　　蓬溪方言声母

			双唇	齿唇	舌尖前	舌尖中	舌面前	舌根
塞音	清	不送气	p			T		k
		送气	p^h			t^h		k^h
塞擦音		不送气			ts		tɕ	
		送气			ts^h		$tɕ^h$	
鼻音	浊		m				ȵ	ŋ
擦音	清			f	s		ɕ	x
	浊			v	z			
边音						l		
零声母			ø					

（2）韵母。共有 35 个，有开尾韵 14 个，元音尾韵 8 个，鼻音尾韵 13 个。从韵母的第一个音位来看，开口韵 13 个，齐齿韵 10 个，合口韵 8 个，撮口韵 4 个。

表 4—9—2　　　　　　　　　　蓬溪方言韵母

	开尾韵				元音尾韵				鼻音尾韵			
开口呼	ɿ	ɑ	o	e	ə	ai	ei	au	əu	an	ɑŋ	ən	oŋ
齐齿呼	i	iɑ	io	ie			iau	iəu	ian	iɑŋ	in	ioŋ
合口呼	u	uɑ		ue		uai	uei		uan	uɑŋ	uən	
撮口呼	y			ye					yan		yn	

[①] 唐芹：《蓬溪方言语法研究》，广西师范学院硕士学位论文，2014 年。

（3）声调调值：蓬溪方言古入声字已消失，归入阳平。现存的 4 个声调，分别是阴平（中升调）、阳平（中降调）、上声（高降调）、去声（降升调）。

表 4—9—3　　　　　　　　　　蓬溪方言声调

调类	阴平	阳平	上声	去声
调值	35	31	53	213
调型	中升调	中降调	高降调	降升调

3. 牟柯先生及其遂宁传统吟诵。

牟柯（1921—2019），原籍四川蓬溪县，17 岁时为避战乱颠沛流离，最终定居绵阳三台。

牟柯先生自幼喜爱雕刻，青年时期深研书法、篆刻和木雕，1939 年，经友人引荐拜三台著名雕匠顾文华先生为师，初学四书五经木刻雕版，后习金石雕刻，1946 年出师后，独立经营刊刻务业维持生计，1948 年为老字号长发洪酱园刻善书《二十四孝》，成书 200 本。1950 年任三台刊刻业同业公会主任，先后刻《工农三字经》《妇女三字经》《历书》等木刻和木印、石印、铝印，1983 年刊刻三台杜甫草堂所有门匾木刻，后为成都武侯祠纪念馆刊刻前、后《出师表》《千字文》《正气歌》，近年来刻印 3000 余枚、匾牌近 300 块，大型楹联 50 余幅，4 件条屏 50 余堂，精品包括吴昌硕的书画，郑板桥的兰竹，齐白石的水草虫鱼，华三川的美人图以及红楼十二金钗等，收入文化部编《二十世纪名人刻字大观》。

从事木刻木雕技艺七十余年，牟柯先生的作品不计其数，其木刻作品书法根底深厚，雄浑刚劲，精美绝伦，具有较高的历史文化传承价值和美术欣赏价值。2008 年，牟柯先生的木刻木雕技艺被确定授为绵阳市非物质文化遗产。

4. 牟柯先生遂宁传统吟诵举隅。

2015年至2016年1月12日，四川省吟诵学会会长王传闻率课题研究组成员，先后多次前往四川省三台县对牟柯先生进行吟诵采录。现场采录承传到牟柯先生的吟诵内容包括古体诗、近体诗、蒙学三类。古体诗为《关雎》《江雪》；近体诗为七言平起绝句《出塞》《早发白帝城》《春宵》，七言仄起绝句《枫桥夜泊》，七言仄起律诗《闻官军收河南河北》；蒙学《三字经》《幼学琼林》。现从其采录资料中择选四首旋律性较强具有代表性的近体诗进行吟诵分析。

（1）七言平起绝句《出塞》。

1）从创作背景方面考察。

王昌龄 (698—756)，字少伯，河东晋阳（今山西太原）人，盛唐著名边塞诗人，以七绝见长，后人誉为"七绝圣手"，尤以登第之前赴西北边塞所作之诗最著，有"诗家夫子王江宁"之誉。王昌龄早年贫贱，年近不惑，始中进士，初任秘书省校书郎，又中博学宏辞，授汜水尉，因事贬岭南，与李白、高适、王维、王之涣、岑参等交厚，开元末返长安，改授江宁丞，被谤谪龙标尉，安史之乱时被刺史闾丘晓所杀。

唐宪宗时期政治腐败，契丹、回纥时常骚扰侵犯，边境战事不断，朝廷却处置不利，战争屡次失败，加剧了边患。此诗为王昌龄受命派往西域边关时所作，反映了诗人对忠臣良将的期盼以及对过去强盛时代的无限追忆。

2）从文体结构和吟诵节奏方面考察。

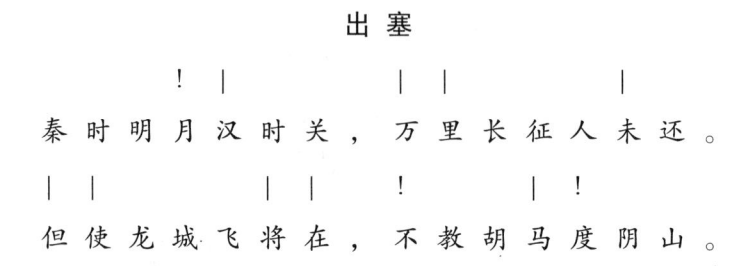

出　塞

　　！｜　　　　｜｜　　　｜
秦　时　明　月　汉　时　关，万　里　长　征　人　未　还。
　｜｜　　　　｜｜　　！　　　｜｜！
但　使　龙　城　飞　将　在，不　教　胡　马　度　阴　山。

- 838 -

此诗为七言平起绝句,诗人以雄劲的笔触对边塞战争生活做了高度的艺术概括,写景叙事与议论抒情紧密结合,描写边疆将士久征未归,表达诗人希望朝廷起任良将,早日平息边塞战争,使国家得到安宁,百姓安居乐业的美好心愿和爱国之情。

牟柯先生的吟诵节奏为 2+2+3。

3)从声韵调方面考察。

本诗首句入韵,韵字"关、还、山"押上平声十五删韵。清朝词论家周济认为这些韵母an、ian、uan 等,其韵腹ə,属宽元音,发音时开口度大,加上鼻音 n 收尾,有口腔和鼻腔的共鸣,整个字音比较响亮,给人悠扬稳重之感,适宜表达奔放、深厚等感情。

四川绝大多数地区方言没有翘舌音,牟柯先生吟诵时翘舌音读作平舌音。

表 4—9—4　　《出塞》普通话和蓬溪方言发音差异字

文字	普通话发音	蓬溪方言发音	异同分析
征	{zheng}55	{zen}35	翘舌音变平舌音,后鼻韵变前鼻韵,调值由普通话的 55 变为蓬溪方言的 35
城	{cheng}35	{cen}31	翘舌音变平舌音,后鼻韵变前鼻韵,调值由普通话的 35 变为蓬溪方言的 31
胡	{hu}35	{fu}31	声母由 h 变为 f,调值由普通话的 35 变为蓬溪方言的 31

注:普通话调值 55、35、214、51;蓬溪方言调值 35、31、53、213。

4)从音乐性方面考察。

a. 基本结构。

吟诵调《出塞》属于 A+B+C+D 的四个独立的音乐短句构成的四句体结构。

b. 音阶调式。

调式音阶为 561235;吟诵调以徵音(5)作为调式主音和结束音,以羽(6)为上句终止所支持的徵终止群体,上下句的终止音 65 呈大二度关系,调式调性明确，属民族五声徵调式。

出　塞

王昌龄（唐）
牟柯先生吟诵
李　娟　记谱

3 3　3 3　3 5 3　6·5 | 3·6 3 5·　3 3 5 1 6 |
秦时　明月　汉时　关，　万里　长征　人未　还。

3 5　3 3　6 6　3 5 1 6 | 2 3 5　2 6　6 2　2 1　6 5 ||
但使　龙城　飞将　在（呀），　不教　胡马　度阴　山（啰）。

注：标有波浪线的文字为诵读。

c. 旋律线。

A 音乐短句 3 3 3 3 3 5 3 6·5（秦时明月汉时关）旋律主干音为 3 5 6 三音。"秦时明月"（3 3 3 3）在中音 3 同一音高反复四次以诵读的形式出现，旋律以二度三度（3 5 3 6·5）波纹型旋律级进为主，偶有四度（3 6）跳进，"关"到达全曲最高音 6，并作句末一字多音较长时值的拖腔处理。"秦、汉、关、月"四字交错使用，暗示战事自秦汉以来一直未间歇过。

B 音乐短句 3·6 3 5·　3 3 5 1 6（万里长征人未还），此句旋律出现了四度（3·6 3 5·）上下跳进和五度（5 1）大跳，整句旋律从中音"6"至低音"6"上下起伏，情绪低沉，使人联想到战争给人带来的灾难，表达了诗人悲愤的情感。

C 音乐短句　3 5 3 3 6 6 3 5 1 6（但使龙城飞将在），此乐句在 B 乐句的基础上发展变化，旋律主要在"1 3 5 6"四音中变化连接，多为两字一拍的二八节奏，此乐句以诵读为主，只在句末"在"加衬字"呀"（3 5 1 6）作一字多音拖腔处理。

D 音乐短句　2 3 5 2 6 6 2 2 1 6 5（不教胡马度阴山）主干音为"5 6 1 2 3"五音，此乐句和 C 乐句一样，几乎整句诵读，只在句末"山"加衬字"啰"（2 1 6 5）作一字多音拖腔长吟，由中音"2"至全曲最低音"5"作逐级级进下行发展，悲壮情绪再一次被推进。

第四章 四川传统吟诵的基本面貌

d. 节奏腔式。

此吟诵调以蓬溪方言语音的声调行腔，整体节奏较规整，主要运用了 XX、X.X、XXX、XXX、XXXX 等节奏，A、B 乐句明显将其吟诵节奏分为 2+2+3，前四个字为"诵"，后三个字为"吟"，C、D 乐句几乎都是诵读，只有最后一字是吟。第一、四句的句末尾音有明显拖腔，此种长拖腔有明显的讴叹情绪，讴声上扬舒缓，叹声下顿急促，用讴叹表达自己与文本和诗人的高度共情。

5）牟柯先生《出塞》吟诵概述。

牟柯先生以蓬溪方言语音的声调行腔吟诵此诗，整首吟诵调在中低音区进行，音调低沉但音韵铿锵、雄浑苍茫，曲调简朴旋律推进平稳，基本为一字一音，少数文字上表现一字多音，如去声字"汉、未、在"，蓬溪方言调值为 213，调型微降低升，采用 35 乐音处理。

整首诗以诵读为主唱读为辅，吟诵语音短促，有讴有叹，"汉时关"（3536·5）尾腔上行，"人未还、在呀、山啰"（335 16、3516、21 6 5）下行尾腔。吟诵节奏基本分为 2+2+3，第一句句末韵字一字多音长拖腔，第二句在第四字（平声字）上有一字一音拖腔、句末韵字短拖腔，第三句末增加语气助词"呀"作衬字，第四句末韵字处一字多音加衬字"啰"长拖腔，感叹意味显著。

（2）七言平起绝句《早发白帝城》。

1）从创作背景方面来考察。

参照前文。

2）从文体结构和吟诵节奏方面考察。

早发白帝城

！ ｜ 　　　　 ｜ 　　 ！ ！
朝 辞 白 帝 彩 云 间， 千 里 江 陵 一 日 还。
｜ ｜ 　 ！ ｜ 　　　　 ｜ ｜ ｜
两 岸 猿 声 啼 不 住， 轻 舟 已 过 万 重 山。

文体结构参照前文。牟柯先生的吟诵节奏为 2+2+3。

- 841 -

3）从声韵调方面考察。

本诗首句入韵，韵字"间、还、山"，押上平声十五删韵（an）。韵部特点详见前。

表4—9—5　　《早发白帝城》普通话和蓬溪方言发音差异字

文字	普通话发音	蓬溪方言发音	异同分析
白	{bai}35	{b-ə}31	韵母由ai韵变为ə韵，调值由普通话的35变为蓬溪方言的31
岸	{an}51	{ŋ-an}213	由零声母变为特殊的方言声母ŋ，调值由普通话的51变为蓬溪方言213

注：普通话调值55、35、214、51；蓬溪方言调值35、31、53、213。

4）从音乐性方面考察。

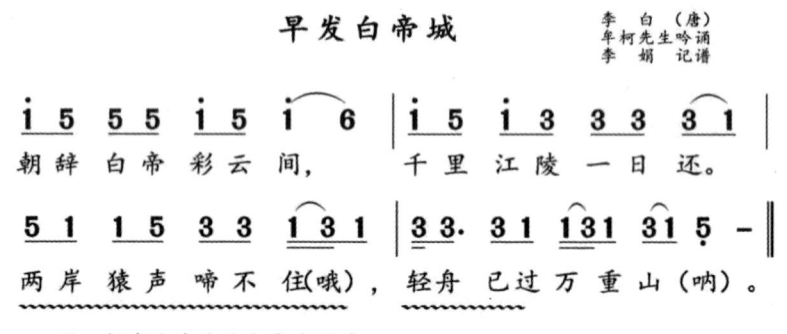

$$\text{（简谱：《早发白帝城》李白（唐），牟柯先生吟诵，李娟记谱）}$$

注：标有波浪线的文字为诵读。

a. 基本结构。

吟诵调《早发白帝城》属于 A+B+C+D 的四个独立的音乐短句构成的四句体结构。

b. 音阶调式。

调式音阶为5̣613；吟诵调为四音列（5̣613）曲调，出现（13）大三度音程，以徵音（5）作为调式主音和结束音。上下句的终止音（15）呈四度关系，调式调性明确，属徵调式四音曲。（四音曲调式调性具有游离性与确定性，调式调性确定与否，在于曲调中有没有大三度音程，有就确定，没有就具游离性。）

c. 旋律线。

A 音乐短句 i5 55 i5 i6（朝辞白帝彩云间）旋律主干音为 56i 三音，旋律起调以"56"两音围绕高音"i"作上下跳进、级进，开篇就出现三次全曲最高音"i"，音调高亢明亮，整个旋律在中高音区上下跳跃，"彩云间"（i5 i6）既突出了白帝城高耸入云的地势，也展现出了一幅晨曦美景，"间"作句末较长时值的拖腔，通过牟老的吟诵，生动地表现了诗人激动、欣喜的内心世界。

B 音乐短句 i·5 i3 33 31（千里江陵一日还）旋律围绕"135"三音变化连接，呈四度（i5）跳进、六度（i3）大跳谷峰型旋律形态。旋律上下起伏，音调明朗跳跃，不仅表现出诗人"一日""千里"的痛快，也透露出遇赦的喜悦。

C 音乐短句 51 15 33 131（两岸猿声啼不住）旋律主干音为"135"三音，在中音区发展，整句为诵读。句末"住"加衬字"哦"，加强喟叹。身在这如脱弦之箭、顺流直下的船上，诗人感到十分兴奋畅快。

D 音乐短句 33· 31 131 31 5 -（轻舟已过万重山），整句旋律由"13"两音交替变化组合，只在句末出现四度（1 5-）跳进，结束音落在调式主音"5"上，呈平稳而曲折前进的波纹型和下坡型相结合的旋律进行形态。"山"加衬字"呐"（31 5 -）作句末较长时值的拖腔，音乐素材简练，轻快流动的旋律好似轻舟载着诗人历经艰险，终于进入坦途。

d. 节奏腔式。

吟诵调《早发白帝城》整体节奏较规整，以 X、XX、XXX、XX.、X-节奏型为主，形成 2+2+3 式的吟诵节奏，第一、四句句末"间、山（呐）"（i6、31 5）作句末一字多音较长时值拖腔，第二句句末"还"（31）作一字多音短拖腔，第三句和第四句前半句为方言诵读，牟老在吟诵此篇诗歌时，遵循蓬溪方言语音声调行腔，吟诵音调轻快明朗。

5）牟柯先生《早发白帝城》吟诵概述。

此诗与《出塞》同属七言平起绝句，文体、格律、结构一致，但主题不同、气象不同，《早发白帝城》欢快舒畅，《出塞》则雄伟深沉。牟柯先生吟诵此诗时，以蓬溪方言语音声调行腔，吟诵节奏可基本分为2+2+3，以读诵为主，吟唱为辅，大部分文字呈现为一字一音。前两句高亢响亮、音域较宽，旋律起伏较大，后两句音域较窄，旋律起伏较小，句尾韵字处加衬字"哦""呐"帮助语气抒发延展呈现一字多音拖腔，尾部吟腔有$\dot{1}6$和$3\dot{1}$（变化形态$3\dot{1}5-$）。

（3）七言平起绝句《春宵》。

1）从创作背景方面考察。

苏轼（1037－1101），字子瞻，号东坡居士，四川眉山人，北宋著名文学家，"唐宋八大家"之一，有《苏东坡全集》《东坡乐府》传世。

2）从文体结构和吟诵节奏方面考察。

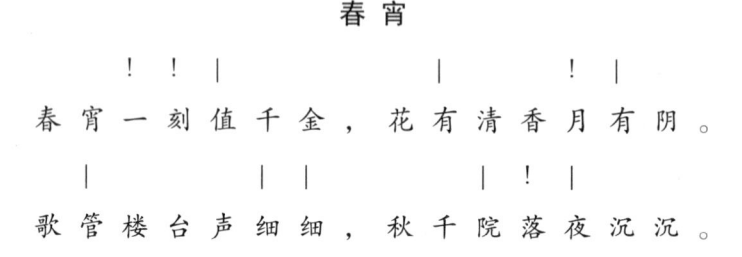

春 宵

```
      ! !  |           |         ! |
春 宵 一 刻 值 千 金 ，花 有 清 香 月 有 阴 。
      |       |  |        |  ! |
歌 管 楼 台 声 细 细 ，秋 千 院 落 夜 沉 沉 。
```

《春宵》为七言平起首句入韵式绝句，采用先总后分的叙述手法。首句直接得出"春宵一刻值千金"的结论，后三句则将春夜的美好娓娓道来"月色朦胧花香浮动，楼台深处轻歌曼舞，歌声轻轻管旋细细，进入深夜后，挂着秋千的庭院终于一片寂静"。有学者认为，苏轼《春宵》所表达的不是教人留恋和珍惜春夜时光的美好，也不是对官宦富贵人家奢华生活的揭露、批判和讽刺，而是表达被贬谪后离群索居不被理解信任的孤独寂寞与失落凄凉的境遇心情。牟柯先生的吟诵节奏为2+2+3。

3）从声韵调系统方面考察。

本诗首句入韵，韵字"金、阴、沉"，押下平声十二侵韵（in），i 为窄元音，发音时舌头与上颚的距离较小，n 为前鼻音，气息从鼻腔流出，发 in 音时，开口度小、声音的响度小，给人以平稳沉静的感觉，适宜表达深沉、忧伤、怜悯等情思。

表4—9—6　　　　　《春宵》普通话和蓬溪方言发音差异字

文字	普通话发音	蓬溪方言发音	异同分析
刻	{ke}51	{k-ə}213	韵母由 e 韵变为蓬溪方言韵ə，调值由普通话的 51 变为蓬溪方言的 213
歌	{ɡe}55	{ɡ-o}35	由 e 韵变为蓬溪方言的 o 韵，调值由普通话的 55 变为蓬溪方言的 35
院	{yuan}51	{w-ɑn}213	声、韵母都发生了改变，声母由 y 变为 w，韵母由 uan 韵变为ɑn 韵。调值由普通话的 51 变为方言的 213

注：普通话调值 55、35、214、51；蓬溪方言调值 35、31、53、213。

4）从音乐性方面考察。

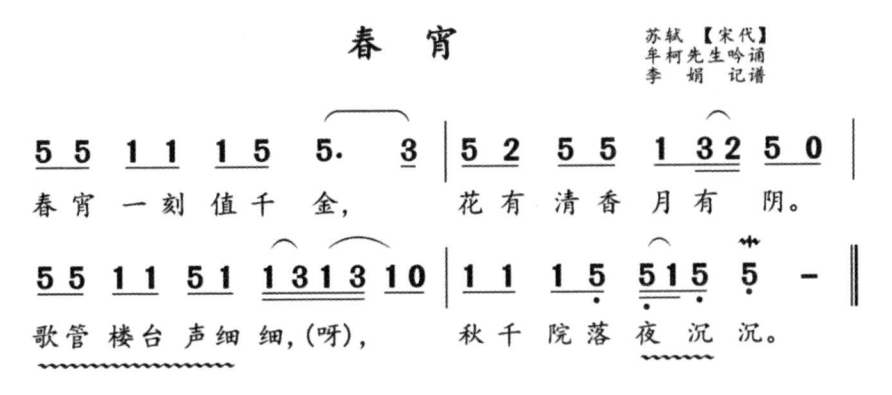

春　宵

苏轼【宋代】
牟柯先生吟诵
李娟　记谱

5 5　1 1　1 5　5. 　3 | 5 2 5 5　1 3 2　5 0 |
春　宵　一　刻　值　千　金，　　花　有　清　香　月　有　阴。

5 5　1 1　5 1　1 3 1 3　1 0 | 1 1　1 5　5 1 5　5 — |
歌　管　楼　台　声　细　细，(呀)，　秋　千　院　落　夜　沉　沉。

注：标有波浪线的文字为诵读。

a. 基本结构。

吟诵调《春宵》属于 A+B+C+D 的四个独立的音乐短句构成的四句体结构。

b. 音阶调式。

调式音阶为561235。吟诵调以徵音（5）作为调式主音和结束音，以宫（1）为上句终止所支持的徵终止群体，上下句的终止音呈纯四度关系，调式调性明确，属民族五声徵调式。

c. 旋律线。

A 音乐短句 55 11 15 5·3（春宵一刻值千金）主干音为"135"三音。旋律起调以"5、1"两音作重复、上下五度大跳变化发展，在句末"金"字作三度（5·3）级进并作较长时值的拖腔处理，呈谷峰型旋律进行形态，旋律起伏较大，首句破题，强调春夜短暂、弥足珍贵。

B 音乐短句 52 55 132 50(花有清香月有阴)，旋律围绕"1235"四音变化连接，和 A 句一样在中音区发展，以四度（52）五度（51）跳进为主，伴有二度三度（132）级进。句末"阴"50作八分休止，收音干脆利落。

C 音乐短句 55 11 51 1313 10（歌管楼台声细细），此句旋律在 A 乐句的基础上重复变化发展，"歌管楼台"（55 11）为诵读，句末"细"加衬字"呀"（1313 10）做一字多音适当拖腔处理，表现出轻轻的歌声和管乐声弥散于醉人的夜色中。

D 音乐短句 11 15 515 5（秋千院落夜沉沉），此句旋律由前面三句中音区下行到中低音区发展，音乐素材简练，由"15"两音变化组合而成，四次出现低音"5"，并以"5"作为结束音，"沉"作句末较长时值的拖腔长吟，并加以下波音润饰，旋律再次下探，情绪低沉暗淡。

d. 节奏腔式。

吟诵调《春宵》以 X、XX、X.X、XXX、X-节奏型为主，形成 2+2+3 式的吟诵节奏。在第一、四乐句尾音"金、沉"有明显两拍拖腔，第三乐句末衬字"呀"以及第四乐句尾音运用下波音"⌒"润腔技法，第一句拖腔高昂与第四句拖腔低沉形成强烈对比。

5）牟柯先生《春宵》吟诵概述。

牟柯先生吟诵时以蓬溪方言语音声调行腔，诵读为主，唱读为辅，整体音乐旋律起伏较小音域较窄，主要在中低音区发展，吟诵节奏基本为 2+2+3。句末韵字采用了三种不同处理方式"金"字为一字多音长吟（5·3）；"阴"字做顿挫处理（50），"沉"字为一字一音长拖腔加波音"～"润腔技法，第三句句末非韵字，使用衬字"呀"进行短吟（1313 10）。此诗与前两首同属七言平起绝句，但《春宵》相对冷静委婉略带忧伤情思，吟诵情感把握不同，吟诵抒情基调不一。

（4）七言仄起绝句《枫桥夜泊》。

1）从创作背景方面考察。

张继（约 715—约 779），字懿孙，湖北襄州人，天宝年间进士，曾任检校祠部员外郎，分掌财赋于洪州（今江西南昌市）。天宝十二年（753），张继进士及第，但在随后吏部组织的铨试中不幸落第，旋回湖北襄阳老家，乘船途经苏州城外寒山寺时，江南水乡秋夜的幽静，深深触动了诗人漂泊无依、浮萍般的愁心，家国之忧，前路迷离，何去何从？因而写下这首脍炙人口的羁旅诗，流芳千古。

2）从文体结构和吟诵节奏方面考察。

枫桥夜泊

！！　　　｜　　　　　　｜　｜
月 落 乌 啼 霜 满 天， 江 枫 渔 火 对 愁 眠。
　　｜　　　｜　｜　｜　　　｜　　！
姑 苏 城 外 寒 山 寺， 夜 半 钟 声 到 客 船。

此诗为七言仄起首句入韵式绝句。第一句"月落""乌啼""霜满天"分别为诗人所见所闻所感，通过虚实相间的笔法表现茫茫深夜的寒意和漫天弥散的霜花；第二句"江枫""渔火"，一静一动，一暗一明，江边岸上相互转换，凸显羁旅之夜的宁静，其"对"字把舟中旅人和舟外景物融合起来达到物我一体；后两句夜闻钟声是诗人得到的最为深刻、最具诗意的感知。前面的描写都为钟声的出现做铺垫，这寒山寺古雅沧桑的钟声在此刻响起，不但衬托出夜的静谧，也让读者更易体会诗人卧听钟声的孤愁情怀。[①]牟柯先生的吟诵节奏为 2+2+3。

3）从声韵调方面考察。

本诗首句入韵，韵字为"天、眠、船"，押下平声一先韵。徐健顺教授《汉语音义表》总结此韵特点："先韵源于上古的三个韵部，而且往往前有介音 u，多是开口度由小变大再变小，收于前鼻音，在变化感中，突出了中间元音的开阔感，因此其字多有伸展、致远、终收之意"[②]，汪烜《诗韵析》概括为"景物流连、风景鲜妍、琴鹤翩然"。[③]

表 4—9—7　　《枫桥夜泊》普通话和蓬溪方言发音差异字

文字	普通话发音	蓬溪方言发音	异同分析
客	{ke}51	{k-ə}213	韵母由 e 韵变为蓬溪的方言韵ə，调值由普通话的 51 变为蓬溪方言的 213

注：普通话调值 55、35、214、51；蓬溪方言调值 35、31、53、213。

4）从音乐性方面考察。

a. 基本结构。

吟诵调《枫桥夜泊》属于 A+B+C+D 的四个独立的音乐短句构成的四句体结构。

b. 音阶调式。

调式音阶为 12356$\dot{1}$。吟诵调以宫音（1）作为调式主音和结束音，以角（3）

---

① 华峰：《基础吟诵 75 首》，大象出版社 2014 年版，第 101 页。
② 徐健顺：《吟诵概论（上）——中华传统读书法》，广西师范大学出版社 2019 年版，第 265 页。
③ 续修四库全书编纂委员会：《续修四库全书》，上海古籍出版社 2002 年版，第 409 页。

为上句终止，上下句的终止音呈三度关系，调式调性明确，属民族五声宫调式。

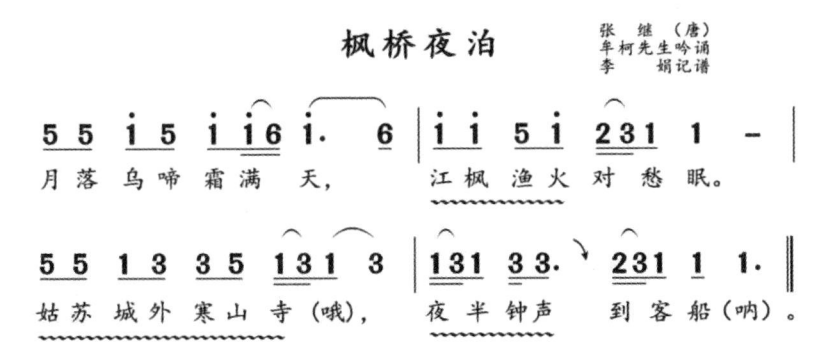

枫桥夜泊

张　继（唐）
牟柯先生吟诵
李　娟记谱

5 5	i̲5̲	i̲i̲6̲	i · 6	i̲i̲	5̲i̲	2̲3̲1̲	1 —
月落	乌啼	霜满	天，	江枫	渔火	对 愁	眠。

5 5	1̲3̲	3̲5̲	1̲3̲1̲ 3	1̲3̲1̲ 3̲3̲·	2̲3̲1̲ 1 ·
姑苏	城外	寒山	寺（哦），	夜半 钟声	到客船（呐）。

注：标有波浪线的文字为诵读。

c. 旋律线。

A 音乐短句 5̲5̲ i̲5̲ i̲i̲6̲ i·6（月落乌啼霜满天），旋律主干音为"56i"三音。"月落乌啼"以诵读的形式出现，"霜满天"由（i6）两音循环下行跳进，"天"作句末一字多音拖腔长吟，音调下叹，通过牟老的吟诵，勾勒出了一幅浓霜弥天、冷寂凄清的秋夜画面。

B 音乐短句 i̲i̲ 5̲i̲ 2̲3̲1̲ 1-(江枫渔火对愁眠)，旋律围绕主"1235"四音发展变化，"江枫渔火"为诵读，"对愁眠"从"火"字的高音"i"陡转直下七度大跳至中音"2"，整句突出了一个"愁"字，"眠"作句末拖腔长吟。AB 乐句音调较高亢，音级出现在中高音区，音域较宽，起伏的旋律与诗词的内容有机结合，情景交融，凸显出水乡秋夜幽寂清冷的氛围和孤子的羁旅者的愁绪。

C 音乐短句 5̲5̲ 1̲3̲ 3̲5̲ 1̲3̲1̲ 3（姑苏城外寒山寺），该乐句由 AB 乐句的中高音区下行到中音区，音域变窄，旋律起伏变小。此乐句几乎为诵读，只有最后一个字"寺"加衬字"哦"（1̲3̲1̲ 3）作拖腔长吟。拖腔音调上行，给人意犹未尽之感，诗人用此句为下一句做铺垫，点明钟声的出处。

- 849 -

D 音乐短句 <u>131</u> 33·丶<u>231</u> 1 1·（夜半钟声到客船），旋律主干音为 123 三音，该乐句比 C 乐句音域更窄，只在三度内作波纹型变化。"夜半钟声"为方言诵读，"声"作适当拖腔并加以下滑音处理，句末"船"字加衬字"呐"（1 1·）拖腔长吟。CD 乐句音调平稳，"城、寺、船、钟声"意境空灵旷远。

d. 节奏腔式。

牟柯先生吟诵《枫桥夜泊》时以蓬溪方言语音声调行腔，诵读较多，以八分音符 <u>XX</u> 和十六分音符 <u>XXX</u> 相结合，加以附点节奏 X.<u>X</u>、<u>XX</u>.的运用，明显将其吟诵节奏分为 2+2+3，前四字"诵"后三字"吟"，"天、眠、寺哦、船呐"（i·6、1-、<u>131</u> 3、1 1·）每一句的句末字都作拖腔长吟。

5) 牟柯先生《枫桥夜泊》吟诵概述。

此诗为七言仄起绝句，吟诵调与七言平起绝句《早发白帝城》的吟诵调稍有不同，主要体现在停顿拖腔和平仄字音的关系方面，牟柯先生以蓬溪方言语音声调行腔，吟诵节奏为 2+2+3，节奏规整，以诵读为主唱读为辅，前两句音域较宽高亢响亮，旋律起伏较大，后两句音域较窄，旋律起伏较小，句末韵字处一字多音拖腔，同时加"哦""呐"等衬字帮助气息延展和声腔回环。

5. 牟柯先生遂宁传统吟诵特点。

（1）遵循方言　讴叹韵味。

众所周知，曲唱要求"声则平上去入之婉协，字则头腹尾音之毕匀""四声不得其宜，则五音废"，[①]吟诵与曲唱虽然同属中国传统声乐，均遵守字音决定乐音并整体转化为旋律的规则，但曲唱在咬字行腔方面显得严谨规范突出旋律声腔，吟诵则以语言文字为本位，立足文学表达情感，故而其旋律乐

---

① （明）魏良辅：《曲律》，载中国戏曲研究院编《中国古典戏曲话表集成》（五），中国戏剧出版社 1982 年版，第 47 页。

音显得较为灵活自由。

牟柯先生的吟诵遵循方言咬字方音行腔的传统吟诵规则，节奏多呈现八分音符和十六分音符，旋律简单，七言诗句中一般前四字为诵，后三字为吟，前后字衔接紧密，句末加衬字拖腔长吟，有明显的讴叹声腔，讴声上扬舒缓，叹声下顿急促，以此表达自己与文本和诗人的高度共情，用牟先生的话说叫"韵味道"。牟柯先生的吟诵旋律相对朴素简单，但呈现出蓬溪方言字读的四声调值所化的音乐旋律。蓬溪方言的四个声调值35、31、53、213，调型有中升、中降、高升和微降低升，如"朝辞白帝彩云间"，按照四声调值排列为 35 31 31 213 53 35 35，吟诵乐调为 $\underline{15\ 55\ 15\ \dot{1}6}$，高低升降为 ↘---↗↘↗↘，句末"间"韵字拖腔，音乐节奏变为两个四分音符，形成有讴有叹、时吟时诵、充满地域特色的传统吟诵。

（2）旋律质朴　气象中正。

牟柯先生一生浸淫中国传统文化，始终从事书画和木刻工作，具有深厚的文化艺术修养和独特的审美视觉，吟诵风格如同其木刻技艺，淳朴严谨、古拙敦厚、自然端庄。

唐代释皎然《诗式》云："气高而不怒，怒则失于风流；力劲而不露，露则伤于斤斧；情多而不暗，暗则陟于拙钝；才赡而不疏，疏则损于筋脉"。[①]吟诵的本质是读书，乐音上的审美愉悦并非其根本，牟柯先生对笔者说过"其吟诵源自其师，吟诵方法和基本旋律并无变化，无现代音乐元素，也没有花腔转弯，原汁原味，本色十足"。我们也了解到，牟柯先生一生并无音乐学习的专门机会，也没有深厚的戏曲造诣，但终生受到中华文化熏陶，长年进行诗词吟诵的实践，在不断的涵泳体悟中，形成了旋律质朴、行腔稳重、气息平和、气象中正、疾徐有度的牟氏吟诵。

---

① （唐）释皎然：《诗式》，中华书局1988年点校本，第78页。

(3) 一调多诗　随体变化。

中国古典文学专家蒋凡教授曾提到，"吟咏，也即长吟曼唱。吟咏多为学人，所以虽有一定的曲调，但旋律简单，一、二个乐句中可多次反复出现，变化不大，音符起伏，一般高低落差都在一个八度音域之中"[①]。正如蒋凡教授所言，牟柯先生的吟诵具有相对固定的基本旋律，一些基本"乐汇"反复出现或变化运用。如，七言绝句不论平起仄起，吟诵节奏一律为 2+2+3，其中作为衬字的语气助词"呀""哦"往往在第三句句末出现，"啰""呐"在第四句句末出现。在韵字处有上行尾部吟腔 $\dot{6}\cdot\underline{5}$ ，下行尾部吟腔 $\dot{1}\dot{6}$、$\underline{5\cdot 3}$、$\underline{16}$（变化形态有 $\underline{3516}$、$\underline{216\dot{5}}$）、$\underline{31}$（变化形态有 $\underline{315}$-、$\underline{1313}\ \underline{10}$、$\underline{231}\ 1$-、$\underline{131}\ 3$、$\underline{231}\ 1\ 1\cdot$），而 $\dot{1}\dot{6}$、$\underline{5\cdot 3}$、$\underline{16}$ 在西洋音乐中称之为音程移位的同一音乐形态。牟柯先生吟诵虽然节奏清晰，旋律简单，但也不是一成不变，在不同的诗词作品中，吟诵风格和旋律也有所差异。如三首七言平起绝句，《早发白帝城》的吟诵相对高亢、力度较强、意境深远，《出塞》的吟诵旋律则相对低沉但音韵铿锵、雄浑苍茫，《春宵》的吟诵声腔则更显冷静委婉、别出机杼。所以看似相近的吟诵基本旋律，处理不同作品时体现出的字音轻重、乐音高低、长短顿挫和旋律抑扬均有不同。

十　南充传统吟诵研究

（一）以汤光明先生为例

1. 南充市概貌。

南充市位于四川盆地东北、嘉陵江中游，辖 3 区 1 市 5 县、人口 760 万，幅员面积 1.25 万平方公里，是四川省第二人口大市。南充有 2200 多

[①] 蒋凡：《中国古代音乐与文学》，讲座稿，内部资料。

年建城史,早在尧、舜之前便称"果氏之国",春秋以来历为都、州、郡、府、道之治所。南充文化底蕴深厚,三国文化、丝绸文化和嘉陵江文化交融生辉,孕育了辞赋大家司马相如、史学家陈寿、天文历法巨匠落下闳和忠义大将军纪信等众多历史名人,川北大木偶、川北灯戏、川北剪纸、川北皮影等非物质文化遗产饮誉中外。

2. 南充方言的声韵调系统。

(1) 声母。共 20 个(含零声母)。

表 4—10—1　　　　　　　　　　南充方言声母

			双唇	齿唇	舌尖前	舌尖中	舌面前	舌根
塞音	清	不送气	p			t		k
		送气	p^h			t^h		k^h
塞擦音		不送气			ts		tɕ	
		送气			ts^h		$tɕ^h$	
鼻音	浊		m			n		ŋ
擦音	清			f	s		ɕ	x
	浊			v	z			
零声母					ø			

2) 韵母。共有 36 个,有开尾韵 14 个,元音尾韵 9 个,鼻音尾韵 13 个。

表 4—10—2　　　　　　　　　　南充方言韵母

	开尾韵				元音尾韵			鼻音尾韵			
开口呼	ɿ	o	A	e	ə	ai	ei	au	əu	an	ən	aŋ	oŋ
齐齿呼	i	io	iA	ie		iɛi		iau	iəu	iɛn	in	iaŋ	ioŋ
合口呼	ʊ		uA	ue		uai		uei		uan	uən	uaŋ	
撮口呼	y			ye						yɛn	yn		

3）声调调值。南充方言的入声字已消失，现存的4个声调，分别是阴平（高平调）、阳平（中降调）、上声（高降调）和去声（低升调）。

表 4—10—3　　　　　　　　　南充方言声调

调类	阴平	阳平	上声	去声
调值	55	31	42	24
调型	高平调	中降调	高降调	低升调

以上内容参考《四川南充地区汉语方言音系调查研究》[①]。

3. 汤光明先生及其南充传统吟诵。

汤光明（1939—），字子磊，南充人，毕业于南充师范学院，师承闻一多先生高足郑临川教授。汤光明先生在《慕兰轩诗文集》自述中提到自身人生经历。"唯吾愚而鲁，翕小顽劣性。春秋十五载，方慕先圣名。血中袭因子，偏存粉墨性。影志错忤后，专意弄诗文。孔孟成知己，李杜导人生。教坛四十载，文瀚任浸淫。先赴荒僻地，浴血挫心性。后返昌明市，请命慰世人。好预不平事，舍己正义伸。不求涌泉报，但得心自衡。广植桃李树，教坛任驰骋。释文抒华章，启智拨阴云。燕雀知反哺，飞鸽慰寒温。师生相欢悦，人生得酬情。此生将垂暮，欣然渡光阴。此生逢盛世，不枉走一程。"

2016年11月四川省吟诵学会会长王传闻、副秘书长周永明赶赴汤光明先生家中进行采录和学习，诗、词各一首——诗《秋浦歌》，词《钗头凤》。汤先生的南充传统吟诵师承较为复杂，其吟诵调基本旋律主要来自家传，而吟诵的方法主要师承郑临川教授。

---

① 李敏：《四川南充地区汉语方言音系研究》，四川师范大学硕士学位论文，2017年。

4. 汤光明先生南充传统吟诵举隅。

（1）《秋浦歌》。

1）从创作背景方面考察。

公元 753 年（唐玄宗天宝十二载），李白漫游至秋浦，写下组诗《秋浦歌十七首》。早年，李白曾北游幽蓟，亲见安禄山势力独大，君王养痈已成，此时他再到江南，目睹大好河山可能很快生灵涂炭，悲愤不能自已。汤光明先生吟诵的《秋浦歌》是其中一首，诗人以奔放的激情、浪漫主义的手法，为"自我"画像，把怨愤和抑郁通过诗作一泻而出。

2）从文体结构和吟诵节奏方面进行考察。

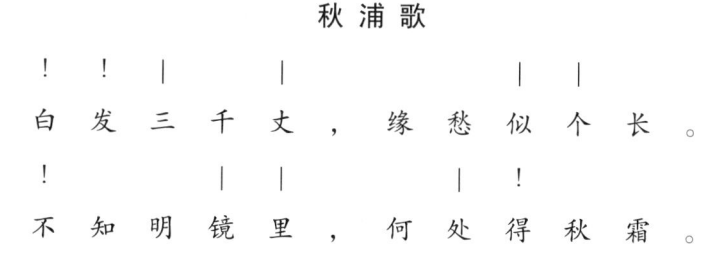

秋 浦 歌

！ ！ ｜　　　｜　　　　　　｜ ｜
白 发 三 千 丈 ，　缘 愁 似 个 长 。
！　　　｜ ｜　　　　　｜ ！
不 知 明 镜 里 ，　何 处 得 秋 霜 。

诗人揽镜自照，运用夸张的手法，表现自己的愁绪犹如三千丈的白发一样，以此抒发自己年事已高，壮志未酬的悲愤。将无形的愁绪化为有形的白发，令人称奇。

首句直接写白发有三千丈长，让人疑惑白发怎会有如此之长，由"缘愁似个长"承接上句点明原因，点明愁绪悠长才使白发三千丈。李白运用夸张的手法写白发，实则是写愁绪，短短十字，境界开阔，非比寻常，体现了李白诡谲浪漫的艺术想象力。[①]

后两句"不知明镜里，何处得秋霜"，不知道在明镜之中，是何处的秋霜落在了我的头上？诗人在此也幽默风趣，白发不是白发，而是秋霜落

---

① 何家荣：《李白〈秋浦歌〉解读》，《池州学院学报》2008 年第 6 期。

在了头发上,才使头发花白。诗人不觉自己年老,这两句不是问语,而是愤激语、痛彻语。诗眼就在一个"得"字上,"得"字贯穿诗人一生,其所志不遂,饱受官场排挤倾轧,因此愁生白发,鬓染秋霜,亲历亲感,何由不知。

汤老的吟诵节奏为2+3(白发三千丈、缘愁似个长、何处得秋霜),2+2+1(不知明镜里)。

3)从声韵调方面进行考察。

这首《秋浦歌》为五言绝句,首句不入韵,韵字"长""霜",押下平七阳韵,韵母为"ang"。阳韵源于上古的阳部,徐健顺教授《汉语音义表》总结此特点,是大开口度的元音接后鼻音,后鼻音不改变口型,持续大开口,因此其字多有"开阔、向上、辽远"之意。①汪烜《诗韵析》:富丽宫商、鸣凤朝阳、触物心伤。②

"长"舌尖后音送气卷舌擦音,此声母有精细送气之感,来源于中古音的五个声母;"霜"卷舌擦音,有缝隙中吐气之感,亦有舒展伸长、减少之意。

汤老在吟诵这首诗的时候,普通话和四川方言混合使用,主要体现在平翘舌音上,没有完全遵循四川方言把翘舌音读作平舌音的常规。

表4—10—4 《秋浦歌》普通话和南充方言发音差异字

文字	普通话发音	南充方言发音	异同分析
白	{bai}35	{b-ə}31	韵母是方言发音,由ai变为ə,调值由普通话的35变为南充方言的31
个	{ge}51	{g-o}24	典型的方言发音,韵母由e韵变为o韵,调值由普通话的51变为南充方言的24

注:普通话调值55、35、214、51;南充方言调值55、31、42、24。

① 徐健顺:《吟诵概论(上)——中华传统读书法》,广西师范大学出版社2019年版,第265页。
② 续修四库全书编纂委员会:《续修四库全书》,上海古籍出版社2002年版,第409页。

4）从音乐性方面进行考察。

a. 基本结构。

汤光明先生《秋浦歌》吟诵调属于 A+B+C+D 四个独立的音乐短句构成的四句体结构。

秋浦歌
李白 （唐）
汤光明先生 吟诵
何民 记谱

$5\ 5\ \widehat{6\ \dot{1}}\ \dot{\overset{>}{1}}\ \dot{\overset{>}{1}}\ \dot{\overset{>}{1}}0\ |\ 5\ 5\cdot\ \dot{1}\ \widehat{6\ 5}\ \widehat{3\ 2}\ \widehat{3\ 2}\ |$
白发 三 千 丈， 缘愁 似 个 长。

$\widehat{1\ 1}\ \widehat{2\ 3}\ 5\ \widehat{5\ 3\ 2\ 3}\ \widehat{5\ 3}\ |\ \widehat{\dot{1}\ \dot{1}}\ \widehat{5\ 6}\ 5\cdot\ \widehat{3\ 2\ 3\ 2}\ \widehat{1\ 1\ 1}\ |$
不知 明 镜 里， 何处 得秋 霜(啊)。

$\widehat{1\ 1}\ \widehat{2\ 3}\ 5\ \widehat{5\ 3\ 2\ 3}\ 5\ 0\ |\ \widehat{\dot{1}\ \dot{1}}\ \widehat{5\ 6}\ 5\cdot\ \widehat{3\ 2\ 3\ 2}\ \widehat{1\ 1\ 1}\ |$
不知 明 镜 里， 何处 得秋 霜(啊)。

$\widehat{1\ 1}\ \widehat{2\ 3\ 5\ 3\ 2\ 3\ 2}\ \widehat{1\ 1\ 1}\cdot\ \|$
何处 得秋 霜(啊)。

b. 音阶调式。

调式音阶为 1 2 3 5 6 $\dot{1}$

吟诵调以宫音（1）作为调式主音和结束音，商音（2）为上句终止所支持，具有刚劲稳健的调式特点，属民族五声宫调式。

c. 旋律线。

A 句 $5\ 5\ 6\ \dot{1}\ \dot{1}\ \dot{1}\ 0$（白发三千丈）旋律在 $5\ 6\ \dot{1}$ 三音列中以大二度、小三度逐级上行级进 $5\ 5\ 6\ \dot{1}$ 发展，"三千丈"三字以全曲最高音 $\dot{1}$ 作一字一节拍的同音反复 $\dot{1}\ \dot{1}\ \dot{1}\ 0$，汤老在吟诵"三千丈"时力度加强，末字"丈"巧妙运用八分休止符"$\dot{1}\ 0$"，做急收断腔处理，坚定有力。整个旋律呈上坡型旋律形态，音调由下而上，情绪由低向高，似大潮奔涌，火山爆发。

B 句 $5\ 5\cdot\ \dot{1}\ 6\ 5\ 3\ 2\ 3\ 2$（缘愁似个长）旋律在 5 的同音反复后的四度小跳 $5\ 5\cdot\ \dot{1}$ 中起调，"似个长"再二度三度级进回落 $6\ 5\ 3\ 2\ 3\ 2$，旋律进行在首句的情绪推进后下行处理，呈明显的下行音调，紧承上句，给人以一种豁然明白之感，

- 857 -

原来"三千丈"的白发是因愁而生，因愁而长，"愁"字作了句中长音连腔吟诵，十个字的千钧重量落在一个"愁"字上。

C 句 1<u>1235</u><u>5323</u> 53（不知明镜里）主干音为 1235，旋律在五度内以二度、三度连续级进 1<u>1235</u><u>5323</u> 53 为主，上行下行交替，平稳而曲折的波纹型旋律形态，音调忧郁愁苦，迟暮感伤的情感油然而生。

D 句 1i <u>565·3</u> <u>23 21</u> 11 1<u>123 53 23 21</u> 11·（何处得秋霜）在中音 1 到高音 i 的五声旋律中，凸出了主干音 12356，"何处"两字作全曲最高音 i 的同音反复后级进 1i<u>565·3</u> 下行发展，"得秋霜"的大二度级进回落 <u>23 21</u> 11，音调具有忧伤憔悴的感情色彩，通过汤老的复沓吟诵，曲调在反复后稳稳作结在主音 1 上。揽镜自照，秋霜色白，进一步加强对"愁"字的刻画，抒写了诗人愁肠百结、难以自解的苦衷。

d. 节奏腔式。

通过吟诵曲调谱例旋律线和节奏腔式分析发现，汤光明先生吟诵《秋浦歌》时遵循南充方言语音的自然规律，以南充方言语音的声调行腔，其节奏为 2+3 和 2+2+1 式，第二字"发、愁、知、处"（<u>56</u>、5·i、1<u>23</u>、i<u>565·3</u>）字作了明显的一字多音的长音拖腔处理，句末加衬字"啊"，使得句幅得以扩充，旋律线条圆润、连贯美听且音乐性较强，多处运用一字多音的长音连腔基本润腔技法，凸显了汤氏吟诵调的风格特点和韵味。

5）汤光明先生《秋浦歌》吟诵概述。

《秋浦歌》的吟诵音域主要在中音区，吟诵中运用衬字"啊"使吟诵旋律线条圆润连贯。<u>5323</u> 的旋律贯穿"缘愁似个长、不知明镜里、何处得秋霜"三句，"不知明镜里 1<u>1235</u><u>5323</u> 53"与"何处得秋霜 1i <u>56</u> 5·3 <u>23 21</u> 11"旋律相似，音乐旋律规整。

（2）《钗头凤》。

1）从创作背景方面来考察。

《钗头凤》是南宋诗人陆游最为著名的爱情悲剧词作，描写了陆游和妻子唐婉的爱情悲剧。二人青梅竹马、两小无猜，结婚后感情缠绵悱恻朝夕不离。陆母认为陆游已然沉迷情爱不能自拔，对于科举功名不思进取，由此对唐婉极其不满，要求陆游休妻。迫于母亲压力，陆唐二人劳燕分飞，之后二人各自成家，但心中却依然旧情难却。十余年后，陆游重游沈家花园旧时池台，与昔日伴侣居然故地重逢，心中感慨万千。见面之后，陆游内心凄然，奋笔题下《钗头凤》，唐婉看后伤痛不已和词一首，之后郁郁寡欢愁苦度日，不久便香魂消散撒手人寰。

2）从文体结构和吟诵节奏方面进行考察。

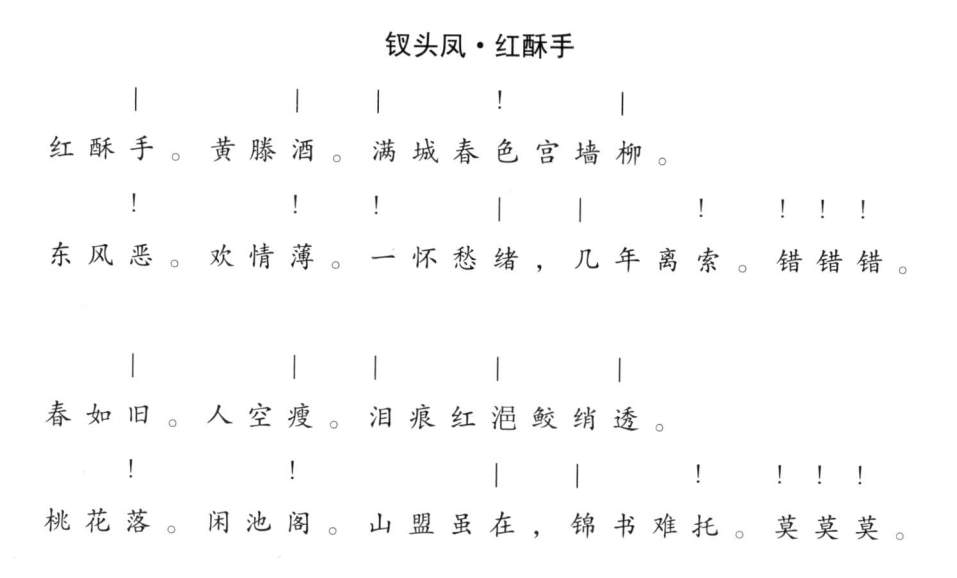

钗头凤·红酥手

红酥手。黄縢酒。满城春色宫墙柳。

东风恶。欢情薄。一怀愁绪，几年离索。错错错。

春如旧。人空瘦。泪痕红浥鲛绡透。

桃花落。闲池阁。山盟虽在，锦书难托。莫莫莫。

全词共两阕，上阕通过追忆自己往昔美满的爱情生活，感叹被迫离异的痛苦，下阕从往事回到痛苦的现实之中，进一步抒写夫妻被迫离异后的深哀巨痛，感情真挚、催人泪下，字字锥心、句句滴血，处处表达着词人对这段真爱的不舍和被逼分开的无奈。上阕从"红酥手、黄縢酒"开笔，追忆两人共赏满园春色，描述二人幸福的婚后生活，表现陆游对唐婉的无限深情。东风本和煦，但在这里却是"恶"，极力地表现美好的时光短暂，满园春色抵不过东风，吹散了浓情，使得两人情谊相薄，内心悲伤涌入。"欢情薄"强调"薄"字，是入声字也是词中的韵字，短促急迫，凸显作者内心悲伤、满腔愁绪，离别多年、物是人非。"错、错、错"三字叠韵，情绪低沉，似诗人问自己错在何处？母亲逼迫家命难违，妻子深情难以割舍，求而不得爱而离别，愁肠百结只能连用三个"错"字来表达纷乱幽恨的情绪。

下阕实写当前的人、事、景，春天依然和当初同样美丽，但是眼见心爱之人却憔悴消瘦，脸上泪痕依稀尚存。"春如旧"与"满城春色"表现了如今"人空瘦"的物是人非，字里行间凄凉婉转，让人潸然泪下。东风吹落满地桃花，春光逝去落寞悲寂。曾经的海誓山盟遭遇现实，分别之后再无音讯，离开之后永不回头。作者此时百感交集，爱恨交织，事已至此只能将痛苦藏进心中，不再纠缠再不相见。

本词共有 13 个仄声字，14 个入声字。汤老的吟诵节奏为三言句 2+1（红酥手、黄縢酒、东风恶、欢情薄、桃花落、闲池阁）、1+2（春如旧、人空瘦），四言句 2+2，七言句 4+3。

3）从声韵调方面进行考察。

全词共两组韵，《词林正韵》十二部韵和十六部韵。"手、酒、柳、旧、瘦、透"押十二部韵（仄），"柳、旧"为合口圆唇元音，有逐渐收敛和延续之意，表达绵长情感。"透"清声母，发音时先阻塞气流后用舌尖送气，有冲出、打通、碰触之意。

"恶、薄、索、错、落、阁、托、莫"押十六部韵（入）。"恶"打开双唇、声带振动，有爆发、上升之感。"落"为入声韵，发音时大开口前低元音接舌根塞音，有突然打开之感。"莫"为双唇鼻音，发音时双唇紧闭，气流冲出鼻腔振动，以闭合为主，表达的情感较为消极灰暗。韵字的运用真切地表达出陆游作此词时痛心悲愤、无可奈何。

汤老先生在吟诵此诗时，一唱三叹、以唱为主。为了充分地展示艺术性，使用了普通话吟诵，没有明显的方言特点，也没有普通话与方言读音的差异。其基本吟诵旋律来自其家传吟诵调，此处仅列出普通话与南充方言的声调值作为参考，普通话调值为 55、35、214、51；南充方言调值为 55、31、42、24。

4）从音乐性方面进行考察。

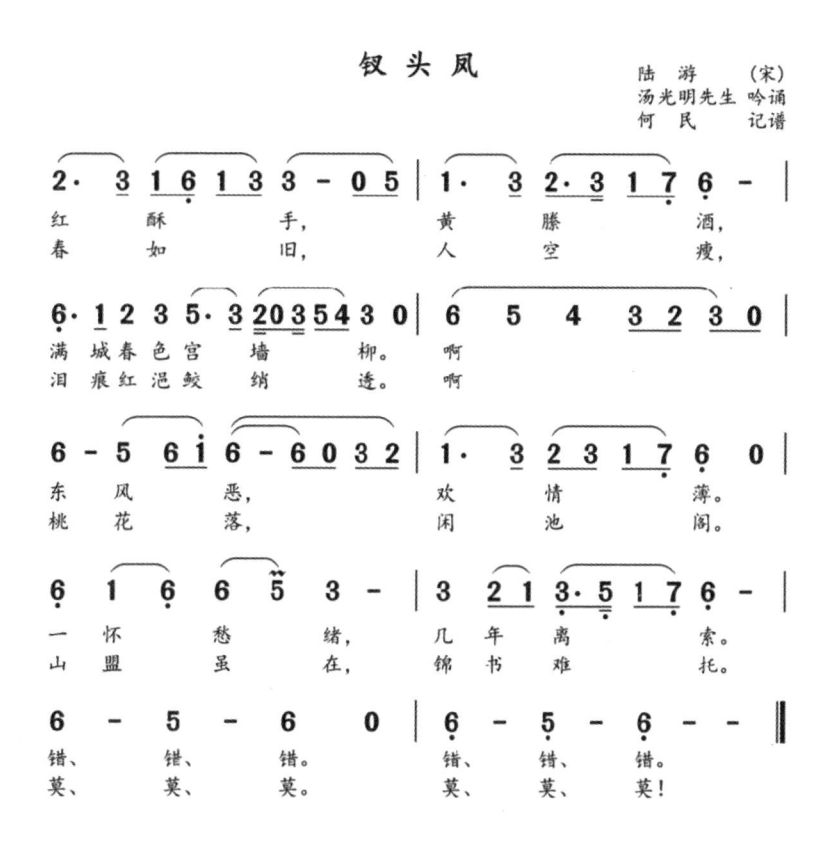

钗头凤

陆　游　（宋）
汤光明先生　吟诵
何　民　记谱

```
2· 3 16 1 3 3 - 0 5 | 1· 3 2· 3 1 7̣ 6̣ - |
红   酥   手,       黄  滕   酒,
春   如   旧,       人  空   瘦,

6̣· 1 2 3 5· 3 2 0 3 5 4 3 0 | 6 5 4 3 2 3 0 |
满 城 春 色 宫   墙       柳。    啊
泪 痕 红 浥 鲛   绡       透。    啊

6 - 5 6 1 6 - 6 0 3 2 | 1· 3 2 3 1 7̣ 6̣ 0 |
东   风   恶,         欢  情   薄。
桃   花   落,         闲  池   阁。

6̣· 1 6̣ 6̣ 5̣ 3 - | 3 2 1 3· 5 1 7̣ 6̣ - |
一 怀   愁   绪,   几 年 离     索。
山 盟   虽   在,   锦 书 难     托。

6 - 5 - 6 0 | 6̣ - 5̣ - 6̣ - ‖
错、 错、 错。    错、 错、 错。
莫、 莫、 莫。    莫、 莫、 莫!
```

a. 基本结构。

《钗头凤》的吟诵曲调分为两段，属于 A+B+C+D 四个独立的音乐长句构成的四句体结构。

b. 音阶调式。

调式音阶为67123456。

吟诵调以羽（6）音作为调式主音和结束音，角（3）音为上句终止所支持，上下句终止呈五度关系，调式调性明确，属民族七声清乐羽调式。

c. 旋律线。

A 句　2· 3 16 133-05 1·3 2·3 176-6·1235·3 203 5430（上阕：红酥手，黄滕

酒，满城春色宫墙柳；下阕：春如旧，人空瘦，泪痕红邑鲛绡透）旋律在五声正音基础上，用到偏音清角"4"和变宫"7"，形成中国传统清乐七声音阶，在低音"6"到中音"5"的七声旋律中以大二度、小三度上下行交替进行于中低音区，"红酥手"（2·3 16 133-05）对"人空瘦"（1·3 2·3 176-）在形象、鲜明的对比中，充分地表现出"几年离索"给唐婉带来的巨大精神折磨，旋律下行，音调悲咽。"旧"（3-05）、"鲛绡透"（203 54、30）休止符的运用，以间断式的"停顿"增强了凄切悲苦的意象，声断气连，如泣如诉，更为形象生动表达了词人与唐氏的眷恋和相思，同时又抒发了怨恨愁苦难以言状的凄楚心情。

B 句 6-5616-60 321·3 23 1760（上阕：东风恶，欢情薄；下阕：桃花落，闲池阁）"东风恶"（6-5616-60 32）旋律发展在七度音程中出现全曲最高音"i"，"恶"（6-60 32）的一字多音润腔技法和八分休止符"0"运用巧妙，音调悲愤凄切，暗示造成词人爱情悲剧的"恶"势力，一语双关，信息丰富。"欢情薄"（1·3 23 17 60），旋律逐步下行，"薄"字（60）运用四分休止，句末突然断顿，以断字断腔处理，音调更显伤感无奈。"桃花落，闲池阁"与之前后照应，进一步把词人怨恨"东风"的心理抒写出来。此句旋律发展跨低中高三个音区，音域跨十度之多，旋律线高回低旋，悲愤凄楚心境深切可感。

C 句 616653-321 3·5 176-（上阕：一杯愁绪，几年离愁；下阕：山盟虽在，锦书难托）旋律发展继续向下延伸至中低音区，"一杯愁绪"（616653-）六度、八度的大跳，"几年离愁"（321 3·5 176-）回落至全曲最低音"3"，旋律的上跳和跌落形成犹如山峰山谷交错的乱山之态，几年离索，万千愁绪，苦与谁说。山盟虽在，锦书难托，低回曲折的旋律音调，万箭簇心，难以名状。

D 句 6-5-606-5-6--（上阕：错、错、错；下阕：莫、莫、莫）素材简洁，旋律简单，大二度（6-5-60）的音程级进，以及汤老在此复沓吟诵，从中音区直跌八度（6-5-6--）回落到低音区，情绪再一次跌落，一连三个"错"字，连进而出，沉痛激愤的感情如江河奔泻，一发不可收拾。下阕的"莫、莫、莫"，刹那间，有爱、有恨、有痛、有怨，事已至此，百感交集，万千感慨。"错，错，错"和"莫，莫，莫"先后两次感叹，荡气回肠，苦不堪言、恸不能言。词情与曲意完美结合，全词在极其沉痛的喟叹声中由此结束，让人久久不能从悲痛中脱离。

d. 节奏腔式。

从吟诵曲谱的旋律线和节奏腔式分析，汤光明先生吟诵《钗头凤》时主要以唱为主，四分音符 X、二分音符 X- 舒展宽松节奏型的大量运用，环环相扣，连绵不断。一字多音、长音连腔，极富旋律感。八分休止符"0"和四分休止符"0"运用其中，节奏顿挫、断连交错、断后即连。其中衬字"啊"（6543230）一字多音长音拖腔润饰，句幅得以填充，末字"错、莫"的两次复沓吟诵，意境得以升华，旋律配合文辞，使人吟之而悲，闻之而痛，涔涔泪落，不能自已。

5）汤光明先生《钗头凤》吟诵概述。

汤光明先生吟诵《钗头凤》时采用雅言吟诵的方式，以唱为主，整体旋律在中低音区，一唱三叹，且大量运用一字多音拖腔手法，表现陆唐二人的深情和悲痛，如："酥"（1613）、"手"（3-05）、"滕"（2·317）、"墙"（20354）、"恶"（6-6032）、"情"（2317）下阕对应字相同。其节奏舒缓均匀倾情缓吟，三言句吟诵节奏为 1+1+1，四言句为 2+2，七言句为 2+2+3。吟诵时上下阕旋律一致，具有音乐回环和模进对称的美感。

5. 汤光明先生南充传统吟诵特点。

汤光明先生南充传统吟调旋律十分优美，节奏分明，平和中正的表达诗词的情感。概括说来，汤先生的诗词吟诵有以下四个方面的特点。

（1）师承有序　特征明显。

汤先生的吟诵调基本旋律源自家传，是典型的南充传统吟诵，但在方法上又受到南充师院郑临川教授的影响，加上汤先生音质较好气息十足，一生又从事语文教学工作，学识丰厚、吟诵经验丰富，无论咬字行腔、平仄规范、诗情词意都具有"学院派"吟诵的特质。

一唱三叹，这是郑临川先生传给汤先生的典型吟诵"胎记"，在吟诵诗的时候，无论近体诗还是古风，当第一遍吟诵完毕后，第二遍再吟诵一次诗的最后两句，第三遍吟诵诗的第四句。在吟诵词的时候，在上下阕的第一句结束后加上衬字，（此处加"啊"字）字连吟三次表达情绪，并对上下阕的最后一句进行重复吟诵以突出情感，在重复与变化中形成具有和谐统一、中正典雅、端庄规范的审美感受。

（2）尊重格律　平仄清楚。

陈第[①]在《毛诗古音考》中谈道："夫《诗》以声教也，取其可歌、可咏、可长言嗟叹，至手舞足蹈而不自知，以感疎其兴观群怨……若其义深长而于韵不谐，则文而已矣。故士人篇章，必有音节；田野俚曲，亦各谐声。岂以古人之诗而独无韵乎？"[②]

汤光明先生在吟诵时无论使用方言吟诗，还是雅言吟词，咬字均清楚明晰，声母、韵母（韵头、韵腹、韵尾）和声调发音完整，均严格遵守诗词格律。平声字拖腔较长，仄声字相对较短，特别在入声字的处理上善于运用断腔。

汤老吟诵《秋浦歌》时，对平声字处于诗格处一律长吟，如"千、愁、知、秋"；《钗头凤》中"酥、滕、城、墙、风、情、怀、年、如、空、痕、绡、花、池、盟、书"。在仄声字"丈、似、个、镜、里、处、酒、满、柳、绪、几、旧、瘦、泪、浥、透、在"等字的发音上咬字清楚，调值没有出现变异。

（3）旋律动人　乐调丰富。

《中国民族音乐形态学》中指出："中国几千年来传承的'和'的审美

[①]（明）陈第：《毛诗古音考》，中华书局1988年点校本，第86页。

[②] 刘征：《〈毛诗古音考〉中的谐声材料探析》，《山西广播电视大学学报》2014年第2期。

意识，形成了传统音乐中大都运用精炼的素材为原料，追求音乐作品和谐'统一'的审美意识。然后将这一素材作各种变化发展，有时甚至是意想不到的很大的变化发展，形成音乐作品的'对比'性。以此来构成音乐作品的完整性、艺术性、抒情性、叙述性或戏剧性。"①

汤老的南充传统吟诵旋律动人、乐调丰富、富有变化。在吟诵调的合成中，既有相似旋律重复组合形成的连贯性，如《秋浦歌》中以5323为主的"似个长""明镜里""何处得秋霜"，《钗头凤》中以1323176为主的"黄滕酒""欢情薄""几年离索"，又有与其他音调结合变化的动力感，如《秋浦歌》中以55"白发""缘愁"；11"不知""霜"；i̇i̇"三千丈""何处"同音反复为特色的变化，《钗头凤》中以216"红酥手"、612"满城春色"构成的羽调式音乐特色。

（4）情通古人　声随情动。

众所周知，好的吟诵一定声情并茂，汤先生的南充传统吟诵不仅旋律优美、音韵和谐，更重要的是将古人的情感与吟诵者本人打成一片，高度共情。汤先生通过声音理解作者、表达情绪、传递感情，全面展现了"歌咏嗟叹"的声情表达和以情化声的吟诵风格。如在《钗头凤》中，韵字皆为仄声韵，应停顿短吟，但"手、恶、旧、落"这几个韵字却运用断腔拖腔，这四字位置相同，为四段的首句末子。首句以拖腔结尾，带动全词情感走向，突出悲伤之情感。汤老在这四句处进行拖腔处理，恰好在吟诵过程中形成了一句拖腔、一句停顿，有张有弛的抑扬顿挫，具有音乐的回环美感。

在表达与作者高度共情时，汤先生善于运用衬字，如《秋浦歌》中"霜"（11）字，在收束结尾时加衬字"啊"，同音反复拖腔，体现诗人所志不遂，因此愁生白发鬓染秋霜，如同吟诵者亲历一般；《钗头凤》中上下阙中均加上衬字"啊"（65432 30），一字多音拖腔润饰，旋律配合文辞，使人读之而悲，涔涔泪落。

---

① 参见刘正雄《中国民族音乐形态学》，西南师范大学出版社2007年版。

第五章

四川传统吟诵腔调研究

　　四川传统吟诵作为中国传统吟诵的一个重要流派，其早期源头发端于战争与祭祀，其萌芽在古蜀先民的歌舞中：周代"武王伐纣"前歌后舞的"巴俞舞"；《周礼》①记载的"金錞和鼓"；战国时期'和之者数千人'的'下里巴人曲调'；汉代缘竿的"巴渝都卢"。四川地域孕育巴蜀地方文化，巴蜀文化的重要传承载体则在于四川方言语音。四川传统吟诵让方言语音与地方声律相结合，鲜明地将四川地域文化特征集中呈现出来，让方言方音的音乐性得到最本真的体现。现在的四川方言至多只能推到元代，其音韵基本遵循元代的《中原音韵》②和明代的《洪武正韵》③。所有的四川传统吟诵要求，平、上、去、入，基本"四声"不可含糊，喉、舌、牙、齿、唇，基础"五音"不可混淆，字的声调的确定和发音部位的规范是四川传统吟诵的前提条件。由于战争和自然灾害等原因，口耳相传的古蜀读书声已经失传，现在的四川传统吟诵只能追溯到清朝中期。

---

　　① 《周礼》是儒家经典，十三经之一。世传为周公旦所著，成书于两汉之间，《周礼》、《仪礼》和《礼记》合称"三礼"，是古代民族音乐文化的理论形态。

　　② 《中原音韵》，元代周德清撰戏曲（北曲）曲韵专著，是我国最早出现的一部北曲，曲韵和北曲音乐论著。

　　③ 《洪武正韵》是明太祖洪武八年（1375）乐韶凤、宋濂等11人奉诏编成的一部官方韵书，共16卷。

一 四川传统吟诵腔调的定义和概述

在我国的艺术领域中,吟诵腔调历史悠久,源远流长,正如每一个民族都拥有属于自己民族特色的歌曲,吟诵则是汉诗文音乐性的重要彰显。具有汉民族特色的文人音乐,更是我国优秀传统文化的一个重要组成部分。《吴越春秋》记载,早在6000多年前的原始社会,我国古代最早一首反映原始社会狩猎生活的劳动歌谣《弹歌》,使用吆喝、呐喊的腔调去完成"断竹、续竹、飞土、逐肉"的二言诗"吟诵",这是中国吟诵腔调的源头,这种产生于劳动又服务于劳动的早期民间诗歌,随着中国文化的成熟发展,逐渐形成了歌、舞、乐三结合的原始音乐形式,直到孔子的出现完全将"吟诵"运用于读书教学,吟诵逐渐地形成了一种独特的中国传统音乐形式。

我国一切种类的唱,其构成主要包括文辞字读、节奏板眼、旋律、调,即"韵""板""腔""调"四者。"腔"在吟诵中的本义是人体内部空的部位而发出的声音,转而为语言声调,再转而为音乐旋律。此处的"腔"包括了三层含义:语音字调、旋律片段、旋律。"调"的含义较多,此处只涉及音韵学与音乐学,在音韵学中"声类"称"调",其高低升降称为"调值";在音乐学中,调的指向更为复杂,如完整的独立成篇章的个体曲调或唱调称为"调"(西皮调),如乐器之调(琴调、琵琶调、四工调),如音乐作品的主音律位、特征风格(羽调、角调、太簇商调、水磨调、秧歌调)等,总体来说,其是音乐的类别、种类、个体在整体意义上的称谓。

四川传统吟诵在我国历史悠久,不仅有着明显的四川文化特色,在方言语音以及文学、音乐、审美等方面也具有独特的价值,尤其是在吟诵腔调方面,其风格形式都有着浓厚的四川地域特色,是基于中国传统音乐将汉诗文用人声进行传唱的一种形式,能够将汉诗文的思想情感和作者的性格鲜明地刻画出来,使吟诵者的地域性、传承性以及自身个性予以全面呈现,给人以美的享受。就四川传统吟诵起源而言毋庸置疑的出于孔子一脉,然而其腔调的承接较为复杂,不仅涉及语言的流变,且牵涉四川传统音乐的源流,历史上的四川由于战乱频繁,导致多次人口大量减少,历代中央政府采取了一系列措施吸引各地居民移民，直至明末清初才真正意义上的有了稳定的人口，大杂居、小聚居的移民文化逐步形成。从吟诵的腔调而言，自唐以来的"蜀戏冠天下"到明末清初各地移民会馆的建立，使得各地方言和声腔被带入了四川，在不断发展演变中，将逐渐稳定的四川方言和四川各地的读书腔调、山歌民歌调以及明清之际传入四川的昆腔、高腔、胡琴、弹戏腔融入四川传统吟诵中，逐渐形成了具有浓郁四川风味的吟诵腔调。

我们认为，四川传统吟诵腔调是四川历代读书人使用四川方言语音口耳相传沿袭传统读书旋律所形成的四川地域性传统音乐种类。

（一）四川传统吟诵腔调是区别于其他方言区域传统吟诵的主要旋律性标志

四川传统吟诵的腔调南北兼容，既有"北向中原、断主连辅"又有"南宗洪武、连主断辅"的风尚，无论是择韵度曲还是沿袭吟诵腔曲格，对于声腔韵调的响度洪细、音节宽窄十分讲究，对于字的发声与调值十分明析。作为文人音乐的旋律载体，四川传统吟诵腔调将语言、音乐、文学融为一体，既与当地的曲艺说唱、民歌山歌、传统戏曲唱腔有着紧密联系，又与之有较大的区别和独立性。四川传统吟诵主要有独吟、齐吟以及唱和等形式，吟诵整体效果的表达与方言语音的组织、吟诵腔调的安排有着直接关系，通过对语音和腔调的有效组织安排，能够充分将汉诗文中的人物形象、内心世界立体呈现出来。由此看出，腔调在吟诵中的重要地位，正因如此，各地的传统吟诵才会有自己鲜明的风格。

四川传统吟诵腔调内载的音乐形态包括了曲调调式、调性、乐汇、旋法、结构等，外载的声乐表现包括了唱腔发声、用气、音色、共鸣、咬字、吐字、行腔、润腔等，都形成了四川区域内相对稳定的整体传承固态。四川传统吟诵腔调的流派风格在成型过程中受到了地域文化影响，更与被四川地域文化特征所熏染的历代四川读书人的文学素养、音韵认知、旋律感受、审美情趣等形成了密切互动的状态。各个四川传统吟诵腔调之间整体风格的差异，是当地方言语音和吟诵群体共性人文意识的集中体现；同一地域内显示出独具一格的吟诵腔调流派，则是地域南北、河道流域的个性文化征候及本地区著名吟诵者个体的文化修养的展现，如成都流沙河先生所代表的由尊经书院传承下来的成都传统吟诵，以及享誉现当代的由国学大师太仓唐文治先生所创的唐调吟诵。此外，四川传统吟诵的流派基础于腔调旋律，腔调旋律成型于吟诵流派，两者相通，侧重不同。

四川传统吟诵腔调作为一种声腔艺术在历史上曾经按不同类属流派纷呈、支系繁多、风格盛众，我们姑且以四川传统吟诵的主要采录地区成都、川南、川北、川东四大区域划分四川传统吟诵腔调的流派风格，在大文化、大流派的意义上确立地域特征，依托四川文化背景，以发展的眼光，塑造了四川传统吟诵腔调艺术的地域文化风格。四川传统吟诵四个区域流派的确立，可比作昆曲在各地区的艺术派别（如，湘昆、川昆等）。四个区域、四个流派、四种风格，分别支撑各自区域的传统吟诵，一干四枝，取长补短、相映生辉，从而继承振兴、发扬光大。

（二）四川传统吟诵腔调是立足于本地方言语音的文人音乐声腔艺术

我们发现，四川传统吟诵的腔调本身，传承形态大致同一，所不同者，迄今的腔调恰是方言语音所致；即吟诵风格上的川南与川东、川北、成都等地的南路话与湖广话的倾向。笔者初步确定的四个地域的吟诵腔调风格，正好体现了腔随字走。四川传统吟诵的发声方法，忠于读书形式的自然发声法，但对于语言的字、声、韵、调的遵从，唯中国吟诵独具特色，开、齐、撮、合皆有讲求，决不忽视音韵学的字正腔圆。虽然四川各地的语言支系、语气风味、语义情调，各有地域色彩。但各地方言的咬字、吐字是行腔、润腔的先决条件，依字声行腔、润腔是四川传统吟诵腔调的基础。可以说方言语音直接决定了当地吟诵旋律的走向与吟诵风格的形成。

（三）四川传统吟诵腔调的流派风格是四川地域文化特性的特殊体现

四川传统吟诵腔调的形成，依托一脉相承的中华文化，其语言特色，艺术感知，美学原理皆源于四川读书人的读书生活，运用展现其精神风貌、区域特色、语调发音的音乐特征及其声腔技巧来吟诵我国独有的汉诗文作品。四川传统吟诵腔调是以区域语言为基础，灵动活泼，妙趣横生，极富鲜明的地方色彩，兼备浓郁的文人气息和广泛的受众基础；四川传统吟诵将行腔韵味与语言音韵浑然一体，重视字音与乐音的协调统一，音与音的衔接中正端庄、缓急有度，气与音的变化匀净圆滑、饱满醇厚。四川传统吟诵由于历史和现实的原因，其腔调的风格有待于我们以理性的思路去梳理类比、总结提炼；有待于我们在采录研究中加以总结，从理论上加以阐述，使之腔格明确、吟调典型。在四川传统吟诵腔调的形成过程中，无论是纵向的传承发展，还是横向的兼容发扬，四川地域的文化特性均不以人的意志为转移而必然显扬于吟诵腔调的流派风格之中。吟诵腔调流派风格的形成，这些充分必要条件不可忽视。广义上讲，无论是川南、川东、川北都经历了长江河道流域的分离与交融；无论是成都还是其他地区都承接了四川历史文化背景的意识滋养；在文与腔、声与腔、字与腔的不断调整规范中建构起四川传统吟诵腔调的审美。从狭义上讲，四川传统吟诵腔调还需要我们在对具体的古诗文、吟诵代表性传承人、吟诵旋律辨析、方言语音使用等方面进行去繁就简的精深研究。特别在吟诵传承过程中，必须依据古诗文文本，设定特定环境、探寻作者情感、分析内心活动、体悟情绪起伏，代入吟诵者深厚、翔实的自身情感。通过行腔使调过程中的咬字、吐字、发声、润腔，腔音的大小收放、力度强弱，音色的变化造型，以及主干音组合、节奏旋律、速度快慢等，再以总体把握"气势"的推进，突出四川传统吟诵腔调的风格概要：古韵悠长、优美纯朴、阳刚明朗、高亢沉稳、腔调激昂、激情豪放、欢畅流利、兼收并蓄。

二　四川传统吟诵腔调的地域特性

四川复杂的地势，造就了四川各区域的民俗民风和生活方式，四川传统吟诵传承久远，从中国传统吟诵的整体上看，四川传统吟诵腔调的地域鲜明，韵味特别，风格特殊，腔调独有，东南西北各俱特色。成都居盆地平原之中，以成都话盛行，成都传统吟诵堪称四川传统吟诵的四川方言标准音；宜宾、泸州、乐山处于四川南面也称"川南""南路""川南路"，其方言语音独特与四川其他地域方言迥异，保留了大量入声音调，也因地处长江流域交通便利而与各路方言语音有所交感，故而川南传统吟诵古韵悠长、腔路交融、优美纯朴、格调轻松；绵阳、德阳、广元、南充、巴中一带地处盆地边缘北面，山区丘陵渐次突显，称"川北""上河""川北河"，其方言语音与成都话近似，但受北上出川与陇秦地带交流频繁的影响，吟诵风格高亢沉稳、腔调激昂；达州、广安，包括现在的重庆处于四川东面与湖北湖南水路交通畅达商贸往来云集，称之为"川东""下川东"，川东传统吟诵腔调沧浑、激情豪放、欢畅流利；由于川西包括四川的甘孜、阿坝、凉山等藏羌彝等少数民族地区，民国时期和解放初期部分地区属于西康省，笔者至今也尚未采录到该区域的四川传统吟诵，只能期待随着采录研究的深入发现更多的宝贵资料。

（一）成都传统吟诵

成都位于四川盆地西部，成都平原腹地，成都东与德阳、资阳毗邻，西与雅安、阿坝接壤，南与眉山相连。成都自古文化底蕴深厚经济发达，各种区域色彩、民族色彩的文化在此汇集交融，通过与成都本土文化融合，成都的传统音乐层出不穷、变化多样，川剧、清音、车灯、扬琴、金钱板、童谣、劳动号子、山歌等声腔艺术繁多堪称四川传统吟诵腔调的摇篮。成都传统吟诵腔调端庄典雅、字正腔圆、音韵和谐、文气十足。

（二）川南传统吟诵

四川南部地区是贵州、云南的分界线，长江在四川的主要流经地，以低山丘陵为主。其方言语音系统与四川其他地域迥然不同，流传于川南的传统吟诵，包括现在的乐山、宜宾、泸州等地市。川南传统吟诵的腔调节奏自由、腔音轻松、曲调委婉、情趣盎然。就云贵两地的方言语音而言，四川方言对其影响尤甚，就传统吟诵而言，四川的影响又是最大的，但彼此又略有不同。我们研究发现云、贵两地的传统吟诵腔调及语音特点与川南传统吟诵腔调中有许多相似之处，而在吟诵腔调上的交流与传承则是长久以来的交流借鉴与彼此融合，成为云、贵、川三省读书人之间最直接的精神交流纽带。

（三）川北传统吟诵

川北片区处于我国南北分界线，位于秦岭以南，居于大巴山、米仓山等山脉，其中包括绵阳、南充、广元、巴中等地市。在这片区域里的四川传统吟诵腔调，音色高亢响亮，节奏较为自由，既囊括了四川文化的多彩兼容，又充满西北文化的直爽豪放。在川北地域文化浓郁的传统吟诵中还夹杂了部分旋律洒脱、雄厚高声的西北吟诵腔调风味，川北传统吟诵在腔调上最明显的特点就是南北荟萃，相互融通。

（四）川东传统吟诵

四川东部地区的大巴山跌宕绵延、巫山依水相伴，九曲婉转，山河交错、水流湍急，包括了达州、广安以及现在的重庆市。虽然重庆已经直辖，但巴蜀文化一直紧密相连，不会因重庆市的直辖而断离文化地缘关系。川东传统吟诵的腔调抗坠有力、激情豪放、欢畅流利，有着显著的地域色彩。

四川传统吟诵腔调流派风格与地域文化特征紧密结合，辩证推促，是历史和现实赋予吟诵腔调的客观本质规律，也是吟诵腔调自我革新的艺术规律。

三　四川传统吟诵腔调的发展

无论是四川传统吟诵腔调还是其他地区的传统吟诵腔调，历史上均已自成一派，各有千秋，皆是对自身历史文化和艺术特色的彰显，同时也存在传统音乐方面的关联点和同一性。历史悠久的四川传统吟诵兼收并蓄、博采众长，汲取了"天府之国"声腔体系的精粹养分，与四川地区的语言文化、生活特色、音乐风格融会贯通，是具有地方代表特色的文人音乐，是中华吟诵宝库中的重要一类。就腔调而言，徐健顺先生在《普通话吟诵教程》中指出："每个字的唱法叫作'腔'，字和字的关系叫作'调'。旋律是'调'和'腔'

的结合，叫作'曲'。"①实际上，四川传统吟诵在老一辈文人口中就叫"唱读"，在统一"唱"与"读"的基础上，在读书过程中最大限度地将音乐性和语言性结合起来，"吟"注重腔调，而"诵"则注重读。中华吟诵，包括四川传统吟诵的腔调可以说是中国的、传统的、科学的、可立足于世界音乐之林的声乐种类。

（一）原始萌芽期

四川传统吟诵实际上是四川传统读书方法——唱读的现代定义，它与四川传统的戏曲、曲艺演唱和民间说唱等传统声乐形式互为关联，又各有特点。从广义来说，四川传统吟诵作为中国传统声乐的众多细流之一，其腔调实际上是一门独立的四川传统声乐艺术形式，其萌芽期可以追溯到远古石器时代的早期狩猎采摘，某些音节在特定的环境中一再出现，逐渐形成了最早的旋律声腔。汉魏时期产生的说唱音乐在四川高度发达，四川出土的说唱俑从西汉一直持续到宋元时期，至今在四川地区流行的金钱板、道琴、歌诗等均保留着说唱的影子。2500多年前的先秦时代"百家争鸣"，《论语·泰伯》记载"兴于诗、立于礼、成于乐"。《礼记》提出的"本于心，感于物"的乐论思想都影响着中国传统吟诵。秦并六国后在宫廷之中设立乐府，但是歌唱艺术几乎停滞，汉灭秦后，乐府得以保留并将民间的民歌进行了汇总。四川历史悠久，地域广阔，长期受多民族多元化文化的影响，从秦代李冰父子治水成功之后，四川逐渐由灾害频发之地变为天府富庶之国。长期以来，四川人经过自然崇拜、农耕生活、战争洗礼、改朝换代、民族共融、人文进步、思想成长等复杂的历史背景和人口迁徙，四川传统吟诵的腔调也随之变迁并优选以儒家文化为指导、扎根四川方言语音基础、符合汉诗文鉴赏习惯、富有地域风格的文人歌唱。东晋陶潜《晋故征西大将军长史孟府君传》记载："问听妓，丝不如竹，竹不如肉，日渐近自然。"②南北朝刘勰《文心雕龙·声律》：

---

① 徐健顺：《吟诵——中国式读书法》，《中国教育报》2013年12月16日，第9版。
② 《陶渊明集校笺》（修订版），上海古籍出版社2011年版，第442页。

"夫音律所始，本于人声者也。"①清朝徐大椿《乐府传声·序》："古人作乐，皆以人声为本。"②四川传统吟诵腔调从萌芽期便确定了追求简单真实、以自然为美的声乐理论观点，注重自然之法、尊重自然之道与质朴纯美的声腔质感，突显古诗文自身韵律，依据声韵调、融合旋律韵，推崇"丝不如竹，竹不如肉"。所谓吹管乐器和弹拨乐器所演奏的声音旋律无论如何美妙，都不能与人所发出的声音媲美，弦乐用手远于自然，管乐用口近于自然，声乐用喉最近自然。这些古人对吟诵寓意的最精辟最高级别的言论对四川传统吟诵腔调形成的影响巨大。

（二）发展探索期

从中国传统声乐历史看，隋唐时期诞生了较为完备的戏剧雏形，宋元以来则出现了一种难度较大名为唱传的艺术歌曲，南宋末，金元时期"散曲"兴起与元"杂曲"共同构成了元曲，明清时期民歌在说唱音乐上则突飞猛进。四川传统吟诵的腔调在传统声乐的大背景中必然受到影响，但依然坚持服务读书、立足语言、异中思变、同中取精的腔调取舍原则，既有建立在人类发生机能、发声原理的中国传统声乐共性，也有建立在四川方言语音、声腔表现方法和心理美学状态的差异性。之所以说四川传统声乐与四川传统吟诵腔调的相互融合和借鉴，一个重要的原因是它们都源于四川人的生活实践，都被四川人所喜闻乐见，只是受众群体的分类各异而已，服务对象、展示方法、表现形式的差异也导致了他们的发展方向和路径的不同。随着时间的推移，四川传统声乐不断地走向多元化，形成了声情并茂、以情带声、情声结合的表现形式，其腔调从单一逐渐转变为多元，而四川传统吟诵腔调除了"声情"的要求还更加注重语言腔调、旋律韵味，其最大的特点在于用四川方言语音咬字行腔、准确使调。

在唐朝以前，古人就注意到行腔使调的理论问题，南朝《昭明文选·与魏太子书》中描述了一位匈奴少年的歌唱与吟诵技艺："喉啭引声，与笳

---

① （南朝梁）刘勰著，王运熙、周锋译注：《文心雕龙》，上海古籍出版社 2010 年版，第 16 页。
② 中国戏曲研究院：《中国古典戏曲论著集成》，中国戏剧出版社 1959 年版。

同音……潜气内转,哀音外激,大不抗越,细不幽散,声悲旧笳,曲美常均。"①唐代诗歌进入空前发展期,唐诗的歌唱与吟诵也随之进入旺盛发展期,这个时期更加注意行腔使调,唐代段安节《乐府杂录》:"善歌者,必先调其气。氤氲自脐间出,至喉乃噫其词,即分抗坠之音。"②任半塘先生《唐声诗》:"歌者不可轻于启喉,必须自己真情自发,而后再有声词之吐,能先触发自己真情,自能宣达声与词中之歌情。"③这些理论是四川传统吟诵腔调的重要指导,更集中阐释了"先运气后发声""氤氲自脐间出"的行腔气息技巧,以及"声悲旧笳,曲美常均"的使调方法。

中国传统声乐的理论观点是四川传统吟诵腔调不可分割的重要理论指导,字正腔圆、声情并茂不仅深刻地影响着中国传统声乐,更是四川传统吟诵腔调理论发展的根本和源头,两者点线结合、密不可分、依托共生,从而彼此成就。四川传统吟诵腔调具有独特的语言韵味、旋律声腔并由历代四川读书人继承总结发展传统声乐理论观点,在语言的角度上,形成了字正腔圆、方言咬字、方音行腔、字字着实、乐音流畅的腔调特点;在旋律的角度上,通过对汉诗文方言语调的律动把握,进行旋律创作,突出声、情、字、态的元素,形成了极具地域性和四川读书人个性的旋律音色、音调节奏。四川传统吟诵的腔调发展至此,已具备了情、气、字、腔、音、调等声乐要素的雏形,指导着当时读书人的吟诵方法和审美。

(三)成熟独立期

战国末期《尚书·尧典》"诗言志,歌咏言,声依咏,律和声"就明确了"以言为本"的传统声乐理论观点,认为"诗"是人用语言表现内在情感意志的手段,声音和语言互相配合,乐律和歌声使之有序,表达了"声乐"是"语言"在情感表达上的拓展、延续、发挥,吟诵的腔调作为读书的声乐,

---

① 陈宏天、赵福海主编:《昭明文选译注》,吉林文史出版社1994年版,第459页。
② (唐)段安节著,亓娟莉校注:《〈乐府杂录〉校注》,上海古籍出版社2015年版,第98页。
③ 任半塘:《唐声诗》,上海古籍出版社1982年版,第432页。

理所当然的是"言"的另一种艺术形态。

"南路话"是元代以前四川本地方言的遗留，保留着古入声声调，分布在四川岷江以西以南的部分地区；"湖广话"是明清时期"湖广人"嫁接"巴蜀语"的产物，尤其成都和重庆使用这种方言使其成为"四川话"的代表。无论是"南路话"还是"湖广话"均是四川传统吟诵腔调的重要承载，发展到元明两朝的四川传统吟诵腔调在儒家思想的大背景中承载沿袭了"以读书为根""以读书人为本""以自然为美"的理论指导，即读书与吟诵、读书人与吟诵调融为一体的"天人合一"思想在成熟的吟诵技巧中得以践行运用，形成了"字真句笃、字正为本，依腔贴调、腔圆为美，以声传情、神完气足"的四川传统吟诵腔调指导思想。

鸦片战争以后，中国传统声乐的内容虽然发生了些许变化，产生了由填词谱曲而成"新声乐"的形态，但并未从根本上影响中国传统吟诵。特别在四川传统吟诵腔调的传承过程中并没有出现过西洋音乐谱例的学唱，也没有出现四川戏曲工尺谱记谱方法的吟诵腔调传承形式，读书人依然只靠师徒、父子之间的言传身教而习得。由于汉语声调本身所具有的音乐性与地域性，传统声乐、旋律相融合，充分依据汉诗文自身格律调整和方言发声旋律摆脱矫揉造作，形成了抑扬顿挫的念白式，腔韵悠远的长音式，间读间唱的旋律式。这正是四川传统吟诵腔调作为中国传统声乐的重要一支而至今也未显得声乐化的重要原因，其独特之处在于每一位吟诵者都拥有自己独特的读书腔调，它并没有一个固化的声腔学习体系，从某一方面讲，这极大地促进了四川传统吟诵腔调的个性发展。

1. 字真句笃　字正为本。

四川传统吟诵旋律构成的根本是字，以句为基本单位，按字的腔调可构成句的腔调，以至构成腔调段落。现今的四川传统吟诵，平、上、去、入四声字腔调的"腔格"，就是中国传统声乐"依字声行腔"格式规范的一种代表。《礼记·乐记》记载："上如抗，下如坠，曲如折，止如木，倨中矩，句中钩，累累乎端如贯珠。"①这样的传统声乐要求，注重用汉语的三元素声、韵、调表达汉诗文的音乐气质，在咬字和吐字上着重根据古诗文的意境处理字头、字腹和字尾，在吐字清晰、咬字和韵、依字声行腔的基础上，注重字、声、情的统一，以及韵律感与旋律性的融合。在具体吟诵时，时常宽泛自由，但是作为吟诵腔调构成的根本"依字声行腔"是吟诵腔调必守的原则，即所谓"四声不得其宜，则五音废"②"声则平上去入之婉协，字则头腹尾音之毕匀"③等都是对汉字字音的构成与吐字发音进行的深刻描述。中国的诗歌起源于歌唱和吟诵，最具传统声乐的特征，在用字上合辙押韵，在结构上平仄交织，在组织上对仗工整，在架构上具有强烈的音乐美和形式美，既是声乐的语言，又是语言的声乐，既有音乐感，又有语言的特质。四川传统吟诵腔调发展成熟的主要标志就是高度遵循传统声乐理论与诗文本身的汉语特征。四川传统吟诵腔调遵循字真、字正、字清的传统声乐原则，要求咬字吐字和说话一样，由清晰的"字"构成正常的吟诵腔调。当然，语言是历史与时代的产物，尤其是四川传统吟诵腔调更是特定的四川历史风格与四川读书人所处时代大环境下的唱读形式在合辙押韵的语言中对传统声乐的延续升华。毕竟时代不同，语言更为简练质朴，语气、语调、语态、语势、语境更为丰富多彩，但万变不离其宗，以字为根本元素，以句为基本单元的语言本位观点在四川传统吟诵腔调中具有核心价值的意义。

2. 依腔贴调　腔圆为美。

"依"是动词，是依照、根据的意思；"腔"是名词，既有通道、管子的意思，又有唱腔节奏和平仄节拍之意；"贴"是动词，解释为切近，挨近的意

---

① （元）陈澔注，金晓东校点：《礼记》，上海古籍出版社2016年版，第457页。
② （明）魏良辅：《曲律》，中国戏曲研究院编《中国古典戏曲论著集成》（五），中国戏剧出版社1982年版，第5页。
③ （明）沈宠绥：《唐曲须知》，中国戏曲研究院编《中国古典戏曲论著集成》（五），中国戏剧出版社1982年版，第198页。

思,"调"是名词,既有乐曲曲调以及语音上的声调之意,义有乐调节拍旋律之意。当今的声乐艺术虽然高度重视科学的发声方法,但在字音的演唱方面往往忽略常常"倒字"显得含糊不清,而吟诵腔调具有鲜明的民族地域风格,其发展是对传统声乐文化的一种较为完整的继承和弘扬,现今的四川传统吟诵腔调更是传统与现代、音乐与语言的交流、碰撞、融合的创新成果。这里所指的"依腔"是指依据四川各地方言的字腔,"贴调"是指在充分尊重"字腔"的基础上,高度临摹师承的吟诵主旋律,依着真诚行腔、高度贴调所吟诵出的腔调才能达到腔圆。实际上"腔圆为美"就必须要求"依腔贴调",以此充分表达汉诗文所蕴含的情感和寓意。从古至今传统吟诵中的腔调之美都是读书人追求发展创新的一个最重要的环节,以"依腔贴调"指导的四川传统吟诵腔调从传统声乐的角度可以分为强弱轻重、抑扬高低、疾徐快慢、连贯顿挫等;从情感色彩的角度可以分为喜怒哀乐、忧思惊恐;从美学意义的角度可以分为传承有序、协调平衡、结构丰富等,尤其是在数百年的传承过程中经过历代读书人的二度创作所展现的继承基础上的创造无不说明其价值和生命力。古人早在两千多年前对声乐腔调的理论研究就有精辟的描述和总结,春秋战国《列子·汤问》中记载:"昔韩娥东之齐,匮粮,至雍门,鬻歌假食,既去,而余音绕梁欐,三日不绝,左右以其人弗去。"[①]元朝人燕南芝庵在《唱论》中提出了"抑扬顿挫,顶叠垛换,萦纡牵结,敦拖呜咽,推题丸转,捶欠遏透"。[②]就四川传统吟诵腔调而言,我们认为,在继承的基础上还发展出了"依字行腔、腔随字走、字领腔行、贴调腔圆"的理论,要求腔调声音直白真实、行腔气息平稳细长,旋律源自师承家学。"依腔贴调"要求读书人必须多听师承家学的吟诵旋律认真"临帖"才能做到字正腔圆,多读流传至今的诗词文赋埋头读书才能达到词熟腔正。今天的个别吟诵者一开始便学习行云流水的自由式新吟诵,对传统吟诵弃之不学,没有沉下心来研究

[①] 《列子》,中华书局1985年版,第177页。

[②] (元)燕南芝庵:《唱论》,载(元)陶宗仪《南村辍耕录》,辽宁教育出版社1998年版,第319页。

古诗文规律与腔调的运用。我们知道初学吟诵之人，如不用传统吟诵严格的予以循循善诱，向老先生的临摹学习时间深度不足，方言语音掌握不牢、吟诵旋律断章取义、行腔使调无的放矢，无论如何是不容易把吟诵这门绝学继承好的。

3. 以声传情　神完气足。

说话是人类的本能，就吟诵的本质读书而言，"语言"和"吟诵"绝对是同根而生，说话是一种声音，吟诵绝不可能是另一种截然不同的声音。通过对近百位老先生的四川传统吟诵采录，我们发现绝大多数老先生是直接结合四川方言语音形成的吟诵腔调，"读"与"唱"在声音上是统一的，如何讲话就如何读书，如何吟诵，其读书声是有指向性地在直接表达，并且没有刻意地寻找某种音色，或夸张地变化口腔造型进行咬字吐音。老先生们对"吟诵""歌唱"这些信息并没有强烈的反馈，只知道四川读书人过去读书就叫"唱读"。他们毫无表现性欲望、没有表演的状态，也没有试图把作品和腔调都表现得尽善尽美，只是自我代入沉浸其中。我们认为的"以声传情、神完气足"都是从吟诵者自我教育出发，吟诵者自己的读书声传递出古诗文的情韵和作者的情感，从而培养正知、正见、正气。古人云："三教所尚，道家唱情，释家唱性，儒家唱理。"[1]大概意思是音声得情，自我代入，声通此情，情通古人。一首诗、一篇文有它本身需要传递的内容和表达的情绪，悲欢怨慕，因时重轻，忠正奸邪，随声流露。越是使得吟诵者感同身受的诗文，自我教化功能越强，使吟诵者变化越快。

从采录的四川传统吟诵来看，大多数老先生的发声方式都是自然发声，如何说话就如何吟诵。部分老先生吟诵时用采用"腹式呼吸法"依靠横膈膜和腹部去控制气息，在共鸣时，将口腔、胸腔、头腔共鸣融为一体，再用气推声而获得"神完气足"的混合共鸣效果。成都传统吟诵传承人王德生先生和川南传统吟诵传承人杨星泉先生就十分善于通过声音的控制神完气足地表

---

[1] （元）陶宗仪：《南村辍耕录》，辽宁教育出版社1998年版，第319页。

达诗文内涵、传递作者情感。

我们认为"神完气足"强调的是吟诵者的精神饱满、气息控制对于吟诵腔调的重要性，四川传统吟诵研究范畴内的"气"主要是指运用自然轻松、平衡协调的"腹式呼吸"方法传达声情，使吟诵的腔调充分表达古诗文本身的抒情效果。中国传统声乐对气息控制的关注程度在明清时期表现得尤为突出，明代戏曲家魏良辅在《曲律》中指出："但得沙喉响润，发于丹田者，自能持久。"[①]清代陈彦衡《说谭》中指出："夫气者，音之帅也。气粗则音浮，气弱则音薄，气浊则音滞，气散则音弱。"[②]

老先生们都善于运用自己的四川传统吟诵腔调来抒发自己内心的情感，尽管有的老先生声音不够漂亮，气息音准节奏都不够准确。现代科学研究发现，发声者听自己的声音是通过自己的头骨和肌肉组织传播到耳膜，越是闷在身体里的声音，自己听起来越是响亮、越觉美妙。受众听发声者的声音则是通过空气传播而来的，越是在发声者身体以外的声音听起来越是响亮，越是自然。吟诵者听自己的声音和听众听吟诵者的声音，所获得的听觉感受是有所出入的。然而吟诵作为一种传统读书方法，读书的声音首先也主要是自己读给自己听，通过自我代入，感动自己，在将情感适度的传递给他人，这也与吟诵本不具备表演性是有关的。老先生们的四川传统吟诵从不缺乏情感表达和对诗文的领悟，即便声音不美、气息不足，依然可以细腻入微、声情并茂地表现诗文的准确情感。老先生们对此都有一个共识："吟诵的人如果只学会简单的吟诵旋律和技巧，不去探求声情神气，按旋律规行矩步，往往在黯然销魂的诗文中现以喜色浮浪而不自知，于恬然自得之旋律中忸怩作态显以忧容。此皆口中有斯文，而心中无斯文，吟诵者与诗文之情节两不相关，绝不可能心领神会，更谈不上教化之功。"众所周知，汉诗文对情感的表达非常丰富，喜怒哀乐皆在其中，故而四川传统吟诵通常以情感表达为主线。对

[①] （明）魏良辅：《曲律》，中国戏曲研究院编《中国古典戏曲论著集成》（五），中国戏剧出版社1982年版，第5页。

[②] 陈彦衡：《说谭》，出版社不详，1935年版。

于情感在腔调中的表达，吟诵者是情感的主体，腔调是古诗文与声音情感的载体。要求吟诵者通过吟诵表达声情则必求真情，吟诵时以完备的精神贯注其中，务求惟妙惟肖，在转腔换字之间，举目回头之际，以气息推动声音抒发情感，把自己置于诗文的意境中，达到物我两忘的境界，将古诗文、吟诵腔调与吟诵者三位一体的融合起来，凸显教化之功，将死板的吟诵腔调变为熏陶人的正音雅乐，化吟诵者为文化人。

四　四川传统吟诵腔调的特点

四川传统吟诵腔调是四川历代读书人抒发内心情感的文学表达形式，产生并贯穿其学习生活、文学创作、修身养性的全过程。地理环境的差异，语言习惯的不同和审美方式的各异，造就了四川传统吟诵腔调的显著特点，以四川方言分区标准我们将其分为南路话和湖广话两大类，以地域划分标准我们进一步细化到四川的各地市（1997年前重庆属于川东地区）。四川传统吟诵腔调细腻灵活、旋律简单、节奏规整、结构简洁、情感委婉，具有独特的艺术性和浓郁的地域文化色彩。如川北地区的吟诵腔调嘹亮悠扬、沉着有力；川东地区的吟诵腔调铿锵激昂、曲调高亢；川南地区的吟诵腔调方言突显、古音古韵；成都地区的吟诵腔调柔美婉转、抒情流利。笔者采录的四川传统吟诵共计122首。古体诗31首，其中四言诗4首、五言诗9首、七言诗8首、杂言诗10首。格律诗53首，五言平起绝句4首，五言仄起绝句3首，五言平起律诗6首，五言仄起律诗9首，七言平起绝句11首，七言仄起绝句12首，七言平起律诗1首，七言仄起律诗7首。词17首。古文21篇。呈现了四川传统吟诵腔调的音乐旋律基本系统，从腔调旋律的使用情况看，旋律构成有其自身的条理性和复杂性。所以进行四川传统吟诵腔调的特点研究必须要立足产生背景、地域特点和行腔使调等基础，对每个吟诵者的基本旋律、音色音质、声腔共鸣、气息控制和情感处理等方面进行细致梳理和深入分析，最后总结归纳出各个区域的腔调特点。

（一）方言语调和方音行腔

四川传统吟诵的腔调蕴含着地域的文化背景和文脉传统，方言语调和方音行腔则是四川各个地域风格体现的基础，可以准确地反映出四川地区独有的地域性腔调。

1. 方言语调。

在方言语调方面，无论何地的四川传统吟诵腔调，都表现出了地域性相对统一的特点。语调平缓而总体下行的成都区域其吟诵腔调旋律总体下行；语调上行的川北地区其传统吟诵腔调旋律总体上行；处于盆地边缘山区丘陵地区川北、川东的方言语调较重，声音高亢洪亮，日常对话时出现较多的强调音，而川南以及成都平原地区的音调则较之温婉绵软细腻低沉，这些特点完全对应的体现在四川传统吟诵的腔调上。由于受地理和文化因素的影响，四川各个区域的方言存在着较大的差异，因此，以川南为代表的南路话和川北、川东、成都平原大片区内的湖广话发音咬字也不尽相同。其中，乐山区域的杜道生先生、谢祥荣先生、雷定基先生的入声字音应用十分普遍，南路话最为常见的方言现象就是入声字音，在吟诵时，则十分注重入声字的咬字发音，绝不含混带过，通过入声字的方音，突显吟诵作品的地域韵味。

字调是指字音的调值，是对单个字音高低升降的描述，汉字的字调是由"声母""韵母"和"声调"三者所构成，从古至今四川方言语音在四川地域内并未完全统一过，现今的四川方言可以粗略的分为在宋元、明清时期形成的"南路话"和"湖广话"，南路话有入声，湖广话无入声，两地方言变调模式不同。其来源虽然不同但却接触深刻，主要表现在，除入声外，两地方言的阴平、阳平、上声、去声四个声调在单字音声调格局上向趋同方向发展。对于阴平、阳平、上声、去声、入声 5 个声调而言，南路话如乐山方言的调值分别是 45、21、42、23、44，湖广话如成都方言的调值则为 55、21、53、213，入声归阳平。

按照赵元任先生关于字调和语调关系的理论"声调'小波浪'骑跨在语调'大波浪'上，保持着它的基本调形，以它的音阶随着大波浪的波动而上下起伏，既彼此关联，又各自遵循着相对独立的运动规律。"四川方言虽表现为单音节，但却用四个或五个音调进行区分，即使是同一个字或者同一句话，但在吐字发音时所采用的方言音调不同，最终所形成的旋律也会截然不同。四川传统吟诵的腔调归为文人音乐，类似于说唱音乐作品的叙事性歌曲，除此之外，有的吟诵腔调还加入了小调、山歌、戏剧念白等多种传统音乐元素，现今留存的四川传统吟诵腔调都是以地方方言语音为基础，结合读书需求产生流传下来，因而吟诵腔调中的字音变化也极为明显。

通过研究，我们发现每一区域内都形成了具有当地方言特色的吟诵腔调，例如以王治平先生、流沙河先生为代表的成都传统吟诵腔调，以萧璋先生、王宗斌先生、赵庭辅先生为代表的川北传统吟诵腔调，以杜道生先生、谢祥荣先生、杨星泉先生为代表的川南传统吟诵腔调，以王利器先生、祁和晖先生、寇森林先生为代表的川东传统吟诵腔调等。国家级非遗传承人秦德祥先生指出"吟诵音乐的旋律、节拍、节奏由诗词文句的诵读自然地派生而出，其词曲密切溶合的程度，非一般歌曲所能比"。

2. 方音行腔。

四川传统吟诵腔调通过声音表现情感诠释诗文，以字引音以声立情，依字行腔字正腔圆已经成为其共有特点。无论何种四川传统吟诵腔调都注重注意字与音的衔接，字与腔的和谐，字与情的表达。更体现出气为音服务，音为腔服务，腔为字服务，字为情服务的声腔传统。由于四川方音的声韵调因素对四川传统吟诵腔调的风格形成起着决定作用，我们研究发现，老先生在吟诵时均遵守四川方言咬字的基本规范，依字行腔从声立字，结合诗词文赋的文本内容，根据方言特点发音，以字导音以音传情，注意字与声、声与情之间的关系，尽力做到字正腔圆避免倒字乱腔。总的来说，"字腔"是每个字依其字读的四声调值化为乐音进行的旋律片断，"字腔"并非一种确定不移的旋律"定腔"，而是按字读四声乐化的旋律进行走向。

四川传统吟诵腔调中涉及四川方言韵母时，往往韵母的发音涉及舌位的高低、舌位的前后、唇形的圆展度，a、e、u 韵的口形较扁，遇 e 和

uo 多用 o 替,"合""撮"唇形动作较小;卷舌单韵母 er,舌位更靠前,部分不卷;普通话中的后鼻韵母在四川方言中普遍发前鼻韵母,韵尾气流不入鼻腔。结合"气口"平衡起音,每一句的字头起腔一般平稳舒畅,声母时值不长,字腹延长,韵尾则一定收准,咬字准确有力。一般来说第二乐句与第一乐句的递进关系最常彼此呼应,通常从轻带声由声入境,清楚表达轻重缓急,逐渐进入乐音的主旋律。看似单调的四川传统吟诵腔调在吟诵不同诗词文赋时其音乐旋律多会随本地的方言进行润腔变化,即是运用符合本地方言语音的发音技巧来形成固有腔调走势,打上某一地方风格的烙印。我们可以从四川传统吟诵腔调的风格中管窥其所代表地域的特定审美情趣和特色旋律韵味。例如,成都平原作为四川文化的中心,其地势平坦,生活富裕,文化发达,该区域语音字头漫长,字尾下滑,让人有稳重平缓慢条斯理的听感。我们听到成都地区的吟诵腔调大多也稳重舒缓,婉转抒情。笔者搜集到的四川传统吟诵的音调与普通话和全国其它方言片区的音调都截然不同。在四川范围内,无论是"湖广话"还是"南路话"其方言语音直接决定了该地区的吟诵旋律特点,在不倒字的基础上,按照方言的发音需求在固有吟诵旋律中添加波音或者下滑音等装饰音,使得旋律特点更贴近四川传统吟诵腔调风格。我们认为,任何一种吟诵腔调都是在长期的读书实践活动中,在特有的人文背景影响下形成的,四川传统吟诵的腔调也概莫能外。四川传统吟诵腔调经由四川地区历代读书人在读书修身过程中师承相授、口耳相传、长年累月沉淀下来,歌其感受,诉其衷肠,紧扣四川音乐传统,深耕四川曲艺、戏曲、器乐的母体旋律,承载四川地区审美文化,腔调必然依川声、行川腔、展川韵。随着时代的变迁和吟诵传承方式以及大众审美情趣的变化,四川传统吟诵腔调的传承与创新均面临着诸多的重要工作,需要传承者和研究者在保持原汁原味吟诵腔调的基础上,广泛吸取和学习借鉴一些兄弟省市的吟诵方法和技巧,在适应时代审美需要的同时更好地传承四川的这门优秀传统文化。

（二）真声气稳和共鸣腔音

1. 真声气稳。

无论是吟诵还是声乐歌唱，用气和用声都是基础，中国传统声乐在经典中将其概括为"声贯于顶，气运丹田"。四川传统吟诵腔调的用声不同于戏曲民歌，研究发现，所有的四川老先生全部使用"真声"，绝无"假嗓"或者"混合声"的腔调技巧。所谓"真声"，即在自然声区中通过喉腔和声带自然发声歌唱。由于四川传统吟诵的腔调多在中低音区，音域跨度不大，在中低声区使用真声方便自然，利于行腔使调与个性展现，但音域不广。

用声和气息是四川传统吟诵腔调的基础更是"气运丹田"的体现，吟诵时发声的饱满准确以及音量的控制主要取决于稳定的吐纳呼吸，并非喉部肌肉的全面发力。优美的吟诵腔调一定是贯彻如一的将气息沉于胸腹深处进行保持与控制。气息无外乎是"呼"与"吸"的保持与控制，吸气是关键，只有正确地吸才能有正确地呼。

四川传统吟诵腔调多为自由散板，节奏伸缩灵活性极大，特别与吟诵者的感情体验直接挂钩。因此气息的稳定收放显得尤为重要，根据腔调的调式结构、旋律节奏、句读数量、拖腔长短，对吟诵的用气可以作"大换气、小偷气、留余地"的适时安排。四川传统吟诵腔调都讲气口，如果气口运用不好就不可能吟诵好，气口也就是指吟诵时如何在合理的音阶过渡期调整气息。流沙河先生在吟诵时便常常深吸气，并始终将气保持在胸腹深处。我们也特别注意到多数老先生在气口时一般要平衡起音，首字后的散板基本保持平衡起音时的气息控制，以期达到以气振声、以声传情的效果。我们也发现许多老先生的吟诵旋律优美，但吟诵腔调一出并不美听，究其原因还是气息的稳定性和连贯性的问题。部分老先生由于身体和年龄的原因气息控制较弱，在吟诵时恐用力过猛形成破音，或是气息不足无法推进旋律，抑或偷换气生硬明显。

2. 共鸣腔音。

西洋的声乐学将人体看作一个整体的共鸣腔体，包括胸腔、喉咽腔、口咽腔、鼻咽腔、口腔、鼻腔和头腔多个腔体共鸣。高音声区主要以头腔共鸣，中音声区主要以口腔共鸣，低音声主要以胸腔共鸣。四川传统吟诵腔调由于咬字和润腔技法的运用，共鸣效果独具腔韵，主要以鼻腔、口腔和头腔的共鸣为主，辅以胸腔、口腔和咽腔共鸣，形成上贯鼻腔、头腔，下通喉腔、胸腔的共鸣管道。四川传统吟诵的腔调也具有较为突出的局限性，由于运用自然发声的真声，腔音主要在中音区，音域区间跨度跳跃较小，对吟诵者本身的音质要求相对较低，在在音色单调、泛音不足、表现力不强等音域局限，尤其是在声区的共鸣方面不太容易达到连贯无换声点和统一的音质，缺少大开大合、大明大亮的共鸣效果。四川传统吟诵腔调在听觉效果上，均是单声线条，简而言之就是不用乐器伴奏由单一旋律组成的独吟干唱，尽管当前四川传统吟诵在腔调上也尝试使用和音，但从本质上而言并非是多和弦声部的音乐，这是由四川传统吟诵腔调的线性发展规律在音乐思维方面的体现。

（三）讴韵唱读和旋律结构

1. 讴韵唱读。

实际上四川的老先生并不熟悉"吟诵"的概念，我们所采录到的所有老先生对"吟诵"均有不同的称谓，主要有"唱读""讴诗""韵味"三种。我们将各个老先生吟诵行腔过程中的典型唱腔、风格特征加以提炼和归纳，总结出四川传统吟诵腔调讴韵唱读的重要特征。讴韵唱读与四川方言四声紧密相关，实则为唇、齿、喉、舌、牙之间相互作用于吟诵全过程的一种独具川味的表现形式。"讴"字在《说文解字》中解释为："齐歌或齐声而歌或齐地之歌"。[①]《太平御览》引古乐志曰："齐歌曰讴，吴歌曰歈，楚歌曰艳，淫歌曰哇。"[②]"讴"还有"歌咏和有节奏地诵读"之意，刘勰《文心雕龙·乐府》中提出："匹夫庶妇，讴吟土风；诗官采言，乐盲被律。"[③]"韵"字本

[①]（汉）许慎：《说文解字》，中华书局2013年版，第48页。
[②]（宋）李昉等撰：《太平御览》卷573《乐部十一》，中华书局1960年影印本第3册，第2589页上栏。
[③]（南朝梁）刘勰著，王运熙、周锋译注：《文心雕龙》，上海古籍出版社2010年版，第27页。

— 886 —

起源于音乐,用来描述和谐有节奏的悦耳声音,但其内涵在四川传统吟诵腔调领域得到了丰富的发展。旋律结构和音色节奏是"川韵"的基础,老先生们不同的师承体系、生命感悟、人生体验以及文化背景则是"川韵"的必要条件。在四川读书人的语境中,"讴"有高昂声调赞美他人的意思,"韵"有读书吟诗时在某一字拖长声音加入乐音和回味悠长的意思。"唱读"则是由四川读书人使用四川方言的"湖广话"或"南路话"发音进行念诵、吟咏、讴歌汉诗文的传统读书方法,四川历代读书人将吟诵、吟诗、咏诗、吟哦、歌(kō)诗等统称为唱读。

讴韵唱读作为四川地区历代读书人吟诵腔调的重要特点,大多数四川的老先生们在吟诵时使用胸腹式呼吸,吸气较深,腹腔和胸腔自然扩张,气息柔和平稳;发声时多通过鼻腔、口腔、咽腔等发声通道,伴随着讴叹韵味的感觉发音唱读。咬字发音遵守"依字行腔"和"字领腔行"等传统,元音的发音位置多在口腔和咽腔部位共鸣,每一个字和音也有"讴叹和韵味"的感觉,且多在双音节字后或逻辑重音后等节奏点上转音换腔。

除了吟诵旋律和吟诵文本的因素外,四川传统吟诵的所有音乐旋律形态,包括读腔、唱腔、唱读腔三种类型。

(1) 读腔。读腔是音乐性较弱的读诵式腔调,夹念夹诵具有一定的音调旋律,在四川传统吟诵中,此种吟诵腔调绝大部分用于古文体裁,偏重于陈述古文的内容,读腔的音乐起伏平缓、旋律线条稳定、节奏相对单一、速度普遍较快、一字一音居多、一字多音主要出现在在句中的逻辑重音和句末尾字上,依靠重复几个简单的音调便可以吟诵长篇古文。吟诵者一般速度为慢起渐快。因速度较快,吟诵者个体音色、音乐素养以及对吟诵调的掌握程度等因素,一般都会提前在固定的节点,即文章句读的重要衔接处拖腔停顿,结尾处一般都会平缓拖腔,便于吟诵者调节速度和节奏。如祁和晖先生吟诵的《中庸》节选中"君子之中庸也,君子而时中,小人之反中庸也,小人而无忌惮也(665636 663 360 633363663333560)"四句均为诵读,一字一音,节奏简单紧密;雷定基先生吟诵的《三字经》中"人之初,性本善,习相近,习相远,苟不教、性乃迁、教之道、贵以专(5ⅰ 565351535351 13 1355ⅰ313 5)"几乎为诵读,一字一音,旋律简单,节奏单一,速度较快;杜道生先生吟诵的《出师表》中"以光先帝遗德,恢弘志士之气,不宜妄自菲薄,引喻失义,以塞忠谏之路也(12 32 56 21 56 16 21 56 56 15 65 61 25 161 50)"以诵读为主,一字一音,读腔的音乐起伏平缓,节奏单一规整,旋律简单;王宗斌先生吟诵的《三字经》中"人之初,性本善,习相近,习相远,苟不教,性乃迁,教之道,贵以专"(33 53 15 23 25315 51 23 13 535 3155)均为诵读,一字一音,速度较快,节奏单一,旋律简单;流沙河先生《蓼莪》中"南山烈烈,飘风发发,民莫不穀,我独何害"(15·11·55·11 11·115331)四句夹念夹诵,节奏稍有变化,旋律简单。

(2)唱腔。其音乐性最强,是数量最多、运用最广的四川传统吟诵音乐类型,占据四川传统吟诵音乐的主体地位,堪称精华部分。唱腔的旋律丰富、节奏灵活、情感细腻、代入快速。绝大多数的诗词吟诵常使用唱腔,唱的内容包括古诗、近体诗、词、部分古等。四川传统吟诵的老先生在唱时旋律节奏普遍较为稳定。此种唱腔的风格大都淡雅古朴、中正平和、端庄大气,与其他传统音乐形态截然不同,代表了较为古老、正统的四川传统吟诵的音乐传统,具有较高的文脉价值。如赵庭辅先生吟诵的七言平起绝句《初春小雨》"天街小雨润如酥(53 65·6ⅰ5 653),吟诵的草色遥看近却无(66 563 35321-),最是一年春好处(5·5 12 36 3526),绝胜烟柳满皇都(1·2 32 26 15·)",旋律连贯,清新优美;曹家谟先生吟诵的五言古体诗《静夜思》"床前明月光(66 66ⅰ-),疑是地上霜(6ⅰ 26·5-),举头望明月(31·6ⅰ66-),低头思故乡(ⅰⅰ26·5-)"旋律起伏较小,音调悲凉;王治平先生吟诵的词《摸鱼儿•理遗篇》"理遗篇,蓼莪永忆(66 36 5333 6 5 6ⅰ 5 6 3),人间多少,孤儿女(63 232ⅰ 6 36 ⅰ 653)"和王德生先生吟诵的七言仄起绝句《赤壁》"折戟成沙铁未销(66 6365-35632ⅰ-6),东风不与周郎便(33 36·5-3ⅰ3 332ⅰ-6),铜雀春深锁二乔(66 3365-353·2·35-3)"音域跨度广,旋律富于变化;谢祥荣先生吟诵的七言古体诗《滁州西涧》"独怜幽草涧边生(53 66·6ⅰⅰ),上有黄鹂深树鸣(6ⅰ6 33 ⅰ5·3),

春潮带雨晚来急（1̇3 66·636），野渡无人舟自横（1̇6331̇6·3）"旋律低回婉转，感情细腻；杨星泉先生吟诵的文《滕王阁序》"豫章故郡，洪都新府，星分翼轸，地接衡庐（15·223215 53 21 5525·2311），襟三江而带五湖，控蛮荆而引瓯越（55 5·1 223 1 231 51 25 32）"旋律在平稳中稍有起伏，古朴中正；汤光明先生吟诵的词《钗头凤》"红酥手，黄藤酒，满城春色宫墙柳。（2·3 1̇6 133-051·3 2·3 17̇6-6·1235·3203 5430）东风恶，欢情薄。一怀愁绪，几年离愁（6-561̇6-60 321·3 23 17̇60 61̇6653- 321 3·5 17̇6-）"，旋律线高回低旋，音调哀怨凄婉。

（3）唱读腔。最具四川传统吟诵特征的音乐形态，其旋律线条和节奏较为简单，音乐性介于读腔和唱腔之间，不及唱腔的丰富多样和抒情细腻，比读腔又更具歌唱性，旋律层次更为丰富，多采用短小腔调结构不断反复或变化反复。如祁和晖先生吟诵的《桃夭》中 a "桃之夭夭，灼灼其华（36 66·6 33·330）"，b "之子于归，宜其室家（66 36·633 360）"，a "桃之夭夭，有蕡其实（36 66·6 63330）"，b "之子于归，宜其家室（33 63·3 66 3·60）"；丁稚鸿先生吟诵的《百家姓》中 a "赵钱孙李、周吴郑王(32 55·322 31) (32 55·322 31)"、b "冯陈卫、蒋沈韩杨（11 1̇6·11 55）"，a "朱秦尤许、何吕施张（53 23·61·11）"，b "孔曹严华、金魏陶姜(1̇6 55 11̇55)"，两句腔调旋律不断反复构成，音调平实，琅琅上口，唱读相间。唱读腔也常常用于韵文的押韵部分，由有韵处的较强的旋律性转化成为读腔，如杨星泉先生吟诵的《声律启蒙》中 "云对雨，雪对风（1232-22·5-）、晚照对晴空（323·3265--）、宿鸟对鸣虫（33·3211-）、三尺剑，六钧弓（532·25·5-）、岭北对江东（32·25·5-）、天上广寒宫（52·216̇5-）"唱读结合，韵字 "风（5-）、空（5--）、虫（1-）、弓（5-）、东（5-）、宫（5-）"音调均由前面唱腔转为读腔，节奏明确，腔调明显。赵庭辅先生吟诵的《增广贤文》"昔时贤文（65 56·）、诲汝谆谆（63 53·）、多见多闻（55 32·）"中韵字"文（6·）、谆（3·）、闻（2·）"转为读腔，一字一音；"无古不成今（66 635）、将心比心（55 32·）、诗向会人吟（66 635）"音调半唱半读，韵字"今（5）、心（2·）、吟（5）"读腔明显，独具韵味。

2. 旋律结构。

通过研究，我们发现四川传统吟诵腔调的乐音排列、组合、连缀并非无序，而是由腔调旋律中乐音的内在规律决定。一般说来，我们将任意一首四川传统吟诵的乐谱拿出来，找出主干音，其他的音就是润色和装饰的部分。四川传统吟诵腔调虽然形式上为散唱，但各音之间有其相互关系。

孟子·梁惠王
孟　子（战国）
王德生先生吟诵
何　民　记谱

如王德生先生吟诵的《孟子·梁惠王》吟诵曲调中"王曰：叟不远千里而来（5<u>1</u>、<u>11</u> i <u>22</u> <u>55</u> <u>2.3</u> 5-30）"虽是处于散板位置但是每个字也相对应的占有一定时值。从整体看，此吟诵曲调第一句（A型旋律）"孟子见梁惠王（<u>61</u> <u>616</u> <u>616</u> <u>6</u> 5-3）"和第二句（B型旋律）"王曰：叟不远千里而来（5<u>1</u>、<u>11</u> i <u>22</u>

<u>55</u> <u>2·3</u> 5-<u>30</u>)"为并列结构的两句体。第一（A）、二句（B）"孟子见梁惠王（<u>6i</u> <u>6i</u> <u>6i</u> 6 5-3）""王曰：叟不远千里而来（<u>5i</u>、<u>i i</u> i <u>22</u> <u>55</u> <u>2·3</u> 5-<u>30</u>）"和第三（A'）、四句（B'）"亦将有以（<u>3i</u> <u>i6i</u>65-3）""利吾国乎（<u>35</u>3 2 <u>2·3</u> 5--<u>30</u>）"为并列结构的复式两句体，第五（C）、六句（A）"孟子对曰（<u>6i</u> <u>63</u> 2 <u>i</u>-6）""王!何必曰利（<u>66</u> <u>66</u> 6 5-<u>30</u>）"同第七（A）、八句（B）"亦有仁义而已矣（<u>35</u> <u>335</u> 3 2 <u>53</u> 5-<u>30</u>）""王曰：何以利吾国（<u>63</u> 2 <u>i</u>-6 <u>6i</u> <u>6i</u>6 6 5-3）"构成不对称的并列复式两句体。第五（C）、六（A）句和七（A）、八（B）句为一个单乐段。第九（A）、十（C）句和第十一（A）、十二（C'）句为一个单乐段。旋律乐句的结构方式是在两至三个基本旋律音型基础上的变化重复。

四川传统吟诵腔调旋律可以在每一个老先生的腔调中提炼出较为固定的旋律乐句，我们称之为"腔格"。旋律乐句的结构方式多在两至四个基本旋律音型的基础上变化重复出现。基本旋律音型组织的旋律乐句在搭配形式和组合方式可以归纳为以下几种体式。

（1）独立体式。

此种独立体式由基本旋律音型 A、B、C、D 等独立构成旋律乐句。这种体式在赵庭辅先生、曹家谟先生的腔调旋律中运用广泛。如赵庭辅先生吟诵的《初春小雨》中乐句 A "天街小雨润如酥（5 3 6 5·6 1 5 6 5 3）"，B "草色遥看近却无（6 6 5 6 3 3 5 3 2 1-）"，C "最是一年春好处（5·5 1 2 3 6 3 5 2 6）"，D "绝胜烟柳满皇都（1·2 3 2 2 6 1 5·）"。曹家谟先生《悯农（其一）》中的乐句 A "春种一粒粟（1 1 6 6 6-）"，B "秋收万颗子（1 1 6 1 6 5-）"，C "四海无闲田（3 3·6 6 1 1）"，D "农夫犹饿死（6 1 2 6·5-）"。四个乐句均为独立体式结构的旋律乐句。

（2）联合体式。

春江花月夜

张若虚　（唐）
杨星泉先生　吟诵
何　民　记谱

（乐谱：春江潮水连海平，海上明月共潮生。滟滟随波千万里，何处春江无月明。江流宛转绕芳甸，月照花林皆似霰。空里流霜不觉飞，汀上白沙看不见。江天一色无纤尘，皎皎空中孤月轮。江畔何人初见月？江月何年初照人？人生代代无穷已，江月年年望相似。不知江月待何人，但见长江送流水。）

此种联合体式是由基本旋律音型"A"和基本旋律音型"B"联合组成旋律乐句在腔调旋律中的体现。如杨星泉先生吟诵的《春江花月夜》中呈现的"A+B"体式，"春江潮水（2 2·5 6 6-）连海平（5 6·6 5 5--）""江天一色（2 2·6 6·）无纤尘（6 2 1 6 5 5-）"。如乐句"月照花林（1 6 2 5 5-）皆似霰（2 5 6 1 6·）""江月年年（2 1 6 6 5）望相似（6 2·2 1 6）"旋律乐句的组织形式则为"B+A"。

（3）扩充体式。

此种腔调旋律乐句组织结构主要表现在，对一个具体的旋律音型作发展式扩充延展。扩充是以腔调的基本旋律音型为主轴，所填充的旋律音在其一定范围内。如谢祥荣先生吟诵的《前赤壁赋》的乐句"月出于东山之上（3 5 3 1 1 1 6），徘徊于斗牛之间（3 3 3 1 3 6 6）"实为"诵明月之诗（1 3 3 6 6），歌窈窕之章（1 3 3 6 6）"的扩充乐句，其基本旋律音型为"1 3 3 6 6"。

其次，也有在基本旋律音型基础上作衬字扩充，如何绍基先生吟诵的《春日偶成》中乐句"云淡风轻（啰）近（啰）午（啰）天（啰）（3 3 5 1 1 1 6 5 3 2 3 5·3 5 6 5-）"，"将谓偷闲（啰）学少年（啰）（1 6 1 3 5 3 2 1 3 2 5 1 2·）"。李忠洪先生吟诵的《清平调》中乐句"云想衣裳（嗯）花想（嗯）容（啊）（3 5 1 1 6 5·3 2-1 5 6 5·3 2 1 6·1 6·）"。汤光明先生吟诵的《钗头凤》中乐句"满城春色宫墙柳（啊~）（6·1 2 3 5·3 2 0 3 5 4 3 0 6 5 4 3 2 3 0）"。

春日偶成

程颢（宋）
何绍基先生吟诵
何民 记谱

3 3̂ 5 1̇ 1̇ | 1̇ 6̂ 5 3̂ 2 | 3 5. 3 5 6 | 5 — |
云淡 风轻（啰） 近（啰）午（啰）天（啰），

1 1̇ 3 5 | 3 2 | 2 5 | 3 — |
傍花 随柳（啊） 过 前川（啰）。

2 2· 2 2· | 2 1̇ 1̇ 6̂ 5 3̂ | 2 |
时人 不识 余心乐（啰），

1̇ 6 1 3 | 5 3 2 1 3 | 2 5 | 1 2· |
将谓偷闲（啰） 学 少 年（啰）。

清平调

李白（唐）
李忠洪先生吟诵
李娟 记谱

3 5 1̇ 1̇ 6̂ 5. 3 2 — | 1̇ 5 6 5. 3 2 1 6. 1. 6 |
云想衣裳（嗯） 花想（嗯） 容（啊），

5 5 3 2 3 1 2 1 6 | 2 3 1 2 1 6 5 5 |
春风 拂槛 露 华浓。

2 5 6 6 | 2 3 5 | 6 1 6 |
若非群玉 山头 见，

6 6 1 5. 5. | 2 6. 5 | 5 — |
会向瑶台 月下 逢（啊）。

钗头凤

陆游（宋）
汤光明先生吟诵
何民 记谱

2· 3 1̂ 6̂ 1 3 3 — 0 5 | 1· 3 2. 3 1̂ 7̂ 6. — |
红 酥 手， 黄 滕 酒，
春 如 旧， 人 空 瘦，

6. 1 2 3 5. 3 2 0 3 5 4 3 0 | 6 5 4 3 2 3 0 |
满城春色宫墙 柳。 啊
泪痕红浥鲛绡 透。 啊

- 894 -

此外，还有在基本旋律音型基础上作装饰音润腔的扩充发展，如赵庭辅先生吟诵的《增广贤文》乐句"集韵增广（⁀5⁀5 6⁀5·）""易涨易退山溪水（36⁀5⁀5 55⁀6）""运去成金铁（⁀5⁀5 63⁀5）"的前倚音扩充。王德生先生吟诵的《春夜喜雨》乐句"好雨知时节（3﹨3﹨36 6，5-3）""江船火独明（7676，3，235·﹨5﹨2 672·6-）"的下滑音和波音的扩充。

增广贤文

周希陶 （明）
赵庭辅先生吟诵
何 民 记谱

春夜喜雨

杜甫 （唐）
王德生先生吟诵
何 民 记谱

（4）递进体式。

第五章 四川传统吟诵腔调研究

2̇ 6	6 3·	6	2̇ 6	6 3	6
万里	赴戎	机，	关山	度若	飞。
6 3·	6 3	6·	6 3·	6 3	6·
朔气	传金	柝，	寒光	照铁	衣。
2̇ 2	6 6 1	6	3 3·	3 3·	6
将军	百战	死，	壮士	十年	归。
3 6·	6 3	3	3 3	6 3	6·
归来	见天	子，	天子	坐明	堂。
6 2·	6 6	3	2̇ 6	6 6	6·
策勋	十二	转，	赏赐	百千	强。
2̇ 6·	3 3	3	6 6·	6 6·	6 3 6·
可汗	问所	欲，	木兰	不用	尚书郎，
2̇ 6	6 6· 2̇ 2̇	6	6 3·	3 3	6
愿借	明驼 千里	足，	送儿	还故	乡。

6 6·	3 6	3	3 3·	6 3	6
爷娘	闻女	来，	出郭	相扶	将；
6 6·	3 6	3	6 6	3 6	6
阿姊	闻妹	来，	当户	理红	妆；
2̇ 6	3 6	3	6 2·	6 6·	3 6 3
小弟	闻姊	来，	磨刀	霍霍	向猪羊。
3 3·	3 3	6·	3 3	6 3	3
开我	东阁	门，	坐我	西阁	床，
3 6·	3 3	3	3 3	6 3	6·
脱我	战时	袍，	著我	旧时	裳。
3 3	6 3	3	3 3	6 3	6·
当窗	理云	鬓，	对镜	帖花	黄。
6 6·	6 3	6·	6 6	3 3	6
出门	看火	伴，	火伴	皆惊	忙：
2̇ 6·	6· 2̇ 6	6	3 6 3 3	3 6	3
同行	十二年	啦，	不知木兰	是女	郎。

3	3 5	3 3	3	3	3 5	6 3	3
雄	兔	脚扑	朔，	雌	兔	眼迷	离；
2̇	3 3	5 6·		3̇ 2̇ 3	3 5·	3 5 3	3
双	兔傍	地走，		你安能	辨我	是雄	雌？

- 897 -

晋公子重耳之亡

《春秋左传》

左丘明 （春秋）
寇森林先生吟诵
李娟 记谱

15 3̂2̂1 3 - 51 2̂1· 2̂ 1· | 3̂5 1· 6̂2 6̂6 0 | 11 11 1̂3 0 |
晋公子重耳 之及于难也， 晋人 伐诸蒲城。 蒲城人欲战，

1̂3 1̂3 0 | 1 1̂3 15 3·5̂ 23 15 3̂2 1 | 1̂3· 111 - |
重耳 不可， 曰："保君父之命而享其生 禄， 于是 乎得人。

　　此种腔调旋律结构在 A 和 B 的基本旋律音型中有一个中介旋律的特性音型，进行由 A 到 B 的旋律过渡。如祁和晖先生吟诵的《木兰辞》第三乐段中由主干音为"356"的 A 型旋律乐句"但闻燕山胡骑鸣啾啾（6̂3 66 353 633）"进入新素材高音"2̇"的乐句"万里赴戎机（2̇6 6̂3·6），关山度若飞（2̇6 6̂3 6）"，再回到 A 型旋律乐句"朔气传金柝（6̂3·6̂3 6）"。寇森林先生吟诵的《晋公子重耳之亡》第一乐段中由主干音为"1235"的 A 型旋律乐句"晋公子重耳之及于难也（15 3̂2̂1 3- 51 2̂1·2̂1·）"进入新素材低音"6̣"的乐句"晋人伐诸蒲城（3̂5 1·6̂2 6̂6 0）"，再回到 A 型旋律乐句"蒲城人欲战（11 11 1̂3 0），重耳不可（1̂3 1̂3 0），曰：保君父之命而享其生禄，（113 15 3·5̂ 23 15 3̂2 1）于是乎得人（1̂3 111 -）"。旋律结构自然流畅，吟诵音调递进发展。

（5）收缩体式。

　　此种腔调旋律结构主要是在 A 和 B 的基本旋律音型基础上各收紧缩短、提炼出主干音后重新组合而成的旋律乐句。如曹家谟先生吟诵的《水调歌头》第二乐段中"何事长向别时圆"（6̇1·6̇1 2̇6·5）是在 A 型旋律"明月几时有"（66·1̇6 1̇ -）、B 型旋律"把酒问青天"（2̇1 66·5 -）基础上提炼重新组合而成的旋律。

　　祁和晖先生吟诵的《木兰辞》第五乐段中"小弟闻姊来"（2̇6 363）是在 A 型旋律"同行二十年"（2̇6·6̇2 6 6）和 B 型旋律"不知木兰是女郎"（3633 363）基础上提炼重新组合而成的旋律。

- 898 -

水调歌头

苏　轼　（宋）
曹家谟先生 吟诵
李　娟　记谱

注：标有波浪线的文字为诵读。

（6）循环体式。

此种腔调旋律结构在吟诵乐段基本旋律型是A+B+A+B，即循基本旋律音型A和B的循环往复，旋律进行过程中可在原基本旋律音型的基础上有所变化形成A'和B'。如曹家谟先生吟诵的《登岳阳楼》的第一、二句A"昔闻洞庭水"(33·66 1̇-)，B"今上岳阳楼"(6 1̇ 66·5-)和第三、四句A'"吴楚东南坼"(33·66 1̇-)，B'"乾坤日夜浮"(6 1̇ 26·5-)。祁和晖先生吟诵的《关雎》中第一、二句A"关关雎鸠，在河之洲"(66 26 6 53 65 30)，B"窈窕淑女，君子好逑"(22 52 2 31 26 0)和第三句A'"参差荇菜，左右流之"(66 26 6 55 65 3 0)，第四句B"窈窕淑女，寤寐求之"(22 52 231 26 0)，这种循环往复的进行在四川传统吟诵腔调中较为常见，但永远不会脱离其腔调旋律骨干的上下起伏，使得行腔旋律既较为统一又细腻婉转。

- 899 -

木　兰　辞

北朝民歌
祁和晖先生吟诵
何　民　记谱

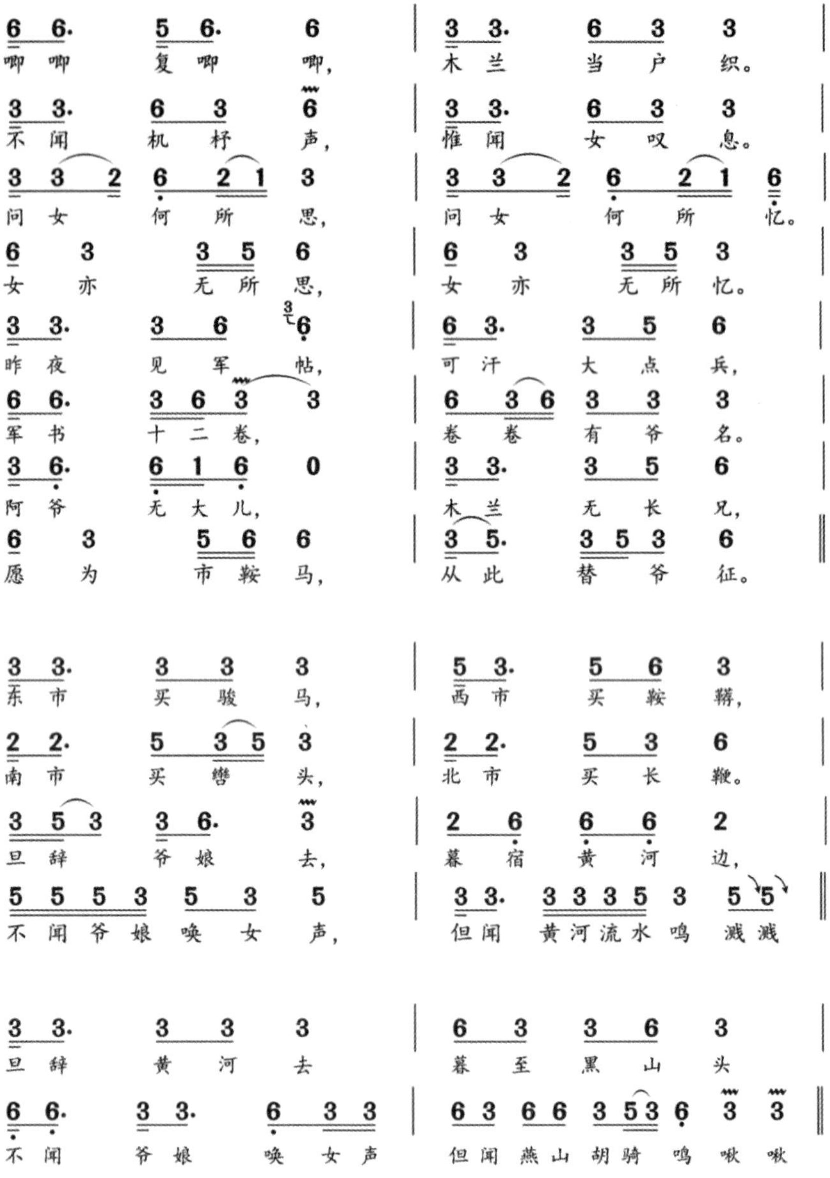

第五章 四川传统吟诵腔调研究

$\dot{2}$ 6	6 3.	6	$\dot{2}$ 6	6 3	6
万里	赴戎	机，	关山	度若	飞。
6 3.	6 3	6	6 3.	6. 6.	3
朔气	传金	柝，	寒光	照铁	衣。
$\dot{2}$ 2	6 6 1	6	6 3.	3 3.	6
将军	百战	死，	壮士	十年	归。
3 6.	6 3	3	3 3	6. 6.	6.
归来	见天	子，	天子	坐明	堂。
6 2.	6 6	6	$\dot{2}$ 6	3 6	6
策勋	十二	转，	赏赐	百千	强。
$\dot{2}$ 6.	6	6	6 6.	6. 3.	6.
可汗	问所	欲，	木兰	不用	尚书郎，
$\dot{2}$ 6.	6 6.	$\dot{2}$ $\dot{2}$	6	6 3.	3 3	6
愿借	明驼	千里	足，	送儿	还故	乡。

6 6.	3 6	3	3 3.	6 3	6
爷娘	闻女	来，	出郭	相扶	将；
6 6.	3 6	3	6 6	6 3	6
阿姊	闻妹	来，	当户	理红	妆；
$\dot{2}$ 6	3 6	3	6 2.	6 6.	3 6 3
小弟	闻姊	来，	磨刀	霍霍	向猪羊。
3 3.	3 6	6.	6 6.	3 3	3
开我	东阁	门，	坐我	西阁	床，
3 6.	6 3	3	3 3	6 3	6.
脱我	战时	袍，	著我	旧时	裳。
3 3	6 3	6.	3 3	6 3	6.
当窗	理云	鬓，	对镜	帖花	黄。
6 6.	6 3.	6	3 6 3 3	6	3
出门	看火	伴，	火伴	皆惊	忙：
$\dot{2}$ 6.	6 $\dot{2}$ 6	6	3 6 3 3	3 6	3
同行	十二年	啦，	不知	木兰 是女	郎。

3 3 5	3 3	3	3 3 5	6 3	3
雄兔	脚扑	朔，	雌兔	眼迷	离；
2 3 3	5 6.		3 2 3	3 5.	3 5 3 3
双兔	傍地走，		你安能	辨我	是雄 雌？

- 901 -

登岳阳楼

杜甫（唐）
曹家谟先生 吟诵
李娟 记谱

3 3· 6 6 i — | 6 i 6 6· 5 — |
昔闻 洞庭 水， 今上 岳阳 楼。

3 3· 6 6 i — | 6 i 2̇ 6· 5 — |
吴楚 东南 坼， 乾坤 日夜 浮。

3 3· i i 6 — | 6 i 2̇ 6· 5 — |
亲朋 无一 字， 老病 有孤 舟。

3 1· i i 6 — | 6 i 2̇ 6· 5 — ‖
戎马 关山 北， 凭轩 涕泗 流。

关雎

《诗经·周南》
祁和晖先生 吟诵
蒋天惠 记谱

四言诗

6 6 2̇ 6 6 5 3 6 5 3 0 | 2 2 5 2 2 3 1 2 6 0 |
关关 雎鸠， 在河 之洲。 窈窕 淑女，君子 好逑。

6 6 2̇ 6· 6 5 5 6 5 3 0 | 2 2 5 2 2 3 1 2 6 0 |
参差 荇菜， 左右 流之。 窈窕 淑女， 寤寐 求之。

6· 6 2̇ 6· 6 6 5 6 5 3 0 | 2· 2 2· 2 2 2 2· 2 1 6 0 |
求之 不得， 寤寐 思服。 悠哉 悠哉， 辗转 反侧。

2̇ 2̇ 6 6 6 6 6 5 3 0 | 2 2 5 2· 2 2 1· 2 1 6 0 |
参差 荇菜， 左右 采之。 窈窕 淑女， 琴瑟 友之。

2̇ 2̇ 6 6 6 5 5 3 2 3 0 | 2 2 5 2 2 3 1 2 1 6 0 ‖
参差 荇菜， 左右 芼之。 窈窕 淑女， 钟鼓 乐之。 之。

（7）混合体式。

该旋律乐句组织结构是任意两个或者三个旋律乐句组织结构方式的综合，即乐句的结构可以为收缩体式与扩充体式的结合，也可以是独体式与扩充体式的结合，或者联合体式与收缩体式的结合等。具体可以为"扩展"两个基本旋律音型的连接、转换出的任意两个或者三个的旋律乐句结构组织方式相综合完成的新旋律乐句组织。如杨星泉先生吟诵的《江城子·乙卯正月二十日记梦》第一乐段中"千里孤坟"($\underset{\frown}{2\dot{7}2}\ \underset{\frown}{6765}$)和"无处话凄凉"($\underset{\frown}{667}\ 6\ 6\ \dot{2}\cdot\underset{\frown}{6765}$)为独立体式与扩充体式的结合。

江城子·乙卯正月二十日夜记梦

苏轼（宋）
杨星泉先生 吟诵
李娟 记谱

$\underset{\frown}{675}\ \dot{2}\ 7\cdot\underset{\frown}{6765}\ 5\ -\ -\ |\ \underset{\frown}{6\dot{2}\cdot\dot{2}6\cdot}\ 6\ -\ \underset{\frown}{1665\cdot}\ |$
十年生死 两 茫 茫， 不思量， 自难忘。

$\underset{\frown}{\dot{2}7\dot{2}}\ \underset{\frown}{676}\ 5\ |\ \underset{\frown}{6\ 67}\ 6\ \dot{2}\cdot\ |\ \underset{\frown}{6765}\ |$
千里孤 坟， 无处 话凄 凉。

$\underset{\frown}{675}\ \dot{2}\ 5\cdot\ |\ \underset{\frown}{5\dot{2}\cdot\dot{2}76}\cdot\ |\ \underset{\frown}{567}\ 6\ -\ |\ \underset{\frown}{\dot{2}56}\ \dot{2}\ -\ |$
纵使相逢 应不识， 尘满 面， 鬓如 霜。

$\underset{\frown}{675}\ \underset{\frown}{\dot{2}67}\ 6\ \underset{\frown}{6756}\ 5\ -\ |\ \underset{\frown}{6\dot{2}2}\ -\ |\ \underset{\frown}{6\dot{2}\cdot\dot{2}}\ |$
夜来幽 梦 忽还乡， 小轩 窗， 正梳 妆。

$\underset{\frown}{\dot{2}6}\ 6\ 6\ 5\ |\ \underset{\frown}{567}\ 6\ -\ \underset{\frown}{6\dot{1}}\ \underset{\frown}{\dot{1}65}\ -\ -\ |$
相顾无言， 惟有 泪千 行。

$\underset{\frown}{6\cdot7}\ 5\ 5\cdot\ \underset{\frown}{556\ \dot{2}76}\ |\ \underset{\frown}{6\dot{2}\cdot}\ \underset{\frown}{\dot{2}\dot{1}6}\ |\ \underset{\frown}{6\dot{1}\cdot\dot{1}}\ \underset{\frown}{\dot{1}65}\ \|$
料得年年 肠 断 处， 明月 夜， 短松 冈（啊）。

王治平先生吟诵的《摸鱼儿》第二乐段中"终天恨，我亦婴年丧父"($\underset{\frown}{33\ \dot{2}\dot{1}666}$ $\underset{\frown}{3653556}\ \dot{1}6\cdot\underset{\frown}{3531}\ \underset{\frown}{2353}$)是A"理遗篇"($\underset{\frown}{66}\ \underset{\frown}{3653}$)，B"春已去"($\underset{\frown}{33\ \dot{2}\dot{1}6}$)型旋律的联合体式（B+A）和C"同苦（哦）"($1\underset{\frown}{3235}\ 3$)型旋律扩充体式的结合。

（四）依腔贴调和旋律套用

1. 依腔贴调

"腔"字的本义事物体内"空"的部位，如"胸腔""口腔"等转而为此"空"的部位所发的声音，本文的"腔"指四川唱读声腔旋律，最能体现四川传统吟诵独特风格的莫过于唱读声腔。"依腔"从字面上的意思可理解为字句须依着腔来吟诵，从广义上来说是吟诵者根据方言字音作腔，声音的高低、婉转、曲折、抗坠、顿挫，均是腔随字走，这些普遍性的观点在笔者在前文

摸鱼儿

王治平（民国）
王治平先生吟诵
李娟 记谱

已作了详尽论述，此不赘述。就每一位会四川传统吟诵的老先生而言，他们都有各自的相对固定的吟诵腔调和稳定的基本旋律，本文所探讨的"依腔"主要是从狭义上指老先生在吟诵时的常用基本吟腔和标志性拖腔。"贴调"从字面上看是根据定好的"调门"来吟诵，声音连贯通畅，高低衔接自然，强弱过渡无痕迹，字声抑扬和吟诵旋律的关系处理的贴切；本文所指的"贴调"则是指老先生在吟诵时其吟诵旋律主动靠近出现频次较高且循环重复的主旋律结构。四川传统吟诵腔调是历史性与时代性的产物，尤其是各位老先生独具特色的吟诵更是特定的历史风格与吟诵者所处时代大环境下的文人音乐在以方言语音为本位的基础上对四川传统音乐的延续升华。虽然各位老先生的语气、语调、语态、语势、语境均有差异，旋律腔调各异，但依腔贴调的特点万变不离其宗，在现代传统吟诵的传承研究过程中具有核心意义。一般情况下每个老先生的基本腔调旋律在不同的古诗文中会根据文本的实际需要进行扩充或紧缩。

四川传统吟诵的不同腔调，其旋律体式规律在不同诗词中所反映出的平仄规律是大致相同的，在文赋的文本上另有区别。每个老先生的腔调旋律在各腔句使用主干音时虽具备一定灵活性，但在诗词的韵脚处均颇为严谨，通常比较考究拖腔。特别在格律诗的平仄格律处一般不会脱离主旋律结构。当然，个别老先生为了更贴切的表现诗情和声情时，也存在个别格律处和韵字处的乐音和拖腔偶尔脱离主干音，我们认为，这种情况并不会影响到其整体吟诵按照依腔贴调的原则推进旋律。

总体而言，格律诗、词、古体诗、文言文四类吟诵腔调各具基本特点和结构样式。近体诗与词格律都相当严格，吟诵腔调多有共同之处，体诗与古文格律都较自由，吟诵腔调亦较多共同之处。

通过分析 122 首四川传统吟诵腔调旋律谱例，其每首古诗文的韵脚或句末落音都在"宫商角徵羽"范围内，可以看出民族五声调式对于落音至关重要的作用。一般来说诗词和韵文句末处的韵腔也是由数个特性音型及其衍生音型组成。这些特性音型就是笔者在对每个吟诵谱例分析时得出的结论（见下表）。我们通过表中大量实例可以看到四川传统吟诵腔调旋律中最重要的润腔就是押韵处或句末处的拖腔，这个拖腔特点突出极具稳定性。我们总结出的数个特性音型就是我们分析的拖腔处的骨干音型。这些特性音型属于四川传统吟诵腔调旋律所具有的共性因素。

在22位老先生84首诗歌、17首词作和21首古文的122首吟诵作品中出现2首双音曲、6首三音曲、6首四音曲、18首宫调式、5首商调式、17首角调式、52首徵调式、16首羽调式。四川传统吟诵腔调旋律以五声徵调式为主，宫调式占14.8%，商调式占4%，角调式占13.9%，徵调式占42.6%，羽调式占13.1%。吟诵中徵调占比最大，其次是宫调、角调和羽调，再是商调，也有存在少量调式游离的双音、三音及四音曲。我们发现四川传统吟诵腔调师承有序旋律稳定，自成定格高低合度，绝无恣意妄拟，声情怪诞的情况。由于种种原因老先生的吟诵腔调偶尔也会出现"荒腔走板"，如"字音不正而压腔""字音虚浮而腔挤""字音过于拖长而堵腔"等现象，使吟诵没有达到理想效果。若使腔调达到辩证统一和谐自如的默契，必是一个无限接近依腔贴调的过程。

表5—1

姓名	诗文题目	调式	主干音	基本吟腔（1）	基本吟腔（2）	基本吟腔（3）	基本吟腔（4）
流沙河	诗经·小雅·蓼莪	宫调式	135	11 31·	55 353		
流沙河	正气歌	羽调式	61235		53 5353-	3533 36 60	
流沙河	送刘司直赴安西	徵调式	5623	25·251	55·3523	55·326	
流沙河	清明日对酒	宫调式	1235	11·53·5231	15·53·553		

续表

姓名	诗文题目	调式	主干音	基本吟腔（1）	基本吟腔（2）	基本吟腔（3）	基本吟腔（4）
流沙河	道情十首	宫调式	135	11 53 511	53 31 353		
流沙河	婉容词	羽调式	61235		51 353·	5231266·	
流沙河	满江红·怒发冲冠	宫调式	135	5531	53 553		
流沙河	满江红·江汉西来	宫调式	135	53 51·	553 13		
流沙河	满江红·登黄鹤楼有感	宫调式	1235	5311 0	55 23·		
流沙河	齐天·蟋蟀	宫调式	135	15 511	55·51 53		
流沙河	声律启蒙	宫调式	135	1313531	35·113		
流沙河	秋声赋	宫调式	135	51 31	551353 13·		
流沙河	诗6首 词4首 文2首	宫调9首 羽调2首 徵调1首	12356	11 53 511	53 553	3533 36 60	
王治平	摸鱼儿·理遗篇	羽调式	56i23	66 36 5 3	33 232 i6	323 5 3	
王治平	瑞龙吟·秋思	角调式	35612	6365·3	33 232 i·6	63 2353	
王治平	莺啼序·丙辰·纪痛	角调式	35612	63 66i 65·3	33 66 32i·6	535 323 5-3	
王治平	浪淘沙·己亥春晚	羽调式	61235	63 2i 653	33 232 i6	36 3531 2353	
王治平	词4首	羽调2首 角调2首	12356	66 3653	33 232 i6	32353	
王德生	春夜喜雨	六声角调式	35612	33 36 65-3	335 31 i·6	6-35323 5--30	

续表

姓名	诗文题目	调式	主干音	基本吟腔（1）	基本吟腔（2）	基本吟腔（3）	基本吟腔（4）
王德生	赤壁	角调式	35612	66 63 65-3	5632 1-6	353 2·3 5--3	
王德生	江南逢李龟年	羽调式	61235	66 62 65-3	66 63 2 1--6	1 56 532 2·35 3	
王德生	春江花月夜	羽调式	61235	33 61 65-3	632 1--60	6532·3 5-30	
王德生	孟子·梁惠王上	羽调式	61235	61 61 65-3	61 63 2 1-6	35322·3 5--30	
王德生	诗4首 文1首	羽调3首 角调2首	12356	66 63 65-3	5632 1-6	353 2·3 5--3	
谢桃枋	蜀道难	徵调式	56123	5 1 1-	33 23 550	11 53	
谢桃枋	丹青引·赠曹将军霸	徵调式	56123	1 5 5 1·	323 50	15 30	
谢桃枋	兰陵王·柳	徵调式 四音曲	5123	5 1 1-		15 30	
谢桃枋	诗2首 词1首	徵调3首	56123	5 1 1-	323 50	15 30	
杜道生	出师表	羽调式	61235	25 16·	03 52 53	15 65	
李忠洪	早发白帝城	徵调式	56123	26·2 15	65·52·	55321	
李忠洪	清平调	徵调式	56123	26·55	11 65·3 2-	553231216	
李忠洪	诗2首	徵调2首	56123	26·55	65·52·	55321	
雷定基	回乡偶书	宫调式	12356	565 12 1 653	33 15 5 15	1321	

续表

姓名	诗文题目	调式	主干音	基本吟腔（1）	基本吟腔（2）	基本吟腔（3）	基本吟腔（4）
雷定基	登金陵凤凰台	徵调式	5613	565 121 5653	31 11 51 565		
雷定基	水调歌头	徵调式	5613	33 156 53	33 11 5565	3121	
雷定基	三字经	徵调式四音曲	513	53 13	135	131	
雷定基	诗2首 词1首 文1首	徵调3首 宫调1首	56123	565 121 653	33 11 556 5	132 1	
谢祥荣	弹琴	角调式四音曲	3561	33·166-	616 113-		
谢祥荣	滁州西涧	角调式四音曲	3561	13 66· 636	616 33 15·3	53 66· 611	
谢祥荣	宿建德江	徵调式	5623		36·365-	66·535 321	
谢祥荣	登鹳雀楼	角调式四音曲	3561	33·116-	616 53·3-		
谢祥荣	山居秋暝	角调式四音曲	3561				
谢祥荣	送孟浩然之广陵	角调式四音曲	3561	11 16· 63·6	66·36 153		
谢祥荣	登高	角调式四音曲	3561	6611· 336-	611 6· 553-	1611 3351-	
谢祥荣	浪淘沙·帘外雨潺潺	角调式四音曲	3561	16·36-	33·66 613-	335 611-	

续表

姓名	诗文题目	调式	主干音	基本吟腔（1）	基本吟腔（2）	基本吟腔（3）	基本吟腔（4）
谢祥荣	前赤壁赋	角调式四音曲	3561	16 16· 36·	661 33	33 11	
谢祥荣	诗7首 词1首 文1首	角调8首 徵调1首	1356	33·166-	616 113-	335 611-	
郭绍岐	琵琶行	角调式	35612	13 66 653	53133132	31 23·1	3216
郭绍岐	长恨歌	角调式	35612	153 55 653	53 51 112	3231	3316
郭绍岐	蜀道难	羽调式	6123	665 30	3231 21·2	3112·1	3216
郭绍岐	离骚	角调式	3612	61 6353	153·2	13 22 321·	1316·
郭绍岐	诗4首	角调3首 羽调1首	61235	13 66 653	53 13 313 2	31 23·1	32 16
杨星泉	登岳阳楼	徵调式	5612	156 16 6-	26·65 5-	62·2--	
杨星泉	送杜少府之任蜀州	四音曲	5612	52·21 6--	121 65 5-	66·2--	
杨星泉	海棠	六声徵调式	56123	322 6-	221 65 5-	7652--	
杨星泉	无题·新月如眉挂柳梢	徵调式	5623	31 1236-	26 655--	66·32 2--	

续表

杨星泉	无题·相见时难别亦难	徵调式	5612	5̲2̲·2̲2̲1̲3̲ 2̲6̲	2̇1̇ 2̇6̇ 6̇1̇ 1̇1̇65-		
杨星泉	昨夜星辰昨夜风	徵调式	5612	3̲3̲226-	6̲6̲·1̲1̲65-	6̲6̲·3̲2̲ 2---	
杨星泉	春江花月夜	徵调式	5612	2̲2̲·5̲6̲6-	5̲6̲·6̲5̲5--	6̲1̲5̲6̲6̲ 2--	
杨星泉	一剪梅·舟过吴江	徵调式	5612	2̇1̇6̲2̲2̲1̲ 6-	6̲1̲6̲1̲1̇ 1̇65·	6̲6̲2̲5̲·6̲6̲·2̇	
杨星泉	江城子·乙卯正月二十夜记梦	六声徵调式	56712	6̲7̲5̲2̲6̲7̲6̲	6̲2̲·6̲7̲65	6̲2̲2-	
杨星泉	苏杭纪游	徵调式	56123	2̲2̲216-	3̲2̲ 1̲6̲5̲ 5--	1̲6̲5̲2---	
杨星泉	滕王阁序	徵调式四音曲	5123	1̲5̲·2̲2̲3̲2̲	5̲5̲ 5̲·1̲ 2̲2̲31	2̲3̲1̲ 2̲5̲5	
杨星泉	声律启蒙	徵调式	5123	1̲2̲3̲2̲-	3̲2̲1̲1̲	2̲2̲·5-	
杨星泉	诗7首词3首文2首	徵调11首四音1首	56123	3̲3̲226-	6̲6̲·1̲1̲65-	6̲6̲·3̲2̲ 2---	
				1̲2̲3̲2̲-	3̲2̲1̲1̲	2̲2̲·5-	
萧璋	蜀相	四音曲	5612	2̇1̇ 2̇1̇	2̇2̇ 2̇1̲6̲5̲ 5-		
萧璋	春望	四音曲	5612	2̇1̇1̇-	2̇1̇2̇ 2̇1̲6̲5̲ 5-		
萧璋	诗2首	四音2首	1256	2̇1̇1̇-	2̇2̇ 2̇1̲6̲5̲ 5-		

续表

姓名	诗文题目	调式	主干音	基本吟腔（1）	基本吟腔（2）	基本吟腔（3）	基本吟腔（4）
王宗斌	诗经·卫风·木瓜	宫调式	12356	53 23	153 153-		
王宗斌	金缕衣	徵调式	5123	25 32	53215-	553532	
王宗斌	木兰诗	羽调式	61235	53 23	553 53·	626122	61216
王宗斌	画	商调式	23561	5235	523551	5·3512-	
王宗斌	送别	徵调式	5123	23532	53215-	523 13 532	
王宗斌	山居秋暝	宫调式四音曲	1235	5323	53231-	11 552-	
王宗斌	送杜少府之任蜀州	徵调式	5123	23 53	135 53		
王宗斌	闻官军收河南河北	宫调式四音曲	1235	53 23	55 13·		
王宗斌	倒顺书	羽调式	61235	5325	61 13 12	1112· 1216	
王宗斌	虞美人·春花秋月何时了	宫调式	1235	2353	35 1·1		
王宗斌	三字经	宫调式四音曲	1235	53 23	355131		
王宗斌	中庸	徵调式	56123	2353	5·351·235	61 31 12	
王宗斌	孟子·尽心下	羽调式	61235	5513	1611·	66312	66 25·6
王宗斌	诗9首词1首文3首	宫调5首商调1首徵调4首羽调3首	12356	53 23	53215-	66312	66 25·6

续表

姓名	诗文题目	调式	主干音	基本吟腔（1）	基本吟腔（2）	基本吟腔（3）	基本吟腔（4）
何绍基	春日偶成	商调式	23561	1̲1̲ 1̲6̲5̲3̲2̲	1̲6̲1̲3̲ 5̲3̲2̲1̲		
丁稚鸿	江雪	徵调式	513	5̲5̲3̲2̲5̲-10	1̲1̲6̲5̲-1-5̲0		
丁稚鸿	和张仆射塞下曲	徵调式	512	2̲2̲·5̲2̲3̲1̲	5̲5̲·2̲5̲5̲		
丁稚鸿	山居秋暝	徵调式	512	5̲5̲3̲ 5̲2̲1̲ 10	1̲1̲6̲ 5̲5̲5̲		
丁稚鸿	出塞	六声商调式	251	3̲5̲3̲2̲5̲1̲-2 3̲1̲-	2̲5̲·5̲5̲·7̲ 6̲5̲	2̲5̲3̲2̲1̲6̲2̲2̲	
丁稚鸿	回乡偶书	徵调式	513	5̲5̲ 3̲5̲3̲ 2̲3̲2̲1̲1̲	1̲1̲5̲1̲·6̲5̲-1̲5̲		
丁稚鸿	赠汪伦	六声商调式	256			5̲5̲3̲2̲2̲·2̲2̲2̲	2̲2̲·5̲5̲3̲ 2̲1̲6̲
丁稚鸿	大学	徵调式	513	3̲5̲3̲ 5̲5̲3̲ 2̲3̲2̲ 1̲1̲	1̲1̲5̲1̲1̲5̲	2̲5̲·3̲5̲5̲5̲2̲2̲ 2̲	
丁稚鸿	百家姓	徵调式	5123	2̲2̲ 3̲1̲	1̲1̲ 5̲5̲	3̲2̲ 5̲5̲·3̲	1̲1̲ 1̲6̲
丁稚鸿	诗6首文2首	徵调6首商调2首	56123	5̲5̲3̲2̲5̲-10	1̲1̲6̲5̲-1-5̲0	5̲5̲3̲2̲2̲·2̲2̲2̲	2̲2̲·5̲5̲3̲ 2̲1̲6̲
赵庭辅	春晓	徵调式	56123	6̲5̲ 6̲6̲ 6̲5̲3̲	6̲5̲3̲ 2̲2̲ 3̲2̲1̲·	2̲3̲2̲ 5̲5̲3̲ 3̲2̲6̲	3̲2̲ 1̲1̲ 1̲6̲5̲·
赵庭辅	静夜思	徵调式	56123	5̲5̲ 5̲6̲ 6̲5̲3̲	5̲6̲3̲5̲3̲2̲3̲2̲1̲·	5̲2̲·3̲5̲2̲ 3̲5̲2̲·6̲	3̲2̲1̲1̲1̲6̲ 5̲-
赵庭辅	画	徵调式	56123	6̲5̲·6̲6̲ 6̲5̲3̲	6̲5̲3̲ 3̲3̲3̲2̲1̲-	5̲5̲3̲ 5̲2̲3̲5̲ 2̲·6̲	1̲2̲ 2̲6̲1̲6̲ 5̲-
赵庭辅	逢雪宿芙蓉山主人	徵调式	56123	3̲5̲·6̲6̲ 6̲5̲3̲	6̲3̲ 3̲5̲3̲2̲ 1̲-	1̲2̲ 2̲5̲ 3̲2̲6̲	2̲2̲ 1̲1̲6̲ 5̲-

续表

姓名	诗文题目	调式	主干音	基本吟腔（1）	基本吟腔（2）	基本吟腔（3）	基本吟腔（4）
赵庭辅	赋得古原草送别	徵调式	56123	35 56 653	663 3321-	55·52 2326	22 11 165-
赵庭辅	初春小雨	徵调式	56123	53 65· 615 653	665633532 1-	5·5 12 36 3526	1·2 32 26 15·
赵庭辅	凉州词	徵调式	56123	55 65· 65 653	56633532 321·	55 12 352 3526	33 12·16 165·
赵庭辅	九月九日忆山东兄弟	徵调式	56123	335 615 661 653	6563353 321·	1·2 553 33 3526	21 322 165-
赵庭辅	黄鹤楼	徵调式	56123	65655665 ·3	6665232 1-	12 253 335260	23232 11 165·
赵庭辅	增广贤文	四音曲	2356	63 53·	55 32·	65 56·	55 65·
赵庭辅	大学	角调式	3561	63 33·	33 13 32·	53 56·	56 3
赵庭辅	诗9首 文2首	徵调9首 角调1首 四音1首	12356	65 66 653 63 53·	653 22 321· 55 32·	232 553 326 65 56·	32 11 165· 55 65·
赵树奎	送友人入蜀	六声羽调式	671235	76 566- 76 532-	63 35 53· 125120	76 623- 32 126-	52 523- 11 226-
赵树奎	十字祭文	徵调式	56123	63 55 66 65	65 55 232-	55 23 52 32·	11 16 16 15·
牟柯	出塞	徵调式	5613	335 16	3536·5		
牟柯	早发白帝城	徵调式 四音曲	5613	15 16	131 315-	15 13 33 31	
牟柯	春宵	徵调式 四音曲	5123		13250	51 1313 10	
牟柯	枫桥夜泊	宫调式	1356	15 11 6 1·6		11 51 2311-	

第五章 四川传统吟诵腔调研究

续表

姓名	诗文题目	调式	主干音	基本吟腔(1)	基本吟腔(2)	基本吟腔(3)	基本吟腔(4)
牟柯	诗4首	徵调3首 宫调1首	5613	i5 ii6 i·6	131 31 5 -	ii 5i 231 1-	
汤光明	秋浦歌	宫调式	1235	556ii0	65 3232	5 5323 53	23 21 11
汤光明	钗头凤	七声羽调式	61235	2·316133 -05	1·3 2·3 176-	6·1235·32 03543	6-5-60
寇森林	晋公子重耳之亡	宫调式	135	51 113-	11 5 3 1·		
祁和晖	诗经·周南·关雎	羽调式	6235	66i66	53653		
祁和晖	诗经·桃夭	三音曲	356	3666·6	33·330		
祁和晖	离骚	双音曲	36	336363 6-	336333		
祁和晖	木兰辞	角调式	356	66·56·6	33·633		
祁和晖	春望	双音曲	36	66·636·	33·633		
祁和晖	春夜喜雨	三音曲	356	636 336	363 3653		
祁和晖	送杜少府之任蜀州	三音曲	356	33·666-	33·563-		
祁和晖	闻官军收河南河北	羽调式	6235	63·66-	26653		
祁和晖	中庸	三音曲	356	665636	663 360		
祁和晖	诗8首 文1首	双音2首 三音4首 角调1首 羽调2首	356	66·636·	33·633		
曹家谟	静夜思	徵调式	56123	66 66i-	6i 26·5-	3i·6i66-	
曹家谟	悯农·其一	四音曲	5612	66·6·6i ii·	6i 26·5-	66·6i i6·	

- 915 -

续表

姓名	诗文题目	调式	主干音	基本吟腔（1）	基本吟腔（2）	基本吟腔（3）	基本吟腔（4）
曹家谟	悯农·其二	徵调式	56123	3̲3·6̲6i̇i̇	6̇i 2̲6·5-	i̇i 66 6-	
曹家谟	登岳阳楼	徵调式	56123	3̲3·6̲6i̇-	6̇i 2̲6·5-	3̲3·i̇i̇6-	
曹家谟	早发白帝城	徵调式	56123	6̲6̲5̲6̲6̲6̲i̇-	6̇i 2̇i̲ 2̲6·5		
曹家谟	赠汪伦	徵调式	56123	i̲6 63 6-i̲2̇i-	66 6̇i 2̲6·5-	3̲5 66·i̲2̇6-	
曹家谟	白胜卖酒歌	徵调式	56123	63 66·66·i-	i̲6̲6̲i̇ 2̲6·5-	3̲5i̲6· 6i̇i̇-	
曹家谟	水调歌头·明月几时有	徵调式	56123	66 i̲6·i-	6̇i 2̇i̲ 65	3̲3·i̲6i-	
曹家谟	百家姓	徵调式	56123	66 i̇i̇	i̲6 65		5̲3 3̲2
曹家谟	三字经	三音曲	561	66i̇	i̲65	6i̇66	
曹家谟	声律启蒙	四音曲	5612	6̲2̲i̲6̲6̲i̲	6̇i 2̲65	6̇i 2̲6 i̲6	
曹家谟	论语	三音曲	561	6̲6̲5̲6̲i̇	6̇i 6̲i̲65		
曹家谟	诗7首 词1首 文4首	三音2首 四音2首 微调8首	56123	66 6̲6i̇- / 66 i̇	6̇i 2̲6·5- / i̲6 5	3̲3·i̲i̇6- / 6i̇6	5̲3 3̲2
刘纯万	诗经·王风·君子于役	商调式	2561	5̲2 2̲2·6̲	6̲2·6 2 2̲6̲i̇2		

2. 旋律套用。

赵元任先生在《新诗歌集·序·吟跟唱》一文中说道："吟调儿是一个调儿概括拢总的同类东西，连人家还没有写的诗文，已经有现成的这个调

第五章 四川传统吟诵腔调研究

儿摆在这儿可以用来吟它了。唱歌可就不然。这个歌是这个调儿，那个歌是那个调儿。"①叶嘉莹先生在《古典诗歌吟诵九讲》一书的"第二讲"中提出，"中国的吟诵都是循环往复的，就是一个调，颠过来倒过去，就在这种循环往复之间，把你的感情投进去了"；"第三讲"中更明确指出"中国吟诵的循环往复是它的一个基本特征"。②陈少松先生在《古诗词文吟诵》第七章提到："近体诗的吟诵腔调有平起式和仄起式两种框格，只要平起式和仄起式的诗各学会吟诵一首，以后无论碰到什么诗，都可以用这一种腔调的两种框格去套吟。"③

实际上，正如以上三位老先生所论述的一样，四川传统吟诵腔调旋律套用的特点十分明显，四川每一位老先生的吟诵腔调都有自己的一个基本旋律运用于诗词文三大类体式，具体到每首诗词或每篇古文上其腔调又有声音强度的高低、轻重和刚柔的变化，行腔速度的快慢、悠游和急促的不同，以及节奏旋律的松紧、断连和跌宕的各异，从而形成了四川传统吟诵腔调的"一调吟千诗，一诗一腔调"的辩证统一特点。每个老先生在旋律套用时，吟诵乐段中除了有固定的起调和较为稳定的标志性句末尾腔外，其他各乐句都会出现伸缩性的变化。其产生原因，一方面是衬字的加入使得吟诵旋律得到扩充，另一方面是受吟诵者情绪的影响，或扩充旋律放慢节奏延长腔调，或保留主干音加快节奏紧缩腔调。同时，四川方言发音的"语短声长"特性又决定了在旋律套用时其音乐节奏与古诗文文本结构的吻合。四川方言存在逻辑性的重音，即当强调一个音节词的时候某一音节词变为逻辑重音时该音节就为重音，重音可以在任何一个音节上，腔调旋律的强拍可以同文本的逻辑重音相吻合，而旋律的走向与四川方言平、上、去、入声调的走向又相协调。所有套用的腔调旋律都有着一个共同的旋律腔型贯穿始终。如王德生先生泠的《春江花月夜》中 a ($\underline{33}$ $\underline{6\dot{1}}$65-3)、b ($\underline{63}$ $\underline{6\dot{3}\dot{2}\dot{1}}$--$\underline{60}$)、c ($\underline{\dot{1}6}65\underline{32\cdot}$$\underline{35}$-$\underline{30}$)

---

① 叶嘉莹：《古典诗歌吟诵九讲》，广西师范大学出版社2014年版，第31页。
② 叶嘉莹：《古典诗歌吟诵九讲》，广西师范大学出版社2014年版，第44页。
③ 陈少松：《古诗词文吟诵研究》，社会科学文献出版社1997年版，第327页。

三种不同腔调旋律在本作品中的套用，a 旋律的"春江潮水（33 6165-3）"套用于"海上明月（36 661 65-3）、滟滟随波（11 6365-3）、江流宛转（36 16165-3）、空里流霜（33 6365-3）"；b 旋律的"连海平（63 6321--60）"套用于"共潮生（335323 332 1--60）、何处春江（6633·21-6）、汀上白沙（36 6321-6）、看不见（616·6·1321-60）"；c 旋律的"千万里（166532·35-30）"套用于"绕芳甸（616--32·35·3）、不觉飞（331632·35·3）"。作品《春江花月夜》中a旋律的"春江潮水（33 6165-3）在《赤壁》中"折戟成沙（66 6365-3）、自将磨洗（63 66·5-3）、东风不与（33 36·5-3）铜雀春深（66 3365-3）"的套用；在《江南逢李龟年》中"岐王宅里（66 6265-3）、崔九堂前（33 66·5-3）、正是江南（616 36·5·3）"的套用；b旋律的"连海平（63 6321--60）"在《赤壁》中"铁未销（5632 1-6）、周郎便（13 332 1-6）"的套用；在《江南逢李龟年》中"寻常见（66 632 1--6）的套用；c旋律的"千万里（166532·35-30）"在《赤壁》中"认前朝（353 2·35--3）、锁二乔（53·2·35-3）"的套用，在《江南逢李龟年》中"几度闻（156 532 2·35·3）、好风景（11 6·32·35·3）的套用。

如杨星泉先生吟诵的《苏杭纪游》中a（1652---）、b（32 1655--）、c（256 16·）三种旋律在本作品中的套用，a旋律的"夜乘舟（1652---）"套用于"小瀛洲（2562-）、江南正清秋（25·62·2--）、看吴钩（61562--）"；b旋律的"壮我游（32 1655--）"套用于"楼外楼（61 1655-）、陌上头（221 655-）、有貂裘（61 1655-）、万户侯（61·1655-）"；c旋律的"苏堤畔（256 16·）"套用于"黄花瘦（52216·）、眠女侠（52 16·）、长报国（5 5616·）"。作品《苏杭纪游》中a旋律的"夜乘舟（1652---）"在《春江花月夜》中"共潮生（61 5662--）、滟滟随波（616 52·）"中套用，在《无题·昨夜星辰昨夜风》中"昨夜风（66·322---）、隔座送钩（55·62·2--）"的套用；b旋律的"壮我游（32 1655--）"在《春江花月夜》中"无月明（61·1655-）、无纤尘（621 655-）"的套用，在《无题·昨夜星辰昨夜风》中"一点通（66·1655-）、蜡灯红（61·11655-）"，在《登岳阳楼》中"日夜浮（22 655--）、涕泗流（61·165 5--）"的套用；c旋律的"苏堤畔（256 16·）"在《春江花月夜》中"春江潮水（22·566-）、海上明月($1\dot{6}\cdot 5\dot{6}\dot{6}$-)"的套用,在《无题·昨夜星辰昨夜风》中"身无彩凤($2\dot{5}\cdot 6\dot{6}\cdot$)、嗟余听鼓($2\dot{5}\cdot 6\dot{6}\ \dot{6}$-)"的套用,在《登岳阳楼》中"洞庭水($1\dot{5}\dot{6}\ 1\dot{6}\dot{6}$-)、东南坼($2\dot{5}\dot{6}\ 1\dot{6}\dot{6}$-)"的套用。

如流沙河先生吟诵的《满江红·登黄鹤楼有感》中 a ($55\ 23\cdot$)、b ($3\dot{5}\cdot 11$)两种不同腔调旋律在本作品中的套用,a 旋律的"荒烟外($5523\cdot$)"套用于"柳护($523\cdot$)、兵安在($55\ 23\cdot$)、民安在($3523\cdot$)、如故($523\cdot$)";b 旋律的"许多城郭($3\dot{5}\cdot 11$)"套用于"凤楼龙阁($3\dot{5}3\ 11$)、清河洛($3\dot{5}110$)、再续汉阳游($3\dot{5}3\ 511$)。作品《满江红·登黄鹤楼有感》中 a 旋律的"荒烟外($5523\cdot$)在《满江红·怒发冲冠》中"饥餐胡虏肉($55\cdot 231$)、八千里路($3\dot{5}\cdot 523$)、臣子恨(2513)的套用;在《满江红·江汉西来》中"高楼下($5323\cdot$)、争底事($553\ 23$)、锦江春色(55530)"的套用;b 旋律的"许多城郭($3\dot{5}\cdot 11$)"在《满江红·怒发冲冠》中"壮怀激烈($3\dot{5}111$)、莫等闲($3\dot{5}51\cdot$)"的套用;在《满江红·江汉西来》中"江汉西来($5351\cdot$)、曹公黄祖俱飘忽($3\dot{5}\ 13\ 331$)"的套用。

如曹家谟先生吟诵的《锄禾》中 a ($6\dot{6}\cdot \dot{6}\cdot \dot{6}\dot{1}\ \dot{1}\dot{1}\cdot$)、b ($\dot{6}\dot{1}\cdot 2\dot{6}5$-)两种旋律在本作品中的套用,a 旋律的"锄禾日当午($6\dot{6}\cdot \dot{6}\dot{1}\ \dot{1}\dot{1}\cdot$)"套用于"谁知盘中餐($6\dot{6}\cdot \dot{6}\dot{1}\ \dot{1}\dot{6}\cdot$)" b 旋律的"粒粒皆辛苦"($\dot{6}\dot{1}\cdot 2\dot{6}5$-)套用于"汗滴禾下土($\dot{6}\dot{1}\cdot 6\dot{6}5$-)"。作品《锄禾》中 a 旋律的"锄禾日当午($6\dot{6}\cdot \dot{6}\dot{1}\ \dot{1}\dot{1}\cdot$)"在《白胜卖酒歌》中"赤日炎炎似火烧($6366\cdot 6\dot{6}\cdot \dot{1}$-)、农夫心里如汤煮($3\dot{5}\dot{1}6\cdot 6\dot{1}\dot{1}$-)"的套用,在《悯农》中"四海无闲田($33\cdot 6\dot{6}\dot{1}\dot{1}$)"的套用;在《登岳阳楼》中"昔日洞庭水($33\cdot 6\dot{6}\dot{1}$-)、吴楚东南坼($33\cdot 6\dot{6}\dot{1}\dot{1}$)"的套用;在《水调歌头·明月几时有》中"明月几时有($6\dot{6}\cdot \dot{1}6\cdot \dot{1}$-)、我欲乘风归去($3\dot{1}\cdot 6\dot{6}\dot{1}\dot{1}\cdot$)"的套用;b 旋律的"粒粒皆辛苦"($\dot{6}\dot{1}\cdot 2\dot{6}5$-)在《白胜卖酒歌》中"野田禾稻半枯焦($\dot{1}6\dot{6}\dot{1}\ 2\dot{6}\cdot 5$-)、公子王孙把扇摇($\dot{1}6\dot{6}\dot{1}\ \dot{2}\dot{6}\cdot 5$-)"的套用;在《悯农》中"秋收万颗子($\dot{1}\dot{1}6\dot{1}65$-)、农夫犹饿死($\dot{6}\dot{1}\ \dot{2}\dot{6}\cdot 5$-)"的套用,在《登岳阳楼》中"乾坤日夜浮($\dot{6}\dot{1}2\dot{6}\cdot 5$-)、老病有孤舟($\dot{6}\dot{1}\ \dot{2}\dot{6}\cdot 5$-)、凭轩涕泗流($\dot{6}\dot{1}\ 2\dot{6}\cdot 5$-)"的套用;在《水调歌头·明月几时有》中"月有阴晴

圆缺（6̲i̲ 2̲6̲ 65）、何事长向别时圆（6̲i̲·6̲i̲2̲6̲·5）"的套用。

更进一步来研究，我们将旋律套用总体上分为四大类，一是相同旋律运用于不同类文学体裁的文本；二是相同旋律运用于固定文学体裁的文本；三是不同旋律运用于不同文学体裁的文本；四是不同旋律组合运用于不同文学体裁的不同文本。

（1）相同旋律运用于不同类体裁的文本。此种类型是旋律统一性最强的四川传统吟诵音乐旋律形态，即整体的吟诵音乐旋律结构概况、文本体裁以至于腔词关系都完全相同或相似，仅有细微之处的繁简变形，即一首吟诵音乐旋律的多次运用。这种情况常用于相同或类似的吟诵内容表达上，由于吟诵者个体的差异，同一首吟诵旋律在吟诵时会有声腔、音高、音色等细微差异，甚至同一个吟诵者在不同时刻吟诵同一首诗文时，也有细微差异。例如，曹家谟先生吟诵的五言古绝《静夜思》"a 床前明月光（0̲6̲6̲ 6̲6̲i̲-）、b 疑是地上霜（6̲i̲ 2̲6̲·5-）、c 举头望明月（3̲1̲·6̲i̲6̲6̲-）、d 低头思故乡（i̲i̲ 2̲6̲·5-）"，在七言仄起绝句《赠汪伦》"a 李白乘舟将欲行（1̲6̲ 6̲3̲6̲-1̲2̲i̲-）、b 忽闻岸上踏歌声（6̲6̲ 6̲i̲ 2̲6̲·5-）、c 桃花潭水深千尺（3̲5̲ 6̲6̲ i̲2̲ 6-）、d 不及汪伦送我情（i̲i̲ 2̲i̲ 2̲6̲·5-）"在七言平起绝句《早发白帝城》"a 朝辞白帝彩云间（3̲2̲ 1̲2̲3̲ 2̲·1̲6̲i̲---）、b 千里江陵一日还（i̲i̲ 2̲i̲ i̲6̲5̲）、c 两岸猿声啼不住（6̲6̲ 5̲6̲6̲i̲-）、d 轻舟已过万重山（6̲i̲ 2̲i̲ 2̲6̲·5-）"中的旋律套用；五言平起律诗《登岳阳楼》"ab 昔闻洞庭水，今上岳阳楼（3̲3̲·6̲6̲i̲-，6̲i̲ 6̲6̲·5-）、cd 吴楚东南坼，乾坤日夜浮（3̲3̲·6̲6̲i̲-6̲i̲ 2̲6̲·5-）"，在"ab 亲朋无一字，老病有孤舟（3̲3̲·i̲i̲6̲-6̲i̲ 2̲6̲·5-）、cd 戎马关山北，凭轩涕泗流（3̲1̲·i̲i̲6̲- 6̲i̲ 2̲6̲·5-）"中的旋律套用；以及在词《水调歌头·明月几时有》"a 明月几时有（6̲6̲·i̲6̲·i̲-）、b 今夕是何年（i̲·i̲ 2̲6̲5-）、c 不知天上宫阙（3̲3̲·i̲6̲ i̲6̲·）、d 月有阴晴圆缺（6̲i̲ 2̲i̲ 6̲5̲）"和韵文《三字经》"a 人之初（6̲6̲i̲）、b 贵以专（6̲i̲6̲5）、c 性乃迁（6̲i̲6̲6̲）、d 老何为（i̲6̲5）"中的旋律套用。赵庭辅先生吟诵的五言古绝《春晓》吟诵调的旋律"a 春眠不觉晓（6̲5̲ 6̲6̲ 6̲5̲3̲）、b 处处闻啼鸟（6̲5̲3̲ 2̲2̲ 3̲2̲1̲·）、c 夜来风雨声（2̲3̲2̲ 5̲5̲3̲ 3̲2̲6̲）、d 花落知多少（3̲2̲ 1̲1̲·1̲6̲5̲·）"，在五言仄起绝句《画》中"a 远看山有色（6̲5̲·6̲6̲

653)、b 近听水无声（653 33321-)、c 春去花还在（553 52352·6)、d 人来鸟不惊(12 26165-)",七言平起绝句《初春小雨》中"a 天街小雨润如酥（53 65·6i5 653)、b 草色遥看近却无(66 563 35321-)、c 最是一年春好处（5·5 12 36 3526)、d 绝胜烟柳满皇都（1·2 32 26 15·)",七言仄起绝句中《九月九日忆山东兄弟》"a 独在异乡为异客（335 6i5 66i 653)、b 每逢佳节倍思亲（6563 353 321·)、c 遥知兄弟登高处（1·2 553 33 3526)、d 遍插茱萸少一人（21 322 165-)"中的旋律套用。丁稚鸿先生吟诵的五言古绝《江雪》"a 千山鸟飞绝（55325-10)、b 万径人踪灭（1165-1-50)、c 孤舟蓑笠翁（553 32 011)、d 独钓寒江雪（116 51-5)"在五言平起律诗《山居秋暝》中"a 空山新雨后（553 521 10)、b 天气晚来秋（15·151)、c 空山新雨后（116 553 20)、d 天气晚来秋（116 555) 以及 a 竹喧归浣女(22·333)、b 莲动下渔舟(66·151)、c 随意春芳歇（232 5531)、d 王孙自可留（61·51 35)"中的旋律套用。值得注意的是，这些老先生在重复运用吟诵音乐旋律时是有规律可循的。一是运用的吟诵音乐旋律多具有通用性，适用于所有的诗词文赋，此种简单的旋律套用也是四川传统吟诵中较为普遍的唱读表达。二是这些老先生们的此类吟诵音乐旋律的套用几乎可以囊括所有的诗词文赋，适用于日常读书学习和唱酬交往。在长达百年的时空变迁中，在口传心授、口耳相承的传承方式下，老先生们的吟诵音乐旋律仍保持了高度的统一完整，体现了四川传统吟诵的传承性和稳定性。

（2）相同旋律运用于固定文学体裁的文本。四川传统吟诵的音乐旋律总数达 122 首，有的同一吟诵者在吟诵时虽然运用相同的音乐旋律，但最终呈现的吟诵作品在旋律方面也存在大同小异、大异小同。由于吟诵音乐旋律的构成有其自身的条理性和复杂性，即使同一吟诵者的音乐旋律和吟诵文本之间也并非完全固定对应或一成不变的搭配。总体来看，所有老先生的吟诵音乐旋律虽不相同，统一程度较低，但都呈现出四川传统吟诵特有的音乐辨识度和别具一格的旋律特色。

相同旋律运用于固定文学体裁的文本，在流沙河先生吟诵的《道情十首》五首中可见一斑，即使用同一吟诵调吟诵同一体裁的词，可视为同一吟诵调。

《道情十首》中以第一首旋律音调作为基本旋律,后面四首均在此旋律上作变化重复,其主干音(135)不变,旋律节奏大致相同。第一首中 a 型旋律"老渔翁,一钓竿,靠山崖,傍水湾(5353̲16̲121531553̲)"在第二首"老樵夫,自砍柴,捆青松,夹绿槐,(53̲533̲53̲1355̲111)"、第三首"老头陀,古庙中,自烧香,自打钟(531̲523̲515535̲250̲)"、第四首"老书生,白屋中,说黄虞,道古风(55̲5311̲311135513̲)"、第五首"邈唐虞,远夏殷,卷宗周,入暴秦(533̲523̲535531131)"的套用;第一首中 b 型旋律"扁舟来往无牵绊,沙鸥点点清波远(55·13·253055·5235̲553)"在第二首"茫茫野草秋山外,丰碑是处成荒冢(1153·553055·51153)"、第三首"兔葵燕麦闲斋供,山门破落无关锁(533135353311531)"、第四首"许多后辈高科中,门前仆从雄如虎(5513̲1553̲1111·1153)"第五首"争雄七国相兼并,文章两汉空陈迹(5311·55335̲523511)"的套用;第一首中 c 型旋律"荻港萧萧白昼寒,高歌一曲斜阳晚(11 553 113155·11·113)"在第二首"华表千寻卧碧苔,坟前石马磨刀坏(11 53 51111 35·153)"、第三首"斜日苍黄有乱松,秋星闪烁颓垣缝(11 53 523355·51 11 61̲)"、第四首"陌上旌旗去似龙,一朝势落成春梦(11533531 55·51 153)"第五首"金粉南朝总废尘,李唐赵宋慌忙尽(553 11 313153 133·55130̲)"的套用;第一首中 d 型旋律"一霎时波摇金影,蓦抬头,月上东山(1115353·51161̲ 55)"在第二首"倒不如闲钱沽酒,醉醺醺山径归来(533 11 53·15 53 51 31)"、第三首"黑漆漆蒲团打坐,夜烧茶炉火通红(11111·53·15335 23 10̲)"、第四首"倒不如蓬门僻巷,教几个小小蒙童(533115̲132551355·11)"、第五首"最可叹龙盘虎踞,尽消磨燕子、春灯(35311 53·1535̲1·33)"的套用。

(3)不同旋律运用于不同文学体裁的文本。即一个老先生的不同吟诵旋律运用于不同体裁的文本。此类吟诵最具四川传统吟诵的音乐特点,也是最能代表四川传统吟诵的核心音乐部分(后文将具体分析研究)。如王宗斌先生吟诵的《木瓜》"a 投我以木瓜,报之以琼琚(153 153-153̲153-)"、b "匪报也,永以为好也(53 23 53 531 235)"为诗经的吟诵调。吟诵调《木兰诗》"a 唧唧复唧唧，木兰当户织（55 32 16 55 32 6653 236-）、b 不闻机杼声，惟闻女叹息（6653 53· 6653 236-）、c 问女何所思，问女何所忆（626122 63626-）、d 女亦无所思，女亦无所忆（566153·，56653 61 216）"为乐府民歌的吟诵调。吟诵调《山居秋暝》"a 空山新雨后，天气晚来秋（5·5 53 23 53 5·3 53235-）、b 明月松间照，清泉石上流（11 552- 53231-）、c 竹喧归浣女，莲动下渔舟（15553 12353 2315）、d 随意春芳歇，王孙自可留（1·3 55 31· 1523 5311）"为近体诗的吟诵调。吟诵调《倒顺书》节选部分"a 万语千言说不尽（13 53 333-）、b 百无聊赖十倚栏（11 12·1216）、a 重九登高看孤雁（13 33·61 13 12）、b 八月中秋月圆人不圆（11 33·111116）、a 七月半烧香秉烛问苍天（11·33·536222）、b 六月伏天人人摇扇我心寒（11·13·11 12·1216）为杂体诗的吟诵调。吟诵调《春花秋月何时了》"a 春花秋月何时了，往事知多少（ii 13 55 65· 523 55 53）、b 小楼昨夜又东风，故国不堪回首明月中（531 23 55· 232 65 15 115）、c 雕栏玉砌应犹在，只是朱颜改（5·212353 1 2353123 523525）、d 问君能有几多愁，恰似一江春水向东流（3·5 23 35 16 1·2 35 66 35 1·1）"为词的吟诵调。吟诵调《三字经》节选部分"a 人之初，性本善（33 53 15 23）、b 性相近，习相远（25315 53）、c 苟不教，性乃迁（51 23 135）、d 教之道，贵以专（353155）"为韵文吟诵调。吟诵调《孟子·尽心下》节选部分"a 孟子曰（3316·）、b 不仁哉（6632·）、a 梁惠王也（6156·）、b 仁者以其所爱（63·6632·）、a 及其所不爱（6625·6）、b 不仁者以其所不爱（66366312）、a 及其所爱（6625 6·）"为古文的吟诵调。王宗斌先生吟诵调旋律丰富，节奏多样，体裁不同风格各异。

（4）不同旋律组合运用于不同文学体裁的不同文本。此类情况在四川传统吟诵中也较为常见，如杨星泉先生的词《江城子·乙卯正月二十日记梦》以 a（675 25·）、b（675 2676）、c（622-）和 d（6ii65--）四个音乐短句为基本旋律形态反复变化组合运用其中。"十年生死两茫茫，不思量，自难忘（675 27·6765 5--- 62·26·6-166i·ii6565·）"旋律为 acd 型短句组合，"千里孤坟，无处话凄凉（272 676 5 667662·676 5）"旋律为 ab 型短句组合，"料得年年断肠处，明月夜，短松冈（6·755·55627662·2i66i·ii65）"旋律为 abbd 型短句组合。

　　杜道生先生吟诵的文《出师表》以 a ($2\underline{5}$ $\underline{16}$·)、b ($\underline{03}$ $\underline{52}$ $\underline{53}$)、c ($\underline{15}$ $\underline{65}$) 三个旋律型的变化组合。"臣亮言：先帝创业未半，而中道崩殂。"($2\underline{5}$ $\underline{16}$· $2\underline{1}$ $\underline{66}$ $\underline{66}$ $\underline{03}$ $\underline{52}$ $\underline{53}$) 旋律为 aab 型短句组合，"今天下三分，益州疲弊，此诚危急存亡之秋也 ($\underline{55}\underline{25}$ $2\underline{1}$ $\underline{6}$ $\underline{215}$ $\underline{60}$ $2\underline{1}\underline{5}\underline{66}$ $\underline{56}$ $\underline{6}$·$\underline{5}$)" 旋律为 aac 组合，"若有作奸犯科及为忠善者，宜付有司论其刑赏 ($\underline{52}$ $\underline{55}$ $\underline{25}$ $\underline{3}$ $\underline{16}$ $2\underline{1}$ $\underline{6}$ $\underline{61}$ $\underline{612}\underline{166}$)" 旋律为 baa 型短句组合。谢祥荣先生的七言律诗《登高》中 a ($\underline{16}$ $\underline{11}$ $\underline{335}\dot{1}$-)、b ($\underline{61}$ $\underline{16}$·$\underline{563}$-)、c ($\underline{31}$ $\underline{6653}$ $\underline{11}$6-)、d ($\underline{55}$·$\underline{36}$·$\underline{553}$) 四个旋律型的变化组合，"风急天高猿啸哀，渚清沙白鸟飞回。无边落木萧萧下，不尽长江滚滚来($\underline{16}$ $\underline{11}$ $\underline{335}\dot{1}$-$\underline{61}$ $\underline{16}$·$\underline{563}$- $\underline{31}$ $\underline{665}$ $\underline{3}$ $\underline{11}$6- $\underline{55}$·$\underline{36}$·$\underline{553}$)" 为 abcd 型组合，"万里悲秋常作客，百年多病独登台。艰难苦恨繁霜鬓，潦倒新停浊酒杯 ($\underline{66}\underline{11}$·$\underline{336}$- $\underline{631}\underline{6}$·$\underline{56}$·$\underline{3}$ $\underline{13}$·$\underline{16}$·$\underline{316}$·$\underline{3}$ $\underline{36}$ $\underline{63}$ $\underline{113}$)" 为 cbcd 型组合。

　　通过分析古诗文、腔调、吟诵方法等三个方面对旋律套用产生的影响，可以在"文本""腔调""吟法"的彼此关系中透析出四川传统吟诵在实践中得以稳定传承和发展的原因。四川传统吟诵腔调旋律套用系统中，一般以一至四个基本腔调旋律相互按照一定的次序连接成套。旋律套用又可分为独立套用和并联套用，独立套用是在吟诵时反复连用多次组合吟诵者自己的一个腔调基本旋律，并联套用是吟诵者在吟诵诗文时连续并列套用自己吟诵腔调的多个基本旋律。独立套用一般是独立构成吟诵乐段而不与其他腔调旋律相混使用。吟诵过程中中古诗文文本的字音变化必然会引起乐音上发生变化，独立套用的腔调旋律自身反复使用组合成套时，一般在旋律套用之前和之后加入其他乐音，也可以在套前没有乐音的诵读，但套后一定会有拖腔。还有一种情况是两个独套的腔调旋律前后组合成为复套。但从整个腔调旋律套用的实践上看，独套腔调旋律不能和联套腔调旋律完全隔离成两个不相联系的部分。某种程度上，独套腔调旋律和联套腔调旋律是互相渗透、互相转化的，无论联套还是独套，其腔调旋律均未脱离套用的基本旋律。

　　文学上讲"篇有定句，韵有定位，字有定声"， 总的来说四川传统吟诵也讲求"调有定句，句有定腔，腔有定音"。句有定腔即字腔与过腔形成的特征旋律片段，即特征型腔句，腔有定音即汉字声调形成的具有表情性滑音的字腔。通过对腔调旋律套用这一共性特征的观察，以及对各位老先生吟诵腔调旋律内在联系的研究，我们发现四川传统吟诵腔调旋律套用的特点呈现出每一位老先生都有一至三个旋律骨干音型和多个特性音型的腔格，并在此范畴内进行旋律推进；诗词韵脚处和古文句读处与腔调旋律的落音具有相对统一性，当旋律乐段字位安排紧凑，诗文情绪激烈时则旋律推进快速拖腔出现较少，在诗词韵字和古文句读之后的拖腔则出现较多。实际上，四川传统吟诵腔调旋律的个性标志就在其独特的定调、定腔、定音上。我们发现无论套用哪一位老先生的腔调旋律，四川传统吟诵腔调的特定几个腔句都各自有一个稳定的旋律音型。在不同吟诵文体中，都是在此稳定旋律音型基础上的变化衍生。我们在研究旋律套用时，千万不能因为腔调旋律内部的共性因素而忽略了每个吟诵作品整体旋律的个性因素。

第六章

四川传统吟诵的审美研究

四川传统吟诵审美将吟诵和美学相结合，研究其本质和内在规律性，具有丰富的知识体系，同哲学、史学、人类学、传统音乐学、民族音乐学、音乐形态学等有着密切的内在联系，其理性认知必将帮助我们认识吟诵基本规律、建立良好的吟诵审美能力。探究吟诵审美的过程也使得吟诵者提高美学修养，丰富相关理论，领悟美学规律，指导吟诵传承实践。

从四川传统吟诵审美研究的本质和规律来看，笔者考察了中国文献典籍存在过吟诵相关的审美理论和思想，采录的四川传统吟诵及具体吟诵现象，包括衍生出的文学艺术音乐语言等。吟诵审美的指导思想包括了认识论、本体论、方法论、实践论、价值论五个方面。吟诵审美研究的主要内容包括，吟诵的存在方式，方言语音，文学体裁，音乐形态，风格题材，同时也应该考察吟诵与时代，吟诵与吟诵者，吟诵的展示欣赏、交流评论，吟诵的形式美，吟诵与戏曲民歌等其他艺术之比较等具体问题。四川传统吟诵审美研究的范畴应该包括美与吟诵，内容与形式，自然性与社会性，需要与价值，时间性与空间性，有限性与无限性，感性表象与理性内涵，确定性与不确定性，主观性与客观性，具体性与概括性。研究目的就是通过改善主体的思维能力和修养，以提高四川传统吟诵传承实践的质量。

笔者通过对四川三十余位传统吟诵传承人的个体案例分析，基本上发现吟诵美的构成因素和形成条件，在更深的层次上进行研究和探索，把意识层面的"可遇不可求的意会"转化为具体形式的理性表述，把吟诵的美从捉摸不定、虚无缥缈的状态具象化。与此同时，我们在研究四川传统吟诵过程中发现了大量的客观存在的审美意义。众所周知，美学是建立在人类思维方式上的、区别于动物行为的一种对自然的感受、感观和审视的意识反应。通过传承者和研究者对吟诵现象的看法、态度和理解，掌握吟诵发展变化的规律，吟诵审美是要通过对吟诵现象的分析和理解，掌握其本质规律。本质是现象背后的东西，在美学分析和吟诵本身的分析中，以对吟诵的感性体验为基础升华到理性认识，再回到感性的实践，不断往复螺旋上升。

一 传统吟诵的审美理论梳理

从吟诵研究领域来看，现今较多的研究主要针对具体作品中个别案例的特点进行分析，对其中具体吟诵方法予以说明，较少从审美方面对传统吟诵进行深度剖析。审美可促进其向纵深层次延展，更好地促进吟诵传承者对其理解层面的加深，有效地提升其传统文化素养，并能在吟诵者高水准的情况下突显出传统吟诵的独特魅力，在传统吟诵中呈现美学意义。

我们认为，传统吟诵与声情和乐律密不可分。它作为中国历史上古老的音乐表现形式之一，可以追溯到三千年前，甚而远至吟诵诞生初始，审美就同孕而生。

《尚书》记载："帝曰：'乐！命汝典乐，教胄子，直而温，宽而栗，刚而无虐，简而无傲。诗言志，歌永言，声依永，律和声。八音克谐，无相夺伦，神人以和。'乐曰：'於！予击石拊石，百兽率舞？'"其中"诗""歌""声""律"的内容，必要以"诗言志，歌永言，声依永，律和声"作为审美标准和美学要求，当然其最终的指向是对人的教化功能。

《左传·昭和元年》记载医和给晋侯看病时，以乐作比，希望晋侯闻乐的标准应当是"平和""节制"的"先王之乐"。

《左传·襄公二十九年》记载季札观看周乐："使工为之歌《周南》、《召南》，曰：'美哉！……勤而无怨矣。'……为之歌《郑》，曰：'美哉！其细已甚，民弗堪也，是其先亡乎？'……为之歌《陈》，曰'国无主，其能久乎？'"①由此可见，君王治下的社会治乱与否，不光可以从衣着打扮、容貌装束、风俗志向中窥见端倪，特别在音乐中，若有邪恶妖淫之声和奢靡放荡之音，一闻便知其社会国家的兴衰前途。《左传》对乐的审美标准，无论是内容还是形式都必须符合"追求内心和平""克制奢靡妖淫"的原则。

《周礼》中对乐的论述较多，如"以礼乐教和，则民不乖""以乐德教国子：中、和、祗、庸、孝、友""以六律、六同、五声、八音、六舞大合乐，以致鬼、神、示，以和邦国，以谐万民，以安宾客，以说远人，以作动物"，等等。②不难看出《周礼》与《左传》在乐上的审美标准十分一致，强调的都是乐本身的"和"，这种"和"已经不再有纯粹美学上的意义，同时也附加了道德引导和人心教化。

传统吟诵是儒家审美思想集大成的又一体现，是中国诗教与乐教的完美结合，彼此互为表里、体用一体。从传统吟诵的性质、方法、目的、功能上看其指导思想绝离不开中国的传统文化尤其是儒家文化，其美学思想必然受到儒家吟诵审美思想的绝对影响，儒家思想的精髓"礼""仁""中和""中庸"直接指引着传统吟诵审美思想的追求：乐而不淫，哀而不伤；尽善尽美，美善相乐；文质彬彬，翕纯皦绎；乐以发和，以道制欲。

二　四川传统吟诵的演进与流播

四川历史悠久，物产丰饶，人文荟萃，历来皆称天府。但从历史上看今天四川土著可谓寥寥无几，在大多四川人的记忆中他们的祖籍在外省，尤以湖南、湖北、广东、广西为甚。这是四川明末清初的"湖广填四川"大移民，与几百年前的与闯关东、走西口、下南洋齐名。实际上，四川在历史上曾经发生过多次大规模的人口流动。从秦军攻陷巴蜀，秦国移民万家入川发端；到西晋末年至北宋初年陕甘移民南迁入川；到元末明初，湖北移民西进入川；

---

① （清）高士奇：《左传纪事本末》，中华书局2015年点校本，第712页。
② 《周礼·仪礼》，辽宁教育出版社2000年版，第48—49页。

到明末清初湖广多省移民入川；再到抗日战争直至中华人民共和国成立后，江浙、京津、沪宁等地的学校、工厂、机关和居民疏散入川。历史上的几次迁徙均为迁入多迁出少，迁入人口远远超过本地土著和迁出人口，这与四川优越的气候地理条件密不可分。从笔者采录到的资料分析，四川传统吟诵的形成与清初的移民入川最为密切。所有老先生的祖籍几乎都不是四川，而往往言明自己为"填四川"。

明末清初的浩劫可谓四川历史之最，天灾人祸历经百年，尤其是崇祯至康熙年间，张献忠、李自成的农民起义军，王应熊、吕大器的明朝守军，豪格、吴三桂的入关清军这些势力和利益集团相互倾轧、厮杀搜刮，使得天府之国人亡居毁，生灵涂炭。在许多县的方志中均有水旱灾荒、瘟疫虎患、战乱兵祸的描述。《富顺县志》记载，"民之存者，百不一人，若能完其家室者，千万中不见一也"；"数年断绝人烟，虎豹生殖转盛，昼夜群游城郭村墟"。[①]《达州志》记载："时饥疫并行，草木叶皆尽"；"姚贼字天动，聚党劫掠及献贼大乱乘隙掠川之东北，所到焚毁，尽杀老幼，掘墓开坟，州寺俱为所毁"；"明崇祯年间，岁屡荒歉"。[②]

明末清初的移民潮持续乾隆数十年后，四川的人口才逐渐增长，随之而来的文化元气开始恢复。从物质基础决定上层建筑的唯物主义基本观点来分析，四川的移民来自不同地区，由迁徙带来的文化冲击和交融，使得四川的文化极具开放性和兼容性。他们所代表的语言文化艺术在四川得以大碰撞、大交融后促进了文化的大发展，各地的读书声在耕读传家的过程中相互影响、彼此杂糅，最终形成了独特的四川传统吟诵。

从四川传统吟诵的现状我们可以观察到，明末清初各地的吟诵进入四川后逐渐川化，形成相对稳定的区域性吟诵形态。这实际上是四川读书人审美意识的共同结果，其美学特征发源于孕育它的天府之国的文化土壤。四川传

[①] 四川省富顺县志编纂委员会：《富顺县志》，四川大学出版社1993年版，第42页。
[②] 达州市人民政府办公室：《达州志》，国家图书馆出版社2017年版，第78页。

统吟诵由方言语音的表达、地域音乐的风格、音声传承的特质确立了它独特的美学气质，而根植于方言声韵系统、地域音乐风格之下的四川文化精神则是四川传统吟诵蕴涵的审美意识，更是千百年来四川文化气质的独特表达。

三　四川传统吟诵的审美特征

从地域对四川传统吟诵进行审美特征的考察，不难发现四川地区特定的自然环境和人文环境交互作用的结果，四川在地域上的幽静闭塞与人口迁徙所带来的文化交融，形成了四川既保守又开放，既独立又兼容，既松散又稳定的矛盾统一的文化心理结构。四川的这种文化深刻地影响着四川人的思维模式、行为方式、价值观念、民俗习惯，也直接影响到四川传统吟诵的审美特征。

从现今全国流布的吟诵调来看，大抵可以粗略地以黄河、长江流域区分南北，刘师培先生在《南北学派不同论》中论述："声音既殊，故南方之文，亦与北方迥别。大抵北方之地，土厚水深，民生其间，多尚实际；南方之地，水势浩洋，民生其际，多尚虚无。民崇实际，故所著之文，不外记事析理二端。民尚虚无，故所作之文，或谓言志抒情之体。"[①]

吟诵作为一种读书方法和音声传承的文化现象，大体说来与刘先生的论断趋同，南方的吟诵细腻娟秀、舒缓温婉，氤氲纡徐，北方的吟诵明朗干脆、肃穆强健、典雅大气。而处于南北交替东西贯通的移民区域四川，流播至此的吟诵可谓兼收并蓄、雅俗交融，既不乏南方吟诵的温婉机趣，又不失北方吟诵的粗犷俊朗，在长时间的融合中受到四川读书人审美趣味的改造，形成了今天四川传统吟诵的面目。

我们通过将今天留存的四川传统吟诵与南北两方的吟诵调进行比较，发现其美学特征既有继承又有极大的嬗变。概括起来，四川传统吟诵呈现出宽缓机趣、阔达自然、南北并蓄、东西融通、文雅端庄、通达精敏、机智趣味

[①] 刘师培：《两汉学术发微论　汉宋学术异同论　南北学派不同论》，国民出版社 1950 年版。

的审美特征。明清以来，不同地域的吟诵调在四川本土化、通俗化，其价值和功能在当地读书人和士大夫的审美介入中予以改造和固化。四川传统吟诵在"川化"的过程当中，不断适应四川读书人尤其是文人士大夫阶层的审美倾向，受制于审美倾向的四川传统吟诵又在成熟完善之中逐渐消解了南北之间的差异性，而四川方言语音则使四川传统吟诵的区域性和独特性达到了新的高度。

四川传统吟诵是中国传统吟诵南北交融、东西沟通在四川的合流，既继承了各地移民所带来的南腔北调的吟诵精华，又保留了浓郁的如同川菜、火锅不拘一格的四川味道，呈现出独有的四川气象。

四 四川传统吟诵审美的原则

四川传统吟诵包含着文学、语言、历史、音乐、教育等各种形式，是一种独立性较强的综合门类。各形式彼此之间相互密切结合，但是从本质上看却又是独立自由的。在传统吟诵审美中所蕴含的音乐性质、语言特性以及其中的动作教育形式等诸多方面的综合性构造，都使得传统吟诵蕴含中国传统文化基因，饱含了区别于其他学科的独特优雅气质。吟诵的审美素养是吟诵活动开展的基础，是借助声音传达文学、语言、情感、美感信息的重要方法，具有独特的审美属性与审美动因。

（一）选择适宜的审美环境

在吟诵实践活动中声音和旋律作为审美意识的传播媒介，是审美介质的客体。在吟诵实践中多数情况下，吟诵者既充当审美活动的引导者，又成为审美意识的接受者，借助吟诵审美客体实现信息的交流与传递，构建多元化的审美意识，构建新型吟诵审美载体。

一个良好的吟诵环境，是提升吟诵质量和美感的重要影响因素。在吟诵的传播过程中，吟诵的环境对吟诵者的吟诵态度、学习方法、认知能力具有直接影响。因此，在整个吟诵活动中，吟诵者所处的环境，对传播质量和学习质量具有直接影响。根据吟诵的实际需求，结合实际情况，我们认为吟诵作为一种读书方法时多数在书房、教室中较为合适，为吟诵者和传承者创造一个良好的吟诵实践环境，使其在潜移默化中受到影响，逐步培养审美意识。至于舞台的展示则需要专门的舞台美学予以研究。

（二）启发中和的审美意识

周敦颐说："乐声淡，则听心平，乐辞善，则歌声慕。"[①]吟诵的旋律淡雅温柔平和，诗文美好经典，无论是吟诵者还是聆听者都会在吟诵的过程中变得心气和平。审美欲望作为审美感悟的原动力，只有吟诵者和传承者具备审美欲望，方可提升对吟诵的审美感悟能力，为后面的吟诵审美能力奠定基础。吟诵者在实践过程中，应特别注重理论与实践的融合，做好声情美的引导，使听者与受者能够在吟诵实践活动中与教学内容产生独特的共鸣，激发想象力与创造力，扩展无尽思维审美意识，激发内在的审美潜能。我们认为，吟诵的过程有助于净化人的心灵，冲去内心的膨胀欲望，安抚烦躁的心情。这种"中和"更是一种中庸之道，与天地自然相合，是吟诵最为理想的审美意识。

（三）探寻丰富的审美感知

四川传统吟诵拥有多元化的审美资源，在开展吟诵实践活动时，吟诵者应充分借助"审美元素"对吟诵内容进行提炼与整合，明确吟诵的教学重点难点，使吟诵者与受听者能够对一个吟诵过程有一个清晰的认知与理解，增强对审美认知的感悟能力与理解能力，正确界定吟诵学习的出发点与落脚点。

如果说从审美感知之"理"来讲可以提升我们对吟诵审美的理解，那么，吟诵之"理"则可以让我们切实地感受到吟诵的声情美，进而去感受吟诵的意象美。简单说，从吟诵角度体悟美感，在很多旋律与节奏交接的部分要显得靠拢、紧凑，某些时候根据诗文的情感旋律节奏会发生变形、缩短或抗坠穿插，传统吟诵中丰富的文化意蕴，将成为学习吟诵乃至古诗文的助推器，并且可以让人萌发丰富的审美感知。吟诵者在开展教学活动时，应明确吟诵

[①]《周敦颐集》，岳麓书社2002年版，第40页。

所具备的生命内涵和意义，正确传达文本情感，解释吟诵理论，突出声音与旋律的形象特征，使学生能够对吟诵有一个明确清晰的认知与理解。还应夯实吟诵学习基础，让学生静心聆听，对一首诗词或是一篇文章的吟诵有一个整体、系统的认知；然后跟着吟诵旋律和文本在心里进行默吟，再进行吟诵，最后进行背吟。

（四）强化多元的审美体验

四川传统的吟诵实践活动应当坚持强化审美体验原则，对吟诵者和受听者开展各项审美体验活动，使其能够通过开展各种吟诵审美活动，将吟诵审美意识进行内化，使吟诵审美素养成为一种内在的素质、品质，培养审美情感。在组织审美体验时，应把吟诵审美能力作为基础，在吟诵实践教学过程中，将审美意识渗透其中。吟诵审美体验需经过长时间的文学、语言、音乐的储备和审美经验的积累。这种储备和积累是吟诵者为了进行吟诵而有意识的进行观察、体验、感悟生活；也可能是吟诵者的无意识、潜意识积淀下来地经验和心理感受，抑或是吟诵者童年的记忆或平时并非有意识的积累。这种饱含吟诵者多元情感的切身体察，以及深切的生活体验和丰富的感情积累，不仅为传统吟诵奠定了雄厚坚实的基础，而且常常成为吟诵者进行吟诵的内在心理动力或诱因，更是一种重要的审美动机。

综上所述，在吟诵实践中培养吟诵者的吟诵审美素养，是对当代吟诵在传统吟诵基础上所提出的新要求与新标准，培养人的高尚道德情操和健康审美情趣，形成正确的价值观和积极的人生态度是传统吟诵的重要内容。四川传统吟诵更是在潜移默化中使吟诵者和受听者懂得如何感知美、理解美、评价美、鉴赏美、创造美。吟诵从音乐性上来划分，属于传统音乐中的文人音乐，这是当前吟诵界的普遍共识，吟诵在审美角度上讲实则是人在追求美、享受美在物质与意识层面的集中体现。如吟诵者对古诗文的理解和情感把握、语言文字的咬字和读音力度、行腔使调的呼吸和腔音共鸣等基本要素，促使其声音向着读书人易于接受的方向发展，获得一种美的享受。从理论上讲，吟诵不仅具有旋律美，也有强烈的语言和文学美感，旋律的美感可算锦上添花，语言和文学的美感才是最本真、最本质的，故而要求吟诵者声美、情美、意美。吟诵作为一种声情审美，声则是最基本的要素，即可以表达古诗文中包含的思想，也可以传递吟诵中充满的情感。吟诵者在了解掌握吟诵基本理论后，除了有深厚的文学底蕴、高超的声韵技巧、优美的声情演进，最为重要的是通过其自身对古诗文和作者的深度感通，以生命共情的方式，向自己和受听者传递文学美、艺术美、人性美，让受众感受到每一个吟诵作品的审美意趣。美的吟诵可以通过富有表现力的旋律带出美好的意境，其本身也具有独特的艺术性，通过古诗文散发出深厚的底蕴魅力，给吟诵者美的体验和感受。吟诵以旋律和语言贯穿文本，旋律和语言同时生成节奏和音调，发挥了在吟诵审美中的核心作用。吟诵调在表现不同的古诗文作品时，可以根据吟诵者对吟诵调的基本旋律的把握以及吟诵者情绪和理解文本的情感在控制节拍和速度下予以延展发挥，从而表现地域和时间的特征，沟通古今和空间的情感。

五 四川传统吟诵的审美次第

吟诵作为中国传统音乐在读书上的体现方式，从孔子"歌诗三百"始，就留下了儒家的审美基因。随着历代读书人的传承不衰，吟诵审美思想的儒化倾向日益成熟。我们认为，吟诵是最理想的传统读书方式，最初的吟诵可能只满足读书人的感官需求和记忆需要，并单纯地使感官轻松愉悦，逐渐到引起人内在精神的怡然和情绪的欢喜欢愉，再到更深层次付诸人的精神道德、伦理观念等，受用于口耳，融入于骨血，贯通于灵魂，再教之以礼乐，从身体到情感再到心灵受用，次第升华，逐步体现审美深度。

（一）口耳视听的感官美

四川传统吟诵作为中国传统吟诵的重要一支，其涉及的审美次第问题，首先应是读书。吟诵作为读书方法在诞生之初，首先带给人的是口耳之用、视听之乐的感官层面的愉悦。柏拉图的《大希庇阿斯篇》提到："假如我们说，凡是产生快感的——不是任何一种快感，而是从眼见耳闻来的快感——就是美的,你看有没有反对的理由?希庇阿斯,凡是美的人,颜色,图画和雕刻都经过视觉产生快感,而美的声音,各种音乐,诗文和故事也产生类似的快感,这是无可辩驳的。如果我们回答那位固执的论敌说,'美就是由视觉和听觉产生的快感',他就不再固执了。"①

中国古代的吟诵主要通过私塾传承。塾师把对诗文的理解在吟诵中传达给学生,读书声实际就是吟诵声,这与孔子"诵诗三百,弦诗三百,歌诗三百,舞诗三百"的教学方式一脉相承。与此同时,吟诵在宗庙祭祀、文人唱酬上也作为一种官方行为或交流方式长期存在。如今在民间的各种祭祀、"乡饮酒"之中依然有残存的身影。实际上自春秋时期孔子开私人讲学之风后,吟诵作为教学方式和读书方法便蔚然成风。孔子精通文学和音乐,在教学活动中把音乐和诗歌、奏乐、歌唱、吟诵、舞蹈有机地结合,非富多彩,真正做到寓教于乐。此种教学方式在《礼记》中多次出现,概括起来说,当时只要读书的学生,从入学开始直至太学,都要学习音乐、舞蹈、吟诵。

我们认为最初的吟诵作为一种有旋律感的读书方式,其旋律停顿、节奏强弱、声音长短、语流音变、音节疏密、双声叠韵等都可以带来的身体上的感受,从生理上让古代读书人获得比较轻松和舒畅读书状态,同时便于记忆,缓解疲惫,激发读书的持续动力,克服简单重复枯燥记忆带来的不良情绪。在吟诵的过程中,吟诵者的视觉、听觉、触觉等感官系统被全面唤醒、相互配合,人的视觉中枢、听觉中枢、语言中枢互相支持,主动参与。多管齐下的读书方式极大地提高了记忆效果,在视听的同时获得审美感受,形成类似"数据库"的记忆痕迹。

吟诵作为一种有旋律、有节奏、有声韵的读书方式,既是中国古人伟大的发明,又是中国语言文化的必然产物。作为一种客观存在,对于吟诵"美"的感受其实是人的一种不自觉的接受,其源于人生理上的感官体验,对口耳视听的感官美欲满足是人的本能欲望。人感受美的能力既是人类自身情感的

---

① [古希腊]柏拉图:《大希庇阿斯篇》,选自《文艺对话集》,人民文学出版社1977年版。

抒发，同时又带来审美上的享受。"读书人"与"读书声"同生共长，这种彼此之间最自然、最本能的关系，最终也就决定了对吟诵之美的感受是读书人的生理反应这一客观命题。

（二）喜怒哀乐的情韵美

黑格尔说："通过音乐来打动的就是最深刻的主体内心生活；音乐是心情的艺术，它直接针对着心情。"[①]音乐旋律和声韵是吟诵重要的组成部分，历代传统吟诵十分重视由吟诵的音声引起人情感变化的问题，四川传统吟诵在实践中也逐步彰显出清雅平和、令人乐闻的审美情韵。历代读书人在读书时通过音声表达诗文和作者的喜怒哀乐，进而认知文本、体悟作者的情感，更是本我与自我、自我与超我的互动沟通，最终自我代入诗文的美学境界，与作者的情感打成一片。

众所周知，情由人性而生，人性由情而升华。吟诵作为中国读书人在读书时情感宣泄的主要方式和特殊情感的载体，其产生源于人性本能。随着吟诵历史的演进，这种情感早已变成了读书人的天然需要，是读书人自然流露的审美渴望。然而，中国人深知喜怒哀乐的表达须得以情节理，以情节欲，乐而不淫，哀而不伤。

吟诵最初的功能更多是为读书人"耳目口舌"的感官服务，最关注的还是视觉、听觉的感受，在音乐旋律和声韵中读书人可以获得较为充沛的精力唤起读书的欲望。司马迁《史记·乐书》记载："音乐者，所以动荡血脉，通流精神而和正心也。故宫动脾而和正圣，商动肺而和正义，角动肝而和正仁，徵动心而和正礼，羽动肾而和正智。"[②]吟诵的旋律和声韵所演绎的"四声五音"[③]与此论不谋而和。

[①] ［德］黑格尔：《美学》（第三卷上册），朱光潜译，商务印书馆1982年版，第332页。

[②] （汉）司马迁：《史记》，中华书局2017年版，第1467页。

[③] "五音"是中国古代最早的文字记谱体系，而"四声"是魏晋南北朝时期提出的汉语字音的声调系统，"五音"兼具记录古文字字音的功能。它作为一套比较成熟的音高体系，具有与"四声"音调体系不同的记音方法，这一现象不仅反映了中国古人注音的独特思维，更是汉字与音乐固有关联的体现。

第六章 四川传统吟诵的审美研究

韵律是古代汉诗文的显著特质，先秦散文、诗经汉赋、乐府歌行、唐诗宋词、元朝散曲、明清小说等无不明朗清晰地彰显出这一特质。汉语所特有的旋律性质、平仄排序、节奏抗坠、语词布局以及修辞表达等，通过吟诵将其灵活性、丰富性、张弛性和概括性，从容而含蓄地发挥到极致。古代汉诗文以灵活多变的韵律彰显古汉语的独特性，有的先秦散文句句有韵或偶句有韵或叠韵相交，有些散文重叠相同的两句，一句承上一句启下，运用叠句和叠韵增加旋律美感。当然有些散文重复的字句不一定是韵脚，有的在句中的位置也不尽相同，有的也不一定为韵文，但往往在文章中广泛使用虚字或语气助词表达情绪。王力先生认为："如果句尾均为同一个虚字，已经可以押韵。"[1]比如《论语》中出现的"学而时习之，不亦说乎？有朋自远方来，不亦乐乎？人不知而不愠，不亦君子乎"便是典型的"乎"字韵脚。《老子》"道之出言也，淡乎其无味也，视之不足见也，听之不足闻也，用之不可既也"亦是典型的虚字韵脚。

诗词的用韵比起散文来更加复杂，从《诗经》发端的双声叠韵，直至唐宋诗词的平仄押韵无不彰显古代汉语的声韵调之美。有语叠韵，回环、拈连的叠句叠韵，有单句相押、双句押韵、隔句相押、句句入韵的交韵和密韵。古代诗词中句句用韵的情况也不少，有的诗歌用韵甚密，不仅句句有韵，而且句中有韵，更有甚者一句一换韵。

古代汉诗文韵律的丰富性体现着古代汉诗文独特的韵律美，这是吟诵"音声传承"的特质。汉诗文的韵律要求"音声传承"者（吟诵者）懂得声韵调系统、语流音变、音节疏密、双声叠韵的基本规律，[2]在行腔使调时准确进行吐字归韵、把握轻重缓急、表现抑扬顿挫。古代汉诗文是古代汉语的记录，历代作者是这一有声语言的创作主体，历代读书人更是依据文本、按照吟诵规律，用音声表达跌宕起伏的语气、轻重缓急的节奏、清雅乐闻的韵律，力

---

[1] 王力：《诗经韵读楚辞韵读》，中国人民大学出版社 2004 年版，第 275 页。
[2] 顾晓华：《新课程标准下音乐教学的思索——〈视唱练耳〉课程中的节奏教学研究》，《北京教育学院学报》2009 年第 3 期。

图还原作者的情感原貌，为自己营造美的读书意境，从而感发喜怒哀乐的共情，获得一次次真实的声情审美体验。

（三）教化一致的礼乐美

吟诵作为古代汉语语境下的产物，是文人美学和文化身份的象征。其音乐属性是中国传统文人音乐，其语言经过声韵处理和音乐加工提升了古代汉诗文的文化宣教张力。吟诵审美的前两个层次包括了感官和情韵，视听口耳是使人的身体感官、本能欲望获得轻松和宣泄的感受，喜怒哀乐是使情感获得陶冶的感受。第三种层次便是使人的道德与吟诵的本质融合统一，从而实现吟诵的完全审美的状态。这三种审美次第有序渐进、逐步深入，从人的基本生理基础出发，上升到自我教育、被文所化的礼乐内涵。

"教"即是"教育"，这里主要指师教、家教和自我教育。从吟诵的传承体系上看，主要来源于私塾学校和家庭的师徒父子。"化"即是文化的内化过程，这里主要指历代中国读书人通过吟诵古代汉诗文形成的文人精神品质和君子人格，外化于形、内化于心。"礼"，狭义的是"周礼"，即周公制定的一整套道德规范和行为标准。广义的"礼"是古代汉诗文所体现出的中国人应有的精神内核，包括了对自然万物的敬意和对自我欲望的节制，是中国人行为的艺术化和规范化的高度提炼。"乐"即是指音乐，在这里我们主要指文人音乐的代表——吟诵。我们认为礼是教的依据，乐是教的方法，最终的指向是以文化人。在吟诵过程中，吟诵者的情感需要乐的形式来表达。通过吟诵的陶冶熏染和自我塑造，净化吟诵者的情感，使之符合社会君子气质和文人伦理道德规范，最终实现审美功能与伦理功能的统一。

荀子曰："先王恶其乱也，故制雅颂之声以道之。"[①]我们研究发现传统吟诵无论是文本还是旋律都可以称得上是正音雅乐。古人深知音声对引导情感和教化民众的作用，这种正向塑造使历代读书人能够真正地与吟诵融为一体闲邪存诚，不受外界迷惑和欲望牵引，远离散漫放纵、卑鄙轻薄的惰性，身

[①] （战国）荀况：《乐论篇》，《荀子校释》，王天海校释，上海古籍出版社2005年版，第809页。

心快乐而不性情放荡，感动教化而有效避免放纵之心、邪恶之念。

以吟诵所彰显的审美情感使读书人固化的文本和单一的读书生活得以润滑和调整。通过吟诵的情感美去引导君子品格，把单纯的下意识美欲逐步升华为上意识审美，形成文化人自然而然的理想境界，将情感与意识、欲望与理性辩证和谐地统一起来，将历代读书人的君子之道、文人风骨置于吟诵的音声之中，互融互补、相辅相成，最终实现文能化成，这是吟诵的最高审美次第。

就目前学界而言，吟诵的研究可谓方兴未艾。从1982年河南大学教授华钟彦先生提出"声情并茂"的吟诵审美理论至今，吟诵审美的深入研究还未引起学界的高度重视。就吟诵历史而言，其审美伴随着吟诵而生。在吟诵的学习传承过程中，深入研究吟诵审美理论，指导吟诵实践，是传统吟诵迫在眉睫的一项课题。我们仅从审美的眼光对四川传统吟诵进行了有意识的剖析，以图提高吟诵传承者对四川传统吟诵的审美体验，更进一步诠释和全方位展示四川传统吟诵的魅力。我们主要从五个方面简单的阐述了四川传统吟诵的演进流播、审美原则，审美特征和审美次第，简析了四川传统吟诵在中国审美视域中的特征。希望这一抛砖引玉的研究能够让四川传统吟诵审美在当下引起学界的重视和关注，以让更多的人受益。

跋

吕耀东

从京师入蜀挂职盐亭,有幸结识研习传统吟诵的王传闻先生,甚为钦佩。

传闻先生公务与学问兼顾,经年累月完成五十多万字的《四川传统吟诵研究》,治学与研习并进,精神可嘉、可敬可叹。这本书里面涉及音韵、文学和语言学等各方面的多学科论述,从艰辛收集文献资料到写作集成,实属不易。这表明传闻先生极具有刻苦钻研的学术激情,并为之付出了大量的时间、辛劳和努力。《四川传统吟诵研究》是在吟诵教学和研习实践过程中完成的,将长期田野调查的传统吟诵素材,应用于学校人文素质教育和社会大众国学普及之中,并升华为学术研究和理论探索,是本书的可贵之处。

我作为一个日本问题研究学人,经年在日本大众电视媒体里看到传统吟诵的播出,其中也包括大量汉诗的内容,深深感到东方传统文化传承和交流的紧迫性、重要性和必要性。

中日文化交流源远流长,从日本遣隋使、遣唐使开始进入频繁往来阶段,将我国大量的诗文带回东瀛,对日本诗歌创作影响是巨大的。随之而来,吟诵在日本逐步形成一定的独特性,有汉学素养的日本人开始用本国语言和字符作诗吟诵,渐渐形成了符合大众化的表现形式和体系。到现在为止,日本全国各地的民间吟诵组织和形式繁多,我曾在大阪、伊势研修访学时注意到,在周末的电视节目里会播放吟诵节目,就像今天我国的传统文化传承活动一样。我通过相关资料初步了解到,日本的吟诵是以曲谱的形式记录下来的,便于学习、传承和发展。其中也有不少流传到今的中国古诗词,如李白、苏东坡、杜甫的诗词也被经常吟诵。吟诵是日本人传承诗词文赋的一种主要方式,且各有特色和流派,内容不仅有中国传过去的汉诗,也有日本的绯句、和歌等。其吟诵规模、仪式感、韵律和模式对我们传承吟诵是有一定启发作用的。

当然，如今日本的传统吟诵也有青黄不接的问题存在，因为日本的少子老龄化问题已影响到包括吟诵等传统文化的传承和延续。传闻先生曾前往韩国、日本进行吟诵考察和交流，已充分意识到东亚传统吟诵传承任重道远、使命光荣。

争分夺秒完成传统吟诵口述史的记录非常重要。传闻先生写就《四川传统吟诵研究》做了一件非常重大的、具有流传性的历史性贡献。他做了表率和先锋，起到了带动全国传统吟诵研究、发展的引领作用。传闻先生组织音乐、文学和语言学等专业学者将四川与全国各地吟诵流派的特色加以比较分析，形成了系统化的研究成果，这对于传承传统吟诵文化具有特别重要的学术意义。

传闻先生的《四川传统吟诵研究》是对蜀地乃至全国传统文化的重要学术贡献。其热情、执着的治学精神令人钦佩！

值得学人效仿、学习和发扬光大！

2020 年 12 月于中国社会科学院日本研究所

（吕耀东，中国社会科学院日本研究所副所长，外交研究室主任，首席研究员，博士生导师，国务院特殊津贴专家，著有《冷战后日本的总体保守化》《21 世纪的中日关系》《日本与朝核危机》《现代政治学》，在核心期刊发表论文 100 余篇）